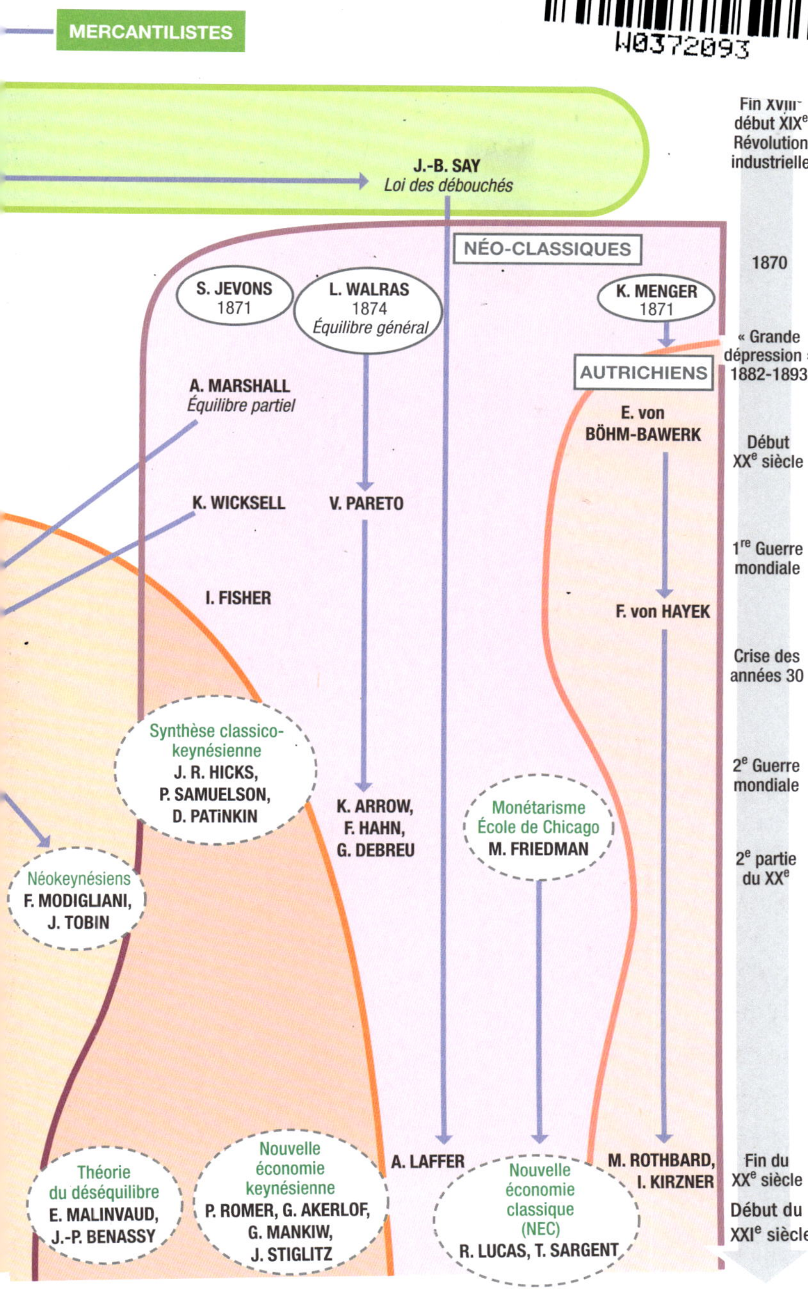

MERCANTILISTES
J.-B. SAY
Loi des débouchés
NÉO-CLASSIQUES
S. JEVONS
1871
L. WALRAS
1874
Équilibre général
K. MENGER
1871
AUTRICHIENS
A. MARSHALL
Équilibre partiel
E. von
BÖHM-BAWERK
K. WICKSELL
V. PARETO
I. FISHER
F. von HAYEK
Synthèse classico-keynésienne
J. R. HICKS,
P. SAMUELSON,
D. PATINKIN
K. ARROW,
F. HAHN,
G. DEBREU
Monétarisme
École de Chicago
M. FRIEDMAN
Néokeynésiens
F. MODIGLIANI,
J. TOBIN
A. LAFFER
M. ROTHBARD,
I. KIRZNER
Théorie du déséquilibre
E. MALINVAUD,
J.-P. BENASSY
Nouvelle économie keynésienne
P. ROMER, G. AKERLOF,
G. MANKIW,
J. STIGLITZ
Nouvelle économie classique
(NEC)
R. LUCAS, T. SARGENT
Fin XVIIIe-début XIXe
Révolution industrielle
1870
« Grande dépression »
1882-1893
Début XXe siècle
1re Guerre mondiale
Crise des années 30
2e Guerre mondiale
2e partie du XXe
Fin du XXe siècle
Début du XXIe siècle

Dictionnaire d'économie et de sciences sociales

Sous la direction de
Claude-Danièle Échaudemaison

Frank Bazureau
Agrégé de Sciences économiques et sociales

Serge Bosc
Agrégé de Sciences économiques et sociales
Enseignant en Sociologie

Jean-Pierre Cendron
Économiste

Renaud Chartoire
Agrégé de sciences économiques et sociales
Professeur en classes préparatoires BL

Jean-Pierre Faugère
Docteur d'état en sciences économiques
Vice-président des relations internationales, Université de Paris-Sud

Olivier Leblanc
Agrégé de sciences économiques et sociales
Professeur en classes préparatoires HEC

Gaëlle Joubert-Mellet
Agrégée de sciences économiques et sociales
Professeur en classes préparatoires HEC

Robert Soin
Agrégé de sciences économiques et sociales
Enseignant à l'ESPE de Créteil

Avec la participation de :
Bernard Chavance, *Docteur d'état, Professeur à l'Université Paris Diderot*
Pierre Salama, *Docteur d'état, Professeur émérite à l'Université Paris 13*

Comment consulter

nom commun → ■ **charisme**

étymologie → (du gr. kharisma, « grâce »)

Ascendant, rayonnement d'une personnalité perçue comme exceptionnelle.

Max Weber voit dans le charisme une des sources de l'autorité, celle-ci pouvant être de nature religieuse (prophète) ou politique (chef de guerre, souverain plébiscité, chef de parti). ← **explications** ou **développements** complémentaires

➤ **autorité.**

■ **rationalité**

1 Ce qui relève de la raison, c'est-à-dire d'une intelligibilité logique. Exclut le domaine des passions et le recours à des arguments surnaturels.

domaine concerné par la définition → **2 [sens économique] Logique gouvernée par le raisonnement et l'efficience, recherche d'un objectif au moindre coût, selon des procédures logiques et le calcul.**

← **définition** avec, pour certains termes, plusieurs sens

■ **consommation**

Destruction par l'usage. La consommation entraîne la disparition, plus ou moins rapide, par destruction ou par transformation, des biens ou services utilisés.

expression dérivée du mot-entrée → **consommation intermédiaire (CI) :** valeur des biens et services totalement transformés (planche pour une table) ou détruits (électricité) au cours du processus de production.

■ **NIRA**

➤ ***New deal.***

■ **Nobel** (prix)

➤ **Annexe C.**

■ **SMI**

➤ **système monétaire international.**

renvoi à l'entrée où la notion est développée

le dictionnaire...

nom propre →

Durkheim (Émile)

Sociologue français (1858-1917), considéré comme l'un des fondateurs de la sociologie moderne.

Son ouvrage *Les règles de la méthode sociologique* fait partie des textes fondateurs qui influencent la démarche sociologique contemporaine.

encadré concernant des prolongements théoriques, chronologiques, historiques... →

Il faut traiter les faits sociaux comme des choses

É. Durkheim définit la spécificité des faits sociaux qui ne peuvent être réduits aux faits psychologiques et qui doivent être expliqués par d'autres faits sociaux. Ce faisant, il s'efforce de montrer le caractère déterminant des phénomènes collectifs dans les comportements individuels.

Ouvrages principaux : *De la division du travail social (1893) ; Les règles de la méthode sociologique (1895) ; Le suicide (1897) ; Les formes élémentaires de la vie religieuse (1912).*

← **bibliographie** de l'auteur

renvois à d'autres entrées →

➤ **anomie, conscience collective, contrainte sociale, criminalité, délinquance, épargne, fait social, holisme, intégration, religion, représentations collectives, sociologie, solidarité ; Annexe A-34.**

renvoi aux annnexes

marché

Lieu de rencontre entre une offre et une demande qui aboutit à la formation d'un prix.

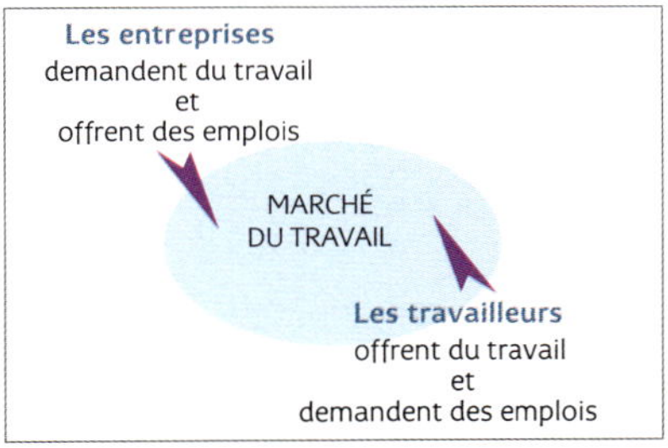

← présence **de documents visuels**

Introduction

À LA NEUVIÈME ÉDITION (actualisée en mai 2014)

- Ce dictionnaire est un dictionnaire alphabétique au large champ lexical. Il est simple d'utilisation, les notions présentées le sont dans l'ordre alphabétique ; son domaine est étendu car les sciences sociales sont nombreuses et s'interfèrent. Les définitions sont précises et présentées dans leur contexte. Comme le monde change, comme les chercheurs font évoluer les sciences sociales, il est nécessaire de l'actualiser régulièrement.

Comment est structuré ce dictionnaire ?

Pour bien utiliser ce dictionnaire il faut d'abord comprendre comment il est construit.

- **Un large champ lexical.** Ce dictionnaire emprunte son vocabulaire à des disciplines différentes ; son champ lexical s'étend, bien sûr, à l'économie générale et à la sociologie mais également à la gestion, la finance, la comptabilité nationale, au droit, à l'anthropologie, à la démographie, à la science politique, aux doctrines économiques, aux techniques statistiques...

- **Un vrai dictionnaire alphabétique.** Volontairement, il n'est ni un simple lexique – au contenu forcément limité – ni un dictionnaire thématique. Il est un vrai dictionnaire alphabétique qui donne directement accès aux définitions. Il recherche l'exactitude, la clarté et la maniabilité : il est important d'utiliser des termes précis, de connaître le sens exact des mots et des notions et de savoir les utiliser à bon escient en fonction du contexte.

- **Des définitions précises et contextualisées.** Chaque article s'ouvre sur une définition liminaire ; celle-ci se veut simple, claire, accessible. Quand il s'agit d'une notion polysémique, les différents sens sont distinctement et successivement présentés. S'il s'agit d'une notion faisant l'objet de différentes analyses selon les écoles de pensée (classique, marxiste, keynésienne, interactionniste...), ces analyses sont signalées dans le développement qui s'accompagne, selon les cas, d'encadrés, de texte, de tableau ou de graphe. À la fin de l'article, des renvois à des corrélats permettent de préciser la notion définie.

Le corpus comprend plus de 2000 entrées. Il est complété par de nombreuses annexes :
- soixante fiches relatives aux ouvrages centraux de la pensée économique et sociologique ;
- un ensemble d'outils statistiques et de calculs de base ;
- les prix Nobel d'économie de 1969 à nos jours ;
- un index des auteurs cités ;
- un lexique anglais-français ;
- une liste de sigles économiques et sociaux usuels ;
- deux schémas mettant en évidence les grands courants d'analyse économique et sociologique.

Pourquoi une nouvelle édition ?

Parce que le monde économique et social change, que le champ pluridisciplinaire qui est celui de cet ouvrage évolue rapidement... et parce que ses utilisateurs nous font des suggestions.

Cette neuvième édition comporte de nombreuses modifications tant sur la forme que sur le fond. Tout d'abord, cette édition propose une nouvelle maquette plus aérée et plus colorée. Et surtout, les notions explicitées ont été largement modifiées : certaines notions dépassées ont été supprimées, certaines ont été actualisées, de nouvelles entrées ont été créées.

Plus de soixante notions ont été introduites, comme a*gence de notation, nuage informatique, investissement de portefeuille, monopole discriminant, effet d'aubaine, effet rebond, dilemme de Rodrik, BRICS, transition du système économique postsoviétique, massification, croyance, groupe de statut*... Des modifications et des mises à jour ont été effectuées dans des entrées comme *délit d'initiés, dépenses publiques, économie de l'offre, dépôt de bilan, dette, divorce, économie spatiale*. Toutes les données chiffrées ont été actualisées.

De nombreuses utilisations possibles

Ce dictionnaire correspond à différents types de lecture, il est un outil utilisable à plusieurs niveaux : à la compréhension de cours, d'ouvrages spécialisés, d'articles de presse qui recourent à des vocables relevant du champ des sciences sociales.
Son succès, non démenti depuis plus de vingt-cinq ans, montre qu'il est apprécié et reconnu par ses utilisateurs.
N'hésitez pas à nous faire part de vos remarques et de vos suggestions. Vous nous aiderez à rendre cet ouvrage encore plus performant...

C.D. Échaudemaison

A

abondance

État durable d'équilibre entre les besoins et les biens destinés à les satisfaire. L'abondance s'oppose à la rareté.

Deux types de société d'abondance sont concevables :
– celui des **sociétés « primitives »** où l'équilibre, par le bas, est statique : les besoins sont limités par la norme communautaire intériorisée, le mode de vie est frugal. *Âge de pierre, âge d'abondance* pour reprendre le titre de l'ouvrage de Marshall Sahlins ;
– celui de **sociétés à forte productivité** où l'équilibre est obtenu par le haut : la production correspond à un haut niveau de satisfaction des besoins sociaux.

Abondance ou rareté ?

• **Pour les néo-classiques**, la rareté est une donnée universelle. Le comportement des agents obéit aux principes de rationalité et d'économicité (usage optimal, au moindre coût, de ressources nécessairement rares). Une économie où les agents seront libres d'échanger en assumant la rareté permettra donc l'élévation du niveau de vie et une relative abondance.

• **Pour les marxistes,** au contraire, la rareté n'est que relative à chaque mode historique de production (le capitalisme, par exemple), dans lequel les rapports de production, s'ils sont des rapports d'exploitation, entravent le développement des forces productives. Libérer les travailleurs de l'exploitation créera les conditions de l'abondance (communisme).

• **Pour l'écologie politique,** la voie de l'abondance ne saurait être celle du productivisme de la logique libérale ou marxiste. L'abondance correspond à un processus de développement durable : internalisation des coûts de la nature, respect de normes collectives, maîtrise des besoins et des flux démographiques, techniques douces.

➤ **besoin, écologie, économie, économie de subsistance, *homo œconomicus*, rareté, valeur (théories de la).**

accélérateur

➤ **principe d'accélération.**

accroissement naturel

Différence entre le nombre de naissances et le nombre de décès de résidents (nationaux ou étrangers) au cours d'une année donnée sur le territoire national. Cet accroissement peut être positif ou négatif.

➤ **variations de la population.**

acculturation

(du lat. *ad* « rapprochement » et *cultura* « culture »)

1 Changements socioculturels entraînés par le contact prolongé entre des groupes et des sociétés de cultures différentes.

2 Processus par lequel un groupe humain adopte les éléments d'une culture en abandonnant, partiellement ou totalement, ceux de sa culture d'origine.

Le terme a été consacré par la publication en 1936 du « Mémorandum pour l'étude de l'acculturation » sous la direction de trois anthropologues américains (R. Redfield, R. Linton et M. Herkovits).

Les phénomènes d'acculturation sont fonction des modalités du contact culturel : on peut opposer l'acculturation « demandée » et l'acculturation « imposée », celle-ci étant une situation fréquente : contexte colonial ou néocolonial, situation des minorités ethniques face à la culture d'accueil.

L'acculturation est un processus dynamique se déroulant en plusieurs étapes et pouvant aboutir à des résultats différents : 1. dans un premier temps, défiance ou opposition ; 2. sélection par le groupe dominé ou minoritaire d'éléments de la culture étrangère ; 3. assimilation globale des valeurs de l'autre, adoption de ses normes (cas fréquent des populations migrantes à la deuxième génération) ou au contraire contre-acculturation, c'est-à-dire rejet de la culture étrangère et réaffirmation de la culture d'origine (par exemple, idéologie de la négritude). Outre ces deux situations tranchées se dessine souvent un processus plus complexe : formation d'une culture nouvelle faite de compromis, de réinterprétation de la culture d'assimilation et de réorganisation de la culture native (adaptation).

➤ **assimilation, civilisation, culture, ethnicité, ethnocide, intégration sociale, multiculturalisme.**

accumulation du capital

Processus d'accroissement du stock de capital. La notion revêt un sens différent selon la conception du capital à laquelle on se réfère.

– **Les auteurs néo-classiques et keynésiens** renvoient à l'accumulation de biens de production, résultat d'investissements successifs (la formation brute de capital fixe, selon la Comptabilité nationale).

– **Pour les théoriciens du capital humain**, les dépenses de formation contribuent à l'accumulation d'un capital de connaissances ; affecter du temps et des ressources financières à une formation permet d'élever le rendement de ce capital humain (salaire supérieur).

– **Pour Marx et les auteurs marxistes**, l'accumulation consiste en une « transformation d'une fraction du surproduit social en forces productives nouvelles » (moyens de production et force de travail).

« Accumulez, accumulez, c'est la loi et les prophètes ! »

Le processus d'accumulation est, pour Marx, la tendance fondamentale du mode de production capitaliste : l'accumulation capitaliste procède par transformation de la plus-value en capital additionnel, elle dépend donc du degré d'exploitation et suppose la reproduction des rapports de production capitalistes (salariat). Son processus est contradictoire : concentration du capital entre un nombre de propriétaires toujours plus restreint ; élévation de la « composition organique du capital », c'est-à-dire augmentation de la part du capital (capital « constant ») qui achète le travail « mort », passé, c'est-à-dire les moyens de production, par rapport à celle (capital « variable ») consacrée aux salaires qui achète le travail « vivant » donc tendance à la « surpopulation relative » des travailleurs (chômeurs constituant « l'armée industrielle de réserve »).

➤ **armée industrielle de réserve, capital, reproduction capitaliste (schémas de) ; Annexe A -1.**

accumulation primitive

Chez Marx, processus historique par lequel se sont créées les conditions nécessaires à la naissance du capitalisme et à l'amorce du mouvement de reproduction élargie du capital.

Marx prétend dévoiler le « secret de l'accumulation primitive » à l'origine du capitalisme et de la Révolution industrielle. Ses voies et moyens ne furent pas idylliques : il ne s'agit pas de l'épargne vertueusement investie, comme le prétend l'économie politique classique, mais de l'expropriation des travailleurs (paysans privés de terres par le mouvement des enclosures, artisans ruinés). Ainsi, par la constitution d'un prolétariat dépourvu de moyens de production et contraint à vendre sa force de travail (salariat), ont été créées les conditions de l'exploitation et de l'accumulation capitalistes.

Selon Marx, ce processus, où la colonisation, la traite des esclaves, la spoliation des biens d'Église, l'aliénation frauduleuse des domaines de l'État, le pillage des terrains communaux jouent un rôle important, est marqué par la violence, caractéristique souvent contestée par les défenseurs du système capitaliste.

➤ **révolution industrielle.**

acquis

Ensemble des traits et comportements résultant de l'éducation, de l'apprentissage et de l'adaptation de l'individu à son environnement. Les biologistes parlent de caractères acquis qui apparaissent par adaptation au milieu.

L'inné

Caractéristiques que l'on possède dès la naissance. Par extension : ce qui est « naturel ». Les caractères innés, en appartenant au code génétique, peuvent se transmettre par hérédité (au sens biologique du terme).

L'opposition acquis/inné suscite débats et controverses. Les anthropologues insistent sur le poids de l'héritage culturel et relativisent le rôle de l'hérédité biologique. Les biologistes montrent, quant à eux, qu'il est souvent difficile de séparer ce qui appartient au code génétique et ce qui résulte de l'adaptation au milieu.

➤ **culture, hérédité sociale, socialisation.**

acteur social

Individu (acteur individuel), groupe social, groupement organisé (acteur collectif) jouant un rôle actif dans une situation donnée. Le qualificatif « social » adjoint au mot « acteur » met l'accent sur l'espace sociétal de l'action.

- **Le terme *acteur* s'oppose à celui d'*agent* :** ce dernier renvoie plutôt à la place des individus et des groupes dans le système social, aux rôles assignés, aux comportements attendus, aux simples adaptations..., alors que le terme d'acteur connote les idées de jeu (au-delà des rôles prescrits), de conflit ou de coopération associées à la production du monde social (les règles, les normes, les institutions).
- **Les développements récents** des sciences sociales ont opposé l'analyse dite « holiste », insistant sur les déterminations structurelles et minimisant l'autonomie comme l'initiative des individus, et « les théories de l'acteur » considérant ceux-ci comme maîtres d'œuvre de leurs conduites et participant, à travers leurs interactions, à la construction du monde social.
- **Cette opposition apparaît réductrice :** on peut ainsi reprendre la formule de Marx selon laquelle « les hommes font leur propre histoire, (non) pas arbitrairement dans les conditions choisies par eux mais dans des conditions directement héritées du passé ».

Les théories de l'acteur

- Comme l'atteste le pluriel de l'expression, « les théories de l'acteur » sont d'orientations diverses : les unes mettent en avant les seuls individus agissant de façon intentionnelle et rationnelle (« théorie des choix rationnels », « individualisme méthodologique »).
- D'autres insistent sur les interactions face à face dans le cadre de logiques sociales excédant largement la rationalité instrumentale (interactionnisme symbolique).
- D'autres enfin mettent en avant les acteurs collectifs mus par et agissant sur les rapports sociaux de domination et d'exploitation ou encore sur les clivages politiques (historiquement le schéma marxien, dans le champ contemporain : des auteurs comme Touraine et Tilly).

➤ **action collective, agent, holisme, individualisme méthodologique, interactionnisme symbolique, mouvement social.**

actifs

1 [sens juridico-économique] Éléments du patrimoine, créances d'un agent économique.

On distingue :
– les actifs corporels reproductibles qui comprennent principalement les stocks, les bâtiments, le matériel, le cheptel ;
– les actifs corporels non reproductibles, notamment la terre, les ressources naturelles, les œuvres d'art ;
– les actifs incorporels non financiers tels les brevets, les droits d'auteur, les marques de fabrique, les baux ;
– les actifs financiers regroupant la monnaie et les devises, les instruments de placement (actions, obligations, etc.), les crédits.
Trois propriétés permettent de distinguer les actifs les uns par rapport aux autres : la liquidité, propriété de pouvoir être converti en monnaie, à bref délai, sans coût ; le rendement, notamment monétaire (le rendement courant et les plus-values ou moins-values), qui est incertain ; le risque, mesuré par les variations éventuelles de valeur et de rendement.

2 Individus ayant une activité professionnelle ou en recherchant une.

➤ **activité (taux d'), comptabilité d'entreprise, population active, risque.**

action

Titre de propriété négociable d'une partie du capital d'une société anonyme (ou d'une société en commandite par actions).

En tant que propriétaire, l'actionnaire reçoit sous forme de revenu (le dividende) une participation aux bénéfices de l'entreprise, qui dépend des résultats et de la politique d'affectation de la firme (autofinancement ou distribution des bénéfices). En outre, il participe aux décisions de l'entreprise par un droit de vote en assemblée générale proportionnel au portefeuille possédé. Virtuel pour le petit actionnaire, ce droit permet aux actionnaires importants de peser sur les décisions de l'entreprise ou de la contrôler. En fait, l'actionnaire peut être un simple « bailleur de fonds » à la recherche d'un placement, ou un actionnaire actif, jouant un rôle au conseil d'administration de la société et à la direction. L'actionnaire peut être un particulier, une entreprise, une institution financière, l'État... L'action est un titre négociable, éventuellement sur le marché boursier, et l'écart entre la valeur d'achat et de vente fait naître des plus-values ou des moins-values.

➤ **bourse des valeurs, marché financier, obligation, offre publique d'achat [OPA], plus-value.**

actionnariat

Ensemble des actionnaires ou catégorie d'actionnaires, d'une société par actions.

On distingue de nombreuses formes particulières d'actionnariat dont :
– l'actionnariat institutionnel ;
– l'actionnariat majoritaire / minoritaire ;
– l'actionnariat de référence : sans être nécessairement majoritaires, ce sont les actionnaires qui exercent la réalité du pouvoir d'administration de la société ;
– l'actionnariat familial : actionnaires appartenant à une même famille, celle du fondateur et de ses héritiers.

action collective

Action intentionnelle d'un ou plusieurs groupes ayant pour fin la satisfaction d'objectifs particuliers ou généraux. Son champ est large : relations de travail, scène politique, sphère culturelle, minorités religieuses, ethniques, etc.

La notion d'action collective

– **la nature de l'acteur** : il peut s'agir de collectifs éphémères (foule) ou mal délimités (masse), de groupes sociaux durables plus ou moins soudés, de groupements organisés (partis, syndicats, comités, « fronts », etc.). Une des questions importantes de l'action collective est celle des processus qui font d'un acteur collectif virtuel (groupe d'individus connaissant des situations similaires et des intérêts communs) un acteur effectif (groupe mobilisé se dotant de moyens orga-nisationnels) ;

– **les dimensions de l'action** : les objectifs, les revendications ne sont qu'un aspect du phénomène ; il faut également prendre en considération les formes de l'action (mobilisation, moyens employés, formes d'expression, types de conduite, etc.) qui peuvent, dans certains cas de figure (action réactive, mouvements protestataires, identitaires), prendre le pas sur des objectifs qui ne sont pas formulés explicitement.

L'action collective est l'objet de débats importants. Les tenants d'une approche utilitariste-rationnelle contestent la notion même d'acteur collectif.

Le paradoxe d'Olson

Selon M. Olson, socio-économiste américain, seul doit être pris en compte l'individu rationnel. La raison du syndicalisme étant de procurer aux travailleurs des biens collectifs définis comme des biens accessibles à tous, l'individu n'a aucun intérêt à acquitter le ticket d'entrée (la cotisation, le temps dépensé à l'action) ; il compte sur les autres pour bénéficier des avantages obtenus et octroyés à tous. Si ce raisonnement est élargi à l'ensemble des individus, il y a de fortes chances qu'il n'y ait ni action collective, ni bien collectif obtenu. Seules la contrainte (adhésion obligatoire comme dans le cas du *closed shop*) et l'incitation intéressée (avantages associatifs réservés aux membres) expliqueraient l'existence de groupements organisés.

Les ressorts divers de la mobilisation

Ce modèle apparaît restrictif à plusieurs égards. Les motivations des individus ne sont pas réductibles au calcul coût/avantages. Ils sont largement définis par leurs appartenances sociales : les liens de solidarité, les sentiments identitaires sont des ressorts importants de la propension à agir et à réagir. Les communautés se façonnent au travers de l'action collective et vice versa. Par ailleurs, l'action collective est structurée par les rapports de domination et les phénomènes d'exclusion, même si ceux-ci ne conduisent pas spontanément à l'action organisée, laquelle suppose un travail plus ou moins long de construction identitaire.

➤ **acteur social, lutte des classes, mouvement ouvrier, mobilisation des ressources, mouvement social, syndicalisme, Touraine.**

activité (taux d')

Rapports en % entre les individus actifs (occupés et chômeurs) et la population correspondante. On distingue les taux globaux et les taux « catégoriels ».

Les taux d'activité globaux rapportent l'ensemble de la population active totale :

– soit à la population totale du pays considéré (inconvénient : on prend en compte des individus qui ne sont pas susceptibles de travailler, enfants, personnes âgées) ;

– soit à la population de 15 à 64 ans, convention qui permet des comparaisons internationales ;

– soit à la « population en âge de travailler ». Celle-ci dépend des seuils légaux d'entrée et de sortie de l'activité professionnelle et donc varie dans le temps. Ainsi l'âge légal d'entrée dans la vie active était fixé à 14 ans jusque dans les années 1960 ; il est fixé de nos jours à 16 ans.

Les taux catégoriels rapportent les actifs d'une catégorie donnée au total des effectifs de cette catégorie. Les plus usités sont les taux d'activité par âge ou tranche d'âge et les taux par sexe (hommes, femmes). On peut les croiser, par exemple : taux d'activité des femmes de 25 à 59 ans.

REMARQUE : ne pas confondre ***taux d'activité*** et ***taux d'emploi***. Ce dernier rapporte les seuls actifs occupés à la population de référence.

➤ **emploi (taux d').**

actualisation

Méthode qui permet de transformer une valeur future, par exemple une somme d'argent à recevoir dans l'avenir, en une valeur présente équivalente.

Si Charles considère comme équivalentes les deux sommes suivantes, S_0 = 100 €, reçue

aujourd'hui, ou $S_1 = 120$ €, à recevoir dans un an, alors son taux d'actualisation *a* est de 20 %, car 120 = 100 (1 + 20 %).
On a $S_1 = S_0 (1 + a)$, et, l'année suivante :
$S_2 = S_0 (1 + a) (1 + a) = S_0 (1 + a)^2$
et enfin : $S_n = S_0 (1 + a)^n$.

Ainsi : $$S_0 = \frac{S_n}{(1+a)^n}$$

où S_0 est la valeur actuelle d'une somme S_n disponible au terme de *n* périodes (mois, années, etc.). Plus le taux d'actualisation augmente, plus le futur se trouve déprécié ; si *a* passe de 20 % à 30 %, cela signifie que la préférence pour le présent a augmenté.

actualisation (taux d')

Mesure de la préférence pour le présent d'un individu ou d'une collectivité.

On utilise ce taux chaque fois que le calcul économique porte sur des valeurs échelonnées dans le temps : le ménage arbitre entre la consommation et l'épargne, qui est une consommation différée dans le temps, en fonction de son taux d'actualisation ; l'entreprise arbitre entre différents projets d'investissement en comparant les bénéfices actualisés associés à chaque projet ; l'État sélectionne les investissements collectifs en fonction d'un taux d'actualisation, etc.

REMARQUE : il ne faut pas confondre le ***taux d'intérêt***, qui se constate au jour le jour sur le marché des capitaux, et le ***taux d'actualisation*** que l'on doit choisir parce qu'il sert à « remonter le temps », d'un futur incertain vers le présent. Pour choisir leur taux d'actualisation, les entreprises prennent en compte, notamment, le taux d'intérêt des obligations, le taux d'inflation anticipé et un facteur risque.

➤ **intérêt (taux d').**

administration

1 Ensemble des personnels qui, au sein d'une organisation publique ou privée (État, entreprise, association, collectivité locale, parti, etc.), sont chargés des tâches de gestion du personnel, des ressources et de l'information (services comptables, de documentation, du personnel, etc.).

2 Le terme désigne aussi l'activité elle-même : le fait d'administrer.

Les fonctions administratives, liées au fonctionnement interne de toute organisation, s'opposent ainsi aux fonctions directement productives.
L'administration est souvent étudiée par les sociologues comme bureaucratie.

➤ **bureaucratie.**

administration publique

Organe dont dispose le pouvoir politique, composé de l'ensemble des fonctionnaires, des agents contractuels des collectivités publiques et de leurs moyens matériels. Elle accomplit des tâches de service public. Selon l'article 20, alinéa 2 de la Constitution, le gouvernement dispose de l'Administration.

administrations publiques [APU]

[Comptabilité nationale] Secteur institutionnel qui regroupe les unités institutionnelles dont la fonction principale est de produire des services non marchands ou d'effectuer des opérations de redistribution du revenu ou du patrimoine.

Les ressources principales des APU sont des prélèvements obligatoires (impôts et cotisations sociales). Le secteur regroupe trois sous-secteurs : les administrations publiques centrales (l'État et les organismes divers d'administration centrale, tels que les universités, ou l'ANPE), les administrations publiques locales (régions, départements, communes) et les administrations de Sécurité sociale (régimes d'assurance sociale et organismes tels que les hôpitaux publics).

➤ **décentralisation, déconcentration, État, secteurs institutionnels.**

AELE [Association européenne de libre-échange]

(en anglais EFTA : *European free trade area*)

Organisation économique européenne, créée en 1960, lors de la convention de Stockholm, qui institue entre ses membres une zone de libre-échange. Elle a perdu de son importance en raison de l'adhésion de la plupart de ses membres à l'Union européenne. En 2012, elle regroupe l'Islande (candidat à l'adhésion à l'UE), le Liechtenstein, la Norvège et la Suisse.

➤ **Europe : organisations non communautaires.**

âge

Réalité biologique, l'âge, comme le sexe, est un attribut socialement défini, qui confère position, statut et rôles dans une société donnée.

Communément définies comme le regroupement d'individus appartenant à la même tranche d'âge, les catégories ou les classes d'âge sont de prime abord associées aux étapes du cycle de vie menant de la petite enfance à la vieillesse et à la mort. Cette vision « naturelle » ne coïncide que très imparfaitement avec les âges sociaux de la vie : ceux-ci sont découpés, définis et aménagés de façon très diverse selon les sociétés, voire selon les milieux sociaux au sein d'une même société.

L'âge à travers les sociétés

La société médiévale n'accordait que peu de place à l'enfance. Passées les premières années, l'enfant était considéré comme un petit adulte, mêlé très vite au monde des « grands ». Sa reconnaissance comme être particulier n'apparaît qu'au cours du XVIIe siècle et est liée aux préoccupations éducatives comme à la privatisation de la famille (voir, à ce sujet, les travaux de l'historien Philippe Ariès).

Dans nombre de sociétés primitives ou traditionnelles, les classes d'âge constituent de véritables institutions : elles portent un nom, sont dotées de biens symboliques (blasons) et leurs membres sont affectés à des activités précises (contrôle du bétail, récolte du bois).

Dans les sociétés développées contemporaines, les groupes d'âge, sans être formellement organisés, sont implicitement définis soit par des « capacités » ou « incapacités » légales, soit par des attitudes et des conduites considérées comme « normales » à l'âge correspondant.

Nous assistons aujourd'hui à une redéfinition importante des âges de la vie : l'allongement de l'espérance de vie et l'abaissement de l'âge de la retraite ont laissé place à une étape intermédiaire – le « troisième âge » – entre la maturité associée à la vie active et la vieillesse. En amont, on parle d'allongement de la jeunesse pour rendre compte du report à un âge plus tardif de l'insertion professionnelle et de la multiplication des situations transitoires entre la cohabitation parentale et la conjugalité « installée » ; en aval, on parle d'allongement de la vieillesse, le 4e âge. Ces processus témoignent de la production sociale des âges : leur configuration et leur définition résultent de processus évolutifs complexes où interviennent des facteurs « objectifs », des changements initiés par les acteurs et l'intervention des pouvoirs publics. Ces derniers jouent un rôle notable en fixant des seuils légaux de passage d'un statut à un autre comme la fin de la scolarité obligatoire, la majorité civile ou l'âge conventionnel de la retraite.

➤ **effet d'âge, génération, rôle(s), statut, vieillissement démographique.**

agence (théorie de l')

Approche de la théorie économique qui cherche à définir la relation contractuelle optimale entre un principal (mandant) et un agent (mandataire).

Il s'agit ainsi du rapport entre acheteur de logement et agent immobilier, du ministre de tutelle et du responsable d'une entreprise publique, d'un actionnaire et du cadre dirigeant... L'agent dispose d'informations et de compétences non détenues par le principal et son action est difficilement observable.

Le principal, lui, dispose de ressources financières et cherche la rémunération de nature à obtenir du comportement de l'agent le meilleur résultat. Le dispositif repose sur des coûts, d'élaboration du contrat, de surveillance de son application, etc.

➤ **économie de l'information, microéconomie (nouvelle).**

agence de notation

Entreprise qui évalue, qui « note », les États (risque pays) et les emprunteurs (risque débiteurs) en fonction de leur risque d'insolvabilité, ce qui influe largement sur le niveau des taux d'intérêt qui leur sont appliqués lors des emprunts ou des émissions de titres.

Les trois principales agences de notation sont *Standard and Poor's, Moody's* et *Fitch Ratings*. Leur principale fonction est de collecter et fournir aux acteurs des systèmes financiers de l'information leur permettant de se faire une opinion sur la solvabilité, et donc sur le risque, représenté par un emprunteur. Le recours aux agences de notation s'inscrit dans un contexte d'asymétrie d'information entre acteurs du marché financier. Par leur notation, elles donnent des « signaux » aux investisseurs leur permettant de procéder à une sélection des produits offerts sur les marchés financiers.
Toutefois, diverses faiblesses concernant leur fonctionnement ont été récemment révélées, et des propositions de réglementation sont en cours. En premier lieu, elles contribuent fortement à influencer les marchés financiers et concourent à l'existence de comportements mimétiques, cumulatifs et auto réalisateurs, voire spéculatifs. Par ailleurs, en concentrant 95 % du marché, les trois principales agences occupent une situation oligopolistique qui rend peu transparente l'attribution des notes. Enfin, cumulant les rôles de conseil et de sanction, elles sont à la fois « juges et parties ».

➤ **crise, marché financier.**

Agence nationale pour l'emploi [ANPE]

➤ **ANPE.**

agent

1 [sens large] **Personne physique ou morale, ou catégorie agrégée de personnes, désignée par sa fonction principale dans la vie économique (les épargnants, les consommateurs, les exportateurs, les firmes multinationales, etc.).**

2 [comptabilité nationale] **L'ancien système de Comptabilité nationale française distinguait quatre agents économiques (Entreprises, Ménages, Institutions financières, Administrations), et un cinquième (Extérieur), considéré en fait comme un compte.**

En ce sens, qui tend à subsister, on ne peut appartenir qu'à une seule catégorie d'agents, alors qu'au sens large on peut être à la fois épargnant et salarié, ou agriculteur et investisseur.

➤ **acteur social, Comptabilité nationale, secteurs institutionnels.**

agent de change

Officier ministériel nommé par le gouvernement, il a assuré en tant qu'intermédiaire le fonctionnement du marché boursier jusqu'à la loi du 22 janvier 1988 qui a créé les sociétés de Bourse.

➤ **sociétés de Bourse.**

agrégat

(d'agréger « regrouper, agglomérer », du lat. *grex, gregis* « troupeau »)

Grandeur statistique, calculée par sommation, caractéristique de l'activité économique.

Les principaux agrégats de la Comptabilité nationale française sont le Produit intérieur brut (PIB, somme des valeurs ajoutées brutes), la Dépense intérieure brute, le Revenu national, le Produit national brut (PNB), l'Épargne nationale, etc.

Pour calculer le PIB, qui regroupe des éléments aussi disparates que des automobiles, des consultations médicales ou des caramels mous, il a fallu prendre, comme principe d'agrégation, le prix en monnaie de ces différents biens. L'utilisation, comme étalon, de la monnaie, que dévalorise l'inflation, impose de déflater les indices d'évolution des agrégats.

➤ **Comptabilité nationale, déflateur, placements financiers, Produit intérieur brut [PIB], revenu.**

agrégats monétaires

Grandeurs statistiques qui regroupent les différentes formes de monnaie selon leur degré de liquidité (M1, M2, M3).

Agrégats monétaires de la zone euro en janvier 2013 (en milliards d'euros)

Billets et pièces en circulation	903
+ Dépôts à vue	4 218
= M1	**5 121**
+ Autres dépôts à court terme (M2 – M1)[1]	3 896
dont : *dépôts à terme ≤ 2 ans*	*1 807*
dépôts avec préavis ≤ 3 mois	*2 086*
= M2	**9 017**
+ Instruments négociables (M3 – M2)[2]	768
dont : *pensions*	*132*
titre d'OPCVM monétaires	*463*
titres de créance ≤ 2 ans	*173*
= M3	**9 785**

Source : Banque de France.

1. Tels les livrets de caisse d'épargne, CODEVI, épargne-logement.
2. Bons de caisse, bons du Trésor.

Comme l'objectif est de cerner une demande potentielle, c'est-à-dire l'ensemble des fonds pouvant se porter sur les marchés, les agrégats monétaires incluent « outre les moyens de paiement, tous les placements que les agents non financiers considèrent comme une réserve de pouvoir d'achat immédiatement disponible parce qu'ils peuvent être convertis facilement et rapidement en moyens de paiement sans perte en capital » (Services de la Banque de France). Au cours du temps, les agrégats monétaires varient notamment du fait des innovations – par exemple la création de nouveaux produits liquides tels que les titres d'OPCVM de court terme. Ainsi les frontières entre actifs monétaires et actifs non monétaires se déplacent.

➤ **agrégat, billet de trésorerie, bon du Trésor, marché financier, masse monétaire, monnaie, OPCVM, politique monétaire, placements financiers.**

agriculteur

Agent économique vivant essentiellement des activités agricoles (élevage, culture, etc.).

Le code actuel des professions et catégories socio-professionnelles (1982) distingue trois sous-catégories parmi les agriculteurs exploitants en fonction de la « taille économique » de l'exploitation qui est déterminée non seulement d'après la surface, mais également selon l'activité dominante (élevage, viticulture) et, accessoirement, la région. Les salariés agricoles sont, pour la plupart, classés dans le groupe des ouvriers.

➤ **fermage, paysannerie.**

aide au développement

Le Comité d'aide au développement (CAD) de l'OCDE, qui coordonne et comptabilise l'aide au Tiers monde des pays capitalistes développés, distingue « l'aide publique» des « autres apports» et réserve l'appellation « aide » à la seule aide publique ou Aide publique au développement (APD). Celle-ci comprend les dons et les prêts du secteur public lorsque les prêts sont assortis de conditions de taux, de durée ou d'amortissement préférentielles par rapport au marché ; l'élément de libéralité, de don, contenu dans de tels prêts, est pris en compte.

Les autres apports, parfois qualifiés à tort d'« aide privée », sont constitués des dons des organisations non gouvernementales, mais principalement des crédits à l'exportation, des investissements de portefeuille, des prêts bancaires, des investissements directs et des bénéfices réinvestis, enfin des souscriptions privées à des emprunts émis par les organisations internationales.

Les différentes formes de l'aide

– **L'aide multilatérale**, qui transite par des organisations internationales spécialisées (BIRD, FMI, AID, UNICEF, FAO, etc.) ;

– **L'aide bilatérale non liée** qui est fournie par un pays qui n'impose pas au pays bénéficiaire de conditions d'achat en retour.

– **L'aide bilatérale liée**, qui impose des conditions d'achat et assure ainsi des débouchés au pays donateur.

– **L'aide en nature :** envoi de céréales, de techniciens (assistance ou coopération technique), attribution de bourses d'études, etc.

Enfin, l'aide sera dite **hors projet** si elle n'est pas affectée à un projet précis mais sert à financer le déficit budgétaire ou le déficit extérieur. À l'inverse, l'**aide-projet (ou programme)** est affectée à une fin précise : construction d'un barrage, programme de reboisement, etc.

Les objectifs de développement du Millénaire

En septembre 2000, lors du Sommet du millénaire qui s'est tenu à New York sous l'égide des Nations Unies, les « Objectifs de Développement du Millénaire » (ODM) ont été adoptés. Ce projet était fortement soutenu par le FMI, la Banque mondiale, l'OCDE, le G7 et le G20. Il est prévu que ces ODM soient atteints dans toutes les régions du monde en 2015 ou avant.

Les objectifs adoptés sont au nombre de huit :

1. éliminer l'extrême pauvreté et la faim ;
2. assurer l'éducation primaire pour tous ;
3. promouvoir l'égalité des sexes et l'autonomisation des femmes ;
4. réduire la mortalité infantile des 2/3 ;
5. améliorer la santé maternelle ;
6. combattre le VIH, le paludisme et autres maladies ;
7. assurer un environnement durable ;
8. mettre en place un partenariat pour le développement.

Le montant de l'aide

Devant la forte probabilité que les ODM ne soient pas atteints en 2015, et parce que cette perspective s'explique en partie par l'insuffisance de l'aide aux PED, en baisse à la fin de la décennie 1990, de nombreux États et gouvernements ont décidé d'augmenter le montant de leur APD.

L'APD consentie aux pays en développement par les pays membres du Comité d'aide au développement (CAD) de l'OCDE a diminué de 3% en 2011 et correspond à 133,5 milliards de dollars. Ce total correspond à 0,31 % du revenu national brut (RNB) cumulé des membres du Comité. L'APD a progressé de 63 % entre 2000 et 2010.

Cependant en 2010, les seuls pays à avoir dépassé l'objectif fixé par les Nations Unies de consacrer 0,7 % de leur RNB à l'APD restent le Danemark, le Luxembourg, la Norvège, les Pays-Bas et la Suède.

➤ **échange inégal, économie du développement, termes de l'échange.**

aide sociale

Ensemble des mesures d'assistance qui visent les individus dont les ressources sont insuffisantes. Depuis la loi de décentralisation de 1982, c'est le département qui dispose dans ce domaine d'une compétence générale, l'État se contentant de fixer le taux minimum des prestations et les conditions minimales d'accès à celles-ci.

L'aide sociale comporte trois volets : l'aide médicale, l'aide sociale aux personnes handicapées, l'aide aux personnes âgées.

➤ **collectivité, Sécurité sociale.**

airain (loi d')

Loi énoncée par le socialiste allemand F. Lassalle en 1863 : le salaire perçu par l'ouvrier se borne dans le système capitaliste à ce qui lui est indispensable pour assurer sa subsistance.

aire culturelle

Espace géographique dans lequel sont présentes des caractéristiques culturelles communes (techniques artisanales, institutions sociales, mythologie) qui peuvent être partagées par plusieurs ethnies.

Exemple : l'aire des plaines des Indiens d'Amérique du Nord, caractérisée par l'économie de cueillette, la chasse au bison et un habitat mobile.

➤ **civilisation.**

ajustement structurel

Assainissement de la situation économique d'un pays, en général en voie de développement.

Les politiques d'ajustement structurel (PAS).

Elles sont recommandées par le Fonds monétaire international.
Ces politiques sont d'inspiration libérale ; elles visent à réduire le déficit extérieur, le déficit budgétaire et à maîtriser l'inflation et l'endettement. Leurs conséquences économiques sont controversées ; leurs conséquences sociales sont souvent dramatiques, en raison de l'augmentation du chômage et de la réduction de la protection sociale.

➤ **consensus de Washington, économie du développement.**

aléa moral

(en anglais *moral hazard*)

Risque provenant d'un comportement non anticipé de la part d'un des contractants ; appelé aussi risque moral.

C'est ainsi que l'assuré social peut avoir un comportement de surconsommation de soins ; que les opérateurs financiers, confiants dans les filets de sécurité représentés par un prêteur en dernier ressort, peuvent être conduits à prendre des risques qu'ils ne prendraient pas s'ils n'étaient pas assurés. De façon paradoxale, l'assurance peut accroître ainsi les risques.

➤ **assurance.**

ALÉNA [Accord de libre-échange nord-américain]

(en américain : *NAFTA, North American Free Trade Agreement*)

Accord de libre-échange nord-américain conclu en 1992 entre le Canada, les États-Unis et le Mexique. Cet accord s'inscrit essentiellement dans la perspective d'une libre circulation des biens et des capitaux et non dans celle d'une politique commune commerciale. Il s'agit d'une zone de libre-échange.

aliénation

(du lat. *alienatio* et *alienus* « étranger »)

1 Transfert à autrui d'un bien ou d'un droit, en le donnant ou en le vendant (par opposition, bien inaliénable : qu'on ne peut céder).

2 [sciences sociales et philosophie] Pour Marx, en particulier, il existe deux sortes d'aliénation :

L'aliénation économique est celle du travailleur salarié qui, dépossédé de ses moyens de production et donc contraint de vendre sa force de travail au capitaliste, finit par être dépossédé du fruit de son travail, de son métier, et même de son humanité par l'exploitation capitaliste ; celle du produit qui doit devenir marchandise (être vendu) comme condition de son usage ; celle du capitaliste même, aliéné à l'argent et à la logique de l'accumulation.
L'aliénation idéologique est celle qui assure la reproduction du système d'exploitation, lorsque les exploités adhèrent à des valeurs et à des croyances conformes aux intérêts de ceux qui les exploitent et n'ont pas conscience de leurs chaînes.
« La religion est l'opium du peuple » *(Marx, Contribution à la critique de la philosophie du droit de Hegel*, 1844). Également Ludwig Feuerbach dans *L'Essence du christianisme* (1841).

➤ **idéologie, Marx, marxisme.**

Allais (Maurice)

Économiste français contemporain (1911-2010). Se situant résolument dans une perspective néo-classique, il entend montrer que « toute économie quelle qu'elle soit, collectiviste ou de propriété privée, doit s'organiser sur une base décentralisée et concurrentielle ».

... a consacré plusieurs travaux importants à la reformulation de l'équilibre général walrassien et de la théorie monétaire. Plus récemment, sa *Théorie générale des surplus* entend s'affranchir des hypothèses restrictives de l'équilibre général. Prix Nobel en 1988.

Ouvrages principaux : *À la recherche d'une discipline économique* (1943) ; *Économie et intérêt* (1947) ; *La Théorie générale des surplus* (1981).

➤ **Annexe ❸.**

altermondialisme

Ensemble de mouvements qui critiquent la mondialisation libérale, au nom de la démocratie, des libertés, de la défense de l'environnent et contre les inégalités sociales.

Ces courants de pensée, apparus à la fin des années 1990 après la chute des régimes communistes et au moment de la percée des idées écologistes, sont moins contre la mondialisation que pour une autre mondialisation. Les altermondialistes se mobilisent en particulier lors des rencontres internationales de l'OMC, du G20, du G8.

➤ **G8, G20, OMC.**

Amin (Samir)

Économiste égyptien né en 1931, spécialiste des problèmes de développement économique.

Il conteste la théorie classique selon laquelle les pays développés et les pays sous-développés sont égaux dans l'échange international et y ont tous avantage. Il s'efforce de montrer que le système économique mondial est construit sur des relations asymétriques entre le « centre » dominant (les pays développés) et la « périphérie » dominée (les pays du Tiers monde).

amortissement économique

1 **Perte de valeur subie au cours d'une période donnée par un bien de production durable du fait de l'usure ou de l'obsolescence.**

Une entreprise acquiert une machine dont le prix est 1 million d'euros. On prévoit que cette machine restera en service cinq ans ; cette durée de fonctionnement dépend de l'usure physique, qui varie en fonction du degré d'utilisation, et de l'obsolescence, largement imprévisible puisqu'elle résulte de la perte de valeur du matériel installé liée à l'invention de machines plus performantes. Si la prévision est juste, dans cinq ans, il faudra procéder à un investissement de remplacement.

Le financement de l'amortissement

Il est financé par les ressources issues de la vente des marchandises produites par la machine. Soit 2 000 unités du produit Y vendues par an : il s'agit de récupérer 1 million d'euros sur 10 000 unités en cinq ans, donc 100 € par unité.

Nous venons de calculer l'amortissement qui sera inclus dans le prix de revient unitaire. Chaque acheteur paiera une petite partie de la machine. **L'amortissement est donc la mesure de la dépréciation d'un élément de capital fixe** : 200 000 € la première année, 400 000 € la seconde, etc.

Observons que notre calcul peut être faussé par deux phénomènes : à cause de l'inflation, le million d'euros sera probablement insuffisant ; à cause de l'accélération du progrès technique, la durée de vie rentable sera abrégée.

2 [comptabilité nationale] **Consommation de capital fixe.**

3 [comptabilité privée] **L'amortissement étant déductible du bénéfice imposable, les entreprises sont tenues de respecter des règles fiscales relatives à la durée et aux taux de l'amortissement ; l'amortissement des actifs immobilisés dans les comptes des entreprises ne constitue donc qu'une mesure très imparfaite de l'amortissement économique.**

➤ **capital, comptabilité d'entreprise.**

amortissement financier

Remboursement total d'une dette ou d'un emprunt.

➤ **comptabilité d'entreprise.**

Amsterdam (traité d')

➤ **Union européenne (historique de l').**

analyse économique

Ensemble des théories, des concepts et des mécanismes économiques auxquels la communauté des économistes accorde, à un moment donné, une valeur scientifique.

Dans son *Histoire de l'analyse économique*, Schumpeter établit une distinction entre l'analyse économique, corpus de connaissances établies selon les règles de la méthode scientifique (souci de l'adéquation aux faits et de la cohérence logique), et la pensée économique, ensemble beaucoup plus large et plus flou, englobant toutes les idées économiques circulant dans une société, y compris les opinions dominantes et les doctrines.

Analyse et action

Il convient également de distinguer, d'une part, l'analyse et, d'autre part, la politique économique : bien que celle-ci soit éclairée, orientée ou justifiée par la première, elle se compose avant tout de décisions, d'actions, d'interventions.

Sans aller jusqu'à opposer l'analyse à l'action, l'analyse pouvant porter sur la politique économique et la politique présupposant une analyse, on remarque que l'une cherche à produire des connaissances quand l'autre cherche à obtenir des résultats.

L'étude d'un problème économique consiste généralement à s'intéresser successivement à l'observation des faits, à la confrontation des analyses et à la mise en œuvre des politiques.

Le contenu scientifique de l'analyse

Un auteur qui utilise à dessein le terme d'« analyse » veut mettre l'accent sur le contenu scientifique des théories auxquelles il se réfère : celles-ci seront éventuellement réfutées ou, plus probablement, enrichies et précisées à une date ultérieure, mais elles bénéficient d'une reconnaissance institutionnelle (elles sont exposées ou citées dans des revues scientifiques, figurent dans des manuels universitaires, etc.). Les théories économiques tendent à se superposer dans une coexistence conflictuelle. Dans les ouvrages intitulés « analyse microéconomique » ou « analyse macroéconomique », on trouve essentiellement les théories économiques telles qu'on les enseigne à l'université.

➤ **politique économique, Schumpeter (Joseph Aloïs).**

analyse longitudinale/transversale

Deux dimensions temporelles de l'analyse des « événements démographiques » (naissances, mariages, décès, flux migratoires).

- **analyse longitudinale** ou **analyse par cohorte : analyse des événements et des comportements démographiques d'une cohorte d'individus au cours de leur vie.**

Exemple : pour étudier la fécondité de la génération des femmes nées en 1960, on cumule le taux de fécondité des femmes de quinze ans en 1975, celui des femmes de seize ans en 1976..., le taux de fécondité des femmes de quarante-neuf ans en 2009. On suit ainsi la génération des femmes nées en 1960 tout au long de leur vie féconde. Les taux cumulés enregistrent leur descendance finale.

L'inconvénient d'une telle méthode est évident : il a fallu attendre 1990 pour connaître la descendance finale de la génération 1940 !

- **analyse transversale** ou **analyse du moment : étude des événements démographiques, observés une année donnée, d'une population composée de générations ou de cohortes successives.**

Exemple : en 2008, il est possible de recenser les taux de fécondité par âge, de quinze ans à quarante-neuf ans ; on obtient un indice conjoncturel ou synthétique de fécondité sommant les comportements de *x* générations une année donnée (2,1 en 2008). Si les taux de fécondité par âge ne varient pas au cours du temps (les générations successives

se comportent de la même façon), alors la méthode transversale permet de prévoir approximativement ce que sera la descendance finale.
Les mêmes analyses longitudinale et transversale peuvent être faites pour la mortalité ou la nuptialité.

➤ **cohorte, descendance finale, fécondité, mortalité.**

analyse stratégique

[sociologie contemporaine] **Cadre d'analyse des relations de pouvoir au sein des organisations mettant l'accent sur les stratégies des acteurs et sur les jeux qui se nouent entre ces stratégies.**

Cette orientation, développée en France principalement par M. Crozier, se présente comme un prolongement de la sociologie des organisations centrée sur la bureaucratie. L'analyse stratégique postule que les individus n'acceptent jamais d'être traités comme de simples moyens au service des buts de l'organisation, que les acteurs gardent une possibilité de jeu autonome (du moins dans certains domaines) et que, dans les jeux de pouvoir, les stratégies sont toujours rationnelles même si la rationalité est limitée.

➤ **bureaucratie, Crozier, organisations (sociologie des) ; Annexe Ⓐ-49.**

anarchisme

(du gr. *anarkhia*, de *a(n)* - préfixe privatif - « sans », et *arkhé* « commandement »)

Courant de pensée politique, né au XIXe siècle, qui s'oppose radicalement à toute soumission de l'individu à un ordre socio-économique, politique ou idéologique imposé par voie d'autorité.

L'ordre social doit procéder du libre consentement d'individus autonomes. *Ni Dieu, ni Maître*, selon le titre du journal de Louis Auguste Blanqui.
L'anarchisme individualiste (Stirner, Proudhon) s'oppose à l'anarchisme communiste (Bakounine, Kropotkine) sur le régime de la propriété.

➤ **anarcho-syndicalisme, autogestion, communisme.**

anarcho-syndicalisme

Tendance révolutionnaire au sein du mouvement ouvrier qui a marqué la CGT à sa création en 1895, et qui révèle la forte influence de Proudhon sur le syndicalisme français.

➤ **anarchisme, mouvement ouvrier, syndicalisme.**

Ancien Régime économique

Par analogie avec l'Ancien Régime politique, système économique antérieur au capitalisme industriel et bancaire.

Expression forgée par Ernest Labrousse, historien de l'économie française du XVIIIe siècle. Cette problématique, valable pour la France, l'est beaucoup moins pour la Grande-Bretagne ou les Pays-Bas.

Caractéristiques de l'activité économique

- **Prépondérance de l'agriculture et de la population agricole** ; la faible productivité explique le pourcentage très élevé de cette dernière ; les techniques rudimentaires sont responsables des crises périodiques de subsistance (pénuries de grains).
- **Insuffisance des moyens de transport et faiblesse des échanges** accentuée par des obstacles économiques et juridiques : péages, réglementations de toutes sortes interdisant la formation d'un marché national.
- **Faible développement de la production industrielle** représentée essentiellement par l'autoproduction paysanne, l'industrie rurale et l'artisanat urbain.

L'Ancien Régime économique se caractérise parallèlement par des rapports socio-économiques spécifiques : charges seigneuriales sur les tenures agricoles, solidarités agraires (vaines pâtures, droits d'usage), régime des corporations (artisanat urbain), etc. Ces mécanismes et ces institutions sont autant d'obstacles à l'accumulation, lesquels sont renforcés par les mentalités (dépenses improductives de la noblesse, idéal d'autosubsistance des paysans...).

➤ **crise, mode de production, système économique.**

Anderson (paradoxe d')

Le fait d'acquérir un diplôme de rang supérieur à celui de ses parents ne garantit pas l'accès à une position sociale plus élevée que la leur : le premier énoncé de ce paradoxe est attribué au sociologue américain Charles A. Anderson (en 1961).

Si les diplômes étaient le seul facteur déterminant l'accès à une position sociale et si la structure des diplômes ainsi que celle des emplois et des statuts sociaux ne variaient pas au cours du temps, l'obtention d'un diplôme de rang supérieur à celui des parents garantirait aux enfants une mobilité sociale ascendante. Aucune de ces conditions n'étant vérifiée, l'ascenseur scolaire n'est pas automatiquement un ascenseur social : il suffit par exemple que le nombre de diplômés augmente plus vite que le nombre d'emplois qualifiés correspondants pour que certains diplômés ne puissent atteindre les positions auxquels ces titres scolaires donnaient accès auparavant.

➤ **mobilité sociale.**

anomie

(de *a* privatif, et du gr. *nomos* « loi »)

1 Désordre, violation ou absence de loi.

2 [sociologie] notion essentielle introduite par Durkheim : état dans lequel il y a carence ou déficience de règles sociales communément acceptées, de sorte que les individus ne savent plus comment orienter leur conduite.

Durkheim utilise la notion d'anomie dans son analyse du suicide. Parmi différents types de suicide, il distingue le suicide anomique causé par la brusque dislocation des valeurs sur lesquelles était fondée la vie des individus. Le suicide anomique « vient de ce que l'activité (des hommes) est déréglée et de ce qu'ils en souffrent ».

Cette notion a été reprise par des sociologues américains dans des sens différents. Chez certains d'entre eux, elle devient synonyme de déviance (écart par rapport à la norme). Pour Merton, une société est anomique lorsqu'il y a inadéquation entre les objectifs proposés par une société et les moyens dont disposent ses membres pour les atteindre : par exemple, les individus ne disposant pas des ressources (économiques et/ou culturelles) nécessaires à une ascension sociale valorisée par *l'establishment*. Ce divorce se traduit par des comportements déviants divers.

➤ **contrainte sociale, déviance, Durkheim ; Annexe A-34, 45.**

ANPE [Agence nationale pour l'emploi]

Agence créée par l'État en 1967 dont la mission était de « favoriser la rencontre entre l'offre et la demande d'emploi ».

Elle disposait, sur tout le territoire, d'un réseau d'agences qui traitait par an trois millions d'offres présentées par les entreprises et réalise plus de 17 millions d'entretiens avec des demandeurs d'emploi. Jusqu'à la loi sur la réforme du service public de l'emploi, promulguée le 13 février 2008, la recherche d'emploi d'un chômeur était le fait de l'ANPE et son indemnisation, celui de l'UNEDIC. La nouvelle loi modifie l'organisation générale du service public de l'emploi avec la création d'une nouvelle institution publique nationale, issue de la fusion entre l'ANPE et le réseau opérationnel de l'Unedic, le Pôle-emploi, qui est opérationnel depuis 2009.

➤ **pôle emploi.**

anthropologie

(du gr. *anthropos* « homme » et *logos* « discours »)

1 Science de l'homme en général (vision unitaire, à dimension souvent philosophique).

2 Ensemble vaste des disciplines qui se rapportent à l'homme.

3 Aujourd'hui, science qui rend compte de la diversité de la réalité humaine à travers la variété des populations humaines dans le temps et dans l'espace. On distingue communément l'anthropologie physique et l'anthropologie sociale et culturelle.

➤ **sociologie.**

anthropologie physique

Étude des caractéristiques anatomiques et physiologiques des populations passées ou présentes. L'accent est mis moins sur ce qui est commun à l'humanité que sur les caractères différentiels des groupes : anatomie comparée, génétique des populations, etc. La paléontologie humaine reconstitue les origines et les différenciations du genre humain.

On a pu parler d'**anthropologie raciale**, mais le concept même de race est aujourd'hui récusé ; les différences culturelles et comportementales ne sont plus expliquées par des différences biologiques.

anthropologie sociale et culturelle

Correspond largement, dans la langue française, à l'ethnologie. Le double qualificatif (sociale et culturelle) fait référence à deux dimensions des sociétés humaines.

Ces deux dimensions sont :
– **les traits de l'organisation sociale** (usages, coutumes, mœurs, règles de conduite, formes de sociabilité, organisation et division du travail, institutions, etc.) ;
– **le principe organisateur** qui donne son unité aux différentes manifestations de la vie en société (croyances, systèmes de valeurs, représentations esthétiques, religieuses et cognitives).
Il va de soi qu'il s'agit là de deux niveaux d'une même réalité. Ce système symbolique est étroitement articulé avec le système social.

Anthropologie ou sociologie ?

Aujourd'hui, les frontières entre anthropologie et sociologie ont tendance à s'effacer. Les sociétés que l'on qualifiait de primitives ou de traditionnelles ont soit disparu soit se sont amplement transformées. Elles ne peuvent plus être abordées comme des mondes lointains, comme des entités isolées. Dans le même temps, les vieilles sociétés développées sont de plus en plus multiculturelles.
Avec ce nouveau contexte, on observe une double évolution de l'anthropologie :
– la montée d'une anthropologie des sociétés post-traditionnelles centrée sur les modalités d'affrontement au changement et à la « modernité » ;
– la floraison de recherches dites anthropologiques (anthropologie politique, religieuse, urbaine, de l'altérité) couvrant tant les sociétés occidentales que non-occidentales.
On peut aussi bien qualifier ces études de sociologiques. Si le terme d'anthropologie est privilégié, c'est pour mettre l'accent sur la perspective comparative : la césure entre l'Occident et le reste du monde est beaucoup moins marquée qu'auparavant.

➤ **Boas, culturalisme, culture, ethnicité, ethnologie/ethnographie, Lévi-Strauss, race, sociologie.**

anticipations

Prévisions portant sur l'évolution de variables économiques (inflation, PIB, etc.).

Dès que l'incertitude est introduite dans une théorie économique, il s'ensuit que les décisions des agents dépendent de leurs anticipations ; la difficulté consiste alors à modéliser celles-ci.

Modélisations des anticipations

• Une première méthode consiste à supposer que les agents forment leurs anticipations en appliquant **une règle fixe, l'observation du passé :**
– les anticipations sont **extrapolatives** si le niveau anticipé d'une variable économique à une date future dépend du niveau observé de

la même variable pendant un certain nombre de périodes antérieures ;
– les anticipations **adaptatives** sont, elles aussi, formées à partir du passé, mais en appliquant une règle de correction des erreurs commises : ce que l'on anticipe maintenant se déduit d'une correction de l'écart entre ce que l'on constate et ce que l'on avait anticipé ; la critique par M. Friedman de la courbe de Phillips est fondée sur ce type d'anticipations, les salariés mettant un certain temps avant d'anticiper correctement l'inflation future.

Cette modélisation des anticipations soulève **deux critiques :**
– elle implique que les agents ne tiennent pas compte des nouvelles informations (par exemple l'annonce d'un changement de politique économique), y compris si elles induisent des événements futurs certains (par exemple l'annonce d'une hausse du taux d'imposition), mais seulement des informations passées ;
– elle implique aussi que les agents ne modifient pas la façon dont ils forment leurs anticipations alors même qu'ils constatent qu'ils se trompent systématiquement : avec des anticipations adaptatives, un agent sousestime par exemple toujours l'inflation lorsque celle-ci s'accélère.

• Ce sont ces critiques qui ont conduit à **l'hypothèse d'anticipations rationnelles** : celle-ci se déduit logiquement de deux autres hypothèses fondatrices de la théorie économique néo-classique, **la rationalité des agents et l'équilibre du marché**. Si l'agent est rationnel, alors ses anticipations le sont également. Cela signifie qu'il les forme à partir de la meilleure représentation possible du fonctionnement de l'économie et en utilisant toute l'information pertinente.

• Il sait, par exemple, que l'inflation dépend de la quantité de monnaie en circulation (c'est sa théorie de l'inflation) et il lit dans son journal économique une déclaration du directeur de la Banque centrale annonçant un relâchement de la politique monétaire (c'est l'information pertinente du jour) ; il en déduit par conséquent un taux d'inflation anticipé.

Anticipations rationnelles

Les anticipations rationnelles ne sont pas des prévisions exactes : l'agent peut se tromper, mais ses erreurs ne sont pas systématiques et ses prévisions sont toujours optimales, compte tenu des informations dont il dispose ; les seules sources d'erreurs sont donc des « effets de surprise », la con-séquence d'événements imprévisibles (une tempête, etc.). C'est ici qu'intervient la notion d'équilibre : elle désigne une situation dans laquelle rien ne bouge parce qu'aucun agent n'a intérêt à changer de décision. Sachant que les agents changent de décisions lorsque changent leurs anticipations et que celles-ci changent lorsqu'elles s'avèrent systématiquement erronées, on en déduit qu'à l'équilibre, les anticipations correspondent, en moyenne, à ce qui advient.

Les auteurs de la nouvelle économie classique, par exemple Lucas, utilisent cette hypothèse d'anticipations rationnelles pour démontrer l'inefficacité totale des politiques conjoncturelles keynésiennes : soit par exemple l'annonce d'une relance par un déficit budgétaire, les agents vont anticiper une augmentation future des impôts pour financer ce déficit et décider dès maintenant d'augmenter leur épargne en conséquence, ce qui va avoir pour effet de neutraliser l'impact attendu sur l'activité économique...

Les auteurs de la nouvelle économie keynésienne, par exemple Mankiw, utilisent également cette hypothèse ; elle ne les conduit pas aux mêmes conclusions car leurs modèles prennent en compte des imperfections de marché (asymétrie d'information, viscosité des prix, etc.).

Deux conceptions opposées à la théorie des anticipations rationnelles

On peut opposer à la théorie des anticipations rationnelles les conceptions de deux auteurs que, par ailleurs, presque tout sépare : Hayek et Keynes.

• **Selon Hayek,** l'information est incomplète : on ne dispose pas d'une liste exhaustive de toutes les situations probables ; des occasions ne sont pas volontairement ignorées parce que leur découverte coûterait trop cher, elles sont simplement inconnues. Selon Hayek, cette situation d'incertitude non probabilisable explique la supériorité du marché en tant que moyen de découverte de l'information : la concurrence incite les agents à rechercher toutes ces occasions qui n'ont pas été exploitées, simplement parce qu'elles n'étaient pas encore découvertes.

• **Keynes** part de la même hypothèse d'incertitude radicale, qui consiste simplement à reconnaître que personne ne sait quel sera, par exemple, le niveau du dollar ou des taux d'intérêt dans dix ans. Les décisions économiques les plus importantes, notamment l'investissement, sont donc fondées sur des anticipations (par exemple, l'anticipation des débouchés), qui dépendent de facteurs tels que la psychologie collective ou l'imitation (la confiance des uns engendre la confiance des autres) et sont régulées par des conventions.

➤ **nouvelle économie classique, nouvelle économie keynésienne, Phillips (courbe de).**

anticipations auto-réalisatrices

➤ **bulle financière.**

antitrust (législation)

Ensemble de lois américaines (Sherman Act, Clayton Act), de la fin du XIXe siècle, interdisant toute forme de « *trust* » ou d'entente ayant pour objet de restreindre la liberté du commerce.

➤ **concentration, *trust*.**

apartheid

1 Système politique en vigueur jusqu'au début des années 1990 en république d'Afrique du Sud et organisant la ségrégation raciale entre « Blancs » et « non-Blancs ».

Fondé sur un développement économique et géographique séparé (création des *Bantoustans* et des *Bantu townships* : territoires « autonomes » et villes dortoirs pour les Noirs), il ne conférait pas les mêmes droits civiques et politiques aux Blancs et aux Noirs. Ce système a été condamné à plusieurs reprises par les Nations unies. Souhaité par les milieux d'affaires, sous la pression des instances internationales et de la population noire, le processus de démantèlement de l'apartheid est amorcé à la fin des années 1980. En février 1990 est annoncée la légalisation des partis africains interdits, dont l'ANC (Congrès national africain), et son leader Nelson Mandela est libéré. Le 17 mars 1992, les électeurs, blancs, approuvent par référendum le processus de réformes et les négociations pour une nouvelle Constitution.

2 [par extension] Configurations sociales marquées par la ségrégation systématique et quasi-légale de minorités (ethniques, religieuses).

Tel a été le cas des Noirs dans les états du Sud des États-Unis jusque dans les années 1960.

➤ **racisme, ségrégation.**

APU [administrations publiques]

➤ **administrations publiques [APU].**

apprentissage

1 [sens courant] Acquisition des gestes, des techniques permettant de maîtriser une activité.

2 [sens économico-social] Désigne une modalité de la formation professionnelle, assurée par des établissements d'enseignement technique et par une présence sur le lieu de travail assortie d'un contrat d'apprentissage. Ce type de formation a été élargi à l'enseignement supérieur.

3 [sociologique] Socialisation.

➤ **formation, qualification.**

arbitrage

1 [sens courant] Décision qui partage ou départage.

2 [sens juridique] Procédure de résolution des conflits qui permet aux parties de recourir à l'amiable à un arbitre. De telles procédures, entre patrons et salariés, sont prévues

en droit du travail pour l'application des conventions collectives.

3 [sens politique] **Le rôle d'arbitre du président de la République consiste, selon la Constitution (art. 5, alinéa 1er), comme en sport, à permettre le déroulement du « jeu » politique par l'application des règles constitutionnelles.**

4 [sens économique] **Arbitrage entre épargne et consommation à propos de la répartition, par un agent économique, de son revenu entre ces deux emplois.**

5 [sens financier] **Procédé qui consiste, pour les arbitragistes, à acheter une monnaie, de l'or ou une valeur mobilière, sur une place financière pour les revendre sur une autre afin de profiter de la différence de cours ou de taux.**

➤ **Bourse des valeurs, propension.**

archétype

Type primitif ou idéal ; original, qui sert de modèle.

› **archétype social** se dit parfois pour désigner un comportement, un trait culturel représentatif d'un groupe social.

Ariès (Philippe)

Historien français (1914-1984), pionnier de l'histoire des mentalités.

Connu surtout par son ouvrage *L'Enfant et la vie familiale sous l'Ancien Régime*.
Selon Ariès, la reconnaissance de l'enfant comme être particulier apparaît au XVIIe siècle dans certains milieux bourgeois ; elle est liée à la scolarisation (apparition des premiers collèges), au resserrement de la famille et au déclin des formes de sociabilité collective.
Ses autres travaux sont centrés sur les comportements démographiques et les attitudes face à la mort.

➤ **âge, famille.**

aristocratie

(du gr. *aristoi* « les meilleurs » et *kras, kratos* « pouvoir »)

1 **Système de gouvernement où le pouvoir est exercé par un groupe social restreint, généralement une caste ou une classe héréditaire.**

2 **La noblesse en tant qu'elle détient le pouvoir concurremment avec le monarque. Par extension, groupe qui possède des privilèges essentiels.**

3 **Synonyme d'élite.**

➤ **élite(s), pouvoir.**

armée industrielle de réserve

Expression de Karl Marx pour désigner l'importante et chronique population de travailleurs sans emploi.

Selon l'auteur du *Capital*, cette « armée de réserve » joue un double rôle : elle pèse à la baisse sur les salaires des salariés occupés (logique de la compétition pour l'emploi) et elle constitue un réservoir de main-d'oeuvre immédiatement disponible dans les phases de rapide expansion.

➤ **accumulation du capital, Marx.**

Aron (Raymond)

Sociologue et politologue français (1905-1983). De formation philosophique, ses premiers travaux sont consacrés à la philosophie de l'histoire.

Son œuvre est principalement centrée sur les systèmes socio-économiques et politiques des sociétés contemporaines.
En précisant la notion de sociétés industrielles, il analyse les convergences et les oppositions entre les sociétés occidentales et les sociétés soviétiques. Les premières sont caractérisées par la démocratie pluraliste (différenciation croissante des pouvoirs), les secondes par le phénomène totalitaire plus ou moins prononcé (monopole de l'activité politique exercé par un parti, soumission des activités économiques à l'État planificateur).
Il a publié également plusieurs travaux importants sur les traditions sociologiques et les théories de la stratégie militaire.

Dans *L'Opium des intellectuels* (1955), il a dénoncé la séduction exercée par le marxisme sur la pensée de son temps (son opposition à son camarade de promotion à Normale Supérieure, J.-P. Sartre, est restée célèbre). Le marxisme y est présenté comme une idéologie, une « religion séculaire ».

Ouvrages principaux : *Démocratie et totalitarisme* (1965) ; *Dix-huit leçons sur la société industrielle* (1962) ; *La lutte des classes* (1964) ; *Les étapes de la pensée sociologique* (1967).

➤ **pouvoir, société industrielle, totalitarisme.**

Arrow (Kenneth Joseph)

Économiste américain né en 1921, l'un des principaux artisans du renouveau de la théorie microéconomique contemporaine.

Deux contributions importantes lui sont dues :
– en généralisant le paradoxe de Condorcet, il démontre (1951) qu'on ne peut pas déduire des préférences individuelles un ensemble cohérent de choix collectifs (théorème d'impossibilité dit d'Arrow) ;
– avec G. Debreu (1954), il reformule et améliore la théorie de l'équilibre général walrassien (le modèle n'exclut pas les rendements d'échelle constants).

Ouvrages principaux : *Choix collectif et préférences individuelles* (1951) ; avec G. Debreu, *Existence d'un équilibre pour une économie compétitive* (1954).

➤ **équilibre, optimum, Walras ; Annexe C.**

artisan

Travailleur qualifié exerçant une activité manuelle, pour son compte personnel, seul ou avec l'aide de quelques compagnons (de un à neuf).

➤ **entreprise.**

ascétisme

1 [sens courant] Vie austère, rigoriste, fondée sur des convictions morales ou religieuses.

2 [sociologie] Chez Max Weber, notion centrale développée dans *L'Éthique protestante et l'esprit du capitalisme* : ce type de conduite morale qui veut « se garder strictement des jouissances de la vie » caractérise certains milieux protestants au XVIIe siècle. L'ascétisme s'associe à la discipline rationnelle, à la recherche du gain (réinvesti et non dépensé), fondements de l'esprit capitaliste.

➤ **Annexe A-37.**

ASEAN [Association of South-East Asia Nations]

Association des États d'Asie du Sud-Est. Zone de préférences douanières formée en 1967 et qui regroupait à l'origine l'Indonésie, Singapour, la Thaïlande, la Malaysia, les Philippines.

ASSEDIC [Association pour l'emploi dans l'industrie et le commerce]

Organisme paritaire créé en 1958 en France, chargé de la gestion administrative des demandeurs d'emploi (inscription, recouvrement des cotisations et paiement des indemnités chômage).

➤ **pôle emploi, protection sociale, UNEDIC.**

assiette

Base de calcul de l'impôt ou des cotisations sociales : dans le cas de la TVA, c'est la valeur ajoutée par l'entreprise qui est l'assiette de l'impôt.

➤ **impôt, impôt direct, impôt indirect, impôt sur le revenu.**

assimilation

Processus par lequel des populations d'origine étrangère en viennent progressivement à partager les comportements et, plus généralement, les traits culturels de la société d'accueil. En ce sens, l'assimilation peut être considérée comme l'aboutissement du processus d'acculturation.

Pendant longtemps, le terme a été considéré avec méfiance, en raison de ses connotations coloniales. Pour les puissances coloniales, il s'agissait d'amener les populations

autochtones à abandonner leurs us et coutumes au profit des normes et des valeurs de la civilisation des colonisateurs (en l'occurrence, le plus souvent celles de la civilisation occidentale).
Débarrassé de ses *a priori* coloniaux, le terme n'en garde pas moins une dimension politique qui renvoie à l'intégration : dans ce cadre élargi, l'assimilation ne dépend pas seulement de la sphère culturelle mais également de l'insertion sociale et de l'intégration à la société nationale ; elle met en jeu non seulement les comportements des intéressés, mais également les attitudes de la collectivité nationale et les politiques des autorités. De ce point de vue, les obstacles à l'intégration peuvent déboucher sur des réticences, voire des refus de l'intégration comme en témoignent les phénomènes contre-acculturatifs et « ethnicistes ».

➤ **acculturation, ethnicité, intégration sociale, multiculturalisme.**

association

Regroupement volontaire de plusieurs personnes qui s'unissent en vue d'un objectif commun.

Si ce groupe de personnes recherche un profit, il optera pour le statut juridique de la société ; si son but n'est pas lucratif, il constituera une association au sens restreint de la loi du 1er juillet 1901. Recensées dans le secteur institutionnel « Administrations privées » par la Comptabilité nationale, les associations (loi de 1901) forment, avec les mutuelles et les coopératives, le tiers secteur de l'économie sociale : ni capitalisme, ni étatisme. Leur grand nombre, le flux croissant de leurs créations et leur diversité attestent de l'importance du mouvement associatif en France, qui concilie liberté d'entreprendre et solidarité.

➤ **coopérative, entreprise.**

Association internationale pour le développement [AID]

➤ **aide au développement.**

association de libre échange

➤ **Europe : organisations non communautaires.**

assurance

Opération consistant pour une institution à percevoir une cotisation (ou prime), et à s'engager en contrepartie à prendre en charge les dommages éventuels survenus à un agent lors de la réalisation d'un risque. Il s'opère ainsi une mutualisation des risques, une transformation de risques individuels en risques collectifs.
Cette fonction est prise en charge par différentes institutions, principalement :
– **les entreprises d'assurance,** pour lesquelles, soit les contrats sont librement souscrits, soit, si l'assurance est obligatoire (assurance automobile), le choix de l'assureur est libre ;
– **les organismes de Sécurité sociale** auxquels l'affiliation est obligatoire et qui obéissent aussi à une logique de solidarité (assurances sociales, couvrant les risques de maladie, vieillesse, chômage) ;
– **les mutuelles** qui poursuivent aussi des objectifs de solidarité.

L'analyse des effets pervers de l'assurance

Les mécanismes de l'assurance peuvent entraîner des effets pervers analysés par la théorie économique :

– **l'aléa moral ou risque moral** (*moral hazard* en anglais, qu'il vaudrait mieux traduire par « risque de comportement ») consiste en ce que le fait d'être assuré modifie le comportement de l'agent : par exemple, l'assurance sociale peut favoriser, dans certains cas, une surconsommation médicale ;
– **la « sélection adverse »** consiste à recourir ou à ne pas recourir à l'assurance en fonction d'informations détenues par l'agent et inconnues de l'assureur. Ainsi, dans le cas d'une assurance privée contre le risque de maladie, une prime calculée sur des risques moyens peut attirer des individus qui se savent malades et repousser d'autres qui se savent en bonne santé.

➤ **aléa moral, assurance (entreprises d'), risque, Sécurité sociale.**

assurance (entreprises d')

Entreprise dont la fonction principale consiste à assurer les agents économiques contre des risques sur une base volontaire : l'agent a soit la liberté de s'assurer, soit celle de choisir son assureur, dans le cas d'une assurance obligatoire (automobile).

Le secteur de l'assurance comporte deux branches principales.

La première branche comprend :

– l'assurance dommages, assurance des choses (automobiles, habitations, entreprises), en cas de sinistre (incendie, accidents et risques divers, d'où son nom IARD) ;

– l'assurance responsabilité civile, assurance des victimes d'un préjudice.

La deuxième porte sur l'assurance vie-capitalisation qui consiste à verser un capital :

– soit au décès de l'individu (aux héritiers) ;

– soit à une date donnée à l'individu s'il est encore en vie, ce qui est une forme de retraite par capitalisation ;

– soit les deux.

Les compagnies d'assurance se transforment profondément à partir des années 1980 : progression de l'assurance des risques d'entreprise, nouvelles alliances menées avec les banques (« bancassurance ») et création d'une Europe de l'assurance.

➤ **assurance.**

asymétrie informationnelle

Situation dans laquelle deux agents économiques, dans le cadre d'un rapport d'échange ou d'un rapport non marchand, disposent d'une inégalité d'information.

La nouvelle microéconomie s'intéresse aux conséquences de l'asymétrie d'information entre celui qui embauche et celui qui est embauché, entre l'assureur et l'assuré, entre le responsable et son subordonné...

➤ **agence (théorie de l'), microéconomie (nouvelle).**

attitude

1 [sens courant] **Manière de se comporter à l'égard de quelqu'un ou de quelque chose.**

2 [sciences sociales] **Disposition acquise, relativement stable, tendant à orienter dans un champ donné (politique, culturel, éthique...) l'ensemble de ses conduites et de ses opinions ; par exemple, l'autoritarisme ou l'anti-autoritarisme, l'agnosticisme ou la foi.**

Construites par les individus au cours de leur processus de socialisation, les attitudes constituent l'interface entre les stimulations auxquelles ils sont exposés et les réponses qu'ils produisent en retour.

Non observable directement (à la différence des conduites et des pratiques), l'attitude peut être appréhendée à travers ses manifestations externes et, en particulier, à partir d'une certaine cohérence des opinions formulées par l'individu. C'est dans ce cadre qu'ont été construites des échelles d'attitude visant à mesurer le degré d'adhésion à tel ou tel type d'attitude.

➤ **habitus, opinion publique.**

attractivité territoriale

Aptitude d'un territoire économique, national ou régional, à attirer et à retenir les activités économiques et les facteurs de production (capital et travail) de plus en plus mobiles internationalement.

Les activités des entreprises et leurs stratégies de décomposition internationale des processus productifs (DIPP) les rendent plus ou moins sensibles aux facteurs de l'attractivité territoriale dont les principaux sont :

– la proximité d'un vaste marché solvable assurant des débouchés ;

– une main-d'œuvre abondante, bon marché et qualifiée ;

– l'accès facile et bon marché à des ressources en matières premières, énergie et autres biens intermédiaires ;

– la qualité et la densité des infrastructures publiques ;

– la possibilité d'économies d'agglomération au sein de réseaux (pôles de développement ou *clusters* avec synergies entre entreprises, laboratoires de recherche publics et privés, universités...) ;
– la stabilité politique ;
– la prévisibilité des politiques publiques ;
– des législations fiscale et environnementale peu contraignantes.

La mise en concurrence des territoires nationaux par les FMN (firmes multinationales) à travers leurs stratégies de localisation, peut forcer les États à une surenchère dans la concurrence : le « dumping », le « moins-disant » à caractère social, fiscal et environnemental, qui est préjudiciable à l'intérêt général.

À noter qu'une main-d'œuvre bien formée, des laboratoires de recherche, des infrastructures publiques impliquent une fiscalité importante : l'attractivité fiscale peut donc entrer en contradiction avec d'autres facteurs d'attractivité.

Aubry (lois)

➤ **réduction du temps du travail.**

audit

Enquête d'évaluation des comptes, des méthodes et des procédures de gestion au sein d'une entreprise, ou de toute autre institution, afin de garantir à leurs destinataires la régularité et la sincérité des informations qui leur sont transmises (informations généralement destinées aux actionnaires, aux dirigeants, aux comités d'entreprise, aux banques, etc.).

Deux types d'audit sont à distinguer : l'audit externe et l'audit interne.

L'audit externe est pratiqué par des agents extérieurs à l'entreprise.

L'audit interne est pratiqué au sein des entreprises par un service spécialisé, rattaché, pour plus d'indépendance, directement à la direction générale.

Pour le secteur public en France (administrations, établissements publics, entreprises publiques...), deux institutions principales de vérification, l'Inspection des finances et la Cour des comptes, ont une fonction d'audit.

➤ **gestion.**

austérité (politique d')

Politique économique privilégiant le retour aux « grands équilibres », c'est-à-dire la stabilité des prix, l'équilibre extérieur et l'équilibre du budget, par la maîtrise des coûts et la compression de la demande ; elle a des effets négatifs sur la production et l'emploi. Lorsqu'elle dure, elle peut faire basculer l'économie dans la déflation.

Sont également utilisés d'autres vocables : rigueur, freinage, refroidissement, stabilisation.

➤ **carré magique, dépréciation, politique économique.**

autarcie

(du gr. *autarkeia*, d'*arkeîn* « se suffire » et *autos* « soi-même »)

Situation d'un pays en économie fermée qui cherche à satisfaire ses besoins sans recourir à des importations.

Parfois imposées par les crises et les guerres, ou considérées comme inévitables, les politiques d'autarcie en sont souvent le prélude : on passe ainsi de l'autarcie de repliement, nationale (par la substitution d'ersatz aux produits importés), à l'autarcie d'expansion, impériale, par la conquête de territoires riches en ressources. De telles stratégies ont été suivies par l'Italie, l'Allemagne et le Japon dans les années 1930.

➤ **développement, protectionnisme.**

autoconsommation

Consommation finale de biens ou de services par l'agent qui les a produits.

Le système de Comptabilité nationale recense :
– parmi les biens autoconsommés : la production de biens agricoles et alimentaires par les ménages ; les travaux d'amélioration et d'entretien du logement principal par son occupant ;

– parmi les services : le service de logement que se rendent à eux-mêmes les ménages propriétaires du logement qu'ils occupent.

➤ **comptabilité nationale.**

autocratie

➤ **pouvoir.**

autofinancement

Financement de l'investissement d'un agent économique grâce à son épargne pendant la période considérée. L'autofinancement des entreprises consiste en l'affectation des profits au financement de l'accumulation du capital ; l'épargne correspond aux ressources disponibles après paiement des matières premières, règlement de la rémunération du travail, et distribution à l'État (impôts), aux créanciers (intérêts) et propriétaires (dividendes).

L'autofinancement est un mode de financement qui présente la caractéristique de maintenir l'autonomie des dirigeants de l'entreprise, qui ne sont dépendants ni de créanciers (comme dans le cas d'un crédit bancaire ou d'une émission d'obligations), ni de nouveaux actionnaires.

Ce mode de financement varie selon les pays : par exemple, les entreprises allemandes y recourent plus largement et sont donc moins endettées que les entreprises françaises.

Les ressources provenant des profits ne donnent lieu à aucun coût financier direct (ni intérêt, ni dividende) mais l'entreprise qui s'autofinance compare le rendement des fonds investis dans l'entreprise à celui des fonds placés sur les marchés de capitaux.

Le taux d'autofinancement

En Comptabilité nationale, la manière courante d'exprimer le taux d'autofinancement consiste à rapporter l'épargne brute à l'investissement (formation brute de capital fixe) :

Taux d'autofinancement =

$$\frac{EB}{FBCF} \times 100$$

Un taux d'autofinancement de 80 % signifie qu'en moyenne les entreprises recourent à un financement externe pour 20 % de leurs investissements. Il est clair que le taux d'autofinancement peut s'accroître grâce à une augmentation de l'épargne mais aussi en raison d'une baisse de l'investissement.

➤ **Comptabilité nationale, épargne, investissement, profitabilité, rentabilité.**

autogestion

1 [au niveau de l'entreprise] **Mode d'organisation dans lequel la gestion est assurée par l'ensemble du personnel, soit directement, soit par l'intermédiaire de représentants élus. Les salariés exercent collectivement la direction et la gestion de l'entreprise.**

Considérée comme un idéal à atteindre par un certain nombre de partis politiques et de syndicats, l'autogestion peut dépasser le cadre de l'entreprise et s'étendre à la gestion des collectivités locales ou des services publics (écoles, transports, etc.).

2 [au niveau de l'ensemble de la société] **Le modèle le plus souvent cité est celui de l'ex-Yougoslavie où existaient, du moins formellement, l'appropriation collective des moyens de production et une coordination entre les différentes unités de production au moyen d'un plan souple.**

➤ **socialisme.**

automatisation

Contrôle automatique de la production.

Bien que ce concept date de 1947, ce sont les progrès réalisés dans les domaines de l'informatique et de la micro-électronique qui ont permis l'invention de machines programmées capables de contrôler leurs propres opérations. Aujourd'hui, les automates sont

intégrés au sein de systèmes flexibles gérés par des ordinateurs.
Le robot constitue un exemple d'automatisation (ou automation) : il est capable de choisir en cours de fabrication les modes opératoires optimaux ; il contrôle le résultat de son activité afin d'opérer d'éventuelles rectifications ; il réagit aux aléas et aux modifications de l'environnement qu'il détecte.

autorité

1 Capacité, en général reconnue, d'imposer l'obéissance : l'autorité de l'État sur les citoyens, du souverain sur ses sujets, de l'Administration sur ses membres.

2 Les organes du pouvoir : l'autorité administrative, militaire ; souvent employé au pluriel : les autorités politiques et religieuses.

On distingue en général *autorité* et *pouvoir*, l'autorité connotant une certaine acceptation de la part des individus qui y sont soumis.
Max Weber distingue quant à lui la puissance (*Macht*) impliquant l'imposition d'une volonté « même contre des résistances » et la domination (*Herrshaft*) basée sur l'autorité d'un ordre ou d'un agent, impliquant un minimum d'obéissance associée à sa plus ou moins grande légitimité.
Celle-ci peut reposer sur la tradition, le charisme ou encore la rationalité légale qui constituent les ressorts de différents types de domination.

➤ **bureaucratie, charisme, domination, État, pouvoir.**

Autorité des marchés financiers [AMF]

Organisme public autonome, créé en 2003, et destiné à veiller au bon fonctionnement des marchés d'instruments financiers et à la protection de l'épargne publique, dans le double but de contribuer à la stabilisation des marchés et à l'attractivité de la place financière française. Il résulte de la fusion de la Commission des opérations de bourse (COB), du Conseil des marchés financiers (CMF) et du Conseil de discipline de la gestion financière (CDGF).

Ses missions sont nombreuses, en particulier :
– réglementation et surveillance des acteurs intervenant directement ou indirectement sur les marchés (établissements de crédit, entreprises d'investissement...) ;
– réglementation et contrôle des opérations financières des sociétés cotées : introductions en bourse, augmentations de capital, fusions, offres publiques d'achat ;
– vérification de l'information financière qui doit être de qualité, complète, fournie en temps et de façon équitable. Dans ce cadre, elle lutte contre le **délit d'initié,** commis par les personnes utilisant à leur profit une information privilégiée, susceptible d'influencer le cours d'une valeur mobilière, et dont elles disposent avant les autres opérateurs ;
– réglementation et surveillance des entreprises de marché (comme Euronext Paris) ;
– surveillance des marchés.

➤ **Euronext, marché financier.**

avantage absolu (loi de l')

Pour Smith, tout pays a intérêt à se spécialiser dans les productions pour lesquelles il dispose d'un avantage absolu, c'est-à-dire dont les coûts de production sont inférieurs à ceux de tous les autres pays. C'est la loi dite de l'avantage absolu.

Chaque pays se spécialisant ainsi, la production mondiale est optimale (partout réalisée au coût le plus bas) et chaque pays, en important de ceux qui produisent au plus bas prix, complète à son avantage sa propre production. Cette vision optimiste d'Adam Smith appelle une réserve : comment un pays aux coûts supérieurs pour tous les produits équilibrerait-il ses échanges puisqu'il n'aurait rien à vendre ?

➤ **division internationale du travail [DIT], Hecksher-Ohlin-Samuelson [théorème HOS], Ricardo, Smith ; Annexe A-5.**

avantage comparatif (loi de l')

Ricardo propose une explication de la division internationale du travail différente de celle de A. Smith. Selon lui, chaque pays se spécialise dans les produits pour lesquels il dispose d'un avantage relatif, c'est-à-dire là où l'avantage est le plus grand, ou bien là où le désavantage est le moindre ; de plus, dans ce cas, tous les participants au commerce mondial y gagnent. C'est la loi dite des avantages comparatifs, relatifs ou comparés.

Ricardo prend l'exemple de l'Angleterre et du Portugal et suppose que celui-ci a des coûts en travail inférieurs aussi bien dans le drap que dans le vin (avantages absolus). Bien qu'avantagé partout, le Portugal a un avantage plus grand dans le vin que dans le drap (avantage relatif : comparaison interne au Portugal) et aura donc intérêt à se spécialiser dans le vin et à importer du drap d'Angleterre ; celle-ci, ayant un avantage plus important dans le drap que dans le vin (avantage relatif : comparaison interne à l'Angleterre), aura intérêt à se spécialiser dans le drap et à importer du vin. Pourquoi ce paradoxe d'un Portugal quand même gagnant dans l'échange ? Parce que, désormais, ses travailleurs du drap, reconvertis, pourront produire en vin de quoi obtenir par échange externe, si le prix international du vin reste dans certaines limites, plus de drap qu'ils n'en produisaient auparavant en autarcie.

La loi des avantages comparatifs

Elle affirme en effet que la spécialisation et l'échange procurent un gain mutuel en quantité, dès lors que le rapport d'échange externe (termes de l'échange nets ou prix relatifs des exportations aux importations) s'établit entre les bornes extrêmes des prix relatifs internes propres à chaque pays avant spécialisation.

Ce plaidoyer pour le libre-échange repose **sur des hypothèses qui ont été contestées** : capital et travail sont supposés immobiles d'un pays à l'autre, ce qui revient à nier les migrations de travailleurs et l'investissement international. Quant à la mobilité interne des facteurs, qui suppose que les travailleurs du textile et de la viticulture soient interchangeables, elle a un coût social et économique non négligeable.

➤ **division internationale du travail [DIT], Hecksher-Ohlin-Samuelson [théorème HOS], Ricardo ; Annexe A 5.**

avoir fiscal

Montant qu'un actionnaire pouvait déduire, comme contribuable, de l'impôt sur le revenu ou de l'impôt sur les sociétés. Il correspondait à une part des dividendes perçus dans l'année.

Il a été supprimé le 1er janvier 2005, ce qui a mis la France en conformité avec le droit communautaire.

B

baby boom

(terme américain, signifiant « reprise des naissances », « explosion des naissances »)

Forte croissance de la natalité qui a pris place dans le monde développé après la Seconde Guerre mondiale et qui a duré jusqu'au milieu des années 1960.

Le taux brut de reproduction, qui était de 2 enfants par femme avant la guerre, est passé à 2,92 entre 1946 et 1950. Il se stabilise ensuite à des niveaux élevés (2,6 à 2,7 enfants par femme). Le mouvement de baisse de la fécondité commence à partir de 1965, mais ses effets sur la natalité seront masqués jusqu'en 1973 par l'arrivée à l'âge de la fécondité des générations d'après la guerre.

➤ **fécondité, natalité.**

balance des paiements

Document statistique et comptable dont la présentation, la structure, permettent d'enregistrer pour un pays, en les classant, l'ensemble des flux réels, monétaires et financiers correspondant aux échanges « internationaux » entre les résidents et les non-résidents, pour une période donnée. La balance des paiements (BP), toujours globalement équilibrée par construction, dégage des soldes intermédiaires, plus ou moins déficitaires ou excédentaires, dont l'interprétation prend une grande place dans l'analyse économique (problème de l'équilibre extérieur).

Un système harmonisé

Depuis janvier 1996, un changement est intervenu dans la présentation de la balance des paiements afin de la mettre en conformité avec les règles du 5e manuel de balance des paiements du Fonds monétaire international. **La balance des paiements n'est pas celle de l'État mais celle de la Nation,** c'est-à-dire de l'ensemble des agents qui résident sur son territoire (dont l'État...). Elle est élaborée par la Banque centrale à partir de deux sources de données : bancaires (ensemble des règlements entre résidents et non-résidents) et douanières (enregistrement des flux transfrontaliers de biens et services).

Les principes généraux de l'enregistrement comptable en partie double

Obéissant au principe de la comptabilité en partie double, la balance des paiements enregistre chaque opération au moyen de deux écritures comptables. En effet, toute opération (importation, exportation, prêt, placement en titres, don, etc.) donne lieu à un règlement d'une manière ou d'une autre (par emprunt, utilisation d'avoirs en banque, vente de titres, augmentation d'avoirs en devises, etc.). Aussi enregistre-t-on une première fois l'opération comme flux, comme transaction, et, une deuxième fois, avec **inversion de signe**, son règlement. Si la « transaction » a été enregistrée en crédit – et c'est le cas si elle correspond à un paiement au profit d'un résident – alors la seconde écriture, correspondant au « règlement », sera portée

Balance des paiements de la France (en millards d'euros)

	2009	2010	2012
Compte de transactions courantes	**–25,1**	**–30,2**	**–44,4**
Biens	**–43,0**	**–52,9**	**–70,6**
Marchandises générales	–44,3	–54,1	–71,1
Autres biens (avitaillement, travail à façon, réparations)	1,3	1,2	0,5
Services	**18,3**	**15,9**	**32,6**
Transports	–2,0	–3,2	–0,4
Voyages	8,0	5,9	–11,3
Autres services	12,4	13,1	21,7
Revenus	**32,8**	**40,7**	**29,7**
Rémunérations des salariés	9,9	10,9	15,5
Revenus des investissements	22,9	29,8	14,2
Investissements directs	26,6	37,1	32,1
Investissements de portefeuille	0,1	–5,1	–18,3
Autres investissements	–3,7	–2,3	–0,4
Transferts courants	**–33,3**	**–33,8**	**–36,2**
Compte de capital	**0,3**	**0,0**	**–0,4**
Compte financier	**22,0**	**27,5**	**–36,7**
Investissements directs	**–59,7**	**–34,9**	**–9,4**
Français à l'étranger	–77,1	–58,0	–28,1
Étrangers en France	17,4	23,1	18,6
Investissements de portefeuille	**242,2**	**123,2**	**39,2**
Avoirs (résidents sur titres émis par les non-résidents)	–72,2	26,2	6,3
Actions et titres d'OPCVM	–28,9	–15,9	–50,1
Obligations et assimilés	–12,2	16,2	78,8
Titres de créance à court terme	–31,0	25,9	–22,4
Engagements (non-résidents sur titres émis par les résidents)	314,4	96,9	32,5
Actions et titres d'OPCVM	47,2	–3,8	27,9
Obligations et assimilés	189,8	99,1	41,7
Titres de créance à court terme	77,3	1,7	–36,7
Produits financiers dérivés	**–16,9**	**34,3**	**14,3**
Autres investissements	**–147,5**	**–89,3**	**34**
Avoirs	57,9	–124,7	69,1
Engagements	–205,4	35,4	– 35,1
Avoirs de réserve	**3,9**	**–5,8**	**–4,1**
Erreurs et omissions nettes	**2,8**	**2,7**	**–29,4***

Source : Banque de France, Rapport annuel 2013

* Ce chiffre (-29,4) est le chiffre officiel de la Banque de France, mais, en raison de quelques arrondis faits dans les différentes lignes du tableau ici reproduit, le solde est légèrement différent (-30,2).

en débit pour un montant identique. Par exemple, une exportation (première écriture, en crédit, dans le *Compte des Transactions courantes* au titre des *Biens*) aura pu entraîner une augmentation des *Avoirs de réserves* (deuxième écriture dans le poste *Devises étrangères* : en débit).
Idem pour un crédit commercial : un résident, en prêtant, achète en fait la créance d'un débiteur non résident (écriture en débit) et le règlement de cet achat donne lieu à une deuxième écriture (en crédit).
De ce principe d'enregistrement comptable découle le nécessaire équilibre de la balance des paiements. Aussi, lorsqu'il est question d'excédent ou de déficit de la balance des paiements, est-ce une approximation de langage : seuls des soldes, des balances intermédiaires peuvent être déséquilibrés.

La nouvelle structure de la balance des paiements

Elle fait apparaître trois comptes : Compte des Transactions courantes, Compte de capital, Compte financier, plus un 4e : Erreurs et omissions nettes. S'alignant sur les principes de la Comptabilité nationale, la nouvelle présentation permet de recenser trois grands types d'opérations : celles sur biens et sur services (titre 1), les opérations de répartition (titres 1 et 2), les opérations financières (titre 3).

La délicate interprétation des déficits et des excédents

Tout excédent d'un solde intermédiaire n'est pas par nature « bon » et tout déficit « mauvais ». Il convient d'analyser la signification des flux dont ils résultent et l'équilibre d'ensemble qu'ils peuvent former. Quelques exemples : une nation peut avoir un déficit commercial explicable par une forte croissance et une dépendance énergétique, sans que soit en cause sa compétitivité ; ce déficit commercial peut être plus que compensé par un excédent des services (notamment informatiques), signe d'un dynamisme sur des marchés porteurs ; un excédent des transactions courantes peut être le symptôme d'une croissance « molle » qui, en limitant les importations, correspond à un équilibre « par le bas » ; le déficit du compte financier peut correspondre au dynamisme externe du capitalisme national (IDE des FMN nationales, qui généreront ultérieurement des rapatriements de profits, au titre des revenus d'investissements, dans la balance des transactions courantes) ; un excédent du compte financier, s'il provient de capitaux flottants (beaucoup d'investissements de portefeuille sont de cette nature), peut tout droit conduire à un reflux brutal (effet « tequila » au Mexique en 1994).

➤ **commerce extérieur, Comptabilité nationale, contrainte extérieure, dépréciation, élasticité, équilibre extérieur, Fonds monétaire international [FMI], Mundell Fleming (modèle de), Mundell (triangle d'incompatibilité de), parité de pouvoir d'achat [PPA], politique de change, réserves de change, Système monétaire international [SMI].**

balance des paiements (soldes de la)

Principaux soldes agrégés, tirés de la balance des paiements, particulièrement significatifs pour l'analyse des relations économiques d'un pays avec l'extérieur.

Neuf principaux soldes sont désormais calculés aux fins d'analyse. Six soldes mensuels de la balance des paiements, et trois soldes tirés de la position extérieure (cf. tableau de la balance des paiements, page 34).

Soldes tirés de la balance des paiements

– **Le solde du compte des transactions courantes** : il comprend notamment le solde des biens et services (balance commerciale au sens large).
– **Le solde du compte (des transaction courantes et du compte) de capital** : il indique, par approximation, la capacité ou le besoin de financement de la nation, DOM-TOM inclus.

– **Le solde des flux financiers hors avoirs de réserve** : il regroupe tous les flux financiers quelle qu'en soit l'échéance.
– **La variation des avoirs de réserve bruts** : un signe + correspond à une diminution des réserves de change de la Banque de France.
– **Le solde de la balance globale ou création monétaire induite par l'extérieur** (non représenté dans le tableau) : il comprend le compte des transactions courantes, le compte de capital, les investissements directs des « autres secteurs » (ménages, SQS, institutions financières non monétaires), les flux financiers du secteur des administrations publiques, les flux; financiers des « autres secteurs », les erreurs et omissions. Par construction, il est égal à sa contrepartie : les flux financiers à court terme et à long terme du secteur bancaire et de la Banque centrale ; il indique le financement monétaire de la balance des paiements (voir infra la position monétaire extérieure).
– **Le solde à financer** : il se substitue à l'ancienne balance de base, en excluant les investissements de portefeuille.

Soldes tirés de la position extérieure

– **La position extérieure** : elle indique la variation du patrimoine financier de la nation vis-à-vis du reste du monde (elle correspond au compte financier).
La position monétaire extérieure ou contrepartie « extérieur » approchée de M3 (non représentée) : elle comprend la position à court terme et à long terme du secteur bancaire (titres et investissements directs inclus) et la position à court terme de la Banque centrale. La variation de ce stock, après correction du flottement des monnaies, est égale au solde de la balance globale.
– **Les éléments mensuels de la position monétaire extérieure,** à court terme (non représenté) du secteur bancaire et de la Banque centrale.

balances dollar, sterling, euro

Ensemble des avoirs monétaires en dollars, livres sterling, euros ou autre monnaie, détenus par des non-résidents à l'extérieur d'un pays et qui constitue une dette pour ce dernier.

Balandier (Georges)

Ethnologue et sociologue français né en 1920. Auteur de travaux importants sur les transformations des sociétés africaines accompagnant la décolonisation et la formation de l'État national. C'est à travers ces études que G. Balandier forge les instruments d'une socio-anthropologie des dynamiques sociales.

Ouvrages principaux : *Sociologie actuelle de l' Afrique noire* (1955) ; *Sens et Puissance, les dynamiques sociales* (1971) ; *Anthropologiques* (1974) ; *Civilisation et puissance* (2005).

bancaire (loi)

➤ **banques (loi de 1984 relative à l'activité des).**

banking school

➤ ***currency school.***

banque

Institution financière qui collecte des ressources monétaires et des ressources d'épargne et qui participe au financement de l'économie par le crédit et l'acquisition de titres.

L'« intermédiation » pratiquée par les banques a trois implications. D'une part, les banques peuvent pratiquer la « transformation », leurs ressources, en particulier les dépôts, étant globalement plus courtes que leurs emplois (crédits longs pour l'investissement). D'autre part, les banques interviennent dans la mutualisation des risques, en associant dans leurs actifs de multiples engagements, les pertes sur les débiteurs défaillants étant compensées par les rentrées sur les autres. Enfin, elles jouent un rôle exclusif dans la création et dans la circulation de la monnaie scripturale.

Les banques et la circulation de la monnaie

- **La monnaie en circulation : un passif pour les banques.**

Les agents économiques, entreprises et ménages, détiennent des dépôts dans les banques qu'ils peuvent utiliser pour régler leurs dettes par jeu d'écriture. Cette monnaie scripturale fait partie des ressources des banques, de leur passif, elle constitue en quelque sorte une « dette » des banques à l'égard de leur clientèle.

Ainsi la monnaie scripturale détenue dans les banques figure à leur passif et les billets en circulation au passif du bilan de la Banque de France.

• **Les banques assurent la circulation de la monnaie scripturale grâce aux moyens de paiements.**

Les banques sont donc de nos jours chargées d'assurer la circulation de la monnaie scripturale. En effet, à l'inverse de la monnaie manuelle (billets, pièces) qui est transférée physiquement et directement entre les agents économiques, le transfert de monnaie scripturale suppose une intervention des banques.

Il existe aujourd'hui un grand nombre de moyens de paiements scripturaux, en particulier :

– **le chèque ;**
– **le virement ;**
– **l'autorisation de prélèvements ;**
– **le règlement par carte**.

Ces opérations constituent pour les banques une partie importante de leur activité. Elle leur apporte des ressources tout en occasionnant des coûts réductibles par des innovations technologiques ou en faisant payer ces services.

Les banques et le financement monétaire de l'économie

Les banques participent au processus de création de monnaie.

Crédit et création de monnaie

Soit deux opérations de crédit, la première est effectuée par un agent (B) au profit d'un autre agent (A), la deuxième par une banque (Bq) au profit d'un agent (A).

• **Opération de crédit sans création de monnaie**, par transfert de signes monétaires existants :

Bilan de A

ACTIF	PASSIF
Créance + 1000	Dette + 1000

Bilan de B

ACTIF	PASSIF
Créance + 1000 Avoir bancaire – 1000	

Dans ce cas, les signes monétaires mis à la disposition de A sont prélevés sur l'avoir de B.

• **Opération de crédit par création de signes monétaires nouveaux** :

Bilan de A

ACTIF	PASSIF
Avoir bancaire + 1 000	Dette + 1 000

Bilan de Bq

ACTIF	PASSIF
Créance + 1 000	Dépôt de A + 1 000

Dans ce cas, les signes monétaires mis à la disposition de A sont créés par la banque.

• **On peut envisager maintenant un cas plus complexe et plus proche de la réalité** dans lequel les banques ont, pour financer les crédits, des ressources qui proviennent de dépôts (ressources monétaires) et d'émissions d'obligations (emprunts, recours à l'épargne) :

Bilan de Bq

ACTIF	PASSIF
Créance + 1 000	Dépôt + 600 Emprunts + 400

Bien évidemment, cette émission de monnaie peut donner lieu à des « fuites » lorsque les détenteurs de monnaie demandent des billets, règlent des dettes au Trésor ou à des clients d'autres banques ou bien achètent des devises. C'est la raison pour laquelle les banques se portent sur le marché monétaire pour acquérir (ou céder) des liquidités (sous forme de monnaie Banque de France et qu'elles se refinancent auprès de la Banque de France). En outre, elles sont soumises aux règles posées par les autorités monétaires dans le cadre de la politique monétaire : réescompte, réserves obligatoires, encadrement du crédit.

Les banques et le crédit

• **Lorsque les banques accordent des crédits, elles tiennent compte de certaines considérations :**
– considérations de **risque d'insolvabilité de l'emprunteur** : c'est la raison pour laquelle elles cherchent à calculer au mieux ces risques, elles constituent des provisions et prennent des garanties ;
– considérations de **liquidité** : une banque doit pouvoir faire face à des demandes de remboursement de ses créanciers et c'est ce type de contrainte qui peut freiner le processus de « transformation », processus par lequel les banques financent par des ressources courtes des emplois longs ;
– considérations de **rentabilité** qui les incitent à financer de façon privilégiée des projets à rendement élevé.

• **On remarque tout d'abord, à l'actif comme au passif, l'importance des opérations interbancaires.**

Au niveau des ressources, on remarque :
– l'importance des dépôts ;
– le niveau faible des fonds propres qui proviennent de l'apport en capital des actionnaires ou de l'autofinancement ;
– le recours des banques au marché obligataire.

Au niveau des emplois :
– les banques font des opérations de crédit ;
– elles font des opérations de placement et des prises de participation.

Les banques et la désintermédiation

Du fait de la désintermédiation, les banques ont réorienté leur activité vers les marchés en prenant trois directions. D'une part, elles interviennent pour leur propre compte sur les marchés financiers pour collecter des ressources (par émission de titres) et pour opérer des placements (acquisition de titres). D'autre part, elles participent à la création d'OPCVM (SICAV et fonds communs de placement) qui drainent les fonds des ménages et des entreprises qui s'adressent aux marchés de titres. Enfin, les banques accompagnent leur clientèle dans leurs opérations financières, qu'il s'agisse de l'émission de titres ou de la gestion de portefeuille.

➤ **désintermédiation, économie d'endettement, intérêt (taux d'), intermédiation, monnaie, politique monétaire.**

Banque centrale

Institution financière de premier rang au sein d'un système bancaire hiérarchisé. Ses fonctions principales sont l'émission de la monnaie fiduciaire, l'orientation de la politique monétaire et de la politique de change, la régulation et le contrôle des banques de second rang, le rôle de prêteur en dernier ressort.

Banque centrale et banques de second rang

La Banque centrale a le monopole d'émission de la monnaie fiduciaire. Pour acquérir cette monnaie fiduciaire, régler les opérations qu'elles effectuent entre elles, détenir des réserves de monnaie centrale, libres ou obligatoires, les banques de second rang ouvrent des comptes auprès de la Banque centrale, ce qui fait de celle-ci la banque des banques. Cette dépendance des banques en manque de liquidités permet à la Banque centrale de contrôler indirectement la création de monnaie scripturale en agissant sur le coût du refinancement, c'est-à-dire sur les taux d'intérêt directeurs pratiqués sur le marché monétaire. Cette action sur les taux d'intérêt a une incidence sur le taux de change qui peut être amortie ou accentuée par des interventions directes sur le marché des changes (achat ou vente de devises contre monnaie nationale, entre autres).

Des règles prudentielles

La Banque centrale édicte également des règles prudentielles (respect de ratios de liquidité et de solvabilité) et contrôle leur application afin de garantir la solidité du système bancaire.

En situation de crise, elle joue le rôle de prêteur en dernier ressort en apportant des liquidités à des banques que leur insolvabilité condamnerait à la faillite (avec des effets en chaîne comme il y en eut lors de la crise de 1929).

Banques centrales et État

Beaucoup de banques centrales, dont la Banque de France et la Banque centrale européenne (BCE), sont indépendantes de l'État ; elles décident de l'orientation de la politique monétaire pour atteindre les objectifs que leur fixe la loi, par exemple la stabilité monétaire, même si cette orientation contrarie la politique économique souhaitée par le gouvernement.

➤ **Banque centrale européenne [BCE], Banque de France, politique monétaire.**

Banque centrale européenne [BCE]

Banque centrale des pays membres de la zone euro, dont le siège est à Francfort. Elle a en charge depuis 1999 la création et la circulation de l'euro (monnaie unique européenne) ainsi que la détermination de la politique monétaire européenne.

La BCE et le Système européen de banques centrales (SEBC) sont indépendants, ce qui signifie que « ni la BCE, ni les banques centrales nationales, ni un membre quelconque de leurs organes de décision ne peuvent solliciter ni accepter des instructions des institutions ou organes de l'Union européenne (UE), des gouvernements des États membres de l'Union européenne ou de tout autre organisme ». Les principaux objectifs de la BCE sont **la stabilité des prix, fixée à 2 % d'inflation l'an et le maintien de la stabilité du système financier.** Elle coordonne également les banques centrales des 18 pays de la zone euro (eurosystème). La BCE et les banques centrales des **28 États membres de l'UE** forment le Système européen de banques centrales (SEBC).

Les tâches principales de la BCE sont les suivantes :

– fixer les taux directeurs au sein de la zone euro et contrôler la masse monétaire ;
– établir la politique des changes de la zone euro en gérant les réserves de devises des pays membres ;
– veiller sur les institutions et marchés financiers ;
– autoriser les banques centrales des pays de la zone euro à émettre des billets libellés en euros ;
– surveiller l'évolution des prix dans les différents pays membres.

Depuis les années 2007-2008, en réaction à la crise financière, la BCE a mis en œuvre des mesures non conventionnelles :

– des interventions de refinancement type « *open market* » sur le marché interbancaire pour alimenter les banques commerciales en liquidités. Près de 1000 milliards d'euros ont ainsi été injectés auprès d'un millier d'établissements financiers pour éviter un tarissement du crédit (*credit crunch*) ;
– des interventions macroéconomiques (2010-2011) sur le marché de la dette privée (achats de titres et obligations sécurisées) et sur celui de la dette publique en intervenant sur le marché des bons du trésor (titres de créance détenus par le prêteur sur l'emprunteur) en rachetant la dette publique de pays membres de la zone euro lourdement endettés;
– la création, fin 2012 d'un mécanisme de supervision bancaire qui permettra à la BCE d'encadrer les banques commerciales, premier pas vers une union bancaire européenne.

La direction de la BCE se compose d'un **Directoire**, d'un **Conseil des gouverneurs** qui définit la politique monétaire de la zone euro et d'un **Conseil Général** qui assiste les pays souhaitant adopter l'euro.

➤ **eurosystème, *open market*, Union économique et monétaire européenne, SEBC, supervision bancaire.**

Banque de France

Banque centrale française, créée en 1800, nationalisée en 1945, indépendante du gouvernement depuis 1993, désormais intégrée au Système européen de banques

centrales (loi du 12 mai 1998) ; elle assure, au même titre que les autres banques centrales nationales de la zone Euro, la mise en œuvre des décisions prises par le Conseil des gouverneurs de la Banque centrale européenne (BCE), émet et gère la monnaie fiduciaire, réglemente et surveille le système bancaire national.

Depuis le passage à l'Euro en 1999, la Banque de France a perdu la maîtrise de la politique monétaire, désormais de la responsabilité de la Banque centrale européenne. Elle applique les décisions de celle-ci, mais conserve un certain nombre de missions, notamment celles qui sont liées à sa fonction de banque des banques.

La Banque de France tient les comptes des banques françaises de second rang, surveille leurs réserves obligatoires, exécute les opérations d'apport et de retraits de liquidités décidées par la BCE, notamment dans le cadre de sa politique d'open market. L'une de ses missions est également de veiller au respect par les banques françaises de règles prudentielles (ratios de solvabilité et de liquidité) destinées à éviter des faillites bancaires qui entraîneraient une crise monétaire.

La Banque de France rend des services à l'État : elle tient le compte courant du Trésor, participe à la gestion de la dette publique, publie la balance des paiements. Toutefois, depuis 1993, il lui est interdit d'accorder des avances au Trésor public, à un organisme ou une entreprise publics ; de ce point de vue, elle n'est plus la banque de l'État.

➤ **banque, Banque centrale, changes (marché des), marché monétaire, monnaie, politique monétaire, union monétaire, Comité de Bâle.**

Banque des règlements internationaux [BRI]

Institution financière internationale (siège : Bâle) ayant pour vocation essentielle de développer la coopération entre les Banques centrales des principaux pays industriels.

Outre son capital propre, elle reçoit en dépôt une partie de leurs liquidités et leur consent des avances en cas de besoin. La BRI se voit confier des missions très diverses : dans les années 1960, elle contribue au fonctionnement du pool de l'or ; elle assure le secrétariat du FECOM, etc. En dehors de ces activités et de ces missions, elle est un centre permanent de concertation entre Banques centrales pouvant déboucher éventuellement sur la coordination de leurs interventions sur les marchés des changes. Enfin, la BRI suit attentivement l'évolution des marchés financiers internationaux et organise la compensation.

La BRI est la plus ancienne institution financière de statut international : elle fut créée en 1930 dans le même esprit avec pour objectif immédiat la charge d'administrer le règlement des dettes allemandes consécutives à la Première Guerre mondiale.

➤ **Banque centrale, Banque de France, BCE.**

Banque mondiale

Institution financière internationale, conçue à Bretton Woods en 1944, et destinée à promouvoir par son aide financière et technique le développement économique des pays membres et plus particulièrement des pays en voie de développement.

L'appellation *Banque mondiale* ou *Groupe de la Banque mondiale* désigne :
– la BIRD, *Banque internationale pour la reconstruction et le développement*, fondée en 1945 qui est l'institution centrale ;
– l'AID, *Association internationale pour le développement*, fondée en 1960, dont les prêts sont réservés aux pays les plus pauvres ;
– la SFI, *Société financière internationale*, fondée en 1965 et spécialisée dans le financement des entreprises privées.

Le financement des projets productifs des PED

- **La BIRD est ouverte à tout État,** membre du FMI. Elle compte aujourd'hui 185 États membres.
- **Les ressources de la BIRD** sont constituées de son propre capital, des obligations qu'elle émet sur les marchés des capitaux, de la vente de ses titres de prêt, des remboursements. Les principaux souscripteurs sont l'Allemagne, les États-Unis, le Japon, la Suisse, les pays de l'OPEP et les Banques centrales d'une centaine de pays.

Après avoir prêté aux pays européens pour leur reconstruction, la BIRD s'est consacrée à financer les projets productifs des PED.

- **De par ses statuts,** elle ne peut financer que des projets productifs destinés à stimuler la croissance ; les prêts ne peuvent être consentis qu'à des États ou à des organismes ayant reçu la garantie de l'État ; les prêts doivent être octroyés en fonction de considérations purement économiques, la nature politique du régime (dictature, etc.) n'est pas prise en compte.

Les prêts sont généralement à long terme (15-20 ans). Ils ne représentent environ que le tiers du financement du projet et ils sont consentis à des taux légèrement inférieurs aux taux du marché international ; ils jouent ainsi un rôle d'impulsion dans la réalisation des projets. Ils sont l'occasion d'une assistance technique. Enfin, ils ne sont assortis d'aucune condition d'achat d'équipements dans un pays donné : **l'aide est donc multilatérale non liée.** La stratégie de développement sous-jacente a été longtemps industrialiste : grands équipements industriels, grands équipements d'infrastructure. Depuis les années 1980, la BIRD s'attache davantage à financer les investissements qui peuvent améliorer le bien-être des populations.

La crise de la dette des pays du Tiers monde, au cours de la décennie 1980, avait conduit la BIRD, en liaison avec le FMI, à financer des programmes de prêts pour l'ajustement structurel : financement des réformes économiques devant permettre le retour à l'équilibre des paiements extérieurs.

La BIRD publie chaque année un *Rapport sur le développement dans le monde*, qui est une source d'analyses et de statistiques.

➤ **aide au développement, ajustement structurel, Fonds monétaire international, Tiers monde.**

Banque européenne de reconstruction et de développement

➤ **BERD.**

banques (loi de 1984 relative à l'activité des)

Loi bancaire instituant un cadre juridique commun aux « établissements de crédit » définis comme un ensemble de personnes morales qui effectuent à titre de profession habituelle des opérations de banque ; ces opérations comprennent la réception de fonds du public, les opérations de crédit, ainsi que la mise à la disposition de la clientèle, ou la gestion, de moyens de paiements.

- **Quatre catégories d'établissements de crédit sont définies :**

– deux types d'établissements peuvent recevoir des dépôts à vue et à moins de deux ans : les **banques proprement dites**, anciennes banques de dépôts et banques d'affaires ; les **banques mutualistes** ou coopératives et les caisses d'épargne ;

– deux types d'établissements ne peuvent recevoir de dépôts à moins de deux ans qu'à titre accessoire : les **sociétés financières** (par exemple, sociétés de crédit-bail) ; les **institutions financières spécialisées** habilitées à réaliser des missions spécifiques confiées par l'État.

- **Ce nouveau cadre juridique a remis en cause :**

– la distinction entre banques de dépôts (ressources monétaires, c'est-à-dire courtes, et crédits courts) et banques d'affaires (ressources longues et emplois longs) qui a marqué la période 1945-1965 ;

– la distinction entre « banques inscrites » (soumises au contrôle du Conseil national du crédit) et « banques à statut légal spécial » (banques mutualistes : Crédit agricole, Crédit mutuel, banques coopératives).

barrière à l'entrée

Obstacle rendant difficile ou impossible l'entrée sur un marché pour un nouvel intervenant. Cet obstacle provient en général des offreurs.

Cet obstacle peut être de nature juridique (limitation de l'accès à une profession ou une activité : monopole d'État, profession protégée telle que celle de pharmacien), économique et financière (lorsque l'accès à un marché suppose un volume de capital important en raison d'économies d'échelle) ou technologique (lorsque l'accès à un marché suppose la maîtrise d'une technologie difficilement accessible) ou autre (manœuvre de dissuasion à l'égard du candidat à l'entrée sur le marché). L'absence de barrières à l'entrée (libre entrée) est l'une des conditions de la concurrence pure et parfaite ; de même, dans le cas des marchés contestables, la libre entrée et la libre sortie font peser sur les entreprises en place une menace qui les empêche d'avoir des profits excessifs.

➤ **concurrence pure et parfaite (conditions de la), économies d'échelle, marchés contestables (théorie des).**

Barrières non tarifaires [BNT]

1 Ensemble des mesures protectionnistes autres que les tarifs douaniers. Les BNT incluent ce faisant les classiques restrictions quantitatives telles que les prohibitions, les contingentements et les accords d'autolimitation.

Ces instruments, largement utilisés avant la Seconde Guerre mondiale, ont été condamnés par les accords du GATT. Délaissés pendant les années de forte croissance, ils sont – à l'exception des prohibitions – de nouveau utilisés de façon non négligeable depuis le premier choc pétrolier.

2 Pratiques indirectes, plus ou moins avouées, ayant pour effet, au-delà des justifications officielles, de limiter voire d'interdire *de facto* les importations de biens et services étrangers.

Parmi les plus usuelles, citons :
– les normes techniques et industrielles destinées à garantir la qualité des produits et leur sécurité ;
– les normes sanitaires (parfois largement arbitraires) pour les produits agricoles ;
– des procédures administratives tatillonnes pouvant décourager les exportateurs ;
– des marchés publics fermés explicitement ou non aux entreprises étrangères.
Dans le cadre européen, l'Acte unique a mis en place une harmonisation des normes visant à limiter ces pratiques.

➤ **protectionnisme, Union économique et monétaire européenne.**

base monétaire

Monnaie Banque centrale détenue par les banques sous forme de billets ou d'avoir à la Banque centrale.

Il existe une relation entre la base monétaire et la masse monétaire. Mais du point de vue de la théorie et de la politique économique, se pose la question du sens de la causalité :
– si les variations de la base monétaire déterminent le niveau de la masse monétaire, alors la Banque centrale peut réguler la masse monétaire par action sur la base monétaire ;
– si l'approvisionnement en monnaie Banque centrale dérive de la masse monétaire, la Banque centrale doit agir par d'autres moyens (action sur la demande de crédit par les taux d'intérêt par exemple).

➤ **agrégats monétaires, masse monétaire, monnaie, multiplicateur monétaire, placements financiers, politique monétaire.**

bassin d'emploi

Marché local du travail, disposant d'une certaine autonomie et recouvrant une zone géographique où les individus peuvent changer de travail sans changer de résidence et où les entreprises

trouvent la main-d'œuvre nécessaire, en quantité et en qualité, pour occuper les emplois qu'elles procurent.

➤ **chômage, emploi (taux d'), segmentation du marché du travail.**

BCE

➤ **Banque centrale européenne.**

Becker (Gary)

Économiste américain (1930-2014), associé à l'école néo-libérale de Chicago, connu pour avoir développé la « théorie du capital humain » pour laquelle il a reçu le prix Nobel en 1992. Becker donne une très large extension à l'axiomatique néo-classique.

Il entend rendre compte de l'ensemble des comportements humains à partir de la rationalité instrumentale des agents.

Ouvrages principaux : *Human Capital* (1964) ; *The Economic Approach to Human Behavior* (1976) ; *A Treatise on the Family* (1981).

➤ **capital humain, consommateur (théorie du), École de Chicago en économie, individualisme méthodologique, microéconomie (nouvelle) ; Annexe A-24, Annexe C.**

Becker (Howard S.)

Sociologue (né en 1928). C'est une des figures marquantes de l'interactionnisme américain.

Auteur de plusieurs travaux de sociologie de l'éducation et du travail, il est surtout connu en France par ses études rassemblées dans *Outsiders* (1963) dans lesquelles il a contribué à renouveler l'approche sociologique de la déviance.

REMARQUE : ne pas confondre avec Gary Becker, économiste.

➤ **déviance, étiquetage, interactionnisme symbolique.**

behaviorisme

(de l'angl. *behaviour* « conduite, comportement »)

Doctrine d'après laquelle la psychologie scientifique doit se limiter à l'étude expérimentale du comportement de l'individu dans son milieu physique et humain, sans recours à l'introspection ou à la « vie psychique intérieure ».

- **behaviorisme social :** démarche sociologique s'inspirant de ces préceptes.

bénéfice

Expression comptable du gain ou du profit.

➤ **comptabilité d'entreprise, profit.**

BERD [Banque européenne de reconstruction et de développement]

Banque internationale publique, créée à l'initiative de la France et de la Communauté européenne, et destinée à financer tout projet public ou privé contribuant au passage, en Europe de l'Est, d'une économie centralisée à une économie de marché.

Créée en 1989, elle est entrée en fonction en avril 1991. Son siège est à Londres. Son capital est souscrit par les pays capitalistes développés et par les pays bénéficiaires. La banque a défini des plans stratégiques pour chacun des pays bénéficiaires de l'Est et pour chaque secteur clé (énergie, distribution, etc.). Proche d'une banque d'affaires, elle sélectionne les projets à financer sur des critères de rentabilité mais sans négliger le financement des équipements publics.
Ses principales interventions consistent en conseils aux privatisations, financements d'entreprises privées, modernisations des infrastructures, assistances techniques.
Ses sources de financement proviennent principalement d'emprunts sur le marché international des capitaux.

L'originalité de la BERD réside dans la prise en compte explicite de critères politiques pour l'octroi des crédits (passage à la démocratie).

➤ **Europe : organisations non communautaires.**

besoin

Manque, sentiment de privation accompagné du désir ou de la nécessité de le faire disparaître. Cette définition, très générale, vaut pour l'ensemble des besoins, qu'ils soient d'origine physiologique, d'ordre affectif, intellectuel ou spirituel : besoin de manger, de se vêtir, besoin de communiquer, d'être informé, etc. Ils sont le fait d'individus, de groupes sociaux, voire de collectivités nationales. La notion de besoin est contingente et relative.

L'analyse économique envisage les besoins de façon restrictive : ne sont pris en compte que ceux qui peuvent être satisfaits par l'acquisition et la consommation de biens et services offerts en quantité limitée (principe de rareté) par l'activité productive marchande ou non marchande.

Besoin et demande

Une distinction doit être faite entre la demande et le besoin. La demande économique équivaut à une demande solvable qui s'exprime sur le marché et qui dépend par conséquent de la répartition des revenus.

La libre détermination des besoins par les consommateurs est réfutée par certains économistes. Pour Galbraith, par exemple, c'est l'offre qui suscite les besoins à travers la publicité et d'autres techniques de manipulation (théorie de la « filière inversée »).

Le besoin exprimé par l'individu ou le groupe (besoin social) est beaucoup plus large. Il peut porter sur des biens et des services offerts sur le marché mais inaccessibles, économiquement parlant, à ceux qui le ressentent. Il peut traduire des exigences pour lesquelles l'offre est défaillante (équipements scolaires, transports urbains, emplois) ou que le système est incapable de satisfaire (plein-emploi, intégration sociale). On dépasse, ce faisant, la sphère proprement économique.

Besoins primaires et secondaires

Les besoins font l'objet de plusieurs classifications : **les besoins primaires** et **les besoins secondaires**. Les premiers correspondraient à ceux dont la satisfaction est considérée comme nécessaire à la survie (nourriture, protection contre le froid...). Les seconds, moins impérieux, varient selon les sociétés et les finalités qu'elles se donnent.

Cette distinction est relative et prête à discussion ; la frontière entre les uns et les autres n'est pas évidente : savoir lire et écrire est un privilège dans certaines sociétés, une nécessité impérieuse dans la nôtre. La satisfaction des besoins élémentaires peut emprunter des modalités très diverses dans le temps et dans l'espace. L'univers des besoins est essentiellement social et culturel. Les besoins sont relatifs à une société donnée, à son niveau de développement, à son système social. Dans toute société hiérarchisée, ils diffèrent non seulement selon les groupes sociaux, mais sont largement réfléchis par la compétition sociale et ses enjeux.

Besoins sociaux et collectifs

Il est nécessaire par ailleurs de distinguer besoins sociaux et besoins collectifs.

Les besoins sociaux correspondent à des exigences ressenties et revendiquées collectivement par un groupe social.

Les besoins collectifs correspondent à des aspirations qui ne peuvent être satisfaites que par des réalisations collectives (entretien de la voirie, lutte contre la pollution, équipements culturels, etc.).

➤ **Engel (loi d') ; Annexe A-38.**

besoin de financement

➤ **capacité de financement.**

Beveridge (William)

Haut fonctionnaire et économiste (1879-1963) anglais d'obédience keynésienne, inspirateur du *Welfare State* contemporain à travers ses deux rapports de 1942 et 1944.

Premier « rapport Beveridge »

Le premier, « *Social Insurance and allied services* » (1942) se donne pour objectif d'éliminer les cinq grands maux de la société que sont la misère, la maladie, l'ignorance, la saleté et l'oisiveté forcée. Pour ce faire, il préconise la mise en place d'un système de protection sociale généralisée couvrant l'ensemble de la population et la création d'un système de santé gratuit et ouvert à tous.

Deuxième « rapport Beveridge »

Le second, « *Full employment in a free society* » (Le plein emploi dans une société libre) publié en 1944, entend promouvoir une politique économique de plein emploi et de maximisation de la croissance inspirée tant par les écrits de Keynes que par l'expérience de l'économie de guerre. Il s'agit en premier lieu de soutenir la demande globale par une dépense publique, vigoureuse, durable et planifiée. Il recommande par ailleurs d'amplifier la redistribution des revenus par la fiscalité et l'assurance sociale pour favoriser la propension à consommer (« politique de socialisation de la demande »).

Le rôle de Beveridge apparaît double : au plan théorique, il vulgarise et popularise la pensée keynésienne ; au plan politique, il infléchit les recommandations de son maître dans un sens dirigiste et social-démocrate.

➤ **État-providence, keynésianisme, protection sociale.**

Beveridge (courbe de)

Représentation graphique de la relation entre le taux de chômage et le taux d'emplois vacants.

Le processus de destruction-création d'emplois pose le problème de la mobilité géographique et professionnelle de la main-d'œuvre. Dès 1944, l'économiste anglais William Beveridge a proposé de mesurer les difficultés de réallocation de la main-d'œuvre par la relation entre les emplois vacants et le niveau du chômage.

La courbe théorique

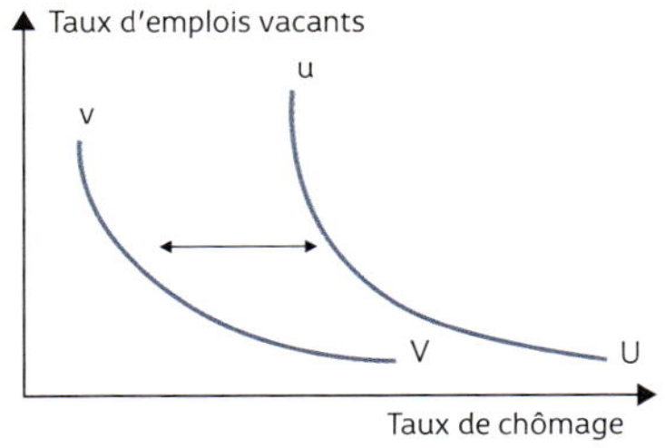

Dans un graphique portant le taux de chômage en abscisses et le taux d'emplois vacants, mesuré par le rapport entre le nombre d'emplois vacants (les offres d'emplois non satisfaites) et la population active, en ordonnées, la courbe de Beveridge théorique est décroissante : lorsque le chômage est important les entreprises ne devraient pas avoir de difficulté à trouver les travailleurs qu'elles recherchent ; c'est seulement lorsque l'on se rapproche du plein-emploi que les difficultés de recrutement devraient augmenter.

Les formes des courbes empiriques varient lorsque l'on effectue des comparaisons dans le temps ou dans l'espace. Malgré des problèmes de mesure des emplois vacants et des comparaisons internationales délicates, la lecture de ces courbes apporte des informations utiles si l'on distingue le déplacement le long d'une courbe donnée et le déplacement d'une courbe à l'autre. La forme d'une courbe donnée traduit la plus ou moins grande efficacité du processus d'appariement entre les offres et les demandes d'emploi. Pour un état donné de ce processus, on se déplace le long de la courbe en fonction de la conjoncture et des chocs subis par l'économie : par exemple vers la droite en cas de récession ; le déplacement d'une courbe vers la droite et vers le haut correspond à une augmentation simultanée du taux de chômage et du taux d'emplois vacants. Cela signifie que l'inadéquation entre les offres et les demandes augmente et révèle probablement un problème d'inadaptation des qualifications de la main-d'œuvre à l'évolution des emplois dans une économie qui se réorganise sous l'effet du progrès technique et de la concurrence internationale.

➤ **chômage d'équilibre, WS-PS.**

bien (ou service) collectif

Bien (ou service) pouvant être consommé par plusieurs personnes à la fois.

Biens caractérisés par la non-rivalité et la non-exclusion

La **non-rivalité** des consommateurs signifie que les quantités consommées par les uns ne réduisent pas les quantités disponibles pour les autres) et la **non-exclusion** que l'on ne peut pas exclure le mauvais payeur. La non-rivalité s'explique par le caractère indivisible du bien ou du service (Défense nationale). L'impossibilité d'exclure quelqu'un de l'utilisation d'un bien ou d'un service, y compris celui qui n'a pas contribué à son financement, est due à l'inexistence de dispositifs techniques ou juridiques qui permettraient d'en limiter l'accès ; on parle de **bien de club** pour désigner au contraire celui dont la consommation collective peut être fermée à certains usagers (transports collectifs).

Du bien collectif pur au bien privatif

Entre le bien collectif pur et le bien privatif, il existe toute une gradation liée à différents phénomènes :

– **au repérage de la consommation** (préalable à toute tarification comme le montre le calcul de l'audimat) ; la consommation des biens indivisibles (lutte contre la pollution) n'est pas repérable ;

– **à l'existence de substituts** : si l'on peut remplacer la police par la vente libre d'armes à feu, elle n'est plus un service collectif pur ;

– **aux techniques d'exclusion** : l'impossibilité d'exclure est technologique (invention du décodeur pour créer une TV à péage), ou résulte du coût de l'exclusion (la construction d'un mur autour d'un écran de cinéma est rentable, mais il n'est pas rentable de placer des parcmètres partout) ;

– **à la qualité** : la détérioration d'un service peut être liée au nombre de consommateurs (les bouchons sur les routes conduisent à instaurer des péages) ;

– **à l'existence de biens tutélaires** : l'État peut décider de réglementer parce qu'il s'estime mieux informé que les consommateurs (obligation scolaire, vaccination obligatoire) ;

– **à la taille du groupe** : du mur mitoyen au trou dans la couche d'ozone, le volume de la population concernée varie considérablement.

Une typologie des biens collectifs

Une typologie peut être construite à partir des deux critères, qui sont indépendants : la mer n'est pas un bien qui permette l'exclusion, mais une fois pêchés par A, les poissons ne sont plus disponibles pour B (rivalité) ; la réception d'une émission de télévision par A n'interdit pas cette réception par B (pas de rivalité) mais l'existence d'un décodeur permet d'exclure B s'il ne paie pas (biens de club). Les biens collectifs purs cumulent les deux propriétés, les biens privatifs n'en possèdent aucune :

	Pas d'exclusion possible	Exclusion possible
Pas de rivalité	Biens collectifs purs (phare)	Biens de club (TV à péage)
Rivalité	Biens communs (poissons)	Biens privatifs

REMARQUE : cette opposition entre biens collectifs et biens privatifs ne recoupe pas l'opposition entre public et privé : l'éclairage est financé par la collectivité mais il peut être concédé à une compagnie privée. La consommation collective n'est pas seulement une consommation de biens et services collectifs : elle inclut d'autres biens et services dès lors que leur production ou leur consommation est financée par une collectivité (éducation, santé).

➤ **consommation collective.**

bien de club

Bien présentant l'une des caractéristiques des biens collectifs – l'absence de rivalité des consommateurs – et l'une des caractéristiques des biens privatifs – la possibilité d'exclure les mauvais payeurs.

Par définition, un club est un lieu où l'on consomme un bien ou un service commun à plusieurs (une ambiance, l'utilisation d'une piscine, etc.) ; cependant, on peut décider qu'il soit plus ou moins fermé (il faut payer une cotisation, être invité, parrainé, etc.). De même, une chaîne de télévision cryptée est un bien de club parce qu'il faut disposer d'un décodeur et payer un abonnement pour y accéder, mais tous les abonnés bénéficient ensemble des mêmes programmes.

bien de consommation finale

Produit fini destiné à la satisfaction directe des besoins des ménages, le plus souvent par l'achat sur le marché.

➤ **consommation.**

bien de production

Bien utilisé dans le processus de production.

L'ensemble de ces biens ne font pas l'objet d'une consommation finale, mais d'une consommation productive, consommation intermédiaire dans le cas des biens de capital circulant – ou biens intermédiaires –, consommation de capital fixe pour les biens de capital fixe.

Pour le consommateur, ce sont des biens indirects car ils ne satisfont ses besoins que de façon indirecte, en permettant la production de biens de consommation.

➤ **capital, consommation.**

bien d'équipement

1 Bien d'équipement professionnel : bien durable utilisé dans la production d'autres biens ou services (machines, bâtiments...).

2 Bien d'équipement des ménages : bien durable utilisé par les ménages pour leur consommation individuelle (téléviseur, automobile...).

REMARQUE : ces deux types de biens ne le sont pas par nature mais par affectation : une automobile possédée par un particulier est un bien d'équipement des ménages, possédée par une entreprise, c'est un bien professionnel.

➤ **capital.**

bien économique

Bien produit par du travail humain dont la rareté lui confère une valeur d'échange.

Bien libre ou naturel

Contrairement au bien économique, il s'agit d'un bien disponible, gratuitement, et dont la production ne nécessite aucun travail humain : par exemple, l'air que nous respirons, les fruits et les champignons sauvages.

➤ **ophélimité, valeur (théories de la).**

bien intermédiaire

Bien qui est transformé ou détruit (matières premières, énergie, semi-produits) dans le processus de fabrication de biens finaux (biens de consommation, biens de production).

Sous cet intitulé, la nomenclature officielle des activités et produits regroupe extraction des minerais ferreux et non ferreux, sidérurgie, production de métaux non ferreux, matériaux de construction, industrie du verre, chimie de base, fonderie, travail des métaux, papiers et cartons, caoutchouc, matières plastiques.

➤ **consommation.**

biens communs

Les biens communs (locaux et internationaux) se distinguent des biens publics par le fait qu'ils sont non-exclusifs mais rivaux. Ainsi, l'eau devient un bien commun dès lors qu'elle se raréfie et nécessite la mise en œuvre de modes de gestion alternatifs à ceux des pouvoirs publics.

Utilité individuelle et coût collectif

La notion de bien commun apparaît dès lors que l'usage d'un bien public entraîne sa raréfaction et la mise en cause du critère de non rivalité. En 1968, l'écologiste Garret Hardin met en évidence dans *La tragédie des biens communs* que la rationalité des acteurs qui font usage commun d'un bien public mène à sa surexploitation et à sa raréfaction. Par exemple, dans le cas de terrains agricoles naturellement herbeux et libres d'usage, les éleveurs du village ont intérêt à y faire paître leur bétail, puisque le coût individuel est nul. Dans ces conditions, l'utilité individuelle est d'autant plus forte pour un éleveur qu'il est en mesure d'amener sur ces terres un plus grand nombre de bêtes. La surexploitation en découle avec la disparition de la non-rivalité et l'apparition de situations inéquitables. Dès lors, la solution réside dans la production de nouveaux droits de propriété et de modes de gestion qui articulent utilité individuelle et coûts collectifs.

Les arrangements institutionnels

Les travaux de l'économiste américaine Elinor Omtrom, prix Nobel d'économie en 2009, ont montré les « arrangements institutionnels » par lesquels les communautés diverses peuvent gérer de manière économiquement optimale les biens communs sans conduire à leur épuisement.

Par extension, des biens vitaux comme l'eau, les forêts, les connaissances doivent être reconnus comme biens communs mondiaux afin d'éviter les risques de pénurie et de conflits internationaux liés aux gestions nationales.

➤ **biens collectifs, biens publics mondiaux.**

biens publics mondiaux

Selon la théorie économique, les biens publics mondiaux présentent les caractéristiques de non rivalité et de non exclusivité propres aux biens publics. Leur production, destinée à des bénéficiaires qui en reçoivent les avantages sans être impliqués directement dans leur réalisation, ne peut être assurée par le marché et nécessite la création d'institutions internationales.

- **D'une manière générale, un bien public** (local ou international) est un bien qui n'est pas divisible et dont le coût de production ne peut être imputé à un individu en particulier, ce qui rend impossible la fixation d'un prix. La pureté des biens publics mondiaux peut être plus ou moins forte. Les biens publics impurs correspondent habituellement aux biens communs (locaux ou internationaux).
- **La paix et la sécurité internationale** sont des biens publics internationaux dès lors qu'elles sont garanties et protégées par des organismes internationaux, comme par exemple l'ONU. De même, la santé et la lutte contre les épidémies avec l'Organisation mondiale de la santé (OMS), l'éducation et la lutte contre l'analphabétisme avec l'Unesco. L'éradication de la faim et de la pauvreté dans le monde, la lutte contre le terrorisme international et les trafics en tous genres entrent également dans la catégorie des biens publics mondiaux, dès lors que ces objectifs sont menés par des organismes internationaux.
- **Les biens publics mondiaux** sont issus de structures politiques collectives et organisées qui prennent en charge des activités non rentables, mais utiles à l'ensemble des individus.

➤ **biens collectifs, biens communs, défaillance de marché.**

bilan

➤ **comptabilité d'entreprise.**

billet de banque

Actif monétaire sous forme de papier-monnaie.

L'ancêtre du billet moderne fut le **certificat de dépôt** : émis en contrepartie d'un dépôt d'or ou d'argent dans une banque, ce certificat n'avait de la valeur qu'en tant qu'il représentait une certaine quantité de métal précieux. Cette valeur est attestée par la libre convertibilité du billet en or ou en argent. En 1656, la Banque de Suède opère un changement radical en émettant des billets en contrepartie de l'escompte d'effets de commerce. Le billet n'apparaît plus comme un substitut de la monnaie métallique, mais comme une véritable monnaie émise en contrepartie de crédits à l'économie.

Cette évolution a été parachevée par trois événements en France :

– la proclamation du cours légal : tout créancier peut être contraint d'accepter des billets en paiement d'une dette (en 1848, puis en 1870) ;
– la proclamation du cours forcé : la Banque centrale supprime la convertibilité du billet en métal (en 1848, puis en 1936) ;
– l'État confère le monopole d'émission des billets à la Banque centrale.

Supplantés par la monnaie scripturale, les billets en circulation représentent moins de 9 % des moyens de paiement en France en 2006.

➤ **monnaie.**

billet de trésorerie

Titre court émis par une entreprise et négociable sur le marché monétaire.

➤ **marché monétaire, obligation.**

bimétallisme

Système monétaire métallique basé sur deux métaux.

À la différence de l'étalon-or pur, ce système fonde l'émission des billets aussi bien sur l'or que sur l'argent. Il suppose l'existence d'un rapport légal et fixe entre la valeur monétaire des deux métaux. Ce système, adopté par plusieurs pays (France, États-Unis, Italie, Suisse, Belgique), fonctionna imparfaitement dans la première moitié du XIXe siècle.

➤ **Gresham (loi de), Système monétaire international [SMI].**

bipartisme

Système politique caractérisé par l'alternance au pouvoir de deux partis dominants, l'un plutôt conservateur, l'autre plutôt progressiste.

En Grande-Bretagne : *whigs* et *tories* au XIXe siècle, et, aujourd'hui, Parti travailliste et Parti conservateur. Aux États-Unis : Parti démocrate et Parti républicain. En Allemagne : Parti social-démocrate et Parti chrétien-démocrate.

Le système bipartisan repose généralement sur le mode de scrutin majoritaire, sur un fort consensus social laissant peu de place aux extrêmes et sur la capacité des deux partis dominants d'intégrer les valeurs nouvelles et d'accepter, lors de l'alternance, l'essentiel de l'héritage de l'ancienne majorité.

➤ **parti politique.**

BIRD [Banque internationale pour la reconstruction et le développement]

➤ **Banque mondiale.**

BIT [Bureau international du travail]

Organisme international, établi à Genève : il assure le secrétariat de l'OIT et publie des rapports appréciés sur les problèmes du travail ; sa définition du chômage constitue une référence pour les États membres.

➤ **chômage, OIT.**

BNT

➤ **Barrières non tarifaires.**

Boas (Franz)

Anthropologue américain d'origine allemande (1858-1942), un des principaux fondateurs de l'anthropologie contemporaine.

Après des études supérieures en Allemagne et la participation à une expédition chez les esquimaux de la terre de Baffin, il immigre définitivement aux États-Unis (1886) où il mène de longues enquêtes de terrain auprès des populations indiennes de la côte Pacifique.

Ses apports à l'ethnologie et à l'anthropologie sont considérables. Par ses contacts prolongés avec les populations étudiées et ses compte rendus minutieux, on peut le considérer comme l'un des inventeurs de l'ethnographie. Plus encore, en se livrant à une critique radicale de la notion de race et de l'opposition entre « primitifs » et « civilisés », en adoptant le relativisme culturel comme principe méthodologique, F. Boas peut être présenté comme le grand inspirateur de l'anthropologie culturelle contemporaine.

➤ **culturalisme, culture, race, relativisme culturel.**

bobo

Cadre ou professionnel fortement diplômé se distinguant de la bourgeoisie traditionnelle par son style de vie « moderne » et ses pratiques culturelles avant-gardistes.

Le terme a été forgé en 2000 par D. Brooks, journaliste américain, par contraction de l'expression « bourgeois et bohème ».

Elle désigne, selon lui, ceux « qui ont un pied dans le monde bohème de la créativité et un autre dans le monde bourgeois de l'ambition et de la réussite matérielle ».

➤ **gentrification.**

bon du Trésor

Titre émis par le Trésor public et destiné à opérer un financement à court et moyen terme.

Source de financement de l'État, les bons du Trésor, se distinguent des emprunts à long terme, les obligations assimilables du trésor (OAT) (6 à 15 ans) et peuvent prendre deux formes nettement différentes : les bons du Trésor à intérêt annuel (BTAN) qui représentent un endettement à moyen terme et les bons du Trésor à taux fixe et à intérêts précomptés (BTF), instrument de gestion de trésorerie de l'État (moins de un an).

➤ **déficit public, marché monétaire.**

bouclier fiscal

Dispositif fiscal visant à plafonner les impôts payés par les contribuables à revenus et/ou à patrimoine élevés.

Cette mesure déjà présente dans certains pays européens, a été instituée en France par les lois fiscales de 2006 et 2008. Selon le code général des Impôts, « les impôts directs payés par un contribuable ne peuvent être supérieurs à 50 % de ses revenus ».

Présenté comme une mesure d'équité, le dispositif a été largement commenté et critiqué : pour les uns, c'est une mesure de bon sens qui peut éviter l'exode fiscal de certains contribuables fortunés et ainsi augmenter les ressources fiscales globales de l'État ; pour les autres, elle ne favorise que les citoyens les plus favorisés et diminue les ressources fiscales de l'État.

Il a été supprimé en 2011.

➤ **fiscalité, impôt, paquet fiscal.**

Boudon (Raymond)

Sociologue français contemporain (1934-2013).

Auteur de travaux portant tour à tour sur l'épistémologie et la méthodologie, la mobilité sociale et l'éducation. Il est le promoteur de « l'individualisme méthodologique », selon lequel « les comportements sont interprétés comme des actions entreprises en vue d'obtenir certaines fins », et qui postule que « ce sont les actions individuelles qui, par agrégation, constituent les phénomènes collectifs ».

Ouvrages principaux : *L'inégalité des chances* (1973) ; *La Logique du social* (1979) ; *Effets pervers et ordre social* (1977) ; *L'idéologie ou l'origine des idées reçues* (1986) ; *Le sens des valeurs* (1999).

➤ **effet d'agrégation, effet pervers, individualisme méthodologique ; Annexe Ⓐ-53.**

Bourdieu (Pierre)

Sociologue français contemporain (1930-2002).

Auteur de nombreux travaux sur des objets fort divers (mariage kabyle, célibat paysan, étudiants et professeurs, fréquentation des musées, pratiques de consommation, etc.) mais qui tous, mettent en perspective les logiques de la différence et de la domination sociales dans les pratiques, les comportements et les goûts.

Capital économique, capital culturel et capital social chez P. Bourdieu

Les positions des agents dans l'espace social sont structurées à la fois par **le volume global de capital** (ensemble des ressources et des pouvoirs non réductible à l'économique) et par la composition de ce capital (la répartition des types de ressources). Sont ainsi distingués :

- **le capital économique** désignant aussi bien les revenus (et les types de revenus) que le patrimoine sous ses différentes modalités (capital immobilier, actifs financiers dont les valeurs mobilières) ;
- **le capital culturel** ou ensemble des ressources culturelles.

Il peut être appréhendé sous trois formes :
– capital incorporé (langage, capacités intellectuelles, savoir et savoir-faire) ;

– capital objectivé (possession d'objets culturels) ;

– capital certifié : légitimation par les diplômes et autres titres scolaires.

Le terme « capital » se justifie car ces ressources sont accumulées et partiellement transmises des parents aux enfants ;

- **le capital social**, ou ce que le langage ordinaire appelle « les relations » (réseau de connaissances).

Celles-ci, loin d'être réduites à leur dimension mondaine, peuvent constituer un vecteur essentiel d'insertion sociale, d'opportunités en affaires ou d'acquisition de pouvoirs dans un champ donné (espace professionnel, monde des affaires, État, Université, etc.).
L'espace des positions n'est donc pas unidimensionnel : dans les classes supérieures par exemple, les industriels et commerçants, bien pourvus en capital économique mais moins bien dotés en capital culturel, s'opposent aux cadres et aux professions intellectuelles dont la structure en ressources est inverse.

C'est dans ce cadre qu'il développe les notions d'*habitus* (dispositions socialement acquises) et de *légitimité* (conférée à la culture et aux points de vue des acteurs dominants).
Tout en récusant une lecture « substantialiste » des classes (les présentant comme réalités collectives bien délimitées), Bourdieu propose une clé d'analyse de la structure sociale contemporaine. (*cf.* encadré)
En tentant d'intégrer les problématiques de Marx, de Durkheim et de Weber, Bourdieu entend développer une sociologie critique qui met au centre la dialectique du pouvoir matériel et de la domination symbolique.

Ouvrages principaux : *Travail et travailleurs d'Algérie* (1963) ; *Les héritiers* (1964 en collaboration avec J.-C. Passeron) ; *L'amour de l'art* (1966, en collaboration avec A. Darbel) ; *La distinction* (1979) ; *Le sens pratique* (1980) ; *La noblesse d'État* (1989) ; *Réponses* (1992) ; *La misère du monde* (collectif, 1993).

➤ **habitus, héritage culturel, légitimité, structuralisme ; Annexe Ⓐ-54.**

bourgeoisie

1 [sens économique] **Classe sociale en régime capitaliste qui possède les moyens de production et d'échange, c'est-à-dire le capital commercial, bancaire, industriel.**

Entre le XIIIe et le XVIIe siècles, la bourgeoisie est composée essentiellement de commerçants, de manieurs d'argent et de membres des professions libérales. Elle s'oppose à la noblesse par l'exercice d'une activité économique et la condition roturière.
Pour Marx, la bourgeoisie est la classe dominante.

2 [sens social et culturel] **Milieu social caractérisé par des conditions d'existence et un style de vie spécifiques : le non assujettissement au travail manuel, la propriété de valeurs mobilières et immobilières, une aisance de moyens, un confort paisible, un certain « train de vie ».**

Ce faisant, la bourgeoisie se distingue par l'« honorabilité », le prestige, l'attachement à des valeurs morales et sociales souvent traditionnelles, les règles du « savoir-vivre ».

Bourgeoisie et classes supérieures

Les transformations du système capitaliste ont modifié la configuration de la bourgeoisie. Certains préfèrent parler de classes supérieures dans la mesure où l'exercice du pouvoir économique, l'emprise sur la société reposent moins sur la possession du capital que sur l'occupation de postes de direction dans les firmes et la haute administration.

➤ **classe(s) sociale(s).**

Bourse des marchandises

Marché où se fixe le cours de certains produits de base (café, blé, étain, etc.).

Les cotations se font sur des places internationales, telles New York, Chicago, Londres, Amsterdam, Melbourne, etc., selon les produits.

Bourse des valeurs

Lieu où s'échangent par l'intermédiaire des sociétés de Bourse, des valeurs mobilières (actions et obligations).

Partie du marché financier, la Bourse est le lieu où se fixe le cours des valeurs par la confrontation de l'offre et de la demande. Les transactions peuvent s'effectuer au comptant – le cours est fixé le jour même – ou à terme – le cours retenu est celui du jour mais la transaction effective n'est réalisée que plus tard. Il existe, en France, des Bourses des valeurs à Paris, Lyon, Marseille, Lille, Nancy, Bordeaux et Nantes.

➤ **Autorité des marchés financiers, Euronext, marché financier, sociétés de Bourse.**

Bourse du Travail

Lieu créé en 1886 et mis à la disposition des syndicats par les municipalités de certaines grandes villes afin de permettre aux travailleurs d'organiser la défense de leurs intérêts.

brain drain

➤ **fuite des cerveaux.**

branche

[Comptabilité nationale] **Ensemble d'unités de production qui produit un seul type de biens ou de services.**

Par exemple, l'entreprise Renault n'entre pas en entier dans la branche automobile parce que l'entreprise ne produit pas que des automobiles ; en revanche, Renault entre en entier dans le secteur automobile parce que l'automobile est sa principale production.

➤ **secteur économique.**

Braudel (Fernand)

Historien français (1902-1985), chef de file de la « Nouvelle Histoire » (école des Annales) après la disparition de ses fondateurs, M. Bloch et L. Febvre.

- Ayant pour cadre principal l'Europe des « Temps Modernes », ses travaux privilégient la longue durée, les lentes évolutions de la vie matérielle, des structures économiques et des pôles dominants (cités italiennes, Amsterdam et la Hollande, Londres et l'Angleterre). Son œuvre interpelle les économistes par sa vision originale du capitalisme et de sa genèse. Les économies préindustrielles se caractérisent par la coexistence de deux univers : l'économie paysanne en quasi-autarcie et l'économie de marché occupant une place restreinte mais étant le siège de transformations décisives.
- Cette économie de marché est elle-même segmentée en plusieurs étages : les marchés élémentaires, les foires et les bourses, enfin le niveau supérieur des échanges auquel Braudel identifie le capitalisme originel mécanismes financiers plus ou moins raffinés, négoce au long cours portant sur des valeurs importantes, mentalités favorables au profit, au calcul et au jeu. Ainsi, pour Braudel, non seulement le capitalisme est largement antérieur à la révolution industrielle, mais il apparaît comme une logique « transhistorique » capable de s'incarner dans des formations économiques très différentes.

Ouvrages principaux : *La Méditerranée et le monde méditerranéen* (1949) ; *Civilisation matérielle, économie et capitalisme (XVe-XVIIIe siècle)* (1980) ; *La dynamique du capitalisme* (1985) ; *L'identité de la France* (posthume, 1986).

➤ **économie-monde.**

Bretton Woods (accords de)

Accords issus d'une conférence tenue en juillet 1944 dans une petite ville des États-Unis et réunissant 1 000 délégués de 44 pays (dont l'URSS qui n'a pas signé l'accord), au terme de laquelle furent jetées les bases d'un nouveau Système monétaire international.

L'accord, fortement inspiré par les thèses américaines, est caractérisé par quatre points fondamentaux : des parités fixes ; un système d'étalon de change-or ; un code de bonne conduite (retour à la liberté des changes et donc à la convertibilité des monnaies) ; un mécanisme de crédits mutuels (droits de tirage, DT). La mise en application de ces règles relève du Fonds monétaire international (FMI) créé à cette occasion (ainsi que la Banque internationale pour la reconstruction et le développement, BIRD, dite Banque mondiale) .

Dislocation de l'accord

L'accord de Bretton Woods a été modifié le 31 mai 1968 par un amendement créant les droits de tirage spéciaux (DTS). Les accords de la Jamaïque en 1976 ont légalisé le flottement généralisé des monnaies et ont opéré une démonétisation de l'or au sein du FMI. En fait, le système conçu à Bretton Woods s'est progressivement disloqué à partir de 1968 avec la suppression du pool de l'or, puis avec la suppression de la convertibilité du dollar en or, en 1971, et, enfin, avec la généralisation de fait du flottement des monnaies en 1973.

REMARQUE : lors de la conférence de Bretton Woods, le projet anglais présenté par Keynes s'est opposé au projet américain, présenté par White ; Keynes souhaitait l'institution d'une véritable Banque centrale mondiale chargée d'émettre une monnaie internationale, le « Bancor », et d'assurer les fonctions de Banque centrale des Banques centrales.

➤ **droits de tirage spéciaux [DTS], Fonds monétaire international [FMI], Système monétaire international [SMI].**

brevet d'invention

Titre de propriété sur une invention, délivré par l'Administration (en France la loi du 2 janvier 1968 prévoit

l'enregistrement et la publication du brevet par l'Institut national de la propriété industrielle), assurant à l'inventeur une protection contre toute imitation et lui réservant l'exclusivité de l'exploitation industrielle.

Un brevet peut être vendu. Quand le droit de l'exploiter est cédé à un tiers, contre redevance, par l'inventeur il s'agit d'une **licence d'exploitation**.

Selon l'INPI : « Le brevet est le titre de propriété industrielle qui confère à son titulaire, inventeur ou entreprise, un droit exclusif sur une invention pour une période de 20 ans. » Pour l'obtenir, il convient de déposer une demande auprès de l'INPI. Après examen et publication, le brevet sera délivré : paradoxalement, le brevet rend l'invention publique en même temps qu'il la protège.

Les critères de brevetabilité

Il existe trois critères de brevetabilité : la nouveauté, l'activité inventive et l'application industrielle.

Le brevet est un moyen de valoriser l'innovation : il permet à son titulaire d'interdire à tout autre d'exploiter l'invention sans son autorisation et, le cas échéant, de poursuivre les contrefacteurs. Si le titulaire est une entreprise, c'est son marché qu'elle protège en protégeant ses inventions. Elle se donne également les moyens d'en conquérir de nouveaux par des dépôts à l'étranger et des concessions de licence.

Il est aussi un instrument de veille technologique. La documentation accompagnant le brevet, et qui est publiée, est la source d'information technologique internationale la plus complète, la plus systématique et la plus accessible : 80 % de l'information scientifique et technique est contenue dans les brevets.

La propriété intellectuelle

La propriété intellectuelle recouvre la propriété industrielle ainsi que le droit d'auteur et les droits voisins :

– **la propriétés industrielle** concerne les brevets, les marques, les dessins et les modèles, les topographies des produits semi-conducteurs, les nantissements de logiciels et les certificats d'obtention végétale, mais aussi les dénominations sociales, les noms commerciaux et les enseignes, les appellations d'origine et indications géographiques ;

– **les droits des auteurs** de toutes œuvres de l'esprit sont protégés, quels qu'en soient la forme d'expression, le genre, le mérite ou la destination. Les droits voisins ont été créés au profit des prestations de trois catégories de bénéficiaires qui ne sont pas reconnus en tant qu'auteurs : les artistes interprètes, les producteurs (de phonogrammes et de vidéogrammes) et les entreprises de communication audiovisuelle.

Il n'existe pas encore de brevet communautaire, c'est-à-dire de titre de protection unique et valable dans tous les pays membres de l'Union européenne. Mais l'entreprise ou le particulier qui désire protéger son invention dans plusieurs pays d'Europe peut avoir recours au brevet européen, créé par la Convention de Munich (1973). C'est un système commun de délivrance des brevets, dont la gestion est assurée par l'Office européen des brevets (OEB) qui a son siège à Munich. Le correspondant de l'OEB en France est l'Institut national de la propriété industrielle (INPI).

La brevetabilité du vivant, des logiciels

La brevetabilité du vivant est l'un des dossiers les plus conflictuels du cycle de négociations au sein de l'OMC. L'accord sur les aspects des droits de propriété intellectuelle touchant au commerce (ADPIC ; TRIPS en anglais) oblige les États membres de l'OMC à allouer des brevets « pour toute invention de produit ou de procédé », y compris sur les organismes vivants. La révision de cet accord, entré en vigueur en 1995, voit s'affronter, d'une part, les États-Unis et de nombreux pays industrialisés partisans d'un renforcement de l'accord, d'autre part, les

pays en développement, soutenus par de nombreuses ONG, qui souhaitent exclure le vivant de la brevetabilité.
Autre domaine sensible, notamment au sein de l'UE : la brevetabilité des logiciels ; les grandes firmes de logiciels souhaitent celle-ci pour toute invention nouvelle, « évidente » ou non.

➤ **balance des paiements, externalité, Invention, transferts de technologie, veille technologique.**

BRI

➤ **Banque des règlements internationaux [BRI].**

BRICS [Brésil, Russie, Inde, Chine, Afrique du Sud]

L'acronyme BRIC, créé en 2001 par Jim O'Neill, économiste chez Goldman Sachs, désigne initialement les marchés financiers émergents de quatre pays : Brésil, Russie, Inde, Chine. Il s'applique ensuite à l'ensemble de leurs économies. BRIC devient BRICS en avril 2011 par l'ajout d'un S pour l'Afrique du Sud.

Les BRICS constituent un ensemble informel et hétérogène. Ils participent activement au bouleversement de la division internationale du travail depuis une vingtaine d'années. Ils jouent un rôle moteur accru dans l'économie mondiale depuis l'éclatement, en 2007-2008, de la crise financière et économique touchant les économies avancées.
En 2012, l'accroissement de leurs PIB équivaut au PIB de l'Italie. Cet accroissement est dû, pour l'essentiel, à la Chine et à l'Inde, les deux poids lourds de l'ensemble.

Une ressemblance entre ces pays

De très fortes inégalités de revenu. Mais après avoir fortement augmenté en Chine, en Russie, en Inde et en Afrique du sud, elles tendent à fléchir depuis quelques années en Russie et au Brésil (pays parmi les plus inégalitaires).

Des différences entre ces pays

– **démographie :** une population en nombre considérable en Chine (1,3 milliard d'habitants) et en Inde (1,1 milliard), bien plus modeste au Brésil (200 millions), en Russie (142 millions) et en Afrique du Sud (51 millions) ;
– **taux de croissance :** très élevé et relativement régulier en Chine au cours des dix dernières années (9 à 10 % par an) et en Inde (8 à 9 %), modeste au Brésil (3,5 %), en Russie (3 à 4 %) et en Afrique du Sud (2 à 5 %), avec un creux plus ou moins prononcé en 2009 ;
– **spécialisation internationale :** alors que la Chine est devenue « l'atelier du monde » et exporte surtout des produits manufacturés, acquérant une place significative dans les exportations mondiales (12 % de celles-ci), le Brésil exporte de plus en plus de produits primaires ainsi que la Russie et l'Afrique du Sud, l'Inde se spécialisant dans l'exportation de services ;
– **balance commerciale et balance des comptes courants :** les BC de la Chine, de la Russie, du Brésil ont un solde positif et à l'exception du Brésil, le solde de leur balance des comptes courants est également positif. Les soldes de la balance commerciale et des comptes courants sont négatifs en Inde (depuis 1991 et 2005 respectivement) et en Afrique du Sud (depuis 2004 et 2003 respectivement) ;
– **violence :** le taux d'homicide est très élevé en Afrique du Sud, au Brésil et en Russie, ce qui n'est pas (encore ?) le cas en Chine et en Inde.

brut/net

Passage d'un agrégat calculé brut au même agrégat calculé net en retranchant l'une (ou plusieurs) de ses composantes.

Exemples : Salaire net = Salaire brut – cotisations sociales.
Investissement net = Investissement brut – amortissement, etc.

Buchanan (James)

Économiste américain (1919-2013), chef de file de l'école du *Public choice* qui met l'accent sur les déterminants politiques des prises de décision en matière de politique économique.

➤ ***public choice* (École du) ; Annexe ©.**

budget de l'État

Loi de Finances votée par le Parlement qui prévoit et autorise les dépenses et recettes de l'État. Ce terme peut également s'appliquer à un ministère (le budget de l'Éducation nationale), à une collectivité locale (le budget de la ville de Paris) ou à un établissement public (le budget du CNRS).

Le budget de l'État (ou loi de Finances initiale : LFI) est caractérisé par **trois grands principes** :
– **l'universalité** : la loi de Finances doit retracer toutes les recettes et toutes les dépenses ;
– **l'unité** : les recettes ne sont pas affectées à une dépense particulière ;
– **l'annualité** : il doit être voté tous les ans ; les autorisations de recettes et de dépenses ne sont valables que pour cette durée.

La procédure budgétaire est longue et complexe et commence dès le début de l'année précédente : des prévisions économiques aident à prévoir le rythme de rentrée des recettes et à fixer des orientations pour les dépenses. Après les arbitrages rendus, par le Premier ministre, entre les ministères « dépensiers » et le ministre des Finances, le projet de loi de Finances initiale est adopté par le Conseil des ministres. Le Parlement discute et vote le projet à l'automne, dans des conditions particulières prévues à l'article 47 de la Constitution.

Le budget peut être révisé en cours d'année par une **loi de Finances rectificative** (ou collectif budgétaire), notamment en raison des modifications de l'environnement économique ou de changement des orientations économiques du gouvernement.

Budget, équilibre, déficit ou excédent

Les recettes de la loi de Finances sont constituées, pour l'essentiel, par les impôts : impôts directs (impôt sur le revenu des personnes physiques, impôt sur les sociétés, impôt sur la fortune) et surtout impôts indirects (taxe sur la valeur ajoutée, taxe intérieure sur les produits pétroliers, etc.).

Les dépenses sont marquées par une très forte rigidité. Les services votés, c'est-à-dire les dépenses qui sont reconduites d'une année sur l'autre (traitement des fonctionnaires, service de la dette, par exemple), représentent près de 95 % du total.

➤ **déficit budgétaire, finances publiques, LOLF, politique budgétaire.**

budget des ménages

Ensemble des recettes (revenus du travail, du capital, etc.) et des dépenses d'un ménage.

Le budget d'une famille peut faire l'objet d'un document écrit qui retrace l'arbitrage, au cours du mois ou de l'année, entre les différentes affectations des ressources possibles : dépenses de consommation courante, d'équipement, épargne.

➤ **ménage.**

budget social

➤ **effort social de la nation.**

budgets annexes

Budgets qui retracent les opérations financières de services spécifiques de l'État (Aviation civile, Légion d'honneur, etc.), qui produisent des biens ou des services donnant lieu en contrepartie à une taxe parafiscale. Ces budgets qui dérogent à la règle de l'unicité sont présentés en annexe de la loi de Finances (obligatoirement en équilibre).

➤ **budget de l'État (loi de Finances).**

Budget général de la France de 1987 à 2012
(en milliards d'euros)

	1987	1997	2007	2012
DÉPENSES				
Dépenses de fonctionnement	159,9	250,7	347,5	391,6
Consommations intermédiaires	47,1	71,8	95,8	114
Rémunération des salariés	110,1	173	243,3	267,7
dont cotisations sociales imputées	*14,4*	23,4	33,3	40,6
Impôts sur la production	2,6	5,8	8,2	9,6
Impôts courants sur le revenu et le patrimoine	0,1	0,1	0,2	0,1
Intérêts	20,9	44	51,8	52,1
Prestation et autres transferts	217,7	354,4	527,4	607
Prestations sociales autres que transferts sociaux en nature	141,6	229,2	330	643,5
Transferts sociaux en nature de biens et services marchands	36,4	62,7	106,9	125,1
Subventions	20,3	19,1	26,1	30,5
Autres transferts courants	12,4	28,2	52	66,7
Transferts en capital	7,1	15,2	12,3	17,5
Acquisitions nettes d'actifs non financiers	26,9	36,5	64,4	64,2
Formation brute de capital fixe	26,8	36,8	61,8	63,7
Autres acquisitions nettes d'actifs non financiers	0,1	–0,3	2,7	0,5
Total des dépenses	**425,4**	**685,6**	**991**	**1151,3**
RECETTES				
Recettes de production	25,5	43,6	63,4	72,6
Production des branches marchandes et ventes résiduelles	22,6	37	51,2	59
Production pour emploi final propre	0,4	1	1,6	1,4
Paiements partiels des ménages	2,5	4,5	7,4	9,1
Autres subventions sur la production		1,2	3,1	3,1
Revenus de la propriété	10,5	10	14,8	13,4
Intérêts	4,4	4,3	3,5	3,3
Revenus de la propriété autres que les intérêts	6,1	5,8	11,3	10,1
Impôts et cotisations sociales	365,1	574	847,3	949,2
Impôts sur la production et les importations	127,6	201,2	284,8	314
Impôts courants sur le revenu et le patrimoine	67,1	116,6	216,8	243,4
Impôts en capital	2,6	6,1	8,9	9,6
Transferts de recettes fiscales				
Cotisations sociales	169,1	253,3	340,9	987
dont cotisations sociales imputées	*14,4*	23,4	33,3	40,6
Impôts et cotisations dus non recouvrables nets	–1,4	–3,1	–4,2	–4,8
Autres transferts	6,9	15,9	15	17,8
Autres transferts courants	5,2	9,3	13,3	15,3
Transferts en capital	1,7	6,5	1,7	2,4
Total des recettes	**408**	**643,6**	**940,4**	**1053**
Capacité (+) ou besoin (–) de financement	**–17,4**	**–42**	**–50,6**	**–98,3**

Source : INSEE, 2013

bulle financière

Situation dans laquelle les cours sur le marché d'une ou plusieurs grandeurs financières (actions ou devises par exemple) tendent à s'élever au-delà de ce qui serait justifié par les données réelles, les grandeurs économiques fondamentales (en anglais *fondamentals*).

• **Les anticipations des spéculateurs** sont autoréalisatrices : les cours montent du fait que tous pensent qu'ils vont monter – d'autant que le phénomène est amplifié par la concentration des opérateurs – jusqu'à ce que les anticipations se retournent ; la bulle éclate alors et les cours tombent brutalement, avec des incidences financières et réelles importantes.

• **Selon André Orléan,** les bulles financières spéculatives sont des bulles « rationnelles ».Il s'agit d'une rationalité « autoréférentielle » mimétique : il convient de s'aligner sur la croyance collective, car on ne peut pas battre le marché, et les cours monteront si chacun achète, pensant que les autres pensent que les cours monteront (croyances de second degré, autovalidées).

• **L'éclatement d'une bulle financière** peut se transmettre à la sphère réelle par le **canal de l'effet de richesse :** la brutale dévalorisation de la composante financière de leur patrimoine peut conduire les agents à en reconstituer la valeur en élevant leur taux d'épargne ; la baisse de leurs dépenses de consommation peut alors entraîner une crise par le jeu du multiplicateur négatif de la dépense.

• **Autre canal de transmission :** la chute des investissements liée à l'arrêt des augmentations de capital des sociétés ou à la diminution de leur capacité d'emprunt, qui dépend en partie de leur capitalisation boursière.

➤ **richesse (effet de), krach, réel/ financier, réel/monétaire, spéculation.**

bullionnisme

(de l'angl. *bullion* « lingot »)

Politique économique se rattachant au courant mercantiliste espagnol.

Il visait à empêcher l'or et l'argent entrés dans le pays de sortir des frontières. Le bullionnisme fut pratiqué par l'Espagne au temps de Charles Quint et de Philippe II. La doctrine repose sur la conviction que les métaux précieux constituent la richesse par excellence en raison de leur caractère impérissable.

➤ **mercantilisme.**

bureaucratie

1 [sens courant] **Appareil administratif hypertrophié entraînant l'inefficacité et/ ou un pouvoir abusif.**

2 [sciences sociales] **Analyses de l'ensemble des caractéristiques des grandes organisations publiques ou privées.**

La théorie webérienne

La bureaucratie, selon Max Weber, peut être définie comme un système d'organisation rationnel et efficace, basé sur la division fonctionnelle du travail et la spécialisation des compétences. Elle ne concerne pas seulement l'administration publique ; elle caractérise le fonctionnement des grandes organisations privées dans les sociétés industrielles.

La bureaucratie correspond à l'autorité rationnelle légale et se caractérise par :
– un système de règles abstraites et impersonnelles ;
– la définition rigoureuse des postes auxquels correspondent les fonctions ;
– la hiérarchie des fonctions.

La bureaucratie est efficace car elle permet une exécution objective, c'est-à-dire selon des règles calculables. Elle favorise cependant « l'impersonnalité » dans les rapports entre individus réduits à leurs fonctions.

La sociologie des organisations

La sociologie des organisations part de la conception webérienne de la bureaucratie, mais pour en souligner les imperfections et les déviations :

– elle ne fonctionne pas toujours selon ses propres règles car un système informel double le règlement officiel ;

– elle engendre des effets pervers, retrait derrière le règlement, étouffement de l'initiative, et développe des dysfonctionnements qui vont à l'encontre des buts proclamés.

Ces analyses sont développées aux États-Unis par Merton et Gouldner ; en France par Crozier : *Le phénomène bureaucratique* (1963) est étudié dans deux organisations (une agence comptable et une grande entreprise industrielle).

La bureaucratie comme système politique

La bureaucratie peut caractériser un système de pouvoir à l'échelle de la société globale. Dans ce cas, elle désigne tout à la fois l'exercice du pouvoir politique, administratif et économique (fusion des pouvoirs dans l'État-Parti) et la classe dominante constituée par les dirigeants et les cadres de l'État et du Parti .Exemple : La nomenklatura en Union Soviétique et dans les pays de l'Est avant 1989.

➤ **autorité, organisations, rationalité, technocratie, Weber ; Annexe Ⓐ-49.**

bureaucratie (théorie néo-libérale de la)

Théorie économique selon laquelle les institutions publiques, s'autonomisant par rapport aux consommateurs, aux propriétaires et aux électeurs, n'ont pas un fonctionnement efficace. C'est une approche développée depuis le début des années 1970, par l'École du *Public choice* (Buchanan, Tullock).

➤ **Buchanan (James), propriété (droit de), *public choice* (École du).**

C

CAC 40

Indice boursier français comprenant 40 valeurs représentatives, en termes de capitalisation et de transactions, des différents secteurs d'activité des sociétés inscrites à la cotation sur le Premier marché. Il sert de base à des contrats à terme.

Autrefois indice de la « Compagnie des agents de change », il est désormais un indice de la « cotation assistée en continu » (voir le système informatisé Super CAC). Lancé le 1er janvier 1988 avec une base fixée à 1 000 points le 31 décembre 1987, il a atteint les 6 000 points début janvier 2000 ; après une sévère baisse durant plusieurs années, fin mai 2006, il remonte en dessus de 5 000 points ; la crise qui apparaît en 2007-2008 l'entraîne, au début 2009 sous les 3 000 points. Depuis, il oscille entre 3 000 et 3 800 points. L'indice CAC 40, baromètre de l'évolution des actions françaises, est une moyenne pondérée du cours de 40 valeurs choisies parmi les 100 premières capitalisations boursières françaises : chaque titre a un poids relatif à la valeur boursière de l'ensemble de la société cotée. Plus la société a une taille importante, plus l'évolution de son cours de bourse a une influence sur l'indice (par exemple, France Télécom).

➤ **indicateurs boursiers, marché financier.**

CAD

➤ **aide au développement.**

cadre(s)

1 Actifs salariés exerçant une fonction d'initiative et de responsabilité impliquant la délégation de l'autorité patronale. Cette délégation de pouvoir se manifeste par une fonction d'encadrement aux niveaux supérieur et intermédiaire de la hiérarchie ; le cadre commande à des agents subalternes, il dirige et coordonne leur activité : directeur de production, chef de service.

2 [par extension] Personnes reconnues pour leurs compétences (sanctionnées souvent par des diplômes) dans l'exercice de tâches d'un niveau de complexité élevé sans pour autant être associées à des fonctions d'encadrement : chercheur, ingénieur, responsable financier, etc.

Un ensemble hiérarchisé et diversifié

Les cadres constituent un ensemble hiérarchisé (des cadres d'état-major aux cadres « subalternes »). Ils exercent leurs fonctions dans les entreprises, mais aussi dans les administrations (cadres de la fonction publique). Dans les premières, on distingue les cadres techniques (ingénieurs, directeurs de production) et les cadres administratifs et commerciaux correspondant au développement des fonctions autres que celles de la production.

Les cadres et la structure sociale

Les cadres constituent un groupe social sans doute hétérogène mais dont la réalité objective et subjective ne peut être niée. La classification socioprofessionnelle française les enregistre depuis les années 1950. L'ancienne nomenclature CSP en 1954 distinguait les cadres supérieurs et les cadres moyens. La nomenclature de 1982 ne réserve l'appellation « cadre » qu'aux premiers, les seconds étant pour la plupart désormais classés « professions intermédiaires ». Le changement d'appellation s'explique : beaucoup d'actifs qui étaient considérés comme cadres moyens n'avaient ni fonction d'encadrement, ni tâche à responsabilités relevant de la position de cadre (cas des instituteurs, des personnels des services médicaux et sociaux, des techniciens et même de nombreux postes « administratifs »).

Les cadres entre classes supérieure et moyenne

La catégorie « cadres » de la nouvelle nomenclature (cadres supérieurs dans l'ancienne) n'est pas non plus homogène ; il est nécessaire de distinguer les cadres d'état-major (entreprises) et les hauts fonctionnaires (personnels de direction de la fonction publique) qui appartiennent à la classe dirigeante. Les autres cadres peuvent être classés dans l'ensemble plus large des « classes supérieures », mais aussi dans les « classes moyennes ».

➤ **catégories socioprofessionnelles, classe(s) moyenne(s).**

CAF [coût, assurance, fret]

Méthode de comptabilité des importations et des exportations qui consiste à retenir leur valeur à l'entrée ou à la sortie du territoire en incluant le coût de transport et d'assurance.

➤ **FAB.**

calcul économique

Méthode d'aide à la prise de décision qui consiste à comparer les coûts ou inconvénients, d'une part, les bénéfices (ou les pertes) ou les avantages, d'autre part (calcul coût/avantage), liés à une action (ouverture d'une nouvelle usine, construction d'un barrage, achat d'un bien de consommation, etc.).

Si les moyens sont déterminés à l'avance, le principe de la méthode consiste à maximiser le profit que l'on peut obtenir, ou, si le résultat est fixé à l'avance, à rendre la valeur des moyens utilisés la plus faible possible.

➤ **microéconomie, optimum, rationalisation des choix budgétaires.**

cambiste

➤ **changes.**

capacité de financement

Solde positif du compte de capital d'un secteur institutionnel ; en cas de solde négatif, il s'agit d'un besoin de financement.

Un agent enregistre une capacité de finance ment lorsque son épargne est supérieure à ses investissements. Les agents qui bénéficient d'une capacité de financement – généralement les ménages (non compris les entreprises individuelles), les institutions de crédit et les entreprises d'assurance – peuvent prêter cet excédent aux agents qui ont un besoin de financement. De la même façon, la capacité de financement de la nation correspond à un besoin de financement du Reste du monde.

➤ **Comptabilité nationale, intermédiation, marché financier.**

Capacité de financement

= revenu – dépenses (de consommation et d'investissement)

= variations de créances – variations de dettes.

Besoin de financement

= dépenses (de consommation et d'investissement) – revenu

= variations de dettes – variations de créances.

capital

Toute richesse provenant de l'épargne ou de l'emprunt qui ne sert pas à la consommation immédiate mais est destinée à la production de nouveaux biens ou d'un revenu.

capital physique biens produits dans le passé et qui sont des moyens de la production présente et future (bâtiments, matériel, machines, ouvrages de génie civil, produits semi-finis, matières premières, etc.).

capital technique biens de capital qui incorporent un certain progrès technique (ce qui exclut les produits de base).

capital financier actifs qui rapportent un intérêt.

On distingue :

– **le capital fixe** : ensemble des moyens de production durables qui participent à plusieurs cycles de production (utilisés au moins pendant un an et qui font l'objet d'un amortissement économique = consommation de capital fixe) ;
– **le capital circulant** : il inclut l'autre partie du capital physique, à savoir les biens qui sont transformés (matières premières, semi-produits) ou détruits (par exemple, l'énergie) au cours du processus de production (consommations intermédiaires).
– Il faut noter que la Comptabilité nationale inclut désormais dans la formation de capital fixe (FBCF) des actifs incorporels représentatifs d'un **investissement immatériel** : acquisitions de logiciels, dépenses de prospection minière et pétrolière, acquisitions d'œuvres récréatives, littéraires ou artistiques originales (les dépenses de R&D en sont encore exclues).

Dans les fonctions de production, le capital est un facteur de production endogène : à la fois *input* et *output ;* à la fois produit et facteur, car il est produit à partir de lui-même et d'autres facteurs (il faut des machines pour produire des machines).

Pour Marx, le capital est le rapport social spécifique d'une société dans laquelle une classe sociale, celle qui possède les moyens de production, extorque la plus-value à la classe sociale antagoniste dont elle exploite le travail.

Capital et détour de production

• Selon l'économiste néo-classique autrichien, E. Böhm-Bawerk, le capital « est l'ensemble des biens indirects ou intermédiaires qui, à travers des détours productifs féconds et moyennant une dépense de temps, ont la vertu de rendre plus productif le travail » : fabriquer des machines demande du temps et du travail et repousse à plus tard la production de biens de consommation qui auraient pu être immédiatement disponibles ; mais ce « **détour de production** » permet d'obtenir par la suite une quantité supérieure de ces biens de consommation. Il y a un arbitrage intertemporel entre la consommation présente et la consommation future.

• Par assimilation, on peut dire que le capital financier produit un intérêt (revenu du capital) qui rémunère le sacrifice (désutilité) de celui qui renonce à une consommation présente en prêtant son épargne (voir la théorie des fonds prêtables).

➤ **accumulation du capital, capital humain, capital social [sens juridique], capitalisme, reproduction capitaliste (schémas de).**

capital culturel

➤ **Bourdieu, héritage culturel.**

capital économique

➤ **Bourdieu.**

capital humain

Capacités physiques ou intellectuelles d'un individu ou d'un groupe d'individus favorisant la production d'un revenu (monétaire ou extra-monétaire). La formation constitue une forme d'investissement en capital humain.

À l'origine du concept

Le concept de capital humain est né dans les années 1960 des travaux de **Gary Becker**. Ce concept s'inscrit dans le contexte historique particulier et répond à différents besoins : d'une part, les analyses de la croissance

(Denison) montrent le rôle du niveau de formation dans l'explication des différences de taux de croissance ; d'autre part, les budgets publics affectés à la formation connaissent des croissances extraordinaires ; enfin, les différences de salaires dues aux différences de qualification obligent à s'interroger sur la formation des qualifications.

Renaissance du concept

On s'intéresse désormais à la gestion par l'entreprise du capital humain, en s'interrogeant sur les coûts et les gains tirés de la formation par l'entreprise. Dès lors, on introduit une distinction fondamentale entre actifs spécifiques (capital humain spécifique) et actifs non spécifiques (capital humain non spécifique) : en effet, le salarié peut acquérir une formation qui bénéficie exclusivement à l'entreprise ou une formation qui peut intéresser d'autres entreprises ; dans le premier cas, l'entreprise a un intérêt évident à former les salariés, alors que, dans le deuxième cas, elle risque de le voir partir et valoriser sa formation ailleurs.

➤ **Becker (Gary) ; Annexe A-24.**

capital risque

(en anglais, l'expression souvent utilisée est *business angels*)

Une *société de capital risque* est une société financière investissant dans des entreprises présentant des aléas, le plus souvent en raison de l'utilisation d'une technologie de pointe, et dont la rentabilité est incertaine à court terme : biotechnologies, nouvelles technologies de l'information, etc.

➤ **Start up.**

capital social

1 [sens juridique] Valeur des apports en nature ou en numéraire mis à la disposition d'une société par les propriétaires ou les associés. Dans le cas des sociétés anonymes, le capital est divisé en actions.

2 [sciences sociales] Réseau des relations d'un individu appréhendé comme ressource pour optimiser sa position professionnelle, son patrimoine, son pouvoir, etc.

L'idée est ancienne comme l'atteste la formule de Hobbes : « avoir des amis, c'est avoir du pouvoir. » Cependant, la notion même de capital social est d'usage récent en sciences sociales.

C'est P. Bourdieu qui la consacre en le définissant comme « l'ensemble des ressources [...] liées à la possession durable de relations [...] d'interconnaissance et d'inter-reconnaissance. » (1980). Cette ressource n'est pas indépendante des autres espèces de capital (capital économique, capital culturel) ; elle exercerait néanmoins un effet multiplicateur.

D'autres sociologues (M. Forsé entre autres) se sont efforcés de montrer que le capital social mobilisé a un effet propre et n'est pas l'apanage des seules catégories sociales dominantes.

Aux États-Unis, plusieurs théoriciens ont traité du capital social sous l'angle d'un bien public. Le politologue R. Putnam le définit comme une ressource collective constituée par « les réseaux, les normes et la confiance qui facilitent la coordination et la coopération pour un bénéfice mutuel » (1995). La dimension individuelle en est absente. Le sociologue James Coleman adopte une position intermédiaire : si au départ le capital social est un « bien public », le contrôle de cette ressource suscite des stratégies individuelles développées pour son utilisation.

➤ **Bourdieu, réseaux sociaux.**

capitalisation boursière

Valeur, à une date donnée, d'un ensemble de titres, ou du capital d'une société, calculée à partir de leurs cours en Bourse.

La capitalisation boursière (ou *valeur boursière*) d'une entreprise s'obtient en multipliant le cours de son action en Bourse par le nombre d'actions qui composent son capital social. La capitalisation d'une place boursière totalise la valeur boursière des sociétés qui y sont cotées.

➤ **bourse des valeurs, CAC 40.**

capitalisme

Système économique caractérisé par la propriété privée des moyens de production, par le rôle du marché où s'exerce une concurrence entre les agents économiques, par l'importance de l'initiative individuelle (qui n'exclut pas totalement le rôle de l'État), par la recherche et le réinvestissement systématiques du profit.

Les auteurs libéraux insistent sur le rôle régulateur du marché qui assure la meilleure répartition possible des ressources, et sur l'initiative individuelle, moteur du développement économique et du progrès.

Les auteurs marxistes mettent l'accent sur la propriété privée des moyens de production, d'où découle la division de la société en deux classes principales antagonistes : la bourgeoisie (qui détient les moyens de production) et le prolétariat (qui ne possède que sa seule force de travail).

L'instauration progressive du capitalisme

Dès le XVIe siècle, le capital marchand finance des expéditions commerciales vers l'Asie, l'Afrique, l'Amérique ; le **capital usuraire et bancaire** prête des sommes considérables à la noblesse ou à la monarchie et crée les techniques du crédit (lettre de change, billet de banque, actions, etc.).

La création des manufactures marque une nouvelle étape : le **capitalisme apparaît** en dépassant le domaine de l'échange commercial et financier pour atteindre la sphère de la production. Pour éviter les règles restrictives édictées par les corporations du Moyen Âge, les commerçants, enrichis par le négoce international, réunissent des producteurs dans un même lieu et instaurent une division du travail qui permet d'accroître la productivité.

Avec la révolution industrielle, le **capitalisme devient dominant** dans les pays d'Europe occidentale. L'utilisation systématique des machines, l'exode rural, la production pour le marché mondial s'accompagnent de transformations politiques : la bourgeoisie industrielle et commerciale devient la classe dominante. Par la colonisation, le capitalisme s'étend, à partir du XIXe siècle, à l'ensemble de la planète.

Propriété privée des moyens de production et présence de l'État

Le capitalisme contemporain reste caractérisé par la propriété privée des moyens de production, mais l'**État** joue, dans tous les pays développés, un rôle important. Parfois propriétaire de grandes entreprises, voire de secteurs entiers de l'économie, il intervient de multiples façons : planification indicative, dépenses et recettes publiques, réglementation, incitations, etc.

Concentration et internationalisation

D'autre part, le capitalisme moderne est caractérisé par une concentration croissante des entreprises qui conduit à l'existence de grands groupes économiques dont l'activité multiforme dépasse souvent les frontières nationales et dans lesquels la propriété du capital – souvent dispersée entre les mains de nombreux actionnaires – est souvent distincte du pouvoir de direction assuré par des directeurs « managers » salariés qui forment la **technostructure** : ce capitalisme est qualifié de **managérial**. Le début du XXIe siècle voit le retour du pouvoir des actionnaires propriétaires qui exigent des dividendes importants : il s'agit d'un capitalisme **patrimonial** ou **actionarial**.

L'internationalisation croissante des échanges de marchandises et de capitaux rend les différentes nations de plus en plus dépendantes les unes des autres.

Les crises

Enfin, les **crises économiques** qui secouaient périodiquement l'économie capitaliste jusqu'à la première moitié du XXe siècle n'ont pas totalement disparu : après trente années de croissance relativement rapide et régulière (les « Trente Glorieuses »), la crise de 1974, puis les crises financières de la fin du siècle et celle qui a commencé en 2008 suivies d'une croissance ralentie, ont rappelé les limites auto-régulatrices de ce système.

➤ **capital, classiques (économistes), concentration, concurrence, crise, crise financière, libéralisme, marché, système économique, technostructure ; Annexe A-7, 13, 25, 32, 37.**

capitalistique

Qualifie une activité qui utilise, pour produire, une forte proportion de capital (machines, matières premières...) et donc, relativement, peu de main-d'œuvre.

REMARQUE : il ne faut pas confondre les adjectifs *capitalistique* et *capitaliste*.

➤ **Annexe Ⓐ-9.**

capitaux flottants

(en anglais *hot money*)

Capitaux monétaires (à court terme), susceptibles de passer rapidement d'une forme de placement, d'une place financière et d'une devise à une autre, en provoquant d'amples variations des taux de change.

Constitués de fonds de trésorerie des firmes multinationales, d'avoirs à court terme des banques, etc., ils sont en quête de placement rémunérateurs, et leurs mouvements, qui résultent principalement du termaillage, s'expliquent par les anticipations faites sur les variations des taux d'intérêt et des taux de change.

➤ **fonds propres.**

carré magique

Représentation graphique, dûe à l'économiste N. Kaldor pour l'OCDE au début des années 1980, résumant la situation conjoncturelle d'un pays à partir de quatre indicateurs : le taux de croissance du PIB, le taux de chômage, le taux d'inflation (ou taux de croissance des prix à la consommation), le solde de la balance des transactions courantes (en pourcentage du PIB).

Ces quatre indicateurs, dont la représentation graphique constitue les quatre côtés du carré, correspondent à quatre objectifs fondamentaux de la politique économique : la croissance économique, le plein emploi de la main-d'œuvre, la stabilité des prix, l'équilibre des échanges extérieurs. Cependant, la construction du carré ne va pas sans difficultés qui tiennent en particulier aux échelles retenues pour chacun des indicateurs, ces échelles étant choisies de façon arbitraire, le plus souvent en fonction de la situation économique du moment. La forme optimale du carré reflète les objectifs retenus *a priori* pour apprécier les résultats de la politique économique mise en place.

Ce carré est qualifié de **magique** car l'expérience montre qu'il est très difficile d'atteindre simultanément les quatre objectifs, du moins à court terme : une politique de désinflation compétitive peut provoquer une augmentation du taux de chômage ; une politique de relance de l'activité économique destinée à réduire le chômage risque d'avoir des conséquences inflationnistes et d'entraîner un déficit du commerce extérieur.

Plus la surface du quadrilatère (correspondant aux statistiques d'un pays à une période donnée) s'éloigne de la surface théorique du carré magique, plus la situation se détériore. La modification du quadrilatère dans une direction particulière fournit de plus une indication sur l'efficacité de la politique économique (par exemple, déformation vers l'Ouest si la lutte contre le chômage réussit).

Le carré magique de la France en 1970 et 2013

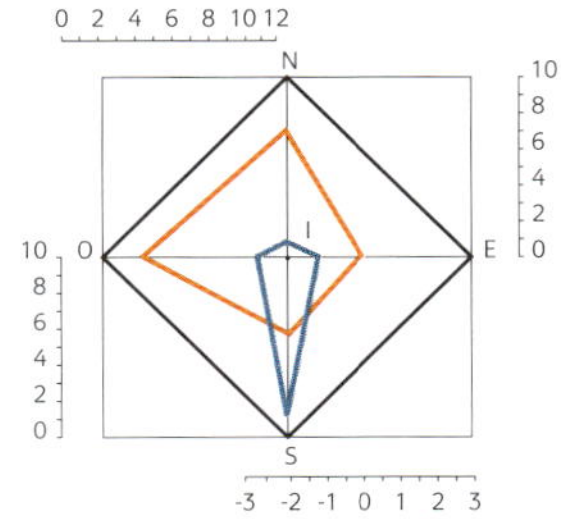

NI = Taux de croissance du PIB en %
EI = Solde des transactions courantes en %
SI = Taux d'inflation en %
OI = Taux de chômage en % de la population active
France 1970
France 2013

Le carré français de 2013 montre une situation différente de celle de 1970 : meilleure maîtrise de l'inflation ; croissance moins forte, chomâge plus élevé et commerce extérieur déficitaire.

➤ **contrainte extérieure, politique économique.**

cartel

➤ **concentration, entente.**

cash flow

(en français « marge brute d'autofinancement »)

➤ **comptabilité d'entreprise, profit.**

caste

1 Groupe social héréditaire et fermé ayant des fonctions propres dans les domaines religieux, juridique ou économique et caractérisé par un statut déterminé au sein d'une hiérarchie.

Les castes s'organisent en système dont l'exemple le plus achevé est celui des *Jati* en Inde. Elles sont rangées selon une stricte hiérarchie, elles entretiennent entre elles des relations de subordination, d'interdépendance et d'exclusion ; cet ensemble repose sur un système de valeurs (opposition du « pur » et de l'« impur », système des *Varnas*) légitimant la division et la hiérarchie du corps social et garantissant l'ordre du monde.

Le *varna* est le concept de la caste, la *jati* étant la caste réelle, caractérisée par son statut politico-économique.

Le système des Varnas

Leur système de représentation institue une division quadripartite de la société ; au sommet, les prêtres ou brahmanes, puis les guerriers (*Ksatriuas*) et les producteurs (*Vaishya*), enfin les serviteurs (*Shudra*). Il faut ajouter une cinquième catégorie hors-castes, les « intouchables », exclus des *Varnas*.

2 [par extension] **Tout groupe caractérisé par un esprit d'exclusion et défendant jalousement ses prérogatives.**

➤ **élite(s), hiérarchie, holiste (société) stratification sociale.**

catégorie

➤ **groupe social.**

catégories socioprofessionnelles [CSP, PCS]

Regroupements d'individus, ayant le même statut socioprofessionnel, selon des principes de classement élaborés par l'INSEE : « La définition a pour objet de classer l'ensemble de la population en un nombre restreint de catégories présentant chacune une certaine homogénéité sociale. »

La nomenclature socioprofessionnelle se présente comme une pyramide emboîtant les uns dans les autres différents niveaux de classement : les « groupes socioprofessionnels », niveau le plus agrégé (8 postes dont 6 d'actifs) se subdivisent en « catégories » (24 ou 42 postes selon les cas) qui elles-mêmes regroupent les « professions » (486 postes). La nomenclature actuellement en usage depuis 1982 est celle dite des PCS (Professions et catégories socioprofessionnelles), elle remplace le code des CSP de 1954. Cependant l'usage privilégie toujours l'appellation CSP.

Les critères de classification

La classification socioprofessionnelle est d'abord une classification de la population active. Celle-ci est composée de 6 groupes et de la catégorie 81 regroupant les chômeurs n'ayant jamais travaillé.

Pour prendre en compte toute la population, on regroupe les non-actifs dans les groupes 7 (retraités) et 8 (autres inactifs). Par ailleurs, on obtient une classification de toute la population en ventilant les personnes par ménages, eux-mêmes classés selon le statut du chef de ménage ou de la « personne de référence ». Dans ce cas, le groupe 7 rassemble les ménages « retraités » et le groupe 8 les autres inactifs non affiliés aux ménages dont la personne de référence est un actif.

Une nomenclature partiellement hiérarchisée

Contrairement à d'autres classifications comme les classes de revenu ou les échelles de prestige, la classification en CSP n'est que partiellement

NOMENCLATURE DES CATÉGORIES SOCIOPROFESSIONNELLES
Correspondance entre les niveaux 8, 24 et 42

Niveau agrégé (8 postes dont 6 pour les actifs occupés)	Population des 15 ans et plus par catégorie sociale en 2010 (en %)	Niveau de publication courante (24 postes dont 19 pour les actifs)		Niveau détaillé (42 postes dont 32 pour les actifs)	
1 Agriculteurs exploitants.	1,0	10	Agriculteurs exploitants.	11	Agriculteurs sur petite exploitation.
				12	Agriculteurs sur moyenne exploitation.
				13	Agriculteurs sur grande exploitation.
2 Artisans, commerçants et chefs d'entreprise.	3,6	21	Artisans.	21	Artisans.
		22	Commerçants et assimilés.	22	Commerçants et assimilés.
		23	Chefs d'entreprise de 10 salariés ou plus.	23	Chefs d'entreprise de 10 salariés ou plus.
3 Cadres et professions intellectuelles supérieures	9,0	31	Professions libérales.	31	Professions libérales.
		32	Cadres de la Fonction publique, professions intellectuelles et artistiques.	33	Cadres de la Fonction publique.
				34	Professeurs, professions scientifiques.
				35	Professions de l'information, des arts et des spectacles.
		36	Cadres d'entreprise.	37	Cadres administratifs et commerciaux d'entreprise.
				38	Ingénieurs et cadres techniques d'entreprise.
4 Professions intermédiaires.	13,2	41	Professions intermédiaires de l'enseignement, de la santé, de la Fonction publique et assimilés.	42	Instituteurs et assimilés.
				43	Professions intermédiaires de la santé et du travail social.
				44	Clergé, religieux.
				45	Professions intermédiaires administratives de la Fonction publique.
		46	Professions intermédiaires administratives et comme rciales des entreprises.	46	Professions intermédiaires administratives et commerciales des entreprises.
		47	Techniciens.	47	Techniciens.
		48	Cont remaîtres, agents de maîtrise.	48	Contremaîtres, agents de maîtrise.

		51 Employés de la Fonction publique.	52 Employés civils et agents de service de la Fonction publique. 53 Policiers et militaires.
5 Employés.	16,4	54 Employés administratifs d'entreprise.	54 Employés administratifs d'entreprise.
		55 Employés de commerce.	55 Employés de commerce.
		56 Personnels des services directs aux particuliers.	56 Personnels des services directs aux particuliers.
6 Ouvriers.	12,6	61 Ouvriers qualifiés.	62 Ouvriers qualifiés de type industriel. 63 Ouvriers qualifiés de type artisanal. 64 Chauffeurs. 65 Ouvriers qualifiés de la manutention, du magasinage et du transport.
		66 Ouvriers non qualifiés.	67 Ouvriers non qualifiés de type industriel. 68 Ouvriers non qualifiés de type artisanal.
		69 Ouvriers agricoles.	69 Ouvriers agricoles.
7 Retraités.	26,9	71 Anciens agriculteurs exploitants.	71 Anciens agriculteurs exploitants.
		72 Anciens artisans, commerçants, chefs d'entreprise.	72 Anciens artisans, commerçants, chefs d'entreprise.
		73 Anciens cadres et professions intermédiaires.	74 Anciens cadres. 75 Anciennes professions intermédiaires.
		76 Anciens employés et ouvriers.	77 Anciens employés. 78 Anciens ouvriers.
8 Autres personnes sans activité professionnelle.	7,2	81 Chômeurs n'ayant jamais travaillé.	81 Chômeurs n'ayant jamais travaillé.
		82 Inactifs divers (autres que retraités).	84 Étudiants, élèves de 15 ans et plus. 85 Personnes diverses sans activité professionnelle de moins de 60 ans (sauf retraités). 86 Personnes diverses sans activité professionnelle de 60 ans et plus (sauf retraités).

hiérarchisée : certains des critères utilisés (salariés/non-salariés, secteur public/secteur privé, cadres techniques/cadres administratifs) sont des oppositions à deux termes que l'on ne peut ordonner sur une échelle graduée ; c'est en ce sens que cette classification est dite « multidimensionnelle ».

De l'ancienne à la nouvelle nomenclature

Le remaniement de la nomenclature intervenu en 1982 a répondu à une nécessité d'actualisation (la structure sociale avait sérieusement évolué depuis les années 1950). Les changements les plus importants par rapport au code de 1954 sont les suivants : les salariés agricoles sont intégrés dans le groupe 6 (ouvriers) ; les personnels de service dans le groupe 5 (employés). Les actifs de l'ancien groupe « cadres moyens » sont, pour la plupart, désormais classés comme « professions intermédiaires » dans la mesure où beaucoup d'entre eux (instituteurs, infirmières, techniciens, comptables, etc.) n'exercent pas de fonction d'encadrement au sens strict du terme.

➤ **cadre(s), classe(s) moyenne(s), employés, mobilité sociale, ouvrier, statut, stratification sociale.**

cercle vertueux

➤ **cercle vicieux.**

cercle vicieux

Enchaînement circulaire de mécanismes économiques, socioculturels ou politiques entretenant voire renforçant des traits défavorables (cercle vicieux) ou favorables (cercle vertueux) d'une économie, d'une société.

On parle ainsi de cercle vicieux du sous-développement ; celui-ci s'entretiendrait lui-même par circularité.

Par exemple : pauvreté et bas revenus ⇨ faible épargne ⇨ faible investissement ⇨ faible productivité ⇨ faibles revenus, ⇨ pauvreté persistante, etc.

➤ **désinflation, dépréciation, économie du développement, effet pervers, politique de change.**

certification qualité

Opération consistant à faire attester, par un organisme tiers, la mise en place au sein d'une entreprise d'un système d'assurance qualité, conforme à des normes internationales (par ex. ISO 9000). En France, il existe plusieurs organismes certificateurs : l'AFNOR, l'AFAQ, etc.

CDD/CDI

➤ **contrat de travail.**

chambre de commerce et d'industrie

Établissement public, départemental ou régional qui a pour fonction de représenter les intérêts des commerçants et des industriels. Les 21 chambres régionales administrent des établissements d'enseignement (HEC, écoles supérieures de commerce), les bourses de commerce, les ports et aéroports.

changement social

Transformation durable, plus ou moins rapide, d'une partie ou de l'ensemble d'un système social au niveau de son fonctionnement (modes d'organisation), de sa structure (stratification, rapports sociaux) ou de ses modèles culturels (comportements, normes, systèmes de valeur).

Exemples : transformations internes du monde agricole (des paysans traditionnels aux agriculteurs-entrepreneurs), évolution de l'institution scolaire (recrutement, rapports maîtres-élèves, etc.), transformation du statut féminin (professionnalisation, rôles familiaux), essor des classes moyennes salariées, déclin des valeurs religieuses dans la société française, etc.

Les facteurs du changement social sont complexes. On invoque souvent **l'évolution techno-économique**. Si elle joue un rôle important dans nombre de transformations sociales (révolution industrielle par exemple), la dimension proprement technique doit être relativisée (l'innovation technique est elle-même un produit des dynamiques économiques et sociales). Certains changements sociaux obéissent à des processus non économiques ou dépassant la seule logique économique : dynamiques du pouvoir, processus de différenciation sociale, mouvements religieux, etc.

Dynamique et évolution sociales

On distingue couramment les facteurs exogènes (extérieurs aux phénomènes observés) et endogènes (internes à l'organisation sociale). Dans ce dernier cas, on parle volontiers de **dynamique sociale**, en suggérant par là que le système social renferme en lui-même les conditions de sa transformation (conflits sociaux, contradictions internes).
Le terme d'**évolution** est réservé aux transformations que connaît une société sur une longue période (processus séculaire). Le changement social s'observe cependant sur une période plus brève.

Dans le champ de l'économie des organisations et des politiques publiques, instauration de nouvelles règles résultant de l'obsolescence des régulations antérieures et de l'émergence de nouveaux enjeux socio-économiques et politiques. On parle alors **de changements institutionnels.**
En se référant à l'*École de la Régulation*, ces changements renvoient à une transformation locale ou plus générale des « formes institutionnelles ».

➤ **développement, endogène/exogène ; Annexe Ⓐ-31, 37, 41, 43.**

change (taux de)

Prix d'une monnaie exprimé par rapport à une monnaie étrangère. Le taux de change se forme sur le marché des changes en fonction des offres et des demandez des agents économiques et de l'intervention des autorités monétaires. Dans les systèmes de parités fixes, les autorités monétaires sont tenues d'intervenir pour maintenir le taux de change à l'intérieur de marges étroites de fluctuations autour de la parité.

➤ **Système monétaire international [SMI].**

changes (contrôle des)

Ensemble des dispositions réglementaires limitant la convertibilité de la monnaie nationale en devises ou en or, et les sorties de monnaie du territoire.

- **Objectifs recherchés** : défendre la valeur externe de la monnaie en limitant son offre spéculative sur le marché des changes, préserver les réserves de change de la nation pour un usage prioritaire, entraver les fuites de capitaux, ou même protéger l'économie nationale, en limitant le financement des importations. Le contrôle des changes peut combiner et moduler diverses techniques : double marché des changes ou taux de change multiples.

Ainsi, pour les besoins du commerce, les devises sont cédées au cours officiel alors que, pour les opérations financières, la loi de l'offre et de la demande sanctionnera la spéculation.

Exemple : par le passé le régime de la devise-titre en France pour les opérations boursières (l'achat de titres US passe par l'achat de dollar-titre aux seuls vendeurs de titres).

- **Mesures les plus utilisées** : limitation ou interdiction des transferts de fonds à l'étranger sauf pour des importations autorisées ; délais fixés pour le rapatriement des recettes à l'exportation ou pour l'achat anticipé de devises à l'importation (le termaillage) ; limitations aux rapatriements de bénéfices par les investisseurs étrangers ; carnet de change et montant de devises limité pour les touristes nationaux, etc. Le contrôle des changes, parce qu'il empêche la création d'un marché unifié international des capitaux, est condamné par les partisans du libre-échange.

En France, le contrôle des changes a été totalement aboli le 1er janvier 1990.

➤ **change (taux de), convertibilité, termaillage.**

changes fixes, flottants

➤ **Système monétaire international [SMI].**

changes (marché des)

Marché sur lequel on échange une monnaie contre une autre.

Le marché des changes assure la confrontation de l'offre et de la demande de monnaies étrangères contre de la monnaie nationale ; c'est le marché sur lequel les devises s'échangent les unes contre les autres et s'établissent les taux de change.

Sur le marché au comptant

Il n'y a aucun délai (deux jours au maximum) entre la date où se noue le contrat d'achat ou de vente des devises et la date où le règlement de la transaction s'effectue ; une petite partie de ce marché est constituée par le change manuel qui porte sur des billets de banque, mais l'essentiel des transactions est constitué par le change scriptural, qui porte sur des avoirs bancaires.
À tout moment, ce sont les banques qui organisent, sur les diverses places dans le monde, la confrontation des offres et des demandes : l'équilibre du marché qui en résulte détermine le prix des devises les unes par rapport aux autres, les taux de change.

Sur le marché à terme

Il existe au contraire un délai entre la date à laquelle est conclu le contrat et la date de son dénouement. Exemple : la banque s'engage aujourd'hui à livrer 125 000 dollars dans trois mois à l'entreprise E, qui fournira en échange 100 000 euros (si 1 euro = 1,25 dollar). L'entreprise, qui a acheté des marchandises américaines, vient de recevoir une facture de 125 000 dollars payable dans trois mois. Dès lors que la monnaie de facturation n'est pas la monnaie nationale et que l'échéance n'est pas immédiate, l'entreprise encourt un risque de change : si elle attend et que le cours du dollar monte, le coût des marchandises sera plus élevé que prévu. Si l'agent n'est pas un spéculateur, il cherche à annuler – ou à « fermer » – sa position par une opération de couverture de change ; exemple : si une entreprise doit X dollars dans trois mois (devises à livrer), elle se couvre contre le risque de change en achetant à terme les devises correspondantes.
Les Banques centrales interviennent sur le marché des changes pour défendre une parité dans le cadre d'un système de parités fixes (comme dans le SME de 1979 à 1999) ou pour stabiliser le taux de change de la monnaie nationale à un niveau désiré dans le cadre d'un système de flottement administré.

➤ **change (taux de), changes (contrôle des), réserves de change, Système monétaire international [SMI].**

chaos déterministe

État d'un système, physique, biologique, météorologique, mais aussi économique, démographique ou social, à la fois déterminé et imprévisible. Un tel système chaotique n'est donc ni désordonné ni aléatoire, contrairement au chaos du sens commun.

Lorsque l'évolution d'un système dépend de plus de deux variables, simples, non aléatoires, il devient complexe et peut devenir chaotique. La théorie du chaos déterministe trouve des applications en économie dans l'étude de la croissance et dans celle de la formation des prix, notamment l'étude des fluctuations des cours de Bourse. Dans les deux cas, sont mises en évidence des séries, des suites, ni stables, ni cycliques, mais bornées (bien qu'erratiques, elles ne divergent pas). Elles résultent de relations non linéaires entre un petit nombre de variables endogènes simples qui les déterminent de manière non prévisible.

➤ **bulle financière, chocs, croissance, cycles, oscillateur.**

charges sociales

Ensemble des versements effectués par les employeurs pour alimenter la Sécurité sociale et divers organismes.

Elles servent à payer les retraites, l'indemnisation du chômage, l'assurance maladie, les dépenses de formation continue, etc. Elles sont liées aux salaires distribués par l'entreprise.

➤ **cotisations sociales, parafiscalité.**

charisme

(du gr. *kharisma*, « grâce »)

Ascendant, rayonnement d'une personnalité perçue comme exceptionnelle.

Max Weber voit dans le charisme une des sources de l'autorité, celle-ci pouvant être de nature religieuse (prophète) ou politique (chef de guerre, souverain plébiscité, chef de parti).

➤ **autorité.**

chèque

➤ **banque, monnaie.**

chocs

Impulsions exogènes dont la propagation perturbe l'activité économique générant des fluctuations et dont la répétition engendre des fluctuations à caractère cyclique.

Les précurseurs

C'est le concept clé des théories exogènes du cycle d'activité : l'économie de marché tend vers l'équilibre mais reçoit, de manière répétée, en provenance de sphères extra-économiques (politique, sociale, culturelle, technique), des chocs de nature différente. Ces analyses s'inspirent du schéma « impulsion-propagation » de R. Frisch, qu'il a tiré de l'image du « cheval à bascule » de K. Wicksell, lequel affirmait : « Si vous frappez un cheval à bascule avec un bâton, le mouvement du cheval sera très différent de celui du bâton. » Ainsi, selon cette analyse, l'amortissement du choc et la longueur du cycle dépendent des caractéristiques structurelles, de l'économie (= structure du cheval), l'amplitude du cycle dépend, elle, de l'intensité du choc (= le coup de bâton).

Les théories contemporaines

- **Les chocs des politiques monétaires keynésiennes** pour M. Friedman : les gouvernements tentent vainement de faire baisser le taux de chômage en dessous de son taux naturel en augmentant l'offre de monnaie ;
- **Chocs monétaires dans la théorie des cycles à l'équilibre** de R. Lucas et R. Barro, fondateurs de la NEC ; par exemple, augmentation imprévisible de l'offre de monnaie : si les agents, anticipent la hausse des prix de leurs produits ou services comme provisoire et spécifique, ils augmenteront leur offre (expansion) ;
- **Chocs politiques, monétaires et/ou budgétaires, dans la théorie du cycle électoral** de W. Nordhaus et E. Tufte : politiques de relance des gouvernants à l'approche des élections pour se concilier les électeurs, et politiques de stabilisation après les élections ;
- **Chocs réels** (par opposition à « monétaires ») **dans la théorie des cycles réels** (RBC, *Real Business Cycles*), de E. Prescott, P. Long et C. Plosser : principalement des chocs de productivité liés aux innovations ; les agents réagissent par des choix d'optimisation concerant leur offre de travail/loisir et leur offre d'épargne/consommation ; si l'augmentation de productivité est considérée comme temporaire, les agents travaillent et consomment davantage ;
- **D'autres types de chocs** ont encore été envisagés : **chocs d'offre** comme les chocs pétroliers qui accroissent brutalement les coûts de production (R. J. Gordon), **chocs budgétaires** d'accroissement de la dépense publique (effet favorable sur la croissance, du côté de l'offre, selon R. Barro (par accroissement de la demande globale ou par modification des préférences des consommateurs)...

Selon la plupart des économistes libéraux « les imperfections prennent la forme de "chocs" [...] ; la source des "perturbations" est dans des phénomènes hors marché (politiques, culturels, ou autres). »

Est-ce que toutes les fluctuations économiques résultent d'un choc ?

Les théories qui endogénéisent le cycle (par exemple, théorie de l'oscillateur) sont des théories qui imputent celui-ci aux structures de l'économie de marché et non au caractère perturbateur des chocs ; elles affirment en général le caractère intrinsèquement instable de l'économie de marché et elles en contestent le caractère auto-équilibrant.

Choc asymétrique

Au sein d'une union économique et monétaire (UEM), un choc est dit asymétrique soit parce qu'un événement intervient dans un pays et pas dans les autres, par exemple la réunification allemande, soit parce que les économies nationales ne réagissent pas de la même façon à un même événement, un choc pétrolier n'affecte pas de la même façon des économies plus ou moins dépendantes des importations de pétrole.
En effet, au sein d'une UEM, aucun pays ne peut, individuellement, agir en faisant varier son taux de change.

➤ **crise, cycles, oscillateur, Phillips (courbe de).**

chômage

Situation d'un individu ou d'une partie de la population d'un pays en âge de travailler qui se trouve sans emploi et à la recherche d'un emploi ; les chômeurs sont inclus dans la population active. Le chômage peut être total ou partiel (réduction de l'horaire de travail par exemple).

Le chômage pose, en général, un problème de mesure et la définition des indicateurs retenus varie d'un pays à l'autre.

Définitions du BIT et de l'INSEE

Une organisation internationale – le BIT (Bureau international du travail) – a proposé une définition commune à tous les pays. Pour être reconnu chômeur il faut remplir quatre conditions : être dépourvu d'emploi, être capable de travailler, chercher un travail rémunéré, être effectivement à la recherche d'un emploi. Il élargit la notion aux personnes ayant trouvé un emploi mais n'ayant pas encore commencé à travailler pendant la semaine de l'enquête.
En France, l'INSEE reprend la définition du BIT mais la limite strictement aux quatre conditions édictées.

L'INSEE effectue une fois par an, en mars, une enquête sur l'emploi : les personnes qui correspondent aux quatre conditions citées forment la population sans emploi à la recherche d'un emploi (PSERE). L'information mensuelle sur l'évolution du chômage est fournie par les DEFM (Demandes d'emploi en fin de mois) enregistrées par le Pôle-emploi, classées en 5 catégories : A, B, C, D, E.
Les comparaisons internationales se font à partir du taux de chômage, ou rapport entre l'effectif des chômeurs et la population active. Ce chômage, mesuré par les organismes habilités, est appelé **chômage apparent**.
Des taux de chômage par catégories (âge, sexe, catégories sociales) peuvent être calculés.
Selon l'origine et/ou la durée, on distingue :

- **chômage conjoncturel :** qui résulte d'un ralentissement temporaire de la croissance économique.
- **chômage déguisé :** emplois dont la productivité est faible, voire nulle.
- **chômage frictionnel :** dû au temps moyen nécessaire à un chômeur pour trouver un emploi correspondant à ses qualifications et à ses aspirations ; il est lié à la mobilité professionnelle, sectorielle, géographique ; le plein emploi est réalisé lorsque le chômage est principalement frictionnel.
- **chômage saisonnier :** lorsque l'activité du salarié fluctue selon les époques de l'année (agriculture, tourisme...).
- **chômage structurel :** lié aux changements de longue période intervenus dans les structures démographiques, économiques, sociales et institutionnelles (exemple : variation des taux d'activité, évolution des qualifications requises, de la localisation des emplois, branches ou régions en déclin, effets de la législation, etc.).
- **chômage technique :** dû à une interruption du processus technique de production (panne de machines, pénuries, etc.).
- **chômage technologique :** innovations qui économisent du travail, notamment par la substitution du capital au travail (robotisation, informatisation).

Analyses théoriques du chômage

• **Pour les théoriciens classiques**, le chômage n'est que transitoire. Le retour à l'équilibre du marché du travail doit s'effectuer par le biais d'une baisse du salaire réel. Si le chômage existe, il est donc volontaire et lié à des rigidités structurelles, salaire minimal, allocations chômage, etc.

• **Marx** analyse, au contraire, le chômage comme une caractéristique permanente du développement du capitalisme.
La concurrence incite les capitalistes à substituer du capital au travail ; les travailleurs en excédent par rapport aux besoins de la production constituent une « armée industrielle de réserve » dont les effectifs s'accroissent à long terme.

• **Keynes** explique l'existence du chômage – chômage involontaire – par l'insuffisance de la demande effective, donc par une insuffisance des débouchés rentables. Il admet que le marché du travail peut s'écarter durablement de la situation de plein emploi.

• **La théorie du déséquilibre** opère la distinction entre deux types de chômage :
– un **chômage classique**, qui s'explique par un problème de rentabilité ; il n'est pas rentable d'embaucher des travailleurs supplémentaires parce que leur productivité ne serait pas assez élevée, faute d'un stock de capital suffisant (la productivité du travail dépendant du volume du capital installé) ; la reprise de l'emploi dépend donc d'une reprise préalable de l'investissement, qui dépend elle-même d'une restauration de la rentabilité des entreprises ;
– un **chômage keynésien**, qui s'explique par un problème de débouchés ; les entreprises disposent de capacités de production inemployées, mais elles n'embauchent pas, faute de débouchés.
À un moment donné, ces deux types de chômage peuvent coexister (la situation n'est pas nécessairement la même dans toutes les branches).

• **Les développements les plus récents des théories du chômage ont consisté à rechercher des explications microéconomiques** aux défauts de coordination sur le marché du travail. Le chômage s'explique alors par toute une série d'imperfections, les deux principales étant les **imperfections de la concurrence** (les syndicats et les entreprises exercent un pouvoir de marché, les premiers sur la formation des salaires, les secondes sur la formation des prix) et les **imperfections de l'information**, les entreprises ne contrôlent pas parfaitement l'effort au travail des salariés, etc. Dans ce cadre, le chômage résulte des choix individuels rationnels dans un contexte imparfait, ce qui conduit à le définir comme un chômage d'équilibre.

Historiquement, la notion moderne de chômage, qui implique la généralisation du salariat, apparaît avec les premières mesures d'indemnisations au début du XXe siècle.
La multiplication de nouvelles formes d'emplois – stages, intérim, contrats à durée déterminée, temps partiel – rend de plus en plus floue la frontière entre l'emploi, le chômage et l'inactivité.

➤ **chômage d'équilibre (taux de), chômage naturel (taux de), DEFM, Marx, Phillips (courbe de), Pôle-emploi, politique de l'emploi, sous-emploi.**

chômage d'équilibre (taux de)

Taux de chômage défini différemment selon les modèles économiques en fonction des hypothèses microéconomiques sur le fonctionnement du marché du travail.

La notion de chômage d'équilibre semble paradoxale puisque le chômage correspond plutôt à un déséquilibre sur le marché du travail (offre de travail ⇨ demande de travail). Pour la comprendre, il faut partir d'une définition de l'équilibre comme étant une situation qui tend à se reproduire et donc à durer parce qu'aucun agent n'a intérêt à modifier ses choix.

• **Les « anciennes » théories du chômage** se réfèrent à des notions apparemment proches du chômage d'équilibre, mais conçues dans des cadres analytiques différents. Les situations d'équilibre de sous-emploi, telles que les définissent les keynésiens, combinent du chômage sur le marché du travail et l'équilibre sur les autres marchés. Le chômage naturel, tel que le définit Friedman, correspond à un équilibre de long terme. Le NAIRU est aussi un chômage d'équilibre, au sens où il correspond à une stabilisation de l'inflation. Mais dans tous ces cas, le cadre d'analyse est macroéconomique.

• **Les nouvelles théories du chômage** se distinguent des anciennes en ce qu'elles recherchent des fondements microéconomiques à ce chômage : il est nommé « d'équilibre » parce qu'il résulte des calculs d'optimisation d'agents rationnels. L'idée générale consiste à prendre en compte des imperfections des mécanismes concurrentiels sur les marchés des biens et du travail (par exemple, une situation de concurrence monopolistique aussi bien du côté des entreprises sur le marché des biens que du côté des syndicats sur le marché du travail).

Selon les cas, le chômage d'équilibre augmente à cause : de la hausse du salaire minimum, de la hausse des allocations chômages, de la hausse du coin socio-fiscal (écart entre le coût du travail pour l'employeur et le revenu disponible pour le salarié, du fait des prélèvements sur les salaires), de l'augmentation du pouvoir syndical, du ralentissement de la productivité...

Dans les modèles qui introduisent une fonction d'appariement *(matching)* et une courbe de Beveridge, on fait apparaître des déterminants supplémentaires du chômage d'équilibre, notamment le taux de destruction des emplois et l'inadéquation entre les structures de l'offre et de la demande en termes de qualifications.

➤ **Beveridge (courbe de), chômage, chômage naturel (taux de), chômage (traitement du), *NAIRU*, *NAWRU*, Phillips (courbe de), WS-PS.**

chômage naturel (taux de)

Pour les monétaristes et les nouveaux classiques, il s'agit du taux de chômage qui correspond, pour une économie donnée, à un équilibre général de longue période.

• **Pour les économistes classiques** (Smith, Ricardo, etc.), l'adjectif « naturel » désigne le niveau d'équilibre de longue période d'une grandeur économique, telle que le prix naturel ou le taux d'intérêt naturel. Selon cette conception, les fluctuations à court terme de la grandeur, par exemple le prix de marché, au jour le jour, sont interprétées comme des écarts transitoires à cet équilibre de long terme : au bout d'un certain temps, le prix de marché converge vers le prix naturel.

• **Selon Milton Friedman**, « le taux naturel de chômage est le taux qui découlerait des équations d'équilibre général si y étaient intégrées les caractéristiques structurelles effectives des marchés des biens et du travail, y compris les imperfections de marché, la variabilité aléatoire des offres et des demandes, le coût de collecte de l'information sur les emplois vacants, les coûts de mobilité, etc. » (« *The role of monetary policy* », AER, mars 1968).

Le chômage naturel s'explique, au-delà même du chômage frictionnel, inévitable, par des rigidités structurelles et institutionnelles (législation, pouvoir des syndicats, imperfection de l'information, etc.). Le taux de chômage de court terme ne peut s'en écarter que temporairement. Pourquoi ? Parce que les salariés mettent un certain temps à corriger leurs erreurs d'anticipation de l'inflation (hypothèse d'anticipations adaptatives) : si la politique économique induit une augmentation du taux d'inflation, il s'ensuit, tant que les salariés ne réagissent pas, une baisse du salaire réel qui incite les entreprises à embaucher ; quand ils corrigent leur erreur d'anticipation et revendiquent les hausses de salaires correspondant au nouveau taux d'inflation, le salaire réel revient à son niveau de départ et le chômage retrouve son niveau d'équilibre de longue période.

Par conséquent, ce taux de chômage d'équilibre est atteint lorsque les anticipations d'inflation des salariés correspondent à l'inflation effective. Pour s'en écarter, il faut que l'inflation s'accélère à nouveau. C'est la raison pour laquelle on l'appelle aussi un *NAIRU (Non Accelerating Inflation Rate of*

Unemployment) : lorsque le taux de chômage courant est inférieur au *NAIRU*, l'inflation s'accélère ; lorsqu'il est supérieur, elle décélère (désinflation).

• **Pour les nouveaux classiques (Lucas, etc.)**, sous l'hypothèse d'anticipations rationnelles, le taux de chômage courant ne s'écarte pas du taux de chômage naturel.
Par définition, une politique économique conjoncturelle ne peut agir sur le chômage naturel, qui est un chômage structurel. La seule action efficace consiste à améliorer le fonctionnement du marché du travail en le rapprochant de l'idéal de la concurrence parfaite.

➤ ***NAIRU*, *NAWRU*, Phillips (courbe de), WS-PS.**

chômage (traitement du)

Politiques de lutte contre le chômage qui privilégient soit la création d'emplois (traitement économique), soit l'aide aux chômeurs (traitement social), soit la diminution du nombre des chômeurs par modification des règles de leur recensement officiel et/ou de leur application (« traitement statistique »).

Traitements social et statistique peuvent se recouper : offrir aux chômeurs des stages rémunérés, ou les admettre à faire valoir leur droit à la retraite de manière anticipée, c'est à la fois leur assurer des revenus et les rayer des statistiques officielles du chômage en changeant leur statut, sans pour autant leur offrir un emploi.

➤ **politique de l'emploi.**

circuit économique

Représentation du fonctionnement d'une économie sous la forme de flux orientés reliant des agents ou des opérations.

L'une des représentations les plus simples prend la forme d'un triangle.
À l'origine de ce type d'approche, on trouve F. Quesnay et son *Tableau économique* (1758), puis Marx et Keynes. Les économistes qui raisonnent en termes de circuit s'opposent à ceux qui raisonnent en termes d'équilibre du marché. En effet, l'analyse de circuit est macroéconomique, dynamique, insiste sur l'interdépendance entre les flux (notamment entre l'offre et la demande) et s'applique à une économie monétaire et financière (crédit) qui peut traverser des crises durables.

Exemple de circuit simplifié

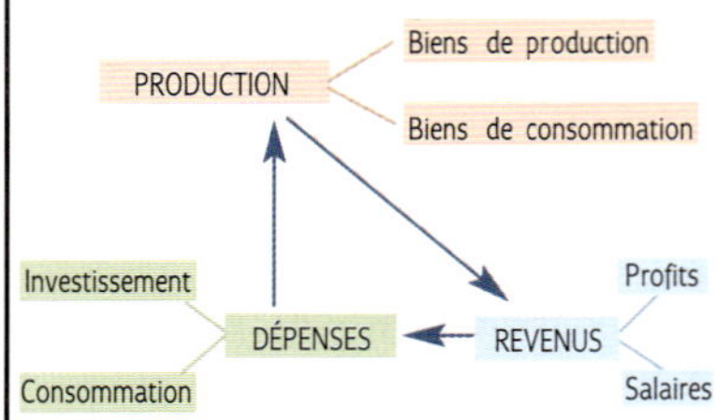

Les revenus sont distribués en contrepartie de la production, ils sont dépensés.
Les dépenses constituent des débouchés pour la production.

➤ **Keynes, keynésianisme, physiocratie, Quesnay.**

citoyenneté

Jouissance des droits civiques et politiques (entre autres le droit de vote et l'exercice des libertés publiques) attachés à la nationalité : est citoyen tout individu jouissant de ces droits dans un cadre national donné.

La citoyenneté, au sens moderne du terme, a partie liée avec la démocratie telle qu'elle s'est développée à partir de la fin du XVIIIe siècle . Les sociétés d'Ancien Régime ne connaissent que des sujets, inégaux par leur « estat » : tous les individus sont sujets du roi, les roturiers sont sujets d'un seigneur. La Constitution américaine et la Révolution française créent un individu abstrait, sujet de droit et détenteur d'une part de la souveraineté politique.
Cette définition donne lieu à des aménagements et à des extensions aux siècles suivants.

Citoyenneté, une notion complexe

Loin d'être simple, la notion de citoyenneté est problématique et peut recevoir des acceptions diverses.

- **Des droits et des devoirs**

Définie d'abord comme jouissance de droits, elle comporte également des devoirs (respect de la loi commune, défense de la patrie) et implique une participation aux affaires de la cité. De là, l'opposition entre citoyenneté minimale, voire « passive », et citoyenneté active à laquelle sont associés le « civisme » et la responsabilité. Cette vision morale peut masquer les inégalités sociales et culturelles d'accès à la maîtrise de la chose politique.

- **L'universalité tardive**

La citoyenneté suppose que soient définies les conditions d'accès au statut de citoyen. Sur ce point, l'universalité a été prise en défaut (le vote censitaire dans la première moitié du XIXe, l'exclusion des femmes du droit de vote et de l'éligibilité - en France jusqu'en 1944). Par contre le droit de vote aux élections municipales et européennes a été élargi aux membres de la CEE.

- **Des droits socio-économiques**

La citoyenneté met en avant des individus égaux en droit, chacun détenteur d'une parcelle de la souveraineté. En ce sens, le citoyen est un individu abstrait équivalent à tous les autres. Cette approche masque les différences culturelles et les inégalités économiques et sociales ainsi que les groupes (ou classes) constitués sur ces bases. Pour tenter d'y remédier, la Seconde république française (1848) avance l'exigence de « droit au travail ». La Déclaration universelle des droits de l'homme (1948) et les États-Providence du XXe siècle accréditent l'idée de droits socio-économiques nécessaires garantissant la pratique réelle de la citoyenneté.

➤ **démocratie, droits de l'homme, libertés publiques.**

civilisation

Ensemble des réalités techniques, sociales et culturelles d'une société ou d'une aire plus vaste, à une époque historique donnée : la civilisation romaine, la civilisation européenne au siècle des Lumières.

Cette notion peut prendre des sens variés :
Employé sans autre qualificatif, le terme s'oppose couramment au monde « non civilisé », « sauvage ». Cet usage dénote un jugement de valeur qui témoigne largement de préjugés ethnocentristes.
Ce terme remplace parfois celui de **culture** ou désigne un ensemble de cultures proches (civilisation occidentale). Mais, en général, il s'en différencie en qualifiant plus particulièrement les contenus matériels et culturels susceptibles de s'accumuler (technologie, arts et lettres, sciences) et les institutions marquantes d'ordre social et spirituel (droit romain, démocratie américaine, religion chrétienne ou musulmane).

La thèse de S. Huntington (1927-2008)

Le phénomène de mondialisation a suscité de nombreux débats. Le politiste américain S. Huntington soutient que le processus d'universalisation ou d'occidentalisation reste superficiel et que l'on s'achemine vers un « *Choc des civilisations* » (titre de son ouvrage) alimenté par le renouveau du religieux, en l'occurrence l'affrontement entre le christianisme et l'Islam. Cette thèse a suscité des critiques vigoureuses. Ces critiques insistent en particulier sur le fait que les civilisations ne sont pas des totalités culturelles autosuffisantes et que les aires religieuses ne coïncident pas ou rarement avec les aires culturelles ou les ensembles politiques.

➤ **conflit culturel, culture, Elias (Norbert), mondialisation culturelle, Annexe A-43.**

clan

➤ **lignage.**

Clark (Colin Grant)

Économiste anglais (1905-1989) qui a étudié particulièrement les conséquences du progrès économique.

Son ouvrage majeur, paru en 1947, s'intitule *Les conditions du progrès économique*. Il est à l'origine de la division habituelle de l'activité en trois secteurs : primaire, secondaire et tertiaire. D'après sa thèse, le progrès économique serait marqué par le passage de la population active du secteur primaire au secteur secondaire puis au secteur tertiaire.

➤ **secteurs d'activité (grands).**

classe d'âge

➤ **âge.**

classe dirigeante

Ensemble des acteurs qui détiennent, directement ou indirectement, le pouvoir dans une société : pouvoir politique essentiellement (contrôle de l'appareil d'État) mais aussi, les centres du pouvoir économique (ou) et culturel.

Ce concept est rattaché à une analyse privilégiant les rapports dirigeants/dirigés. Dans cette expression, le terme de classe est approximatif. Le groupe au pouvoir peut être une catégorie plus restreinte : fraction de classe, minorité organisée, caste ou encore élite(s), terme interchangeable avec classe dirigeante pour plusieurs auteurs.
Ce vocable a été forgé par le sociologue G. Mosca (1858-1941) qui voit dans toute société deux classes de gens : une classe qui gouverne et une classe qui est gouvernée.
Le concept de classe dirigeante se distingue de celui de **classe dominante**. Ce dernier relève d'une analyse marxiste partant des rapports de production. La classe dominante, détentrice des moyens de production et du pouvoir économique, exerce directement ou indirectement son emprise dans les sphères politique et idéologique.

➤ **bourgeoisie, classe(s) sociale(s), élite(s), État.**

classe(s) moyenne(s)

Ensemble de groupes sociaux caractérisés, aux plans professionnel et statutaire, par leur position intermédiaire entre les classes supérieures et les classes populaires (ouvriers et assimilés).

Un regroupement hétérogène

La définition des classes moyennes est problématique, chacun des deux termes de l'expression renvoyant à une analyse différente de la structure sociale : analyse en termes de strates hiérarchisées ou en termes de classes sociales.
Les strates sont ordonnées selon des échelles décroissantes de revenu, de formation, de prestige, etc. Les « classes » moyennes sont alors définies par leur position « moyenne » sur ces échelles.
L'analyse en termes de classes amène à préciser la place de ces catégories dans les « rapports sociaux de production » ; travailleurs indépendants, salariés agents intermédiaires d'encadrement ou mettant en œuvre des compétences plus ou moins élevées sans pouvoir de décision, etc.
Le pluriel de l'expression se justifie en raison de l'hétérogénéité de la population ainsi désignée. Peu de choses rassemblent le petit commerçant et l'instituteur, l'infirmier et le technicien industriel.

Mais des sous-ensembles plus cohérents

Néanmoins, le critère du statut juridique de l'activité professionnelle permet de dégager deux voire trois sous-ensembles plus homogènes : les classes moyennes salariées (cadres non-dirigeants, professions intermédiaires, employés administratifs qualifiés), elles-mêmes clivées selon l'opposition « public/privé », et les classes moyennes non salariées, professionnellement définies par leur statut de travailleur indépendant (artisans, commerçants, prestataires de services, agriculteurs exploitants).
Au-delà de caractéristiques communes, ces groupes s'opposent sur bien des points : comportement politique, formation, manière de consommer…

➤ **cadre(s), employés, moyennisation.**

classe(s) sociale(s)

Groupes sociaux de grande dimension, nés de la division sociale du travail, des inégalités de conditions d'existence et des relations de pouvoir. Elles ont une existence de fait et non de droit.

Ces groupements plus ou moins homogènes (différenciation interne) sont caractérisés par des conditions matérielles d'existence et un style de vie qui leur sont propres, par une tendance à l'hérédité des positions (reproduction sociale) ; inégalement structurés, ils peuvent constituer des communautés et agir comme acteurs collectifs. Bourgeoisie, classe ouvrière, classes moyennes, paysannerie sont les classes les plus souvent répertoriées dans les sociétés industrielles.

Théorie marxienne des classes

L'analyse en termes de classes sociales est, à l'origine, largement l'œuvre de Marx bien que le terme soit en usage avant elle : on le trouve employé par des économistes et des politologues dès la fin du XVIIIe siècle. Marx donne cependant à la problématique des classes une impulsion décisive. La division de la société en classes résulte des « rapports sociaux de production ». Placés sous le signe de l'exploitation et de la domination, ces rapports engendrent des antagonismes fondamentaux entre les groupes qui en sont partie prenante (capital et travail dans le mode de production capitaliste). Aussi la notion de classes, d'ordre relationnel, est-elle inséparable de la « lutte de classes » qui caractérise toute société socialement différenciée.
Toute structure de classe oppose, selon Marx, deux groupes fondamentaux (seigneurs et serfs, bourgeoisie et classe ouvrière…), les autres classes dépendant plus ou moins de cet antagonisme principal.

La notion de classes sociales s'est imposée progressivement dans les sciences sociales. Si certains théoriciens se sont opposés à la notion même, si d'autres ont usé du vocable dans un sens très différent (les classes comme strates hiérarchisées), un certain nombre, tout en n'adhérant pas à l'ensemble des présupposés de Marx, ont pris son analyse comme point de départ.

Max Weber reprend la notion de classes, mais celles-ci ne sont que l'un des principes de différenciation sociale avec les groupes de statut (définis à partir du prestige) et les groupes organisés en partis liés au pouvoir politique.
La littérature sociologique a ainsi largement développé l'analyse des classes d'un point de vue social et culturel.

Depuis les années 1980, la thèse de la « fin des classes » a été avancée par plusieurs sociologues et politistes. Ont été en particulier mis en avant la « moyennisation » et le déclin de la classe ouvrière comme acteur collectif. Sans nier des mutations importantes, d'autres analystes mettent l'accent sur le maintien des inégalités mais plus encore sur la pérennité des « rapports de classe » et des clivages sociaux et culturels.

➤ **classe(s) moyenne(s), lutte des classes, moyennisation, ouvrier, sous-culture, stratification sociale ; Annexe A-32, 38, 44.**

classiques (économistes)

Contemporains de la révolution industrielle et de l'essor du capitalisme (fin du XVIIIe – début XIXe siècles), les économistes classiques sont les fondateurs de l'économie politique en tant que discipline autonome. L'économie politique a pour domaine d'étude l'ensemble des activités qui concourent à la production, à la circulation et à la répartition des richesses matérielles.

Les fondateurs de l'économie politique

• **Les classiques anglais** :
– **A. Smith** dont, par convention, l'ouvrage *Recherche sur les causes et la nature de la richesse des nations* (1776) fait de lui le père de l'économie politique ;

– **D. Ricardo** qui systématise la pensée classique sous une forme théorique rigoureuse, notamment dans *Principes de l'économie politique et de l'impôt* (1817) ;

– **J. S. Mill** dont les *Principes d'économie politique* (1848) ont longtemps constitué le manuel économique de référence ;

– **T. R. Malthus**, célèbre pour son *Essai sur le principe de la population* (1798).

• **Les classiques français** :
J.-B. Say en est le principal représentant, il est l'auteur du *Traité d'économie politique* (1803) et de la *Loi des débouchés*.

Pour la plupart, les classiques s'accordent sur le rôle moteur de l'intérêt individuel, sur le caractère naturel d'un ordre fondé sur la liberté et le droit de propriété, sur le rôle régulateur du marché et de la libre concurrence, sur la justification du profit (par le risque) et sur la neutralité de la monnaie.

Classique, une dénomination délicate

Mais il est délicat de définir un dénominateur commun car les classiques divergent sur des sujets importants, comme la théorie de la valeur : Smith et Ricardo ont des conceptions différentes de la valeur travail, Say explique la valeur par l'utilité.
On pourrait avancer, par souci de simplification, que tous les classiques étaient favorables au libéralisme économique et au système capitaliste ; mais d'importantes nuances s'imposent, là encore ; alors que Ricardo se fait l'avocat des intérêts des industriels, Malthus défend plutôt les intérêts des propriétaires fonciers, et l'on trouve chez J. S. Mill des passages qui le classent du côté des réformateurs.
Le problème est encore plus délicat lorsque certains auteurs font de Marx « le dernier des classiques », ou un classique « hétérodoxe ». Cette dénomination n'est pas dénuée de tout fondement puisque Marx reprend, même s'il la modifie, la théorie de la valeur de Ricardo.
En fait, aucun économiste n'a prétendu, de son vivant, au titre de « classique » ; l'appellation a été donnée a posteriori. Ainsi, le terme d'« économie politique classique » a été utilisé par Marx pour désigner Ricardo et quelques-uns de ses prédécesseurs, par opposition à l'économie « vulgaire », celle qui en restait au niveau des apparences.
Keynes, quant à lui, appelait « classiques » tous les économistes l'ayant précédé, y compris les néo-classiques, dès l'instant qu'ils croyaient aux vertus de la régulation automatique de l'économie par le marché.

REMARQUE : l'ouvrage de P. Sraffa, *Production de marchandises par des marchandises*, en 1960, a marqué un renouveau de la pensée classique.

➤ **libéralisme, Malthus, Ricardo, Smith ; Annexe Ⓐ-1, 2, 3, 4, 5, 7, 19.**

clause de la nation la plus favorisée

Expression relative à la réglementation du commerce international : engagement d'un État à accorder à ses partenaires les tarifs douaniers les plus bas qu'il consent déjà à un pays tiers.

Pratique inaugurée à la fin du XIXe siècle lors de la conclusion d'accords commerciaux et adoptée comme principe de base du GATT en 1947. Cet élément essentiel du multilatéralisme est aujourd'hui souvent transgressé.

➤ **GATT, OMC.**

clearing

➤ **compensation.**

cloud computing/nuage informatique

Technique informatique qui consiste à transférer les données informatiques sur des serveurs gérés par un tiers.

Une entreprise par exemple peut souhaiter ne plus stocker ses données informatiques sur des disques durs se trouvant physiquement dans ses locaux, afin de diminuer les coûts d'acquisition des serveurs et/ou de limiter le risque d'accident ou de panne. Pour cela, des sociétés privées lui proposent d'héberger ses données qu'elle pourra librement consulter à distance grâce à internet.

➤ **ferme informatique (ou grappe de serveurs).**

Club de Paris, Club de Londres

Groupements internationaux de créanciers au sein desquels sont négociés des accords de réaménagement et de rééchelonnement de la dette extérieure des pays du Tiers monde.

- **Club de Paris :** depuis 1956, regroupe des créanciers publics ainsi que des représentants du FMI et de la Banque mondiale. Il négocie des accords de réaménagement de la dette publique, c'est-à-dire, ici, vis-à-vis de créanciers publics (États ou organismes publics internationaux), ou de la dette privée garantie, c'est-à-dire garantie par un organisme public du pays du créancier privé. Le mécanisme est le suivant : un accord-cadre fixe les principes généraux du réaménagement et il est complété par des accords bilatéraux entre le pays endetté et chacun de ses créanciers. Ces accords sont facilités par l'acceptation par le pays endetté d'un plan d'ajustement structurel (PAS) préconisé par le FMI.
- **Club de Londres :** depuis le début des années 1980 réunit les principales banques commerciales privées détenant des créances sur des agents privés ou publics du Tiers monde.

La dette du Tiers monde étant surtout de nature privée – c'est le cas principalement de l'Amérique latine – (la dette des pays d'Afrique est davantage de nature publique), l'essentiel des dettes renégociées l'ont été dans le cadre du Club de Londres.

➤ **Fonds monétaire international [FMI].**

Club des Dix

Association créée en 1961 qui regroupe dix pays les plus industrialisés du monde capitaliste : Allemagne, Belgique, Canada, États-Unis, France, Italie, Japon, Pays-Bas, Royaume-Uni, Suède ; la Suisse y assiste en tant qu'observateur.

cluster

Regroupement géographique d'entreprises de nouvelles technologies qui crée des externalités positives.

➤ **économie spatiale, externalité, pôle de compétitivité.**

CMU [Couverture maladie universelle]

La couverture maladie universelle a été créée par la loi du 27 juillet 1999 et mise en place à compter du 1er janvier 2000. Elle rend immédiate et automatique l'affiliation au régime général de Sécurité sociale pour toutes les personnes ayant une résidence stable et régulière en France métropolitaine ou dans un département d'outre-mer et qui ne peuvent avoir accès à une protection sociale à un autre titre.

Elle institue également une protection complémentaire de santé pour les personnes résidant en France depuis plus de trois mois de façon régulière et dont les ressources sont inférieures à un seuil fixé à 9 164 euros en octobre 2011. En 2011, plus de deux millions de personnes en bénéficient.

➤ **protection sociale, Sécurité sociale.**

CNUCED [Conférence des Nations unies pour le commerce et le développement]

Créée en 1964 par l'ONU, à l'initiative des pays du Tiers monde qui considéraient que les principes libéraux édictés par le GATT ne prenaient pas en compte leurs problèmes spécifiques. Cette conférence a pour objet de promouvoir une organisation du commerce international plus favorable aux pays en développement. Elle se réunit tous les quatre ans.

C'est dans le cadre de la CNUCED que sont négociés les accords visant à stabiliser le cours des produits de base et qu'a été étendu le Système de préférences généralisées (SPG) par lequel les pays développés accordent des avantages tarifaires (baisse des droits de douane sur des volumes limités) à certains produits industriels exportés par les pays en développement.

Les différentes CNUCED n'ont cependant pas permis l'instauration du nouvel ordre économique international revendiqué par les pays du Tiers monde (le plus souvent au sein du Groupe des 77) depuis 1974.

➤ **CNUED, GATT.**

CNUED [Conférence des Nations unies sur l'environnement et le développement]

Institution internationale créée par l'ONU en 1970, qui a pour mission de faire adopter par les États membres des conventions particulières de protection de l'environnement.

- **La CNUED de Stockholm en 1972** (113 États participants) avait surtout sensibilisé les gouvernements aux problèmes de protection du patrimoine naturel. Elle a donné naissance à d'autres institutions :

– la Commission Brundtland, du nom de sa présidente ;
– le PNUE (Programme des Nations unies pour l'environnement) ;
– le FEM (Fonds pour l'environnement mondial) qui offre des droits de tirage auprès de la Banque mondiale.

- **La CNUED de Rio de Janeiro, ou « Sommet de la Terre » a réuni en 1992** 178 délégations.

Le Sommet de Rio a adopté :

– la déclaration de Rio ou « Charte de la Terre » : peu contraignante, elle affirme les principes de gestion écologique de la planète et de « développement durable » (en anglais : *sustainable development*) ;
– la convention sur la biodiversité. Non signée par les États-Unis, elle ne retient aucune liste de zones ou d'espèces prioritaires à protéger ;
– la déclaration sur la forêt ;
– la convention sur les changements climatiques ;
– l'agenda 21, programme des actions à entreprendre.

Cette conférence a montré un net clivage Nord/Sud sur les problèmes d'environnement et de développement. Le Sud pauvre est moins pollueur que le Nord (effet de serre : 5,7 tonnes de carbone rejetées par Américain par an, contre 0,6 pour la Chine et 0,2 pour l'Inde).

Mais le Sud voit se dégrader rapidement son environnement (exportations de ses richesses naturelles, pression démographique). Il attend que le Nord finance les programmes de sauvegarde et adopte en premier les mesures contraignantes. À Rio, le Sud a réclamé un droit à polluer égal à celui que s'est attribué le Nord pour son propre développement...

- **Dans le cadre de la CNUED, une conférence sur « Le réchauffement de la planète » s'est tenue à Kyoto, en décembre 1997**, regroupant 159 pays. Un protocole d'accord a été adopté prévoyant une réduction moyenne de 5,2 % des émissions de six gaz à effet de serre (dont le CO_2), qui provoquent ce réchauffement, d'ici à 2012. Les quotas de réduction ont été répartis entre 38 pays industrialisés (– 8 % pour les pays de l'UE, – 7 % pour les États-Unis, – 6 % pour le Japon...). Les pays en développement ont été exemptés de tout engagement. Le principe de « permis négociables » (marché des droits à polluer), souhaité par les États-Unis, est retenu, mais son introduction a été renvoyée à la conférence de Buenos Aires en novembre 1998. Pour la première fois, la communauté internationale a donc volontairement amorcé un processus de réduction de la consommation d'énergie. Mais, en 2001, le président des États-Unis Bush, nouvellement élu, a indiqué que les États-Unis n'appliqueraient pas le protocole de Kyoto dont la mise en œuvre risque de pénaliser leur industrie.
- **Le sommet de Johannesbourg, en septembre 2002**, a mis à nouveau l'accent sur le développement durable et, notamment, sur la question de l'eau ; la Russie a annoncé son intention d'adhérer au protocole de Kyoto.
- **En 2005, le protocole de Kyoto entre en vigueur**.

➤ **CNUCED, développement, développement durable, écologie, économie de l'environnement, ONG.**

Coase (Ronald)

Économiste britanique (1910-2013), rendu célèbre par un article de 1937 (« La Nature de la firme »), dans lequel il posait les bases de cequi allait devenir le courant « néo-institutionnaliste » en cherchant à expliquer l'existence et la taille des firmes dans une économie de marché. Prix Nobel d'Économie 1991.

L'idée principale de ce courant est que le fonctionnement du marché n'est pas gratuit : il implique des coûts de transaction liés à la recherche de l'information, à la négociation des contrats, à la protection contre l'incertitude. Dès lors, en internalisant les transactions, la firme économise les coûts correspondants. La firme croît jusqu'au point où le coût marginal de l'organisation interne est égal au coût marginal du recours au marché.

➤ **coûts de transaction, économie de l'environnement, microéconomie (nouvelle), organisations (économie des), Williamson ; Annexe ©.**

Coase (théorème de)

Dans un article de 1960 sur « le problème du coût social », Ronald Coase montre qu'en l'absence de coûts de transaction et d'effets de richesse, une façon efficace de résoudre un problème d'externalités consiste à distribuer des droits de propriété négociables aux parties concernées, afin que l'allocation des ressources résulte d'un échange entre elles ; peu importe, du point de vue de l'efficience, à qui l'on attribue ces droits de propriété.

Pour Pigou (1920), la solution consistait à taxer le pollueur pour dédommager le pollué. Coase critique cette solution car elle traduit une préférence implicite pour le pollué alors que l'économiste doit respecter un principe de symétrie : le pollué a le droit de ne pas être pollué, mais le producteur a le droit de produire.

Droits du producteur et du pollué

L'entreprise A qui pollue l'eau d'une rivière alimentant une ville B en aval. L'important est que l'un des deux agents soit propriétaire de la rivière, peu importe lequel : si le propriétaire est le pollué B, alors le pollueur A sera disposé à offrir un dédommagement pour la pollution engendrée par une production qui reste rentable tant que le bénéfice retiré de cette production est supérieur au coût de ce dédommagement ; si le propriétaire est A, alors c'est au pollué qu'il revient de lui acheter une réduction de sa production tant que la somme versée est supérieure au gain que A retire de cette production et inférieure au coût que la pollution fait subir à B.

Coase parvient donc à un double résultat : la négociation directe entre pollueurs et pollués, sans intervention extérieure, est efficace ; la répartition initiale des droits de propriété est sans incidence (dans le cas d'un marché à polluer, l'État peut attribuer initialement les droits aux entreprises), elle ne change pas l'issue de cette négociation. Mais ce résultat dépend de façon cruciale de deux hypothèses : l'absence de coûts de transaction (coûts d'information, de négociation, de contrôle) ; l'absence d'effets de richesse (ce qui signifie que le préjudice subi peut être compensé par un dédommagement monétaire).

➤ **économie de l'environnement.**

COB [Commission des opérations de bourse]

➤ **autorité des marchés financiers.**

Cobb-Douglas

➤ **production (fonction de).**

codéveloppement

Politique de développement, apparue dans les années 1980, cherchant à combiner : l'action des travailleurs migrants en France, et celle de leurs associations ; celles de la société civile et de ses ONG ; celles des états et des collectivités territoriales du pays d'accueil, la France, et du pays d'origine. Aujourd'hui, elle constitue surtout une dimension de la politique « d'immigration choisie ».

Il s'agissait de faire des migrants des acteurs du développement de leur pays d'origine.

Prise en charge par le ministère de « l'immigration, de l'Intégration, de l'Identité nationale et du Codéveloppement », cette politique est désormais recadrée ; il s'agit de repenser « la politique d'aide au développement dans les pays qui sont source d'immigration à la lumière de la question de la maîtrise des flux migratoires » (Lettre de mission du 9 juillet 2007). Cela implique une priorité à l'immigration choisie ; il est trop tôt pour dire si le développement y trouvera son compte.

➤ **développement, immigration, immigrés.**

coefficient budgétaire

Rapport, exprimé le plus souvent en pourcentage, entre le montant d'une dépense d'un ménage affectée à l'achat d'un bien ou d'un service et le montant de sa dépense totale.

Exemple **:** si un ménage consomme, par exemple 9 147 € par an de produits alimentaires, et que sa consommation totale s'élève à 36 588 €, le coefficient budgétaire correspondant à l'alimentation sera de 25 % (9 147 / 36 588 x 100).

➤ **consommation, Engel (loi d').**

coefficient de capital

Rapport entre le volume de capital utilisé pour obtenir une production et le volume de cette production.

On mesure souvent ce coefficient par le rapport entre le capital fixe productif (K) et la valeur ajoutée (VA) (on remarquera qu'il s'agit de l'inverse de la productivité apparente du capital).
Un coefficient de capital égal à 4 :

$$\frac{K}{VA} = \frac{400}{100} = 4$$

signifie que, toutes choses égales par ailleurs, pour produire 100, il faudra employer 400 de capital (NB : il s'agit d'une relation entre un flux de production et un stock de capital). Si c'est le coefficient marginal qui vaut 4, cela signifie que pour produire 100 en plus, il faut investir 400 en plus.

➤ **capital, principe d'accélération.**

COFACE [Compagnie française d'assurance pour le commerce extérieur]

Organisme d'assurance à l'exportation créé en 1946, dont le rôle est d'encourager les entreprises françaises à exporter en les garantissant contre certains risques à l'exportation, dont, principalement, le risque de non-paiement par leurs clients étrangers.

cogestion

Mode de gestion des entreprises prévoyant, à côté des représentants du capital, une certaine participation des représentants des salariés aux décisions les concernant.

La cogestion, si elle suppose d'aller au-delà de la simple information ou consultation des salariés, n'est pas non plus dans la pratique un partage paritaire du pouvoir en tout domaine entre le capital et le travail.
Surtout appliquée en Allemagne dans les grandes entreprises métallurgiques et minières, elle permet d'associer des représentants des salariés aux décisions qui les concernent directement (reconversion d'activité, suppression d'emplois, changement des méthodes et des conditions de travail). Elle est l'un des éléments du consensus social allemand.

➤ **autogestion, participation au capital.**

cohésion sociale

Ce qui cimente et assure l'unité minimale d'un ensemble social. Ce qui permet aux membres d'une société de coexister et de vivre ensemble.

Cette notion se distingue de celle d'ordre social, cette dernière renvoyant plus particulièrement à la façon dont le pouvoir central assure la stabilité du profit, sinon des groupes dominants, du moins de l'organisation sociale en place. La cohésion, quant à elle, connote davantage les comportements et les attitudes des acteurs de la société civile, leur volonté plus ou moins affirmée de « faire société ».
Cohésion ne signifie pas absence d'opposition et de conflits, mais indique que la

coopération et les éléments de conviction commune l'emportent sur les forces centrifuges. A contrario, la cohésion sociale est entamée lorsque des changements non souhaités perturbent la régulation sociale en place, lorsque des franges de la population n'attendent plus rien de positif du système : discorde généralisée, mouvements sécessionnistes pouvant déboucher sur des guerres civiles larvées ou sanglantes. Certaines constructions nationales comme le Rwanda ou la Fédération yougoslave ont littéralement éclaté.

➤ **lien social, régulation sociale.**

cohorte

[démographie] Ensemble d'individus ayant vécu un même événement (naissance, mariage, divorce) durant une même année civile.

REMARQUE : « génération » désigne l'ensemble des individus nés la même année.

➤ **effet d'âge.**

colbertisme

1 Forme d'interventionnisme étatique pratiquée en France sous Louis XIV par son ministre J.-B. Colbert (1619-1683) et inspirée des théories mercantilistes (A. de Montchrestien, B. de Laffemas).

La politique de Colbert est fondée sur le principe mercantiliste selon lequel la richesse et la puissance d'un État résultent de l'accumulation d'or et de métaux précieux.

Caractéristiques du colbertisme

Pour une nation ne disposant pas de gisements aurifères, l'entrée d'or ne peut résulter que d'un excédent commercial ; c'est à l'obtenir que s'applique le système de Colbert :
– **protectionnisme sélectif** : tarif douanier dissuasif pour les produits manufacturés étrangers, et favorable aux importations de matières premières (notamment de blé pour abaisser le prix du pain et les salaires et favoriser la compétitivité de l'industrie) ; encouragement aux exportations industrielles ;
– **développement du commerce extérieur** par la création de « compagnies à charte » disposant de monopoles commerciaux et de subventions ;
– **exploitation des colonies** selon le principe du « pacte colonial » ;
– **développement de la marine** : ports, arsenaux, et utilisation des galériens ;
– **politique industrielle** : création de manufactures royales à capitaux publics ou privés ; commandes de l'État ; réglementation du travail et de la fabrication (normes sévères de qualité).

La réussite de ce dirigisme économique engendra des tensions avec les pays concurrents (la Hollande notamment).

2 [par extension] Tradition centralisatrice et interventionniste de la régulation économique française.

➤ **mercantilisme.**

collectif budgétaire

➤ **budget de l'État.**

collectivisation

Appropriation par des instances collectives de moyens de production : terres, sous-sol, usines, équipements, services, banques...

Généralisée à l'ensemble des moyens de production, elle débouche sur le **collectivisme**. Tel a été le cas des économies socialistes dans lesquelles les unités de production appartenaient soit à l'État, soit plus rarement aux travailleurs (kholkozes). Contre des risques de bureaucratisation, certains courants socialistes lui ont préféré, dans leurs programmes, la **socialisation** : propriété publique (étatique ou locale), associant dans sa gestion les travailleurs, (voire les consommateurs) et pouvant aller jusqu'à l'**autogestion.**
Dans les économies à **économie de marché**, le terme de collectivisation a un sens différent ; il peut renvoyer aux nationalisations (entreprises nationales) et aux coopératives (de consommation, de production, agricoles).

➤ **anarchisme, communisme, coopérative, marxisme, nationalisation, Proudhon, socialisme.**

collectivité

1 [sens courant] **terme général désignant tout ensemble social, le plus souvent délimité dans l'espace, plus ou moins structuré par une organisation interne (administration, autorité) et des activités ou objectifs communs.**

2 [droit public] **circonscription administrative dotée de la personnalité morale.**

▸ **collectivités locales,** régions, départements, communes.

colonialisme

1 Le fait colonial (au sens de la colonisation).

2 L'idéologie ou la doctrine justifiant cette entreprise (supériorité sociale et culturelle du pays colonisateur).

➤ **impérialisme.**

colonie

Territoire conquis, occupé et administré par une puissance étrangère, la métropole ; exemples : empire espagnol d'Amérique, Indes britanniques, Afrique occidentale française ou AOF.

Le pays colonisé perd sa souveraineté politique. La population autochtone, soumise à l'administration coloniale, est privée, à des degrés divers, des droits juridiques et politiques dévolus aux métropolitains et, dans certains cas, du statut d'homme libre.
Dépendance et domination politique vont de pair avec l'utilisation des richesses locales au profit de la métropole et l'exploitation de la main-d'œuvre indigène.

➤ **commerce triangulaire, économie du développement.**

combinaison productive

➤ **production (facteurs de).**

comité de Bâle

La principale fonction du Comité de Bâle est la surveillance prudentielle des activités bancaires et la stabilité du système bancaire et financier. L'octroi de crédits par les banques s'accompagne de contreparties constituées de fonds propres ou de dettes. Plus la proportion des fonds propres par rapport aux dettes est importante plus les banques sont solides et présentent des garanties de sécurité. En revanche, en cas de défaillance d'emprunteurs les banques doivent puiser dans leurs réserves, ce qui diminue leurs fonds propres et les fragilisent.

Trois étapes relatent les réactions du Comité de Bâle à l'internationalisation, la financiarisation et les crises bancaires de l'économie mondiale.

- **Bâle 1 (1988):** le cœur du dispositif est le ratio Cooke qui fixe un ratio minimal de 8 % de fonds propres par rapport à l'ensemble des crédits accordés par les banques.
- **Bâle 2 (2005, entrée en vigueur en 2012):** dès les années 1990, la croissance explosive des produits dérivés et des risques "hors-bilan" gagne le système bancaire. Pour y faire face, le Comité s'appuie sur trois piliers.
Le pilier 1, dit ratio de solvabilité McDonough, renforce l'exigence de solvabilité des banques en différenciant les risques. Si le ratio minimal est toujours de 8 % de fonds propres, ces risques sont répartis en risques de crédits, de marché et opérationnels (respectivement 75 %, 5 % et 20 % du ratio de fonds propres).
Le pilier 2 renforce la procédure de surveillance de gestion des fonds propres.
Le pilier 3 établit une discipline du marché par des règles de transparence sur l'information concernant l'actif des banques, les risques et leur gestion.
- **Bâle 3 (2010, entrée en vigueur en 2013):** l'objectif est de renforcer les règles internationales en matière de fonds propres et de liquidité, dans le but d'accroître la résilience du secteur bancaire, d'améliorer sa capacité à absorber les chocs consécutifs à des tensions financières ou économiques et de

réduire le risque systémique de propagation à l'économie réelle. Quatre mesures sont proposées pour réaliser cet objectif :
– améliorer le niveau et la qualité des fonds propres ;
– création d'un ratio levier contraignant les banques à immobiliser en fonds propres 100 % de leurs financements à l'exportation (contre 20 % précédemment) ;
– améliorer la gestion du risque de liquidité ;
– élargir le rôle des chambres de compensation aux transactions passées sur le marché de gré à gré ou sur des plates-formes de trading.

➤ **banque, fonds propres, liquidité bancaire.**

commerce équitable

➤ **économie du développement.**

commerce extérieur

(du lat. *merx*, *mercis*, « marchandise »)

Ensemble des flux d'exportations et d'importations de marchandises (biens) entre un pays et le reste du monde.

Le solde commercial d'un pays dépend de trois facteurs : **l'environnement international, l'appareil productif national et la demande**. Ainsi pour la France, les variations du cours du dollar, dans lequel sont libellés de nombreux échanges et les fluctuations du prix du pétrole, constituent des variables exogènes influant sur les importations et, dans une moindre mesure, sur les exportations. Surtout, le solde commercial dépend de l'offre, de la compétitivité de l'appareil productif, en termes de prix et de qualité. Mais la balance commerciale dépend aussi de la demande, du « décalage conjoncturel » entre la France et le reste du monde : si l'économie française a un taux de croissance supérieur au reste du monde, les importations, tirées par la demande interne, progressent plus vite que les exportations, liées à la demande mondiale.

➤ **balance des paiements, compétitivité, dévaluation, division internationale du travail [DIT], exportations, importations, Mundell (triangle d'incompatibilité de).**

commerce interbranche/intrabranche

➤ **commerce international, Krugman.**

commerce international

1 **flux de marchandises (biens) faisant l'objet d'un échange entre les espaces économiques nationaux ; il est mesuré par le total des exportations (importations) mondiales.**

2 **flux de services dont l'importance progresse dans les échanges internationaux.**

Analyses théoriques

La théorie économique traditionnelle propose des explications de l'échange international qui reposent soit sur les différences de dotation en facteurs de production (analyse néo-classique avec le théorème HOS des avantages relatifs liés à un travail abondant et peu cher par exemple), soit sur les différences de technologies (théorie ricardienne et néo-ricardienne) ; elle montre les effets bénéfiques de la spécialisation internationale et donc du libre-échange.

Toutefois, les analyses plus récentes montrent que l'échange international n'est pas composé uniquement de flux interbranches, chaque nation se spécialisant dans une activité particulière, mais aussi de flux intrabranches (la France et l'Allemagne s'échangeant des biens de l'industrie automobile, en raison des gains dus aux économies d'échelle en particulier).

• **D'un point de vue quantitatif,** le commerce international est envisagé par la mise en évidence de différentes grandeurs caractérisant un pays ou une zone :
– **le solde commercial** (exportations moins importations) ;
– **le taux de couverture** (exportations sur importations) ;
– **l'effort à l'exportation** (exportations rapportées au PIB) ;
– **le taux de pénétration** (importations rapportées au marché intérieur) :

$$\frac{M}{PIB + M - X}$$

• **Dans une approche qualitative**, c'est la nature des produits qui permet de mieux cerner la division internationale du travail selon des différenciations qui se recoupent pour partie et qui distinguent les produits selon les secteurs d'activité (agriculture, énergie, biens intermédiaires...), selon le contenu technologique (des produits bruts jusqu'aux produits incorporant une technologie sophistiquée), par filières (électronique, textile, chimie, véhicules...). Les économies nationales sont intégrées de façon hiérarchisée dans la division internationale du travail en fonction de leur degré de maîtrise des technologies.

➤ **avantage absolu (loi de l'), avantage comparatif (loi de l'), division internationale du travail [DIT], échange inégal, Hecksher-Ohlin-Samuelson [théorème HOS], Krugman, libre-échange (théorie du), nouvelle théorie du commerce international.**

commerce triangulaire

Du XVIe siècle au XIXe siècle, commerce de troc entre l'Europe, l'Afrique et les colonies d'Amérique et des Antilles, qui permit de procurer aux colons, en échange de produits tropicaux destinés à l'Europe, des esclaves africains achetés avec de la pacotille.

La traite des Noirs est organisée selon un triangle : Europe-Afrique noire-Antilles-Europe :
– des entrepreneurs négociants, généralement groupés en sociétés de capitaux, et bénéficiant à l'origine d'un monopole accordé par l'État, affrètent des navires dans les ports de Liverpool, Nantes, Bordeaux, Lisbonne... L'investissement initial comprend également une cargaison de produits manufacturés de faible valeur (objets de pacotille : ustensiles divers, armes, tissus...) ;
– cette cargaison est échangée sur les côtes Ouest de l'Afrique (« Côte des Esclaves » du golfe de Guinée principalement) contre des esclaves capturés dans l'intérieur par des trafiquants africains avec l'accord des monarchies locales (les sociétés africaines d'alors sont esclavagistes) ;
– les esclaves qui survivent au transport sont ensuite vendus dans les colonies contre du rhum, du sucre, des mélasses, du coton... ;
– ces produits exotiques constituent le fret de retour vers l'Europe où ils sont vendus avec un important profit, la cargaison ayant vu sa valeur multipliée par quatre ou cinq au cours de la rotation.
– Ce commerce est caractéristique du capitalisme dans sa phase originelle marchande, préindustrielle et mercantiliste.

➤ **accumulation primitive, esclavage.**

commission des opérations de bourse [COB]

➤ **Autorité des marchés financiers.**

commonwealth

Communauté instituée en 1931 entre la Grande-Bretagne et une majorité des États issus de l'empire colonial britannique. Les pays membres entretiennent des rapports commerciaux privilégiés, marqués en particulier par les accords d'Ottawa (1932, 1946).

communautarisme

1 Volonté de privilégier une identité collective de nature « ethnique », religieuse ou locale, pouvant se traduire par un « repli communautaire » et des revendications particularistes (droits des minorités).

Ce phénomène peut s'observer en particulier de la part de groupes en difficulté d'intégration ou de collectivités qui se sentent menacées d'une façon ou d'une autre (déclin économique, xénophobie, modernisation culturelle). Les différenciations internes au groupe sont minimisées, les individus membres (allégeance ou appartenance de fait) ne respectant pas les codes communautaires ou privilégiant d'autres obédiences sont rappelés à l'ordre, voire stigmatisés. Le retour à la tradition ou à ce qui en tient lieu (*ethnical revival*) est invoqué et célébré.

2 [plan doctrinal] Mouvement de pensée dit « communautarien » s'affirmant au Canada et aux États-Unis à partir des années 1980.

Partant d'une critique du libéralisme politique (individualisme et universalisme abstraits), il valorise l'inscription des individus dans leur communautés « naturelles » – locales, culturelles, religieuses – et prône la reconnaissance officielle des différences culturelles.

➤ **communauté, ethnicité, multiculturalisme.**

■ communauté

Collectivité caractérisée par des liens internes intenses, une forte cohésion (esprit de corps, objectifs communs), un esprit de solidarité vis-à-vis de l'extérieur sans pour autant exclure des tensions internes.

La communauté ainsi définie peut concerner des réalités diverses : entités locales (communautés villageoises), groupements volontaires (Église, associations), minorités ethniques ou religieuses (communauté juive).

Le sociologue allemand F. Tönnies en fait un type idéal – sinon un idéal – (*Gemeinschaft* en allemand) défini par l'union volontaire, l'altruisme et l'idéal commun, type qu'il oppose à l'« état de société » (traduction imparfaite de *Gesellschaft*) marqué au contraire par la séparation, le règne du contrat, la compétition et la poursuite rationnelle de l'intérêt individuel.

➤ **groupe social.**

■ communauté économique européenne

➤ **Union économique et monétaire européenne.**

■ communication

1 Transmission ou échange d'information entre deux ou plusieurs individus. La théorie de l'information décompose ce processus selon un schéma aujourd'hui classique.

Toute communication met aux prises :
– **l'émetteur et le récepteur** de l'information ;
– **une source** (distincte ou non de l'émetteur) ;
– **le message :** combinaison de signes (langage articulé, signaux acoustiques et/ou optiques...) chargée d'une certaine signification ;
– **le support matériel** ou **canal de transmission** du message.

Le message, codé par l'émetteur, est décodé par le récepteur.

2 Ensemble des activités et des phénomènes sociaux relatifs à la circulation des messages.

Le rôle des leaders d'opinion

En forgeant l'expression « *two step flow* » (flux à deux étages ou deux temps) les sociologues américains E. Katz et P. Lazarsfeld ont voulu montrer que les messages entre les émetteurs (agences de publicité, forces politiques) et les récepteurs finaux étaient relayés par des « leaders d'opinion » (amis, collègues, individus ayant localement de l'ascendant) qui, à travers les interactions, réinterprètent ces messages et influent sur les attitudes des gens de leur groupe.

3 Aujourd'hui, le terme est parfois associé à la société dans son ensemble (« société de communication »).

Le terme de communication est associé à des significations plus larges.

E. Neveu, en 2001, distingue quatre acceptions largement imbriquées :
– un secteur économique : l'univers des médias (Presse, publicité, édition écrite et audio-visuelle) ;
– l'ensemble des réseaux par lesquels circulent les personnes, les marchandises et les informations ;
– le travail de gestion ou de contrôle des messages diffusés par les entreprises, les agences culturelles et les pouvoirs ;
– la dimension relationnelle, la confrontation discursive entre les acteurs. (C'est en ce sens qu'Habermas parle de « l'agir communicationnel »).

Vers une société de communication

Avec l'explosion de la communication alimentée par les NTIC (Nouvelles technologies de

Source de l'information → **Émetteur** → Codage → **Message** → Décodage → **Récepteur**
↑ ↑ ↑ (sur Message) bruit et distorsion

l'information et de la communication), l'informatisation et l'univers Internet, etc., les notions de « Société de la communication » ou de « l'ère de l'information » (M. Castells) sont de plus en plus utilisées.

➤ **culture de masse, économie de l'information, réseaux sociaux ; Annexe Ⓐ-55.**

communisme

1 Projet de société fondé sur la propriété commune des biens (notamment des moyens de production) selon des modalités diverses.

Le communisme comme projet de société : le thème général et même le mot apparaissent bien avant Marx, Campanella au début du XVIIe siècle, le curé Meslier au XVIIIe siècle, Gracchus Babeuf et son « communisme des Égaux » pendant la Révolution française. Ce sont des utopies au sens originel du terme : la description d'une société idéale sans indication sur les moyens d'y parvenir.
Marx et Engels sont les fondateurs du projet communiste contemporain. L'abolition de la propriété privée des moyens de production, la libre association des travailleurs, la destruction de l'appareil d'État répressif jettent les bases d'une société égalitaire, sans division aliénante du travail, capable de satisfaire les besoins. Malgré ses prétentions scientifiques, la dimension utopique de ce projet est patente.

2 Mouvement(s) politique(s) issu(s) de cette doctrine.

Le mouvement communiste avant la révolution de 1917 se présente comme l'une des accentuations du mouvement socialiste sans qu'il y ait de rupture déclarée. La Ire et la IIe Internationales réunissent dans la même organisation marxistes et non-marxistes, révolutionnaires et réformistes. Après 1917, le mouvement communiste se démarque nettement des socialistes même si, parmi ces derniers, la référence au marxisme est loin d'être marginale.

3 Système politique et social mis en place à partir de la révolution de 1917 et façonné par l'ère stalinienne.

Le communisme comme système ou « socialisme réel » apparaît à bien des égards fort éloigné du modèle marxiste originel : hypertrophie de l'appareil d'État, contrôle « total » du parti unique sur la société, syndicats courroie de transmission du pouvoir (ces trois premiers traits sont caractéristiques d'un système totalitaire), division du travail maintenue, fossé entre classes (travailleurs manuels *versus* nomenklatura). Le marxisme, doctrine officielle, est métamorphosé en idéologie d'État, en religion laïque.

REMARQUE : la distinction entre communisme et socialisme(s) est délicate, les significations correspondant à ces termes se recouvrant partiellement. Par ailleurs, la continuité entre les projets initiaux et les régimes d'obédience communiste est loin d'avoir été ou d'être évidente.

➤ **collectivisation, Marx, marxisme, socialisme, totalitarisme.**

compensation

(en anglais *clearing*)

Technique de règlement des dettes mutuelles entre parties (entreprises, banques, nations...) par annulation réciproque des dettes d'un même montant et paiement limité au solde si les dettes sont inégales.

Dans le commerce international, les **accords de compensation** transforment l'échange extérieur en un véritable troc.
Entre banques, la compensation est organisée au sein de **chambres de compensation** : les dettes mutuelles (chèques, mandats, etc.) y sont annulées et le solde réglé par virement en monnaie centrale sur les comptes que les banques détiennent à la Banque centrale.

➤ **banque, monnaie.**

compétence

Dans le monde du travail, évaluation individuelle des connaissances, des savoir-faire, des qualités relationnelles, des capacités à faire face aux problèmes rencontrés (pannes, aléas, demandes clients).

Depuis les années 1980, la notion de compétence tend à compléter, voire à se substituer à celle, traditionnelle, de qualification. Ce glissement résulte de plusieurs processus :
– une tendance à l'individualisation de la gestion des personnels et au contournement des conventions collectives de branche (qui définissaient des grilles de qualification) au profit de la négociation d'entreprise ou d'établissement ;
– une volonté de prendre en compte les capacités d'adaptation des salariés aux innovations techniques et organisationnelles des entreprises (notion de flexibilité organisationnelle) ;
– une injonction des directions à s'impliquer plus activement dans le travail : autonomie contrôlée et « responsabilisation », mobilisation coordonnée des acteurs, etc.
– Il faut noter ce faisant que la notion de qualification ne disparaît pas pour autant.

➤ **flexibilité, qualification.**

compétitivité

Capacité pour une entreprise ou une économie nationale à maintenir ou accroître ses parts de marché, sur le marché domestique (compétitivité interne) et sur les marchés extérieurs (compétitivité externe).

La compétitivité-prix

Lorsque la compétition porte sur des produits comparables en termes de qualité, la compétitivité dépend des prix des produits et donc de trois séries de facteurs :
– des coûts, et tout particulièrement des coûts en travail, eux-mêmes dépendants des salaires, des charges sociales, de la productivité ;
– des marges (profits) des entreprises ;
– du taux de change de la monnaie nationale pour la compétitivité externe.

La compétitivité-qualité

La compétitivité-qualité ou compétitivité hors-prix ou compétitivité-produit ou compétitivité structurelle tient à ce qu'un producteur se maintient ou progresse sur un marché en raison de la nature de ses produits (l'électronique japonaise, la haute-couture française...) : elle dépend de facteurs tels que les performances des produits, la fiabilité, l'image de marque, les conditions de financement ou de commercialisation... Les prix jouent un rôle secondaire et une baisse (hausse) des prix dans le cadre d'une dépréciation (appréciation) de la monnaie a peu d'impact sur la compétitivité.

➤ **dépréciation, *price taker/price maker*.**

compétitivité (pôle de)

➤ **pôle de compétitivité.**

complémentarité

➤ **substitution des biens et des facteurs.**

composition organique du capital

Dans la pensée marxiste : rapport entre le capital constant et le capital variable.

La composition technique est le rapport entre la masse des moyens de production employés et la quantité de travail nécessaire pour les mettre en œuvre. Marx : « Nous appellerons composition organique du capital sa composition-valeur, en tant qu'elle dépend de sa composition technique et que, par conséquent, les changements survenus dans celle-ci se réfléchissent dans celle-là » (*Le Capital*).
La composition-valeur est le rapport entre la valeur du capital constant et la valeur du capital variable.
La hausse de la composition organique du capital induite par le progrès technique et la concurrence entre capitalistes entraînent la baisse tendancielle du taux de profit.

➤ **accumulation du capital, accumulation primitive, capital.**

comptabilité d'entreprise

Système d'évaluation régi par des normes conventionnelles et codifiées qui utilise le compte comme instrument de base.
Elle est à la fois un outil et un enjeu ; un outil, parce qu'en donnant une image de la situation patrimoniale et des résultats de l'entreprise,

elle est un instrument de gestion et de calcul économique à la disposition de ses dirigeants ; un enjeu, parce qu'elle fournit des informations à des agents qui cherchent à exercer un contrôle : le fisc, l'inspection du travail, les banques, les créanciers, les actionnaires, les salariés.

La **comptabilité générale** enregistre dans des comptes tous les mouvements de valeur résultant des activités de l'entreprise. Elle est complétée par la comptabilité analytique.

La **comptabilité analytique** est un instrument de gestion interne à l'entreprise ; elle sert à calculer des coûts, à prévoir les produits et les charges, à éclairer les choix d'investissement.

La comptabilité en partie double

L'enregistrement des opérations s'effectue selon le principe de la comptabilité en partie double : chaque opération donne lieu à une double écriture ; à tout montant enregistré en débit dans un compte correspond nécessairement, en contrepartie, un montant identique enregistré en crédit dans un ou plusieurs autres comptes (la réciproque est bien sûr vraie). Exemple : l'entreprise E vend 5 000 euros de marchandises à un grossiste qui la paye comptant : la vente constitue une ressource que l'on inscrit au crédit du compte « ventes » ; en contrepartie, la somme d'argent reçue, qui vient augmenter la caisse, est inscrite au débit (flux entrant) du compte « caisse ».

Le bilan

Il fournit, à la date de clôture de l'exercice, une image instantanée du patrimoine de l'entreprise (tout ce qu'elle possède et tout ce qu'elle doit).

L'étude **de l'actif immobilisé** permet de savoir si l'entreprise a cherché à accroître ses capacités de production (immobilisations corporelles), si elle a consenti un effort de recherche (immobilisations incorporelles), si elle a pris des participations dans d'autres entreprises (immobilisations financières). Un **actif circulant** très important peut être le signe de stocks excessifs ou d'une politique de crédit facile à la clientèle. Au passif, les capitaux propres correspondent aux ressources internes de l'entreprise ; avec les dettes à moyen et long terme, ils constituent les capitaux permanents, c'est-à-dire les ressources stables utilisées pour financer l'actif immobilisé.

L'analyse comparée des structures de l'actif et du passif met en évidence le **fonds de roulement** net = capitaux permanents – actif immobilisé = actif circulant – dettes à court terme. Une gestion rigoureuse impose, en effet, de financer les emplois longs (immobilisations) par des ressources longues : le fonds de roulement net doit rester positif, ce qui signifie qu'une partie du stock sera aussi financée par des capitaux permanents.

Le même raisonnement conduit à la définition du besoin de fonds de roulement = stocks + créances d'exploitation – dettes d'exploitation ; si ce besoin de fonds de roulement n'est pas couvert entièrement par les capitaux permanents, l'entreprise doit recourir à un endettement bancaire à court terme onéreux.

Le compte de résultat

Il présente le flux et les résultats de la période précédant la clôture de l'exercice, rassemble les soldes des comptes de gestion.

Le compte de résultat permet de comprendre comment a été obtenu le résultat inscrit au bilan.

Les soldes intermédiaires de gestion

Ils facilitent le passage de la comptabilité d'entreprise à la Comptabilité nationale.

– **La marge commerciale** (pour les entreprises commerciales) est la différence entre le montant des ventes de marchandises et le coût d'achat des marchandises vendues. Elle représente la « production » des commerces.
– **La production de l'exercice** dont les éléments les plus importants sont la production vendue et la production stockée.
– **La valeur ajoutée produite (VA).**
– **Le résultat brut d'exploitation** (RBE excédent ou insuffisance) évalue la capacité de l'entreprise à dégager des ressources.
– **La marge brute d'autofinancement** (MBA), expression destinée à remplacer

BILAN À LA FIN DE L'EXERCICE [7]

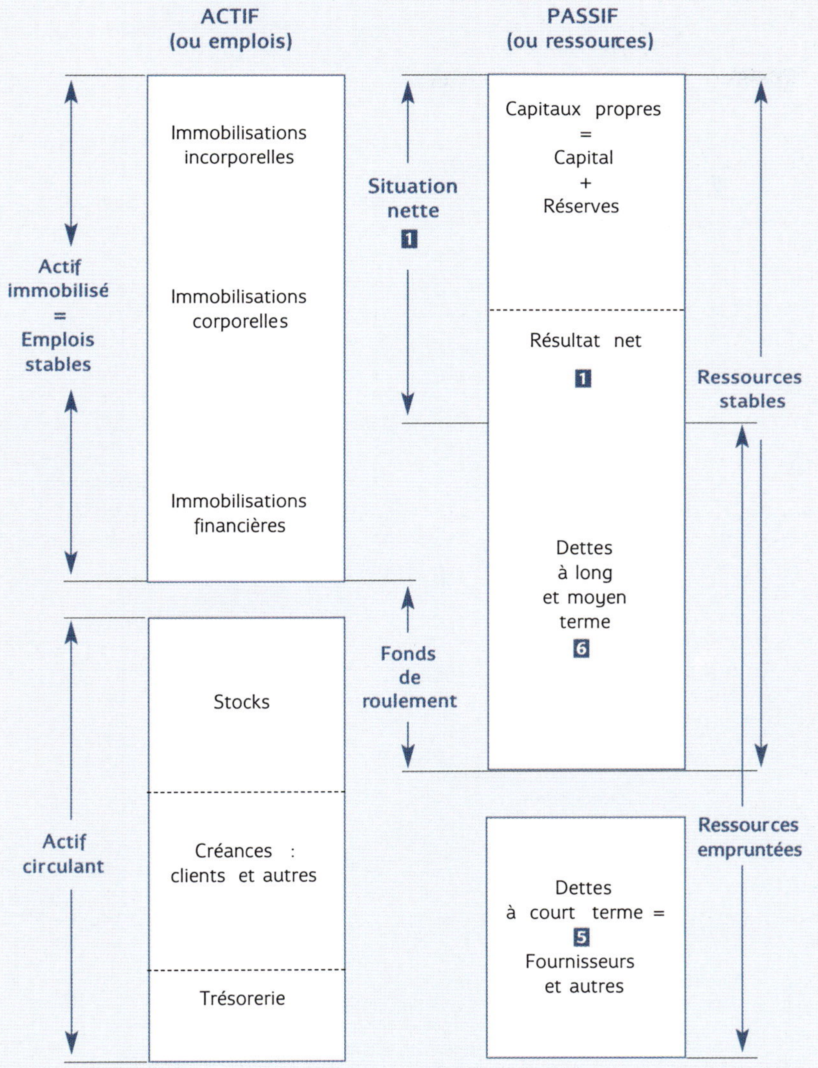

[1] Avant répartition du bénéfice.
[2] Après répartition du bénéfice.
[3] La TVA n'étant pas une charge, elle ne figure pas dans le compte de résultat mais dans le bilan : la « TVA collectée » due à l'État dans les dettes à court terme, la « TVA à récupérer » dans les autres créances sur l'État.
[4] Les éléments exceptionnels correspondent à des opérations ne représentant pas l'activité principale de l'entreprise (amende ou client non recouvrable par exemple).
[5] Dettes à moins d'un an.
[6] Dettes à moyen terme : dettes de 1 à 7 ans. Dettes à long terme : dettes au-delà de 7 ans.
[7] L'exercice est la période de temps qui sépare deux bilans (en général 1 an).

COMPTE DE RÉSULTAT DE L'EXERCICE [7]

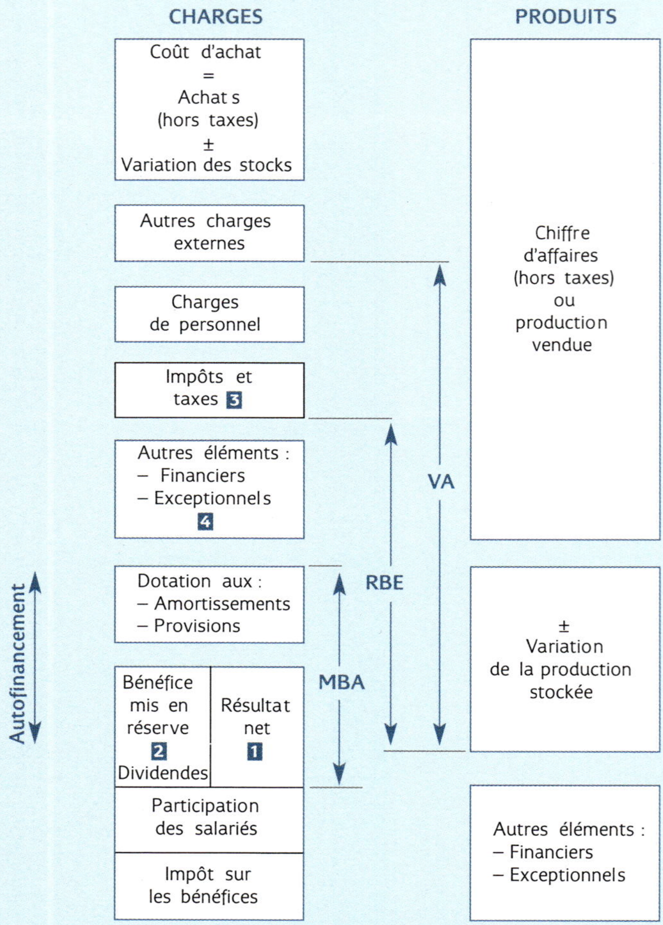

Résultat de l'exercice	=	Variation des capitaux propres entre le début et la fin de cet exercice	=	produits – charges
(bénéfice ou perte)	=	(solde du bilan)	=	(solde du compte de résultat)

[1] Avant répartition du bénéfice.
[2] Après répartition du bénéfice.
[3] La TVA n'étant pas une charge, elle ne figure pas dans le compte de résultat mais dans le bilan : la « TVA collectée » due à l'État dans les dettes à court terme, la « TVA à récupérer » dans les autres créances sur l'État.
[4] Les éléments exceptionnels correspondent à des opérations ne représentant pas l'activité principale de l'entreprise (amende ou client non recouvrable par exemple).
[5] Dettes à moins d'un an.
[6] Dettes à moyen terme : dettes de 1 à 7 ans. Dettes à long terme : dettes au-delà de 7 ans.
[7] L'exercice est la période de temps qui sépare deux bilans (en général 1 an).

l'expression anglaise *cash flow*, mesure la capacité d'auto-financement de l'entreprise.
– **Le résultat net**, c'est le solde qui figure au bilan et au compte de résultat.
Désormais, pour la présentation du compte de résultats des groupes multinationaux, on utilise les normes comptables IFRS.

➤ **normes comptables, profit, ratio.**

comptabilité nationale

Représentation quantifiée de l'économie d'un pays ; système d'évaluation régi par des normes conventionnelles et codifiées qui utilise le compte comme instrument de base.

Un système commun : le SEC 95

La construction d'un système de Comptabilité nationale date, en France, de 1945.
Depuis 1999, en accord avec les autres pays de l'UE, un système commun (appelé SEC 95, c'est-à-dire « système européen de comptabilité », adopté en 1995) a été instauré pour appliquer le nouveau « système de comptes nationaux » proposé par l'ONU en 1993 en liaison notamment avec le FMI, la Banque mondiale, l'OCDE et la Communauté européenne.
Les Comptes de la nation, élaborés sous la responsabilité de l'INSEE, fournissent une information statistique périodique sur l'activité économique. Depuis 2005, ils sont publiés en base 2000.
Le SEC 95 comptabilise les opérations de tous les agents « résidents » : ceux ayant effectué des opérations économiques pendant au moins un an, sur le territoire économique de la France (hors TOM).
Le SEC 95 comprend un cadre central, en dehors duquel se trouvent les comptes satellites et les systèmes intermédiaires. Dans le cadre central, l'économie est représentée comme un circuit : les agents sont reliés par des opérations enregistrées dans des comptes qui s'enchaînent logiquement.

Les agents de l'économie

Ce sont les unités institutionnelles, les secteurs institutionnels, les unités de production homogène, les branches et sous-secteurs.

– L'agent **unité institutionnelle** est un centre élémentaire, autonome, de décision économique. Ainsi, une société filiale dotée de la personnalité juridique est une unité institutionnelle ; mais un entrepreneur individuel (agriculteur, artisan, membre d'une profession libérale, etc.) ne constitue pas une unité distincte du ménage auquel il appartient, du fait de l'indivisibilité du patrimoine.

– Les **secteurs institutionnels** (SI) regroupent les unités institutionnelles ayant un comportement analogue : une même fonction principale (par exemple, produire des biens et services marchands non financiers pour les sociétés non financières), les mêmes ressources principales (produit de la vente de ces mêmes produits).

– Les **unités de production homogènes** correspondent à une activité exclusive (mêmes produits ou groupe de produits) ; comme les unités institutionnelles peuvent exercer plusieurs activités (par exemple, une entreprise de construction automobile peut aussi fabriquer de l'outillage), on les décompose en unités de production.

– La **branche** est le regroupement de toutes les unités de production homogène réalisant un même produit. En conséquence, une entreprise (unité institutionnelle) peut être présente, par l'intermédiaire de ses différentes unités de production homogène, dans plusieurs branches. Mais elle est tout entière contenue dans un seul secteur d'activité appelé aussi sous-secteur (pour éviter toute confusion avec les SI), celui-ci regroupant les sociétés non financières selon leur activité principale (celle dont la valeur ajoutée est la plus importante).

Les opérations

Celles-ci sont de trois types.

- **Les opérations sur produits** :

– la **production** (P), mais la valeur produite par une branche n'est pas égale à sa production car elle consomme des produits issus d'autres branches (la branche automobile n'a pas produit l'acier ou les pneus qui servent à fabriquer les automobiles) ; pour calculer la valeur ajoutée (VA) de chaque branche on soustrait donc de sa production la valeur des biens et services intermédiaires (en provenance des autres branches) qu'elle a consommés (ce que l'on

appelle sa consommation intermédiaire, CI) : VA (brute) = P – CI ; pour obtenir sa VA nette, il faut en plus soustraire sa consommation de capital fixe (CCF) ; additionner les productions de toutes les branches reviendrait à compter plusieurs fois les mêmes choses (compter par exemple une première fois les pneus produits par Michelin, et une deuxième fois ces mêmes pneus montés sur des voitures Renault) : seules les VA sont additives (la somme des VA correspond approximativement au PIB) ;
– la **dépense de consommation finale** (DC), qui est différente de la consommation effective (CE) car celle-ci inclut aussi la consommation individualisable de services non marchands (notamment l'éducation et la santé) ;
– la **consommation intermédiaire** (CI) ;
– la **formation brute de capital fixe** (FBCF), qui mesure l'investissement brut ;
– la **variation des stocks** (stocks) ;
– les **importations** (M) et les **exportations** (X).
Pour chaque produit, on vérifie l'identité comptable :
Ressources = Emplois, donc :
$P(VA + CI) = CI + DC + M + FBCF + \Delta\, stocks + X$
Au niveau agrégé, on supprime les CI et l'identité ressources-emplois devient :
Des revenus, correspondant à la rémunération des facteurs de production, sont distribués aux agents en contrepartie de la production.

- **Les opérations de répartition**

Elles décrivent la formation et la circulation des revenus, ainsi que les opérations de redistribution (impôts, cotisations sociales, prestations sociales).

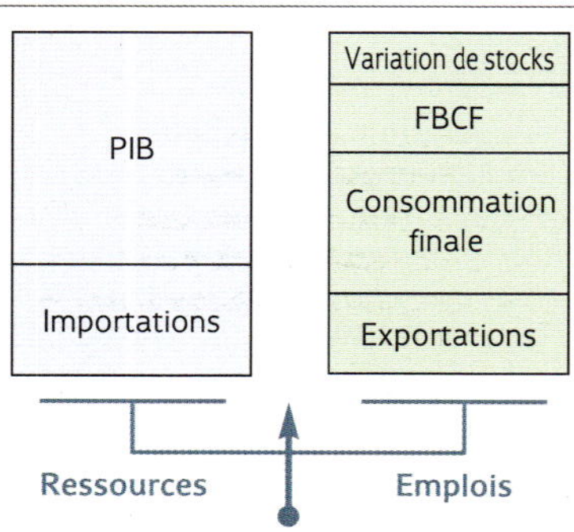

On distingue :
– la **rémunération des salariés** (salaires et traitements nets + cotisations sociales à la charge des employeurs et des salariés) ;
– les **impôts** liés à la production et à l'importation (TVA, droits de douane, etc.) ;
– les **subventions d'exploitation** ;
– les **revenus de la propriété** (intérêts, dividendes, loyers des terrains (mais pas des logements), fermages, redevances pour licences et brevets, participation des salariés, etc.) ;
– les **opérations d'assurances dommages** (primes, indemnités) ;
– les **transferts courants sans contrepartie** (impôts sur le revenu et le patrimoine, cotisations sociales reversées aux organismes d'assurance, prestations sociales, etc.) ;
– les **transferts en capital** (aides à l'investissement, impôts en capital, etc.).

- **Les opérations financières**

Elles portent sur des actifs financiers et des passifs financiers (créances et dettes dans l'ancien système). Elles sont classées selon la nature des instruments monétaires et financiers sur lesquels elles portent, soit par ordre de liquidité décroissant :
– **or monétaire et DTS** (réserves officielles de change de la Banque centrale) ;
– **numéraire et dépôts** (billets, pièces, dépôts transférables, autres dépôts) ;
– **titres hors actions** (obligations, TCN, produits financiers dérivés) ;
– **crédits**, hors crédits commerciaux ;
– **actions et titres d'OPCVM** ;
– **provisions techniques d'assurance** ;
– **autres comptes** à recevoir ou à payer (crédits commerciaux et avances correspondant à des délais de paiement accordés).

La séquence des comptes

Le regroupement de toutes les opérations ayant concerné un même SI pendant une période donnée s'effectue au sein d'une série ordonnée de comptes, globalement équilibrés (principe d'écriture comptable), et reliés les uns aux autres par leur solde.
Trois catégories de compte pour chaque SI :
– les **comptes courants** (production, formation et utilisation du revenu) ;

– les **comptes d'accumulation** (du capital physique et du capital financier) ;
– les **comptes de patrimoine** (actifs, passifs et valeur nette évalués en termes de stocks en début et en fin de période).

Les comptes des deux premières catégories (comptes de flux) s'articulent selon la séquence **PEADUCF** : initiales des comptes de Production, d'Exploitation, d'Affectation des revenus primaires, de Distribution secondaire du revenu, d'Utilisation du revenu, de Capital, et Financier (voir tableau page suivante).

Le solde du compte de capital, qui est le solde de l'ensemble des comptes non financiers, s'appelle **capacité ou besoin de financement** selon qu'il est positif ou négatif ; il est égal, aux ajustements près, au solde du compte financier ; car ce dernier décrit aussi l'accumulation du capital, mais sous forme d'actifs financiers, alors que le compte de capital décrit celle-ci sous forme d'actifs physiques.

La prise en compte des stocks par le cadre central : les comptes de patrimoine

Un compte de patrimoine se présente sous forme d'un bilan : on inscrit à l'actif les biens et les créances dont l'agent est propriétaire et au passif les dettes qu'il a contractées. Le solde constitue la valeur nette du patrimoine. Sa variation s'obtient par la comparaison du bilan d'ouverture (en début de période) et du bilan de clôture (en fin de période).

La conception marchande du patrimoine (possibilité de transaction) restreint beaucoup le champ d'application des comptes de patrimoine, d'autant plus qu'ils ne sont pas encore systématiquement établis. En sont exclus, en tout ou partie, le « capital humain », le capital écologique, le domaine public naturel, les biens durables des ménages, etc., pourtant essentiels pour l'analyse économique.

Les tableaux récapitulatifs et les agrégats

Le regroupement de tous les comptes courants, d'accumulation et de patrimoine, de tous les secteurs institutionnels, est prévu et s'effectuera au sein du **Tableau économique d'ensemble** (TEE), pour le moment limité aux comptes de flux. La synthèse des opérations sur produits est réalisée dans le Tableau entrées-sorties (TES) qui retrace les liaisons clients-fournisseurs entre branches. Le **Tableau des opérations financières** (TOF) est constitué de la juxtaposition des comptes financiers des secteurs. Ces tableaux permettent le calcul des principaux **agrégats** de la Comptabilité nationale : PIB, Revenu national, Consommation des ménages, Capacité ou Besoin de financement de la nation, etc.

Les comptes satellites et les systèmes intermédiaires

- Les **comptes satellites** portent sur des activités mal retracées par le cadre central et qui sont de grands domaines d'intervention de la politique économique et sociale (informatique, logement, agriculture, transport, tourisme...), ils permettent aussi l'analyse complète de certaines fonctions économiques ou sociales (santé, recherche, éducation).
- Les **systèmes intermédiaires** permettent le passage entre les données de la Comptabilité nationale et celles de la comptabilité privée des entreprises.

Enfin, il existe des comptes régionaux (régionalisation du Plan) et des comptes trimestriels.

➤ **agrégat, branche, FBCF, revenu, secteurs institutionnels, TES, TOF.**

comptabilité publique

Ensemble des règles qui régissent la tenue et la présentation des comptes des organismes publics (États, collectivités locales, établissements publics).

Longtemps distincte de la comptabilité des entreprises, elle s'en est beaucoup rapprochée à partir de 1970 avec la rénovation de la comptabilité de l'État et la mise en place du Plan comptable général.

REMARQUE : il ne faut pas confondre la comptabilité publique et la Comptabilité nationale.

LA SÉQUENCE DES COMPTES

Emplois	Ressources
COMPTE DE PRODUCTION	
Consommation intermédiaire. *Valeur ajoutée brute*. (Solde)	Production.
COMPTE D'EXPLOITATION	
Rémunération des salariés. Impôts liés à la production (sauf TVA). *Excédent brut d'exploitation*. (Solde)	Valeur ajoutée brute. Subventions d'exploitation (reçues).
COMPTE D'AFFECTATION DES REVENUS PRIMAIRES	
Revenus de la propriété. *Revenus primaires*. (Solde)	Excédent brut d'exploitation ou Revenu mixte. Rémunération des salariés. Impôts sur la production et les importations. Subventions. Revenus de la propriété.
COMPTE DE DISTRIBUTION SECONDAIRE DU REVENU	
Impôts courant sur le revenu, et le patrimoine. Cotisations sociales. Prestations sociales en espèces. Autres transferts courants. *Revenu disponible brut* (Solde)	Solde des revenus primaires Impôts courant sur le revenu, et le patrimoine. Cotisations sociales. Prestations sociales en espèces. Autres transferts courants.
COMPTE D'UTILISATION DU REVENU	
Consommation finale. *Épargne brute*. (Solde)	Revenu disponible brut.
COMPTE DE CAPITAL	
Formation brute de capital fixe. Variation des stocks. Acquisitions nettes de terrains et d'actifs incorporels Transferts en capital (versés). *Capacité (+) ou besoin (–) de financement*. (Solde)	Épargne brute. Transferts en capital (aides à l'investissement, impôts en capital... reçus).

Flux nets de créances	COMPTE FINANCIER	Flux nets de dettes
	Moyens de paiements internationaux. Monnaie et dépôts non monétaires. Bons négociables, obligations, actions et autres participations. Crédits. Réserves techniques d'assurance. *Solde des créances et dettes*.	

compte bancaire

Compte ouvert par une banque ou, par extension, une institution financière, à un individu ou une entreprise.

comptes à vue : ceux dont les titulaires disposent à tout instant des sommes inscrites à leur crédit. Ils comprennent les comptes de chèques, ou comptes de dépôts, qui doivent en principe rester créditeurs, et les comptes courants, en général des comptes d'entreprise, qui permettent de bénéficier d'un découvert autorisé.

comptes à terme : ceux qui reçoivent des fonds bloqués, au minimum pour un mois, et portent intérêt.

comptes sur livret : toujours créditeurs, qui ne donnent pas lieu à délivrance de chéquiers mais rapportent des intérêts, livret de caisse d'épargne, comptes pour le développement industriel (CODEVI).

comptes d'épargne-logement : qui reçoivent des fonds portant intérêt et destinés à l'achat d'une résidence. Ils permettent un emprunt à taux privilégié.

➤ **banque.**

compte de résultat

➤ **comptabilité d'entreprise.**

concentration

Processus au cours duquel la taille des unités de production, établissement, société, groupe, s'accroît et le poids relatif des unités les plus importantes s'accentue ; il s'agit d'atteindre une plus grande efficacité (production par tête) et/ou une plus grande rentabilité (profit par unité de capital) et/ou une extension de pouvoir.

Elle s'opère par **croissance interne** (extension des capacités de production par investissements propres de l'entreprise) ou **croissance externe** (rachat ou prise de contrôle d'unités de production d'autres entreprises).

Il existe trois types de concentration :
– **horizontale** lorsque sont réunies des activités situées au même niveau de production (par exemple, regroupement de constructeurs d'automobiles) pour réaliser des économies d'échelle et asseoir son pouvoir de marché ;
– **verticale** quand sont associées diverses étapes du processus de fabrication (exemple : extraction, raffinage, transport, commercialisation et transformation du pétrole) ;
– **par diversification** lorsqu'elle correspond à la seule recherche de profits (concentration conglomérale).

Des logiques de concentrations variées

La **concentration technique** correspond à l'agrandissement de la taille des unités de production qui permet des économies d'échelle, c'est-à-dire une plus grande efficacité dans la production, ou d'autres secteurs de la vie de l'entreprise (commercialisation, recherche...). Mais la taille n'est pas toujours synonyme de plus grande efficacité (des déséconomies d'échelle).
Toutefois, la logique de la concentration peut être aussi d'acquérir un **pouvoir sur le marché**, par rapport aux clients (sur le marché des biens et services vendus) ou aux fournisseurs (biens intermédiaires, travail et capital achetés) et d'améliorer le pouvoir de négociation de l'entreprise qui obtient ainsi des prix plus avantageux. La concentration engendre ici une position dominante et, éventuellement, des situations d'oligopole ou de monopole.
La logique de la concentration peut être **financière** lorsqu'il s'agit de réunir dans un même groupe des activités sans rapports techniques les unes avec les autres. Certains groupes sont diversifiés dans un secteur (BSN dans le secteur agro-alimentaire), d'autres diversifiés sur deux ou plusieurs secteurs (Bouygues associe le secteur du bâtiment-travaux publics et les médias), d'autres enfin sont de véritables conglomérats.

La mesure de la concentration

Elle peut se faire de différentes façons. La taille peut être appréhendée à partir des effectifs salariés, du chiffre d'affaires, du total du bilan, de la valeur ajoutée. L'intensité de la concentration peut être représentée par la taille moyenne des unités de production, par la part prise sur un marché par les *n* premières entreprises (les 4 premières, les 10 premières, les 20 premières...), ou par la courbe de Lorenz...

➤ **conglomérat, croissance, économies d'envergure ou de gamme, entreprise, Union économique et monétaire européenne, filière (politique de), filière (stratégie de), fusion-acquisition, groupe, holding, Lorenz (courbe de), marché, rendement.**

concurrence

Rivalité entre offreurs ou demandeurs d'un même bien ou service.

L'idée de concurrence évoque la compétition, chacun essayant de l'emporter sur son rival. Sur un tel marché, les entreprises se font concurrence par les prix (vendre moins cher le même produit que ses concurrents), par les quantités (augmenter la production pour bénéficier d'économies d'échelle), par la qualité (différencier son produit des autres par le conditionnement, la publicité, la marque, diversifier sa gamme, offrir de nouveaux produits, etc.). Plus généralement, en situation de concurrence :
– chaque agent participe à une procédure d'enchère ou de rabais pour l'emporter sur ses rivaux (chez les économistes classiques, c'est ainsi que le prix de marché converge vers son niveau « naturel ») ;
– chaque agent décide de son action en fonction des actions de ses concurrents ; par exemple, les firmes ajustent leurs prix, leurs campagnes de publicité, leurs stratégies d'investissement et d'innovation les unes en fonction des autres.

Modèles de concurrence et réalité

Dans la théorie micro-économique il n'en va pas ainsi. Ce que l'on appelle le modèle de **concurrence parfaite** dépeint un monde fictif dans lequel des agents économiques paisibles prennent des décisions d'offre et de demande sans se préoccuper les uns des autres, en fonction du prix qu'ils lisent sur leur écran d'ordinateur. Les modèles de **concurrence imparfaite** sont présentés comme un compromis : au prix du relâchement d'hypothèses requises par la perfection, on se rapprocherait de la réalité. Mais la concurrence parfaite demeure la norme, car les équilibres de concurrence imparfaite sont en général inefficients et les nouvelles hypothèses sont parfois encore plus irréalistes que celles qu'elles remplacent...

➤ **concurrence parfaite (modèle de), concurrence imparfaite.**

concurrence fiscale

Ajustement des systèmes fiscaux nationaux afin de créer arbitrairement des avantages compétitifs.

La concurrence fiscale est d'autant plus forte que l'assiette de l'impôt, base sur laquelle il est établi, est mobile.
En économie ouverte, les États tentent donc d'ajuster leur fiscalité de façon à tirer parti au mieux des opportunités, par exemple en évitant les sorties de capitaux et/ou en favorisant l'attractivité de leur territoire pour les investissements directs étrangers (IDE).
La concurrence fiscale tend donc à alléger la pression fiscale sur les facteurs les plus mobiles au détriment des autres et à exercer une pression sur les budgets publics. C'est ainsi que, dans l'espace européen, l'absence d'harmonisation des politiques fiscales entre pays membres a alourdi la taxation sur le travail et allégé celle pesant sur les entreprises et le capital, favorisant ainsi les pratiques de *dumping* fiscal.

➤ **impôt.**

concurrence imparfaite

Structure de marché dans laquelle une ou plusieurs des hypothèses de la concurrence pure et parfaite ne sont pas réalisées. Il en résulte notamment que des agents économiques deviennent faiseurs de prix (*price makers*) et doivent prendre leurs décisions en tenant compte des actions et des réactions des autres (interaction stratégique).

➤ **concurrence monopolistique, concurrence pure et parfaite, marchés (structure de), monopole, oligopole.**

concurrence monopolistique

Structure de marché caractérisée par la différenciation des produits.

La concurrence monopolistique, théorisée dans les années 1930 par l'économiste britannique Chamberlin, rassemble des éléments a priori contradictoires :
– de monopole car la différenciation du produit (marque réputée, notoriété due à la publicité, etc.) permet au producteur de faire le prix (tant que sa clientèle reste captive) ;
– de concurrence car le produit est, imparfaitement, substituable (on peut abandonner une marque de restauration rapide pour une autre), ce qui empêche le producteur de se comporter comme un monopoleur pur.

➤ **concurrence imparfaite, concurrence pure et parfaite (conditions de la), marchés (structure de), monopole.**

concurrence parfaite (modèle de)

Modèle de référence de la théorie microéconomique néo-classique.

Le modèle de l'équilibre général, tel qu'il a été formalisé par Arrow et Debreu dans le prolongement de Walras, ne prétend pas décrire la réalité. Il énonce les hypothèses nécessaires pour que le marché fonctionne parfaitement, c'est-à-dire comme si une « main invisible » selon la métaphore d'Adam Smith,conduisait des agents mus par leur intérêt particulier à réaliser, sans le rechercher, l'intérêt collectif (défini comme un optimum de Pareto).

Ce modèle de concurrence parfaite est fondé sur des hypothèses très restrictives :
– **les prix sont considérés comme des paramètres des fonctions de décision des agents**, ce qui implique l'existence d'un tiers extérieur et neutre, souvent appelé le commissaire-priseur, pour afficher gratuitement ces prix (un par bien), afin qu'ils soient connus de tous ;
– **les agents pensent que ces prix affichés, qu'ils ne peuvent manipuler, sont des prix d'équilibre**. Ces prix, supposés égaliser l'offre et la demande sur chaque marché, ne devraient donc plus varier. C'est parce qu'ils forment ces conjectures que les agents acceptent de prendre leurs décisions sur la base de ces prix et ne cherchent pas à en anticiper d'autres ;
– **les agents ne procèdent entre eux à aucun échange direct** : ils formulent leurs offres et leurs demandes auprès du commissaire-priseur qui les centralise et les confronte globalement.

Ces hypothèses, indispensables à la mise en équations du problème de l'équilibre général, confirment que le modèle de concurrence parfaite ne se rapporte pas à la concurrence telle qu'on se la représente couramment. Il décrit plutôt une économie centralisée. De plus, ce marché « parfaitement concurrentiel » n'a rien de spontané, il suppose au contraire l'intervention d'une autorité extérieure pour faire respecter les règles du jeu. C'est la condition nécessaire pour que les agents n'exercent aucun pouvoir, ni sur le marché, ni les uns sur les autres.

➤ **concurrence, concurrence pure et parfaite, néo-classique (théorie), optimum, Pareto.**

concurrence pure et parfaite (conditions de la)

Conditions dont la réalisation devrait garantir que les marchés fonctionnent réellement comme le prévoit le modèle de concurrence parfaite.

Pour étudier ce qui advient lorsqu'une ou plusieurs de ces conditions ne sont pas respectées, il faut se placer dans le cadre des modèles de concurrence imparfaite.

Les imperfections de la concurrence

Dans la réalité, on observe que :
– **les produits sont différenciés** : les concurrents cherchent à nous convaincre que leur produit (importance de la marque) est original, exceptionnel, qu'il surclasse les autres, etc. ;
– **il y a des oligopoles** (quelques entreprises en concurrence seulement), des cartels (des accords entre concurrents pour s'entendre

Les cinq conditions de la concurrence pure et parfaite

Ces conditions ne doivent pas être confondues avec les hypothèses de la concurrence parfaite (cf cette entrée).

• **L'homogénéité du produit** : un marché se définit par rapport à un produit bien déterminé (on ne devrait pas parler du marché de l'automobile car les voitures de sport ne sont pas en concurrence avec les routières, ni du marché du travail, car les polytechniciens ne sont pas en concurrence avec les non-diplômés) ; l'homogénéité renvoie à un critère objectif – tous les producteurs offrent un produit présentant les mêmes caractéristiques – et à un critère subjectif – les acheteurs ne font pas de distinction en fonction d'une marque ou d'une qualité présumée et préfèrent systématiquement le moins cher car les produits sont parfaitement substituables (biens fongibles).

• **L'atomicité du côté de l'offre et de la demande** : cela signifie qu'il y a suffisamment d'offreurs ou de demandeurs pour qu'aucun d'eux ne puisse exercer un pouvoir sur le marché, c'est-à-dire parvenir à influencer le prix en modifiant les quantités qu'il offre ou qu'il demande ; on associe souvent cette hypothèse à celle selon laquelle chaque offreur ou demandeur est preneur de prix (*price taker*), il considère le prix comme une donnée qu'il ne peut manipuler ; il n'est pas faiseur de prix (*price maker*), ce qui signifierait que l'un des intervenants, ou une coalition d'intervenants sur le marché, réussirait à « faire » le prix ; dans le modèle de concurrence parfaite, c'est le commissaire-priseur qui fait les prix ; dans ce cadre, un monopoleur serait aussi « preneur de prix » ;

• **La libre entrée et la libre sortie** : un marché est contestable si aucune barrière n'empêche quiconque d'y entrer pour concurrencer ceux qui s'y trouvent déjà et s'il est facile d'en sortir (car la difficulté à sortir, par exemple revendre une usine de savonnettes pour racheter une usine de patinettes, est un frein à l'entrée) ;

• **La libre circulation des facteurs de production** : cette condition n'est qu'une conséquence de la condition précédente ; elle signifie que le capital et le travail doivent pouvoir se déplacer librement à la recherche des occasions les plus rémunératrices . La libre circulation du capital implique la possibilité de placer ou d'investir son argent où l'on veut dans le monde ; celle du travail implique l'ouverture des frontières aux flux migratoires ;

• **L'information parfaite** : les offreurs et les demandeurs sont parfaitement informés des caractéristiques des produits (lien évident avec l'hypothèse d'homogénéité) et des prix auxquels ils sont proposés, d'où le prix unique pour chaque bien ; on notera que, dans le modèle de concurrence parfaite, le prix unique n'est pas un résultat mais un postulat, puisqu'il est affiché par le commissaire-priseur ; l'hypothèse d'information parfaite évite que certains profitent d'un avantage particulier pour manipuler le marché, ce qui serait le cas si les vendeurs connaissaient des défauts cachés des marchandises ignorés par les acheteurs ou si des spéculateurs savaient un peu avant les autres qu'une entreprise bien cotée s'apprête à déclarer des pertes, etc.

La liste de ces conditions suffit à montrer que l'intention est seulement de décrire ce que serait le marché idéal.

sur les prix et se partager le marché), voire des monopoles (tant qu'elle n'a pas été imitée une entreprise qui vient d'inventer un nouveau produit se trouve en situation temporaire de monopole) ;

– **il existe des barrières à l'entrée** : ainsi, en France, de nombreuses professions sont protégées, donc fermées (pharmaciens, notaires, chauffeurs de taxi, etc.) ;

– les entreprises prennent leurs décisions en se préoccupant des actions et réactions des autres ;

– **la technologie est une arme dans la concurrence** : il existe des barrières à l'entrée du fait des brevets, des dépenses de recherche qui induisent des coûts fixes souvent très importants, donc des coûts moyens décroissants sur une grande partie de l'échelle de production, etc. ;

– **l'information n'est pas parfaite** : qu'il s'agisse de la qualité des produits, des comportements des salariés, etc. ; la preuve en est que l'on est souvent disposé à payer pour acquérir une meilleure information (en passant du temps à comparer les prix, en consultant des revues de consommateurs, des journaux financiers, etc.).

➤ **néo-classique (théorie).**

Condorcet (paradoxe de)

Principe de non-transitivité des préférences collectives construites par sommation de préférences individuelles transitives.

REMARQUE : ce principe est à l'origine de la réflexion sur les problèmes d'agrégation tant en politique qu'en économie, et notamment sur la problématique du *bridge* et du *no bridge*, de passage de la microéconomie à la macroéconomie ou de recherche des fondements microéconomiques des agrégats macroéconomiques. En effet, il est impossible d'agréger les votes (préférences) des individus en une préférence collective cohérente avec ces choix individuels, dès lors que les préférences individuelles sont différentes et étalonnées de manière ordinale.

« Le paradoxe du vote »

Le philosophe, mathématicien, économiste et révolutionnaire français Marie Jean Antoine Nicolas Caritat (marquis de Condorcet, 1743-1794), réfléchissant à l'organisation politique de la démocratie et, en conséquence, au vote majoritaire, découvrit un « **paradoxe du vote** », énoncé dans le *Discours préliminaire de l'Essai sur l'application de l'analyse à la probabilité des décisions rendues à la pluralité des voix* (1785), et qui depuis porte son nom. Une décision collective prise à la majorité par addition des votes des électeurs peut ne pas être cohérente (c'est-à-dire être en contradiction) avec les choix de ces mêmes électeurs.

Exemple : prenons trois individus (1, 2, 3) et trois situations (A, B, C). Les préférences (les choix politiques en tant que citoyens, mais ce pourrait être les goûts en tant que consommateurs) de 1 sont telles qu'il préfère A à B et B à C. 2, lui, préfère B à C et C à A. Enfin, 3 préfère C à A et A à B. Soit :

– pour 1 : $A \geq B \geq C$;
– pour 2 : $B \geq C \geq A$;
– pour 3 : $C \geq A \geq B$.

On voit ici que deux individus sur trois préfèrent A à B (ce sont 1 et 3) ; de même, deux individus sur trois préfèrent B à C (ce sont 1 et 2). On peut donc supposer que A sera choisi. Or, deux individus sur trois préfèrent C à A (ce sont 2 et 3). Les préférences agrégées ne sont plus transitives.

« Le théorème d'impossibilité »

Le prix Nobel d'économie (1972), Kenneth Arrow, dans *Choix collectif et préférences individuelles* (1951), a repris le problème et abouti à un résultat analogue connu sous le nom de « **théorème d'impossibilité** » : on ne peut déduire une relation de préférence collective cohérente des relations de préférence de chacun des agents. Il est aussi appelé théorème du *no bridge* : il n'y a pas de pont entre l'analyse microéconomique et l'analyse macroéconomique ; chacune a sa logique et ses méthodes. Arrow démontre même que tout système de vote (et pas seulement le vote à la majorité) conduit à cette même impossibilité de déduire un choix collectif cohérent des choix individuels, hormis le cas de la dictature, dans lequel le choix collectif est ramené à celui d'un seul individu.

Le paradoxe de Condorcet fait partie d'un ensemble de « paradoxes agrégatifs » qui se posent dès lors que l'on veut passer de l'individu à la collectivité, de la partie au tout, du particulier au général... le tout étant plus que (ou étant différent de) la somme des parties qui le composent.

➤ **effet d'agrégation, indice, individualisme méthodologique ; Annexe A-29.**

confédération

1 **Réunion de fédérations syndicales.**

2 [sens institutionnel] **Rapprochement entre des États.**

➤ **syndicats de salariés, fédération.**

conflit culturel

Opposition larvée ou affrontement déclaré ayant pour enjeux les questions éthiques et religieuses et, plus généralement, les modèles culturels : les styles de vie, les mœurs et leur réglementation.

Expression à géométrie variable, peu codifiée en sciences sociales, pouvant s'appliquer à des situations diverses : clivages internes à une collectivité locale ou nationale, souvent en rapport avec le changement social et le décalage culturel (par exemple, l'opposition modernité/tradition, libéralisme culturel/rigorisme moral) ou bien avec des différenciations ethniques et religieuses ; oppositions virtuelles ou déclarées entre cultures sociétales (conquêtes coloniales et acculturation imposée, « choc des civilisations » selon l'expression d'Huntington qui désigne par là la compétition tant politique que culturelle qui se développerait entre les grandes aires de civilisation), tensions générées par la mondialisation culturelle opposant la modernité rationnelle et sécularisée à vocation universelle aux cultures et aux traditions particulières.

➤ **conflit social, culture, post-matérialisme.**

conflit social

Discorde, lutte, affrontement entre groupes sociaux opposés par leurs intérêts, leur position ou leurs idées.

- **conflits sociaux :** conflits entre agents sociaux dans la sphère de la production, mais l'expression revêt aujourd'hui un sens plus large. D'autres conflits se superposent aux premiers : conflits ethniques (ou raciaux), religieux, linguistiques, culturels. Les conflits politiques en sont en partie la traduction.
- **conflits du travail :** concernent plus particulièrement les rapports conflictuels entre employeurs et travailleurs salariés.
- **conflits latents (tensions, désaccords) ou conflits ouverts :** manifestations de mécontentement, grèves.

Employé au singulier, le terme a une valeur générale : l'affrontement entre les acteurs sociaux sur le fonctionnement et les buts de l'organisation sociale, la répartition des revenus, la distribution du pouvoir, les droits et obligations, les orientations des politiques, etc. Les conflits de classe sont souvent au centre du conflit social – par exemple, l'affrontement mouvement ouvrier/bourgeoisie dans le capitalisme concurrentiel. Marx et les marxistes parlent de lutte de classes. Celle-ci structure la société et constitue le moteur de l'Histoire.

Théorie de l'intégration et du conflit

On oppose souvent en sciences sociales les théories de l'intégration et celles du conflit.

Les premières privilégient l'harmonieuse complémentarité des rôles et les facteurs de cohésion sociale. Dans ce cas, le conflit, révélateur de dysfonctions, est un facteur d'équilibre : il est l'occasion de remédier à des défauts du système.

Les secondes mettent l'accent sur les processus de domination et d'exploitation (dans la version marxiste) ou encore sur l'inégale distribution de l'autorité et du pouvoir entre les agents sociaux selon la formule de R. Dahrendorf. Ces relations dissymétriques entre les groupes sociaux sont générateurs de conflits qui sont au centre de la dynamique de la société.

➤ **intégration sociale, lutte des classes, mouvement social.**

conglomérat

Groupe constitué d'entreprises aux activités diversifiées.

Ces entreprises se trouvent soumises, à la suite d'un processus de concentration, au contrôle stratégique d'une société mère ; les caractéristiques du groupe ainsi constitué sont les suivantes :

– l'objectif principal est la diversification des activités, les entreprises du groupe sont donc indépendantes les unes des autres en ce qui concerne leurs produits et leurs réseaux commerciaux ;

– le groupe se développe essentiellement par la croissance externe (prise de participation, absorption) ;

– la logique ultime du groupe est financière : il s'agit avant tout de maximiser la valeur d'un portefeuille d'actions.

➤ **concentration, groupe.**

conjoncture

Ensemble des éléments concourant simultanément à caractériser une situation temporaire donnée.

L'utilisation de la conjoncture

La **conjoncture économique** est étudiée par des organismes spécialisés (INSEE, Direction de la Prévision, BIPE, OFCE...) à l'aide de modèles économétriques qui intègrent et relient les principaux paramètres constitutifs des grands équilibres macroéconomiques : production, emploi, prix, solde extérieur, etc.
À partir de statistiques portant sur un passé récent, les conjoncturistes prolongent les tendances observées, les corrigent pour tenir compte des inflexions probables qui affecteront certains paramètres et en tirent les prévisions pour un avenir proche (analyse de court terme : < 1 an). Les éléments dont les variations sont négligeables ou nulles sur une courte période constituent les données structurelles, rigides, par opposition aux variables conjoncturelles, instables.

REMARQUE : à distinguer des variations saisonnières : l'augmentation des ventes de muguet en mai ne signifie pas que la conjoncture s'améliore pour les vendeurs !

Les politiques conjoncturelles

Elles visent à rétablir les grands équilibres par des moyens d'effet rapide (action par les taux d'intérêt, par le budget ; contrôle des changes, etc.) alors que les politiques structurelles agissent en profondeur (politique à moyen ou long terme de formation professionnelle, de restructuration industrielle, de décentralisation, de recherche, etc.).

➤ **cycles, expansion, modèle économique, prévision, production (capacités de), structure.**

conscience collective

Notion employée par Durkheim pour désigner « l'ensemble des croyances et des sentiments communs d'une même société (formant) un système déterminé qui a sa vie propre [...] elle ne change pas à chaque génération mais elle relie au contraire les unes aux autres les générations successives ».

➤ **Durkheim.**

conscience de classe

➤ **classe(s) sociale(s), Marx ; Annexe Ⓐ-32.**

conseil de l'Europe

➤ **Union européenne (les institutions de l').**

conseil des bourses de valeur

➤ **sociétés de Bourse.**

conseil économique, social et environnemental (CESE)

Assemblée consultative créée par la Constitution en 1958 en vue d'associer les principales forces économiques et sociales du pays aux décisions politiques. Elle émet des avis sur des projets de textes législatifs ou réglementaires qui lui sont soumis par le gouvernement, et, plus généralement, sur tout problème à caractère économique et social. Son champ d'intervention a été élargi à l'environnement lors de la réforme constitutionnelle de 2008.

Ses 223 membres sont désignés par le gouvernement pour cinq ans, les uns, sur proposition des organisations socioéconomiques représentatives (syndicats de salariés, MEDEF, etc.), les autres, en tant que personnalités qualifiées dans le domaine économique, social, scientifique ou culturel. Ils ne peuvent accomplir plus de deux mandats.
Son rôle est défini par l'article 67 de la Constitution.

➤ **désindustrailisation**

consensus de Washington

Conception libérale du développement et de la bonne gouvernance-pays qui prévalait au sein du FMI et de la Banque mondiale et qui sous-tendait les Plans d'ajustement structurels (PAS) dans les années 1980-90.

John Williamson (à ne pas confondre avec Oliver W.) emploie l'expression en 1990 pour caractériser en dix commandements les politiques préconisées par les institutions internationales dont le siège est à Washington (FMI et Banque mondiale) :

1. discipline budgétaire
2. réorientation de la dépense publique
3. réforme fiscale
4. libéralisation financière
5. taux de change unique et compétitif
6. libéralisation des échanges
7. suppression des obstacles à l'investissement direct étranger
8. privatisation des entreprises publiques
9. dérégulation des marchés pour assurer la libre entrée et la libre sortie
10. sécurité des droits de la propriété

Les plans d'ajustement structurel

Le fondement théorique des plans d'ajustement structurel « imposés » par le FMI repose sur la théorie monétaire de la Balance des paiements (Polak, Mundell, R. Dornbusch) : l'excès de création monétaire interne, en stimulant consommation et investissement, est à l'origine du déficit des paiements courants qui conduit à une fuite en avant dans l'endettement extérieur.

L'ajustement structurel : la mise en œuvre des PAS conditionne l'octroi de crédits par le FMI (« conditionnalité »).

L'« **ajustement** »... : c'est la stabilisation à court terme par rapport aux déséquilibres macro-économiques. Ce qui implique : suppression du déficit budgétaire, jugé également responsable de l'excès de demande, par diminution des dépenses publiques (baisse des salaires et du nombre de fonctionnaires, réduction des budgets sociaux, arrêt des subventions aux entreprises publiques...), dévaluation (pour renchérir les prix des produits importés), plafonnement des crédits à l'État...

...« **structurel** » : amélioration sur le long terme des structures de l'économie ; privatisations, libéralisation des échanges de biens et services et de capitaux, déréglementation...

➤ **ajustement structurel.**

consolidation

Opération comptable consistant à annuler les opérations qu'un groupe d'agents ou d'entreprises, appartenant à un même ensemble, effectuent entre eux.

Le compte consolidé d'un groupe financier décrit les activités et le patrimoine des différents éléments du groupe et élimine les créances et les dettes que les entreprises de ce groupe ont les unes sur les autres : si un groupe comprend deux sociétés, A et B ; si A réalise un profit de 1 million d'euros et B une perte de 0,5 million, alors le groupe aura un résultat consolidé bénéficiaire de 0,5 million d'euros.

➤ **dette (consolidation de la).**

consommateur (théorie du)

Ensemble d'analyses microéconomiques qui permettent de déterminer la demande d'un bien à partir du comportement d'optimisation du consommateur, c'est-à-dire de maximisation de sa satisfaction sous contrainte de revenu (équilibre du consommateur).

Dans le modèle standard néoclassique, le consommateur cherche un maximum de satisfaction (d'utilité). Supposé rationnel, il répartit ses dépenses de consommation entre différents biens (il se constitue un « panier de biens ») en tenant compte à la fois de ses préférences et de sa contrainte budgétaire : le panier d'équilibre se caractérise par l'égalité des utilités marginales des biens pondérées par leurs prix (si ce n'était pas le cas, un euro dépensé dans la consommation d'un bien procurerait une satisfaction supérieure à un euro dépensé dans la consommation d'un autre bien, de telle sorte qu'il serait possible d'améliorer la situation du consommateur en transférant cet euro de l'achat du second bien à l'achat du premier).

➤ **coût d'opportunité, *homo œconomicus*, indifférence (courbe d').**

Tout comportement de consommateur relève d'un calcul économique

Une nouvelle théorie du consommateur est apparue dans les années 1960, à la suite des travaux de Gary S. Becker (prix Nobel 1992), pour tenter de contrer les explications de la consommation par des variables psycho-sociologiques (par exemple, processus macro-social et historique de création de besoins nouveaux pour des biens nouveaux), et qui remettaient donc en cause l'hypothèse néo-classique de la stabilité des préférences du consommateur, dont les choix ne sont supposés dépendre que de variables économiques (prix et revenu).

Cette hypothèse fut sauvegardée par une translation d'une logique de consommation à une logique de production de satisfactions. Le consommateur cherche en fait à produire de manière optimale différentes catégories de satisfactions correspondant à des catégories de besoins (par exemple, besoin de déplacement) à l'aide de différents biens (char, fiacre ou automobile...). **Les biens deviennent des facteurs de production de satisfactions** : ils peuvent donc changer alors même que la fonction d'utilité reste stable.

De plus, le temps ainsi que le capital humain, comme ressources rares, sont intégrés à la fonction de production de satisfactions, au même titre que les biens : le consommateur arbitre entre différentes manières de produire des satisfactions en utilisant des biens et des services et son capital humain.

L'augmentation des revenus du travail accroît le coût d'opportunité du temps consacré à la consommation : cela expliquera l'augmentation de la consommation de services destinés à économiser du temps (se faire livrer des pizzas...) ; de même que la réduction du nombre d'enfants par famille (produire autant de satisfaction parentale en consacrant moins de temps à moins d'enfants mais avec plus de biens et de services éducatifs...) ; de même, les pratiques différenciées de loisirs (faire du sport ou le regarder à la télévision) s'expliqueraient par les différences de dotation en capital humain de savoirs et savoir-faire correspondants...

Tout comportement relève d'un calcul économique : *homo politicus* et *homo sociologicus* sont absorbés par *homo œconomicus*...

consommation

Destruction par l'usage. La consommation entraîne la disparition, plus ou moins rapide, par destruction ou par transformation, des biens ou services utilisés.

- **consommation intermédiaire (CI) :** valeur des biens et services totalement transformés (planche pour une table) ou détruits (électricité) au cours du processus de production.

- **dépense de consommation finale (DC) :** valeur des biens et services acquis pour la satisfaction directe des besoins individuels ou collectifs ; elle inclut les loyers imputés que les propriétaires de leur logement se versent implicitement à eux-mêmes ; en revanche, les achats de logements sont considérés comme un investissement.

Il s'agit de la dépense effectivement supportée par le ménage (la partie remboursée des médicaments est par exemple exclue) ; elle ne correspond donc pas à la valeur des biens et services réellement consommés par celui-ci (il a bénéficié du médecin, ou de l'éducation dispensée au lycée). On affecte à la DC des administrations ce qui correspond en fait à la consommation par les ménages de services financés par la collectivité (défense, éducation, santé, etc.), sauf pour la fraction qui a donné lieu à paiements partiels (par exemple, les droits d'inscription à l'université). C'est pourquoi la partie individualisable de cette consommation (l'éducation ou la santé, mais pas la défense ou la police) est ajoutée à la DC des ménages pour former leur **consommation finale effective** ; la partie non individualisable demeure affectée en consommation effective des administrations et correspond à une consommation collective (défense, police, justice, administration).

➤ **besoin, bien intermédiaire, coefficient budgétaire, Comptabilité nationale ; Annexe Ⓐ-33, 38.**

consommation collective

Consommation de biens ou de services satisfaisant des besoins collectifs et dont le financement est principalement pris en charge par une administration publique (État, collectivité locale, Sécurité sociale).

Certains de ces biens et services sont collectifs (défense, police, justice, administration, infrastructures), mais tous ne le sont pas (éducation, santé). Dans ce dernier cas (consommations collectives individualisables), c'est la présence de fortes externalités positives qui explique la prise en charge par la collectivité.

Les services collectifs présentent les trois caractéristiques suivantes :

– ils peuvent être fournis simultanément à tous les membres d'une collectivité (défense) ;

– la consommation de ces services ne requiert pas l'accord explicite des personnes concernées ;

– la fourniture d'un service collectif à un individu ne réduit pas la quantité disponible pour les autres membres de la collectivité.

➤ **bien (ou service) collectif, Comptabilité nationale.**

consommation contrainte

Ensemble des biens et des services dont il est difficile de modifier le volume consommé à court terme : logement, télécommunications, assurances, services financiers, etc.

Il est difficile de modifier le volume et le montant total des dépenses contraintes qui sont très sensibles aux variations de prix.

En effet, quand le consommateur a le choix (quand il n'a pas de contrainte), il remplace des biens dont le prix augmente beaucoup par des biens dont le prix augmente peu ou baisse ; ainsi il atténue les effets de l'inflation sur son budget (le coût de son caddie au supermarché augmente moins vite que le niveau général des prix).

En revanche, quand il s'agit de consommation contrainte, les dépenses sont préengagées et contraintes par un contrat difficilement renégociable à court terme. On pourrait ajouter à la liste ci-dessus d'autres dépenses qui correspondent de fait à une consommation contrainte : alimentation, transport, habillement, santé, etc.

➤ **inflation, pouvoir d'achat.**

constant/courant

➤ **déflation, prix.**

constructivisme

[sciences sociales] **Ensemble de démarches variées qui mettent l'accent sur les façons dont les individus et les groupes participent à la construction et à la reconstruction du monde social tout en étant tributaires des règles et des institutions en vigueur à un moment donné.**

Le terme « construction » renvoie à la fois aux produits des élaborations antérieures et aux processus de reconstruction et d'innovation des acteurs. Les interactionnistes américains insistent sur le remodelage permanent de l'ordre social. Ainsi A. Strauss parle d'« ordre négocié » voulant signifier par là que si un ordre social est en place, il n'est ni stable, ni figé : les acteurs sont à la fois contraints et en mesure, variable selon les situations, de modifier le système de règles à travers leurs interactions.

P. Berger et T. Luckmann résument cette approche par ce triple énoncé tiré de leur

ouvrage au titre évocateur (*La construction sociale de la réalité*,1966) : « La société est une construction humaine. La société est une réalité objective. L'homme est une production sociale ».
On peut citer dans le même sens, un passage célèbre de K. Marx (dans *Le 18 Brumaire de Louis Bonaparte*, 1852) : « Les hommes font leur propre histoire, mais ils ne la font pas arbitrairement, dans des conditions choisies par eux, mais dans des conditions directement données et héritées du passé ».

➤ **acteur social, interactionnisme symbolique.**

consumérisme

(en anglais *consumerism*)

Mouvement de défense des consommateurs.

En France, la défense du pouvoir d'achat a plus été le fait des salariés et de leurs syndicats que d'associations de consommateurs puissantes.
Cette faiblesse a conduit l'État à prendre l'initiative de la défense du consommateur : création d'un secrétariat d'État à la Consommation et d'un Institut national de la Consommation (INC).
Le mouvement est beaucoup plus développé en Grande-Bretagne, en Suède et surtout aux États-Unis où de véritables campagnes de boycott de produits sont organisées avec succès.

➤ **société de consommation.**

contingentement

Limitation quantitative par la puissance publique des mouvements humains (ex. : plafonds d'immigration), de produits (ex. : tickets de rationnement), de capitaux (ex. : contrôle des changes).

Exemple : pour protéger l'économie nationale de la concurrence étrangère, un gouvernement décide que les importations de certains produits ne pourront dépasser une limite déterminée de façon :

– **absolue :** au-delà du quota, montant autorisé, les importations sont interdites ou sont soumises à une augmentation importante des droits de douane ;
– **relative :** il est interdit au fournisseur étranger de dépasser un certain taux de pénétration du marché intérieur.

➤ **protectionnisme, quota.**

contracyclique (politique)

Politique visant à atténuer les effets des mouvements cycliques de l'économie. Elle se caractérise, notamment, par une relance de l'activité et une lutte contre le chômage en période de ralentissement, ou bien par une lutte contre l'inflation, en période de « surchauffe » économique.

➤ **chômage, cycles, fluctuations, inflation.**

contrainte extérieure

Influence des échanges extérieurs d'un pays engendrant une limitation des marges de manœuvre de la politique économique.

Dans les années 1980, la contrainte extérieure est essentiellement commerciale et tient à la nécessité d'éviter un déficit extérieur durable. L'intensité de la contrainte extérieure est très variable : elle est d'autant plus forte que le pays est ouvert aux échanges commerciaux, aux flux de capitaux et que l'appareil de production est inadapté aux échanges extérieurs ; elle est de nature différente selon que la monnaie est intégrée dans une zone de parités fixes (le SME, par exemple) ou qu'elle flotte. Pour la France, la contrainte extérieure a pris la forme suivante : la politique économique doit éviter une relance de l'activité qui aboutirait à creuser le déficit extérieur, des taux d'intérêt faibles qui susciteraient des sorties de capitaux intempestives et un taux d'inflation élevé qui handicaperait la compétitivité.
À partir des années 1990, la contrainte extérieure devient financière (il s'agit d'éviter des déficits publics) et plus institutionnalisée, dans le cadre du traité de Maastricht.

➤ **balance des paiements, commerce extérieur, dépréciation, extraversion, internationalisation, Mundell (triangle d'incompatibilité de), politique économique, Union économique et monétaire européenne.**

contrainte sociale

Ensemble de modalités selon lesquelles les normes sociales et plus généralement les orientations et les principes d'organisation de la société (institutions, règles de fonctionnement, « conditions matérielles d'existence »), s'imposent à des degrés divers aux individus.

Pour Durkheim, faits sociaux et contrainte sont intimement liés : « [Ces faits] consistent en manières d'agir, de penser et de sentir, extérieures à l'individu et qui sont douées d'un pouvoir de coercition [de contrainte] en vertu duquel ils s'imposent à lui » (*Règles de la méthode...*).

On peut rapprocher cet axiome de l'affirmation de Marx selon laquelle « dans la production sociale de leur existence, les individus nouent des rapports déterminés, nécessaires, indépendants de leur volonté. »

➤ **contrôle social, désinstitutionalisation, Durkheim, institution(s).**

contrat de travail

Convention par laquelle une personne (le salarié) s'engage à mettre son activité à la disposition d'un employeur, sous la subordination duquel il se place, moyennant une rémunération.

Ce contrat est donc de nature très particulière. C'est pourquoi il est, dans les pays développés, encadré par des règles très strictes s'efforçant de protéger le salarié contre l'arbitraire de l'employeur.

Celui-ci peut être une personne morale ou physique. Le contrat peut ne pas être conclu personnellement par le chef d'entreprise mais par son représentant qualifié. En revanche, le salarié doit être une personne physique.

La rupture du contrat de travail revêt le caractère d'une *démission* si le salarié en prend l'initiative, d'un *licenciement* si c'est l'employeur. Le licenciement est soumis à des règles très précises et entraîne pour l'employeur l'obligation de verser des indemnités, dont l'indemnité légale de licenciement.

Différents types de contrats

Le contrat de travail de droit commun est le **contrat à durée indéterminée** (CDI).
Cependant, il existe d'autres types de contrat de travail : contrat à durée déterminée (CDD), contrat de travail temporaire, contrat de travail intermittent, d'adaptation à l'emploi, de qualification, d'apprentissage, etc.

contrat social

1 **[philosophie politique] Pacte fondateur instituant la vie en société et par là l'ordre social.**

Les théories du contrat social développées au XVIIe et XVIIIe siècles par Hobbes, J. Locke et J.-J. Rousseau, quoique divergentes à bien des égards, se rejoignent sur un point central : l'ordre social n'est pas inscrit dans l'ordre cosmique ou divin de la nature mais procède d'un pacte établi entre les hommes. Par ce pacte (fiction logique ou événement historique), ceux-ci se dessaisissent de leur liberté naturelle au profit d'une autorité souveraine légitime, garante de la sécurité de chacun et du bien commun.

J.-J. Rousseau qui consacre l'expression par son ouvrage *Du contrat social* (1762) cherche à concevoir cette autorité comme la souveraineté du peuple en exercice : la volonté générale qui en résulte est à la fois l'émanation des individus associés et la loi à laquelle chacun se soumet.

2 **[usage contemporain] Accord explicite ou compromis implicite passé entre des forces sociales aux intérêts divergents, visant à développer une politique où chacune des parties trouve des avantages tout en étant bénéfique pour la collectivité dans son ensemble.**

➤ **État, Hobbes, Locke, régulation sociale.**

contrats (théorie des)

Théorie économique qui s'intéresse à la manière dont les agents économiques prennent des engagements impliquant des obligations mutuelles et permettant une meilleure coordination de leurs actions.

Ces théories ont comme objectif initial d'avoir une représentation plus fidèle de la réalité économique que l'analyse walrasienne qui suppose des comportements et une rationalité simplistes et qui repose sur des ajustements par le marché. Elles mettent l'accent sur les asymétries d'information et la rationalité limitée des agents et étudient en particulier les dispositifs d'incitation (théorie de l'agence) et les mécanismes de supervision (théorie des coûts de transactions). Elles ont de multiples débouchés en économie du travail, économie de l'assurance et macro-économie.
Les contrats comportent trois volets (E. Brousseau) : ils définissent les obligations des parties, ils déterminent des procédures de respect des engagements (supervision, incitation, sanction) et règlent les modalités de partage des gains de la coopération.

➤ **agence, aléa moral, asymétrie informationnelle, coûts de transaction, droits de propriété (théorie des), Walras.**

contre-culture

Modèle culturel et orientations normatives délibérément élaborés par un groupe en opposition aux normes et valeurs « légitimes » de la société environnante.

Se différencie du terme plus large de sous-culture (ou sub-culture) par la démarche plus ou moins volontaire des individus qui y participent comme par le rejet explicite de tout ou partie des traits culturels dominants. Une sous-culture est caractérisée par la différence, l'autonomie et l'altérité ; la contre-culture se construit en opposition et par la contestation. En ce sens, cette dernière est à rapprocher de la déviance volontaire (il s'agit de marginaux et non de marginalisés) et, dans certains cas, de la contre acculturation.

L'univers des contre-cultures

Il est extrêmement varié dans le temps et dans l'espace. Il peut s'agir de dissidences religieuses à dimension communautaire (hérésies médiévales, sectes, fondamentalismes contemporains), de mouvements sociopolitiques prônant des modèles alternatifs de fonctionnement de la société (par exemple, les aspects contre-culturels du mouvement socialiste), de mouvances culturelles communautaires comme le phénomène hippie des années 1960-1970 (permissivité sexuelle contre rigorisme moral, culture néo-artisanale contre technologies industrielles), de minorités ethniques ou « raciales » rompant avec le modèle d'assimilation (par exemple, les « musulmans noirs » aux États-Unis) ou encore des micro-cultures d'adolescents en rupture de ban (*corner boys*, jeunes banlieusards).

La volonté affichée des acteurs de s'opposer aux institutions dominantes ne doit pas masquer la relativité de certaines ruptures. Toute contre-culture est tributaire de la culture globale à laquelle elle s'oppose. Les acteurs reproduisent, sans s'en rendre compte, nombre de ses archétypes.

➤ **culture, déviance, marginalité, sous-culture.**

contre-pouvoirs

Groupes et entités organisées faisant contrepoids au pouvoir central : partis politiques, syndicats, groupes d'intérêt, médias, voire institutions religieuses.

La notion de contre-pouvoir est associée à la démocratie. L'exercice effectif des libertés publiques favorise la constitution d'acteurs organisés qui développent un regard critique sur la politique menée par l'État et/ou mobilisent des forces pour contrer ou infléchir certaines de ses actions. La presse, parfois qualifiée de « quatrième pouvoir », exerce dans certaines circonstances un véritable pouvoir d'influence. Ce peut être le cas également de certaines personnalités ou d'autorités jouissant de prestige moral.

Contre-pouvoirs et arbitraire

Dans les régimes non démocratiques, les contre-pouvoirs n'ont généralement pas le droit à l'existence mais ne sont pas toujours inexistants : dans la Pologne sous régime communiste, l'Église catholique exerçait un magistère moral limité mais réel ; en Iran, la presse indépendante, périodiquement poursuivie, critique l'arbitraire théocratique.

➤ **groupe de pression, libertés publiques.**

contribution sociale généralisée [CSG]

Impôt, créé par la loi du 29 décembre 1990, assis sur l'ensemble des revenus : salaires, traitements des fonctionnaires, revenus de remplacement (pensions de retraite, indemnités de chômage, etc.), revenus du patrimoine et produits des placements. Le produit de la CSG est destiné au financement de la protection sociale.

➤ **fiscalité, impôt.**

contrôle des prix

Réglementation par les pouvoirs publics de l'évolution des prix, afin de modifier leur fixation spontanée et de prévenir soit des hausses, soit des baisses d'un ou de plusieurs produits.

Cette intervention peut être indirecte et prendre la forme, par exemple, d'une action sur l'offre, par stockage du produit ou limitation de la production. L'intervention directe, elle, peut prendre la forme soit d'une taxation, c'est-à-dire de la fixation d'un prix minimal ou maximal par l'État, soit d'un blocage des prix, c'est-à-dire l'interdiction de toute hausse pendant une période donnée. Le contrôle peut également être incitatif et prendre la forme de contrats de programme entre l'Administration et les professions concernées.

C'est souvent un élément important des politiques anti-inflationnistes (par exemple, le blocage des prix de 1982). Depuis 1978 et surtout depuis 1986, le gouvernement français a réalisé la suppression progressive du contrôle des prix.

contrôle du crédit

➤ **politique monétaire.**

contrôle social

Ensemble de moyens dont dispose une société, une collectivité pour amener ses membres à adopter des conduites conformes aux règles prescrites, aux modèles établis, pour assurer le maintien de la cohésion sociale.

Le contrôle social s'observe aux différents étages de la société. À l'échelle de la société globale, il est le plus souvent formel : le non-respect des lois est passible de sanctions légales. Le système de contrôle est délégué à des agents spéciaux (police, justice, institutions disciplinaires). Mais la réalité du contrôle social est beaucoup plus large : toute collectivité partielle l'exerce de façon informelle et plus ou moins intensément ; les membres du groupe font pression sur ceux de leurs membres qui, en s'écartant des règles tacitement établies, menacent la cohésion et le bon fonctionnement du groupe.

Les mécanismes de contrôle informel sont très variables : pressions morales, admonestations, stigmatisations, mécanismes d'exclusion (de fait, sinon de droit).

➤ **conformité, déviance, institution(s), normes sociales, rôle(s).**

convention collective

Accord signé entre une ou plusieurs organisations syndicales et un employeur ou une association d'employeurs (union professionnelle, syndicats patronaux) et fixant les conditions d'emploi, de travail, les grilles salariales et les garanties sociales.

Une convention collective de branche peut être « étendue » par décision du ministre du Travail à l'ensemble des salariés de la branche, que leur entreprise soit ou non membre des organisations patronales signataires.

Conclusion d'une négociation collective non liée directement à un conflit, les conventions collectives ont l'ambition d'être davantage que des accords ponctuels ou des compromis temporaires : elles peuvent déboucher sur des changements importants comme la création des allocations complémentaires de chômage ou l'adoption de la mensualisation des rémunérations ouvrières.

Au plan juridique, elles instaurent un palier intermédiaire entre la loi et le contrat individuel de travail.

L'évolution de la législation en France

En France, elles sont instituées en 1919 sur une base restrictive. Un cadre plus solide est adopté en 1936 sous le Front Populaire et donne lieu à des accords dans la métallurgie. Après la Seconde Guerre mondiale, les lois de 1950 et de 1971 les consolident et fournissent un cadre juridique permettant l'élargissement de l'activité contractuelle. Celle de 1950 prévoit des conventions de branche professionnelle au niveau national, régional ou local. Tenant compte de l'évolution des pratiques, la loi de 1971 facilite la conclusion d'accords d'entreprise et consacre la validité des accords au niveau national interprofessionnel : ceux-ci peuvent être érigés en règles applicables à plusieurs branches ou à l'ensemble des branches professionnelles. En 1982, les lois Auroux ont rendu obligatoires la négociation annuelle d'entreprise (dans les établissements de plus de 50 salariés) et la négociation de branche.

La multiplication des négociations et des conventions collectives est un signe, parmi d'autres, de l'institutionnalisation des relations de travail.

Depuis les années 1980 cependant, la négociation s'est progressivement déplacée vers l'entreprise ou l'établissement, parfois au détriment des accords de branche.

➤ **institutionnalisation, relations du travail ou professionnelles, syndicalisme, syndicats de salariés.**

conventions (théorie des)

Théorie économique apparue à la fin des années 1980 en France (J.-P. Dupuy, F. Eymard-Duvernay, O. Favereau, A. Orlean, R. Salais, L. Thévenot) qui oppose à l'approche néo-classique une vision inspirée de l'institutionnalisme.

Elle s'intéresse moins à l'échange en tant que tel (travail contre argent) qu'aux conditions de l'échange (contrat de travail) qui renvoient à des institutions (des règles ou des habitudes communes) ; elle considère que le comportement des agents économiques ne peut être expliqué uniquement par le principe de rationalité individuelle.

Ainsi, une convention étant un accord formel (contrat) ou informel, elle présente une triple caractéristique : l'**autoréférence** (la convention n'a de base qu'elle même, elle peut être durable ou changer brutalement), la **spécularité** (en situation d'incertitude, la meilleure manière d'agir est d'imiter ou de suivre l'opinion générale), l'**autoréalisation** ou prophétie autoréalisatrice (si tout le monde pense que les affaires vont mal aller, la chute de la dépense confirmera cette opinion).

➤ **calcul économique, *homo œconomicus*, institutionnalisme, rationalité.**

convergence

Processus de rapprochement des caractéristiques quantitatives ou qualitatives à l'intérieur d'un groupe de pays.

Trois grands types de convergence peuvent être distingués :

– la convergence des **niveaux de développement** : certains auteurs veulent vérifier l'hypothèse selon laquelle les pays les moins développés ont des taux de croissance supérieurs, ce qui engendre un rattrapage et donc une convergence des niveaux de développement ;

– l'idée de **convergence des modes d'organisation** consiste à poser que les différents modes d'organisation convergent vers un modèle commun, par exemple vers le modèle de l'économie de marché ;

– l'Union européenne, depuis le début des années 1990, se réfère aux critères de convergence qui renvoient à une **convergence de variables monétaires et financières** vers une norme censée favoriser la stabilité des prix.

➤ **Union économique et monétaire européenne.**

convertibilité

Possibilité, donnée par les autorités monétaires d'un pays, d'échanger la monnaie nationale à tout moment contre de l'or et/ou des devises étrangères.

On distingue la **convertibilité externe**, réservée aux non-résidents, et la **convertibilité interne** qui permet à tout résident d'acquérir librement de l'or ou des devises étrangères. La convertibilité peut être totale, ou seulement partielle dès que le contrôle des changes limite les possibilités de conversion.

La convertibilité constitue un facteur favorable aux échanges internationaux ; le mode de convertibilité dépend du régime de change.

➤ **change (taux de), changes (contrôle des), Système monétaire international (SMI).**

coopérative

Entreprise collective dont les membres, associés à égalité de droits et d'obligations, mettent en commun travail et éventuellement capital pour satisfaire eux-mêmes leurs besoins sans dépendre du marché et sans rechercher le profit.

Issues, au XIXe siècle, du mouvement ouvrier associationniste, socialiste ou chrétien, les coopératives se distinguent des entreprises socialistes, car leur capital est privé, et des entreprises capitalistes car, sociétés de personnes, chaque membre n'y a qu'une voix, et les bénéfices éventuels y sont distribués non à proportion des parts de capital de chaque membre, mais par une ristourne au prorata de son travail, de ses achats ou de ses livraisons. On distingue les **coopératives de consommateurs** (commerce de détail, crédit, logement) des **coopératives de producteurs** comme les SCOP, Société coopérative ouvrière de production, et les coopératives agricoles (coopératives d'utilisation du matériel agricole de commercialisation des produits, GAEC ou Groupement agricole d'exploitation en commun). En 1844, vingt-huit ouvriers tisserands anglais fondèrent la « *Société des équitables pionniers de Rochdale* », première coopérative de consommation et modèle du genre.

corporation

Association constituée par les membres d'une même profession afin d'en réglementer l'accès et l'exercice.

Florissantes aux XVe et XVIe siècles, les corporations regroupaient marchands et artisans, qu'ils fussent maîtres, apprentis ou compagnons. Facteur de sclérose économique pour les libéraux (parce qu'elles réglementaient de manière restrictive la concurrence, les techniques de production, les horaires de travail), elles furent abolies par Turgot en 1776. La chute de Turgot ayant suspendu cette abolition, c'est la loi d'Allarde de mars 1791 qui les supprima définitivement.

Le fascisme, dans ses différentes variantes nationales, tenta d'en faire la structure de base d'un nouvel ordre économique, social et politique, à la fois dirigiste et fondé sur la collaboration entre patrons et ouvriers.

Mussolini, en 1939, transforma la Chambre des députés en Chambre des faisceaux et corporations.

➤ **Ancien Régime économique, fascisme, mercantilisme.**

corporate governance

➤ **gouvernance**

corporatisme

1 Défense du système traditionnel des corporations.

Parmi les doctrinaires français du XIXe siècle on trouve F. Le Play et Albert de Mun.

2 Groupements qui empruntent certaines caractéristiques des anciennes corporations.

Dans ce cas de figure on peut mentionner les ordres professionnels reconnus par l'État (Ordre des médecins), les chambres des métiers, les professions à numerus clausus (taxis, pharmaciens...) ou encore les syndicats agricoles majoritaires qui pratiquent une cogestion conflictuelle de la politique agricole.

3 Comportements de catégories protégées, attachées à tout ce qui fait leurs avantages spécifiques (défense d'intérêts strictement catégoriels).

Il peut s'agir de certaines catégories salariées fortement organisées et à fort pouvoir de perturbation. Selon J. D. Reynaud ces corporatismes peuvent avoir des effets conservateurs mais ce n'est pas une règle générale. Un syndicat fort d'une catégorie relativement protégée peut négocier des compromis que n'accepteraient pas des individus rationnels isolés.

corrélation

Variation simultanée de deux variables dans le même sens (les deux croissent ou décroissent en même temps) ou en sens opposés (l'une croît tandis que l'autre décroît) aussi appelée covariation.

L'intensité de la liaison entre les deux variables est mesurée par le coefficient de corrélation qui peut varier entre –1 et +1. Plus la valeur de ce coefficient est proche de 1, plus les variables sont fortement corrélées. Cependant, **la variation simultanée de deux variables n'indique pas forcément une relation de cause à effet** : leur variation peut dépendre d'un autre phénomène.

Un exemple célèbre montre que le prix du blé sur le marché mondial et le nombre de rongeurs ont une forte corrélation négative. Leur variation simultanée dépend en fait du volume de la récolte de blé : une récolte abondante fait le plus souvent baisser le prix de ce produit mais... fait augmenter le nombre de rongeurs !

➤ **Annexe B-2, 3.**

cotisations sociales

Versements obligatoires effectués par l'employeur et le salarié au profit des administrations de Sécurité sociale et destinés au financement d'un ou plusieurs risques couverts par celles-ci.

L'assiette des cotisations, le taux, la répartition entre employeur et salarié sont variables selon les régimes et les risques.

➤ **charges sociales, prestations sociales, Sécurité sociale.**

Cour des comptes

Juridiction administrative créée par la loi du 16 décembre 1807, chargée d'assurer un contrôle de la gestion financière de l'État et des établissements publics.

- **Rapport de la Cour des comptes** compte rendu des initiatives prises par la Cour des comptes pour vérifier la régularité de l'usage des deniers publics.

Le rapport de la Cour des comptes est publié chaque année au *Journal officiel*. De larges extraits en sont repris par la presse.

courant/constant

➤ **déflation, prix.**

courbe en J

➤ **dépréciation.**

cours forcé

➤ **billet de banque, monnaie.**

cours légal

➤ **billet de banque, monnaie.**

courtage

➤ **intermédiation.**

coût d'opportunité

Gain maximum que l'on aurait pu obtenir dans le meilleur emploi alternatif possible d'une ressource.

Toute décision induit un coût d'opportunité puisque l'affectation d'une ressource quelconque à un emploi implique simultanément la renonciation à tout autre emploi : de l'argent peut être employé soit dans l'achat d'une voiture soit dans un placement financier.

coût salarial

Somme des dépenses incombant à l'employeur en contrepartie de l'emploi de travail salarié. Le coût salarial inclut la rémunération directe (salaire brut + congés payés + primes) et les cotisations légales ou conventionnelles (Sécurité sociale, ASSEDIC, retraites complémentaires, etc.).

– La mesure la plus significative est le coût salarial unitaire (CSU), c'est-à-dire le coût du travail inclus dans la production d'une unité de produit : dépenses en monnaie correspondant au travail contenu dans une unité grandeur qui peut être comparée au prix du bien. Il est nécessaire de distinguer le coût salarial unitaire (CSU) et le coût salarial horaire (CSH), c'est-à-dire le coût salarial horaire de la main d'œuvre.

$$\text{CSU} = \frac{\text{Dépenses salariales}}{\text{production}} = \frac{\text{Quantité de travail} \times \text{CSH}}{\text{Production}} = \frac{\text{CSH}}{\text{Productivité horaire}}$$

Exemple : une pizzeria produit 100 pizzas par jour et utilise 10 heures de travail dont le coût horaire est de 18 euros. La productivité horaire est donc de 10 pizzas par heure de travail.

$$\text{CSU} = \frac{(\text{10h de travail} \times \text{18 euros de CSH})}{\text{100 pizzas produites}} = \frac{\text{18 euros de CSH}}{\text{10 pizzas par heure de productivité}}$$

Le coût salarial unitaire est donc une composante importante du coût du produit, d'autant plus importante que la production est intensive en travail, et influe sur les profits et compétitivité. Il existe deux moyens d'agir sur le coût salarial unitaire : le coût de l'unité de travail et la productivité.

➤ **compétitivité, productivité.**

coûts de production

Ensemble de dépenses ou de charges associées à la production et à la commercialisation d'un bien ou d'un service.

Coûts prévisionnels ou installés

On distingue en premier lieu les **coûts prévisionnels** ou préétablis ***(ex ante)***, par nature incertains puisque prévus avant la production et la vente du produit, et les **coûts constatés *(ex post)***, réels ou historiques, qui sont calculés à partir de la comptabilité analytique.

Coûts directs et indirects

On analyse également les **coûts directs** et les coûts indirects. En général, l'entreprise connaît assez bien les coûts directs, qui totalisent toutes les charges liées directement et exclusivement au produit analysé (salaires des travailleurs directement productifs, amortissement du matériel utilisé exclusivement pour ce produit, etc.).

Le calcul des **coûts indirects** est plus délicat puisqu'il suppose qu'on parvienne à ventiler entre différents produits des charges qui les concernent simultanément (rémunération du personnel de direction, loyer d'un local où l'on fabrique plusieurs produits, etc.). La somme des coûts directs et indirects donne les **coûts complets**.

Coûts fixes, variables, coût total

On peut distinguer également dans le cadre de la courte période – dans laquelle

l'équipement est donné – les **coûts fixes** (machines, bâtiments), qui sont l'ensemble des charges supportées par l'entreprise quel que soit le volume de son activité, et les **coûts variables** qui peuvent être proportionnels au volume de la production (les matières premières par exemple) ou qui ne varient que par palier.
La somme des coûts fixes (CF) et des coûts variables (CV) forme le coût total.
La fonction de coût donne le coût minimum de chaque volume de production.

$$CT(q) = CF + (CV)(q)$$

(le prix des inputs étant donné, CT et CV dépendent seulement des quantités produites).

Coût moyen, coût marginal

On appelle coût moyen (CM) le coût total divisé par les quantités produites :

$$CM(q) = \frac{CF}{q} + \frac{CV(q)}{q}$$

Le coût marginal peut être défini comme le supplément de coût résultant de la production d'une unité supplémentaire.

La courbe de coût marginal

Elle coupe la courbe de coût moyen au minimum de celle-ci ; elle est au-dessus de la courbe de coût moyen quand ce dernier croît, au-dessous lorsqu'il décroît.

On démontre que le profit est maximum lorsque le niveau de production est tel que le coût marginal est égal au prix de vente (recette marginale).

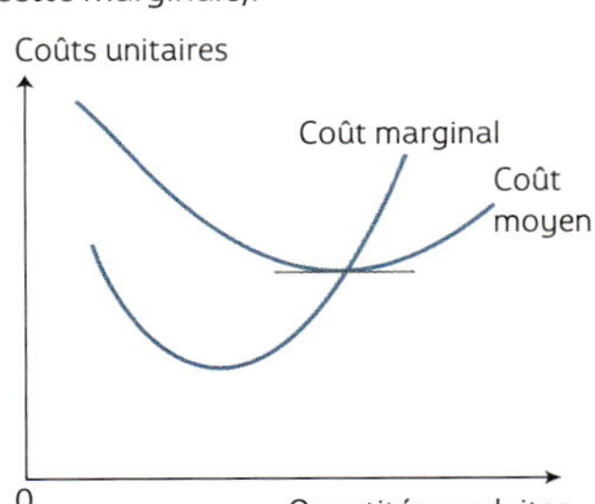

Au départ, les coûts fixes pèsent lourdement sur les coûts moyens ; ensuite, machines et bâtiments sont progressivement « amortis » et les coûts variables tendent à l'emporter sur les coûts fixes ; la courbe des coûts moyens est décroissante puis croissante, on obtient donc une courbe en U.

Pour un entrepreneur rationnel non contraint par ses débouchés, la courbe de coût marginal n'est pas en U mais en J. Des rendements factoriels décroissants sont une condition nécessaire pour que le coût marginal soit une fonction croissante des quantités produites.

➤ **concurrence pure et parfaite, production (fonction de).**

coûts de transaction

Ensemble des coûts qu'implique toute transaction marchande au-delà du prix d'achat ou de vente d'un bien ou d'un service. Ces coûts de l'échange marchand expliquent qu'il puisse être, le cas échéant, moins coûteux d'organiser la production d'un bien en l'intégrant à une entreprise plutôt que de l'acheter (« faire » plutôt que « faire faire » ; choix : « *make or buy* »).

L'analyse de R. Coase

Ronald Coase (prix Nobel d'économie 1991) est à l'origine de cette notion, dans *son article de 1937 « The Nature of the Firm »*, dans lequel il cherche à expliquer pourquoi les organisations existent (par exemple, les entreprises). Contrairement à l'hypothèse néo-classique de transactions marchandes parfaitement fluides et transparentes, Coase (courant néo-institutionnaliste) observe que le transfert de droits de propriété et d'usage sur les biens et services (l'échange marchand) implique des coûts de transaction importants, non inclus dans leur prix :
– **coûts de recherche et d'annonce** correspondant à la mise en contact des offreurs et des demandeurs ;
– **coûts d'information** sur les spécifications du produit, *menu costs* (coûts d'impression des catalogues ou menus) ;

– **coûts de négociation sur le prix** ;
– **coûts de rédaction des contrats** ;
– **coûts de contrôle de l'exécution**.

De ce fait, la coordination d'activités séparées (division du travail), par l'intermédiaire du marché, peut s'avérer plus coûteuse qu'une coordination en interne, au sein d'une organisation, selon des modalités non marchandes : règlements et hiérarchie.

L'activité sera internalisée (intégrée) à l'entreprise, ou l'entreprise sera créée, chaque fois que les coûts d'organisation seront inférieurs aux coûts de transaction : la frontière de l'entreprise varie donc en fonction de l'évolution relative des coûts d'organisation (qui croissent avec la taille de l'entreprise) et de transaction.

L'analyse de O. Williamson

Oliver Williamson (« *Les Institutions de l'économie* », 1994 ; « *The Mechanisms of Governance* », 1996) a développé cette notion au sein de ce qu'il nomme **« l'économie des coûts de transaction »**. Il prend en compte plusieurs facteurs pouvant générer des coûts de transaction : la rationalité limitée (problèmes complexes), les comportements opportunistes en asymétrie d'information (avec aléa moral), l'importance relative des actifs spécifiques/actifs génériques, la fréquence des transactions, l'incertitude, le faible nombre des prestataires. Il conclut qu'un choix est possible entre différents modes de coordination, permettant de réaliser des échanges de manière optimale :
– la hiérarchie, soit l'entreprise comme « structure de gouvernance », mais aussi « nœud de contrats » ;
– le marché concurrentiel ;
– la planification ;
– la promesse dans le cadre d'un contrat d'échange.

Les impacts des coûts de transaction

On a pu expliquer par les coûts de transaction :
– la constitution des firmes multinationales (par intégration-filialisation d'entreprises produisant à l'étranger) ;
– le passage au XVIIIe siècle du *domestic system* et de la manufacture dispersée, ou de la proto-industrie, à la manufacture concentrée puis au *factory system* (système usinier) ; il devenait moins coûteux de contrôler en interne des ouvriers salariés ;
– l'intervention du législateur qui, en fixant une norme, réduit les coûts de transaction wdes agents privés et facilite leurs échanges ;
– l'établissement de relations professionnelles stables dans le cadre d'une entreprise : contrat de travail à long terme (réducteur d'incertitude, en ce qu'il implique des obligations réciproques et donc des comportements prévisibles) qui réduit les coûts de transaction par rapport à une embauche journalière (contrat à court terme, du type contrat *spot*) ;
– la politique de *downsizing* et de recentrage sur le métier des grandes firmes (baisse des coûts de transaction + baisse des coûts d'organisation dans les PME sous-traitantes) ;
– la création de sociétés fantômes constituées d'un donneur d'ordres équipé d'un... téléphone et « faisant faire » tout par d'autres... ;
– le succès d'Internet qui, en réduisant les coûts de transaction, permet d'alléger les structures d'organisation.

➤ **Coase (Ronald), entreprise, firme multinationale [FMN], sous-traitance.**

couverture maladie universelle [CMU]

➤ **CMU.**

création monétaire

➤ **monnaie.**

crédibilité monétaire ou financière

Confiance acquise par les pouvoirs publics auprès des acteurs privés quant à la rigueur de leur politique monétaire et financière.

• En matière monétaire, les pouvoirs publics acquièrent une crédibilité lorsqu'ils réussissent à convaincre les agents économiques de leur volonté de lutter contre l'inflation et de ne pas recourir à la dévaluation, ce qui rend les marchés de titres nationaux plus attractifs.
• De même, dans le domaine financier, un pays à la recherche de moyens de financement extérieurs tente de convaincre les bailleurs de fonds étrangers de sa solvabilité future. Dans tous les cas, ce besoin de crédibilité reflète la dépendance des États par rapport aux marchés.

➤ **nouvelle économie classique [NEC].**

crédit

(du lat. *credere* « croire, faire confiance »)

1 **Mécanisme par lequel un débiteur obtient un bien ou de la monnaie d'un créancier en échange de la promesse d'un paiement différé de la contrepartie, majoré d'un intérêt.**

Le crédit permet donc de disposer d'un bien produit par autrui avant d'en avoir produit soi-même l'équivalent : il rend effective une demande, jusque-là virtuelle, et anticipe une production à venir qu'il facilite.
C'est un moyen essentiel de financement de l'économie.
Le crédit a un coût à la charge du débiteur : sa dette sera majorée d'un intérêt.

Crédit et création monétaire

Si le crédit n'est pas financé par l'épargne d'un agent s'abstenant de consommer au profit d'un emprunteur, il l'est par une création monétaire nette de la part d'une banque.

Une banque crée de la monnaie scripturale en créditant par un prêt le compte d'un client. À partir d'une encaisse en monnaie centrale, la banque crée ainsi de la monnaie de banque pour un montant supérieur : c'est le multiplicateur de crédit.

Spécialisées dans leur distribution, les banques offrent des crédits que l'on distingue selon la durée (court, long ou moyen terme), la destination (crédit à l'équipement, crédit à la consommation, crédit immobilier, crédit à l'exportation, etc.), les garanties demandées (nantissements divers, warrant, cautionnement) et la possibilité de mobilisation de la créance par le créancier (le prêteur se refinance en cédant la créance contre liquidités).

2 [comptabilité] **Le crédit (colonne de droite) s'oppose au débit (colonne de gauche) : on porte en crédit les opérations ayant donné naissance à une créance au profit d'un tiers.**

3 [finances publiques] **Les crédits budgétaires sont les ressources dont sont dotées les administrations pour couvrir les dépenses prévues par leur budget.**

➤ **banque, financement, intérêt (taux d'), intérêt : taux nominal/taux réel, intermédiation, monnaie, multiplicateur monétaire.**

crédit (encadrement du)

➤ **politique monétaire.**

criminalité

1 **Ensemble des actes criminels au sein d'une population, à une époque donnée.**
Le crime, comme le délit et les contraventions, désigne toute infraction à la loi passible de sanctions.

2 [sens juridique] **Le droit pénal français distingue les crimes, les délits et les contraventions d'après la gravité des infractions commises et des peines encourues.**

Les contraventions sont jugées par les tribunaux de police. Les délits sont jugés par les tribunaux correctionnels, les crimes par les cours d'assises. Les crimes correspondent aux infractions les plus graves (crimes de sang, gangstérisme). Les délits proprement dits recouvrent les atteintes courantes à la propriété et les actes de violence plus ou moins involontaires. Les contraventions correspondent aux infractions les moins graves.
Les statistiques ne peuvent faire état que des actes criminels mis en évidence et

éventuellement réprimés. Une augmentation de la criminalité « enregistrée » peut être due au seul développement de l'appareil répressif (toutes choses égales par ailleurs).

3 [approche sociologique] **La criminalité et la délinquance sont abordées en fonction de l'organisation sociale et des valeurs qui orientent une société donnée.**

S'agissant de la délinquance, l'attention sera portée sur sa dimension sociale : délinquance juvénile, criminalité professionnelle, « délinquance en col blanc » (formule forgée par le sociologue américain E. Sutherland).

L'adéquation entre normes sociales et normes légales est partielle, surtout dans les sociétés complexes. Certains actes délictueux sont plus ou moins légitimés par la société ou une partie du corps social (exemple de la fraude fiscale).

Le crime selon Durkheim

Pour Durkheim, le crime est un acte réprouvé par le corps social et passible de la répression pénale. Il est défini non par rapport à l'individu qui le commet mais par rapport à la société qui le punit. C'est un phénomène « normal », « ... lié aux conditions de toute vie collective », observable dans toute société. Ce faisant, la criminalité, toujours définie par rapport à une culture, est une réalité éminemment relative. « Non seulement le droit et la morale varient d'un type social à l'autre, mais encore ils changent pour un même type si les conditions de l'existence collective se modifient » (*Les Règles de la méthode sociologique*).

➤ **déviance, Durkheim, École de Chicago en sciences sociales, victimation (enquêtes de).**

crise

1 **Période de dépression ou de stagnation durable de la conjoncture économique.**

2 **Processus de retournement du cycle économique en son point le plus haut, qui interrompt la phase d'expansion et précipite l'économie dans la dépression. En effet, les théoriciens du cycle n'isolent pas la crise du mouvement d'ensemble dont elle constitue seulement un moment.**

Crise de sous-production, crise de surproduction ?

On oppose parfois les crises d'Ancien Régime, qui étaient des crises de sous-production agricole, aux crises de surproduction qui apparaissent à la fin du XVIIIe siècle avec le capitalisme industriel : dans le cas de la crise de 1847-1848, ce sont les mauvaises récoltes de 1845-1846 qui ont précipité la surproduction industrielle, selon l'enchaînement typique d'une « crise des ciseaux » ; il s'agit des ciseaux des prix, la hausse des prix agricoles entraîne une baisse du revenu réel des consommateurs, donc une baisse de la demande de produits non agricoles et une surproduction dans l'industrie provoquant une baisse des prix industriels.

• Jusqu'à la Seconde Guerre mondiale, les crises se sont succédé périodiquement : 1857, 1864–1866, 1873–1877, 1882–1884, 1890–1893, 1900–1904, 1907, 1913, 1920–1922, 1929. La crise des années 1930, précédée par une crise de surproduction agricole, par une baisse des prix des matières premières, et par la désorganisation du système économique et monétaire international, est déclenchée par un krach boursier (le « jeudi noir ») et bancaire américain qui dégénère en récession économique mondiale : effondrement de la production, déflation, montée spectaculaire du chômage, contraction du commerce international.

• La crise ouverte en 1974-1975 présente de nombreuses originalités : stagflation jusqu'en 1979-1980 puis désinflation, ensuite alternance de reprises et de récessions, progression ralentie du commerce international.

• La crise ouverte en 2008 est une crise systémique qui débute par une crise financière. Ses effets se répandent à l'économie réelle, provoquant une récession, une montée du chômage dans l'ensemble des PDEM.

➤ **croissance, cycles, dépression, récession.**

crise financière

Altération de tout ou partie du système financier.

Les crises financières, qui avaient pratiquement disparu entre 1929 et le début des années 1980, se sont multipliées depuis cette date. La libéralisation des flux de capitaux, la désintermédiation et l'essor extraordinaire des marchés de titres, la concentration des acteurs et leur activité de plus en plus diversifiée, sous la forme de conglomérats financiers, fragilisent les systèmes financiers et rendent les propagations des crises plus rapides et plus graves.

Différentes formes de crises financières

On distingue différentes formes de crises financières qui peuvent s'additionner.

Les krachs boursiers se caractérisent par un effondrement des cours des titres en bourse, essentiellement des cours des actions. Le plus fameux, en dehors de celui de 1929, est celui de 1987 ; il existe aussi des krachs obligataires, moins spectaculaires.

Les crises de solvabilité se traduisent par la défaillance d'emprunteurs, en fait de gros emprunteurs, les États. C'est ainsi qu'en 1982, le Mexique a déclaré son insolvabilité, suspendant le paiement de la charge de sa dette et déclenchant une grave crise financière au niveau des banques, les créances des banques sur des États étant partiellement ou totalement dévalorisées.

Les crises bancaires prennent la forme de faillite d'institutions financières, faillite d'un gros établissement et, dans le pire des cas, faillites en chaîne (crise des caisses d'épargne américaine de 1983 à 1989 aboutissant à un sauvetage par le Trésor américain, faillite de la banque Barings en 1995).

Les crises de change se traduisent par l'effondrement des cours d'une ou de plusieurs monnaies ; les années 1992-1993 ont connu une intense crise de change au sein du SME, aboutissant, en 1992, à la sortie de la lire et de la livre puis, en 1993, à l'élargissement des marges de fluctuation à plus ou moins 15 %.

Les crises récentes

Le krach d'Octobre 1987 a associé une crise du dollar et un effondrement des cours boursiers sur l'ensemble des places financières. Au milieu des années 1990 se sont développées des crises financières régionales aux multiples facettes :

– **la crise mexicaine de 1994** a cumulé un krach, une dévaluation de la monnaie et une importante fuite de capitaux (« effet tequila ») ;

– **la « crise asiatique » de 1997** (mise en flottement du baht thaïlandais le 2 juillet 1997) s'est traduite par une succession de crises bancaires, des effondrements des marchés boursiers et des cours des monnaies sur les marchés des changes entraînant une forte récession ;

– **la crise russe du rouble et du marché des obligations d'État en 1998** ;

– **le krach boursier des valeurs technologiques** (« e-krach » du printemps 2000) et ses conséquences sur l'ensemble des valeurs et des marchés en 2001 et 2002 ; ce dernier krach s'est accentué à la suite de scandales financiers (affaire Enron et Arthur Andersen, affaires WorldCom, Tyco, Global Crossing, etc.). Le vote par le Congrès américain de la loi Sarbanes-Oxley en Juillet 2002.

– **les crises du real brésilien et du peso argentin de 2002** ;

– **la crise des** ***subprimes*** **de 2007**;

– **les crises de la zone euro et des finances publiques d'États européens, en particulier la Grèce (2008-2013).**

Les causes des crises

Pour analyser les crises financières, il faut envisager les facteurs déclenchants, mais aussi les causes de fragilité des systèmes financiers, les facteurs de propagation des crises, entre les différents compartiments des systèmes financiers de propagation de pays à pays :

– la disparition de l'essentiel des contrôles de changes et la libéralisation des flux de capitaux ;

– la désintermédiation et le développement des marchés de titres ;

– la concentration des établissements et l'essor des conglomérats financiers ;

– l'absence de mise en œuvre rapide de mécanismes de régulation des innovations financières ;
– l'opacité financière ;
– l'insuffisance des contrôles externes, les pratiques frauduleuses…

Des crises systémiques

Les crises financières sont le plus souvent des crises systémiques en raison des facteurs structurels qui favorisent des mécanismes de contagion ; du fait des interdépendances, les crises se propagent rapidement entre les établissements bancaires et des banques aux marchés.

Souvent les crises ne restent pas cantonnées à la sphère financière mais atteignent la sphère réelle, engendrant récession, chômage, baisse du pouvoir d'achat et un effet négatif en retour sur la sphère financière. Cette contagion du financier vers le réel s'explique par de nombreux mécanismes : reconstitution de l'épargne et baisse de la consommation (effet de richesse), asphyxie des entreprises qui manquent de crédits bancaires ou des ressources sur les marchés (*credit crunch*), faillites d'entreprises, déflation par la dette, contraction de la consommation et de l'investissement en raison de la dépréciation de la monnaie et de l'augmentation du coût des produits importés…

Crises et interventions publiques

Les crises financières peuvent donner lieu à des interventions publiques, même de la part de gouvernements ou d'États aux orientations résolument libérales. Les banques centrales injectent des liquidités et abaissent les taux d'intérêt avec un triple objectif : répondre aux besoins du marché qui est vendeur (recherche de liquidités et vente de titres), aider les banques et relancer le crédit. Les États, quant à eux, viennent au secours de banques et de compagnies d'assurance en les renflouant et même en les nationalisant. Mais cette intervention des banques centrales et des États pose une question d'efficacité : si ceux qui prennent des risques savent qu'il existe toujours un filet de sécurité, ils sont tentés de prendre plus de risques. À long terme c'est la mise en place de règles et de systèmes de supervision qui peut prévenir la survenue de nouvelles crises.

➤ **crise, krach, prêteur en dernier ressort, Sarbanes-Oxley (loi).**

crise des *subprimes*

Crise financière qui a débuté en 2007 aux États-Unis, s'est propagée entre établissements bancaires, a atteint les marchés financiers en provoquant des krachs boursiers et a engendré récession, chômage, baisse du pouvoir d'achat dans les pays développés.

Les *subprimes* sont des prêts à risques octroyés par les banques américaines à des ménages, principalement pour des achats immobiliers. Ils ont été titrisés (mécanisme de titrisation) c'est-à-dire que les créances ont été transformées en titres négociables. La crise a été déclenchée par l'insolvabilité des ménages américains surendettés. À une phase de crédit facile et peu cher, a succédé une période de hausse des taux d'intérêt, conjuguée à un effondrement des prix de l'immobilier.

➤ **crise, crise financière, titrisation.**

croissance

Augmentation soutenue, pendant une période longue, de la production d'un pays. Généralement, on retient le PIB, Produit intérieur brut, à prix constants comme indicateur de croissance.

REMARQUE : Ne pas confondre :
– « **croissance** » et « **expansion** » : si le cadre temporel de la croissance est le long terme, celui de l'expansion est le court ou le moyen terme.
– « **croissance** » et « **développement** » : certains auteurs qualifient la croissance de phénomène quantitatif et le développement de phénomène qualitatif. Il faut cependant remarquer qu'à long terme une croissance de la production implique des modifications structurelles, démographiques, techniques, sectorielles, etc.

D'une façon très générale, on peut énoncer comme **principaux facteurs de croissance** : l'augmentation de la population active et de la qualification de la main-d'œuvre, l'accumulation du capital, les progrès de la division et de l'organisation du travail, le progrès technique et les innovations.

- **croissance équilibrée :** correspond à une croissance régulière grâce au respect des grands équilibres (des prix, de l'emploi, du commerce extérieur, des finances publiques).

- **croissance déséquilibrée :** croissance qui privilégie l'investissement dans des secteurs très limités afin d'exercer des effets d'entraînement sur l'ensemble de l'économie.

- **Croissance potentielle :** il est également possible d'interpréter les irrégularités de la croissance économique comme les écarts entre la croissance effective et la croissance potentielle. Cette dernière correspond au taux de croissance du PIB potentiel, c'est-à-dire la croissance maximale possible de la production sans accélération de l'inflation, avec un taux de chômage constant, en tenant compte de la quantité et de la productivité des facteurs de production (capital et travail) : il y a donc une primauté des facteurs d'offre (de capital et de travail) dans la croissance à long terme.

Le taux de croissance potentielle peut être modifié à la suite d'un :

– « choc d'offre » : modification brutale de la productivité des facteurs (progrès technique, capital humain) ;

– choc démographique : variation de la quantité de capital physique.

L'écart de production (*output gap*) est la différence entre la production effective et la production potentielle : un excès de demande par rapport à l'offre (production) est inflationniste s'il n'y a pas de déficit initial de production. À l'inverse, une insuffisance de la demande par rapport à l'offre est désinflationniste.

➤ **développement, Domar (modèle de), expansion, Harrod (modèle de) ; Annexe A-21.**

croissance appauvrissante

Théorie selon laquelle la spécialisation et l'échange internationaux selon les avantages comparatifs peuvent se traduire pour certains pays par une croissance de leur production exportée générant de moins en moins de recettes du fait d'une détérioration des termes de l'échange.

Cette théorie a été développée par l'économiste indo-américain Jagdish N. Bhagwati en 1958.

Un pays, s'il est spécialisé dans des produits à faible élasticité de la demande par rapport aux prix, peut voir l'augmentation de son offre se traduire par une baisse des prix supérieure à l'augmentation de la demande qui en résulte. Cela concerne des pays assez grands, comme l'Inde, le Brésil ou la Chine, pour que la croissance de leurs exportations ait des effets importants sur les prix mondiaux. Ces pays perdent alors plus, en recettes, sur les prix relatifs qui baissent, qu'ils ne gagnent sur les quantités qui augmentent. Cette baisse du pouvoir d'achat de leurs recettes d'exportation, cette détérioration des termes de l'échange (nets), correspondent donc à une croissance appauvrissante.

Cette analyse, compte tenu des hypothèses qui la sous-tendent – par exemple tous les PED ne sont pas de grands pays *price-makers* –, n'empêche pas Jagdish N. Bhagwati d'être globalement favorable au libre-échange.

➤ **avantage comparatif, échange inégal, économie du développement, libre-échange, termes de l'échange.**

croissance des entreprises

Modalités de la croissance d'une entreprise ou d'un groupe.

- **croissance interne :** lorsque l'unité de production étend sa capacité de production en créant elle-même ou en acquérant des actifs physiques (machines, bâtiments, etc.) ou immatériels (dépenses de recherche).

- **croissance externe :** lorsque l'entreprise devient propriétaire ou prend le contrôle d'unités de production qui existent déjà (par fusion, absorption, etc.).

Échange direct, OPA, OPE

La prise de contrôle d'une société anonyme peut s'opérer par trois modes d'acquisition d'actions : par l'échange direct, l'entreprise acquiert auprès de l'actionnaire principal (ou des gros actionnaires) un volume d'actions suffisant pour prendre le contrôle de l'entreprise ; par achat en bourse et par offre publique d'achat (OPA), lorsque le capital est dispersé entre un grand nombre d'actionnaires.

Croissance interne ou externe ?

Si les périodes de croissance économique et de développement de la demande sont plus favorables aux stratégies de croissance interne, en revanche, lorsque les marchés stagnent, régressent ou progressent lentement, les entreprises sont incitées à progresser par croissance externe.

Du point de vue macroéconomique, la croissance interne a des effets plutôt positifs sur l'emploi, à l'inverse de la croissance externe qui engendre des réorganisations et des réductions d'effectifs.

Pour l'entreprise, la croissance externe est un moyen rapide et relativement peu coûteux d'étendre des parts de marché et d'acquérir des actifs immatériels, tels que des brevets, des licences, des savoir-faire, des réseaux de distribution ou de clientèle, une image de marque.

➤ **action, concentration, offre publique d'achat [OPA].**

croissance endogène (modèles de)

Nouvelles théories de la croissance économique qui intègrent les facteurs explicatifs tels que les externalités, les rendements croissants, l'effort de recherche, la formation, les dépenses publiques.

• **Dans les modèles traditionnels**, notamment celui de R. M. Solow (1956), la croissance économique dépend de deux facteurs : la croissance démographique et le progrès technique (sans leur intervention, l'économie finirait par stagner, à cause des rendements décroissants). Or, ces deux facteurs ne sont pas expliqués par ces modèles : ils sont introduits comme des facteurs exogènes (ainsi le progrès technique apparaît-il comme une « manne qui tombe du ciel »).

• **Dans les modèles de croissance endogène** l'un des premiers étant celui de Paul Romer (1986), la productivité globale des facteurs (qui n'était qu'un résidu dans les anciens modèles) résulte de l'accumulation de différentes formes de capital : capital physique, capital humain, capital technologique tels les stocks de connaissances et de savoir-faire valorisables économiquement, capital public, infrastructures. Ces différentes formes de capital génèrent des externalités, des avantages gratuits pour d'autres agents que ceux qui réalisent les investissements (notamment le capital technologique qui a les caractéristiques d'un bien public, au sens où les connaissances, une fois produites, sont disponibles pour tous). Ainsi on s'affranchit des rendements décroissants : si le rendement social du capital accumulé est constant, la croissance peut se poursuivre indéfiniment.

• De ces modèles on peut retenir les deux résultats suivants :
– si la croissance est un processus endogène cumulatif, alors ce sont les pays les plus avancés qui ont les meilleures chances de continuer à progresser, on explique ainsi que se creusent les inégalités entre pays développés et pays pauvres ;
– l'intervention de l'État apparaît comme un facteur de croissance par subvention de la recherche, effort en faveur de l'éducation et de la formation, financement des grandes infrastructures.

➤ **endogène/exogène, modèle économique ; Annexe Ⓐ-21.**

croissance équilibrée/déséquilibrée

➤ **croissance.**

croissance extensive

Croissance du capital s'effectuant par vagues successives dans un champ élargi, sans

bouleversement majeur des conditions de production (peu ou pas de gains de productivité).

croissance intensive

Croissance du capital accompagnée d'une transformation rapide du processus de production produisant des gains de productivité importants par l'utilisation croissante des machines et du progrès technique.

croyance, croyance collective

(du latin *credere*, croire)

Selon le sens commun, disposition de l'esprit qui consiste à tenir une chose pour vraie ou réelle par exemple l'idée que le chocolat est bon pour la santé.

Selon les sciences humaines, la croyance désigne une attitude cognitive (le fait de croire) liant un sujet (individuel ou collectif) et son objet (le contenu de ce qui est cru).

Il revient aux sciences humaines d'expliciter cet assentiment donné à un état de choses, en l'absence de certitude étayée par une preuve objective.

Cette notion est parfois assimilée **à l'opinion**, qui peut être connotée de façon péjorative, c'est à dire des idées fausses ou douteuses telles les rumeurs, la superstition (le chat noir, le trèfle à quatre feuilles).

croyance collective : Elle repose à la fois sur une certitude subjective, et sur un énoncé confronté partiellement avec le réel, fondé sur une argumentation complète véhiculée par des institutions, par exemple le sentiment de justice sociale.

On oppose tout d'abord une **conception individualiste** selon laquelle il ne peut y avoir des croyances collectives que par agrégation des croyances individuelles (M. Weber), **à une conception holiste**, qui admet qu'on puisse attribuer des croyances à des entités collectives variées (E. Durkheim et la conscience collective).

De nombreux auteurs tels que Raymond Boudon (2003), ont cherché à dépasser ces oppositions.

Un second débat se greffe sur le précédent : d'un côté, en effet, les croyances ont plutôt des causes que des raisons, et elles ont plus besoin d'être expliquées que justifiées (E. Durkheim, V. Pareto, B. Malinowski, F. Clément).

Mais nous attendons aussi de celui qui nous dit « Je crois que... » qu'il nous donne des raisons de sa croyance, qui peuvent être bonnes ou mauvaises (R. Boudon, J.B. Renard, G. Bronner, etc.) : ainsi, les rumeurs urbaines, la croyance aux extraterrestres, les prophéties de la fin du monde, le mythe du *Rameau d'Or* aux énoncés complets et argumentés quoique faux.

➤ **désenchantement du monde.**

Crozier (Michel)

Sociologue français contemporain (1922-2013), spécialiste de la sociologie des organisations.

Ses travaux sur le phénomène bureaucratique (titre de l'un de ses ouvrages) ont eu beaucoup d'influence.

Ses derniers ouvrages développent l'analyse dite stratégique centrée sur les relations de pouvoir et le comportement des acteurs dans les grandes organisations.

Ouvrages principaux : *Le phénomène bureaucratique* (1963) ; *L'acteur et le système* (1977) ; *L'État modeste* (1987, éd. augm. 1991).

➤ **analyse stratégique, bureaucratie, organisation (sociologie des) ; Annexe A-49.**

CSP

➤ **catégories socioprofessionnelles [CSP, PCS].**

culturalisme

Courant anthropologique américain également dénommé « Culture et personnalité », très actif dans les années 1930-1940 et centré sur l'étude des comportements humains appréhendés comme manifestation du modèle culturel d'une société.

Parmi les concepts de base élaborés par ce courant deux d'entre eux sont particulièrement importants : le « modèle culturel » (*cultural pattern*) : ensemble cohérent de normes et de valeurs qui orientent les comportements individuels et collectifs ; la « personnalité de base » correspondant aux traits socio-psychologiques communs aux membres d'une même entité culturelle. Les culturalistes insistent sur la relativité des formes et des orientations culturelles jusque dans les domaines au premier abord les plus « naturels »: prime éducation, rapports entre les sexes, âges de la vie ; l'individualité biologique est entièrement investie par la culture.

Principaux représentants du culturalisme

- Franz Boas (1858-1942) peut être considéré comme un des inspirateurs majeurs de cette école.
- Ruth Benedict (1887-1948), *Pattern of Culture*, 1934.
- Margaret Mead (1901-1978), *Mœurs et sexualités en Océanie*, 1932-1935.
- Abraham Kardiner (1891-1981), psychanalyste venu à l'anthropologie.
- Ralph Linton (1893-1953), *Le fondement culturel de la personnalité*, 1945.

Crédité pour avoir mis en évidence la diversité des modèles culturels indépendamment de toute référence à une hiérarchie des sociétés ou à une quelconque « nature » raciale, le culturalisme américain a été critiqué pour sa tendance à faire d'une culture singulière un isolat stable et par là-même de l'« essentialiser », d'en faire une réalité en soi. Il faut noter que ces critiques caricaturent parfois les thèses et les travaux de ce courant.

➤ **Boas, culture, Mead, personnalité, relativisme culturel.**

culture

1 Productions intellectuelles et artistiques d'une société.

2 Connaissances scientifiques, artistiques, littéraires, d'un individu ; l'homme cultivé s'oppose à l'individu « inculte ».

Afin de lever les confusions et les jugements normatifs, les sociologues parlent de **pratiques culturelles** (pratiques liées aux arts, aux spectacles) et de **culture savante** qui désigne les savoirs « supérieurs » et les dispositions esthétiques des personnes à haut niveau d'instruction. Cette dernière, culture socialement valorisée, est opposée à la « culture de masse » et aux divertissements dits « populaires ».

3 [anthropologie] Manières de faire (règles, coutumes, usages), de sentir (sensibilités), de penser (croyances et représentations) propres à une collectivité humaine.

L'opposition culture/nature

La notion globale est construite sur l'opposition à la nature : relève de la culture ce qui se manifeste par la règle (C. Levi-Strauss), tout ce qui est acquis et transmis (par opposition à l'inné), tout ce qui fait des hommes des êtres créateurs de leurs propres conditions d'existence. En ce sens, tout groupe humain partage une culture dans la mesure où toute société, quelle qu'elle soit, élabore et pratique des techniques, des règles de conduite et construit une représentation du monde, etc. Les ethnologues qui ont imposé ce sens ont voulu par là battre en brèche la vision ethnocentrique dominante de la supériorité des « sociétés civilisées » (en l'occurrence l'Europe) sur des sociétés « non civilisées », « sauvages », démunies des richesses de la culture (entendue dans son sens commun). Les enquêtes ethnographiques montrent que les sociétés sans écriture connaissent une organisation sociale originale et des conceptions du monde aussi riches et complexes que les nôtres.

Société, culture et sous-cultures

Un système culturel se rapporte à une société (**culture bantoue**) ou à un ensemble de sociétés (**culture occidentale**). Dans ce dernier cas, la culture nationale (**culture française**) est une variante d'un ensemble plus vaste dont elle partage nombre de traits fondamentaux. En revanche, une société complexe, divisée socialement, connaît des sous-cultures particulières correspondant aux différents groupes sociaux (classes, minorités ethniques ou religieuses) qui la composent.

➤ **contre-culture, culturalisme, pratiques culturelles, relativisme culturel, société primitive, société traditionnelle, sous-culture.**

culture de masse

Ensemble des messages et des valeurs véhiculés par les mass-médias (presse, radio, télévision, publicité) et autres entreprises culturelles (industries du cinéma, du disque, parcs de loisirs).

Le phénomène de la culture de masse est relativement récent et est associé aux notions de « société de consommation » ou de « civilisation des loisirs ». À l'amont du processus, l'importance des moyens engagés (capitaux, personnel), la standardisation des produits expliquent que l'on parle d'industrie culturelle. Le développement de la culture de masse a été présenté comme un facteur d'uniformité culturelle. Cette thèse a été fortement critiquée par des sociologues qui insistent sur les différences de consommation (sélection des programmes, réception des messages) selon les groupes sociaux.

➤ **communication.**

culture légitime

➤ **légitimité.**

currency school/currency principle

Principe selon lequel les billets émis par la Banque centrale doivent être la stricte contrepartie de ses réserves en or.

Ce courant s'oppose à la ***Banking school*** qui selon le ***Banking principle*** considère qu'on doit laisser la Banque centrale libre d'émettre de la monnaie au-delà de l'encaisse-or en contrepartie de crédits à l'économie.

Controverse sur l'émission de monnaie scripturale

À partir des années 1810-1814 (à la suite de la publication du *Bullion report* sur l'origine de l'inflation des années de guerre), une controverse (« *The Bullionist controversy* ») s'est développée en Angleterre à propos de l'émission de monnaie dans le cadre du régime de l'étalon-or ; par simplification, on regroupe les différents protagonistes en deux écoles : la *currency school* et la *banking school*.

Les partisans de la *currency school* obtiennent gain de cause avec le *Bank Charter Act* de 1844 (loi bancaire de Robert Peel) : la Banque d'Angleterre est divisée en deux départements, celui de la banque et celui de l'émission, le premier ne pouvant recevoir de billets du second qu'en échange d'un montant égal en or.

Mais le principe de la banque (*banking principle*) l'emporte en France à la même époque, et il inspirera les théories intégrationnistes et endogènes de la monnaie (par exemple, post-keynésiens).

➤ **inflation, monnaie, monnaie (théorie quantitative de la), multiplicateur monétaire.**

CVS [Corrigé des variations saisonnières]

Qualificatif relatif à des données statistiques dont on a éliminé les mouvements saisonniers. Certaines variables économiques connaissent chaque année des fluctuations régulières en fonction du mois, du trimestre ou de l'année (par exemple, la « pointe » annuelle du chômage en septembre).

La correction des variations saisonnières, ou désaisonnalisation, s'efforce, par différentes méthodes, d'éliminer ce mouvement saisonnier pour mettre en évidence la tendance, ou *trend*, suivie par la variable étudiée. À partir de ce *trend*, on peut calculer par période (mois, trimestre) des coefficients saisonniers qui permettent de corriger les chiffres observés appelés données brutes.

La méthode des CVS repose sur deux hypothèses :
– le phénomène saisonnier ne se déforme pas d'une année sur l'autre ;
– sur l'année, les variations saisonnières se compensent.

➤ **tendance.**

cycle de vie des individus

Théorie du comportement d'épargne qui considère que l'épargne dépend moins du taux d'intérêt (comme le pensent les classiques) ou du revenu (Keynes) que de l'âge de l'individu ; celui-ci emprunte, épargne pendant une grande période de sa vie, la vie active, et désépargne de sa retraite à son décès.

Théorie de l'épargne

La théorie de l'épargne a été développée en particulier par Franco Modigliani. (1918-2003) économiste italien, docteur en droit, il a émigré aux États-Unis où il s'est spécialisé en économie. Prix Nobel en 1985.

Cette théorie, qui aboutit à l'idée que le taux d'épargne d'une économie dépend de sa structure démographique, peut être complétée par la prise en compte des patrimoines hérités et légués par l'individu.

➤ **épargne ; Annexe ©.**

Épargne et cycle de vie

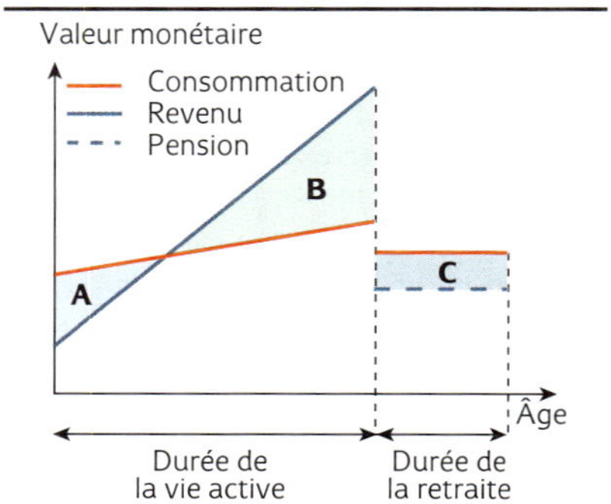

A : endettement **B** : épargne **C** : désépargne

cycle de vie des produits (théorie du)

Théorie selon laquelle l'évolution au cours du temps des ventes d'un produit peut être représentée par une courbe en S et décomposée en quatre phases successives : le lancement, le décollage, la maturité, le déclin.

Sur cette base, R. Vernon a proposé une analyse de l'évolution au cours du temps de la division internationale du travail : le produit est lancé dans le pays qui l'a créé (il s'agit généralement d'un pays développé jouissant d'un potentiel d'innovations) puis exporté, lorsque la demande s'accroît, vers des pays d'égal niveau de développement. Ensuite, la production une fois normalisée, la recherche d'économies sur les coûts peut justifier une délocalisation de la fabrication (dans des pays où la main-d'œuvre est bon marché). Un pays développé peut ainsi être conduit à importer un produit qu'il exportait lors d'une phase antérieure. Lorsque le produit atteint la phase de déclin dans les pays riches, il est possible de trouver des débouchés dans les PED.

cycles

Mouvements de l'activité économique alternés, récurrents, d'amplitude et de périodicité régulières.

Économistes et historiens ont observé la superposition de plusieurs mouvements cycliques de périodicité différente : des **cycles « courts »** (Juglar mais aussi Kitchin), des **cycles « longs »** (cycle ou mouvement long de Kondratieff), voire des mouvements séculaires (*trends* de très longue durée affectant la production, les prix ou une autre grandeur économique).

▸ **le cycle de Juglar** (ou cycle majeur ou cycle des affaires) porte le nom de l'économiste français ayant mis en évidence dès 1860 le retour périodique des crises.
Au XIXe siècle et dans la première moitié du XXe, il varie de 6 à 11 ans avec une dominante de 10 ans et se repère à partir des fluctuations de

l'activité économique ; il s'observe dans tous les pays capitalistes développés de façon quasi simultanée.

Le cycle peut être décomposé en quatre phases :

1. l'expansion : mouvement ascendant avec tendance à la hausse des prix et des revenus ;

2. le point de retournement qui interrompt la phase d'expansion (la « crise » dans son sens strict) ; ce moment correspond aussi au « maximum cyclique » ;

3. la dépression ou récession (qui, avec la phase 2, correspond à la crise au sens courant) : contraction générale et cumulative de l'activité accompagnée – du moins jusqu'à la Seconde Guerre mondiale – de la baisse des prix et des revenus nominaux, de la hausse du chômage ;

4. la reprise : deuxième point de retournement (de la baisse à la hausse de l'activité) et amorce d'un nouveau cycle.

Après la Seconde Guerre mondiale, les fluctuations de la production sont nettement atténuées : dans plusieurs pays développés (France, Japon, Allemagne...), les taux de croissance restent toujours positifs, les récessions désignent un simple ralentissement de l'activité tandis que les prix restent orientés à la hausse. La période ouverte par le premier choc pétrolier est marquée à nouveau par des récessions au sens premier du terme (1974-1975, 1980-1982, 1991...) sans que l'on puisse parler d'un retour à l'identique du cycle majeur.

▸ **le cycle de Kitchin** (du nom d'un économiste américain), en particulier aux États-Unis, a une durée limitée à environ 3 ans.

Il affecte de nombreuses branches, s'observe à partir de l'activité économique et est provoqué par les variations des stocks.

Certains cycles sont spécifiques à des activités données en raison de contraintes ou de caractéristiques particulières : le cycle saisonnier est annuel (diminution de l'activité du bâtiment en hiver, ralentissement de la production industrielle en été, etc.) ; le cycle agricole varie en fonction du type de production (par exemple, le cycle du porc dure 32 mois).

▸ **le cycle de Kondratieff** (ou mouvement long) : il s'étend sur environ un demi-siècle, repéré par l'économiste soviétique Kondratieff en 1926 (Les Vagues longues de la conjoncture), essentiellement à partir des mouvements pluridécennaux des prix de gros ou de détail et marqué par la succession de deux phases de longueur à peu près égale (20-25 ans) dénommées phases A et B par F. Simiand. La phase A est caractérisée par une tendance à la hausse des prix et une croissance soutenue de la production ; la phase B par la baisse des prix et une croissance économique ralentie.

Entre la fin du XVIIIe siècle et la Première Guerre mondiale, cinq phases (correspondant à deux cycles et demi) se seraient succédé : 1788-1815 (phase A), 1815-1848-1850 (phase B) 1848-1850-1873 (phase A), 1873-1896 (phase B appelée parfois « grande dépression » bien qu'elle ne corresponde pas, globalement, à un recul de la production), enfin 1896-1913 (phase A).

Après la Première Guerre mondiale, plusieurs économistes et historiens ont voulu repérer de nouveaux cycles Kondratieff. Cette vision est problématique car les mouvements longs des prix, à la base du repérage des phases A et B, n'obéissent plus aux caractéristiques du XIXe siècle et montrent une tendance à l'inflation continue en dehors des récessions au XXe siècle.

L'analyse de Schumpeter

À côté des explications monétaires (évolution de l'offre de métal précieux), l'explication la plus connue des mouvements longs est due à Schumpeter : les phases A sont liées à des « grappes » d'innovations majeures, à leur diffusion. Ainsi la révolution ferroviaire et les progrès de la métallurgie expliqueraient la phase A 1848-1873. À l'inverse, l'épuisement de leurs effets dynamiques, leurs retombées négatives sont à l'origine du ralentissement de la croissance et de tendances récessionnistes (phase B). L'évolution du capitalisme est ainsi marquée par une « destruction créatrice » : la disparition et l'apparition de nouvelles techniques, la « mise en place de nouvelles fonctions de production » scandent son développement.

L'analyse de Schumpeter, quelque peu délaissée pendant les décennies 1950 et 1960, a suscité un regain d'intérêt avec le ralentissement de la croissance depuis 1974. Celui-ci serait à mettre en relation avec l'essoufflement de la dynamique fordiste (banalisation des biens d'équipement ménagers lancés dans les années 1930 à 1950) et une décélération du rythme de l'innovation entre les années 1960 et 1970. Thèse stimulante mais fragile et controversée.

➤ **chocs, crise, innovation, révolution industrielle, Schumpeter ; Annexe Ⓐ-13.**

Les moments du cycle économique

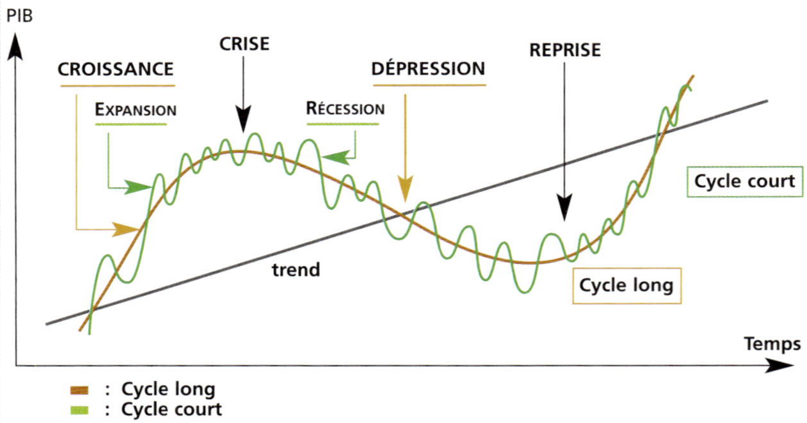

D

darwinisme

Théorie biologique développée par le naturaliste anglais Charles Darwin (1809-1882) dans son ouvrage *De l'origine des espèces au moyen de la sélection naturelle* (1859). Les deux apports fondamentaux de Darwin sont la filiation entre les espèces et la sélection naturelle.

Selon celle-ci, seuls les individus les plus aptes parviennent à survivre et donc à transmettre à leur descendance leurs caractéristiques innées favorables, permettant ainsi à leur espèce d'évoluer et de s'adapter au milieu.

Darwin est influencé par Malthus et sa vision d'un monde où tous ne peuvent survivre.

Le darwinisme s'est heurté et se heurte encore de nos jours (par exemple, dans les milieux intégristes protestants des États-Unis) au fixisme qui interprète la Genèse et la Bible à la lettre et nie toute filiation entre les espèces, toute évolution.

darwinisme social : le darwinisme, théorie de la sélection naturelle, déformé et appliqué à la société, donna naissance au darwinisme social, éloigné des idées de Darwin lui-même. Les inégalités économiques, sociales ou raciales sont une donnée naturelle et manifestent la légitime domination des élites qu'il convient d'accepter en ce qu'elle est bénéfique à tous.

La bourgeoisie anglo-saxonne, triomphante au XIXe siècle, a trouvé là une justification biologique, prétendument scientifique, au système de la libre concurrence, aux guerres coloniales, voire à toute domination, y compris raciale. Les principaux théoriciens du darwinisme social sont l'anglais Herbert Spencer (1820-1903) et l'américain William Graham Sumner (1840-1910) ; ils sont plus influencés par Malthus que par Darwin.

➤ **acquis, racisme.**

débouchés (loi des)

➤ **Say.**

décentralisation

1 La décentralisation administrative opère un transfert de compétences à des autorités locales élues (par exemple de l'État central aux conseils régionaux).

En France, ce processus a connu deux grandes étapes : les lois Defferre en 1982-1983, puis la réforme constitutionnelle de 2003, qui ont marqué la volonté politique d'opérer une redistribution des pouvoirs entre l'État et les collectivités locales avec comme objectifs une meilleure efficacité de l'action publique et le développement d'une démocratie de proximité. Elle s'est accompagnée d'une **déconcentration** des administrations centrales, c'est-à-dire d'un élargissement des compétences des fonctionnaires représentant l'État à l'échelon local.

2 La décentralisation économique, pièce maîtresse de toute politique d'aménagement du territoire, consiste à favoriser l'implantation d'entreprises dans des zones géographiques périphériques en déclin, afin de corriger les effets d'un développement spontané inégal au seul profit d'un centre menacé d'engorgement.

➤ **administration, déconcentration, échange inégal, pôle de croissance.**

déciles

Valeurs d'un caractère qui partagent l'effectif total d'une série en 10 groupes égaux, les valeurs de la série étant classées par ordre croissant. Il y a neuf déciles notés de 1 à 9, D1 à D9.

Le premier décile est tel que 10 % de l'effectif de la série lui sont inférieurs et 90 % lui sont supérieurs ; le deuxième décile est tel que 20 % de l'effectif de la série lui sont inférieurs, 80 % lui sont supérieurs, etc.

D1 D2 D3 D4 D5 D6 D7 D8 D9

Ainsi, dans l'analyse de la répartition des revenus d'une population, on classe les ménages par revenus croissants et les 9 déciles sont les valeurs du revenu qui partagent les ménages en 10 groupes numériquement égaux ; bien entendu, la valeur totale des revenus de chaque groupe est différente et croissante. Le 5e décile, D5, est égal à la médiane, qui partage l'effectif total en deux parties égales.
On peut calculer un écart et un rapport entre deux déciles. Dans l'analyse des revenus, on utilise fréquemment l'écart entre le décile le plus élevé D9 et le décile le plus faible D1, en calculant D9 - D1, ou bien le rapport interdécile D9/D1 qui mesure l'inégalité (ou la dispersion) des revenus considérés.

REMARQUE : on trouve parfois le terme « déciles » utilisé pour désigner non pas les valeurs du caractère, mais la somme des valeurs du caractère comprises dans les 10 groupes égaux. Par exemple, on dira que 10 % des ménages les plus pauvres se partagent 5 % du revenu national.

décollage

Traduction de *take-off* qui, chez l'économiste américain W. W. Rostow, désigne la troisième des cinq étapes de la croissance économique par lesquelles passe, selon lui, toute société au cours du processus de développement.

Le décollage, période brève d'une ou deux décennies, s'opère lorsque le taux d'investissement systématique des bénéfices dans les industries nouvelles, qui tirent l'ensemble de l'économie, franchit le seuil des 10 % du revenu national, permettant d'atteindre une croissance régulière auto-entretenue. Le décollage s'accompagne d'un changement dans les techniques élevant la productivité de l'agriculture, d'un changement dans les structures sociales (exode rural) et dans les mentalités.

➤ **Gerschenkron (modèle de), révolution industrielle, Rostow.**

déconcentration

➤ **décentralisation.**

décroissance (théories de la)

Ensemble de théories selon lesquelles la sauvegarde de l'environnement et de la démocratie suppose une politique volontariste de diminution ordonnée d'un grand nombre de productions ; cette politique impliquerait une évolution vers un mode de vie plus frugal, une consommation plus limitée.

- Les « décroissants », les « objecteurs de croissance », considèrent que les notions de « croissance durable » et même de « développement durable », sont une contradiction dans les termes. Seule la décroissance est soutenable. Une première conférence scientifique internationale sur la « décroissance économique pour l'équité sociale et la soutenabilité écologique » s'est tenue en langue anglaise à Paris les 18 et 19 avril 2008.
- Le « décroissantisme » est une philosophie humaniste qui suppose des citoyens conscients que la sortie non maîtrisée de la société de consommation risque de se faire dans la violence ; l'accroissement des flux migratoires (**les réfugiés climatiques**) liés aux accidents écologiques en est un premier exemple.

Des éléments d'analyse

• **Entropie**
Les théories de la décroissance s'inspirent de la pensée de Nicolas Georgescu-Roegen (1906-1994), économiste d'origine roumaine. Elles retiennent la notion d'entropie qu'il a développée dans son principal ouvrage, de 1971, *The Entropy Law and the Economic Process*. Pour lui, l'analyse économique doit devenir une bio-économie prenant en compte les équilibres des systèmes vivants fermés. L'énergie consommée dans les processus productifs se dégrade de manière irréversible, les matières premières s'épuisent. Selon l'ancien président de l' *Américan Economic Association*, Kenneth Boulding : « *Celui qui croit qu'une croissance exponentielle peut continuer indéfiniment dans un monde fini est un fou ou un économiste.* »

• **« Effets rebond »**
Les théoriciens de la décroissance mettent aussi en avant des « effets rebond » qui laissent à penser que le marché et les gains de productivité ne permettront pas de relever les défis environnementaux.
Les générations futures qui hériteront de moins de capital naturel et de plus de capital de savoir-faire technique vont nécessairement voir leur potentiel de croissance décroître puisqu'on ne peut indéfiniment substituer, dans la combinaison productive, le second facteur au premier.

• On reproche aux « objecteurs de croissance » notamment leur irréalisme et le danger d'une baisse du PIB qui ne permettrait pas de satisfaire les besoins des plus pauvres (individus et pays).

➤ **croissance, économie de l'environnement, effet rebond, empreinte écologique.**

défaillances du marché

➤ **marché (défaillances du).**

déficit budgétaire

Situation dans laquelle les recettes du budget de l'État sont inférieures aux dépenses. Le pacte budgétaire européen signé en 2012 par 25 pays de l'UE impose la règle d'or budgétaire : les pays s'engagent à avoir des budgets en équilibre ou en excédent.

• **analyse keynésienne** considérait, en période de sous-emploi, le déficit budgétaire comme un moyen de soutenir ou d'accroître la demande globale et donc de stimuler la croissance et l'emploi.

• **L'analyse libérale,** allergique à tout interventionnisme, préconisait une gestion équilibrée ou excédentaire des finances publiques et marquait sa préférence pour un recours à la politique monétaire. D'une inspiration voisine, la nouvelle analyse libérale, reprenant et prolongeant les idées monétaristes, développe une argumentation critiquant la politique budgétaire pour trois raisons : une relance budgétaire provoque la hausse des taux d'intérêt et crée des effets d'éviction au détriment de l'investissement privé. Elle risque d'être inefficace en raison de l'instabilité du coefficient multiplicateur si la consommation dépend du revenu permanent et non du revenu courant. Enfin, si un déficit crée une épargne supplémentaire (effet Ricardo-Barro), l'effet de la relance est nul.

• **Politique budgétaire et financement du déficit.** En fait, les effets de la politique budgétaire ne sont pas mécaniques. Ils dépendent, tout d'abord, de la nature de la dépense publique : il n'est pas illogique que l'État, comme les entreprises, comme les ménages, ait un niveau de dépenses (consommation + investissement) supérieur à son revenu, à condition que le niveau d'investissement, et donc de création de richesses, soit élevé. Les effets macro économiques du déficit dépendent aussi du mode de financement : pendant les années de croissance et d'inflation chronique (1945-1975), le déficit était financé par les banques à des taux d'intérêt réels faibles, voire négatifs. Aujourd'hui, le déficit public est financé par l'emprunt et l'épargne à des taux d'intérêt réels positifs. Dès lors, le coût du déficit public est très élevé et croît de manière cumulative.

• **L'Union monétaire européenne** impose aux États membres une discipline budgétaire rigoureuse : les déficits des administrations publiques (dont le déficit budgétaire est la principale composante) ne doivent pas dépasser 3 % du PIB.

En 2012, cet objectif était loin d'être atteint : le déficit public des 27 pays de l'Union représentait 3,9 % du PIB total, et 3,7 % pour les pays de la zone Euro. Les déficits publics les plus élevés, par rapport au PIB, ont été enregistrés en Espagne (-10,6 %), en Grèce (-9 %), en Irlande (-8,2 %), au Portugal (-6,4 %), à Chypre (-6,4 %). Le déficit de la France est de -4,8 %.

➤ **équivalence ricardienne (ou théorème Ricardo-Barro), politique budgétaire, règle d'or budgétaire, trésorerie.**

déficit public

Déficit des administrations publiques. Notion plus large que celle de déficit budgétaire, puisqu'elle englobe également le solde des recettes et dépenses des collectivités locales et celui de la Sécurité sociale.

En Comptabilité nationale, le déficit public est nommé besoin de financement des administrations.

➤ **dépenses publiques.**

déficits jumeaux

Coexistence, dans un pays, d'un déficit public et d'un déficit de la balance des transactions courantes.

Cette notion est utilisée depuis 1982 pour caractériser la situation des États-Unis qui enregistrent à la fois un déficit public et un déficit des comptes courants notamment celui de la balance commerciale.

➤ **balance des paiements, déficit public.**

déflateur

Grandeur statistique permettant d'éliminer la hausse des prix qui gonfle artificiellement la valeur des biens et des services. Il permet de passer d'une grandeur exprimée à prix courants (ou en euros courants, ou en valeur) à une grandeur exprimée à prix constants (ou en euros constants, ou en volume).

Il existe différents types de déflateurs selon la série statistique étudiée : indice des prix à la consommation, indice des prix du PIB, indice des prix à l'exportation, etc.

La méthode généralement utilisée est la suivante. Soit l'évolution du PIB à prix courants et celle de l'indice des prix du PIB retracées dans le tableau suivant :

	T1	T2
Indice d'évolution du PIB à prix courants	100	106,9
Indice des prix du PIB (déflateur)	100	104,9

L'évolution du PIB à prix constants est :
106,9/104,9 x 100 = 101,9.
Le PIB a augmenté, à prix constants, de 1,9 %.

➤ **indice, inflation.**

déflation

Contraction des grandeurs économiques nominales, baisse des prix, des salaires, réduction de la masse monétaire qui peut s'accompagner d'une contraction des grandeurs réelles, baisse de la demande de la production, de l'emploi, etc.

La déflation résulte soit du mouvement spontané de l'économie (dans les périodes de dépression au XIXe siècle), **soit d'une politique économique** qui recherche une baisse des coûts et des prix par une contraction de la demande.

Un exemple en est fourni par la politique Tardieu-Laval en France, en 1934-1935, de baisse des salaires des fonctionnaires.

La politique de déflation, fortement critiquée par Keynes, n'aboutit pas souvent aux résultats escomptés : les prix restent rigides, la balance commerciale s'améliore faiblement alors que le chômage s'accroît et que la production baisse ou stagne. Après la Seconde Guerre mondiale, la croissance, le keynésianisme dominant et la disparition des cycles semblaient avoir sonné le glas de la déflation. Toutefois, les politiques menées dans certains pays en développement, en application des recommandations du FMI, peuvent être assimilées à des politiques déflationnistes.

REMARQUE : ne pas confondre *déflation* et *désinflation*.

➤ **dépression, désinflation, Keynes.**

DEFM [demandes d'emploi en fin de mois]

Les « demandes d'emploi en fin de mois » sont des catégories statistiques administratives regroupant les demandeurs d'emploi inscrits auprès du Pôle-emploi. Depuis le 1er février 2009, le Pôle-emploi distingue cinq catégories : A, B, C, D. E.

Catégorie	Situation du demandeur d'emploi	Demande
A	sans emploi	recherche active
B	activité réduite 1h à 78h par mois	recherche active
C	activité réduite plus de 78h par mois	recherche active
D	sans emploi (en stage, formation, maladie, etc.)	non tenus à la recherche d'emploi, non immédiatement disponibles
E	en emploi (contrats aidés, intermittents, etc.)	non tenus à la recherche d'emploi

• **L'ancienne nomenclature des DEFM** de 1 à 8 (juin 1995 - février 2009) était fondée sur le critère de « type d'emploi recherché (CDD, CDI...) » ; **la nouvelle nomenclature** s'appuie sur le critère de « la nécessité de rechercher activement (A, B, C) ou non (D, E) un emploi ».
La catégorie A qui regroupe la grande majorité des demandeurs d'emploi, est la plus proche de la définition de la population au chômage du BIT, mais elle ne coïncide pas avec cette dernière car des chômeurs à la recherche d'un emploi peuvent ne pas être inscrits au Pôle-emploi notamment les chômeurs qui ne sont pas indemnisés.

• **Fin décembre 2013,** le nombre de demandeurs d'emploi inscrits au Pôle-emploi de catégorie A s'établit à 3 303 200 en France métropolitaine. Ce nombre est en progression de 5,7 % par rapport à décembre 2012. Le nombre total des DEFM, toutes catégories confondues, s'élevait à 5 563 700, dont 88 % pour les catégories A à C.

➤ **chômage, Pôle-emploi, population sans emploi à la recherche d'un emploi [PSERE].**

délégation de service public

Contrat administratif par lequel une personne morale de droit public (par exemple une commune) confie, pour une durée limitée, la gestion d'un service public (par exemple un parking) à un délégataire (entreprise publique ou privée, établissement public, société d'économie mixte ou association) qui est rémunéré par les recettes d'exploitation du service. Le contrat n'est pas soumis aux règles des marchés publics, en raison du risque encouru par l'entreprise.

➤ **marché public.**

délinquance

➤ **criminalité.**

délit d'initié

➤ **Autorité des marchés financiers [AMF].**

délocalisation

Terme apparu avec la crise de 1974-1975 pour désigner les phénomènes de mobilité géographique du capital à la recherche du plus fort taux de profit ; des usines ferment ici pour s'implanter là où les conditions de la production sont plus avantageuses.

Souvent utilisée par des FMN (firmes multinationales), la délocalisation remodèle la DIT (division internationale du travail). La recherche d'une main-d'œuvre adaptée (peu coûteuse, disciplinée ou qualifiée), de matières premières, d'énergie ou de débouchés proches, explique les stratégies de délocalisation.
La délocalisation peut ne concerner que certains segments d'activité : première transformation, montage, centres de recherche, réseaux de distribution, sièges sociaux (dans les paradis fiscaux), etc. Les inégalités de développement entre nations dépendent alors de l'importance de la valeur ajoutée par chaque segment et de ce qu'il en restera sur place comme contrepartie en revenus (salaires, profits et intérêts).

Mais, de plus en plus, la recherche d'un environnement juridique favorable apparaît déterminante : une réglementation peu contraignante du travail, de la fiscalité, des changes ou des activités polluantes, attire les entreprises, ce qui conduit parfois les États, mis en concurrence par les FMN, à une surenchère dans la déréglementation (création de zones franches, de zones d'entreprises par exemple) pour éviter la désindustrialisation et le chômage.

➤ **division internationale du travail [DIT], firme multinationale [FMN].**

demande

Quantité d'un bien ou d'un service qu'un individu (demande individuelle), ou que l'ensemble des individus intéressés par ce bien ou ce service (demande du marché), souhaite acheter, à un prix donné.

• **Cette définition microéconomique** appelle trois précisions : la demande est l'expression d'une intention d'acheter (ex ante), à ne pas confondre avec ce qui a déjà été acheté (ex post) ; cette intention doit correspondre à un pouvoir d'achat (on ne prend en compte que la demande solvable) ; la demande est un flux (mesuré au cours d'une période de temps donnée).

• **On appelle fonction de demande** (ou loi de la demande) la relation qu'on établit, toutes choses égales par ailleurs, entre les quantités demandées d'un bien et le prix de ce bien ; en général, cette fonction est décroissante.

• **En macroéconomie**, on définit la demande globale comme la somme des emplois possibles de la production : consommation finale + investissement + exportations + variation des stocks.

➤ **Keynes (John Maynard), marché, offre.**

demande effective

➤ **Keynes (John Maynard).**

démocratie

(du gr. *demos* « le peuple » et *kras*, *kratos* « le pouvoir »)

1 Système politique fondé sur l'égalité des droits (civils et civiques), la représentation du peuple dans les instances du pouvoir, la garantie des libertés publiques et le règne du Droit.

Suivant l'étymologie et comme fondement doctrinal, la démocratie repose sur le **principe de la souveraineté populaire** illustré par la formule d'Abraham Lincoln : « le gouvernement du Peuple, par le peuple et pour le peuple ». Ce principe correspondrait idéalement à la « démocratie directe », c'est-à-dire à la délibération permanente et à la prise de décision directe par les citoyens réunis en assemblée. J.-J. Rousseau, son plus chaud partisan, admet lui-même que ce mode de gouvernement ne peut être appliqué aux grandes nations. C'est face à cette difficulté que s'est imposé le modèle de la démocratie représentative. Dès lors, le peuple ou les citoyens délèguent leur souveraineté aux représentants élus et au gouvernement qui en émane.

La démocratie politique ainsi entendue suppose la réunion de **plusieurs principes institutionnels** qui n'ont été acquis que progressivement au prix de nombreuses luttes sociales et politiques :

– **l'égalité politique des citoyens** et en particulier le droit de vote (ce droit fut d'abord réservé aux individus fortunés – *cf.* le suffrage censitaire – et pendant fort longtemps, les femmes en ont été écartées) ;

– **des élections libres et pluralistes** permettant la compétition entre les candidats et les différents courants politiques ;

– **la séparation des pouvoirs** et « l'État de droit » (principes non exclusifs de la démocratie mais impliqués par elle) ;

– **la garantie des libertés publiques individuelles** (droit d'expression et d'opinion) **et collectives** (liberté de la presse, droit d'association, etc.). À cet égard, les libertés liées à l'action collective (droit de grève, liberté syndicale) n'ont été obtenues que dans une seconde phase plus ou moins tardive de la construction démocratique.

2 Idéal démocratique de participation aux affaires de la cité et d'égalisation des conditions dans les sphères économiques, sociales, éducatives.

La notion d'idéal démocratique excède le seul mode de gouvernement. Outre un régime politique, A. de Tocqueville voyait dans la démocratie un « état social », une tendance à l'« égalité des conditions ». De nos jours cet idéal renvoie à trois perspectives en parties liées :

– **la participation active des citoyens à la vie politique** ; elle suppose que ces derniers ne se limitent pas à choisir leurs représentants lors des élections mais participent activement aux débats, constituent des associations, se préoccupent du bien commun ;

– **la « démocratisation » du fonctionnement des organisations économiques** (l'entreprise) et **des institutions** comme l'École et les collectivités locales ;

– **la promotion de l'égalité des chances,** autrement dit le dépassement de l'égalité juridique formelle (égalité des droits) et l'obtention de droits sociaux.

Les deuxième et troisième programmes forment ce que l'on a coutume de nommer la démocratie sociale associée à l'État-providence.

Point n'est besoin de souligner que ces objectifs sont loin d'être atteints mais qu'ils constituent des horizons d'une « démocratie inachevée » pour reprendre le titre et le propos d'un ouvrage de P. Rosanvallon.

➤ **citoyenneté, contre-pouvoirs, droits de l'homme, État-providence, libertés publiques, représentation politique, Tocqueville ; Annexe A-31.**

démocratisation

De manière générale, la démocratisation d'un bien ou d'un service désigne son extension à de larges couches de la population qui ne pouvaient en disposer auparavant (éducation, santé, tourisme, information).

En France, ce terme, associé à celui de **massification**, vise souvent l'élargissement de l'accès à l'éducation et à l'enseignement supérieur dans l'après-guerre, sous l'effet du baby-boom et de la politique scolaire des gouvernements successifs visant à l'allongement de la scolarité obligatoire, dont l'âge est porté à 16 ans dès 1959. La démocratisation de l'enseignement peut également signifier un accès plus large aux savoirs scolaires.

Les résultats de cette démocratisation sont contestés par de nombreux sociologues qui préfèrent utiliser le terme **« massification »**, puisque les études statistiques montrent que l'allongement des études n'a pas fait disparaître les inégalités de cursus scolaires selon l'origine sociale.

démographie

(du gr. *demos* « peuple » et *graphein* « écrire »)

Étude quantitative des populations ou collectivités humaines et de leur évolution. Par extension, le terme peut désigner la croissance d'une population, par exemple dans l'expression « une démographie galopante ».

La démographie, en tant qu'approche statistique, est l'une des plus anciennes sciences sociales puisque les premiers recensements de population remontent à l'Antiquité. Cependant, elle n'a connu son plein épanouissement qu'à partir de la deuxième moitié du XIXe siècle.

Cette science s'attache d'abord à décrire l'état d'une population à un moment donné : effectifs, composition par âge et sexe, statut matrimonial, activité professionnelle, etc. Elle cherche également à mettre en évidence par l'analyse de la mortalité, de la natalité et des mouvements migratoires, la « dynamique » d'une population, c'est-à-dire son évolution passée et future. De manière récente, elle s'intéresse aux causes profondes de ces évolutions et aborde les problèmes économiques et sociaux. Elle débouche alors sur des projections à moyen et long terme.

➤ **fécondité, mortalité, accroissement naturel, natalité, Sauvy.**

dépendance

État de subordination plus ou moins prononcé d'une économie nationale vis-à-vis d'autres économies et des marchés internationaux.

La dépendance revêt différentes formes : dépendance commerciale (exportations concentrées sur un ou deux produits primaires, position de faiblesse sur les marchés mondiaux, détérioration des termes de l'échange), technologique (retard, importation d'équipements, de savoir-faire coûteux ou inadaptés), financière (insuffisance de l'épargne domestique et endettement durable), culturelle (subordination aux productions culturelles étrangères), etc.

Limitée pour des économies développées (par exemple, les formes de la contrainte extérieure), elle prend un caractère aigu pour les pays en développement : la dépendance est alors, selon les théories « dépendantistes » (F. Perroux, C. Furtado, R. Prébish), la manifestation des relations asymétriques entre économies dominantes et économies dominées (dépendantes) ou, pour reprendre les termes introduits par R. Prebish, entre le « centre » et la « périphérie » ; la dépendance est, dans cette optique, l'une des causes de blocage du développement.

➤ **contrainte extérieure, domination, échange inégal, économie du développement, Perroux, termes de l'échange.**

dépendance démographique (ratio de)

Nombre de personnes d' « âge inactif » (c'est-à-dire de moins de 20 ans ou de plus de 60 ans) pour 100 personnes d' « âge actif » (compris entre 20 et 59 ans).

Les projections réalisées par l'INSEE montrent que ce ratio devrait passer de 86 en 2007 à 114 en 2035 pour atteindre 118 en 2060.

Un ratio partiel de dépendance est fréquemment utilisé, notamment dans le domaine des retraites : il s'agit du nombre de personnes âgées de plus de 60 ans pour 100 personnes d'âge actif. Selon les mêmes projections, ce ratio devrait passer de 40 en 2007 à 66 en 2035 pour atteindre 70 en 2060.

➤ **démographie, population, population active, retraites.**

dépenses publiques

Dépenses de l'État (appelées « dépenses budgétaires »), des collectivités locales, des administrations de Sécurité sociale financées par prélèvements obligatoires.

Le montant de ces dépenses, rapporté au PIB, est considéré comme l'indicateur fondamental du poids des administrations publiques dans l'économie. Ce ratio était, en 2012, de 42,4 % pour l'ensemble des pays de l'OCDE ; il atteignait 43,3 % au Japon, 39,7 % aux États-Unis, 44,6 % en Allemagne, 47,9 % au Royaume Uni, 56,7 % en France, 59,4 % au Danemark et 42,6 % en Irlande.

Les dépenses publiques peuvent être classées en plusieurs domaines :
- production de biens et services collectifs ;
- transferts sociaux ;
- subventions diverses à l'économie ;
- service de la dette publique.

➤ **budget de l'État, déficit public, prélèvements obligatoires.**

dépôt de bilan

Situation d'une entreprise qui ne peut plus honorer ses dettes et qui contraint ses dirigeants à se déclarer en cessation de paiements auprès du tribunal de commerce.

Le tribunal peut décider de l'ouverture d'une procédure de redressement judiciaire pouvant conduire, dans les cas les plus graves, à la liquidation judiciaire.

➤ **comptabilité d'entreprise.**

dépréciation monétaire

Affaiblissement de la valeur d'une monnaie par rapport aux autres. Il peut en être ainsi de l'euro par rapport au dollar ou du dollar par rapport à l'euro.

Dépréciation et dévaluation

• **Dans les régimes de parités fixes**, la dépréciation résulte d'une dévaluation, c'est-à-dire de la décision prise par le pouvoir politique de modification à la baisse de la valeur d'une monnaie dans le but d'améliorer le solde commercial.

• **Dans le régime du flottement**, la dépréciation résulte de la baisse de valeur de la monnaie sur le marché des changes, baisse qui peut être voulue ou subie par le pouvoir politique.

Déficit extérieur et dépréciation

• **La dépréciation de la monnaie s'opère, le plus souvent**, dans un contexte de déficit extérieur engendrant une pression à la baisse sur le cours de la monnaie. Dans le cas d'une inflation plus forte dans le pays que dans le reste du monde, la dépréciation de la monnaie peut avoir pour objectif, ou pour effet, de « remettre les pendules à l'heure » : la baisse de la valeur de la monnaie compense sur le marché mondial l'augmentation des prix nationaux. Par ailleurs la dépréciation peut être offensive lorsque le pouvoir politique vise une sous-évaluation de la monnaie pour améliorer la compétitivité des produits nationaux (cas du yuan chinois dans les années 1980).

• **L'objectif de la politique de dépréciation** (dévaluation en parités fixes) est ainsi d'améliorer le solde extérieur par une action sur les volumes parle biais des prix. Les exportations sont rendues moins chères, ce qui tend à accroître leur volume ; les importations sont plus chères, ce qui incite les acheteurs nationaux à se détourner des produits étrangers pour acheter des produits nationaux.

Courbe en J

Toutefois, cette réaction exige des délais et, dans un premier temps, le solde se dégrade, ce qui explique la « courbe en J ».

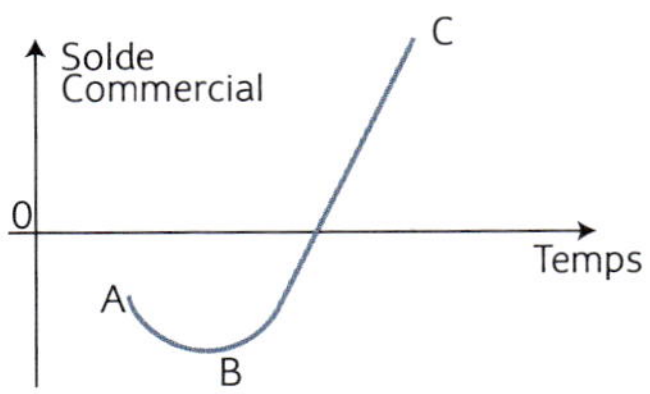

On part d'un déficit commercial (A). La dévaluation a des effets prix qui dominent (de A à B), puis la balance commerciale s'améliore par les effets volume (de B à C).

En fait, la réalité s'éloigne souvent de ce schéma idyllique qui repose entièrement sur l'élasticité de la demande, sur la réaction de la demande, qu'elle soit étrangère ou nationale, aux variations de prix. Des effets pervers peuvent se manifester lorsque les acheteurs étrangers ne modifient pas leurs achats quand le prix baisse (exemple des produits de luxe) et lorsque les nationaux maintiennent leurs importations (dites incompressibles) malgré une hausse de prix (cas des machines très perfectionnées, des importations de matières premières...) ; en d'autres termes, lorsque la compétitivité repose moins sur les prix que sur la nature des produits, les effets néfastes de la dévaluation risquent de l'emporter sur les effets positifs.

• **Au cours des années 1980, les cercles vicieux de la dévaluation** (ou de la dépréciation) sont manifestes. L'enchaînement est fréquemment le suivant : la dévaluation fait augmenter le coût des produits importés, ce qui attise l'inflation ; l'inflation engendre à son tour un maintien du déficit extérieur, ce qui peut conduire à une nouvelle dévaluation. Ce constat de l'échec de la dévaluation explique le progrès des politiques de monnaie forte.

Depuis la création de la monnaie unique, la Banque centrale européenne est très peu intervenue sur le taux de change de l'euro, laissant celui-ci tour à tour se déprécier ou s'apprécier dans un mouvement de balancier.

➤ **balance des paiements, commerce extérieur, compétitivité, contrainte extérieure, dépréciation, élasticités critiques, parité de pouvoir d'achat [PPA], politique de change, Système monétaire international [SMI].**

dépression

Phase du cycle économique caractérisée par une contraction cumulative de l'activité : baisse du volume de la demande et de la production, baisse des revenus réels, montée du chômage.

La dépression est enclenchée par le retournement brutal de la conjoncture (la crise au sens restreint du terme), annoncé souvent, avant la Seconde Guerre mondiale, par un krach

boursier et des faillites bancaires. Sa durée peut être relativement longue et la contraction être de forte ampleur (sinon, on préfère parler de récession). Exemples : la dépression de 1882-1885 (trois ans de contraction ; en France, baisse de 9 % du produit global), la grande dépression des années 1930.
Attention, le terme est parfois employé dans un sens différent : ce que les historiens appellent « la grande dépression des années 1873-1896 » ne désigne pas une contraction continue sur vingt-trois ans mais, essentiellement en France et Grande-Bretagne, une période de faible croissance en moyenne, hachée par des crises aiguës (par exemple, 1882-1885) et correspondant à une phase B du cycle Kondratieff.

➤ **crise, cycles, récession.**

déréglementation

Suppression progressive de règles, fixées par les pouvoirs publics, qui encadrent l'activité de secteurs économiques : suppression du contrôle des prix et des changes, suppression de l'autorisation administrative de licenciement, suppression de normes de sécurité dans le transport aérien ou de normes visant à limiter la pollution.

La réglementation constituant l'une des formes de l'intervention de l'État dans la vie économique, la déréglementation est une revendication logique des économistes libéraux au même titre que la réduction des prélèvements obligatoires.
Selon des économistes libéraux, notamment les représentants de l'École du *Public choice*, la prolifération des règlements édictés par la bureaucratie étatique émousse les initiatives, étouffe la liberté d'entreprise et entrave le dynamisme de l'économie de marché alors même qu'elle induit des coûts pour la société.
Sur le plan théorique, la déréglementation est justifiée par l'idée que le marché peut s'autoréguler sans intervention extérieure. Sur le plan pratique, elle ne se limite pas à la suppression de règles, elle inclut également le déplacement du lieu de production des règles (de l'État vers les acteurs sociaux) et le changement de forme des règles (la législation étant remplacée par des relations contractuelles).

➤ **libérale (politique économique), *public choice* (École du), réglementation.**

désaffiliation

➤ **exclusion**

désaisonnalisation

➤ **CVS.**

désarticulation

Rupture de l'équilibre traditionnel des économies sous-développées entraînée par la domination des puissances industrielles : destruction des activités rurales, absence de complémentarité entre les secteurs.

Cette notion est introduite à partir d'une critique de l'analyse dualiste pour laquelle le secteur « traditionnel » serait resté en dehors du développement. En réalité, loin d'être resté immuable, ce secteur a connu des régressions : la domination économique et coloniale s'est traduite par l'appropriation des meilleures terres pour les cultures d'exportation et par la ruine de l'artisanat. Les pôles dynamiques ne sont pas intégrés à l'ensemble de l'économie, mais peuvent avoir des effets négatifs dans les secteurs « non développés ».

➤ **dualisme des pays en développement, économie du développement.**

descendance finale

Nombre moyen d'enfants effectivement mis au monde par les femmes d'une génération réelle donnée. Cet indicateur de fécondité ne peut se calculer qu'une fois achevée la vie féconde de la génération étudiée.

La descendance finale évolue plus lentement et connaît moins d'à-coups que l'indicateur conjoncturel puisqu'il ne prend pas en compte les modifications du calendrier des naissances (par exemple, les naissances différées pour cause de guerre).

➤ **fécondité.**

déséconomie

➤ **externalité, rendements.**

désenchantement du monde

Célèbre formule de Max Weber exprimant le déclin du religieux et plus généralement des croyances au profit de la raison et de la rationalité scientifique et technique.

• L'expression est d'abord utilisée dans *L'Éthique protestante et l'esprit du capitalisme* où elle signifie « l'élimination de la magie en tant que technique du salut », opération menée à son terme par le puritanisme protestant.

• Elle est reprise ultérieurement dans un sens plus large : dans « Le métier et la vocation du savant » (in Le savant et le politique), il affirme que « L'intellectualisation et la rationalisation croissantes [...] signifient [...] qu'il n'y a en principe aucune puissance mystérieuse et imprévisible qui interfère dans le cours de la vie (et) que nous pourrons maîtriser toute chose par la prévision. Mais cela revient à désenchanter le monde ».

• Ce désenchantement s'accompagne d'une perte de « sens », le terme étant rapporté aux croyances transcendantes et aux mythes fondateurs. Il ne signifie pas un monde privé de signification, de convictions et de valeurs comme le laissent entendre certaines présentations rapides, mais une société où la rationalité scientifique et organisationnelle oppose ses lois propres aux valeurs morales, politiques ou esthétiques.

• La différenciation des sphères sociales et des valeurs qui leur sont propres distingue les sociétés modernes des sociétés traditionnelles, dans lesquelles les représentations sont soumises à un ordre divin supranaturel et omnipotent.

➤ **croyance, magie, religion, sécularisation, Weber.**

désépargne

➤ **épargne.**

déséquilibre (théorie du)

Rupture de l'équilibre entre grandeurs économiques, par exemple un excès d'offre sur les marchés des biens et du travail qui entraîne surproduction et chômage.

La notion de déséquilibre est aussi floue que la notion d'équilibre à laquelle elle fait nécessairement référence. Un flou dont témoigne par exemple le concept keynésien d'équilibre de sous-emploi.
Ainsi, les théoriciens du déséquilibre raisonnent-ils dans le cadre de l'équilibre général à prix fixes.

La théorie du déséquilibre est issue des travaux de Clower et Leijonhufvud (milieu des années 1960) et approfondie par les travaux d'auteurs tels que Barro et Grossman, Benassy, Hénin, Malinvaud ; elle s'efforce de jeter un pont entre néo-classiques et keynésiens en recherchant les fondements microéconomiques des déséquilibres macroéconomiques.

La critique du modèle néo-classique de l'équilibre général porte principalement sur l'hypothèse d'information parfaite et sur le rôle de la monnaie réduite à sa fonction d'intermédiaire des échanges. Dans une économie où l'information est imparfaite et où les prix sont fixes à court terme, des déséquilibres apparaissent sur les marchés. En cas d'excès de demande, les demandeurs sont rationnés ; en cas d'excès d'offre, les offreurs ne peuvent réaliser toutes les ventes qu'ils souhaitaient.

Équilibres à prix fixes

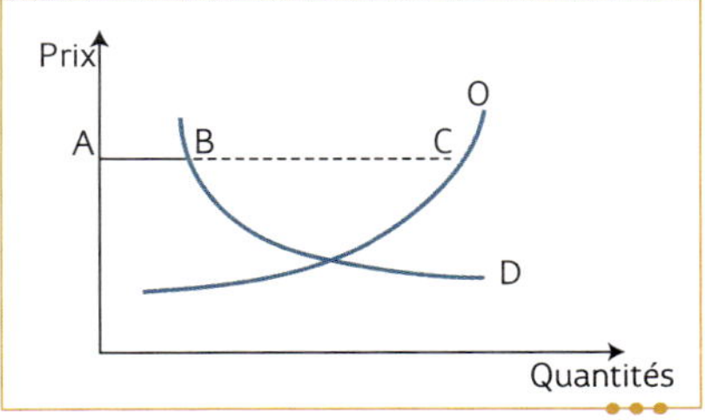

• **Excédent** : dans ce cas de figure, le prix est supérieur au prix d'équilibre, d'où résulte un excès d'offre. Les échanges se font sur le côté court au niveau de AB et c'est l'offre qui est contrainte par la demande.

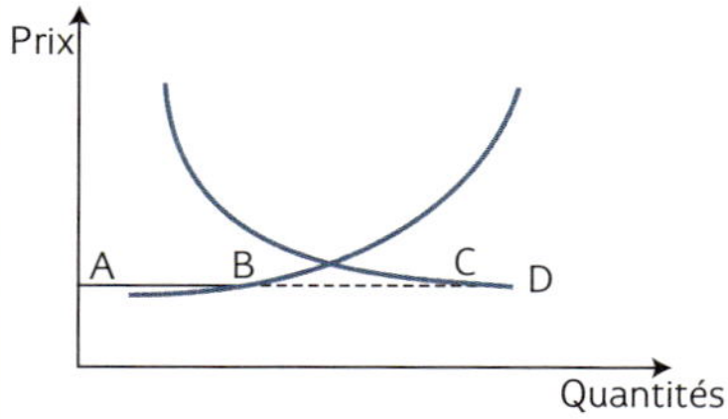

• **Pénurie** : dans ce cas de figure, le prix est inférieur au prix d'équilibre, d'où résulte un excès de demande. Les échanges se font sur le côté court au niveau de AB et c'est la demande qui est contrainte par l'offre.

Ces déséquilibres se propagent de marché en marché (exemple : le chômage entraîne une baisse de la consommation et un excès d'offre sur le marché des biens). La théorie du déséquilibre permet d'analyser de nombreux problèmes concrets, par exemple le chômage ou l'atonie de l'investissement.

➤ **équilibre, Malinvaud, stagflation.**

désindexation des salaires

Remise en cause de l'indexation des salaires sur les prix, c'est-à-dire des mécanismes assurant une progression minimale des salaires nominaux égale à celle des prix.

Elle peut résulter d'une décision des pouvoirs publics interdisant l'indexation dans les contrats ou d'une évolution du comportement des employeurs qui, en période de chômage élevé et de crise, peuvent imposer une rigueur salariale.

Généralisée au cours des années 1980 dans les pays développés, la désindexation a engendré des progressions plus lentes et même des régressions des salaires réels, contribué à la désinflation et à un partage du revenu national plus favorable aux entreprises.

➤ **indexation.**

désindustrialisation

Recul relatif ou absolu de la place de l'industrie dans une économie nationale (France) ou régionale (Europe). Ce recul s'apprécie dans les évolutions de la production et de l'emploi industriels.

En prenant l'exemple français de la fin du XXe siècle (voir tableau ci-dessous) on constate :
– une hémorragie de l'emploi industriel (recul absolu de plus de 25 %) ;
– un recul relatif de la contribution de l'industrie au PIB national, mais une augmentation de la production industrielle en volume.

Quelques évolutions de l'industrie française (fin du XXe s.)

(Comptes de la nation, enquêtes emploi)	1987	2002
Emplois industriels (en milliers)	5 542	3 965
Production industrielle en volume (milliards d'euros 1995)	400	790
Produit industriel en % du PIB (en valeur)	29	20
Produit industriel en % du PIB (en volume)	24	22

Le recul de l'industrie : un phénomène ancien

Le recul relatif de la place de l'industrie dans le produit global n'est pas un phénomène nouveau : le processus de tertiarisation est engagé depuis fort longtemps. Ce qui est nouveau, c'est l'accélération du phénomène sous l'action conjuguée de l'offensive des puissances émergentes (Chine, Inde, Brésil) et la spécialisation croissante des vieux pays industriels dans les services à haute valeur ajoutée (ingénierie, logiciels). Certains secteurs subissent un recul absolu (textile, électroménager) mais on ne peut parler de déclin industriel général.

Par contre, il y a bien **désindustrialisation accélérée sur le plan de l'emploi**. Outre la concurrence des pays neufs et les délocalisations dans un nombre croissant de branches, on peut incriminer les gains de productivité, les processus d'externalisation.

➤ **délocalisation, déversement sectoriel, division internationale du travail, tertiarisation.**

désinflation

Ralentissement de l'inflation. Le taux d'inflation diminue, sans devenir nul ou négatif. La hausse des prix continue, mais à un moindre rythme.

À distinguer de la déflation, qui est un processus de baisse généralisée des prix en situation de contraction de la demande.

Politique de désinflation compétitive : nom donné à la politique économique menée en France à partir de 1983. Elle visait à réduire le différentiel d'inflation avec les principaux partenaires de la France, principalement l'Allemagne. Elle devait permettre ainsi de conforter le franc par rapport au DM (politique de franc fort dans la perspective de l'UEM), de restaurer la compétitivité-prix des exportations françaises et ainsi de desserrer la contrainte extérieure. Elle correspondait à un refus de relancer l'activité par une politique keynésienne de soutien de la demande globale.

➤ **déflation, inflation, politique économique conjoncturelle.**

désinstitutionnalisation

Perte d'emprise des institutions, c'est-à-dire des normes, des règles et des codes sociaux sur les individus et les rapports sociaux. Ou encore idée selon laquelle les individus seraient moins encadrés et les rapports sociaux moins structurés, par les institutions.

Les institutions comme formes stables de normes et de pratiques sociales ou comme cadres reconnus de relations entre acteurs s'affaibliraient progressivement. Sont visées en particulier des institutions comme le mariage et la famille, l'École, la sphère religieuse, les relations professionnelles.

Ce processus peut s'entendre de deux façons :

– **une déréglementation entraînant un déclin durable** – voire irréversible – **de l'encadrement institutionnel** (*cf.* les analyses de L. Roussel à propos de la famille) ;

– **la déconstruction d'un modèle institutionnel** laissant progressivement place à l'élaboration tâtonnante de nouvelles normes et de nouvelles règles. L'institution matrimoniale par exemple : déclin de la conjugalité telle qu'on la modélisait dans les années 1950 (mariage électif mais stable avec une forte différenciation des rôles masculin et féminin), émergence de nouveaux modèles (lien conjugal révocable, aspirations à la parité entre hommes et femmes).

Ces deux optiques ne sont pas forcément contradictoires. La déconstruction ouvre incontestablement une phase de dérégulation, de flottement voire d'anomie.

Selon F. Dubet, si « le déclin des institutions – au sens fort du terme – participe de la modernité », cela ne veut pas dire pour autant la fin des institutions elles-mêmes : celles-ci doivent davantage que par le passé, se légitimer et donner la parole aux acteurs (professionnels et usagers)

➤ **famille, individualisation, institution(s), institutionnalisation, post-modernité, société.**

désintermédiation

Recul relatif de l'activité bancaire traditionnelle.

L'activité bancaire traditionnelle, collecte de dépôts et octroi de crédits, recule en raison d'un double mouvement : les détenteurs de fonds tendent à opérer des placements sur les marchés de titres offrant une meilleure rémunération, alors que les emprunteurs (les gros) trouvent des ressources moins chères sur ces mêmes marchés.

Toutefois, la désintermédiation s'accompagne moins d'un recul de l'activité bancaire que d'un redéploiement, les banques accentuant leurs interventions sur les marchés financiers.

➤ **banque, marché financier.**

désinvestissement

➤ **investissement.**

destruction créatrice

➤ **innovation.**

désutilité

Insatisfaction, perte d'utilité.

Dans la théorie néo-classique, le travail est source de désutilité parce qu'il réduit le temps libre consacré au loisir (le coût d'opportunité d'une heure de travail correspond à l'utilité de l'heure de loisir à laquelle on renonce pour aller travailler...). Le salaire réel est censé compenser cette désutilité.

L'individu réalise donc un arbitrage travail/loisir en fonction du niveau de salaire réel qu'on lui propose sur le marché du travail (puisque le salaire réel détermine la capacité à consommer, l'arbitrage s'effectue finalement, pour un niveau de salaire réel donné, entre l'utilité marginale de la consommation et l'utilité marginale du loisir).

➤ **utilité, utilité marginale.**

déterminisme

Postulat scientifique selon lequel un état donné du réel produit nécessairement tel(s) phénomène(s), par exemple ébullition de l'eau à 100 °C sous la pression atmosphérique normale.

▸ **déterminisme social :** l'essor des sciences sociales s'est accompagné de la tentative d'appliquer aux réalités humaines le postulat déterministe. Le déterminisme social ne saurait cependant être calqué sur celui des faits physiques. Si les hommes sont soumis à des forces, à des logiques, qui leur échappent, ils sont aussi, à certains égards, créateurs de leur histoire.

Montesquieu est l'un des premiers auteurs à affirmer l'existence d'un déterminisme s'appliquant aux sociétés humaines : à coté des « lois positives » (qui sont l'œuvre des législateurs) il postule l'existence de « lois générales » c'est-à-dire de « rapports nécessaires qui dérivent de la nature des choses » (*L 'Esprit des lois*).

Durkheim, à partir de la variation des taux de suicide selon la religion, le statut matrimonial, la conjoncture sociale et économique, énonce que la propension au suicide croît avec le relâchement des liens sociaux ; cette proposition a pour lui la forme d'une régularité sociale analogue, toutes proportions gardées avec une loi scientifique.

La similitude des techniques et des structures économiques n'entraîne pas, ipso facto, la similitude des cultures. Le modèle déterministe en sciences sociales est avant tout relatif, pluri-factoriel et « probabiliste ».

➤ **contrainte sociale, Durkheim.**

détour de production

➤ **capital ; Annexe Ⓐ-9.**

dette

Somme empruntée par un débiteur (l'emprunteur) à un créancier (le prêteur). On distingue les dettes à court terme, dont l'échéance est inférieure à un an, et les dettes à long terme.

En comptabilité, une dette est un passif (point de vue du débiteur) ou un actif (point de vue du créancier), dont l'échéance et le montant sont fixés de façon précise. Dans ce sens, les dettes d'un agent économique sont l'ensemble des sommes qu'il devra payer pour rembourser par exemple des emprunts contractés auprès d'une banque, pour régler des charges qu'il a engagées (factures à payer, abonnements, primes d'assurance...) ou qui lui sont imposées (impôts...).

➤ **accumulation du capital, capital, FBCF, multiplicateur, principe d'accélération, productivité, rentabilité ; Annexe Ⓐ-12, 21.**

dette (consolidation de la)

Opération consistant, pour un agent économique ou un pays, à obtenir la transformation de tout ou partie de sa dette en une autre dette dont les échéances sont reportées dans le temps.

Un pays consolide sa dette lorsqu'il obtient un **rééchelonnement** de ses remboursements

– il paiera plus tard ce qu'il devait payer maintenant, mais il paiera globalement plus cher – ou lorsqu'il rembourse ses emprunts passés grâce à de nouveaux emprunts – ce qui est une autre façon de reporter les échéances.

➤ **dette (service de la).**

dette (encours de la)

➤ **encours, dette (publique).**

dette publique

Ensemble des emprunts effectués par l'État : à long terme, dette consolidée, à court terme dette flottante. Cette notion ne doit pas être confondue avec la dette extérieure, constituée de l'ensemble des engagements pris par les agents économiques d'un pays envers d'autres agents économiques extérieurs.

Définir la dette publique

• **La dette publique augmente** à chaque fois qu'un déficit public est financé par l'emprunt, le plus souvent sous la forme d'emprunts d'État, c'est-à-dire de titres, essentiellement des obligations, émis sur les marchés. L'État s'engage à rembourser ces obligations, en payant des intérêts, à une date future.

• **L'encours de la dette publique** est le montant total des emprunts par un pays à une date donnée et représente donc l'accumulation des besoins de financement des administrations publiques.

La capacité de remboursement des emprunts contractés au titre de la dette publique par les États et les collectivités publiques est évaluée par les agences de notation financière.

Le Pacte de stabilité de décembre 2011 fixe une norme pour l'ensemble des pays de l'Union européenne dont la dette ne doit pas dépasser 60 % du PIB.

• **En France, en septembre 2013,** la dette s'établit à 1 900,8 milliards d'euros (soit 92,7 % du PIB, contre 12 % en 1980), dont 1 615,2 sous formes de titres négociables. Le **service de la dette publique** représente le paiement annuel des échéances (capital plus intérêts) des emprunts souscrits.

• **La charge de la dette** représente le paiement des intérêts seuls ; elle se montait à 56,14 milliards d'euros pour l'année 2013, soit la presque totalité de l'impôt sur le revenu payé par les Français, et constitue le premier poste du budget de l'État, dépassant l'Éducation nationale.

La crise de la dette (à partir de 2008)

• **L'accumulation des déficits** dans la plupart des pays développés a conduit à un gonflement rapide de la dette publique (78 % du PIB pour l'ensemble des pays de l'OCDE). Fin 2009, le budget présenté par le gouvernement grec (fort endettement, déficit budgétaire supérieur à 13 % du PIB, manque de transparence) suscite une crise de confiance de la part des créanciers qui fait grimper les taux de refinancement de la dette. L'Union européenne s'engage à soutenir la Grèce à condition que celle-ci fasse des efforts (plan d'aide, mise en place du Fonds européen de stabilité financière). Mais la crise se propage à l'Irlande, puis au Portugal, à l'Espagne, à l'Italie et menace la France. Elle ébranle la monnaie européenne, l'euro.

• **Les causes de la crise** sont à la fois conjoncturelles (finances publiques dégradées en Grèce et en Italie, crise bancaire en Irlande, crise immobilière en Espagne) et structurelles : pour certains économistes, la cause profonde de la crise résulte de l'asymétrie entre la création d'une monnaie unique et des politiques économiques et budgétaires nationales divergentes. La crise de la dette a conduit l'Union européenne à renforcer ses mécanismes d'ajustement économiques et financiers (Traité sur la stabilité, la coordination et la gouvernance, Mécanisme européen de stabilité, modification du rôle de la BCE).

dette (service de la)

Somme versée chaque année au titre des remboursements du capital emprunté

(amortissement) et du paiement des intérêts par un pays endetté. En fait, tous les pays sont endettés, mais à des degrés très divers.

Le rapport du service de la dette en pourcentage des exportations de biens et services (par exemple 16,4 % au Mexique en 2000, selon la Banque centrale) est souvent utilisé pour analyser la situation financière d'un pays et sa capacité d'endettement supplémentaire.

➤ **amortissement financier.**

dette souveraine

Dette émise ou garantie par un émetteur souverain : État, banque centrale, collectivité locale ou entreprise publique.

La dette souveraine d'un pays comprend des dettes domestiques et des dettes extérieures selon l'origine des créanciers (résidents ou non-résidents). Les dettes souveraines peuvent être issues de crédits accordés par des banques privées, de prêts d'autres États ou d'institutions officielles, des titres d'emprunts émis par le Trésor public du pays négociables sur le marché international des obligations. Enfin, elles peuvent être à court, moyen ou long terme.

➤ **banque centrale, obligations, Trésor public.**

dévaluation

➤ **dépréciation.**

développement

Transformation des structures démographiques, économiques et sociales, qui, généralement, accompagnent la croissance.

On insiste ici sur l'aspect structurel (industrialisation, urbanisation, salarisation, institutionnalisation, etc.) et qualitatif (transformation des mentalités, des comportements, etc.) de l'évolution à long terme. Certains auteurs, au contraire, adoptent une conception normative du développement.

Une croissance sans développement

Lorsque des économistes « tiers-mondistes » parlent de croissance sans développement ou de « développement du sous-développement », ils cherchent à montrer que la croissance ne se traduit pas, dans les pays dominés de la périphérie, par un véritable progrès économique et social (monopolisation des ressources par une minorité de privilégiés, appauvrissement des campagnes, misère des bidonvilles, déculturation, etc.).

Un développement sans croissance

Lorsque d'autres économistes ou des sociologues préconisent un développement sans croissance, ils cherchent à montrer que la transposition du modèle de développement occidental enferme les pays du Tiers monde dans le piège de la dépendance alors qu'un véritable développement présuppose que chaque pays conserve la maîtrise des conditions matérielles de la reproduction de sa société et de sa culture.

Quelle finalité pour le développement ?

Partant d'une réflexion sur les voies et moyens du développement, certains s'interrogent – la fin étant souvent dans les moyens – sur la finalité même du développement . L'objectif peut-il être le changement pour le changement, toute pratique traditionnelle étant condamnable en soi ? Les nations en développement doivent-elles s'aligner sur des pays « modèles » alors même que ceux-ci sont souvent en crise ?

➤ **croissance, développement (modèles de), économie du développement, expansion, progrès, Tiers monde.**

développement (modèles de)

Interprétations, exemples ou schémas d'orientation du développement.

Il faut distinguer ***modèles de développement*** et ***modèles de croissance*** : ces derniers sont élaborés pour un stade de développement donné, alors que les premiers (même s'ils utilisent encore le terme de croissance) impliquent ou visent une modification importante, voire décisive, des structures socio-économiques ; c'est la raison pour laquelle ces modèles concernent au premier plan les PED ainsi que les processus historiques de transformation des sociétés traditionnelles en sociétés industrielles.

➤ **croissance, décollage, développement, économie du développement, Gerschenkron (modèle de), Hirschman, Marx, modèle économique, révolution industrielle, Rostow, Tiers monde.**

■ développement durable

(en anglais : *sustainable development*)

Nouveau mode de développement officiellement proposé comme objectif à leurs États membres par la CNUED et la Banque mondiale ; il est théoriquement inspiré par la volonté de concilier l'amélioration du bien-être des générations présentes avec la sauvegarde de l'environnement pour les générations futures.

La notion fut proposée pour la première fois dans le rapport Brundtland, « Notre avenir à tous » (rapport de la Commission mondiale sur l'environnement et le développement en 1987) ; elle a été entérinée, en 1992, par le Sommet de Rio de la CNUED et par le rapport de la Banque mondiale et confirmé, vingt ans plus tard, par la Conférence des Nations unies sur le développement durable 2012, dite Rio+20.

Le développement soutenable est envisagé sur le très long terme ; il s'agit « de répondre aux besoins des générations actuelles sans compromettre la possibilité de répondre à ceux des générations à venir ».

Actuellement, la notion comporte une triple dimension : le développement économique, l'équité sociale, l'équité intergénérationnelle.

➤ **CNUED, économie de l'environnement.**

■ développement extraverti

➤ **extraversion.**

■ déversement sectoriel

Passage de la population active, sur le long terme, du secteur primaire au secteur secondaire (révolution industrielle) puis au secteur tertiaire (société post-industrielle).

La structure de la population se modifie

– **par la croissance économique et l'élévation du niveau de vie :** le déversement sectoriel correspond à l'évolution de la demande finale sous l'effet de l'augmentation du revenu. Le consommateur déplace sa demande de produits primaires, par exemple : alimentation, vers les produits industriels (logement, habillement, équipement ménager, automobiles...), puis vers les services (santé, éducation, loisirs...) : ceux-ci ont une forte élasticité-revenu ;

– **par le progrès technique dans l'agriculture et surtout dans l'industrie :** les gains de productivité sont en moyenne deux à trois fois plus élevés dans l'industrie que dans les services. La baisse du prix relatif des produits industriels qui en résulte élève le pouvoir d'acheter des services.

Les thèses de J. Fourastié et de A. Sauvy

Pour eux le progrès technique dans un secteur génère des emplois dans d'autres secteurs ;

– **par la complexité croissante de l'organisation socio-économique :** multiplication des fonctions administratives, financières, juridiques, informationnelles, d'assurance... ;

– **par le coût relativement faible en capital** de la création d'un emploi dans le tertiaire ;

– **par l'externalisation,** hors des entreprises industrielles, d'activités de « services destinés aux entreprises » (surveillance, restauration, publicité...) ;

– **par la féminisation de l'emploi :** le travail des femmes génère des emplois de service (crèches, auxiliaires domestiques...) ;

– **par les inégalités de revenu :** les services à la personne consistent en du temps échangé contre du temps ; l'acheteur a d'autant plus intérêt à utiliser le temps de travail d'autrui que son temps vaut plus cher que celui du prestataire de service.

Problèmes liés au déversement sectoriel

Il y a aujourd'hui une « crise » du déversement sectoriel : la concentration massive (70 %) de

la population active dans le secteur tertiaire, secteur à gains de productivité modérés, pose le problème de son financement, c'est-à-dire du transfert à son profit des gains de productivité des autres secteurs, soit par le mécanisme des prix relatifs pour les services marchands, soit par celui des prélèvements obligatoires pour les services non marchands.
De cette crise, le modèle de l'économiste américain W. Baumol donne une interprétation : il y a concentration des emplois dans le secteur à gains de productivité modérés et donc ralentissement de la croissance de la productivité moyenne et de la croissance économique.

➤ **Sauvy, tertiarisation.**

déviance

Écart durable par rapport aux normes socialement établies, pouvant susciter la réprobation de l'entourage, plus généralement de la collectivité : « conduites scandaleuses », « comportements amoraux », « illicites ».

Notion large recouvrant aussi bien des actes délictueux que les conduites minoritaires ne contrevenant pas formellement à la loi. La réaction sociale peut aller du simple dénigrement aux actions punitives (mécanismes d'exclusion, sanctions pénales). La déviance est une notion relative. Des comportements jugés déviants à l'origine peuvent être par la suite progressivement acceptés par le plus grand nombre (exemple : cohabitation juvénile, homosexualité). En cela, la déviance participe au changement social.

Normes sociales et normes de groupe

- Dans toute société complexe divisée socialement, certaines normes et valeurs diffèrent d'un groupe à l'autre. Ce qui est tenu pour déviant dans l'un est légitimé dans l'autre. Cette opposition de modèles culturels peut être à l'origine de conflits plus ou moins aigus (éducation des enfants, normes sexuelles, attitudes à l'égard de la religion).
- Le courant interactionniste américain a renouvelé l'approche de la déviance en mettant l'accent moins sur les transgressions et les motivations des intéressés que sur les mécanismes par lesquels la collectivité écarte certains de ses membres en les désignant comme déviants (**théorie de l'étiquetage**). De ce point de vue, « la déviance n'est pas une qualité de l'acte commis [...]. Le déviant est celui auquel cette étiquette a été appliquée avec succès » (H. S. Becker).

➤ **conformité, contrôle social, criminalité, délinquance, étiquetage, exclusion, interactionnisme symbolique, marginalité, normal, normes sociales.**

devise

Monnaie étrangère ; toute monnaie devient une devise dès lors qu'elle est détenue par des non-résidents.

C'est un **actif monétaire** pour les agents économiques qui la détiennent ; les devises constituent une part des réserves – des liquidités – des Banques centrales. C'est une **dette** des institutions monétaires qui les émettent. En ce sens, leur valeur dépend de la confiance que leur accordent leurs détenteurs, confiance qui dépend notamment de l'attitude des Banques centrales ; c'est pourquoi elles sont soumises à des arbitrages financiers (détermination des taux de change).

➤ **arbitrage, liquidités internationales.**

dichotomie

➤ **réel/financier, réel/monétaire.**

différenciation

Processus de définition d'un produit ou d'un service doté de caractéristiques originales.

Stratégie de différenciation

Les entreprises mènent des stratégies de différenciation des produits en leur attribuant des caractéristiques, objectives ou subjectives originales, qui leur permettent de créer des niches, de limiter la substituabilité par rapport à d'autres produits et d'élever les prix de vente. Par exemple, la multiplication des formes de pains ou de yogourts offre une plus grande variété de produits et donne la possibilité d'augmenter les prix et donc la valeur ajoutée. À la concurrence par les prix (produire les mêmes produits moins cher) se substitue une concurrence par la qualité, qui permet une augmentation des prix.

Diversification et différenciation

L'entreprise peut se spécialiser dans un produit différencié ou conjuguer diversification et différenciation en proposant plusieurs produits différenciés ; dans ce cas, elle bénéficie des économies de gamme (ou économies d'envergure), les mêmes ressources participant à la production de différents produits. L'analyse microéconomique montre que la différenciation engendre une forme de concurrence imparfaite dans laquelle la demande est élastique par rapport au prix, l'entreprise peut être *price maker*.
Pour le consommateur, l'augmentation de la consommation et le progrès technique s'accompagnent d'un besoin de produits différenciés.

➤ **concurrence imparfaite.**

dilemme de Rodrik

Impossibilité, selon l'économiste Dani Rodrik, pour un pays de profiter à la fois de la globalisation financière et de conserver un contrôle démocratique des politiques économiques à l'échelle de l'État-nation.

Soit un État-nation accepte la libre circulation totale des capitaux, mais le contrôle démocratique sera difficile face aux aléas des marchés financiers. Soit les peuples décident d'une coordination internationale des flux de capitaux, mais l'État-nation ne sera plus le lieu de décision des politiques économiques. Enfin, si les peuples souhaitent garder un contrôle démocratique des politiques économiques au niveau des États-nations, alors il faudra renoncer à une totale liberté de circulation des flux financiers. Cette analyse trouve un écho particulier suite aux mouvements sociaux en Grèce ou en Espagne où une partie de l'opinion publique critique cette perte de souveraineté liée à l'imposition des plans de rigueur par la Commission européenne, la Banque centrale européenne et le Fonds monétaire international.

➤ **État-nation, triangle d'incompatibilité de Mundell.**

dilemme du prisonnier

➤ **jeux (théorie des).**

dirigisme

Régime économique dans lequel l'État exerce un pouvoir d'orientation et de contrainte sans faire disparaître les structures caractéristiques d'une économie capitaliste.

➤ **État, planification.**

discrimination

Inégalités de traitement et préjudices subis par des individus en raison de leurs caractéristiques sociales, « raciales », sexuelles, religieuses, physiques ou mentales – réelles ou supposées.

Ces préjudices, directs ou indirects, sont variés : discrimination à l'embauche, obstacles à la promotion, aux études, au logement, refoulement à l'entrée de certains lieux publics.
Au-delà de l'angle individuel, on peut parler de discrimination collective quand les habitants de certains espaces, (quartiers, cités) sont l'objet de stigmatisations entraînant des processus de ségrégation.
Il convient par ailleurs de distinguer les discriminations illégales dans les sociétés d'égalité juridique et politique comme la nôtre et les discriminations inscrites dans l'organisation socio-politique comme les sociétés de castes ou les régimes d'apartheid.

discrimination positive

(en angl. *affirmative action*)

Ensemble de mesures et de dispositifs visant à lutter contre les phénomènes de discrimination et, plus généralement, à réduire l'inégalité des chances.

Une origine américaine

Sous cette dénomination, ont été développées aux États-Unis dès les années 1960, dans la foulée du mouvement pour les droits civiques, des actions préférentielles en direction des minorités les plus démunies (Noirs, Hispaniques, Indiens). L'ambiguïté originelle réside dans le télescopage entre deux registres de l'*affirmative action* : s'agit-il de mesures en faveur des « *ethnics* » – donc basées sur une catégorisation ethnico-culturelle – ou en faveur de catégories socialement défavorisées ? En réalité les deux types de mesures ont été menées et les politiques de recrutement scolaire sur quotas « ethniques » sont demeurées limitées.

La discrimination positive à la française

En raison de cette ambivalence, l'*affirmative action* à l'américaine a été mal perçue en France car contrevenant aux conceptions républicaines et universalistes. De fait, les quelques mesures de discrimination positive prises dans l'hexagone privilégient la lutte contre les inégalités sociales sur une base territoriale même si elles recoupent en partie des réalités « culturelles » : politique des ZEP (zones d'éducation prioritaire),des zones franches urbaines (zones défavorisées bénéficiant d'exonérations fiscales), initiative de Sciences Po (voie d'accès réservée à des lycéens issus d'établissements à public défavorisé).

Par contre, certaines pratiques comme le *testing* ou certains dispositifs en débat (ou en projet) comme le CV anonyme et les « chartes de la diversité » se situent sur la base de la lutte contre les discriminations raciales.

➤ **discrimination, multiculturalisme, stigmatisation.**

discriminations non tarifaires

➤ **barrières non tarifaires.**

disparité

Écart entre différents éléments d'un même ensemble. À l'intérieur d'un pays, on parle de disparités régionales, culturelles, sociales, etc.

dispersion

Écart plus ou moins important des valeurs prises par une variable par rapport à sa moyenne.

➤ **écart-type.**

disponibilités monétaires

Sous-ensemble de la masse monétaire. Les disponibilités monétaires sont composées de la monnaie fiduciaire (les billets et pièces en circulation), ainsi que de la monnaie scripturale (les dépôts à vue sur les comptes bancaires). Elles correspondent à l'agrégat M1.

➤ **agrégats monétaires, masse monétaire, placements financiers.**

distinction

➤ **effet d'imitation, Halbwachs, style de vie ; Annexe Ⓐ-35, 38.**

distribution commerciale

Ensemble des activités et opérations mettant les produits à la disposition des consommateurs (finals ou intermédiaires).

Les distributeurs jouent un **rôle d'intermédiaire et d'ajustement entre les offreurs et les demandeurs** : le commerce de gros, par la constitution de stocks, régularise les flux en garantissant des débouchés importants aux producteurs et des approvisionnements réguliers aux détaillants ; ceux-ci, tout en conseillant la clientèle, orientent la production vers les goûts des consommateurs.

Dans cette mesure, **la distribution joue un rôle économique** qui justifie une prise de marge. Mais la concurrence doit jouer entre les distributeurs et entre les différentes formes de commerce (commerce isolé, commerce associé ou groupements d'achat, grand commerce intégré tel que VPC, grands magasins, hyper et supermarchés, supérettes, etc.). Cela est nécessaire pour que les gains de productivité à la production soient répercutés dans les prix de vente au consommateur final et ne soient pas absorbés par la distribution.

DIT

➤ **division internationale du travail.**

dividende

Rémunération touchée par l'actionnaire d'une entreprise. Le dividende est variable, à la différence de l'intérêt perçu par le créancier obligataire qui est fixe ; il dépend du bénéfice de l'entreprise et de la politique de répartition adoptée – autofinancement ou distribution aux actionnaires.

➤ **action, intérêt, obligation.**

division du travail

Répartition du travail entre des individus ou des groupes spécialisés dans des activités complémentaires.

Dès qu'une société s'organise, elle instaure une division sociale du travail, c'est-à-dire une répartition des tâches au sein de la société. Les activités sont réparties selon le sexe, l'âge, l'appartenance à des castes ou des ordres, etc.

La division du travail comporte deux aspects très différents. Le chef d'entreprise organise une répartition des tâches entre salariés dans le cadre d'un processus de production ; cette forme de division du travail est imposée à des individus qui n'entretiennent pas entre eux des rapports d'échange (ouvriers d'une usine). Elle est nettement différente de la spécialisation qui s'opère entre producteurs indépendants ou entre entreprises. Dans ce cas, les agents spécialisés dans une activité vendent un bien ou un service (société de services informatiques par exemple). Par ailleurs, dans l'entreprise, la division du travail horizontale entre salariés d'un même niveau hiérarchique (entre ouvriers spécialisés ou entre ouvriers qualifiés) s'oppose à la division du travail verticale dans laquelle les salariés disposent, selon leur niveau dans la hiérarchie, d'un degré d'initiative et de pouvoir très inégal (division du travail entre cadres et exécutants).

Analyse théorique

- **Selon Durkheim**, la division du travail social est le fondement du lien social puisque son développement induit une « solidarité organique » entre les individus différenciés, mais rendus interdépendants par la complémentarité des fonctions qu'ils exercent.

- **Parmi les économistes**, le plus célèbre avocat de la division du travail (DT) est **A. Smith** qui, dans *La richesse des nations* (1776), par l'exemple de la manufacture d'épingles, tend à démontrer que la division du travail est l'un des principaux facteurs de la croissance économique parce que la spécialisation des travailleurs engendre des gains de productivité et facilite le développement du machinisme.

- **Marx**, dans *Le Capital*, dépasse le point de vue de Smith pour analyser les tendances de la division capitaliste du travail : la division manufacturière du travail fondée sur la segmentation du travail et la spécialisation de chaque ouvrier a créé le « travailleur parcellaire ». Cette parcellisation des tâches a pour conséquences la déqualification du travailleur et la dévalorisation de la force de travail. La division manufacturière du travail constitue la base du machinisme : la généralisation de l'usage des machines achève la destruction des métiers et approfondit la séparation entre la conception et l'exécution.

- **À partir de la fin du XIXe siècle**, l'évolution de la division technique du travail est influencée par l'œuvre la plus connue de F. W. Taylor : *Principles of Scientific Management* (1911).

➤ **fordisme, marxisme, Smith, Taylor, taylorisme ; Annexe A-2.**

division internationale du travail [DIT]

Répartition de la production mondiale de biens et de services entre pays ou zones économiques plus ou moins spécialisées.

DIT et spécialisation du travail

La DIT est l'expression de la spécialisation des différents pays qui participent au commerce international. Les théoriciens des relations économiques internationales s'efforcent d'expliquer l'origine et l'évolution de la DIT. Selon les courants de pensée, l'accent est mis sur les avantages (optimum mondial, facteur de développement, etc.) ou sur les inconvénients (dépendance, échange inégal, etc.) de la DIT.

Jusqu'aux années 1970, la division internationale du travail s'articule autour d'un échange de type colonial, les pays développés important des matières premières en provenance des PED et exportant des produits manufacturés entre eux et vers les PED.

Nouvelle division internationale du travail

La crise des années 1970 révèle et accentue une nouvelle DIT : certains PED améliorent leur position d'exportateurs de matières premières (pétrole par exemple), d'autres percent comme exportateurs de produits manufacturés (NPI) tandis que les positions des pays développés (Japon, États-Unis, Europe) se hiérarchisent en fonction de leurs capacités à maîtriser les nouvelles technologies. Nombre de PED sont toujours partie intégrante de l'ancienne DIT.

➤ **avantage absolu (loi de l'), avantage comparatif (loi de l'), commerce international, échange inégal ; Annexe A-5.**

divorce

Rupture légale du mariage.

Instauré en France sous la Révolution (1792), aboli en 1816, le divorce est rétabli en 1884. Les lois de 1975 et de 2004 en libéralisent les conditions (création de quatre motifs de divorce, notamment par consentement mutuel, et assouplissement de la prestation compensatoire). On observe depuis les années 1970-1980 une augmentation sensible des divorces en Europe.

Mesure de la fréquence des divorces

– **le taux brut de divorces** (exprimé en pour mille) : rapport du nombre de divorces au cours d'une année à la population totale de la même année ; en France, il est passé de 2,05 en 1995 à 2,47 en 2005 puis est revenu à 2,07 en 2010 ;

– **l'indicateur conjoncturel de divortialité** se calcule en rapportant le nombre de divorces prononcés, une année donnée, pour chaque durée de mariage, au nombre de mariages dont ils sont respectivement issus. On obtient ainsi des taux dont l'addition constitue, pour une année, la somme des divorces réduits.

Taux de divortialité (somme des taux pour 100 mariages) en France

1970 : 11,3	2000 : 38,3
1980 : 22,3	2003 : 43,0
1990 : 31,6	2011 : 46,2

On calcule aussi le rapport entre le nombre de divorces et le nombre de mariages pour une année donnée.

➤ **nuptialité.**

dollar

Monnaie nationale des États-Unis jouant un rôle international de premier plan.

De l'après-guerre au début des années 1970, le dollar, convertible en or, a été étalon du Système monétaire international. Depuis la suspension de la convertibilité du dollar en or (1971), et surtout depuis l'adoption des changes flottants, le dollar a perdu son rôle d'étalon ; il reste la première monnaie de facturation et de réserve, mais pas de libellé des opérations financières depuis 2004 ; ses fluctuations ont de grandes répercussions sur l'économie mondiale.

➤ **Système monétaire international.**

dollar standard

➤ **Système monétaire international.**

Domar (modèle de)

Le modèle de croissance de Domar (1948) résulte de la volonté d'étendre les principes de l'analyse keynésienne de la courte à la longue période.

Il est fondé sur la distinction entre les deux effets de tout investissement : un effet de revenu (création de revenus supplémentaires par le jeu du multiplicateur) et un effet de capacité (augmentation de la capacité de production). Pour que la croissance soit équilibrée, il faudrait que ces deux effets soient égaux : la demande supplémentaire créée par l'augmentation des revenus ouvrant suffisamment de débouchés à l'offre supplémentaire créée par l'augmentation des capacités de production. Domar démontre qu'il n'y a aucune raison pour qu'il en soit durablement ainsi : le système capitaliste est condamné au déséquilibre, puis à la stagnation.
Ce modèle est souvent associé à celui de Harrod.

➤ **Harrod (modèle de).**

domination

Fait d'avoir les moyens matériels, institutionnels ou spirituels d'exercer le pouvoir sur quelque chose, d'imposer durablement sa volonté à autrui.

Cette notion relationnelle unit deux agents : dominant/dominé. Les rapports de domination mettent aux prises des individus et des groupes (bourgeoisie/prolétariat, classe dirigeante/autres classes, colons/indigènes), mais aussi des unités économiques (grandes firmes/PME) et des entités nationales (pays industriels/PED, États-Unis/autres puissances, ex-URSS/pays de l'Est). Diversité donc des rapports de domination aussi bien dans les domaines concernés (réalités sociale, politique, culturelle, économique) que dans leurs modalités : rapports de force inégaux, privilèges institutionnels, mais aussi influence (prestige, croyances en une supériorité tenue pour légitime).

Les types de domination légitime selon Max Weber

Dans la terminologie weberienne, le terme de domination est associé à la reconnaissance de l'autorité d'un agent ou d'un « ordre » de la part des individus qui y sont soumis : il y a « croyance en la légitimité » (plus ou moins forte) de ces pouvoirs. Les sources de légitimité sont toutefois fort diverses. Max Weber distingue ainsi trois types de domination légitime :

– **la domination traditionnelle** reposant sur la force – voire le caractère sacré – de la tradition ;

– **la domination charismatique** (du grec *charisma* : la grâce) reposant sur la croyance dans les qualités exceptionnelles d'un individu (prophète, chef militaire, leader politique) ;

– **la domination rationnelle-légale** reposant sur la légalité et le bien-fondé des règles régissant une institution ou une instance de la société. Dans ce cas, le pouvoir est lié à la fonction, non à la personne.

Ce dernier type de domination caractérise les sociétés modernes mais Max Weber in siste sur le fait qu'aucun de ces types ne se présente à l'état pur : la domination rationnelle peut fort bien s'accommoder d'une dimension charismatique, ou encore, la domination charismatique peut se perpétuer par la force de la tradition (le prestige du chef peut se transmettre à ses descendants).

➤ **autorité, classe dirigeante, dépendance, hégémonie, légitimité, pouvoir ; Annexe A-54.**

don

1 [anthropologie] **Présents, cadeaux, offrandes qui impliquent en retour, pour**

les bénéficiaires, l'obligation de rendre aux donateurs, sous forme d'autres présents.

Dans nombre de sociétés primitives, ces échanges non marchands constituent des systèmes de dons et de contre-dons, comme la *kula*. Ils établissent des liens de réciprocité hors de la sphère des échanges commerciaux, ainsi que l'ont montré plusieurs anthropologues (B. Malinowski, M. Mauss). Le *potlatch* revêt en outre une dimension de compétition honorifique entre les donateurs.
De manière générale et jusque dans les sociétés contemporaines, il existe des formes d'échange de nature non marchande qui obéissent à des logiques sociales extra économiques, notamment altruistes, religieuses, politiques, etc. Deux exemples issus de domaines très différents : la donation qui est un moyen de transmettre le patrimoine au conjoint survivant ou aux enfants ; le don d'organes qui permet au receveur de bénéficier, par greffe, d'un organe du donneur.

2 [économie internationale] Une des modalités de l'aide au développement, transferts entre pays développés et pays à faibles revenus.

➤ **aide au développement, échange, *kula*, *potlatch* ; Annexe A-40.**

dot

Compensation matrimoniale consistant en une série de biens et de services offerts par le fiancé et ses parents aux parents de la fiancée pour conclure le mariage et compenser, pour la famille de la femme, la perte d'un de ses membres.

Dans bien des cas, la compensation offerte par la famille du fiancé est accompagnée d'un contre-don de la part de l'autre famille. Il ne faut pas voir dans la dot le « prix » de la femme. La dot participe du principe général de réciprocité qui n'a rien à voir avec une mesure de la valeur entre marchandises.
La dot « à la française », à savoir les biens qu'apporte à son époux la femme qui se marie, est un cas très particulier.

➤ **échange, mariage.**

dotation factorielle

➤ **HOS.**

douane (droits de)

Prélèvement établi par l'État sur une marchandise à l'occasion de son passage à la frontière. L'ensemble des droits en vigueur à un moment donné est appelé tarif douanier.

Les droits peuvent s'appliquer soit à l'importation, soit à l'exportation. Avec la libération des échanges qui a suivi la Deuxième Guerre mondiale, ils ont perdu leur importance dans de nombreux pays.
Un droit *ad valorem* est établi en pourcentage de la valeur du produit ; un droit spécifique en valeur absolue pour un produit particulier. Le tarif extérieur commun de la CEE est *ad valorem* pour la quasi-totalité des produits.

➤ **barrières non tarifaires, CAF, FAB, protectionnisme, union douanière.**

droit

Ensemble de règles imposées aux membres d'une société pour que leurs rapports sociaux, échappant à l'arbitraire de la violence individuelle, soient conformes aux principes dominants de l'organisation sociale.

Les sources du droit sont différentes dans les pays de droit oral et de droit écrit ; dans les premiers, la source est la coutume, dans les sociétés de droit écrit, la source est la loi, les règlements, les traités et la jurisprudence.
Les règles juridiques (de droit) sont des normes sanctionnées par le pouvoir judiciaire des juridictions (du latin *jus* « le droit » et *dicere* « dire ») qui disent le droit. L'ensemble des règles applicables à un type particulier de rapports sociaux forme une branche du droit (droit commercial, droit pénal, droit civil, droit du travail, etc.). Regroupées en un seul recueil, ces règles sont codifiées (Code civil, Code du travail, etc.).

Jurisprudence, doctrine

La jurisprudence est constituée des décisions antérieures de la justice formant des précédents et sur lesquels un juge pourra fonder sa décision dans un cas qu'il jugera semblable. Complétant et interprétant la loi, la jurisprudence est unifiée par les juridictions supérieures : Cour de cassation pour les juridictions de l'ordre judiciaire, Conseil d'État pour celles de l'ordre administratif, et Tribunal des conflits.

La doctrine est constituée des interprétations du droit contenues dans les articles et thèses publiés par les professeurs de droit.

➤ **droit du travail, légitimité.**

droit à polluer

➤ **économie de l'environnement.**

droits civiques

Les droits civiques sont ceux accordés par une nation aux citoyens qui vivent sous ses lois et remplissent les conditions de nationalité et de majorité, par exemple : droits de vote, de se porter à des fonctions électives, d'exercer une fonction juridictionnelle, de servir dans l'administration.

La déchéance des droits civiques peut être la conséquence d'une mise sous tutelle ou sous curatelle. La privation de ces droits est également une peine qui peut être prononcée par une juridiction. Certaines condamnations (pour corruption, par exemple) entraînent automatiquement la perte de ces droits, en totalité ou en partie.

Cette expression a trouvé sa légitimité dans les années 1950-1970 notamment avec le mouvement des droits civiques (*civil rights movement*) aux États-Unis, qui luttait pour la fin de la ségrégation raciale.

droit du sol

(en latin *jus soli*)

Principe selon lequel la naissance dans le pays d'accueil d'un enfant de parents étrangers confère à l'intéressé la nationalité de ce pays.

Une distinction historique

- Ce principe correspond à une conception ouverte de la nation, liée à l'idée de souveraineté territoriale. Il diffère historiquement du *jus sanguinis* (droit du « sang ») selon lequel l'acquisition de la nationalité se fait par filiation d'ascendants et qui a surtout caractérisé les sociétés où dominait le lien tribal.
- Seuls les États-Unis et l'Argentine, pays d'immigration, accordent le droit du sol simple : est américain ou argentin tout individu né sur le sol des États-Unis ou de l'Argentine.
- En Europe, on trouve généralement une combinaison des deux principes, et ce qui différencie un droit national d'un autre est la « proportion » de l'un par rapport à l'autre, la dominante. Ainsi la tradition juridique française, héritée de la féodalité et de l'Ancien régime, correspond-elle plutôt au droit du sol, mais corrigé par une exigence de filiation. Car depuis 1804 (Code Napoléon, qui revenait au *jus sanguinis*), un enfant né en France de parents étrangers n'acquiert automatiquement la nationalité française dès sa naissance que sous certaines conditions.

Le droit du sol

- **Ainsi, l'acquisition de la nationalité française**, pour cet enfant, n'est automatique dès la naissance que si l'un des deux parents est lui-même déjà né en France : c'est le **double droit du sol** apparu dans la législation en 1851, et accentué par les lois de 1889 et 1927. Cette disposition est inscrite dans le Code civil, dans son article 19-3, car depuis la loi du 22 Juillet 1993, les dispositions législatives relatives à la nationalité, et qui constituaient le Code de la nationalité (ordonnance de 1945), ont réintégré le Code civil dans son titre Ier bis « Droit de la nationalité ».

Art. 19-3 : *Est français l'enfant né en France lorsque l'un de ses parents au moins y est lui-même né.*

- **Quant à l'enfant, né en France, de parents étrangers qui ne sont pas nés en**

France, il peut acquérir automatiquement la nationalité française, en vertu du droit du sol, mais seulement à sa majorité et sous condition de résidence : Art 21-7 ; Art 22-11. Ces deux articles sont issus de la loi « Guigou » du 16 mars 1998, modifiée par la loi du 20 novembre 2007.

• Un droit du sol pur et simple permet d'attribuer la nationalité française sans autre condition que la naissance sur le sol français dans trois cas exceptionnels : l'enfant né de parents inconnus, ou apatrides, et « l'enfant né en France de parents étrangers pour lequel les lois étrangères de nationalité ne permettent en aucune façon qu'il se voie transmettre la nationalité de l'un ou l'autre de ses parents. » (art. 19-1).

Le droit du sang

• Il a aussi sa place dans la législation française, puisque : « Est français l'enfant, légitime ou naturel, dont l'un des parents au moins est français. » (Art. 18)
Enfin, outre l'attribution (à la naissance) ou l'acquisition de la nationalité française en vertu du droit du sol (simple ou double) ou du droit du sang, il existe deux autre modalités d'acquisition : par mariage ou par naturalisation, dans des conditions qui ont été durcies par les lois du 26 novembre 2003, du 24 juillet 2006 et du 16 juin 2011.

Citoyenneté en Europe

Citoyenneté européenne

« Est citoyen de l'Union toute personne ayant la nationalité d'un État membre ». Instituée par le traité de Maastricht en 1992 et complétée par le traité d'Amsterdam en 1997, la citoyenneté de l'Union complète mais ne remplace pas la citoyenneté nationale ; et la définition de la nationalité demeure la prérogative exclusive des États membres.

Citoyenneté en Allemagne

Le 21 mai 1999, le gouvernement Schröder a initié une réforme sans précédent du code de la nationalité qui a mis fin à la prééminence historique du « droit du sang » : les enfants nés en Allemagne de parents étrangers, si leurs parents vivent en Allemagne depuis au moins huit ans ou disposent d'un titre de séjour illimité depuis trois ans, reçoivent un passeport allemand à la naissance. Ils doivent cependant choisir entre 18 et 23 ans s'ils veulent conserver la nationalité allemande ou celle de leurs parents.

➤ **immigration, immigrés, républicain (modèle).**

droit du travail

Ensemble des règles juridiques applicables aux relations de travail, individuelles et collectives, entre les employeurs privés et les salariés qui en dépendent. Bien que certains de leurs principes soient communs, les relations entre les employeurs publics et leurs salariés relèvent du droit administratif.

Émergence et développement du droit du travail

Entre la fin du XVIIIe et la fin du XIXe siècle, le travail salarié ne fait l'objet d'aucun traitement juridique propre. La loi Le Chapelier et la loi d'Allarde (1791) « mettent le travail sur le même plan que le négoce... » (A. Supiot) ; il est assimilé à un bien que l'individu est susceptible de vendre comme n'importe quelle autre marchandise. Les premières réglementations (par exemple, en 1841, interdiction d'embaucher des enfants de moins de 8 ans) apparaissent isolées.
Ce n'est qu'à la fin du XIXe et au début du XXe siècle qu'émerge en France un droit du travail spécifique et distinct du Code civil (1892, création de l'Inspection du travail ; 1906, élaboration d'un Code du travail ; loi de 1910 sur le droit du travail). La loi de 1936 sur l'extension des conventions collectives, les mesures prises à la Libération, les Lois Auroux votées en 1982 et les lois Aubry de 2002 sont des étapes importantes dans son développement.

• **Le droit du travail se présente** comme une série de prescriptions de caractère impératif, contrôlée par l'administration et sanctionnée par les tribunaux.

Pendant longtemps, les autorités étatiques ont édicté unilatéralement les règles du droit. Avec le développement des conventions collectives, une part non négligeable des dispositions en matière de travail a pour source la négociation et les accords entre les partenaires sociaux, ceux-ci pouvant être étendus par l'État à une branche ou à l'ensemble des branches sous forme de décrets ou de lois. Par ailleurs, les conventions internationales peuvent être une source du droit.

- **Le champ du droit du travail est vaste** : outre les règles relatives à l'embauche, au contrat de travail et au licenciement, il comprend les principes de rémunération (SMIC), la réglementation du rythme et des conditions de travail, la représentation du personnel et les groupements professionnels, les litiges individuels et les conflits collectifs, les grilles de qualification et la formation professionnelle, etc.
- **Les conflits relatifs au droit du travail** sont réglés par des tribunaux spécifiques, les conseils de prud'hommes, composés à parité de représentants élus des salariés et des employeurs.

➤ **convention collective, réduction du temps de travail, relations du travail ou professionnelles, syndicats de salariés.**

droits de l'homme

1 [historiquement] Ensemble des droits politiques et civils reconnus aux individus par la Déclaration des droits de l'homme et du citoyen (1789).

Cette déclaration s'inspire des idéaux de la Révolution française (Liberté, Égalité, Fraternité). Ces principes sont à la base de la démocratie moderne.

Quelques-uns des principes de la Déclaration de 1789 : égalité politique et sociale de tous les citoyens ;pect de la propriété ; respect des opinions et des croyances ; liberté de la parole et de la presse.

Des droits civils aux droits sociaux

Dans une optique historique, T. S. Marshall a proposé une généalogie de la construction des droits associée à la citoyenneté.

Ont été affirmés successivement les droits civils au XVIIe et XVIIIe (liberté de la personne, liberté de pensée, droit de passer contrat), puis les droits civiques ou politiques (droit de vote, éligibilité pour tout citoyen) entre la fin du XVIIIe et le XIXe, enfin les droits sociaux (droit au bien-être et à la protection sociale) au XXe siècle. Cet ordre de succession souffre d'exceptions notables – ainsi, en Allemagne, une première ébauche d'État-providence précède l'avènement du suffrage universel – mais souligne bien la construction progressive et conflictuelle de ces droits en relations avec les transformations économiques et sociales.

2 [aujourd'hui] Droits politiques et sociaux dont le respect est lié à l'exercice de la démocratie.

Tout en se référant aux principes de 1789, les déclarations et conventions actuelles, en particulier la Déclaration universelle des droits de l'homme votée par les Nations unies en 1948, les adaptent aux problèmes contemporains (condamnation de la torture, droit à l'intégrité physique et morale) et les élargissent aux plans social, économique et culturel (dépassement de l'optique individualiste de 1789, prise en considération des aspirations collectives). L'adhésion officielle de certains pays aux principes des droits de l'homme ne signifie pas forcément leur respect.

➤ **citoyenneté, démocratie.**

droits de propriété (théorie des)

Théorie fondée sur l'hypothèse que l'attribution de droits de propriétés bien définis est une condition de l'efficacité économique.

Un droit de propriété est le droit, garanti par la société, de choisir les usages d'un bien économique : le propriétaire se voit reconnaître le droit d'utiliser le bien (*usus*, par exemple occuper son appartement), d'en retirer un revenu (*fructus*, par exemple louer son appartement), d'en disposer (*abusus*, par exemple vendre son appartement) ; ce droit s'exerce dans le cadre de la loi (qui permet de posséder une voiture mais interdit les excès de vitesse).

Un stimulant efficace

Selon la théorie, les droits parfaits doivent être subjectifs (attribués à un individu déterminé), exclusifs (pas de propriété simultanée d'un même bien), librement cessibles (condition d'existence d'un marché). La propriété privée est un stimulant efficace dès lors qu'elle attribue le droit de s'approprier le bénéfice résultant de l'utilisation d'un actif. C'est ce qu'a montré *a contrario* l'échec des économies « socialistes » : les dirigeants des entreprises ne pouvaient s'approprier les bénéfices. C'est ce qui conduit en France, par exemple, à attribuer aux salariés une fraction des bénéfices, afin de les intéresser aux performances de l'entreprise dans son ensemble, au-delà de leur travail personnel...

Trois fonctions

Les droits de propriété ont donc pour fonctions d'inciter les individus **à créer** (brevets sur les inventions), **à conserver** (on entretient mieux la voiture dont on est propriétaire que la voiture que l'on loue) et **à valoriser** des actifs (maximiser le bénéfice). Ils permettent également l'internalisation des externalités (exemple des droits à polluer), mais la constitution de ces droits génère des coûts de transaction qu'il faut comparer aux avantages attendus.

➤ **Coase (théorème de), contrats (théorie des), coûts de transaction, économie de l'environnement.**

droits de tirage

Crédit potentiel dont chaque pays peut disposer auprès du FMI ; son montant est défini en fonction de la quote-part du pays.

Les crédits peuvent être soit automatiques et inconditionnels, soit subordonnés à l'adoption d'une politique économique négociée avec le FMI ; ils peuvent d'autre part être totalement remboursables ou seulement partiellement remboursables (droits de tirage spéciaux).

➤ **Fonds monétaire international.**

droits de tirage spéciaux [DTS]

Unités de compte utilisées dans le cadre du FMI et créées en 1969. C'est une monnaie panier définie comme la combinaison pondérée de plusieurs monnaies : dollar, euro, yen et livre ; sa valeur est donc variable.

Composition du DTS

Au 31/12/2010, date du dernier réexamen de la valeur du DTS le panier de devises composant un DTS contient :

0,660	dollar
0,423	euro
12,10	yens
0,111	livre

Chaque pays a un compte en DTS auprès du Fonds monétaire international, sur lequel s'effectuent trois types d'opérations : des dépôts en devises – le pays reçoit des DTS en contrepartie de devises –, des crédits accordés par le FMI, ou bien enfin des allocations. Dans ce dernier cas, le FMI met des DTS à la disposition des pays et crée ainsi des liquidités internationales.

➤ **Fonds monétaire international.**

dualisme du marché du travail

Analyse selon laquelle la segmentation du marché du travail a tendance à évoluer vers une bipolarisation des emplois en matière de statut (nature des contrats de travail) et de carrière.

Il existe d'un côté des travailleurs en contrat à durée indéterminée, dont le salaire progresse régulièrement ; de l'autre des travailleurs précaires, souvent des jeunes et des femmes, en contrat à durée déterminée ou en mission d'intérim, sans progression de salaire, à temps partiel subi.

➤ **emploi, travail.**

dualisme des pays en développement

Analyse qui caractérise la structure des économies sous-développées par la juxtaposition d'un « secteur moderne » et d'un « secteur traditionnel ».

• Le **secteur moderne** est dominé par des unités de production à forte intensité capitalistique, souvent tournées vers l'extérieur (filiales de FMN, négoce, entreprises étatiques).

• Le **secteur traditionnel**, relevant d'un système largement précapitaliste, regroupe l'agriculture de subsistance, l'artisanat et le petit commerce.

• **Les écarts de productivité** sont considérables d'un secteur à l'autre. Les échanges intersectoriels sont restreints et il n'y a pas ou peu d'effets d'entraînement du secteur dit « moderne » sur le reste de l'économie.

• **Le dualisme** se rencontre à d'autres niveaux : spatial (fortes disparités régionales), urbain (les quartiers modernes et les autres), culturel (modèle occidental/modèles traditionnels).

La théorie du dualisme a été critiquée, en particulier sur le compartimentage de l'économie et sa présentation d'un secteur traditionnel n'évoluant pas.

➤ **désarticulation, économie du développement, économie souterraine, société traditionnelle.**

dumping

Pratique consistant à vendre à perte pour s'introduire sur un marché, accroître sa part ou éliminer les concurrents.

Les acteurs peuvent être les entreprises qui se délocalisent, ou les États qui jouent sur les règles sociales pour attirer entreprises et emplois.

Le dumping social

Action qui vise à tirer un avantage des différences de réglementation et de coût du travail entre différentes régions ou pays.

Le dumping social suppose une liberté de circulation des marchandises et des capitaux et une faible mobilité de la main-d'œuvre (sinon les conditions de travail et de rémunération auraient tendance à se rapprocher).

➤ **délocalisation, Union économique et monétaire européenne.**

duopole

Situation de marché résultant de la confrontation de deux offreurs et de nombreux demandeurs.

➤ **concurrence.**

duopsone

Situation de marché résultant de la confrontation de nombreux offreurs et de deux demandeurs.

➤ **concurrence.**

Durkheim (Émile)

Sociologue français (1858-1917), considéré comme l'un des fondateurs de la sociologie moderne.

• Son ouvrage *Les règles de la méthode sociologique* fait partie des textes fondateurs qui influencent la démarche sociologique contemporaine.

Parallèlement, sa pensée est traversée en permanence par ce que l'on appelle aujourd'hui la question du lien social et, partant, celle de la cohésion au sein d'une société.

• **Durkheim distingue l'intégration** (conscience commune, interaction entre les membres du groupe, buts collectifs) et **la régulation** (action régulatrice du pouvoir sociétal dont l'efficacité est subordonnée à la légitimité de l'autorité).

• **Le développement de la division du travail**, tout en renforçant l'individualité, développe l'interdépendance des individus entre eux par la multiplication des échanges.
• **Cette cohésion sociale** peut être mise en péril par défaut d'intégration (« égoïsme », cloisonnement) ou de régulation (anomie). Durkheim incrimine en particulier le changement social trop rapide (qui dissout des instances intégratrices sans en forger de nouvelles) et les dysfonctionnements de la division du travail (excès de division dans le cadre d'une contrainte sans réciprocité).

Il faut traiter les faits sociaux comme des choses

É. Durkheim définit la spécificité des faits sociaux qui ne peuvent être réduits aux faits psychologiques et qui doivent être expliqués par d'autres faits sociaux.
Ce faisant, il s'efforce de montrer le caractère déterminant des phénomènes collectifs dans les comportements individuels. Son étude sur le suicide (une des premières études sociologiques utilisant les séries et les corrélations statistiques) illustre sa méthode : ce phénomène ne se distribue pas au hasard mais varie en intensité selon des faits socioculturels (cohésion sociale, anomie).
Toute son œuvre est fondée sur l'idée que la « société n'est pas une simple somme d'individus mais [...] une réalité spécifique qui a ses caractères propres ».

Ouvrages principaux : *De la division du travail social* (1893) ; *Les règles de la méthode sociologique* (1895) ; *Le suicide* (1897) ; *Les formes élémentaires de la vie religieuse* (1912).

➤ **anomie, conscience collective, contrainte sociale, criminalité, délinquance, fait social, holisme, intégration sociale, religion, représentations collectives, sociologie, solidarité ; Annexe Ⓐ-34.**

dyarchie

➤ **pouvoir.**

E

EBE [Excédent brut d'exploitation]

Mesure du profit qui correspond au solde du compte d'exploitation (Comptabilité nationale).

Ce solde, qui mesure ce qui reste au secteur institutionnel après rémunération des salariés et versement des impôts sur la production (nets de subvention), est indépendant de la nature des capitaux utilisés (capitaux propres ou capitaux empruntés).
Si l'entreprise est fortement endettée, elle peut dégager un EBE important mais qui sera ensuite amputé par les frais financiers qu'elle devra verser.
Dans le cas particulier des entrepreneurs individuels, l'EBE représente à la fois la rémunération du travail et celle du capital.

➤ **Comptabilité nationale, profit, rentabilité.**

écart-type

Mesure de la dispersion d'une variable au tour de sa moyenne. Il est égal à la racine carrée de la variance, c'est-à-dire la racine carrée de la moyenne des carrés des écarts des différentes valeurs de la variable à leur moyenne.

La formule de calcul est la suivante :

$$\sigma = \sqrt{\frac{1}{n}\Sigma(x_i - \overline{x})^2}$$

† = écart-type
x_i = valeur de la variable pour l'observation *i*
$\overline{x}$ = moyenne de la variable
n = nombre d'observations

➤ **dispersion.**

échange

1 Mode de circulation des biens et services impliquant une évaluation, une négociation, un accord de deux volontés et un transfert entre les parties.

2 Transaction entre partenaires par laquelle sont cédés des biens et des services contre d'autres biens et services estimés équivalents.

Échange marchand

L'échange marchand établit un rapport quantitatif entre les biens qui sont l'objet de la transaction, il relie les choses entre elles de manière impersonnelle et indifférenciée. Dans les sociétés modernes, la forme monétaire est généralisée. L'argent-monnaie joue le rôle d'équivalent général. Cependant l'échange marchand peut emprunter d'autres formes, en particulier le troc (échange direct entre biens) ou l'usage d'un équivalent monnaie dont le rôle est assuré par le bétail, le sel ou un autre bien.

Échange et réciprocité

Cependant, pour nombre d'anthropologues, l'échange économique n'est qu'une forme de circulation des biens parmi d'autres. Ils ont établi l'existence, dans les sociétés primitives et traditionnelles, d'échanges cérémoniels qui dérogent à la rationalité économique : il s'agit en particulier des systèmes de dons et contre-dons comme la *kula* et le *potlatch*. M. Mauss parle à leur propos de la triple « obligation (sociale) de donner, de recevoir et de rendre ». Cet impératif renvoie non à l'utilité économique mais au principe de réciprocité (selon le l'expression de M. Salhins), à l'échange entre humains comme fondement de l'ordre social pour reprendre la formule de C. Lévi-Strauss. À cet égard, ce dernier et d'autres anthropologues, ont souligné que l'échange matrimonial entre lignages s'inscrivait dans cette logique.

L'échange marchand vecteur de changement social

La généralisation de l'échange monétaire par l'économie de marché a représenté un déclin du rôle du monarque dans la répartition des biens entre ses sujets. Tout en favorisant la croissance économique, ce fut aussi un facteur de dissolution des liens et des solidarités communautaires : ceux qui ne peuvent rien vendre peuvent difficilement survivre en économie de marché ; il fallut bien maintenir ou restaurer, dans ce cas, les pratiques redistributives (charité, solidarité familiale ou nationale) ou d'autosubsistance, hors de l'échange marchand.

De manière générale et jusque dans les sociétés contemporaines (cf. l'échange de cadeaux, et d'invitations, etc.), il existe des formes d'échange de nature non marchande ; ils sont des modes distincts de circulation des biens, obéissant à des logiques sociales, religieuses ou politiques.

Les origines des échanges

Reprenant les thèses de René Girard *(La Violence et le Sacré)*, certains économistes (Aglietta, Orléan) admettent qu'à l'origine des échanges se trouverait le désir d'imiter autrui en se l'appropriant (meurtre, anthropophagie) ou, pratique moins violente, en s'appropriant une chose lui appartenant. En fait, l'échange monétaire n'a pas aboli mais simplement voilé la « violence mimétique » originelle, en la détournant sur la monnaie.

➤ **mariage, Mauss, *potlatch*, répartition, troc, valeur d'échange ; Annexe Ⓐ-2, 36, 40, 46.**

échange inégal

Il y a échange inégal entre deux pays quand, à balance commerciale supposée équilibrée, le contenu en travail des importations n'est pas égal à celui des exportations.

Cette analyse est développée par des économistes, principalement marxistes, fondant la valeur des marchandises sur la quantité de travail nécessaire à leur production. Ils considèrent l'échange inégal comme une forme d'exploitation d'un pays par un autre, qui obtient à son profit un transfert net de valeur (Arghiri Emmanuel dans *L'échange inégal*, 1969). Au contraire, pour les néo-classiques, l'échange est toujours égal en situation de concurrence pure et parfaite, et mutuellement avantageux conformément à la loi des avantages relatifs comparés.
La spécialisation et l'échange, pour les partisans de cette analyse, s'ils restent mutuellement avantageux, profitent donc surtout aux pays qui se spécialisent dans les produits nouveaux à forte valeur ajoutée par du travail hautement qualifié et rémunéré.

➤ **avantage absolu (loi de l'), avantage comparatif (loi de l'), économie du développement, impérialisme, termes de l'échange.**

échange international

1 Ensemble des opérations commerciales et financières réalisées par des agents économiques résidant dans des pays différents.

2 [au sens large] Échanges de marchandises et de services : exportations et importations. Mouvements de capitaux à court et long terme. Transferts (dons) sans contrepartie.

Les échanges internationaux des différents pays sont comptabilisés dans les balances des paiements. Depuis 1945, l'échange international s'est rapidement développé grâce, notamment, à la croissance économique générale et à l'abaissement des barrières douanières réalisé dans le cadre du *GATT*, puis de l'OMC ou d'unions douanières régionales.

➤ **balance des paiements, commerce international, *GATT* [General Agreement on Tariffs and Trade], OMC.**

échantillon

Sous-ensemble tiré d'un ensemble plus vaste (« population mère ») et présentant les mêmes caractéristiques, la même composition interne que l'ensemble.

Exemple : un échantillon représentatif de la population française comportera, au degré d'erreur près, les mêmes proportions d'hommes et de femmes, le même pourcentage d'ouvriers parmi les actifs, etc., que la « population mère ». Les échantillons sont constitués soit suivant la méthode des quotas, soit « au hasard » ; dans ce cas, la représentativité suppose une taille minimale. Dans la pratique, les instituts de sondage considèrent qu'un échantillon de 1 000 personnes permet d'obtenir un résultat satisfaisant.

➤ **sondage.**

échelle de l'OCDE, d'Oxford

➤ **unité de consommation.**

échelle mobile

Mécanisme d'ajustement des salaires en fonction d'un indice, en général celui des prix à la consommation. Rendue en partie responsable de l'inflation, la notion d'échelle mobile est éliminée de la fixation des revenus au début des années 1990 en France. Il en subsiste cependant des aspects : le SMIC reste indexé sur l'évolution des prix à la consommation, ainsi que des prestations sociales (retraites, allocations chômage, etc.).

➤ **indexation.**

Ecofin

Conseil pour les Affaires économiques et Financières qui rassemble les ministres de l'économie et des finances des vingt-huit États membres de l'Union européenne.

École de Cambridge (nouvelle)

Économistes post-keynésiens de l'Université de Cambridge (Angleterre), qui ont critiqué au cours des années 1950 et 1960, la théorie néo-classique de la croissance et de la répartition.

Des économistes très différents ont travaillé à Cambridge

Les Écoles de Cambridge

- **La première école, néo-classique**, s'est formée autour d'Alfred Marshall (1842-1924), auquel a succédé Arthur C. Pigou (1877-1959) ; parmi ses apports, on peut citer le raisonnement en équilibre partiel et la reformulation de la théorie quantitative de la monnaie (équation de Cambridge).
- **Keynes** (1883-1946) a, lui aussi, enseigné à Cambridge.
- **La nouvelle École de Cambridge** s'est constituée après la guerre, autour d'économistes post-keynésiens, tels que Joan Robinson (1903-1983) et Nicolas Kaldor (1908-1986).

Contrairement à la première, cette nouvelle école s'est opposée à la théorie néo-classique, et tout particulièrement à des économistes enseignant dans une autre **Université de Cambridge**, située dans une **banlieue de Boston, aux États-Unis**.

La **« guerre des deux Cambridge »** opposa en effet, au cours des années 1950 et 1960, d'un côté Robinson et Sraffa (1898-1983), de l'autre Samuelson et Solow, autour de la question de l'utilisation, dans les modèles de croissance, d'une fonction de production macroéconomique faisant apparaître le capital comme une grandeur homogène.

La mesure du capital

Les néo-classiques, contournant le problème de l'agrégation de biens hétérogènes (une grue + un camion = ?), se référaient à un mystérieux facteur de production appelé « le capital » !

Selon les Cambridgiens, pour mesurer « le capital », il faut connaître les prix qui permettent d'agréger ses différentes composantes (une grue qui vaut 300 + un camion qui vaut 100 = 400), donc connaître la rémunération des facteurs, qui entre dans le coût de production et, par conséquent, leur productivité marginale, y compris celle de ce « capital » (raisonnement circulaire).

Les modèles de croissance cambridgiens

Ils sont fondés sur une relation entre l'accumulation du capital, qui détermine le rythme de croissance de l'économie, et la répartition du revenu national entre salaires et profits, car le taux d'investissement dépend du taux de profit.

➤ **keynésianisme ; Annexe Ⓐ-10, 18, 21.**

École de Chicago en économie

Groupe d'économistes liés à l'université de Chicago dont F. H. Knight nommé en 1928, fut le premier représentant. Les partisans de l'École de Chicago sont avant tout des libéraux, par exemple le monétariste Milton Friedman (ainsi que J. Viner, G. J. Stigler).

Ils considèrent que le système du marché concurrentiel est fondamentalement stable et efficace, à condition que la croissance de la masse monétaire soit régulière. Ces économistes critiquent presque toutes les formes d'intervention de l'État dans la vie économique (d'où leurs polémiques avec les keynésiens). Les cycles sont expliqués par les variations brutales de la politique monétaire, et la crise par l'excroissance de l'État keynésien (réglementation, déficits, nationalisations, fiscalité, etc.).
Actuellement, on rattache à l'École de Chicago : G. Becker (théorie du capital humain), R. H. Coase (théorie des droits de propriété) et les fondateurs de l'École du *Public choice*, J. M. Buchanan et G. Tullock.

➤ **monétarisme, *public choice (École du)* ; Annexe Ⓐ-19, 24.**

École de Chicago en sciences sociales

Constellation de chercheurs formés au département de sociologie de l'Université de Chicago, qui donnèrent dans les années 1920 et 1930 une impulsion décisive à la sociologie empirique de facture ethnographique tout en jetant les bases de la sociologie urbaine. William Thomas et Robert E. Park peuvent en être considérés comme les fondateurs. Avec eux, E. Burgess, L. Wirth, R. Mc Kenzie, F. Trasher en sont les principaux représentants.

Les techniques d'enquêtes qualitatives

William Thomas donne le coup d'envoi avec sa monumentale enquête sur « Le paysan polonais en Europe et aux États-Unis » (1918-1920). Robert E. Park (1864-1944), au départ journaliste (tout en ayant fait des études approfondies de sociologie aux États-Unis et en Allemagne), joua un rôle décisif en incitant nombre d'étudiants en sciences sociales à se lancer dans des enquêtes de terrain basées sur l'observation directe. De fait, les chercheurs de Chicago des années 1920 ont largement contribué à mettre au point les techniques d'enquête qualitative de la sociologie contemporaine (procédures d'observation, techniques d'entretien, méthode biographique, etc.).

L'analyse du milieu urbain

Parallèlement, Park avec Burgess et Mc Kenzie (la première génération après le travail initiateur de Thomas) développent une problématique de « l'écologie humaine » en milieu urbain : la ville est un complexe d'éléments matériels, sociaux, culturels en perpétuelle interaction. Dans cette direction est affirmée l'existence d'un mode de vie spécifiquement urbain marqué par le relâchement des liens communautaires traditionnels, l'individualisation, le brassage social, la fréquence des comportements déviants, etc.

D'autres champs sociologiques

Plus ou moins en rapport avec cette problématique, plusieurs études (certaines devenues des classiques) abordèrent des thèmes qui constituent aujourd'hui des champs importants de la sociologie :
– **les immigrés et les minorités ethniques** : W. Thomas, à partir de son étude sur les immigrés polonais, élabore un modèle dynamique d'acculturation collective avec ses phases de désorganisation et de réorganisation ;

– **la marginalité sociale**, illustrée entre autres par les études de Nels Anderson sur les « hobos » (sans-abri et/ou travailleurs saisonniers) et de Cressey sur les danseuses professionnelles ;
– **la délinquance juvénile** (par exemple, la célèbre étude de Trasher, « *The Gang* », sur les bandes de jeunes) et la criminalité professionnelle (par exemple, « Le voleur professionnel » de E. Sutherland).

REMARQUE : le label « École de Chicago » est parfois employé pour désigner des sociologues postérieurs qui, tout en étant formés ou influencés par les fondateurs, s'en démarquent substantiellement (en particulier le courant interactionniste).

➤ **interactionnisme symbolique ; Annexe Ⓐ-41**

écologie

Science des échanges et des équilibres naturels ou « science des relations des êtres vivants, plantes et animaux, entre eux et avec leur milieu » (E. Haeckel, 1866).

À côté d'une **écologie naturelle** issue des sciences naturelles, de la biologie et de la géographie physique, s'est développée à partir d'elle une écologie politique qui étudie l'impact des activités productives humaines sur les équilibres naturels. Par son objet comme par sa démarche normative (comment faut-il produire ?), elle se rapproche de l'économie politique et entre en concurrence avec elle.
L'écologie politique a donné naissance à un mouvement politique, le mouvement écologiste, dont L'objectif est de transformer la manière de produire et de consommer afin de sauvegarder l'environnement naturel.

➤ **CNUED, écologistes (doctrines), économie de l'environnement, empreinte écologique, externalité.**

écologistes (doctrines)

Ensemble des courants de pensée se réclamant de la défense prioritaire de l'environnement naturel. Les thèses écologiques ont trouvé un écho important à l'occasion de la publication du rapport Meadows (MIT) en 1972 au Club de Rome.

Au sein du mouvement écologiste, différentes lignes de partage peuvent être observées.

Sur le plan économique

Une écologie libérale réformiste et une écologie radicale.

• **L'écologie libérale**
Elle compte sur les mécanismes du marché et sur une législation incitative, progressive et concertée, pour résoudre les problèmes d'environnement. L'internalisation des coûts dela nature dans le calcul économique des entreprises et des ménages (au besoin par des taxes et des subventions), l'innovation technique (techniques propres, voiture propre, etc.), l'essor d'un capitalisme vert (éco-business, éco-industries...) permettront de gérer économiquement les ressources de la nature, sans porter atteinte à la croissance et à l'emploi. L'écologie libérale réformiste se veut réaliste et optimiste : en remplaçant le capital naturel par du capital technique, on peut même accroître les capacités productives des générations futures.

• **L'écologie radicale**
Elle s'inspire des thèses de K. Boulding, de N. Georgescu-Rœgen et d'I. Illich.
– **L'écologie radicale et la croissance**
Les techniques industrielles, en cherchant à satisfaire un besoin, génèrent d'autres insatisfactions qu'elles essayent de réduire en créant de nouveaux outils, etc. La croissance se nourrit de ses propres dégâts : l'économie est contre-productive. La croissance est à la fois néfaste et illusoire. Néfaste, elle détruit des ressources non renouvelables et génère des coûts sociaux : exclusion, précarité, chômage technologique, aliénation technique et marchande, perte du sens et de l'autonomie face à l'État et aux outils marchands (hétéronomie). Illusoire, car il n'y a valeur ajoutée croissante que parce que les prix ne prennent pas en compte les désutilités croissantes ; en fait, il y a valeur retranchée.

– **L'écologie radicale et l'emploi**
Partie de la défense de l'environnement, l'écologie radicale aboutit au problème de l'emploi et à la nécessaire adoption d'une autre logique de production que le productivisme libéral ou d'inspiration marxiste. Puisqu'il n'y aura pas d'emplois pour tous, il faut découpler les revenus de l'emploi (voir A. Gorz) et redéfinir la part et le rôle de l'État, du marché et de la sphère des activités autonomes (triangle de S.C. Kolm). Les activités autonomes, hors marché, sont conviviales, peu polluantes parce qu'utilisant des techniques alternatives ; elles seront favorisées par l'instauration d'une allocation universelle, véritable droit de l'homme, de nature économique. Le contrôle de la technoscience, jusqu'ici soumise à des impératifs de profit ou de puissance (voir L. Mumford, J. Ellul), le primat de l'éthique sur l'économique, complètent un programme qui, en résumé, conteste au capitalisme son aptitude à relever démocratiquement et sans crise le défi de l'environnement.

Sur le plan philosophique

On observe également une opposition entre une **écologie anthropocentriste** organisée autour de l'homme et une **écologie biocentriste** organisée autour de tous les êtres vivants, hommes mais aussi animaux et plantes.

➤ **CNUED, écologie, économie de l'environnement, empreinte écologique, externalité.**

■ économétrie

Application des techniques mathématiques et statistiques à l'analyse des phénomènes économiques.
Elle s'est développée à partir des années 1930, surtout dans les pays anglo-saxons, en particulier grâce aux progrès des données statistiques. Elle a pour but d'établir et de mesurer des corrélations entre les variables économiques.

À partir d'une relation théorique entre une ou plusieurs variables explicatives (par exemple, le revenu des ménages) et une variable expliquée (par exemple, la consommation), elle s'efforce de quantifier les paramètres qui relient les différents types de variables à l'aide de techniques statistiques appropriées (régression, calcul de coefficients de corrélation). Le développement de l'analyse macroéconomique, les progrès dans l'élaboration des statistiques ont conduit les économètres à construire des modèles comprenant parfois un grand nombre d'équations (plusieurs centaines pour les plus gros) et qui cherchent à rendre compte du fonctionnement réel d'une économie, à prévoir son évolution future en fonction de certaines hypothèses, à étudier l'effet de telle ou telle mesure de politique économique.

➤ **modèle économique.**

■ économie

Science qui étudie la production, la répartition et la circulation des richesses.

Avant l'émergence des sociétés « modernes », ce que nous appelons aujourd'hui l'économie n'existait pas en tant que telle – comme une sphère d'activités spécifiques – mais était imbriquée dans les autres institutions sociales (parenté, politique, religion).

De A. Smith à K. Marx

Avec l'avènement du « marché autorégulateur », l'économie s'est séparée des autres institutions sociales et a soumis le reste de la société à ses propres lois. C'est donc une théorie de la société capitaliste que s'efforcent d'élaborer les économistes classiques : **Smith** s'interroge sur la nature et les causes de la « richesse des nations » ; Ricardo définit l'économie politique comme une « recherche sur la répartition du produit de l'industrie entre les classes qui concourent à sa formation ».

Marx présente au contraire son œuvre comme une « critique de l'économie politique ». Il nie l'existence de lois économiques « naturelles » et cherche à rendre compte de l'originalité historique du mode de production capitaliste. De ce point de vue, l'économie pourrait être définie comme l'analyse des •••

rapports historiquement déterminés que les hommes entretiennent avec la nature (forces productives) et entre eux (rapports de production) dans la production de leurs conditions matérielles d'existence.

Définition « formelle »

Le sens dominant est actuellement donné par la **définition** dite **formelle** de L. Robbins, pour qui « l'économie est la science qui étudie le comportement humain en tant que relation entre les fins et les moyens rares à **usages alternatifs** » (1932).

REMARQUE : un usage alternatif est un usage qui implique un choix : je peux acheter soit un dictionnaire d'économie, soit un enregistrement de la Callas, avec la même somme d'argent ; je peux limiter mon travail et mes revenus ou travailler plus pour gagner plus.

Cette définition est dite formelle car elle prétend s'appliquer à **toutes les situations,** c'est-à-dire quelles que soient les sociétés ou les cultures et quelle que soit la nature de l'activité, dans lesquelles l'homme doit effectuer des choix.

Définition « substantive »

À l'opposé de cette conception, on trouve la **définition substantive** ou **matérielle** : pour des auteurs tels que Polanyi, l'économie est un « processus institutionnalisé » d'interaction entre « l'homme et son environnement naturel et social » qui permet un approvisionnement en « moyens matériels de satisfaire les besoins » (1957).

➤ **classiques (économistes), institutionnalisme, Marx, néo-classique (théorie), Polanyi ; Annexe Ⓐ - 1 à 29 .**

économie (aspect polysémique de l')

1 L'économie comme comportement : comportement d'épargne (« être économe », « faire des économies » : préférer le terme « épargne ») ou comportement de gestion au moindre coût des ressources rares (principe d'économicité : par exemple, « faire des économies d'échelle ») ou comportement de non-utilisation (« faire l'économie d'un discours » = ne pas parler).

2 L'économie comme système productif : l'ensemble des activités productives d'un pays, d'une région, d'une branche (l'« économie française », l'« économie méditerranéenne », l'« économie du tourisme », etc.).

3 L'économie comme discipline scientifique au sein des sciences sociales : économie politique, science économique (le « dictionnaire d'économie »).

économie de la connaissance

1 Économie caractérisant les pays les plus développés.

2 Branche de l'économie étudiant le rôle de la connaissance dans la croissance.

La qualification des salariés la qualité du système scolaire et universitaire, l'effort de recherche-développement, etc., tout ce qui a trait à la création, à la diffusion et à la gestion des connaissances s'avère le facteur principal de la compétitivité des entreprises et de la croissance des économies les plus avancées.

Distinguer l'économie de la connaissance et de l'information

L'économie de l'information n'est qu'une condition de l'économie de la connaissance : il ne suffit pas d'accéder à l'information, par exemple d'acheter un brevet, pour être productif, il faut être capable de la décoder, de la comprendre, de l'appliquer, donc de la transformer en savoir, ce qui suppose d'avoir déjà des connaissances pour en acquérir de nouvelles (cercle vertueux de l'accumulation de connaissances).

L'information existe indépendamment des individus – on la trouve dans des livres, sur Internet, etc. –, alors que la connaissance suppose un apprentissage et une activité cognitive des individus. Il est donc beaucoup plus difficile de transmettre des connaissances que de diffuser de l'information : selon qu'il s'agit de connaissances factuelles (*know-what*), de connaissances des procédures (*know-how*), de connaissances qui permettent l'accès à d'autres connaissances (*Know-who*).

Les connaissances, des biens collectifs

Pour l'économiste, les connaissances sont des biens collectifs : il est difficile d'empêcher autrui d'y accéder (non excludabilité) et le fait qu'un individu les utilise ne les rend pas indisponibles pour un autre (non rivalité). Elles engendrent des effets externes et sont le principal facteur de la croissance endogène ; leur rendement social est supérieur à leur rendement privé (pour un chercheur ou une entreprise), de telle sorte que les incitations à l'investissement privé sont insuffisantes, ce qui justifie l'intervention de l'État.

➤ **biens collectifs, croissance endogène, externalités.**

économie de l'environnement

Branche de la science économique qui cherche à évaluer les coûts de la dégradation de l'environnement naturel, les coûts de la dépollution et de la préservation de la nature, et, plus globalement, qui préconise des politiques environnementales efficaces.

L'économie de l'environnement cherche à concilier l'économie et l'écologie : comment produire sans détruire de manière irréversible les ressources naturelles ?

Un certain nombre de coûts de la production sont externes à l'appareil productif : les coûts de la nature, notamment, correspondant à des dommages réels pour lesquels le producteur n'a rien à payer. Les externalités négatives que sont les diverses pollutions devraient conduire à internaliser les coûts de la nature dans le calcul économique de tous les agents.

Il est difficile d'affirmer que la théorie économique a des solutions sûres pour relever le défi écologique, ni qu'elle n'en a aucune. Ce constat conforte aussi bien ceux qui font confiance aux mécanismes du marché que ceux qui proposent, dans le doute, des moratoires, une réglementation, voire une interdiction des activités contribuant aux pollutions globales.

➤ **Coase, développement durable, droits de propriété (théorie des), écologie, écologistes (doctrines), économie du bien-être, externalité.**

Internaliser et évaluer les coûts de la nature

• **L'internalisation par les droits de propriété**

Le néo-libéral Ronald Coase propose de recourir à des droits de propriété (sur les ressources)
Deux cas de figure sont possibles :

– le producteur-pollueur est détenteur des droits de propriété et c'est aux victimes de ce pollueur potentiel de l'indemniser préventivement pour le manque à gagner qu'il subira en acceptant ainsi de ne pas utiliser son droit de propriété absolu en réduisant sa production. Le voisin gêné par le bruit de l'atelier achète le silence du propriétaire et l'indemnise du manque à gagner ;

– le droit de propriété sur la ressource (droit au silence, etc.) est initialement reconnu aux victimes potentielles : elles seront indemnisées par le producteur-pollueur pour les dommages subis.

Dans les deux cas, les coûts sont évalués monétairement, internalisés, et l'optimum est atteint.

Le système se heurte cependant à des limites : il est inapplicable pour des pollutions globales (pluies acides, effet de serre, atteinte à la couche d'ozone…) pour lesquelles les victimes sont mal identifiables, parfois inconscientes de l'être (problème de l'information et de la transparence sur ce marché de la pollution), les dommages difficilement évaluables (comment évaluer le risque accru d'un cancer plus précoce par rapport aux autres facteurs de risque ?), les pollueurs mal identifiables (tout le monde rejette du CO_2), et les générations futures incapables de négocier les indemnités…

- **L'internalisation par la taxation : le principe pollueur/payeur**

C'est la solution héritée des théoriciens de l'économie du bien-être (A.-C. Pigou, A. Marshall), les premiers à avoir analysé les externalités. L'intervention de l'État est ici modérée : il fixe une taxe égale au montant du dommage, à la charge du pollueur, qui peut être aussi incité à investir dans du matériel non polluant pour ne pas la payer. L'État peut aussi subventionner celui qui investit dans la dépollution. Là aussi, il est difficile d'évaluer le dommage pour les pollutions globales ou à long terme.

- **L'internalisation par un marché des droits à polluer**

L'État ou une agence spécialisée, partant d'un niveau de pollution souhaitable, émet des droits à polluer, en quantité plus ou moins limitée selon le niveau à atteindre. Ces droits s'échangent sur un marché : le moins pollueur peut ainsi vendre au plus pollueur ses droits en excédent, leur prix devenant dès lors un coût interne pour ce dernier. Assez efficace pour les pollutions locales, ce système se heurte à la difficile évaluation des niveaux souhaitables pour les pollutions globales et à la difficile répartition équitable des droits à polluer entre les nations.

- **Le problème de l'irréversibilité et des dommages non marchands**

Certains dommages sont inévaluables dans la mesure où ils ne se feront sentir qu'à long terme ; l'action de dépollution n'a donc pas encore commencé et son coût ne peut être évalué. Non pris en compte dans le calcul économique, ces dommages potentiels peuvent s'avérer irréversibles lorsqu'ils seront devenus évaluables. Autre problème similaire : quelle valeur attribuer à des ressources non marchandes (par exemple des espèces végétales ou animales non utilisées par l'homme mais qu'il détruit) ?

- **Le choix des politiques de protection de la nature**

La méthode utilisée est celle de l'analyse coût/avantage. Chaque politique a un coût (coût de la dépollution envisagée). Il est comparé à l'avantage procuré (coût de la pollution évitée). L'État choisira les politiques dont l'avantage égale ou excède le coût. On se heurte encore ici à la difficile évaluation monétaire des pollutions à long terme (effet de serre à l'horizon 2050...)

- **Le problème du taux d'actualisation**

Dépolluer dès aujourd'hui pour lutter contre un dommage à venir pose un problème d'actualisation : il faut comparer deux valeurs qui ne sont pas simultanées dans le temps (à supposer résolue leur évaluation monétaire).

économie de l'information

Branches de la science économique qui s'intéressent soit aux conséquences de défaut d'information, soit au processus d'accumulation de l'information.

D'une part, toute une partie de la pensée économique qui a connu un essor très vif dans les dernières décennies s'est intéressée aux effets d'une insuffisance de l'information des agents sur la coordination et donc l'efficacité du système économique.

C'est ainsi que, selon **Coase**, certains coûts informationnels expliquent l'existence de l'entreprise. Pour Hayek, le marché est un processus d'émergence et de partage de l'information.

Toutefois, c'est **Arrow** qui est à l'origine d'une grande part de la théorie de l'économie de l'information : il traite non seulement de la décision en situation d'incertitude mais il s'intéresse également aux capacités limitées à traiter l'information et aux coûts d'information et de communication qui en résultent ; il relie ces coûts aux formes organisationnelles.

De plus, il met en évidence les asymétries informationnelles (aléa moral et sélection adverse) qui sont au cœur de l'analyse de l'assurance, des contrats et des relations d'agence, lorsque l'asymétrie d'information se double d'une asymétrie de pouvoir.

Le défaut d'information et la rationalité limitée qui en découle sont au centre de théories

moins standards que sont les approches évolutionnistes et conventionnalistes.
D'autre part, le développement des activités immatérielles et de la « nouvelle économie » relance l'intérêt de l'analyse de l'information comme un bien. Il s'agit en réalité d'un bien qui présente des caractéristiques spécifiques : un coût fixe élevé et un coût marginal faible, un mode de consommation qui en fait un bien public (non-rivalité, non-exclusion) et des externalités de réseau : l'utilité du bien dépend du nombre d'utilisateurs de ce bien.

➤ **aléa moral, agence (théorie de l'), bien (ou service) collectif, biens communs, Coase, Hayek.**

économie de l'offre

Courants de pensée qui mettent l'accent sur l'augmentation de la production par le biais de l'action sur l'offre en opposition à l'approche keynésienne qui privilégie l'action sur la demande globale.

Une réhabilitation de la loi de Say

Cette nouvelle approche est fondée :

– **sur une réhabilitation de la loi de Say**, l'offre crée sa propre demande ; il ne saurait y avoir, dans une économie de marché, d'excès d'offre durable et généralisé ;

– **sur les thèses de R. Mundel** qui préconisait une politique d'austérité monétaire associée à une forte réduction des impôts pour lutter contre la stagflation ;

– **sur les thèses de A. B. Laffer** selon lequel une fiscalité trop lourde induit une réduction des recettes fiscales parce qu'elle déprime l'économie.

L'économie de l'offre, qui fut à l'origine l'un des piliers de la « reaganomie », politique économique du président R. Reagan, apparaît comme une « contre-révolution keynésienne ».

À l'origine, l'économie de l'offre (*supply side economics*) est née dans la mouvance du courant néo-libéral autour de Milton Friedman et, de façon plus large, de l'École de Chicago. La critique de l'intervention de l'État d'inspiration keynésienne aboutit à une inversion radicale : la microéconomie est privilégiée par rapport à la macroéconomie ; alors que Keynes met l'accent sur des équilibres non optimaux (équilibre de sous emploi) l'économie de l'offre renoue avec l'idée d'une autorégulation par le marché ; au lieu de considérer que les défaillances du marché justifient l'intervention de l'État, ce sont les effets néfastes de l'intervention publique qui justifient le recours au marché ; l'action sur l'offre prend le pas sur la stimulation de la demande globale.
Ainsi, en diminuant simultanément les dépenses d'intervention économique et sociale et les impôts sur les entreprises comme sur les personnes, on stimule la croissance car la hausse de la rémunération du travail augmente l'emploi et la hausse de la rentabilité du capital stimule l'investissement.

➤ **keynésianisme, Laffer (courbe de), Say (Jean-Baptiste).**

économie d'endettement

État d'un système financier qui se caractérise par la prédominance de l'intermédiation bancaire et par la nature administrée des taux d'intérêt, par opposition à l'« économie de marchés financiers ».

Pour caractériser les systèmes financiers nationaux, c'est-à-dire la manière dont sont drainées, dans le cadre d'une économie, les ressources des agents disposant d'excédents (ménages essentiellement) vers les agents à besoin de financement (entreprises et administrations), on distingue, dans l'économie d'endettement, deux cas de figure extrêmes :
– **les agents se financent principalement auprès d'intermédiaires financiers ;**
– **les taux d'intérêt sont administrés.** Ils résultent du comportement de l'offre (Banque centrale et banques). Les banques sont assurées de trouver un financement auprès de la Banque centrale, prêteur en dernier ressort.

Économie de marchés financiers

Dans l'économie de marchés financiers :
– **le financement** s'opère de façon prépondérante sur le marché financier **par émission de titres** (finance directe) ;
– **les taux d'intérêt**, flexibles, résultent de la **rencontre entre une offre et une demande**, et les banques ne sont pas assurées de pouvoir se refinancer auprès de la Banque centrale.

La distinction entre économie d'endettement et économie de marchés financiers, dont l'origine se trouve chez Hicks, permet de comparer les systèmes financiers dans l'espace (la France entrant, à la différence des États-Unis, dans le modèle d'économie d'endettement) et dans le temps (les années 1980 ont fait progresser la finance directe au détriment de l'intermédiation).

REMARQUE : le terme d'économie d'endettement peut prêter à confusion : il y a endettement lorsque l'entreprise a recours à sa banque mais aussi lorsqu'elle émet des obligations sur le marché financier ! En outre, les banques interviennent aujourd'hui très activement sur le marché financier.

➤ **banque, financement, intermédiation, marché financier.**

économie de subsistance

Forme d'organisation économique orientée vers la satisfaction directe des besoins matériels.

Des unités de production restreintes (familles, maisonnées, villages) consomment une part importante de leur production. Les échanges économiques sont restreints, cantonnés aux biens rares et sans médiation monétaire générale (certains objets servent de valeur d'échange mais celle-ci ne s'attache qu'à quelques catégories de biens). L'économie de subsistance caractérise d'abord les sociétés primitives et, dans une certaine mesure, les sociétés agricoles traditionnelles (dans ces dernières, les échanges sont plus développés et l'usage de la monnaie est plus répandu).

Économie de subsistance ne veut pas dire pour autant économie de pénurie. Plusieurs ethnologues (M. Sahlins en particulier) ont montré que des sociétés de chasseurs-collecteurs vivent dans une abondance relative : besoins matériels limités et ressources « naturelles » en excédent.

➤ **abondance, besoin, rareté, société.**

économie du bien-être

Ensemble de théories micro-économiques cherchant principalement à répondre à la question : entre plusieurs situations économiques possibles – chaque situation étant caractérisée par la façon dont sont répartis les ressources et les revenus –, laquelle est la meilleure ?

L'économie du bien-être, qui prend son essor à partir de la publication de l'ouvrage de Pigou, *The Economics of Welfare* (1920), repose sur des hypothèses de nature individualiste (l'individu est le seul juge de son bien-être et le bien-être de la société est exclusivement défini à partir du bien-être de chacun des individus) et fait souvent référence à un théorème fondamental : sous certaines conditions, l'équilibre de marché est un optimum de Pareto.

➤ **optimum.**

économie du développement

Ensemble des différentes analyses économiques et socio-politiques menées depuis la Seconde Guerre mondiale qui ont, à la fois, cherché à expliquer la nature et les ressorts du sous-développement, les possibilités de son dépassement (approche positive) et à proposer des politiques de développement.

Deux grandes étapes peuvent être distinguées tant sur le plan des situations géopolitiques que sur celui des théories en présence.

De 1945 à 1975

Durant cette période, les débats sont polarisés sur les causes du sous-développement et les moyens pour le dépasser.

• **Des schémas d'inspiration classique ou libérale** interprètent le sous-développement comme un retard dans un processus de croissance de long terme.

– En modélisant *Les étapes de la croissance économique*, (1960), W. Rostow illustre ce point de vue. Ils doivent – et peuvent – réunir les conditions préalables au décollage (dont le doublement du taux d'investissement) pour s'engager sur le chemin de la croissance auto-entretenue.

– A. Lewis, un des fondateurs de l'économie du développement, met l'accent sur le dualisme des pays en développement (PED), un secteur moderne « capitaliste », un secteur traditionnel à économie de subsistance, tout en postulant un déclenchement *sui generis* du développement autorisé par une offre excédentaire de main-d'œuvre à bas coût au bénéfice du secteur moderne

– Les tenants du sous-développement comme retard postulent en outre que le commerce international et le libre-échange sont profitables à tous les partenaires (avantage comparatif, théorème HOS).

– D'autres économistes se démarquent de la théorie de la croissance « auto-entretenue ». C'est le cas en particulier de Gerschenkron : en se basant sur les expériences des pays à industrialisation tardive (Allemagne, Japon, Russie), il souligne l'intervention décisive de l'État, l'importance de l'épargne étrangère et de la veille technologique.

• **À ces schémas vont s'opposer des analyses « hétérodoxes » ou néo-marxistes** mettant l'accent sur les blocages durables du développement des pays du Tiers Monde, blocages imputables au premier chef aux effets de domination exercés par les grandes puissances.

Les principaux thèmes, largement interdépendants, sont les suivants :

– **La persistance de cercles vicieux de la pauvreté** liés à la forte croissance démographique et à la faiblesse du marché intérieur. La faiblesse des revenus entraîne la faiblesse de l'épargne et de l'investissement (R. Nurkse).

– **La désarticulation :** rupture des équilibres et régressions de l'économie traditionnelle occasionnées par l'intrusion non maîtrisée des agents des économies occidentales (F. Perroux, A. O. Hirschman).

– **La dépendance** commerciale, financière, technologique, culturelle des économies du Tiers monde vis-à-vis des puissances économiques et des marchés internationaux (C. Furtado, F. Perroux, P. Prebish).

– **L'échange inégal** (expression forgée par A. Emmanuel) résulte de l'inégale rémunération du travail entre Centre (pays développés) et Périphérie (PED) ; il est un facteur de la détérioration des termes de l'échange. Les tenants de ces analyses réclament l'instauration d'un « Nouvel Ordre Économique International ».

Depuis les années 1980

Les larges transformations de la situation mondiale ont déplacé les enjeux sans faire disparaître certaines oppositions politiques et doctrinales.

• **L'émergence des NPI** et plus généralement la montée en puissance de certains pays en développement ont conduit à l'analyse des stratégies d'industrialisation (par substitution d'importations (ISI), par politique de filières, par promotion des exportations) et des politiques agricoles (révolution verte entre autres).

• **Les crises d'endettement et les politiques d'« ajustement structurel »** préconisées, voire imposées, par le FMI ont suscité d'amples controverses prolongées par le « consensus de Washington » (1990).

• **Deux notions nouvelles** ont en outre émergé dans les années 1980-1990 :

– **le « développement durable »**, thème qui intéresse l'ensemble de la planète mais qui concerne particulièrement les pays en développement en raison des comportements des gouvernements locaux et de la propension des économies développées à délocaliser leurs industries polluantes vers les pays du Sud ;

– **le commerce et le développement « équitables »** ou comment corriger les inégalités structurelles – en matière d'échanges, de rémunérations du travail, etc. – entre puissances dominantes et pays en développement. Mais à cet objectif, des économistes comme Stiglitz et A. Sen adjoignent l'impératif démocratique au sens large : la participation des populations aux transformations économiques et sociales.

Liste des termes et des renvois relatifs à l'économie du développement

Auteurs ayant une entrée dans le dictionnaire :

- **S. Amin, F. Perroux, W. Rostow, A. Sauvy, J. Stiglitz.**

Auteurs cités dans une entrée :

- **A. Emmanuel (⇨ échange inégal), C. Furtado (⇨ dépendance), R. Prebish (⇨ dépendance, échange inégal), A. Sen (⇨ Annexe A-29).**

Analyses du sous-développement :

- **avantage absolu, avantage comparatif, cercle vicieux, dépendance, désarticulation, division internationale du travail, dualisme, échange inégal, impérialisme, termes de l'échange, Tiers monde.**

Schémas et politiques de développement :

- **aide au développement, ajustement structurel, consensus de Washington, croissance, croissance endogène (modèle de), décollage, développement durable, filière (politique de), Gerschenkron (modèle de), industrialisation par substitution, NPI, Pays en développement [PED].**

Institutions, groupements :

- **AID, Banque mondiale, CNUCED, CNUED, Groupe des soixante-dix-sept.**

économie industrielle

Branche de la science économique ayant pour objet l'étude du fonctionnement des firmes et des relations entre firmes se trouvant en concurrence sur un marché. Le qualificatif « industrielle » a une acception large : il est relatif à toute activité économique organisée « industriellement » (division technique du travail, recherche de l'efficience) et en prise active sur le marché.

A. Marshall est considéré comme le fondateur de l'économie industrielle ; il forge des instruments d'analyse qui servent de base à cette discipline, en particulier les rendements croissants (remise en cause des rendements décroissants de Ricardo) et les économies d'échelle internes et externes qui en sont à l'origine tout en étant facteur de croissance des firmes. Cette dynamique pose selon lui un problème, celui de la compatibilité entre la concurrence pure et parfaite et des situations de monopole (ou quasi-monopole) engendrées par l'accroissement de la taille de certaines entreprises. De fait, l'analyse de Marshall est le point de départ de la littérature consacrée à la concurrence imparfaite. L'économie industrielle contemporaine s'est progressivement enrichie, privilégiant une approche systémique.
Ce cadre d'analyse a été récemment remis en cause ou du moins remanié. La théorie des marchés contestables en est un exemple.

➤ **concurrence, marchés contestables (théorie des).**

économie informelle

➤ **économie souterraine.**

économie mixte

Mode d'organisation d'une économie nationale marqué par la coexistence et la complémentarité d'une régulation de marché et d'une intervention active de l'État dans la sphère productive, par le biais d'entreprises publiques en particulier.

L'économie mixte concerne des économies de marché dans lesquelles l'intervention de l'État est effective – à la différence de la conception de l'État-gendarme – mais elle ne se réduit ni à la seule régulation conjoncturelle, ni à la seule intervention dans le domaine social (État-providence).

REMARQUE : Cette notion, qui s'applique aux économies nationales, ne doit pas être confondue avec celle de société d'économie mixte qui se définit par l'association d'apports privés et publics dans le capital d'une entreprise.

➤ **État, État-providence, secteur privé, secteur public, société d'économie mixte.**

économie-monde

Selon Fernand Braudel, « fragment de l'univers, morceau de la planète économiquement autonome, capable pour l'essentiel de se suffire à lui-même et auquel ses liaisons et ses échanges intérieurs confèrent une certaine unité organique » (*Civilisation matérielle, Économie et Capitalisme, XVe-XVIIe siècles*, tome III, « Le Temps du Monde », 1979).

- Le concept d'économie-monde a pour « inventeurs » l'historien français Fernand Braudel (1902-1985), le premier à l'utiliser, et, à sa suite, Immanuel Wallerstein, sociologue et historien américain de l'économie, d'inspiration marxiste, et auteur notamment du *Système du monde du XVe siècle à nos jours* et du *Capitalisme historique*, 1985.
- Il ne faut pas confondre la notion d'économie-monde (une économie formant un monde) avec celle d'économie mondiale, qui concerne l'économie du monde pris en son entier. Pour Braudel, plusieurs économies-mondes peuvent coexister au sein de l'économie mondiale et se partager l'espace peuplé de la planète, sans pratiquement commercer entre elles par leurs régions limitrophes.
- L'existence d'économies-mondes est très ancienne : la Phénicie, Carthage, la Grèce hellénistique, etc.

Les caractéristiques d'une économie-monde

– tout d'abord c'est un espace géographique, aux limites relativement stables dans le temps (sauf rupture et recomposition), bordé de zones peu animées, inertes. Espace géoéconomique donc, dont les limites ne correspondent pas nécessairement avec celles, politiques, d'un empire ou d'un État-nation ;

– ensuite cet espace est polarisé, il gravite autour et au profit d'une ville-centre, capitaliste, dominante, d'une ville-monde, qui centralise et répartit « les informations, les marchandises, les capitaux, les crédits, les hommes, les ordres, les lettres marchandes » ;

– enfin l'économie-monde est hiérarchisée en zones successives, concentriques, de moins en moins participantes et de plus en plus subordonnées et dépendantes.

- En Europe, depuis le XIe siècle, se succèdent plusieurs économies-mondes correspondant aux différents centres qui les ont animées tour à tour. Jusqu'en 1750, quatre cités-États se sont succédé : Venise, Anvers, Gênes, Amsterdam.
- Puis, avec la révolution industrielle s'instaure l'ère des dominations nationales : avec Londres, puis New York à partir de 1929.

Aujourd'hui, le système-monde serait caractérisé par une seule économie-monde étendue aux limites de l'économie mondiale (mondialisation), l'économie-monde capitaliste, dont le cœur se chercherait entre trois pôles prétendant à la domination : la triade Amérique du Nord, Japon-Pacifique, Europe occidentale.

➤ **Braudel.**

économie sociale

Ensemble des activités économiques qui, dans une économie développée, n'ont pas pour motif principal le profit. Ces activités peuvent prendre des formes juridiques variées : associations (loi de 1901), mutuelles, coopératives.

Cet ensemble est également dénommé **tiers secteur**, par opposition à deux autres secteurs, le secteur privé lucratif (l'économie marchande) et le secteur public. L'économie sociale en France représente environ 7 % du PIB et emploie un peu moins d'un salarié sur dix.

➤ **association, coopérative.**

économie souterraine

Appelée aussi « économie informelle » ou « économie prallèle ». Ensemble des activités productrices de biens ou de

services qui échappent à la régulation par l'État.

Il s'agit d'activités légales (le travail domestique, l'entraide entre voisins), ou illégales (« travail au noir » ou trafic de drogue) qui échappent partiellement à la comptabilisation (parce que frauduleuses et/ou non déclarées) ; mais les comptables nationaux s'efforcent toutefois d'en évaluer une partie (par exemple en tenant compte des redressements opérés après les contrôles fiscaux).

Un ensemble hétérogène

On distingue parfois économie souterraine marchande (appelée parfois « économie occulte ») et économie souterraine non marchande (« économie autonome ») : la première est composée d'activités légales non déclarées (pour échapper à la réglementation sociale et fiscale), telles que le « travail au noir » ou les ateliers clandestins, et d'activités délictueuses (trafic de drogue, prostitution, corruption, fausse monnaie, usure, etc.) ; la seconde inclut le travail domestique (autoconsommation, services rendus aux enfants, bricolage, etc.), les services de voisinage et le bénévolat (associations).

Dans les pays les moins développés, le secteur informel occupe une place très importante (parfois dominante). Là aussi, il convient de distinguer les activités domestiques (au sens large : celles qui contribuent à la survie et à la reproduction de la famille, du clan, du village...), souvent traditionnelles (dans un cadre rural), des activités marchandes, souvent liées au sous-emploi et à la misère dans des périphéries urbaines surpeuplées. Ces dernières ne sont pas seulement la conséquence de la destructuration de ces sociétés ; elles témoignent également d'une créativité (par exemple dans la récupération de matériaux) que certains économistes interprètent comme le signe de l'émergence d'une forme d'économie originale et porteuse d'avenir (Serge Latouche).

➤ **Produit intérieur brut [PIB].**

économie spatiale

Étude de la localisation des activités productives, se démarquant de l'analyse traditionnelle, qui considère que l'espace est international, chaque pays constituant un point relié aux autres par des flux (de marchandises, de capitaux et d'hommes).

Thünen (1826), A. Weber (1909), Hotelling se sont intéressés à la localisation des activités agricoles, industrielles et commerciales, compte tenu des coûts de transport. La théorie des lieux centraux de Christaller et Lösh propose une explication des agglomérations (concentration urbaine) par les économies d'échelle et les effets externes. Le **géomarketing** est une application de ces travaux parce qu'il cherche à collecter des informations géographiques sur les consommateurs pour optimiser les stratégies d'implantation et de développement des entreprises.

➤ **délocalisation, externalité, localisation, rendement.**

économies d'échelle

➤ **rendement.**

économies d'envergure

Gains d'efficacité liés à l'utilisation de facteurs de production pour produire des biens différents. Se distinguent des économies d'échelle, qui supposent des gains d'efficacité liés à l'utilisation sur une plus grande échelle de facteurs de production pour la production d'un même bien (parfois appelé *économies de gamme*).

➤ **concentration.**

économisme

En sciences sociales, tendance de certaines théories à réduire l'explication des comportements sociaux à leur seul mobile économique. Il n'y aurait donc pas d'autonomie du social ou du politique par rapport à l'économique. L'expression a un sens dépréciatif.

Deux dérives économicistes opposées sont généralement mises en cause :
– celle d'un marxisme selon lequel les individus seraient réduits à leur place dans les rapports de production ;
– celle de certains libéraux (G. Becker, par exemple) qui auraient tendance à réduire l'individu à un *homo œconomicus* pratiquant un calcul coût/avantage, toute rationalité n'étant en dernier ressort qu'une rationalité instrumentale de nature économique.

➤ **Becker (Gary), homo œconomicus, marxisme, rationalité, utilitarisme.**

écu (*European Currency Unit*)

Unité de compte du Système monétaire européen (SME), créée en 1979 et remplacée par l'euro, monnaie unique européenne, à partir de 1999.

De 1979 à 1988, le Système monétaire européen (SME) comportait une unité de compte commune : l'écu, composé d'un panier des différentes monnaies des Etats membres, chaque monnaie étant affectée d'un coefficient proportionnel à son PIB et à son commerce extérieur. À la différence de l'euro, aucun système monétaire n'était chargé de l'émettre et de le gérer, sa circulation scripturale était limitée et il n'existait ni pièces ni billets.

➤ **euro, monnaie-panier, Union économique et monétaire européenne.**

effet balançoire

➤ **obligation.**

effet d'âge, de génération

Explication, par l'âge des individus concernés, d'un phénomène social ; explication, par la génération à laquelle ils appartiennent, d'un phénomène social.

Les jeunes se révoltent, plus ou moins, contre leurs parents à l'âge de l'adolescence, et ce depuis... des générations : la génération n'explique donc rien, c'est un **effet d'âge**. Comportements démographiques (peu d'enfants mis au monde par des femmes de plus de 35 ans...), comportements économiques (endettement des jeunes ménages, dépenses de santé importantes de la part des retraités, etc.), comportements politiques (le vote conservateur des personnes âgées, etc.).

Effet de génération

Il concerne ceux qui, ayant eu à peu près le même âge lors d'un événement singulier (la génération du Front populaire) ou à une époque (la génération romantique du début du XIXe siècle), en ont gardé des caractéristiques comportementales communes. Il est parfois difficile de dissocier les deux effets : la révolte des étudiants en mai 1968 en France était sans doute davantage imputable à leur génération, celle du baby boom, qu'à leur âge. Pour faire la part des choses, on peut recourir à l'analyse comparative de cohortes successives.

➤ **âge, cohorte.**

effet d'agrégation

(Appelé aussi *effet de composition* ou *effet émergent*).

Produit collectif, non voulu, résultant de l'agrégation des actions individuelles non concertées.
Quand ce résultat global est contraire aux intentions initiales des individus on parle alors d'*effet pervers*.

En sociologie

Les raisonnements liés aux effets de composition relèvent pour partie de l'analyse sociologique.

• **Un effet émergent** n'est **pas forcément perçu comme négatif** même s'il ne correspond pas aux intentions individuelles initiales. Par exemple, si chaque habitant d'une ville décore son balcon seulement pour en jouir de sa fenêtre, la ville sera fleurie et fera le bonheur des touristes.
Un exemple classique d'effet **émergent pervers** est fourni par R. Boudon : les décisions individuelles (ou familiales) de prolongation des études entraînent une forte croissance des individus diplômés mais aussi une déva-

lorisation des diplômes sur le marché du travail faute d'une croissance aussi soutenue des postes correspondants. Ce phénomène a contrecarré les attentes de mobilité sociale ascendante que les individus pouvaient espérer de leur investissement scolaire.

• **La notion d'effet d'agrégation** est un concept central de l'individualisme méthodologique : même si le phénomène global constaté est différent de ce qu'en attendaient les individus ou même s'il est contraire (effet pervers), il n'est que le résultat de l'agrégation de leurs conduites individuelles, dont il faut partir. Cette démarche s'oppose aux **approches dites « holistes »** selon lesquelles un fait social, global, ne trouve son explication que dans un autre fait social : par exemple, l'augmentation du taux de suicide (fait social) s'expliquera par la montée de l'anomie (autre fait social).

En science économique

On trouve aussi de nombreux exemples d'effet d'agrégation, même si l'expression, parfois empruntée aux sociologues, est peu usitée.

Selon A. Smith, la « main invisible » a le pouvoir de transmuer les intérêts, les passions et les vices individuels en un intérêt général qu'il n'était pas dans l'intention des individus d'établir.

Pour les néo-classiques, l'optimum économique et social qui résulte de comportements individuels de maximisation est bien la conséquence d'un effet de composition (optimum/maximum).

Keynes fonde son analyse macro-économique sur la constatation que ce qui est bénéfique pour une entreprise isolée (baisse des salaires, baisse des coûts) peut être désastreux s'il s'agit d'un comportement collectif (baisse de la masse des salaires, baisse de la demande).

➤ **agrégat, effet pervers, holisme, individualisme méthodologique, main invisible, optimum ; Annexe Ⓐ-54.**

effet d'aubaine

Obtention d'un avantage qui incite à faire une action qui aurait eu lieu sans cette incitation.

Par exemple, une entreprise bénéficie d'une déduction de charges sociales nouvelle destinée à créer des embauches alors que même sans cet avantage elle aurait embauché. Un propriétaire qui voulait, de toute façon refaire ses fenêtres, reçoit une prime destinée à inciter aux travaux d'économie d'énergie.

➤ **emplois aidés.**

effet de cliquet

Caractère irréversible à court terme de l'évolution d'une variable. Dans unménage, par exemple, si le revenu baissede manière temporaire, la consommation se modifie peu ou pas.

➤ **revenu permanent, propension.**

effet de commerce

Titre portant créance d'une somme d'argent payable à vue à l'échéance indiquée, en général 90 jours.

Il peut se transmettre par endossement, c'est-à-dire par signature au dos de l'effet. Chaque endosseur se déclare alors responsable du paiement à l'égard du payeur suivant. Certains effets de commerce sont escomptables par les banques.

Les principaux effets de commerce sont : la lettre de change (ou traite), le billet à ordre, le chèque, le warrant, le mandat.

➤ **escompte.**

effet de levier

Conséquence positive (ou négative) de l'endettement sur la rentabilité des capitaux propres de l'entreprise.

Si la rentabilité économique, c'est-à-dire le taux de profit, est supérieure au taux d'intérêt des capitaux empruntés, la rentabilité financière des capitaux propres est d'autant plus forte que l'endettement est important : cet effet d'accroissement de la rentabilité des capitaux propres par l'endettement est appelé « effet de levier ».

Entreprise n° 1	
Capitaux propres	100
Capitaux empruntés	**0**
Taux d'intérêt	10 %
Taux de profit	20 %
Intérêts versés	**0**
Profit réalisé	100 x 20 % = **20**
Rentabilité des capitaux propres	20/100 = **20 %**

Entreprise n° 2	
Capitaux propres	100
Capitaux empruntés	**100**
Taux d'intérêt	10 %
Taux de profit	20 %
Intérêts versés	**10**
Profit réalisé	(100 + 100) x 20 % = **40**
Rentabilité des capitaux propres	(40 – 10)/100 = **30 %**

➤ **rentabilité.**

effet d'entraînement

Il y a effet d'entraînement quand une entité économique motrice (entreprise, branche, secteur, région ou nation) tire par ses commandes en biens intermédiaires ou capitaux la production des entités situées en amont et/ou transfère en aval ses gains de productivité.

L'effet d'entraînement du secteur moteur dépend de sa vitesse (taux de croissance) et de son poids relatif dans l'ensemble économique considéré (pourcentage de la valeur ajoutée et de l'investissement).
Le chemin de fer au XIXe siècle a joué un rôle moteur : par ses commandes d'acier et de charbon en amont et, en aval, par la mobilité accélérée, à moindre coût, des marchandises et des hommes.

➤ **Perroux, pôle de croissance.**

effet rebond

Effet d'un progrès technologique qui, diminuant le coût d'un produit ou d'un service, aboutit à une augmentation de la consommation, ce qui atténue, ou fait disparaître, le bénéfice initial de la baisse de coût. Notion surtout employée dans une perspective écologique aussi appelée *effet de rebond*.

Le développement des voitures peu consommatrices en essence s'accompagne d'une augmentation des distances parcourues, donc de la consommation d'essence ; les ménages détenteurs d'équipements à faible consommation électrique font moins attention à économiser l'électricité. Cela correspond à un effet économique classique : la baisse des prix d'un produit incite les ménages à consommer plus de ce produit.

➤ **décroissance (théories de la décroissance).**

effet de revenu

➤ **substitution des biens et des facteurs.**

effet de seuil

Existence d'un seuil qui provoque une modification du comportement des agents économiques.

Par exemple, passé le seuil de 49 salariés, les entreprises doivent, légalement, créer un comité d'entreprise. Certains chefs d'entreprise préfèrent limiter leur embauche à ce niveau.

effet d'éviction

Effet de l'extension des activités du secteur public, au détriment du secteur privé (celui-ci se trouve évincé).

- **Il y a éviction directe** lorsque l'augmentation des dépenses publiques induit une contraction des dépenses privées. Par exemple, en situation de plein-emploi, si l'augmentation du budget de l'État s'accompagne d'une augmentation des impôts, les ménages seront incités à réduire leur demande privée en fonction de la réduction de leur revenu après impôt.
- **Il y a éviction indirecte** ou éviction financière lorsque les entreprises privées se trouvent partiellement évincées du marché financier par les emprunts que l'État lance pour financer le déficit budgétaire : les capitaux drainés par l'État ne sont plus

disponibles pour financer les investissements des entreprises privées.

➤ **économie de l'offre, IS-LM (modèle).**

effet d'imitation

Propagation, dans une société, de normes de comportements à partir d'un modèle : imitation des modes anglo-saxonnes, imitation des procédés de fabrication de l'entrepreneur dynamique par ses concurrents, imitation par les pays sous-développés des modèles de développement et des normes de consommation importés des pays industrialisés.

Le groupe social le moins favorisé cherche en permanence à imiter le plus favorisé.
La publicité, par ses arguments, s'appuie sur cet effet : l'ostentation est le but proposé de la consommation. Cette analyse implique un consensus sur le modèle de consommation.

Effet de démonstration

Dans le cas particulier de la consommation, James Duesenberry, économiste américain, a analysé l'« effet de démonstration » : toute catégorie sociale cherche à acquérir les biens distinctifs de la catégorie immédiatement supérieure. Ce sont les biens qui permettent de faire la démonstration de son statut social. D'où l'expression *to keep up with the Jones* : rivaliser avec les Jones... ; avoir la même voiture, etc.

REMARQUE : par définition, on ne peut démocratiser un privilège, ni se distinguer en se conformant ; consommé en masse, le produit n'est plus le même, ni dans sa valeur d'usage (on ne démocratise pas la poularde de Bresse mais le poulet de batterie), ni dans sa valeur-signe (on n'éprouvera jamais le plaisir qu'avaient les premiers à être les premiers) ; de cette uniformisation naissent la frustration et le nouveau désir de se distinguer : cette dialectique distinction/imitation est l'un des ressorts de la société de consommation.

➤ **niveau de vie, Schumpeter, société de consommation.**

effet pervers

Effet non désiré et contraire de comportements ou de prises de décision individuels.

Exemples : Le comportement des agents qui anticipent l'achat de biens pour éviter de se les procurer à un prix plus élevé peut aggraver l'inflation.
L'instauration de règles visant à accroître la rationalité et l'efficacité du fonctionnement d'une organisation peut, au contraire, en accroître la lourdeur bureaucratique.
En sociologie, la notion est développée par R. Boudon.

➤ **bureaucratie, effet d'agrégation ; Annexe Ⓐ-21, 49, 54.**

efficacité/efficience

Relation entre un résultat et les moyens utilisés pour l'obtenir.

C'est le terme anglais d'*efficiency* qui a incité certains auteurs à distinguer l'efficience de l'efficacité.
Une action sera jugée efficace si elle atteint son but, quels que soient les moyens utilisés pour y parvenir ; elle ne sera jugée efficiente que si le résultat est obtenu avec une économie de moyens, donc sur la base d'un calcul d'optimisation visant à minimiser les coûts.
Prenons l'exemple d'un moustique qui vous importune. Si vous le détruisez avec un lance-flammes, vous êtes efficace : le moustique est anéanti (mais la maison a brûlé). Si vous le neutralisez grâce à un insecticide se caractérisant par un coût unitaire particulièrement faible et des effets secondaires anodins, **alors vous êtes efficient.** La productivité est un indicateur de l'efficience d'une technique de production.

efficience (salaire d')

Niveau de salaire d'équilibre pour l'entreprise en ce qu'il minimise le coût salarial par unité de travail efficient.

Plusieurs théories du salaire d'efficience

Elles ont comme point commun de supposer qu'existe une relation croissante entre l'effort consenti par les travailleurs, dont dépend leur efficience (productivité) et le salaire que l'entreprise leur verse. Si cette relation existe, le coût salarial par unité produite (salaire/productivité) ne varie plus comme le salaire : il peut baisser quand le salaire augmente si la productivité du travail augmente plus vite que le salaire (élasticité supérieure à 1 de la fonction d'effort) ; il peut au contraire augmenter quand le salaire baisse...

Que devient la relation classique entre demande de travail et salaire ?

Elle est perturbée. Les entreprises sont en effet incitées à augmenter le salaire jusqu'au niveau pour lequel l'élasticité de la fonction d'effort devient égale à 1 (au-delà, l'augmentation du salaire ne serait plus compensée par une augmentation proportionnelle de l'effort) ; ce niveau détermine le salaire d'efficience. On explique ainsi la rigidité à la baisse du salaire réel (en dessous du salaire d'efficience, l'entreprise réalise moins de bénéfices) et le chômage involontaire (il existe des chômeurs disposés à travailler pour un salaire inférieur au salaire d'efficience mais les entreprises n'ont pas intérêt à profiter de cette situation pour baisser les salaires).

Les modèles de salaire d'efficience

Is sont fondés sur des hypothèses d'asymétrie informationnelle : l'**anti-sélection** (offrir un salaire plus élevé que le salaire courant permet d'attirer de meilleurs candidats si l'on ne peut connaître aisément leur compétence réelle) ; le **risque moral** ou **aléa moral** (un salaire élevé dissuade le travailleur opportuniste de « tirer au flanc » lorsque l'entreprise n'a pas la possibilité de contrôler sans coût excessif son efficience, parce qu'il risque de perdre cet avantage ou de se retrouver au chômage s'il est surpris en train de « tricher » ; le salaire élevé fidélise les travailleurs qui pourraient sinon changer d'entreprise avant que les coûts supportés pour les former soient amortis, etc.).

➤ **aléa moral, asymétrie informationnelle, flexibilité, réserve (salaire de).**

effort social de la nation

L'article 22 de la Déclaration universelle des droits de l'homme prévoit que « toute personne a droit à la sécurité sociale grâce à l'effort national », obligation reprise dans le préambule des Constitutions françaises de 1946 et 1958.

Cette obligation, matérialisée dans un document jadis appelé « Budget social », est annexé à la loi de financement de la sécurité sociale qui fait l'objet d'un débat au Parlement depuis la loi du 25 juillet 1994. L'effort social de la Nation décrit l'évolution, au cours des trois années précédentes, des dépenses et des recettes des principaux régimes sociaux.

➤ **protection sociale.**

égalitarisme

1 Attitude politique de revendication systématique de l'égalité non seulement formelle (égalité des droits) mais aussi de l'égalité réelle, fusse au détriment des libertés. Le terme est péjoratif.

2 [Chez Tocqueville] **passion pour l'égalité, qui, croissant avec l'égalisation des conditions dans les sociétés démocratiques, porte en elle le danger de la servitude à travers le despotisme de la majorité.**

Toute aspiration à plus d'égalité est vite taxée d'égalitarisme par ceux qui défendent leurs privilèges, c'est-à-dire leurs avantages légaux (en principe abolis) ou hérités. Vouloir une société fondée sur l'égalité des chances et donc sur l'équité n'exclut pas les inégalités de fait, dès lors qu'elles résultent d'efforts et de mérites inégaux et non de dotations initiales inégales en capital économique, social, culturel, voire biologique. Cette attitude ne devrait donc pas être considérée comme égalitariste, mais comme égalitaire.

Pour Tocqueville, le problème est celui du danger que comporte l'égalitarisme, « la passion de l'égalité ».

En effet, l'égalisation des conditions (montée de la classe moyenne, généralisation du salariat, égal souci du bien-être matériel...) qui caractérise l'état social démocratique, entraîne, de manière contradictoire, un double mouvement :

– d'une part, la passion de l'égalité : elle rend les individus envieux et intolérants à la moindre différence. Cela peut les conduire, pour abolir les différences résiduelles, au « despotisme démocratique », à la servitude : « le goût du bien-être les détourne de se mêler du gouvernement, et les met dans une dépendance de plus en plus étroite des gouvernants » ;

– d'autre part, l'amour de l'indépendance politique, au risque de l'anarchie. Mais Tocqueville d'ajouter : « Pour moi, loin de reprocher à l'égalité l'indocilité qu'elle inspire, c'est de cela principalement que je la loue. Ce penchant instinctif de l'indépendance politique, prépare ainsi le remède au mal qu'elle fait naître. »

– De cet équilibre instable, mais qui peut faire basculer la démocratie dans le despotisme, Tocqueville tire la conclusion qu'il faut renforcer le penchant vers la démocratie libérale en développant les contre-pouvoirs.

➤ **équité, Rawls, Tocqueville.**

égalité (dimensions de l')

Équivalence ou similitude des ressources, des conditions, des attributs entre individus ou groupes sociaux. La notion renvoie à plusieurs dimensions.

Les différentes conceptions de l'égalité

• L'égalité comme égalité des droits

Cette égalité, formelle, juridique, ignore, puisque ses dispositions sont générales, les cas d'espèce, les situations singulières ; elle est parfaitement compatible avec de fortes inégalités sociales mais elle exclut par principe tout privilège légal. C'est elle qu'ont instituée les révolutions américaine et française du XVIIIe siècle.

• L'égalité comme égalité des conditions

Elle a été présentée et développée par Tocqueville ; elle désigne une égalité des statuts sociaux (mais qui ne se réduisent pas aux statuts juridiques, ce qui reviendrait au cas précédent de l'égalité des droits...). Les « conditions » des classes sociales se rapprochent :

les différences sont fonctionnelles et n'impliquent pas de hiérarchie du prestige ; les goûts et les modes de vie sont partagés ; c'est une égalité citoyenne, caractéristique de l'état social démocratique ; elle est compatible avec des inégalités de revenus, mais les inégalités de classes sont rendues supportables par une forte mobilité sociale (mobilité nette, démocratique) ;

• L'égalité comme égalité sociale

Au-delà des égalités formelles, il s'agit de l'égalité réelle des individus (ressources etc.).

Elle s'apparente pour le mouvement socialiste à une société sans classes.

Pour les marxistes, elle correspondrait, dans la phase transitoire du socialisme, encore marquée par la rareté, au principe de « à chacun selon son travail ». Puis viendrait le communisme, fondé sur le principe de « à chacun selon ses besoins ».

• L'égalité comme égalité des chances

Elle est souvent considérée comme la meilleure conception de l'équité (égalité proportionnée) et ne laisserait subsister que des « inégalités justes », c'est-à-dire des inégalités ne reflétant que les différences de mérite, soit des inégalités profitables aux plus démunis (principe de différence de John Rawls, qui affirme : « L'injustice est simplement constituée par les inégalités qui ne bénéficient pas à tous »). Elle impliquerait des actions de discrimination positive (affirmative action en anglais) visant à corriger les inégalités initiales héritées (de la nature ou du milieu social d'origine).

➤ **droits de l'homme, équité, égalitarisme, parité hommes/femmes, Rawls.**

élargissement de l'UE

Intégration de nouveaux pays à l'Union européenne (UE). En 1957, création de l'UE : signature des Traités de Rome instituant la création de la Communauté

économique européenne entre l'Allemagne, la France, l'Italie, la Belgique, les Pays-Bas et le Luxembourg.

Les élargissements de 1973 à 2013

- **1973** Royaume Uni, Danemark, Irlande
- **1981** Espagne et Portugal
- **1986** Grèce
- **1995** Autriche, Finlande, Suède
- **2004** Pologne, République tchèque, Slovaquie, Hongrie, Lituanie, Lettonie, Estonie, Slovénie, Chypre, Malte
- **2007** Bulgarie et Roumanie
- **2013** Croatie

Pays candidats à l'adhésion : Macédoine, Monténégro, Islande, Turquie, Serbie.

Les critères d'intégration

Trois critères d'intégration ont été définis par le Conseil européen de Copenhague de 1993 pour l'adhésion de pays nouveaux :
- **un critère politique** : existence d'institutions stables garantissant la démocratie, l'État de droit, le respect des minorités et leur protection ;
- **un critère économique** : présence d'une économie de marché ;
- **l'acquis communautaire** : aptitude du pays candidat à assumer les obligations découlant de l'adhésion, et notamment à souscrire aux objectifs de l'Union politique, économique et monétaire.

Les problèmes institutionnels

L'élargissement de l'Union européenne pose des défis institutionnels. En premier lieu, une meilleure capacité à surmonter les lourdeurs administratives pour gérer plus efficacement l'Europe élargie. En second lieu, le système des présidences tournantes de l'Union. Enfin, l'entrée de pays à niveau de développement plus faible peut entrainer des comportements peu coopératifs entre pays membres (dumping fiscal et/ou social, délocalisations d'entreprise...). Chaque élargissement pose la question de l'approfondissement de l'Union européenne pour éviter son affaiblissement.

➤ **Union européenne (historique de l').**

élasticité

En économie, désigne la variation relative d'une grandeur (effet) par rapport à la variation relative d'une autre grandeur (cause).

Exemple : si la demande d'un bien augmente de 15 % quand son prix baisse de 10 %, l'élasticité de la demande de ce bien par rapport au prix sera de :

$$e = \frac{+15\%}{-10\%} = -1{,}5$$

Il s'agit parfois de la valeur absolue du résultat, ici 1,5.
Les élasticités les plus souvent utilisées sont les suivantes :
- **élasticité de l'offre** ou **de la demande** d'un bien par rapport à son prix ;
- **élasticité de la consommation** par rapport au revenu ; des importations par rapport au taux de croissance ;
- **élasticité croisée** (ou **de substitution**) : variation de l'offre ou de la demande d'un bien en fonction de la variation du prix d'un autre bien. *Par exemple* : si la demande de thé augmente de 20 % quand le prix du café augmente de 10 %, l'élasticité croisée est de 2.

➤ **dépréciation, marché (théorie du), substitution des biens et des facteurs.**

élasticités critiques (théorème des)

Théorème, appelé également « Condition de Marshall-Lerner », selon lequella dépréciation réelle de la monnaie nationale améliore le solde de labalance commerciale à la condition que la somme des valeurs absolues des élasticités-prix de l'offre d'exportations et de la demande d'importations soit supérieure à 1.

Mécanisme des élasticités critiques

- Une dépréciation de la monnaie nationale (ou une dévaluation dans un régime de changes fixes) induit, toutes choses égales par ailleurs, deux effets : – **un effet prix négatif**, qui tend à détériorer le solde de la balance commerciale, car le prix des exportations diminue alors que le prix des importations augmente ; – **un effet volume positif**, car l'amélioration de la compétitivité-prix induit une hausse du volume des exportations et une baisse du volume des importations. Autrement dit, on exporte plus de biens dont le prix unitaire diminue et on importe moins de biens dont le prix unitaire augmente.

• Dès lors, le solde de la balance commerciale ne s'améliore que si l'effet volume positif l'emporte sur l'effet prix négatif, ce qui est le cas si la somme des élasticités-prix (en valeurs absolues) des exportations et des importations est supérieure à 1.

Cependant, il existe généralement un décalage temporel entre l'effet-prix, qui intervient rapidement (si les entreprises ne compensent pas la dépréciation de la monnaie par une variation de leurs taux de marge), et l'effet-volume qui intervient avec retard (importations difficiles à comprimer, contrats signés à honorer, etc). De ce fait, la dépréciation peut induire dans un premier temps une dégradation du solde commercial avant que ne s'enclenche le mécanisme de résorption du déficit extérieur : ce profil d'évolution dessine une courbe en J.

➤ **Courbe en J.**

Élias (Norbert)

Sociologue allemand naturalisé britannique (1897-1990) connu pour ses écrits sur « le processus de civilisation ».

Formé dans les années 1920 à la sociologie allemande, alors dominée par la figure prématurément disparue de Max Weber, N. Élias développa vite une pensée originale.

• *Le processus de civilisation* (1935), l'ouvrage majeur de sa jeunesse, établit une sociogenèse de l'évolution des mœurs et de l'émergence parallèle de l'État à partir de la Renaissance. La domestication des émotions et des pulsions dans les rangs de l'aristocratie puis de la bourgeoisie obéit à une double logique : la volonté de se démarquer du peuple – essentiellement les paysans – aux mœurs « rudes », la monopolisation progressive de la violence par l'État, qui pacifie l'espace social et qui impose des règles de civilité aux catégories qui le représentent. La vie de Cour, marquée par l'autocontrôle en est l'aboutissement (provisoire).

• Au centre de sa démarche se trouve la notion de configuration, autrement dit les situations d'interdépendance qui lient irréductiblement les individus. Élias entend ainsi dépasser le dualisme individu/société : pas de configuration sans individus mais réciproquement pas d'individus en dehors des configurations.

Ouvrages principaux : *Le processus de civilisation* (1935) (publié en français en deux volumes successifs : *La civilisation des mœurs*, 1973, *La dynamique de l'Occident*, 1987) ; *Logiques de l'exclusion* (1965) ; *Sport et civilisation* (1986).

➤ **exclusion.**

élite(s)

1 Proche du sens commun et, selon Pareto : catégories restreintes d'individus reconnus pour leur qualité éminente, leur capacité à servir la société, leur supériorité : « élite de la nation », élites intellectuelles, élite sportive.

Réalité à la fois singulière et plurielle, définition impliquant un jugement de valeur (« les meilleurs »). Ainsi, Pareto entend par élite d'une société « les gens qui ont, à un degré remarquable, des qualités d'intelligence, de caractère, d'adresse, de capacités en tout genre » (*Traité de sociologie générale*, 1917). Il distingue néanmoins « l'élite gouvernementale » des autres catégories d'élites.

2 Groupes de personnes placées au sommet de la hiérarchie dans telle ou telle instance de la société, et qui, de ce fait, détiennent de l'influence ou exercent un pouvoir important : élite politique, élites économiques et financières, élites culturelles.

• En ce sens, il y a pluralité des élites. Le sociologue Mosca, privilégiant l'exercice du pouvoir politique, parle d'une élite (au singulier), « minorité organisée » assimilée à la « classe dirigeante » dont la « classe politique » est une composante essentielle.
• L'approche de W. Mills est originale en ce qu'elle conjugue diversité et interpénétration des élites. L'« élite du pouvoir » (*The Power Elite*, 1956) aux États-Unis est constituée selon lui de trois composantes : l'élite politique, l'élite économique et l'élite militaire. Tout en étant différenciées par leurs activités et leurs hiérarchies propres, elles tissent entre elles de multiples relations et conjuguent leurs actions pour former une unité de pouvoir cherchant à maintenir un système qui conforte leurs intérêts respectifs.
• P. Birnbaum, en 1978, propose de tester à partir du cas français le modèle de l'élite du pouvoir de Mills.
• Il montre que l'État n'est pas un instrument au service de la classe dirigeante. Au contraire, la machine d'État, qui s'est peu à peu institutionnalisée, a accentué la spécificité du personnel qui la dirige : la haute fonction publique. La fusion entre les élites politiques et la haute fonction publique s'effectue contre les « intrus » du monde des affaires. En 1990, il affirme que deux tendances sociologiques agissent dans l'articulation entre le système politique et la société civile française.
• On assiste à un processus d'homogénéisation de la classe dirigeante française dont le mode de formation, le recrutement élitiste via les grandes écoles, conduit à l'interchangeabilité des élites d'État et du monde des affaires pour créer un « ensemble clos ».
• Ces travaux ont été prolongés par F-X Dudouet et E. Grémont (2007) : selon eux, les dernières privatisations en France auraient renforcé le poids des dirigeants issus du système politico-administratif au détriment des héritiers.

➤ **classe dirigeante, démocratie, hiérarchie, stratification sociale, prestige.**

émigration

➤ **migration.**

émission

Mise en circulation dans le public de monnaie fiduciaire (billets, pièces) par la Banque centrale (émission monétaire), ou de valeurs mobilières par une entreprise, l'État ou un établissement public (émission de titres).

➤ **bourse des valeurs, monnaie, valeur mobilière.**

empirique (méthode)

[sciences sociales] **Toute recherche basée sur des données factuelles collectées et/ou établies lors des enquêtes.**

➤ **enquête, ethnographique (méthode), sociologie.**

emploi

1 Exercice d'une profession rémunérée.

2 [sens macroéconomique] **Utilisation, par l'économie nationale, de la population désireuse de travailler.**

Le plein-emploi est la situation dans laquelle le seul chômage qui subsiste est un chômage frictionnel (chômage des personnes qui se trouvent temporairement entre deux emplois). Selon le BIT, le sous-emploi correspond à la situation : « les personnes pourvues d'un emploi qui travaillent involontairement moins que la durée normale du travail dans leur activité et qui sont à la recherche d'un travail supplémentaire ou disponible pour ce travail pendant la période de référence ».

3 [Comptabilité nationale] **Fait d'affecter des ressources à une utilisation donnée.**

Le tableau d'entrées-sorties (TES) présente les emplois en sortie et les ressources en entrées. Il distingue emplois intermédiaires, ou biens et services utilisés dans le processus de production, et emplois finals, qui correspondent à la demande finale : consommation, FBCF, variations de stocks, exportation.

➤ **chômage, Comptabilité nationale.**

emploi (taux d')

Rapport entre le nombre de personnes ayant un emploi et un nombre total de personnes.

• S'il peut être calculé sur l'ensemble de la population d'un pays, le plus souvent on calcule **le taux d'emploi de la population en âge de travailler** (personnes âgées de 15 à 64 ans). Le taux d'emploi est aussi souvent calculé pour une **sous-catégorie de la population en âge de travailler :** les femmes de 25 à 29 ans, les personnes de 55 à 64 ans, les jeunes de 15 à 24 ans, par exemple.

• Il ne faut pas confondre le **taux d'emploi** et le **taux d'activité** : ce dernier rapporte à la population totale, la population *active*, qui, elle, inclut les chômeurs en tant qu'actifs... sans emploi. Ainsi pour 2003 et les 15-64 ans, leur taux d'activité dans l'UE était-il de 69 % et leur taux d'emploi de seulement 62 %, compte tenu du chômage.

• La France dans les comparaisons internationales, est souvent caractérisée par un faible taux d'emploi, et plus particulièrement pour certaines catégories de la population.

Ainsi en 2012, le taux d'emploi de la population en âge de travailler (15-64 ans) est de 63,9 %, celui des seniors (55-64 ans) est de 44,5 %, et celui des jeunes (15-24 ans) est de 28,8 %.

➤ **Activité (taux d'), emploi.**

emploi typique, atypique

***Emploi typique* désigne le modèle de référence tel qu'il pouvait être défini à l'issue de la période des Trente Glorieuses : emploi salarié à temps plein, stable (contrat à durée indéterminée), assorti de garanties légales ou conventionnelles (dans le cadre de conventions collectives), offrant à son titulaire des perspectives de carrière et d'amélioration du pouvoir d'achat.**

Emplois atypiques et précaires

• Les **emplois atypiques** sont ceux qui ne se conforment pas au modèle ci-dessus : il s'agit **d'emplois** à temps plein mais **précaires** (contrat à durée déterminée, missions d'intérim), ou **à temps partiel** (parfois voulu, souvent subi), peu protégés, n'offrant pas de perspectives de carrière, parfois de nature indéterminée, à la frontière du stage de formation et de l'emploi salarié.

• Ces emplois sont également qualifiés de « formes particulières d'emploi ». Leur développement est important depuis la crise : l'évolution des rapports de force entre les employeurs et les organisations syndicales, la montée du chômage, l'évolution des modes de gestion de la main-d'œuvre (recherche de la flexibilité), le relatif désengagement de l'État expliquent leur accroissement.

• L'impact de ces emplois sur le fonctionnement du marché du travail est important en flux (chômage récurrent), d'autant qu'il est concentré sur certaines catégories de la population.

➤ **dualisme du marché du travail, flexibilité.**

emplois aidés

Emplois et quasi-emplois bénéficiant d'aides directes ou indirectes de la part des administrations publiques dans le cadre de la lutte contre le chômage. Ces dispositifs concernent tant le secteur marchand que le secteur non marchand. Avec les stages de formation, ils forment l'ossature des mesures dites « actives » de la politique de l'emploi, qui prennent pour cible les catégories les plus exposées au chômage.

Les emplois aidés dans le secteur marchand

Les mesures visent à favoriser l'embauche de certaines catégories de main-d'œuvre, comme le versement de primes à l'embauche, l'allégement des charges sociales, la prise en charge des coûts de formation.

Les emplois aidés dans les secteurs public et parapublic

Il s'agit, dans ce cas, de la création d'emplois à temps partiel temporaires de la part des administrations publiques, collectivités locales et parfois de l'économie sociale (secteur associatif et mutualiste).

L'efficacité de ces mesures est très variable. Dans le secteur marchand, l'incidence nette en termes d'emplois créés est difficile à mesurer, entre autres à cause de **l'effet d'aubaine** : pour les employeurs qui auraient de toute façon embauché, les aides constituent non une mesure incitative mais un gain supplémentaire inattendu, une aubaine.

➤ **effet d'aubaine, emploi typique/atypique, politique de l'emploi, RMA, RSA.**

employabilité, inemployabilité

Capacité d'un individu (ou d'un groupe d'individus) à occuper un emploi. L'inemployabilité désigne l'incapacité à occuper un emploi.

➤ **chômage, emploi.**

employés

1 Tout agent travaillant pour le compte d'un employeur ; synonyme de salarié ou de personnel (les employés de Rhône-Poulenc, les personnels de l'Éducation nationale).

2 Travailleurs salariés, subalternes non manuels : employés de bureau, employés de commerce, employés dans des services divers. C'est ce deuxième sens qui s'impose dans le code des PCS.

• Le code des PCS regroupe sous le terme employés (groupe 5) cinq catégories d'actifs : 1. les employés de la Fonction publique ; 2. les policiers et les militaires ; 3. les employés administratifs d'entreprise ; 4. les employés de commerce ; 5. les personnels des services directs aux particuliers.

• L'ancien code des CSP ne distinguait que deux catégories : employés de bureau et employés de commerce, les personnels de service formant un groupe à part. Tout en maintenant la différence entre les professions administratives et les emplois du commerce, la nouvelle nomenclature introduit la distinction entre Fonction publique et monde des entreprises tout en incluant les personnels de service.

• Ces catégories sociales, surtout les employés de bureau, ont connu depuis un siècle des transformations considérables : gonflement des effectifs avec la tertiarisation et le développement des organisations, différenciation interne (au début du siècle le terme employés rassemblait aussi bien les « collaborateurs » que les employés aux écritures), féminisation (le taux de femmes dépasse aujourd'hui 80 %). Monde hétérogène, cette nébuleuse sociale est à la charnière des classes populaires et des classes moyennes.

➤ **catégories socioprofessionnelles [CSP, PCS].**

empreinte carbone

Indicateur qui caractérise la pression exercée par une population en termes d'émissions de gaz à effet de serre, en fonction de son niveau de vie. Elle couvre à la fois les émissions directes de cette population et les émissions indirectes, liées à la production et au transport des biens et services qu'elle consomme, que ceux-ci soient produits en France ou à l'étranger.

L'intensité en carbone est le rapport des émissions de CO_2 à la production du pays ou de l'entreprise.

➤ **quota d'émission.**

empreinte écologique

Unité de mesure, en équivalent hectare de superficie de la Terre, de la consommation humaine de capital naturel renouvelable.

C'est un indicateur de degré d'utilisation de ce capital à des fins de production et de consommation matérielle.

• Élaboré conjointement par deux ONG, *Redefining Progress* et le WWF (*World Wide Fund for Nature*), à partir des travaux de M. Wackernagel et W. Rees (1995), cet indicateur synthétique a pour objectif de faire apparaître la « dette écologique » de la population en rapprochant deux flux : d'une part le flux de richesses, renouvelables, que génère le stock de capital naturel mondial (eau, espèces animales, forêts, atmosphère, sols cultivables, etc.), d'autre part l'empreinte écologique, c'est-à-dire le flux de consommation, de destruction, productive et finale, par les populations, de ces mêmes richesses, y compris celles nécessaires au recyclage des déchets.

La mesure de l'empreinte écologique

Elle peut être calculée pour l'ensemble de la population mondiale, pour un pays, une région ou une ville, pour un ménage, ou une catégorie de ménages, ou enfin pour une consommation finale particulière (alimentation, logement, transports...). Comme les richesses naturelles sont hétérogènes, un principe de comptabilisation et d'agrégation commun a été retenu : une unité de superficie terrestre, l'hectare global, ou hectare bioproductif moyen, en tenant compte des techniques de production et des modes de consommation actuels.
Ainsi sont calculées :

– **l'empreinte des terres cultivées** : surface nécessaire à la production d'aliments pour les hommes et les animaux d'élevage et à la production industrielle (coton par ex.) ;

– **l'empreinte des pâturages** : hectares nécessaires à la consommation de viande d'élevage, de produits laitiers, de laines et peaux ;

– **l'empreinte des forêts** : hectares nécessaires pour la consommation de bois (hors usage énergétique) ;

– **l'empreinte des zones de pêche** : équivalent de superficie nécessaire à la consommation de ressources halieutiques (poissons...) ;

– **l'empreinte de l'énergie** : surface requise pour la consommation d'énergie (fossile, biomasse, nucléaire et hydraulique).

• Selon le WWF, de 2000 à 2005, pour 6 milliards d'hommes l'empreinte écologique de l'humanité représentait 126 % de la superficie terrestre utilisable (contre 70 % en 1960), soit un déficit écologique de 26 %. L'empreinte écologique d'un habitant de l'Amérique du Nord représentait plus de 5 fois la surface bioproductive disponible par personne dans le monde, soit 9,4 ha, la France se situant à 5,6 ha, la moyenne pour 1 terrien étant de 2,23 ha. Il y avait 1,8 ha global disponible par personne.

➤ **écologie, écologistes (doctrines).**

emprunt

Opération par laquelle une personne, une société ou l'État se procure une somme d'argent moyennant le paiement d'un taux d'intérêt et le remboursement à une ou plusieurs dates fixées à l'avance (ou échéances).

Il peut se caractériser par sa durée : on parle d'emprunts à court terme pour ceux dont l'échéance est fixée à moins d'un an, à moyen terme pour ceux dont l'échéance est fixée entre un et cinq ans, à long terme pour les autres. Les emprunts peuvent être effectués par un recours à une banque (crédit) ou par émission d'un titre (obligation).
Les emprunts peuvent être affectés à l'investissement ou à la consommation ; dans ce dernier cas, on parle de vente à tempérament. On peut distinguer également les emprunts en fonction de la nature du débiteur : privés, s'il s'agit d'un particulier, publics s'il s'agit de l'État ; ou de la nationalité du créancier : emprunts extérieurs s'il s'agit d'étrangers. Les emprunts, notamment publics, peuvent être indexés, par exemple sur le cours de l'or (emprunt Giscard de 1976).

➤ **banque, intérêt (taux d'), marché financier.**

encadrement du crédit

➤ **politique monétaire.**

encaisse

Ensemble des avoirs liquides – c'est-à-dire des avoirs qui peuvent servir pour le règlement des transactions : billets, dépôts bancaires – détenus par un agent.

➤ **liquidité, monnaie.**

encaisses réelles

➤ **Pigou (effet).**

enclosures

(terme anglais signifiant littéralement : « action d'enclore, de clôturer »)

Désigne les grands mouvements de remembrement des terres agricoles qui se développent en Angleterre au XVIIIe siècle puis au XIXe siècle afin de constituer des terres individuelles d'un seul tenant et encloses.

Ils s'accompagnent du partage individuel et donc de la disparition des champs communaux. En mettant fin au système d'*openfield* et aux « servitudes collectives », elles favorisent une nouvelle rotation des terres (suppression de la jachère, alternance de céréales et de plantes fourragères). Ces mouvements sont à l'origine de bouleversements socio-économiques considérables.

➤ **révolution agricole, révolution industrielle.**

Encours

Ensemble des actifs détenus par les institutions financières et non financières en vue d'activités économiques : stocks pour les entreprises, crédits non arrivés à échéances pour les banques.

➤ **Dette publique**

endettement

Ensemble des dettes à court, moyen et long terme d'un agent économique. On parle d'endettement extérieur pour désigner la situation qui résulte du financement par le recours à l'emprunt international du déficit permanent des échanges extérieurs d'un pays.

L'endettement peut se mesurer en valeur absolue (en milliards d'euros ou de dollars), mais aussi en valeur relative (en % du PIB).

➤ **dette, économie d'endettement.**

endogamie

(du gr. *endo* « en dedans » et *gamos* « mariage »)

Règle qui recommande ou prescrit le mariage à l'intérieur d'un groupe social.

Cette règle revêt des formes très différentes selon les sociétés : endogamie « ethnique » (tribu), endogamie de caste, endogamie de parenté (clan, plus rarement lignage ou parentèle). Les groupes de référence étant divers, toute société est à la fois exogame et endogame.

REMARQUE : l'endogamie désigne parfois la propension à se marier, dans nos sociétés modernes, avec un conjoint appartenant au même milieu social ou résidant dans la même aire géographique (endogamie spatiale). Il serait préférable de désigner cette tendance par homogamie (*homos* = le même).

➤ **exogamie, filiation, homogamie, lignage, mariage.**

endogène/exogène

1 Endogène : qui est dû à une ou des causes internes au phénomène étudié.

2 Exogène : qui s'explique par des raisons extérieures au phénomène étudié.

Qualificatifs souvent utilisés en sciences économiques et sociales. S'agissant du changement social, on parlera de processus endogènes pour désigner ceux qui sont déterminés par des causes internes à un système social et de processus exogènes dans le cas

inverse (par exemple, changements dus au contact avec d'autres cultures).
Ces deux logiques peuvent coexister. Ainsi, pour Marx, les transformations du système socioéconomique ont pour origines à la fois la lutte de classe (facteur endogène) et le progrès technique (facteur exogène). Ce dernier est néanmoins tributaire de l'accumulation du capital (et renvoie donc aux rapports entre classes).
En modélisation macroéconomique, on appelle « variables endogènes » celles dont la valeur est déterminée par les équations des modèles à partir d'hypothèses ou de données appelées « variables exogènes ».

➤ **acculturation, changement social, croissance endogène (modèles de), fonction (en sciences sociales), modèle économique.**

Engel (loi d')

« Plus un individu, une famille, un peuple sont pauvres, plus grand est le pourcentage de leurs revenus qu'ils doivent consacrer à leur entretien physique dont la nourriture représente la part la plus importante. » Cette première loi a été énoncée par Ernst Engel, économiste et statisticien allemand (1821-1896), dans une *étude des budgets des familles* publiée en 1857 et complétée en 1895.

On attribue parfois abusivement à Ernst Engel la paternité de plusieurs autres lois :
– deuxième loi : la part des dépenses consacrées aux vêtements est approximativement la même, quel que soit le revenu ;
– troisième loi : la part des dépenses consacrées à l'habitation, au chauffage et à l'éclairage est invariable, quel que soit le revenu ;
– quatrième loi : la part des dépenses diverses (éducation, santé, loisirs...) s'accroît avec le revenu.
Engel ne les a pas présentées comme des lois, à la différence de la première, parce que le résultat de ses enquêtes ne l'autorisait pas à affirmer la constance et la généralité des relations sous-jacentes.

REMARQUE : ne pas le confondre avec Friedrich Engels.

➤ **consommation.**

enquête

Toute recherche empirique sur un groupe humain ou un phénomène social, consistant à recueillir des données afférentes, à les analyser et, éventuellement, à les interpréter.

Les enquêtes constituent la matière première de la recherche empirique en sciences sociales. Il faut cependant noter qu'il n'y a pas de coupure tranchée entre travail empirique et élaboration théorique. Le programme d'enquête est fonction des objectifs et des hypothèses que le chercheur ou l'institution de recherche se donne. Inversement, au cours même de l'enquête, les hypothèses et les perspectives initiales sont remaniées.

On a coutume de distinguer les méthodes dites quantitatives et les méthodes dites qualitatives. Elles ne sont pas forcément exclusives les unes des autres. Certaines recherches les utilisent tour à tour. On peut malgré tout opposer les enquêtes qui privilégient la production de données quantitatives et celles qui privilégient la description et l'analyse de facture « ethnographique ».

Les méthodes quantitatives consistent essentiellement en enquêtes par questionnaire. Dès que la population observée atteint une certaine taille, on procède le plus souvent par sondage auprès d'un échantillon de cette population. Les enquêtes de l'INSEE se caractérisent par l'ampleur des moyens et des résultats bruts obtenus.

Les enquêtes de terrain

Les méthodes qualitatives sont préférentiellement utilisées dans les **enquêtes dites de terrain.**
Le terrain désigne à la fois l'objet de l'étude et le cadre, c'est-à-dire le contexte local où vit le groupe, où se déroule le phénomène étudié. Ce type d'enquête requiert une fréquentation durable du « milieu » étudié par le chercheur. La méthode principale est celle de **l'observation directe** (ou en situation), relevé systématique •••

des pratiques et des comportements d'un groupe ou d'une collectivité, du fonctionnement effectif d'une organisation, du déroulement d'un rituel, etc. Le chercheur a souvent recours à **l'observation participante** : il occupe un emploi ou remplit une fonction formelle ou informelle dans l'entité en question. **Le recours aux entretiens** – qui donnent la parole aux enquêtés sur des thèmes donnés – est une autre technique privilégiée dans les enquêtes de terrain, mais elle est aussi utilisée, à titre d'exploration préalable, dans les enquêtes par questionnaire (elle contribue dans ce cas à construire le questionnaire à partir des préoccupations et des attitudes relevées dans cette phase initiale).

Enfin, les chercheurs en sciences sociales, à l'instar des historiens, pratiquent la collecte documentaire, plus précisément des documents dits « de première main » (« sources primaires ») : archives publiques ou privées (correspondance, journaux), presse, tracts, procès verbaux d'organisations, etc.

➤ **échantillon, École de Chicago en sciences sociales, ethnographique (méthode), sondage.**

enquête d'opinion

Opération visant à donner une indication quantitative de l'opinion d'une population, le plus souvent au moyen d'un sondage auprès d'un échantillon représentatif de cette population.

Le terme sondage en est d'ailleurs devenu quasiment un synonyme.

➤ **échantillon, opinion publique, panel, quotas (méthode des), sondages.**

entente

Accord, formel ou secret, entre entreprises ou pays producteurs en vue d'harmoniser leurs politiques pour réduire la concurrence dans leur secteur d'activité. Il peut porter sur les prix, les quantités produites ou la répartition géographique du marché.

La politique de concurrence de l'Union européenne interdit les ententes qui ont pour objectif ou pour effet de restreindre la concurrence. Il existe toutefois des dérogations possibles pour des ententes favorisant le progrès économique ou technologique.

L'entente se distingue du cartel ; ce dernier en est une forme institutionnalisée par l'existence d'organes communs de gestion, mais sans qu'il y ait intégration par le moyen du capital comme dans le trust. En ce sens, l'OPEP (Organisation des pays exportateurs de pétrole) est bien un cartel, car elle dispose d'un siège, de services communs (secrétariat permanent, etc.).

➤ **concentration.**

entreprise

Unité de décision économique qui peut prendre des formes différentes ; elle utilise et rémunère travail et capital pour produire et vendre des biens et des services sur le marché dans un but de profit et de rentabilité. Elle constitue l'institution centrale du capitalisme.

En 2012 en France, 90 % des entreprises emploient entre 0 et 9 salariés et moins de 1 % possèdent plus de 500 salariés.

Les formes d'entreprises

Elles sont très variées et il est possible d'opérer des distinctions selon la taille, le secteur d'activité, le statut juridique (entreprise individuelle, SARL, société anonyme, coopérative, entreprises publiques...). La forme de propriété influe sur le mode de fonctionnement de l'entreprise ; dans les économies capitalistes développées, c'est la société anonyme privée qui est la forme dominante.

Trois niveaux d'analyse

La notion économique d'entreprise peut renvoyer à trois réalités différentes : **l'établissement**, unité et lieu physique d'organisation de la production (usine, bureau...), **la société**, réalité juridique, fiscale et comptable, et **le groupe**, réalité financière.

La recherche du profit

Elle est l'objectif de l'entreprise ; le profit est distribué aux actionnaires ou réinvesti dans l'entreprise (autofinancement). Ce dernier cas permet la croissance et l'indépendance de la firme. Mais l'entreprise peut rechercher à maximiser, soit la masse des profits, soit le ratio profit sur capital, c'est-à-dire un indicateur de rentabilité.

Les théories influençant l'analyse des entreprises

L'analyse de l'entreprise, de la firme a été fortement influencée par **la théorie des organisations** (Simon) et la **théorie des coûts de transactions** (Coase, Williamson en particulier). Selon cette dernière, l'entreprise est un mode de coordination alternatif au marché et, lorsque les coûts de transaction sont élevés, la hiérarchie, c'est-à-dire l'entreprise, peut être plus efficace que le marché. Par ailleurs, la **théorie de l'agence** met l'accent sur les rapports entre actionnaires et dirigeants.

➤ **agence (théorie de l'), capitalisme, concentration, coûts de transaction, firme multinationale, groupe, marché, organisations (économie des, sociologie des), PME/PMI, profit, rentabilité, salariat.**

entreprise individuelle

Entreprise gérée par une personne physique pour son compte propre et non pour le compte d'associés réunis par un contrat de société.

entreprise(s) publique(s)

Entreprises du secteur marchand contrôlées par l'État (ou par une collectivité publique). La notion de contrôle renvoie soit à la détention par l'État de la totalité ou de la majorité du capital, soit, quand il n'y a pas de capital social, à la tutelle plus ou moins étroite exercée par la puissance publique sur la gestion de l'entreprise.

Les entreprises publiques se distinguent des administrations publiques, qui ne vendent pas, comme les premières, leurs biens et leurs services sur le marché.

Du point de vue institutionnel et juridique, sont considérés comme appartenant au secteur public « les établissements publics à caractère industriel et commercial » (EPIC), les sociétés nationales d'économie mixte, les sociétés dont la majorité du capital est détenue par l'État, les filiales des sociétés et établissements précédents (INSEE).

Questions de vocabulaire

Nationalisation : prise de contrôle direct d'une entreprise par l'État (par ex. loi de 1982).
Privatisation : passage au secteur privé d'une entreprise contrôlée directement par l'État (par ex. lois de 1986 et 1993).
Respiration : achat ou vente de tout ou partie de filiales ou de sous filiales d'entreprises publiques qui font entrer ou sortir des entreprises du secteur public.

Le nouveau système de comptabilité nationale a mis en place une répartition des sociétés non financières (SNF) en trois sous-secteurs en fonction du contrôle exercé. Ainsi, il existe un **sous-secteur SNF publiques** correspondant aux SNF contrôlées par une administration publique (APU).
Selon l'INSEE, « fin 2012, l'État contrôle en France majoritairement, directement ou indirectement, 1 383 sociétés, en détenant plus de la moitié de leur capital. Les sociétés du secteur public emploient 797 500 salariés ».

➤ **administration, administrations publiques [APU], économie mixte, nationalisation, politique industrielle, privatisation.**

environnement

➤ **décroissance, développement durable, écologie, économie de l'environnement.**

épargne

(en anglais, *to save* « épargner », signifie également « sauvegarder »)

1 [sens courant] **Action de faire des économies, de mettre en réserve.**

2 [sens économique] Partie du revenu qui, pendant une période donnée, n'est pas consacrée à la consommation.

Interprétation néoclassique et keynésienne

Cette notion connaît plusieurs interprétations. **Pour les néo-classiques**, l'épargne est une consommation différée dans le temps : l'individu accepte de renoncer à une consommation immédiate parce que l'épargne ainsi réalisée lui permettra d'augmenter son revenu futur, donc sa consommation future. Cet arbitrage entre consommation présente et consommation future dépend de l'évolution prévisible du revenu durant la vie de l'individu, de son degré de préférence pour le présent et du taux d'intérêt. **Pour les keynésiens**, l'épargne apparaît comme un résidu et son montant dépend de l'importance du revenu.

Les propensions à épargner

La relation entre l'épargne et le revenu est mesurée par deux propensions :

- **La propension moyenne à épargner**, PME est le rapport entre l'épargne (notée S ou E) et le revenu (noté Y ou R) :

$$PME = \frac{S}{Y}\left(\text{ou } \frac{E}{R}\right)$$

- **La propension marginale à épargner,** Pme est le rapport entre la variation de l'épargne (S) et la variation du revenu (R) :

$$PME = \frac{S}{Y}\left(\text{ou } \frac{E}{R}\right)$$

Plus l'on devient riche et plus la part relative de l'épargne dans le revenu est importante.

Les ménages partagent leur revenu courant entre la consommation et l'épargne ; ils décident de la forme que prendra cette épargne. Le montant total de l'épargne étant déterminé, les ménages décident de la part qu'ils souhaitent conserver sous la forme d'épargne liquide, c'est-à-dire sous la forme d'encaisses monétaires. Ce problème est celui de la **préférence pour la liquidité** : c'est le taux d'intérêt qui incite l'individu à renoncer, en partie ou en totalité, à la liquidité de son épargne.

REMARQUE : la distinction entre la consommation et l'épargne n'est pas toujours aisée : l'achat de timbres de collection par un philatéliste est-il un acte de consommation (satisfaction immédiate) ou un acte d'épargne (placement) ?

Tous les agents économiques peuvent **épargner** : par exemple, l'État, à condition qu'il dégage un excédent budgétaire, ou l'économie nationale, grâce à une balance des paiements courants excédentaire, mais surtout les entreprises, qui épargnent pour autofinancer leurs investissements. Ils peuvent aussi **désépargner**, lorsqu'ils utilisent leur épargne pour financer leur consommation.

Différents types d'épargne

L'épargne n'est pas nécessairement un acte individuel et volontaire. Il existe une **épargne involontaire**, ou **épargne forcée**, qui prend diverses formes : le prélèvement sur le revenu opéré par les impôts, le prélèvement opéré par l'inflation (la hausse des prix permettant aux entreprises de s'autofinancer).

Il existe une **épargne collective**, par exemple les cotisations sociales pour la retraite : si le financement des retraites de base ne passait pas par le circuit de la Sécurité sociale, les ménages seraient contraints de compenser en augmentant leur épargne individuelle.

3 [comptabilité nationale] L'épargne brute apparaît comme le solde du compte d'utilisation du revenu et la principale ressource du compte de capital.

Pour les ménages, leur épargne brute excède la formation brute de capital fixe (acquisition de logement) qui est le principal emploi de ce compte, d'un montant qui constitue leur capacité de financement ; celle-ci correspond à leur épargne financière puisqu'elle est égale au solde de leur compte financier.

Cette épargne financière prend deux formes distinctes, qui correspondent aux deux emplois principaux de la capacité de financement : les ménages peuvent acheter des titres (actions ou obligations) sur le marché financier, ou se contenter de détenir des dépôts auprès des institutions financières.

Les taux d'épargne

– Le taux d'épargne est donné par le rapport entre l'épargne brute (EB) et le revenu disponible brut (RDB) soit EB/RDB ;

– le taux d'épargne financière est le rapport entre la capacité de financement (CF) et le RDB soit CF/RDB ;

– le taux d'épargne non financière est le rapport entre la formation brute de capital fixe (FBCF) et le RDB soit FBCF/RDB.

Pour les entreprises, l'épargne brute correspond au profit retenu qui sera disponible pour l'autofinancement, ce qui conduit à mesurer le taux d'autofinancement par le rapport EB/ FBCF. L'épargne nette est égale à l'épargne brute moins l'amortissement économique.

➤ **capacité de financement, consommation, cycle de vie des individus, effet d'âge, marché financier, propension, revenu permanent.**

épargne salariale

Modalité particulière d'épargne collective, fonctionnant dans le cadre de l'entreprise.

Les sommes épargnées par les salariés de l'entreprise peuvent être augmentées par l'employeur et bénéficient de déductions fiscales spécifiques.
Elle comporte trois volets : la participation, l'intéressement, les fonds de pension. Une loi de 2000 élargit le système aux petites et moyennes entreprises.

➤ **épargne, fonds de pension.**

épistémologie

Étude critique de la connaissance scientifique, de ses principes et résultats.

Dans l'optique positiviste, la science est à elle-même sa propre justification : elle est validée par sa méthode, et celle-ci est à son tour validée par ses résultats. Dès lors, il n'y a pas de place pour une épistémologie, une méthodologie suffit.

L'épistémologie veut au contraire interroger la science dans sa prétention à élaborer un savoir objectif, c'est-à-dire un savoir indépendant du statut du sujet (la loi de la pesanteur vaut pour un Chinois comme pour un Français, elle ne dépend pas de nos caprices). Un épistémologue se demande par exemple : y a-t-il un progrès des connaissances en sciences sociales ? Y a-t-il une démarcation nette entre science et idéologie ? Les théories sont-elles départagées par des tests empiriques ? etc. Quelques noms de grands épistémologues : K. Popper, T. Kuhn, I. Lakatos, P. Feyerabend, de même que les sociologues Durkheim et Weber.

équilibre

Situation dans laquelle les différentes forces économiques en présence se compensent et se neutralisent.

Des sens différents selon les théories

• **Dans la conception walrassienne** : à l'équilibre tous les agents ont atteint leur objectif maximal, personne ne souhaite « bouger » ; cet état de l'économie est caractérisé par l'égalité de l'offre et de la demande sur tous les marchés, c'est l'**équilibre général** (l'**équilibre partiel** désignant cette égalité pour un seul marché, toutes choses égales par ailleurs).

• Tout état de l'économie qui se prolonge durablement, même si certains agents sont rationnés (par exemple des entreprises qui rencontrent des problèmes de débouchés ou des chômeurs involontaires) ; cette définition permet aux **keynésiens** d'appeler **équilibre de sous-emploi** une situation d'équilibre sur les marchés des produits et de la monnaie compatible avec du chômage involontaire.

• Ce que l'on appelle improprement la **théorie du déséquilibre** étudie en fait des situations d'équilibre à prix fixes (l'ajustement sur les marchés s'effectuant plus rapidement par les quantités que par les prix, par exemple lorsque les entreprises préfèrent stocker les marchandises invendues plutôt que de baisser leurs prix) ou équilibres non walrassiens (puisque les agents doivent réviser leurs plans initiaux en tenant compte des contraintes quantitatives qu'ils subissent).

• **L'école suédoise** (Myrdal, Lindahl) utilise souvent la notion d'équilibre dans un autre sens : l'équilibre est atteint lorsque les anticipations des agents sont parfaitement réalisées (les valeurs *ex post* des variables correspondent à leur valeur *ex ante*).

REMARQUE : la notion d'**équilibre économique** ne doit pas être confondue avec la notion d'**équilibre comptable** : le compte de résultat d'une entreprise qui subit des pertes est nécessairement équilibré ; il y a nécessairement égalité ressources/emplois au niveau macroéconomique ; la balance des paiements est un compte équilibré (somme des débits = somme des crédits) qui recouvre des déséquilibres (de la balance des transactions courantes, de la balance des capitaux, etc.).

Équilibre et politique économique

La notion d'équilibre n'est pas toujours conçue comme un instrument d'analyse et devient parfois une norme pour la politique économique : on justifie les politiques d'austérité par le souci de rétablir les « grands équilibres » (équilibre du budget de l'État, des comptes de la Sécurité sociale, de la balance commerciale, etc.), comme si l'équilibre était souhaitable en soi. L'idée sous-jacente est que l'on finit toujours par payer (cher) un déséquilibre : on paye le déficit budgétaire, donc l'endettement public, par une hausse des impôts, la hausse des taux d'intérêt, l'éviction de dépenses privées ; on paye le déficit extérieur, donc l'endettement, par une dépréciation de la monnaie, une dépendance accrue, etc.

➤ **déséquilibre (théorie du), *ex ante/ ex post*, Keynes, marché, néo-classique (théorie), optimum, politique économique, Walras ; Annexe Ⓐ-8, 10, 11, 15, 20.**

équilibre budgétaire

➤ **déficit budgétaire.**

équilibre emplois, ressources

➤ **Comptabilité nationale.**

équilibre extérieur

Situation dans laquelle une nation pratique l'échange international sans s'endetter ou accroître son endettement extérieur. Le solde de son compte des transactions courantes est nul.

La nation peut régler ses importations de biens et services et les revenus qu'elle verse au reste du monde grâce à ses recettes d'exportation et aux revenus que lui verse le reste du monde (aux « transferts courants » près).

Les mécanismes d'ajustement de la balance des paiements

• **Les économistes libéraux** mettent en général l'accent sur des mécanismes de marché à caractère auto-équilibrant, à travers des effets de prix (ou effets de substitution). C'est le cas de Hume et de Ricardo, à propos de l'étalon-or et de son *specie flow mechanism* : un déficit commercial, réglé par des sorties d'or, contracte la masse monétaire fiduciaire interne dont l'or est la contrepartie ; de ce fait, le niveau général des prix baisse (analyse quantitativiste), la compétitivité-prix externe est restaurée par cette flexibilité des prix intérieurs, les consommateurs substituent les produits nationaux aux produits étrangers devenus relativement plus chers : le volume des exportations augmente et celui des importations diminue.

Un mécanisme similaire peut caractériser un régime d'étalon de change-or (GES), ou devise (étalon-dollar), ou de changes flottants :

– dans les deux premiers cas, les variations des réserves de change agissent sur la masse monétaire interne ;

– en régime de changes flottants (voir les analyses de M. Friedman), point n'est besoin de flexibilité des prix intérieurs : c'est la variation libre du taux de change en fonction des flux monétaires liés au commerce international qui assure la flexibilité des prix internationaux.

• **Les économistes keynésiens** mettent en évidence des mécanismes d'ajustement par des effets de revenu, liés au multiplicateur, les déséquilibres extérieurs s'expliquant par un « décalage conjoncturel » : un déficit correspond à un ralentissement de la demande pour les produits nationaux par rapport à la demande de produits étrangers, il en résulte un ralentissement de la croissance et du revenu intérieur (effet multiplicateur négatif), ce qui se traduit par une baisse des importations, la propension à importer étant une fonction du revenu : retour à l'équilibre.

Souvent, les États-nations ont dû restaurer leur équilibre extérieur par des mesures de politique économique qu'on peut ramener à l'alternative : dévaluation compétitive (ou dépréciation provoquée en régime de flottement impur) ou politique de déflation (ou de désinflation compétitive, ou « d'ajustement structurel »).

Dans le premier cas, on cherche à retrouver l'équilibre externe sans sacrifier l'équilibre interne et déprimer l'activité ; dans le deuxième cas, la réduction des coûts internes implique des sacrifices douloureux en termes de revenus, d'activité et d'emploi.

Le **protectionnisme** est présenté par ses promoteurs comme une manière d'améliorer le solde extérieur ; son efficacité est limitée, en particulier en raison des mesures de rétorsion prises par les partenaires commerciaux. À long terme, l'amélioration de l'équilibre extérieur passe surtout par la modernisation de l'appareil productif et les progrès de la compétitivité-prix comme de la compétitivité-qualité.

➤ **balance des paiements, contrainte extérieure, dépréciation, politique de change, Système monétaire international [SMI].**

équilibre général

➤ **Walras (Léon), équilibre.**

équipement des ménages

Ensemble des biens de consommation durables (réfrigérateurs, téléviseurs, automobiles, etc.) utilisés par les ménages.

Le taux d'équipement est la proportion (en %) de ménages propriétaires d'un bien donné par rapport à l'ensemble. Par exemple, le taux d'équipement des ménages français en lave-vaisselle était, en 2010, de 51,5 %.

équité

Forme de l'égalité correspondant à une égalité juste parce que proportionnée à la situation de chacun.

Équité et égalité chez Aristote

L'équité est une notion ancienne : elle est, selon Aristote, le principe qui caractérise la justice distributive (donner à chacun son dû, selon sa situation particulière, sa valeur, son mérite, son statut social dans la cité : notion d'égalité proportionnelle) ; en revanche, le principe d'égalité, d'équivalence, s'applique en matière de justice commutative (appelée aussi corrective), c'est-à-dire dans les échanges privés fondés sur la réciprocité (1 000 € de blé contre 1 000 € de lait ; l'échange ne doit pas modifier la position relative des classes de citoyens, considérée comme équitable par la cité).

Équité et justice

Appliquée aux décisions de justice des tribunaux, l'équité correspond à l'idée qu'il est plus juste d'appliquer la règle de droit, égale pour tous, en la modulant pour tenir compte de la situation particulière du justiciable, ses intentions, sa bonne ou mauvaise foi, son niveau d'instruction, l'existence de circonstances atténuantes, etc. : le « jugement en équité » complète, corrige et humanise le jugement en stricte légalité formelle.

En matière de justice sociale et de répartition des biens, **l'équité conduit à proportionner les rétributions** (les « biens » distribuables : revenus, marchandises, services publics, mais aussi emplois, fonctions, titres, honneurs, prestations sociales...) à la situation particulière d'un individu ou d'une catégorie particulière d'individus et cela en fonction de critères de justice. Cela conduit à considérer que des rétributions inégales peuvent être plus justes que des rétributions égales.

Équité et discrimination positive

La discrimination positive (*affirmative action* en anglais) consiste, au nom de l'équité, souvent assimilée à l'égalité des chances, à moduler les droits afin de « donner plus à ceux qui ont le moins », ou souffrent de handicaps (naturels ou socioculturels) ou de discriminations : il s'agit donc d'une inégalité juridique compensatrice (par exemple, un soutien scolaire pour les élèves en difficulté).

➤ **discrimination positive, égalitarisme, Rawls.**

équivalence ricardienne ou théorème Ricardo-Barro

Selon Ricardo, équivalence entre l'augmentation de la dette publique aujourd'hui et l'augmentation des impôts requise demain par le remboursement de cette dette et le paiement des intérêts.

Dans un article publié en 1974, Robert Barro reprend ce théorème pour montrer qu'une réduction d'impôts financée par une augmentation de la dette publique n'a pas l'effet expansionniste qu'en attendent les keynésiens (relance de la demande) parce que les agents privés anticipent immédiatement les hausses d'impôts à venir et épargnent par conséquent le supplément de revenu disponible dû à l'allégement fiscal. Le raisonnement qui conduit à ce résultat peut se résumer ainsi : la dette publique ne représente pas une richesse nette pour les agents privés car c'est une créance qu'ils détiennent sur eux-mêmes.

➤ **nouvelle économie classique [NEC].**

esclavage

Mode d'utilisation de la force de travail, dominant sous l'Antiquité, et dans lequel la personne même du travailleur est une marchandise que possède son maître.

• L'esclave a un statut proche de celui de l'animal domestique, car il est nié dans son humanité et privé de tout droit : capturé lors de guerres ou de razzias, puis contraint au travail, sa production, comme sa personne, est propriété de son maître ; celui-ci l'entretient comme capital productif, peut le vendre, le louer, le punir, le tuer (ce n'est pas son intérêt) et le contraindre à se reproduire pour constituer un véritable cheptel d'esclaves.

De l'Antiquité au XIXe siècle

• Relativement bien traité en Grèce et à Rome, surtout en ville quand il disposait d'une qualification recherchée (médecins et précepteurs grecs à Rome), l'esclave pouvait être affranchi par son maître – étape intermédiaire vers la pleine citoyenneté.

• L'esclavage, en Europe, est peu à peu remplacé par le **servage**, dans lequel le serf (*servus*, « esclave » en latin) est attaché à la glèbe mais n'est pas lui-même propriété du seigneur.

• Il réapparaît, sous une forme aggravée, avec la mise en valeur des colonies d'Amérique du XVIe au XVIIIe siècles : les conditions de travail dans les plantations et le manque de main-d'œuvre sont tels que les colons, ne voulant pas payer les salaires correspondants, ont recours au travail forcé d'esclaves capturés sur les côtes d'Afrique (traite des Noirs et commerce triangulaire).

• L'esclavage est définitivement aboli en Grande Bretagne en 1833, en France en 1848, aux États-Unis en 1862.

• Des travaux historiques récents ont mis en évidence l'importance de la « traite orientale » (en direction du monde musulman, du Maroc à l'Inde occidentale) et de la « traite intra-africaine », entre 650 et 1920, dont le nombre de victimes serait supérieur à celui de la traite transatlantique.

REMARQUE : l'esclavage, aujourd'hui, a officiellement disparu mais il semble persister autour de la mer Rouge et dans certains pays d'Afrique. Les Nations unies continuent de lutter contre l'esclavage, dit moderne, qui subsiste aussi sous la forme de la traite des femmes et des enfants (prostitution) ou sous la forme du travail forcé des enfants.

➤ **commerce triangulaire.**

escompte

Opération de crédit résultant de l'achat d'un effet de commerce par une banque à un client.

Le prix payé par la banque correspond à la valeur de l'effet de commerce, déduction faite de l'agio. L'agio est une somme d'argent qui incorpore différents éléments, notamment le montant de l'intérêt que la banque prélève afin de rémunérer le prêt qu'elle consent en achetant à son client, le créancier, un effet de commerce avant son échéance. Le taux de l'intérêt s'appelle le **taux d'escompte**.

Un créancier mobilise donc ainsi une créance avant son échéance, c'est-à-dire obtient immédiatement, en contrepartie d'un papier commercial (lettre de change, billet à ordre, chèque, warrant) qui n'était pour lui qu'une promesse de paiement, la somme d'argent correspondante, diminuée des agios ; à charge pour le banquier d'obtenir le remboursement de l'effet auprès de son souscripteur initial (le « tiré »).

Réescompte, taux de réescompte politique d'open market

La banque peut à son tour se refinancer, c'est-à-dire obtenir des liquidités, en cédant l'effet à la Banque centrale : c'est le **réescompte**. Le **taux de réescompte**, appelé taux d'escompte central, est un taux directeur pour les opérations d'escompte ; fixé par la Banque centrale, il fut longtemps l'un des instruments privilégiés de sa politique du crédit. En abaissant ce taux, la Banque centrale abaissait le coût du crédit dans l'économie et donc favorisait la création monétaire et la relance de l'activité. Inversement, le relèvement du taux d'escompte visait à lutter contre la surchauffe inflationniste. Aujourd'hui, cette technique est abandonnée au profit d'une action plus souple, au jour le jour, par intervention de la Banque centrale sur le marché monétaire où elle peut intervenir en achetant ou en vendant des titres contre des liquidités, c'est la **politique *d'open market***.

➤ **banque, crédit, effet de commerce, politique monétaire.**

espérance de vie

1 « Moyenne des durées de vie d'une génération imaginaire qui serait soumise toute sa vie aux taux de mortalité par âge de l'année d'observation » (INSEE, Tableaux de l'économie française).

La génération est dite imaginaire – ou fictive – en ce sens qu'on lui fait parcourir tous les âges de la vie en lui faisant subir, à chaque âge, les conditions de mortalité observées sur les différentes générations réelles de l'année étudiée.

Sans autre précision, il s'agit de l'espérance de vie à la naissance (84,8 ans pour les femmes, 78,2 ans pour les hommes en France en 2011).

REMARQUE : cette notion ne doit pas être confondue avec celle de durée moyenne de vie, calculée rétrospectivement pour l'ensemble d'une génération.

2 Espérance de vie à un âge donné, 30 ans par exemple : nombre moyen d'années restant à vivre pour les personnes de la population fictive ayant atteint cet âge.

Évolution de l'espérance de vie selon l'âge

en années	Hommes			Femmes		
	2000	2005	2011 (p)	2000	2005	2011 (p)
0 an	75.2	76.7	78.2	82.8	83.8	84.8
1 an	74.6	76.0	77.5	82.1	83.1	84.1
20 ans	56.0	57.4	58.7	63.4	64.3	65.3
40 ans	37.2	38.4	39.7	43.9	44.8	45.7
60 ans	20.4	21.4	22.5	25.6	26.4	27.3

Source : Insee, estimations de population et statistiques de l'état civil

➤ **mortalité.**

établissement public

Organisme de droit public créé par un décret qui fixe ses missions, la composition de ses instances dirigeantes et ses règles de fonctionnement.

Il dispose d'une autonomie administrative et financière (budget propre et, dans certains cas, recettes spécifiques) mais est soumis au contrôle d'une administration, État, région, département ou commune. Sa compétence est strictement définie et correspond à une mission d'intérêt général, le plus souvent de nature économique, sociale ou culturelle. Il existe différents types d'établissements publics : administratifs, scientifiques et techniques (organismes de recherche), etc.

étalon dollar ou *dollar standard*

➤ **Système monétaire international.**

étalon monétaire

➤ **Système monétaire international.**

étalon-or

➤ **Système monétaire international.**

État

Forme institutionnalisée du pouvoir suprême, qui, par le monopole de la violence légale, crée l'ordre social par la loi.

Pouvoir d'État et/ou institution

Le pouvoir d'État s'exerce dans les limites d'un territoire (souveraineté territoriale) et il correspond le plus souvent à une nation (forme moderne de l'État-nation). Institution, il se manifeste concrètement comme un ensemble d'organes politiques et administratifs : le gouvernement, le Président, le Parlement, les administrations, etc.

Sa structure peut prendre différentes formes, État unitaire ou fédéral, parlementaire ou présidentiel, monarchique ou républicain, etc. L'appareil d'État s'incarne dans des hommes, les représentants de l'État. Dans un État de droit, les hommes ne se confondent pas avec l'appareil d'État.

Pourquoi cette invention de l'État ?

Selon G. Burdeau, l'homme aurait inventé ce pouvoir abstrait pour assurer, par-delà la personne du chef, du monarque, la continuité du pouvoir (« le Roi est mort, vive le Roi ! ») et pour masquer, sanctifier et donc faciliter l'obéissance concrète à un autre homme. En présentant le pouvoir politique comme d'essence abstraite, supra-humaine, voire divine aux origines, on lui a conféré une légitimité pouvant justifier son caractère absolu.

Avec l'État moderne, la substitution d'une légitimité humaine, sociale, populaire même, à la légitimité divine a représenté, depuis le XVIIIe siècle, une telle révolution qu'elle n'est pas encore totalement entrée aujourd'hui dans les esprits. Et l'État républicain a conservé parfois les ors, les pompes et le paternalisme de la monarchie afin que la magie de l'obéissance continue d'opérer sur un peuple désormais proclamé souverain.

En démocratie, l'exercice du pouvoir constituant, par le peuple, n'a pas aboli la distinction entre gouvernants et gouvernés, même si désormais les seconds désignent les premiers au suffrage universel. Les gouvernants, agissant au nom de l'État, qu'ils incarnent temporairement, sont soumis à la Constitution et aux lois (principe de légalité des actes administratifs), sous le contrôle du juge (en France : Conseil constitutionnel et Conseil d'État) : l'État démocratique est un État de droit, il exclut l'arbitraire.

Le contrat social

• **Le contrat social** constitutif de l'État moderne traduit en principe l'adhésion volontaire à un projet de vouloir-vivre ensemble, formalisé dans la Constitution, et fondé, non sur une contrainte venue d'en haut, mais sur la conscience civique des avantages mutuels que procure la vie sociale : l'État devient la nation organisée par elle-même.

• **L'État démocratique**, produit du contrat que passent entre eux les membres de la société civile, est l'institution dont celle-ci se dote pour produire du droit, c'est-à-dire un ordre juridique d'une rationalité supérieure, en subordonnant le pouvoir de chacun au pouvoir suprême de tous.

L'analyse marxiste

Selon les marxistes, la distinction entre l'État, abstraction au service de l'intérêt général, et ses organes, son appareil, ses représentants est une mystification, une illusion. D'un point de vue matérialiste, l'État n'apparaît plus que comme l'instrument de domination d'une classe sur une autre, caché derrière la façade de l'intérêt général. Il se réduit à ses organes de répression (justice, armée, police) et de domination idéologique (presse, Églises, école...). La démocratie et les libertés bourgeoises sont formelles, théoriques.
À cette vision, on a pu opposer que, sans libertés formelles, c'est-à-dire reconnues juridiquement, il ne peut y avoir de libertés réelles, et que la violence interindividuelle, présente dans toute société, légitime l'existence de l'État.

L'analyse libérale

Les libéraux restent méfiants à l'égard du pouvoir d'État. Ils souhaitent que celui-ci soit limité par l'équilibre entre ses organes, par la séparation des pouvoirs agissant comme contre-pouvoirs (« seul le pouvoir arrête le pouvoir »).
Ils souhaitent un État minimal dans ses fonctions (défense, justice, police) : celles d'un État-gendarme, appliquant, en arbitre, les règles générales d'un jeu social conçu pour le plein exercice des libertés individuelles ; un État du laisser-faire, laisser-passer, qui s'en remet, pour le reste et l'essentiel, à la négociation contractuelle entre individus libres et égaux en droit, c'est-à-dire au marché.

La conception social-démocrate

À cette conception libérale ancienne, mais renaissante au cœur de la crise, s'oppose la **conception social-démocrate**, d'inspiration socialiste et keynésienne, de l'État-providence *(Welfare State)*.
L'État, par ses interventions dans la vie économique et sociale, par la gestion partiellement fiscalisée de services publics, assure les équilibres macroéconomiques et macrosociaux nécessaires au maintien de la cohésion sociale, à la survie d'un secteur privé rentabilisé par la socialisation des pertes, et, en définitive, à la sauvegarde de la démocratie.

➤ **administration, administrations publiques [APU], aristocratie, démocratie, État-providence, externalité, fédération, Hobbes, légitimité, Locke, Marx, Montesquieu, nation, politique économique, pouvoir.**

État de droit

Système politicio-juridique, caractérisé par l'application du principe de légalité : l'autorité publique soumet son action au respect des lois et règlements, y compris ceux qu'elle a établis ; les sujets de droits disposent de droits et de garanties juridiques contre l'arbitraire du pouvoir.

• Selon R. Carré de Malberg, l'État de droit est « un État qui, dans ses rapports avec ses sujets [...] se soumet lui-même à un régime de droit » alors même qu'il l'a établi.
L'État de droit suppose qu'existe pour les citoyens la possibilité légale d'un recours juridictionnel (devant des tribunaux) contre toute décision d'une autorité publique (recours pour excès de pouvoir, contrôle de la légalité des actes administratifs et de la constitutionnalité des lois).

• Dans plusieurs pays, l'État de droit précède l'instauration de la démocratie moderne. Il émerge en Europe au cours du XVIIe siècle. Une étape importante est franchie en Angleterre avec l'*Habeas Corpus Act* (1679) qui limite les arrestations et détentions arbitraires. La Constitution américaine proclame solennellement la volonté de protéger les citoyens contre tout abus de pouvoir. Les révolutions démocratiques parachèvent l'État de droit en instituant la séparation des pouvoirs.

• De nos jours, l'État de droit est associé à la démocratie mais en toute rigueur, il faut distinguer ces deux notions en soulignant par ailleurs que tout régime démocratique ne respecte pas toujours les règles du droit...

➤ **démocratie, État.**

état de nature

[philosophie politique] **Situation conçue comme étant celle des hommes avant qu'ils ne forment, par contrat social, une société, civile (Rousseau) ou politique (Hobbes).**

La référence à « l'état de nature » est constante chez les penseurs politiques du contrat social et de la genèse de l'État. Représenté par eux comme naturellement bon (le mythe du « bon sauvage ») ou comme animé par des passions destructrices (« l'homme est un loup pour l'homme » chez Hobbes), l'homme à « l'état de nature » n'a que de lointains rapports avec ce qu'enseigneront ultérieurement les sciences humaines comme l'anthropologie historique ou l'ethnologie sur les sociétés « primitives ». À l'opposition état sauvage/ état civilisé se substituera alors l'opposition entre une organisation sociale fondée sur la gens, la phratrie et la tribu, dans laquelle prévalent les liens de parenté, et une organisation sociale fondée sur le territoire, la propriété et dotée d'un pouvoir politique spécialisé.

➤ **contrat social, Hobbes.**

État-nation

➤ **nation.**

État-providence

(en anglais : *Welfare State* « État de bien-être »)

Conception de l'intervention de l'État, qui s'est imposée après la Seconde Guerre mondiale, selon laquelle l'État doit jouer un rôle actif dans la recherche du progrès économique et social. Parfois, la notion d'État-providence est employée de façon plus restrictive pour désigner le seul système de protection sociale.

Cette conception s'oppose à celle de l'État-gendarme (appelé parfois « État protecteur »), selon laquelle l'État reste cantonné dans des fonctions non économiques (protection des individus et de la propriété par l'armée, la justice et la police) avec toutefois un devoir de prise en charge des activités non rentables (infrastructures).

L'État-providence, dont l'inspiration théorique est le keynésianisme et plus spécialement les rapports Beveridge (1942, 1944), associe ainsi progrès social et dynamisme du système économique : la recherche du plein-emploi et les systèmes de protection sociale et d'éducation participent au soutien de la demande et à l'entretien de la force de travail tout en répondant à des besoins sociaux. La crise des années 1970 aboutit à une remise en cause de l'État-providence ou du moins à une conception restrictive de l'intervention de l'État.

Le sociologue **G. Esping-Andersen distingue historiquement trois « régimes » d'État providence : régime « libéral »** limitant pour l'essentiel sa protection aux plus faibles ; un régime **« social-démocrate »** caractérisé par un niveau élevé de protection, une offre importante de services sociaux et une volonté de redistribution des revenus par l'impôt ; enfin un régime **« conservateur » et « corporatiste »**, qui, tout en octroyant des droits sociaux substantiels, privilégie le maintien des statuts sociaux et professionnels (au détriment, en particulier, des femmes non actives). Concrètement, il n'existe pas de cas pur. Par exemple le modèle français qualifié de « corporatiste » a intégré progressivement des dispositifs du régime social-démocrate.

➤ **Beveridge, économie mixte, État, Keynes, politique économique ; Annexe A-14.**

éthique

Ensemble de principes d'action pour un individu ou une organisation (notamment l'entreprise) qui reposent sur un système de valeurs.

La référence à l'éthique se développe aujourd'hui sous la pression de l'opinion publique et en réaction contre des organisations qui instrumentalisent l'éthique. C'est ainsi que se développent les « fonds éthiques », qui sélectionnent les placements financiers en fonction de critères, tels que la nature des produits, les relations avec les salariés, la promotion des femmes, la prohibition du travail des enfants, la protection de l'environnement, la protection des animaux. De même, l'adoption de « codes éthiques » par les entreprises pose des principes en matière de relations avec les salariés, les consommateurs, les concurrents, les fournisseurs (pots de vins) et résultent d'une stratégie défensive (réaction à des scandales) ou offensive (amélioration d'une image de marque, fidélisation des salariés).

ethnicité

Modalités par lesquelles des individus ou des groupes s'identifient et sont identifiés sur la base de différences établies à partir de traits culturels imputés à une origine commune et mises en avant dans les interactions sociales. Le terme est employé entre autres à propos des minorités « ethniques » et des stratégies déployées par ces groupes ou leurs représentants pour s'affirmer dans un système politique national.

Ce néologisme d'origine anglo-saxonne est avant tout utilisé à propos des États-nations (pays occidentaux, pays en développement), caractérisés par la coexistence d'une majorité se revendiquant « de souche » et de populations d'origines diverses, migrants implantés plus ou moins récemment ou autochtones « minorisés » (Indiens aux États-Unis), occupant souvent des positions sociales subalternes. Aussi n'est-on pas en présence de différences ethniques originaires mais de clivages socioculturels résultant de processus d'acculturation et d'interactions multiples entre les différents segments de la collectivité nationale : ces clivages résultent autant de processus identitaires et de catégorisations par autrui que de caractéristiques « objectives » (pratiques langagières, normes, styles de vie). Il y a sans doute des survivances de la culture d'origine mais s'élaborent progressivement des constructions sociales et culturelles originales : des expressions en témoignent (les « Chicanos » aux États-Unis ou les « Maghrébins », voire les « Beurs » en France).

Identités ethniques et sociétés pluriculturelles

• Sur la base d'enquêtes de terrain sur des sociétés pluriculturelles, l'anthropologue F. Barth (*Les groupes ethniques et leurs frontières*, 1969) entend montrer que ce qui détermine l'identité ethnique ne procède pas d'un substrat culturel fixé une fois pour toutes mais des frontières sociales qui définissent à un moment donné le groupe par rapport aux autres : les membres du groupe exhibent certains traits culturels – mais pas tous – pour affirmer leur différence.
• Autrement dit, ce ne sont pas les subcultures qui engendrent les relations entre les groupes ; c'est bien plutôt la dynamique de ces relations qui entraîne les changements d'identité culturelle. On peut prendre comme exemple la montée récente de l'affirmation religieuse musulmane dans certaines franges de la population d'origine maghrébine alors qu'elle était peu revendiquée publiquement dans les décennies précédentes.

➤ **acculturation, communautarisme, ethnie, identité, multiculturalisme, républicain (modèle).**

ethnie

(du grec *ethnos*, « peuple »)

Population partageant une histoire et des traits culturels supposés communs (langue, us et coutumes, représentations), se réclamant d'une même origine (réelle ou imaginaire). À une ethnie peut correspondre – ce n'est pas toujours le cas – un espace propre, associé éventuellement à une unité d'ordre politique. La notion s'applique en priorité aux sociétés dites primitives et traditionnelles.

• Malgré des confusions, fréquentes au XIXe siècle, un ensemble ethnique n'est pas assimilable à un groupe racial, notion qui n'a d'ailleurs pas de valeur scientifique. Il est avant tout une réalité sociale et culturelle, cimentée autant par l'identité subjective (sentiment d'appartenance) que par les catégorisations extérieures (le regard d'autrui).
Le terme se répand au cours des XIXe et XXe siècles.

• De façon similaire aux Grecs qui opposaient les *ethnê* « barbares » à leur *polis* « cité » organisée politiquement, il s'applique aux peuples supposés moins développés, dépourvus de système étatique.
• D'où l'ambiguïté de ce vocable : utilisé par les anthropologues, pour restituer la diversité culturelle des groupements humains, il est par ailleurs connoté plus ou moins péjorativement en désignant « une sorte de nation par défaut ».
• Dans les nouveaux ensembles nationaux, se sont développés des ensembles ethniques que certains considèrent comme naturels, alors que des anthropologues contemporains (F. Barth, J.L Amselle) montrent leur caractère construit, fragile et mouvant.

➤ **aire culturelle, culture, ethnicité, lignage.**

ethnocentrisme

Fait de percevoir l'autre (les étrangers, les membres des autres groupes ethniques et sociaux) selon les normes et les valeurs de son propre groupe (peuple, ethnie, classe sociale).

Se traduit par la valorisation de soi et la dépréciation des autres. Si l'ethnocentrisme est un comportement que l'on observe dans tout groupe, (Lévi-Strauss), il peut revêtir des formes aiguës : négation des différences culturelles (l'autre non civilisé, non « policé ») engendrant différentes formes de racisme.

➤ **relativisme culturel.**

ethnocide/génocide

Destruction de la culture d'un peuple résultant du contact inégal et brutal, largement subie, avec les représentants d'un système socioculturel objectivement dominateur.

Ethnocide : terme forgé par l'ethnologue R. Jaulin qui montre comment des sociétés indiennes d'Amérique latine ont perdu leur raison d'être et, partant, leur existence, par imposition de pratiques et de normes occidentales, au nom de la supériorité de la civilisation « blanche ». Aboutissement de l'ethnocentrisme, de la négation de l'autre.
À ne pas confondre avec ***génocide***, destruction physique d'une population (par exemple, le génocide arménien).

➤ **acculturation.**

ethnographie

➤ **ethnologie/ethnographie.**

ethnographique (méthode)

Étude *in situ* de collectivités, d'institutions, de manifestations de la vie sociale procédant par observation directe et entretiens. Recoupe largement la notion d'« enquête de terrain », autrement dit qui s'effectue sur les lieux d'interaction des individus et des groupes étudiés. La méthode ethnographique s'applique aussi bien à l'étude de populations de sociétés dites primitives ou traditionnelles qu'à des enquêtes sur des milieux sociaux et des institutions de sociétés développées.

L'utilisation des vocables « ethnographie », « méthode ethnographique » par les sociologues s'explique par les emprunts faits aux procédures d'observation élaborées par les anthropologues. Ceux-ci ayant affaire à des populations fort éloignées culturellement et ne disposant pas, en général, de documentation préalable, privilégièrent l'observation méthodique des techniques et des comportements et le contact avec des « informateurs » et des traducteurs. Malinowvski recommandait une « immersion » de l'ethnologue dans le milieu étudié.
Si elles ont en commun certains principes et certaines procédures (une présence prolongée sur le terrain, le plan d'observation, etc.), les méthodes ethnographiques des sociologues diffèrent sur plusieurs plans de celles des ethnologues, en particulier le recours fréquent à l'observation participante et l'usage beaucoup plus développé de l'échange verbal.

➤ **enquête, ethnologie/ ethnographie, Malinowski (Bronislaw).**

ethnologie/ethnographie

(**ethnologie** : du grec *ethnos* « peuple » et *logos* « discours »)

1 L'ethnologie est une science ayant pour objet l'analyse comparée des cultures et des sociétés humaines, principalement celles qualifiées de « primitives » ou traditionnelles. Ce terme correspond à ce que l'on entend dans les pays anglo-saxons par anthropologie sociale et culturelle. Elle a pour base le travail ethnographique.

2 L'ethnographie « consiste dans l'observation et l'analyse des groupes humains considérés dans leur particularité [...] tandis que l'ethnologue utilise de façon comparative [...] les documents présentés par l'ethno-graphe » (C. Lévi-Strauss, *Anthropologie structurale*, 1958).

L'enquête en ethnologie et en ethnographie s'appuie sur deux techniques complémentaires : l'observation directe (description systématique des pratiques, des « us et coutumes ») et l'enquête orale. Celle-ci exige le recours à des « informateurs » (membres de la société observée) auprès desquels sont recueillis des éléments non perceptibles par l'observation directe.

Les rapports entre l'ethnologie et la sociologie sont étroits : elles ont le même objet d'étude (les sociétés, les cultures, les institutions). Cependant, le terme sociologie est plutôt réservé à l'étude des sociétés industrielles complexes. D'où des méthodes d'investigations et des préoccupations spécifiques.

➤ **anthropologie, culture, ethnocide, société primitive.**

ethnométhodologie

Démarche sociologique développée aux États-Unis depuis les années 1960, proche de l'interactionnisme symbolique, centrant son intérêt sur le savoir ordinaire des membres d'une société. H. Garfinkel et A. Cicourel en sont les principaux représentants.

Le terme a été forgé par H. Garfinkel pour désigner l'étude des méthodes cognitives (lexiques, procédures de réflexion) auxquelles recourent les individus dans la vie quotidienne (conversations, gestion domestique...) ou dans certaines situations sortant de la routine (participation comme juré dans un tribunal) pour comprendre, s'y retrouver et agir dans ces mêmes circonstances. Ces méthodes constituent en quelque sorte des savoirs élaborés au fil des pratiques sociales (analysées comme interactions). Le préfixe « ethno » est utilisé en référence aux ethnosciences (par exemple, ethnobotanique), c'est-à-dire au savoir courant de la société ou d'un groupe social. Cette démarche postule une relation de continuité entre la connaissance ordinaire et le discours professionnel des sociologues. Par ailleurs, et contrairement à Durkheim, elle affirme que les faits sociaux, loin d'être objectifs et stables, sont le produit de l'activité continuelle des individus.

➤ **interactionnisme symbolique ; Annexe A-51.**

ethos

Terme utilisé par Max Weber pour désigner tout à la fois le système de valeurs intériorisé, la conduite de vie et la morale pratique propres à un groupe social.

Dans sa célèbre étude *L'éthique protestante et l'esprit du capitalisme* (1905), il parle de l'ethos puritain de certains milieux protestants en établissant les correspondances entre la croyance religieuse (le salut par la foi), l'ascétisme comme style de vie (le rejet des jouissances mondaines) et la vocation à accumuler rationnellement de l'argent (réussite professionnelle manifestant la gloire de Dieu). Cette analyse permet ainsi de mettre en relations les valeurs et les pratiques, y compris celles apparemment éloignées de la vie privée.
Le concept d'*ethos* a été repris par P. Bourdieu comme dimension particulière de l'« *habitus* », à savoir l'intériorisation des valeurs du groupe (classe ou fraction de classe).

➤ **ascétisme, habitus, rationalité, Weber ; Annexe A-37.**

étiquetage

Terme utilisé par les interactionnistes américains pour rendre compte des mécanismes par lesquels des individus ou des groupes sont publiquement désignés comme déviants ou non conformes, mais aussi des enchaînements divers qui en dérivent : catégorisations dévalorisantes des étiquetés, ajustements de ces derniers à ces désignations, renforcement du contrôle social (réaffirmation des règles et des normes en vigueur).

• Cette approche, développée entre autres par E. Lemert, K. Erickson et H. Becker, met l'accent moins sur les actes de transgression ou sur les individus qui les commettent que sur les processus sociaux de production de la déviance. L'infraction à la règle du groupe n'engendre pas à elle seule le fait social de la déviance.

• Les groupes sociaux et, en particulier, « les entrepreneurs de morale »(H. Becker) créent la déviance en forgeant des normes et en disqualifiant des individus supposés les avoir transgressées. L'étiquetage est le « processus au terme duquel (des individus) sont considérés comme étrangers au groupe ». En ce sens, il est mise à l'index.

• S'agissant des individus visés, la théorie de l'étiquetage ne se limite pas à l'acte de la désignation ; elle inclue leurs réactions, autrement dit la façon dont ils négocient leur « statut » de déviant ou de stigmatisé. H. Becker parle de « carrière déviante » pour rendre compte des individus étiquetés qui intériorisent leur statut et rejoignent des groupes déviants déjà organisés.

➤ **Becke.r (Howard), déviance, exclusion, Goffman, interactionnisme symbolique, stigmatisation.**

Euratom

➤ **Union européenne (historique de l').**

EURL

➤ **société [sens juridique].**

euro

Monnaie unique de l'Europe à partir de 1999, se substituant aux monnaies nationales des pays faisant partie de l'union monétaire.

• Le 1er janvier 1999, l'euro devient la monnaie de onze pays : Allemagne, Autriche, Belgique, Espagne, Finlande, France, Irlande, Italie, Luxembourg, Pays Bas, Portugal, auxquels s'ajoutent la Grèce en 2001, la Slovénie en 2007, Chypre et Malte en 2008, la Slovaquie en 2009, l'Estonie en 2011 et la Lettonie en 2014. Au 1er janvier 2014, 18 des 28 pays de l'UE ont rejoint la zone euro.

• Jusqu'en 2002, l'euro n'est utilisé que sur les marchés financiers et progressivement dans les paiements scripturaux : chèque, carte bancaire, virement ou prélèvement. Le 1er janvier 2002, l'euro est mis en circulation sous sa forme fiduciaire (pièces et billets) dans les douze pays qui composent alors la zone euro. Les principales fonctions de l'euro sont de développer les échanges intracommunautaires grâce à l'abolition des taux de change entre monnaies européennes et de favoriser la coordination des politiques économiques des pays membres.

Cependant, imonnaie internationale, l'euro ne remet pas en cause la suprématie du dollar : fin 2012, le dollar représente environ 61 % des réserves de change mondiales contre environ 27 % pour l'euro.

➤ **écu, union monétaire.**

Eurogroupe

Réunion mensuelle des ministres des Finances des États membres de la zone euro, créée en 1997 par le Traité d'Amsterdam et institutionnalisée depuis le Traité de Lisbonne. Elle a pour mission de coordonner les politiques économiques des pays membres de la zone euro.

Euronext

Opérateur boursier créé en 2000 par la fusion des places boursières d'Amster-

dam, de Bruxelles et de Paris. En 2002, Euronext acquiert le LIFFE (*London International Financial Futures Exchange*), bourse des produits dérivés de Londres et la bourse de Lisbonne en 2002. En 2007 Euronext Liffe fusionne avec la bourse de New York (*New York Stock Exchange*) et devient Nyse Euronext. En 2013, Nyse Euronext passe sous le contrôle du géant américain ICE (*Inter Continental Exchange*).

Les fonctions d'Euronext et des opérateurs boursiers en général, consistent à organiser l'admission des acteurs et des titres sur le marché, à diffuser les informations boursières, à organiser la cotation grâce à des systèmes informatisés. Euronext Liffe est une division d'Euronext qui regroupe les marchés dérivés, en particulier les contrats à terme et les options. Le MATIF et le MONEP sont exploités par Euronext Liffe.

➤ **MATIF, MONEP.**

Europe : organisations non communautaires

Organisations extérieures à l'Union européenne, d'importance inégale, rassemblées autour d'une logique économique, politique, ou militaire.

– **L'AELE** (Association européenne de libre-échange), organisation économique qui regroupe des pays d'Europe occidentale n'appartenant pas à l'Union européenne. De nombreux pays de l'UE sont d'anciens membres de l'AELE.

– **Le Conseil de l'Europe** créé en 1948, regroupe les pays d'Europe occidentale et favorise l'adoption de conventions. La plus importante étant la convention des droits de l'homme, entrée en vigueur en 1953, dont la Cour européenne des droits de l'homme de Strasbourg (à ne pas confondre avec la Cour de Justice des Communautés européennes de Luxembourg) veille à l'application. Le Conseil de l'Europe est aussi à l'origine de conventions dans de nombreux autres domaines tels que la santé, le travail, la prévention des conflits, le patrimoine...

– **L'Union de l'Europe occidentale** (UEO) est une organisation à vocation militaire créée en 1954 ; c'est essentiellement une institution de rencontre favorisant la conclusion d'accords dont l'importance est relativement modeste.

– Certaines organisations ont un objet européen mais comportent aussi des pays non européens : **l'OCDE** à finalité économique, l'Organisation du Traité de l'Atlantique Nord **(OTAN)** à finalité militaire ; ou plus récemment la **BERD**, chargée du développement des pays de l'Est.

– À la suite des accords d'Helsinki a été créée, en 1975, la *Conférence sur la sécurité et la coopération en Europe* (CSCE), qui regroupe des pays européens et d'Amérique du Nord, principalement destinée à régler de façon préventive les différents conflits. L'effondrement du communisme à l'Est a donné un nouvel élan à la CSCE, qui entend jouer un rôle important en matière de paix et de droits de l'homme.

➤ **AELE, BERD, élargissement de l'UE, intégration régionale, OCDE, principe de subsidiarité, Union européenne (institutions de l').**

Europe financière

Intégration des marchés de capitaux européens initiée par l'Acte unique européen de 1986 qui place la libéralisation des capitaux sur le même plan que celle des biens et services.

Le 24 juin 1988, le Conseil adopte une directive qui pose comme principe la libéralisation complète des mouvements des capitaux à partir du 1er juillet 1990 entre les États membres. Concrètement, la liberté de circulation concerne les mouvements de capitaux longs et courts, les institutions financières bénéficient du libre établissement dans les pays de la communauté. Il en résultera une rapide intégration des marchés financiers européens et le développement d'acteurs financiers de taille européenne ou mondiale. Le principe de l'Europe financière est fondé sur l'idée que la réalisation du grand marché intérieur nécessite une intégration financière garantissant une meilleure allocation des capitaux et une baisse des taux d'intérêt. Il reste que ce mouvement de dérégulation financière, observé à l'échelle mondiale, s'est également révélé porteurs d'instabilité monétaire et de crises.

➤ **Système monétaire européen, Union économique et monétaire de l'UE.**

Europe sociale

Ensemble des orientations sociales européennes, parfois qualifiées de « modèle social européen », visant à la reconnaissance de droits sociaux fondamentaux pour tous les travailleurs et citoyens européens.

L'Europe sociale apparaît dès l'origine de la construction européenne, notamment dans les dispositions sociales du Traité de Rome.

- Elle est par la suite présente dans tous les traités européens. C'est ainsi qu'est créé le *Fonds social européen* en 1958 suite au Traité de Rome. Puis, la *Charte des droits sociaux fondamentaux des travailleurs*, suite à l'Acte unique en 1989.
- En 1997, le Traité d'Amsterdam propose une *Stratégie européenne pour l'emploi*, des initiatives contre les diverses formes de discrimination et le principe du dialogue social.
- Le Traité de Nice de 2000 pose le principe d'un *Agenda social* qui fixe la direction de la politique communautaire en matière de protection sociale et d'harmonisation des systèmes sociaux des pays membres dans ce domaine.
- Toutefois, l'Europe sociale n'est jamais devenue une réalité tangible comme l'Europe économique ou monétaire. De plus, le modèle social européen (proche des systèmes sociaux des pays fondateurs) est mis à mal par la crise actuelle qui renforce les solutions nationales ainsi que par les élargissements récents à des pays plus proches du modèle social anglo-saxon. Parent pauvre de l'intégration européenne, l'Europe sociale reste une priorité de second rang de l'UE.

Les objectifs de l'Europe sociale

– respect des droits fondamentaux des travailleurs et des citoyens ;
– libre circulation des travailleurs et citoyens dans l'espace européen et la reconnaissance des diplômes ;
– lutte contre les discriminations de tous genres et en toutes situations ;
– protection sociale pour tous.

Les instruments de l'Europe sociale

– dialogue social dans l'entreprise et au plan interprofessionnel ;
– fonds structurels qui favorisent une redistribution et une solidarité sociale entre régions et États de l'UE ;
– directives communautaires favorisant une coordination des politiques sociales des États membres.

L'Europe sociale, enjeu majeur pour l'avenir de l'UE

Plusieurs raisons expliquent le retard de l'Europe sociale: – des **raisons politiques** liées à l'hétérogénéité sociale des pays membres et, en particulier, à la Grande-Bretagne qui s'est toujours opposée au développement du modèle social européen. – des **raisons institutionnelles** qui placent la plupart des questions sociales dans le registre des compétences nationales et de la « méthode ouverte de coordination », qui laissent la possibilité aux États de ne pas appliquer ou très modestement une décision sociale européenne. Réalité encore renforcée par les procédures de vote à la majorité absolue qui concernent l'essentiel des questions sociales et permettent à un État de rejeter une proposition émanant de l'ensemble des autres États. – une **raison financière** liée au « Fonds social européen », composante des « Fonds structurels européens », bras financier des politiques sociales européennes dont le montant global du budget est loin de répondre aux besoins de l'UE actuelle.

L'absence de politiques sociales communes est préjudiciable. Non seulement parce que les effets pervers qu'elle occasionne, tel le dumping social et fiscal, mettent en cause les principes d'une concurrence non faussée entre États membres, mais également pour des raisons de cohésion sociale et de démocratie européenne. Répondre à la question sociale est ainsi devenu un défi majeur pour l'avenir de l'Union.

➤ **Dumping, Fonds social européen, Fonds structurels européens, MOC.**

Eurosystème

Organe de l'Union européenne comprenant la BCE et les banques centrales nationales des pays ayant adopté l'euro.

L'Eurosystème coexistera avec le Système européen de banques centrales (SEBC) tant qu'il y aura des États membres de l'UE ne faisant pas partie de la zone euro.

évasion de capitaux

Sortie de capitaux vers l'étranger ayant pour but d'échapper à des mesures fiscales, douanières, ou de rechercher des avantages compétitifs locaux pour l'entreprise.

➤ **paradis fiscal.**

évasion fiscale

Comportement d'adaptation à la réglementation fiscale de la part de contribuables qui utilisent toutes ses possibilités à seule fin de payer moins d'impôts.

En France, l'évasion fiscale représenterait environ 30 à 40 milliards par an de manque à gagner de recettes fiscales.
Ce manque à percevoir pour l'État est parfois la contrepartie logique de ses propres incitations fiscales : s'il souhaite par exemple encourager l'épargne financière en détaxant les plus-values boursières, ce qui permet l'évasion fiscale, il doit s'attendre à un moindre rendement des impôts fonciers, l'épargne abandonnant, comme souhaité, l'immobilier.

REMARQUE : si l'**évasion fiscale** est légale, il n'en est pas de même de la **fraude fiscale**, qui est illégale.

➤ **impôt.**

évolutionnisme

1 Théories anthropologiques relatives à l'évolution des sociétés humaines : l'humanité prise dans son ensemble progresserait par étapes, des formes archaïques d'organisation sociale vers des formes complexes de civilisation.

Les différentes sociétés emprunteraient le même chemin : le schéma d'évolution est dit unilinéaire. Ce « progrès » est associé à un développement continu, nécessaire, qui se répète d'une société à une autre, quoique à des rythmes inégaux : les différentes sociétés représentent des stades différents de l'évolution universelle ; les sociétés dites primitives sont les témoins résiduels del' « enfance de l'humanité ».
La question des origines de l'Homme est sujette à un débat récurrent aux États-Unis : les tenants du créationnisme, qui affirment la création par Dieu des êtres humains dans leur forme actuelle, s'opposent à la théorie scientifique de l'évolution. Certains États conservateurs vont même jusqu'à adopter des lois pour imposer aux enseignants d'inclure une analyse critique de la théorie de l'évolution de Darwin dans leurs programmes. Pour autant, le clivage n'est pas si clair car selon un sondage en 2007, 25 % des Américains croient à la fois à la théorie de l'évolution et au créationnisme.

Darwin, Morgan Comte, Spencer

Les thèses évolutionnistes ont été développées au XIXe siècle parallèlement aux travaux de Darwin sur l'évolutionnisme biologique. Morgan en anthropologie, Comte et Spencer en sociologie en sont les principaux représentants. Le schéma évolutionniste inspire des auteurs contemporains (tels que Rostow et ses « étapes de la croissance économique »).

2 Courant de pensée économique, né dans les années 1960, qui étudie le changement social en plaçant la théorie évolutionniste de la firme au cœur de ses analyses.

Contestant les hypothèses néo-classiques de la rationalité substantielle et de l'équilibre, les évolutionnistes privilégient la permanence des routines qui fondent les comportements, le progrès technique (dans le prolongement de J. A. Schumpeter) et les mécanismes de sélection issus des décisions des dirigeants, pour expliciter les trajectoires des firmes. Les principaux représentants de ce courant sont

Nelson et Winter (An Evolutionary Theory of Economic Change, 1982), Freeman et Dosi.

➤ **darwinisme, progrès.**

ex ante/ex post

Ces deux expressions renvoient à une distinction fondamentale entre la grandeur des variables économiques résultant des projets et des anticipations des agents économiques (*ex ante*), et la grandeur de ces mêmes variables telle qu'on peut effectivement la mesurer *a posteriori* (*ex post*).

Ex post, l'économie paraît toujours équilibrée (achats = ventes ; ressources = emplois, etc.), mais il s'agit alors d'un équilibre comptable.
Ex ante, du fait de la non-coordination des plans des agents économiques, il n'y a pas équilibre (sauf coïncidence). Par exemple, les projets d'investissement des entreprises ne correspondent pas aux projets d'épargne de ces entreprises et des ménages.

REMARQUE : ce type de raisonnement est souvent utilisé par les keynésiens et les post-keynésiens, mais aussi, plus généralement, par tous ceux qui considèrent que l'incertitude est une caractéristique essentielle de l'économie de marché.

➤ **équilibre, Keynes.**

excédent

Terme utilisé pour désigner une situation dans laquelle une grandeur (exportations, recettes du budget) est supérieure à une autre (importations, dépenses du budget). Par exemple excédent budgétaire, excédent extérieur.

En démographie, l'**excédent naturel** correspond à une différence positive des naissances sur les décès, l'**excédent migratoire** à celle des immigrants sur les émigrants, l'**excédent global** à l'augmentation de la population, compte tenu du mouvement naturel et des mouvements migratoires.

▸ **excédents :** surplus d'une production par rapport aux besoins solvables (par exemple, les excédents de beurre de la CEE).

➤ **déficit budgétaire.**

excédent brut d'exploitation [EBE]

➤ **EBE.**

exclusion

Perte ou défaut d'insertion (travail, réseaux sociaux), mise à l'écart, cumul des handicaps et marginalisation d'individus ou de catégories sociales.

Depuis la crise sociale des années 1980-1990, le terme désigne avant tout des processus socio-économiques de précarisation et d'éviction : des individus refoulés durablement du monde du travail, paupérisés, en voie de « désaffiliation » (R. Castel) et socialement marginalisés. La privation d'emploi s'accompagne fréquemment de difficultés d'accès au logement et aux soins, d'isolement relationnel et de pertes de capacité, de « disqualification sociale » (S. Paugam). La logique purement économique n'est pas seule en cause : jouent également des handicaps sociaux divers, le déficit initial d'instruction, l'absence locale d'opportunités, la rupture des liens familiaux et amicaux (avant ou pendant le processus d'exclusion). Exclusion et pauvreté entretiennent des rapports étroits mais ne se recoupent que partiellement : nombre de ménages classés comme pauvres (revenus en dessous du seuil de pauvreté) ont des emplois et sont insérés socialement comme beaucoup de leurs concitoyens.

D'autres types d'exclusion

L'exclusion ne saurait être réduite aux seuls mécanismes socio-économiques. Dans le temps et dans l'espace, elle revêt de multiples aspects, elle obéit à des logiques très diverses : individus et groupes peuvent être exclus, rejetés, refoulés pour **raison politique** (non allégeance au régime), **religieuse** (non appartenance à la confession dominante), **ethnique** (minorités stigmatisées ou opprimées),

sexuelle (comportement ou étiquetage non conformes), pour **handicaps physique** (invalidité) **ou mental** (folie ou ce qui est perçu comme tel) et plus généralement pour déviance.

➤ **déviance, étiquetage, marginalité, pauvreté, précarité, ségrégation.**

exercice comptable

Laps de temps pendant lequel sont comptabilisées les recettes et les dépenses.

Pour les entreprises, l'exercice comptable, qui sépare deux bilans, est égal à douze mois, sans qu'il y ait obligation de le faire correspondre à l'année civile.
Pour l'État et les administrations publiques, l'exercice budgétaire correspond, en France, à l'année civile (du 1er janvier au 31 décembre), mais ce n'est pas le cas dans tous les pays : au Japon et aux États-Unis, par exemple, il va du 1er avril au 31 mars.

➤ **budget de l'État, comptabilité d'entreprise.**

exode rural

Flux migratoire des campagnes vers les villes.

Fait majeur des sociétés en voie d'industrialisation (l'Europe dès le XIXe siècle, les pays en développement aujourd'hui). Il se caractérise par le départ d'agriculteurs ou de leurs enfants (exode agricole proprement dit), mais aussi d'autres ruraux (artisans, travailleurs itinérants, gens sans emploi). Il correspond à la « modernisation » de l'agriculture (augmentation de la productivité) et au développement des emplois industriels et tertiaires, le plus souvent localisés en espace urbain.

➤ **déversement sectoriel, enclosures, migration, révolution agricole.**

exogamie

(du gr. *exo* « au-dehors » et *gamos* « mariage »)

Règle matrimoniale qui impose à l'individu de choisir son conjoint en dehors de son groupe de parenté.

La règle est universelle s'agissant de la famille nucléaire. Dans les sociétés à filiation unilinéaire, la règle d'exogamie s'applique à des groupes de parenté plus importants (famille étendue, lignages).

➤ **endogamie, filiation, lignage, mariage ; Annexe A-46.**

exogène

➤ **endogène/ exogène, fonction (en sciences sociales).**

expansion

Phase ascendante du cycle économique caractérisée par l'augmentation du volume de la production et de la demande pendant une courte ou une moyenne période.

Des phases successives d'expansion peuvent être entrecoupées de périodes de stagnation ou de récession ; lorsque l'on passe à la longue période, on n'analyse plus l'expansion mais la croissance.

➤ **croissance, cycles.**

exploitation

[sens marxiste] **Rapport social asymétrique selon lequel un groupe s'approprie sans contrepartie directe le produit du travail d'un autre groupe.**

Il s'agit d'un rapport entre les groupessociaux (et non d'inégalités au sein de chaque groupe). L'exploitation appartient au domaine économique : on dit que le seigneur féodal exploite ses serfs parce qu'il n'échange aucun bien économique en contrepartie de la corvée ; si l'on sort de la relation économique, on peut toujours prétendre que les serfs achètent leur sécurité avec leur corvée ; l'existence d'un surproduit ou d'un surplus est une condition nécessaire de l'exploitation.
Marx voit l'originalité de l'exploitation capitaliste, par rapport aux formes antérieures, dans l'existence d'un contrat de travail qui assure une liberté au travailleur de signer ou de ne pas signer ce contrat ; en fait, les conditions du marché du travail (chômage par exemple) font que cette liberté n'est que formelle.

Il considère que l'exploitation du prolétariat par la bourgeoisie réside dans l'appropriation par cette dernière de la plus-value créée par le prolétariat.

➤ **plus-value.**

exportations

Flux de marchandises et de services sortant du territoire national.

En Comptabilité nationale, le montant des exportations est affecté en emplois au compte du reste du monde.
Les exportations enregistrées dans la balance commerciale ne comprennent que les marchandises.

➤ **balance des paiements, importations.**

extérieur [Comptabilité nationale]

1 Ensemble des unités institutionnelles non résidentes c'est-à-dire qui n'effectuent pas d'opérations économiques pendant un an ou plus sur le territoire économique national.

2 L'extérieur est appelé « reste du monde » et désigne simplement les comptes où sont enregistrées toutes les opérations entre des unités résidentes et des unités non résidentes. Le territoire économique national inclut la France métropolitaine mais ne comprend pas les DOM-TOM.

➤ **balance des paiements.**

externalisation

Transfert, vers une entreprise extérieure, d'une activité interne à une entreprise ou à une organisation.

Exemples : une entreprise externalise son service de comptabilité, un hôpital son activité d'hôtellerie. L'externalisation peut avoir différents objectifs : se recentrer sur son métier et abandonner les activités périphériques, limiter le recours à des contrats à durée indéterminée, pour les établissements publics, transférer une partie de l'activité à des entreprises non soumises aux contraintes publiques. Dans tous les cas, l'objectif est de gagner en flexibilité.

➤ **salarisation, tertiarisation.**

externalité

Effet créé par un agent économique lorsqu'il procure à autrui par son activité une utilité, un avantage gratuits ou une désutilité, un dommage, sans compensation monétaire.

Bref, tout coûte mais tout ne se paye pas... L'effet est « externe » par rapport au marché et à son système de prix.
L'externalité survient quand, volontairement ou non, l'entreprise ne paye pas, partiellement ou totalement, les facteurs qu'elle utilise ou quand elle procure des satisfactions gratuites : elle créé alors des coûts (déséconomies externes), ou des avantages (économies externes) pour les travailleurs, les autresentreprises, les communes, la nature, levoisinage...

Externalités négatives et positives

- **Exemples d'externalités négatives** : les coûts sociaux (travail dangereux sans prime de risque, trajet domicile-travail non payé, mobilité professionnelle subie, précarité, etc.) et les coûts de la nature (fumées, nuages toxiques, déchets, bruit, encombrements, dégradation des sites, disparition des espèces, épuisement du sol et du sous-sol, etc.).
- **Exemples d'externalités positives** : implantation d'un siège social d'entreprise à proximité d'un restaurant où la clientèle va également pour des raisons de cohésion sociale et de démocratie européenne. Répondre à la question sociale est ainsi devenu un défi majeur pour l'avenir de l'Union.

Externalités et disfonctionnements du marché

Ainsi la notion d'externalité est-elle au cœur de la réflexion sur le rôle respectif de l'État et du marché. En effet, l'existence même d'externalités s'interprète comme l'un des dysfonctionnements du marché puisqu'elles empêchent la réalisation d'une allocation optimale des ressources, d'un optimum parétien. Si un agent, une entreprise par exemple, crée une externalité positive, il n'en sera pas rémunéré et aura donc tendance à sous-produire ; inversement, en cas d'externalité négative, il y aura surproduction, par rapport à l'optimum, puisque, les dommages ne coûtant rien à leur auteur, celui-ci ne sera pas incité à réduire son activité.

Externalités et intervention de l'État

L'État trouve donc une légitimité conforme à la logique du marché lorsqu'il intervient pour provoquer l'internalisation des coûts externes dans le calcul économique des agents, par exemple par la taxation : en taxant les activités privées génératrices d'effets externes négatifs, le système de prix reflète alors mieux l'ensemble des coûts. L'économie du bien-être (voir Pigou) admet ainsi la taxation des pollueurs par l'État (principe pollueur/payeur).

Cependant, lorsque l'État produit des services gratuits financés par les contribuables, il modifie l'allocation des ressources qui résulterait des mécanismes du marché : il produit à la fois des externalités positives au profit de ceux qui perçoivent plus qu'ils ne contribuent (il y a même des prestations non contributives) et des externalités négatives au détriment des contribuables qui payent plus qu'ils ne reçoivent ; il y a redistribution des revenus.

➤ **économie de l'environnement, économie du bien-être, État-providence, optimum, Pareto.**

extrants/intrants

1 Extrants ou *outputs*, biens ou services produits (produits).

2 Intrants ou *inputs*, biens ou services entrant dans le processus de fabrication (facteurs de production).

On peut se représenter l'entreprise comme un agent qui achète des *inputs* et les combine afin de vendre l'*output* ainsi obtenu. La matrice *input-output* de Leontieff correspond approximativement au tableau entrées-sorties de la Comptabilité nationale.

➤ **Comptabilité nationale.**

extrapolation

Opération qui consiste à calculer la valeur d'une variable à partir des tendances constatées dans le passé.

Par exemple, si la vente d'un produit augmente régulièrement de 5 % par an depuis dix ans, il est possible d'extrapoler cette tendance sur l'année suivante, en faisant croître de ce taux le chiffre atteint dans l'année.

➤ **prévision.**

extraversion

L'économie d'un pays est dite extravertie lorsqu'elle est, au sens étymologique, « tournée vers l'extérieur » : une part très élevée de sa production doit être exportée pour financer des importations nécessaires à sa consommation et à son investissement ; l'économie est subordonnée à des économies étrangères.

Ce terme est utilisé principalement dans le cas des pays en développement. Mais l'extraversion peut concerner aussi des pays développés. Ceux-ci ont hérité de la colonisation des structures productives conçues pour les besoins de la métropole. Cette extraversion a été accentuée, dans la période postcoloniale, par l'attraction exercée par les économies développées.

Ses manifestations sont : l'exportation systématique vers les marchés extérieurs, plus solvables, la sortie des capitaux, la fuite des cerveaux, l'imitation des modèles de développement étrangers...

➤ **contrainte extérieure, économie du développement, Tiers monde.**

F

FAB [franco à bord]

(en anglais : *FOB* [*Free on Board*])

Méthode de comptabilisation des importations et des exportations qui consiste à retenir la valeur du produit sans inclure les coûts de transport et d'assurance sur le trajet international.

➤ **CAF.**

facteurs de production

➤ **coûts.**

fait social

Toute manifestation de la réalité humaine ayant une dimension collective et revêtant une certaine régularité : la famille nucléaire, la délinquance juvénile, le salariat, la monnaie, etc.

Selon Durkheim, les faits sociaux sont extérieurs à l'individu et s'imposent à lui. Ils se distinguent des phénomènes psychiques, « lesquels n'ont d'existence que dans la conscience individuelle et par elle ».

REMARQUE : ne pas confondre **fait social et problème social**. Ce dernier est un phénomène de société qui pose question à la collectivité : l'alcoolisme, la délinquance juvénile, le chômage. Beaucoup de faits sociaux ne sont pas perçus comme problèmes sociaux : la mode, par exemple.

➤ **acteur social, holisme, sociologie ; Annexe Ⓐ-34.**

famille

1 Ensemble de personnes apparentées (la parentèle pour un individu donné).

2 Groupe élémentaire composé le plus souvent d'un homme et d'une femme (unis par des liens socialement reconnus) et de leurs enfants (issus de cette union ou adoptés) vivant sous le même toit (le « foyer familial »).

Dans le groupe restreint corésident, il faut distinguer le noyau familial du groupe domestique, ce dernier pouvant abriter en sus des personnes non apparentées.

La famille nucléaire n'est pas universelle

Les sociétés européennes connaissent depuis longtemps la famille conjugale ou famille nucléaire, c'est-à-dire l'unité familiale réduite aux parents et aux enfants non mariés. C'est le modèle dominant dès la fin du Moyen Âge. La famille nucléaire est aussi présente dans de nombreuses sociétés traditionnelles non européennes.
Cependant, la famille nucléaire ou élémentaire n'est pas une institution universelle. D'autres modèles ont existé et existent encore dans certaines sociétés : **familles étendues** (coexistence sous un même toit et une même autorité de plusieurs cellules conjugales apparentées), **familles polygames** (ensemble polynucléaire composé par exemple de plusieurs unités matricentrées–femmes et enfants–reliées par un seul conjoint mâle). Dans certaines sociétés à filiation unilinéaire, la cellule nucléaire n'est pas socialement reconnue.

Fonctions de la famille

La famille, institution de base de l'organisation sociale, remplit de multiples fonctions mais de façon très variable selon les sociétés : sexualité et conjugalité légitimes (mais est-ce encore la norme ?), procréation (à laquelle peut se substituer l'adoption), socialisation primaire (en concurrence et en complémentarité aujourd'hui avec l'instance scolaire), apprentissage des rôles sexuels (contribution essentielle mais non monopole : par exemple, les classes d'âge dans certaines sociétés traditionnelles, les médias et les groupes de pairs de nos jours), liens et solidarité entre les générations (elle n'est pas la seule à le faire). L'extension du salariat entraîne le déclin prononcé de la fonction de production. Certaines fonctions s'avèrent fondamentales mais ne sont pas ou plus reconnues comme telles : ainsi en est-il de la reproduction sociale à travers la transmission des biens patrimoniaux et l'héritage culturel.

Une crise de l'institution familiale ?

Depuis les années 1970, la famille connaît des évolutions rapides dans les sociétés occidentales : baisse des mariages, unions libres et ruptures (divorces ou séparations) plus fréquentes, augmentation des naissances hors mariage. La plus grande instabilité conjugale entraîne une augmentation des familles dites monoparentales (un parent seul vivant avec un ou des enfants) et des familles dites recomposées (couple avec enfants dont l'un au moins est issu d'une union précédente de l'un des conjoints). Plus récemment, les couples homosexuels revendiquent le droit à fonder une famille : union légitimée, revendication à élever des enfants (homoparentalité). Ainsi, en France, deux lois votées : le PACS en 1999 et le mariage homosexuel en 2013.

D'une désinstitutionalisation à de nouvelles formes d'institutions

On évoque une crise de la famille ou une crise de l'institution familiale. Plutôt que de crise, il conviendrait de parler de **désinstitutionalisation**. Cette expression peut s'entendre de deux façons : une **tendance aux arrangements individuels** soustraits aux normes sociales (la « famille-contrat ») ; ou une **remise en cause du modèle institutionnel** qui prévalait jusque dans les années 1960 (la famille moderne avec mariage électif, couple stable et rôles sexuels nettement différenciés), s'accompagnant de l'élaboration tâtonnante de nouveaux modèles conjugaux et familiaux. Les nouvelles manières de faire en matière de conjugalité et d'arrangement familial ont des chances de constituer de nouvelles formes institutionnelles.

➤ **désinstitutionalisation, filiation, groupe domestique, mariage, parenté, PACS, polygamie, socialisation.**

FAO *[Food and Agriculture Organization]*

Organisation internationale pour l'agriculture et l'alimentation, la FAO, fondée en 1945, est l'une des organisations spécialisées du système des Nations unies.

La FAO comprend 191 États membres, plus l'Union européenne (un pays = une voix) ; son Directeur général, José Graziano da Silva, a été élu le 1er janvier 2012 et son mandat durera jusqu'au 31 juillet 2015. Son siège est à Rome et sa vocation est « d'élever le niveau de nutrition et les conditions de vie des populations, d'améliorer le rendement de la production et l'efficacité de la répartition de tous les produits alimentaires et agricoles ».

➤ **ONU.**

fascisme

(de *fasci* « faisceaux », emblème des licteurs de la Rome antique)

À l'origine, mouvement politique antidémocratique fondé par Mussolini en 1919. Par extension, certains mouvements et régimes politiques d'extrême-droite nés après la Première Guerre mondiale.

L'expansion du fascisme

S'alimentant des désordres consécutifs à la Première Guerre mondiale puis des troubles sociaux de la crise de 1929, il s'étend de l'Italie à d'autres pays sous des formes voisines : national-socialisme allemand, rexisme belge, phalange et franquisme espagnols, « ligues » et pétainisme français, etc. Ceux-ci représentent des variantes nationales du modèle mussolinien, mais s'en distinguent par des caractéristiques spécifiques.

L'idéologie fasciste

- Elle plonge ses racines dans le courant conservateur qui, au XIXe siècle, refuse les transformations démocratiques et les idées libérales issues de la Révolution française et de la philosophie des Lumières.
- L'idéologie fasciste se définit comme une réaction : contre la liberté et les droits de l'individu, elle exalte les devoirs envers la nation, la famille, le parti et la soumission et l'obéissance au chef qui les incarne ; contre la raison, elle glorifie l'instinct, la foi ; contre le débat démocratique et contradictoire, elle vante l'unanimité ; contre la délégation de pouvoir, et le contrôle parlementaire, elle impose l'allégeance (plébiscitée) et l'unanimisme ; contre le pluralisme, le parti unique.
- Conception totale de l'homme, l'idéologie fasciste est, avec le stalinisme, l'une des grandes idéologies totalitaires du XXe siècle.

Des dangers pour la démocratie

- **Le fascisme** au pouvoir s'est incarné dans le parti de masse qui permet la mobilisation des foules, l'encadrement et le contrôle de larges groupes sociaux, la multiplication des organisations spécifiques tels les mouvements de jeunesse, les milices, etc.
- **Le nazisme** s'est distingué des autres mouvements fascistes en radicalisant et en exacerbant certaines de leurs tendances : un contrôle social généralisé ; la répression violente des opposants politiques, la persécution et l'extermination des Juifs, Tziganes, etc ; des politiques annexionnistes et des guerres de conquête contre les démocraties occidentales.
- Sinon le fascisme, du moins un **populisme autoritaire**, représente encore aujourd'hui une menace pour la démocratie. Toujours renaissant à l'occasion des crises, il exploite tout mécontentement par un discours démagogique et simpliste, où se mêlent traditionnellement l'antiparlementarisme, l'exploitation des « affaires » et des « scandales », et la désignation de « boucs émissaires » rendus responsables de tous les maux (les francs-maçons, les Juifs, les fonctionnaires, les immigrés, les politiciens corrompus, etc.).
- Responsable au XXe siècle, avec le stalinisme, des plus grands massacres qu'ait connus l'humanité, le **fascisme pourrait renaître** de l'oubli de ces massacres, de la manipulation de l'histoire (par exemple les tentatives des « historiens » révisionnistes d'introduire le doute sur l'existence des chambres à gaz)...

➤ **corporation, totalitarisme.**

FBCF [Formation brute de capital fixe]

Valeur des acquisitions, nettes de cessions, par les producteurs résidents, d'actifs fixes utilisés de façon répétée ou continue dans le processus de production pendant au moins un an.

La FBCF comprend :

– **les investissements matériels** ; par exemple, l'acquisition de bâtiments, de machines, de matériels de transport, de logements, la construction de routes, de ponts, etc. ;

– **des investissements immatériels**, correspondant à l'acquisition de logiciels (depuis 2000), d'œuvres récréatives, littéraires ou artistiques originales (y compris audiovisuelles) et à des dépenses de prospection pétrolière et minière.

La FBCF n'inclut donc pas tous les investissements immatériels : notamment elle ne prend en compte ni les dépenses de recherche-développement, ni les dépenses de formation, ni les dépenses d'action commerciale.

➤ **bien de production, Comptabilité nationale, investissement.**

fécondité

1 Comportement des femmes et des couples en matière de procréation (nombre d'enfants, espacement des naissances, âge des parents, etc.).

2 [indicateur démographique] Rapport de la natalité aux effectifs de la population en âge de procréer.

Le taux global de fécondité générale

C'est le rapport entre le nombre de naissances vivantes et le nombre de femmes en âge de procréer (15-49 ans). Ce taux est sensible à la structure par âge de la population féminine. Or, à l'intérieur même de la tranche 15-49 ans, il existe une grande variabilité de la fécondité. Ainsi on calcule le taux de fécondité pour chaque âge (on rapporte les naissances issues de mères d'un âge donné à l'effectif des femmes de cet âge), opération qui sert au calcul de l'indicateur synthétique de fécondité.

L'indicateur conjoncturel de fécondité

Il permet de calculer le nombre moyen d'enfants auxquels les mères donneraient le jour si les générations futures avaient le même taux de fécondité par âge que les générations actuelles. Il est égal à la somme des taux de fécondité pour chaque âge (de 15 à 49 ans) établis pour une année donnée.
Ce calcul, qui revient à accorder une pondération identique aux différentes classes d'âge, quel que soit leur effectif, élimine donc l'effet de structure que constitue la répartition par âge des femmes en âge de procréer. Cet indicateur mesure la fécondité « du moment », il ne doit pas être confondu avec la descendance finale.

Taux de reproduction et remplacement des générations

Pour apprécier la capacité d'une population à se reproduire, on calcule le rapport entre le nombre de filles dans la génération des enfants et celui des femmes dans celle des parents.

Cet indicateur appelé **taux de reproduction** permet **d'étudier le remplacement des générations** ; il peut être brut ou net.

Lorsqu'il est **brut**, ce taux se calcule simplement en multipliant l'indicateur synthétique de fécondité par 48,8 %, proportion de filles à la naissance dans chaque génération.

Lorsqu'il est **net**, le taux de reproduction prend en compte pour l'année considérée non seulement les taux de fécondité, mais aussi les taux de mortalité.

Pour remplacer ses générations, un pays doit avoir un taux net de reproduction égal à 1 (1 fille remplaçant 1 mère) ; cela correspond à un indice synthétique de fécondité de 2,1 dans les pays industrialisés et d'environ 2,6 dans les pays en développement, compte tenu des conditions de mortalité.

➤ **descendance finale, natalité.**

FED [Federal Reserve System ou Federal System]

(en français, Réserve fédérale ou banque centrale fédérale).

Ensemble de douze banques régionales de réserve assurant aux États-Unis le rôle de Banque centrale fédérale, dirigé par un Conseil des gouverneurs (sept gouverneurs nommés par le président des États-Unis, et formant le *Federal Reserve Board*).

Créé en 1913 pour assurer le solvabilité d'un système bancaire secoué par des faillites, tout en garantissant la représentation des intérêts locaux, la *FED* a évolué dans le sens d'une plus grande centralisation : outre l'émission de monnaie fiduciaire, elle fixe de manière unifiée les taux, le niveau des réserves obligatoires, la politique d'*open-market* ; elle réglemente le crédit et la rémunération des dépôts ; elle intervient sur le marché des changes et joue le rôle de banque du Trésor.
Depuis la **création de la Banque centrale européenne**, les deux banques centrales sont fréquemment comparées : à l'inverse de la BCE qui poursuit un objectif prioritaire unique, la stabilité des prix, la Réserve fédérale a deux missions, la lutte contre l'inflation et la lutte contre le chômage ; de surcroît, bénéficiant d'une réputation ancienne et de la position internationale du dollar, elle mène une politique monétaire plus active et plus souple que la BCE.

➤ **Banque centrale, dollar, Système monétaire international [SMI].**

fédération

Groupement d'États ou de provinces qui transfèrent à un nouvel État, dit fédéral, une partie de leur souveraineté et de leurs compétences.

Au minimum, sont en général transférées : la monnaie, la défense et les relations extérieures (par exemple, les États-Unis d'Amérique, l'Allemagne, l'ex-Union soviétique, le Nigeria, le Canada...). Les autorités fédérales ont un véritable pouvoir gouvernemental sur les États-membres.

L'État fédéral est généralement organisé sur la base d'une double représentation parlementaire : celle des citoyens (par exemple, la Chambre des représentants américaine) et celle des États-membres (par exemple, le Sénat américain).

Il ne faut pas confondre ***fédération*** et ***confédération***. Cette dernière ne comporte que des organismes sans pouvoir de décision véritable ; l'autorité reste aux États confédérés.

REMARQUE : la confédération helvétique est une fédération.

féodalisme

(de « fief »)

Système politique et social caractérisant l'Europe médiévale entre le Xe et le XIIIe siècle.

Le féodalisme résulte de la désagrégation du pouvoir royal et de la contraction des échanges. Le système féodal est articulé autour de deux ensembles institutionnels : les rapports de vassalité et l'institution seigneuriale.

Les premiers désignent les liens personnels de dépendance entre seigneurs : un seigneur (le suzerain) remet une terre (un fief) à un subordonné (le vassal) tout en lui assurant sa protection.

La seigneurie désigne à la fois les terres appartenant au seigneur et les prérogatives exercées sur les paysans : pouvoir de justice, corvées et taxes diverses. Les paysans sont soit libres (vilains, manants), soit serfs (attachés à la glèbe), mais les uns et les autres sont assujettis aux corvées et à la taille.

Ce système ignore l'échange monétaire impersonnel, caractéristique de l'économie de marché : corvée, services et contributions en nature dépendent des liens personnels de chacun, constitutifs de son statut (servage, vassalité...). À partir du XIIIe siècle, on assiste à la dissolution progressive de cet ordre féodal avec la renaissance du pouvoir central et le développement des rapports marchands.

➤ **Ancien Régime économique, échange.**

FEOGA [Fonds européen d'orientation et de garantie agricoles]

Créé en 1962, le FEOGA est l'instrument financier de la Politique agricole commune.

Son fonctionnement est assuré par des « prélèvements » sur les prix à l'importation restitués sur les prix à l'exportation. Il a une double mission, le soutien des prix agricoles (FEOGA section garantie ou FEOGA-G), la modernisation de l'agriculture et des zones rurales (le FEOGA section orientation ou FEOGA-O). Le FEOGA constitue un des fonds structurels européens.

➤ **Fonds structurels européens, Politique agricole commune [PAC].**

fermage

1 **Mode de faire-valoir en agriculture caractérisé par la location de la terre par un agriculteur (le « fermier »), celui-ci étant propriétaire de son capital d'exploitation (machines, bétail).**

2 **[au sens restreint] Désigne le montant du loyer de la terre versé au propriétaire.**

➤ **métayage.**

ferme informatique (ou grappe de serveurs)

Technique consistant à regrouper plusieurs ordinateurs indépendants afin d'accroître les capacités de calcul et de stockage. Ce nouvel ensemble, appelé *cluster* en anglais, fonctionne comme un seul ordinateur.

➤ **cloud computing.**

fiduciaire (monnaie)

(du lat. fides « *confiance* »)

Désigne la monnaie circulant sous forme de billets. Elle est créée par l'institut d'émission ; dans la zone euro, la Banque centrale européenne.

➤ **monnaie.**

filiale

Société dont le capital est détenu à plus de 50 % par une autre société dite « société mère ».

On distingue les filiales directes (A possède plus de 50 % de B) et les filiales indirectes ou sous-filiales (A possède plus de 50 % de B qui détient plus de 50 % de C).
Par extension, on appelle filiale une société B dont le conseil d'administration est désigné par la société A même si celle-ci n'a pas 50 % du capital de B, la domination de A sur B résultant d'une dispersion du reste du capital entre de nombreux petits actionnaires.

➤ **concentration, croissance des entreprises, groupe [économie].**

filiation

Principes gouvernant la transmission de la parenté. Liens reconnus entre des individus qui descendent les uns des autres. Pour l'individu par rapport auquel sont définis les liens de parenté : les ascendants et descendants.

Les règles sociales de la filiation ont plus de poids que l'aspect biologique de la procréation : la consanguinité n'est pas toujours synonyme de parenté (enfants « naturels » non reconnus, systèmes de filiation unilinéaires) ; inversement, il peut y avoir filiation sans liens du sang (adoption et plus récemment enfants de couples homosexuels). Le système de filiation détermine le plus souvent les règles de transmission du nom, des biens, des droits et des privilèges.
On oppose filiation unilinéaire et filiation indifférenciée.

La filiation unilinéaire

C'est la reconnaissance de liens de filiation au profit d'une seule lignée :
– **filiation patrilinéaire :** descendance en ligne paternelle ; les parents sont ceux auxquels l'individu est relié par l'intermédiaire du père ;
– **filiation matrilinéaire :** descendance en ligne maternelle, cas symétrique du précédent.

REMARQUE : la filiation matrilinéaire ne doit pas être confondue avec le matriarcat. Le plus souvent, la domination des hommes se marque, dans ce mode de filiation, par l'autorité dévolue au frère de la mère, qui possède, le cas échéant, les biens de la lignée.
Le système unilinéaire entraîne la formation de groupes de filiation particuliers : les lignages et les clans. Le lignage matrilinéaire est le groupe de parenté auquel se rattache un individu à travers sa mère. Il ne comprend pas les enfants des fils ; situation inverse avec la filiation patrilinéaire.

Filiation matrilinéaire

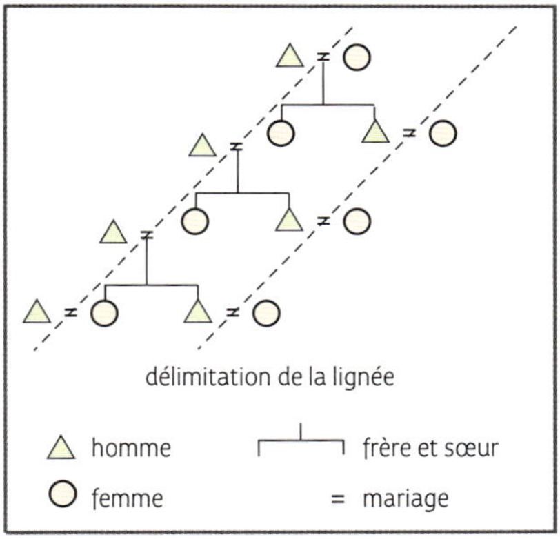

Filiation indifférenciée

La parenté est transmise aussi bien par le père que par la mère, donc reconnue des deux côtés. Principe en usage dans la plupart des sociétés occidentales.
Toutefois, la transmission du nom par le père témoigne de l'inflexion patrilinéaire vivace autrefois et pas complètement disparue de nos jours. En France, depuis le 1er janvier 2005, l'enfant peut porter le nom de son père ou celui de sa mère ou le nom des deux accolés.

➤ **lignage, parenté.**

filière (politique de)

Politique industrielle cherchant à favoriser le développement d'un ensemble intégré d'entreprises situées à des stades différents du processus de production d'une même famille de produits.

• La remontée des filières est une extension des activités d'une filière que l'on observe dans les pays en développement les plus avancés (cas exemplaire : la Corée du Sud). Le terme « remontée » peut renvoyer à deux types de processus :
– **la progression de l'aval vers l'amont**, des biens de consommation vers les biens intermédiaires et les produits de base. Exemple de la filière textile : confection tissus fils fibres synthétiques ;
– **la progression des biens à technologie banalisée** vers des biens d'équipement plus élaborés. Exemple de la filière métallique : métallurgie de base mécanique construction navale et automobile.
On considère qu'une stratégie d'industrialisation dite de « remontée de filière » permet à un pays d'assurer, à partir du produit final, une maîtrise technique et une autonomie de plus en plus grandes à mesure qu'il développe, vers l'amont, la production des produits de base (activités extractives à forte intensité capitalistique et technologique) et des biens d'équipement, ainsi que la recherche.
• Un pays en développement peut aussi chercher à valoriser ses produits de base en les transformant sur place (par exemple, développement, en aval, de la filière pétrochimique par les pays de l'OPEP).
Le Japon est souvent cité pour avoir su, historiquement, passer de la filière métallique, avec deuxième transformation de l'acier, à la filière électronique. Certains NPI d'Asie sont passés de la filière textile aux composants électroniques et ainsi à la filière électronique. **En théorie, la politique de filières s'oppose à la politique de créneaux** (spécialisation dans le segment de production le plus rentable); dans la pratique, les difficultés de mise en œuvre tendent à estomper cette opposition.

➤ **économie du développement, industrialisation par substitution.**

filière (stratégie de)

Stratégie consistant à privilégier, au sein d'un groupe, les activités interdépendantes et complémentaires pour bénéficier d'effets de synergie. Il y a synergie lorsque les performances de l'ensemble sont supérieures à la somme des performances de chaque élément isolé de l'ensemble.

Le groupe qui a choisi cette stratégie mène une politique globale visant à renforcer la cohérence et l'intégration de l'ensemble des activités: par exemple, on domine la filière électronique à partir de l'industrie des composants.

➤ **concentration.**

filière de production

Ensemble des activités qui contribuent à titre principal à la production d'une même catégorie de produits finals.

Ainsi, la filière « bois », de l'amont vers l'aval (c'est-à-dire des matières premières jusqu'à la commercialisation du produit final), comprend-elle la sylviculture (l'exploitation des forêts), la menuiserie, la fabrication de meubles, la vente des meubles, ainsi que, en amont de ces branches, les activités de production des machines-outils et autres biens d'équipement nécessaires, et les activités de recherche afférentes au bois.

filière inversée

➤ **Galbraith ; Annexe A-25.**

finance directe

➤ **économie d'endettement, financement, marché financier.**

financement

Action de fournir l'argent nécessaire à la réalisation d'une opération économique. Pour une entreprise, le financement peut se faire à partir des bénéfices réalisés antérieurement (autofinancement). En faisant appel au marché financier (émission d'actions ou d'obligations), on parle de financement direct ; ou au crédit bancaire, il s'agit alors de financement indirect, par intermédiation.

Le schéma distingue le financement direct et le financement par intermédiation.

Dans le financement direct, l'emprunteur et le prêteur sont en relation directe : par exemple, une entreprise émet des obligations, sur le marché financier, qui sont souscrites par des ménages ; le taux d'intérêt est payé par l'emprunteur (l'entreprise) au prêteur (le ménage).

Dans le cas de l'intermédiation, des institutions financières, les banques, sont créancières des agents à qui elles prêtent (elles perçoivent un taux d'intérêt) et débitrices de ceux qui placent des fonds chez elles (en principe, elles versent un taux d'intérêt). Cependant, pour la plupart, les banques à court de liquidités (de monnaie Banque de France) peuvent s'adresser à la **Banque de France qui les refinance** moyennant un taux d'intérêt.

Du financement au refinancement

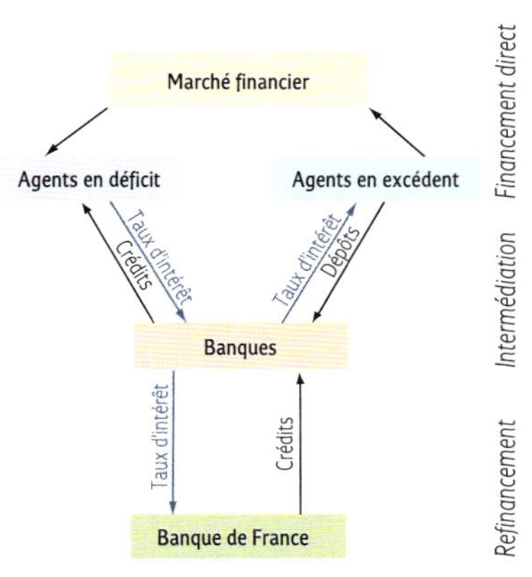

➤ **banque, économie d'endettement, intermédiation.**

finances publiques

Ensemble des dépenses et des recettes de l'État et des collectivités publiques. Ce terme désigne également la discipline qui a pour but d'étudier les mécanismes et les règles régissant les recettes et les dépenses de l'État et des collectivités publiques.

➤ **budget de l'État, dépenses publiques, prélèvements obligatoires.**

firme

Synonyme d'entreprise industrielle et commerciale.

➤ **entreprise.**

firme multinationale [FMN]

Firme possédant ou contrôlant des entreprises implantées dans plusieurs pays et en mesure d'élaborer une stratégie qui s'appuie sur les différences socio-économiques de ces pays.

L'internationalisation de l'activité des entreprises est un phénomène ancien, mais qui s'est accéléré après la Seconde Guerre mondiale. Les stratégies d'expansion à l'étranger s'organisent autour de différents objectifs :

Le contrôle des matières premières

Le premier objectif est celui du contrôle et de l'exploitation des matières premières. Dès le XIXe siècle, des entreprises industrielles européennes, puis américaines, s'implantent dans les pays possesseurs de matières premières pour créer des courants d'échange vers les pays riches. Cette stratégie d'implantation à l'étranger, qui se décide en fonction de la localisation des matières premières reste une réalité aujourd'hui.

La recherche de débouchés

À ce premier objectif, il faut en associer un autre, vendre. Les limites à la croissance interne de l'entreprise l'incitent à rechercher des débouchés externes par les exportations et le développement de filiales à l'étranger. Ce type de stratégie suppose que le pays d'accueil constitue un marché attractif. Les pays développés sont le lieu privilégié d'implantation de ce type d'investissement : les Investissements directs à l'étranger (IDE).

La diminution des coûts de production

Depuis une vingtaine d'années, une nouvelle raison de produire à l'étranger a pris une importance croissante : la pression sur les coûts de production. Les différences de

coûts salariaux directs et indirects incitent les entreprises à délocaliser leur activité vers les pays à bas coûts de main-d'œuvre : **c'est la logique de la DIPP (« décomposition internationale des processus productifs »)**.
La mondialisation des marchés constitue un milieu favorable au progrès des FMN : **mobilité** plus grande des marchandises, des hommes, des produits, des capitaux, des technologies et des informations. Par ailleurs, les FMN exploitent les différences de coûts de main-d'œuvre, de niveau de développement, de dotation en matières premières, de régime fiscal ou douanier...

Les théories des firmes multinationales

- **La théorie des coûts de transaction** (Coase, Williamson) a beaucoup apporté à l'explication de la multinationalisation des firmes : une activité productive à l'étranger, nécessaire à une firme, sera internalisée par celle-ci (intégrée par filialisation au sein du groupe) si les coûts de transaction d'un simple échange marchand sont jugés trop importants ; le « faire » l'emporte alors sur le « faire faire ». Par exemple, en situation d'asymétrie d'information avec risque de comportement opportuniste d'un fournisseur (qui tricherait sur la qualité, ne respecterait pas les délais, etc.), une firme aurait intérêt à l'absorber (intégration verticale).
- **L'analyse, dans le cadre de la théorie des jeux, des stratégies des firmes** en situation d'oligopole a également permis d'expliquer certains comportements de localisation (par exemple, conquérir un marché étranger par implantation locale pour renforcer sa position vis-à-vis de son concurrent national).

Les FMN : un rôle discuté

Les FMN limitent les marges de manœuvre de la politique économique : elles peuvent, par des opérations entre filiales (« commerce captif » avec pratique des « prix de transfert »), atténuer l'impact des mesures de politique économique (notamment fiscale) dans les pays d'accueil. Pourtant, l'idée d'un contrôle strict de l'activité des FMN, assez répandue dans les années 1970, n'est plus reprise aujourd'hui ; on considère surtout qu'elles peuvent être, sous certaines conditions, source d'apport en capitaux, de transfert de technologies, de création d'emplois et d'élévation du savoir-faire de la main-d'œuvre ; d'où des politiques « d'attractivité territoriale » (pour attirer les IDE des FMN), qui peuvent parfois dériver vers un certain dumping social ou fiscal.
Cependant, les FMN restent attachées à leur pays d'origine, « ce qui est bon pour General Motors est bon pour les États-Unis et réciproquement », qui favorise leurs activités. En cas de difficultés, elles se replient sur leur pays d'origine **(théorie du sanctuaire)**.

REMARQUE : la notion de **firme transnationale** (FTN), souligne que de telles entreprises, en traversant les frontières nationales planifient leur développement directement à l'échelle mondiale. Elle est de moins en moins utilisée. Aujourd'hui, la présence de produits non différenciés conçus pour un marché mondial unifié, l'actionnariat et les dirigeants sans nationalité dominante, correspondent plus à la notion de **firme globale** ; cette notion ne convient, pour le moment, qu'à un tiers des FMN environ.

➤ **concentration, délocalisation, impérialisme, mondialisation de l'économie ; Annexe A-25.**

fiscalité

Réglementation définissant les impôts d'une collectivité locale, d'un pays ou d'un organisme international (Union européenne, par exemple) et leur perception.

➤ **impôt, parafiscalité, politique budgétaire, politique fiscale, prélèvements obligatoires.**

Fisher (effets)

1 Effet de l'inflation anticipée sur le niveau des taux d'intérêt nominaux.

Les prêteurs se déterminent en fonction du taux d'intérêt réel qu'ils souhaitent obtenir (lui-même fonction de leur taux de préférence marginale pour le présent) ; ils en déduisent le taux d'intérêt nominal qu'ils annoncent aux emprunteurs en ajoutant au taux réel le taux d'inflation anticipé (puisque ce dernier vient amputer le pouvoir d'achat du capital et des intérêts nominaux qui leur sont dus). Si l'on suit cette conception, présentée en 1930 par Fisher dans *La Théorie de l'intérêt*, ce serait l'inflation qui serait responsable de l'existence de taux d'intérêts nominaux élevés et non l'inverse (les politiques monétaires « laxistes » visant à faire baisser les taux d'intérêt produiraient l'effet contraire dès lors que les agents anticiperaient leurs conséquences inflationnistes).

2 Effet cumulatif de la déflation sur le surendettement réel des agents économiques.

Cet effet est mis en évidence par Fisher dans un article portant essentiellement sur la phase dépressive du cycle (et pour cause, sa publication datant de 1933). Les agents économiques lorsqu'ils constatent, au terme de la phase euphorique du boom, qu'ils sont surendettés, cherchent à se désendetter en réalisant leurs actifs ; ces ventes massives et précipitées induisent une baisse des prix qui accroît au contraire la valeur réelle des dettes ; un processus cumulatif se trouve ainsi enclenché : « Plus les débiteurs payent plus ils doivent. »

➤ **déflation, intérêt (taux d') ; Annexe A-12.**

Fisher (Irving)

Économiste et statisticien américain (1887-1947) célèbre pour ses analyses de la monnaie et du taux d'intérêt.

Irving Fisher est souvent associé à la théorie quantitative de la monnaie parce qu'on lui doit la formulation de l'équation à partir de laquelle il a établi une relation causale entre les variations de la quantité de monnaie en circulation et les variations du niveau général des prix (dans son ouvrage de 1911, *Le Pouvoir d'achat de la monnaie*) :

$$M.V = P.T$$

Où le volume des transactions (T) et la vitesse de circulation (V) sont donnés ; le niveau des prix (P) est alors déterminé par le stock de monnaie (M). Dans son livre *100 % Money* (1935), Fisher proposait une réforme radicale du système monétaire : il s'agissait de réserver le monopole de la création monétaire à l'État afin de limiter l'instabilité de l'économie capitaliste en régulant l'offre de crédit et le niveau du taux d'intérêt.

➤ **monnaie (théorie quantitative de la) ; Annexe A-12.**

flexibilité

Ajustement rapide des quantités, des prix et des qualités aux variations du volume et de la structure de l'offre et de la demande sur les marchés.

Les changes sont flexibles (ou flottants) lorsque le cours des devises fluctue sans intervention des banques centrales en fonction des variations de l'offre et de la demande sur le marché des changes.

La production est flexible quand elle s'adapte aux variations quantitatives et qualitatives de la demande.

Le travail peut être flexible, et sa flexibilité se décompose en plusieurs éléments :

– la flexibilité quantitative externe (possibilité d'embaucher et de licencier librement en fonction des fluctuations de l'activité) ou interne (modulation du temps effectif de travail) ;

– la flexibilité des rémunérations ;

– la flexibilité fonctionnelle (polyvalence des travailleurs et souplesse de l'organisation) ;

– l'externalisation (utilisation de sous-traitants ou d'entreprises de travail temporaire).

Analyse libérale et flexibilité

Pour la théorie néo-classique la flexibilité des prix sur les marchés permet la résorption des désajustements temporaires entre les offres et les demandes (par exemple, la baisse du salaire réel sur le marché du travail doit permettre la résorption du chômage). Plus largement, la doctrine libérale voit dans les diverses rigidités et réglementations héritées de plusieurs décennies d'intervention de l'État (et des syndicats) l'une des causes principales de la crise des années 1970 ; elle préconise en conséquence la suppression des règles qui entravent la liberté d'entreprendre et la régulation par le marché.

➤ **emploi typique/atypique, équilibre, néo-classique (théorie).**

flexicurité ou flexisécurité

Modèle de régulation du marché du travail et de la relation d'emploi fondé sur trois principes : une grande flexibilité du marché du travail (souplesse du droit du travail, facilité des licenciements), la sécurisation des trajectoires professionnelles (allocations chômage, formation professionnelle), une politique de l'emploi active (aides et incitations à la recherche d'emploi, etc.).

• Le modèle cité est le système mis en œuvre au Danemark. Il présente l'avantage de combiner la flexibilité pour les entreprises et la sécurité pour les salariés dans un contexte macroéconomique de taux de chômage faible.

• Le système danois se caractérise par de nombreux autres traits : un taux de syndicalisation très élevé, des relations professionnelles fondées sur le dialogue social, un taux de prélèvements obligatoires très élevé.

• Le Conseil européen a voté, en décembre 2007, des « principes communs de flexicurité » : assouplissement du contrat de travail, formation tout au long de la vie, politiques actives de l'emploi, systèmes de sécurité sociale « modernes ».

• Mais des éléments institutionnels apparemment efficaces dans un pays ne sont pas transposables tels quels dans un autre car c'est la configuration institutionnelle d'ensemble (droit du travail, qualité des relations professionnelles, degré d'intervention de l'État, etc.), héritée d'une longue histoire, imprégnée d'une culture (plus ou moins favorable à la négociation, aux solidarités collectives, etc.) qui s'avère déterminante : c'est pourquoi l'on parle d'une **flexisécurité « à la française »**.

➤ **Marché, politique de l'emploi, chômage.**

flexion des taux d'activité

Variation des taux d'activité résultant de la création d'emplois.

Dans un bassin d'emploi, la création d'emplois suscite de nouvelles demandes (qui ne s'étaient pas manifestées auparavant), de telle sorte que la réduction du nombre de chômeurs ne correspond pas au nombre d'emplois supplémentaires.

Exemple : quand un supermarché s'ouvre dans une localité où cinq vendeuses sont inscrites à Pôle Emploi et qu'il offre justement cinq emplois de vendeuse, le chômage des vendeuses ne sera pas annulé si deux autres personnes, jusqu'alors considérées comme inactives, se déclarent intéressées par ces offres d'emploi.

➤ **chômage.**

fluctuations économiques

Irrégularités de l'évolution des grandeurs économiques (production, prix, emploi, revenus, investissement…) au cours du temps.

Sans que cela soit une règle générale, le terme fluctuations suggère des mouvements alternés ascendants et descendants, soit en valeur absolue, soit en valeur relative (dans ce dernier cas, cela correspond à des accélérations et à des ralentissements). Ces mouvements affectent aussi bien le court terme (évolutions conjoncturelles) que les moyen et long termes. Quand les fluctuations de la croissance obéissent à une certaine régularité (périodicité des phases ascendantes et descendantes), il s'agit de cycles économiques.

➤ **conjoncture, cycles.**

flux

Grandeur économique mesurée au cours d'une période de temps donnée (elle s'oppose à la notion de *stock*).

On distingue les flux réels, qui portent sur des biens et services, les flux monétaires, qui sont généralement la contrepartie des premiers (par exemple, le salaire est la contrepartie de la location de la force de travail), et les flux financiers, qui portent sur des créances et des dettes.

Exemple : au début du mois, un agent économique dispose de 610 € sur son compte en banque ; il s'agit d'un stock de monnaie à ce moment précis. Au cours du mois, il reçoit un revenu de 1 524 € sur lequel il consomme 1 372 €, 152 € étant ainsi thésaurisés ou épargnés ; revenu, consommation et thésaurisation sont des flux. À la fin du mois, son stock de monnaie est de 762 €.

➤ **stock.**

flux internationaux de capitaux

Échanges de capitaux entre les résidents d'un pays et les non résidents. Avec la globalisation financière, ces mouvements dépassent très largement en volume les échanges de biens et services.

Ces flux financiers internationaux comportent principalement les investissements directs à l'étranger (IDE) dont le but est de contrôler partiellement une entreprise étrangère, et les investissements de portefeuille dont le but est plus spéculatif dans la mesure où ils n'impliquent pas une prise de contrôle d'une entreprise étrangère. L'importance du volume des opérations financières peut s'observer sur les comptes financiers de la balance des paiements.

➤ **balance des paiements, investissement direct à l'étranger.**

FOB *[Free on Board]*

➤ **FAB.**

Fogel (Robert William)

Né en 1926, il est l'un des fondateurs de la Nouvelle Histoire Economique. Prix Nobel d'économie en 1993.

Sa méthode consiste à se référer à une théorie économique – reposant sur la rationalité des individus – et à traiter des données statistiques lourdes et originales. Ses thèses principales sur l'histoire américaine portent sur :

– le caractère non inévitable du chemin de fer, ce qui implique que les subventions de l'État pour promouvoir de nouvelles techniques ne sont pas justifiées ;

– la rentabilité de l'esclavage : il remet en cause la thèse de l'irrationalité économique des propriétaires d'esclaves ;

– les relations entre alimentation et comportements économiques et sociaux.

Les travaux de R. Fogel s'inscrivent dans le cadre d'une approche quantitative de l'histoire économique, plus précisément de l'histoire des institutions économiques, et participent à l'essor du néo-institutionnalisme.

➤ **North ; Annexe C.**

fonction

[sciences sociales] **Rôle que jouent une pratique, un dispositif, une institution dans un système social global (société) ou partiel (collectivité, organisation).**

Sens employé dans l'analyse fonctionnelle et systématisé par le courant fonctionnaliste.

Exemples : ainsi, l'examen remplit la fonction de sélection légitime ; les rites de passage marquent solennellement le changement de statut des individus ; la famille remplit plusieurs fonctions : reproduction, socialisation primaire, protection de l'individu, etc.

Fonctions manifestes et latentes

À la suite de Merton, on peut distinguer fonctions manifestes et fonctions latentes. Les premières sont explicites et reconnues sans problème par le corps social : l'organisation des activités sportives, la culture du corps par les clubs sportifs. Les secondes sont moins explicites (associations sportives comme lieu de socialisation par exemple) et parfois masquées ou difficilement reconnues ; leur mise en évidence n'est pas acceptée d'emblée (pratiques sportives comme conduite de distinction sociale, par exemple, telles que golf, jogging, etc.).

➤ **fonctionnalisme, institution(s), Merton ; Annexe A-50, 55.**

fonction mathématique

Relation mathématique entre deux variables ou plus du type Y = *f* (*x*, *z*), qui peut être utilisée en économie et dans les autres sciences sociales.

Les fonctions sont utilisées, en statistique, pour tester des relations empiriques entre variables. Supposons par exemple que l'on se réfère à une explication de la consommation par le revenu et que l'on choisisse une relation de type linéaire.
On écrit : $C = a + bY$ où C est la consommation et Y le revenu.
Dans cette formulation, C et Y n'ont pas une position symétrique : c'est la consommation qui est déterminée par le revenu et non l'inverse. C est une variable endogène et Y une variable exogène. Il est possible de tester cette relation, à partir de données chiffrées, pour savoir s'il existe effectivement une corrélation (variation liée) entre les deux variables ou si elles sont indépendantes.
Toutefois, l'interprétation peut être délicate parce que l'existence d'une corrélation peut renvoyer à plusieurs types d'explications. Par exemple, le taux d'activité des femmes est lié de façon négative au nombre de leurs enfants. Trois interprétations sont possibles :
– les femmes ont moins d'enfants parce qu'elles travaillent ;
– les femmes travaillent parce qu'elles ont moins d'enfants ;
– avoir peu d'enfants et travailler s'explique par un choix commun.

Fonctions et formalisation économique

Les fonctions sont utilisées en formalisation économique pour expliciter les raisonnements et en montrer la cohérence sans que l'on teste nécessairement, sur le plan statistique, les fonctions posées. Walras fournit un exemple classique d'utilisation de fonctions mathématiques non vérifiées empiriquement.

➤ **endogène/exogène, statistiques ; Annexe Ⓐ-6.**

fonctionnalisme

Ensemble de courants anthropologiques et sociologiques qui considèrent le système social comme une totalité unifiée dont tous les éléments (division du travail, institutions, idéologies) sont nécessaires à son bon fonctionnement ; on postule la cohésion des éléments entre eux.

La société, assimilée à un organisme vivant ou à une machine, s'autorégule et tend à l'équilibre. Ces courants insistent sur l'intégration et négligent ou tiennent pour secondaires les conflits et les dysfonctionnements. Ils occupent une place importante dans la sociologie américaine contemporaine.

Du fonctionnalisme absolu au fonctionnalisme relativisé

La théorie sociale au XIXe siècle est marquée – à des degrés divers – par des présupposés fonctionnalistes, comme l'atteste l'influence du modèle biologique. Ce n'est cependant qu'au début du XXe siècle que le fonctionnalisme comme théorie et méthode d'analyse est développé.

- **B. Malinowski**, anthropologue britannique – dont l'œuvre ethnologique de terrain est beaucoup plus riche que son schéma théorique –, crée le terme et formule les règles du fonctionnalisme classique (dit encore « absolu » en raison de son caractère systématique) à partir de ses études sur les sociétés primitives.

Empruntant explicitement à l'organicisme, il postule que tout système social peut être ramené à des fonctions correspondant à des besoins et à des buts vitaux : « Chaque coutume, chaque objet, chaque idée et chaque croyance remplit une fonction vitale, [...] représente une partie indispensable d'une totalité organique. » La coopération entre les éléments est harmonieuse, tout ce qui existe est à la fois utile et nécessaire.
Le caractère contestable de plusieurs de ces hypothèses, surtout quand on les transpose à des sociétés complexes et socialement différenciées, a conduit à des remaniements importants des principes d'analyse fonctionnalistes.

• **K. Merton**, sociologue américain, en est le promoteur le plus reconnu. Rejetant le modèle organiciste, il abandonne le postulat de la nécessité fonctionnelle de toute structure. Il admet que certains processus peuvent être dysfonctionnels en faisant obstacle à l'adaptation du système. De leur coté, les interactionnistes ont remis en cause l'adéquation fonctionnelle des statuts et des rôles.

Un bon exemple est fourni par la stratification sociale, thème central de plusieurs travaux fonctionnalistes américains, dont ceux de Parsons. La stratification sociale est analysée comme le produit nécessaire d'une division du travail fonctionnelle : la valeur et le rang des positions sociales dépendent de leur importance pour le maintien et le fonctionnement de la société. Les inégalités de statut et de revenu en sont le résultat logique. L'organisation sociale ainsi conçue assure l'intégration de ses membres, l'adaptation du système à son environnement et l'ajustement des moyens aux buts visés.

➤ **fonction, interactionnisme, Malinowski, Merton, organicisme, Parsons, stratification sociale ; Annexe Ⓐ-50, 55.**

fondamentalisme

[dans le domaine religieux] Courants et doctrines prônant un respect à la lettre des textes sacrés, la préservation des « fondamentaux » de la foi. Les croyances et les conduites doivent se conformer à ces textes considérés comme intangibles.

• Les courants fondamentalistes sont présents au sein de toutes les grandes religions : le christianisme (protestant et catholique), l'islam, le judaïsme, le bouddhisme et l'hindouisme. Ces courants ont en commun de mêler un rigorisme moral, une opposition au processus de sécularisation, une vision conservatrice du monde social. Au-delà de ces caractéristiques communes, ils se distinguent selon les mouvances religieuses ou au sein de celles-ci.

• Le fondamentalisme musulman a pour objectif d'islamiser ou de réislamiser le système politique, juridique (application de la *charia*) et social. Il convient de distinguer fondamentalisme, en particulier musulman, et terrorisme politique. Si les islamistes radicaux, partisans du *djihad*, font référence au fondamentalisme, nombre de mouvances et de milieux qui s'en réclament sont loin d'adhérer aux actions violentes et plus encore aux actions terroristes.

• Les fondamentalismes, souvent associés au refus de la modernité, sont paradoxalement liés à celle-ci : ils attestent du désarroi de croyants dans une société qui n'est plus structurée par les institutions religieuses.

➤ **laïcité, religion, sécularisation.**

fonds communs de placement

➤ **OPCVM.**

fonds de pension

Modalité particulière d'épargne salariale. Les fonds de pension sont alimentés par l'épargne des salariés, le plus souvent complétée par l'entreprise et dotée d'avantages fiscaux. Lors de sa retraite, le bénéficiaire reçoit une rente viagère.

Ces fonds existent au début du XXe siècle dans les pays anglo-saxons et du nord de l'Europe. Avec le vieillissement de la population et le volume des sommes accumulées en prévision des retraites, ils ont pris une place importante sur les marchés financiers.

Les représentants des salariés sont souvent associés à la gestion des fonds. Ils s'intéressent de près au fonctionnement des entreprises où ils investissent.

Les fonds de pension jouent un rôle fondamental, et porteur de déséquilibres, dans la recherche d'une rentabilité élevée des capitaux : ils participent à un développement d'une forme de capitalisme qui privilégie la rentabilité financière au détriment des stratégies industrielles de longue période.

➤ **épargne salariale, *hedge funds*, investisseurs institutionnels ou « Zinzins ».**

fonds de solidarité vieillesse

Le fonds de solidarité vieillesse (FSV) est un établissement public créé en 1993 et placé sous la double tutelle des ministres chargés de la sécurité sociale et du budget.

Le FSV a pour mission de financer, au moyen de recettes qui lui sont affectées, principalement une fraction de la CSG, contribution sociale généralisée : 11 % en 2011, divers avantages relevant de la solidarité nationale servis par les régimes de la sécurité sociale, notamment le minimum vieillesse et les majorations de pensions pour enfants élevés et pour conjoint à charge, ainsi que les cotisations afférentes à des périodes non travaillées (périodes de chômage et de préretraite). L'ensemble des dépenses prises en charge par le FSV s'est élevé en 2012 à 23,3 milliards d'euros. Depuis plusieurs années, les comptes du FSV présentent une situation structurellement déficitaire (–4,1 milliards d'euros en 2012) qui reflète la dégradation exceptionnelle de ses recettes et la progression des dépenses liées au chômage, sous l'effet de la crise.

Fonds européen de développement régional [FEDER]

Prélevé sur le budget européen, le FEDER est l'un des fonds structurels de l'Union européenne.

Sa mission est de stimuler la compétitivité de l'ensemble des régions européennes, tout en aidant les moins favorisées d'entre elles à combler leur retard. Le FEDER, comme le Fonds social européen, œuvre activement à la cohésion économique et sociale de l'UE.

➤ **budget de l'UE, fonds structurels européens.**

Fonds monétaire international [FMI]

Institution internationale, créée par les accords de Bretton Woods en 1944, ayant aujourd'hui principalement pour rôle de fournir des crédits aux pays qui connaissent des déficits extérieurs et qui, en contrepartie, prescrit des politiques économiques.

- **Au sein du FMI, chaque pays dispose d'une quote-part** (établie en fonction de sa place dans les échanges internationaux), qui détermine les dépôts qu'il effectue, les crédits (droits de tirage) dont il peut bénéficier et le nombre de voix au sein des organismes du FMI.
- **Chaque pays effectue des dépôts** d'un montant égal à sa quote-part pour 25 % en devises et 75 % en monnaie nationale (avant 1976 : 25 % en or et 75 % en monnaie nationale). À partir de ces dépôts s'effectuent des tirages : le pays emprunteur peut obtenir du FMI des devises (euro, dollar, etc.) et céder de sa propre monnaie.
- **Les droits de tirage (ordinaires ou normaux**, par opposition aux droits de tirage spéciaux) sont provisoires, puisqu'ils sont remboursables en trois ou cinq ans et limités.
- **Le FMI avait, à l'origine, un rôle de gardien du système de parités fixes** et de prêts à partir des dépôts dans les différentes devises. Son rôle s'est progressivement transformé.

Le flottement généralisé des monnaies à partir de 1973 a rendu caduque la surveillance du système de parités fixes.

Le rôle financier du FMI

Les énormes problèmes de financement rencontrés, en particulier par les pays en développement, depuis la fin des années 1970, ont entraîné une transformation profonde du FMI dont le rôle financier s'est considérablement développé. Il a multiplié ses interventions, recherché de nouvelles ressources et développé son influence sur les pays qui font appel à ses crédits. Le FMI conditionne son aide à l'adoption, par les pays demandeurs, de mesures de politique économique, mesures dont l'efficacité est fréquemment discutée mais auxquelles sont subordonnés, non seulement les prêts du FMI, mais aussi les crédits accordés par les grandes banques.

• **La création des DTS (droits de tirage spéciaux)** et leur autonomisation par rapport au dollar ont permis au FMI de disposer d'une unité de compte propre et de pouvoir attribuer de façon plus souple des fonds aux pays membres.

➤ **Bretton Woods (accords de), droits de tirage, droits de tirage spéciaux [DTS], Système monétaire international [SMI].**

fonds propres

Ressources de l'entreprise qui proviennent de l'entreprise elle-même – autofinancement – ou de ses propriétaires – apport en numéraire des actionnaires.

➤ **comptabilité d'entreprise.**

Fonds social européen [FSE]

Créé en 1957, le FSE est l'un des fonds structurels de l'Union européenne.

Il a pour objectif de réduire les écarts de richesse et de niveaux de vie entre les États membres de l'UE et entre leurs régions, ainsi que d'améliorer les compétences et perspectives d'emploi des citoyens de l'UE. Prélevé sur le budget de l'Europe, le FSE, comme le Fonds européen de développement régional, œuvre activement à la cohésion économique et sociale de l'UE.

➤ **budget de l'UE, fonds structurels européens.**

fonds souverains

Fonds d'investissements détenus ou contrôlés par un État : ils sont une nouvelle catégorie d'acteurs financiers comme le sont les fonds de pension, les fonds de capital investissement (*private equity funds*) ou les fonds alternatifs ou spéculatifs (*hedge funds*).

Ils sont principalement issus :

– de pays producteurs de pétrole (Qatar, Dubaï, Koweit, Abou Dhabi, Norvège notamment), qui ont des réserves importantes de pétrodollars ;

– de pays asiatiques aux balances commerciales excédentaires, comme Singapour, la Corée, la Chine.

Ces fonds s'orientent vers la participation au capital d'entreprises occidentales, voire la prise de contrôle de certaines entreprises : par exemple, des fonds chinois et singapouriens sont présents dans le capital de la banque Barclay's.

En septembre 2008, le gouvernement français a annoncé un projet de création de fonds souverain destiné à investir dans des entreprises stratégiques afin de les protéger d'un rachat par des fonds étrangers si elles étaient fragilisées par le glissement de leurs cours en bourse. La commission européenne s'est déclarée « ouverte à toutes les propositions qui sont destinées à protéger les citoyens et les entreprises européennes et donc à protéger l'emploi ».

➤ **Bourse des valeurs, autorité des marchés financiers, actionnariat.**

fonds structurels européens

Les Fonds structurels européens ont en charge la cohésion économique et sociale et la réduction des écarts entre les différentes régions. Ils se composent du Fonds social européen (FSE) créé en 1958 ; du Fonds européen d'orientation et de garantie agricole (FEOGA) créé en 1962 ; du Fonds européen de développement régional (FEDER) créé en 1975 ; du Fonds européen pour la pêche créé en 2007.

Le financement des Fonds structurels relève du budget de l'Union européenne, l'attribution des aides résulte d'un partage de responsabilités entre la Commission et les gouvernements des États membres.

➤ **FEDER, FEOGA, FSE, Union économique et monétaire européenne.**

fongible

Désigne les biens de caractéristique identique et dont les unités de ce fait sont substituables : yaourts nature, poulets d'élevage, quintaux de blé dur, barils de pétrole brut de type *arabian light*, pommes *golden* etc., sont des exemples de biens fongibles, c'est-à-dire homogènes, reproductibles, et dont chaque unité peut se substituer à une autre.

➤ **concurrence, substitution des biens et des facteurs.**

fordisme

1 Méthode de production développée par Henry Ford, à partir de la Première Guerre mondiale, prolongeant et dépassant le taylorisme.

La parcellisation du travail, l'installation de convoyeurs et de lignes de montages (les chaînes), la normalisation et la simplification des composants, la mécanisation entraînent d'importants gains de productivité dans la production de produits standardisés.

2 Stratégie de développement de l'entreprise mise en valeur par Ford et associant une production de masse à une politique de salaires élevés.

Ford fut l'un des premiers à distribuer une partie des gains de productivité, sous la forme d'augmentations de salaires, dans l'intention d'ouvrir des débouchés à la production.

3 Nom que les théoriciens de l'École de la régulation donnent au régime d'accumulation intensive centré sur la consommation de masse et associé à une régulation monopoliste, qui a prédominé dans les pays capitalistes développés pendant les Trente Glorieuses (1945-1974).

➤ **division du travail, régulation (École de la).**

forfait

Fixation d'une grandeur monétaire à l'avance et de façon invariable.

Le salaire est une rémunération forfaitaire dans le sens où, le plus souvent, son montant est fixé à l'avance, indépendamment des résultats du salarié ou de l'entreprise. En matière fiscale, certaines activités sont imposées au forfait par référence à une base d'imposition prédéterminée.

formation

De manière générale, action d'éduquer, de transmettre des connaissances.

- L'organisation de la formation est constituée de deux volets principaux :
– la formation initiale qui correspond à l'appareil scolaire et universitaire. Obligatoire jusqu'à 16 ans, elle donne aux individus un niveau de formation qui détermine en partie le type d'emplois auxquels ils peuvent accéder ;
– la formation professionnelle continue est le fait de personnes déjà en activité (salariées ou non) qui cherchent à développer leurs compétences. Les employeurs sont tenus de participer au financement de cette activité à hauteur de 1,5 % de la masse salariale.
- En France, la loi du 17 janvier 2002, dite « de modernisation sociale » reconnaît à tout individu le droit à la formation « tout au long de la vie », notamment professionnelle. Elle organise la **validation des acquis de l'expérience (VAE)** qui permet à toute personne engagée dans la vie active depuis au moins trois ans d'obtenir la certification de ses compétences professionnelles par l'obtention d'un titre, d'un diplôme à finalité professionnelle ou d'un certificat de qualification. En 2004 a été mis en place le DIF (droit individuel à la formation) ; c'est, pour un salarié, un crédit de 20 heures de formation par an cumulable sur 6 ans.

➤ **compétence, qualification.**

Formation brute de capital fixe

➤ **FBCF.**

franc

Unité monétaire utilisée en France et dans quelques pays francophones (franc belge, franc suisse). Son nom provient d'une pièce d'or de 1360 frappée de la devise *Francorum rex* « Roi des Francs ».

Le franc est officiellement l'unité monétaire française depuis la loi du 7 Germinal an XI (28 mars 1803). Défini par rapport à l'or jusqu'en 1937, il l'est par rapport au dollar jusqu'en 1973 et par rapport aux autres monnaies européennes de 1979 à 1998. Il devient une monnaie autonome en 1999. Depuis 2002, il n'est plus une monnaie de paiement et n'est plus en circulation.

➤ **écu, euro.**

franc CFA [Communauté financière africaine]

Unité monétaire existant depuis 1945 et utilisée dans certaines anciennes colonies françaises d'Afrique. Le franc CFA vaut, en 2012, 0,0015 € ; 1 € vaut 656 francs CFA.

➤ **zone franc.**

franc CFP [Communauté financière pacifique]

Unité monétaire créée en 1945, utilisée en Polynésie française et en Nouvelle-Calédonie. En 2012, le franc CFP vaut 0,0084 € ; 1 € vaut 119 francs CFP.

➤ **zone franc.**

fraude fiscale

➤ **évasion fiscale.**

Friedman (Milton)

Prix Nobel en 1976 (1912-2006), professeur à l'université de Chicago, il est le représentant le plus connu du courant monétariste.

Partisan du libéralisme, opposé au courant keynésien (critique de la courbe de Phillips, notions de revenu permanent, de chômage naturel, etc.), il s'est fait l'avocat du flottement pur des monnaies et d'une politique monétaire liée au respect rigoureux d'une norme stable de croissance de la masse monétaire. Friedman n'est cependant pas un ultra-libéral, comme en témoigne par exemple sa proposition d'impôt négatif.

Ouvrages principaux : *Théorie de la consommation* (1957) ; *Histoire monétaire des États-Unis* (avec A. Schwartz en 1963) ; *Inflation et systèmes monétaires* (1969, édition française).

➤ **anticipations, chômage naturel (taux de), École de Chicago en économie, monétarisme, Phillips (courbe de), revenu permanent ; Annexe A-19, Annexe C.**

Friedmann (Georges)

Sociologue français (1902-1978), fondateur de la sociologie du travail.

Son œuvre est axée sur « *Les problèmes humains du machinisme industriel* » (titre d'un de ses premiers ouvrages paru en 1947), et les coûts sociaux du taylorisme (*Le Travail en miettes*, 1956).

➤ **Taylor, taylorisme, travail.**

fuite des cerveaux

(en anglais *brain drain*)

Phénomène d'émigration d'une main-d'œuvre hautement qualifiée attirée par les conditions de travail et de vie que lui offre un pays étranger.

Les différences de niveau de développement entraînent des différences de rémunération pour les chercheurs, les cadres, les techniciens et les professions libérales : elles induisent un flux de main-d'œuvre des pays moins développés vers les pays les plus riches, privant les premiers des moyens en hommes de leur développement, bien qu'ils aient assumé le plus souvent le coût de leur formation.

➤ **développement, échange inégal, pôle de croissance.**

fusion-acquisition

Opération au cours de laquelle deux sociétés A et B se réunissent dans une nouvelle société AB. Si une des deux sociétés se fond dans l'autre il s'agit d'une *fusion-absorption*.

Les actionnaires des sociétés fusionnées reçoivent en échange de leurs titres des actions de la nouvelle société issue de la fusion ou de la société absorbante. Souvent, les **alliances** constituent des préalables aux fusions.

➤ **concentration, croissance des entreprises.**

future market

➤ **marché à terme, marché de contrats à terme, MATIF.**

G

gains à l'échange

➤ **avantage comparatif (loi de l')**

Galbraith (John Kenneth)

Économiste américain (1908-2006) dont l'œuvre critique les analyses néo-classiques et les politiques économiques d'inspiration monétariste. Démocrate, il eut des responsabilités auprès du président Kennedy et comme ambassadeur en Inde.

• Dans ses ouvrages, dont les plus connus sont *L'ère de l'opulence* (1958) et *Le nouvel État industriel* (1967), il s'attache à montrer le rôle de la grande entreprise et à décrire la réalité des mécanismes de pouvoir.

• La théorie de la souveraineté du consommateur, considère que le consommateur est à l'origine du processus économique, l'entreprise se pliant aux injonctions que lui transmet le marché.

• Galbraith oppose à cette thèse celle de la « **filière inversée** » selon laquelle l'initiative vient de l'entreprise, qui définit les besoins et les modes de satisfaction des besoins ; le consommateur n'intervient qu'en fin de processus, de façon passive.

• Dans l'entreprise, son analyse du pouvoir révèle l'importance de la « **technostructure** », c'est-à-dire l'ensemble des ingénieurs et techniciens. À la différence des managers - la direction -, ils ne prennent pas de décisions, mais orientent les choix de l'entreprise par la nature des informations qu'ils recueillent et transmettent.

➤ **institutionnalisme, technocratie ; Annexe A-25.**

GATT *[General Agreement on Tariffs and Trade]*

➤ **Organisation mondiale du commerce (OMC).**

génération

1 **Ensemble des personnes nées une année donnée. Synonyme de *cohorte*.**

2 **Position relative dans la succession généalogique. Une génération se définit par rapport à celle qui la précède (« parents ») et à celle qui la suit. Par dérivation, intervalle de temps séparant la naissance (ou l'âge) des parents et celle des enfants.**

3 **Ensemble des personnes d'âges proches qui ont été marquées, à un stade du cycle de vie donné, par les mêmes événements ou les mêmes situations. Exemples : la génération de 1968, les générations du chômage (i.e. les générations nées à partir de 1955 qui connaissent un chômage dès l'entrée dans la vie adulte). Cette approche a été inaugurée par Karl Mannheim dans *Le problème des générations* (1928).**

L'analyse générationnelle considère que le comportement des individus selon l'âge n'est pas immuable dans le temps mais varie en fonction de l'époque de leur naissance. Chacune des générations qui constituent la population d'un pays à un instant donné n'a-t-elle pas connu une histoire différente de celles qui l'ont précédée ? Cette optique se distingue de l'analyse liant les comportements aux différentes étapes du cycle de vie (effet d'âge).

➤ **âge, effet d'âge.**

génocide

➤ **ethnocide.**

genre (relations de)

Relations entre les sexes et, plus généralement, modalités selon lesquelles chaque société définit et institue respectivement leur place et leurs rôles. Le terme *genre*, contrairement à celui de *sexe*, implique que la différenciation *hommes/femmes* est sociale et culturelle et non simplement biologique.

• Le vocable *genre*, au-delà de son sens grammatical, est d'usage récent ; il a été introduit aux États-Unis dans les années 1970 pour dénaturaliser la différence des sexes comme le souligne la sociologue britannique A. Oakley : « *Sexe* est un mot qui fait référence aux différences biologiques entre mâles et femelles [...]. *Genre*, en revanche, est un terme qui renvoie à la culture : il concerne la classification sociale en *masculin* et *féminin* [...]. On doit admettre l'invariance du sexe comme la variabilité du genre » (*Sex, gender and Society*, 1972).

Masculin, féminin : des variations culturelles

• Nombre de travaux historiques, ethnographiques et sociologiques ont mis en évidence la dimension culturelle des statuts masculin et féminin et des rapports entre hommes et femmes.

• Ces statuts et ces rapports sont socialement institués. En atteste la variabilité des modèles de rôles et des images attribuées à l'un ou l'autre sexe en dépit d'une domination masculine jusqu'à nos jours quasi universelle.

• Dans des sociétés paysannes traditionnelles, les femmes se voient attribuer des tâches physiques lourdes (portage de l'eau, des enfants) ou pénibles (repiquage du riz) peu conciliables avec les présupposés courants concernant la fragilité du deuxième sexe.

• Dans ses enquêtes sur les populations mélanésiennes, l'anthropologue américaine M. Mead montre que les idéaux masculin et féminin sont différents d'une petite société à l'autre. Les représentations que l'on se fait des sexes et jusqu'aux images sexuées du corps sont éminemment variables dans le temps et dans l'espace.

• Les études dénommées *relations de genre* (*Gender relations*, en anglais) ou *rapports sociaux de sexe*, qui se sont multipliées depuis les années 1970, entendent mettre l'accent sur l'importance des clivages entre « masculin » et « féminin » dans les différentes sphères de la vie sociale (sphères conjugale et domestique, économique et professionnelle, religieuse, scolaire, politique).

➤ **parité hommes/femmes, rôle(s).**

genre de vie

Ensemble des manières de vivre d'un groupe humain (appelé aussi *mode de vie*), caractérisé par les conditions matérielles d'existence et l'organisation de la vie quotidienne : rapport à l'environnement, conditions de travail, nature des ressources, formes d'habitat, façons de consommer, types de loisirs, etc.

Notion qualitative, à la différence de celle de niveau de vie qui est **quantitative**. À un même niveau de ressources peuvent correspondre des genres de vie différents (ménage ouvrier en milieu urbain et familles d'agriculteurs en milieu rural par exemple).

La notion de genre de vie évolue dans le temps et l'espace. Dans les sociétés à technique rudimentaire, l'adaptation au milieu physique est centrale. Dans les sociétés complexes et développées, ce sont les contraintes économiques et sociales qui prennent le dessus, tandis que les différences sociales entraînent la pluralité des genres de vie.

➤ **culture, niveau de vie, travail ; Annexe Ⓐ-38.**

gentrification

(de l'anglais *gentry* : noblesse non titrée)

Processus par lequel des espaces urbains, au départ caractérisés par le brassage social ou leur caractère populaire, se transforment socialement et morphologiquement avec l'arrivée massive de ménages des classes moyennes et/ou supérieures et le départ parallèle de ménages modestes.

Ce terme peut se traduire en français par *embourgeoisement* si ce n'est que les arrivants relèvent davantage de « nouvelles classes moyennes » (capital économique moyen, fort capital culturel) que de la bourgeoisie traditionnelle. De fait, le néologisme d'origine anglaise est maintenant couramment usité par les urbanistes et les sociologues de la ville. Le processus de gentrification est simultanément social (changement de la composition sociale des espaces en question) et urbanistique : il s'accompagne de travaux de rénovation et d'implantation de services (épiceries fines, librairies pour gens « cultivés ») adaptés aux nouveaux habitants.

➤ **ségrégation.**

gérontocratie

➤ **pouvoir.**

Gerschenkron (modèle de)

Présentation modélisée des modalités de développement des « pays neufs » (fin XIXe – début XXe siècle) qui se sont industrialisés après les pays pionniers de la Révolution industrielle (G.-B., Belgique, France).

• Gerschenkron, historien anglais, insiste sur les obstacles à la croissance rencontrés par les pays tardivement industrialisés, les suiveurs (*late comers*) et sur les moyens politico-économiques par lesquels ils ont contourné ces difficultés. À la différence de Rostow qui propose des conditions de démarrage uniformes débouchant sur la croissance auto-entretenue.

L'élément le plus important est constitué par l'intervention décisive de l'État, à la fois substitut et complément de l'initiative privée : mobilisation des capitaux, développement de l'infrastructure, protection ou création d'entreprises, veille technologique, etc.

Parallèlement, **l'importance du financement par le capital bancaire se** substitue à l'autofinancement insuffisant, l'épargne étrangère se substitue à l'épargne intérieure limitée, les technologies importées se substituent à la technologie nationale embryonnaire.

• Ce modèle s'applique avant tout à la Russie de la fin du XIXe et au Japon de l'ère Meiji. Il concerne partiellement d'autres pays comme l'Allemagne (le complexe étato-bancaire) ou les États-Unis (rôle de l'État fédéral dans l'avancée de la « Frontière », importance des capitaux importés).

Le modèle est actualisable en prenant en compte la Corée du Sud ou le Mexique, caractérisés par le rôle majeur de l'État dans le cadre d'une économie de marché.

➤ **décollage, développement (modèles de), Rostow.**

gestion

Ensemble des procédures, des pratiques et des politiques mises en œuvre dans les entreprises et qui visent à assurer un fonctionnement satisfaisant ; ses points d'application sont la vente, le financement, l'organisation, la gestion des ressources humaines, le marketing, la comptabilité et le contrôle des résultats.

La gestion se situe au niveau de l'entreprise et adopte les solutions qui paraissent les meilleures ; mais, à la différence de la microéconomie, qui constitue une approche théorique et normative du fonctionnement des entreprises, elle est plus concrète et donc plus immédiatement opérationnelle.

La gestion se fonde sur :

• **La comptabilité,** qui permet non seulement de suivre le fonctionnement de l'entreprise par le biais du bilan et du compte de résultats, mais aussi d'étudier les coûts et les prix, d'établir des contrôles et des prévisions.

- **Le marketing** recouvre les rapports entre l'entreprise et son marché, qu'il s'agisse de la connaissance de ce marché – à travers l'étude de la concurrence et des besoins potentiels de la clientèle – ou de l'action sur le marché par la distribution, la publicité, la politique des prix.
- **La finance de l'entreprise** consiste à rechercher au moindre coût, éventuellement en préservant l'indépendance de la firme, des modes de financement courts (trésorerie) ou longs (financement des entreprises) et, par ailleurs, à placer de façon optimale les ressources dont elle dispose.
- **La gestion des ressources humaines vise** à traiter les flux (recrutement, embauche, licenciement, promotion...), les rémunérations et la formation du personnel.

➤ **audit, comptabilité d'entreprise, entreprise, marketing, stratégie d'entreprise, taylorisme.**

Giffen (bien)

Bien dont la demande augmente avec le prix contrairement au schéma classique selon lequel la demande d'un bien est d'autant plus forte que le prix est faible.

Les biens Giffen sont des biens inférieurs, biens dont la demande baisse lorsque le revenu augmente et dont la demande augmente lorsque le revenu baisse. Mais à la différence des autres biens inférieurs, l'augmentation de leurs prix provoque une telle baisse du pouvoir d'achat (effet revenu négatif), que, malgré la hausse de leur prix, leur demande augmente car l'achat d'autres biens est abandonné. En cas de famine (situation analysée par Giffen à partir de l'exemple de l'Irlande au XIXe siècle), bien que le prix des produits de première nécessité (pommes de terre, pain, etc.) augmente beaucoup, les ménages les plus pauvres sont contraints d'en acheter davantage et d'y consacrer l'essentiel de leurs revenus.

➤ **demande, élasticité.**

Gini (coefficient de)

➤ **Lorenz (courbe de).**

Glass-Steagall Act

Promulgué en 1933 aux États-Unis, aussi connu sous le nom de *Banking Act*, ce texte a créé une séparation légale entre banque de dépôt et banque d'investissement : les crédits immobiliers accordés par les banques n'étaient pas des actifs liquides pouvant être revendus.

Pour certains, la crise financière de 2008 a été rendue possible avec l'abrogation de cette loi, en 1999 sous la présidence de Bill Clinton. Elle a donné aux banques la possibilité (après un délai légal de 30 jours) de vendre les actifs issus des crédits immobiliers.

glissement

Variation en pourcentage d'une grandeur entre deux dates.

Si un revenu est égal à 100 le 1/1/2009 et à 105 le 1/1/2010, il a augmenté en glissement de 5 % au cours de l'année 2007 ; on dit aussi en niveau (voir schéma page suivante).

Cette mesure est différente de la mesure « en moyenne » : pour connaître l'augmentation en moyenne en 2009, il est nécessaire de comparer le niveau moyen de 2009 (par exemple 102 si le revenu a été la moitié de l'année à 100 et l'autre moitié à 104) au niveau moyen de l'année précédente (par exemple 96 si le niveau a été de 94 la moitié de l'année et de 98 l'autre moitié), soit 6,25 %.

➤ **moyenne.**

globalisation

Émergence ou renforcement d'acteurs (notamment des firmes), de marchés et de régulations à l'échelle mondiale.

Les termes de mondialisation et de globalisation sont proches ; mais la finance utilise plus globalisation et l'anglais utilise davantage le terme de *globalization*.

➤ **mondialisation de l'économie.**

Mesure en glissement ou en moyenne

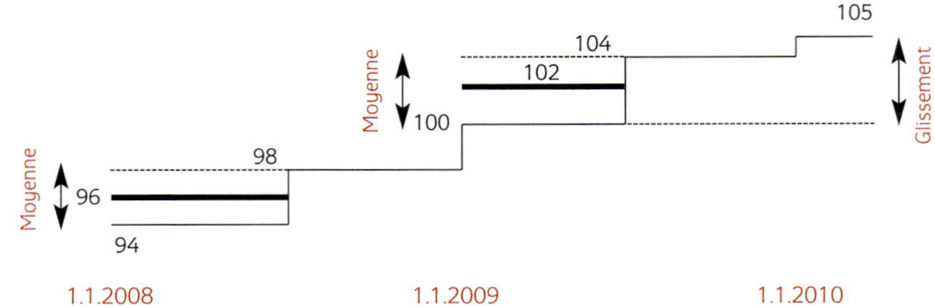

Goffman (Erving)

Sociologue canadien (1922-1982), l'un des maîtres à penser du courant interactionniste. Son œuvre est centrée sur sa conception de l'interaction et plus généralement de la vie sociale comme rituel théâtral (modèle dramaturgique).

Connu aussi pour son analyse originale des « institutions totales » ; dans Asiles (1961), il montre comment les conduites de l'interné dans un hôpital psychiatrique peuvent se comprendre comme des réponses adaptées aux contraintes locales, lui permettant ainsi « de tourner les prétentions de l'organisation relatives à ce qu'il devrait faire [...] et, partant, à ce qu'il devrait être ».

Ouvrages principaux : *La mise en scène de la vie quotidienne (1956-1959) ; Asiles (1961) ; Les rites d'interaction (1967).*

➤ **identité, interactionnisme symbolique, rôle(s), stigmatisation ; Annexe Ⓐ-48.**

gold bullion / specie / exchange standard

➤ **Système monétaire international [SMI].**

goulot d'étranglement

Difficulté pour une partie de l'appareil de production de répondre immédiatement à l'accroissement de la demande (appelé parfois goulet d'étranglement).

Par exemple, en cas d'accroissement de la demande des ménages ou de demande externe consécutive à une dévaluation, les producteurs peuvent ne pas être en mesure de fournir les biens demandés. Il en résulte une tension sur les prix et éventuellement un recours aux importations.

➤ **demande, offre.**

gouvernance

Mode de contrôle, d'organisation, de coordination et de régulation s'exerçant au sein d'entités économiques ou géopolitiques complexes plus ou moins étendues. On distingue principalement la gouvernance globale (au niveau de l'économie mondiale), la gouvernance-pays (au niveau des États-nations) et la gouvernance-entreprise. En fait d'autres niveaux, ou domaines, de gouvernance sont à mentionner : gouvernance urbaine, gouvernance de l'Internet...

« Gouvernance » est à distinguer de « gestion » ou de « management ». Ici on s'intéresse aux structures de gouvernance, à la fois institutions et mécanismes, plus impersonnels, qui les encadrent. Le terme « gouvernement » implique trop une centralisation du pouvoir de direction et une césure entre gouvernants et gouvernés. La notion de *governance* (traduite en français par « gouvernance ») exprime autant l'exigence d'une réflexion sur les rapports d'autorité et de pouvoir qu'un besoin de mettre à jour le rôle des acteurs non étatiques dans les mécanismes de régulation. Les experts insistent sur le fait que la complexité du monde moderne oblige les États à limiter leur champ d'action et à entrer dans des réseaux d'action avec des partenaires privés.

La gouvernance-pays

La « bonne gouvernance »

À l'occasion des politiques d'ajustement structurel, un rapport de la Banque mondiale de 1989 souligne que le redressement économique dans les économies en développement nécessite une *good governance*.

La « bonne gouvernance » prescrite alors aux pays en développement est d'inspiration libérale (*governance = governing without government*) et correspond à ce qu'on a appelé, à la suite de J. Williamson, le « consensus de Washington » (illustration de ce que certains dénonçaient comme « la pensée unique ») : équilibre budgétaire (réforme fiscale, réduction des dépenses publiques, suppression des subventions), libéralisation des échanges extérieurs (marchandises et capitaux), privatisations, déréglementation, transparence des organes de décision, lutte prioritaire contre l'inflation...

La gouvernance institutionnaliste

Une autre conception de la gouvernance peut être qualifiée d'« institutionnaliste ». La réforme de l'État, de ses capacités et de ses fonctions est toujours considérée comme la condition du succès économique. Mais il convient en outre d'accroître les capacités de toutes les institutions qui permettent de promouvoir des processus, des normes et des valeurs favorables au développement. Parallèlement, les différents courants néo-institutionnalistes cherchent à produire une théorie générale des institutions, des « str La gouvernance-pays uctures de gouvernance » et des « modes de gouvernance » observables dans l'économie.

La gouvernance à la recherche du développement et de la justice sociale

Une troisième conception de la gouvernance-pays tente d'analyser les rapports entre le marché et la démocratie, afin de déterminer si ces rapports, et les arrangements institutionnels qui les caractérisent, évoluent dans un sens favorable au développement, à l'équité et à la justice sociale. Ce sont les conséquences sociales néfastes des politiques d'ajustement structurel qui ont conduit à reconsidérer en ce sens la conception de la gouvernance. Celle-ci se veut désormais un appui aux gouvernements afin qu'ils « prennent en compte les intérêts de l'ensemble de la population et redistribuent les ressources disponibles de façon équitable ». Elle inclut des éléments politiques et sociaux : respect des droits humains, meilleur ciblage des groupes bénéficiaires, choix de politiques visant à un développement durable et équitable, participation de la société civile.

La gouvernance globale

La réflexion sur la **gouvernance globale, mondiale**, est confrontée au problème de la maîtrise du processus de mondialisation (libéralisation accélérée des échanges financiers et commerciaux dans le monde, évolution technologique incessante, développement rapide des communications transfrontalières, crises systémiques, écarts croissants de développement).

La gouvernance-entreprise

Au niveau des entreprises, semblent se généraliser, à partir du modèle anglo-saxon, les principes du *corporate governance* « gouvernement d'entreprise » qui correspond au développement d'un capitalisme patrimonial, ou actionnarial, dominé par les gestionnaires des fonds de pension et autres investisseurs institutionnels.

➤ **capitalisme, consensus de Washington, mondialisation (de l'économie).**

gouvernement d'entreprise

(traduction de l'anglais *corporate governance*)

Ensemble des mécanismes organisationnels qui délimitent les marges de manœuvre des dirigeants des entreprises et influencent la nature des décisions prises.

• **Ce concept, dont l'origine remonte aux travaux de Berle et Means (1932)** sur les conséquences de la séparation de la propriété et de la direction dans les grandes entreprises, est aujourd'hui au cœur des débats sur le fonctionnement et les performances des firmes. Il existe des mécanismes de gouvernement internes (rôle des actionnaires à travers l'assemblée générale et le conseil d'administration, culture d'entreprise...) et externes (environnement légal, réglementaire, sociétal...).

• **On oppose les gouvernements d'entreprise de type anglo-saxon,** caractérisés par le rôle dominant des marchés et des actionnaires, et ceux de type **allemand et japonais** reposant sur l'intégration des logiques des différents partenaires (salariés, clients, fournisseurs, financiers, pouvoirs publics), le **modèle latin** constituant une forme hybride.

➤ **gouvernance.**

Gresham (loi de)

« La mauvaise monnaie chasse la bonne. » Lorsqu'il existe deux monnaies définies dans un rapport fixe, les agents ont tendance à conserver la « bonne », et donc à se défaire de la « mauvaise » : la bonne est thésaurisée, la mauvaise circule.

Ainsi, au XIXe siècle, lorsque le prix de l'argent s'élève au-dessus de son pair avec l'or, les agents gardent l'argent et règlent en or ; la mauvaise monnaie (l'or) circule et chasse la bonne (l'argent) qui est thésaurisée.
Attribuée à Gresham, banquier anglais du XVIe siècle, cette loi est en fait très antérieure et est déjà formulée par Aristophane (vers 400 av. J.-C.).

➤ **bimétallisme.**

grève

Cessation concertée du travail par les salariés d'une entreprise, d'un secteur économique, d'un service public, d'une administration ou d'une catégorie professionnelle, souvent à l'initiative de syndicats.

Cette action collective vise, le plus souvent, à appuyer les revendications des salariés. Il s'agit d'une épreuve de force : le gréviste n'est pas rémunéré et l'entreprise ou le service qui ne produit plus perd de l'argent.

Une reconnaissance progressive

• Dans la plupart des pays démocratiques, le droit de faire grève s'est progressivement affirmé depuis le XVIIIe siècle, allant de l'interdiction pure et simple (encore en vigueur dans les dictatures) à la reconnaissance d'un droit fondamental, encadré le plus souvent par un dispositif législatif. Les Nations unies ont adopté en 1966 un *Pacte international relatif aux droits économiques, sociaux et culturels* dont l'article 8 porte sur le droit de grève. Il est également reconnu dans l'article 28 de la *Charte des droits fondamentaux de l'Union européenne*.

• En France, la loi Le Chapelier a, en 1791, instauré un délit de coalition qui interdisait la grève. En 1864, les lois Ollivier puis Waldeck-Rousseau (1884) ont autorisé le droit de grève qui a été reconnu par le préambule de la constitution de 1946 comme un droit constitutionnel.

• La grève fait l'objet d'un encadrement réglementaire qui fixe certaines conditions : être un mouvement collectif et concerté, poser des revendications d'ordre professionnel, entraîner une cessation complète du travail. Dans la fonction publique et dans les services publics un préavis de grève doit être déposé auprès des autorités compétentes. Certains fonctionnaires n'ont pas le droit de grève, ou seulement un droit restreint : gardiens de prison, gendarmes, militaires, pompiers... Dans d'autres secteurs (hôpitaux), les personnels grévistes peuvent être réquisitionnés.

Des formes diverses

– limitée à une heure, une journée ou illimitée ;
– générale : grève regroupant l'ensemble ou la grande majorité des travailleurs, dans un pays ou une région, autour de mêmes revendications ;
– regroupant tous les salariés d'une entreprise à la fois ou ceux d'un secteur après l'autre (grève tournante) ;
– accompagnée d'actions plus ou moins violentes : piquets de grève, occupation des locaux, séquestration des dirigeants de l'entreprise.

Évolution des grèves

• **La fin des trente Glorieuses,** le développement du chômage et de la conflictualité avaient entraîné un ralentissement des grèves. Cependant, depuis une quinzaine d'années, le nombre de journées perdues pour conflit du travail est en progression régulière. La moyenne européenne était, en 2009, de 30,6 jours par an pour 1 000 salariés, pour la France plus de 60 jours.

• **La première « eurogrève »** dans plusieurs pays de l'UE a eu lieu en mars 1997 pour protester contre le projet de fermeture de l'usine Renault à Vilvorde en Belgique.

➤ **conflit social, syndicalisme.**

groupe

1 [économie] **Ensemble d'entreprises, de sociétés dépendant d'un centre de décision qui définit les orientations stratégiques.**

2 [Au sens strict] **le groupe comprend une société mère et ses filiales directes ou indirectes, c'est-à-dire l'ensemble des entreprises dont elle détient plus de 50 % du capital et qu'elle contrôle financièrement.**

3 [Au sens large] **le groupe comprend la tête de groupe et les entreprises dépendantes, que les relations de dépendance soient financières, commerciales, technologiques ou personnelles.**

• Il est difficile d'appréhender les groupes au sens large alors qu'ils représentent en fait les vrais lieux de pouvoir économique.

• Du point de vue empirique, on connaît les groupes au sens financier puisque les filiales et les participations importantes doivent être déclarées. Les groupes peuvent être classés en fonction de leur activité principale (groupes industriels, groupes bancaires...) et en fonction de la nature du contrôle du groupe exercé par l'actionnaire ou le groupe d'actionnaires dominant.

• Il existe des groupes sous contrôle familial (Michelin par le biais d'une société en commandite par actions), sous contrôle étatique (EDF), sous contrôle étranger (IBM, BP), sous contrôle coopératif (Limagrain, les Grands Moulins de Paris). L'autocontrôle correspond à la situation où aucun actionnaire n'est en mesure d'exercer une influence et où les dirigeants du groupe n'ont de compte à rendre qu'à des actionnaires dispersés.

➤ **concentration, filiale.**

groupe de pression

(en anglais *lobby, lobbies*)

Regroupement de personnes physiques ou morales autour d'un intérêt spécifique commun et qui s'organisent pour orienter les décisions des pouvoirs publics dans un sens favorable à celui-là (appelé aussi groupe d'intérêt ou groupe d'influence, lobby).

Ils sont distincts des partis, dont la vocation est la conquête et l'exercice du pouvoir politique, et qui doivent donc relayer et intégrer en un programme suffisamment général et synthétique les intérêts multiples des citoyens. Les syndicats de salariés, les syndicats et groupements professionnels sont les plus connus, mais toute association, toute entreprise, est susceptible de se muer en groupe de pression. Leur action peut être ouverte ou souterraine, illégale (corruption, menaces, voies de fait) ou légale (affichage, distribution de tracts,

manifestations, délégations, réunions publiques, campagnes de presse et de publicité, etc.).
Les groupes de pression peuvent poser un problème à la démocratie car les intérêts les plus légitimes ne sont pas forcément les plus puissants (ni les plus faibles non plus).

Le « lobbying » à Bruxelles

Bruxelles compte désormais 15000 lobbyistes ; 2600 grands groupes d'intérêt y disposent de bureaux permanents, pour un budget total compris entre 60 et 90 millions d'Euros. Ces lobbies sont constitués de : bureaux de relations publiques, groupes industriels, représentations, unions professionnelles, cabinets spécialisés et autres groupes de réflexion. Ils ont pour « cible » privilégiée les 26000 fonctionnaires en poste à Bruxelles. 70 % des lobbyistes travaillent pour la grande industrie.

➤ **association.**

groupe de référence

Groupe auquel l'individu s'identifie, dont il emprunte les valeurs et les normes et entend adopter le style de vie.

- **Restreint** (groupe de pairs, sous-groupe particulier) ou **plus large** (groupe social, communauté), le groupe de référence coïncide souvent avec **le groupe d'appartenance** (dont le sujet est objectivement membre) mais il **peut être un groupe différent** de ce dernier, extérieur (out-group) à l'individu qu'il peut alors avoir le désir d'intégrer à plus ou moins brève échéance.
- **Pour les situations de non-coïncidence, Merton a lié groupe de référence et « socialisation anticipatrice »** : celle-ci consiste dans l'apprentissage et l'intériorisation des valeurs du groupe (groupe de référence) auquel on veut appartenir ; ce processus favoriserait son adaptation au sein du groupe d'accueil tout en pouvant générer des tensions (contradictions non résolues entre les valeurs du groupe d'origine et celles du groupe d'élection).
- **Il peut y avoir adhésion** aux codes d'un groupe extérieur, désir d'assimilation, **sans pour autant qu'il y ait mobilité effective :** par exemple, des employés ou des ouvriers peuvent prendre comme groupe de référence les classes moyennes, calquer certains traits de leur style de vie ou de leurs comportements mais rester à la périphérie de ces milieux.

➤ **acculturation, groupe social, mobilité sociale ; Annexe Ⓐ-45.**

Groupe des huit [G8]

Sorte de directoire mondial constitué par les représentants des huit pays les plus industrialisés, États-Unis, Allemagne, Royaume-Uni, France, Japon, Italie, Canada et Russie. Il s'agit de rencontres réunissant, soit les ministres de l'Économie et des Finances, soit, lors de « sommets », leurs chefs d'État et de gouvernement. À l'origine destiné aux questions de coordination des politiques économiques, le G8 aborde aussi de plus en plus les questions politiques (par exemple le terrorisme). Les mêmes moins la Russie forment le Groupe des sept (G7).

groupe de statut

Concept créé par Max Weber dans *Économie et société* (1922), en vue d'expliquer la dimension sociale et culturelle de la stratification dans une société donnée. L'ordre qui en résulte est appelé « la sphère de répartition de l'honneur », dans lequel le prestige du groupe résulte d'une compétition par la consommation et les styles de vie.

➤ **Veblen.**

Groupe des vingt [G20]

Groupe créé en 1999, à la suite des crises financières de la décennie 1990 ; il regroupe les pays du G8 (Allemagne, Canada, États-Unis d'Amérique, France, Italie, Japon, Royaume-Uni, Russie), dix pays aux économies dynamiques et aux PIB croissants non membres du G8 (Afrique du Sud, Arabie saoudite, Argentine, Australie, Brésil, Chine,

Corée du Sud, Inde, Indonésie, Mexique, Turquie) et l'Union européenne.

Chaque pays est représenté par son ministre des finances et le directeur de la banque centrale. L'Union européenne est représentée par le Président du Conseil et le directeur de la Banque centrale européenne. Lors des sommets, les pays peuvent être représentés par leur chef d'État ou de gouvernement. Entre 1999 et 2012, il y a eu 17 réunions.

La réunion exceptionelle du 15 novembre 2008 à Washington

- Elle a été organisée en urgence pour répondre à la crise financière et économique mondiale. Vingt-deux pays étaient présents (l'Espagne et les Pays-Bas ont été invités) représentant plus de 80 % du PIB mondial.
- Les membres participants se sont engagés à prendre des mesures visant à stabiliser les banques, à relancer la croissance et à mieux réguler les produits financiers dérivés des crédits et à ne pas prendre de mesures protectionnistes pendant 12 mois. Le G20 préconise une réforme du FMI et de la Banque mondiale pour qu'ils représentent mieux les pays en développement mais aucune structure internationale de contrôle n'a été envisagée.
- Dans la déclaration finale, les chefs d'État et de gouvernement du G20 donnent des indications sur « les réformes qui doivent être menées dans le respect des principes du libre marché, le respect de la propriété privée, l'ouverture des échanges et des investissements, la concurrence entre les marchés ; ces indications concernent une surveillance stricte des agences de notation (...), une amélioration des normes comptables et la remise à plat des effets de leviers des rémunérations des cadres ».

groupe des soixante-dix-sept

Groupe, créé en 1964 lors de la première CNUCED, réunissant au départ 77 pays en développement. Il en regroupe aujourd'hui plus de 130 et est considéré comme le porte-parole du Tiers monde – et en particulier des pays non alignés – à l'ONU et dans de nombreuses organisations internationales.

Ses revendications essentielles concernent la création d'un nouvel ordre économique international, qui ferait une place plus satisfaisante aux pays en développement et organiserait l'allégement de la dette publique de ces pays.

➤ **CNUCED.**

groupe élémentaire ou primaire/secondaire

[sciences sociales] **Groupe restreint, en général durable, caractérisé par l'intensité des rapports entre ses membres, une certaine intimité des relations et un minimum de solidarité. Le groupe élémentaire par excellence est la famille, mais on peut ranger sous ce terme quantité de groupes comme les groupes d'amis, les équipes ou les groupes d'affinité sur les lieux de travail, dans les associations, les bandes de jeunes, etc.**

Intimité et solidarité ne signifient pas forcément fusion harmonieuse ; les conflits internes peuvent y être aigus, les interrelations donner lieu à des jeux d'alliance, à des luttes pour l'ascendance au sein du groupe. Les psychosociologues Moreno (inventeur de l'analyse sociométrique) et K. Lewin (pionnier de la « dynamique des groupes ») ont jeté les bases de l'analyse du fonctionnement complexe de ces groupes.
Les groupes élémentaires sont parfois dénommés groupes primaires, ce qui reprend la terminologie forgée au début du siècle par le sociologue américain C. H. Cooley qui insistait sur l'engagement personnel élevé dans les interrelations au sein de ces groupes ; il les opposait aux groupes secondaires, dans lesquels les relations se limitent aux rôles sociaux et aux rapports « fonctionnels ».

➤ **groupe social, psychologie sociale, relations humaines, rôle(s), sociométrie.**

groupe social

(de l'italien *groppo* « nœud », « assemblage »)

Tout ensemble d'individus formant une unité sociale durable, caractérisée par des liens internes – directs ou indirects – plus ou moins intenses, une situation et/ou des activités communes, une conscience collective plus ou moins affirmée (sentiment d'appartenance, représentations propres) ; cette unité est reconnue comme telle par les autres.

Terme recouvrant des réalités diverses. Cependant, la notion de groupe s'oppose toujours à celle de catégorie sociale.

Groupe et catégorie

Le groupe est une unité collective « réelle ». Ayant une existence propre, il implique des liens, de la communication entre ses membres. Une **catégorie** est une collection d'individus ayant des caractéristiques communes (revenu, degré de formation, possession d'un bien quelconque) sans pour autant former une collectivité pour les individus ainsi regroupés. **La catégorie est constituée par l'observateur ; le groupe existe par lui-même.**

• **Les critères de classification des groupes sont nombreux.** Celui de la taille est important car il oppose des ensembles très différents.

• **Les groupes restreints,** rassemblant peu de personnes (famille, groupe de pairs, groupe de voisinage, gang, etc.), se caractérisent surtout par l'interconnaissance, les rapports directs entre leurs membres. C'est le cas en particulier des groupes primaires.

• Opposés aux premiers, les **groupes de grande envergure** sont des groupements à distance dans lesquels les relations sont indirectes, médiatisées par des institutions. **L'appellation *groupes sociaux*** leur est plus spécialement réservée : ils forment l'armature principale de la structure sociale et sont le produit de la stratification sociale (classes, groupes statutaires, castes, élites) ou de la différenciation socioculturelle (groupes ethniques et religieux).

• **Entre les deux pôles, quantité de groupes de taille intermédiaire** contribuent à former le tissu social : collectivités locales (villages, quartiers urbains), groupements économiques (collectivités de travail, associations professionnelles), ou encore groupements volontaires (clubs sportifs, syndicats, associations culturelles, partis politiques, etc.).

➤ **catégories socioprofessionnelles (CSP, PCS), classe(s) sociale(s), famille, groupe élémentaire ou primaire, organisations, stratification sociale.**

H

Haavelmo (théorème d')

Selon T. Haavelmo, à partir d'un budget équilibré, une augmentation égale des dépenses publiques et des recettes budgétaires se traduit par une augmentation de même montant du revenu national ($\Delta G = \Delta T = \Delta Y$). L'équilibre budgétaire n'est donc pas neutre : il a un effet expansionniste si le budget augmente.

➤ **politique budgétaire.**

habitus

Terme utilisé par le sociologue P. Bourdieu pour désigner « ce que l'on a acquis et qui s'est incarné de façon durable dans le corps, sous forme de dispositions permanentes ».

- **Il est le produit de l'histoire individuelle et sociale** des individus comme récapitulation de leurs apprentissages sociaux (famille et milieu social, système éducatif, collectifs de travail...). Il fonctionne comme « matrice de perceptions, d'appréciations et d'actions » (*Esquisse d'une théorie de la pratique*), autrement dit, en générant des représentations typées du monde (par exemple : perception de la hiérarchie sociale, des rôles familiaux, de l'univers du travail), il conditionne les pratiques (le choix du conjoint, les conduites politiques, l'engagement professionnel...). Il ne s'agit pas forcément d'obéissance à des règles mais de jeu à la fois libre (l'individu développe des stratégies) et contraint (il intériorise les règles du jeu social).
- **L'habitus est simultanément attribut de l'individu et réalité de groupe ou de classe :** confrontés aux mêmes conditions d'existence, disposant de types de ressources semblables, soumis à des trajectoires similaires, leurs membres partagent des systèmes communs.
- **La notion d'*habitus* est antérieure à P. Bourdieu**. Durkheim et Weber l'utilisaient en empruntant la notion aristotélicienne d'« *hexis* » (dispositions psychiques influencées entre autres par l'éducation).

➤ **Bourdieu, ethos ; Annexe Ⓐ-54.**

Halbwachs (Maurice)

Sociologue français (1877-1945), disciple de Durkheim. Il s'est intéressé aux facteurs sociaux de la consommation, aux sous-cultures de classes, à la mémoire collective. Ainsi, ce n'est pas tant le revenu que les modes de vie et les dispositions propres à une classe qui orientent sa consommation.

Halbwachs occupe une place importante dans la sociologie française de la première moitié du XXe siècle. Ses études sur les classes sociales (structures de la consommation et mode de vie de la classe ouvrière, spécificité des classes moyennes, entre autres) établissent un pont entre le courant durkheimien de la fin du XIXe siècle et les tendances qui se développent après la Seconde Guerre mondiale autour de G. Friedmann et P.-H. Chombart de Lauwe en particulier.

Ouvrages principaux : *La classe ouvrière et les niveaux de vie (1912) ; « Les caractéristiques des classes moyennes » (1939) in Classes sociales et morphologie (1972), « Les cadres sociaux de la mémoire » (1925).*

➤ **Annexe Ⓐ-38.**

Harrod (modèle de)

Ce modèle de croissance néokeynésien, dont les premières versions datent de 1939 et 1948, est parfois présenté de façon synthétique comme le modèle de Harrod-Domar.

Harrod distingue plusieurs taux de croissance :
– le **taux de croissance naturel**, déterminé par le taux de croissance de la population et le progrès technique ;
– le **taux de croissance nécessaire** (« *warranted* »), qui est le taux de croissance nécessaire pour que les entreprises réalisent leurs anticipations ;
– le **taux de croissance anticipé**, qui est le taux de croissance décidé par les entrepreneurs compte tenu de leurs anticipations sur les débouchés ;
– le **taux de croissance réalisé**, observé *ex post*.

Harrod démontre alors que toute déviation à partir de l'équilibre a tendance à s'accentuer, les taux de croissance anticipé et réalisé s'éloignant de plus en plus du taux de croissance nécessaire. Il en conclut que le processus de croissance est fondamentalement instable (image du « fil du rasoir ») et que la probabilité d'une croissance équilibrée de plein-emploi est, contrairement à ce que pensent les néo-classiques, très faible.

En fait tout le modèle de Harrod repose sur l'idée que la décision d'investissement des entrepreneurs, variable stratégique pour la croissance et la stabilité de la croissance, est déterminée par leurs anticipations ; dès lors, la production peut ne pas atteindre le niveau correspondant aux pleines capacités de l'économie ni le niveau cohérent avec le rythme de progrès technique et la croissance de la population.

➤ **Domar (modèle de).**

Hayek (Friedrich August von)

Prix Nobel d'économie en 1974, Hayek (1899-1992) était un Autrichien exilé en Grande-Bretagne pendant les années 1930, puis aux États-Unis après la guerre. Théoricien des sciences sociales, il a consacré l'essentiel de son œuvre à démontrer la supériorité de la société libérale sur toutes les autres formes d'organisation sociale.

Hayek n'est pas seulement l'anti-Marx, il s'est également opposé à l'interventionnisme keynésien et aux conceptions réductrices des néoclassiques. Selon lui, le marché est la meilleure réponse possible au problème de la régulation des sociétés complexes, notamment parce qu'il favorise la circulation de l'information et la découverte des solutions les plus efficaces. Contre les partisans du constructivisme, qui prétendent gouverner et transformer la société en fonction d'un plan, il justifie son plaidoyer pour la liberté individuelle par sa croyance en l'existence d'un ordre spontané.

Ouvrages principaux : *Prix et production (1931) ; La route de la servitude (1944) ; Droit, législation et liberté (1971-1978).*

➤ **incertitude, libéralisme ; Annexe A-30, Annexe C.**

Hecksher-Ohlin-Samuelson [théorème HOS]

Modèle d'échange international, élaboré dans les années 1930-1940, par ces trois économistes, appelé aussi théorie de la dotation factorielle, qui développe l'idée que la spécialisation et l'échange international dépendent de la dotation de chaque pays en facteur de production (travail, capital...) et des prix relatifs des facteurs de production.

Il montre que, sous un certain nombre d'hypothèses, si les dotations en facteurs de production (capital-travail) sont différentes entre deux pays et si les proportions de facteurs utilisés dans la fabrication de deux produits diffèrent, alors, en économie ouverte, chaque pays a intérêt à se spécialiser dans la production et l'exportation du bien qui utilise intensivement le facteur de production qui est relativement abondant et à importer les produits dont la production requiert le facteur de production rare. Tout l'édifice repose sur la « dotation naturelle » de chaque pays en facteurs de production.

Il en résulte une tendance à **l'égalisation des prix des facteurs de production** dans les différents pays, puisque le facteur qui est abondant dans un pays est davantage demandé, alors que le facteur rare, moins demandé, voit son prix baisser.
La critique principale adressée à ce modèle réside dans l'idée qu'il prend les dotations factorielles comme des données sans expliquer leur origine alors que la théorie contemporaine s'intéresse à la création des spécialisations et des avantages comparatifs (notion d'avantages construits).

	Pays A	**Pays B**
Dotation naturelle	Main-d'oeuvre abondante Capital rare	Main-d'oeuvre rare Capital abondant
Prix des facteurs	Salaire faible Prix du capital élevé	Salaire élevé Prix du capital faible
Spécialisation	Activité faiblement capitalistique	Activité fortement capitalistique

➤ **avantage absolu (loi de l'), avantage comparatif (loi de l'), Krugman ; Annexe A-18.**

hedge funds

Les *hedge funds*, appelés en français *fonds alternatifs* ou *fonds spéculatifs*, sont des fonds qui sont soumis à moins de régulation que les fonds classiques tels que les fonds d'investissements, fonds de pension ou fonds d'assurances. Ils sont libres dans le choix de leurs objectifs de placement, et utilisent tous les produits et tous les marchés susceptibles de réaliser ces objectifs.
Les *hedge funds* obtiennent de bonnes performances en suivant des stratégies très différentes et plus agressives que les fonds dits classiques.

➤ **fonds de pension.**

hégémonie

(du gr. *hegemôn* « chef »)

Domination générale exercée par une nation sur d'autres pays (exemple : l'hégémonie américaine dans les années 1950) ou par une classe sur l'ensemble de la société (hégémonie de la bourgeoisie).

Antonio Gramsci, théoricien marxiste italien, (1891-1937) insiste sur la dimension idéologique et institutionnelle de l'hégémonie ; elle se distingue de la coercition (l'exercice du pouvoir par la contrainte). Une classe sociale dominante est hégémonique quand, par le contrôle des institutions de la société civile (Église, École, médias, intellectuels, etc.), elle diffuse ses valeurs dans toute la société et exerce ainsi sa « direction culturelle ». En ce sens, une certaine légitimité est conférée à l'acteur hégémonique. Cette position hégémonique est l'objectif – pas toujours atteint – d'une classe dominante mais elle peut également caractériser peu ou prou une classe dominée qui ambitionne à terme de prendre le pouvoir. En ce sens, A. Gramsci assignait à la classe ouvrière organisée de construire les bases de son hégémonie.
Dans la Grèce antique (VIe et VIIe siècles av. J.-C.), le terme désigne la suprématie d'une cité dans les fédérations des peuples hellènes.

➤ **classe dirigeante, domination, légitimité.**

hérédité sociale

Maintien de la position sociale d'une génération à l'autre, exprimé dans le langage courant par l'adage traditionnel : « Tel père, tel fils ».

Dans les sociétés contemporaines, la position sociale (ou *status*) étant mesurée pour l'essentiel par la profession, on parlera d'hérédité sociale quand le fils occupe le même statut socioprofessionnel que le père. Récemment, le développement de l'activité féminine a permis de s'intéresser à l'hérédité sociale père-fille.

Au sens strict : le fils exerce la même profession que le père.

Au sens large : le fils occupe une position similaire dans la hiérarchie sociale (père médecin, fils cadre supérieur).

On emploie également les termes d' *immobilité* et de *viscosité* par opposition au processus de mobilité intergénérationnelle. Comme fait social d'importance, l'hérédité des positions est une dimension essentielle de l'existence des classes sociales et du processus de reproduction sociale.

➤ **héritage culturel, mobilité sociale, reproduction sociale.**

héritage culturel

Processus par lesquels les valeurs, les normes et les comportements, mais aussi les aptitudes relatives au savoir, sont transmis d'une génération à l'autre dans le cadre de la famille et de l'entourage.

➤ **Bourdieu, culture, personnalité, reproduction sociale, socialisation.**

heuristique ou euristique

(du gr. *heuriskein* « découvrir »)

1 Ensemble des procédés de recherche et d'invention conduisant à la découverte ; (« méthode heuristique » de Socrate, faisant découvrir à ses élèves ce qu'il voulait leur enseigner).

Par exemple, on parle des vertus heuristiques du modèle de concurrence parfaite. Celui-ci peut être à la fois perçu comme un idéal servant de point de comparaison aux autres structures de marché (oligopole, monopole qui), et comme une grille de lecture théorique de certains phénomènes économiques, tout en sachant qu'on peut lever certaines de ses hypothèses.

2 Science de la découverte (étude de ses conditions psychosociologiques).

➤ **innovation, invention, recherche-développement [R&D].**

Hicks (John Richard sir)

Économiste anglais (1904-1989), professeur à Oxford, prix Nobel en 1972.

Les contributions de J.R. Hicks à la théorie économique sont très diverses : elles concernent des domaines tels que la reformulation de l'équilibre général walrassien (existence et stabilité de l'équilibre), la répartition des revenus (entre les facteurs de production en fonction de leur productivité marginale), la théorie du capital (dans la lignée de l'école autrichienne), l'économie du bien-être (critères de compensation), l'analyse des fluctuations et du cycle, du progrès technique, etc.
Deux parties de son œuvre attirent particulièrement l'attention : il fut l'un de ceux qui jetèrent les bases de la théorie néo-classique moderne ; il s'efforça de réaliser une synthèse entre la théorie néo-classique et la théorie keynésienne (le célèbre schéma IS-LM de Hicks et Hansen).

Ouvrages principaux : *Théorie des salaires (1932) ; « Mr. Keynes and the Classics » (Econometrica, 1937) ; Valeur et capital (1939) ; Capital et croissance (1965) ; Temps et capital (1973).*

➤ **économie d'endettement, IS-LM (modèle), progrès technique ; Annexe A-15, 18, Annexe C.**

hiérarchie

1 Organisation d'un ensemble où chaque élément est supérieur à l'élément suivant selon des critères de nature normative : hiérarchie des valeurs, hiérarchie des besoins.

2 Ensemble social caractérisé par une échelle descendante de pouvoir, de privilèges, de situations qui implique la subordination des échelons inférieurs aux échelons supérieurs.

S'appliquant aux organisations (armée, Église, partis autoritaires, entreprises), le principe hiérarchique se présente comme une échelle de commandement, un classement ordonné des grades et des fonctions. Plus largement, la hiérarchie peut caractériser la structure sociale. C'est en ce sens que l'on parle de hiérarchie sociale. Elle est le principe de base des systèmes de castes et des sociétés d'ordres. Sans être une réalité de droit, elle est également présente, d'une certaine manière,

dans les sociétés de classes : les appellations « classes supérieures » et « classes moyennes » témoignent de la représentation d'un corps social segmenté verticalement.
Pour Marx, les classes ne forment pas un système hiérarchique : il y a rapports de domination, d'exploitation, d'exclusion et non un classement ordonné.

➤ **caste, classe(s) sociale(s), statut, stratification sociale.**

Hirschman (Albert O.)

Économiste et politologue américain d'origine allemande (il fuit le nazisme en 1933), né en 1915.

Spécialiste de l'économie du développement dont il fut l'un des pionniers ; connu à ce titre pour avoir défendu la **thèse de la croissance déséquilibrée** (à la fois constat et source éventuelle de dynamisme). Cependant, son œuvre déborde largement ce domaine et la science économique elle-même : plusieurs de ses travaux, à commencer par ceux consacrés aux questions économiques, sont centrés sur l'enchevêtrement des mécanismes de marché et des logiques politiques et sociales dont ne sont pas absentes les considérations morales. Dans cette optique, l'économie pure est à la fois irréaliste et réductrice.
L'ouvrage *Exit, Voice and Loyalty* (1970) est une illustration exemplaire de cette démarche : la dialectique de la défection (*exit*) et de la prise de parole (*voice*) joue aussi bien pour la sphère économique que pour les institutions sociales et politiques. Dans le champ de l'économie contemporaine, Hirschman ne peut être classé que comme un « hétérodoxe ».

Ouvrages principaux : *Stratégie du développement économique (1958) ; Exit, Voice and Loyalty (1970) (traduction française sous le titre : Face au déclin des entreprises et des institutions) ; Les passions et les intérêts (1977) ; Bonheur privé, action publique (1982).*

➤ **croissance, économie du développement, institutionnalisme.**

historicisme

1 Théorie selon laquelle les faits historiques (et sociaux) sont interprétés différemment selon la situation historique (et sociale) de l'historien (ou de tout autre spécialiste au sein des sciences sociales). Dans ce sens, certains préfèrent l'emploi du terme *historisme*.

2 Au sens de Karl Popper, tendance ou prétention critiquables de certaines théories à vouloir dégager les lois de l'évolution historique.

Le marxisme se veut historiciste dans le premier sens, car les concepts et théories y sont historiquement déterminés : la validité d'une théorie est historiquement limitée, la théorie est un produit qui émerge du processus historique, et toute théorie joue un rôle actif sur le déroulement de l'histoire. En ce sens l'historicisme (ou historisme) est donc une conception relativiste des sciences sociales : il n'est pas de vérité absolue hors du temps, ni hors d'une société donnée.
Le marxisme (mais aussi les théories de A. Comte ou de H. Spencer) est cependant dénoncé comme historicisme dans le deuxième sens. Il n'y aurait pas, selon K. Popper, de lois de l'histoire et la prétention du marxisme à les élaborer ne serait pas scientifique.

➤ **évolutionnisme, idéologie, marxisme, Popper.**

Hobbes (Thomas)

Philosophe anglais (1588-1679), célèbre pour sa théorie de l'État développée dans le *Léviathan* (1651), précurseur de la science politique libérale.

La pensée de Hobbes, marquée par la physique de son temps, est matérialiste et mécaniste. Cela apparaît dans sa conception de l'homme, du pouvoir politique et du rôle de l'Église.
- **L'homme est désir de pouvoir** : à l'état de nature, « l'homme est un loup pour l'homme »,

cherchant sa sécurité dans un pouvoir absolu sur autrui ; chacun faisant de même, et le faible pouvant tuer le fort, une égale insécurité règne : l'état de nature est un état de bestialité insupportable à l'homme. **Avec raison, les hommes vont, par contrat social, constituer artificiellement un corps politique dont l'âme sera le Souverain,** le « Léviathan », auquel ils auront abandonné le pouvoir absolu. Par ses lois, le souverain, qu'il soit un monarque ou une république, empêchera chacun de nuire à son prochain, la paix civile régnera et tout ce qui ne sera pas interdit sera autorisé, la liberté s'accordant avec un pouvoir absolu légitimé par une obéissance consentie.

- **Quant au pouvoir de Dieu**, s'il est dans son essence supérieur à celui du souverain, il n'est pas de ce monde : les prêtres doivent s'en tenir à leur mission d'enseignement, le commandement relevant du souverain, seul chef d'une église qui se confond avec le corps politique.
- **Hobbes apparaît donc comme un précurseur** : sont en germe dans sa théorie à la fois la conception démocratique et laïque de l'État fondée sur le consentement et la conception libérale de l'État-gendarme extérieur aux individus naturellement possessifs.

➤ **contrat social.**

holding

Société de portefeuille qui détient et gère des participations dans plusieurs entreprises afin d'orienter leur activité en fonction de la stratégie du groupe.

Forme que prend une société mère pour contrôler un groupe d'entreprises.

➤ **concentration, groupe.**

holisme

(du gr. *holos* « entier, qui forme un tout »)

[sciences sociales] **Interprétation globalisante du fonctionnement et de l'évolution de la société. Elle suppose que le tout social et culturel est d'une nature différente des éléments qui le composent (les individus, les groupes restreints).**

- **Les comportements individuels sont analysés avant tout comme le produit des structures sociales.** La démarche holistique privilégie ainsi les déterminations structurelles, les « effets de système » aux dépens de l'autonomie et du jeu des acteurs, du rôle que jouent les individus dans les phénomènes sociaux.

En insistant sur la contrainte sociale, en voulant expliquer les faits sociaux par d'autres faits sociaux, **E. Durkheim est considéré comme le représentant emblématique du holisme méthodologique**, bien qu'il n'ait jamais utilisé ce terme. Le culturalisme est classé dans les paradigmes holistes.

- **L'individualisme méthodologique** entend s'opposer à cette démarche.

➤ **acteur social, culturalisme, Durkheim, fait social, individualisme méthodologique ; Annexe A-34.**

homogamie

(du gr. *homos* « semblable » et *gamos* « mariage »)

Fait de choisir son conjoint dans un milieu semblable au sien.

- C'est un fait social attesté par la fréquence de ce phénomène dans les sociétés traditionnelles comme dans les sociétés contemporaines.

Dans ces dernières, sa mesure est obtenue en croisant la CSP du père de l'époux et celle du père de l'épouse.

- L'homogamie est avant tout sociale (tendance à se marier avec quelqu'un appartenant au même milieu social ou à un milieu social proche), mais peut revêtir d'autres aspects : homogamie géographique (mariage avec un conjoint proche spatialement), ethnique (fréquence des mariages au sein des minorités ethniques) ou religieuse (mariages entre coreligionnaires).

➤ **endogamie, mariage.**

homo œconomicus

Modèle du comportement humain fondé sur les principes de rationalité et de maximisation.

L'*homo œconomicus* est rationnel, ce qui signifie qu'il a des préférences (il préfère le cinéma au théâtre) et que ses choix sont cohérents (si, en plus, il préfère le théâtre au golf, alors il préférera le cinéma au golf) ; il est également optimisateur, ce qui signifie qu'il recherche le maximum de satisfaction ou de gain pour le minimum de peine, de dépenses, de sacrifices (l'entrepreneur s'efforce d'utiliser ses ressources le mieux possible afin de rendre son profit maximal). Finalement, l'*homo œconomicus* s'avère intéressé, mais pas uniquement, par l'argent (il peut préférer tout sacrifier à la défense de son honneur par exemple), et égoïste (ce qui peut le conduire à adopter un comportement altruiste pour donner aux autres une bonne image de lui-même). Cette représentation abstraite de l'homme, bien que souvent contestée, constitue le modèle dominant en sciences économiques et sociales (individualisme méthodologique).

➤ **individualisme méthodologique, libéralisme, optimum, rationalité ; Annexe A-24.**

HOS

➤ **Heckscher-Ohlin-Samuelson [théorème HOS], libre-échange (théorie du).**

hot money

➤ **capitaux flottants (ou hot money).**

Hume (David)

Philosophe écossais (1711-1776), fondateur de l'empirisme philosophique, et dont le *Traité de la nature humaine* (1739) a fortement influencé son ami Adam Smith.

Pour lui, l'expérience est l'unique source du savoir. Son empirisme appliqué à l'économie et à la politique conduit au refus de tout dogmatisme : tout régime politique évolue naturellement, s'adaptant aux changements économiques, sans qu'il soit besoin de définir un meilleur régime pour le remplacer ; car le pouvoir est légitimé par la durée : la stabilité politique, celle d'un pouvoir fort équilibré par la liberté économique, étant la condition de l'essor économique du pays.

➤ **libéralisme, Smith.**

hypothèque

Garantie réelle établie au profit d'un créancier sur un immeuble appartenant à son débiteur. Si la créance n'est pas remboursée à l'échéance prévue, celui qui détient l'hypothèque peut faire procéder à la vente de l'immeuble et se rembourser en priorité.

hystérèse/hysteresis

Persistance de l'effet après disparition de la cause.

Exemple : la valeur du taux de chômage naturel dépend de façon irréversible de la valeur des taux de chômage observés dans le passé. Les crises économiques provoquent une hausse du chômage naturel : le chômage ne retombe pas à son niveau d'avant-crise une fois la croissance retrouvée. C'est le phénomène que l'on a observé dans plusieurs pays d'Europe continentale depuis les années 1980, et aux États-Unis depuis 2008. Il est lié entre autres à l'« inemployabilité » des personnes qui sont au chômage de longue durée (perte de compétences, désocialisation).

➤ **équilibre.**

I

idéal-type

➤ **type idéal.**

identité

Façons dont un individu ou un groupe se définissent eux-mêmes et sont caractérisés parallèlement par autrui : l'identité est autant une élaboration des intéressés que le produit de désignations communes et de catégorisations « institutionnelles ».

Identité individuelle/collective

– L'**identité individuelle**, pour une part singulière, est simultanément une identité sociale : tout individu est inséré socialement et se définit autant par identification avec ses pairs que par différence par rapport aux autres. L'identité statutaire correspond plus particulièrement à la position sociale (professionnelle ou autre) de l'individu.

– L'**identité collective** concerne des groupes constitués ou en voie de constitution : groupes professionnels, classes, communautés ethniques ou religieuses, nations, etc. Elle procède de processus d'affiliation, de l'élaboration de références communes tout en étant conditionnée par les représentations que s'en font les autres groupes.

De façon générale, l'identité – individuelle ou collective – est le produit de l'articulation entre l'auto-définition de l'individu ou du groupe – identité revendiquée ou « identité pour soi » – et les identifications de la part des autres – identité attribuée par autrui – (C. Dubar, *La crise des identités*, 2001).

Pluralité des identités

Dans une société différenciée comme la nôtre, l'individu a plusieurs identités latentes en fonction de ses différentes appartenances et de ses multiples rôles et statuts (professionnel, associatif, politique, religieux, « ethnique », etc.). L'intéressé peut soit les combiner de façon plus ou moins cohérente, soit privilégier l'une d'entre elles selon les circonstances.

Assignations et stratégies identitaires

Dans certaines situations, et en particulier pour les minorités dominées, le couple identité revendiquée/identité attribuée ne va pas de soi. Les individus ou les groupes concernés peuvent refuser des appellations qu'ils jugent stigmatisantes (*cf.* E. Goffman) soit en en forgeant de nouvelles (cas des noirs aux États-Unis qui imposent le néologisme « afro-américains »), soit en récusant les stéréotypes qui leur sont associés et en tentant de les transformer (homosexuels, jeunes des cités).

De manière générale, les démarcations, les oppositions et les luttes jouent un rôle important dans la constitution des identités collectives. « C'est le conflit qui constitue et organise l'acteur » (A. Touraine).

L'identité sociale est ainsi moins une qualification stable, donnée une fois pour toutes, qu'une construction continue à la fois conférée et conquise.

➤ **communauté, ethnicité, ethnie, groupe social, socialisation, statut ; Annexe A-52.**

idéologie

Mise en forme plus ou moins élaborée d'idées, de croyances et de représentations propres à une époque, une société, un groupe social, voire à certaines instances.

Terme forgé en 1796 par Destutt de Tracy pour désigner la science de la formation des idées. Cette acception n'a que des rapports limités avec les usages contemporains du mot. Le champ du terme est large : des représentations collectives les plus générales (Durkheim utilise ce vocable), mélange de croyances et de perceptions du monde, aux constructions intellectuelles argumentées pour défendre une orientation (doctrines sociales ou politiques) et aux discours visant à légitimer l'ordre établi ou les intérêts d'un groupe social. Dans ce dernier cas, le mot peut revêtir une connotation négative : justification camouflée d'intérêts particuliers, de positions dominantes ou expression de conceptions morales tenues pour bornées (« idéologie petite-bourgeoise »).

La perspective matérialiste

Marx et Engels postulent que « la production des idées, des représentations [...] est intimement liée au commerce matériel des hommes » (autrement dit, à la structure économique et sociale). Quant à l'usage du terme lui-même, on retrouve grosso modo, dans leurs écrits, la distinction opérée plus haut : au sens large, « les formes idéologiques » renvoient aux « représentations que se font les individus [...] (expression consciente – réelle ou imaginaire) du monde social » (*in L'idéologie allemande*). Dans une acception plus restreinte, l'idéologie est une vision déformée, inversée de la réalité sociale, faite d'« illusions », de « fantasmagories ». Par ailleurs, à l'image des rapports sociaux, le monde des idées est marqué par la domination des « pensées de la classe dominante », expression idéale des rapports matériels dominants.

Idéologie et utopie

Karl Mannheim, sociologue d'origine hongroise de l'entre-deux guerres, est connu pour avoir distingué les idéologies, élaborées par des groupes dominants et légitimant l'ordre social existant, et les utopies, ou idéologies protestataires, émanant de groupes dominés, qui sont des constructions imaginaires tournées vers l'avenir et contestant l'organisation sociale présente.

Pour expliquer pourquoi des idées douteuses sont adoptées par des individus, R. Boudon part de l'individu-sujet et de son raisonnement : c'est une conception très éloignée de celle de Karl Mannheim. Pour Boudon, l'acteur peut mobiliser de bonnes raisons pour justifier son adhésion à une idéologie, ces raisons fussent-elles totalement erronées.

La fin des idéologies ?

Depuis les années 1960, il est courant de parler de la « fin des idéologies ». On invoque non seulement l'écroulement ou le déclin des grands systèmes doctrinaires (fascisme, communisme, voire religions établies), ce qui apparaît recevable, mais également la fin des spéculations et des constructions « idéelles » au profit des techniques, de la science et de l'expertise, ce qui semble beaucoup plus contestable.

➤ **hégémonie, représentations collectives.**

IDH

➤ **Indicateur de développement humain.**

illusion monétaire

Illusion dont sont victimes les agents économiques qui prennent leurs décisions en fonction des variables nominales (exprimées en quantités de monnaie courante) et non en fonction des variables réelles (mesurées à prix constants ou en pouvoir d'achat) : un individu est victime de l'illusion monétaire lorsqu'il se croit plus riche sous prétexte que son revenu nominal a augmenté alors que les prix ont augmenté dans la même proportion.

Selon les néo-classiques, les agents économiques ne sont pas victimes de l'illusion monétaire : ainsi, les travailleurs déterminent-ils leur offre de travail en fonction du salaire réel.

Il ne faut pas confondre **l'illusion monétaire**, qui est une forme d'irrationalité, et **l'erreur**

d'anticipation due à une information imparfaite : les salaires peuvent prendre temporairement du retard sur les prix, non pas parce que les salariés ne se préoccuperaient pas de l'évolution de leur salaire réel, mais parce qu'ils avaient sous-estimé l'inflation à venir au moment où ils ont négocié l'évolution de leurs salaires.

➤ **anticipations, nominale (valeur).**

immigration

Le terme est utilisé pour désigner des faits sociaux liés mais qu'il faut néanmoins distinguer : les flux migratoires, en l'occurrence, les entrées et l'établissement, durable ou non dans le pays d'accueil de personnes étrangères ; l'ensemble des immigrés (étrangers ou nationaux par acquisition) ; les réalités économiques, sociales, culturelles et politiques associées à la présence de populations immigrées ou issues de l'immigration ; les dispositifs institutionnels et plus généralement politiques relatifs à ces populations.

On distingue l' **immigration de travail** (temporaire, surtout composée d'individus de sexe masculin) et l' **immigration d'« installation »** (durable ou définitive), avec regroupement familial.

En France, les immigrations maghrébines et africaines sont passées de la migration « laborieuse » à l'installation. Cette évolution explique pour une bonne part le changement d'optique des études consacrées à l'immigration.

Dans les années 1960 et 1970, elles se polarisent sur la contribution des travailleurs immigrés à l'activité économique, sur les caractéristique de cette main-d'œuvre (le plus souvent OS et manœuvres de l'industrie).

Depuis les années 1980, elles s'orientent davantage sur les conditions d'existence des ménages, les dynamiques culturelles (processus d'assimilation et/ou d'affirmation identitaire) et plus généralement sur les relations entre immigrés, issus de l'immigration et le reste de la société française.

➤ **acculturation, assimilation, communautarisme, ethnicité, immigrés, migration, multiculturalisme.**

immigrés

Résidents nés à l'étranger. Plus précisément, personnes nées à l'étranger, entrées sur le territoire du pays d'accueil avec une nationalité étrangère et y résidant habituellement. Certains d'entre eux (un tiers en France) obtiennent la nationalité du pays en question.

Selon la législation française, les enfants d'immigrés nés dans le pays d'accueil ne sont pas eux-mêmes immigrés.

L'acquisition de la nationalité pour les enfants d'immigrés étrangers est réglée par le **droit du sol.** (Art. 21-7, Art. 21-11 du Code civil)

« Issus de l'immigration »

Expression couramment utilisée pour désigner les enfants d'immigrés nés en France et qui, par définition, ne peuvent être classés comme immigrés bien qu'ils soient souvent perçus comme tels et qu'ils peuvent eux-mêmes se définir pour une part comme partie prenante des communautés immigrées.

Selon les conventions en vigueur, il est impropre de parler d'« immigrés de la seconde (ou troisième) génération », même si cette expression a été et est encore employée.

REMARQUE : Ne pas confondre *étrangers et immigrés.*

➤ **assimilation, droit du sol, ethnicité, immigration, migration.**

immobilisations

➤ **comptabilité d'entreprise.**

impérialisme

Tendance d'un État – ou de groupes économiques dominants d'une nation – à établir des relations de domination sur une autre région.

L'impérialisme a pris au cours de l'Histoire des formes et des connotations différentes : il peut être une doctrine ou une réalité ; sa logique dominante peut être politique et militaire, idéologique et culturelle ou économique.

L'impérialisme politique et militaire

C'est la forme la plus ancienne, celle de la constitution d'empires tels que l'Empire romain ou l'Empire napoléonien.

L'impérialisme économique

Au XIXe siècle, la colonisation et la constitution d'empires construits sur une base essentiellement économique induisent une deuxième forme d'impérialisme : l'expansion du capitalisme passe par la colonisation ou le contrôle de régions moins développées. Dès lors, l'impérialisme économique devient une doctrine, défendue par des hommes tels que Leroy-Beaulieu en France ou Disraeli en Grande-Bretagne, et une réalité, fortement dénoncée par les marxistes. Rosa Luxemburg et Lénine montrent le caractère inéluctable de l'expansion du capitalisme hors du territoire national. Selon Lénine, l'impérialisme est le « stade suprême du capitalisme ».

Après la Seconde Guerre mondiale, l'indépendance politique des pays en développement (décolonisation) s'accompagne d'une forte dépendance économique. Quatre logiques principales constitueraient la base de cette dépendance : une logique de contrôle des matières premières, une logique d'extension des marchés, une logique d'exploitation d'une main-d'œuvre peu chère et une logique de contrôle politique.

L'impérialisme culturel et idéologique

L'impérialisme culturel et idéologique joue aussi un rôle économique – étendre des modèles de consommation – et un rôle politique – renforcer l'image de marque d'un système économique et politique.

L'impérialisme est-il inéluctable ?

La thèse du caractère inéluctable de l'impérialisme, doit être nuancée par plusieurs séries d'arguments :

– le capitalisme peut très bien s'accommoder du développement du Tiers monde – ou d'une partie de celui-ci – dans la mesure où il permet l'extension des marchés ;

Les pays du Tiers monde tentent aujourd'hui moins de remettre en cause l'existence des relations avec les pays développés que l'inégalité dans l'échange.

– le capitalisme n'a pas le monopole de l'impérialisme : l'Union soviétique avait instauré avec les pays de l'Est des relations économiques inégales.

➤ **économie du développement, firme multinationale [FMN], internationalisation.**

importations

[Comptabilité nationale] Flux de biens et de services en provenance de l'extérieur. Le montant d'importations est affecté, en ressources, au compte du reste du monde. Les importations enregistrées dans la balance commerciale ne comportent que les marchandises (biens matériels).

➤ **balance des paiements, extérieur.**

impôt

Versement obligatoire, effectué par les individus ou les entreprises, sans contrepartie immédiate, au profit de la puissance publique (État, collectivités locales).

L'impôt sert d'abord à financer les dépenses publiques. Cependant, l'importance des sommes en jeu (près de 25 % du PIB) fait de la fiscalité un instrument de politique économique et sociale.

Résultant d'une contrainte, le développement de l'impôt est lié à l'affirmation de l'autorité de l'État. Sous la féodalité, l'impôt est perçu en partie par le seigneur sur son fief, et en partie par les fermiers généraux pour le compte du roi. À partir de la Révolution, le système fiscal se centralise et se perfectionne. Dans la plupart des démocraties occidentales, le vote de l'impôt est à la base du contrôle, par le Parlement, de l'activité gouvernementale. Actuellement, les règles concernant ce domaine sont du ressort de la loi.

Trois paramètres essentiels pour définir un impôt

- **L'assiette** désigne la grandeur économique (revenu, chiffre d'affaires, patrimoine, valeur ajoutée) qui sert de base au calcul de l'impôt. Cette assiette peut être modulée pour tenir compte de la situation individuelle des agents économiques. Par exemple, en France, en dessous d'un certain seuil, le revenu n'est pas imposable. De même, le quotient familial permet de tenir compte du nombre d'enfants du ménage ;
- **Le taux :** il s'agit du pourcentage appliqué à l'assiette pour calculer le montant de l'impôt. On distingue l'impôt proportionnel, où le taux est le même, quelle que soit l'importance de la base fiscale, l'impôt progressif où le taux augmente avec la valeur de l'assiette, et l'impôt dégressif où le taux diminue ;
- **Les modalités de recouvrement :** l'impôt peut être versé par l'agent économique, ou « prélevé à la source » (l'individu perçoit son revenu amputé du montant de l'impôt correspondant qui est directement versé au fisc). Cependant, la personne qui verse l'impôt peut être différente de celle qui en supporte la charge : le commerçant, par exemple, reverse la TVA au fisc, mais en répercute le montant dans le prix de vente du produit au consommateur.

L'importance des flux financiers en jeu permet de considérer l'impôt comme un élément central de la politique économique. Il joue un rôle dans la régulation conjoncturelle : un allégement du poids de la fiscalité est censé relancer l'activité et inversement.

Enfin, le système fiscal peut être utilisé comme instrument de réduction des inégalités : progressivité de l'impôt sur le revenu, taux élevé de la TVA sur les produits de luxe, etc. Mais cette utilisation de l'impôt se heurte à des limites : poids faible de l'impôt sur le revenu dans l'ensemble du prélèvement fiscal.

➤ **budget de l'État (loi de Finances), concurrence fiscale, fiscalité, politique fiscale, prélèvements obligatoires.**

impôt direct

L'impôt direct est payé et supporté par la même personne. Il ne peut être répercuté dans le prix d'un produit. Les principaux impôts directs français sont : l'impôt sur le revenu des personnes physiques (IRPP), l'impôt sur les sociétés, l'impôt sur les grandes fortunes, les droits de succession.

L'impôt direct est en général considéré comme plus équitable que l'impôt indirect, car il tient compte de la situation personnelle du contribuable. Le système fiscal français se caractérise, contrairement à celui des autres pays de la CEE, par une prépondérance des impôts indirects.

impôt indirect

À l'inverse de l'impôt direct, l'impôt indirect peut être répercuté dans le prix d'un produit : taxe sur le chiffre d'affaires, taxe à la valeur ajoutée, droits de douane.

➤ **impôt direct.**

impôt sur le revenu

Impôt dont l'assiette est constituée par le revenu des personnes physiques (IRPP) ou des entreprises constituées sous forme de société (impôt sur les sociétés, IS).

L'IRPP s'applique non seulement aux salaires, mais à toutes les catégories de revenus perçus par le foyer fiscal (personnes faisant une déclaration commune) : bénéfices industriels et commerciaux, revenus financiers, loyers, etc. C'est un impôt progressif, c'est-à-dire dont le taux augmente avec le revenu. Il possède un aspect redistributif en raison du « quotient familial », système qui favorise les foyers avec enfants en allégeant l'impôt proportionnellement au nombre de ceux-ci. En effet, il se calcule en faisant le rapport du revenu imposable par le nombre de parts attribuées au foyer qui dépend de la situation familiale. L'effet du quotient familial est plafonné.

L'impôt sur les sociétés (IS) est lui aussi prélevé par l'État. Son assiette est constituée par les bénéfices industriels et commerciaux réalisés par les sociétés.

incertitude

Situation dans laquelle se trouvent les agents économiques lorsqu'ils ignorent ce que sera leur environnement dans un avenir proche ou lointain.

L'incertitude selon Arrow-Debreu

- **Dans la version la plus courante de la théorie de l'équilibre général (Arrow-Debreu)**, le problème de l'incertitude ne se pose pas en raison de l'hypothèse d'un système complet de marchés (chacun peut planifier ses échanges, car il existe des marchés ouverts pour n'importe quelle échéance).
- Un progrès dans l'analyse de l'incertitude est réalisé, dans le cadre de la théorie microéconomique des contrats, lorsque l'on prend en compte l'imperfection de l'information à partir de laquelle les individus effectuent leurs choix. L'hypothèse d'asymétrie d'information conduit par exemple à étudier les problèmes qui apparaissent lorsque l'incertitude porte sur les biens échangés (cas bien connu des voitures d'occasion) ou sur les comportements des protagonistes (cas de l'assuré qui peut avoir intérêt à se laisser voler sa voiture ou du travailleur qui peut essayer de « tirer au flanc »). Les agents cherchent à se protéger, imparfaitement, de l'incertitude en passant des contrats (ce qui suppose que le système judiciaire veille à leur exécution) ; ce type d'analyse s'applique tout particulièrement au cas particulier du contrat de travail.

L'incertitude selon Keynes

Pour J.M. Keynes, le futur est incertain en un sens radical : nous ne savons pas ce qui se passera demain (par exemple, quel sera le taux d'intérêt dans six mois). Cette incertitude, à la différence du risque, n'est pas probabilisable : les agents économiques sont contraints de fonder leurs décisions sur des anticipations (par exemple, les entrepreneurs lorsqu'ils décident du volume de la production et du niveau de l'emploi en fonction de la demande anticipée), d'où l'importance des conventions (pour stabiliser les comportements), de la préférence pour la liquidité (la monnaie constitue « un pont entre le présent et l'avenir ») et des risques de crises financières (lorsque les spéculateurs n'ont plus d'autres points de repère que leur propre image).

L'incertitude selon von Hayek

F.A. von Hayek met également au centre de son argumentation le problème de l'information mais il y voit au contraire la principale justification du marché (la décentralisation de la prise de décision étant la procédure la plus efficace dès lors que l'information pertinente est disséminée et qu'il n'existe aucune position en surplomb d'où il serait possible de voir la société globale).

➤ **anticipations, convention (selon Keynes), Hayek, Keynes ; Annexe Ⓐ-14, 20.**

inceste (prohibition de l')

Règle qui interdit les mariages entre proches parents : entre mère et fils, frère et sœur, oncle et nièce, etc.

Si toutes les sociétés prohibent l'inceste, ce ne sont pas partout les mêmes relations conjugales qui sont qualifiées d'incestueuses. Ainsi, le mariage entre cousins germains peut, selon les cas, être interdit ou au contraire recommandé. Pour Lévi-Strauss, la prohibition de l'inceste est l'une des rares règles sociales commune à toutes les sociétés.

➤ **filiation, Lévi-Strauss, mariage ; Annexe Ⓐ-46.**

incitations (théorie des)

Dans le contexte d'incertitude et d'asymétrie d'information dans lequel les individus interagissent, théorie économique qui étudie les règles incitant les individus à dévoiler l'information dont ils disposent et à fournir des niveaux d'effort élevés. L'économiste français Jean-Jacques Laffont en est considéré comme le fondateur.

Les applications sont multiples dans l'assurance, l'entreprise, la réglementation, les biens publics.

➤ **assurance, asymétrie informationnelle, Jean-Jacques Laffont.**

indexation

Technique consistant à faire varier une grandeur en fonction d'une autre variable économique ou index. Elle a pour but d'éviter une perte de pouvoir d'achat en période d'inflation.

- L'indexation peut s'appliquer par exemple en France :

– **aux salaires :** le SMIC est indexé sur l'évolution des prix et de la croissance économique ;
– **à l'épargne :** l'emprunt Giscard de 1973 était indexé sur le cours du Napoléon ;
– **aux revenus de transfert :** les retraites sont désormais indexées sur l'évolution des prix.

- **Les effets de l'indexation sont controversés.** Pour les uns, il s'agit d'une garantie permettant aux agents économiques de garder la confiance indispensable au bon fonctionnement de l'économie. Pour les autres, l'indexation est un mécanisme puissamment inflationniste, responsable de la spirale « prix-salaires ».
- Depuis les années 1980, en raison des politiques monétaires de rigueur mises en place dans la plupart des pays de l'OCDE, et des moindres revendications salariales, la zone OCDE se caractérise par une désinflation avec un taux d'inflation moyen inférieur à 3 %. Cela a rendu inutiles certaines pratiques d'indexation, notamment l'indexation des salaires sur les prix. Depuis 2008, les pays de la zone euro ont connu des épisodes déflationnistes, faisant craindre une spirale de déflation par la dette.

➤ **déflation, désindexation des salaires.**

indicateur

Grandeur calculée à date régulière et permettant d'apprécier l'évolution économique ou sociale.

Les indicateurs peuvent être :

– **économiques** (taux de croissance du PNB, indice des prix) ou sociaux (taux de fécondité, espérance de vie...) ;

– **macroéconomiques** (à l'échelle d'un pays ou d'un groupe de pays : taux de croissance de la production industrielle) ou **microéconomiques** (à l'échelle d'une entreprise : évolution du chiffre d'affaires) ;

– **conjoncturels** (évolution mensuelle du nombre de demandeurs d'emploi) ou **structurels** (répartition par âge de la population active).

➤ **agrégat, carré magique.**

indicateur de développement humain [IDH]

Indicateur de développement, calculé chaque année depuis 1990 par le Programme des Nations unies pour le Développement (PNUD).

De caractère composite – il prend en compte la longévité, le savoir et le niveau de vie –, il est supposé mieux mesurer le processus complexe du développement que l'indicateur du PNB par habitant de la Banque mondiale.

L'IDH se veut être un outil de mesure commun aux différents pays pour rendre compte, mieux qu'un indicateur purement monétaire, de la dimension qualitative du progrès socio-économique. Ses modalités de calcul ont été substantiellement modifiées en 2010.

Les trois éléments de l'IDH

- **Longévité et santé**

Le critère en est l'espérance de vie à la naissance. Valeur minimale : 20 ans ; valeur maximale : 84 ans.

Exemple : l'Afrique du Sud, avait une espérance de vie de 53,4 ans en 2011, soit un indice d'espérance de vie de 0,526.

- **Niveau d'instruction et d'accès au savoir**

Ici, deux critères entrent en compte, le nombre d'années de scolarisation des adultes âgés de 25 ans et le nombre d'années de scolarisation escomptées pour les enfants d'âge scolaire. Les indicateurs utilisent une valeur minimale de zéro et des valeurs maximales fixées par rapport aux valeurs réelles observées pour les pays dans la série temporelle, c'est-à-dire de 1980 à 2012. L'indice d'éducation correspond à la moyenne géométrique des deux indices.

Exemple : en Afrique du Sud, ou la durée moyenne de scolarisation était de 8,5 ans et la durée attendue de scolarisation de 13,1 ans, l'indice de l'éducation était de 0,705 en 2011.

- **Niveau de vie**

La composante « niveau de vie décent » est mesurée par le RNB par habitant, au lieu du PIB par habitant, en dollars ajustés par les parités au pouvoir d'achat ($ PPA). L'IDH utilise le logarithme du revenu pour refléter l'importance décroissante du revenu au fur et à mesure de l'augmentation du RNB, car l'accroissement du revenu n'augmente pas le bien-être de manière linéaire : le progrès est considérable quand on passe de 200 a 400 dollars/hab/an, et modéré, pour un même gain, de 39 800 à 40 000 dollars.

Exemple : le RNB par habitant de l'Afrique du Sud était de 9 594 dollars en 2011, l'indice de RNB s'établissait à 0,982.

Calcul de l'IDH

Les scores pour les trois indices des dimensions de l'IDH sont ensuite combines dans un indice composite en utilisant une moyenne géométrique.

Exemple : pour l'Afrique du Sud, le calcul conduit à un IDH de 0,629 à la 121ème place dans le classement du PNUD sur 186 pays classés. 1ère, la Norvège, 0,955 ; dernier classé, la République démocratique du Congo, 0,304 ; 20ème la France avec 0,893 ; 3ème les États-Unis avec 0,937.

D'autres indicateurs

- **L'Indicateur de Développement Humain (IDH) ajusté aux inégalités (IDHI)** est une mesure du développement humain des individus dans une société qui tient compte des inégalités. Sous condition d'égalité parfaite, l'IDH et l'IDHI sont égaux. L'IDHI d'une personne « moyenne » dans une société est inférieur à l'IDH global lorsqu'il y a une inégalité dans la distribution de la santé, de l'éducation et du revenu ; plus l'IDHI est bas, plus l'inégalité est forte. Le déficit moyen en IDH ajusté aux inégalités est d'environ 23 % – c'est-à-dire que, ajusté pour inégalité, l'IDH global de 0,682 en 2010 tomberait à 0,525, ce qui représente une chute de la catégorie d'IDH élevé à la catégorie moyenne.
- **L'Indicateur de Pauvreté Multidimensionnelle (IPM)** a remplacé en 2010 l'IPH, qui figurait dans les Rapports sur le développement humain depuis 1997. L'IPM complète les mesures basées sur le revenu en considérant les privations multiples qui touchent les foyers dans les domaines de la santé, de la scolarité et du niveau de vie. Environ 1,7 milliard de personnes sur les 109 pays classés par l'IPM vivent dans une pauvreté multidimensionnelle en 2010.
- **Indicateur Sexo-Spécifique du Développement Humain (ISDH)** et **Indicateur de la Participation des Femmes (IPF)**

➤ **développement, richesse ; Annexe A-29.**

indicateurs boursiers

Indicateurs synthétiques représentatifs du cours des actions sur les marchés boursiers. Ils se différencient par leur champ – nombre et nature des valeurs prises en compte – et par leur mode de calcul.

L'évolution d'une place boursière se mesure par des indicateurs synthétiques. Ces derniers permettent de mesurer les performances boursières des investisseurs et des gestionnaires de portefeuilles et servent de support à des contrats à terme et aux options négociés sur les marchés dérivés.

Principaux indices français

Le CAC 40. Créé en 1988 (base 1 000 au 31-12-1987), indice « vedette », il sert de support aux contrats cotés sur le MATIF et le MONEP et il est composé des 40 actions françaises les plus actives, sélectionnées en fonction de deux critères : la capitalisation boursière (appartenir aux cent premières capitalisations) et la liquidité (volumes échangés). L'indice est calculé en continu pendant toute la séance.

Les SBF 120 et 150 (base 1 000 au 31-12-1990) ont été lancés simultanément fin 1993. Ils s'emboîtent comme des poupées russes : toute valeur appartenant au CAC entre dans le SBF 120 et toute valeur du SBF 120 entre dans le SBF 150.

INDICATEURS BOURSIERS	
États-Unis	
• Dow Jones Industrials	• *30 valeurs industrielles*
• Standard & Poors 500	• 500 actions Le plus large et le plus parlant des indices.
Grande-Bretagne	
• Financial Times 100 (FT 100 ou footsie 100)	• 100 actions Cet indice est le plus parlant de la Bourse de Londres où il est utilisé comme support pour des contrats à terme.
France	
• CAC général (appelé aussi SBF)	• 239 actions du règlement mensuel et du comptant L'indice le plus représen - tatif du ma rché.
• CAC 40	• 40 actions Même s'il n'est pas le plus fiable, cet indiceest le plus utilisé par les profession-nels et sert de support à un contrat à terme.
Allemagne fédérale	
• FAZ	• 100 actions Indice assez représentatif du marché.
• DAX	• 30 actions Équivalent au CAC 40 fran-çais, cet indice servira de support au contrat d'indice à terme.
Japon	
• Nikkei	• *225 actions*
• Topix	• *1165 actions* L'indice montant de la Bourse de Tokyo, le plus représentatif du marché.

Depuis 1995, la bourse dispose d'un indice spécifique aux valeurs moyennes : le MIDCAC.

Principaux indices dans le monde

Aux États-Unis, l'**indice Dow-Jones Industrials**, appelé le Dow Jones, porte sur un petit nombre (30) de valeurs cotées au Stock Exchange de New York, soit environ 20 % de la capitalisation boursière. C'est une moyenne de cours exprimés en dollar.

Toutefois, cet indice le plus connu ne reflète qu'imparfaitement le marché, et les professionnels suivent **l'indice Standard and Poors** qui prend en compte 500 valeurs.

L'indice NASDAQ, créé en 1971, est l'indice phare des valeurs technologiques.

À Tokyo, l'**indice Nikkei**, qui porte sur environ 225 valeurs, est obtenu, comme l'**indice CAC** français, par une moyenne pondérée par la capitalisation boursière.

Indices de l'Europe boursière

Quatre nouveaux indices (1998-1999), diffusés en euro et en dollar, ont été créés par la société Dow Jones pour servir de référence à partir de la création de l'euro :

– **Dow Jones Stoxx :** 660 actions de société, il couvre 8 pays européens ;

– **Dow Jones Euro stoxx :** 326 des valeurs de la zone euro ;

– **Dow Jones Euro Stoxx 50 :** 50 valeurs de la zone euro ;

– **Dow Jones Stoxx 50 :** 50 valeurs de l'Europe tout entière.

➤ **CAC 40, capitalisation boursière, MONEP.**

indice

Nombre qui mesure la variation relative d'une grandeur entre deux situations différentes, dans le temps ou dans l'espace, l'une de ces situations étant prise comme référence pour le calcul.

Un indice dit **simple ou élémentaire** ne porte que sur une seule grandeur.

Soit une variable Y (exemple : le prix d'un objet), qui passe de la valeur Y_0 (exemple : 10 €) à la date 0, à la valeur Y_t (exemple : 15 €) à la date *t* ; alors l'indice de Y à la date *t*, base 1 à la date 0, est :

$I_{t/0} = Y_t / Y_0$ (15/10 = 1,5).

On décide souvent que l'indice vaut 100 l'année de base, ce qui donne :

$$I_{t/0} = (Y_t/Y_0) \times 100$$
$$= 1{,}5 \times 100$$
$$= 150.$$

Dès que l'on veut résumer par un indice l'évolution de plusieurs grandeurs (par exemple, les prix de milliers de produits), il faut calculer un indice **synthétique** en faisant la moyenne pondérée des indices élémentaires : il est logique d'accorder plus de poids dans le calcul de la hausse générale des prix à l'indice du prix de la viande qu'à l'indice du prix du caviar, parce que la viande représente une part plus importante du budget des ménages que le caviar.

- Mais la structure des dépenses des ménages se transformant au cours du temps, les coefficients de pondération (par exemple, la part de la viande dans le total des dépenses) ne sont pas les mêmes l'année de base et l'année d'arrivée ; **lorsque l'on choisit de retenir les pondérations de l'année de base, on calcule un indice de Laspeyres**.

Exemple : L(*p*) *t*/0 = Laspeyres (prix) de l'année *t*, base 100 l'année 0 =

$$P = \frac{\sum_{1}^{n} P_i^t \times Q_i^0}{\sum_{1}^{n} P_i^0 \times Q_i^0} \times 100$$

(P_i^t = prix du produit *i* l'année *t* ; Q = quantité).

- Lorsque l'on choisit de retenir les pondérations de l'année d'arrivée, on calcule un indice de Paasche :

$$P = \frac{\sum_{1}^{n} P_i^t \times Q_i^t}{\sum_{1}^{n} P_i^0 \times Q_i^t} \times 100$$

- Au lieu de s'intéresser à l'évolution des prix, on peut s'intéresser à l'évolution des quantités et calculer des indices de volume. **Si l'on choisit de pondérer les quantités par les prix de l'année de base, on calcule un Laspeyres-volume :**

$$Vol = \frac{\sum_{1}^{n} P_i^0 \times Q_i^t}{\sum_{1}^{n} P_i^0 \times Q_i^0} \times 100$$

- En pondérant les quantités par les prix de l'année d'arrivée, on calcule un Paasche-volume :

$$Vol = \frac{\sum_{1}^{n} P_i^t \times Q_i^t}{\sum_{1}^{n} P_i^t \times Q_i^0} \times 100$$

L'indice des valeurs globales mesure l'évolution des prix et des quantités :

$$V = \frac{\sum_{1}^{n} P_i^t \times Q_i^t}{\sum_{1}^{n} P_i^0 \times Q_i^0} \times 100$$

On constate que :
$IVG = L(p) \times P(q) = P(p) \times L(q)$.

Exemple : Indice de valeur du PIB = Indice de prix du PIB (Paasche-prix) x Indice de volume du PIB (Laspeyres-quantités).

➤ **déflateur.**

indice des prix à la consommation [IPC]

Indice mensuel des prix à la consommation calculé par l'INSEE.

L'INSEE a mis en service en février 1999 un nouvel indice des prix à la consommation (IPC), rénové base 100 = Année 1998. Au niveau 5 d'agrégation, l'indice s'applique à **159 groupes de produits :**

– **sont exclus, entre autres, du champ de la consommation couvert par cet indice :** les achats de logement (et les dépenses de gros entretien), l'achat de valeurs mobilières, les cotisations sociales, l'assurance-vie, les intérêts sur le crédit à la consommation, les impôts directs (on notera que l'INSEE propose deux variantes : tabac compris ou non), les jeux de hasard, le secteur hospitalier privé, l'assurance santé privée et la partie de l'action sociale concernant les établissements spécialisés ;

– **sont intégrés dans le calcul du nouvel IPC :** les services de protection sociale (crèches, assistances maternelles et maisons de retraite) et différents services liés à l'habitation (enlèvement des ordures ménagères, gardiennage, entretien des ascenseurs, employés de maison), activités en développement rapide. L'IPC prend en compte 200 000 prix correspondant à plus de 1 000 types de biens et services, en respectant leur importance dans la consommation totale des ménages.

Il mesure l'évolution de ces prix à qualité constante (exemple : si le prix affiché des micro-ordinateurs se maintient alors que leur puissance augmente, l'indice des prix des micro-ordinateurs baisse). C'est un indice Laspeyres chaîné, dont les pondérations sont révisées chaque année.

La population de référence est désormais « l'ensemble des ménages » ; cependant l'indice retenu pour le SMIC est appelé indice des ménages « modestes ».

Un Indice d'inflation sous-jacente (ISJ) est également calculé. Il permet de dégager la tendance de fond de l'évolution du niveau des prix. Il exclut les prix soumis à l'intervention de l'État et les produits à prix volatils, par exemple : les produits frais, l'énergie, le tabac, les tarifs publics.

L'indice des prix à la consommation harmonisé (IPCH)

Indicateur permettant d'apprécier le respect du critère de convergence portant sur la stabilité des prix, dans le cadre du traité de l'UEM (Maastricht). Cet indice est conçu à des fins de comparaison internationale notamment européenne pour éclairer la politique monétaire. Une des différences avec l'indice des prix à la consommation national français tient dans le traitement de la protection sociale et de l'enseignement.

➤ **déflateur, indice.**

indifférence (courbe d')

Selon la théorie microéconomique du consommateur, étant donné deux biens quelconques, on appelle courbe d'indifférence d'un consommateur une courbe reliant toutes les combinaisons de quantités de ces biens qu'il considère comme équivalentes (parce qu'elles lui apportent la même satisfaction).

- **carte d'indifférence :** ensemble des courbes d'indifférence d'un consommateur.

Exemple : imaginons, en conservant l'exemple « évangélique » du pain et du vin, que l'individu A soit indifférent entre les biens suivants décrits dans les colonnes successives du tableau ci-dessous, où le pain est évalué en kilogrammes et le vin en litres :

Pain	1	3/4	1/2	1/4	0
Vin	0	1/7	1/3	3/5	1

Ce tableau indique que l'individu est indifférent entre, non seulement 1 kg de pain et 1 L de vin, mais aussi entre chacun de ces biens et les biens composites (750 g pain, 14,3 cL vin ; 500 g pain, 33,3 cL vin ; ou 250 g pain, 60 cL vin).

Tous ces biens équivalents entre eux peuvent être représentés par des points sur une courbe tracée dans un repère plan où le pain est mesuré en abscisses et le vin en ordonnées, comme sur la figure ci-après.

Si l'on admet que tous les points de la courbe sont en fait des biens composites équivalents entre eux, alors la figure donne l'image d'une **courbe d'indifférence** de l'agent A. (Exemple emprunté à F. Poulon, in *Économie générale*, Dunod,.)

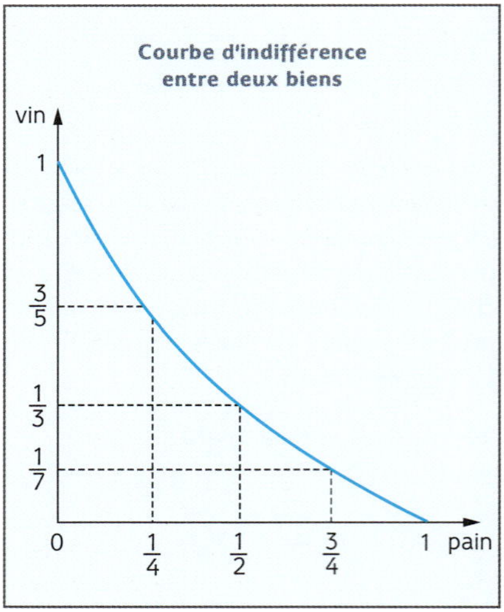

➤ **consommateur (théorie du), consommation, demande.**

indifférence (théorème d')

➤ **Modigliani-Miller.**

individualisation

Processus d'autonomisation (relative) des individus dans les différentes sphères de la vie sociale et représentations qui les accompagnent.

Les origines de l'individualisme

Cette tendance, qui caractériserait l'avènement des sociétés modernes, a été repérée dès le XIXe siècle (Tocqueville, Durkheim) et plus longuement analysée au XXe siècle (Élias, Dumont). Elle serait la confluence de logiques sociales (déclin des sociétés d'ordres et de castes, des communautés traditionnelles), économiques (place du contrat dans les économies de marché), politiques (montée de l'individu citoyen) et culturelles (individu proclamé comme valeur). Malgré tout, ces analyses ne cessaient pas pour autant de pointer les déterminismes sociaux et les contraintes institutionnelles.

Une deuxième « révolution individualiste »

Le thème a été repris récemment. On serait en présence d'« une deuxième révolution individualiste » (G. Lipovetski). Sont ici invoqués les processus de désinstitutionnalisation dans les sphères privée (conjugalité, famille) et publique (déclin des structures d'encadrement), dans l'ordre des croyances (individualisation du religieux) et dans le monde du travail (individualisation des trajectoires).

Une notion à relativiser

Ces diagnostics demandent à être relativisés. Selon la formule de L. Dumont, si « à partir d'un certain moment de l'histoire occidentale, les hommes se sont vus comme des individus [...] [ils] n'ont pas cessé d'être des êtres sociaux » (*Homo hierarchicus*, 1966). En suivant B. Lahire (*L'homme pluriel*, 1998), les individus, étant aujourd'hui plus « multisocialisés » qu'autrefois, nourrissent un « sentiment de liberté » correspondant à un élargissement des possibles. Mais ce « sentiment » peut aussi s'interpréter comme le produit de la complexité des déterminismes sociaux. Les phénomènes de désinstitutionalisation s'accompagnent de l'élaboration de nouvelles normes.

L'individualisation n'est pas seulement un processus d'émancipation, elle peut aussi être instrumentalisée par des agents comme les entreprises (responsabilisation et individualisation de la gestion des compétences). Les injonctions à « être comptable de soi-même » en viennent à masquer l'affaiblissement des solidarités et la fragilisation des individus dont les ressources économiques, sociales et culturelles sont faibles.

➤ **holisme, individualisme, solidarité, Tocqueville.**

individualisme

1 [sens doctrinal] **L'individu est une valeur fondamentale, supérieure aux valeurs collectives du groupe, de la société.**

Sur le plan politique, il se traduit par une revendication des droits de l'individu contre l'emprise des pouvoirs de l'État. L'individualisme doctrinal est généralement associé au libéralisme, qu'il soit politique ou économique.

2 **Comme fait social caractérisant plus spécialement les sociétés modernes : représentations privilégiant l'individu, son autonomie au détriment des appartenances collectives.**

Généralement valorisé, l'individualisme peut revêtir des dimensions connotées négativement. Tocqueville pointait ses revers (repli sur soi, absence de sens civique).

R. Castel oppose « individualisme positif » basé sur l'autonomie et la capacité à contracter et « individualisme négatif » qui « se décline en termes de manque, manque de biens assurés et de liens stables ». résultat de processus de précarisation et/ou d'un déficit de ressources personnelles.

➤ **holiste (société) ; Annexe Ⓐ-31.**

Individualisme méthodologique

[sciences sociales] Démarche selon laquelle « un phénomène social quel qu'il soit [...] doit, pour être expliqué, être conçu comme le produit de l'agrégation d'actions individuelles » (R. Boudon, *Encyclopaedia Universalis*). Elle s'oppose à la démarche dite « holiste » qui privilégie au contraire le jeu des structures pour rendre compte des comportements des agents et des évolutions sociétales.

Si l'expression est surtout utilisée aujourd'hui par des sociologues (en particulier, en France, par R. Boudon et son courant), son origine est à rechercher du côté des économistes et des épistémologues : elle apparaît pour la première fois sous la plume de K. Menger ; F. von Hayek et K. Popper énoncent l'un et l'autre les bases du paradigme.

Action centrée sur la rationalité et l'intentionnalité

L'accent mis sur les acteurs individuels va de pair avec une conception de l'action centrée sur la rationalité et l'intentionnalité ; les acteurs cherchent à optimiser leurs décisions, du moins ont-ils de « bonnes raisons » pour adopter tel comportement ou telle attitude. Ce postulat est à rapprocher de l'utilitarisme de l'économie classique et du paradigme du « choix rationnel » dans la sociologie américaine (Coleman).

Toutefois, des sociologues français représentatifs de cette démarche entendent amender le modèle de l' *homo œconomicus* : ainsi, « la méthodologie individualiste [...] n'interdit pas et exige même que les individus soient considérés comme insérés dans un contexte social » (R. Boudon) ; les motivations peuvent être autres qu'utilitaires. Enfin, point de convergence avec des économistes, la rationalité des acteurs peut s'avérer limitée par la prise en compte des attentes ou des actions des autres agents.

Des effets inattendus

Dans cette optique, l'agrégation des comportements individuels peut créer des phénomènes sociaux non attendus, souvent indésirables, appelés « **effets de combinaison** », « **effet émergent** » ou « **effet pervers** ». Par exemple, l'investissement scolaire accru de nombreux ménages entraîne pour tous l'élévation du seuil requis (en matière de dépenses et de diplômes) pour la réussite sociale. Dans cette perspective, le changement social, pour une large part produit de ces effets pervers ou émergents, ne saurait être expliqué par l'établissement de lois ou l'invocation d'un *deus ex machina*.

En sciences économiques...

De nombreuses approches théoriques se réfèrent explicitement à l'individualisme méthodologique, en particulier la microéconomie et les théories d'inspiration walrasienne. Le courant marxiste et la théorie de la régulation s'inscrivent plutôt dans une perspective holiste (bien que le qualificatif ne soit pas utilisé par ces économistes), alors que d'autres courants occupent une position intermédiaire ou sont difficilement classables (théorie keynésienne, théorie des conventions...).

➤ **Boudon, effet d'agrégation, effet pervers, holisme, homo œconomicus, néo-classique (théorie), utilitarisme ; Annexe Ⓐ-53.**

industrialisation

1 Développement des activités industrielles, extraction et transformation des matières premières.

L'industrialisation se traduit par une part croissante, dans l'emploi et le PIB, du secteur secondaire. Certains voient aujourd'hui dans la tertiarisation de l'économie et la crise de certaines industries traditionnelles l'amorce d'un mouvement historique de désindustrialisation.

2 Extension à d'autres secteurs des méthodes de production de l'industrie : combinaison productive à forte intensité capitalistique, forte division technique du travail.

➤ **développement (modèles de), révolution industrielle, service(s), société industrielle, société postindustrielle.**

industrialisation par substitution

1 La politique d'industrialisation par substitution d'importations consiste à promouvoir des industries nationales dans les branches correspondant aux produits importés afin d'assurer un développement sans dépendance extérieure : biens de consommation tout d'abord, puis, par remontée de filière, biens intermédiaires et biens d'équipement correspondants.

2 L'industrialisation par substitution d'exportations consiste à développer prioritairement des industries exportatrices capables de substituer aux produits de base des exportations à plus forte valeur ajoutée.

➤ **économie du développement, filière (politique de), NPI.**

industrie

1 [sens courant] Activité, travail humain.

2 [économie] Secteur de transformation des produits grâce à l'utilisation de la main-d'œuvre salariée et du capital.

Plusieurs classifications sont possibles :
– industrie des biens de production et industrie des biens de consommation ;
– industrie extractive (mines, pétrole, etc.) et industrie de transformation (mécanique, textile, etc.) ;
– industrie lourde et industrie légère.

➤ **économie industrielle, politique industrielle.**

inégalités

Écarts de ressources, de statuts, de conditions entre individus ou catégories sociales.

Les inégalités font d'abord référence à celles des revenus et des patrimoines. Elles rendent compte largement des inégalités en matière de conditions de vie (logement et cadre de vie, consommation, loisirs), de trajectoires scolaires et de santé (morbidité, mortalité différentielles). Mais inversement, les inégalités de rétribution et de ressources sont en correspondance avec les différences de formation et de niveaux d'études et de ressources relationnelles (le « capital social » des personnes concernées).

Le principal débat concerne les origines des inégalités : il oppose les analyses les imputant aux différences d'aptitudes et de mérite – et dans ce cas elles seraient en quelque sorte justifiées – et celles les liant aux différences de la situation initiale des individus (origine sociale, dotations de départ) et à des mécanismes économiques, sociaux et culturels inégalitaires.

Inégalités et différences

Il ne faut pas confondre inégalités et différences, bien que les deux réalités puissent se recouper partiellement.

Les différences constituent des ensembles de trait – naturels et/ou culturels – qui distinguent des individus, des groupes sociaux ou des communautés sans que l'on puisse a-priori les tenir pour inégaux : différences d'âge et de sexe, d'aspect physique (couleur de la peau taille, couleur des cheveux etc.) de valeurs et d'opinions, de normes et de façons de faire.

Les différences entre les sexes sont souvent régies socialement par des inégalités de statut et de condition mais elles excèdent cette dimension.

A supposer qu'on parvienne à une égalité (parité) généralisée entre ces « deux moitiés de l'humanité » il n'en resterait pas moins des différences biologiques et culturelles.

Les anthropologues contemporains ont insisté sur les différences qualitatives mais non hiérarchiques entre cultures à l'encontre des représentations sur les inégalités entre les « races », lesquelles justifient encore parfois les dominations coloniales et post-coloniales.

➤ **capital social, égalité, équité, Rawls, redistribution, reproduction sociale.**

inflation

Déséquilibre économique se manifestant par une hausse durable et cumulative du niveau général des prix.

La hausse des prix doit concerner l'ensemble des prix (biens et services, facteurs de production, actifs), même si tous n'augmentent pas au même rythme. Elle doit être durable car elle est pour partie auto-entretenue (l'inflation se nourrit d'elle-même) et cumulative (elle s'enracine dans les anticipations que font, par exemple, les salariés qui revendiquent des hausses de salaires car ils prévoient une augmentation des prix ; il peut se créer alors une spirale prix-salaires-salaires-prix).

REMARQUE : Toute hausse des prix n'est pas le symptôme d'un déséquilibre macroéconomique parce qu'elle peut ne pas être générale, durable et cumulative (certains prix peuvent stagner ou baisser).

La mesure délicate de l'inflation

- L'évolution de l'indice des prix à la consommation (IPC) ne fournit qu'une mesure, parfois trompeuse, des tensions inflationnistes
– celles-ci peuvent se manifester sur les marchés des actifs (marché des matières premières, financier, immobilier) sans exister au même degré sur le marché des biens et services (exemple : la concurrence internationale peut modérer la hausse des prix des produits échangeables) ;
– inversement, une augmentation soudaine de l'IPC peut conduire à surestimer l'inflation si elle n'est due qu'à un choc temporaire (intempéries ou sécheresse qui induisent une hausse brutale du prix des fruits, des légumes), à un choc extérieur (hausse du prix du pétrole), ou à la politique fiscale (variation du taux de la TVA, etc.).
- L'une des mesures est celle de **l'inflation sous-jacente** *(core inflation)*. Elle est calculée de différentes façons selon la question à laquelle elle doit répondre : prévoir l'inflation future ; déterminer l'inflation tendancielle, hors fluctuations transitoires ; choisir la meilleure cible d'inflation pour la politique monétaire. Le plus souvent, l'indice mesurant l'inflation sous-jacente exclut les prix de l'énergie et des produits alimentaires saisonniers, considérés comme trop volatils à court terme. En France, on exclut en plus le prix du tabac et les tarifs publics parce qu'ils peuvent varier brusquement à la suite de décisions gouvernementales (hausse des taxes sur le tabac par exemple). S'il s'agit d'extraire une tendance, il est préférable d'utiliser des méthodes économétriques (ce que font les banques centrales).

Les politiques de lutte contre l'inflation

Elles se comprennent par le type d'explication de l'inflation retenue.
– **Si l'inflation est d'origine monétaire**, le remède consiste à limiter la création de monnaie, par exemple par une hausse des taux d'intérêt.
– La thèse de **l'inflation par la demande** conduit à limiter la demande (action sur les salaires et réduction du déficit public) et à accroître la flexibilité de l'offre (amélioration de la mobilité du travail).
– La lutte contre **l'inflation structurelle** se révèle plus délicate à mettre en œuvre : politique de la concurrence, amélioration de la fluidité du marché du travail, politique des revenus.

À partir des années 1990, une faible inflation

- L'économie mondiale s'installe dans une période de faible inflation pour différentes raisons : la libéralisation du commerce mondial et la concurrence des pays émergents exercent une forte pression sur les prix, les salaires sont désindexés et les taux de chômage, encore élevés en Europe, créent une pression sur les hausses de salaires, les banques centrales maîtrisent la hausse de la masse monétaire et les cours des matières premières ont moins d'effets inflationnistes que par le passé.
- Depuis 2008, les fortes hausses du pétrole, du prix des matières et de nombreux produits agricoles ont suscité la crainte d'un retour de l'inflation. Les causes en seraient multiples (politique monétaire très accommodante aux États-Unis depuis 2001, pression de la demande en provenance des pays émergents sur les marchés de matières premières, etc). Mais un véritable retour de l'inflation implique une hausse auto-entretenue des prix, donc cumulative. Les

Les origines de l'inflation

• **L'inflation monétaire** trouve son origine dans l'émission excessive de monnaie ; par exemple l'afflux de métaux précieux au XVIe siècle et le recours massif à la « planche à billets » pendant et après la Première Guerre mondiale ont été la cause de l'inflation. Du point de vue théorique, l'école quantitativiste (Irving Fisher) au XIXe siècle et, aujourd'hui, les monétaristes, privilégient l'explication par la monnaie.

• **L'inflation par la demande** provient de l'excès de la demande sur l'offre. Au niveau global, la demande, qu'elle émane des ménages (consommation), des entreprises (investissement), de l'État (déficit) ou de l'extérieur (exportations), tend à dépasser l'offre. L'inélasticité de l'offre, son incapacité à répondre à l'accroissement de la demande (en raison par exemple d'une situation de plein-emploi), expliquent donc ce type d'inflation. Le déséquilibre peut ne pas être global, mais sectoriel, et se diffuser dans l'économie. L'explication de l'inflation par la demande se situe du point de vue théorique dans le prolongement de l'analyse keynésienne.

• **L'inflation par les coûts** situe l'origine de l'inflation dans un déséquilibre de la formation des prix au sein de l'entreprise : l'augmentation des coûts, qu'il s'agisse des coûts salariaux, du coût des consommations intermédiaires (pétrole par exemple) ou des coûts financiers, associée à la volonté des entreprises de maintenir leurs profits, favorise une hausse des prix.

• **L'inflation par les structures** envisage les déséquilibres inflationnistes comme la résultante des structures de l'économie : la formation des prix et des salaires sur les marchés oligopolistiques peut avoir pour conséquence une spirale prix-salaire résultant d'une lutte pour le partage de la valeur ajoutée.

Ce type d'inflation est donc lié à la formation des revenus et aux rapports de force entre groupes sociaux (exemple : les créanciers, les rentiers craignent l'inflation alors qu'elle allège la charge des débiteurs, dont l'État)...

deux facteurs déclenchants en seraient : une spirale salaires-prix (qui suppose des tensions sur le marché du travail, donc un faible taux de chômage) ; un ancrage de l'inflation dans les anticipations (l'enjeu est ici la crédibilité des politiques monétaires).

➤ **agrégats monétaires, indice des prix à la consommation, désinflation, masse monétaire, monnaie, monnaie (théorie quantitative de la), placements financiers, politique monétaire.**

information

➤ **économie de l'information.**

informatique

Créé en 1962, ce terme désigne le traitement automatique de l'information.

L'informatique met en œuvre un grand nombre de disciplines (mathématiques, électronique) pour construire et utiliser des ordinateurs qui permettent de traiter des nombres, des lettres ou des signes.

Les applications de cette science concernent actuellement de nombreux domaines : calcul scientifique, statistique, gestion, enseignement, médecine, etc.

➤ **révolution industrielle.**

infrastructures

1 Ensemble des équipements collectifs de base nécessaires à la vie économique de la nation : routes, ponts, voies ferrées, canaux, ports, réseaux de télécommunications...

2 Au singulier, pour les marxistes : structure économique de la société formant couple avec la superstructure (institutions juridico-politiques et idéologies), qu'elle détermine en dernière instance.

En ce deuxième sens, elle est constituée des rapports de production, eux-mêmes déterminés par le niveau de développement des forces productives.

De la contradiction entre l'accroissement des forces productives et les rapports de production naît le changement de mode de production (asiatique, antique, féodal, bourgeois).

➤ **mode de production, superstructure(s).**

initiation (rite d')

Cérémonie qui marque l'accession d'un jeune au statut d'adulte dans nombre de sociétés primitives. Plus généralement, rituel par lequel un individu accède à un nouveau statut, est introduit comme membre d'un groupe, groupe professionnel, confrérie, société secrète. On parle alors de « rite de passage ».

Selon L'ethnographe Van Gennep, les rites d'initiation comme les rites de passage présentent une séquence en trois temps : une phase de séparation, une phase de latence, enfin une phase d'agrégation. Selon les cas, l'initié aura à subir des épreuves, à apprendre des mythes, à faire l'apprentissage de rituels. M. Mead a proposé d'expliquer les difficultés des adolescents dans les sociétés modernes par l'absence de rite de passage marquant clairement l'accession au statut d'adulte.
Cependant dans les sociétés contemporaines, l'obtention des diplômes, tout comme la décohabitation vis-à-vis du foyer parental sont autant de rituels marquant le passage progressif de l'adolescence à l'âge adulte. Dans la plupart des pays d'Europe, on note un brouillage de ces différentes étapes, allongeant la période de la jeunesse, mais avec une décohabitation plus ou moins tardive selon les pays.

➤ **âge, rite.**

initié (délit d')

➤ **COB, SEC.**

inné

➤ **acquis.**

innovation

Application industrielle et commerciale d'une invention. Ce processus se situe en aval de l'invention : recherche fondamentale ⇨ découverte fondamentale ⇨ recherche appliquée ⇨ invention ⇨ innovation (prototype ⇨ développement ⇨ production et commercialisation).

Concept clé chez Joseph Schumpeter, l'innovation se présente pour lui comme de nouveaux produits, de nouvelles méthodes de production et de transports, de nouveaux marchés, de nouveaux types d'organisation industrielle, de nouvelles sources de matières premières ou d'énergie.
Elle résulte de l'initiative de l'entrepreneur dynamique et constitue le principal facteur du cycle des affaires et du changement économique propre au capitalisme : la destruction créatrice.

➤ **cycles, recherche-développement [R&D], Schumpeter.**

inputs/outputs

➤ **extrants/intrants.**

institution(s)

(du latin *instituere* « établir », « fonder »)

1 [sens juridique et politique] Ensemble de règles (lois, coutumes, prescriptions) organisant la société (le droit, les lois fondamentales, la Constitution) ou certaines de ses instances (les institutions religieuses, économiques, familiales, etc.).

Dans les sociétés complexes, les institutions sont souvent structurées par des organisations : les institutions politiques
(pouvoir législatif et exécutif), les appareils judiciaire et scolaire, etc.

2 [sociologie] Fait social « institué », autrement dit, forme établie et durable de pratiques et de normes sociales ayant des fonctions propres dans un système social : le mariage, la famille, l'École, la religion, la propriété, etc.

• Durkheim et ses disciples donnent de l'institution une définition très large. Ainsi, pour Mauss et Fauconnet, une institution est « un ensemble d'actes ou d'idées tout institué que les individus trouvent devant eux et qui s'impose plus ou moins à eux ».

• **Les sociologues contemporains** réservent le terme aux réalités organisées et complexes.
En ce sens, l'institution est une réalité beaucoup plus large que son cadre juridique et organisationnel.
Par exemple, la famille comme institution sociale déborde sa dimension juridique : le Code civil fixe les obligations entre époux, les droits et devoirs des enfants vis-à-vis de leurs parents. Mais il ne définit pas les rôles conjugaux ni l'ensemble des rapports entre parents et enfants. Ces différents traits ou normes, ajoutés à d'autres, forment l'institution familiale au sens sociologique du terme.
• **L'institution définit ce qui est socialement légitime** et, comme telle, agit comme contrainte sociale, indépendamment des règles légales. Ce faisant « les institutions [sont] vivantes, [...] elles se forment, fonctionnent et se transforment... » (Mauss et Fauconnet). Leur évolution peut précéder la modification des lois. L'institution a partie liée à la reproduction mais aussi à la production des rapports sociaux.

3 [économie] **Ensemble des organes et des règles qui influent sur le fonctionnement de l'économie.**
La théorie néo-classique, dans sa formulation la plus élémentaire, ignore les institutions, si ce n'est pour en déplorer les effets néfastes sur le jeu pur du marché : État, syndicats, salaire minimum. Mais l'analyse institutionnaliste traditionnelle (Veblen, Commons...) considère que les institutions sont parties prenantes du fonctionnement de l'économie et l'analyse néo-institutionnaliste propose des explications de l'émergence des institutions à partir du comportement des agents qui disposent d'une information imparfaite ou ont une rationalité limitée.

➤ **fait social, normes sociales, institutionnalisation, régulation sociale.**

institutionnalisation

Processus par lequel des situations, des pratiques, des relations entre acteurs sont progressivement organisées de façon stable selon des normes largement reconnues par le corps social ou les parties en présence.

Institutionnalisation des relations de travail : développement de procédures entre partenaires sociaux dégageant des compromis durables et stabilisant les conflits entre patronat et travailleurs.
Institutionnalisation d'une activité professionnelle (on parle également de professionnalisation) : établissement de règles sanctionnant cette activité et précisant le statut de ceux qui l'exercent.

➤ **institution(s), régulation sociale.**

Institutionnalisation du marché

Processus historique par lequel, grâce à des institutions (règles juridiques, normes, valeurs, organismes...) à caractère économique, social, politique et culturel, a pu s'imposer, dans de nombreux pays, une économie de marché.

• Cette notion est l'objet d'un enjeu à la fois scientifique et politique.
Le marché n'est-il qu'un simple mécanisme économique de détermination des prix permettant l'allocation des ressources rares ? Ou plus, un système économique autorégulé par la loi de l'offre et de la demande ? Ou plus encore, une société d'échanges marchands généralisés ? Le marché a-t-il toujours existé comme une donnée première, naturelle, de l'espèce humaine, considérée dès lors comme marchande par essence ? Ou au contraire est-il apparu tardivement ?

Un ordre naturel ou un ordre construit ?

Quelque peu schématiquement, le débat scientifique oppose les économistes classiques, plus généralement les libéraux, à certains anthropologues ou économistes critiques.

Pour les premiers, **le marché est un ordre naturel**, résultant du « penchant qui porte [les hommes] à trafiquer, à faire des trocs et des éc hanges d'une chose pour une autre » (A. Smith).

À cela, les seconds répondent que l'échange peut ne pas être marchand (par exemple, l'échange cérémoniel de cadeaux, dons et contre-dons), que l'échange marchand n'implique l'économie de marché que s'il est généralisé à la plupart des biens ; et qu'enfin l'**économie de marché** ne s'est pas auto-instituée, elle **a été socialement et politiquement construite.**

À l'appui de cette thèse, le fait que l'État a aboli un certain nombre de règles correspondant à l'ordre corporatiste et féodal ancien, par exemple en France par la loi Le Chapelier et le décret d'Allarde, provoquant en cela résistances et oppositions. L'État a construit le socle juridique de l'économie de marché : en garantissant la légalité des contrats, notamment du contrat de travail, constitutif du salariat ; en légalisant la monnaie à tous usages ; en assurant la sécurité de la circulation des biens et des personnes ; en réglementant les activités marchandes et la concurrence. Car l'économie de marché n'est pas le régime de la liberté absolue : celle-ci conduit aux monopoles et il faut donc réinstituer la concurrence (législation antitrust).

• Toutes ces règles n'ont d'efficacité qu'intériorisées comme des conventions plus ou moins tacites, comme autant d'éléments d'une culture, d'un habitus marchand, faisant l'objet d'un contrôle social : respect des engagements pris, respect de la propriété, maximisation du profit, etc.

Pour s'en convaincre, il suffit de constater que les marchés les plus « parfaits », du point de vue de la théorie économique, sont aussi les marchés les plus organisés, les plus sophistiqués : les marchés financiers, les marchés des changes, des matières premières, etc., exigent des réseaux de télécommunication, des ordinateurs, des logiciels, des systèmes de sécurisation des transactions, des opérateurs formés et expérimentés, etc. On peut remarquer, également, que le fonctionnement d'un nombre croissant de marchés requiert l'intervention d'autorités de régulation et de surveillance, qui font respecter des règles (par exemple pour les enchères), arbitrent des conflits, sanctionnent les comportements délictueux, etc. Enfin, on assiste à la naissance de marchés, tels que le marché des permis d'émission (de gaz à effet de serre), qui sont construits « de toutes pièces » par les États et les institutions financières.

• La crise de la transition dans les pays qui avaient opté pour l'économie planifiée, centralisée vient de confirmer que le laisser-faire n'est pas le sésame automatique vers l'économie de marché... Elle montre que le fonctionnement organisé des institutions est une condition nécessaire : sans droit commercial et des contrats, sans respect des droits de propriété, sans justice, sans sécurité, sans fonctionnaires compétents et non corrompus, etc..., l'économie de marché est paralysée.

➤ **institutionnalisme, marché, Polanyi ; transition du socialisme au capitalisme, Annexe Ⓐ-8.**

institutionnalisme

Désigne les analyses d'économistes (ou de socio-économistes), qui ont en commun de récuser tout ou partie de l'axiomatique néo-classique et de mettre l'accent sur les institutions, plus généralement sur les faits socio-culturels, dans leur approche de la réalité et de l'évolution économiques.

(Voir encadré p. suivante).

Dans son acception étroite, « **l'Économie institutionnelle** » renvoie au courant de la pensée économique américaine représenté par des auteurs comme **Veblen, Mitchell et Commons**, courant prolongé après la Seconde Guerre mondiale par un « **néo-institutionnalisme** » illustré entre **autres par Galbraith, Dunlop et Myrdal**.

Au sens large, l'institutionnalisme peut inclure nombre d'économistes hétérodoxes dont les recherches répondent quelque peu à la définition liminaire.

De ce point de vue, **des figures aussi célèbres que Marx ou Weber** ne sont pas étrangères, à certains égards, à ces orientations et ce n'est pas par hasard que l'on a pu parler d'un institutionnalisme allemand représenté par A. Wagner.

Qu'est-ce que l'institutionnalisme?

• Le noyau de l'analyse institutionnelle

Au départ est récusée l'abstraction désincarnée de l'analyse marginaliste néo-classique ainsi que l'irréalisme de ses postulats.

Les individus ne peuvent être assimilés à la figure de *l'homo oeconomicus* tout comme l'activité économique ne peut l'être au marché autorégulateur : l'économie excède le (ou les) marchés et ceux-ci, loin d'être des données a priori, sont des construits socio-historiques.

La sphère économique ne peut être appréhendée indépendamment du système social et politique, elle est structurée par les institutions socio-économiques. Les rapports entre agents économiques ne sont pas seulement des transactions marchandes mais obéissent aussi à des règles (droit commercial, droit du travail), des normes, des conventions, des représentations.

• Les précurseurs de l'institutionnalisme

T. Veblen (1857-1929), célèbre pour avoir mis en évidence les déterminants psycho-sociaux des comportements économiques, est considéré comme le père spirituel de l'institutionnalisme américain. Après lui, Commons analyse de l'orthodoxie économique en s'intéressant aux problèmes du développement ; à la fin de sa carrière, il milita explicitement pour une approche institutionnelle.

En économie du travail « institutionnelle », J.T. Dunlop fait figure de fondateur avec la notion de « système de relations industrielles » liant les acteurs, le contexte, l'idéologie et l'ensemble des règles explicites ou tacites.

• Autour de l'institutionnalisme

Au-delà des courants nommément catalogués comme institutionnalistes, nombre d'auteurs et de recherches gravitent autour de cette mouvance.

L'économie du développement a partie liée avec l'institutionnalisme dès lors qu'elle entend récuser les approches universalisantes du paradigme néo-classique : les travaux de Gunnar Myrdal, A.O. Hirschman, F. Perroux en sont l'illustration.

Aux frontières de l'économie, de l'histoire et de l'anthropologie, l'oeuvre de Polanyi pose avec acuité les rapports entre activité économique et société (problématique de l'« encastrement » de l'économique opposée à son autonomisation). Dans ses derniers travaux, l'un des textes est significativement intitulé « l'économie en tant que procès institutionnalisé ».

le système économique du point de vue de ses fondements légaux ; J. M. Clark et W. Mitchell se réclament d'une approche pluridisciplinaire des faits économiques tout en prônant une intervention active de l'État (ils ont joué un rôle en ce sens lors du New Deal). Dans l'Allemagne wilhemnienne, une puissante tradition historico-économique explique en partie les résistances à la révolution marginaliste. Adolphe Wagner (1835- 1917), qui se veut avant tout économiste, met en cause la « dogmatique anglaise » (le libéralisme classique) et entend promouvoir une approche des réalités économiques connectée aux institutions et au Droit.

• La mouvance institutionnaliste contemporaine

L'oeuvre de J. K. Galbraith, sans être réductible à l'institutionnalisme, se situe dans la perspective de Veblen en développant une approche socio-économique de la grande firme et du pouvoir dans les organisations.

Gunnar Myrdal (1898-1987), économiste suédois connu d'abord pour ses analyses en théorie monétaire, s'éloigna progressivement

• Le néo-institutionnalisme

Depuis les années 1980, l'analyse des institutions a connu un regain de vigueur. C'est principalement la (nouvelle) microéconomie qui s'efforce de donner des interprétations aux différentes institutions (l'entreprise, le contrat de travail, les syndicats, l'État...), à partir des comportements rationnels des individus. D'autres courants s'inscrivent dans une approche néoinstitutionnaliste : les approches évolutionnistes, conventionnalistes et régulationnistes.

Plus proche de nous, l'École de la régulation rejoint sur certains points l'approche institutionnelle (en particulier la notion centrale d'institutions régulatrices).

Récemment, « l'Économie des conventions » est articulée autour des notions d'institutions au sens large (élaboration collective de règles et de conventions).

➤ conventions (théorie des), évolutionnisme, Galbraith, Hirschman, institution(s), microéconomie (nouvelle), Perroux, Polanyi, régulation (École de la), sociologie économique.

institutions financières

Institutions dont la fonction principale est de financer – collecter, transformer répartir des moyens de financement – et/ou de gérer des produits financiers.

Les institutions financières comprennent :
– les banques ;
– des établissements tels que la Caisse des dépôts et consignations, les sociétés financières (crédit-bail mobilier et immobilier, vente à crédit, etc.), les institutions financières spécialisées (Crédit foncier, Crédit national…) ;
– les établissements de crédit et assimilés : les banques, la BFCE, le caisses d'épargne ;
– les organismes de placement collectif en valeurs mobilières (OPCVM), principalement les SICAV et les FCP.

➤ banque, intermédiation, OPCVM.

institutions publiques

Ensemble constitué par la législation (lois et règlements) et les organes chargés de son application (les pouvoirs publics).

Les institutions publiques sont donc des institutions politiques qui comprennent :
– les libertés et droits reconnus aux citoyens dans le cadre de la législation et de la jurisprudence ;
– l'organisation juridictionnelle (CSM, tribunaux judiciaires, administratifs…) ;
– les organes politiques de l'État (Parlement, gouvernement, présidence de la République) ;
– l'appareil d'État (administration centrale et déconcentrée) ;
– les collectivités publiques décentralisées (collectivités locales, établissements publics…) ;
– les organes supranationaux (Union européenne, ONU…).

➤ administration, État, institution(s).

intégration industrielle

Synonyme de concentration verticale : regroupement au sein d'une même firme (ou d'un même groupe) des activités situées en amont (fournisseurs) ou en aval (clients) de sa propre production.

➤ concentration.

intégration régionale

Rapprochement volontaire et pacifique d'États au-delà des frontières nationales ayant existé jusqu'alors en vue de constituer une union économique, monétaire et politique. Dans la période contemporaine, l'internationalisation des économies s'accompagne du développement de nombreux processus d'intégration régionale.

L'Union européenne constitue l'exemple le plus abouti d'intégration régionale mais il en existe d'autres (Alena, Mercosur, Association des nations du Sud-Est asiatique…). L'intégration économique comporte différents degrés selon la typologie élaborée par Bela Balassa.

L'intégration régionale selon les critères de Bela Balassa

• **La zone de libre-échange :** les pays signataires éliminent entre eux les entraves (droits de douanes, restrictions quantitatives) à la libre circulation des marchandises, mais chaque pays membre conserve cependant son propre système de protection vis-à-vis des pays non-membres de la zone (AELE, ou l'ALENA).

• **L'union douanière :** la zone de libre-échange s'accompagne d'une politique commerciale commune vis-à-vis de l'extérieur qui se caractérise par l'instauration d'un tarif extérieur commun (CEE à partir de 1968).

• **Le marché commun :** en plus du tarif extérieur commun, les pays membres suppriment toutes les entraves aux mouvements des facteurs de production à l'intérieur de l'Union (Union européenne à partir de 1993).

• **L'union économique :** elle comprend, en plus du marché commun, une harmonisation des politiques économiques des pays membres (Union européenne à partir de 1994).

• **L'union économique et monétaire** constitue la phase ultime de l'intégration régionale avec la création de la monnaie unique (zone euro depuis le 01/01/1999).

➤ **ALENA, politique agricole commune [PAC], Union économique et monétaire européenne, Union européenne (historique de l').**

intégration sociale

État ou processus d'insertion d'individus ou de groupes dans un même ensemble (collectivité, société) acquérant ainsi un minimum de cohésion.

• Le terme *intégration* est polyvalent et **renvoie à plusieurs réalités** : **l'intégration (ou l'absence d'intégration) de l'individu au groupe** (la famille, le groupe de pairs, la collectivité qu'il fréquente, le groupe sportif...) ; **l'intégration d'un groupe dans un ensemble plus large** : les travailleurs salariés dans l'entreprise, les immigrés dans la classe ouvrière ou dans la collectivité nationale ;

• Il s'agit soit d'une **situation observable** à un moment donné, soit **d'un processus** faisant passer d'une situation d'extériorité à une insertion plus ou moins forte.

• **Le processus est à double face** : les individus ou groupes concernés adoptent à des degrés divers les règles, us et coutumes de la collectivité (processus d'acculturation), parallèlement, la collectivité, dans sa majorité, les accepte plus ou moins comme membres à part entière.

• L'acceptation n'est pas forcément fonction du degré d'assimilation des intéressés : il peut y avoir rejet de l'autre imaginairement perçu comme « asocial », dangereux, bizarre... indépendamment de ses caractéristiques (par exemple, le racisme antimaghrébin visant des « beurs » largement assimilés).

Les analyses sociologiques

La sociologie accorde une place importante au phénomène d'intégration dans plusieurs analyses.

Chez Durkheim, l'intégration est garante du fonctionnement même de la société ; son insuffisance débouche sur l'anomie, l'égoïsme et le suicide.

Thématique semblable chez Parsons : l'intégration est présentée comme l'un des quatre impératifs fonctionnels de tout système d'action ; la fonction principale de la communauté (au niveau sociétal) est de prescrire les obligations et de spécifier les appartenances de ses membres par l'intériorisation des normes et la différenciation en termes de statuts et de rôles.

D'une manière générale, les analyses fonctionnalistes se présentent comme des théories de l'intégration qui interprètent les conflits, comme des « dysfonctions » plutôt que comme des antagonismes irréductibles.

Les chercheurs de l'École de Chicago, de leur côté, ont multiplié des enquêtes sur les processus d'assimilation des minorités aux États-Unis.

➤ **acculturation, cohésion sociale, conflit social, Durkheim, fonctionnalisme, Parsons, régulation sociale ; Annexe ⓪-34, 50.**

intelligence économique

Ensemble des opérations coordonnées de recherche et de traitement de l'information utile aux acteurs économiques en vue de son exploitation dans des actions stratégiques. Cette notion, qui constitue une extension de la veille technologique ou stratégique, est née aux États-Unis dans les années 1960.

Au niveau de l'entreprise, l'intelligence économique poursuit généralement trois types d'objectifs :
– maîtrise et protection de son patrimoine technologique, scientifique et concurrentiel ;
– détection des menaces et opportunités qu'elle pourrait avoir à affronter ;
– mise en place et développement de stratégies d'influences à son service.

Au niveau de l'État, l'intelligence économique se traduit par la mise en œuvre de politiques

visant à augmenter la performance économique, notamment en renforçant la compétitivité de ses entreprises par une meilleure collecte de l'information sur les concurrents, et une circulation efficace de celle-ci au sein des administrations et en direction des entreprises concernées.
REMARQUE : il ne faut pas confondre *intelligence économique* et *espionnage*, ce dernier se fait de manière illégale.

➤ **communication, compétitivité.**

interactionnisme symbolique

Mouvance sociologique américaine vivace à partir des années 1960 ; les auteurs qui s'en réclament (H. Blumer, E. Goffman, A. Strauss, H. Becker...) partagent l'idée que la réalité sociale ne s'impose pas telle quelle aux individus ou aux groupes, mais qu'elle est en permanence modelée et reconstruite par eux à travers les processus d'interaction.

Ils s'opposent tant aux postulats (intégration fonctionnelle) qu'aux méthodes fonctionnalistes (techniques quantitativistes) et privilégient les études monographiques fondées sur l'observation directe, in situ, voire, dans certains cas, l'observation participante.

Ils sont les héritiers directs ou indirects de l'École de Chicago (formés dans la même université, ils reprennent à leur compte le style d'enquête et l'attention portée aux minorités et aux déviants). Le modèle analytique est inspiré des analyses pionnières de G.H. Mead sur les prises de rôles et la construction du « soi » ; il revient à H. Blumer de forger l'expression « interactionnisme symbolique ». Ce qualificatif entend souligner l'importance accordée à l'interprétation des situations de la part des acteurs dans le jeu social.

La définition de Howard S. Becker

L'interaction est définie par la façon dont « les individus cherchent à ajuster mutuellement leurs lignes d'actions sur les actions des autres perçues ou attendues » (H. S. Becker). Elle concerne aussi bien les rencontres « face à face » que les relations internes aux institutions ou les actions collectives. Ce cadre d'analyse constitue simultanément une critique de l'orthodoxie fonctionnaliste : la conformité aux normes acquises ou prescrites est relative, les individus s'écartent plus souvent qu'il n'est dit des rôles assignés par les institutions.

Des évolutions différentes

Les analyses de facture interactionniste se sont développées dans plusieurs directions, en particulier : la théorie de l'« étiquetage » (H. S. Becker, E. Lemert) qui voit dans la déviance moins une transgression de l'ordre social qu'une caractérisation statutaire conférée à des individus ou à des petits groupes ; la vie sociale comme scène théâtrale (E. Goffman), dans la mesure où, dans les processus d'interaction les plus communs, les individus sont toujours en représentation, tenant les rôles qu'ils estiment adéquats à la situation. Par ailleurs, le modèle interactionniste est l'un des points de départ de l'« ethnométhodologie ».

➤ **École de Chicago en sciences sociales, ethnométhodologie, Goffman ; Annexe Ⓐ-48.**

interdit

Acte, pratique, comportement prohibés par une société ou un groupe social. Exemples : tabous alimentaires, langagiers (interdiction de prononcer certains mots), prohibition de l'inceste.

Les interdits sont essentiellement de caractère religieux dans les sociétés traditionnelles. Ils apparaissent souvent moins catégoriques dans les sociétés contemporaines. Par ailleurs, l'interdit ne signifie pas son respect : il est transgressé tout comme l'est la loi.

➤ **criminalité, délinquance, déviance, inceste (prohibition de l') ; Annexe Ⓐ-46.**

intéressement

➤ **participation des salariés.**

intérêt (taux d')

Rémunération du capital prêté, versé par l'emprunteur au prêteur ; il est fixé lors de la conclusion du contrat comme un pourcentage du capital prêté.

Diversité des taux d'intérêt

- On dénombre une grande variété de taux d'intérêt qui se différencient en fonction de la **longueur du crédit** – court terme, moyen terme, long terme – et **de la nature des circuits de financement :** certains taux se réfèrent au marché monétaire, et plus précisément aux opérations interbancaires, d'autres au marché financier sur lequel se nouent, par les obligations, des emprunts longs, et d'autres enfin aux conditions imposées par les banques à leur clientèle.
- Sur **le marché monétaire**, différents taux expriment le loyer de l'argent à court terme dans les opérations interbancaires, en particulier le taux au jour le jour ou taux moyen pondéré (TMP) et le taux moyen mensuel (TMM) ; ces taux fluctuent autour des taux d'intervention de la Banque de France – taux d'appel d'offre et taux des pensions à 7 jours. Le taux de réescompte est tombé en désuétude.
- Sur **le marché financier**, pour exprimer le prix de l'argent à long terme, on se réfère principalement aux taux d'émission des titres à taux fixes, taux des obligations garanties par l'État (TMO), qui concernent le secteur public hors État, et taux des obligations non garanties (secteur privé).
- Le **taux de base bancaire** (TBB) est un taux directeur du coût du crédit fixé par les grandes banques commerciales. Le TBB est censé fixer le coût du crédit pour les meilleures entreprises, c'est un taux minimal.

En principe, les taux d'intérêt appliqués aux différentes échéances devraient être hiérarchisés, les taux des opérations les plus longues étant plus élevés que les taux des opérations à échéance plus courte ; en fait, il arrive que les taux de court terme dépassent les taux de long terme.

Importance économique du taux d'intérêt

- **Pour les ménages**, il a un impact sur la rémunération de l'épargne et sur le coût du crédit, crédit à la consommation et crédit pour l'acquisition de logement.
- **Pour les entreprises**, le taux d'intérêt influe sur les coûts financiers et sur l'investissement ; des taux d'intérêt élevés peuvent décourager l'emprunt et rendent les placements financiers plus avantageux que les investissements dans l'entreprise.
- Le taux d'intérêt joue aussi sur la charge de la **dette de l'État**. Les flux de capitaux avec l'extérieur dépendent des taux d'intérêt ; des taux élevés attirent les capitaux étrangers.
- Enfin, le taux d'intérêt constitue une **variable stratégique de la politique monétaire.** La restriction de la croissance de la masse monétaire passe ainsi par une hausse des taux, la relance par une baisse. Toutefois les autorités monétaires ne sont pas libres de fixer le taux d'intérêt en raison de l'influence de celui-ci sur la balance des paiements et le taux de change.

➤ **Wicksell ; Annexe Ⓐ-9, 12, 14.**

intérêt : taux nominal/taux réel

Taux nominal : intérêt dont le taux est établi lors de la conclusion du contrat et est, en principe, fixe.

Taux réel : intérêt dont le taux tient compte de l'évolution des prix.

La charge financière effective pour l'emprunteur et la rémunération du prêteur ne dépendent pas seulement du **taux d'intérêt nominal,** mais aussi de l'**inflation** : la hausse des prix a pour résultat de faire baisser la valeur du capital à rembourser. Ainsi, soit un agent endetté pour un an d'une somme de 1 000 €, et un taux d'inflation de 5 % ; l'individu rembourse effectivement 1 000 € (et règle les intérêts) à la fin de l'année, mais le pouvoir d'achat, et donc la charge réelle du remboursement, ont baissé de 5 %. C'est pourquoi on utilise le **taux d'intérêt**

réel qui exprime le poids (ou le revenu) effectif de la dette (du placement).
Taux d'intérêt réel
= taux d'intérêt nominal – hausse des prix.
(Ce mode de calcul n'est qu'approximatif : pour un calcul rigoureux, il faut faire le rapport des indices).
Les taux d'intérêt réels peuvent être négatifs, lorsque la hausse des prix est supérieure aux taux d'intérêt nominaux, par exemple en 2004.
Exemple :

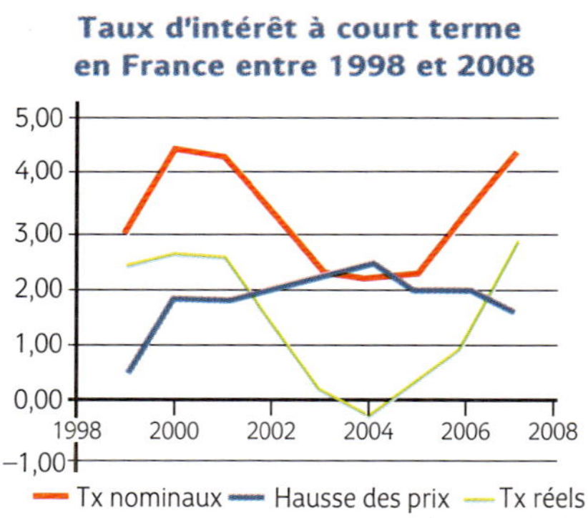

Source : OCDE

S'il est facile de connaître a posteriori un taux d'intérêt réel en comparant les taux d'intérêt nominaux et la hausse des prix constatée, l'agent économique qui prend une décision engageant son avenir en est réduit à des anticipations sur le taux d'intérêt réel ; en effet, s'il connaît le taux d'intérêt nominal, il est confronté à une incertitude sur les prix futurs et donc sur les taux d'intérêt réels.

intérêt (théories de l')

Du point de vue théorique, deux grandes explications du taux d'intérêt marquent l'histoire de la pensée économique.

- **Les classiques** considèrent que l'individu est confronté à un choix entre la consommation immédiate (consommation de biens) et l'épargne, c'est-à-dire la consommation différée ; comme il a une préférence pour le présent, il ne choisit de reporter dans le futur sa consommation que s'il reçoit une compensation qui est le taux d'intérêt ; **l'épargne dépend du taux d'intérêt**. Dans cette perspective, on dit que le taux d'intérêt « rémunère l'abstinence », qu'il est le « prix du temps », la « récompense de l'attente », la « préférence pour le présent ».
- **Pour Keynes**, la propension à épargner (le choix entre épargne et consommation) s'opère en **fonction du revenu et non du taux d'intérêt**; le taux d'intérêt intervient dans un autre arbitrage, entre actifs placés, qui sont immobilisés et rapportent un intérêt, et actifs liquides (la monnaie), qui peuvent être utilisés immédiatement mais qui n'apportent aucun revenu. Détenir de la monnaie, c'est se priver d'un intérêt lié à un placement : le taux d'intérêt est le prix de la renonciation à la liquidité.

Le taux d'intérêt est ainsi au carrefour de l'analyse réelle (équilibre épargne-investissement) et de l'analyse monétaire, ce qui est synthétisé par la courbe IS-LM.

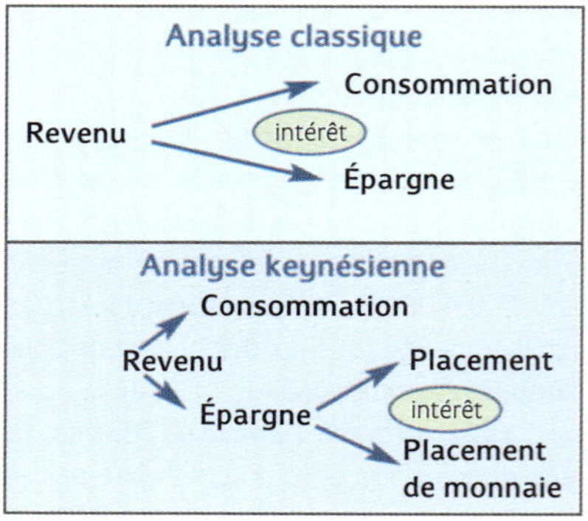

➤ **Fisher (effets), IS-LM (modèle).**

intermédiation financière

Situation dans laquelle une institution financière (une banque) collecte des ressources auprès de ceux qui ont des excédents et effectue des prêts au profit de ceux qui ont des déficits.

• Ainsi, les banques accordent-elles des crédits aux entreprises et aux ménages en collectant des ressources sous forme de dépôts sur des comptes chèques et comptes d'épargne.

• Dans l'intermédiation, la créance du prêteur final se différencie de la dette de l'emprunteur final. La différence peut concerner le volume : la banque collecte des fonds de taille faible par rapport aux crédits qu'elle octroie. La durée peut être un deuxième facteur de différence : la banque a des ressources plus courtes que ces emplois (« transformation »). Enfin, le risque pour le prêteur final est fortement atténué par la mutualisation des risques opérée par la banque.

• L'intermédiation traditionnelle repose sur le lien collecte de dépôts – crédit. Il est possible d'envisager une autre forme d'intermédiation, l'intermédiation financière dans laquelle l'intermédiaire émet des titres différents de ceux qu'il possède (OPCVM, par exemple).

• **L'intermédiation se distingue du courtage**. Le courtage, en matière financière, consiste à mettre en relation, moyennant une rémunération, l'acheteur et le vendeur d'un titre. C'est ainsi que les ménages peuvent s'adresser à leur banque pour se procurer, ou vendre, des titres émis par les entreprises ou le Trésor public. Dans ce cas, la banque joue un rôle de courtage dans une opération de financement direct, sans qu'il s'agisse pour autant d'intermédiation : elle ne collecte pas de dépôts pour octroyer des crédits.

➤ **banque, économie d'endettement, financement, marché financier, OPCVM.**

internationalisation

Élargissement du champ d'activité d'une entreprise ou d'une économie au-delà du territoire national.

• **Les entreprises s'internationalisent de deux façons : soit par leurs opérations commerciales,** en achetant des produits étrangers ou en développant leurs exportations, **soit par l'investissement**, en créant ou en prenant le contrôle de sociétés étrangères ; les firmes multinationales sont le résultat de ce deuxième type de stratégie.

• **Une économie s'internationalise lorsqu'elle s'ouvre à l'étranger**, tant pour ses opérations commerciales que pour ses opérations financières. L'internationalisation est simultanément un processus favorable à la croissance et à la création de relations d'interdépendances économiques, et une évolution qui rend les économies plus dépendantes de leur environnement et l'économie mondiale plus instable. Il est possible de mesurer le **degré d'ouverture** d'une économie par la part prise par les exportations dans la demande finale d'un pays.

L'internationalisation de l'économie mondiale engendre une **globalisation** des marchés, tout particulièrement des marchés financiers ; chaque marché devenant un compartiment d'un marché mondial. D'où la naissance d'une contrainte extérieure.

➤ **commerce extérieur, contrainte extérieure, firme multinationale [FMN], globalisation, Mundell Fleming (modèle de).**

intrants

➤ **extrants/intrants.**

invention

Résultat d'une découverte sous la forme d'un produit ou d'un processus de production nouveaux, susceptibles d'être brevetés. L'invention est généralement le fruit d'une recherche appliquée, elle-même issue d'une découverte scientifique fondamentale. Son application industrielle constitue le processus plus vaste de l'innovation.

➤ **brevet d'invention, innovation.**

investissement

Opération par laquelle une entreprise acquiert des biens de production (ce qui exclut l'achat d'actifs financiers) ; c'est un flux qui vient renouveler ou accroître le stock de capital

(toute définition de l'investissement renvoie donc à une définition du capital).

REMARQUE : cette définition exclut de l'investissement l'achat d'actifs financiers ; bien que, dans le langage courant, on parle souvent de « l'argent investi à la bourse », il faut préférer alors le terme « placement » pour éviter toute confusion.

Au sens large, l'investissement est l'engagement du capital dans le processus de production.

À l'inverse, le désinvestissement désigne le choix de réduire ou annuler des investissements antérieurs en vendant des actifs.

L'investissement en capital fixe

Il consiste en l'achat de biens durables qui sont utilisés pendant plusieurs cycles de production pendant au moins un an, ce qui correspond à ce que la Comptabilité nationale définit comme la **formation brute de capital fixe (FBCF)** ; la variation de stocks, notamment la production qui n'a pas trouvé de débouchés, est traitée comme un investissement involontaire puisque, avec la FBCF, elle compose la formation brute de capital, c'est-à-dire l'investissement.

Le capital fixe est un stock qui varie en fonction de deux flux opposés : un flux positif qui est l'**investissement brut**, un flux négatif constitué par **les déclassements** (mises au rebut du matériel, dues à l'usure ou à l'obsolescence).

L'**investissement net** correspond à la différence entre ces deux flux. Il mesure donc la variation de la capacité productive.

Les investissements immatériels

On distingue également les investisssements tels les dépenses de Recherche-Développement (R&D), de formation, d'acquisition de logiciels, de publicité mais la plupart ne sont pas comptabilisés dans le FBCF.

Les autres classifications

– **les investissements de remplacement**, qui viennent compenser des déclassements;
– les **investissements de capacité**, destinés à accroître la capacité de production et favorables à la création d'emplois;
– les **investissements de modernisation ou de productivité**, motivés par la recherche d'une baisse des coûts unitaires devant résulter d'une économie de facteurs de production, ce qui peut se traduire par des suppressions d'emplois.

Dans la réalité, cette distinction est un peu artificielle : un investissement de remplacement (d'une machine usée par exemple) ou de capacité inclut presque toujours un investissement de productivité (on profite du remplacement pour acheter une machine plus performante).

L'effort d'investissement

d'un pays ou d'un secteur est souvent mesuré en calculant un taux d'investissement, soit le rapport entre l'investissement brut et la valeur ajoutée (FBCF/VA).

Les déterminants de l'investissement

La chute du taux d'investissement en période de crise conduit à s'interroger sur les déterminants de la décision d'investir. On en recense généralement quatre :– **la demande anticipée** (les entreprises cherchent à ajuster leurs capacités de production à l'évolution des débouchés) qui permet de mettre en évidence l'effet d'accélération ;

– **la rentabilité ou profitabilité** (l'entreprise décide d'investir si elle escompte un taux de profit supérieur au coût réel des capitaux empruntés pour financer l'investissement) ;

– **la situation financière** (lorsqu'une entreprise se rapproche du seuil d'insolvabilité, elle préfère utiliser les profits réalisés pour se désendetter plutôt que pour investir) ;

– **le coût relatif du capital et du travail** (si le coût de la main-d'œuvre augmente trop rapidement, les entreprises préfèrent substituer du capital au travail).

➤ **accumulation du capital, capital, FBCF, multiplicateur, principe d'accélération, productivité, rentabilité ; Annexe Ⓐ-12, 21.**

investissement à l'étranger

Engagements de capitaux effectués par des particuliers ou par des entreprises hors du territoire national.

➤ **investissement direct à l'étranger.**

investissement de portefeuille

Prise de participation dans le capital d'une société par un agent non-résident dans un but de placement financier et non de prise de contrôle de cette société.

Pour les investissements de portefeuille, le seuil limite retenu par le FMI est de 10 % des actions ordinaires ou droits de vote. Au-delà, cet investissement sera comptabilisé dans la balance des paiements comme un investissement direct à l'étranger (IDE).
Il est parfois difficile de différencier les deux types d'investissements, parce que le niveau du seuil comporte une part d'arbitraire, mais aussi parce que le rôle possible de l'investissement ne change guère lorsque le pourcentage est proche du seuil (par exemple 9 % ou 11 %).

➤ **balance des paiements, investissement direct à l'étranger (IDE).**

investissement direct à l'étranger [IDE]

« Engagements de capitaux effectués en vue d'acquérir un intérêt durable, voire une prise de contrôle, dans une entreprise exerçant ses activités à l'étranger », d'après le FMI.

Un flux d'investissement direct peut correspondre :
– à **la création** d'une entreprise par un investisseur étranger ;
– à **l'acquisition d'au moins 10 %** du capital d'une société déjà existante (étrangère pour l'investisseur) ;
– au **réinvestissement** des bénéfices par la filiale sur le territoire d'implantation ;
– à **des opérations entre maison mère et filiale** à l'étranger : augmentation de capital, prêts divers, avances, etc.

➤ **investissement.**

Investisseurs institutionnels ou « zinzins »

Ensemble d'intervenants sur le marché boursier (Caisse des dépôts, compagnie d'assurances, caisses de retraites, SICAV et fonds communs de placement, fonds de pension, fonds spéculatifs…) qui recherchent une rentabilisation de leur portefeuille, mais qui peuvent être conduits à intervenir, à la demande des pouvoirs publics, pour régulariser le marché.

➤ **bourse des valeurs, épargne salariale, fonds de pension.**

IS-LM (modèle)

Modèle dû à J.R. Hicks (1937), popularisé par A. Hansen (1952), qui donne une représentation algébrique et graphique d'un certain nombre de relations posées plus ou moins explicitement par Keynes dans la *Théorie générale*. Le principal apport du modèle originel réside dans la détermination simultanée, en économie fermée, du revenu national et du taux d'intérêt à partir d'une interaction entre le marché des biens et services (IS) et le marché de la monnaie (LM). Le modèle a été principalement utilisé pour prévoir les conséquences des politiques monétaire et budgétaire.

La version de base

Elle consiste en une reformulation conjointe de la théorie néo-classique et de la théorie keynésienne destinée à permettre leur comparaison terme à terme. Deux oppositions apparaissent immédiatement : contrairement à l'hypothèse néo-classique de dichotomie réel/monétaire, il y a interaction entre le marché des biens et le marché de la monnaie ; il n'existe pas de marché du travail pour garantir la réalisation du plein-emploi alors qu'il s'agit du principal pilier du modèle néo-classique.

• **La courbe IS représente l'ensemble des combinaisons de taux d'intérêt (i) et de revenu (Y) qui assurent l'équilibre sur le marché des biens et des services.** Sur ce marché, le niveau général des prix étant donné, l'offre (le produit, Y) correspond au revenu, qui se partage entre la consommation (C) et l'épargne (S)

$$Y = C + S$$

La demande globale (D) se décompose en consommation (C) et investissement (I) (D = C + I) ; l'équilibre entre l'offre et la demande dépend donc de l'équilibre entre l'investissement et l'épargne (I = S implique Y = D).
L'investissement est une fonction décroissante du taux d'intérêt (car la hausse du taux d'intérêt, en augmentant le coût du financement pour les entreprises, réduit le montant des investissements rentables). L'épargne est une fonction croissante du revenu (les pauvres n'ont pas les moyens d'épargner...). Ainsi la courbe IS représente les couples de valeurs (Y, *i*) compatibles avec la réalisation de l'équilibre sur le marché des biens et des services (I = S) ; la pente de IS est négative : si *i* diminue, I augmente, alors S doit augmenter aussi (I = S) ; cela présuppose que Y augmente également, donc *i* et Y varient en sens inverse (cette pente est d'autant plus forte que l'investissement est moins sensible aux variations du taux d'intérêt).

• **La courbe LM représente l'ensemble des combinaisons de taux d'intérêt (i) et de revenu (Y) qui assurent l'équilibre sur le marché monétaire.** Sur ce marché, l'offre M est déterminée par la politique de la Banque centrale, $M_0 = M$.
La demande, L (comme liquidité), se partage en une demande d'encaisses de transaction (L_1) et de spéculation (L_2).
La demande d'encaisse de transactions est une fonction croissante du niveau du revenu (plus on est riche, plus on dépense... et plus on a besoin de moyens de paiement).
La demande d'encaisses de spéculation L_2 s'explique ainsi : les spéculateurs conservent leurs encaisses monétaires lorsque le cours des titres financiers est élevé, car ils anticipent alors une baisse. Ils les utilisent au contraire pour acheter des titres quand leur cours est bas, espérant réaliser une plus-value à la hausse ; L_2 est une fonction décroissante du taux d'intérêt (car le cours des titres varie en sens inverse du taux d'intérêt par l'effet balançoire), $L_2 = L_2$ (*i*). La condition d'équilibre est donc donnée par :

$$M = L_1 (Y) + L_2 (i).$$

La courbe LM représente les couples de valeurs (Y, *i*) compatibles avec cet équilibre ; sa pente est positive, **« phase normale »** : si *i* augmente, L_2 diminue, alors L_1 doit augmenter (M étant donné, $L_1 = M - L_2$). La partie horizontale de la courbe correspond à la **« trappe à liquidité »** (le taux d'intérêt est tellement faible que toute la monnaie est thésaurisée) et la partie verticale à la **« phase classique »** (il n'y a plus de thésaurisation, toute la monnaie est placée).

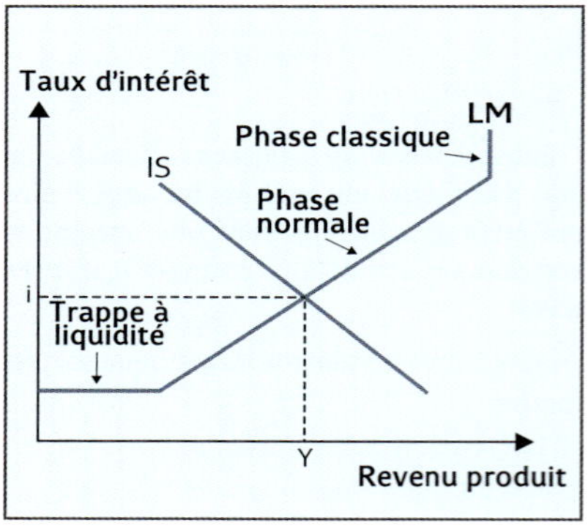

• **L'intersection des courbes IS et LM donne le couple de valeurs (Y, *i*)** qui est compatible avec l'équilibre sur le marché des biens et services et sur le marché de la monnaie. Dès lors que le marché du travail ne participe pas à la détermination de l'équilibre global, on peut très bien imaginer que le couple (Y, *i*) corresponde à un « équilibre de sous-emploi ».

- **Le modèle IS-LM** est souvent utilisé pour représenter les effets de la politique économique. Une politique d'augmentation de la masse monétaire se traduit par un déplacement de la courbe LM vers la droite : on constate qu'elle est d'autant plus efficace (c'est-à-dire qu'elle exerce un effet d'autant plus important sur le niveau du revenu) que l'on s'éloigne de la trappe à liquidités. Une politique budgétaire d'augmentation de la dépense se traduit par un déplacement de la courbe IS vers la droite : cette fois, la politique menée est d'autant plus efficace que l'on s'éloigne de la « zone classique » (où il y a éviction complète de l'investissement privé par l'investissement public).

IS-LM en économie ouverte

Jusqu'ici, IS-LM a été envisagé dans le cadre d'une économie fermée. **Lorsque l'on envisage une économie ouverte, trois innovations doivent être introduites** : en ce qui concerne **les biens et les services**, il est nécessaire de tenir compte des importations (à côté de la consommation et de l'épargne) et de la propension à importer ; pour ce qui est des **flux de capitaux**, il faut prendre en compte l'impact du taux d'intérêt sur les entrées et les sorties de capitaux qui varie en fonction du degré de mobilité de ceux-ci ; enfin pour ce qui est de **la monnaie**, une balance des paiements excédentaire entraîne soit une création de monnaie en régime de changes fixes, soit un ajustement par le taux de change en régime de changes flottants.

➤ **Keynes, Mundell Fleming (modèle de), politique économique, politique économique conjoncturelle ; Annexe Ⓐ-15.**

item

Terme se rapportant aux enquêtes par questionnaire. Question ou « entrée » dans un questionnaire standardisé, dans un sondage.

J

jachère

Terre cultivable temporairement non ensemencée. Cette technique permet de laisser la terre « se reposer », d'éviter l'épuisement des sols, même si elle est parfois travaillée. Ce terme désigne à la fois une pratique et le résultat de cette pratique : une terre laissée en jachère ou jachère.

Avant la révolution agricole, la méthode de l'assolement triennal prévoyait, sur une même sole, une rotation de cultures sur trois ans (deux années de culture plus une année improductive de jachère). La suppression de la jachère, grâce à l'alternance des céréales et des plantes fourragères à racines profondes destinées au bétail, a permis d'élever les rendements. Cette innovation s'est développée en Grande Bretagne dès le XVIIIe siècle. Elle fut plus tardive en Europe continentale. En étant associée à l'interdiction de la vaine pâture (droit de faire paître le troupeau communal sur les terres débarassées de leur récolte), elle a conduit souvent à l'abandon des pratiques communautaires liées à l'*openfield*.

➤ **enclosures, révolution agricole.**

jeton de présence

Rémunération des membres des conseils d'administration des sociétés par actions, allouée pour leur participation à ces conseils.

jeux (théorie des)

Théorie qui cherche à rendre compte des stratégies et des décisions des individus en interaction (le comportement de chaque joueur dépendant des comportements attendus des autres joueurs) dans le cadre imparti par les règles (du jeu).

La théorie des jeux

Pour chaque jeu, le théoricien recherche une ou plusieurs solutions conformes à l'hypothèse de rationalité individuelle (chacun cherchant à obtenir le maximum pour lui-même). On distingue les solutions non coopératives (chaque individu prend sa décision indépendamment des autres, mais sans ignorer l'effet attendu des décisions des autres sur sa situation personnelle, situation typique en microéconomie) des solutions coopératives (les choix sont effectués en commun si les protagonistes y trouvent leur avantage mutuel).

Le dilemme du prisonnier

Deux voleurs présumés sont interrogés séparément par la police qui leur propose le « marché » suivant : celui qui dénonce l'autre reçoit une prime ; celui qui est dénoncé reste en prison dix ans ; si les deux se dénoncent l'un l'autre, la peine tombe à cinq ans chacun ; si personne ne parle, les deux sont libres. Ce qui donne le tableau :

joueur B / joueur A	se tait	dénonce l'autre
se tait	libre / libre	prime / 10 ans
dénonce l'autre	10 ans / prime	5 ans / 5 ans

Pour chaque joueur, la stratégie de dénonciation est dominante (ce qui signifie qu'elle est plus avantageuse, quel que soit le choix de l'autre : elle permet de gagner plus si l'autre se tait et de perdre moins si l'autre dénonce aussi) : il n'y a donc qu'une seule solution non coopérative (dénonciation réciproque) qui correspond à un équilibre de Nash (aucun joueur ne pouvant obtenir un gain supplémentaire par un changement unilatéral de stratégie, l'autre conservant sa stratégie d'équilibre), mais pas à un optimum de Pareto (puisque les deux gagneraient à se taire).

Des choix rationnels d'un point de vue individuel ne conduisent donc pas à une situation rationnelle pour la collectivité (l'ensemble des individus). La solution coopérative serait préférable, mais elle pose le problème du respect des engagements pris (rien ne contraint les individus s'étant engagés à se taire à rester fidèles à leur promesse).

Or les situations de type dilemme du prisonnier sont nombreuses : cartel (OPEP par exemple), guerre des prix, campagnes publicitaires rivales, etc.

Un enrichissement de la théorie : les jeux répétés

Dans cette situation, le même jeu (par exemple un dilemme du prisonnier) est reproduit plusieurs fois, voire un nombre infini de fois.

- **Cette répétition permet d'introduire de nouveaux éléments :** il devient possible de sanctionner celui qui a choisi au tour précédent un comportement non coopératif (il a dénoncé son complice, vendu une marchandise avariée, etc.).
- **Inversement, il peut s'avérer rentable d'investir dans le jeu pour se construire une bonne réputation,** qui inspire la confiance et incite les autres joueurs à coopérer plutôt qu'à trahir (mais il n'est rationnel d'investir dans la coopération que pour pouvoir mieux trahir, le moment venu, afin de maximiser son gain individuel intertemporel...).
- **Les apports de la théorie des jeux** sont à la fois stimulants (il s'agit d'une nouvelle façon d'aborder certaines situations, notamment la concurrence imparfaite) et décevants (il semble très difficile de trouver des solutions uniques, efficientes et réalistes).

➤ **assurance, effet d'agrégation, néo-classique (théorie), optimum.**

Jevons (William Stanley)

➤ **néo-classique (théorie).**

joint-venture

(terme anglais signifiant littéralement « entreprise risquée en commun, co-entreprise »)

Filiale commune à deux ou plusieurs entreprises indépendantes et créée d'un commun accord, sans qu'aucune ne la domine quel que soit le montant de sa participation. Cette technique financière est un moyen de collaboration entre sociétés pour la réalisation d'un même projet difficile (développement d'un nouveau produit par exemple) ; elle est souvent utilisée dans le cadre d'une coopération économique internationale.

➤ **concentration, filiale.**

Juglar (Clément)

Économiste français (1819-1905) connu pour avoir mis en évidence le caractère périodique des crises et leur intégration dans des cycles dont la durée varie de six à dix ans.

Il montre l'interdépendance des phénomènes « réels » et des phénomènes monétaires dans le déroulement de ces cycles qui portent aujourd'hui son nom.

Ouvrages principaux : *Les crises commerciales et leur retour périodique en France, en Angleterre et aux États-Unis* (1862).

➤ **cycles.**

justice sociale

Ensemble des principes qui régissent la définition et la répartition équitable des droits et des devoirs des membres de la société.

L'économie normative contemporaine fait référence à plusieurs courants de la philosophie politique et morale ; ceux-ci se distinguent par les réponses qu'ils proposent à cette question de la construction d'une société juste :

- **les utilitaristes**, tels que John Harsanyi, font de la maximisation du bien-être du plus grand nombre d'individus le critère de la justice sociale ; ce bien-être collectif est un agrégat des satisfactions des préférences individuelles ; une action est juste si elle a pour conséquence de maximiser le bien-être de tous les individus concernés par cette action ;
- **les libertariens**, tels que R. Nozick, placent au-dessus de toute autre valeur le respect de la liberté de choix individuelle dans le cadre d'un système de droits de propriété qui garantit que la liberté des uns n'est pas menacée par la liberté des autres ; dans une telle société, est juste toute transaction entre individus résultant d'un libre accord de leurs volontés ;
- **le libéralisme égalitaire**, tel que l'a défini John Rawls, cherche à conjuguer la liberté pour chacun de mener la vie qui lui semble bonne – c'est le versant libéral – avec le souci d'offrir à chacun les mêmes chances d'atteindre cet objectif – c'est le versant égalitaire, au sens d'équitable ; une telle société garantit d'abord les libertés individuelles, mais elle se soucie de l'égalité des chances et ne tolère que les inégalités qui sont compatibles avec la maximisation de la situation des membres les plus désavantagés ;
- **le marxisme** part du principe que la liberté réelle implique l'égalité réelle ; la société juste est donc celle qui a aboli l'exploitation de l'homme par l'homme et dans laquelle on applique la règle « chacun selon ses capacités, à chacun selon ses besoins » ;
- **les communautariens**, tels que C. Taylor, récusent toutes les théories fondées sur l'hypothèse d'un individu souverain, indépendant des autres ; selon eux, il faut partir de la réalité indépassable d'individus socialisés dans des groupes distincts les uns des autres par leur histoire et leur culture ; dès lors, la société juste est celle qui recherche le bien commun tel qu'il est défini par les membres d'une même communauté.

➤ **égalité, équité, Rawls.**

K

Kaldor-Verdoorn (loi de)

Relation, initialement connue sous le nom de « loi de Verdoorn » (1948) avant d'être reprise par N. Kaldor (1966), et qui établit un lien de causalité entre le taux de croissance (du produit) et le taux de croissance de la productivité, d'une part, et l'emploi, d'autre part.

- **La croissance économique** est à l'origine des gains de productivité (et non l'inverse).
- **Kaldor**, refusant l'intégration du progrès technique à une fonction de production, construit une « **fonction de progrès technique** » reliant le taux de croissance du produit par travailleur (indicateur de productivité du travail) au taux de croissance du capital par travailleur. La croissance de la productivité, pour un niveau de progrès technique donné, non incorporé, s'explique en premier lieu par des rendements d'échelle croissants (économies d'échelle) qui réduisent les coûts unitaires.
- **D'autres facteurs expliquent la relation :** un fort taux de croissance permet une incorporation plus rapide du progrès technique aux équipements, plus vite déclassés et renouvelés ; les anticipations sont favorables aux investissements de Recherche et Développement, eux-mêmes plus facilement financés.
- **Dès lors, toute réduction de la demande,** interne ou externe, par des politiques déflationnistes (Kaldor dénonce la politique économique thatchérienne), en ralentissant la croissance, dégrade la productivité et donc la compétitivité-prix et donc en retour la demande et la croissance...
- **La loi de Kaldor-Verdoorn** a été au cœur de la controverse sur l'interprétation de l'origine de la crise de 1974-1975 : elle conduirait à considérer le ralentissement de la productivité non comme la conséquence d'un hypothétique ralentissement du progrès technique antérieur au premier choc pétrolier mais comme la conséquence de l'effet récessif de ce choc.

Keynes (John Maynard)

Célèbre économiste britannique (1883-1946). Son œuvre a exercé une influence considérable sur la pensée et les politiques économiques contemporaines.

L'analyse keynésienne face à la théorie classique

L'analyse keynésienne s'oppose à la théorie classique de son temps sur des points essentiels :

– macroéconomique, elle établit d'emblée des relations entre des agrégats au niveau le plus global, par exemple entre la consommation et le revenu ; le fonctionnement général d'une économie ne peut être déduit de l'agrégation (c'est-à-dire de la somme) des comportements individuels, il a sa logique propre ;

– elle met l'accent sur les défauts de coordination sur certains marchés (du travail, financier) ;

– elle place l'incertitude et les anticipations au cœur de l'analyse ;

– elle récuse l'hypothèse de dichotomie entre la sphère réelle et la sphère monétaire ; la monnaie n'est pas neutre, elle n'influence pas seulement le niveau des prix mais également le niveau de la production ;

– elle préconise l'intervention de l'État pour pallier les défaillances de l'économie du marché, tout particulièrement en période de récession.

La demande effective et ses limites

• **Selon Keynes, le niveau de l'emploi dépend de la demande effective** qui correspond à son tour au volume de production décidé par les entrepreneurs en fonction de leurs anticipations sur les ventes et la rentabilité des investissements. Or, contrairement aux thèses classiques, rien ne garantit que ce volume de production corresponde au plein-emploi. Dans certaines circonstances, un équilibre durable de sous-emploi peut s'établir.

• **Cet équilibre résulte d'anticipations pessimistes auto-réalisatrices** : les entrepreneurs ne prévoient pas d'augmentation de leurs débouchés, donc ils n'embauchent pas, n'investissent pas, de telle sorte que la demande globale s'en trouve effectivement déprimée, ce qui confirme *ex post* leurs anticipations, donc ne les incite pas à réviser leurs plans, etc. Aucun mécanisme de marché ne permet de sortir de cette spirale récessive.

Un rôle pour l'État

• **Dans ces conditions, il appartient à l'État** de relancer la demande en agissant sur la consommation et/ou l'investissement. L'augmentation des dépenses publiques (distribution de revenus, grands travaux, commandes de l'État, etc.) exerce un effet multiplicateur sur l'activité et par conséquent sur l'emploi.

• **Le déficit budgétaire initial est finalement réduit** par l'augmentation des recettes fiscales résultant de la reprise (effet de stabilisation automatique). Par ailleurs, une politique monétaire expansionniste (injection de liquidités, baisse des taux d'intérêt) favorise, elle aussi, la consommation et l'investissement.

Keynes, un interventionniste libéral

Bien que favorable à de telles interventions de l'État (politique conjoncturelle contracyclique), voire à une certaine « socialisation de l'investissement », Keynes reste à bien des égards un libéral. Le capitalisme est le meilleur système à condition qu'il « soit intelligemment dirigé », selon ses propres termes.

Ouvrages principaux : *Essai sur la réforme monétaire* (1923) ; *Traité sur la monnaie* (1930) ; *Théorie générale de l'emploi, de l'intérêt et de la monnaie* (1936).

➤ **anticipations, circuit économique, convention (selon Keynes), demande, emploi, incertitude, IS-LM (modèle), keynésianisme, multiplicateur, Mundell Fleming (modèle de), préférence pour la liquidité, sous-emploi ; Annexe Ⓐ-14.**

keynésianisme

Ensemble des théories et des politiques économiques inspirées à des degrés divers par l'œuvre de Keynes.

La pensée de Keynes a donné lieu à des interprétations diverses.

Un courant de synthèse

Tout un courant dominant s'est efforcé, après la Seconde Guerre mondiale, de réaliser la synthèse entre les analyses néoclassique et keynésienne : en témoignent les travaux de Hicks (son schéma IS/LM), de Samuelson, de Patinkin, de Modigliani, de Tobin (ces deux derniers étant des néokeynésiens). On doit à ces économistes les premiers véritables modèles macroéconomiques utilisés pour les prévisions conjoncturelles et les simulations de politique économique. Ce courant a été enrichi par l'élargissement de l'analyse à la longue période, comme en témoignent les modèles de croissance de Harrod et Domar.

Des tenants de la rupture

D'autres théoriciens insistent au contraire sur la rupture entre Keynes et l'économie classique. Ce fut le cas de l'École de Cambridge, avec J. Robinson et N. Kaldor (post-keynésiens), puis de la « théorie du déséquilibre », courant représenté en France par E. Malinvaud et B. Benassy, qui a étudié les effets de la rigidité des prix et des rationnements quantitatifs dans un cadre d'équilibre général. On peut citer également l'École du circuit (Poulon, Parguez) et, plus récente, l'École des conventions (Favereau, Orléan).

Les keynésiens de nos jours

• **Sous l'effet des critiques des économistes monétaristes** (Friedman), puis des « nouveaux classiques » (Lucas), le courant keynésien a reflué à partir des années 1980. Les économistes appelés aujourd'hui « nouveaux keynésiens », tels que Mankiw, partagent avec leurs prédécesseurs l'idée qu'existent des défauts de coordination qui empêchent les marchés de s'autoréguler, ce qui justifie dans certains cas une politique économique contracyclique.

• **Mais les anciens keynésiens**, tels que Tobin, leur reprochent de s'être beaucoup trop éloignés de Keynes, par exemple en acceptant l'hypothèse d'anticipations rationnelles et en attribuant le chômage à des rigidités sur le marché du travail.

➤ **Beveridge, déséquilibre (théorie du), École de Cambridge (nouvelle), emploi, État-providence, Hicks, IS-LM (modèle), Keynes, Malinvaud, politique budgétaire, politique économique ; Annexe Ⓐ-15, 18, 19, 21.**

Les politiques dites keynésiennes

Les politiques dites keynésiennes désignent d'abord les politiques de relance par la demande. Plus largement, elles englobent les politiques sociales et les politiques de plein-emploi développées après la Seconde Guerre mondiale à partir des rapports Beveridge (1942 et 1944) qui constituent leur soubassement doctrinal. En règle générale, les politiques d'inspiration keynésienne relativisent l'efficacité de l'instrument monétaire et privilégient l'action par le budget.

Kitchin

➤ **cycles.**

Kondratieff

➤ **cycles.**

konzern

Terme allemand, créé après la Première Guerre mondiale, désignant un groupe d'entreprises participant souvent au même processus de production (sidérurgie, par exemple), soumises à une direction unique, mais qui conservent cependant des identités juridiques distinctes. L'intégration est réalisée par le biais de participations financières croisées : l'entreprise A possède une partie du capital en actions de l'entreprise B, et inversement.

➤ **concentration, conglomérat, entente, trust.**

krach

Effondrement des cours des valeurs mobilières sur le marché boursier ; sa durée est variable (plusieurs jours, plusieurs semaines, parfois plusieurs mois...) et le niveau antérieur des cours n'est pas retrouvé rapidement.

• **Dans le cycle économique classique**, un krach boursier déclenche fréquemment la crise et la dépression (sans pour autant en être la cause fondamentale). Il entraîne des difficultés et des faillites bancaires, la crise du crédit (*credit-crunch*) et, de proche en proche, de graves difficultés pour les entreprises industrielles et commerciales :
– **d'abord à travers le phénomène de la déflation par la dette** (*debt-deflation*, analysée par I. Fisher en 1933) : plus les débiteurs liquident leurs actifs pour acquitter leurs dettes, plus les prix baissent et plus la valeur réelle des dettes restantes augmente ;
– **ensuite, à cause de l'« effet de richesse »** : la dévalorisation par le krach des patrimoines financiers conduit à leur reconstitution par augmentation de l'épargne au détriment de la consommation ;
– **enfin, par la diminution des capacités d'emprunt** des entreprises du fait de l'effondrement de leur capitalisation boursière.

• **De nos jours, les krachs boursiers n'ont pas disparu**, comme le montre éloquemment l'épisode d'octobre-novembre 1987, la chaude alerte d'octobre 1989, le krach immobilier et financier japonais de 1990, le krach des bourses asiatiques en 1997 et ses répercussions à Wall Street en septembre 1998, et surtout le « e-krach » des valeurs de la nouvelle économie le 10 mars 2000, accentué en décembre 2000, l'indice NASDAQ (indice américain des valeurs technologiques) ayant perdu plus de 60 % de sa valeur en moins d'un an... Tout cela manifeste la fragilité financière systémique d'une économie mondialisée dérégulée qui se manifeste de nouveau à partir de 2007-08.

Spéculation et bulle financière

L'explication financière des krachs résulte, le plus souvent, d'une envolée des cours sans commune mesure avec l'évolution de l'activité économique ; souvent dénommée « bulle financière », celle-ci est alimentée par une spéculation effrénée ; les cours ne sont plus fixés en fonction de la valeur intrinsèque des entreprises mais des anticipations « haussières » (la hausse nourrit la hausse).

➤ **bourse des marchandises, bourse des valeurs, bulle financière, crise, crise financière, nouvelle économie internationale.**

Krugman (Paul R.)

Économiste américain, né en 1953, qui contribue largement au renouvellement actuel de l'économie internationale. Prix Nobel d'économie en 2008.

• **Paul Krugman reprend et dépasse les approches traditionnelles** d'un échange international reposant sur des différences de productivité (Ricardo) ou des différences de dotation des facteurs de production (HOS : Hecksher, Ohlin, Samuelson) ; cet échange aboutit à une spécialisation interbranche, entre pays de spécialisation et éventuellement de développement différents, chaque pays se spécialisant dans l'activité dans laquelle il dispose d'un avantage comparatif (Royaume-Uni dans le textile et Portugal dans le vin, selon l'exemple de Ricardo).

• **Krugman systématise la remise en cause des hypothèses traditionnelles** de la concurrence et des rendements décroissants. Si les rendements sont croissants, la spécialisation internationale trouve d'autres fondements que la spécialisation interbranche et l'avantage comparatif. Chaque pays peut rechercher dans la spécialisation un **moyen de bénéficier des économies d'échelle**, ce qui explique **un commerce intrabranche** entre pays de niveau de développement analogue.

• Deux pays peuvent avoir intérêt à produire, l'un des batteries et l'autre des carburateurs si, pour chacun, l'augmentation de la taille des marchés permet des économies d'échelle : c'est ainsi que la France et l'Allemagne développent des échanges intrabranche, dans la branche automobile.

➤ **commerce international, Hecksher-Ohlin-Samuelson [théorème HOS], monopole naturel, Ricardo ; Annexe Ⓐ-28.**

kula

Système d'échanges d'objets cérémoniels pratiqué par les indigènes d'îles mélanésiennes (îles Trobriand en particulier).

Ces échanges prennent la forme de cadeaux qui devront être rendus ultérieurement (dons et contre-dons) ; ils lient des partenaires réguliers et s'effectuent selon un parcours circulaire où transitent dans un sens des colliers et en sens inverse des bracelets. Étudiée par Malinowski et Mauss, la *kula* est un exemple d'échanges de biens s'effectuant sans monnaie et dont la signification dépasse la logique marchande, l'aspect utilitaire étant très secondaire dans la transaction.

➤ **don, échange, *potlatch* ; Annexe Ⓐ-40.**

L

Laffer (courbe de)

Courbe construite par l'économiste américain Arthur Laffer, dans l'intention de démontrer qu'au-delà d'une certaine pression fiscale, toute augmentation du taux d'imposition diminue les recettes fiscales au lieu de les augmenter : « Trop d'impôt tue l'impôt. »

Face à une hausse des prélèvements obligatoires, les actifs réduisent leur offre de travail et les détenteurs de capitaux renoncent à investir. Il en résulte un ralentissement de l'activité économique donc un manque à gagner pour l'État.

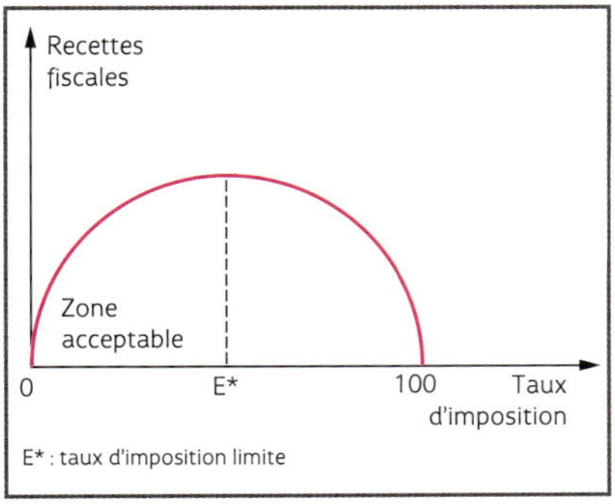

La courbe de Laffer n'a pas de véritable fondement empirique, nul ne sait à quel taux correspond E* sur le graphique.

➤ **économie de l'offre, impôt, politique économique conjoncturelle.**

Laffont (Jean-Jacques)

Économiste français (1947-2004), qui a largement contribué au renouvellement de la microéconomie et de la théorie de l'équilibre général, par la prise en compte des asymétries d'information et de l'imperfection de la concurrence.

Il est l'un des fondateurs de la théorie des incitations et en développe des applications dans le domaine de l'assurance, de l'économie industrielle, de l'économie publique et donc de la réglementation.

L'Association économique européenne a créé en 1993 un prix destiné aux jeunes économistes européens et l'a attribué à J.-J. Laffont et J. Tirole.

Ouvrages principaux : *Incentive in public decision making (1979 avec Green); Fondements de l'économie publique (1982) et Économie de l'incertain et de l'information (1985) ; A Theory of Incentives in Regulation and Procurement (*1993, en collaboration avec J. Tirole*)*.

➤ **microéconomie (nouvelle).**

laïcité

Principe de séparation entre l'instance religieuse et la sphère publique. L'État, l'École publique, les institutions politiques sont dégagés de toute immixtion de la part des autorités et des institutions religieuses.

- **La France est pionnière en ce domaine :** une première étape, remise en cause sous la Restauration, avait été engagée pendant la Révolution et sous le Ier Empire. La IIIe République a érigé solennellement la laïcité, en fondant l'école laïque (lois scolaires de 1881-1882) et en édictant la loi de séparation de l'Église et de l'État (1905).

La laïcité ne signifie pas l'interdiction des activités religieuses. La loi de 1905 « garantit le libre exercice des cultes » (art. 1er). En revanche, « la République ne reconnaît aucun culte » (art. 2).

• **Les croyances et les pratiques liées aux croyances ressortissent du domaine privé :**
– par les conditions de son avènement (l'intensité de l'affrontement entre l'Église catholique et l'État et les forces anti-cléricales);
– par certaines de ses caractéristiques, le magistère de l'État sur la société civile, une privatisation du religieux plus accentuée qu'ailleurs.

• La laïcité française apparaît singulière. Aux États-Unis, s'il y a bien séparation des Églises et de l'État, la religion reste une référence quasi officielle, ainsi le Président prête serment sur la Bible, invocation de Dieu dans l'acte d'allégeance.

• **J.-P. Willaime définit la laïcité européenne par :**
– la double neutralité (indépendance de l'État par rapport aux religions et liberté des organisations religieuses par rapport au pouvoir politique) ;
– la reconnaissance de la liberté de conviction, religieuse ou non-religieuse ;
– le principe de non-discrimination quelles que soient les convictions des personnes.

Cependant le processus de laïcisation est une tendance répandue dans de nombreux pays.

➤ **religion, républicain (modèle), sécularisation.**

laisser-faire

➤ **libéralisme.**

LBO/LMBO [Leveraged Buy Out/ Leveraged Management Buy Out]

Le *LBO* est une opération d'achat d'une entreprise par utilisation du levier de l'endettement, faute de capitaux propres suffisants. Lorsque les cadres, généralement les cadres dirigeants, rachètent leur entreprise on parle de *LMBO*. Cette technique est particulièrement usitée lors d'une difficile succession à la suite de la disparition du propriétaire fondateur de l'entreprise.

légalité

➤ **légitimité.**

légitimité

1 Qualité de ce qui est accepté et reconnu par les membres d'une société.

2 [science politique] Qualité de ce qui est défini et conforme à la loi.

Légitimité et/ou légalité

La légitimité du pouvoir peut se fonder sur Dieu, la force, le respect réel des droits de l'homme, etc.
La théorie de la légitimité de droit divin procède de saint Paul et de son Épître aux Romains où il affirme : « Il n'y a point d'autorité qui ne vienne de Dieu et les autorités qui existent ont été instituées de Dieu. »
Si, dans les démocraties, légalité et légitimité coïncident souvent, des exemples dans l'histoire de la France prouvent que les deux notions ne se recouvrent pas toujours : Louis Napoléon Bonaparte a justifié le coup d'État de décembre 1851 en affirmant qu' « il n'était sorti de la légalité que pour entrer dans la légitimité. »
Qui de Pétain ou de De Gaulle incarnait la légitimité sous l'Occupation?

3 [sociologie] Est légitime ce qui est reconnu et accepté, mais les mécanismes et les domaines de la légitimité peuvent être accentués différemment :

• **La légitimité selon Max Weber :** pour lui, la légitimité qui confère l'autorité se fonde soit sur la tradition, soit sur le charisme, soit encore sur ce qu'il appelle l'« autorité rationnelle-légale » (ensemble de règles légales considérées comme rationnelles et donc valides), caractéristique des organisations modernes. Il applique d'abord la notion au pouvoir étatique. La légitimité de l'État entraîne celle de ses attributs. Ainsi, l'État « revendique avec succès, pour son propre compte, le monopole de la violence légitime ».

Max Weber parle également d'**ordre légitime** pour signifier la façon dont l'ordre social s'efforce d'être reconnu par l'ensemble des groupes sociaux, en particulier par ceux que cet ordre défavorise.

- Des sociologues contemporains comme **Bourdieu et ses disciples**, influencés à la fois par Marx et Weber, replacent la légitimité dans le cadre des rapports de domination entre groupes sociaux.

En ce sens, la **culture légitime** est celle qui, sanctionnée par les diplômes, est plus largement la culture des groupes socialement dominants ; les groupes dominés la reconnaissent comme la culture par excellence (elle confère l'honneur social), bien qu'ils en soient souvent exclus.

- Toute institution cherche à acquérir et/ou conserver une légitimité : on désigne par **légitimation** le processus mis en œuvre par les acteurs sociaux pour faire reconnaître leur compétence, leur statut ou le pouvoir qu'ils détiennent.
- La diversité des sources de la légitimité explique les nombreux conflits de légitimité qui ponctuent l'histoire des sociétés.

➤ **autorité, domination, État, pouvoir.**

Leijonhufvud (Axel)

➤ **déséquilibre (théorie du).**

Le Play (Frédéric)

Sociologue français (1806-1882), considéré comme l'un des fondateurs de la sociologie par enquête.

F. Le Play est, notamment, l'auteur d'études monographiques sur les budgets familiaux. Privilégiant le rôle de la famille dans la société, il considère que le but de la vie économique doit être la paix sociale. La Société d'économie sociale qu'il a fondée en 1856 a eu une grande influence sur le catholicisme social et le mouvement patronal.

Ouvrages principaux : *Les ouvriers européens* (1855); *La réforme sociale en France* (1855) ; *L'École de la paix sociale, son histoire, sa méthode, sa doctrine* (1881).

➤ **Annexe Ⓐ-33.**

lettre de change

➤ **effet de commerce.**

Lévi-Strauss (Claude)

Anthropologue français (1908-2009) qui a joué un rôle important dans le développement du structuralisme.

- Appliquant à l'anthropologie les concepts linguistiques de structure et de relations structurales, il a d'abord étudié les systèmes de parenté des sociétés primitives. Par-delà les modalités parfois très complexes des règles de mariage, il met en évidence des structures simples régissant l'échange des femmes entre les groupes. Dans la prohibition de l'inceste, il voit « moins une règle qui interdit d'épouser mère, sœur ou fille, qu'une règle qui oblige à donner mère, sœur ou fille à autrui ». Les règles matrimoniales, comme le langage, ont donc pour fonction d'assurer l'échange et la communication entre humains.
- À partir de 1964, il applique la méthode structurale à l'étude des mythes. En comparant des versions différentes des mythes indiens d'Amérique, il tente de dégager des systèmes d'oppositions pertinentes capables de faire apparaître une signification à ces élaborations collectives inconscientes dans lesquelles on peut lire l'image que les hommes se font du monde et d'eux-mêmes.

C'est ainsi que, dans *Le Cru et le Cuit (Mythologiques I)*, il soutient que les termes culinaires peuvent être utilisés pour penser d'autres réalités, le cru symbolisant la nature et le « cuisiné » la culture.

Ouvrages principaux : *Les structures élémentaires de la parenté (1949); Tristes tropiques (1955); Anthropologie structurale I (1958) et II (1973);*

Mythologiques (1964-1971, 4 volumes); Le regard éloigné (1983).

➤ **culture, échange, inceste (prohibition de l'), mariage, mythe, parenté, structuralisme, symbole ; Annexe Ⓐ-46.**

libérale (politique économique)

Les politiques économiques libérales trouvent leur inspiration dans les théories économiques classiques et néo-classiques, et visent deux objectifs complémentaires : une intervention minimale de l'État et le libre jeu du marché. En outre, elles s'insèrent le plus souvent dans des politiques économiques qui privilégient la lutte contre l'inflation par rapport à la lutte contre le chômage.

Il faut en fait constater le décalage possible entre la construction théorique libérale et les doctrines ou politiques libérales effectives.

De nombreux exemples historiques montrent comment les politiques se référant au libéralisme peuvent s'éloigner sensiblement des modèles théoriques : c'est ainsi que les courants libéraux peuvent prôner le protectionnisme ou réclamer une intervention de l'État, pour opérer une relance par exemple. De même, les libéraux ne sont en général pas hostiles à une intervention de l'État sur les salaires… lorsque cela se traduit par une rigueur accrue.

• **La politique conjoncturelle d'inspiration libérale donne la priorité à la politique monétaire sur la politique budgétaire.**

En matière budgétaire, le libéralisme préconise trois objectifs, qui peuvent se révéler contradictoires :

– une compression des dépenses publiques : l'intervention de l'État ne doit pas supplanter les initiatives privées ;

– une compression des charges fiscales : la fiscalité ne doit ni décourager les individus, ni fausser le jeu du marché ;

– une élimination du déficit public : celui-ci est financé soit par la création de monnaie, ce qui est inflationniste, soit par l'emprunt, ce qui engendre des effets d'éviction au détriment du secteur privé.

En matière monétaire, le libéralisme, se traduit par :

– la priorité accordée à la lutte contre l'inflation ;

– le rejet d'un financement du déficit public par l'émission de monnaie ;

– le refus des instruments de la politique monétaire, tels que l'encadrement du crédit, qui faussent le jeu du marché ;

– une préférence pour l'action par les taux d'intérêt ou par le contrôle de la base monétaire.

Les pays de l'Union européenne voient leur politique conjoncturelle nationale – notamment monétaire, mais également budgétaire – contrainte par le cadre européen.

• **Les politiques économiques libérales ont depuis quelques années des objectifs structurels** pour assurer un meilleur fonctionnement du marché :

– sur le marché des produits : libération des prix et politique de concurrence ;

– sur les structures de production : privatisation des entreprises publiques ;

– sur le marché du travail : flexibilité de l'emploi et des salaires (suppression ou atténuation du SMIC) ;

– dans le fonctionnement de l'État-providence : retrait de l'État dans des domaines tels que l'éducation, la protection sociale.

– pour favoriser l'offre de travail et de capital, tant du point de vue quantitatif que de leur productivité (politique de l'offre). Par exemple, amélioration de la formation des salariés, recherche et développement, hausse du taux d'emploi, etc.

➤ **concurrence, État, Hayek, marché, néolibéralisme, optimum.**

libérale (théorie)

➤ **classiques (économistes), libéralisme, néoclassique (théorie).**

libéralisation des échanges

Ensemble de mesures tendant à faciliter le développement des échanges internationaux en supprimant les obstacles douaniers ou d'autre nature.

➤ **avantage absolu (loi de l'), avantage comparatif (loi de l'), GATT, libre-échange (théorie du), protectionnisme, Union économique et monétaire européenne, Union européenne (historique de l').**

libéralisme

Ensemble d'idées, de doctrines, de théories, parfois très différentes, s'appliquant aux aspects de la vie de l'homme en société – tels que l'éthique, le politique, l'économique –, qui sont fondées sur l'affirmation première du principe de liberté. Les principaux clivages résultent par conséquent de la diversité des conceptions de la liberté et des domaines d'application de la pensée libérale.

Libéralisme politique et économique

• **Le libéralisme politique** est fondé sur la notion de droits naturels de l'homme dont dérivent des droits politiques (droit de participer aux décisions collectives, protection contre l'arbitraire, pluralisme).

Droits naturels de l'homme : sûreté de la personne, droit de penser, d'expression, d'association, etc. ; une excellente illustration en est fournie par la Déclaration d'indépendance des États-Unis d'Amérique rédigée par Jefferson : « Tous les hommes sont créés égaux ; ils sont dotés par le Créateur de certains droits inaliénables ; parmi ces droits se trouvent la vie, la liberté et la recherche du bonheur. »

• **Le libéralisme économique** est fondé sur la notion de droits économiques : droit à disposer librement de sa force de travail (contre l'esclavage) et des produits de son travail (légitimation de la propriété privée), liberté d'échanger, de contracter, d'entreprendre, etc., ce qui justifie l'économie de marché, mais n'exclut a priori ni l'intervention de l'État (lorsque le marché est en échec et que les personnes concernées donnent leur accord), ni d'autres formes d'organisation (associations, coopératives, etc.).

• Ces deux types de libéralisme ne coïncident pas toujours, comme le démontrent la pratique du libéralisme économique par des dictatures (par exemple le Chili sous Pinochet) ou le libéralisme politique de la majorité des économistes keynésiens.

• De plus, la confusion est accrue par la référence, souvent implicite, à l'éthique libérale, laquelle se définit par une certaine tolérance en matière de mœurs, d'idées, de goûts.

• Finalement, la gamme est étendue puisqu'elle va des libertariens, pour lesquels la liberté est une fin en soi et qui ne supportent aucune limitation à l'autonomie individuelle, rejetant toute intervention de l'État, jusqu'aux utilitaristes qui voient seulement dans la liberté le moyen le plus efficace, mais non l'unique moyen, d'obtenir le maximum de bien-être matériel, en passant par ceux qui adoptent des définitions variées de l'État minimal.

• L'accord se fait généralement sur les fonctions « régaliennes » de l'État (armée, justice, police), mais il n'en va pas de même pour d'autres fonctions, par exemple l'existence d'une monnaie publique (rejetée par Hayek). Mais le libéralisme n'est pas l'anarchisme, il postule l'existence d'un ordre social ; se pose alors un dilemme : comment concilier la liberté individuelle, le refus de toute contrainte extérieure, et l'ordre social ? Hayek donne une réponse en affirmant que l'ordre libéral est spontané (les premiers libéraux parlaient d'« ordre naturel »).

➤ **classiques (économistes), démocratie, libérale (politique économique), marché, néo-classique (théorie) ; Annexe Ⓐ-2, 5.**

libératoire (pouvoir)

➤ **pouvoir libératoire de la monnaie.**

libertés publiques

Ensemble des droits et prérogatives reconnus aux individus, pris isolément ou associés, face à la puissance publique. Les libertés publiques sont constitutives de la démocratie. Elles sont fixées par la loi et garanties par

la Constitution (en France, de nos jours, la Constitution de 1958).

Les libertés publiques ont pour origines historiques la révolution libérale anglaise du XVIIe (l'*Habeas Corpus* de 1679), la Constitution américaine de 1787 lors de l'indépendance des États-Unis et surtout la Déclaration des Droits de l'homme et du citoyen de 1789, acte fondateur de la Révolution française. Elles n'ont cependant été acquises que progressivement (par exemple, la liberté de la presse), surtout en ce qui concerne celles qui n'étaient pas reconnues au départ (libertés collectives dans la sphère du travail).

On peut les classer en quatre grandes catégories :

– **les libertés de la personne :** liberté de circulation, d'opinion et de conscience (en particulier religieuse) ;

– **les libertés d'expression collective :** liberté de réunion, liberté de la presse ;

– **les libertés liées à l'activité économique** : liberté d'entreprendre, liberté du travail ;

– **les libertés liées à l'action collective :** liberté syndicale, droit de grève.

➤ **démocratie, droits de l'homme, libéralisme.**

libre-échange (théorie du)

Théorie et doctrine qui, appliquant les thèses libérales aux échanges internationaux, préconise la spécialisation internationale et la suppression de toute entrave aux échanges. Au « laisser-faire » du libéralisme concurrentiel correspond ainsi le « laisser-passer » du libre-échange.

• **Adam Smith**, premier grand théoricien du libre-échange, prolonge, au niveau international, ses analyses de la division du travail, montrant que chaque pays doit se spécialiser dans le domaine dans lequel il est le meilleur.

• **Ricardo** renforce ces conclusions en montrant que le libre-échange est bénéfique, même dans le cas où un pays est meilleur qu'un autre pour toutes les productions.

• **Le théorème HOS (Heckscher-Ohlin-Samuelson)** pose le principe selon lequel chaque pays doit s'ouvrir aux échanges et se spécialiser dans les activités productives qui utilisent largement les facteurs de production abondants et peu chers et qui économisent les facteurs de production rares et chers.

• **Ces analyses fondent le libre-échange** et voient d'un œil peu favorable les zones d'intégration économique régionale, telles que le Marché commun européen.

• **Toutefois, cette théorie fait l'objet de critiques** en raison de ses hypothèses très strictes :

– **l'hypothèse concurrentielle**, qui envisage des échanges internationaux à partir d'entreprises de petite taille et qui sont *price taker*, n'est pas conforme à la réalité des échanges internationaux dominés par des grandes entreprises.

– **L'hypothèse statique** envisage les dotations en facteurs de production sans s'interroger sur l'origine de la division internationale du travail ; c'est la raison pour laquelle le protectionnisme cherche des arguments dans une vision dynamique des économies pour justifier la protection des économies naissantes.

• **L'argument libre-échangiste** se renouvelle aujourd'hui et souligne les effets positifs de la concurrence et de la concentration, s'appuyant, en particulier, sur la théorie des marchés contestables.

➤ **avantage absolu (loi de l'), avantage comparatif (loi de l'), commerce international, division internationale du travail (DIT), GATT, Hecksher-Ohlin-Samuelson [théorème HOS], internationalisation, Krugman, libéralisme, marchés contestables (théorie des), price taker/price maker, protectionnisme, Union économique et monétaire européenne, Smith ; Annexe A-5.**

licence

➤ **brevet d'invention.**

lien social

Ce qui rattache les individus et les groupes les uns aux autres. Il peut s'agir de liens directs (ou relations « primaires ») basés

sur l'interconnaissance : lien conjugal, familial, relations amicales, relations de voisinage, etc., ou de liens indirects tissés par la médiation d'institutions complexes : monde professionnel, associations, syndicats, partis, etc.

- **Trois types de liens** jouissent d'un statut particulier dans les sciences sociales : **l'échange marchand** (le commerce, vecteur de relations), **l'échange non marchand** (circulation de biens symboliques, l'échange des femmes dans les sociétés traditionnelles, etc.), enfin **le lien politique** basé sur des sentiments de solidarité dans une collectivité nationale.
- **Les relations primaires**, souvent fortes, sont faites aussi d'affrontements. L'échange marchand « fait lien » bien qu'il n'associe pas toujours des partenaires égaux ; les relations dites « secondaires » mêlent solidarité et rapports de forces ; plusieurs sociologues (entre autres, Simmel) ont souligné que les conflits, loin de se réduire à une adversité irréductible, engendrent le débat et la négociation, lesquels impliquent un minimum de reconnaissance mutuelle.
- **Depuis les années 1980, on évoque fréquemment le « relâchement des liens sociaux »** ou encore la « perte du lien social ». Sont tour à tour invoqués la crise de l'institution familiale (fragilisation du couple, instabilité de la famille nucléaire), le chômage massif, la précarisation des emplois et le déclin de la place du travail, la déstructuration de communautés locales, l'individualisation des expériences et des trajectoires, etc. Si dans le cas des processus d'exclusion et de marginalisation subies, le diagnostic semble pertinent (les exclus du travail ont souvent rompu leurs liens « primaires »), il est beaucoup plus problématique pour d'autres évolutions telle la déconstruction de formes sociales car les phénomènes de désinstitutionalisation n'impliquent pas nécessairement la perte de relations entre individus. Mieux vaut dans ce cas parler de mutations du lien social.

➤ **association, cohésion sociale, communauté, exclusion, réseaux sociaux, sociabilité, solidarité.**

lignage

Groupe de filiation unilinéaire institué, composé des personnes descendant d'un ancêtre commun (réel ou imaginaire), soit en ligne masculine (patrilignage), soit en ligne féminine (matrilignage). Les lignages forment une institution essentielle dans de nombreuses sociétés traditionnelles.

➤ **exogamie, filiation, société segmentaire.**

liquidité

Aptitude d'un actif à être convertible en moyen de paiement, à bref délai sans coût et sans perte de valeur nominale. Les différents actifs se caractérisent ainsi par une liquidité plus ou moins grande.

La monnaie constitue, par définition, un actif parfaitement liquide puisqu'elle sert au règlement des échanges. Les comptes d'épargne à vue présentent une liquidité moindre : ils ne peuvent donner lieu à émission de chèques, mais leur titulaire peut instantanément retirer ses fonds. D'autres actifs tels que les valeurs mobilières peuvent être convertibles en monnaie, mais avec une perte possible du capital. Enfin, certains actifs sont illiquides (immeubles, œuvres d'art), dans la mesure où leur conversion en monnaie exige du temps et peut impliquer une perte en capital.

REMARQUE : ne pas confondre *liquidité*, au singulier, qualité potentielle d'un actif, et les *liquidités*, au pluriel, qui désigne l'ensemble des moyens de paiement d'un pays ou d'une zone.

➤ **actifs, monnaie.**

liquidité de l'économie (taux de)

Rapport entre un agrégat monétaire et un agrégat économique, par exemple :

$$\text{taux de liquidité de l'économie} = \frac{\text{masse monétaire}}{\text{Produit intérieur brut}}$$

Il exprime le comportement de thésaurisation des agents économiques et varie à l'inverse de la vitesse de circulation de la monnaie.

➤ **épargne, vitesse de circulation de la monnaie.**

liquidités bancaires

Ensemble des actifs détenus par les banques qui peuvent servir aux règlements entre la banque et l'extérieur : règlements interbancaires, règlements avec le Trésor, opérations sur devises.

Il s'agit de la monnaie Banque centrale – billets, mais surtout compte courant des banques à la Banque centrale – ou des créances qui peuvent facilement être échangées contre de la monnaie Banque de France (titres réescomptables).

➤ **banque, Banque centrale, monnaie, politique monétaire.**

liquidités internationales

Liquidités officielles correspondant aux réserves de change dont les banques centrales disposent pour régler les déficits des balances des paiements. Elles comprennent : les avoirs en devises, en droits de tirage sur le FMI, les euros et les réserves en or. Les liquidités privées sont les avoirs en devises détenus par les banques et les entreprises.

➤ **Système monétaire international [SMI].**

Lisbonne (stratégie de)

Politique de croissance décidée par le Conseil européen à Lisbonne les 23 et 24 mars 2000, et fixant pour objectif à l'Union européenne de devenir d'ici 2010 « l'économie de la connaissance la plus compétitive et la plus dynamique du monde, capable d'une croissance économique durable accompagnée d'une amélioration quantitative et qualitative de l'emploi et d'une plus grande cohésion sociale, dans le respect de l'environnement. »

Cette stratégie globale vise deux objectifs :

• **La transition vers une économie fondée sur la connaissance, ce qui implique :**

– un plan global d'action pour passer à une économie numérique, la libéralisation des marchés des télécoms, etc. ;

– un Espace européen de la Recherche (EER), le financement de projets innovants dans le cadre des PCRD (Programme-cadre européen de recherche, de développement technologique et de démonstration), la mise en place d'un brevet communautaire ;

– la création et le développement d'entreprises novatrices, notamment de PME ;

– des réformes économiques pour achever et rendre pleinement opérationnel le marché intérieur (élimination des entraves au marché intérieur dans les services, diminution des aides d'État...) ;

– des marchés financiers plus intégrés ;

– la coordination renforcée des politiques macroéconomiques en matière de finances publiques.

• **La modernisation du modèle social européen en investissant dans les ressources humaines et en créant un État social actif, ce qui implique de promouvoir :**

– l'éducation, la formation à l'emploi et l'investissement en capital humain ;

– des emplois plus nombreux et plus qualifiés (politique active de l'emploi) ;

– l'intégration sociale et la modernisation de la protection sociale.

La réalisation de ces objectifs s'appuie sur la procédure de la Méthode ouverte de coordination (MOC) : évaluation de chaque État membre par les autres, le rôle de la Commission est limité à la surveillance.

Bilan d'étape

En novembre 2004, le Rapport Wim Kok évaluant à mi-parcours les résultats de la stratégie de Lisbonne fait état de la lenteur des avancées et d'un bilan d'étape très mitigé. Peu d'objectifs ont été atteints, la MOC, essentiellement du ressort des États membres, semble trop peu contraignante.

Au-delà du constat, plusieurs facteurs expliquent la modestie des résultats :
– d'une part, la priorité donnée par les dirigeants européens à une sur-utilisation des instruments économiques à leur disposition pour la stabilité des prix et la rigueur économique et une sous-utilisation de ces mêmes instruments pour créer une dynamique industrielle appuyées sur l'innovation et le changement technologique ;
– d'autre part, la faiblesse d'un budget communautaire principalement consacré à la PAC et aux politiques régionales.

➤ **Union économique et monétaire européenne.**

List (Friedrich)

Journaliste et économiste allemand (1789-1846).

Favorable à l'union douanière entre les États allemands (Zollverein), il estime que le libre-échange sert avant tout les intérêts de la Grande-Bretagne. Il est partisan d'un protectionnisme permettant aux « **industries dans l'enfance, industries naissantes** », de se développer avant de se lancer dans l'échange international. Son influence a été considérable, notamment en Allemagne.

Ouvrages principaux : *Système national d'économie politique (1840).*

➤ **protectionnisme.**

livre sterling

Unité monétaire du Royaume-Uni. Dominante au XIXe siècle, elle a vu son importance décroître jusqu'à la fin des années 1970. En fait, la dévaluation de 1967 met fin à son rôle de monnaie de réserve et affaiblit son rôle international. La *livre sterling* ne fait pas partie de la zone euro.

LMBO

➤ ***LBO.***

lobby(ies)/lobbying

➤ **groupe de pression.**

localisation

1 [géographie] **Répartition dans l'espace des richesses naturelles, des activités économiques, des agglomérations urbaines, etc.**

2 [économie] **Stratégie des entreprises relative aux lieux d'implantation de leurs unités de production.**

Les théories de la localisation tentent de rendre compte des différents facteurs expliquant les choix d'implantation des entreprises (infrastructure, main-d'œuvre, marchés locaux).

➤ **délocalisation.**

Locke (John)

Philosophe anglais (1632-1704), père de l'individualisme libéral, théoricien de la révolution anglaise (1688) et de la propriété.

L'empirisme est le fondement de sa philosophie ; il le conduit à une philosophie politique caractérisée par la recherche raisonnable du bonheur qui s'obtient par la propriété et la liberté. Le pacte social constitutif de la société civile a pour but principal la conservation de la propriété qui est un droit naturel.

Il plaide pour un gouvernement limité par sa mission, purement laïque, de conservation de la propriété et du bien-être, par son organisation (séparation des pouvoirs avec primat du législatif sur l'exécutif), et par un droit, théorique, du peuple à l'insurrection.

Ouvrages principaux : *Lettre sur la tolérance (1689); Essai sur l'entendement humain (1690); Deux traités sur le gouvernement civil (1690).*

➤ **contrat social.**

loi de financement de la Sécurité sociale

Créée par la révision constitutionnelle de 1996, cette loi est soumise au vote du Parlement, chaque année à l'automne. Elle contient une prévision des principales tendances de l'évolution des régimes de Sécurité sociale, les actions mises en œuvre par le gouvernement

pour atteindre l'équilibre des comptes sociaux, les mesures modifiant les prestations versées et leurs conséquences financières.

Sa mise en œuvre est évaluée chaque année par la Cour des comptes qui propose des mesures correctrices.

➤ **protection sociale, sécurité sociale.**

loi de finances

➤ **budget de l'État (loi de finances).**

loi organique relative aux lois de finances [LOLF]

Votée le 1er Août 2001, entrée pleinement en vigueur le 1er janvier 2006, la LOLF introduit une nouvelle procédure de vote du budget (vote sur les crédits affectés aux « missions » et non plus aux ministères) et incite à une évaluation de l'efficacité des politiques publiques. Elle a pour objectifs un meilleur contrôle du Parlement sur l'affectation et l'utilisation des moyens employés par l'administration dans la conduite de ses actions.

Depuis l'ordonnance du 2 janvier 1959, l'affectation annuelle des crédits se faisait par ministère et par « chapitres ». 90 % des dépenses publiques étaient reconduites quasi automatiquement et seules les « mesures nouvelles » faisaient l'objet d'un débat parlementaire. Ces pratiques limitaient le contrôle parlementaire.
Dorénavant cette affectation se fait par missions ministérielles (ou interministérielles), elles mêmes déclinées en programmes et en actions. Le gouvernement et les responsables de projets ont la nécessité de justifier leurs demandes de crédits « au premier euro » (et non simplement pour les actions nouvelles).

En aval, les responsables de programmes sont tenus de rendre compte de l'utilisation des moyens au regard des objectifs assignés et ce, en visant l'efficacité de leur action mesurée par des « indicateurs de performances ». Dès 2006, la Cour des Comptes est chargée de certifier les comptes de l'État. Somme toute, la loi organique incite à une évaluation de l'efficacité des politiques publiques.

➤ **budget de l'État (loi de finances), politiques publiques.**

Lorenz (courbe de)

Courbe représentant la concentration d'une variable pour une population donnée.

➤ **déciles ; Annexe B-2.2.**

Lucas (Robert)

Économiste américain contemporain, chef de file de la nouvelle économie classique, prix Nobel 1995.

• Lucas a eu pour professeur M. Friedman à l'Université de Chicago. Les premiers travaux de Lucas s'inscrivent dans le prolongement de la critique friedmanienne de la courbe de Phillips. Ils sont fondés sur l'idée que l'économie réelle est fondamentalement stable : les perturbations proviennent des problèmes d'information, à la suite de chocs monétaires ou réels.
• **Supposant que la situation normale des marchés est l'équilibre, Lucas innove en introduisant dans les modèles l'hypothèse d'anticipations rationnelles, qui sont des anticipations d'équilibre.** Il en déduit que les fluctuations s'expliquent par des chocs monétaires imprévisibles qui provoquent des erreurs d'anticipation des prix relatifs : des entreprises croient par exemple que c'est seulement le prix de leur produit qui augmente alors qu'il augmente dans la même proportion que tous les autres.
• Dans ces modèles, la politique économique de régulation par la demande s'avère totalement inefficace car les agents économiques anticipent les conséquences des mesures de politique économique annoncées et agissent pour les neutraliser.
• Ce raisonnement conduit aussi à la critique par Lucas des modèles économétriques : les décisions de politique économique modifiant

les anticipations, donc les comportements, il n'est pas possible d'évaluer les effets d'une politique économique à partir de modèles fondés sur l'observation des comportements passés.

➤ **anticipations, monétarisme, nouvelle économie classique (NEC).**

luddisme

(De *John Ludd* qui aurait détruit des machines textiles vers 1780.)

Mouvement d'ouvriers anglais du secteur textile qui s'opposait à l'introduction du machinisme accusé de provoquer le chômage.

Il se caractérise par des bris de machines souvent accompagnés de grèves spontanées. Ce mouvement fut important au début du XIXe siècle. De tels mouvements se retrouvent plus tardivement et davantage dispersés, en Europe continentale tels les émeutes vers 1814 à Vienne, et les différentes révoltes des comités lyonnais en France à partir de 1831.

lutte des classes

Concept central de l'analyse marxiste. Antagonisme entre classes sociales à partir d'intérêts contradictoires, et pouvant prendre la forme extrême de la guerre civile.

Pour Marx, de cette lutte caractéristique des sociétés de classes naît le mouvement de l'Histoire : « L'histoire de toute société jusqu'à nos jours n'a été que l'histoire de luttes de classes » (Marx et Engels, *Manifeste du parti communiste*). Les querelles dynastiques, les guerres de religion, les changements de régime, les luttes parlementaires n'en sont que des manifestations directes ou indirectes. Les classes, issues de la division sociale du travail propre à chaque mode de production, se divisent en classes qui exploitent et classes exploitées aux intérêts inconciliables, les unes vivant du surtravail des autres.
Les sociologues et historiens libéraux, sans réfuter l'existence de classes, nient que leurs intérêts soient inconciliables et que leur lutte puisse être le moteur de l'Histoire.
D'autres, non libéraux mais critiques vis-à-vis de Marx, reprennent la notion de lutte des classes en relativisant sa place dans la dynamique sociale et en éradiquant ses aspects messianiques. L'expression, plus ouverte, de conflit social est davantage utilisée.

➤ **classe(s) sociale(s), conflit social, Marx ; Annexe Ⓐ-32.**

M

Maastricht (traité de)

➤ **Pacte de stabilité, Union économique et monétaire européenne, Union européenne (historique de l').**

macroéconomie

Terme créé en 1933 par l'économiste R. Frish. Partie de la science économique qui s'intéresse aux quantités globales (PIB, investissement, consommation), agrégées au niveau d'une région, d'un pays ou d'un groupe de pays et à leurs relations. Elle a souvent pour but d'éclairer la politique économique.

• **La macroéconomie a été fortement marquée par la pensée keynésienne.** Selon Keynes, des propositions vraies au niveau individuel peuvent se révéler fausses au niveau global. Ainsi, si une entreprise baisse ses salaires, elle baisse son coût et ses prix, et augmente sa production et son emploi ; si toutes les entreprises abaissent les salaires, l'effet est inverse, la production et l'emploi se contractent sous l'effet d'une demande plus faible.

Keynes établit les bases d'une analyse macroéconomique qui étudie une fonction de consommation (et d'épargne), une fonction d'investissement, une fonction de demande de travail, une fonction de demande de monnaie... et propose un modèle de formation de l'équilibre global.

• **Trois grandes voies caractérisent l'analyse macroéconomique :**

– dans un premier temps, un relatif consensus s'est établi autour de la construction IS-LM qui permettait de rassembler, sinon des analyses, du moins des méthodes communes ;

– l'analyse des nouveaux classiques s'est inscrite en opposition avec l'analyse keynésienne en revenant à un mode d'ajustement par la flexibilité des prix et à une conception dichotomique de l'économie ;

– en sens inverse, des économistes se sont intéressés aux déséquilibres, en envisageant les effets des équilibres à prix fixes et leurs causes (fondements microéconomiques de la macroéconomie).

➤ **déséquilibre (théorie du), effet d'agrégation, IS-LM (modèle), Keynes, mésoéconomie, microéconomie, nouvelle économie classique, politique économique ; Annexe Ⓐ-14.**

magie

[sens anthropologique] Dans les sociétés primitives et dans nombre de sociétés traditionnelles, ensemble de pratiques invoquant ou mettant en jeu des forces mal définies, voire secrètes, en vue d'objectifs positifs : éloigner le mal, chasser les démons, conjurer la mort, accroître sa puissance, etc.

Les intéressés ont souvent recours aux magiciens (guérisseurs, chamans) mais peuvent eux-mêmes agir en usant de procédés jugés efficaces (cannibalisme, par exemple, acte par lequel on ingère la puissance de l'adversaire).

➤ **croyance, croyance collective.**

main invisible

Expression employée par A. Smith pour désigner le processus par lequel, dans une économie de marché, les décisions et les actes individuels sont rendus compatibles et concourent à l'intérêt général.

« Ce n'est que dans la vue d'un profit qu'un homme emploie son capital à faire valoir l'industrie, et par conséquent il tâchera toujours d'employer son capital à faire valoir le genre d'industrie dont le produit promettra la plus grande valeur, ou dont on pourra espérer le plus d'argent. [...] À la vérité, son intention en général n'est pas en cela de servir l'intérêt public, [...] il ne pense qu'à son propre gain ; en cela, comme dans beaucoup d'autres cas, il est conduit par **une main invisible** à remplir une fin qui n'entre nullement dans ses intentions [...]. Tout en ne cherchant que son intérêt personnel, il travaille souvent d'une manière bien plus efficace pour l'intérêt de la société que s'il avait réellement pour but d'y travailler. »

A.Smith, livre IV des *Recherches sur la nature et les causes de la richesse des nations.*

➤ **concurrence, libéralisme, Smith ; Annexe A-2.**

Malestroit (paradoxe de)

La hausse des prix des denrées constatée au xvie siècle n'est qu'une apparence due aux manipulations qui ont dévalorisé la monnaie.

Si les prix en livres (livre tournoi, qui est une monnaie de compte) ont effectivement monté, en fait, exprimés en or, ils ont baissé car la livre a perdu beaucoup de sa valeur par rapport à l'or.

Plus célèbre encore est, en 1568, la réponse que fit Jean Bodin, économiste mercantiliste, à M. de Malestroit et à son paradoxe : il y a bien hausse des prix, en or, car les prix en livre ont monté plus que la livre n'a perdu de valeur en métal, et cela à cause d'un considérable afflux d'or et d'argent espagnols, consécutif à la découverte du Nouveau Monde.

Cette idée selon laquelle la valeur d'une monnaie est inversement proportionnelle à sa quantité, se nomme « Théorie quantitative de la monnaie » ; elle a été reprise, formulée et développée par Irving Fisher, en 1911, puis par le courant monétariste.

➤ **Fisher (Irving), mercantilisme, monnaie (théorie quantitative de la).**

Malinowski (Bronislaw)

Anthropologue britannique d'origine polonaise (1884-1942).

Il occupe une place importante dans l'anthropologie du xxe siècle. On le présente comme le théoricien d'une analyse fonctionnaliste de la culture (les institutions sociales d'une société donnée remplissent des « fonctions vitales » qui correspondent à des besoins essentiels). Ce fonctionnalisme rigide a été très controversé. Par contre Malinowski est reconnu sans réserve pour avoir promu et systématisé l'usage de **« l'observation participante »** (l'expression est de lui) par laquelle l'ethnologue (ou le sociologue) partage durablement l'existence de la collectivité qu'il étudie en s'efforçant de comprendre le point de vue de ses membres. De fait, ses descriptions monographiques, en particulier celle sur « Les argonautes » trobriandais où il met en évidence le système *kula* d'échanges cérémoniels, sont aujourd'hui considérées comme des classiques.

Ouvrages principaux : *Les argonautes du pacifique occidental* (1926), *Les jardins de corail* (1944), *Une théorie scientifique de la culture* (1945)

➤ **culture, enquête, ethnographique (méthode), fonctionnalisme, *kula*.**

Malinvaud (Edmond)

Économiste français, né en 1923, directeur de l'INSEE, puis professeur au Collège de France.

S'inscrivant dans la lignée des ingénieurs-économistes français, E. Malinvaud intervient dans des domaines variés de l'analyse économique : micro et macroéconomie, théorie pure et économétrie, étude des facteurs de la croissance française et théorie du chômage, etc. Par-delà la volonté de prendre en compte aussi bien les apports du courant néo-classique que ceux du courant keynésien, la référence originelle est la théorie de l'équilibre général (Arrow-Debreu).

Les travaux les plus récents et les plus novateurs de E. Malinvaud portent sur la théorie de l'emploi et les politiques économiques de lutte contre le chômage (opposition du chômage keynésien et du chômage classique) ; ils constituent une contribution majeure à **la théorie des équilibres non walrassiens à prix fixe** (improprement appelée théorie du déséquilibre).

Ouvrages principaux : *La croissance française* (en collaboration avec J.-J. Carré et P. Dubois, 1972) ; *Réexamen de la théorie du chômage* (1980, 1977, pour l'édition anglaise) ; *Essais sur la théorie du chômage* (1983).

➤ **déséquilibre (théorie du), keynésianisme, modèle économique.**

Malthus (Thomas Robert)

Économiste classique anglais (1766-1834), célèbre pour sa loi de population. Pasteur anglican devenu professeur d'économie politique, Malthus prédit le retour des famines et justifie les privilèges de l'aristocratie foncière.

• **Une théorie de la population**. Dans son *Essai sur le principe de population* (1798), il postule que la population croît, naturellement, de manière géométrique (1, 2, 4, 8, 16, 32...), alors que les subsistances ne peuvent croître que de manière arithmétique (1, 2, 3, 4, 5, 6...) parce que les terres mises en culture sont de moins en moins fertiles.

• **Surpopulation et misère des travailleurs.** Mais celle-ci est le meilleur des stimulants : à la fois pour que les pauvres limitent eux-mêmes leur fécondité et pour que tous pratiquent le travail et les vertus chrétiennes. De cette nécessité de la misère, Malthus déduit qu'il faut supprimer toute forme d'assistance publique aux pauvres : elle ne pourrait que les inciter davantage à la procréation en altérant leur libre arbitre, ce qu'en libéral conséquent, il ne peut admettre. Il propose donc la suppression de la loi sur les pauvres de 1795, qui prévoit un secours à domicile (complément de salaire).

Les moyens artificiels de limitation des naissances étant moralement exclus, il revient donc aux pauvres de pratiquer librement le *moral restreint* (l'abstinence sexuelle dans le célibat), qui seul améliorera leur condition.

• **Une théorie de la croissance :** en 1820, dans ses *Principes d'économie politique*, Malthus réfute la « loi des débouchés » de J.-B. Say, reprise par Ricardo.

Le rôle de la demande

Une augmentation préalable de la demande solvable est nécessaire à l'augmentation de la production, celle-ci ne saurait donc induire l'augmentation de la demande ; or, en épargnant trop, les capitalistes et les propriétaires risquent de diminuer la demande effective pour les produits et de créer surabondance de capital et chômage. Pour lutter contre la surproduction, Malthus propose les débouchés du commerce intérieur et extérieur et va même jusqu'à préconiser une politique de grands travaux publics et l'accroissement du nombre des consommateurs « improductifs » (hommes d'État, soldats, juges, médecins, prêtres...). La misère n'apparaît soudain plus comme une conséquence de la surpopulation et les remèdes semblent bien éloignés de ceux de l'*Essai sur le principe de la population.*

L'œuvre de Malthus a eu et a une portée considérable, surtout pour sa théorie – pourtant contestée – de la population, qui fonde le malthusianisme.

➤ **classiques (économistes), malthusianisme, Say ; Annexe A-3.**

malthusianisme

1 Doctrine issue des écrits de Malthus qui vise à restreindre volontairement l'accroissement démographique par une limitation des naissances en vue de rétablir l'équilibre entre les ressources et la population.

L'histoire démographique des pays développés atteste les limites de l'analyse malthusienne : l'élévation du niveau de vie a été suivie d'une baisse de la fécondité et ce mouvement s'amorce aujourd'hui dans le monde entier.

2 **Malthusianisme économique désigne, par analogie, les pratiques de ceux qui, trouvant un avantage à la rareté, tendent à la créer artificiellement.**

Pour augmenter la valeur de leurs avoirs ils créent une restriction volontaire de production par un monopole, stockage, rétention d'information, *numerus clausus*, destruction de produits et plus généralement toute politique de sous-emploi des facteurs de production (peur d'innover, d'investir, d'embaucher...).
Ce malthusianisme économique est déjà présent dans la pensée de Malthus : il ne voit pas la nécessité d'importer du blé pour en faire baisser le prix, justifié selon lui.

➤ **croissance, développement, Malthus, natalisme.**

manufacture

(du latin *manus* « main » et *factura* « fabrication »)

1 **Établissement où la fabrication était surtout manuelle (manufactures de Sèvres, des Gobelins créées par Colbert).**

Par extension, tout établissement industriel ; en ce sens, quelque peu désuet, le mot a été remplacé par fabrique, usine, établissement, etc. ; il désigne encore cependant quelques entreprises anciennes : Manufacture des Tabacs, Manufacture d'armes et cycles de Saint-Étienne.

2 **[histoire économique] Forme transitoire entre la production artisanale dans le cadre du *domestic system* et la grande industrie issue du *factory system*.**

Caractérisée par une division du travail croissante, elle voit une multitude d'ouvriers, jusqu'alors occupés dans des ateliers familiaux indépendants, travailler sous l'autorité d'un capitaliste qui les réunit progressivement en un même bâtiment. La production y est spécialisée, mais selon deux modalités distinctes : soit se trouvent réunis des artisans de qualifications différentes (serruriers, menuisiers, etc.) qui fabriquent ensemble un seul type de produit (exemple : dans une manufacture de carrosses, le serrurier ne fabrique plus que des serrures de carrosses) ; soit se trouvent réunis des artisans de même spécialité dont on décompose le travail en opérations élémentaires (parcellisation des tâches) afin de fabriquer un produit simple (voir l'exemple d'A. Smith de la manufacture d'épingles). Dans la manufacture, on observe un approfondissement de la division du travail qui prépare le passage au stade suivant, la grande industrie moderne et ses usines caractérisées par le machinisme.

➤ **division du travail, Smith ; Annexe Ⓐ 2.**

marchand/non marchand

➤ **Produit intérieur brut [PIB].**

marché

Lieu de rencontre entre une offre et une demande qui aboutit à la formation d'un prix.

Il existe plusieurs sortes de marchés qui se différencient par l' ***objet de l'échange***.

- **Le marché d'un produit particulier :** matières premières telles que le pétrole ou le cuivre, ou marché d'un produit fini (marché du livre).
- **Le marché des biens et services** où sont mises en relation l'offre et la demande globale : dans la perspective keynésienne, l'ajustement se fait par le niveau de la production et par le niveau général des prix.
- **Le marché du travail** met en relation l'offre et la demande de travail : cette confrontation aboutit à la formation d'un salaire et à la fixation d'un niveau d'emploi qui peut ne pas être le plein-emploi.

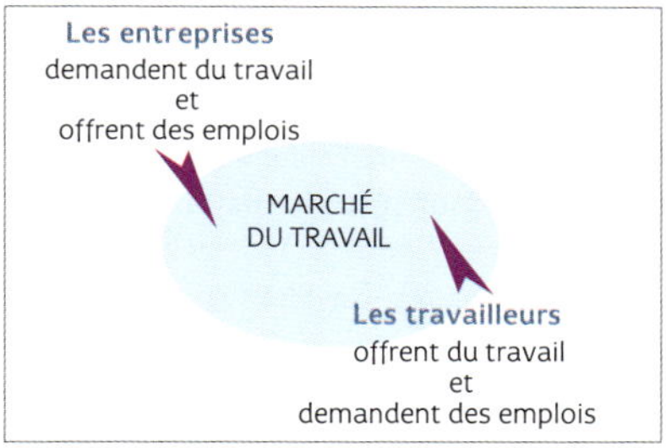

- **Le marché des capitaux** sur lequel les agents économiques peuvent placer des fonds ou s'en procurer. Le support prend la forme de titres négociables (actions, obligations) sur le marché financier, de titres courts négociables sur le marché monétaire ou de créances non négociables (crédits bancaires).

– **Le marché financier**, compartiment du marché des capitaux à long terme, lieu d'émission et d'échange des valeurs mobilières, principalement les actions et les obligations.

– **Le marché monétaire**, compartiment du marché des capitaux à court terme : les institutions financières, en manque de « monnaie Banque centrale », les trouvent sur ce marché tandis que les institutions ayant des excédents les placent moyennant une rémunération (taux d'intérêt). De plus, les entreprises peuvent intervenir pour emprunter (billets de trésorerie), ou placer des fonds.

- **Le marché des changes** sur lequel s'échangent les devises les unes contre les autres et se forment les taux de change.

Différentes structures de marché, correspondant aux caractéristiques de l'offre et de la demande, peuvent être dégagées. L'analyse néo-classique définit ainsi la concurrence parfaite, modèle idéal de marché qui se distingue du monopole, de l'oligopole, du monopsone, de l'oligopsone, du monopole bilatéral. En fait, les marchés peuvent être qualifiés de marchés de concurrence monopolistique, de marchés administrés ou de marchés segmentés.

➤ **concurrence, marché financier, marché monétaire.**

marché (défaillances du)

(en anglais *market failures*)

Phénomènes qui mettent en échec le fonctionnement d'un système de marchés concurrentiels.

On en dénombre généralement trois : des **monopoles naturels** (résultants de rendements croissants), des **biens collectifs purs et des externalités**, auxquelles on peut ajouter des **coûts de transaction importants**.

On a longtemps pensé que les défaillances du marché justifiaient logiquement l'inter ventionde l'État (nationalisation du monopole, production de services collectifs, réglementation, etc.). Or il existe aussi des défaillances de l'État (bureaucratie, faible productivité, influence des groupes de pression, etc.). C'est pourquoi on recherche aujourd'hui des solutions au cas par cas : l'État peut faire ou seulement faire faire, il peut réglementer ou créer les institutions de régulation qui permettent au marché de fonctionner plus efficacement, il peut même créer des marchés (tels que le marché des permis d'émission des gaz à effet de serre).

➤ **concurrence pure et parfaite, externalité, rendement.**

marché (théorie du)

Partie de la microéconomie qui étudie, d'une part, le comportement des agents (de l'entrepreneur tout particulièrement) sur un marché particulier et, d'autre part, l'ajustement global de l'offre et de la demande.

Ⓐ Une courbe de demande décroissante

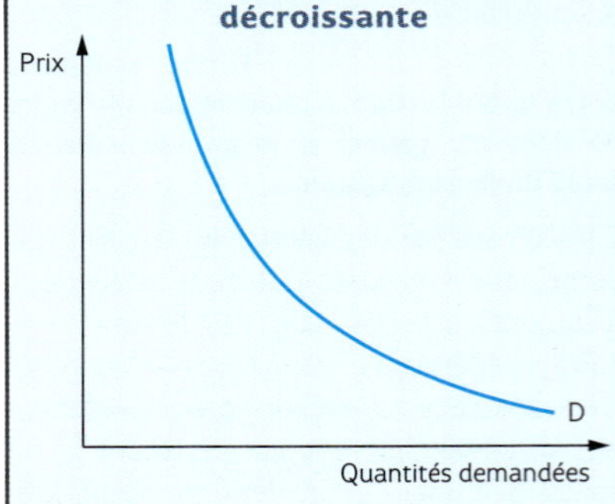

Ⓐ La demande est représentée par une courbe décroissante : les acheteurs sont prêts à acheter d'autant plus de biens que les prix sont faibles.

B Une courbe d'offre croissante

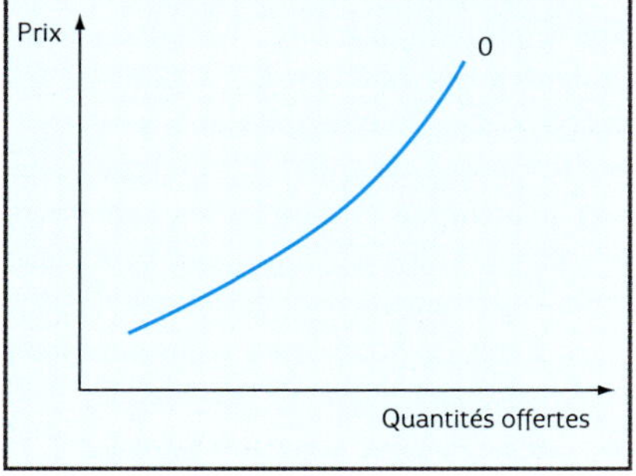

B L'offre est considérée comme positivement liée au prix. Plus le prix est élevé, plus l'offre est importante. Cette hypothèse est plausible pour un marché sur lequel les biens existent et le coût d'acquisition est déjà réglé : sur un marchéd'actions, les propositions de vente sont d'autant plus importantes que le prix est élevé.

C L'équilibre et la stabilité de l'équilibre

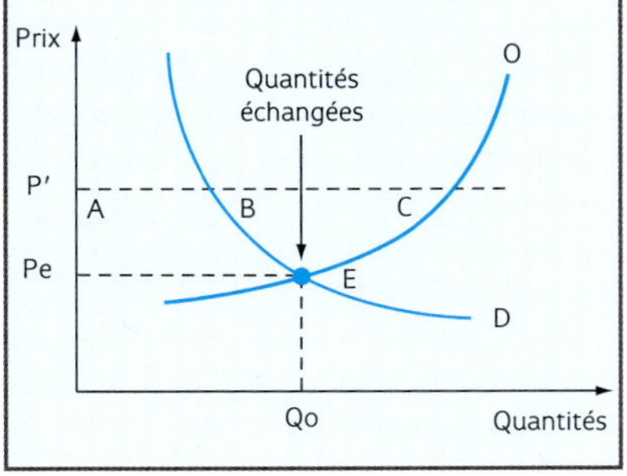

C Il existe un prix, dit prix d'équilibre, pour lequel les quantités offertes et demandées sont égales. On dit que cet équilibre est stable. Pour un prix P' supérieur au prix d'équilibre, l'offre est supérieure à la demande : le prix tend donc à baisser et à rejoindre le prix d'équilibre.

D À court terme, ce qui a été envisagé jusqu'ici, les courbes d'offre et de demande sont données. Mais elles peuvent, au cours du temps, se déplacer. Ainsi, lorsque la demande augmente et que la courbe se déplace sur la droite, le prix augmente, passant de P à P', les quantités aussi passant de Q à Q'.

D Les effets d'une hausse de la demande

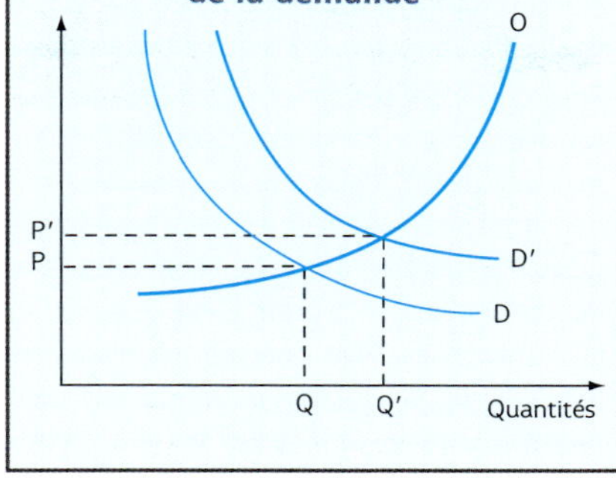

E Ce cadre d'analyse permet d'envisager la situation dans laquelle les pouvoirs publics imposent un prix différent de celui qui résulterait du seul jeu du marché.

E Les effets d'un prix minimum imposé : exemple du SMIC

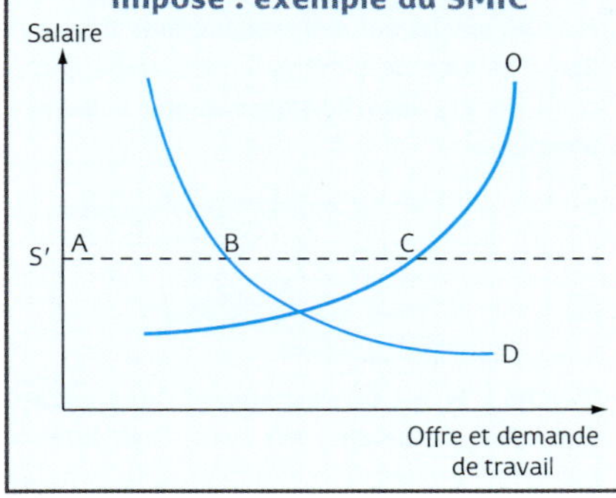

On considère ici le marché du travail sur lequel les pouvoirs publics imposent un salaire minimum supérieur au salaire d'équilibre. Pour ce salaire S', l'offre de travail (AC) est supérieure à la demande (AB), d'où résulte le chômage (BC). Cette analyse « explique » le chômage par l'intervention de l'État qui fixe un salaire trop haut ; on est aux antipodes de l'analyse keynésienne.

En concurrence pure et parfaite, le prix pour la firme est une donnée qui s'impose, elle est *price taker*. À court terme, le profit est maximum si le coût marginal est égal au prix. Mais comme l'entreprise fait des profits importants, il se produit une modification de l'offre.

En effet, à plus long terme, ces profits attirent des entreprises sur le marché : l'offre s'accroît et le prix baisse, jusqu'au moment où il devient égal au coût moyen, le profit a alors disparu.

En situation de concurrence pure et parfaite, l'entreprise qui maximise peut faire, à un moment donné, des profits très élevés, mais ces profits attirent de nouvelles entreprises jusqu'à disparition du profit. Si on laisse faire la concurrence, tout profit élevé disparaît et les entreprises sont contraintes d'adopter le niveau de production pour lequel le coût moyen est minimum, ce qui est indéniablement la meilleure situation pour la société.

➤ **concurrence, équilibre, marchés contestables (théorie des), microéconomie, néo-classique (théorie) ; Annexe Ⓐ-17.**

marché à terme

(en anglais *forward market*)

Marché sur lequel des transactions donnent lieu à paiement et livraison des actifs financiers ou des marchandises à une échéance ultérieure.

➤ **Euronext, MATIF, MONEP, terme (opération à).**

marché de contrats à terme

(en anglais *future market*)

Marché à terme où s'échangent des contrats normalisés portant sur des instruments financiers ou des marchandises utilisés à des fins de couverture de position au comptant, d'arbitrage ou de spéculation. Le MATIF et le MONEP sont des marchés de contrats à terme.

➤ **Euronext, MATIF MONEP, terme (opération à).**

marché financier

Composante du marché des capitaux, lieu d'émission et d'échange des valeurs mobilières, Au sens large, « les marchés financiers » recouvrent non seulement les échanges de produits sous-jacents (valeurs mobilières), mais les opérations sur produits dérivés, sur devises (marché des changes), voire les matières premières.

On distingue « marché primaire » et « marché secondaire ».

Sur le marché primaire (marché du neuf), les entreprises émettent des actions ou des obligations et l'État des obligations.

Sur le marché secondaire, le **marché boursier** (marché de l'occasion), les opérateurs procèdent à des échanges des titres déjà émis. Les intermédiaires de ce marché sont les sociétés de Bourse ; les cours sont fixés en fonction de l'offre et de la demande.

➤ **action, euronext, indicateurs boursiers, obligation.**

marché monétaire

Composante du marché des capitaux sur lequel s'échangent des titres courts contre des liquidités et qui constitue un point d'application de la politique monétaire.

Depuis les réformes de 1985-1986, le marché monétaire comprend deux compartiments : le marché interbancaire et le marché des créances courtes négociables. Ce marché s'est ouvert à tous les agents économiques, les entreprises principalement, qui peuvent y trouver des ressources (par l'émission de billets de trésorerie) ou y placer des fonds (par l'acquisition de bons du Trésor, de certificats de dépôts négociables ou de billets de trésorerie d'autres entreprises). Étant donné le montant élevé des titres, le marché est en fait réservé aux gros opérateurs.

Par ailleurs, le marché monétaire est un lieu privilégié de régulation de la création de monnaie, la Banque centrale pouvant agir sur l'alimentation en liquidités (monnaie Banque centrale des banques) et sur le taux d'intérêt du marché.

➤ **banque, Banque centrale européenne, bon du Trésor, intérêt (taux d'), monnaie, politique monétaire.**

marchés (structure de)

Différenciation des marchés en fonction du nombre d'intervenants, du côté de l'offre comme du côté de la demande.

En dehors des cas les plus analysés que sont la concurrence parfaite, le monopole et la concurrence monopolistique, différents types de marchés sont, de façon classique, distingués.

Les différents types de marchés théoriques

demandeurs \ offreurs	un	plusieurs	multitude
un	monopole bilatéral	monopsone contrarié	monopsone
plusieurs	monopole contrarié	oligopole bilatéral	oligopsone
multitude	monopole	oligopole	concurrence parfaite

➤ **concurrence imparfaite, concurrence monopolistique, concurrence pure et parfaite, monopole, oligopole.**

marchés contestables (théorie des)

Théorie développée à partir d'un ouvrage, *Contestable Markets and the Theory of Industry Structure* de W. J. Baumol, Y. C. Panzar, et D. Willig, publié en 1982.

Cette théorie propose une conception large de la concurrence : le degré de concurrence est fonction de la possibilité qu'ont les entreprises, non présentes sur le marché, d'y entrer et de contester la position acquise par les entreprises en place.

Cette conception s'oppose à la conception traditionnelle pour laquelle la préservation de la concurrence est liée à la présence d'un grand nombre d'entreprises sur le marché.

La liberté d'entrée et de sortie

Un marché contestable est un marché qui réunit deux conditions : liberté d'entrée (c'est déjà l'une des conditions de la concurrence pure et parfaite) et liberté de sortie. L'essentiel de la théorie réside dans la liberté de sortie : les entreprises qui sortent après une tentative d'entrée ratée ne doivent pas risquer un montant de pertes trop important. Plus les coûts de sortie (c'est-à-dire les frais engagés pour se lancer sur le marché) sont faibles, plus les entreprises extérieures sont prêtes à tenter une entrée : le marché est contestable. Plus les coûts sont élevés, moins elles le sont : le marché est peu ou pas contestable. Pour qu'il le soit, les coûts de sortie doivent donc être proches de l'amortissement normal des moyens de production engagés.

Quand un marché est contestable, même s'il y a peu de (ou même un seul) producteurs, les producteurs présents sont amenés à agir comme en situation de concurrence pure et parfaite ; en effet, ils ne peuvent durablement réaliser des profits exorbitants sous peine de voir rapidement entrer sur le marché les concurrents potentiels attirés par cette perspective de profits.
La théorie des marchés contestables veut montrer que la réalisation de la concurrence pure et parfaite ne dépend pas d'abord du nombre de producteurs mais de la liberté d'entrée et de sortie sur les marchés. Il faut donc préserver les conditions de la contestabilité.

➤ **concurrence, marché (théorie du).**

marché pertinent

Marché dans lequel un produit est en compétition avec d'autres produits, qui lui sont jugés substituables par l'acheteur.

Pour bien situer un produit et comprendre à quelle concurrence il fait vraiment face, il faut savoir à quel marché se référer. La délimitation du « marché pertinent » est une phase essentielle de l'analyse de la concurrence menée, par exemple, lors d'une fusion, ou en cas d'abus de position dominante.

➤ **concentration, concurrence, marché contestable.**

marché public

Contrat administratif par lequel une personne morale de droit public (par exemple une commune) recourt à une entreprise publique ou privée pour répondre à ses besoins en matière de travaux, de fournitures ou de services, nécessaires à l'exercice d'un service public (par exemple une école), en échange d'un prix qu'elle acquitte.

Les règles d'attribution d'un marché public sont des règles juridiques très précises qui visent à garantir la liberté d'accès à la commande publique, l'égalité de traitement des entreprises candidates et la transparence des procédures.

➤ **délégation de service public.**

marge brute d'autofinancement

(en anglais *cash flow*)

➤ **comptabilité d'entreprise, profit.**

marginalisme

1 Courant de pensée fondé sur la théorie de l'utilité marginale et le raisonnement à la marge.

2 « Révolution marginaliste » désigne la découverte par Jevons, Menger et Walras, au début des années 1870, d'instruments d'analyse et de concepts qui furent à l'origine de la théorie néo-classique : la théorie subjective de la valeur, fondée au départ sur la notion d'utilité marginale ; le raisonnement « à la marge », qui allait permettre le développement d'une économie mathématique ; l'apparition d'un nouvel objet pour la science économique : l'allocation optimale de ressources rares entre des usages alternatifs.

Selon la théorie de l'utilité marginale, la valeur d'une unité d'un bien quelconque, c'est-à-dire le degré d'importance qu'un individu lui attribue, est déterminée par l'utilité de la dernière unité de ce bien dont l'individu peut disposer, donc par l'utilité marginale. L'utilité marginale résume l'influence conjointe de l'utilité subjective et de la rareté sur la valeur des biens ; par exemple, la valeur d'un verre d'eau au milieu du désert est beaucoup plus élevée que la valeur du même verre d'eau à côté d'une fontaine.

Le raisonnement marginaliste

En toute situation, l'agent économique est confronté à la rareté (ses ressources sont limitées alors que ses besoins sont « illimités ») ; cette rareté impose à l'agent, supposé rationnel, un calcul ; ce calcul peut toujours être ramené à un problème de maximisation sous contrainte : par exemple, le consommateur maximise son utilité sous la contrainte de son budget ; l'entrepreneur choisit le volume de production qui maximise son profit, compte tenu de ses ressources disponibles en facteurs de production.

Dès lors, l'économie devient la science des choix rationnels, celle qui « étudie le comportement humain comme relation entre les objectifs et les moyens rares susceptibles d'usages alternatifs » (Robbins).

➤ **économie, *homo œconomicus*, microéconomie, rationalité, utilité marginale ; Annexe ⓿-4, 8, 10.**

marginalité

Situation d'individus ou de groupes vivant en marge du fonctionnement dominant de la société.

La marginalité peut correspondre à un **choix délibéré, volontaire** : refus d'un mode de vie (« retour à la terre »), protestation contre certaines orientations de la société (pacifistes) ou encore volonté de promouvoir des solutions alternatives au mode d'organisation dominant (« communautés »). Elle peut être aussi le **résultat involontaire** de mécanismes socio-économiques : mise hors circuit, précarisation statutaire (chômeurs longue durée, assistés sociaux). Il s'agit alors d'un processus de marginalisation.

➤ **conformité, déviance.**

mariage

Institution sociale réglementant et sanctionnant l'union conjugale entre deux personnes (ou davantage dans les mariages polygames) et les liant par des obligations et des droits.

L'acte de mariage donne lieu à des cérémonies qui marquent la reconnaissance de ce lien par les conjoints, leurs parents et la société. Le mariage ne concerne pas seulement les conjoints, il remplit une fonction collective en tissant des liens de parenté, en nouant des alliances entre plusieurs familles et souvent entre des groupes entiers. Sur le plan économique, il se traduit, dans de nombreuses sociétés, par un échange de biens et de services entre les familles intéressées. En ce sens, le choix du conjoint y est rarement libre.

Règles de mariage et société

Le pouvoir du mariage de créer des liens entre groupes de parenté entraîne, dans quasiment toutes les sociétés, des restrictions dans le choix du conjoint ; les règles du mariage consistent en interdictions (règles négatives) et en prescriptions (règles positives).

La forme la plus simple de règle négative est la prohibition de l'inceste : interdiction du mariage entre parents proches ; obligation de prendre le conjoint hors du groupe familial d'origine. Cette règle universelle répond aux exigences d'échange et d'alliance entre les individus et les groupes (Lévi-Strauss).

Dans les sociétés traditionnelles, où la parenté est au centre de l'organisation sociale, l'échange matrimonial revêt une importance décisive tout en s'inscrivant dans un système d'échange beaucoup plus large (biens matériels, privilèges, prestations diverses) commandé par la réciprocité.

Dans nos sociétés où les groupes de parenté ne jouent pas un rôle comparable, le choix du conjoint, en dehors de l'interdiction de l'inceste, est libre en droit. En 2013, le parlement français a voté une loi autorisant le mariage homosexuel. La France est le 9ème pays européen à avoir adopté cette mesure. Il y a eu 7 000 mariages homosexuels en 2013.

Le mariage est soumis à diverses limitations de fait : proximité sociale des conjoints, commune appartenance religieuse ou ethnique, etc. (phénomènes d'homogamie).

➤ **dot, exogamie, famille, filiation, homogamie, parenté, polygamie ; Annexe Ⓐ-46.**

marketing

Conception par une organisation de l'offre d'un produit ou d'un service en fonction des besoins des consommateurs, réels ou potentiels, afin de se démarquer de ses concurrents.

Marx (Karl)

Théoricien et militant socialiste allemand (1818-1883), philosophe, sociologue et économiste dont la pensée a profondément marqué la scène politique et les sciences sociales aux XIXe et XXe siècles.

On emploie souvent aujourd'hui le vocable de « pensée marxienne » pour qualifier l'œuvre propre de Marx. Le terme marxiste s'applique plutôt aux œuvres de ses interprètes et continuateurs.

Ouvrages principaux : (dont plusieurs cosignés avec F. Engels) *L'idéologie allemande* (1846) ; *Le Manifeste du Parti communiste* (1848) ; *Le 18 Brumaire de Louis Napoléon Bonaparte* (1852) ; *Contribution à la critique de l'économie politique* (1859) ; *Le capital, Livre I* (1867) (Les livres II et III sont publiés après sa mort).

Les principaux axes de l'analyse de Marx

• **Une critique de l'idéalisme auquel il oppose le matérialisme historique.** « Ce n'est pas la conscience des hommes qui détermine leur être, c'est inversement leur être social qui détermine leur conscience. » Par être social, Marx entend les conditions matérielles d'existence et les rapports de coopération et d'opposition que nouent les individus dans la réalisation de leur existence. La structure économique est la base de tout l'édifice social.
Tout en la débarrassant de son substrat idéaliste, il reprend de Hegel la démarche dialectique selon laquelle toute réalité, toute forme sociale se comprend par la dynamique de ses contradictions internes (en l'occurrence les contradictions entre les forces productives et les rapports de production, les antagonismes entre classes).

• **Une lecture de l'histoire sur le long terme** comme succession des modes de production. L'affirmation selon laquelle « les rapports de production bourgeois sont la dernière forme antagonique... » est typique de la dimension prophétique et évolutionniste de sa pensée (comme celle de nombre de ses contemporains) et apparaît aujourd'hui comme la plus datée.

• **Une analyse historique et systémique du capitalisme** : origines et avènement du mode de production capitaliste (« accumulation primitive », passage de la manufacture à la fabrique) ; ses formes socioéconomiques spécifiques (séparation capital/ travail, division du travail industriel, extorsion de la plus-value, etc.) ; son devenir : forte dynamique de développement, bouleversement incessant de la production mais aussi contradictions internes grandissantes (les crises, la tendance à la baisse du taux de profit, le divorce entre socialisation croissante de la production et concentration continue du capital).

• **Une théorie des classes et de la lutte de classes** : tension chez Marx entre le déterminisme techno-économique (les groupes sont des supports de processus structurels) et le jeu conflictuel des acteurs collectifs (« les hommes font leur propre histoire »).

• **L'esquisse d'une théorie politique.** Certaines formules de Marx proclament la subordination de l'instance politique à l'économique mais plusieurs de ses analyses esquissent un schéma plus complexe où la scène politique possède une efficacité propre : rôle des croyances et des traditions, jeu des alliances, tendance à la bureaucratisation de l'État.

➤ **accumulation primitive, capital, classe(s) sociale(s), division du travail, exploitation, idéologie, lutte des classes, marxisme, matérialisme ; Annexe Ⓐ-7, 32.**

marxisme

Outre l'œuvre de Marx, ensemble des théories (philosophiques, économiques et sociales) et des doctrines politiques qui s'en réclament. Plutôt que du *marxisme*. Il faudrait parler des *marxismes*.

Le pluriel s'impose pour plusieurs raisons : divergences d'interprétation de la pensée de Marx, diversité de ses prolongements et de ses développements ; enfin, différences de statut entre l'économie et les sciences sociales d'inspiration marxiste, les stratégies du mouvement ouvrier et les idéologies officielles des pays socialistes entre 1917 et 1989 (ces dernières tendant à légitimer le système existant).

Si l'on écarte les idéologies officielles (le « marxisme-léninisme » soviétique et le maoïsme), on peut distinguer :

– le marxisme classique de la Seconde Internationale, dominé par la social-démocratie allemande (Kautsky, Rosa Luxemburg, Hilferding) et russe (Plékhanov, Lénine) ;

– des auteurs plus ou moins hétérodoxes qui inaugurent un marxisme plus « culturel » (l'École de Francfort), tout en étant aux prises avec les tribulations (répercussions) de la révolution soviétique : A. Gramsci, K. Korsch, G. Lukàcs, Pannekoek ;

– le « marxisme occidental » postérieur à la Seconde Guerre mondiale, rassemblant des figures et des courants très divers mais présentant des traits communs comme l'éloignement de la pratique politique et des questions stratégiques ou encore le déplacement vers la philosophie, la culture et les sciences sociales. .

➤ **Bourdieu, matérialisme, Robinson.**

masse monétaire

Ensemble des actifs liquides – c'est-à-dire susceptibles d'être utilisés dans les règlements de dettes – détenus à un moment donné par les agents économiques.

• La masse monétaire est un stock, mesuré, à une date déterminée, par le biais d'agrégats monétaires qui servent aussi à la définition des objectifs de la politique monétaire. Ce stock est un actif pour les agents économiques et une dette, un passif, pour les institutions monétaires.

• Les contreparties de la masse monétaire sont l'ensemble des actifs acquis par les institutions monétaires en contrepartie de la monnaie qu'elles créent : devises, crédits non financés sur épargne préalable.

➤ **agrégats monétaires, billet de trésorerie, bon du Trésor, marché financier, monnaie, OPCVM, placements financiers, politique monétaire.**

masse salariale

Ensemble des salaires versés pendant une période de temps (mois, année) dans une économie ou dans une entreprise. Son évolution dépend de celle du salaire moyen par tête et du nombre de salariés occupés.

➤ **salaire.**

massification

➤ **démocratisation.**

mass media

➤ **culture de masse.**

matérialisme

Par opposition à l'idéalisme, doctrine affirmant le primat de la matière, de la nature sur l'esprit. Les sensations et les représentations (idées) y ont leur source ; la pensée est conçue comme un produit du monde réel.

Le matérialisme a d'abord été formulé par les philosophes du XVIIIe siècle : d'Holbach, Diderot, Helvétius. Il est qualifié de mécaniste dans la mesure où il réduit le réel aux phénomènes matériels les plus simples.
Le marxisme développe et approfondit le matérialisme. Au plan philosophique, il se présente comme un matérialisme dialectique (Marx parle de dialectique matérialiste). Le matérialisme historique est l'application de la dialectique matérialiste à l'étude de la société et de ses transformations.

➤ **Marx, marxisme.**

MATIF [marché à terme international de France]

Marché de la place financière française sur lequel s'échangent des contrats à terme et des options sur taux d'intérêt et matières premières (*futures*), aujourd'hui intégré à Euronext.

Le rôle des variations des taux d'intérêt

Plus des deux tiers de l'activité sont réalisés sur les marchés de taux sur lesquels les opérateurs réalisent gains et pertes en fonction des variations des taux d'intérêt, ce qui leur permet soit de réduire les risques, soit de spéculer sur les variations de taux.
Sur ce marché, les opérateurs s'échangent des contrats - principalement un emprunt obligataire « notionnel », c'est-à-dire une obligation d'État fictive de 10 % - pour une échéance déterminée. Le prix est fixé lors de la conclusion du contrat et il varie au jour le jour en fonction des taux d'intérêt et des anticipations. L'acheteur réalise des gains lorsque le cours monte (baisse des taux d'intérêt) et des pertes lorsque le cours baisse (hausse des taux d'intérêt). Inversement, le vendeur réalise des pertes lorsque le cours monte et des gains lorsque le cours baisse.

Les intervenants sont de deux types

- **Certains visent à réduire les risques** et à compenser sur ce marché des pertes éventuelles qu'ils peuvent subir sur d'autres opérations. Supposons une institution financière détentrice d'obligations et qui risque une perte en capital si les taux d'intérêt augmentent ; elle se positionne sur le MATIF de façon à réaliser des gains dans la situation qui lui est défavorable du point de vue de son portefeuille ; elle est donc vendeur de contrats sur le MATIF. Si les taux d'intérêt s'élèvent, elle perd sur son portefeuille et réalise des gains compensatoires sur le MATIF.
- **D'autres, les spéculateurs, prennent des risques** en anticipant des variations de taux ; à l'inverse des précédents, ces agents n'adossent pas l'opération sur leur portefeuille et, au lieu de rechercher à neutraliser les pertes par des gains, ils visent des gains purs… et courent le risque de pertes pures.

➤ **effet balançoire, euronext, intérêt (taux d'), marché à terme, marché de contrats à terme, MONEP, obligation.**

matriarcat

Organisation sociale caractérisée par le pouvoir important des femmes dans la famille et legroupe de parenté, voire dans la communauté.

Il est souvent associé à la résidence matrilocale. Ce système est peu répandu. Ne pas confondre matriarcat et *filiation matrilinéaire* : cette dernière n'implique pas, en général, l'autorité féminine (l'autorité, le plus souvent, est dévolue au frère de la femme).

➤ **patriarcat.**

Mauss (Marcel)

Sociologue et anthropologue français (1873-1950), disciple de Durkheim.

D'abord spécialiste des religions, il contribua au développement de l'ethnologie en France dans l'entre-deux guerres et, par son enseignement, suscita de nombreuses vocations. Ses travaux sur la magie avec Henri Hubert ont largement influencé Émile Durkheim dans son projet de redéfinition de la religion à l'aune de la distinction sacré/profane.

Dans son œuvre la plus célèbre, l' *Essai sur le don*, il propose la notion de **fait social total** pour souligner que les faits sociaux, dans certains cas, « mettent en branle la totalité de la société et de ses institutions » : ainsi, en décrivant les échanges de cadeaux obligatoires appelés *kula* en Mélanésie, il montre que l'aspect économique ne peut être ici dissocié des aspects religieux, politique, juridique ou familial et que l'économique est encastré dans un système culturel global.

Ouvrages principaux : *Sociologie et Anthropologie*, publié en 1950, contient ses écrits les plus célèbres dont *Esquisse d'une théorie générale de la magie* (1903) et *Essai sur le don* (1924).

➤ **don, échange, institutions, *kula*, magie, *potlatch*, sacré ; Annexe A-40.**

Mead (George Hebert)

Socio-psychologue américain (1863-1931) qui joua un rôle important dans la genèse de l'interactionnisme symbolique avec sa théorie dynamique de la socialisation.

➤ **institution(s), interactionnisme symbolique, rôle(s).**

Mead (Margaret)

Anthropologue américaine (1901-1978) dont l'œuvre relève du courant culturaliste.

Influencée par la psychanalyse, elle étudia principalement la manière dont les formes d'éducation modèlent les personnalités et les comportements adultes très différents d'une société à l'autre.

Elle s'intéressa aussi aux différences entre hommes et femmes : en s'appuyant sur trois sociétés primitives de Nouvelle-Guinée, elle démontra de façon exemplaire que les caractéristiques masculines et féminines, loin d'être naturelles, varient selon les sociétés.

Ouvrages principaux : *Mœurs et sexualité en Océanie* (1935) ; *L'Un et l'Autre Sexe* (1948).

➤ **culturalisme, initiation (rite d').**

Mécanisme européen de stabilité (MES)

Le Mécanisme européen de stabilité (MES), ratifié fin 2012 par l'ensemble des pays de la zone euro, est un dispositif de gestion des crises financières. Il remplace le Fonds européen de stabilité financière (FESF) et le Mécanisme européen de stabilité financière (MESF), élaborés pour faire face à la crise de la dette publique en Europe.

La capacité de prêt du MES s'élève à 500 milliards d'euros apportés par la contribution des dix-sept pays de la zone euro au prorata de leur participation au capital de la Banque centrale européenne. À cette somme s'ajoutent les 200 milliards d'euros du FESF et les 100 milliards d'euros du MESF. Conformément à l'indépendance de la Banque centrale européenne, l'octroi d'une aide financière du MES, qui n'a pas vocation à influer sur la politique monétaire européenne, est subordonné aux exigences du Traité sur la stabilité, la coordination et la gouvernance (TSCG).

➤ **Banque centrale européenne.**

mécénat

Soutien matériel apporté, sans contrepartie directe de la part du bénéficiaire, à une œuvre ou à une personne pour l'exercice d'activités présentant un intérêt général. Si une contrepartie directe est recherchée, il s'agit d'une action de parrainage (en angl., *sponsor, sponsoring*).

En France, le mécénat bénéficie d'un régime fiscal avantageux pour les particuliers comme pour les entreprises (réduction d'impôt égale à 60 % des sommes versées, dans la limite annuelle de 20 % du revenu imposable).

média

Moyen de diffusion permettant la transmission ou l'échange d'informations.

Ces moyens peuvent être naturels (langage, écriture) ou techniques (radio, télévision, téléphone, Internet). Le terme est issu de l'expression anglo-saxonne *mass-media* qui caractérise les moyens de communication à grande échelle aptes à communiquer rapidement, avec un public vaste et/ou hétérogène, localisé sur un espace géographique étendu.

➤ **communication.**

médiane

Valeur d'une série statistique qui partage en deux effectifs égaux les termes de la série ; le nombre d'observations supérieures à cette valeur est égal au nombre d'observations inférieures. Exemple : si, dans une entreprise, le salaire médian est de 1 500 €, alors une moitié des salariés gagne plus de 1 500 € et l'autre moins de 1 500 €.

➤ **déciles, Annexe B.**

melting-pot

(terme anglais signifiant « creuset »))

Terme utilisé pour désigner une des caractéristiques de la nation américaine qui, comme un creuset, a accueilli en son sein des vagues successives d'immigrants d'origines diverses, et s'est constituée à partir de leur fusion.

L'accent est mis ainsi sur la puissance d'assimilation de l' *american way of life*. Celle-ci est à nuancer cependant : l'intégration des Noirs, bien qu'en très bonne voie, avec l'élection de B. Obama à la présidence de la république (2008) n'est pas achevée plus d'un siècle après l'abolition de l'esclavage, les « Chicanos » (immigrés mexicains), les Asiatiques forment des minorités encore mal acceptées, et les « WASP » (*White Anglo-Saxon Protestants* : descendants des premiers colons britanniques) sont encore surreprésentés parmi les élites. À ces inégalités se superpose une diversité culturelle qui a pu faire dire que la nation américaine était constituée de minorités.

ménage

1 Dans un recensement, ensemble des occupants d'un même logement, ayant un budget commun (ménages ordinaires) et la population vivant dans des institutions (ménages collectifs) comme les vieillards dans les hospices.

Tel qu'il est défini par l'INSEE, un ménage ordinaire, comme unité de résidence et de consommation, est constitué d'une ou de plusieurs personnes.
Dans le premier cas (38,8% des ménages en 2005), on parle de « personne seule ». S'agissant des ménages à plusieurs personnes, il peut s'agir de couples avec ou sans enfants, de familles monoparentales, beaucoup plus rarement de « ménages complexes », par exemple deux familles, cohabitant sans lien de parenté ou de conjugalité, etc.

2 [Comptabilité nationale] Secteur institutionnel regroupant l'ensemble des unités dont la fonction principale est la consommation et, éventuellement, la production dans le cadre d'une entreprise individuelle.

Les ménages tirent leurs ressources principales de la rémunération des facteurs de production (notamment les salaires), des transferts effectués par les autres secteurs et des produits de la vente pour les entreprises individuelles.

➤ **secteurs institutionnels.**

mercantilisme

Courant de la pensée économique, contemporain de la colonisation du Nouveau Monde et du triomphe de la monarchie absolue (XVIe et XVIIe siècles). Il que le prince, dont la puissance repose sur l'or et sa collecte par l'impôt, doit s'appuyer sur la classe des marchands et favoriser l'essor industriel et commercial de la nation afin qu'un excédent commercial permette l'entrée des métaux précieux.

Le mercantilisme représente plus un ensemble de mesures de politique économique qu'une vision théorique du fonctionnement de l'économie. S'inspirant d'un nationalisme économique, ces mesures requièrent l'intervention de l'État : protectionnisme douanier sélectif, sous-évaluation de la monnaie nationale, octroi de monopoles et de privilèges, réglementation des métiers, aide à la colonisation, création de manufactures royales, aide à la constitution de compagnies commerciales, aide à la marine, développement des transports, etc. Ces politiques ont créé tout à la fois les conditions préalables au décollage économique et à la constitution d'un capitalisme national ; ainsi conforté, celui-ci cherchera par la suite, dans le libéralisme, à s'émanciper de la tutelle de l'État.

Courants mercantilistes historiques et politiques néomercantilistes actuelles

- Les principaux représentants du mercantilisme sont, en France, J. Bodin, A. de Montchrestien, Colbert, P. de Boisguilbert, R. Cantillon ; en Angleterre, D. Hume, W. Petty, etc.
- Le courant mercantiliste ibérique a été plus particulièrement « bullionniste » (de l'angl. *bullion* : lingot), c'est-à-dire soucieux de retenir le métal précieux tiré des colonies espagnoles et portugaises, et le courant français plus « industrialiste » (colbertisme).
- Aujourd'hui de nombreux États, développés ou non, adoptent des politiques néomercantilistes : ils cherchent une issue à la crise en recherchant l'excédent commercial par le protectionnisme, la sous-évaluation de leur monnaie, la compression de la demande intérieure et la promotion de leurs exportations.

➤ **bullionnisme, colbertisme, libéralisme, physiocratie.**

méritocratie

Système de dévolution du pouvoir fondé sur le mérite.

Cette notion, plus journalistique et politique qu'issue de la recherche sociologique, est d'invention récente. Elle correspond à l'idée que les sociétés industrielles contemporaines, comme leurs entreprises, seraient ouvertes aux talents et connaîtraient une importante mobilité sociale, par circulation et promotion des élites, la sélection s'opérant en dehors de toute considération d'origine sociale, sur la base du seul mérite individuel.
En fait, les études de mobilité sociale montrent que l'héritage socioculturel continue de jouer un rôle déterminant dans la sélection des élites.

➤ **démocratie, mobilité sociale, pouvoir, technocratie.**

Merton (Robert King)

Sociologue américain (1910-2003), l'une des grandes figures du fonctionnalisme en sciences sociales.

Initiateur de nombreuses recherches, Merton est connu parallèlement pour ses vigoureuses prises de position méthodologiques : les sciences sociales ne peuvent plus, comme par le passé, avoir une ambition totalisante. Critiquant deux dérives symétriques, l'empirisme athéorique et la théorie spéculative, il milite pour l'élaboration de « théories à moyenne portée » *(middle range theory)* liant empirisme et construction théorique.
Merton a marqué la sociologie américaine en rénovant et en enrichissant l'approche fonctionnaliste. Critiquant vigoureusement le fonctionnalisme organiciste des anthropologues (en particulier celui de Malinowski), il propose une série de concepts permettant de pratiquer une analyse fonctionnelle fluide capable d'intégrer les dysfonctions, les déséquilibres et les logiques non explicites d'un système social.

L'analyse mertonienne des partis politiques

L'une des applications les plus connues de ce paradigme néofonctionnaliste reste son analyse des machines partisanes américaines (les grands partis politiques). Notant leur résistance en dépit des condamnations périodiques dont elles font l'objet, il entend montrer qu'elles remplissent des fonctions latentes (humanisation de l'assistance, octroi de privilèges politiques aux entreprises, vecteur de mobilité sociale pour les milieux défavorisés) qui répondent partiellement aux déficiences du système.

Ouvrages principaux : *Social theory and Social structure* (1949), rassemble ses principales études, traduit en français sous le titre : *Éléments de théorie et de méthode sociologique* (1965).

➤ **anomie, fonction (en sciences sociales), fonctionnalisme, groupe de référence, Malinowski, sociologie ; Annexe Ⓐ-45.**

mésoéconomie

Terme créé en 1975 par S. Holland ; il désigne la partie de la science économique intermédiaire entre la micro et la macroéconomie, et analyse les comportements au niveau des grands groupes ou des branches industrielles.

➤ **macroéconomie, microéconomie.**

messianisme

1 Associé aux religions monothéistes : croyance collective en la venue d'un messie libérateur qui délivrera la société et les hommes de leurs maux.

2 [anthropologie] Phénomène socio-religieux associé à l'espoir et à l'attente d'un nouvel ordre des choses et se manifestant soit par des dissidences religieuses, soit par des protestations et des révoltes sociales, ces différents aspects pouvant coexister.

métayage

Mode de faire-valoir en agriculture : la terre et le capital d'exploitation sont fournis par le propriétaire foncier ; le métayer qui a l'usage de la terre, cède un pourcentage des produits en nature au propriétaire.

En France, partage des produits fait par moitié, puis à partir de 1946 deux tiers au métayer, un tiers au propriétaire. Aujourd'hui résiduel en France, le métayage se pratique dans des pays en développement (Proche-Orient, Asie).

➤ **fermage.**

méthode ouverte de coordination [MOC]

Forme de gouvernance peu contraignante visant à la convergence de certaines politiques nationales des États membres de l'U.E.

Elle relève de la compétence des États et la réalisation des objectifs est laissée à leur appréciation. Elle ne prend jamais la forme de directives, de règlements ou de décisions et le rôle de la Commission européenne est limité à la surveillance. Les principaux domaines de mise en œuvre de la MOC sont l'emploi, la protection sociale, l'éducation, la jeunesse et la formation.

➤ **gouvernance.**

microcrédit

Crédit destiné aux personnes les plus démunies pour financer des projets de création d'entreprise principalement dans les pays en développement.

• Le pionnier du microcrédit est l'économiste bangladais **Muhammad Yunus**, fondateur en 1976 de ce qui allait devenir la Grameen Bank (1983). M. Yunus et la Grameen Bank ont reçu conjointement le prix Nobel de la paix 2006.

• **La Grameen Bank** est une banque coopérative, détenue à 94 % par les emprunteurs, qui comprend 1 400 succursales dans le monde, dans près de cinquante pays, dont les ressources proviennent de l'argent de fondations publiques ou privées et, surtout, des dépôts des particuliers qu'elle recueille. Depuis l'origine, ces institutions, au nombre aujourd'hui de 3 133, ont permis à 150 millions de personnes de financer leurs projets et, pour 64 % d'entre elles, de sortir de l'extrême pauvreté.

La Grameen Bank prête à 90 % à des femmes qui créent leur propre emploi notamment dans le secteur informel : petit commerce, service de réparation, tailleur, cuisine pour le voisinage, récupération des matériaux, petite agriculture maraîchère, etc.

- **Muhammad Yunus** veut étendre le microcrédit aux populations pauvres des pays développés, États Unis, Russie...En France, **Maria Nowak**, avec son soutien, a créé en 1989 l' *Association pour le droit à l'initiative économique* (Adie) et, en 2003, « le *Réseau européen de la microfinance* ».
- Et d'autres institutions de microcrédit ont été créées sur le modèle de la Grameen Bank, par exemple « *Planète Finance* » présidée par **Jacques Attali**.

➤ **crédit, développement, économie du développement, pauvreté.**

microéconomie

Partie de la science économique qui analyse les comportements des individus ou des entreprises, et leur choix dans le domaine de la production, de la consommation, de la fixation des prix et des revenus. Elle est le champ privilégié de la théorie néo-classique.

L'analyse microéconomique étudie, de façon classique, le comportement du consommateur à partir de courbes d'indifférence, le comportement du producteur à partir d'hypothèses sur les coûts, le comportement d'offre de travail en fonction de l'alternative travail/loisir. Elle s'intéresse à la formation des prix sur les différents types de marché à partir de deux figures types, la concurrence pure et parfaite et le monopole.
L'analyse de la concurrence imparfaite connaît de nos jours un regain d'intérêt extrêmement fort en incorporant les économies d'échelle, la différenciation, l'information imparfaite.

➤ **calcul économique, désutilité, *homo œconomicus*, macroéconomie, marché (théorie du), mésoéconomie, microéconomie (nouvelle), néo-classique (théorie), optimum, *Public choice* (École du) ; Annexe Ⓐ-6, 18.**

microéconomie (nouvelle)

Développements récents de la microéconomie qui, s'intéressant aux problèmes d'incertitude et donc d'information, mettent l'accent sur les contrats et les institutions.

Dans un premier temps, la microéconomie s'est développée par un élargissement de son champ d'application : des économistes, et à leur tête G. Becker, délaissent l'échange marchand pour s'intéresser aux comportements non marchands, qu'il s'agisse du comportement de formation interprété comme un investissement en capital humain, de l'allocation du temps entre loisir et travail, du mariage, du divorce, du crime... ; parallèlement, l'École du *Public choice* opère une analyse économique de la politique.
Mais ce que l'on appelle la nouvelle microéconomie recouvre une réalité sensiblement différente puisqu'elle s'applique au cœur de l'économie, à la production et à l'échange marchands.

Deux idées centrales

- **Le modèle concurrentiel présente des insuffisances profondes**. À l'inverse de l'hypothèse de transparence, selon laquelle les agents économiques sont parfaitement et donc également informés, dans la réalité, les agents sont pris dans des situations d'incertitude et d'asymétries d'information. Par ailleurs, l'agent économique n'est pas purement passif, il prend des décisions qui influent sur son environnement. Enfin, l'équilibre peut ne pas être optimal. La théorie des jeux permet d'éclairer de telles situations et montrer comment les agents en situation d'incertitude peuvent prendre des décisions qui aboutissent à un équilibre non optimal (dilemme du prisonnier). La théorie de l'information (en particulier la théorie des incitations) s'intéresse au comportement des individus qui prennent des décisions de nature à limiter l'incertitude ou ses effets, à contrecarrer une infériorité d'information ou à inciter l'autre agent à révéler une information qu'il détient.

• **L'échange marchand n'est pas le seul mécanisme de coordination interindividuelle.** Les institutions contribuent à réguler l'action des agents. L'entreprise, considérée par l'analyse traditionnelle comme une « boîte noire » sur laquelle les économistes n'avaient pas grand-chose à dire, fait l'objet d'analyses nombreuses ; c'est ainsi que Coase interprète l'entreprise comme moyen d'échapper à des transactions trop coûteuses. De nouvelles analyses montrent que le contrat de travail ne peut être réduit au simple échange d'une rémunération contre une certaine quantité de travail et qu'il peut incorporer une dimension de prise en compte des risques (théorie des contrats implicites) ou d'incitation (salaire d'efficience).

➤ **assurance, Becker, capital humain, Coase, concurrence pure et parfaite, efficience (salaire d'), jeux (théorie des), Laffont, microéconomie.**

migration

Déplacement d'individus d'un pays à un autre (migrations internationales), d'une région à une autre (migrations intérieures). Les migrations peuvent être durables dans le cas de l'émigration et de l'immigration, provisoires lorsqu'il s'agit de touristes ou de travailleurs saisonniers. Elles sont alternantes lorsqu'il s'agit de déplacements quotidiens entre le lieu de travail et le lieu de résidence.

Dès l'Antiquité, des mouvements migratoires très importants se sont produits (exode des Hébreux, grandes invasions, croisades). Grâce au développement des moyens de communication, les migrations internationales ont pris, à l'époque moderne, une ampleur sans précédent : émigration des Européens vers le continent américain, émigration des habitants des pays en développement vers les pays développés. La France est l'un des pays d'Europe les plus sensibles à l'immigration en raison de la faiblesse de sa fécondité, dès le XIXe siècle. Mais l'époque contemporaine est aussi marquée, à l'intérieur des frontières nationales, par l'émigration des campagnes vers les villes (exode rural, aujourd'hui pratiquement achevé), et par le développement des migrations alternantes.

➤ **exode rural, immigration.**

Mills (Charles Wright)

Sociologue américain (1916-1961) connu par ses ouvrages tels que *Les Cols blancs* (1951), analysant l'essor des nouvelles classes moyennes, et *L'Élite du pouvoir* (1956), illustration de la thèse élitiste. Figure marquante de la sociologie critique américaine, opposée à l'orientation fonctionnaliste.

➤ **élite(s) ; Annexe A-47.**

minima sociaux

Valeur plancher de certains revenus sociaux ou prestations sociales spécifiques qui jouent un rôle important dans l'évolution du pouvoir d'achat des catégories sociales les plus défavorisées dont : revenu de solidarité active (RSA), allocation de solidarité spécifique (ASS), allocation aux adultes handicapés (AAH), minimum vieillesse, allocation veuvage.

➤ **aide sociale, protection sociale.**

minorité

Groupe résultant de la division d'une société en au moins deux groupes, inférieur ou supérieur en nombre l'un par rapport à l'autre. Le terme « minorité » qualifie le groupe numériquement minoritaire, bien que, dans les sociétés élitistes, le groupe le plus puissant soit minoritaire en nombre.

• **En droit international,** le terme de minorité apparaît dans l'article 14 de la *Convention européenne des droits de l'homme*, signée le 4 novembre 1950. L'ONU comporte une sous-commission de lutte contre les mesures discriminatoires et de la protection des minorités. Si plusieurs définitions de la minorité cohabitent aujourd'hui en droit, elles ont en commun : une infériorité numérique, une position non dominante, des caractéristiques ethniques, religieuses ou linguistiques, un sentiment de solidarité, une volonté collective de survie ou de préservation et la qualité de citoyen ou de ressortissant de l'État concerné.

- **D'un point de vue sociologique,** on trouve un élément objectif (la spécificité culturelle, ethnique, religieuse ou linguistique) et un élément subjectif (le sentiment d'appartenance). Par exemple, l'identité ethnique peut être assignée de l'extérieur ou revendiquée par les individus eux-mêmes.

Enfin, certaines minorités cherchent à être reconnues, par le biais d'un parti politique, d'associations de défense des consommateurs, de groupements religieux, de *lobbies*.

➤ **communautarisme, groupe de pression, mouvement social, multiculturalisme.**

mobilisation des ressources

Ensemble de travaux et de démarches développés aux États-Unis à partir des années 1970 pour rendre compte des modalités selon lesquelles se déclenchent, se développent, réussissent ou échouent des mouvements sociaux. Le terme ressources renvoie aux moyens dont disposent les acteurs et plus généralement à la structuration plus ou moins favorable des groupes concernés.

Les différentes approches que l'on range sous ce label ont en commun d'aller au-delà du paradoxe d'Olson qui met l'accent sur les obstacles à l'action collective en postulant des acteurs rationnels qui n'ont pas intérêt à s'engager individuellement (coûts de l'engagement).

Trois contributions marquantes peuvent être signalées :

- **L'organisation comme ressource logistique**. Mc Carthy et M. Zald, inventeurs de l'expression « mobilisation des ressources », procèdent par métaphore économique. Aux demandes émanant du corps social (préférences, aspirations, revendications) répond plus ou moins une offre organisationnelle. L'organisation va agir comme une entreprise agit pour satisfaire ses clients. Deux acteurs jouent un rôle important : les entrepreneurs politiques et les « sympathisants par conscience » qui fournissent des ressources de l'extérieur.
- **Le degré de cohésion interne du groupe**. A. Obershall insiste sur l'importance des liens sociaux préalables (solidarités actives, associations) qui favorisent la constitution d'une action collective organisée. En l'absence de tels liens, l'action collective est peu probable ou ne donne lieu qu'à des révoltes sporadiques.
- **L'intensité (forte ou faible) de l'« identité catégorielle »**. En continuité avec l'approche d'Obershall (rôle joué par les réseaux de sociabilité), C. Tilly met plus particulièrement l'accent sur les atouts mobilisateurs d'un groupe à forte identité - et donc à même de déployer des stratégies appropriées.

➤ **action collective, identité, mouvement social.**

mobilité professionnelle

Changement de profession d'un ou plusieurs individus au cours de leur vie active.

Les notions de **mobilité intragénérationnelle** et de **mobilité professionnelle** sont souvent confondues, parfois à tort : un artisan boucher qui devient artisan boulanger connaît une mobilité professionnelle sans mobilité sociale ; à l'inverse, un ouvrier mécanicien qui devient garagiste connaît une mobilité sociale (de salarié à indépendant) sans véritablement changer de profession. Plus généralement, le changement de profession n'est pas le seul indicateur de mobilité sociale ; le mariage est, par exemple, aussi un marqueur de statut social.

➤ **mobilité sociale.**

mobilité sociale

Changement de position sociale au cours de la vie active d'un individu (mobilité intragénérationnelle) ou entre générations (mobilité intergénérationnelle). Sans autres précisions, c'est de ce dernier phénomène dont il est question : il y a mobilité sociale chaque fois qu'un individu occupe une position différente de celle de ses parents ; il y a hérédité sociale ou immobilité dans le cas contraire (« tel père, tel fils »).

La position sociale est référée statistiquement au statut socioprofessionnel qui classe les individus dans les différentes CSP. Elle peut être appréciée également en termes de classes sociales, mais cette caractérisation pose des problèmes de méthode et de mesure, certaines professions n'étant pas situées nettement dans la structure de classe.

La mobilité verticale ou horizontale :

– **verticale** quand elle correspond à une mobilité ascendante ou descendante le long de l'échelle sociale (un enseignant fils d'ouvrier, un employé fils de cadre supérieur) ;

– **horizontale** quand le changement de statut et de milieu ne détermine pas une progression ou une régression décisives dans la hiérarchie sociale (ouvrier spécialisé fils de petit exploitant agricole).

La mobilité structurelle

Dans les sociétés industrielles, les flux et la mobilité s'expliquent avant tout par les transformations de la structure des emplois : on parle alors de **mobilité structurelle**.

La rapide diminution des emplois agricoles dans la France contemporaine explique largement l'importance du flux des fils d'agriculteurs devenus ouvriers. De même, la progression des emplois cadres supérieurs explique pour une part le flux remarquable des fils de cadres moyens devenus cadres supérieurs.

La mobilité nette

La mobilité observée ne se réduit pas en général à la mobilité structurelle : les changements excèdent les mouvements imposés par l'évolution de la structure des emplois ; ce surplus est appelé **mobilité nette**. En pratique, il est difficile de distinguer ce qui relève des contraintes socio-économiques et ce qui résulte d'autres logiques (opportunités, stratégies d'ascension sociale, etc.).

Mobilité, immobilité et inégalités sociales

Les changements de position ne se font pas au hasard, de même que l'immobilité sociale n'est pas fortuite. Les enfants d'agriculteurs quittant la terre deviennent le plus souvent ouvriers. Les flux de mobilité entre catégories proches sont plus importants qu'entre groupes sociaux éloignés. La mobilité réduite comme l'importance de l'immobilité manifestent l'influence qu'exerce le milieu d'origine sur la destinée sociale des individus - par le biais des trajectoires scolaires en particulier - et traduisent les inégalités de ressources économiques et culturelles entre familles de milieux différents.

➤ **catégories socioprofessionnelles [CSP, PCS], hérédité sociale, héritage culturel, mobilité (tables de), structure sociale.**

mobilité (tables de)

Instrument de mesure couramment utilisé pour apprécier la transmission ou le changement du statut social d'une génération à l'autre.

Une table de mobilité (voir tableau page suivante) se présente comme un tableau à double entrée croisant deux séries de données : la position sociale de l'individu à un moment donné ; la position sociale de son père, c'est-à-dire le milieu d'origine de cet individu.

Pour le père comme pour le fils, la position sociale est définie à partir de la profession exercée entre 40 et 59 ans, c'est-à-dire à un âge où l'on considère que le statut social est en général définitivement acquis.

Destinées et recrutements

Le croisement des origines et des positions peut être présenté de deux façons différentes :

– une table de destinées (% en italiques) mesure la répartition des positions acquises par les « fils » d'une même origine sociale. Exemple : sur 100 fils d'agriculteurs exploitants (âgés de 40 à 59 ans en 2003), 22 % d'entre eux sont eux-mêmes agriculteurs, 37 % sont ouvriers, 17 % sont professions intermédiaires, etc. ;

– une table de recrutements (% en caractères romains) donne la répartition des origines sociales des membres d'une catégorie socioprofessionnelle. Exemple : sur 100 patrons (artisans, commerçants, chefs d'entreprise), 29 % sont fils de patrons, 36 % fils d'ouvriers, 12 % fils d'agriculteurs, etc.

Indices de mobilité et d'immobilité

Une table de destinées donnée en pourcentages donne directement des indices bruts de mobilité et d'immobilité. Soit pour les cadres et professions intellectuelles supérieures : 52 % d'immobilité et 48 % (100 – 52) de mobilité.

Ce sont des évaluations relatives car certains flux de mobilité apparente peuvent être assimilés à une certaine « immobilité » : ainsi en est-il de certains fils de cadres devenus chefs d'entreprise et vice versa.

Mesure de la mobilité et effet de structure

Cependant, ces premières mesures ne tiennent pas compte des effectifs et de la taille relative des catégories. Ainsi, la mesure brute de la mobilité des cadres et professions intellectuelles supérieures peut apparaître non négligeable (près de un sur deux) mais, rapportée à la part des autres catégories dans l'ensemble des destinées, soit 81 % (100 % – les 19 % de cadres et assimilés), cela paraît faible.

Destinées et recrutements (Enquête de 2003)

Groupe socioprofessionnel des hommes en 2003 en fonction de celui du père

Catégorie socio-professionnelle du père	Catégorie socioprofessionnelle du fils en 2003 (en milliers et en %)						
	Agriculteur	Artisan, commerçant, chef d'entreprise	Cadre et profession intellect. supérieure	Profession interméd.	Employé	Ouvrier	Ensemble
Agriculteur	**252** 22 % 88 %	**72** 6 % 12 %	**105** 9 % 8 %	**190** 17 % 11 %	**98** 9 % 13 %	**426** 37 % 18 %	**1143** 100 % 16 %
Artisan, commerçant, chef d'entreprise	**6** 1 % 2 %	**182** 21 % 29 %	**189** 22 % 14 %	**205** 24 % 12 %	**79** 9 % 10 %	**210** 24 % 9 %	**870** 100 % 12 %
Cadre et profession intellectuelle supérieure	**2** 0 % 1 %	**37** 6 % 6 %	**310** 52 % 24 %	**152** 26 % 9 %	**37** 6 % 5 %	**52** 9 % 2 %	**591** 100 % 8 %
Profession intermédiaire	**2** 0 % 1 %	**60** 7 % 10 %	**266** 22 % 20 %	**263** 28 % 16 %	**73** 17 % 9 %	**135** 26 % 6 %	**800** 100 % 11 %
Employé	**3** 0 % 1 %	**43** 7 % 7 %	**144** 22 % 14 %	**179** 28 % 11 %	**108** 17 % 14 %	**169** 100 % 7 %	**640** 100 % 9 %
Ouvrier	**20** 1 % 7 %	**225** 8 % 36 %	**304** 10 % 23 %	**701** 23 % 41 %	**375** 12 % 46 %	**1 373** 46 % 58 %	**2 998** 100 % 43 %
Ensemble	**285** 4 % 100 %	**619** 9 % 100 %	**1 317** 19 % 100 %	**1 690** 24 % 100 %	**770** 11 % 100 %	**2 364** 34 % 100 %	**7 045** 100 % 100 %

Lecture du tableau : dans chaque case, le premier chiffre indique les effectifs : 304 000 hommes de 40 à 59 ans sont cadres fils d'ouvriers. Le second chiffre (en italiques) donne les destinées : 10 % des fils d'ouvriers sont cadres. Et le troisième chiffre présente les recrutements : 23 % des cadres sont fils d'ouvriers.

Source : INSEE, enquête FQP 2003 dernière enquête connue.

Champ : hommes, actifs occupés ou anciens actifs ayant eu un emploi, âgés de 40 à 59 ans, en mai 2003.

Pour tenir compte de cet effet de structure, on calcule des indices composés recevant des appellations diverses : « coefficients de passage » ou indices d'inertie – pour les immobiles – et de dissociation – pour les mobiles. Le principe consiste à comparer la mobilité observée à une situation fictive de totale fluidité où les destinées ne seraient fonction que de la structure des catégories (indépendance entre origines et destinées), ce qui revient à une distribution proportionnelle.

Calcul d'un indice composé

Cet indice composé est égal au rapport entre un % observé (hérédité ou mobilité) dans le tableau des destinées et la part du groupe d'arrivée dans l'ensemble des « fils » que l'on trouve sur la ligne horizontale « Ensemble » en bas du tableau.

L'indice composé d'immobilité des cadres et assimilés est égal à : 53/19 = 2,8

L'indice de mobilité des cadres vers les professions intermédiaires donne : 21/23 = 0,9 tandis que l'indice de mobilité des cadres vers les ouvriers est égal à : 7/32 = 0,2.

La valeur 1 ou une valeur approchée (0,9 ou 1,1) signifie que l'origine ne favorise ni ne défavorise la destinée correspondante. S'il y a des freins à la mobilité, les indices seront supérieurs à 1 sur la diagonale de l'hérédité sociale et inférieurs à 1 dans les autres cases.

➤ **mobilité sociale.**

mode de production

Au sens marxiste, articulation des forces productives et des rapports de production caractéristique d'une société à un moment donné de son histoire.

L'étude de la nature et de la succession des modes de production constitue l'essentiel du matérialisme historique. Selon la conception marxiste, le mode de production est la base économique qui permet de connaître « l'anatomie de la société civile » ; l'évolution de l'humanité est résumée par l'émergence de quatre modes de production (esclavagiste, féodal, capitaliste, socialiste) ; le rapport entre forces productives et rapports de production est conflictuel : lorsque, à un certain degré de leur développement, les forces productives entrent « en collision » avec les rapports de production existants, s'ouvre une ère de « révolution sociale ».
Cette période débouche à terme sur un nouveau mode de production, donc sur de nouveaux rapports de production, lesquels n'entravent plus, temporairement, le développement ultérieur des forces productives.

➤ **Marx, marxisme.**

mode de vie

➤ **genre de vie ; Annexe Ⓐ-33, 38.**

modèle économique

Système abstrait dont la fonction est de représenter la réalité de façon très simplifiée, mais formalisée, ou de permettre l'étude d'un phénomène réel (dans ce dernier cas, le modèle ne cherche pas nécessairement à être réaliste).

• « J'entends par modélisation autant la définition des concepts et la délimitation de l'ensemble de ceux qui doivent intervenir simultanément, que la construction d'un système de relations plus ou moins étroitement spécifiées et formalisées » (E. Malivaud).
Que le modèle soit de prévision (pour éclairer les choix budgétaires), de simulation (pour apprécier l'effet d'une baisse du taux de la TVA) ou d'optimisation (pour choisir le tarif EDF), l'important est que le chiffrement des relations permette d'évaluer l'effet des variables exogènes sur les variables endogènes.
• On distingue habituellement les **relations de définition** (par exemple, épargne = revenu – consommation), les **relations comptables** (par exemple, emplois = ressources), les **relations tendancielles** (par exemple, la valeur de la variable en *t* résultant de l'application d'un taux de croissance à la valeur de la variable en *t* - 1) et les **relations de comportement** (par exemple, la

consommation est fonction du revenu et du taux d'intérêt) ; la richesse du modèle dépend de la qualité de ces dernières.

• Parmi les modèles macroéconomiques les plus connus, on peut citer DMS (modèle dynamique multisectoriel de moyen terme) et METRIC (modèle économétrique trimestriel de la conjoncture).

➤ **économétrie, économie du développement, endogène/exogène, fonction mathématique.**

Modigliani-Miller (théorème d'indifférence de)

Analyse selon laquelle l'entreprise est indifférente à la structure de son passif, sous hypothèse de perfection des marchés financiers et du crédit (1958).

• **La valeur d'une entreprise est indépendante de la façon dont elle est financée**, par endettement ou par augmentation de capital (actions), sous condition que les marchés fonctionnent parfaitement (marchés complets, efficients, absence ou neutralité des impôts, ils n'avantagent pas un mode de financement par rapport à un autre), absence de coûts de transaction en cas de faillite, etc.

• **La politique de dividende d'une entreprise est sans influence sur sa valeur**. Ce qui revient à dire que la valeur de l'actif économique que représente une entreprise ne dépend que de la pertinence de ses choix d'investissement, et non de la façon dont ils sont financés : les choix de financement (et notamment la proportion de dette dans le bilan) n'influent pas sur la valeur de l'entreprise. Cela remet en cause la notion de levier de l'endettement : la rentabilité des fonds propres n'est pas relevée par l'endettement.

monarchie

➤ **pouvoir.**

mondialisation culturelle

Idée selon laquelle le processus de mondialisation économique se doublerait d'une mondialisation de la sphère culturelle aux deux sens que le mot culture peut revêtir : la production, la circulation et la consommation de produits culturels (médias, musique, cinéma, émissions TV, prestations de loisirs), d'une part ; les modes de vie, les normes et les valeurs par le biais des standards de biens et de modèles de référence communs, d'autre part.

Les échanges culturels se produisent depuis fort longtemps en particulier la diffusion des religions « universelles ». Ce qui serait nouveau, en revanche, c'est le fait que désormais, aucune civilisation, aucune société au-delà d'une taille minimale ne constitue un monde à part entière se suffisant à lui-même. Si l'on pousse le raisonnement à la limite, le quidam mondialisé aurait, à l'instar de ses semblables, les mêmes pratiques culturelles (séries TV, Titanic ; Disneyland), les mêmes comportements alimentaires (MacDonald's, céréales Kellog's, pizzas), les mêmes biens d'équipement (micro-ondes, ordinateur portable), il serait soumis aux mêmes flux médiatiques (CNN, shows mondialisés) et aux mêmes messages politiques et culturels.

Réalité de la mondialisation culturelle

• **Quelle mondialisation à l'œuvre ?**

– la mondialisation peut apparaître comme une évolution positive : de façon générale, les échanges culturels enrichissent mutuellement les participants ; dans une optique libérale, la *world culture* , sous l'effet de la compétition mondiale, optimise les potentialités créatrices ;

– la mondialisation peut entraîner la destruction des cultures singulières (processus négatif de déculturation), l'uniformisation appauvrissante des sociétés sous l'égide des puissances économiques et financières. S. Latouche parle d' « économisation du monde », de l'avènement d'une société marchande universelle dont la rationalité serait rabattue sur le productivisme et l'efficience économique ;

– la position de politistes américains comme D. Bell ou R. Inglehart apparaît plus complexe : la modernisation culturelle du monde est un processus non réductible à la libéralisation des échanges, les héritages historiques et sociétaux induisent des spécificités régionales au développement.

• **La réalité et les limites de la mondialisation culturelle.**
– des sociologues et des anthropologues critiquent la polarisation des esprits sur les centres d'émission des producteurs de messages et de biens, occultant par là même les modalités de leur réception et de leurs usages ; on confondrait les flux matériels et immatériels avec les pratiques, les interactions, les symbolisations locales qui font la réalité culturelle ;

– dans la même perspective, on met l'accent sur les hybridations et les métissages culturels. La mondialisation est loin de se conjuguer au singulier. Ici et là, on emprunte, on récupère pour produire des biens culturels mixant le soi et l'autre, le local et le global ;

– parallèlement, les processus de mondialisation se doublent de résurgences particularistes : « la définition de l'universalité [...] procède par réinvention de la différence » (J.-F. Bayart). Cette tendance peut dériver vers des formes régressives : replis identitaires, crispations communautaristes.

➤ **acculturation, culture, multiculturalisme, post-matérialisme.**

mondialisation de l'économie

Émergence ou renforcement d'acteurs, de marchés et de régulations à l'échelle mondiale.

• **La libéralisation de la circulation des marchandises, des capitaux** et, dans une moindre mesure, des hommes, liée à l'internationalisation des firmes, favorise l'émergence de marchés des biens, des services et des capitaux mondiaux.

• **La globalisation des marchés de biens et de services** se traduit en particulier par l'accentuation de la concurrence, des redistributions de lieux de production, une standardisation des produits et une (relative) uniformisation des modes de consommation. L'OMC participe à la globalisation par la libéralisation des échanges commerciaux et l'édiction de règles communes.

• **La globalisation des marchés financiers** favorise la propagation des crises financières.

L'existence des firmes multinationales est ancienne mais elle se renforce, ces entreprises prenant des décisions indépendamment d'un ancrage national.

• **Phénomène essentiellement économique, la mondialisation, au début du XXIe siècle, revêt de nouvelles formes** sous l'effet de trois évolutions. D'une part, les nouvelles techniques de communication (Internet) donnent à la circulation des idées, des technologies et des services un essor sans précédent. D'autre part, comme le soulignent les spécialistes de sciences politiques, la mondialisation prend aussi la forme d'un poids croissant d'acteurs internationaux étatiques (OMC, FMI...), privés (entreprises, CNN) ou non gouvernementaux au détriment des États-nations. Enfin, la réunion de l'OMC de Seattle en 1999 a donné un espace et un écho nouveaux aux mouvements « anti-mondialisation ».

➤ **internationalisation.**

MONEP

Marché d'options négociables de Paris, créé en 1987, sur lequel s'échangent des options et des contrats à terme sur actions ou sur indice, des droits d'acheter ou de vendre des actions, aujourd'hui intégré à Euronext.

➤ **euronext, MATIF, option.**

monétarisme

Courant de pensée libéral se présentant comme une alternative à l'analyse keynésienne. Son chef de file est l'Américain Milton Friedman qui privilégie la monnaie dans l'explication de l'inflation, la politique monétaire comme instrument de politique économique et le flottement des monnaies comme système monétaire idéal.

L'excès d'émission de monnaie

L'analyse de l'inflation retient principalement l'excès d'émission de monnaie. « L'inflation est toujours et partout un phénomène monétaire et il n'y a pas, par conséquent, de lutte contre l'inflation sans politique monétaire restrictive. » « La cause immédiate de l'inflation est toujours une croissance de la masse monétaire trop rapide par rapport à celle de la production. »

Une politique monétaire libérale

Il résulte de cette analyse que la lutte contre l'inflation repose principalement sur la politique monétaire, et sur une politique monétaire d'inspiration libérale : opposés à l'encadrement du crédit, les monétaristes sont très attachés à la régulation par les taux. Les auteurs monétaristes préconisent, en principe, une politique monétaire de progression automatique régulière de la masse monétaire, ce qui présente à leurs yeux l'avantage d'éliminer toute intervention discrétionnaire des pouvoirs publics ; toutefois, leur volonté farouche de lutter contre l'inflation les incite aussi à prôner une politique monétaire restrictive.

Certains disciples de M. Friedman, nommés les « *Chicago boys* », ont tenté d'appliquer les analyses monétaristes à certains pays latino-américains avec des résultats qui semblent montrer que l'équilibre économique ne dépend pas seulement de la monnaie, mais aussi et surtout de l'appareil de production.

➤ **École de Chicago en économie, Friedman, inflation, nouvelle économie classique [NEC] ; Annexe Ⓐ 19.**

monisme

Interprétation des phénomènes naturels ou sociaux reposant sur un seul principe d'explication.

Exemples : la rationalité des agents (analyse économique), l'imitation (phénomènes socioculturels), le progrès technique (changement économique et social).

monnaie

Actif liquide dont les formes varient selon les structures économiques et sociales et qui sert à l'évaluation et au règlement des échanges. Les variations du stock de monnaie et de sa valeur sont en relation d'interdépendance avec l'évolution du volume de production et des prix.

Les formes de la monnaie

Elles ont fortement varié selon les lieux et les époques. Au début du XIXe siècle, le système monétaire est marqué par la domination des monnaies métalliques : les pièces d'or et d'argent circulent effectivement et valent leur « pesant d'or » (ou d'argent). De plus, les billets sont doublement soumis à la domination de la monnaie métallique : ils sont convertibles en or et n'ont donc pas de valeur intrinsèque mais leur valeur dérive de cette possibilité de conversion ; leur émission est liée, de façon plus ou moins stricte, à la quantité d'or détenue par la banque.

Système bancaire et création de monnaie

- Les banques participent à la création de monnaie par le crédit : dans une opération de crédit, la banque crédite le compte du bénéficiaire et met ainsi à sa disposition de la monnaie scripturale ; les crédits font ainsi les dépôts (« *loans make deposits* »).
- Toutefois, lorsque cette monnaie émise circule, les banques peuvent se trouver confrontées à des fuites : la monnaie cédée aux clients peut être pour partie transformée en billets, en devises ou transférée à d'autres banques.
- La banque, pour régler ces opérations, doit détenir de la monnaie Banque centrale sous forme de billets ou de compte courant à la Banque centrale.
- Ce besoin de monnaie Banque centrale, qui naît de la création de monnaie, crée une limite naturelle – à laquelle peut s'ajouter la contrainte liée aux réserves obligatoires – au processus de création de monnaie.

• La Banque centrale joue un rôle fondamental, mais indirect, dans la création de monnaie par l'alimentation des banques en monnaie Banque centrale par des procédures de refinancement ; surtout, elle régule, par le biais de la politique monétaire, la croissance de la masse monétaire.

La dématérialisation de la monnaie

Depuis un siècle et demi, un processus de dématérialisation de la monnaie s'est affirmé qui comporte trois étapes :
– dans un premier temps, **la monnaie métallique a vu sa part régresser au profit du billet et de la monnaie scripturale** : les pièces d'or et d'argent cessent de circuler après la Première Guerre mondiale ; désormais la valeur faciale des pièces de monnaie est bien supérieure à leur valeur réelle ;
– dans un deuxième temps, **la dématérialisation prend la forme d'une régression de la circulation manuelle** (pièces, billets) au profit de la monnaie scripturale et du développement de chèques comme moyen de paiement ;
– la dernière étape se manifeste par **la régression en termes relatifs de l'utilisation du chèque**, qui suppose un transfert de papier, au profit de règlements automatisés qui ne nécessitent pas de tels transferts (virements, prélèvements automatiques cartes, etc.).

Les fonctions économiques de la monnaie sont au nombre de trois :

– La monnaie est une unité de compte, c'est la **fonction de numération**, elle sert à évaluer les biens et services échangés et les revenus versés.

– La monnaie est un intermédiaire dans l'échange, **fonction d'intermédiation**, elle est cédée en contrepartie des biens et services dans les échanges monétaires.

– Elle a enfin **une fonction de réserve** parce qu'elle permet de transférer du pouvoir d'achat dans le temps et constitue à ce titre une partie des avoirs des agents économiques ; ils conservent de la monnaie pour des motifs de précaution, de transaction, ou pour éviter des pertes en capital sur des biens dont la valeur peut baisser.

La monnaie comme rapport social

Instrument technique, la monnaie est aussi un rapport social : selon G. Simmel dans *Philosophie de l'argent* (1907), la monnaie n'est acceptable que si elle inspire confiance quant au devenir de la société marchande. C'est parce que chaque agent croit que celle-ci va se perpétuer qu'il accepte la monnaie en paiement et concourt ainsi à l'efficacité de cette dernière en tant que médiateur entre l'individuel et le collectif. Simmel explique enfin que la dématérialisation de la monnaie contribue à dépersonnaliser les relations sociales. A l'inverse, Viviana Zelizer dans *La signification sociale de l'argent* (2005), démontre que la monnaie est un signe social multiforme, selon les usages publics ou privés que l'on en fait.

La valeur de la monnaie

La valeur de la monnaie peut être envisagée au niveau interne et au niveau externe. Au niveau interne, la valeur de l'unité de monnaie se définit par son pouvoir d'achat : plus la hausse des prix est forte, plus la valeur de la monnaie est faible. Au niveau externe, la valeur de la monnaie dépend de son taux de change par rapport aux autres monnaies.
Le problème fondamental concernant la monnaie réside dans les rapports existant entre le stock de monnaie et la valeur de l'unité monétaire, en d'autres termes dans le rôle de la monnaie dans l'inflation. La théorie quantitative et la théorie monétariste privilégient la monnaie comme facteur explicatif de l'inflation, alors que les autres approches considèrent que l'émission de monnaie est plus une condition qu'une cause de l'inflation.

➤ **agrégats monétaires, Banque centrale, Banque centrale européenne, Banque de France, base monétaire, crédit, *currency school*, inflation, Keynes, masse monétaire, monétarisme, monnaie (théorie quantitative de la), préférence pour la liquidité ; Annexe Ⓐ -14.**

monnaie (théorie quantitative de la)

Théorie selon laquelle les variations de la quantité de monnaie en circulation dans une économie provoquent des variations du niveau général des prix. On attribue souvent à Jean Bodin la paternité de cette théorie : il expliqua, en 1568, que la hausse des prix en Europe résultait de l'afflux de métaux précieux en provenance du Nouveau Monde.

Pour comprendre cet énoncé, il est commode de raisonner à partir de l'identité formulée par I. Fisher (1907).

L'identité formulée par I. Fisher

$$MV = PT$$

La monnaie (M) en circulation au cours d'une période sert à régler un certain nombre de transactions (T) dont le prix moyen est P, avec une vitesse de circulation donnée (V).

Un billet de 20 € suffit à régler 40 € de transactions si on l'utilise deux fois, donc si sa vitesse de circulation est de 2.

On considère que :

– la vitesse de circulation est constante à court terme ;

– le niveau des transactions dépend de la production, correspondant au plein-emploi des facteurs de production, et est une constante.

Il en résulte que les variations des prix (P) et les variations de la masse monétaire (M) sont liées. La théorie quantitative pose que c'est M qui entraîne P, la variation de la masse monétaire entraîne donc la variation des prix.

Des auteurs ont fait remarquer que l'identité de Fisher pouvait être interprétée de façon inverse : P entraînant M ; les entreprises, dans le cadre d'une concurrence imparfaite, décident de leurs prix et obtiennent les crédits qu'elles réclament, les banques créent de la monnaie en contrepartie des crédits qu'elles accordent aux entreprises. Dès lors, la création de monnaie par les banques vient « ratifier » ou « valider » des hausses de prix décidées par les entreprises. On peut objecter que si la théorie quantitative fait dépendre le niveau général des prix de la quantité de monnaie, cette monnaie est neutre, c'est-à-dire sans effet sur les variables réelles, production, revenu, emploi ; mais cette hypothèse de neutralité est remise en cause par Keynes.

➤ **Fisher, inflation, Keynes, Malestroit (paradoxe de), monétarisme, réel/financier, réel/monétaire ; Annexe Ⓐ-19.**

monnaie de facturation

Monnaie dans laquelle est libellée une créance et qui peut être distincte de la monnaie utilisée effectivement pour régler la dette (monnaie de règlement).

Exemple : contrat de vente d'un lot de marchandises libellé en dollars (monnaie de facturation). Au moment du règlement, la monnaie de paiement peut être la livre, ce qui pose le problème du change.

monnaie-panier

Unité monétaire définie comme une moyenne pondérée de différentes devises.

Le DTS (et feu l'écu) est ainsi calculé par rapport à un panier de monnaies définies dans le cadre d'accords internationaux. Par construction, la valeur d'une monnaie-panier est plus stable que celle de chacune des monnaies qui la composent.

En dehors de ces unités monétaires définies internationalement, il existe aussi des paniers de monnaie spécifiques définis par certains pays, auxquels ces derniers rattachent la valeur de leur monnaie, c'est par exemple le cas de l'Algérie.

➤ **droits de tirages spéciaux [DTS], écu, Union économique et monétaire européenne.**

monnaie unique

➤ **Union économique et monétaire européenne, union monétaire.**

monopole

Structure de marché caractérisée par la présence d'un seul vendeur.

• Le monopole, seul offreur sur le marché, est en situation de **faiseur de prix** *(price maker)*. Le monopole peut définir le prix, à l'inverse du producteur en concurrence pure et parfaite qui subit le marché, **preneur de prix**.

• Toutefois, la demande crée une relation entre le prix et la quantité : plus le prix est élevé, plus la quantité demandée est faible ; à chaque niveau de prix correspond la quantité de produit que le monopole peut écouler. Le monopole ne peut donc déterminer librement la quantité et le prix : il choisit un couple prix-quantité, le point A sur le graphique.

• Il en résulte une différence entre la recette moyenne et la recette marginale. La recette marginale est l'accroissement de recettes (chiffre d'affaires) résultant de la vente d'une unité supplémentaire.

– En concurrence pure et parfaite, le prix est une donnée et la recette marginale est égale à la recette moyenne, et donc au prix : si le prix du bien est de 1 000 et que le producteur en vend une unité de plus, ses recettes s'accroissent de 1 000.

– En situation de monopole, il en va tout autrement : supposons que la demande soit de 10 unités pour un prix de 1 000 et de 11 pour un prix de 950 ; si le monopole produit 11 et non plus 10, il devra baisser son prix de 1 000 à 950 pour écouler sa production ; les recettes passent de 10 000 à 10 450 ; la recette marginale est de 450.

Formation des prix en situation de monopole

La théorie néo-classique fait une analyse de la formation des prix en situation de monopole qui tend à montrer que le monopole est une situation moins satisfaisante que la concurrence pure et parfaite.

Comme dans la théorie de la concurrence pure et parfaite, on suppose que les rendements sont croissants puis décroissants. Mais, à la différence de la concurrence pure et parfaite, la courbe (ici une droite) de recette marginale est différente de la courbe de demande (quantités correspondant aux différents niveaux de prix, c'est-à-dire la recette moyenne).

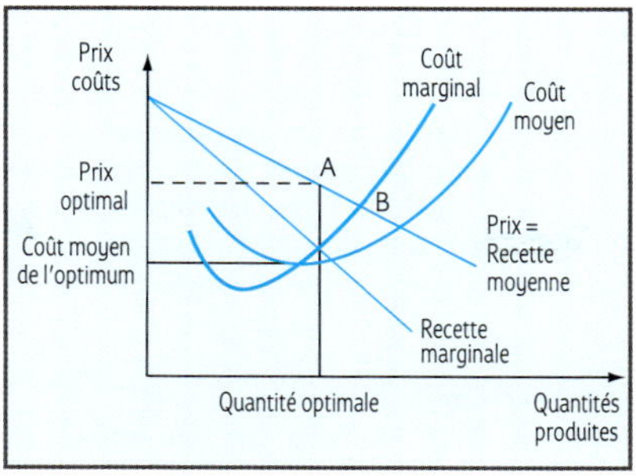

Quelle est la situation dans laquelle le profit est maximal ? C'est lorsque le coût marginal est égal à la recette marginale.

En effet, le profit est :

Profit total = Recette totale (RT) – Coût total (CT)

Le profit est maximal lorsque sa dérivée est nulle (par rapport à la variable Q, quantité produite) :

P' = 0 quand (RT)' – (CT)' = 0

Or la dérivée de la recette totale (dRT/dQ), c'est la recette marginale (R mar) ; la dérivée du coût total (dCT/dQ), c'est le coût marginal (C mar).

Le profit est maximal lorsque :

R mar – C mar = 0,

soit Recette marginale = Coût marginal.

Monopole ou concurrence ?

La conclusion de l'analyse, c'est que le profit de monopole est permanent à la différence du profit de concurrence. Par ailleurs, la situation optimale pour le monopoleur (égalité de la recette marginale et du coût marginal) n'est pas optimale pour l'économie tout entière : la situation optimale pour l'économie tout entière est à l'égalité entre le prix et le coût marginal (point B).

On en déduit :

– que la concurrence est une situation préférable au monopole ;

– que, s'il existe un monopole, mieux vaut qu'il soit public, ou tout au moins que la tarification se fasse au coût marginal. Dans ce cas, comme le monopole n'est pas au maximum de bénéfice, il est logique qu'il reçoive une subvention compensatoire.

➤ **concurrence imparfaite, concurrence monopolistique, concurrence pure et parfaite, marchés (structure de), marchés contestables (théorie des), monopole naturel, néo-classique (théorie).**

monopole discriminant

Situation dans laquelle une entreprise en situation de monopole ne pratique pas un prix unique pour tous les consommateurs mais des prix différents en fonction du type de clientèle et de l'impact qu'a le prix sur leur consommation, afin d'accroître son profit.

Cette discrimination par les prix peut se faire en fonction du revenu, de l'âge (par exemple grâce à la détention d'une carte d'étudiant) ou des périodes d'utilisation (comme pour la tarification des billets de TGV par la SNCF en fonction des périodes de faible ou de forte influences).

➤ **monopole.**

monopole naturel

Situation de monopole due à ce que les rendements sont croissants.

A. Partons d'une situation concurrentielle : la taille optimale est petite (50 unités produites) et, compte tenu de la demande, pour un prix égal au coût minimum (5 000 unités produites) il y a donc la place pour 100 entreprises. Il apparaît clairement que le caractère concurrentiel du marché provient de ce que la taille optimale est petite : une entreprise plus grande a des coût plus élevés, les entreprises n'ont pas intérêt à s'agrandir.

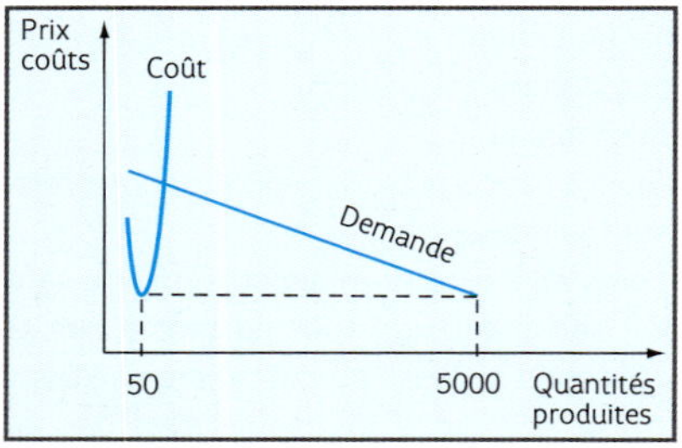

B. Maintenant, nous sommes dans une situation inverse de la situation précédente : la grande entreprise, qui produit 5 000, a un niveau de coût bien inférieur à la petite entreprise. Il s'agit d'un **monopole naturel** puisque une seule entreprise sur le marché peut répondre à la demande.

Toute irruption d'une entreprise de taille inférieure est vouée à l'échec : les petites entreprises sont moins performantes que la grande.

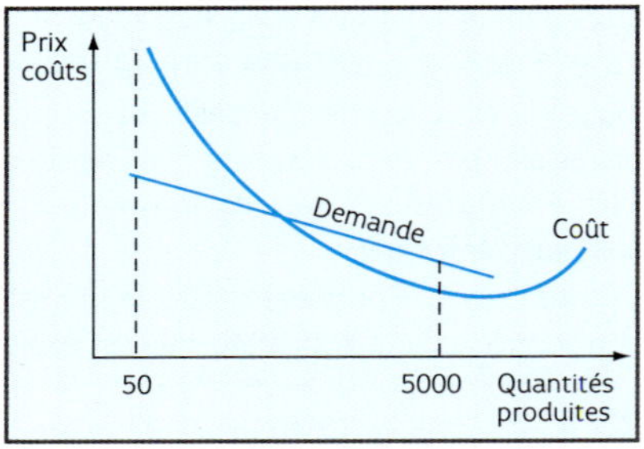

➤ **concurrence pure et parfaite, marchés contestables (théorie des), monopole.**

monopsone

Structure de marché qui caractérise une situation dans laquelle il n'y a qu'un seul acheteur : il n'y a plus de concurrence.

Montesquieu (Charles de Secondat, baron de la Brède et de)

Écrivain français (1689-1755) considéré comme l'un des précurseurs de la sociologie et des sciences politiques.

Initiateur de la notion de loi appliquée aux sociétés humaines, ainsi que de la théorie des trois pouvoirs (exécutif, législatif, judiciaire) à la base de la démocratie moderne.

Ouvrages principaux : *De l'esprit des lois* (1748).

➤ **pouvoir.**

moratoire

Suspension temporaire ou définitive de l'obligation de payer ses dettes pour un État ou tout autre agent économique.

mortalité

Nombre de décès intervenus dans un laps de temps donné, en général une année.

Pour mesurer son évolution, plusieurs indicateurs peuvent être utilisés :
– **le taux brut de mortalité**, ou rapport entre le nombre de décès et la population moyenne de l'année (7,8 ‰ en France en 2006). Mais ce taux est très sensible à la structure par âge des populations : un pays qui compte une proportion importante d'individus jeunes peut avoir un taux inférieur à celui d'un pays comptant plus de personnes âgées, même si le niveau de vie, les conditions d'hygiène et de santé sont supérieurs dans celui-ci. Le taux de mortalité du Mexique est, par exemple, de 5 ‰, celui de la Chine de 6 ‰ en 2006 ;
– **le taux de mortalité infantile**, ou proportion des enfants qui meurent avant d'atteindre leur premier anniversaire (3,6 ‰ en France en 2006). La mortalité infantile a beaucoup baissé depuis un siècle. Elle atteignait encore, en 1935-1937, 71,4 % ;
– **les quotients de mortalité**, ou rapports entre le nombre de décès dans une population à un âge donné et la population du même âge, le plus souvent au 1er janvier de l'année considérée (quotients « perspectifs »). L'ensemble des quotients par âge constitue la table de mortalité, caractéristique d'un pays à une époque donnée ;
– **l'espérance de vie**, ou moyenne des durées de vie d'une génération qui connaîtrait toute sa vie les quotients de mortalité observés une année donnée.

➤ **espérance de vie.**

mouvement ouvrier

Ensemble des actions collectives, des institutions et des idéologies développées par la classe ouvrière et plus généralement les travailleurs dans les sociétés industrielles.

• Le syndicalisme en est l'armature principale, mais le mouvement ouvrier correspond à une réalité plus large polarisée par le conflit entre travail et capital : luttes ouvrières débordant le champ de l'action syndicale, actions et partis politiques se réclamant de la classe ouvrière, idéologies (produit complexe des organisations et des groupes).

• Les orientations du mouvement ouvrier sont diverses : l'orientation socialiste (dans ses nombreuses variantes) a été longtemps dominante, mais d'autres courants – passés ou actuels – y sont présents : anarchisme, réformismes divers.

➤ **mouvement social, socialisme, syndicalisme.**

mouvement social

Ensemble d'actions, de conduites et d'orientations collectives mettant partiellement ou globalement en cause l'ordre social et cherchant à le transformer.

• Les mouvements sociaux mobilisent des groupes sociaux : classes et fractions de classe le plus souvent (mouvement ouvrier, mouvements paysans), mais aussi des groupes d'âge à statut particulier (mouvement étudiant), des minorités raciales (Noirs aux États-Unis) ou ethniques (Kabyles en Algérie) ; ils contestent l'organisation sociale et culturelle au-delà du champ strictement politique. Si certains d'entre eux sont éphémères (mouvement de mai-juin 1968), d'autres sont durables et caractéristiques d'un système social (mouvement ouvrier dans les sociétés industrielles capitalistes).

• Les mouvements sociaux ne se réduisent pas aux organisations sociales et politiques, « ils ne peuvent jamais être complètement institutionnalisés » (A. Touraine). En règle générale, ils se manifestent dans et par le conflit, ils rendent visibles les rapports de domination et les antagonismes sociaux tout en les contestant activement.
Comme tels, ils sont un facteur ou un accélérateur du changement social.

➤ acteur social, conflit social, mobilisation des ressources, mouvement ouvrier, nouveaux mouvements sociaux, Touraine ; Annexe Ⓐ-52.

moyenne

Valeur centrale calculée pour caractériser une série statistique.

➤ Annexe Ⓑ.

moyenne (variation en)

➤ glissement.

moyennisation

[sciences sociales] **Idée selon laquelle on assiste à une atténuation des clivages sociaux accompagnée d'un gonflement des couches sociales intermédiaires ou « moyennes ».**

• **Le thème de la moyennisation renvoie à :**
– l'atténuation des disparités socio-économiques (revenus, consommation, loisirs, accès au logement, etc.) ;
– une homogénéisation progressive des comportements relatifs aux mœurs privées (conjugalité, fécondité, condition juvénile), voire aux styles de vie (processus de privatisation dans les couches populaires, recul des rituels bourgeois) ;
– des tendances à la formation d'une classe moyenne hypertrophiée : gonflement des catégories qualifiées de « moyennes » (employés, professions intermédiaires, une partie des cadres, enseignants), diffusion du sentiment d'appartenance à la (ou les) classe(s) moyenne(s).

• **Ces analyses ne sont pas récentes :** déjà, dans les années 1960, on débattait de l'intégration des classes populaires à la société de consommation (certains parlaient même d'« embourgeoisement » des employés et des catégories ouvrières les mieux rémunérées) ; aujourd'hui, le thème est associé au clivage entre les inclus (ceux qui disposent d'un emploi stable et des avantages attenants) et les exclus (catégories marginalisées), les seuls qui échapperaient à la moyennisation.

• **La thèse est hautement controversée.** Ses adversaires contestent l'idée d'un nivellement généralisé : les inégalités de condition et de situations de travail au sein même des « inclues » ne se résorbent voire s'accentuent, les différences culturelles restent très aiguës, les catégories dites moyennes demeurent hétérogènes.

• **La moyennisation** peut être également interprétée, non comme homogénéisation du corps social, mais comme **sa « centration » sur les catégories moyennes salariées :** celles-ci seraient désormais le noyau le plus dynamique de la société, source d'innovations et de nouveaux mouvements sociaux (féminisme, écologisme, etc.).

➤ classe(s) moyenne(s).

multiculturalisme

1 [comme réalité sociale] **Coexistence au sein d'une même société de groupes différenciés selon l'origine ethnique, l'affiliation religieuse, la langue, voire l'attache régionale.**

• **En ce sens, le terme désigne simplement la pluralité des cultures dans un même pays.** Cette réalité concerne à des degrés divers toute société rassemblant des populations ayant connu des histoires différentes ou arrivées depuis peu sur le territoire national.

Les États-Unis présentent à cet égard un degré élevé de différenciation culturelle en dépit de la prégnance de l' *americain way of life* et du brassage ethnique : outre les (rares) héritiers des Indiens d'Amérique, on peut distinguer les descendants – ou se réclamant tels – des différentes vagues de migrants qui composent aujourd'hui la population nord-américaine : pionniers « fondateurs » du Nord-Ouest européen, Noirs amenés d'Afrique comme esclaves, Européens du Sud (Italiens, Grecs) et de l'Est (Polonais, Russes, Ukrainiens), Latino-américains, Asiatiques, etc.

• **Les processus d'acculturation** aboutissent inégalement à l'assimilation et/ou à l'intégration. Des différences subsistent, mêlant des inégalités sociales et des particularismes culturels. Ces derniers peuvent être interprétés soit comme des survivances de fait, soit comme la volonté de préserver ou de retrouver une identité spécifique *(ethnical revival)*.

2 Ensemble d'exigences centrées sur la reconnaissance et les droits des minorités, y compris sexuelles, sur la prise en compte de leurs revendications « communautaires ».

• **En ce sens, le multiculturalisme est une option sociétale globale** et s'oppose aux modèles « universalistes » d'intégration citoyenne (l'idéologie *melting-pot* aux États-Unis, le modèle républicain en France).

Derrière la question des différences culturelles et statutaires et de leur reconnaissance, se profilent très souvent des exigences d'égalité individuelle et collective en matière économique, sociale et politique. L'affirmation identitaire est simultanément protestation contre les conditions iniques faites aux membres du groupe et demande de politiques préférentielles assurant un traitement égal pour tous. Cette exigence d'équité aboutit aux États-Unis à la revendication et à la mise en place de programmes d'*Affirmative action* (discrimination positive), ensemble de mesures préférentielles en matière d'emploi et d'éducation (places et postes réservés sous forme de quotas aux minorités). L'effervescence multiculturaliste et les débats qui l'accompagnent sont un phénomène avant tout américain se développant à partir des années 1980.

• La question commence à poindre en Europe et en France avec les difficultés d'intégration qu'éprouvent les populations immigrées ou d'origine immigrée, les crispations identitaires et xénophobes, les crises de l'État-Providence et du modèle républicain, ou encore l'affirmation de minorités sexuelles.

Relations interculturelles

Expression désignant le plus souvent les relations entre les traditions culturelles – considérées comme non hiérarchisées – qui coexistent dans une société nationale comme la société française ou dans un ensemble spatial plus large telles l'Europe, l'Amérique latine.

Le terme est donc connoté positivement : il renvoie aux échanges, aux dialogues plutôt qu'aux conflits. Ces relations appellent à la reconnaissance mutuelle des identités fondées sur l'origine. Exemples : le dialogue entre traditions religieuses (christianisme/judaïsme/Islam) ; la reconnaissance des apports littéraires, artistiques, culinaires de la part des minorités culturelles dans une société nationale.

➤ **assimilation, communautarisme, discrimination positive, ethnicité, républicain (modèle).**

multiplicateur

L'effet multiplicateur est un processus selon lequel une variation d'une grandeur économique (investissement, exportation, base monétaire, etc.) produit au cours d'une période donnée une variation amplifiée d'une autre grandeur (revenu, crédit, etc.).
Cet effet est mesuré par un coefficient multiplicateur, généralement noté K.

Dans un article célèbre de juin 1931, Richard F. Kahn montre que l'emploi primaire créé dans les industries qui produisent des biens de production induit une augmentation plus que proportionnelle de l'emploi global : en contrepartie des emplois créés dans une industrie, sont distribués des revenus supplémentaires qui vont alimenter une augmentation de la demande adressée à d'autres secteurs : à leur tour, ces secteurs vont embaucher et distribuer des revenus, ce qui alimentera les dépenses dont profiteront d'autres secteurs, etc. L'idée est ensuite reprise par Keynes dans la *Théorie générale* (1936) à propos du multiplicateur d'investissement.

REMARQUE : dans tous les cas de multiplicateurs présentés ci-dessous, les exemples de variation correspondent à une augmentation, hypothèse la plus fréquemment étudiée. Ne pas oublier que cette variation peut également être une contraction (effet multiplicateur négatif).

➤ **Keynes.**

multiplicateur budgétaire

Une augmentation du déficit budgétaire (variable autonome, cause) entraîne une variation amplifiée du revenu national (variable induite, conséquence). On suppose que le déficit est provoqué par un accroissement des dépenses publiques et non par une diminution des recettes.

➤ **multiplicateur fiscal.**

multiplicateur d'investissement

Dans l'analyse keynésienne, une augmentation de l'investissement (variable autonome, cause) entraîne une variation amplifiée du revenu national (variable induite, conséquence). Le rapport K entre l'accroissement du revenu (Δ Y) et l'accroissement de l'investissement (Δ I) est le coefficient multiplicateur. On a :

$$\Delta Y = K \Delta I \,;\, K = \Delta Y / \Delta I$$

• **Un accroissement de l'investissement ΔI** (100 dans l'exemple suivant) va provoquer des ondes successives de revenus et de dépenses. Si la propension marginale à consommer est égale à 0,8, le total des revenus engendrés sera de 500.

En effet, la dépense initiale en biens de production (investissement) se traduit dans une première étape par une distribution de revenus de 100 (salaires et bénéfices distribués par les entreprises de biens de production) ; dans une seconde étape, ces revenus sont en partie dépensés, en partie épargnés, dans la proportion de 80 et 20 : la dépense de 80 constitue pour d'autres agents économiques un revenu qu'ils dépenseront à leur tour selon la propension marginale à consommer. Ce processus se poursuit jusqu'à ce que le dernier revenu induit soit négligeable :

	ΔI	ΔY	ΔD	ΔE
1re étape :	100 →	100 →	80 →	20
2e étape :		80 →	64 →	16
3e étape :		64 →	51,2 →	12,8
etc. :		51,2 →	etc.	

(ΔI, ΔY, ΔD, ΔE : respectivement accroissement de l'investissement, du revenu, de la dépense et de l'épargne.)

On constate dans la deuxième colonne que les revenus induits se multiplient d'étape en étape selon une progression géométrique : $\Delta Y = 100 + 80 + 64 + 51{,}2$, etc. En effet, chaque nombre est obtenu en multipliant le précédent par un nombre constant 0,8, raison de la progression géométrique et propension marginale à consommer. On sait que la somme des termes d'une progression géométrique de raison ? < 1 est donnée par la formule :

$$\text{Somme} = a \times \frac{1}{1-\varphi}$$

(a étant le premier terme de la progression, ici l'investissement initial).

Donc

$$\Delta Y = 100 \times \frac{1}{1-0{,}8} = 100 \times 5 = 500$$

$\frac{1}{1-\varphi}$ est le coefficient multiplicateur

$$K = \frac{1}{1 - \text{propension marginale à consommer}}$$

ou

$$K = \frac{1}{\text{propension marginale à épargner}}$$

(puisque propension marginale à consommer et à épargner sont complémentaires et leur somme égale à 1).

En faisant le même raisonnement dans la quatrième colonne, on constate que la somme des épargnes induites est égale à 100, c'est-à-dire à l'investissement initial.

• **Pour Keynes comme pour les classiques**, l'épargne est égale à l'investissement. Cependant, cette égalité se réalise *ex ante* pour les classiques, c'est-à-dire que l'investissement s'ajuste à une épargne préalable, alors que, pour les keynésiens, c'est l'épargne qui s'ajuste, *ex post*, au cours du processus de multiplication des revenus, à l'investissement initial.
À l'origine du processus, on trouve une injection de monnaie dans le circuit (dépense) : la valeur du multiplicateur est d'autant plus grande que les fuites (par exemple, l'épargne) sont moins importantes.

• **Le multiplicateur d'investissement est utilisé par Keynes** dans son explication des crises : s'il joue positivement, facteur de création de revenus et d'emplois, il favorise la reprise ; s'il joue négativement, il engendre la récession. En effet, on peut avoir un effet multiplicateur négatif si la variation initiale de l'investissement est une contraction :

$$-\Delta Y = K(-\Delta I).$$

multiplicateur du commerce extérieur

En économie ouverte, mécanisme, appelé aussi multiplicateur à l'exportation, par lequel une augmentation des exportations (variable autonome, cause) entraîne une variation amplifiée du revenu national (variable induite, conséquence).

L'amplification, comme dans le cas du multiplicateur d'investissement, sera d'autant plus forte que la propension marginale à épargner (fuites) sera faible. Cependant, si l'augmentation du revenu national provoque des importations induites, celles-ci constituent également des fuites et la valeur de K est diminuée d'autant :

$$K = \frac{1}{s+m}$$

***s* :** propension marginale à épargner ;
***m* :** propension marginale à importer.

multiplicateur fiscal

Une diminution des prélèvements obligatoires (variable autonome, cause) entraîne une variation amplifiée du revenu national (variable induite, conséquence).

L'effet du multiplicateur fiscal est inférieur à celui du multiplicateur budgétaire : en effet, la dépense publique supplémentaire se traduit intégralement par une augmentation de la demande, alors que la réduction d'impôt entraîne d'abord une augmentation du revenu disponible dont une partie ne sera pas consommée mais épargnée (analyse d'Haavelmo).

➤ **Haavelmo (théorème d').**

multiplicateur monétaire

Une augmentation de la base monétaire, c'est-à-dire de la monnaie centrale détenue par les banques (variable autonome, cause), entraîne une variation amplifiée de la masse monétaire (variable induite, conséquence).

• La base monétaire est constituée par la monnaie manuelle (pièces et billets), par les dépôts en compte courant des banques de second rang auprès de la Banque centrale.
Le coefficient multiplicateur :

$$K = \frac{1}{r+b-rb}$$

***r* :** coefficient de réserves obligatoires (dépôts non rémunérés que les banques de second rang sont obligées de faire auprès de la Banque centrale) ;
***b* :** proportion de la monnaie scripturale dont les agents économiques demandent la conversion en billets.

• Le multiplicateur de crédit suppose, comme le pensent les monétaristes, que l'offre de monnaie est déterminée de façon exogène par la Banque centrale et que les banques attendent de disposer de liquidités pour créer de la monnaie ; mais on pourrait se demander si, à l'inverse, ce ne sont pas plutôt les banques qui demandent et obtiennent des liquidités auprès de la Banque centrale après avoir créé de manière autonome de la monnaie (on parle alors de *diviseur de crédit*).

➤ **banque, monnaie.**

Mundell Fleming (modèle de)

• **Application du modèle IS-LM à l'économie ouverte en 1962–1963.**

Appliqué au cas d'une économie ouverte, le cadre d'analyse IS-LM prend en compte trois types d'interdépendances et de contraintes internationales :

– **Une contrainte par les flux de marchandises** ; la relance de la demande se traduisant par un progrès des importations, donc un effet multiplicateur plus faible et une dégradation du solde extérieur ;

– **Une contrainte par les flux de capitaux ;** elle dépend de l'intensité de la liberté de circulation des capitaux : en cas de liberté totale, le pays n'a aucune marge de manœuvre en matière de fixation des taux d'intérêt ; il est *price taker* et applique le taux d'intérêt mondial ;

– **Les flux monétaires sont de nature différente selon le régime de change.**

• En principe, en changes fixes, le niveau de stock de monnaie dépend de l'équilibre extérieur : un déficit implique une contraction de la masse monétaire, alors qu'un excédent entraîne un accroissement. En fait, cette hypothèse ne tient pas compte des mécanismes effectifs de création de monnaie et la compensation possible entre les différentes contreparties de la masse monétaire : en effet, les pays en situation d'excédent peuvent neutraliser les effets de ce solde sur la création de monnaie, alors que les pays déficitaires ont des niveaux de création de monnaie par le crédit qui leur permettent d'éviter qu'un déficit extérieur ne se transforme en déflation.

• En théorie, en changes flexibles, le stock de monnaie est indépendant du solde extérieur ; en fait, cela revient à supposer que l'on est en système de flottement pur, sans aucune intervention des banques centrales sur la formation des taux de change, ce qui ne correspond pas à la plupart des expériences, où le flottement administré se traduit par une intervention des autorités monétaires, intervention qui n'est ni obligatoire, comme en changes fixes, ni interdite, comme en flottement pur.

• Les conclusions sont très liées à ces hypothèses restrictives : en régime de changes fixes, la politique monétaire est, dans tous les cas, inefficace ; en revanche, en régime de changes flexibles, la politique monétaire est efficace. Dans le cas de liberté de circulation des capitaux, la politique budgétaire est efficace en changes fixes et inefficace en changes flexibles.
Le triangle d'incompatibilité de Mundell se situe dans le prolongement de ces idées.

➤ **commerce extérieur, contrainte extérieure, IS-LM (modèle), Mundell (triangle d'incompatibilité de).**

Mundell (triangle d'incompatibilité de)

Économiste canadien (prix Nobel d'économie en 1999) qui a montré qu'un pays ne peut satisfaire simultanément aux trois conditions de liberté de circulation des capitaux, de changes fixes et d'indépendance de la politique monétaire. Ses analyses influenceront fortement les responsables européens pour le choix d'une monnaie commune, solution à cette incompatibilité. Robert Mundell est parfois considéré comme « le père » de l'euro.

• **Appliqué à l'Europe**, le triangle d'incompatibilité a permis de définir diverses situations correspondant à l'exclusion d'une des trois caractéristiques *(en italiques)*.

– **Années 1960 :** taux de changes fixes (Bretton Woods), *circulation des capitaux étroitement contrôlés*, politique monétaire indépendante.

– **Années 1970 :** *flottement généralisé des monnaies (fin de BW)*, libéralisation des mouvements de capitaux, politique monétaire autonome.
– **Années 1980-1990 :** régime de changes fixes (SME), liberté de mouvements des capitaux, *politique monétaire alignée sur celle de la RFA*.
• **Zone euro** (à partir de 1999) : liberté de circulation des capitaux, politique monétaire dictée par la Banque centrale européenne, Monnaie unique.

➤ **intégration régionale, Mundell Fleming (modèle de), Union économique et monétaire européenne.**

mythe

(du gr. *mythos* « parole », « récit »)

1 Dans les sociétés primitives et le monde antique : récit fabuleux, propre à une société, mettant en scène des êtres hors du commun (dieux, héros, ancêtres, mais aussi animaux et végétaux, éléments cosmiques) et considéré comme une représentation du monde et de la condition humaine : mythe de Prométhée, de Sisyphe, Mahabharata (Inde), etc.

À la différence des contes, pures fictions reçues comme telles, les mythes sont reconnus comme « vrais » par les membres de la société concernée : ils sont une réalité vécue et indirectement l'objet de pratiques rituelles. Beaucoup de ces récits sont appelés **mythes d'origine** : ils racontent la création du monde et l'apparition des hommes, leur différenciation, etc.
Sous une apparence désordonnée et fantasque, ils constituent des constructions intellectuelles cohérentes tentant de résoudre ce qui semble intolérable ou dénué de raison.
Les mythes explicitent et légitiment l'ordre social ; comme tels, ils contribuent à maintenir la cohésion de la collectivité.

2 Dans les sociétés contemporaines : représentation simplifiée, stéréotypée, voire tout à fait fallacieuse, largement répandue dans le public : mythe de la femme-enfant, mythe du bon sauvage, mythe des 250 familles. C'est également une représentation idéalisée du passé : mythe de la Belle Époque.

➤ **croyance, croyance collective, Lévi-Strauss, représentations collectives.**

N

NAIRU

(Non Accelerating Inflation Rate of Unemployment)

Taux de chômage qui n'accélère pas l'inflation, autrement dit le taux de chômage qui correspond à une progression des salaires réels parallèle à celle de la productivité de la main-d'œuvre (son augmentation au cours des vingt dernières années peut être un indice du déplacement des courbes de Phillips).

Avec le *NAWRU*, concepts utilisés principalement par l'OCDE dans le cadre de comparaisons internationales portant sur les relations entre l'évolution des salaires, l'inflation et le taux de chômage (ce qui revient à estimer des courbes de Phillips).

➤ **chômage d'équilibre (taux de), chômage naturel (taux de), Phillips (courbe de).**

NASDAQ

➤ **Annexe ❻.**

NAWRU

(Non Accelerating Wage Rate of Unemployment)

Taux de chômage qui correspond à la stabilité des salaires nominaux (un taux de chômage inférieur au NAWRU place les salariés dans un rapport de forces qui leur permet d'obtenir des hausses de salaire).

➤ ***NAIRU.***

natalisme

Idéologie préconisant le développement de la fécondité et de la natalité par des mesures de toute nature.

➤ **fécondité, Malthus, natalité.**

nataliste (politique)

Ensemble de mesures visant à accroître la fécondité de la population d'un pays. Elle peut prendre la forme d'encouragements matériels (allocations familiales, prime au troisième enfant, etc.), de développement d'un contexte favorable à l'enfance (création de crèches par exemple), mais aussi éventuellement de mesures coercitives (interdiction de la contraception ou de l'avortement).

natalité

Nombre de naissances constatées pour un pays, dans un laps de temps donné (en général une année). Elle se mesure par le taux de natalité **ou rapport du nombre de naissances vivantes à la population totale moyenne de l'année. Cependant, cet indicateur est sensible à la structure par âge de la population et l'on utilise plutôt les indicateurs représentatifs de la fécondité pour analyser le phénomène.**

➤ **fécondité.**

nation

Entité collective plus ou moins vaste caractérisée par un sentiment d'appartenance fondé sur des traits culturels communs et/ou sur des principes et des idéaux politiques partagés et organisée le plus souvent par un État.

Cette définition ouverte résulte d'une tension entre deux conceptions opposées :

• **Une approche ethnico-culturelle** défendue au XIXe siècle par Herder et d'autres penseurs allemands. La nation repose sur une communauté linguistique, religieuse et plus encore sur « les goûts et les compétences » (Herder) de ses membres.

• **Une approche civique et contractuelle** vigoureusement défendue par E. Renan dans sa conférence *Qu'est-ce qu'une nation ?* prononcée en 1882. La nation ne correspond ni à une race, ni à une religion, ni même à une langue. Elle « est un principe spirituel », elle « se résume [...] dans le désir clairement exprimé de vivre ensemble » et dans « la volonté [...] de faire valoir l'héritage qu'on a reçu indivis ».

• **En réalité les deux approches prêtent à discussion.** La conception romantique allemande est contestable moins par la mise en avant d'éléments culturels que par leur « essentialisation ». Les identités culturelles nationales ne sont pas des faits de nature mais des élaborations historiques plus ou moins durables. Quant à l'héritage commun auquel fait référence E. Renan, sa consistance même varie avec le temps. Les conflits et les innovations politiques, les transformations sociales, les apports migratoires sont facteurs de restructuration et de recomposition du patrimoine historique.

L'avènement des États-nations

La plupart des historiens s'accorde à considérer l'émergence des nations au sens contemporain du terme entre la fin du XVIIIe siècle et le début du XIXe siècle, en même temps que l'affirmation des États modernes. D'où la notion d'État-nation qui implique l'imbrication entre ses trois éléments constitutifs que sont le peuple (critère culturel), l'État central (critère géo-politique) et la Nation (critère socio-politique). Cette configuration n'est ni générale ni le résultat d'un même processus.

On peut distinguer *grosso modo* trois processus généalogiques de la nation et de l'État-nation.

• **Dans le scénario français**, l'édification d'un État central est première : les monarques contribuent à forger une identité prénationale. La Révolution française inaugure la Nation en la plaçant d'emblée dans le cadre de la République.

• **Dans plusieurs pays européens**, la nation émergente ou le sentiment national parvient à l'existence étatique dans un cadre monarchique transformé : il y a en quelque sorte une « nationalisation » des monarques (A.-M. Thiesse) qui ne gouvernent plus leurs sujets mais exercent le pouvoir au nom de la Nation.

• **Enfin des identités nationales** se sont constituées **au sein d'entités politiques plus vastes** (Empire austro-hongrois) ou dans les empires coloniaux pour aboutir, le cas échéant à des États-nations.

• La constitution des nations et des États-nations est inséparable de la **construction d'identités nationales** liée à la société industrielle moderne. E. Gellner insiste sur l'unification du territoire, le développement des communications et plus encore sur le rôle de la scolarisation dans l'unification linguistique, la diffusion des stéréotypes nationaux et l'inculcation d'un bréviaire patriotique.

• L'État-nation serait aujourd'hui en déclin avec la mondialisation et la constitution d'entités supranationales.

➤ **État, société, souveraineté.**

nationalisation

Transfert de propriété du capital d'une entreprise privée à l'État dans le but d'en modifier la logique de fonctionnement.

• La nationalisation se démarque en principe de l'étatisation : il s'agit de transférer le pouvoir de décision non à l'État mais à la Nation. C'est la raison pour laquelle les entreprises nationalisées jouissent d'une certaine autonomie et que les directions des entreprises ne sont pas la simple émanation des pouvoirs publics : les formules de tripartisme associent par exemple les représentants de l'État, ceux du personnel et ceux des usagers (ou des personnalités « compétentes »). Le transfert de propriété pose des problèmes d'indemnisation des actionnaires.

• Il a toutefois existé des nationalisations sans indemnisations ; cela suppose que l'État qui nationalise soit en mesure de refuser cette indemnisation aux actionnaires.

Les nationalisations en France

La France a connu deux vagues principales de nationalisations. En 1945, il s'agissait du transfert à la Nation de secteurs clés (création d'EDF, GDF...) de la maîtrise du crédit du pouvoir financier (banques) et de nationalisation sanction pour fait de collaboration (Renault). La deuxième vague, en 1982, a porté sur 5 groupes industriels (CGE, Saint-Gobain, Pechiney, Rhône-Poulenc, Thomson), 36 banques, 2 compagnies financières et des entreprises de la sidérurgie et de l'armement. Depuis 1986, la France a rejoint le mouvement général de privatisation que l'on observe dans la grande majorité des pays.

• Les nationalisations ont souvent été présentées comme le moyen d'instaurer une logique alternative au capitalisme. En fait, elles apparaissent fréquemment, et cela a été le cas en France, comme le moyen de moderniser le capitalisme et non de le renverser.

➤ **entreprise(s) publique(s), État, privatisation.**

Nations unies

➤ **ONU.**

néo-classique (théorie)

Courant de pensée qui constitue actuellement le paradigme dominant en économie et dont les origines sont conventionnellement datées des années 1870-1890, au cours desquelles eut lieu la « révolution marginaliste ».

De la « révolution marginaliste » à la théorie néo-classique

• Elle est rétrospectivement associée à la publication, au début des années 1870, de trois ouvrages : la *Théorie de l'économie politique* de l'Anglais Stanley Jevons, les *Éléments d'économie politique pure* du Français Léon Walras (qui enseigne à Lausanne), les *Principes d'économie politique* de l'Autrichien Carl Menger.

• À ces trois sources ont ensuite correspondu deux sous-courants : en Angleterre, bien qu'Edgeworth soit alors l'économiste le plus proche de Jevons, c'est Alfred Marshall qui impose sa théorie de l'équilibre partiel ; à Lausanne, où Pareto succède à Walras, le cadre d'analyse est la théorie de l'équilibre général, qui restera longtemps méconnue ; il ne serait pas pertinent de parler de sous-courant pour l'école autrichienne car elle s'oppose sur de nombreux points à la théorie néo-classique (c'est notamment le cas pour l'un de ses héritiers les plus célèbres, Hayek).

• L'essor de la théorie néo-classique date en fait des années 1940-1960 : en microéconomie, parmi les contributions majeures, signalons celles de Hicks (*Valeur et capital* date de 1939), de Samuelson (ses *Fondements de l'analyse économique* sont parus en 1947) et de Arrow et Debreu (leur démonstration de l'existence d'un équilibre général paraît dans un article de 1954) ; on peut également citer Solow pour sa théorie de la croissance (son modèle date de 1956).

• **Selon F. Hahn**, l'un des plus grands théoriciens de ce courant, un économiste néo-classique se caractérise par trois traits :
– conformément à l'individualisme méthodologique, il rapporte toujours les phénomènes qu'il étudie à des actions individuelles ;
– les individus sont supposés rationnels ;
– la modélisation de l'interaction entre les individus accorde une place importante à la notion d'équilibre.

Ces trois traits sont communs à tous les néo-classiques et se retrouvent dans tous les manuels contemporains de microéconomie. Les différences entre les auteurs et les modèles résultent de leurs définitions du principe de rationalité et du cadre dans lequel les individus interagissent.

• **Si l'on reprend la typologie d'O. Favereau**, la théorie néo-classique standard suppose que la rationalité est absolue, l'individu étant capable, en toute circonstance, d'effectuer un calcul d'optimisation lui donnant accès à la meilleure solution, et la coordination s'effectue par les prix de marché, le cadre institutionnel étant la concurrence parfaite. Pour paraître plus réaliste, la théorie standard étendue prend en compte l'existence d'un mode de coordination alternatif au marché : l'organisation. Toutefois, le choix entre le marché et l'organisation résulte encore d'un calcul rationnel. Selon Favereau, on sort de la théorie néo-classique lorsque l'on tire les conséquences de l'hypothèse de rationalité limitée : les individus ne disposent pas des capacités cognitives requises pour effectuer les calculs d'optimisation et doivent donc prendre leurs décisions autrement.

• **L'impasse théorique** dans laquelle se trouvait le modèle fédérateur de l'équilibre général et l'irréalisme des hypothèses de concurrence parfaite ont conduit les néo-classiques à raisonner de plus en plus souvent dans le cadre d'équilibres partiels de concurrence imparfaite. La tendance actuelle consiste à prendre en compte les asymétries informationnelles et l'interaction stratégique entre les individus, avec un recours croissant à la théorie des jeux.

➤ **asymétrie informationnelle, classiques (économistes), concurrence imparfaite, concurrence parfaite (modèle de), équilibre, individualisme, jeux (théorie des), marginalisme, rationalité.**

néo-keynésiens

Économistes qui s'inspirent de l'œuvre de Keynes, tout en acceptant certains apports de la théorie néo-classique, mais sans aller jusqu'à accepter les critiques des nouveaux classiques.

Ces économistes, par exemple le prix Nobel **James Tobin**, continuent à défendre le cœur du keynésianisme orthodoxe, que l'on peut résumer aux quatre propositions suivantes :

– l'économie de marché est intrinsèquement instable et ses ajustements sont lents ;

– l'économie de marché peut connaître des situations de sous-emploi durable au cours desquelles on observe du chômage involontaire ;

– le niveau de la production et de l'emploi dépend de la demande effective ;

– en situation de sous-emploi, les politiques de stabilisation sont efficaces (la politique budgétaire étant préférée à la politique monétaire).

Les années 1970 ont été le théâtre d'une remise en cause radicale de cette macro-économie néo-keysienne, sous l'effet des critiques des nouveaux classiques. Les économistes appelés **nouveaux keynésiens** (nouvelle économie keynésienne, NEK) acceptent partiellement ces critiques et utilisent certaines des hypothèses de leurs adversaires « nouveaux classiques » (NEC), par exemple les anticipations rationnelles. De leur côté, les **néo-keynésiens** refusent ce type de compromis et restent campés sur leurs positions, ce qui leur vaut aujourd'hui d'être considérés comme des keynésiens « à l'ancienne ».

➤ **Keynes, keynésianisme, nouvelle économie keynésienne.**

néo-libéralisme

Renouveau du libéralisme, tant au niveau de la pensée que de la pratique de la politique économique, qui s'est affirmé depuis la fin des années 1970. Les « nouveaux économistes » développent une critique radicale du keynésianisme et, de façon plus large, de l'intervention de l'État.

Deux types de politique économique sont préconisés par les nouveaux économistes : le monétarisme et l'« économie de l'offre ». Le monétarisme privilégie la lutte contre l'inflation : l'économie de l'offre cherche à relancer l'économie, non par un accroissement de la demande comme les keynésiens, mais par une stimulation de l'offre en diminuant les contraintes pesant sur l'initiative privée (déréglementation) et en allégeant les charges (salariales, sociales et fiscales) pesant sur les entreprises et les épargnants.

En ce qui concerne la politique économique, un certain nombre d'orientations traduisent ce néo-libéralisme : privatisations, remise en cause (partielle) de la protection sociale, flexibilité accrue de l'emploi, réduction des prélèvements obligatoires et des dépenses publiques...

➤ **économie de l'offre (*supply side economics*), Friedman, libéralisme, monétarisme, nouvelle économie classique [NEC].**

néo-positivisme

➤ **positivisme.**

néo-taylorisme

Adaptation du taylorisme au nouveau contexte économique (concurrence par la qualité, la diversité, les délais), social (main-d'œuvre plus qualifiée) et technique (informatisation et automatisation).

Au cœur du modèle taylorien perdure la division du travail, d'un côté ceux qui réfléchissent et conçoivent, de l'autre ceux qui exécutent.

➤ **post-taylorisme, Taylor, taylorisme, toyotisme.**

net

➤ **brut/net.**

new deal

(terme anglais signifiant *nouvelle donne*)

Ensemble des mesures de politique économique et sociale adoptées aux États-Unis par le gouvernement du président F.-D.Roosevelt à partir de 1933 pour enrayer les effets de la grande crise de 1929.

L'expression fut employée par Roosevelt en 1932 lors de sa campagne électorale contre le président républicain sortant Herbert Hoover.

Politique empirique, bien qu'élaborée par l'équipe d'universitaires dont s'était entouré Roosevelt, son *brain trust* ; **politique keynésienne**, dans une certaine mesure, mais avant la lettre puisque la *Théorie générale* ne sera publiée qu'en 1936.

Les différentes politiques du *New deal*

• **La politique monétaire** s'appuie sur l'*Emergency Banking Act* (9 mars 1933) et le *Banking Act* (16 juin 1933). Enfin, le 16 janvier 1934, après une période d'abandon de l'étalon or et de mise en flottement du dollar, la monnaie américaine est stabilisée à la parité de 35 dollars l'once d'or, soit une dévaluation de 41 %.

• **La politique agricole** a pour cadre l'AAA (*Agricultural Adjustement Act*, 12 mai 1933). Elle institue une planification malthusienne de la production et organise la commercialisation des produits. Des primes, financées par des taxes sur l'industrie agricole, sont accordées aux propriétaires qui réduisent les surfaces cultivées ou les quantités produites.

• **La politique industrielle** a pour cadre le NIRA *(National Industrial Recovery Act)*. Il s'agit de réorganiser la production en éliminant les effets déflationnistes, sur les prix comme sur les salaires, d'une concurrence excessive. Le gouvernement établit un code général comportant la suppression du travail des enfants, l'abaissement de la durée du travail et la fixation à 40 *cents* du salaire horaire moyen.

• **La politique de grands travaux** est l'œuvre de la *Civil Works Administration* et de la TVA *(Tennessee Valley Authority)*. C'est une politique d'aménagement du territoire (barrages, routes, écoles, aérodromes) dont l'objectif est d'employer des chômeurs et de relancer les industries de biens intermédiaires par des commandes publiques.

• **La politique sociale**, déjà amorcée par le NIRA, est complétée par le *Social Security Act* qui instaure l'assurance chômage, financée par l'employeur (taxe de 3 %), et l'assurance vieillesse, financée à égalité par l'employeur et le salarié (cotisation de 1 % du salaire chacun). Une aide sociale aux chômeurs est distribuée par les États sur crédits du gouvernement fédéral.

• On appelle ***second New deal*** les mesures, d'orientation plus sociale encore, que fait adopter Roosevelt entre 1935 et 1938 à la suite de l'annulation par la Cour suprême de l'AAA et du NIRA, mesures qui en reprennent les dispositions principales (*Soil Conservation Act*, *National Labor Relations Act*, dite loi Wagner, et *Fair Labor Standard Act*).

Le bilan du New deal : le processus de dégradation a été enrayé, la tendance inversée, mais, en 1939, les indicateurs sont loin d'avoir retrouvé leur niveau de 1929. Seule la guerre et ses commandes militaires puis les nécessités de la reconstruction de l'Europe permettront le retour au plein-emploi.

➤ **État, fordisme, Keynes.**

niche fiscale

Mécanisme légal qui permet de payer moins d'impôts quand certaines conditions sont remplies, ou qui permet d'échapper à l'impôt.

Il existe en France plus de 470 niches fiscales qui forment un ensemble hétérogène. Elles représentaient en 2012 plus de 70 milliards d'euros.

Les niches fiscales peuvent correspondre à :

– des déductions d'impôts lors d'investissements, dans les Dom-Tom, le cinéma, l'isolation de la résidence principale, l'entretien des monuments historiques...

– la diminution de l'assiette de l'impôt sur le revenu pour certaines professions (journalisme par exemple) ;

– la non fiscalisation ou la limitation de la fiscalisation pour certaines productions (truffes, pipes...) ;

– la non imposition de la prime pour l'emploi ;

– l'abattement de 10 % des retraites imposables ;

– la réduction pour les particuliers des sommes versées à des employés à domicile, etc.

Ces niches profitent essentiellement aux ménages les plus favorisés. Leur plafonnement – voire leur suppression – a été demandé, malgré des remarques sur leur caractère incitatif à des investissements et à la création ou le maintien d'emplois. En novembre 2012, l'Assemblée nationale a adopté le plafonnement des niches, limitant les réductions d'impôt à 10 % du revenu imposable, plus 10 000 euros.

niveau de vie

Quantité de biens et services dont disposent un ménage, une catégorie sociale, un pays, en fonction de leur revenu. Le niveau de vie correspond au niveau de consommation. Notion quantitative à distinguer de celle, qualitative, de genre de vie.

S'agissant des nations, l'indicateur du niveau de vie est souvent mesuré par le revenu national par habitant. Cet indicateur a une signification limitée car il ne prend pas en compte l'ampleur des inégalités de revenu.

Il ne faut pas confondre niveau de vie et pou-voir d'achat. **Le pouvoir d'achat** correspond à la quantité de biens et de services qu'un rev-enu permet potentiellement de se procurer.

Le pouvoir d'achat du revenu disponible dépend de l'évolution des prix : la hausse des prix entraîne une baisse du pouvoir d'achat, c'est-à-dire du revenu réel.

À revenu réel inchangé, on peut accroître son niveau de vie en réduisant la part de ce revenu consacrée à l'épargne.

➤ **genre de vie, inflation, revenu, unité de consommation.**

Nobel (prix)

➤ **Annexe ❻.**

nomenclature(s)

Liste de postes ou de catégories, comportant un ou plusieurs niveaux hiérarchisés, résultat de la classification d'objets économiques et sociaux tels que les produits, les activités, les personnes actives ou les ménages. Les nomenclatures permettent d'ordonner les observations statistiques d'une manière identique d'une année sur l'autre.

Loin d'être des données immédiates de l'observation, les catégories sont le fruit d'une élaboration raisonnée à partir de principes et selon des objectifs plus ou moins explicites. Tout objet d'un ensemble soumis à classification n'a sa place que dans une catégorie et une seule (principe de non-chevauchement, exigence de non-ambiguïté). Ces procédés, bien que rigoureux, font que les nomenclatures présentent toujours une part d'arbitraire dans la délimitation de leurs bornes, une réalité économique ou sociale n'étant pas toujours facilement « catégorisable ».

Les nomenclatures de l'INSEE

En France, dans le cadre de la Comptabilité nationale, l'INSEE met au point plusieurs nomenclatures.

- **La nomenclature des activités française (NAF)** est entrée en vigueur le 1er janvier 1993. Rénovant la NAP, elle se présente comme une adaptation nationale de la NACE (nomenclature des activités économiques des communautés européennes), qui ellemême s'emboîte dans la nomenclature mondiale révisée (CITI). La NAF est révisée en janvier 2003.
- **La nomenclature des professions et catégories socioprofessionnelles (PCS)** de 1982 est le principal instrument statistique d'analyse des groupes sociaux et de la différenciation sociale. Elle avait été précédée au début des années 1950 d'une nomenclature dite « code des catégories socioprofessionnelles ».

➤ **branche, catégories socioprofessionnelles [CSP, PCS], Comptabilité nationale, secteur économique.**

nominale (valeur)

Valeur exprimée en unités monétaires (en euro...). La valeur nominale est la valeur inscrite sur une pièce, un billet, un titre, etc.

En termes d'évolution, on distingue les **évolutions nominales** (un salaire augmente en euros de 6 %) et les **évolutions en termes réels, ou à prix constants** : si la hausse des prix est de 2,5 %, à une hausse nominale de 6 % du salaire nominal correspond une augmentation du salaire réel ou du pouvoir d'achat du salaire d'environ 3,5 %.

➤ **déflateur, indice, prix.**

normal

1 **Habituel, ordinaire, qui est conforme à la nature des choses, en accord avec les normes (en ce sens, le qualificatif a une connotation positive).**

2 **Le point de vue sociologique cherche à relativiser la notion, à s'abstenir de porter des jugements de valeur. Les critères qui départagent ce qui est « normal » de ce qui ne l'est pas dépendent de tout un ensemble de règles – explicites ou tacites –, de conventions, de coutumes propres à une société donnée et à une époque déterminée.**

Si les normes varient, les notions de normalité et d'anormalité varient elles aussi : l'agressivité est valorisée dans certaines sociétés, et tenue pour pathologique dans d'autres.

« Normal » et « pathologique » selon Durkheim

Selon Durkheim, les faits sociaux peuvent être dits « normaux » quand « ils présentent les formes les plus générales », les plus répandues. « Le type normal se confond avec le type moyen. » Ainsi, la criminalité est un phénomène « normal » car observable dans toute société et liée aux conditions de toute vie collective.
À l'inverse, les phénomènes qui s'écartent de la moyenne sont qualifiés de « morbides » ou de « pathologiques ». Cependant, cette caractérisation du normal et du pathologique est relative au type de société et à son degré de développement.

➤ **criminalité, délinquance, déviance, normes sociales.**

normes comptables

Ensemble des règles d'élaboration et de présentation des comptes des entreprises destinées à les rendre fiables, transparents

et comparables d'une entreprise, ou d'un pays, à l'autre. Les normes comptables comportent trois éléments : ce qu'on comptabilise (ce qui est recensé dans les bilans et les comptes de résultat) ; comment on évalue actifs et passifs ; enfin les informations données pour expliquer les comptes.

À compter du 1er janvier 2005, la Commission européenne, à défaut d'avoir pu harmoniser les normes européennes, a rendu obligatoire pour les seules entreprises cotées sur les places boursières européennes d'adopter une présentation conforme aux **normes internationales** IAS/IFRS *(International Accounting Standards/International Financial Reporting Standards)* distinctes des **normes américaines** FAS/GAAP US *(Financial Accounting Standards/Generally Accepted Accounting Principles in the United States)* et des autres normes nationales.

Il existe donc une concurrence internationale entre les différents systèmes de normes comptables ; les enjeux d'une harmonisation sont importants.

Les enjeux d'une harmonisation internationale

- L'UE cherche à accroître le nombre de ses représentants à l'*IASB* (*International Accounting Standards Board*) de manière à rapprocher les normes internationales, largement influencées par les grands cabinets comptables anglo-saxons, des conceptions européennes.
- Les entreprises souhaitent une harmonisation des normes comptables parce que cotées sur plusieurs places financières, elles sont actuellement obligées de présenter leurs comptes, à leurs frais, sous différentes formes.
- Selon le choix des normes, les performances, mais, au delà, les critères de performance, et donc de gestion des entreprises, peuvent se trouver modifiés. Ainsi, par rapport aux normes comptables françaises, les normes internationales IAS/IFRS privilégient l'information des actionnaires (en intégrant dans le bilan des éléments du « hors bilan », comme les produits dérivés) ; elles donnent la priorité à la réalité économique sur la forme juridique (en réintégrant dans le bilan des actifs titrisés, ou ceux faisant l'objet d'un crédit-bail, alors qu'ils sont juridiquement séparés de l'entreprise). Enfin, elles utilisent le principe de *fair value,* c'est-à-dire l'évaluation des éléments du bilan à la valeur instantanée du marché, ce qui peut faire craindre une dérive.

normes sociales

Règles et usages socialement prescrits caractérisant les pratiques d'une collectivité ou d'un groupe particulier (normes de groupe).

- Les normes ne se confondent pas toujours avec les règles légales (lois et règlements édictés par les pouvoirs publics) ; nombre de normes ne font pas l'objet d'une réglementation officielle et certaines lois sont transgressées avec l'assentiment du plus grand nombre...

Elles se présentent tantôt comme des conduites « allant de soi » (règles de politesse, codes de bonne conduite), tantôt comme des prescriptions voire des obligations sociales (la virginité des jeunes filles au mariage il y a quelques décennies). De fait leur caractère contraignant est éminemment variable.

- On associe habituellement « normes » et « valeurs ». Mais cette correspondance ne va pas toujours de soi. Dans nombre de cas, l'obéissance aux normes est d'abord affaire de conformisme ou de crainte de la sanction morale. Malgré tout les normes sont d'autant plus acceptées qu'elles s'accordent avec les valeurs auxquelles adhère le groupe. Elles le sont moins si elles sont édictées par des collectifs ou des organisations perçus comme doublement extérieurs au groupe (distance sociale et distance « culturelle »). Par ailleurs les systèmes de valeurs peuvent être sujets à des divergences d'interprétation notamment dans les domaines éthique ou religieux.
- Les systèmes de normes ne sont pas immuables. À des ères de stabilité normative, succèdent des périodes de transformation des normes souvent liées à des conflits ou des tensions. Il en est ainsi des normes

sexuelles et des modèles de comportement des hommes et des femmes.

➤ **contrainte sociale, déviance, genre, normal, rôle(s), valeurs.**

normes techniques

Règles, édictées par les pouvoirs publics et le plus souvent par des organismes de normalisation, fixant les caractéristiques des biens produits et des processus de production.

Les normes techniques ont une logique économique (favoriser la standardisation), une logique informationnelle (donner des informations précises et objectives à l'acheteur), une logique sociale (protéger les travailleurs, les usagers, préserver l'environnement...) ; elles peuvent aussi avoir une logique protectionniste en créant ainsi des sortes de barrières à l'entrée pour les producteurs étrangers. Les normes ISO 9000 (qualité) et ISO 14000 (environnement) sont les plus reconnues.

North (Douglas Cecil)

Prix Nobel d'économie de 1993 (né en 1920) avec R.W. Fogel pour ses travaux d'histoire économique qui tendent à privilégier le rôle des institutions.

• D. North se fixe comme objectif d'expliquer la formation des institutions et de ne pas les considérer simplement comme des données. Il considère que les insuffisances de la théorie néo-classique tiennent à ce qu'elle prend comme des données les droits de propriété, les institutions et les règles du jeu économique.
• Il relativise le rôle de la technologie dans l'histoire de la croissance pour privilégier les transformations institutionnelles (droit des sociétés, banques...) qui tendent à abaisser les coûts de transactions, il se rapproche en cela de Coase. Mettant l'accent sur les droits de propriété, il développe une thèse qui a fait l'objet d'âpres discussions et qui présente le servage comme une relation de nature contractuelle entre le serf qui fournit une certaine quantité de travail et reçoit en contrepartie une protection du seigneur.
• Si North se démarque de l'analyse néo-classique – qui tend à privilégier un seul modèle économique, l'économie de marché – en envisageant des fonctionnements de l'économie très différenciés par les institutions, en revanche, il reste très fidèle à une méthode qui considère que dans toute société, l'individu obéit à un comportement économique de maximisation de son revenu.

➤ **Coase, Fogel ; Annexe ❸.**

nouveaux mouvements sociaux [NMS]

Expression forgée pour désigner l'émergence, dans les années 1960-1970, de mouvements dont les enjeux, les finalités et les formes de mobilisation s'écartent de ceux du mouvement ouvrier et, plus généralement, des conflits axés sur le travail : mouvements étudiant, consumériste, féministe, antinucléaire, écologiste, etc.

• Ces mouvements présentent ou présentaient certains dénominateurs communs : des revendications et des valeurs qui s'écartent du registre « matériel » autonomie, droit à la différence, critique de la gestion bureaucratique des problèmes de la cité, opposition au productivisme, défiance envers les grandes organisations, recherche d'actions expressives des acteurs concernés, référence à des principes éthiques ou civiques, etc.
• Plusieurs sociologues et politistes ont voulu mettre en perspective cette nouvelle donne de l'action collective : l'émergence de la société post-industrielle et le déclin parallèle du mouvement ouvrier (A. Touraine), la montée des valeurs post-matérialistes (R. Inglehart).
• Les NMS ont connu un certain déclin avec la crise économique et sociale de la fin du XXe siècle et du début du XXIe siècle. La contestation de l'ordre social a reflué devant la gravité des déséquilibres du marché du travail et des processus de marginalisation. Néanmoins, certaines questions, comme le statut des femmes et l'écologie,

sont devenues des enjeux centraux, perçus comme tels par la population et les organisations politiques.

• On a par ailleurs relativisé le caractère nouveau de ces mouvements : le mouvement ouvrier n'a pas développé que des revendications « matérielles » mais aussi des luttes pour les libertés d'expression et contre le despotisme patronal ; les démocraties occidentales ont déjà connu par le passé des mouvements socio-politiques marquants (actions des suffragettes, luttes pour la laïcité, mouvement noir pour les droits civiques).

➤ **écologistes (doctrines), mouvement social, post-matérialisme, Touraine.**

nouvelle économie

Ensemble de branches liées à l'essor des nouvelles technologies de l'information et de la communication ou nouveau régime de croissance économique.

Pour expliquer la phase de croissance exceptionnelle que l'économie américaine a connu au cours des années 1990, il est souvent fait référence à la nouvelle économie. Cette expression prête à confusion car elle se rapporte à des réalités différentes, bien que liées.

La nouvelle économie et les années 1990

Domaine de la nouvelle économie

• Elle désigne d'abord les entreprises et les branches productrices des nouvelles technologies de l'information et de la communication ; les auteurs qui croient justifié de parler de troisième révolution industrielle incluent également les bio-technologies. Le caractère spectaculaire du changement dans l'informatique, qu'il s'agisse du matériel ou des logiciels, ou dans les télécommunications, notamment avec le succès d'Internet, ne doit pas occulter le fait que les branches concernées, certes très dynamiques, ne représentent que moins de 10 % de l'économie.

• C'est ce qui conduit à étendre le périmètre de la nouvelle économie aux entreprises et branches utilisatrices. Il devient alors difficile de tracer sa frontière, mais cela permet d'en faire le ressort principal de la croissance retrouvée.

• Pour le démontrer, il faut toutefois résoudre le paradoxe de Solow, énoncé dès 1987 : « Les ordinateurs sont partout, sauf dans les statistiques. » En effet, du côté de l'offre, les nouvelles techniques ne sont un facteur de croissance que si elles induisent des gains de productivité. Or, ceux-ci se sont faits attendre. Pourquoi ? Parce que les investissements dans les nouvelles technologies ne sont efficaces que s'ils s'accompagnent d'une réorganisation du travail et de la production dans les entreprises, laquelle prend du temps.

Aspects micro et macroéconomiques

La question majeure de l'organisation, autant à l'intérieur des entreprises qu'interentreprises, montre que la nouvelle économie conjugue des aspects microéco-nomiques et macroéconomiques. Ainsi, certains considèrent-ils que ce sont les transformations de l'environnement des entreprises, telles que la déréglementation, dont ont profité par exemple Microsoft ou Intel, et la place prise par les marchés financiers dans le financement d'investissements risqués, entre autres ceux des fameuses « start-up », qui expliquent la propagation des innovations.

Les lois de « l'ancienne économie » ont-elles disparu ?

• **Le boom américain,** pour partie spéculatif, agrémenté de *success stories* et de taux de rentabilité records, sert d'argument pour justifier la version extrême de la nouvelle économie : l'idée que les « lois » de l'« ancienne » économie ne s'appliquant plus, il faut analyser la réalité avec de nouvelles conceptions. Plusieurs phénomènes semblent conforter cette hypothèse : la disparition de l'ancien cycle économique, la phase d'expansion battant des records de longévité ; la disparition de la relation de Phillips, le retour au plein-emploi ne s'accompagnent pas de tensions inflationnistes ; l'euphorie boursière, fondée sur des anticipations de profit paraissant totalement déraisonnables selon les anciens critères d'évaluation, etc. Mais la crise qui débute en 2007 ne remet-elle pas en cause la version extrême de la nouvelle économie ?

• Quoi qu'il en soit, de nombreux économistes considèrent que les transformations en cours, dont personne ne nie l'importance, peuvent fort bien s'analyser en utilisant les outils habituels – rendements croissants, vague d'innovations, externalités, etc. –, sans négliger certaines particularités, telles que les effets de réseau.

➤ **innovation, progrès technique, Schumpeter.**

nouvelle économie classique [NEC]

Courant de pensée, dont les chefs de file sont R. Lucas, Th. Sargent, N. Wallace et R. Barro, qui renoue avec une vision « classique », prékeynésienne de l'économie : s'inspirant du courant monétariste et se référant aux anticipations rationnelles, cette approche privilégie la microéconomie, les comportements individuels, l'équilibre des marchés et l'ajustement par les prix. L'une de ses conclusions majeures est que la politique économique conjoncturelle anticipée par les agents économiques est inefficace.

Dans le prolongement des analyses de M. Friedman, la nouvelle école classique développe une macroéconomie alternative à la macroéconomie keynésienne.

Les trois piliers de la NEC

Elle s'organise autour de trois piliers :

– d'une part, à l'inverse de la théorie du déséquilibre qui repose sur l'hypothèse de prix fixes ou de prix rigides, la nouvelle économie classique envisage un monde dans lequel la flexibilité des prix assure l'équilibre des marchés ;

– d'autre part, l'hypothèse de chômage naturel exprime le fait que le chômage ne peut être durablement réduit par une action de relance de la demande de type keynésien (anticipations adaptatives des agents);

– enfin, l'hypothèse d'anticipations rationnelles qui signifie que les agents peuvent optimiser leurs anticipations, et ne commettent pas d'erreurs systématiques de prévision.

La conclusion radicalise la position de M. Friedman : la politique de relance monétaire est inefficace et ne peut que conduire à un niveau d'inflation plus élevé mais sans réduction véritable du chômage ; mieux vaut donc des règles plutôt que le pouvoir discrétionnaire (*rules rather than discretion*). Cette théorie donne ainsi des justifications à une Banque centrale indépendante dirigée par un responsable privilégiant la lutte contre l'inflation et peu enclin à lutter contre le chômage considéré assez largement comme volontaire. L'une des difficultés rencontrées par ce courant est l'explication d'un chômage de masse persistant difficile à réduire uniquement à du chômage volontaire. Par ailleurs, la nouvelle économie classique propose une analyse des cycles privilégiant les chocs exogènes, c'est la théorie des cycles réels.

➤ **anticipations, chômage naturel (taux de), crédibilité monétaire ou financière, économie de l'offre (*supply side economics*), équivalence ricardienne ou théorème Ricardo-Barro, Friedman (Milton), monétarisme, Phillips (courbe de).**

nouvelle économie keynésienne

Courant de la macroéconomie contemporaine qui accepte certaines des critiques classiques à l'encontre de l'économie keynésienne mais tente de sauver une partie de l'héritage keynésien sur la base d'une analyse des imperfections du marché.

En 1980, l'économiste classique Robert Lucas écrit un article intitulé « La mort de l'économie keynésienne ». C'est en réponse à ce défi que toute une nouvelle génération d'économistes, parmi lesquels O. Blanchard, S. Fisher, G. Mankiw, D. Romer, G. Akerlof, A. Blinder, etc., a construit des modèles reposant sur des fondements microéconomiques tout en restant cohérents avec certains éléments constitutifs de l'analyse keynésienne, tels que l'équilibre de sous-emploi ou le rationnement de l'offre par la demande effective.

Accords/refus de concepts classiques

À la différence de l'ancien courant néo-keynésien (James Tobin), la nouvelle économie keynésienne accepte une partie des apports de la nouvelle économie classique, notamment la nécessité de déduire les relations macroéconomiques de fondements microéconomiques et l'hypothèse d'anticipations rationnelles, c'est-à-dire l'idée que les agents utilisent de façon optimale toute l'information dont ils disposent.

En revanche, la nouvelle économie keynésienne refuse la dichotomie classique entre variables nominales (la quantité de monnaie, le salaire nominal, etc.) et variables réelles (le niveau de la production, le niveau de l'emploi, etc.) ainsi que l'hypothèse classique cruciale d'équilibre permanent des marchés par un ajustement continu des prix. Est ainsi préservée l'idée keynésienne que les variations de la demande peuvent être la cause de fluctuations cycliques de grande amplitude justifiant une politique conjoncturelle.

Les imperfections du marché

Sur le plan microéconomique, les nouveaux keynésiens insistent sur toutes les imperfections du marché : incomplétude et asymétrie d'information, concurrence imparfaite, coûts d'ajustement. Ces imperfections se traduisent par des rigidités nominales et réelles, qui ne sont donc plus postulées, comme c'était le cas auparavant, mais expliquées. Ainsi, la rigidité des salaires nominaux s'explique-t-elle par les coûts de renégociation des contrats de travail et permet à son tour de justifier l'existence d'un chômage keynésien (si les salaires ne s'ajustent pas en cas de réduction de la demande, les entreprises licencient). Les nouvelles théories du marché du travail (par exemple la théorie du salaire d'efficience) expliquent, de leur côté, des rigidités réelles sur ce marché, sources de chômage involontaire.

Pas de modèle fédérateur

Les modèles particuliers des nouveaux keynésiens sont nombreux, mais il n'existe pas de modèle fédérateur. Le point de consensus concerne la défense des politiques économiques discrétionnaires. Bien qu'admettant les critiques monétaristes et classiques de la prétention des néo-keynésiens à réaliser un *fine tuning* (réglage fin) de la conjoncture, les nouveaux keynésiens plaident pour une politique économique souple, capable de s'adapter à une situation économique elle-même changeante et de toute façon beaucoup trop imprévisible pour qu'on accepte de se lier à des normes rigides.

➤ **efficience (salaire d'), Keynes, keynésianisme, nouvelle économie classique (NEC), WS-PS.**

nouvelle théorie du commerce international

Renouvellement de la théorie de l'échange international qui met l'accent sur les économies d'échelle, les « avantages construits » et donne une interprétation des échanges croisés entre pays semblables.

Théorie traditionnelle

Ses fondements, posés par Ricardo puis Heckser, Ohlin et Samuelson, présente trois caractéristiques :

– elle s'inscrit dans un contexte concurrentiel, car les agents sont petits sans influence sur le marché et donc *price takers* ;

– elle est statique, dans la mesure où elle considère les différences entre pays comme des données et non comme des variables à expliquer ;

– elle explique les échanges de produits divers entre pays différents.

Les ruptures avec la théorie traditionnelle

La nouvelle théorie, dont Paul Krugman est le principal représentant, se trouve en rupture avec la théorie traditionnelle :

– d'une part, elle s'inscrit, non dans la concurrence parfaite, mais dans la concurrence imparfaite : il existe des économies d'échelle et l'entreprise peut avoir intérêt à étendre son marché pour baisser ses coûts ; les produits sont différenciés et les échanges internationaux sont pour partie des échanges de différences ; les entreprises ne sont pas passives par rapport à la formation des prix et mènent des stratégies de prix ;
– d'autre part, la nouvelle théorie internationale s'intéresse à la formation des avantages relatifs, qu'il s'agisse de l'accumulation de capital, de l'accumulation de capital humain, de la diffusion du progrès technique. Il s'agit moins des avantages relatifs donnés que des avantages « construits » par les stratégies des entreprises et des États ;
– enfin, elle fournit une interprétation des échanges croisés, des échanges de produits de la même branche (échanges intrabranches) entre pays semblables.

Nouvelle théorie et mercantilisme

D'une certaine façon, elle marque un retour à une forme de mercantilisme : alors que la théorie traditionnelle montre que l'échange est bénéfique pour tous, y compris pour celui qui importe des biens moins chers à l'extérieur, la nouvelle théorie internationale montre l'intérêt pour une firme, pour un pays, de produire et d'exporter un bien pour lequel l'entreprise est en situation de domination du marché.
De même, cette analyse apporte un argument aux politiques industrielles et commerciales « stratégiques » qui visent à donner un avantage aux producteurs nationaux, quitte à enfreindre les principes du libre-échange et de la concurrence.

➤ **avantage absolu (loi de l'), avantage comparatif (loi de l'), commerce international, Heckser-Ohlin-Samuelson [théorème HOS], Krugman, libre-échange (théorie du).**

NPI [Nouveaux pays industrialisés]

Pays du Tiers monde dont les exportations de produits manufacturés représentent une part non négligeable de leurs exportations, et qui connaissent une croissance économique et des transformations structurelles rapides sous l'effet de l'industrialisation.

C'est un ensemble assez hétérogène qui regroupe des pays d'Asie du Sud-Est, au développement extraverti (Hong Kong, Singapour) ou partiellement extraverti (Taiwan, Corée du Sud), et des pays de plus grande taille au marché intérieur développé (Inde, Brésil, Mexique, Argentine).
Certains préfèrent la traduction de l'expression anglaise *Newly Industrializing Countries*, Pays en voie d'industrialisation récente.

➤ **division internationale du travail [DIT], industrialisation, industrialisation par substitution, pays émergents, Tiers monde.**

nuage informatique

➤ ***cloud computing.***

numéraire

(unité de compte)

1 [sens courant] **Espèces ; payer en numéraire signifie payer avec de l'argent liquide (billets et pièces).**

2 **Toute monnaie à cours légal.**

nuptialité

Nombre de mariages constatés dans un pays, pour un laps de temps donné, en général une année. Elle se mesure par le taux de nuptialité (rapport du nombre de mariages à la population moyenne de l'année 3,7‰ en France en 2011).

O

objectivation

[sciences sociales] Démarche consistant à appréhender le monde social comme un objet en construisant des procédures dites d'objectivation.

Cette démarche répond au principe de distanciation : le sociologue comme l'anthropologue ou l'historien doit se prémunir contre les prénotions, les stéréotypes, les représentations toutes faites que l'on peut avoir du phénomène étudié. Il doit s'efforcer de prendre la posture du scientifique étudiant un phénomène de la nature.

➤ **Durkheim, Popper, sociologie.**

obligation

Valeur mobilière, titre de créance à long terme donnant lieu à règlement d'un intérêt – en principe fixe –, déterminé au moment de l'émission.

Obligation, taux d'intérêt et taux d'intérêt réel

Les obligations sont émises et échangées sur le marché financier. La charge effective subie par l'emprunteur et la rémunération du prêteur dépendent de l'inflation et se mesurent par le taux d'intérêt réel. Les détenteurs d'obligations peuvent se prémunir contre les pertes liées aux variations de taux d'intérêt par des opérations sur le MATIF.

L'effet balançoire

La valeur des obligations est liée à la variation des taux d'intérêt.

Les obligations sont des titres émis, pour la plupart, à un taux d'intérêt fixé à l'émission et invariable.

Lorsque les taux d'intérêt augmentent, les cours des obligations émises antérieurement tendent à baisser parce que les nouvelles obligations ont un meilleur rendement et sont, par conséquent, plus demandées.

Exemple d'effet balançoire

Supposons une obligation A de 1 000 € émise au taux d'intérêt de 10 %. Son revenu annuel est de 100 €.

Supposons une nouvelle obligation B de 1 000 € émise ultérieurement au taux d'intérêt de 12,5 %. Son revenu annuel est de 125 €.

Si le cours de l'obligation A reste de 1 000 €, personne ne voudra l'acheter, son revenu de 100 € étant inférieur à celui de l'obligation B, 125 € pour la même valeur du titre.

En fait, comme l'intérêt perçu pour A est toujours de 100 €, son cours baissera jusqu'à ce que le revenu de 100 € corresponde à un rendement de 12,5 % égalisé avec celui de la nouvelle obligation B, c'est-à-dire jusqu'à un cours de 800 €.

Inversement, toute baisse des taux d'intérêt s'accompagne d'une hausse des cours des obligations précédemment émises à un taux plus élevé.

Le cours de l'obligation varie en sens inverse des taux d'intérêt. Ces mouvements sont appelés **effet balançoire.**

➤ **intérêt (taux d'), marché financier, MATIF.**

Obligation assimilable du Trésor [OAT]

Créées en 1985 en France, les OAT sont des obligations émises par le Trésor public dont la spécificité tient à ce que le Trésor public peut, ultérieurement, émettre des titres présentant les mêmes caractéristiques et qui leur sont de ce fait assimilables. L'objectif est donc d'élargir le marché de ces titres et de les rendre plus liquides.

observation

Méthode d'enquête en sciences sociales impliquant une présence systématique et souvent prolongée sur les lieux d'existence ou d'activité du groupe social étudié.

➤ **École de Chicago en sciences sociales, enquête, Malinowski.**

obsolescence

(l'adjectif correspondant « obsolète », signifie « techniquement dépassé » ou « démodé »)

Dépréciation d'un bien ne s'expliquant pas par son usure physique. Dans le cas des biens de production, il s'agit d'un vieillissement technique ; pour les biens de consommation, il peut s'agir d'un phénomène de mode, de goût.

OCDE [Organisation de coopération et de développement économique]

Organisation qui prend, en 1961, la suite de l'OECE (Organisation européenne de coopération économique), créée en 1948 pour gérer l'attribution de l'aide Marshall. Elle regroupe 30 pays : 21 pays Européens, plus la commission européenne, les États-Unis, le Canada, l'Australie, la Nouvelle-Zélande, le Japon et la Turquie, le Mexique, la Corée du Sud. C'est un organisme de concertation et d'étude qui publie de nombreux rapports sur la situation économique d'ensemble et sur les différents États membres.

➤ **Europe : organisations non communautaires.**

OECE [Organisation européenne de coopération économique]

➤ **OCDE.**

offre

Sur un marché déterminé, quantité maximale de biens ou de services qu'un agent économique ou un ensemble d'agents souhaite vendre pour un prix donné.

Exemple : l'offre dépend des objectifs de l'entreprise (production maximale ou profit maximal), de l'état des techniques, des prix relatifs (toutes choses égales par ailleurs, l'augmentation du prix d'un bien incite les entreprises à accroître leur offre de ce bien), des coûts des facteurs de production (l'évolution du prix de la farine exerce une influence sur l'offre du pain). Sur le marché du travail, l'offre provient des travailleurs.

Pour l'économie nationale, l'offre d'un produit est égale à :

production + importation – exportation.

➤ **demande, marché, politique de l'offre.**

Offre publique d'achat [OPA]

Opération engagée par une société qui cherche à prendre une participation importante ou le contrôle d'une autre société, et qui fait une proposition conditionnelle d'achat d'actions de la société convoitée.

L'offre précise le prix, supérieur au cours de la Bourse, et le montant d'actions souhaité. L'opération n'est réalisée que si, au terme du délai, ce montant est atteint. On distingue les offres publiques d'achat (échange d'actions contre liquidités) et **les offres publiques d'échange (OPE)** où il est proposé aux actionnaires d'autres titres en règlement, actions ou obligations.

L'OPA est dite « amicale » lorsque l'entreprise acheteuse et l'entreprise cible se sont entendues préalablement sur les termes de l'offre d'achat. **Elle est dite « inamicale ou hostile »** si elle est lancée par

l'entreprise acheteuse sans accord préalable avec l'entreprise cible.
Dans le cas d'une OPA amicale, l'entreprise acheteuse est appelée « **chevalier blanc** » ; dans le cas d'une OPA hostile, « **chevalier noir** ».

➤ **action, marché financier, raid/raiders.**

ohnisme

Ensemble des innovations organisationnelles introduites par l'ingénieur Taiichi Ohno chez Toyota, à partir des années 1950.

➤ **toyotisme.**

OIT [Organisation internationale du travail]

Créée en 1919 par le traité de Versailles, cette institution spécialisée de l'ONU, rattachée en 1946 au système des Nations unies, réunit les représentants des gouvernements, des employeurs et des travailleurs, propose des normes concernant les salaires et les conditions de travail. Son siège est à Genève.

➤ **BIT.**

Okun (relation d')

Relation entre les variations conjoncturelles du taux de chômage et le taux de croissance du PIB réel mise en évidence par l'économiste Arthur Okun.

À l'origine, il s'agit d'une relation empirique estimée par Okun, en 1962, sur la période 1946-1960, aux États-Unis. Testée sur d'autres périodes et d'autres pays, elle est devenue ensuite une relation intégrée à de nombreux modèles.
Elle est fondée sur une hypothèse qui restreint son application au court terme : pour un stock de capital et un état du progrès technique donnés, les entreprises ajustent leur production aux fluctuations de la demande par la variation de la quantité de travail utilisée, à la hausse par le recours aux heures supplémentaires et à l'embauche, à la baisse par le chômage partiel et les licenciements.

Mesure de l'impact des fluctuations de la demande sur l'activité économique

Il est mesuré par l'écart entre le PIB effectif, observé, et le PIB tendanciel, celui qui correspond à la croissance de la population active et de la productivité du travail. La relation entre les variations du taux de chômage et cet écart est négative : par exemple, quand le PIB effectif est supérieur au PIB tendanciel, le taux de chômage diminue ; quand le PIB effectif est égal au PIB tendanciel, le taux de chômage atteint son niveau incompressible à court terme.

➤ **chômage, chômage naturel.**

oligarchie

➤ **pouvoir.**

oligopole

Structure de marché caractérisée par un petit nombre de vendeurs.

Les marchés de construction automobile et d'ordinateurs constituent de très bons exemples d'oligopoles. Les oligopoles peuvent soit reposer sur le combat et la compétition, soit sur la collusion ; ils se rapprochent, dans ce dernier cas, du monopole.

➤ **marchés (structure de), monopole.**

oligopsone

(du grec *opsonein* « acheter »)

Situation de marché sur lequel se trouve un nombre limité d'acheteurs : concurrence imparfaite du côté de la demande.

OMC

➤ **Organisation mondiale du commerce [OMC].**

OMS [Organisation mondiale de la santé]

Institution spécialisée de l'ONU, chargée de traiter des problèmes de santé publique. Son siège est à Genève.

ONG [Organisations non gouvernementales]

Organisations à but humanitaire (Croix-Rouge, Médecins sans frontières, Médecins du monde, Frères des hommes, etc.), indépendantes des gouvernements, mais qui jouent un rôle non négligeable dans l'aide internationale.

➤ **aide au développement.**

ONU [Organisation des Nations unies]

Créée en 1945, cette organisation a succédé à la SDN (Société des Nations, existant entre les deux guerres). Elle siège à New York. Elle a pour but le maintien de la paix et de la sécurité internationale et le développement de la coopération entre ses membres.

Son organisation repose sur le principe d'égalité de tous les États membres, mais son fonctionnement donne certains privilèges aux membres permanents du Conseil de sécurité. Ses principaux organes sont :

– l'Assemblée générale où tous les membres sont représentés ;

– le Conseil de sécurité, qui comprend 15 membres dont 5 permanents : les États-Unis, la Russie, la France, la Grande-Bretagne et la Chine qui disposent d'un droit de veto ;

– le Conseil économique et social, qui comprend 54 membres ;

– la Cour internationale de justice de La Haye, qui tranche les litiges de droit international ;

– le Secrétariat général qui, toutes proportions gardées, joue le rôle de l'exécutif de l'organisation. Le secrétaire général est actuellement Ban Ki-moon.

OPA/OPE

➤ **offre publique d'achat [OPA].**

OPAEP [Organisation des pays arabes exportateurs de pétrole]

➤ **OPEP.**

OPCVM [Organisme de placement collectif en valeurs mobilières]

Les SICAV (sociétés d'investissement en capital variable) ont été créées en 1964 et ont été encouragées par la loi Monory de 1978 qui visait à favoriser l'épargne par des avantages fiscaux.

Les fonds communs de placement (FCP), créés en 1979, sont aussi des organismes de placement collectif de l'épargne, mais ils ne disposent pas de la personnalité morale, sont de taille plus petite et sont en principe plus spécialisés que les SICAV.

Les OPCVM ne sont pas cotés en Bourse mais les actions de SICAV et les parts de FCP peuvent être négociées facilement en fonction de la valeur de la fraction de portefeuille qu'elles représentent.

Quatre principaux types d'OPCVM

– **Les OPCVM d'actions** ont été créés pour permettre à leurs détenteurs de bénéficier des avantages fiscaux réservés aux acquéreurs d'actions françaises ;

– Le portefeuille des **OPCVM obligataires** est principalement composé d'obligations ; depuis 1989, les OPCVM de capitalisation sont autorisés en France : les intérêts dus sont intégrés au capital et traités fiscalement comme des plus-values, c'est-à-dire de façon plus avantageuse ;

– Les **OPCVM de court terme** donnent la possibilité de concilier liquidité et rentabilité : à l'origine, ces OPCVM investissent en obligations proches de l'échéance, mais, progressivement, ils ont placé les fonds en toutes sortes d'obligations. D'où résulte un risque majeur puisque les agents économiques (entreprises et ménages) recherchent la liquidité et peuvent retirer à tout moment les fonds investis, alors que les OPCVM les immobilisent dans des placements longs ;

– Les **OPCVM monétaires** placent leurs fonds exclusivement en titres courts, titres de créances négociables.

Le placement direct sur le marché boursier par les actionnaires individuels se heurte à deux types de difficultés. Les possibilités de diversification des placements et la réduction du risque qui en résulte sont limitées par la taille des portefeuilles individuels. La collecte d'une information de nature à bien éclairer les placements suppose du temps, une expertise et un coût qui ne sont pas à la portée de la plupart des épargnants individuels.

Les OPCVM permettent des économies d'échelle en matière de collecte de l'information et de mutualisation des risques.

➤ **bourse des valeurs, marché financier.**

open market (politique d')

➤ **escompte, politique monétaire.**

OPEP [Organisation des pays exportateurs de pétrole]

Créée en 1960, l'OPEP, en 2007, regroupe les principaux pays producteurs (Émirats arabes unis, Algérie, Angola, Arabie Saoudite, Équateur, Indonésie, Irak, Iran, Koweit, Libye, Nigeria, Qatar, Venezuela) pour coordonner et unifier leurs politiques, en matière de prix et de production. Elle a joué un rôle capital dans les deux chocs pétroliers de 1974 et 1979.

L'OPAEP (Organisation des pays arabes exportateurs de pétrole), qui s'est créée en 1968, regroupe les seuls pays arabes.

ophélimité

Utilité subjective ; terme créé par l'économiste italien V. Pareto pour éviter les confusions résultant de l'emploi du mot « utilité ».

L'ophélimité n'est pas la capacité d'un bien à être utilisé par l'homme, c'est une utilité subjective, l'utilité que représente un bien ou un service pour un individu dans une situation donnée.

Par exemple, l'utilité du blé dépend de ses propriétés nutritives et ne varie pas en fonction de l'importance de la récolte, c'est une utilité objective ; en revanche, l'utilité subjective du blé, son ophélimité, n'est pas du tout la même en période d'abondance et en période de famine ; un bien très nocif tel que la drogue a une ophélimité puisqu'il est désiré, recherché par les toxicomanes.

➤ **Pareto ; Annexe A-11.**

opinion publique

Ensemble d'appréciations et de positions partagées par un grand nombre d'individus sur des problèmes d'intérêt général.

Le qualificatif « publique » se réfère aussi bien à la population en général qu'à l'objet des opinions (les questions de la cité, la *respublica*). Le phénomène est protéiforme et aucune définition ne fait l'unanimité. Trois remarques peuvent être faites.

L'opinion publique peut revêtir des significations différentes. Le vocable renvoie soit à la position majoritaire de la collectivité, soit à la répartition des opinions : on parlera alors de l'*état de l'opinion*. En terme d'intensité, on peut avoir affaire tantôt à des sentiments ou des avis flous, tantôt à des convictions fermes (mais dans ce dernier cas, il ne s'agit pas forcément de l'attitude d'une nette majorité).

La banalisation des sondages fait que l'opinion publique devient un indicateur permanent censé rendre compte de l'agrégation des opinions individuelles. L'équivalence ainsi posée entre opinion publique et « ce que mesurent les sondages » (expression de Gallup, pionnier américain des techniques de sondages) a suscité de multiples critiques : l'opinion sollicitée est un artifice (de nombreux individus interrogés n'ont pas au préalable d'attitude arrêtée), la formulation des questions (et des réponses préformatées) peut introduire des biais importants (non-prise en compte de certaines positions, tendance au conformisme, etc.

L'instrumentalisation de l'opinion publique. Outil de la compétition politique, ce que l'on présente comme l'opinion publique tend continuellement à être instrumentalisée : les commanditaires de sondages, les instituts du même nom, les médias songent moins à saisir « ce que pensent les gens » qu'à traduire des tendances dans un sens souhaitable (pour le pouvoir en place ou pour des forces d'opposition). En ce sens, s'il est abusif de prétendre que les sondages font l'opinion, du moins participent-ils, avec les acteurs stratégiques, au processus de production d'une opinion publique.

➤ **attitude, sondage.**

optimum

Meilleure situation économique possible. L'optimum est un concept central dans l'analyse développée par la théorie néo-classique.

Les agents économiques ont un comportement d'« optimalisation » (ou d'« optimisation ») qui consiste à maximiser un résultat (maximum de profits pour les entreprises ou d'utilité pour les consommateurs) à partir de ressources données. De façon équivalente, l'optimalisation peut être définie à partir d'une minimisation de coûts pour obtenir un résultat donné. Du point de vue de l'équilibre général, l'optimum, au sens de Pareto, est une situation dans laquelle la situation d'un agent ne peut être améliorée sans dégradation de celle d'un autre. L'optimum n'est pas défini dans l'absolu mais relativement à une répartition donnée des revenus.

➤ **calcul économique, *homo œconomicus*, Pareto.**

option

Droit d'acheter ou de vendre un actif. Dans un marché d'option, le contrat spécifie l'objet de l'échange (action, devise, matières premières...), le prix d'échange de l'actif, la quantité échangée, la durée pendant laquelle l'option peut être réalisée, la prime versée par l'acheteur de l'option.

Il existe une dissymétrie entre l'acheteur et le vendeur de l'option. Prenons l'exemple de deux personnes qui doivent décider de partir en week-end ou non, chacune ayant une appréciation différente des facteurs (le temps, les embouteillages...) qui peuvent être pris en compte ; elles décident donc de s'échanger une « option » : l'acheteur paie à l'autre le droit de choisir en fin de semaine s'ils partent ou non. Le vendeur qui reçoit la « prime » est tenu d'accepter la décision de l'acheteur.

Option d'achat, option de vente

Sur un marché d'options s'échange le droit de choisir.
Il existe des **options d'achat** *(call)* : l'acheteur achète le droit d'acheter un actif à un prix déterminé. Cela peut être intéressant pour celui qui anticipe une hausse des cours ; ainsi, soit un acheteur qui acquitte une prime de 50 € sur un titre dont le prix d'exercice est de 200 €. Si le prix monte à 260 €, l'acheteur demande que la transaction ait lieu ; le titre lui coûte 250 € et il réalise un gain.
Dans le cas d'une **option de vente,** l'acheteur de l'option paie le droit de choisir de vendre ou de ne pas vendre.

Dans le cadre du MATIF, le comportement peut viser soit à se prémunir contre des risques, soit à prendre des risques spéculatifs.

➤ **marché à terme, marché de contrats à terme, MATIF, MONEP.**

ORD (organe de règlements des différends)

➤ **Organisation Mondiale du Commerce (OMC).**

organicisme

Théorie philosophique et sociologique développée au XIXe siècle, en particulier par H. Spencer, assimilant la société à un organisme vivant.

Les éléments constitutifs (groupes, institutions) jouent le rôle d'organes définis par leurs fonctions.

➤ **fonction (en sciences sociales), fonctionnalisme.**

Organisation mondiale du commerce [OMC]

Organisation internationale qui assure le développement du libre-échange et du multilatéralisme dans les échanges commerciaux entre ses pays membres.

Historique

- **Au sortir de la Deuxième Guerre mondiale**, les dirigeants des pays occidentaux, considérant qu'une des causes de la crise de 1929 et des troubles politiques qui ont conduit à la guerre proviennent du protectionnisme et de l'instabilité monétaire, tentent de créer un nouvel ordre monétaire (accords de Bretton-Woods) et un nouvel ordre commercial reposant sur le libre échange : les accords du GATT (*General Agreement on Trade and Tariffs*) sont adoptés en 1947. En 1994, les accords de Marrakech, qui concluent l'Uruguay round (1986-1994), renforcent les règles du commerce international en remplaçant le GATT par une véritable organisation, l'Organisation mondiale du commerce (OMC) (en anglais WTO, *World Trade Organisation*), à partir de 1995.
- **Ces accords internationaux,** qui devaient inclure au lendemain de la guerre tous les pays, se sont cantonnés pendant plus d'un demi-siècle, aux seuls pays capitalistes, la Chine, la Russie et les pays de système économique socialiste dans leur orbite restant à l'écart. Mais, au début du XXIe siècle, l'OMC tend à devenir véritablement mondiale avec de nombreuses nouvelles adhésions, les deux plus importantes étant celles de la Chine (2001) et de la Russie (2012).

Au cours des dernières conférences (Seatle 1999, Doha 2001, Cancun 2003, Hong Kong 2005) qui ont connu, pour certaines, des échecs (sur les questions agricoles), des thèmes nouveaux ont été abordés touchant le domaine social (clause sociale dans le commerce international) et les questions d'environnement et de santé publique (accès aux médicaments des populations des pays pauvres). Elles ont été l'occasion de grandes mobilisations des mouvements altermondialistes.

Principes et code de bonne conduite

- **L'OMC reprend les principes de base du GATT**. Deux idées sont à la base de cet ordre commercial international. Tout d'abord une confiance dans le libre échange. Les obstacles aux échanges doivent être levés ou du moins atténués : baisse de droits de douane et libéralisation des échanges dans le cadre des « Cycles » (*Rounds* en anglais) du GATT et de l'OMC. Par ailleurs, la conviction que le multilatéralisme est préférable au bilatéralisme. **La « clause de la nation la plus favorisée »** en est l'expression la plus claire : tout avantage commercial accordé à un pays membre doit être étendu à tous les autres ; les arrangements entre deux pays s'effacent devant les règles communes à l'ensemble des pays.
- **De plus, des règles et un code de conduite** ont pour objectif de rendre le commerce loyal (*fair trade*). Il ne doit pas y avoir de discrimination entre produits nationaux et produits étrangers. Les obstacles tarifaires -droits de douane- sont préférés aux obstacles non tarifaires (*contingentement*). Le *dumping*, c'est-à-dire la vente à un prix inférieur au prix domestique, est interdit ; mais les mesures anti dumping destinées à se protéger contre le *dumping* des autres pays est étroitement surveillée. Les subventions sont surveillées ; ainsi les subventions des États à Boeing et Airbus ont fait l'objet de contentieux auprès de l'OMC.

Les exceptions au libre échange

Le GATT puis l'OMC définissent ainsi les règles d'un libre échange généralisé, il existe des exceptions concernant, soit certains secteurs, soit certaines zones.

- À l'origine, en raison d'exemptions sectorielles, trois grands domaines étaient exclus du champ du GATT : l'agriculture, le textile (Accords multifibres, AMF) et les services ;

mais après la création de l'OMC, ces exceptions ont pris fin.

- À la différence des exceptions sectorielles, les exceptions concernent des pays où des zones sont maintenues.

– En premier lieu, la théorie du « protectionnisme des industries naissantes » justifie un protectionnisme destiné à permettre aux industries des pays en voie de développement d'atteindre une certaine maturité.

– En deuxième lieu, le libre échange, qui est à priori mondial, pose la question des zones régionales de libre échange ou d'union douanière telles que l'Europe communautaire, le Mercosur, l'Alena. La règle de base est : les accords régionaux sont permis, si leur mise en place n'accroît pas le niveau de protection à l'égard des pays extérieurs à la zone.

Le règlement des différends

Le mécanisme de règlement des différends a été rendu plus efficace avec la mise en place de l'OMC : un dispositif plus rigoureux de d'instruction des plaintes et un dispositif d'exécution plus contraignant.

➤ **Alter-mondialisme, Bretton-Woods, libre-échange, protectionnisme.**

Organisation scientifique du travail [OST]

➤ **division du travail, Taylor, toyotisme.**

organisations (économie des)

Ensemble des théories économiques analysant les modes de coordination alternatifs au marché, notamment la coordination par des contrats ou des règles à l'intérieur de structures hiérarchisées.

- **Une organisation économique** est une structure créée par des individus afin de coordonner leurs actions et d'atteindre ainsi plus efficacement leurs objectifs individuels ou collectifs.

La plupart des organisations sont dotées de la personnalité morale, ce qui signifie qu'elles sont considérées comme des entités juridiques différentes des individus qui les composent. Cette personnalité leur permet de passer des contrats et de saisir la justice pour les faire appliquer.

- Certains auteurs perçoivent la capacité à contracter au cœur de l'analyse des organisations. Ils conçoivent l'entreprise comme un réseau de contrats, entre les propriétaires et les salariés, entre l'entreprise et ses fournisseurs et ses clients, etc.

C'est le cas des **théoriciens des droits de propriété**, tels qu'Armen Alchian et Harold Demsetz, qui montrent que la firme est une forme d'organisation efficiente de la production en équipes. Il y a équipe lorsque des individus coopèrent sans qu'il soit possible de mesurer leur productivité marginale, l'exemple type étant celui des déménageurs de piano ; dès lors, les comportements de « tire-au-flanc » sont probables, ce qui nuit à tout effort collectif, voire le rend impossible. Si l'un des individus se spécialise dans le contrôle des membres de l'équipe, le problème devient celui du contrôle du contrôleur. La solution consiste à lui attribuer, entre autres, le droit de s'approprier le bénéfice résiduel résultant du travail de l'équipe, c'est-à-dire ce qui reste après que les autres membres ont été rémunérés conformément aux obligations contractuelles : le contrôleur est incité à optimiser l'usage des ressources qu'il contrôle puisque sa rémunération provient de l'écart entre ce que l'équipe produit et ce qu'elle coûte. **Les théories néo-institutionnalistes** qui viennent d'être évoquées ne sont pas les seules théories économiques des organisations.

- Il est également possible de citer les **économistes évolutionnistes,** tels que Nelson et Winter, qui distinguent, au sein des entreprises, les éléments permanents, routiniers, comparables à un capital génétique hérité, par exemple les compétences accumulées et les comportements de recherche et d'innovation, facteurs de l'évolution.

Coûts de transaction coûts d'organisation

L'article fondateur de l'analyse économique des organisations, celui de R. Coase, qui, daté de 1937, est passé inaperçu. On ne se posait pas la question simple à laquelle cherche à répondre Coase : si le marché est un moyen de coordination parfait, pourquoi existe-t-il des organisations ?
Cette question conduit à poser le problème en termes de choix entre deux modes alternatifs de coordination, sur la base d'un calcul comparatif des coûts de transaction d'un côté (celui du marché) et des coûts d'organisation de l'autre.
Dans le prolongement de Coase, O. Williamson étudie les facteurs qui induisent ces coûts de transaction : la rationalité limitée, le comportement opportuniste des individus et la spécificité des actifs (un actif est spécifique s'il est difficile et coûteux à reconvertir, c'est-à-dire à affecter à un autre usage que celui pour lequel il a été conçu initialement). Le problème consiste alors à choisir la structure de gouvernance qui minimise les coûts de transaction en les internalisant.

Les évolutionnistes mettent l'accent sur les processus d'apprentissage et la dépendance des organisations par rapport à leurs trajectoires passées.

➤ **Coase, coûts de transaction, droits de propriété (théorie des), gouvernance.**

organisations (sociologie des)

[sociologie] Ensemble des analyses relatives à la coordination des activités des individus (hiérarchie, vivre ensemble, etc.) au sein de groupements que sont les organisations. Les organisations (entreprises, syndicats, partis, églises, hôpitaux, etc.) constituent un champ important de la sociologie contemporaine.

Le terme même d'organisation implique un agencement de moyens et de procédures (division et coordination des tâches, système d'autorité, règles de fonctionnement) propres à garantir l'efficacité de l'action par rapport aux objectifs proclamés.

Durant les premières décennies du xxe siècle, avec l'essor des « grands appareils » (entreprises et administrations), des élaborations théoriques et des initiatives pratiques s'efforcent de présenter l'organisation comme un groupement à la fois complexe et rationnel. Les protagonistes les plus connus sont F. W. Taylor et C. Barnard. Parallèlement Max Weber dresse le type idéal du mode d'administration bureaucratique.
Cette présentation de l'organisation comme instrument de rationalité et machinerie efficiente va être déconstruite par des sociologues (Merton, Crozier) et des socio-économistes (March).

L'organisation comme réalité sociale

- Selon les termes d'Elton Mayo, l'organisation est caractérisée par la coexistence de l'« organisation formelle » et de l'« organisation informelle ». L'organisation est aux prises avec les dysfonctions et les effets pervers de la bureaucratie (détournement des règles et des objectifs).
- L'organisation est un espace de pouvoirs et de conflits. Il est traversé par des conflits d'intérêt et des divergences de projets au sein du management.
- La rationalité des agents est limitée (J. March et H. Simon). Les agents ne disposent que d'informations partielles et imparfaites.
- Par ailleurs, l'organisation ne peut pas être appréhendée indépendamment de son environnement sociétal. Par exemple, l'hôpital s'insère dans le système institutionnel de la santé.

➤ **bureaucratie, Crozier, institution(s), rationalité limitée, relations du travail ou professionnelles, relations humaines ; Annexe Ⓐ-49.**

organismes de placement collectif en valeurs mobilières

➤ **OPCVM.**

oscillateur

Modèle économétrique d'analyse endogène du cycle des affaires, proposé par P. A. Samuelson

(1939), et qui combine les interactions (de la demande finale et de l'investissement) du multiplicateur keynésien et de l'accélérateur.

- L'oscillateur est un modèle d'interprétation du cycle des affaires (= cycle Juglar) à caractère non monétaire, linéaire (symétrie des fluctuations) et endogène ; pas de choc exogène donc, les variations des variables expliquées en font des variables explicatives : l'investissement varie du fait des variations de la demande, donc... de l'investissement.
- Il explique les variations corrélatives de la consommation finale, du revenu national (et donc de la production) et de l'investissement, mais pas le mouvement des prix...

– c'est un modèle avec ajustement par les quantités de grandeurs réelles agrégées et sans effet du progrès technique ;
– il est indépendant des prix : c'est un modèle à prix fixes ;
– il n'y a pas de substitution du capital au travail en fonction de leur prix relatif : c'est un modèle keynésien ; en effet, Samuelson est un keynésien de la synthèse néo-classique.

➤ **chocs, crise, cycles, multiplicateur, principe d'accélération.**

OTAN [Organisation du Traité de l'Atlantique Nord]

➤ **Europe : organisations non communautaires.**

ouvrier

Travailleur manuel salarié accomplissant généralement un travail de type industriel.

Peuvent être aussi classés comme ouvriers les travailleurs de la terre ou ceux qui exercent un emploi technique dans les transports ou dans d'autres services.
Après avoir augmenté jusqu'en 1975, la part des ouvriers dans la population active n'a cessé de décroître : en 1975, ils représentaient 37,3 % de la population active, en 1990, ils n'en représentaient plus que 33 % et en 2005, ils en représentaient environ 25 %.

Classe ouvrière, monde ouvrier ?

- Plus qu'à toute autre occupation professionnelle, le terme ouvrier renvoie à la notion de classe. Pour Marx, les ouvriers constituent une classe, non seulement en raison de leur commune condition de travailleurs productifs exploités, mais aussi parce qu'ils forment progressivement un groupe soudé par la lutte contre le capital puis par le combat politique.
- La littérature sociologique, quant à elle, influencée ou non par Marx, met l'accent sur la singularité du monde ouvrier (voir M. Halbwachs : les ouvriers forment un groupe soudé, fermé sur lui-même) et sur la réalité d'une « culture ouvrière » (voir R. Hoggart).
- Aujourd'hui, certains considèrent que ces réalités prendraient fin avec l'intégration partielle mais réelle de la population ouvrière, la fragmentation du groupe, la crise du syndicalisme, le déclin du mouvement ouvrier. Ces processus ne sont pas niables mais ont tendance à faire abstraction de la persistance des rapports de domination dans le monde du travail comme dans la sphère culturelle.

➤ **catégories socioprofessionnelles (CSP, PCS), classe(s) sociale(s), mouvement ouvrier, sous-culture.**

Owen (Robert)

Théoricien socialiste britannique (1771-1858), industriel réformateur, paternaliste et philanthrope, et, avec Fourier et Saint-Simon, l'un des pères fondateurs du socialisme « utopique ».

Ouvrages principaux : *Nouveaux points de vue sur la société* (1813-1814) ; *Le livre du nouveau monde moral* (1834-1845) ; *La vie de Robert Owen* (1857).

➤ **Saint-Simon, socialisme.**

P

PAC

➤ **politique agricole commune.**

PACS [PActe Civil de Solidarité]

Selon l'article I de la loi de 1999, contrat conclu par deux personnes physiques majeures de sexe différent ou de même sexe pour organiser leur vie commune.

Le PACS fournit un cadre juridique plus organisé que le concubinage mais plus souple que le mariage ; la loi de juin 2006 a rapproché du régime du mariage le régime des biens des contractants (celui de la séparation de biens), et le régime fiscal (imposition commune).

La fin du PACS a lieu par déclaration commune devant le tribunal d'Instance. En 2012, 160 231 PACS ont été conclus, dont 6 944 entre personnes de même sexe.

➤ **famille, mariage.**

Pacte de stabilité et de croissance

Instauré par le traité de Dublin (1996), le PSC vise à assurer la discipline budgétaire des États membres, à contribuer à la stabilité monétaire et à la coordination de leurs politiques économiques. À cet effet deux normes sont définies : les déficits publics ne doivent pas dépasser 3 % du PIB et les dettes publiques ne doivent pas excéder 60 % du PIB.

Les pays membres font l'objet d'une surveillance et peuvent être sanctionnés en cas de persistance des déséquilibres par le Conseil des Ministres. En période de crise le Pacte s'est révélé problématique. En effet, le ratio déficit public sur PIB tend à se détériorer en période de récession, en raison de recettes fiscales moins importantes et des dépenses sociales accrues, alors que le respect du PSC incite les États à réduire leurs dépenses publiques et augmenter les recettes fiscales, ce qui accentue la récession et creuse les inégalités sociales. Toutefois, la crise de l'endettement de nombreux pays de la zone euro a eu pour conséquence de renforcer les dispositifs du PSC en 2012 avec la mise en place du Pacte budgétaire européen qui prévoit l'institution d'une règle d'or budgétaire nationale et des possibilités de sanctions renforcées. L'objectif de ce nouveau dispositif étant de renforcer la gouvernance économique européenne.

➤ **gouvernance économique, règle d'or, Union économique et monétaire européenne.**

pair (émission au)

Une action est émise au pair lorsqu'elle est vendue par l'entreprise qui l'émet à sa valeur nominale (valeur inscrite sur l'action).

Elle est émise en **dessous du pair** si elle est vendue 95 € alors que sa valeur inscrite est 100 €.

Elle est émise **au-dessus du pair** si elle est vendue 105 €.

➤ **action.**

panel

Technique d'enquête fondée sur des questionnaires adressés à un même échantillon de population, à intervalles réguliers.

Permet d'observer des changements d'opinion ou d'attitudes au sein d'une population donnée, au cours du temps. Cette technique s'applique en particulier aux intentions de vote, aux comportements politiques et sociétaux. De façon abusive, on utilise parfois *panel* pour *échantillon*.

panier de devises

➤ **écu, monnaie-panier.**

paquet fiscal

Ensemble de mesures fiscales contenues dans la loi en faveur du travail, de l'emploi et du pouvoir d'achat (dite loi TEPA) du 22 août 2007.

Un certain nombre de mesures ont été supprimées en 2012.

➤ **bouclier fiscal, fiscalité, impôt.**

paradigme

Modèle théorique de pensée qui oriente la recherche et la réflexion scientifiques.

En sciences sociales, le terme de paradigme, utilisé en particulier par T. S. Kuhn, désigne un modèle d'approche théorique de la réalité sociale.

➤ **fonctionnalisme, holisme, individualisme méthodologique, structuralisme.**

paradis fiscal

(En anglais *tax haven* : « refuge fiscal ».)

Expression peu précise qui désigne tout pays appliquant un régime fiscal correspondant à un niveau d'imposition anormalement bas. Le code général des impôts français n'utilise pas cette expression et lui préfère « pays à régime fiscal privilégié », ce qui n'est guère plus précis.

• **L'OCDE (Organisation de coopération et de développement économique)** a établi, en 1998, quatre critères pour définir un paradis fiscal :
1. absence de fiscalité, ou fiscalité très faible, pour les sociétés et les ménages non résidents ;
2. absence de transparence : les sociétés qui s'y établissent, ne sont pas obligées de tenir des comptes ou de déclarer leurs actionnaires, ce qui rend possible le recours à des « prête-noms » ;
3. absence d'échange de renseignements avec les autorités étrangères ou internationales, secret bancaire par exemple ;
4. absence d'activité économique réelle mais présence de sociétés dites « sociétés écran ».
Officiellement, selon ces critères, l'OCDE distingue des paradis fiscaux coopératifs.

• **À la demande du G20, l'OCDE avait rendu publique en avril 2009 une liste « des paradis fiscaux** qui ne sont pas en conformité avec les règles mondiales d'échange d'informations fiscales ».

Cette liste a été supprimée en échange de l'engagement de ces pays de se soumettre à un « contrôle de conformité » mené par le « Forum fiscal mondial », mandaté par le G20 pour accélérer la coopération fiscale. **Les résultats ont été annoncés en novembre 2013, à Djakarta,** lors d'un Forum mondial :

Quatre pays ont échoué à ce contrôle : Luxembourg, Chypre, Iles vierges britanniques et Seychelles. Deux autres pays ont été jugés en partie conformes : l'Autriche et la Turquie. S'ils ne modifient pas leurs pratiques de coopération fiscales, ces six pays pourraient se retrouver fichés par l'OCDE fin 2014, et subir des sanctions fiscales.

Avant Djakarta le Forum avait déjà dressé une liste noire de quatorze pays qui n'avaient pas encore adapté leurs lois afin d'être en mesure d'échanger des informations fiscales : la Suisse (la fin du secret bancaire devrait faire l'objet d'une loi votée par le Parlement avant 2015), le Liban, les Émirats arabes unis, Panama, le Guatemala, Brunei, le Botswana, le Liberia, la Dominique, Trinidad -et- Tobago, les îles Marshall, Vanuatu, Nauru et Niue.

• **La France tient également à jour une listenoire des pays « non fiscalement coopératifs »**. Depuis le 17 janvier 2014, huit pays y figurent : le Botswana, Brunei, le Guatemala, les îles Marshall, Iles Vierges britanniques, Montserrat, Nauru et Niue.

Les paradis fiscaux favorisent l'évasion et la fraude fiscale. Ils permettent le blanchiment de revenus issus d'activités illégales (trafic de drogue par exemple).

➤ **évasion fiscale.**

Paradoxe de Leontief

Au lendemain de la seconde guerre mondiale, les études de l'économiste américain W. Leontief sur la structure du commerce international à partir des tableaux d'entrée-sortie (TES) montrent que les États-Unis exportent des biens plus intensifs en travail qu'en capital.

Ces conclusions contredisent les prédictions du modèle Heckscher-Ohlin-Samuelson (HOS) selon lesquelles un pays exporte des biens intensifs dans le facteur qu'il possède en abondance (le capital aux EU) et importe des biens intensifs dans le facteur rare (le travail aux EU). Ce paradoxe est expliqué par la prise en compte des écarts de productivité relative du capital et du travail entre pays. Ainsi, les États-Unis exportaient durant cette période des biens intensifs en main-d'œuvre hautement qualifiée comparativement à leurs partenaires commerciaux.

➤ **Leontief, Annexe ❻, TES**

paradoxe d'Olson

Selon le sociologue américain Mancur Olson dans son ouvrage *La logique de l'action collective* (1965), stratégie selon laquelle certains groupes d'individus qui ont collectivement intérêt à se mobiliser ne vont, paradoxalement, pas mettre en place une action collective.

La raison est relativement simple, chaque individu a rationnellement intérêt à ne pas payer le coût de la mobilisation (par exemple la perte de salaire liée à une grève) tout en espérant que les autres individus se mobiliseront pour obtenir un avantage qui profitera à tous (par exemple une augmentation de salaire ou le refus d'un plan social). Cette stratégie individuelle est appelée « passager clandestin » ou « *free rider* ».

➤ **action collective, individualisme méthodologique, passager clandestin.**

parafiscalité

Ensemble de taxes affectées à des organismes précis de l'État (redevance télévision, taxe de formation permanente payée par les entreprises, etc.), contrairement aux impôts qui obéissent au principe de la non-affectation des ressources aux dépenses. Au sens large, la parafiscalité inclut les cotisations sociales.

➤ **cotisations sociales.**

parenté

1 Ensemble des personnes considérées comme parents par un individu donné (on dit aussi la parentèle).

2 [anthropologie] Ensemble des relations définies par la filiation (descendance, ascendance) et par l'alliance (mariage et relations qui en découlent).

S'agissant de la filiation, la parenté se définit par les liens reconnus entre des individus qui descendent les uns des autres. Ces liens résultent le plus souvent de la reproduction biologique sans qu'elle soit la règle générale : il peut y avoir filiation sans liens du sang (cas de l'adoption). Inversement, on peut refuser de reconnaître des individus issus d'une union charnelle (cas des enfants « naturels » désignés comme « illégitimes » autrefois).

Les alliances ou mariages définis comme l'union reconnue et légitime d'un homme et d'une femme, sont soumis à des règles variées et plus ou moins rigoureuses selon les sociétés.

De manière générale les relations de parenté sont donc essentiellement une construction sociale et culturelle, comme l'attestent vigoureusement l'histoire et l'ethnologie : si les principes de la filiation et de l'alliance se rencontrent dans toutes les sociétés, ils y sont appliqués de façon très variable comme le montrent en particulier les analyses de C. Lévi-Strauss. Toute société est ainsi caractérisée par un système de parenté qui recouvre à la fois un corps de règles et un ensemble de représentations.

Représentation d'une famille nucléaire

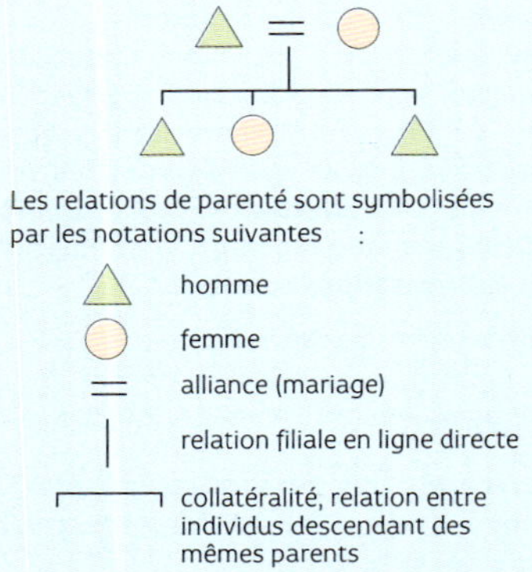

La parenté ne revêt pas la même importance dans toutes les cultures. Dans nombre de sociétés « traditionnelles », elle est le principe actif qui règle toutes les relations sociales ou la plupart d'entre elles : droits, privilèges, obligations... Dans notre société, les fonctions de la parenté sont plus limitées.

➤ **exogamie, famille, filiation, Levi-Strauss, lignage, mariage, polygamie ; Annexe A-46.**

Pareto (Vilfredo)

Économiste et sociologue italien (1848-1923). Ses travaux ont prolongé la théorie générale de l'équilibre walrassien.

Ingénieur de formation, il dirige une compagnie de chemin de fer, puis échoue dans ses tentatives pour devenir député avant de succéder à Walras en 1893 à Lausanne, déçu par l'économie pure, il se convertit à la sociologie. Favorable au régime fasciste il est nommé sénateur du royaume d'Italie en 1923.

Pareto économiste

• En tant qu'économiste, Pareto est connu pour avoir enrichi l'analyse walrassienne de l'équilibre général. **Il a privilégié une approche ordinale de l'utilité, qu'il appelle ophélimité** : l'individu sait qu'il préfère le café au thé mais ne saurait dire si l'ophélimité du café est deux fois, ou trois, ou plus, supérieure à celle du thé. Il a proposé une définition de l'optimum économique, maximum d'ophélimité pour la collectivité, compatible avec cette conception ordinale.

• Parce qu'il n'est pas possible de comparer les ophélimités des individus (la satisfaction que procure le café à Charles est-elle supérieure à la satisfaction que le thé procure à François ?), la seule façon de savoir si une situation économique est globalement préférable à une autre consiste à s'en remettre à un critère d'unanimité. La situation A est préférable à la situation B si aucun individu ne préfère la situation B. Mais l'économie ne s'intéresse qu'aux actions humaines rationnelles ayant pour but de se procurer pacifiquement les objets qui satisfont les besoins.

Pareto sociologue

• Pareto se fait sociologue pour étudier toutes les actions qui contribuent à l'équilibre social, résultant des rapports de forces et des luttes entre les individus et les groupes. Cela le conduit à distinguer **les actions logiques**, dont l'exemple type est l'ingénieur construisant un pont, et les **actions non logiques**, qui résultent d'instincts, de pulsions, de sentiments, analysables comme des « résidus » que l'individu masque en recherchant des justifications rationalisatrices à son comportement. Ces alibis pseudo-logiques sont des « dérivations ». L'homme se comporte rarement de façon rationnelle, mais il échafaude beaucoup de théories pour rationaliser *ex post* ce qu'il a fait.

• La théorie parétienne de la société oppose les élites, composées de ceux qui excellent dans tous les domaines d'activité, y compris les escrocs, aux masses : le changement social s'accompagne d'une circulation des élites et l'histoire est un « cimetière d'aristocraties ».

Ouvrages principaux : *Cours d'Économie politique* (1896-1897) ; *Manuel d'économie politique* (1906) ; *Traité de sociologie* (1916) ;

➤ **élite(s), ophélimité, optimum.**

paritarisme

Mode de gestion de nombreux organismes sociaux, dans lequel le patronat et les salariés sont représentés, à égalité, dans les instances dirigeantes. Ce principe a été mis en place dès 1945, pour les caisses de Sécurité sociale et a ensuite été étendu aux régimes complémentaires et au régime d'assurance chômage. Cependant, ce principe n'a jamais connu une application complète.

➤ **syndicalisme, syndicats de salariés, syndicats d'employeurs et d'indépendants.**

parité

Dans un Système monétaire international fondé sur un étalon, deux monnaies sont à la parité lorsque leur taux de change est égal au rapport de leurs valeurs officielles, c'est-à-dire de leurs pairs.

On utilise souvent le mot *parité* à la place du mot *pair* pour désigner la valeur officielle d'une monnaie. On l'utilise parfois abusivement à la place du taux de change.

➤ **change (taux de).**

parité de pouvoir d'achat [PPA]

Principe selon lequel le taux de change entre deux monnaies doit correspondre tendantiellement au rapport de leur pouvoir d'achat respectif, c'est-à-dire à la quantité de biens et services qu'une unité monétaire permet d'acheter (PPA absolue).

Les taux de change effectifs étant, de plus, déterminés par d'autres facteurs (mouvements de capitaux, spéculation, politique de change, etc.), cette théorie est surtout normative. On l'applique pour calculer des taux de change PPA qui expriment le rapport entre le nombre d'unités monétaires nécessaires pour acheter le même panier de biens et de services dans des pays différents.

Exemple de calcul de PPA

Si un hamburger vaut 4 euros d'un côté de l'Atlantique et 2 dollars de l'autre côté, le rapport de leur pouvoir d'achat est de 2/4, alors, l'euro PPA vaut 1/2 dollar. Les calculs s'appliquent en réalité à des paniers de biens et de services, la difficulté consistant à choisir leur composition ainsi que la pondération des différents éléments. Leurs résultats permettent de mettre en évidence la sous-évaluation de certaines monnaies (telles que le yuan chinois) et de réévaluer en conséquence leur PIB lorsque l'on effectue des comparaisons internationales. Mais ces résultats doivent être interprétés avec précaution, surtout lorsque l'on compare des pays dont les structures économiques sont différentes.

Selon une version moins exigeante, **PPA relative**, les différentiels d'inflation entre les pays sont les principaux déterminants de l'évolution des taux de change à long terme : la monnaie des pays à forte inflation se déprécie relativement à celle des pays à faible inflation puisque l'inflation réduit le pouvoir d'achat de la monnaie.

➤ **changes (contrôle des), dépréciation, Système monétaire international [SMI].**

parité hommes/femmes

1 Égalité, en parlant de deux individus ou d'ensembles d'individus (groupe de pairs).

2 Situation ou revendication de l'égalité de droit et de fait entre hommes et femmes dans les différentes sphères de la vie sociale (par exemple, parité des salaires masculins et féminins à travail égal).

3 Le principe de parité, au plan politique, peut se définir comme l'égalité des deux sexes dans les instances de représentation et les postes de responsabilité.

Ce principe a fait l'objet en France d'une loi, votée en 1999, qui « détermine les conditions dans lesquelles est organisé l'égal accès des femmes et des hommes aux mandats électoraux et fonctions électives ». Cette loi a été récusée par certains au motif qu'elle remet en cause l'universalisme de la citoyenneté et de la représentation : prescrire par la loi l'égalité des mandats reviendrait à faire des femmes une communauté ayant des droits et des intérêts spécifiques. Pour les partisans de la loi, les femmes ne sauraient être assimilées à un groupe, à une classe ; ils voient dans cette loi un moyen de transformer l'égalité formelle en égalité réelle.

➤ **genre (relations de).**

parités fixes

➤ **Système monétaire international [SMI].**

Parkinson (loi de)

Loi selon laquelle « plus on dispose de temps pour accomplir un travail, plus ce travail prend de temps ». Elle est formulée par C.N. Parkinson (1909-1993), historien et essayiste britannique et publiée pour la première fois en 1955 dans un article de *The Economist*. Elle est reprise en 1957 dans un ouvrage intitulé *Parkinson's Law, or The Pursuit of Progress*.

• À partir d'une étude faite sur les fonctionnaires anglais Parkinson conclut qu' « il n'existe aucune relation entre le nombre des fonctionnaires et la quantité de travail à fournir ». Par exemple il constate que les effectifs du bureau des affaires coloniales augmentent alors que l'Empire britannique disparaît. Cette loi serait la conséquence de deux phénomènes propres à l'administration :

– « un fonctionnaire entend multiplier ses subordonnées et non ses rivaux » ;

– « Les fonctionnaires se créent mutuellement du travail ».

• Dans une réédition de 1979 (traduite en français en 1983 préfacée par Alfred Sauvy), Parkinson formule une seconde loi : « les dépenses s'élèvent pour faire face aux revenus », prétexte à une interrogation sur la croissance des dépenses publiques, « le revenu de l'État étant considéré comme sans limites, ses dépenses ne cessent de s'élever ».

Parsons (Talcott)

Sociologue américain (1902-1979).

Auteur de nombreux travaux sur les relations entre société et système d'action ; il est considéré comme l'un des représentants du fonctionnalisme, plus précisément du « structuro-fonctionnalisme » selon sa propre terminologie. Tout système social comporte des « impératifs fonctionnels » que Parsons ramène à quatre fonctions majeures : maintien des modèles, intégration, réalisation des fins, adaptation.

L'œuvre de Parsons est caractéristique d'une sociologie fondée sur l'intégration (absence de conflit fondamental) et centrée sur la notion d'équilibre (tendance à la stabilité du système).

Ouvrages principaux : *The Social System* (1951) ; *Structure and Process in Modern Societies* (1960).

➤ **fonctionnalisme, intégration sociale ; Annexe Ⓐ-50.**

partenaires sociaux

Ensemble des acteurs économiques qui participent aux négociations sociales.

Ils sont constitués des représentants de salariés (CGT, CFDT, FO, CFTC, CFE-CGC) et des principales organisations patronales (MEDEF, CGPME). Ils sont responsables de la gestion de certains organismes paritaires, comme l'Unedic ou les régimes de retraite complémentaire.

➤ **syndicalisme, syndicats de salariés, syndicats d'employeurs et d'indépendants.**

participation au capital

[sens économique et financier] **Une société détient une participation dans une autre si elle possède entre 10 et 50 % de son capital. En dessous de 10 %, on considère qu'il s'agit d'un placement.**

Les participations croisées (A détient une participation dans B, et B dans A), limitées par la loi à 10 %, permettent de créer des solidarités face à d'éventuels *raiders*. Une prise de participation excédant 33 % du capital confère une minorité de blocage ; à hauteur de plus de 50 %, elle constitue une prise de contrôle.

➤ **autogestion, cogestion, concentration.**

participation des salariés

1 Forme française d'association du capital et du travail. Grand projet politique d'inspiration gaulliste de démocratisation de la société française ; il est fondé sur l'association des salariés à la gestion de l'entreprise et au partage des gains résultant de leurs efforts.

2 Application particulière de ce projet dans le cadre de divers dispositifs législatifs instaurant la participation financière des salariés aux bénéfices et aux résultats de leur entreprise.

On distingue la participation financière et la participation à la gestion.

La participation financière

Elle a été initiée par l'ordonnance du 7 janvier 1959 sur l'intéressement, par celle du 17 Août 1967 sur la participation, et élargie par celle du 21 Octobre 1986. Aujourd'hui elle repose sur trois modalités qui sont en partie liées.

La participation des salariés aux résultats de l'entreprise

Elle est obligatoire dans les entreprises d'au moins 50 salariés et facultative en dessous ; elle est calculée sur la base du bénéfice fiscal après impôt ; cette distribution d'une partie des bénéfices à chaque salarié est proportionnelle au salaire mais plafonnée à 75 % du plafond de la Sécurité sociale, et doit être précisée dans un accord collectif d'entreprise.

L'intéressement

Facultatif, ouvert à toute entreprise, l'intéressement nécessite un accord préalable avec les salariés conclu pour 3 ans qui précise les modalités du calcul des primes d'intéressement. Les primes d'intéressement sont plafonnées à 20 % des salaires, elles sont, pour l'entreprise, déductibles du bénéfice imposable et non soumises aux charges sociales ; elles sont imposables pour le salarié.

Les dispositifs d'épargne salariale

- **Le Plan d'épargne d'entreprise** (PEE), né de l'ordonnance de 1967, est un système d'épargne collectif destiné à recevoir les fonds issus de la participation et de l'intéressement mais aussi les versements volontaires des salariés.
- **Le Plan d'épargne interentreprises (PEI)** a été créé par la loi du 19 février 2001 (loi Fabius). Il vise à développer l'épargne salariale pour les salariés des petites entreprises en permettant à plusieurs entreprises de créer un dispositif d'épargne commun à l'ensemble de leurs salariés. Les regroupements se font par bassin d'emploi ou par branche.
- **Le Plan d'épargne pour la retraite collectif (PERCO)**, créé par la loi du 21 août 2003 (loi Fillon sur la réforme des retraites), est un système d'épargne retraite volontaire en entreprise ; la sortie, à compter de l'âge normal de départ en retraite, se fait en rente viagère et éventuellement en capital (sortie en capital non fiscalisée). Les artisans, commerçants et professions libérales utilisent ces dispositifs pour eux-mêmes et leur conjoint.
- **L'actionnariat salarié** est une composante de l'épargne salariale mais ne concerne que la détention directe par le salarié d'actions de l'entreprise où il travaille. Il se développe rapidement.

Le Compte épargne temps (CET)

On peut l'apparenter à un dispositif d'épargne salariale, puisque le compte peut être alimenté aussi bien en temps qu'en argent. En effet ce mécanisme, créé en 1994, permet « de différer la jouissance de périodes de repos et d'éléments de rémunération en les capitalisant dans un compte afin de les utiliser postérieurement pour financer une période de congé sans solde. » Mis en place par accord de branche, de groupe, d'entreprise ou d'établissement, ce compte peut être alimenté de différentes façons par un report annuel des congés payés annuels – 10 jours au maximum par an –, la conversion de primes conventionnelles ou indemnités en jours de congés, ou des repos compensateurs de remplacement...

La participation à la gestion

C'est la représentation et l'expression des salariés dans l'entreprise : comités d'entreprise, délégués du personnel, section syndicale d'entreprise, conseils d'atelier et de bureau dans les entreprises publiques, Comités d'hygiène, de sécurité et des conditions de travail (CHSCT), administrateurs élus par les salariés dans les sociétés anonymes, mécanismes de cogestion ou de codécision...

➤ **autogestion, cogestion.**

parti politique

Association de citoyens autour d'un même projet politique pour la conquête et l'exercice du pouvoir politique.

• Un citoyen peut être plus ou moins lié à un parti. On distingue par effectifs décroissants : les électeurs, les sympathisants, les adhérents (et parmi eux, ceux à jour de leurs cotisations), les militants, les dirigeants (dont certains peuvent être des cadres permanents, rémunérés), les élus (dont ceux formant le groupe parlementaire). Certains partis ayant peu d'adhérents peuvent avoir beaucoup d'électeurs et donc d'élus.

• Le système de partis est une caractéristique essentielle d'un régime politique. On distingue : le système pluraliste, à bipartisme (Grande-Bretagne, États-Unis) ou à pluripartisme (France), le système à parti unique (PC dans l'ex-URSS, parti nazi sous Hitler), le système à parti dominant (PRI au Mexique, Parti du Congrès en Inde).

Partis et démocratie

• Les partis sont apparus avec l'institution parlementaire et leur développement a suivi les progrès du droit de suffrage. À partir du XIXe siècle, les partis politiques se sont progressivement imposés comme des rouages essentiels de tout régime politique et particulièrement de la démocratie.

• En France, la Constitution de 1958, dans son article 4, reconnaît leur existence et leur rôle : « Les partis et groupements politiques concourent à l'expression du suffrage. Ils se forment et exercent leur activité librement. Ils doivent respecter les principes de la souveraineté nationale et de la démocratie. »

• Les partis prennent la forme d'associations selon la loi de 1901. Les lois du 11 mars 1988, qui organisent le contrôle du patrimoine des hommes politiques et le financement des partis et des campagnes électorales, les ont dotés d'un embryon de statut : personnalité morale de plein droit, aides financières publiques au prorata du nombre de sièges parlementaires, absence de contrôle financier ordinaire mais transparence et certification de leurs comptes.

➤ **bipartisme, classe(s) sociale(s), démocratie, groupe de pression.**

passager clandestin (ou *free rider*)

Stratégie d'un individu qui cherche à profiter d'une situation ou d'un avantage sans en payer le coût.

Ce « *free rider* » peut par exemple espérer profiter d›une augmentation collective des salaires au sein de son entreprise sans payer le coût de la mobilisation.

➤ **Olson (paradoxe de).**

patriarcat

Forme d'organisation de la famille dans laquelle l'autorité est exclusivement aux mains du patriarche (aîné de la génération la plus ancienne) et est transmise de père en fils à l'intérieur de la même lignée.

Le patriarcat est aussi une forme d'organisation politique caractérisant la société quand le pouvoir est exercé par un ou plusieurs chefs de famille.

➤ **matriarcat.**

patrilinéaire

➤ **filiation.**

patrimoine

Ensemble, pour un agent économique, de ses avoirs, ce qu'il possède, et de ses dettes, ce qu'il doit, à un moment donné.

Tout agent économique a un patrimoine : si l'on évalue chaque élément au prix du marché, la valeur nette du patrimoine est donnée par la différence entre les avoirs et les dettes, elle peut donc être négative.

Entrent généralement dans la composition du patrimoine les seuls éléments susceptibles de faire l'objet de transactions ; pour un individu, on néglige, par exemple, le capital humain (diplômes, qualification) ou, pour un pays, le capital écologique (qualité de l'eau, de l'air, etc.).

On distingue le patrimoine des entreprises, tel qu'il est comptabilisé dans leur bilan, du patrimoine des ménages dans lequel la propriété d'un logement tient, le plus souvent, une place prépondérante.

Le patrimoine varie au cours du temps en fonction de l'épargne nette (un flux positif accroît le patrimoine), de l'amortissement (maintien en l'état de la valeur du patrimoine), des mouvements de prix (plus-values ou moins-values).

➤ **actifs, comptabilité d'entreprise.**

paupérisation

Appauvrissement durable d'une partie de la population. Terme créé par Marx pour désigner la baisse du niveau de vie du prolétariat au cours de la révolution industrielle, conséquence, selon lui, de l'accumulation croissante du capital.

Abandonnée pour les pays développés, cette thèse est parfois reprise pour décrire la situation de la population dans un certain nombre de pays du Tiers monde.

On distingue **paupérisation absolue** et **paupérisation relative** : dans le deuxième cas, il n'y a pas de baisse absolue du pouvoir d'achat, mais une moindre croissance de certains revenus du travail.

➤ **airain (loi d').**

pauvreté

Situation d'individus, de groupes, démunis de ressources jugées essentielles et se trouvant dans une grande précarité.

Une notion difficile à définir

De nombreuses tentatives ont été faites pour définir un minimum vital fondé sur la satisfaction des besoins physiologiques, mais il est difficile de définir la pauvreté dans l'absolu. C'est une notion généralement considérée comme relative et qu'on rapporte à une norme standard variable selon les époques et les sociétés : être pauvre ne signifie pas la même chose aux États-Unis et en Inde ; en France, au XIXe ou au XXe siècles.

La définition de l'Union européenne

La définition de l'Union européenne rappelle que la pauvreté ne se réduit pas à l'insuffisance des ressources monétaires, qu'elle se caractérise aussi par le cumul des handicaps en matière de relations sociales, d'instruction, de santé, etc : « Sont pauvres les individus, les familles et les groupes de personnes dont les ressources (matérielles, culturelles et sociales) sont si faibles qu'ils sont exclus des modes de vie minimaux acceptables dans l'État membre dans lequel ils vivent. »

S'agissant des revenus, on définit conventionnellement un **seuil de pauvreté relative** : dans l'Union européenne, sont considérés comme pauvres les ménages dont le revenu par unité de consommation est inférieur à 60 %, 50 % ou 40 % du revenu médian dans un pays donné (en France, 50 % du revenu médian).

Nouvelle pauvreté

Au cours des Trente Glorieuses, la pauvreté concernait en priorité les personnes âgées, les petits paysans, les salariés agricoles, les manœuvres et les ouvriers non qualifiés. Dans les années 1980-1990, elle est qualifiée de « nouvelle » car elle change en partie de visage : elle frappe les chômeurs de longue durée et les personnes conduites à se retirer du marché du travail pour « inemployabilité » ; elle n'épargne pas les salariés précaires ou à faible qualification ; elle touche des familles monoparentales. Depuis les années 1990, elle se développe parmi les jeunes : difficultés d'insertion, faiblesse des salaires d'embauche, etc.

➤ **besoin, exclusion, minima sociaux, minimum vital, revenu minimum d'insertion [RMI].**

pays émergents

Ensemble de pays qui connaissent une croissance économique rapide et des mutations structurelles, productives (d'une production agraire à une production industrielle), juridiques et financières.

• Les pays émergents s'intègrent au commerce mondial par l'importance de leurs exportations et à la finance mondiale par leur ouverture aux investissements étrangers, mais aussi par leurs propres investissements à l'étranger. Globalement, ils détiennent les trois quarts des réserves mondiales de capitaux. Ces pays ont généralement libéralisé leur économie mais leurs structures sociales et politiques ne le sont pas totalement.

• Certaines analyses les assimilent indûment aux NPI (nouveaux pays industrialisés). En fait, une définition fine est délicate car leur groupe est hétérogène : s'ils ne font pas partie du groupe des pays développés ni de celui des pays les moins développés, ils ne rentrent pas tous dans la catégorie des pays en développement ainsi la Russie, l'Argentine (ancien pays riche), les pays du Golfe... De plus, il s'agit d'un groupe en mouvement, certains pays en sortent et rallient les pays développés comme la Corée du Sud, Singapour...

Ces pays dits émergents se trouvent en Europe de l'Est, en Amérique latine, en Asie.

• Les **BRICS** qui comprennent le Brésil, la Russie, l'Inde, la Chine et l'Afrique du Sud sont amenés à jouer un rôle de plus en plus important dans l'économie mondiale. Ils représentent le troisième pôle mondial face à l'Europe et aux États-Unis.

➤ **BRICS, NPI, Tiers monde.**

pays en développement [PED]

➤ **économie du développement, Tiers monde.**

PCS

➤ **catégories socioprofessionnelles [CSP, PCS], nomenclature(s).**

pension

1 Somme versée régulièrement à un individu sans contrepartie immédiate. Elle peut venir d'un organisme public, notamment de la Sécurité sociale (pension d'invalidité, pension de retraite), ou d'un membre de la famille (pension alimentaire en cas de divorce).

2 [sens bancaire] **Remise temporaire d'effets publics ou privés par une banque emprunteuse, par exemple, une banque de second rang, en garantie à la banque prêteuse, la Banque centrale par exemple, en contrepartie de liquidités.**

➤ **banque, retraites (financement des).**

période

Cadre temporel dans lequel s'inscrivent l'activité économique et son analyse.

Ce découpage du temps est établi en fonction de critères théoriques. Depuis A. Marshall, lorsque l'on étudie comment les entrepreneurs doivent prendre leurs décisions, notam-

Caractéristiques économiques

• **La courte période** est caractérisée par une relative fixité des facteurs de production. Le ou les facteurs fixes, généralement le capital, éventuellement la terre (surface cultivable) ou le travail très qualifié, constituent une contrainte pour l'entreprise : la production ne pouvant varier qu'en fonction des facteurs variables.

• **En longue période**, tous les facteurs de production peuvent varier ; on suppose donc que l'entrepreneur doit choisir entre les techniques existantes : c'est leur nombre limité qui constitue maintenant la contrainte.

• **La très longue période** est la seule à intégrer le changement technique : la contrainte qui pèse sur l'entreprise est sa capacité à innover.

ment celles qui portent sur les quantités à produire, on simplifie le raisonnement en distinguant plusieurs horizons temporels.

La durée d'une période varie en fonction de l'activité économique considérée ; dans certains cas, la courte période dure plusieurs années (le temps de l'installation d'une centrale nucléaire) ou quelques jours (dans la culture maraîchère).

Si la période est liée à l'activité économique, la notion de terme correspond arbitrairement à une durée en années ; par convention, le court terme dure au maximum un an.

Perroux (François)

Économiste français (1903-1987), qui a développé des thèses hétérodoxes dont l'inspiration essentielle vient de Schumpeter. Son originalité et la fécondité de ses analyses tiennent à ce que les rapports de pouvoir y occupent une place centrale, qu'il s'agisse de l'analyse du marché, des décisions, des firmes motrices, des pôles de développement ou du développement.

Ouvrages principaux : *Le capitalisme* (1948) ; *L'Europe sans rivages* (1954) ; *L'économie des jeunes nations, industrialisation et groupement de nations* (1962) ; *L'économie du XXe siècle* (1961) ; *Pouvoir et économie* (1973).

➤ **économie du développement, institutionnalisme, pôle de croissance.**

personnalité

Désigne ce qu'il y a de singulier dans le caractère, le comportement et la conduite d'un individu. Cette singularité est cependant le produit d'une interaction dynamique entre l'individu et son environnement socioculturel.

› **personnalité de base :** désigne « une configuration psychologique particulière propre aux membres d'une société donnée et qui se manifeste par un certain style de vie sur lequel les individus brodent leurs variantes singulières » (définition proposée par M. Dufrenne).

En proposant le concept de personnalité de base, les culturalistes américains (Kardiner, Linton) ont voulu mettre l'accent sur les éléments de personnalité communs que partagent les membres d'une société caractérisée par un certain système culturel.

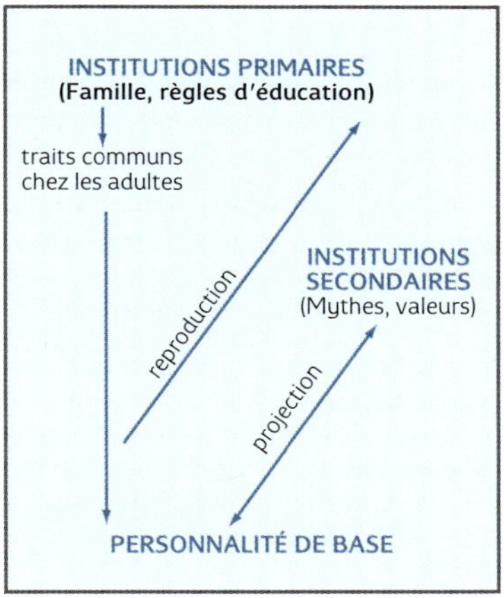

› **personnalité statutaire :** notion proposé par Linton. La théorie de la personnalité de base a été construite à partir de l'étude de petites sociétés homogènes. En voulant appliquer cette notion à des sociétés plus importantes et plus complexes, les culturalistes ont buté sur la différenciation interne qui les caractérise. C'est pour répondre à cette donnée que Linton a été amené à proposer la notion de personnalité statutaire.

➤ **culturalisme, culture, socialisation.**

personne morale

➤ **société [sens juridique].**

pétrodollars

Dollars perçus par les pays exportateurs de pétrole en paiement de leurs livraisons.

Ils ne correspondent pas à une monnaie spécifique. Cette expression imagée est utilisée pour rendre compte de l'origine économique de ces dollars.

Phillips (courbe de)

À l'origine, relation empirique mise en évidence par Phillips en 1958 entre le taux de chômage et le taux de variation des salaires nominaux. Dans un deuxième temps, la hausse des prix se substitue à la hausse des salaires. Ainsi se pose le problème de l'existence d'un arbitrage entre inflation et chômage.

Courbe de Phillips traditionnelle

La courbe de Phillips initiale a été transformée et les économistes ont pris l'habitude d'assimiler la courbe de Phillips à une relation inflation-chômage et de résumer ainsi le dilemme auquel se trouvent confrontées les politiques keynésiennes : pour réduire le chômage, il faut tolérer plus d'inflation ; la lutte contre l'inflation se paie par une augmentation du chômage.

Courbe de Phillips traditionnelle

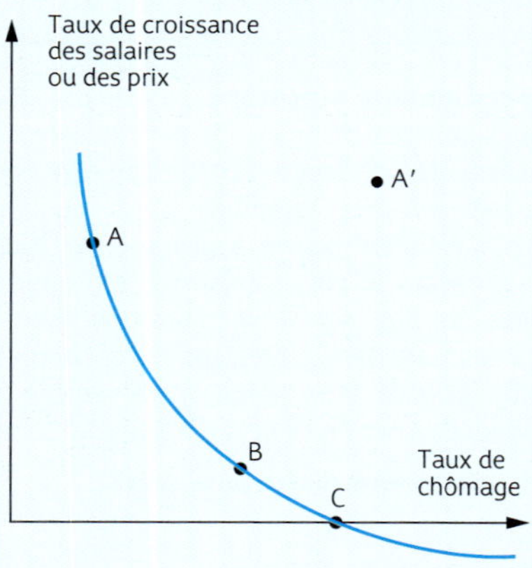

Entre A et B, se pose le problème de l'arbitrage entre inflation forte et chômage faible (A) et inflation faible et chômage fort (B).
Le point C indique le taux de chômage pour lequel l'inflation est nulle.
Par rapport à A, A' correspond à la stagflation : plus de chômage et plus d'inflation.

D'autre part, au niveau de la théorie des salaires, la courbe de Phillips donne naissance à une explication, et non plus seulement un constat, concernant la formation des salaires. Interprétée comme une relation de cause à effet entre la situation du marché de l'emploi en abscisses et la variation des salaires en ordonnées, elle pose que plus l'offre excédentaire de travail est importante (le chômage), plus la croissance des salaires est faible, approche qui n'est pas très éloignée de l'armée industrielle de Marx (le chômage pèse sur les salaires).

Toutefois, au milieu des années 1970, la courbe de Phillips est soumise à une double secousse. Au niveau empirique, la stagflation inflige un démenti aux courbes antérieures : chômage et inflation paraissent deux phénomènes qui ne sont plus alternatifs mais qui peuvent être cumulés ; les courbes de Phillips, si elles existent toujours, se déplacent vers le « nord-est ».

Courbe de Phillips selon M. Friedman

Friedman présente une nouvelle approche de la relation entre inflation et chômage. Selon cette analyse, les comportements des agents économiques reposent sur des anticipations adaptatives : ils rectifient leurs

La courbe de Phillips en France 1970-2013

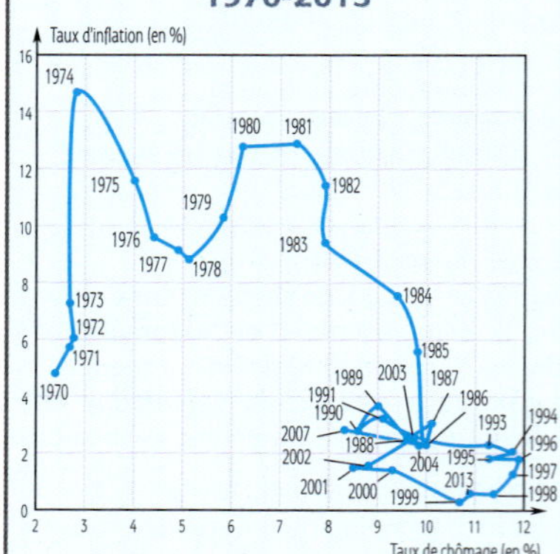

anticipations en fonction de l'évolution effective des grandeurs économiques. Il existe autant de courbes de Phillips, dites « de court terme », que d'anticipations de prix : plus les agents anticipent un niveau de prix élevé, plus le taux d'inflation correspondant à un taux de chômage donné est fort.

Courbe de Phillips de court terme et de long terme (selon Friedman)

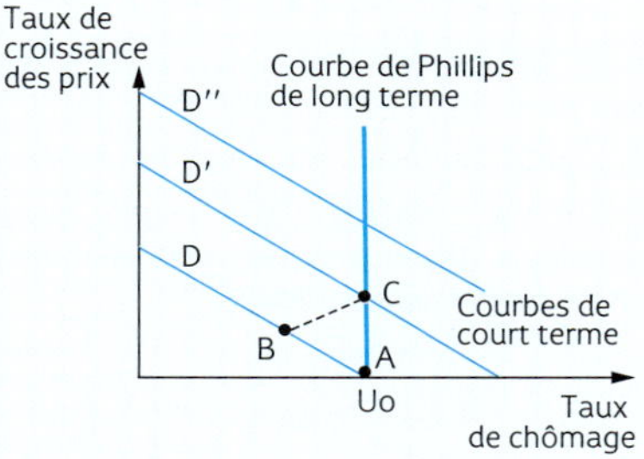

On tient donc le raisonnement suivant : soit le point A à partir duquel est menée une politique de relance qui fait se déplacer vers le point B : en effet, les entreprises voient une hausse de la demande due à la relance, elles augmentent leur production et donc embauchent. Mais, dans un deuxième temps, les agents économiques perdent leurs illusions monétaires et réalisent que ce qu'ils prenaient pour une hausse réelle n'était qu'une hausse purement nominale ; ils révisent leurs comportements : les travailleurs demandent une augmentation de salaire, les profits des entreprises baissent, elles débauchent et la situation se retrouve au point C.

La relance est temporaire et repose sur le fait que les agents ont été trompés.

Les points A et C tracent une « courbe de Phillips verticale » : à long terme, l'économie se déplace sur la verticale tracée à partir de Uo, taux de chômage naturel.

Courbe de Phillips selon R. Lucas

Les théoriciens des anticipations rationnelles (Lucas, Sargent, Wallace) radicalisent le raisonnement en éliminant les différentes courbes de court terme et gardent la courbe de Phillips verticale. La signification de cette courbe est claire : la politique économique est incapable de faire reculer le chômage ; au plus, elle accroît le taux d'inflation.

Si elle est en résonance avec les politiques de recherche prioritaire de la stabilité des prix, cette théorie selon laquelle tout le chômage est naturel donne une explication un peu courte des variations de taux de chômage.

Courbe de Phillips selon Lucas

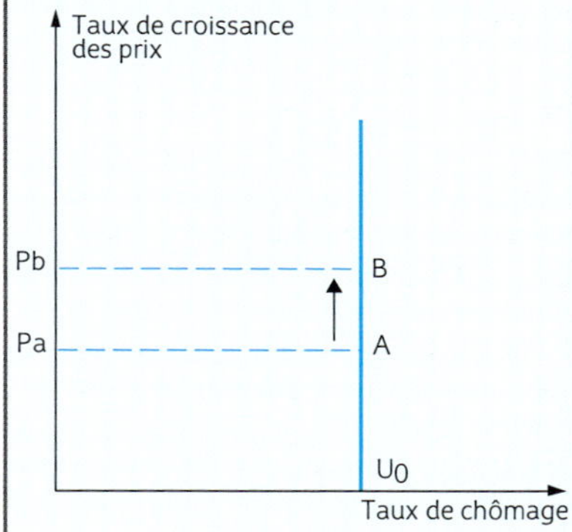

Partant du point A, la politique économique de relance ne réussit pas à faire régresser le chômage qui reste au niveau du chômage naturel Uo mais le taux d'inflation s'accroît (point B).

➤ **anticipations, chômage naturel (taux de), Friedman, Keynes, Lucas, NAIRU, nouvelle économie classique [NEC], stagflation ; Annexe A-19.**

physiocratie

Courant de pensée économique pré-classique – dont les représentants les plus illustres sont F. Quesnay, Mirabeau, Dupont de Nemours, Turgot – qui s'est développé au cours du XVIIIe siècle et qui reflète une économie dominée par l'agriculture, tout en donnant une première représentation globale du circuit économique.

Entre les classes circulent les richesses et la monnaie comme le sang dans le corps humain.

Seule l'activité agricole est productive

L'analyse de F. Quesnay dépeint une société composée de trois classes sociales : la classe des travailleurs de la terre appelée classe productive, qui crée non seulement les biens nécessaires à sa consommation et à la reconstitution des semences, mais aussi ceux qui seront consommés par les autres ; celle des propriétaires, qui prélèvent une partie des richesses créées, et la classe des artisans, qualifiée de façon significative de « stérile », qui travaille mais ne produit pas de richesses. Seule l'activité agricole est productive, c'est-à-dire capable de dégager un produit net.

Le produit net est ainsi la différence entre la production et les « avances », c'est-à-dire la part de la production affectée à la reconstitution des réserves qui ont servi à la subsistance des travailleurs de la terre et aux semences.

L'analyse des physiocrates est fortement marquée par le contexte historique : seul le travail de la terre est productif ; ouvriers de l'industrie et maîtres, classes montantes de la révolution industrielle, sont absents du schéma.

Les physiocrates posent les bases d'une analyse en termes d'excédent et de classes sociales, reprise par les auteurs classiques, et d'une présentation de la circulation des richesses.

Du point de vue de la pensée politique, les physiocrates croient en l'existence de lois naturelles et le droit de propriété leur apparaît comme un droit naturel. Ils sont partisans de la monarchie absolue tout en revendiquant une grande liberté économique.

➤ **circuit économique, Quesnay, surplus ; Annexe Ⓐ-1.**

PIB

➤ **Produit intérieur brut.**

Pigou (effet)

Appelé également effet d'encaisses réelles, cet effet, analysé par l'économiste A.C. Pigou, établit un lien entre la valeur réelle des encaisses, ou actifs monétaires, détenues par les particuliers et la demande de biens de consommation.

Une baisse de prix, par exemple, entraîne une augmentation de la valeur réelle des encaisses. Pigou suppose que les agents souhaitent maintenir celle-ci au même niveau : le surplus de valeur ainsi créé servira à alimenter la demande de biens de consommation. La déflation n'est pas pour lui facteur de récession.

➤ **économie du bien-être.**

placement

Acquisitions d'actifs tels que biens immobiliers (logements, terrains), les objets d'art ou les métaux précieux.

placements financiers

Affectation des ressources d'un agent provenant de son épargne ou de son endettement à l'acquisition d'actifs financiers (compte, achat de valeurs mobilières…) censés apporter des gains sous forme de revenu ou de plus-value.

L'évolution des placements de l'épargne des ménages français montre d'une part le maintien de l'attachement des français à l'épargne et une évolution lente mais sûre des placements financiers (comptes rémunérés, actions, obligations, OPCVM…) par rapport aux placements non financiers (logement, terrains…). La part des actions dans les placements des français reste modeste et c'est surtout l'épargne de précaution et notamment celle liée aux placements en vue de la retraite qui se développe rapidement.

REMARQUE : dans le vocabulaire courant, on utilise fréquemment, et à tort, le terme d'*investissement* pour *placement financier* : lorsque l'on parle d'« investissement » en valeurs mobilières, il s'agit moins à proprement parler d'investissement (acquisition d'actifs réels sous forme de biens de production) que de placement financier.

➤ **financement, investissement.**

plafond/plancher

Valeurs limites, supérieure (plafond) ou inférieure (plancher), d'une quantité, d'un prix ou d'un taux.

plan Marshall/plan Dodge

1 Aides proposées après la Seconde Guerre mondiale par les États-Unis aux pays d'Europe et au Japon pour leur permettre de rétablir leur économie.

Ces plans obéissent à une logique économique keynésienne qui est de donner du pouvoir d'achat aux nations détruites par la guerre mais aussi de fournir des débouchés à l'industrie américaine en reconversion. Ils obéissent également à une logique politique d'endiguement *(containment)* du communisme, par une stratégie « dollar contre communisme », dans le contexte de la Guerre froide et par des « purges rouges » antisyndicales au Japon.

D'un continent à l'autre...

Le plan Marshall, en 1947, du nom du secrétaire d'État G.C. Marshall, à destination des pays d'Europe s'est élevé à 12 milliards de dollars entre 1948 et 1951, dont 85 % sous forme de dons. Il a été refusé par l'URSS. Cette aide répartie par un organisme créé à cet effet, l'OECE, favorisa principalement la Grande-Bretagne (26 %) et la France (23 %).

Le plan Dodge, en février 1949, du nom du banquier américain Joseph Dodge, à destination du Japon, a consisté en une aide financière d'environ 1 milliard de dollars US et en une mise en place d' une stabilisation économique et monétaire : réduction de l'inflation qui passe de 165 % en 1948 à 18 % en 1950 ; taux de change stabilisé à 360 yens pour un dollar ; rigueur budgétaire, avec ralentissement brutal de la croissance ; retour progressif dans les échanges internationaux...

2 [par extension et abusivement] **Aide au développement, mondial, régional. Exemples : « plan Marshall pour les banlieues », « plan Marshall pour l'Afrique ».**

➤ OCDE.

planification

Processus mis en œuvre par des agents économiques consistant à fixer, pour un horizon de moyen terme (compris en général entre trois et dix ans), des grandeurs économiques (en termes de production, d'investissement...) et des mutations qualitatives associées à l'évolution de ces grandeurs (modifications des structures de la production, de la consommation...).

• Toute planification correspond ainsi à un dosage particulier de deux séries d'éléments : d'une part, des prévisions de l'évolution plus ou moins spontanée des grandeurs économiques et, d'autre part, des objectifs plus ou moins contraignants fixés aux agents et à leur environnement.

• Pour ce qui est de la planification établie par les pouvoirs publics, on oppose :

– **la planification impérative**, dont la planification soviétique a été l'exemple le plus connu, dans laquelle les objectifs s'imposaient aux agents économiques, tout particulièrement aux entreprises qui sont tenues d'appliquer les objectifs du plan ;

– **la planification indicative** « à la française » qui consiste, dans un processus de concertation avec les partenaires sociaux, à fixer des prévisions et des objectifs à quatre ou cinq ans qui ne s'imposent pas aux entreprises privées, qui s'imposent pour partie au secteur public et que les pouvoirs publics sont censés poursuivre en incitant les agents économiques à les réaliser.

• Cependant, **l'ouverture croissante des économies** développées sur les échanges extérieurs, les incertitudes économiques résultant de la période de crise ouverte en 1974, la contestation du rôle de l'État ont rendu l'existence de cette planification problématique. En 2005, le Commissariat général au Plan est supprimé.

« L'ardente obligation »

La planification indicative, à l'échelle nationale, est née dans les pays occidentaux après la Seconde Guerre mondiale, dans un contexte de pénurie économique.

Outil de reconstruction économique dans le cas de la France, puis de croissance, la planification a ensuite perdu peu à peu **le caractère « d'ardente obligation » que lui avait assigné le général de Gaulle**. Le Plan ne cherchait pas à se substituer au marché. Au contraire, il s'efforçait d'en prévoir les tendances longues, par l'utilisation de modèles économétriques, et de permettre à la puissance publique d'intervenir plus efficacement par des mesures incitatives. En France, c'est le Commissariat général au Plan qui jouait un rôle de coordination, d'élaboration et d'impulsion.

➤ **État, prévision.**

plan social

Appelé plan de sauvegarde de l'emploi (PSE) depuis la loi du 17 janvier 2002, un plan social est un ensemble des mesures prises par une entreprise au moment d'un licenciement collectif économique, destinées à limiter le nombre de licenciements et à reclasser les salariés licenciés.

L'employeur a l'obligation d'établir un PSE lorsque l'entreprise compte au moins 50 salariés, et que le nombre de licenciements est au moins égal à 10 dans une même période de 30 jours. Le PSE doit être établi même si l'entreprise n'est pas dotée d'un comité d'entreprise ou d'un délégué du personnel.

ploutocratie

➤ **pouvoir.**

plus-value

1 [sens général] **Accroissement de valeur d'échange d'un bien (mobilier, immobilier ou œuvre d'art) sans modification de sa valeur d'usage : le bien, sans que sa nature et son utilité n'aient été modifiées, connait une augmentation de son prix relatif sur le marché.**

2 **Concept central chez Marx (parfois appelé « survaleur ») ; différence entre la valeur créée par l'emploi de la force de travail et la valeur de cette force de travail.**

La plus-value est la valeur produite par l'ensemble des travailleurs, dans le mode de production capitaliste, pendant le temps de surtravail, effectué au-delà du travail nécessaire à la production et à l'entretien de la force de travail. La plus-value est partagée entre le propriétaire foncier, sous forme de rente, le capitaliste financier, sous forme d'intérêt, et le capitaliste industriel, sous forme de profit.

L'accroissement du taux de plus-value est le but du capitaliste. Pour ce faire, il peut :

– soit augmenter la **plus-value absolue** par l'allongement du temps de travail total (T) ; par l'intensification du travail (réduction des temps morts, des « pores » de la journée de travail) ;

– soit augmenter la **plus-value relative** par la diminution du temps de travail nécessaire (Tn). Celle-ci s'obtient grâce aux gains de productivité réalisés dans les branches qui fournissent les marchandises consommées par les travailleurs : relativement moins chères, elles permettent de baisser les salaires réels (dévalorisation de la force de travail).

➤ **accumulation du capital, exploitation, Marx.**

PMA [pays les moins avancés]

Classification établie par l'ONU en 1970 qui comporte, en 2011, 48 pays dont la majorité sont africains.

Ces pays se caractérisent par la faiblesse de leur PNB par habitant, un taux de croissance du PNB égal, voire inférieur, à celui de la population, la prédominance de l'agriculture, la dépendance économique vis-à-vis d'un petit nombre de produits d'exportation, une industrialisation très faible et une espérance de vie très basse.

➤ **économie du développement, Tiers monde.**

PME/PMI [petites et moyennes entreprises/industries]

Entreprises employant moins de 250 salariés. Les petites entreprises en emploient moins de 50.

Les PME (malgré un mouvement séculaire de concentration capitaliste qui a surtout touché l'agriculture et le commerce) ont accru leur poids dans l'économie depuis le milieu des années 1970. En effet, les défaillances d'entreprises ont surtout concerné les branches de l'industrie où dominent les grandes entreprises (sidérurgie, chantiers navals, etc.).

Cependant, les différentes crises ou mini-crises boursières depuis celle d'octobre 1987 ont montré que les avantages liés à une taille importante n'avaient pas tous disparu : les nombreuses opérations de concentration prouvent qu'une large surface financière demeure un atout pour résister aux tentatives des raiders comme pour faciliter des restructurations.

Les raisons du dynamisme relatif des PME

– Le regain de l'initiative individuelle et de l'esprit d'entreprise.

– La crise du travail taylorisé.

– Les dangers du gigantisme (bureaucratie, combativité ouvrière, etc.).

– La souplesse de gestion et la rapidité de réaction aux sollicitations du marché des PME (*Small is beautiful* selon l'ouvrage de E.F. Schumacher).

– Le recours à la sous-traitance pour éviter des sureffectifs.

– La tertiarisation de l'économie ; les nouveaux services proposés aux particuliers et surtout aux entreprises requièrent le « sur-mesure personnalisé », incompatible avec la standardisation de la grande entreprise.

– La déconcentration et l'essaimage à partir des grandes entreprises.

– Les mesures tendant à alléger les charges sociales ou fiscales et les formalités administratives afin d'inciter à la création d'entreprise, les PME étant souvent considérées comme le seul gisement d'emplois restant.

– L'appui du pouvoir politique à une catégorie sociale incarnant les valeurs de la libre entreprise.

Leurs problèmes actuels

Parmi les problèmes que rencontrent les PME françaises, on peut retenir :

– le poids encore important des PME peu dynamiques : faible productivité, bas salaires, faible intensité capitalistique, techniques de gestion mal maîtrisées, archaïsme des relations sociales (paternalisme) ;

– les relations difficiles avec les banques, qui privilégient souvent les grandes entreprises, dont la solvabilité paraît mieux assurée, et qui, pour cela, bénéficient de taux proches du taux de base bancaire et d'une meilleure répercussion des baisses de taux ;

– le difficile accès direct au marché financier ;

– la dépendance relative vis à vis des grandes entreprises donneuses d'ordre ;

– la transmission de l'entreprise lors du départ en retraite ou du décès du fondateur ; les héritiers n'étant pas toujours des gestionnaires, on a vu se développer la reprise d'entreprise par les salariés (RES).

➤ **concentration, entreprise, sous-traitance.**

PNB

➤ **Produit national brut.**

PNUD [Programme des Nations unies pour le développement]

Organisme satellite de l'ONU, créé en 1965, et chargé de promouvoir le développement économique

Le PNUD, à partir de 1965, regroupe divers organismes préexistants. Il vise à compléter l'action de la CNUCED. Il dispose d'une capacité opérationnelle en constituant un « programme institutionnalisé », qui a pour vocation de financer, de coordonner et d'évaluer des actions d'assistance technique.

Il est le réseau mondial de développement dont dispose le système des Nations Unies. « Il prône le changement, et relie les pays aux connaissances, expériences et ressources dont leurs populations ont besoin pour améliorer leur vie. »
Le PNUD est présent dans 166 pays. Il est le principal animateur et coordonnateur de la politique de développement visant à atteindre les Objectifs de développement pour le Millénaire (ODM), adoptés en 2000, dont l'objectif primordial est de diminuer de moitié la pauvreté d'ici à 2015.
L'aide et l'assistance technique aux PED portent principalement sur :
– la gouvernance démocratique,
– la réduction de la pauvreté,
– la prévention et le traitement des crises,
– la politique énergétique et la préservation de l'environnement,
– la lutte contre le VIH (Sida).
Le PNUD cherche à promouvoir, grâce à la gouvernance démocratique, un développement humain durable, c'est-à-dire respectueux de l'environnement, de l'équité sociale et de l'équité intergénérationnelle, en s'appuyant sur des indicateurs comme l'IDH (Indicateur de développement humain).

➤ **CNUCED, CNUED, développement (économie du), IDH.**

points d'or

(en anglais *gold points*)

Dans le système d'étalon-or, limites entre lesquelles variait théoriquement le taux de change d'une monnaie.

Le franchissement de ces limites favorise soit des entrées, soit des sorties d'or (points d'entrée et de sortie) car il devient alors plus avantageux de régler des importations en monnaie métallique (la parité or des monnaies étant fixe par définition) même en tenant compte des frais de transport et d'assurance de l'or.

➤ **Système monétaire international [SMI].**

Polanyi (Karl)

Historien, économiste et anthropologue hongrois (1886-1964), il enseigna en Angleterre et aux États-Unis.

Pratiquant la méthode comparative, qui consiste à faire ressortir les traits culturels originaux de notre société moderne en la comparant aux autres civilisations et cultures, Polanyi met en évidence la rupture qu'a constitué l'avènement du marché autorégulateur (marché sur lequel les prix sont déterminés par le jeu de l'offre et de la demande, sans intervention extérieure) sous l'impulsion du libéralisme économique : pour la première fois dans l'histoire, les phénomènes économiques sont représentés comme s'ils étaient séparés de la société et constituaient à eux seuls un système auquel tous les autres rapports sociaux devaient être soumis. Dans *La Grande Transformation*, Polanyi montre comment ce système de marché (dont il fixe la date de naissance en 1834, année de l'abolition de l'*Act de Speenhamland*) traite comme des marchandises la terre, le travail et la monnaie, et détruit la société jusqu'à imposer, au travers de la crise économique et politique des années 1930, une resocialisation de l'économie. Contre la lecture évolutionniste, il apparaît ainsi que le marché n'a rien de « naturel » et a dû être institué, y compris par la violence.

➤ **économie, institutionnalisation du marché, marché ; Annexe A-17.**

pôle de compétitivité

« Combinaison, sur un espace géographique donné, d'entreprises, de centres de formation et d'unités de recherche publiques ou privées, engagés dans une démarche partenariale destinée à dégager des synergies autour de projets communs au caractère innovant. Ce partenariat s'organise autour d'un marché et d'un domaine technologique et scientifique qui lui est attaché et doit rechercher l'atteinte d'une masse critique pour atteindre une compétitivité mais aussi une visibilité internationale », selon la DIACT, Délégation interministérielle à l'aménagement et à la compétitivité des territoires (ex DATAR).

À la suite d'une décision du gouvernement du 13 décembre 2002, le Comité interministériel de l'aménagement et du développement du territoire (CIADT) du 14 septembre 2004 a décidé de conduire cette nouvelle politique industrielle en application de la stratégie de Lisbonne (UE, mars 2000) et a défini les mesures à mettre en œuvre pour le développement des pôles. Ceux-ci vont mobiliser une part importante (jusqu'à 30 %) des moyens d'intervention de l'État sous diverses formes : allégement des impôts sur les sociétés et des charges sociales ; les financements complémentaires adaptés, et notamment, via l'Oseo (ex Anvar) pour l'innovation. La CDC (Caisse des dépôts et consignations) est également fortement impliquée (immobilier, fonds propres).

Quelques exemples de pôles de compétitivité

Parmi les 105 candidatures, le CIADT du 12 juillet 2005 a labellisé 67 pôles de compétitivité et a distingué parmi ceux-ci : 6 projets mondiaux, 9 projets à vocation mondiale et des projets à vocation nationale dont :

Projets mondiaux :
- Lyon biopole, région Rhône-Alpes ; virologie ;
- Minalogie, région Rhône-Alpes ; nanotechnologies.

Pôles à vocation mondiale :
- Aéronautique, Espace et Systèmes Embarqués, région Midi-Pyrénées-Aquitaine ;
- Innovations thérapeutiques en Alsace ;
- Image, Multimédia et Vie Numérique en Île de France.

Pôles à vocation nationale :
- Biothérapies en Pays de la Loire ;
- Pôle Cancer-Bio-Santé en Midi-Pyrénées.

Au cours du CIADT 2009, six nouveaux pôles ont été labellisés (secteur des écotechnologies) et six ont été délabellisés. L'État a attribué 1,5 milliard d'euros pour cette deuxième phase 2009-2012.

➤ **cluster, Lisbonne (stratégie de), système économique.**

policy mix

➤ **politique mixte.**

politique agricole commune [PAC]

Issue du Traité de Rome instituant la Communauté économique européenne, la PAC est mise en place en 1962 avec la création des Organisations communes de marché (OCM) et du Fonds européen d'orientation et de garantie agricole (FEOGA). Politique commune de l'Europe financée par le budget européen, elle vise à moderniser l'agriculture, réduire les déficits et soutenir les revenus des agriculteurs. Elle a connu, depuis les années 80, de multiples réformes.

Les marchés de produits agricoles

Ils ont été le premier lieu d'application d'une politique commune, la politique agricole commune qui repose sur différents principes : libre circulation des marchandises, unicité du prix, préférence communautaire (le protectionnisme agricole européen) et solidarité financière. Jusqu' au milieu des années 80, la politique agricole a consisté en une politique de prix relativement élevés. Un prix minimum étant assuré par des mécanismes compensatoires de soutien et d'intervention (MCM) : subventions à l'exportation (restitutions), prélèvements sur les importations hors CEE.

Les critiques à partir des années 1980

Si les premiers résultats de la PAC ont permis une forte progression de la production, de la productivité, une réduction des déficits et même l'apparition d'excédents massifs, les limites d'une régulation économique administrée se font sentir dès le début des années 1980. Ainsi le budget communautaire encaisse des recettes avec les importations et subit des ponctions avec les exportations, ou encore les pressions des partenaires commerciaux du GATT puis de l'OMC (les États-Unis à leur tête) pour limiter la protection de l'agriculture européenne. Sans compter les critiques liées au développement d'une agriculture intensive, productiviste, et peu respectueuse de l'environnement et l'accroissement des inégalités entre gros et petits producteurs.

Des mesures qui modifient en profondeur la PAC

D'abord, la baisse des prix qui limite le volume financier des soutiens, réduit l'écart avec les prix mondiaux et facilite les importations en accord avec les accords de l'Uruguay round de décembre 1993 qui réclament que les marchés européens soient plus ouverts et que les soutiens internes et à l'exportation soient considérablement réduits. Par ailleurs, l'action sur les prix se double d'une action directe sur l'offre : limitation des quantités garanties par les prix, fixation de quotas pour la production de lait, mises en jachère. De plus, une politique de soutien par les revenus, et non plus seulement par les prix, voit le jour, ce qui permet de mieux cibler l'aide, en la réservant à certaines exploitations, définies en fonction de leur taille relativement faible et du caractère extensif et peu polluant de la production. Dans cette optique est mis en œuvre, au début des années 2000, un principe de découplage entre aides et production.

Bilan de la PAC

Avantages :
– soutien aux agriculteurs ;
– essor des exportations agricoles ;
– maintien d'une activité économique dans les campagnes.

Critiques :
– coût de la PAC très élevé ;
– protectionnisme de la PAC dénoncés par l'OMC, les États-Unis et les pays en développement ;
– productivisme de la PAC considéré comme un facteur de risque pour l'environnement.

➤ **intégration régionale, FEOGA, fonds structurels européens, politique monétaire, Union économique et monétaire européenne, Union européenne (historique de l').**

pôle-emploi

Le nouveau « service public unifié de l'emploi » créé en 2008 et mis en place en 2009 regroupe les tâches jusqu'alors imparties, d'une part à l'ANPE – aider les chômeurs à trouver un emploi – et à l'UNEDIC (qui regroupe les ASSEDIC) – indemniser les chômeurs.

Le pôle emploi a pour mission d'accompagner tous les demandeurs d'emploi dans leur recherche de travail, d'assurer le versement des allocations aux demandeurs indemnisés, d'aider les entreprises dans leurs recrutements et de recouvrer les cotisations au titre de l'assurance chômage.

➤ **ANPE, ASSEDIC, UNEDIC.**

politique budgétaire

Compartiment de la politique économique qui se définit par son moyen, le budget de l'État. L'effet principal du budget se situe au niveau de la demande, qu'il s'agisse de l'importance et de la nature des dépenses, des recettes et du déficit ou de l'excédent. Mais il influe aussi sur l'offre et sur les circuits de financement.

L'importance et la nature de la politique budgétaire font l'objet de controverses.

- **Pour les keynésiens**, la politique budgétaire constitue un instrument de régulation privilégié et un déficit n'est pas nécessairement néfaste.
- **Les auteurs libéraux** privilégient la politique monétaire et préconisent une intervention faible de l'État par une compression des recettes fiscales, des dépenses et du déficit.
- **Dans le cadre de l'Union économique et monétaire européenne**, les politiques budgétaires sont de la compétence nationale mais elles sont soumises à des règles et des dispositifs de surveillance concernant les déficits publics.

➤ **budget de l'État (loi de finances), déficit budgétaire, Haavelmo (théorème d'), IS-LM (modèle), Keynes, Pacte de stabilité et de croissance, politique économique, politique monétaire.**

politique commerciale stratégique

➤ **Krugman (Paul R.).**

politique de change

Compartiment de la politique économique caractérisé par l'instrument utilisé, le taux de change de la monnaie, les pouvoirs publics pouvant jouer sur la baisse du taux de change (dévaluation ou dépréciation) ou sur la hausse.

• Jusqu'à la fin des années 1970, la politique de change est essentiellement une politique de dévaluation (en régime de parités fixes) ou de dépréciation (changes flexibles), l'objectif étant d'améliorer le solde extérieur par une baisse des prix des exportations et une hausse des prix des importations. L'inélasticité de la demande par rapport aux variations de prix et l'existence de cercles vicieux ont rendu les dévaluations nettement moins efficaces.

• C'est la raison pour laquelle en Europe, notamment en France avant la création de l'euro, soit les politiques de change avaient été abandonnées, soit elles s'étaient transformées en politiques de monnaie forte (politique de « franc fort »). Celle-ci favorisait la désinflation et incitait les entreprises à se moderniser et à rechercher une compétitivité-produit plus qu'une compétitivité-prix.

• Mais, en contrepartie, elle avait deux inconvénients : elle poussait les taux d'intérêt vers le haut (pour soutenir le taux de change) et elle tendait à faire prévaloir des objectifs de stabilité des prix au détriment de la croissance et de l'emploi.

La BCE et le taux de change

Avec la création de la monnaie unique européenne, les pays de la zone euro perdent leur politique de change nationale. La Banque centrale européenne peut agir sur le taux de change de l'euro, mais, comme l'euro est une monnaie flottante, la Banque centrale européenne n'est pas tenue de maintenir le cours de l'euro entre un plancher et un plafond autour d'une valeur officielle.

À noter qu'actuellement, la Chine pratique une politique de sous-évaluation du yuan.

➤ **compétitivité, dépréciation, désinflation, dévaluation, Mundell Fleming (modèle de), Système monétaire international [SMI], Union économique et monétaire européenne.**

politique de concurrence

Actions des pouvoirs publics visant à éliminer tout comportement privé ou public de nature à limiter la concurrence.

• Les différentes composantes de la politique de concurrence sont, en ce qui concerne les atteintes à la concurrence faites au secteur privé, le contrôle des ententes et des abus de position dominante ; en ce qui concerne les atteintes faites au secteur public, le contrôle des subventions publiques et des monopoles publics.

La commission européenne et la concurrence

La politique de la concurrence constitue une des compétences exclusives de l'Union. Concernant les entreprises, la Commission surveille les ententes (tout en admettant celles qui apportent un progrès économique ou technique), surveille les abus de position dominante et les opérations de fusion-acquisition qui menacent la concurrence. Pour ce qui est des entraves à la concurrence provenant des interventions des États membres, la Commission interdit les aides publiques à l'égard des entreprises publiques, mais aussi à l'égard des entreprises privées. C'est également dans cette perspective que les monopoles nationaux en matière de réseaux ont été ouverts, au moins partiellement, à la concurrence.

• La théorie de la concurrence pure et parfaite donne un premier type de fondement à la politique de concurrence : elle montre que la concurrence pure et parfaite est bénéfique, alors que le monopole conduit à des prix plus élevés et une production plus faible ;

dans cette perspective, la concurrence est toujours meilleure que la concentration.

• Mais cette recherche de la concurrence à tout prix doit prendre en considération deux arguments : d'une part, lorsqu'il existe des économies d'échelle, les petites unités sont moins efficaces que les grandes et la lutte contre la concentration risque d'être contre-productive ; d'autre part, comme le montre J.A. Schumpeter, l'innovation est génératrice de situations transitoires de monopole qu'il ne faut pas contrecarrer.

• Les rapports entre concurrence et efficience sont donc complexes et la recherche de la concurrence doit se combiner avec celle de l'efficacité économique. Une opération de concentration peut être bénéfique pour la grande entreprise et le consommateur mais avoir des conséquences défavorables sur les concurrents.

➤ **Europe financière.**

politique de l'emploi

1 Au sens strict, politique visant à réduire le chômage par une action directe ou indirecte sur la création d'emplois.

2 Plus généralement, toute politique cherchant à influer sur le niveau de chômage par le biais d'une action agissant sur le marché du travail, sur la demande mais aussi sur l'offre de travail. L'objectif étant la réduction du chômage, il peut s'agir de création d'emplois ou de retrait d'activité.

Les politiques macroéconomiques de création d'emplois

Elles se différencient selon l'analyse du chômage à laquelle elles se réfèrent.

• **Dans l'optique keynésienne**

Les politiques s'appuient sur la relance de la demande globale : la réduction du chômage passe par une croissance de la demande des ménages (hausse de leurs revenus), de celle des entreprises (baisse des taux d'intérêt) ou de l'État (déficit public). Ce type de politique peut buter sur différents obstacles, lorsque la demande se porte sur des produits importés, ou que les entreprises développent leur production sans augmenter l'emploi.

• **Dans l'optique libérale**

La stimulation de la création d'emploi, passe par une pression à la baisse sur les coûts salariaux et une flexibilisation du marché du travail ; en effet, la demande de travail des entreprises dépend principalement du coût salarial. Dès lors, la lutte contre le chômage se traduit par une rigueur salariale, la remise en cause du salaire minimum, totale ou partielle (pour certaines catégories de population), la diminution des charges sociales... D'une inspiration très proche, le « théorème de Schmidt » (ancien chancelier allemand), selon lequel « les profits d'aujourd'hui sont les investissements de demain et les emplois d'après-demain », est souvent invoqué comme argument d'une politique de l'emploi passant par la hausse des profits.

De même, la recherche d'une plus grande compétitivité des entreprises peut viser à long terme la création d'emplois.

Les politiques de l'emploi agissant sur les flux du marché du travail

Ces politiques sont nombreuses, de même que leurs typologies.

On distingue les **politiques passives,** qui visent à gérer le rationnement de l'emploi (indemnisation du chômage, RSA), et les **politiques actives** qui tentent de limiter ce rationnement en créant des emplois.

Le discours politique introduit aussi une hiérarchie entre traitement économique du chômage, traitement social (dont le contenu est varié) et le traitement statistique (qui n'aurait aucun effet réel).

Globalement, on peut distinguer des politiques qui s'attachent plutôt à la demande de travail (l'emploi), d'autres plutôt à l'offre.

Différentes actions possibles des politiques de l'emploi

• **Action sur la demande de travail**

Dans le prolongement des analyses libérales du fonctionnement du marché du travail, de multiples mesures peuvent être prises qui tendent à diminuer le coût de la main-d'œuvre (subvention à l'embauche, exemptions de cotisations sociales, aide au maintien d'emplois...). De même, certaines mesures partent de l'idée que la flexibilité du marché du travail est une condition de croissance des emplois, ce qui se traduit en particulier par la précarisation d'une part importante des emplois qui deviennent « atypiques » (développement des contrats à durée déterminée, développement du temps partiel, du travail temporaire...). Certaines mesures s'inspirent de l'idée que certains emplois, dans le secteur public ou associatif, sont utiles mais ne peuvent être créés sans l'aide publique : les pouvoirs publics financent tout ou partie du coût de la main-d'œuvre (travaux d'utilité collective, contrats emploi solidarité...).

• **Action sur l'offre de travail**

Parmi ces mesures qui tendent à inciter certaines catégories de la population à se retirer de la population active, certaines concernent les jeunes (prolongation de la formation initiale) ou les travailleurs âgés (préretraite), d'autres touchent les femmes, incitation financière pour les femmes au foyer, ou les travailleurs étrangers, politique d'incitation plus ou moins appuyée au retour.

• **Le partage du travail**

La politique de partage du travail peut prendre plusieurs formes, réduction de la durée de travail hebdomadaire, ou de la durée annuelle, ou de la durée de travail sur la vie entière. Le partage du travail pose cependant le problème de la rémunération. Si la baisse de la durée du travail s'accompagne d'une baisse de rémunération, alors l'incitation à la création d'emplois est forte, mais cette mesure se heurte à des résistances. Si, inversement, la baisse de la durée est entièrement compensée par le biais d'un maintien du salaire initial, alors le coût du travail augmente, l'entreprise est incitée à réaliser des gains de productivité, et la baisse de la durée du travail n'a pratiquement pas d'effet sur l'emploi.

Les effets d'une politique de formation

On considère souvent que la formation peut avoir des effets de réduction du chômage. En fait, on peut distinguer quatre effets différents de la formation :

– **un effet « file d'attente » :** la formation permet de soustraire du marché du travail des flux qui viendraient gonfler autrement l'offre de travail ; dans ce cas-là, la formation ne joue pas sur le niveau d'emploi mais sur l'offre de travail et donc le niveau de chômage ;

– **un effet d'adéquation entre l'offre et la demande de travail :** une meilleure formation – ou une reconversion – permet à des travailleurs d'occuper des emplois vacants ; dans ce cas, la formation a un effet sur le niveau d'emploi ;

– **un effet de qualification-déqualification :** l'amélioration de la formation d'un individu peut lui permettre d'améliorer son employabilité ; mais l'amélioration du niveau de formation de toute la population tend à élever le niveau de qualification requis pour occuper un type d' emploi (phénomène dit du « déclassement ») sur le marché du travail, sans créer d'emplois ;

– **un effet de création d'emplois qualifiés :** la formation de nouveaux métiers peut favoriser la création d'emplois qui n'auraient pas été créés sans cela.

➤ **chômage, contrat de travail, emploi, emplois aidés, emploi typique/atypique, flexibilité, Keynes, marché.**

politique de l'offre

Ensemble de mesures de politique économique dont le but est de stimuler la croissance en agissant sur les facteurs de l'offre.

L'offre, c'est-à-dire les capacités de production d'un pays, dépend du volume, de la qualité et de la combinaison des facteurs de production. Pour stimuler la croissance, l'État peut agir directement ou indirectement sur chacun de ses déterminants :

– **la politique de l'éducation et de la formation** vise à améliorer la qualité du facteur travail (qualification, compétence) et à favoriser l'accumulation de capital humain ;

– **la politique de la recherche et de l'innovation** exerce une influence sur le rythme du progrès technique ;

– **la politique d'investissement public** a un effet sur les infrastructures (réseaux de transport, de communication, énergie, etc.) qu'utilisent les agents économiques pour produire ;

– **la politique fiscale et sociale** agit sur l'offre de travail (incitation à rechercher du travail, incitation à la mobilité géographique et professionnelle, etc.) et sur l'offre de capital (incitation à l'épargne, au financement des entreprises, etc.) ;

– **la réglementation, ou la déréglementation** selon les cas, peut faciliter la création d'entreprises et l'innovation (protection de la propriété intellectuelle, etc.) ;

– **la politique de la concurrence** incite les entreprises à se moderniser pour préserver leur compétitivité...

➤ **économie de l'offre (*supply side economics*), offre, politique économique.**

politique des revenus

Partie de la politique économique et sociale qui agit sur la formation des revenus primaires et éventuellement sur la redistribution, avec pour objectifs la lutte contre l'inflation, une progression juste et équilibrée du pouvoir d'achat compatible avec les gains de productivité, la paix sociale et, dans certains cas, la modification du partage de la valeur ajoutée entre salaires et profits.

• Cette politique fut assez systématique au cours des Trente Glorieuses et elle fut une caractéristique essentielle de la régulation institutionnelle de type « fordiste ». Dans ce cadre, l'État veille à ce que la répartition des revenus du capital et du travail assure une progression parallèle des profits, pour motiver et financer l'investissement, et des salaires pour encourager le travail et financer les débouchés par la consommation. La politique des revenus cherche donc à réaliser le compromis fordiste de partage équilibré des gains de productivité, en évitant que ne s'amorce la spirale inflationniste salaires-prix-profits.

Des moyens d'action divers

– Action directe sur les salaires via le SMIC et les salaires des agents de l'État et de la fonction publique ;
– organisation de la négociation sur les salaires entre patronat et syndicats de salariés (par exemple, accords de Grenelle, loi sur les conventions collectives, lois Auroux) ;
– contrôle des prix, et, à travers eux, des profits et du salaire réel ;
– action par les prélèvements obligatoires ;
– en situation extrême de spirale inflationniste : blocage des prix et des salaires ;
– système d'échelle mobile (indexation des salaires sur les prix) ;
– planification indicative des revenus.

• En France, la rigueur salariale et la désindexation des salaires mises en œuvre à partir de 1982-1983 apparaissent comme un tournant de la politique des revenus qui a permis la restauration des profits des entreprises. En effet, aujourd'hui, les prix sont entièrement libérés et les salaires se négocient librement sur le marché du travail. L'État n'assure plus qu'un filet de sécurité minimum (salaire minimum, le SMIC, imposé aux entreprises, le revenu de solidarité active, le RSA fourni par la collectivité) ; la régulation par le marché, c'est-à-dire par la concurrence entre entreprises (pour les prix) et entre travailleurs (pour les salaires), faisant le reste.

➤ **désindexation des salaires, fordisme, politique économique, productivité, régulation (École de la).**

politique économique

Ensemble des interventions des pouvoirs publics dans l'économie caractérisées par la hiérarchie des objectifs poursuivis et le choix des instruments mis en œuvre pour les atteindre.

La politique économique s'inspire d'une certaine grille d'analyse : le **keynésianisme** et le **libéralisme** constituent deux inspirations des politiques économiques.

Par exemple, toute politique de lutte contre l'inflation se réfère de façon plus ou moins explicite à une explication de l'inflation et l'action est organisée différemment selon que l'on privilégie la responsabilité de l'émission de monnaie, celle de la demande ou celle de la formation des revenus. De même, une politique de l'emploi peut se référer soit à une explication du chômage par insuffisance de la demande, soit à une théorie classique qui privilégie le coût du travail. Enfin, l'investissement peut être stimulé de façon différente selon que l'on considère que la faiblesse de l'investissement provient de débouchés trop faibles ou d'une insuffisance des profits.

- **Les principaux objectifs sont :**

la croissance économique, le plein-emploi, la stabilité des prix, l'équilibre des échanges extérieurs.

- **Les principaux instruments sont :**

le budget, la régulation de la masse monétaire, l'action sur les taux d'intérêt et le taux de change, l'intervention sur la formation des revenus et sur la redistribution, la réglementation.

Sachant qu'il est particulièrement difficile d'atteindre tous ces objectifs simultanément, toute politique économique se caractérise par le choix des priorités : la lutte contre l'inflation plutôt que la lutte contre le chômage, l'équilibre extérieur plutôt que la croissance, etc ; et par des moyens supposés les plus efficaces, étant entendu que ces moyens sont eux-mêmes interdépendants : les politiques du crédit, du taux d'intérêt, du budget et du taux de change sont liées par des relations contraignantes, surtout en économie ouverte. De ce fait, une politique économique se doit de rechercher une certaine cohérence.

REMARQUE : on a parfois tendance à confondre les objectifs finaux avec les objectifs intermédiaires.

Politiques économiques conjoncturelle et structurelle

La distinction entre **politique conjoncturelle à court terme et politique structurelle à long terme** supposée modifier durablement les structures de l'économie est à nuancer : une politique conjoncturelle systématique a des conséquences structurelles (politique menée par Mme Thatcher sur la désindustrialisation de la Grande-Bretagne) et une politique structurelle impose des mesures conjoncturelles (par exemple des dépenses budgétaires pour accroître l'effort de formation et de recherche).

➤ **carré magique, État, keynésianisme, libérale (politique économique), politique budgétaire, politique de change, politique de l'emploi, politique des revenus, politique économique conjoncturelle, politique économique structurelle, politique industrielle, politique monétaire.**

politique économique conjoncturelle

Politique économique à court terme menée en vue d'orienter l'activité dans un sens jugé souhaitable : soutien de l'emploi, limitation de l'inflation, réduction du déficit extérieur, etc. Elle vise le rétablissement des grands équilibres sans pour autant avoir la prétention ou la possibilité de les atteindre tous : le choix est fait en fonction de la situation de l'économie nationale et des objectifs politiques des partis au pouvoir.

En simplifiant, on peut ramener les politiques conjoncturelles à l'opposition entre politiques de relance *(go)* et politiques de rigueur *(stop)*.

Les politiques dites de relance

D'inspiration keynésienne, elles privilégient les objectifs de stimulation de la croissance et de lutte contre le chômage.

Les moyens utilisés consistent à développer les revenus des ménages par une politique des salaires souple et une extension

des revenus de transferts ; par ailleurs, la demande publique tend à s'accroître, le déficit budgétaire étant considéré comme favorable parce qu'il stimule la demande. La politique monétaire assure une progression des crédits et de la masse monétaire, les taux d'intérêt sont bas.
Ce type de politique, s'il a des effets positifs sur l'activité économique, l'emploi et le revenu des ménages, peut favoriser les poussées inflationnistes et aboutir à une dégradation de l'équilibre extérieur, en raison du progrès des importations.

Les politiques dites de rigueur

D'inspiration libérale, elles privilégient la lutte contre l'inflation, l'assainissement financier et la réduction du déficit extérieur. Elles impliquent le plus souvent le freinage de la croissance et donc de la demande.
En matière de revenu, c'est la rigueur salariale qui doit permettre un partage de la valeur ajoutée plus favorable aux entreprises et un ralentissement de la demande. La politique budgétaire recherche l'équilibre ou l'excédent du budget afin de limiter l'effet inflationniste du déficit et le poids de la dette publique. Une politique monétaire restrictive se traduit par une limitation du crédit et une hausse des taux d'intérêt.
Les politiques de rigueur ont, en principe, des effets bénéfiques sur les prix, sur l'équilibre extérieur et sur les résultats des entreprises, mais elles peuvent avoir des effets dépressifs sur l'emploi, sur le pouvoir d'achat des ménages et sur la production.

➤ **Keynes, keynésianisme, libérale (politique économique), politique budgétaire, politique économique.**

politique économique structurelle

En opposition avec la politique conjoncturelle. Composante de la politique économique qui, visant une modification profonde du fonctionnement de l'économie, tend à modifier les institutions et les comportements des agents économiques. La politique industrielle est un élément de la politique structurelle.

À partir de la Seconde Guerre mondiale, les gouvernements ont multiplié les mesures structurelles tendant à infléchir les mécanismes de marché ou à les limiter par des interventions publiques (nationalisation, planification, réglementation du marché et des relations du travail, protection sociale, etc.). La crise économique des années 1970, parce qu'elle reflétait plus une inadaptation des structures économiques qu'un essoufflement de la conjoncture économique, a donné un nouvel élan aux politiques d'action sur les structures, surtout dans le sens d'une réactivation du jeu du marché.
Ainsi à titre d'illustration :
– **pour ce qui est des entreprises et des marchés,** aux politiques concernant la concentration et la concurrence (abus de position dominante, réglementation des ententes, contrôle des opérations de concentration...) se sont ajoutées les politiques de protection des consommateurs et les mesures de libération des prix ;
– **pour ce qui est du marché du travail et des relations de travail,** certaines mesures assurent une plus grande flexibilité, d'autres favorisent la négociation collective, d'autres tendent à encourager la formation.
La politique structurelle a été très active en ce qui concerne **les marchés de capitaux et la modernisation des banques et du marché financier** (création de nouveaux produits, de nouveaux marchés...).

➤ **politique économique, politique économique conjoncturelle, politique industrielle.**

politique fiscale

Ensemble des mesures visant à faire évoluer le système fiscal d'un pays.

Plusieurs buts peuvent être poursuivis

– **intervention conjoncturelle :** des baisses ponctuelles d'impôts peuvent être un accompagnement d'une reprise économique ;

– **recherche d'une meilleure efficacité :** il s'agit alors d'améliorer le recouvrement des principaux impôts et de réduire le coût de celui-ci ;

– **justice sociale :** le poids de l'impôt est modulé selon la situation de l'individu. Dans le cas d'un impôt progressif, son poids sera d'autant plus élevé qu'il est acquitté par des personnes dont le revenu, ou le patrimoine, est important.

Attention, l'anglais *fiscal policy* est un faux ami qui ne signifie pas « politique fiscale » mais plus largement « politique budgétaire », c'est-à-dire essentiellement l'action sur le solde budgétaire.

Dans le cadre de l'Union européenne

Pour l'essentiel, les questions fiscales restent soumises à la compétence des États. Seules les rares décisions prises à l'unanimité par le Conseil des ministres, peuvent limiter les marges de manœuvre nationale (en matière de TVA, ce sont les institutions européennes qui définissent les produits auxquels peut être appliqué le taux minoré). Pour le reste, les systèmes fiscaux nationaux demeurent très hétérogènes, exposant les pays membres aux risques du dumping fiscal.

politique industrielle

Ensemble des interventions publiques sur les structures productives et les comportements des entreprises en vue de renforcer ou d'améliorer les performances globales et sectorielles de l'industrie.

• L'existence d'un secteur nationalisé, comme en France, permet à l'État d'orienter directement la production de certaines branches et indirectement d'agir sur les conditions de production des entreprises privées par le biais des commandes, des tarifs publics, des infrastructures. En direction du secteur privé, l'État dispose de plusieurs moyens d'intervention plus ou moins efficaces.

Les quatre niveaux de la politique industrielle

• **L'environnement de l'industrie** : politique de change, politique des revenus, fiscalité, crédit, législation commerciale, infrastructures, etc. À ce niveau, il s'agit moins de politique industrielle que de gestion économique générale. Les libéraux purs militent pour que l'État s'en tienne à créer les conditions de la libre concurrence tout en favorisant l'initiative privée ;

• **l'action sur les comportements** en matière d'investissement, de localisation, d'emploi, d'exportation... À cet égard, l'État prend des mesures incitatives : primes et subventions, dégrèvements fiscaux sont accordés sous conditions (exemple : crédit d'impôt pour investissement productif) ;

• **les politiques sectorielles** visant soit à soutenir et à restructurer les industries « anciennes » en difficulté (par exemple la sidérurgie, les chantiers navals), soit à promouvoir des industries nouvelles (informatique, nucléaire). Dans ce cas, les aides ne sont plus conditionnelles ; elles peuvent consister en subventions, commandes publiques, aide à la recherche-développement, etc. ;

• **les grands projets, les grands programmes industriels** : association du secteur public et du capital privé pour la réalisation d'objectifs d'envergure.

Aspect fort développé en France : Concorde et Airbus, Fos-sur-Mer (complexe sidérurgique), programme électro-nucléaire, TGV, plan Calcul, etc. Sont en jeu à ce niveau autant l'industrie que l'indépendance nationale.

• Sous le double effet de la mondialisation et du renouveau libéral, la politique industrielle a connu un déclin dans la décennie 1980 (en particulier au Royaume-Uni sous l'influence du thatchérisme). Depuis quelques années, cependant, celle-ci tend à être réhabilitée, du moins dans certains domaines, au vu des effets négatifs engendrés par le retrait de l'État

• Depuis mai 2012 en France, le ministère de l'industrie a été rebaptisé « ministère du redressement productif ». Ses missions prioritaires sont l'amélioration de la compétitivité de l'industrie et des services, un soutien accru aux entreprises innovantes, ainsi qu'aux petites et moyennes entreprises. Il a été récemment négocié les accords « compétitivité-emploi » comme PSA, Air France ou Renault : il s'agit de demander aux salariés de faire des concessions en matière de mutation ou de baisse de salaire, en échange de leur maintien dans l'emploi.

➤ **économie mixte, planification, pôle de croissance, politique économique structurelle, société d'économie mixte.**

politique libérale

➤ **libérale (politique économique), nouvelle économie classique, politique de l'offre.**

politique mixte

(en anglais *policy mix*)

Politique économique conjoncturelle qui se fonde sur la combinaison coordonnée d'une politique budgétaire et d'une politique monétaire agissant sur la demande.

Stagflation et « *policy mix* »

En 1979-1980, les États-Unis, comme d'autres pays, sont confrontés à une conjoncture inédite de stagflation (stagnation de la croissance, chômage et inflation) consécutive aux deux premiers chocs pétroliers. En cohérence avec la **règle de Tinbergen** (1952), selon laquelle il faut autant d'instruments de politique économique qu'il y a d'objectifs indépendants à atteindre, une politique économique devait être affectée au soutien de la croissance et une autre affectée à la lutte contre l'inflation. Comme, selon la **règle de Mundell** (1962), il convient d'affecter à un objectif celle des politiques qui dispose, par rapport à lui, d'un avantage comparatif sur les autres instruments, il pouvait sembler logique de consacrer la politique monétaire à la lutte contre l'inflation et la politique budgétaire au soutien de l'activité.

Ainsi, les États-Unis, au début des années 1980, ont connu une politique monétaire restrictive, d'inspiration monétariste, menée par Paul Volcker, et une politique de déficit budgétaire, plutôt involontaire, menée par R. Reagan. Le résultat en fut une réduction rapide de l'inflation et une croissance plus soutenue.

UE et politique mixte

La politique mixte de l'Union européenne résulte de l'action conjuguée de la politique monétaire menée par la Banque centrale européenne (BCE) et des politiques budgétaires des États membres, cadrées par le Pacte de stabilité et de croissance. En matière de politique monétaire, c'est la BCE indépendante qui décide, alors qu'en matière de politique budgétaire, ce sont les États et leurs politiques nationales qui conservent l'initia tive.

La politique mixte européenne présente donc une forte asymétrie qui donne à la politique monétaire indépendante une nette prééminence sur la politique budgétaire encadrée. Depuis la mise en circulation de l'euro c'est donc l'objectif de stabilité des prix de la BCE qui a eu la priorité sur les politiques de soutien à la croissance. La croissance modérée de la masse monétaire (bornée à celle de l'activité économique réelle), les taux d'intérêt relativement élevés (par rapport aux États-Unis) et une politique de change d'euro fort constituent les outils privilégiés de la politique mixte européenne.

Une inversion de la « *policy mix* »

À partir de 1993, aux États-Unis, se met en place progressivement une **inversion de la** « *policy mix* » : la politique de Clinton opère un retour progressif à l'équilibre budgétaire alors qu'à partir de 1995 Alan Greenspan, à la tête de la Fed, favorise la reprise par une politique monétaire de baisse des taux directeurs. La réduction du déficit budgétaire, considéré alors comme un déficit principalement structurel, permet une baisse des taux à long terme, l'État empruntant moins. Cela a pour conséquence de stimuler l'investissement. À la fin de la décennie, le taux de chômage descend à 4 %, le taux de croissance avoisine les 5 %, l'inflation reste modérée et stabilisée à 3,5 % et le budget fédéral présente un excédent supérieur à 2 % du PIB.

➤ **BCE, chômage d'équilibre (taux de), IS-LM (modèle), Mundell Fleming (Modèle de), *NAIRU*, Phillips (courbe de), politique économique conjoncturelle, politique monétaire.**

politique mixte (nouvelle)

(en anglais *second policy mix*)

Combinaison d'une politique monétaire avec une politique structurelle du côté de l'offre.

La notion de « *second policy mix* » (Dornbusch, Jacquet, Pisani-Ferry) apparaît au début des années 2000 : celle qui en complément de la première résulterait **d'une coordination de la politique monétaire, macroéconomique, du côté de la demande, et d'une politique structurelle, microéconomique,** agissant sur l'offre de facteurs. Tant que le taux de chômage resterait supérieur à sa valeur d'équilibre (par exemple le *NAIRU*), l'action conjoncturelle par la première « policy mix » serait efficace et légitime, pour amener la croissance à son niveau potentiel. Mais une action structurelle devrait être menée conjointement pour abaisser la valeur du NAIRU de manière à ce que la baisse du chômage ne produise pas trop tôt une accélération de l'inflation. Cette politique structurelle chercherait par des incitations à caractère microéconomique à accroître l'offre de facteurs de la part des agents par, plus d'épargne, plus de travail, plus d'inventions et d'innovations et donc de productivité, et à améliorer le fonctionnement des marchés des biens et du travail par plus de concurrence et de flexibilité.

➤ **chômage d'équilibre (taux de), IS-LM (modèle), Mundell Fleming (Modèle de), *NAIRU*, Phillips (courbe de), politique économique conjoncturelle, politique monétaire.**

politique monétaire

Volet de la politique économique visant à influer sur l'évolution de la masse monétaire et les taux d'intérêt et, par ce biais, sur l'inflation, la croissance, l'emploi et le taux de change.

Objectifs poursuivis par la politique monétaire

• L'accent est en général mis sur la lutte contre l'inflation. Le courant monétariste, en particulier, considère que la lutte contre l'inflation constitue l'objectif prioritaire de la politique économique et que le meilleur moyen de lutter contre l'inflation consiste à agir sur la création de monnaie.

• En fait, la politique monétaire ne peut être envisagée uniquement par rapport à la stabilité des prix. D'une part, comme l'inflation n'est pas seulement un phénomène monétaire, d'autres moyens peuvent être employés pour lutter contre l'inflation, la politique des revenus par exemple. D'autre part et surtout, la masse monétaire n'a pas seulement une influence sur les prix mais aussi sur les grandeurs réelles de l'économie, sur l'emploi et sur la production ; dès lors, une politique monétaire restrictive peut contribuer à ralentir la hausse des prix mais aussi à favoriser un ralentissement ou une baisse de la production et de l'emploi ; inversement, la politique monétaire peut être mobilisée pour stimuler la croissance de l'économie.

• De plus, en économie ouverte, lorsque les capitaux se déplacent librement, la politique monétaire se heurte à une contradiction concernant les effets internes et externes des taux d'intérêt ; en effet, des taux d'intérêt élevés attirent les capitaux (ce qui tend à faire monter le taux de change) et des taux bas contribuent à affaiblir le taux de change.

Les instruments de la politique monétaire

• **Les instruments directs :** l'encadrement du crédit, qui est une forme de contingentement, limite chaque banque dans le volume de crédit qu'elle peut octroyer à sa clientèle, tout dépassement étant pénalisé de façon dissuasive ; en France, l'encadrement du crédit, employé durant la période très inflationniste de 1977 à 1985, a été abandonné

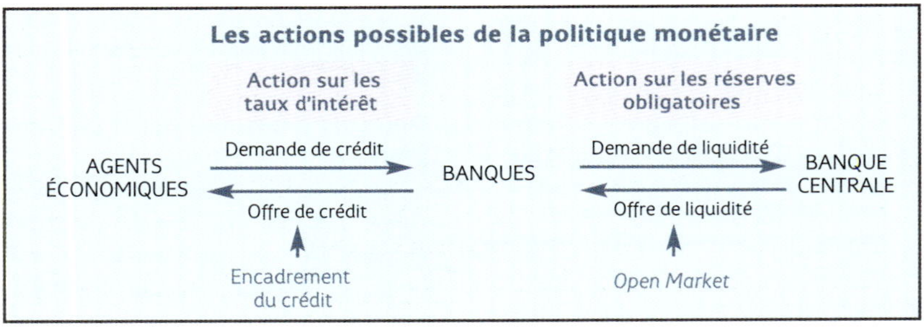

parce que, en période de faible inflation, il se justifie moins, d'autant qu'il tend à fausser le jeu concurrentiel et qu'il est peu efficace lorsque les capitaux se déplacent librement.

• **Les instruments indirects** agissent, soit sur la demande de crédit, soit sur l'offre. L'action par le biais des taux d'intérêt (taux d'intervention de la Banque centrale sur le marché monétaire et taux d'escompte) est censée avoir de l'influence sur la demande de crédit et donc sur la création de monnaie ; son efficacité peut être limitée, soit par l'insensibilité éventuelle des agents économiques aux variations de taux, soit par les effets pervers sur les flux externes (entrée de capitaux en cas de hausse des taux). L'action sur l'offre de crédit passe par la liquidité bancaire ; en effet, les banques, pour créer de la monnaie, ont besoin de monnaie Banque centrale ; dès lors, les autorités monétaires peuvent agir soit sur le besoin de monnaie – en faisant varier les réserves obligatoires que les banques doivent constituer à la Banque centrale –, soit sur l'alimentation en monnaie Banque centrale en rendant plus ou moins facile l'accès des banques aux liquidités.

Dans la zone euro, exemple le plus abouti d'intégration régionale, la politique monétaire ne dépend plus des États mais de la Banque centrale européenne, structure supranationale qui dispose de compétences exclusives et indépendantes pour orienter le volet monétaire de la politique mixte européenne.

➤ **base monétaire, BCE, crédibilité monétaire ou financière, intérêt (taux d'), IS-LM (modèle), Keynes, monétarisme, monnaie, Mundell (triangle d'incompatibilité de).**

politique sociale

Ensemble de mesures prises dans le domaine des salaires (ou plus généralement des revenus), de la protection sociale ou de l'emploi. Le terme peut être utilisé soit au niveau de l'État ou des collectivités locales, soit au niveau de l'entreprise. Dans le premier cas, les principaux leviers d'intervention concernent les minima sociaux, l'évolution du niveau des prestations versées par les régimes de Sécurité sociale, les mesures d'action contre le chômage, la politique de lutte contre les inégalités.

En ce qui concerne l'entreprise, la politique sociale se traduit dans le domaine de l'évolution du salaire, des prestations sociales complémentaires, de la promotion professionnelle et de la formation continue.

politiques publiques

1 Ensemble des actions engagées par les autorités publiques (État, administrations, collectivités locales, Europe) dans les différents domaines qui sont ou qui deviennent de leur ressort : santé, logement, aménagement du territoire, éducation, etc.

La notion de politiques publiques

Cette notion est historiquement liée à « l'extension croissante de l'activité publique ou de l'État » selon l'expression d'A. Wagner, engagée depuis la fin du XIXe siècle et culminant au XXe avec la mise en place de l'État-Providence.

Depuis quelques décennies, cependant, on assiste à une double évolution remettant en

cause le monopole étatique de l'action publique :
– un décentrement infra-national avec « l'autonomisation croissante des communautés politiques locales » (P. Muller et Y. Surel) ;
– l'émergence de politiques supra-nationales, en particulier avec la construction européenne (politique agricole commune, politiques de la concurrence, programmes régionaux, etc.).

Les étapes de l'action publique

Dans une optique séquentielle, on distingue classiquement :
– **la « mise sur agenda » :** comment un problème, devenu un enjeu collectif, amène les autorités à l'inscrire parmi les questions à traiter ;
– **l'élaboration de programmes d'action** correspondant aux objectifs souhaités. Cette élaboration est objet de débats et d'oppositions entre forces politiques.
– **La mise en œuvre des décisions prises :** moyens accordés, dispositifs juridiques et administratifs, procédures d'exécution effective (ou non) du plan d'action.
– **L'évaluation des résultats** avec pour question centrale la correspondance entre effets attendus et effets constatés.
– **La clôture du programme** avec la résolution du problème ou tout simplement l'épuisement des moyens accordés.
Cette typologie des étapes de l'action publique n'épuise pas, loin s'en faut les analyses des politiques publiques.

Autres enjeux

– Loin d'être l'apanage des autorités et de la représentation politiques, les processus d'élaboration des politiques publiques mettent aux prises – souvent conflictuellement – de multiples acteurs de la société civile : groupes concernés, groupes de pression, experts « extérieurs », associations, etc.
– Les objectifs affichés n'excluent pas d'autres visées non avouées (exemples des politiques de rénovation urbaine ayant pour visée sous-jacente une recomposition de la population électorale favorable à telle force politique).
– Plus encore les résultats des actions publiques ne dépendent pas seulement des agents de la puissance publique : dans les processus concrets se télescopent des enjeux multiples, des acteurs variés et un contexte institutionnel et social plus ou moins favorable.
La Loi organique relative aux lois de finances (LOLF), entrée en vigueur le 1er janvier 2006, a pour but de renforcer le contrôle du parlement sur l'affectation des moyens et pour ambition de responsabiliser l'administration sur les objectifs poursuivis.

2 [science politique] **Analyses des processus et des mécanismes de production de ces actions.**

L'analyse des politiques publiques constitue aujourd'hui une branche dynamique de la science et de la sociologie politiques. Elle utilise des outils issus de la sociologie des organisations, de l'action collective et de l'économie publique pour tenter de comprendre la genèse, la mise en œuvre et les effets de l'action publique.

➤ **loi organique relative aux lois de finances [LOLF], politique sociale, *Public Choice* (École du).**

polyarchie

➤ **pouvoir.**

polygamie

(poly : « plusieurs » ; gamos : « mariage »)
Terme général désignant toutes les unions où le nombre des conjoints (hommes et femmes) dépasse un seul couple.

polyandrie (*andros* : « homme ») : forme de mariage dans laquelle plusieurs hommes sont unis à une seule femme. Si les différents maris sont frères, on parle de polyandrie fraternelle.

polygynie (*gunê* : « femme ») : forme de mariage dans laquelle plusieurs femmes sont unies à un seul homme. Chaque femme a le statut d'une épouse légitime et ses enfants sont des descendants légitimes.

Popper (Karl)

Philosophe politique et épistémologue, (Vienne, 1902 - Londres, 1994), dont la pensée, le rationalisme critique concernent particulièrement les sciences sociales par sa critique conjointe du scientisme, du holisme totalitaire et de l'historicisme.

- Partisan de la Démocratie et d'un libéralisme progressiste, Popper a été, par sa critique du marxisme, au cœur du renouveau des idées libérales, notamment en France où il a été découvert assez tardivement dans les années 1980.
- À la base du système poppérien, l'idée qu'il n'existe pas de critères de la vérité en science : certes, on ne peut empêcher le savant de croire qu'il détient la vérité, mais l'essentiel est qu'il laisse la possibilité de tester empiriquement sa théorie ; celle-ci n'aura de caractère scientifique que si elle présente ce caractère de réfutabilité, de « falsifiabilité ».
- Bien qu'accusé de scepticisme, Popper pense que la science permet un progrès de la connaissance : elle s'approche de la vérité, mais, à la différence de ce que croient les scientistes, elle ne détient et ne détiendra jamais aucun savoir certain. Popper et son épistémologie « faillibiliste » (la science progresse par élimination de ses erreurs) récusent donc comme non scientifiques les théories formant un système clos irréfutable et procédant de manière inductive.

Une opposition à l'induction

Dans *La logique de la découverte scientifique* (1935), Popper, reprenant les thèses de D. Hume contre l'induction, affirme que la pensée, pour être scientifique, doit accorder la prééminence absolue à la théorie, aux conjectures, aux hypothèses, sur l'observation.
Prouver la théorie selon laquelle tous les cygnes sont blancs en accumulant un grand nombre d'observations de cygnes blancs n'est pas scientifique. Il vaut mieux faire progresser la connaissance en réfutant la théorie : il suffit de trouver un seul cygne noir.

- Popper critique des grands systèmes clos, notamment celui de Marx : le marxisme est critiqué à la fois pour son historicisme et son déterminisme.

Pour Popper, le libéralisme et la démocratie sont des systèmes ouverts, résultats d'une sélection par l'histoire, c'est-à-dire ce qui reste après l'élimination des erreurs du passé (tyrannie, dictature...).
De même, la démocratie n'est pas un idéal, mais une méthode qui permet d'éliminer les mauvais dirigeants. Comme la science, la démocratie est un système ouvert où tout est réfutable et l'erreur réversible.

Ouvrages principaux : *La logique de la découverte scientifique* (1935) ; *La société ouverte et ses ennemis* (1945) ; *Misère de l'historicisme* (1945) ; *Conjectures et réfutations* (1963).

➤ **État, Hayek, Marxisme, Rawls.**

population

Ensemble des personnes résidant habituellement dans un pays, une région, une ville, une zone géographique donnée.

L'étude de la population constitue l'objet de la démographie. Sa mesure remonte à l'Antiquité. La Bible fait état de plusieurs opérations de recensement, visant à dénombrer physiquement le nombre d'habitants.
Si la méthode du recensement est toujours pratiquée aujourd'hui, elle est complétée en France par des évaluations annuelles fondées sur les déclarations annuelles de naissance et de décès à l'état civil. La grande inertie des paramètres d'évolution (importance du stock par rapport aux flux, stabilité des comportements en matière de fécondité, évolution lente de la mortalité) autorise des prévisions à long terme.

Population par groupe d'âges au 1er janvier de 1901 à 2012					en %
	Moins de 20 ans	20 ans à 59 ans	60 ans ou plus	*dont 75 ans ou plus*	Ensemble en milliers
France métropolitaine					
1901	34,3	53,0	12,7	*2,5*	38 485,9
1910	33,6	53,7	12,7	*2,5*	39 089,0
1920	31,3	54,9	13,8	*2,8*	38 383,0
1930	30,3	55,7	14,2	*2,9*	40 912,1
1946	29,5	54,4	16,0	*3,4*	40 125,2
1950	30,1	53,6	16,2	*3,8*	41 647,3
1960	32,3	51,0	16,7	*4,3*	45 464,8
1970	33,1	48,9	18,0	*4,7*	50 528,2
1980	30,6	52,4	17,0	*5,7*	53 731,4
1990	27,8	53,2	19,0	*6,8*	56 577,0
2000	25,6	53,8	20,6	*7,2*	58 858,2
2010 (p)	24,5	52,6	22,9	*8,9*	62 791,0
2011 (p)	24,4	52,3	23,3	*9,0*	63 127,8
2012 (p)	24,3	52,0	23,7	*9,1*	63 460,8

Source : INSEE bilan démographique

L'évolution de la population

– Les chiffres de population sont connus avec une bonne précision pour les pays développés. Pour les pays en développement, la marge d'incertitude est importante. Les tendances lourdes d'évolution sont :

– une croissance de la population mondiale de l'ordre de 1,3 % (elle était de plus de 2 % à la fin des années 1960) qui pourrait se ralentir à partir de 2050.

– une part relative toujours plus lourde de la population du continent asiatique ; une diminution de la part de la population européenne et nord-américaine.

– En France, la tendance de fond est celle du vieillissement de la population, c'est-à-dire l'augmentation de la proportion des 60 ans et plus, notamment à partir de 2005 (arrivée à cet âge des « baby-boomers »). Elle résulte de la baisse de la fécondité à partir des années 1960, et de la croissance de l'espérance de vie, particulièrement sensible chez les femmes.

➤ **démographie, fécondité, mortalité, natalité, recensement, vieillissement démographique.**

population active

Ensemble des individus exerçant ou déclarant chercher à exercer une activité rémunérée.

Les personnes en congé de maladie, les membres du clergé, les aides familiaux, les stagiaires rémunérés de l'entreprise et les chômeurs sont comptés parmi la population active.

En revanche, les femmes au foyer, les élèves, les étudiants et les retraités sont décomptés dans la population inactive.

➤ **activité (taux d'), emploi.**

population active occupée (PAO)

Ensemble de la population active, les chômeurs non comptés.

population sans emploi à la recherche d'un emploi [PSERE]

La PSERE regroupe les chômeurs définis selon les quatre conditions retenues par le BIT et reprises par l'INSEE pour son enquête-emploi : être dépourvu d'emploi (est exclue toute personne ayant déclaré avoir exercé une activité, même de très courte durée, au cours de la semaine de référence), être capable de travailler (c'est-à-dire être disponible dans un délai de quinze jours ; un mois en cas de maladie bénigne), rechercher un emploi rémunéré, être effectivement à la recherche de cet emploi (avoir effectué au moins une démarche durant le mois précédant l'enquête).

L'INSEE, depuis 2003, effectue une « enquête emploi » en continu qui donne une évaluation trimestrielle du chômage au sens du BIT.

L'écart entre PSERE et DEFM s'est creusé à partir de 1987. Il s'explique par l'augmentation du nombre des demandeurs inscrits au Pôle-emploi non pris en compte selon les critères du BIT, tels :

– les chômeurs inscrits actifs occupés ;

– les chômeurs inscrits non disponibles ;

– les chômeurs inscrits ne cherchant pas d'emploi.

Il existe en outre un « écart résiduel » entre le nombre observé et déclaré d'inscrits : réponses erronées ou imprécises lors de l'enquête, difficultés de mise à jour des fichiers du Pôle-emploi. En sens inverse, sont prises

en compte dans la PSERE des personnes non inscrites au Pôle-emploi mais recherchant activement un emploi.
L'écart entre les chiffres de la PSERE et des DEFM déclenche assez régulièrement une polémique sur le « vrai » et le « faux » chômage. Il reflète en réalité la grande diversité des situations intermédiaires entre emploi et chômage : l'étudiant qui poursuit des études parce qu'il ne trouve pas d'emploi, les demandeurs d'emploi en longue maladie, le chômeur de longue durée découragé, la mère de famille inscrite auprès du Pôle-emploi mais qui élève ses enfants, etc.

➤ **chômage, DEFM.**

populisme

Idéologie politique ou attitude de certains mouvements politiques qui se réfèrent au peuple pour l'opposer aux élites qui accaparent le pouvoir et trahissent les intérêts du plus grand nombre.

Historiquement, le populisme est un mouvement politique russe de la fin du XIXe siècle qui luttait contre le tsarisme et prônait de s'appuyer sur le peuple et de revenir aux communautés agraires traditionnelles.
Sont souvent considérés comme populistes : en France, le mouvement boulangiste (du nom du général Boulanger, mouvement actif entre 1889 et 1891) et le poujadisme (du député Pierre Poujade, 1953,1958) ; en Amérique latine, le péronisme (du nom du général Péron, au pouvoir entre 1945 et 1954 et, pour ses continuateurs, de 1973 à 1976).

➤ **idéologie.**

positivisme

1 Courant philosophique et parti pris méthodologique qui assignent aux sciences humaines la démarche scientifique adoptée dans les sciences de la nature.

2 Analyse des seuls faits perçus par l'observation externe, expérimentation et mesure, élaboration de lois prédictives relatives aux phénomènes observés.

Ce parti pris instaure une coupure radicale entre le monde objectif (domaine des jugements de faits) et le monde subjectif (domaine de la conscience, de l'intuition, des jugements de valeur). Ce dernier échappe à la science. La connaissance de l'essence des choses est illusoire, la science doit se contenter des vérités tirées de l'expérience des phénomènes.
À partir d'un noyau commun, le positivisme recouvre plusieurs variantes. Son fondateur, Auguste Comte, développe un positivisme teinté d'utopie scientiste. Selon lui, les sociétés sont entrées dans « l'âge positif » où la science, seule autorité légitime, est garante de l'ordre social.
Le néopositivisme (ou positivisme logique), développé par le cercle de Vienne dans les années 1920, assigne à la science la tâche de « lutter contre les connaissances qui prétendent à une fondation ultime (métaphysique) et qui dérivent en idéologie politique ou en utopie sociale ».

post-matérialisme

Expression forgée par le politiste américain R. Inglehart (né en 1934) pour qualifier la configuration socioculturelle vers laquelle tendent les sociétés avancées : sous l'effet du changement économique et social, on atteint un état de société qui, satisfaisant largement aux besoins de subsistance et connaissant un degré d'instruction élevé, autorise une valorisation croissante de l'autonomie individuelle et une capacité accrue de participation aux problèmes de la cité.

La transformation culturelle peut être ramenée à une double évolution : celle qui fait passer des valeurs de tradition et d'autorité traditionnelle aux valeurs « rationnelles-légales » et séculières (emprunt à Max Weber), et celle qui conduit des valeurs de nécessité aux valeurs de bien-être et d'auto-réalisation.
Par ailleurs, l'évolution post-matérialiste est un effet de génération : ses valeurs sont davantage présentes auprès des cohortes qui ont connu le bien-être durant leur jeunesse.

La thèse de R. Inglehart

• La société postmatérialiste est associée, selon R. Inglehart, à la tolérance, à un degré élevé de démocratie et à l'attention portée aux questions éthiques et environnementales. Les conflits, qui étaient traditionnellement axés sur les questions matérielles, se polarisent sur des thèmes « postmatérialistes » spécifiques.

• Malgré son intérêt, le schéma de R. Inglehart a été critiqué sur plusieurs points : le primat accordé au développement économique pour expliquer le changement culturel (malgré ses analyses sur l'autonomie relative des variables religieuses et le poids des héritages historiques) ; l'impasse sur la crise sociale des années 1980–1990 et les tendances à la marginalisation de franges entières de la population ; enfin et surtout, pour l'idéalisation du modèle occidental vers lequel convergeraient plus ou moins rapidement les sociétés.

• R. Inglehart développe sa thèse dans les ouvrages suivants : *The Silent Revolution* (1977) ; *La Transition culturelle dans les sociétés industrielles avancées* (1990, traduction française, 1993) ; *Modernization and Postmodernization* (1997).

➤ **conflit social, mondialisation culturelle, nouveaux mouvements sociaux [NMS].**

post-modernité

Néologisme employé par des auteurs très divers pour désigner les mutations de la modernité telle qu'elle était décrite et analysée entre la fin du xixe et le milieu du siècle dernier. Il est associé à des termes globaux comme monde, société (« société post-moderne ») ou à des champs particuliers tels la culture ou la famille. Selon U. Beck et A. Giddens on parle respectivement de « seconde modernité » et de « modernité avancée » ou « tardive ».

• À des périodes diverses marquées par des changements d'envergure, les contemporains ont parlé de modernité ou d'ère moderne par opposition au passé proche ou lointain, aux traditions qui s'effritent, aux structures obsolètes. Avec l'ère des Révolutions (française, industrielle) et le développement de processus tels que la rationalisation des activités sociales, la sécularisation, la déconstruction des arts classiques, les représentations tant communes que sociales d'une modernité triomphante s'imposèrent au xxe siècle. L'ampleur des changements des dernières décennies amènent plusieurs analystes à définir une « nouvelle modernité », une « post-modernité ».

La famille « post-moderne »

Ainsi, ce que d'aucuns nommaient « famille moderne » dans les années 50 et 60 (triomphe du mariage électif, centration sur les relations interpersonnelles...) a connu des bouleversements tels (par exemple la déconnexion entre vie conjugale et mariage, l'évolution des rôles masculins et féminins) qu'il est apparu nécessaire de recourir à de nouvelles appellations et parmi celles-ci, celle de « famille post-moderne » (F. de Singly).

• Les thèmes associés à la post-modernité sont multiples : la crise de la croyance dans le Progrès, la fin des utopies révolutionnaires, la société post-industrielle, l'essor des systèmes de communication, la remise en cause de la notion de société structurée, le déclin des institutions, etc (ces deux derniers thèmes sont discutés).

• L'hypothèse d'une rupture entre société moderne et société post-moderne fait débat. Selon A. Giddens, il faudrait parler de « modernité avancée » résultant d'une radicalisation des processus de « modernisation » de la première modernité.

➤ **désinstitutionalisation, post-matérialisme, progrès, société.**

post-taylorisme

Dépassement du taylorisme par de nouvelles méthodes d'organisation du travail qui sollicitent l'initiative et l'implication de travailleurs qualifiés et polyvalents. Les économistes et sociologues qui utilisent ce concept cherchent à montrer que l'intensification de la concurrence, le progrès technique et l'accélération des innovations de produits ont rendu le taylorisme obsolète dans les pays les plus développés.

➤ **néo-taylorisme, Taylor, taylorisme.**

potlatch

(en indien *chinook*, *potlatch signifie « donner »*)

Échange rituel de dons et contre-dons pratiqué par plusieurs ethnies indiennes de la côte ouest de l'Amérique du Nord.

Organisées à l'occasion d'événements importants, les cérémonies sont marquées par la distribution ostentatoire des richesses d'un hôte à ses invités (don). En retour, les donataires ont l'obligation de rendre ultérieurement d'autres richesses surpassant si possible en somptuosité les premières (contre-don). Le *potlatch* est placé sous le signe de la rivalité. La capacité de donner et de rendre davantage conditionne le prestige du chef et des membres de son groupe.

Le terme, associé à l'origine à ce cas précis, désigne par analogie tout système de dons/contre-dons accompagné de rivalité statutaire.

➤ **don, échange, *kula*, Mauss ; Annexe Ⓐ-40.**

pouvoir

Capacité d'imposer sa volonté, de faire prévaloir des objectifs, de faire respecter les règles même contre une volonté contraire, avec le recours éventuel à des moyens coercitifs (sanctions et menaces de sanctions, emploi de la force physique).

Pouvoir dans le cadre étatique

À la différence de l'autorité, l'exercice du pouvoir n'implique pas le consensus, même si celui-ci est recherché. Si l'autorité est souvent attachée à une personne, le pouvoir apparaît comme une institution indépendante des individus qui l'exercent. C'est dans le cadre étatique que le pouvoir se manifeste avec le plus d'ampleur. Le pouvoir politique peut se définir comme l'ensemble des moyens institutionnels permettant la conduite des affaires de la cité (*polis* en grec), éventuellement au bénéfice de certains groupes sociaux. Cet ensemble organisé comprend, dans les sociétés

Formes de pouvoir politique

Il existe plusieurs formes de pouvoir selon les modes d'organisation et de dévolution du pouvoir.

- **aristocratie** (du grec *aristoi*, « les meilleurs ») pouvoir des meilleurs, des « nobles ».
- **autocratie** (du grec *autos*, « même ») monocratie autoritaire proche du despotisme.
- **démocratie** (du grec *dêmos*, « peuple ») pouvoir exercé par les représentants du peuple, choisis par le peuple dans le cadre d'élections au suffrage universel.
- **dyarchie** (du grec *duas*, « couple ») pouvoir conjoint de deux personnes.
- **gérontocratie** (du gr. *geron* « vieillard » et *kras*, *kratos* « puissance ») pouvoir détenu par les plus âgés, « les anciens », dans une collectivité donnée.
- **monarchie** (du grec *monos*, « un seul ») pouvoir d'un seul, avec transmission héréditaire (royauté, principauté ou empire).
- **monocratie** (du grec *monos*, « un seul », et *kras*, *kratos*, « la force ») pouvoir souverain et sans partage d'un seul.
- **oligarchie** (du grec *oligos*, « petit nombre de », et *archè* « le commandement ») système d'organisation du pouvoir dans lequel celui-ci est contrôlé et accaparé par un petit nombre d'individus (exemple : le Grand Conseil et le Conseil des Dix de la République de Venise, l'oligarchie financière...).
- **ploutocratie** (du grec *ploutos*, « riche ») pouvoir des plus riches.
- **polyarchie** (du grec *polus*, « nombreux ») selon R. Dahl, régime politique des démocraties industrielles occidentales, fondé sur le pluralisme des partis et des intérêts concurrents et leur relatif équilibre, sur le contrôle juridictionnel des gouvernants, sur la multiplicité des centres de décision et la complexité des procédures.
- **théocratie** (du grec *theos*, « dieu » et de *kras*, *kratos* « puissance ») pouvoir en théorie exercé directement par la divinité sur la société humaine ; en fait pouvoir exercé, au nom de Dieu, et souvent en référence à des textes sacrés, par les représentants de Dieu sur terre : les chefs religieux.

modernes, le gouvernement, le Parlement, la justice, l'armée, la police, etc.
Dans les démocraties modernes, les institutions politiques centrales obéissent au principe de la séparation des pouvoirs selon lequel les pouvoirs exécutif, législatif et judiciaire sont autonomes et ne doivent pas empiéter les uns sur les autres.

D'autres centres de pouvoir

Le phénomène du pouvoir n'est pas propre à l'État. Face au pouvoir politique se dressent d'autres centres de pouvoir : pouvoir économique, pouvoir syndical, pouvoir idéologique (Église, élites intellectuelles, pouvoir des médias, sans oublier celui des partis politiques en opposition au pouvoir central). Les politologues parlent de polyarchie pour désigner cette pluralité des sources du pouvoir au sommet.
Polyarchie ne signifie pas forcément partage du pouvoir entre plusieurs groupes sociaux. Selon les marxistes, la classe économiquement dominante contrôle directement ou indirectement le pouvoir politique.
Le phénomène du pouvoir se retrouve également, à une échelle plus restreinte, dans toute organisation sociale : entreprise, parti politique, collectivités locales. Néanmoins, dans les sociétés développées, seul l'État a le privilège légal de la force et de la répression physique (« monopole de la violence légitime » selon M. Weber).

➤ **anarchisme, autorité, bureaucratie, démocratie, domination, hégémonie, légitimité, méritocratie, Montesquieu, technocratie.**

pouvoir d'achat

Volume de biens ou de services qui peut être acheté à partir d'une certaine quantité de monnaie.

- Le pouvoir d'achat d'un salaire ou plus largement d'un revenu, est généralement envisagé en variation : ce sont les gains ou pertes de pouvoir d'achat qui sont pris en considération avec la formule (valable uniquement pour des petites variations) entre deux périodes :

Variation de pouvoir d'achat = Variation de salaire nominal – hausse des prix.

Soit un taux d'inflation de 2 %. Si le salaire nominal augmente de 3 %, le gain de pouvoir d'achat est approximativement de 1 %. Si le salaire nominal augmente de 0,5 %, la perte de pouvoir d'achat est de 1,5 %.

- Le pouvoir d'achat d'une monnaie dépend essentiellement du taux de change : si la monnaie se déprécie, elle permet d'acheter moins de biens à l'étranger, elle perd du pouvoir d'achat.

➤ **indice, indice des prix à la consommation, niveau de vie.**

pouvoir de marché

Capacité d'une entreprise à influencer le marché en particulier en fixant un prix.

Certains facteurs sont favorables à l'existence et à la force du pouvoir d'une entreprise sur un marché : l'importance des parts de marché, la faiblesse des fournisseurs et des acheteurs, l'existence de barrières à l'entrée, l'évolution lente de la demande et de l'innovation.

➤ **barrière à l'entrée, price-taker/price maker.**

pouvoir libératoire de la monnaie

Capacité, conférée par la loi à une monnaie, de libérer son détenteur de ses dettes : elle ne peut être refusée comme moyen de paiement par le créancier. On dit alors que cette monnaie – par exemple l'euro en France – a « cours légal ».

PPA

➤ **parité de pouvoir d'achat [PPA].**

pratiques culturelles

Expression usitée par les enquêtes du ministère de la Culture pour mesurer les activités individuelles en relations avec les différentes formes d'expression artistique.

Elles sont regroupées en six domaines : l'information (presse écrite, audiovisuelle), la télévision, la musique (supports et genres musicaux), le livre et la lecture, les sorties et les visites (cinéma, théâtre, concerts, musées, etc.), les « pratiques amateur » enfin (participation aux associations artistiques et culturelles, autres pratiques).
Le champ retenu est plus restrictif que celui couvert par le poste « Culture- Loisirs » des enquêtes « Budget de famille » de l'INSEE, lequel inclut les dépenses relatives aux vacances, au sport, au bricolage, etc. Mais, par ailleurs, ce qui est pris en compte est différent : les enquêtes INSEE évaluent des dépenses alors que celles du ministère de la Culture mesurent des pratiques (écoute de la radio, fréquentation de musées, etc.).

Ces enquêtes mettent en évidence les inégalités et les différences de goût en matière de culture et de loisirs selon l'âge, le sexe, la localisation et plus encore le statut socioprofessionnel et le degré d'instruction.

➤ **culture.**

précarité

Situation de fragilité ou/et d'instabilité, individuelle ou collective, en termes d'emploi, de logement, de statut familial, et plus généralement de conditions de vie.

Précarité et pauvreté sont souvent liées sans pour autant se confondre. Des « travailleurs pauvres » peuvent avoir des emplois stables ; inversement, des individus en situation de précarité ne connaissent par forcément la pauvreté monétaire tout en risquant, plus que d'autres, d'y plonger.
La source majeure de la précarisation réside aujourd'hui dans la sphère productive avec le chômage massif et la montée des « emplois précaires ». En référence à Durkheim, Serge Paugam dans son enquête *Le salarié de la précarité*, pointe deux types d'insertion précarisante : « l'intégration incertaine » aux conditions de travail plus ou moins correctes mais à l'emploi vulnérable et « l'intégration disqualifiante » qui conjugue insatisfaction au travail et insécurité de l'emploi. Elles entraînent souvent des situations de précarité en matière de logement et de santé.
Mais d'autres logiques précarisantes sont à l'œuvre : il s'agit en particulier des familles monoparentales, de l'isolement de nombre de personnes âgées aux ressources limitées, des discriminations liées à l'origine ou au lieu de résidence.

➤ **chômage, emploi typique/atypique, exclusion, marginalité, pauvreté.**

préférence (relation de)

Classement ordinal des besoins ou des biens d'un ménage.

Un ménage est doté d'une relation de préférence dans sa consommation s'il classe selon une **échelle de préférence** les biens inclus dans cet ensemble.
Le ménage peut préférer le théâtre au cinéma ou l'inverse. Il peut préférer autant l'un que l'autre (indifférence). Mais il est toujours capable de formuler l'une de ces réponses (dans la théorie néoclassique).

➤ **ophélimité, Pareto, utilité, utilité marginale ; Annexe Ⓐ-9,11,12.**

préférence pour la liquidité

Disposition des agents économiques qui les conduit à détenir une partie de leur patrimoine sous forme de monnaie, celle-ci étant la liquidité par excellence.

Cette notion est définie par Keynes. Il distingue trois motifs principaux à la demande de liquidité :
– **le motif de transaction :** avoirs de trésorerie pour régler les achats courants et les dettes ;
– **le motif de précaution :** encaisse pour faire face à des dépenses imprévues ;
– **le motif de spéculation :** encaisse en attente de placements rémunérateurs.
Les deux premiers motifs sont fonction du revenu, le troisième du taux d'intérêt ; la

baisse du taux d'intérêt accroît en effet la préférence pour la liquidité.

➤ **Keynes, monnaie ; Annexe A-14.**

prélèvement libératoire ou forfaitaire

Technique d'incitation fiscale destinée à favoriser certains placements dont les revenus, au choix du contribuable, peuvent échapper à la progressivité de l'impôt sur le revenu en étant imposés à un taux forfaitaire fixe.

prélèvements obligatoires

Ensemble des prélèvements – impôts, taxes et cotisations sociales – perçus par les administrations publiques (APU : État, collectivités locales, administrations de Sécurité sociale) auprès des agents économiques.
En France, une partie des sommes collectées par l'État est reversée, d'une part, au budget des collectivités locales, d'autre part, au budget de l'Union européenne.

Le **taux de prélèvements obligatoires** (TPO), désigné également comme la « pression fiscale et parafiscale », rapporte le montant de ces prélèvements, 920,9 milliards d'euros en 2012, au Produit intérieur brut ; il s'élevait alors à 44,5 % pour la France.

En France, les prélèvements obligatoires se décomposent en :

– **impôts directs et taxes assimilées** (données 2010) : *contribution sociale généralisée* (CSG : impôt direct sur le revenu, prélevé à la source, au profit de la Sécurité sociale 84,3 milliards d'euros) ; *contribution pour le remboursement de la dette sociale* (CRDS) ; *impôt sur le revenu* (54,7 milliards d'euros) ; *impôt sur les sociétés* (50,4 milliards d'euros) ; *taxe sur les salaires, impôt de solidarité sur la fortune* (ISF : 3,7 milliards d'euros), autres impôts directs ;

– **impôts indirects** (données 2010) : *taxe sur la valeur ajoutée* (TVA : 136,3 milliards d'euros) ; *taxe sur les produits pétroliers* (TIPP : 23,8 milliards d'euros) ; « *enregistrement, timbre et bourse* », autres impôts indirects ;

– **taxes locales** : *taxe foncière, taxe d'habitation, taxe professionnelle* (23,0 milliards d'euros) ;

– **cotisations sociales versées par les assurés sociaux ou leurs employeurs** (données 2010) 314,9 milliards d'euros ; en France, celles-ci représentent une part très importante des prélèvements (16 % en 2010).

Le poids des prélèvements obligatoires en France et dans quelques pays européens

% du PIB	2008	2009	2010
Suède	46,9	47,3	46,3
Danemark	48,6	48,6	48,5
Belgique	46,6	45,9	46,4
France	**45,0**	**44,5**	**44,5**
Italie	43,0	43,1	42,6
Allemagne	40,2	40,7	39,5
Pays-bas	39,9	39,1	39,5
Royaume-Uni	39,5	36,6	37,4
Espagne	33,9	31,6	32,3
Zone euro	**40,8**	**40,3**	**40,2**

Source : INSEE 2011

L'augmentation du TPO est souvent perçue comme le signe d'un accroissement du poids de l'État dans l'économie. Cette affirmation doit être relativisée : d'une part, parce que la fiscalité d'État au sens strict (hors prélèvements pour les collectivités locales, la Sécurité sociale et l'Union européenne) ne représente, en 2011, que 13,0 % du PIB (contre 23,9 % du PIB pour les prélèvements destinés à la Sécurité sociale) ; d'autre part, parce que le TPO indique mal le coût net du fonctionnement de l'État (au sens large) puisque l'essentiel des sommes prélevées est redistribué sous formes de prestations sociales et de subventions (sans compter l'offre de services publics gratuits ou quasi gratuits).

➤ **charges sociales, cotisations sociales, dépenses publiques, impôt, impôt direct, impôt indirect, impôt sur le revenu, Laffer (courbe de), protection sociale, Sécurité sociale.**

prénotion

Idée spontanée sur la réalité sociale (Durkheim) ou idée présupposée, fausse évidence.

S'oppose au « fait construit », fruit d'une réflexion critique et susceptible d'expliquer un phénomène social de façon adéquate. « La science réalise ses objets sans jamais les trouver tout faits... Le fait est conquis, construit, constaté » (Bachelard).

pression fiscale

Rapport entre le montant global des impôts et des taxes et le PIB ou le revenu national.

➤ **prélèvements obligatoires.**

prestations sociales

Versements effectués au profit des ménages, par les administrations ou les entreprises, au titre des lois sociales.

On distingue les prestations en espèces (pensions de vieillesse ou allocations de chômage, par exemple) et en nature (remboursement des frais médicaux).
Ces prestations sont, en général, fournies en contrepartie de cotisations sans pour autant qu'il y ait équivalence entre les unes et les autres. Elles visent à protéger les individus contre certains risques (maladie, invalidité, vieillesse, chômage, etc.).

➤ **cotisations sociales.**

prestige

Considération plus ou moins forte dont bénéficient des personnes, des groupes en fonction de leur position sociale.

Les sources de prestige sont diverses et peuvent ou non se cumuler : profession, pouvoir, richesse, savoir et diplômes, aptitudes physiques, prestance, etc. Le prestige, révélateur des valeurs dominantes dans un système social, voit ses fondements varier selon les sociétés.

Échelle de prestige : classement hiérarchique des professions et/ou des statuts sociaux en termes de prestige, obtenu par sondage auprès d'un échantillon représentatif de la population.

➤ **hiérarchie, statut, stratification sociale, élite.**

prêteur en dernier ressort

Organisme financier (Banque centrale, par exemple) qui, en cas de faillite bancaire, assure la liquidité et donc la survie de la banque.

La faillite d'une banque peut avoir des effets beaucoup plus graves que ceux d'une autre entreprise : elle entraîne des pertes et provoque la méfiance des déposants et des autres créanciers ; elle peut engendrer des faillites en chaîne.

Le prêteur en dernier ressort a ainsi pour vocation d'éviter qu'une crise localisée ne se traduise par une crise de l'ensemble du système financier. Toutefois, l'existence d'un prêteur en dernier ressort risque d'avoir des effets néfastes. Le risque est ainsi d'indemniser ceux qui ont pris de mauvais risques et de ne pas les sanctionner, alors que la logique voudrait que, si la bonne prise de risque est valorisée par des gains, la mauvaise prise de risque soit sanctionnée par des pertes. De plus, l'existence de ce filet de sécurité est susceptible de créer des effets d'« aléa moral » : sachant qu'en cas d'échec, les investisseurs seront sauvés, ils sont plus enclins à développer des comportements de risque.

➤ **aléa moral, banque centrale, banque centrale européenne.**

prévision

Action de déterminer l'évolution future d'une grandeur ou d'un ensemble de grandeurs économiques, le plus souvent à l'aide de modèles (chiffrés). On distingue la prévision à court, moyen et long terme.

REMARQUE : il ne faut pas assimiler *prévision* et *prospective* : cette dernière consiste à décrire, par un effort d'imagination, l'état terminal d'une évolution de longue période.

Prévision et prospective peuvent s'appliquer aux mêmes objets, mais utilisent des méthodes différentes et obtiennent des résultats divergents. Pour prévoir la consommation de l'an 2010, on peut prolonger les tendances passées et actuelles **(prévision)**, ou imaginer ce que pourrait être la société française transformée à cette époque et en déduire directement l'état de la consommation **(prospective)**.

➤ **modèle économique.**

price earning ratio [PER]

(en français, « *coefficient de capitalisation des résultats* » [*CCR*])

Rapport entre le cours coté d'une action et le bénéfice net par action. Une action cotée 240 € dont le revenu est de 20 € a un PER de 12. Plus le PER est élevé, plus le revenu est faible, relativement à la valeur de l'action.

➤ **action.**

price taker/price maker

(en français, « *preneur de prix* »/« *faiseur de prix* »)

Modèles de comportement des entreprises ou des économies nationales en matière de fixation des prix de vente.

Price taker **: le producteur (l'entreprise, le pays) est dit « preneur de prix », il adopte le prix tel qu'il s'établit sur le marché ; s'il pratique un prix supérieur, il perd des parts de marché.**

Price maker **: le producteur est à l'inverse « faiseur de prix » ; son poids sur le marché, sa capacité à prendre les devants en matière d'innovation de produit lui permettent d'imposer un prix de référence que les concurrents (les « suiveurs ») adopteront.**

Dans le schéma néoclassique de concurrence pure et parfaite, les entreprises sont *price takers* : elles ne proposent pas de prix, elles considèrent ceux-ci comme une donnée ; c'est le marché, centralisant les offres et les demandes, qui les fixe par tâtonnements jusqu'à la position d'équilibre. Dès lors que la concurrence est imparfaite, les mécanismes de fixation des prix se différencient selon le type de marché, la position de l'entreprise (ou du pays) et sa stratégie.

➤ **compétitivité, concurrence.**

prime

Rémunération s'ajoutant au salaire, soit de manière exceptionnelle, soit en contrepartie d'une charge supportée par le salarié ou d'un comportement que l'employeur cherche à encourager. Par exemple : prime de productivité, prime de pénibilité (chaleur...), prime de risque, prime de transport, prime d'ancienneté. Elles sont imposables.

prime d'assurance

➤ **assurance.**

principe d'accélération

Principe selon lequel une variation de la demande finale induit une variation plus que proportionnelle de l'investissement ; la variation de l'investissement s'explique par les variations de la croissance de la demande. Principe énoncé la première fois par J.-M. Clark en 1917.

Les **fluctuations de l'investissement sont décalées dans le temps** (l'investissement fléchit avant la demande) par rapport aux fluctuations de la demande et elles sont **amplifiées** (les fluctuations de l'activité sont plus fortes dans le secteur des biens de production que dans le secteur des biens de consommation).

Ce principe repose sur plusieurs hypothèses contraignantes :

– le plein-emploi du capital installé (l'augmentation des quantités produites implique l'achat de machines supplémentaires) ;

– face à une augmentation de la demande, les entreprises réagissent en cherchant à produire plus (il n'y a pas d'ajustement par la hausse des prix) ;

– la relation entre les quantités produites, Y, et le volume de capital nécessaire, K, ne varie pas au cours du temps ; donc le coefficient de capital, v = K/Y, est constant.

Périodes t	Demande (y_t)	Capital utilisé ($K = 4y_t$)	Investissement net $In = K_t - K_{t-1}$	Taux de variation de la demande $\frac{\Delta Y}{Y}$	Taux de variation de l'investissement $\frac{\Delta In_t}{In_{t-1}}$
0	100	400	0	–	–
1	120	480	80	20%	–
2	140	560	80	16,6%	0%
3	210	840	280	50%	250%
4	294	1176	336	40%	20%
5	378	1512	336	28,6%	0%
6	400	1600	88	5,8%	–73,8%

Ce qui signifie qu'on exclut le progrès technique (pas de hausse de la productivité du capital) et la substitution du capital au travail. L'exemple précédent confirme que c'est l'accélération de la demande qui induit les variations de l'investissement : il suffit en effet que la croissance de la demande se trouve ralentie pour que l'investissement chute ; de plus, les fluctuations ne sont pas seulement transmises mais aussi amplifiées. On remarquera que le taux de variation négatif de l'investissement (– 73,8 %) correspond à un désinvestissement théorique (en pratique, on observera l'apparition de capacités de production oisives qui, lors de la reprise, retarderont l'effet d'accélération).

➤ **coefficient de capital.**

principe de précaution

Principe selon lequel l'absence de certitudes scientifiques et techniques ne doit pas retarder l'adoption de mesures nécessaires à la prévention d'un risque dans les domaines de l'environnement, de la santé ou de l'alimentation.

Ces mesures doivent avoir un coût économique acceptable. Il permet, par exemple, d'empêcher la distribution ou même de retirer du marché des produits susceptibles d'être dangereux, dans le cas de la maladie de la « vache folle » ou de limiter voire d'interdire la production d'OGM. Ce principe a été introduit dans la constitution française en 2005.

privatisation

Transfert de la propriété d'une partie ou de la totalité du capital d'une entreprise du secteur public au secteur privé.

En termes financiers

La privatisation peut prendre deux formes. Soit les titres de propriété détenus par l'État sont cédés au secteur privé ; les finances publiques en tirent des recettes, mais l'entreprise ne bénéficie pas d'un apport d'argent frais. Soit il est procédé à une augmentation du capital destinée à des actionnaires privés, la part du secteur public baissant relativement ; l'État ne bénéficie pas de recettes nouvelles mais l'entreprise augmente ses fonds propres.
Du point de vue financier, les privatisations peuvent avoir ainsi pour logique d'améliorer, à court terme, les finances publiques ou d'accroître le capital des entreprises.

En termes économiques

Les privatisations sont censées améliorer l'efficacité économique pour deux raisons. L'entreprise privée, si elle n'est pas en situation de monopole, se doit d'appliquer une bonne gestion parce qu'elle ne peut compter sur les finances publiques pour combler les déficits. Par ailleurs, la pression des actionnaires en faveur d'une bonne gestion peut être plus forte que celle des pouvoirs publics. Ces deux arguments sont pertinents, mais la logique des actionnaires ne recouvre pas nécessairement l'efficacité à long terme du système économique.

En termes de gestion de ressources humaines

La privatisation s'accompagne, en général, de la substitution au statut public d'un statut privé moins protecteur, d'où une baisse de coût salarial, une plus grande flexibilité, mais aussi une dégradation possible de la situation des salariés et souvent une résistance de leur part à la privatisation.

En termes de mission du service public

Il faut distinguer différents types d'entreprise privatisées : les entreprises du secteur concurrentiel (en France : Renault, la Société générale, Paribas, Rhône Poulenc...) et les entreprises à mission de service public (France Télécom). Dans ce cas, la question est de savoir si la privatisation et l'ouverture du marché ne vont pas inciter les acteurs à développer les activités les plus rentables au détriment de la mission de service public.

➤ **nationalisation, noyaux durs ou noyaux stables, service public.**

prix

Taux d'échange des biens et services sur le marché.

Dans les économies de marché, les biens sont vendus ou achetés contre de la monnaie : la table vaut 400 € et la chaise 200 € ; le prix apparaît alors comme l'expression monétaire de la valeur d'échange.

On appelle prix nominaux, ou prix courants, les prix monétaires, inscrits, lorsqu'ils sont observés en un lieu et une date donnés : le prix affiché de la table est à 400 €. Dès qu'il s'agit de comparer des prix à deux dates différentes se pose le problème de la dépréciation de l'unité monétaire résultant de l'inflation : le pouvoir d'achat d'une quantité donnée de monnaie varie au cours du temps.

On appelle prix constants, exprimés en unités monétaires constantes (euros constants, dollars constants, etc.), les prix d'une année, ou période, de référence, qui servent à calculer des grandeurs en volume.

Le prix relatif, ou la valeur d'échange, d'une marchandise A par rapport à une marchandise B est la quantité de B qui s'échange contre une unité de A, par exemple, 1 table = 2 chaises.

➤ **Comptabilité nationale, concurrence, valeur.**

prix Nobel d'économie

Prix décerné à certains économistes pour l'excellence de leurs travaux scientifiques. Le premier prix Nobel d'économie a été décerné en 1969.

➤ **Annexe ©.**

processus cumulatif

Théorie de l'économiste suédois K. Wicksell qui pose le lien entre le niveau des taux d'intérêts, celui de l'investissement et celui des prix.

- Si, à partir d'une situation d'équilibre de plein-emploi, les banques baissent le taux d'intérêt sur les crédits qu'elles octroient à un niveau inférieur au taux de rendement économique de l'investissement, alors les entreprises sont incitées à investir car il est rentable d'emprunter à 5 % pour financer un investissement qui doit rapporter 10 %.
- Si le taux d'intérêt offert par les banques descend en dessous du taux d'intérêt naturel, ou réel, celui qui assure l'équilibre entre l'investissement et l'épargne, alors il y aura surinvestissement (excès de l'investissement sur l'épargne) ; ainsi, le boom de l'investisse ment provoquera une hausse cumulative des prix.
- **Ce processus prend fin pour diverses raisons** : les banques doivent ajuster leur capacité de prêt au niveau de leurs réserves ; la hausse du taux d'intérêt bancaire va progressivement annuler l'écart avec le taux d'intérêt naturel ; l'État intervient pour provoquer une hausse du taux d'intérêt afin de lutter contre l'inflation.

➤ **intérêt (taux d'), Wicksell.**

production

Acte de fabriquer des biens ou de mettre à disposition d'autrui des services qui satisfont des besoins individuels ou collectifs, en général solvables. On distingue la production marchande, qui est vendue sur un marché à un prix qui couvre au moins les coûts de production et dans le but de réaliser un profit, de la production non marchande, qui est fournie à ses bénéficiaires gratuitement ou à un prix nettement inférieur à son coût de production.

• **La valeur de la production réalisée au cours d'une année peut être mesurée à l'aide de différents agrégats : PNB, PIB**... Elle peut être évaluée à prix constants, c'est-à-dire aux prix d'une année de base, prise comme année de référence, ou à prix courant, c'est-à-dire aux prix en vigueur pendant l'année considérée.

• **Pour illustrer marchand, non marchand**, on peut imaginer différentes manières de prendre en charge et donc de comptabiliser une activité particulière, par exemple l'enseignement.

	Service payé par le consommateur	Travailleur rémunéré	Nature de l'activité
Établissement privé payant	oui	oui	marchande
Établissement public gratuit	non	oui	non marchande
Cours gratuit par un frère	non	non	domestique

La première est comptabilisée dans le PIB marchand, la deuxième est comptabilisée dans le PIB non marchand et la troisième n'est pas comptabilisée du tout.

production (capacités de)

Production qui résulterait du plein-emploi des facteurs de production généralement.

Il s'agit donc d'une potentialité : l'INSEE mesure les capacités de production en multipliant la production effective par un coefficient d'accroissement possible de cette production, compte tenu des marges de capacité disponibles avec embauche.

Il est demandé aux entreprises d'indiquer le pourcentage d'accroissement de la production qui résulterait de la pleine utilisation du matériel si elles embauchaient du personnel supplémentaire ; par exemple, si les marges disponibles sont de 20 %, alors on multiplie la production effective par 1,2.

➤ **conjoncture.**

production (facteurs de)

(du lat. *facio, facere, factum « faire »*)

Ensemble des éléments qui entrent en combinaison dans l'entreprise et qui permettent de produire : le travail matériel, le capital matériel (la terre), le capital immatériel.

La notion de facteurs de production varie selon les analyses.

Pour la plupart des classiques, il existe :
– deux facteurs primaires : le travail et la terre (sol et sous-sol) ;
– un facteur dérivé : le capital qui provient d'un travail initial appliqué à une ressource naturelle.

Pour les marxistes, le capital n'est que du travail cristallisé, c'est un rapport social de domination. Marx emploie le concept de « forces productives » ; seul le travail est source de valeur.

Pour les néo-classiques, il existe deux facteurs de production essentiels : le travail et le capital ; la terre (facteur naturel) est généralement incorporée au capital.

Dans le cadre de fonctions de production, on distingue : le facteur travail, le facteur capital et d'autres facteurs de production, progrès technique, formation, etc., regroupés parfois sous le terme de facteur résiduel (ou résidu).

➤ **capital, travail.**

production (fonction de)

Fonction mathématique reliant la quantité produite *(output)* aux quantités des différents facteurs (*inputs* ou intrants en français) utilisés et combinés pour l'obtenir.

Une fonction de production prend la forme générale :

$$Q = f(L, K, CI, R)$$

avec :
Q = production ; L = travail ; K = capital ;
CI = consommations intermédiaires ; R = facteur résiduel (notamment progrès technique).

Dans l'hypothèse de rendements factoriels décroissants, la fonction de production prend la forme suivante.

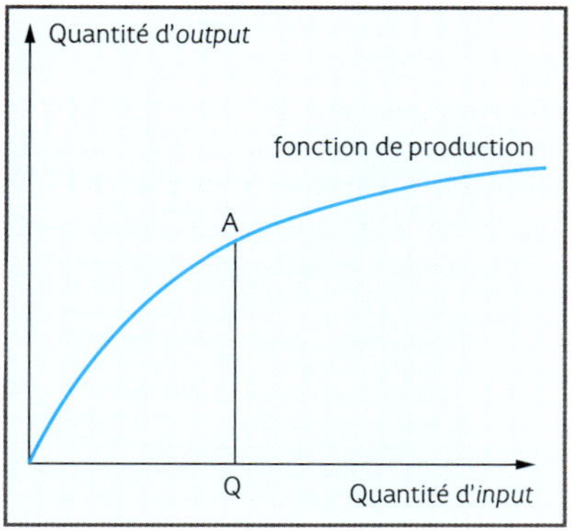

Au niveau des entreprises, les fonctions de production permettent de calculer la production maximale qui peut être obtenue à partir d'une combinaison technique donnée de facteurs.

Au niveau macroéconomique, les économistes ont cherché à utiliser la fonction de production afin de mettre en valeur la contribution de chacun des facteurs à la production nationale. Pour simplifier, on ne retient que le facteur travail (L) et le facteur capital (K) ; la plus usitée des fonctions de production agrégées est celle de Cobb-Douglas :

$$Q = L^a K^{1-a}$$

Les fonctions de production agrégées posent le problème de la mesure des facteurs de production :

– pour le travail, on peut retenir les effectifs employés ou le nombre d'heures travaillées ;

– pour le capital, la mesure pose des problèmes encore plus délicats ; on peut retenir le stock global d'équipement fixe, ou le flux consommé (amortissement).

On prend en compte généralement le stock ; son hétérogénéité, les difficultés de la mesure de son évolution ont donné lieu à une controverse célèbre (J. Robinson/R. Solow).

➤ **production (facteurs de), progrès technique.**

Types de fonctions de production

- **Fonctions à facteurs complémen-taires** : leur combinaison est rigide, c'est-à-dire qu'une quantité donnée d'un facteur ne peut être associée qu'à une quantité fixe de l'autre ; si l'on veut augmenter la production d'une entreprise de transport routier, tout achat d'un camion supplémentaire impliquera l'embauche d'un chauffeur, toutes les autres conditions de la production étant inchangées.
- **Fonctions à facteurs substituables** : leur combinaison est variable, on peut par exemple obtenir la même production avec plus de capital et moins de travail ou l'inverse ; la fonction Cobb-Douglas est de ce type ;
- **Fonctions à « génération de capital »** : le stock de capital y est décomposé en générations annuelles successives ; chaque génération correspond à une combinaison de facteurs (hypothèse de complémentarité) et, d'une génération à l'autre, les équipements incorporent du progrès technique et sont généralement plus capitalistiques.

productivité

Rapport entre une quantité produite (tonnes d'acier, automobiles, production nationale) et les moyens mis en œuvre pour l'obtenir (travail et capital). La productivité mesure l'efficacité des facteurs de production et l'efficacité de leur combinaison.

La productivité du travail

Son indicateur est le plus couramment utilisé. Il se définit par le rapport entre un volume de production (Y) réalisé et la quantité de travail employée (nombre d'heures ouvrées ou effectifs employés).

$$\text{Productivité horaire du travail} = \frac{Y}{\text{heures de travail}}$$

$$\text{Productivité par personne occupée} = \frac{Y}{\text{effectifs occupés}}$$

On peut calculer la production placée au numérateur en unités physiques ; par exemple : 10 travailleurs produisent 100 voitures, lerésultat est 10 voitures par travailleur (résultat comparable à la mesure du rendement d'une terre agricole : 80 quintaux de blé à l'hectare). On obtient une **productivité physique du travail**.

$$\text{Productivité physique du travail} = \frac{\text{Y en unités}}{\text{heures de travail}}$$

Mais on ne peut additionner des quantités hétérogènes : une deux-chevaux + une Rolls Royce = 2 voitures ? ! Et un manœuvre + un ingénieur = 2 travailleurs ? ! En revanche, on sait additionner des euros. Au numérateur, on calcule donc la valeur de la production en multipliant les quantités produites par les prix unitaires pour obtenir la **productivité en valeur du travail**.

On prend en compte, le plus souvent, la valeur ajoutée afin de mieux cerner l'efficacité de l'unité productive considérée : car une entreprise utilise des biens intermédiaires qu'elle n'a pas produits ; on retient au numérateur la valeur ajoutée afin d'éviter les doubles comptes ; on obtient dans ce cas la productivité nette du travail.

En France, **la Comptabilité nationale utilise l'indicateur de la productivité apparente du travail**. Elle est dite apparente pour bien marquer que la croissance de la production ne peut être attribuée au seul progrès de la productivité du travail.

Pour construire les 100 voitures de notre exemple, on a utilisé des machines : la productivité du travail dépend donc du facteur capital, qui est en fait du travail indirect.

$$\text{Productivité apparente du travaill} = \frac{\text{VA}}{\text{effectifs employés}}$$

La productivité du capital

Elle mesure le rapport entre le volume de la production obtenue pendant une période donnée et le volume du capital utilisé. La Comptabilité nationale utilise le ratio VA /capital fixe productif, appelé **productivité apparente du capital** ou efficacité du capital.

$$\text{Productivité apparente du capital} = \frac{\text{VA}}{\text{capital fixe productif}}$$

Des indicateurs analogues sont utilisés par l'OCDE.

La productivité globale des facteurs

Pour mesurer l'efficacité générale d'une économie, on s'aperçoit qu'il n'est pas réaliste d'isoler la contribution de chaque facteur alors que c'est au contraire leur combinaison qui est plus ou moins productive ; il est préférable de calculer la productivité globale des facteurs : elle rapporte le volume de la production à l'ensemble des dépenses relatives aux facteurs de production, consommations intermédiaires, travail (activité de la main-d'œuvre) et capital (consommation de capital fixe ou amortissements). La présence au dénominateur de grandeurs difficilement comparables suppose en pratique l'utilisation d'indices pondérés et ne permet d'utiliser cette productivité qu'en termes d'évolution.

Productivité globale des facteurs (formulation simplifiée)I

$$= \frac{\text{Production}}{\text{N + CK + CI}}$$

N = activité brute de la main-d'œuvre.
CK = consommation de capital fixe ou amortissements.
CI = consommations intermédiaires.

productivité (gains de)

L'économie nationale, ou une entreprise, réalise des gains de productivité lorsque le rapport entre le volume de la production et le volume des moyens mis en œuvre pour obtenir cette production augmente.

Origines des gains de productivité

L'augmentation de la productivité (au niveau d'une unité de production comme au plan national) est le résultat de multiples facteurs souvent en interaction les uns avec les autres :
– **facteurs liés au travail :** modifications de l'organisation du travail (exemple historique du taylorisme), accroissement de la qualification des travailleurs ;
– **facteurs liés au capital :** allongement de la durée d'utilisation du capital, rajeunissement du capital ;
– **facteurs indirects** (dont l'incidence est plus difficile à mesurer) : concentration de l'appareil productif (économies d'échelle), augmentation du niveau général d'instruction, etc.

La difficile mesure des variations de la productivité

• Par exemple, **la productivité horaire apparente du travail est mesurée par le rapport volume de la valeur ajoutée/nombre d'heures de travail**. L'interprétation de cet indicateur n'est pas immédiate : la productivité peut baisser parce que le taux d'utilisation de la main-d'œuvre diminue (exemple : présence de sureffectifs qui permettraient de produire plus sans embauches supplémentaires) ; la productivité peut augmenter alors que la qualité de la production se détériore : la productivité du travail s'accroît dans le bâtiment lorsque l'on ne respecte pas les consignes de sécurité, donc au prix d'un accroissement des accidents du travail).
• **La productivité de certaines activités de service dont le résultat est immatériel** est difficile à mesurer : est-ce que le médecin accroît sa productivité lorsqu'il passe de trois consultations par heure à six consultations par heure ?
• De la même façon, on calcule **une productivité apparente du capital, volume de la valeur ajoutée/volume de capital fixe productif**. Mais cet indicateur-là, que l'on appelle parfois l'**efficacité du capital**, pose aussi toute une série de problèmes. La productivité apparente du capital peut baisser, tout simplement parce que le taux d'utilisation du capital installé baisse à la suite d'un ralentissement de l'activité, ou parce que la durée d'utilisation a elle-même baissé (en cas de réduction de la durée du travail, les machines tournent moins longtemps pendant la semaine, alors que l'efficacité technique n'a pas varié).
• De plus, il convient de ne pas confondre **l'efficacité** et la **rentabilité du capital**, cette dernière étant le rapport du profit à l'ensemble du capital engagé (que celui-ci soit utilisé ou non, il a fallu le financer en totalité).

Répartition des gains de productivité

Cette répartition est un enjeu. Elle profite plus ou moins aux entreprises, aux travailleurs ou aux consommateurs. Elle profite aux travailleurs sous forme d'augmentation des salaires ou de baisse du temps de travail ; aux entreprises par accroissement de leur marge par la baisse des coûts ; aux consommateurs par la baisse des prix induisant une hausse du pouvoir d'achat.
Finalement, les gains de productivité apparaissent comme une condition nécessaire à la compétitivité des entreprises et à la hausse du niveau de vie.

REMARQUE : il faut éviter de confondre *productivité* et *efficacité* : une usine qui accroît sa productivité en gaspillant des ressources naturelles « gratuites » (pollution de l'air ou de l'eau), un marin pêcheur qui ne se soucie pas de la reproduction des bancs de poissons, sont-ils efficaces ?

➤ **concentration, rentabilité, Taylor, taylorisme.**

Produit intérieur brut [PIB]

Agrégat de la Comptabilité nationale fournissant une mesure de la production.

Il est égal à la somme des valeurs ajoutées (VA) augmentée de la TVA grevant les produits et des droits de douane nets des subventions à l'importation :

PIB = somme des VA + TVA + droits de douane – subventions à l'importation.

Au niveau macroéconomique :

PIB + importations = Consommation finale + FBCF + variation de stocks + exportations.

Le PIB potentiel est celui qui résulterait de l'utilisation optimale des facteurs de production et qui serait compatible avec une inflation stable. Il correspond à un niveau d'emploi, et donc de taux de chômage, qui tient compte de la productivité, et compatible avec la stabilité de l'inflation (ce niveau d'emploi détermine le NAIRU). Il permet une estimation statistique pertinente des variations conjoncturelles.

➤ **Comptabilité nationale, inflation, *NAIRU*.**

Produit national brut [PNB]

Agrégat de la Comptabilité nationale, mesure de la production d'une économie nationale incluant les flux internationaux correspondant à la rémunération des facteurs de production.

On passe du PIB au PNB en ajoutant les revenus de facteurs versés par le reste du monde et en retranchant les revenus de facteurs versés au reste du monde.

➤ **Comptabilité nationale, Produit intérieur brut [PIB].**

produits dérivés

En finance, instrument portant indirectement sur un support, un « sous-jacent » (action, obligation, matière première, indice boursier) et ayant pour objet, soit de se prémunir contre des risques, soit de réaliser des gains spéculatifs.

Les produits dérivés sont principalement des opérations à terme (de gré à gré ou future) des options (warrants) ou des swaps. Ils n'ont cessé de se multiplier en variété et en nombre depuis la fin des années 80.

➤ **marché de contrat à terme, marché financier, option, *swap*.**

profit

Revenu de l'entreprise résultant de l'excédent des recettes sur les coûts totaux de production et de distribution : la notion de profit est donc résiduelle.

Les analyses théoriques

• **Pour les libéraux**, le profit est la rémunération du risque encouru par l'entrepreneur. Il est également la conséquence de l'utilisation des opportunités saisies par le chef d'entreprise : baisse du prix des matières premières à acheter, réévaluation des stocks, baisse relative des salaires par rapport aux prix, effet de levier, innovation, réduction de la concurrence, etc.

Le profit réalisé ne dépend cependant pas uniquement des performances de l'entreprise, il dépend également de son environnement économique, social et politique, notamment du rôle de l'État dans la mise en place d'infrastructures, moyens de communication, par exemple, formation des travailleurs, etc.

• **Pour les marxistes**, l'origine du profit est dans la plus-value ; seule une partie de la plus-value revient au capitaliste industriel ou marchand sous la forme de profit industriel ou commercial ; le reste échoit au capitaliste financier sous la forme d'intérêts et au propriétaire foncier sous la forme de rente.

Après avoir banni le profit, les économies socialistes l'avaient réintroduit peu à peu tant comme critère de gestion que comme rémunération de l'activité d'entreprise.

• **La comptabilité privée** ne fournit pas de mesure explicite du profit ; pour évaluer celui-ci, il faut recourir à diverses notions :

– **marge brute d'autofinancement ou cash-flow,** c'est-à-dire la somme du bénéfice net, de l'amortissement et des provisions ;

– **bénéfice net :** c'est-à-dire bénéfice après impôt, après mise en réserve de la participation des salariés et après distribution des dividendes aux actionnaires.

Le profit pur s'obtient en déduisant du profit :

– la rémunération qu'aurait obtenue le chef d'entreprise s'il avait été employé dans une autre entreprise ;

– l'intérêt qu'aurait perçu le créancier s'il avait choisi de placer ailleurs ses capitaux.

• **En Comptabilité nationale,** le profit est généralement mesuré au travers de l'**excédent brut d'exploitation (EBE)**, qui est le solde du compte d'exploitation. L'entreprise n'en dispose pas librement : l'EBE est amputé par la distribution des dividendes et par le paiement des frais financiers.

Au-delà des divergences idéologiques, le profit apparaît donc comme la sanction de l'efficacité dans la fonction d'entreprise de combinaison des facteurs de production.

➤ **capital, comptabilité d'entreprise, EBE, entreprise, plus-value, rentabilité ; Annexe Ⓐ-5, 7.**

profitabilité

Écart entre le rendement du capital dans l'entreprise et le rendement moyen d'un placement financier. Il en existe diverses mesures possibles : le rendement du capital dans l'entreprise peut être appréhendé par la rentabilité économique ou la rentabilité financière. Le rendement moyen d'un placement financier est mesuré par le taux d'intérêt réel à long terme sur le marché financier.

Si la profitabilité est négative il est, en moyenne, plus intéressant d'opérer des placements sur le marché financier que de placer des fonds dans les entreprises. L'insuffisante profitabilité est considérée par certains auteurs, tout particulièrement Malinvaud, comme une cause importante du faible taux d'investissement au cours des dernières années.

La mesure de la profitabilité pose de nombreux problèmes techniques (en particulier pour la prise en compte de l'inflation).

On peut citer **la mesure de Malinvaud** (*Essais sur la théorie du chômage*, 1983) qui donnait, par exemple, les estimations suivantes :

(en %)	Rentabilité financière	Intérêt réel	Profitabilité
1976	6,2	0,1	6,1
1980	4,2	3,8	0,4
1982	2,3	5,7	3,4

➤ **effet de levier, Malinvaud, rentabilité.**

progrès

(de progressus : « *action d'avancer* ».)

➤ **civilisation, développement, évolutionnisme, progrès technique.**

Accroissement d'une grandeur quantifiable (production de biens, niveau de vie) ou/et amélioration de l'état des choses dans un domaine donné (condition sociale, statut des femmes).

Concept central de la pensée des Lumières et des courants évolutionnistes, le progrès incarne la croyance dans le perfectionnement global et linéaire de l'humanité ; lasociété, tout en se développant, évolue « vers le mieux » : augmentation des richesses, progrès scientifique et technique... mais aussi amélioration des mœurs et des institutions, voire des progrès de l'esprit humain.

De nos jours, cette croyance dans un Progrès généralisé est remise en cause (les catastrophes du XXe siècle ont joué leur rôle...).

Progrès économique, progrès social

• Le progrès économique se définit à la fois par l'idée de croissance (accroissement quantitatif des richesses) et par une meilleure efficacité (productivité, progrès technique, organisation de la production).

• En ce sens, la notion est proche de celle de développement. Mais, selon une idée répandue, il irait de pair avec le progrès social. En réalité, rien n'assure que le progrès économique entraîne mécaniquement le mieux-être. La rationalisation de la production (taylorisme, fordisme) a souvent aggravé les conditions de travail tout en permettant une augmentation conséquente du pouvoir d'achat des travailleurs.

• Le progrès social ne se laisse pas cerner par son seul aspect quantitatif (niveau de vie, bien-être matériel). Il s'apprécie en fonction de points de vue divers, de valeurs différentes. Il peut concerner l'ensemble d'une population ou seulement certains groupes sociaux.

progrès technique

Ensemble des innovations qui entraînent une transformation ou un bouleversement des moyens et méthodes de production, de l'organisation du travail, des produits et des marchés, des structures de l'économie.

• **Pour les néoclassiques,** le progrès technique regroupe l'ensemble des éléments qui permettent d'augmenter la production à quantités de capital et de travail inchangées.

– Cette démarche conduit à définir un **progrès technique autonome** : dans la fonction de production macroéconomique, on introduit un troisième facteur, censé représenter le progrès technique ; après avoir calculé l'augmentation du produit qui résulte de la croissance en volume et en qualité du capital et du travail, on attribue ce qui reste inexpliqué, le résidu, à l'effet du progrès technique (si le capital et le travail expliquent 2 % de croissance économique sur 5 %, on considère que le trend de progrès technique est de 3 %). Dans la plupart des études empiriques, le résidu atteint 50 % du taux de croissance...

– Puis il a semblé plus réaliste de supposer un **progrès technique « incorporé »** en partie ou en totalité aux facteurs capital et travail. On peut ainsi faire l'hypothèse que l'investissement constitue l'un des vecteurs du progrès technique et construire des modèles « à génération de capital » : le stock de capital est décomposé en générations successives d'autant plus productives qu'elles correspondent à des équipements plus « jeunes » ; ainsi une partie du ralentissement des gains de productivité observé pendant la crise a pu être imputé au vieillissement du stock de capital.

– De la même façon, il existe un lien entre l'éducation, la formation professionnelle et la productivité du facteur travail, mais ce lien est difficilement quantifiable. Malgré cette prise en compte du progrès technique incorporé, il subsiste toujours un **« résidu du résidu »**, parfois présenté comme l'effet du « progrès général des connaissances ».

• **L'analyse de Marx,** par certains côtés, se rapproche de l'hypothèse d'un progrès technique autonome. Parmi les éléments qui composent les forces productives, on trouve en effet : l'application de la science à l'industrie, l'organisation du travail et le perfectionnement des moyens de production.

• **Pour Schumpeter,** les cycles longs s'expliquent par la discontinuité du progrès technique : le savant invente, l'entreprise innove. Les innovations se diffusent par grappes : c'est ce qui induit la croissance économique. Mais le progrès technique prend la forme d'une « destruction créatrice » : la ruine d'une partie de l'appareil productif provoque la dépression. Au cours de cette phase d'assainissement apparaissent les innovations qui seront la base de la période de croissance suivante ; Schumpeter a fondé son explication des cycles sur la succession d'innovations majeures (textile et charbon, chemin de fer, électricité et chimie, etc.).

• On se rapproche ainsi de l'idée d'un **progrès technique induit** : **Hicks** montre qu'un changement dans le prix relatif des facteurs favorise les innovations qui économisent le facteur le plus coûteux ; selon la « loi de Kaldor-Verdoorn » le rythme du progrès technique serait largement déterminé par le rythme de l'accumulation du capital.

➤ **innovation, Kaldor-Verdoorn (loi de), production (fonction de), Schumpeter.**

prolétariat

(du lat. *proles « descendance »*)

1 Dans l'Antiquité romaine, le prolétariat formait la dernière classe de la plèbe et n'était utile que par sa descendance.

2 Aux XIXe et XXe siècles, ensemble des prolétaires, des travailleurs, principalement manuels, qui, ne possédant que leur force de travail, la mettent à la disposition des propriétaires des moyens de production, moyennant salaire.

Le prolétariat est plus large que le groupe des ouvriers d'industrie et comprend, par exemple, les ouvriers agricoles et les salariés manuels de certains services (cheminots). Terme très usité au XIXe siècle et au début du XXe siècle, inséparable de l'opposition de classe entre le Travail (personnifié par le prolétariat) et le Capital (personnifié par la bourgeoisie). Concept central chez Marx et les marxistes.

Les prolétaires, travailleurs productifs immédiats, sont exploités par les capitalistes (appropriation de la plus-value). Ils constituent la classe antagoniste à la bourgeoisie.

➤ **Marx, révolution industrielle ; Annexe A-7.**

propension

Part prise dans le revenu par une affectation à l'épargne ou à la consommation ; elle traduit la tendance à consommer ou à épargner d'un ménage.

On distingue les propensions moyennes et les propensions marginales à consommer ou à épargner.

Soit un revenu (R) d'un ménage ou d'un ensemble de ménages, qui se répartit en consommation (C) et épargne (E), et Δ R, Δ C et Δ E les variations correspondantes :

$$R = C + E$$

Par définition :

Propension moyenne à consommer = C/R

Propension moyenne à épargner = E/R

Propension marginale à consommer = Δ C /Δ R

Propension marginale à épargner = Δ E /Δ R

Soit le tableau suivant qui donne pour deux périodes, T1 et T2, le revenu, la consommation et l'épargne :

	T_1	T_2	$T_2 - T_1$
Revenu **Consommation** **Épargne**	1000 900 100	1100 980 120	Δ R =100 Δ C = 80 Δ E = 20
Propension moyenne : **– à consommer** **– à épargner**	 0,9 0,1	 0,89 0,11	 –
Propension marginale : **– à consommer** **– à épargner**	 –	 –	 0,8 0,2

Cet exemple illustre la différence entre les deux types de propension. La propension moyenne exprime la part du revenu qui est consommée ou épargnée ; alors que la propension marginale s'intéresse à la répartition de la variation du revenu. Dans l'exemple chiffré, on voit que lorsque le revenu augmente, le ménage accorde une part plus grande à l'épargne, 20 % de l'accroissement du revenu alors qu'il ne consacrait que 10 % de son revenu à l'épargne.

Les propensions dans la théorie keynésienne

Keynes s'intéresse, comme ses prédécesseurs, au partage opéré entre consommation et épargne, mais au lieu d'expliquer l'épargne par le taux d'intérêt, il considère que l'épargne dépend du revenu. Plus précisément, il pose une « **loi psychologique fondamentale** » selon laquelle plus le revenu est élevé, plus la part de l'épargne est forte ; dès lors, la propension marginale à épargner est plus forte que la propension moyenne. De plus, lorsque le revenu augmente (en situation de sous-emploi), la théorie du multiplicateur montre comment cette augmentation de revenu produit des ondes de revenus (les revenus sont partiellement dépensés sous forme de consommation et donnent lieu à une nouvelle vague de revenus) dont l'amplitude dépend de la propension à consommer.

L'effet de cliquet

Une autre analyse de la propension à consommer peut être présentée pour prendre en compte l'**effet de cliquet**.

Supposons que les ménages adoptent un comportement de défense de leur niveau de consommation. Lorsque leur pouvoir d'achat baisse, ils diminuent leur épargne. Cela se traduit par le fait suivant : la propension marginale à épargner est forte lorsque le revenu augmente, mais lorsque le revenu baisse, la propension marginale à épargner est faible.

➤ **effet de cliquet, épargne, Keynes, multiplicateur.**

propriété (droit de)

Droit selon lequel une chose est possédée par une personne physique ou morale.

• **Pour les juristes,** il se décompose en usus, fructus et abusus ; l'usus est le droit d'utiliser la chose, le fructus d'en recueillir les fruits, l'abusus le droit d'en disposer librement.

On peut dissocier ces différents éléments : ainsi le nu-propriétaire d'un bien ne dispose que de *l'abusus* ; l'usufruitier d'un bien de l'usus et du *fructus*.

Le droit de propriété s'exerce dans le cadre de lois qui peuvent le limiter.

• **Pour les économistes,** le régime de la propriété est un élément du régime économique : la propriété privée des biens de consommation et de production caractérise les économies capitalistes. La propriété privée y est conçue comme un droit naturel, « inviolable et sacré », par exemple dans la Déclaration des droits de l'homme de 1789.

• **Pour les marxistes,** la propriété de ces biens n'est pas naturelle, elle masque un rapport social entre les hommes, entre les classes. Elle est : « l'exploitation de l'homme par l'homme ».

➤ **droits de propriété (théorie des).**

propriété intellectuelle

Ensemble de droits résultant de la création d'une œuvre, d'une invention matérialisée par un brevet, d'un dessin, d'un modèle, ou d'une marque. Ils peuvent prendre la forme de droits d'auteur (artiste, écrivain) ou de licences dans le cas d'un brevet ou d'une marque commerciale.

➤ **brevet d'invention.**

prospective

➤ **prévision.**

protectionnisme

Ensemble de mesures visant à protéger la production d'un pays contre la concurrence étrangère.

Plusieurs formes de protectionnisme

– **le protectionnisme tarifaire** : il frappe les produits importés de droits de douane *ad valorem* (en pourcentage de leur valeur) ou spécifiques (d'un montant fixe s'ajoutant au prix du produit importé) payés par le consommateur national ;

– **le protectionnisme non tarifaire :** mesures de contingentement, c'est-à-dire limitations quantitatives des importations (quotas) ; mesures d'interdiction totale d'importation ; formalités d'importations dissuasives ;

– **le protectionnisme gris ou administratif :** recours à la législation sur les normes de consommation, les normes sanitaires, la protection du consommateur dans le but d'écarter les producteurs étrangers.

Le protectionnisme est l'objet de nombreuses critiques. Il est en contradiction avec les thèses libre-échangistes qui montrent les bienfaits de la spécialisation internationale. Il est un frein aux échanges : le protectionnisme alimente le protectionnisme de rétorsion. Enfin, il n'incite pas à la compétitivité et il favorise la hausse des prix.

Quels sont les facteurs qui en favorisent le développement ?

Le protectionnisme est un moyen de défense par rapport à une concurrence jugée déloyale : pratiques de dumping, concurrence des pays à bas coûts de main-d'œuvre, pratiques de sous-évaluation monétaire, protectionnisme latent. En outre, **le protectionnisme peut être un moyen – à court terme – de protéger la production** nationale et l'emploi, certaines catégories de la population (protectionnisme agricole de l'Europe) ou des industries naissantes ou en voie de reconversion. F. List, économiste allemand du XIXe siècle, a développé la thèse du protectionnisme éducateur, celui des « industries dans l'enfance ».

➤ **barrières non tarifaires, GATT, libre-échange (théorie du).**

protection sociale

Système de prise en charge par la collectivité des conséquences économiques d'un certain nombre de situations (souvent qualifiées de « risques ») pénalisantes pour les individus : maladie, maternité, vieillesse, chômage, invalidité, etc.

Dans les pays développés, et notamment en Europe, **la protection sociale est organisée autour de la notion de Sécurité sociale**. Ce sont les caisses de la Sécurité sociale qui versent des prestations en espèces ou en nature ; leurs ressources reposent sur des cotisations sociales ou des impôts.

D'autres organismes concourent à la protection sociale : régimes complémentaires, assurances facultatives, souvent sous forme de mutuelles, aide sociale pour les plus démunis.

Principe d'assurance et de solidarité

La plupart des pays combinent un principe d'assurance (les cotisations et les prestations sont versées dans le cadre d'un régime à base professionnelle ; le montant des prestations dépend de la carrière de l'agent ou de sa situation) et un principe de solidarité, tout résident a un droit – du moins théoriquement – à être protégé contre l'ensemble des risques sociaux ; les prestations sont calculées à l'échelle de la nation pour couvrir les besoins fondamentaux de l'individu.

La notion de risque s'est élargie au fil des décennies. D'abord limitée aux accidents du travail et à leurs conséquences (invalidité), elle s'est étendue au chômage, à la maternité, à la retraite, au veuvage, etc.
Par le poids des transferts ainsi réalisés, la protection sociale a été un puissant facteur d'intégration sociale et de stabilité économique : en assurant, quoi qu'il arrive, un revenu minimum à l'ensemble des individus, elle évite l'appauvrissement de la population en période de récession. Son évolution au cours de la seconde moitié du XXe siècle est le reflet des transformations profondes des sociétés développées : le vieillissement de la population qui pèse sur les retraites, le développement de l'activité féminine.

Cependant, les grands systèmes de protection sociale ont tous connu, depuis le dernier quart du XXe siècle, une double crise : une crise financière récurrente, caractérisée par une insuffisance chronique des recettes et une insuffisante maîtrise de l'évolution des prestations ; une crise sociale, dans la mesure où un nombre de plus en plus important de ménages ne sont plus ou sont mal protégés, faute d'avoir suffisamment cotisé. De nombreux plans ont cherché à introduire des réformes de structure afin de sauvegarder ce qui est considéré par la plupart comme un acquis social majeur. Parallèlement, l'aide sociale a dû s'élargir.

➤ **aide sociale, assurance, Beveridge, CMU, effort social de la nation, État-providence, exclusion, redistribution, revenu minimum d'insertion [RMI], Sécurité sociale.**

Proudhon (Pierre-Joseph)

Socialiste anarchiste français (1809-1865) dont l'influence a marqué le mouvement ouvrier et le syndicalisme français.

Les idées de Proudhon sont à replacer dans la pensée socialiste du XIXe siècle incarnée par Saint-Simon et Fourier, dont il est proche

Architecture simplifiée du système de protection français

Différents régimes obligatoires couvrent 4 risques
- Régime général
- Régime des non salariés
- Régimes spéciaux
- Régimes complémentaires

- Maladie
- Famille
- Vieillesse
- Accidents du travail

→ SÉCURITÉ SOCIALE

Autres institutions publiques et/ou paritaires
- UNEDIC-ASSEDIC : assurance chômage

Administrations publiques
- Aides sociales dont : RSA (revenu de solidarité active)
CMU (couverture maladie universelle)

Avantages fiscaux et services collectifs gratuits

→ EFFORT SOCIAL DE LA NATION

Régimes facultatifs complémentaires
- Mutuelles
- Assurances privées

couvrent notamment : santé, retraite,chômage, etc.

→ PROTECTION SOCIALE

sur certains points, et Marx, avec lequel il entretiendra une polémique célèbre.

Sur la démocratie : comme Saint-Simon et Fourier, il considère que la solution de la question sociale ne passe pas par la politique. La vraie révolution ne peut qu'être économique (projet de banque du peuple).

Sur l'organisation économique et sociale : à la différence de Saint-Simon, Proudhon ne s'intéresse pas à la production mais à l'échange ; sans violence ni lutte de classes, les individus s'associent pour échanger des services : c'est le mutuellisme. Les associations se fédèrent librement, jusqu'au niveau international : c'est le fédéralisme.

À l'origine, Proudhon avait écrit *Qu'est-ce que la propriété ?* et sa réponse avait été : *c'est le vol* (1840).

➤ **anarchisme, anarcho-syndicalisme, Marx, Saint-Simon.**

PSERE

➤ **population sans emploi à la recherche d'un emploi.**

psychologie sociale

Science ayant pour objet les comportements interindividuels et les groupes restreints dans leur environnement social.

Comme l'expression l'indique bien, cette discipline interfère avec la psychologie et la sociologie. Selon les orientations, les problèmes étudiés, la démarche est plus proche de l'une ou de l'autre.

La psychologie sociale s'oriente dans deux directions principales :

– étude des interactions entre individus dans les diverses situations de la réalité sociale : relations face à face informelles, relations humaines dans les groupes restreints (famille), les organisations (entreprise) et les institutions (école) ;

– « étude des déterminants sociaux du comportement individuel, par exemple, l'influence d'un système d'éducation sur le comportement d'une personne choisie » (Cot et Mounier). Plus rarement : « étude des déterminants psychologiques de l'action sociale » *(ibid.)*.

La psychologie sociale est à la fois une discipline scientifique et un ensemble de pratiques professionnelles orienté vers l'action (formation, animation de groupes, thérapies de groupes, interventions dans les organisations, etc.). Tournée vers des fins pratiques, cette discipline prend plus volontiers le nom de psychosociologie et ses praticiens se présentent comme psychosociologues.

➤ **groupe élémentaire ou primaire, rôle(s), socialisation, sociométrie.**

publicité

Ensemble des techniques employées pour inciter un individu à adopter un comportement souhaité : achat d'un produit, élection d'une personnalité politique, incitation à l'économie d'énergie ou au renoncement au tabac.

La publicité s'appuie sur des supports très variés, allant de l'enseigne des magasins aux spams qui se glissent dans les messageries électroniques, en passant par les spots télévisés ou l'affichage.

Suite à un fort mouvement de concentration au cours de ces dernières années, le secteur de la publicité est structuré autour de quelques grandes agences qui conçoivent et réalisent des campagnes publicitaires en s'appuyant sur des études marketing qui visent à cerner les attentes des consommateurs ou usagers. La publicité concerne tous les secteurs d'activité, notamment le sport qui en est devenu un vecteur privilégié.

En 2013, les dépenses publicitaires représentaient, dans l'ensemble de l'économie française, près de 30,1 milliards d'euros.

➤ **consommateur (théorie du), consommation.**

public choice (École du)

Courant de pensée économique néolibéral, né au début des années 1970, dont les chefs de file sont J. Buchanan et G. Tullock, qui applique à l'analyse des phénomènes politiques une démarche microéconomique fondée sur le comportement rationnel et

débouche sur une critique de l'efficacité de l'intervention étatique.

• Au lieu de considérer que la décision politique obéit à sa logique propre et qu'elle est exogène pour l'économiste, **ce courant de pensée applique sa grille d'analyse des comportements au champ politique** en supposant que les décisions politiques, celles de l'homme politique, du fonctionnaire, de l'électeur, dépendent d'un calcul, d'un raisonnement comparant coûts et avantages. Cette démarche débouche sur une analyse de la « bureaucratie », des partis politiques, du comportement électoral, des causes de la croissance de l'État moderne.

• **Cette école développe une conception critique de l'intervention étatique**. L'offre et la demande d'État ne correspondent ni à l'intérêt général ni à un optimum économique. Elles reflètent des intérêts particuliers et sont tirées vers le haut. La production mise en œuvre par l'État se fait donc au prix du plus grand gaspillage social.

• Cette théorie, développée dans la période de reflux des idées keynésiennes et d'engouement pour les idées ultra-libérales (années 1970-1980), est féconde dans la mesure où elle pose le problème de l'efficacité de l'intervention publique mais elle alimente les idéologies, souvent simplistes, qui visent une remise en cause radicale de l'intervention de l'État.

➤ **Buchanan, bureaucratie, État, *homo œconomicus*.**

pyramide des âges

Histogramme représentant la structure par âge et par sexe d'une population à une date donnée. La hauteur de chaque rectangle représente une classe d'individus ayant le même âge ; sa longueur est proportionnelle à l'effectif de cette classe. Elle reflète l'histoire démographique du pays et permet d'analyser son évolution future.

Pyramide des âges au 1er janvier 2014 en France

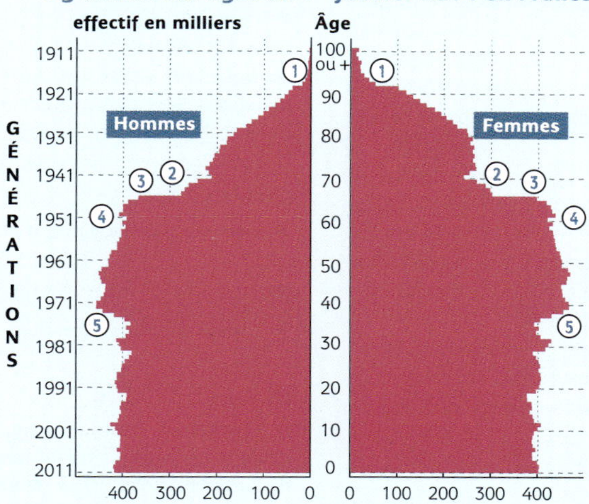

① Déficit des naissances dû à la guerre de 1914-1918 (classes creuses).

② Passage des classes creuses à l'âge de fécondité.

③ Déficit des naissances dû à la guerre de 1939-1945.

④ Baby-boom.

⑤ Passage de la fécondité en dessous de 2 enfants par femme.

Source : Insee, estimations de la population.

Q

qualification

Ensemble des aptitudes acquises par l'individu ou requises pour occuper un emploi.

On distingue :

– **la qualification individuelle** qui inclut l'aptitude du travailleur à exécuter la tâche qui lui est attribuée, mais aussi l'ensemble de ses savoir-faire, que ceux-ci résultent de son niveau culturel, de sa formation, de son expérience ou de sa pratique personnelle ;

– **la qualification requise** ou **qualification de l'emploi**, définie par l'employeur en fonction du poste de travail qu'il cherche à pourvoir : cette qualification effective est essentiellement contractuelle ; elle a été définie au moment de l'embauche et doit être certifiée par le contrat de travail ;

– **la qualification officielle** est définie par les conventions qui donnent une classification détaillée des différents emplois, chacun d'entre eux étant affecté d'un indice hiérarchique (par exemple SQ, *sans qualification*, OP, *ouvrier professionnel*).

Du côté des employeurs, on observe une tendance à vouloir substituer la notion de compétence individuelle à celle de qualification du poste.

➤ **compétence, division du travail, formation, travail.**

quantitative easing (ou assouplissement quantitatif)

Outil non conventionnel de la politique monétaire d'une banque centrale qui décide d'acheter des bons du trésor ou plus généralement des titres de dette publique.

• L'objectif de cette mesure exceptionnelle est d'accroître la masse monétaire quand les outils traditionnels de politique monétaire, comme baisser les taux directeurs, ont échoué (c'est l'équivalent moderne de la « planche à billet »).

• Cette technique a été utilisée à plusieurs reprises par la FED (*Federal reserve system*, la banque centrale des États-Unis) depuis 2009 en achetant pour plusieurs centaines de milliards de bons du trésor américain afin de tenter de relancer la croissance économique.

• De même, dans la zone euro pendant la Crise de la dette, la BCE (Banque centrale européenne) utilise cet outil en rachetant des bons du trésor grecs ou espagnols dans le but de faire baisser les taux d'intérêts d'emprunt devenus insoutenables pour ces pays.

➤ **banque centrale, politique monétaire.**

quantitative (théorie)

➤ **monnaie (théorie quantitative de la).**

quart monde

À l'échelle internationale, l'expression désigne les pays les moins avancés ou PMA. À l'intérieur des pays développés, cette expression désigne les individus victimes de la pauvreté.

➤ **pauvreté, PMA.**

Quesnay (François)

Médecin de Louis XV (1694-1774) et protégé de Mme de Pompadour, il est l'auteur du *Tableau économique* (1758), présentation

la plus systématique de la pensée économique des physiocrates, dans lequel il analyse la circulation des richesses dans l'économie.

➤ **circuit économique, physiocratie ; Annexe A-1.**

quota

(de l'expression latine *quota pars* « part qui revient à chacun »)

Maximum de quantités à produire, vendre, exporter ou importer fixé par l'État ou des acteurs dominants.

Lorsqu'il existe un cartel de producteurs (par exemple l'OPEP pour le pétrole), celui-ci peut fixer des quotas ou quantités que chaque membre est autorisé à produire ou à vendre.

➤ **contingentement, entente.**

quota d'émission

Pour respecter les objectifs de réduction des gaz à effet de serre, l'Union européenne a mis au point en 2005 un Système Communautaire d'Échange de Quotas d'Émission de gaz à effet de serre (SCEQE) qui fonctionne comme un marché.

Les entreprises de certains secteurs se voient attribuer un nombre de quotas (ou autorisations d'émettre une tonne d'équivalent dioxyde de carbone au cours d'une période spécifiée), délivrées gratuitement par les États en début d'année. Si leurs émissions de dioxyde de carbone sont inférieures aux quotas qui leur ont été attribués, elles peuvent vendre leurs surplus aux entreprises dont les émissions sont excédentaires.

Plusieurs modifications doivent intervenir début 2013, notamment l'augmentation du nombre d'entreprises concernées, la mise aux enchères des quotas devenus payants, des règles spécifiques pour les fuites de carbone.

➤ **empreinte carbone.**

quotas (méthode des)

Dans le cadre d'une enquête par sondage, technique de constitution d'un échantillon représentatif de la population étudiée selon des critères et des proportions (quotas) définis en adéquation avec l'objectif du sondage.

Cette méthode correspond à un sondage « raisonné » par opposition au sondage « probabiliste » ou « aléatoire » dont l'échantillon est constitué selon les lois du hasard.

Selon la méthode des quotas, la constitution de l'**échantillon des individus** qui sont interrogés doit refléter la composition préalablement connue de la population que l'on veut étudier (par exemple, la population électorale ou la population étudiante) : même répartition par âge, par sexe, par catégorie sociale, par degré d'instruction, par type d'habitat... Cet échantillon constitue donc approximativement un modèle réduit de la « **population cible** ».

Les critères dépendent pour partie de la population étudiée et des objectifs de l'enquête. Si l'on veut étudier par exemple les attitudes des étudiants, il faudra que l'échantillon respecte, outre les proportions déjà mentionnées, la distribution par discipline et par cycles d'études.

➤ **échantillon, enquête, sondage.**

quotient familial

➤ **impôt sur le revenu.**

R

race

1 Variété de l'espèce humaine ; ensemble d'individus qui se croisent entre eux depuis une période de temps assez longue pour que le groupe ainsi formé acquière une certaine uniformité morphologique (pigmentation, proportions corporelles, formes faciales, etc.).

2 Pour la biologie moderne, notion sans contenu scientifique réel.

La définition usuelle appelle immédiatement les remarques suivantes : il n'y a aucune coupure naturelle entre les « races » humaines, la variation humaine est continue pour tous les caractères ; aucun groupe humain n'est fermé génétiquement de manière absolue et le métissage est depuis très longtemps un facteur capital de la transformation des populations humaines. Aussi est-il pratiquement impossible d'isoler des caractéristiques spécifiques qualifiant des races humaines bien délimitées.
L'anthropologie contemporaine sous l'impulsion en particulier de F. Boas a montré que la diversité humaine relève de la culture et non des traits physiques ou raciaux.

➤ **Boas, culture, racisme.**

racisme

1 Doctrine et attitude fondées sur la croyance en la supériorité d'une ou de plusieurs races sur les autres. Le terme recouvre plusieurs réalités entremêlées.

Elles ont pour corollaire l'idée – sans fondement scientifique – de différences radicales entre les races. La supériorité d'une race est parfois liée, dans les doctrines racistes, à sa « pureté » biologique (imaginaire).
Le sentiment d'appartenance à la race supérieure engendre des attitudes d'exclusion, des politiques de ségrégation raciale (apartheid), voire d'extermination (génocides).

2 Sentiment de répulsion, de xénophobie à l'égard de groupes sociaux ethniquement différents,quelles que soient leur distance ou leur proximité « raciale ».

Par exemple, antisémitisme, racisme anti-italien dans la France du XIXe siècle, racisme antimaghrébin aujourd'hui. Cette attitude est parfois confortée par la confusion entre les différences « raciales » et les différenciations socioculturelles.

➤ **darwinisme, xénophobie.**

rapport social

Modalités sociales et institutionnelles structurant les relations tissées entre les individus et les groupes en fonction des positions qu'ils occupent au sein de la structure sociale, spécialement dans la sphère économique.

La notion est d'origine marxiste : les rapports de production sont l'un des concepts fondamentaux forgés par Marx pour analyser les relations dissymétriques entre les « maîtres des conditions de production » et les « travailleurs directs », relations qui sont à la base de la structuration en classes.
Influencés par Marx, mais en insistant davantage sur les institutions, les régulationnistes parlent de rapport salarial pour désigner

l'ensemble des dispositifs formels et informels qui régissent les relations entre les employeurs et les salariés.

➤ **analyse stratégique, classe(s) sociale(s), régulation (École de la), régulation sociale.**

rapports de production

➤ **Marx.**

rareté

Tension entre les besoins et les ressources disponibles pour les satisfaire.

• Cette notion constitue le postulat de base d'un grand nombre de théories économiques, mais ce sont les **économistes néo-classiques qui s'y réfèrent explicitement**.
« L'ensemble de toutes les choses, matérielles ou immatérielles, qui sont susceptibles d'avoir un prix parce quelles sont rares, c'est-à-dire à la fois utiles et limitées en quantité, forme la richesse sociale » (Walras).

• De ce point de vue, la rareté ne constitue pas une hypothèse, mais une réalité universelle et atemporelle ; tout est rare : les ressourcesnaturelles, l'argent, le temps, l'information. Par conséquent, il faut effectuer des choix, calculer, se comporter de façon rationnelle ; on retrouve les traits caractéristiques de l'*homo œconomicus* ; les néo-classiques montrent que les prix de marché sont des indicateurs de la rareté relative des biens et services.

• On doit à quelques anthropologues d'avoir mis en évidence le **caractère ethnocentrique de la conception occidentale de la rareté.** Comment expliquer, sinon, que des sociétés « primitives » consacrent l'essentiel de leur temps, non au travail, mais au loisir ?

➤ **abondance, besoin, *homo œconomicus*.**

rating

(mot angl. signifiant « action d'évaluer, notation »)

Évaluation du risque financier que représente un prêt en fonction de la solidité de l'emprunteur.

ratio

(du latin *ratio* « calcul, compte, raisonnement »)

Indicateur constitué par un rapport établi entre deux valeurs extraites des comptes d'une entreprise, ou d'une nation, aux fins d'évaluation.

Quelques ratios de gestion privée :

• **Ratio d'autonomie financière**

$$= \frac{\text{capitaux propres}}{\text{ressources empruntées}}$$

Il indique le degré de dépendance de l'entreprise vis-à-vis de ses créanciers. Plus il est élevé, plus l'entreprise est indépendante financièrement à l'égard des tiers.

• **Ratio de financement des immobilisations**

$$= \frac{\text{capitaux + dette à moyen et long terme}}{\text{actif immobilisé}}$$

$$= \frac{\text{ressources stables}}{\text{emplois stables}}$$

La différence entre le numérateur et le dénominateur constitue le fonds de roulement.

Si ce ratio est > 1 (fonds de roulement > 0), cela correspond à une marge de sécurité pour l'entreprise puisqu'une partie des ressources stables ne finance pas les immobilisations ou, ce qui revient au même, une partie de l'actif circulant n'est pas financée par des dettes à court terme mais par des ressources permanentes.

Si ce ratio est < 1 (fonds de roulement < 0), l'entreprise prend des risques car elle finance une partie de l'actif immobilisé par des dettes à court terme.

• **Ratio de rentabilité commerciale**

$$= \frac{\text{résultat brut d'exploitation}}{\text{chiffre d'affaires HT}}$$

C'est le taux de performance de l'entreprise en matière d'exploitation.

• **Ratio de rentabilité financière**

$$= \frac{\text{résultat net}}{\text{Capitaux propres}}$$

Principaux ratios tirés de la Comptabilité nationale

Ratios	Définitions
Propension moyenne à consommer des ménages	Consommation finale des ménages / Revenu disponible brut des ménages
Taux d'épargne des ménages	Épargne brute des ménages / Revenu disponible brut des ménages
Propension moyenne à importer	Importations (biens et services) / Produit intérieur brut
Propension moyenne à exporter	Exportations (biens et services) / Produit intérieur brut
Taux de couverture	Exportations (biens et services) / Importations (biens et services)
Taux de prélèvements obligatoires	Impôts + cotisations sociales / Produit intérieur brut
Taux d'investissement	Formation brute de capital fixe / Produit intérieur brut
Taux de marge	EBE (excédent brut d'exploitation) / valeur ajoutée

Il permet de déterminer la rentabilité des fonds propres investis dans l'entreprise.

• **Ratio d'évaluation boursière : le PER (*Price Earning Ratio*)**

$$= \frac{\text{capitalisation boursière}}{\text{bénéfices}}$$

➤ **propension, rentabilité.**

ratio Cooke

➤ **solvabilité.**

ratio Mac Donough

➤ **solvabilité.**

rationalisation

1 Action visant à rendre rationnel (au sens économique) ce qui ne l'est pas ou ne l'est que partiellement : recherche d'une plus grande efficacité par un effort réfléchi et/ou par des techniques scientifiques.

S'applique en particulier à l'activité productive par la recherche de gains de productivité (OST), plus généralement à toute activité organisée : administration, politique, économique, etc.

Selon Weber, le processus de rationalisation est l'un des traits de l'évolution des sociétés occidentales depuis la fin du Moyen Âge.

2 Mécanisme par lequel un individu, un groupe justifient leur action ou leur position par une argumentation qui se veut fondée en raison indépendamment de leurs motifs véritables (conquête du pouvoir, promotion sociale).

Exemple : discours d'une profession sur sa contribution à l'activité économique et sociale à l'occasion d'une défense de ses intérêts corporatistes.

➤ **bureaucratie, Organisation scientifique du travail [OST], rationalité, Taylor, taylorisme.**

rationalisation des choix budgétaires [RCB]

Née aux États-Unis dans les années 1950 sous le nom de PPBS *(Planning, programming, budgeting system)*, cette méthode a été

introduite dans l'administration française vers 1965. Elle consiste à quantifier les conséquences des différents choix possibles afin d'obtenir la plus grande efficacité de la dépense publique.

➤ **administration, administrations publiques, budget de l'État (loi de Finances).**

rationalité

1 Ce qui relève de la raison, c'est-à-dire d'une intelligibilité logique. La rationalité exclut le domaine des passions et le recours à des arguments surnaturels.

2 [sens économique] Logique gouvernée par le raisonnement et l'efficience, recherche d'un objectif au moindre coût, selon des procédures logiques et le calcul.

L'*Homo œconomicus* est un individu rationnel dont les comportements (consommation, épargne, activité productive) visent l'efficacité et la satisfaction en fonction de ressources et de contraintes données.

Certains sociologues font valoir que la rationalité ne peut se réduire à son acception économique. Selon Max Weber : « Une chose n'est jamais irrationnelle en soi, mais seulement d'un point de vue « rationnel » donné. Pour l'homme non religieux, vivre de façon religieuse est irrationnel. » C'est pourquoi il distingue **l'activité rationnelle en finalité** (voir le sens économique) et **l'activité rationnelle liée à des valeurs** *(wertrational)*. Cette dernière s'oriente selon la croyance en des valeurs (éthiques, esthétiques, religieuses, etc.) indépendamment du coût et des conséquences sur d'autres objectifs

➤ ***homo œconomicus*, néo-classique (théorie), rationalisation, Weber ; Annexe Ⓐ-37, 39.**

rationalité limitée

Rationalité du décideur lorsqu'il ne dispose ni de la totalité des informations, ni de la capacité de calcul qui lui auraient permis de trouver la solution optimale.

• Concept introduit par H. Simon (en 1957) pour définir une forme de rationalité limitée par deux contraintes :

– **l'imperfection de l'information,** le décideur ne connaît ni la totalité des choix alternatifs qui s'offrent à lui, ni la totalité des conséquences des différentes possibilités d'action.

– **les capacités de calcul du cerveau humain,** la complexité des processus mentaux impliquée par un véritable calcul d'optimisation dépasse largement les capacités de traitement de l'information du décideur, lequel, de surcroît, manque de temps.

• H. Simon critique ainsi la conception néo-classique de la rationalité parfaite (décideur omniscient). Il en déduit que le processus de décision est séquentiel : à partir d'une idée plus ou moins claire de ce que pourrait être une solution acceptable, le décideur examine une à une les options qui se présentent à lui et arrête son choix à la première qui le satisfait ; il ne recherche pas la solution optimale, il se contente de la solution satisfaisante.

➤ **asymétrie informationnelle ; Annexe Ⓒ.**

Rawls (John)

Philosophe politique et moral américain (1921-2002) qui, dans la *Théorie de la justice* (1971), propose des principes de justice sociale permettant de concilier l'efficacité économique, la liberté de l'individu et la justice ; on lui doit l'idée selon laquelle il existe des inégalités justes dès lors quelles améliorent la situation des plus défavorisés.

• J. Rawls essaie de montrer que le libéralisme peut être compatible avec la justice sociale. Il part tout d'abord du refus de l'utilitarisme parétien pour lequel les inégalités reflètent les inégales productivités des individus et sont donc automatiquement justes.

J. Rawls veut fonder la société sur des principes de justice recherchée pour elle-même. Pour que ceux-ci soient choisis par chacun rationnellement, il faut éliminer toute partialité qui refléterait les positions acquises de chacun.

Il imagine donc de placer les individus en l'état de nature à partir duquel ils élaboreront un contrat social portant explicitement sur des principes de justice.

Des principes hiérarchisés

Reprenant les simulations de la « théorie des jeux », Rawls place chaque citoyen dans une « position originelle » caractérisée par un « voile d'ignorance » : chacun est fondé à croire qu'il pourrait se retrouver aveugle, pauvre, analphabète...
Rawls pense que, tout en restant égoïste et rationnel, chacun adoptera, dans ces conditions, des principes de justice impartiaux et prudents. Ces principes seront logiquement les suivants :
– principe de liberté : « Chaque personne doit avoir un droit égal au système le plus étendu de libertés de base égales pour tous qui soit compatible avec le même système pour les autres » ;
– principe de différence : « Les inégalités sociales et économiques doivent être organisées de façon à ce qu'elles soient attachées à des positions et des fonctions ouvertes à tous (principe d'égalité des chances = principe d'équité) ; et qu'on puisse s'attendre à ce qu'elles soient à l'avantage de chacun donc des plus démunis, qu'elles soient efficaces (principe d'efficacité) ».
Ces principes sont hiérarchisés : la liberté prévaut sur l'égalité des chances qui prévaut elle-même sur l'efficacité.

• La théorie de la justice de J. Rawls récuse donc tout à la fois l'égalitarisme, en ce qu'il est souvent attentatoire aux libertés et en ce qu'il risque de ne pas améliorer dans l'absolu la situation des plus défavorisés, et l'utilitarisme pour sa logique sacrificielle, injuste : l'augmentation du bien-être pour le plus grand nombre ne saurait s'obtenir par la moindre dégradation de la situation du plus mal loti.

• En conséquence, J. Rawls justifie les interventions de l'État qui éliminent les inégalités non profitables aux plus démunis. En cela, il s'oppose aux libéraux qui n'admettent pas une atteinte aux richesses individuelles légalement acquises. Mais il justifie aussi l'enrichissement des seuls citoyens les plus riches si cela permet de maintenir le pouvoir d'achat des plus pauvres. Le régime politique qui permet le mieux de respecter l'ensemble des principes est pour J. Rawls celui de « l'égalité démocratique », assez proche du régime républicain français.

➤ **égalité, équité, Hayek, jeux (théorie des), justice sociale, optimum, Pareto, utilitarisme.**

recensement

Opération consistant à « recueillir, grouper, analyser et publier les données démographiques, économiques et sociales se rapportant à un moment donné, à tous les habitants d'un pays » (définition retenue par l'ONU). À la différence de la plupart des enquêtes publiques réalisées sur échantillon, il s'agit d'une investigation exhaustive portant sur l'ensemble des ménages (feuilles de logement) et des individus (bulletins individuels).

Historique du recensement

• Les tentatives visant à mesurer le volume et la composition de la population sont fort lointaines. La Bible fait état de plusieurs opérations visant à dénombrer le nombre d'habitants. En France, sous l'ancien régime, l'évaluation de l'importance de la population se base sur l'enregistrement des baptêmes et des décès dans les registres paroissiaux tenus par l'Église.

• Le recensement, au sens moderne du terme, est institué par Bonaparte en 1801 et a lieu tous les cinq ans. Au cours de la première moitié du XIXe siècle, il s'agit essentiellement d'un dénombrement de la population par département, communes et familles (introduction des listes nominatives par famille en 1831). À partir de 1851 sont introduites des questions sur l'état matrimonial et surtout sur la profession. Depuis 1954, les actifs sont classés, à partir de plusieurs questions, en catégories socio-professionnelles. Le rythme des recensements devient irrégulier (intervalles intercensitaires de 4 à 9 ans).

Une très large enquête

Le recensement constitue de nos jours une gigantesque enquête excédant largement les données proprement démographiques : dénombrement des « nationaux » et des étrangers, répartition spatiale de la population, composition de la population active (occupés et chômeurs) et de la population inactive (élèves, femmes au foyer, retraités, etc.), structure socioprofessionnelle (répartition en PCS), formation scolaire et professionnelle des plus de 16 ans (diplômes), types de logement des ménages, etc.

Une nouvelle méthode depuis 2004

Depuis janvier 2004, le recensement de la population résidant en France est réalisé par enquête annuelle. Chaque commune de moins de 10 000 habitants est recensée tous les cinq ans, à raison d'un cinquième de ces communes chaque année. Dans les communes de 10 000 habitants ou plus une enquête est réalisée chaque année auprès d'un échantillon de 8 % de leur population.

➤ **démographie, population.**

récession

1 Traditionnellement, phase du cycle économique caractérisée par une baisse de l'activité économique.

2 Depuis les années 1950, désigne également une phase de ralentissement marqué de la croissance ou un recul de la production limité dans le temps (l'administration économique américaine enregistre comme récession toute baisse du PIB réel s'étalant sur au moins deux trimestres) ; le terme est alors employé pour distinguer ce cas de figure de la « dépression ».

D'une manière générale, les cycles ont été atténués depuis la Seconde Guerre mondiale. En Europe, pendant les Trente Glorieuses, les phases d'expansion ont été interrompues par des phases de ralentissement ou de stagnation de la production et de la demande ; les points de retournement du cycle ne concernent pas, le plus souvent, les valeurs absolues (du plus au moins) mais les taux de croissance (exemple : de 5 % à 1,5 %). Ces « récessions relatives » se distinguent des dépressions car le processus ne dégénère pas en contraction cumulative de l'activité.

Depuis le premier choc pétrolier, on observe à nouveau des récessions au sens classique du terme : 1974-1975, 1982, 1991 surtout en Grande-Bretagne, 1993, mi-2001 pour les États-Unis, et mondiale depuis 2008.

➤ **crise, cycles, dépression.**

recherche-développement [R&D]

Ensemble du processus reliant la découverte, l'invention et ses applications économiques.

On distingue trois étapes :

– **la recherche fondamentale** est à l'origine des découvertes élargissant le champ des connaissances scientifiques ; la découverte des principes de la mécanique ondulatoire et des propriétés des particules lumineuses par exemple ;

– **la recherche appliquée** est à l'origine d'une invention, c'est-à-dire d'un procédé technique, brevetable, application pratique de la découverte scientifique fondamentale, et correspondant à un besoin : le laser par exemple ;

– **le développement :** il s'agit de concevoir et de mettre au point un prototype pour s'assurer de sa faisabilité industrielle (conception du procédé technique de fabrication industrielle) et économique (étude du coût) ; le développement correspond à la phase initiale de l'innovation, celle-ci se poursuivant par la production en série du produit et sa mise sur le marché : mise au point par une entreprise d'un laser chirurgical permettant les opérations de la rétine par exemple.

Toute politique de R&D, outre l'accroissement des budgets, cherche à raccourcir la durée du processus : en améliorant les liaisons entre la recherche et l'industrie, entre les laboratoires publics (plus axés sur la recherche fondamentale) et les laboratoires privés, en favorisant la diffusion des inventions (exemple de l'ANVAR en France), voire en réunissant en technopoles (cités des sciences) chercheurs et industriels.
Jusqu'en 2005 en France, l'Agence Nationale pour la Valorisation de la Recherche (ANVAR) était chargée d'offrir un soutien aux PME innovantes. Depuis 2005, l'ANVAR a été progressivement remplacée par la société anonyme Oséo. Ce statut de SA permet à Oséo de mobiliser plus de capitaux en vue de renforcer son soutien aux PME . En 2013, la création de la « Banque Publique d'Investissement » remplace Oséo qui devient une filiale.

➤ **innovation, invention, progrès technique.**

redéploiement industriel

Modification de la structure de l'appareil productif d'un pays qui se traduit, notamment, par une reconversion des travailleurs des secteurs en déclin vers les secteurs en forte croissance.

redistribution

Ensemble des prélèvements et des réaffectations de ressources opérés par les administrations publiques affectant les revenus des ménages. Au niveau des prélèvements, il s'agit principalement des cotisations sociales et des impôts ; les réaffectations concernent essentiellement les prestations sociales et les consommations collectives.

De manière générale, deux types de redistribution peuvent être distingués :
– **la redistribution horizontale** dans laquelle le bien-portant paye pour le malade, l'actif pour le retraité, le célibataire sans enfants pour les familles nombreuses, etc. ; les mécanismes de la Sécurité sociale sont la meilleure illustration de cette première catégorie.
Les études quantitatives menées en France montrent l'importance de la redistribution horizontale : le « budget » de la Sécurité sociale, qui ne constitue qu'une partie de ce type de redistribution, est supérieur à celui de l'État.
– **la redistribution verticale** est une notion plus globale qui envisage l'effet du dispositif de transfert sociaux en termes de réduction des inégalités entre les catégories sociales (ouvriers, agriculteurs, employés, cadres, etc.).
Les résultats de la redistribution verticale sont, eux, plus difficiles à appréhender, mais semblent, selon la plupart des études, faibles et de sens incertain.

➤ **protection sociale, répartition.**

réduction du temps de travail [RTT]

Ensemble des dispositions législatives, réglementaires ou conventionnelles cherchant à entraîner la réduction de la durée effective du travail.

La législation récente s'inscrit dans le prolongement d'une double évolution parallèle : la diminution sur une longue période de la durée effective du travail et la réduction de la durée légale du travail.
La législation sur la réduction du temps de travail (RTT) correspond à une démarche volontariste, collective, modifiant l'état du droit (légal ou conventionnel). Dans la mesure où l'impulsion est le plus souvent donnée par le gouvernement, sous la pression fréquente des syndicats de salariés, on peut parler d'une « politique de RTT ». Une telle politique a été mise en œuvre en France entre 1997 et 2002, à travers le vote des **« lois Aubry »** puis leur mise en application.
Les lois Aubry (loi du 13 juin 1998 ; loi du 19 janvier 2000) portent la durée légale hebdomadaire du travail à 35 heures, elles ont pour objectif la réduction du chômage en organisant un partage du travail qui devrait être créateur d'emplois.

Fortement critiqué par les libéraux et le patronat pour son caractère contraignant, trop général, et son coût élevé pour les finances publiques, le dispositif est également très critiqué chez certains salariés parce qu'il aurait entraîné une dégradation des conditions de travail par une flexibilité accrue, tout en bloquant l'évolution des rémunérations. Partiellement remises en cause en 2005, les lois Aubry continuent cependant à définir à 35 heures la durée légale du temps de travail.

Évolution de la durée du travail depuis le XIXe siècle

En matière de durée du travail, la période qui s'ouvre vers 1835 et qui n'est peut-être pas achevée est et sera unique dans l'histoire. La baisse de la durée du travail y est très profonde : d'un peu plus de 3 000 heures à 1 650 heures de travail par an aujourd'hui.

Principales mesures concernant la durée légale : loi de 1841 sur le travail des enfants ; décret de 1848 sur la journée de 10 heures à Paris et 11 heures en province ; lois de 1874 puis 1892 organisant l'inspection du travail ; loi de 1919 sur la journée de 8 heures ; accords de Matignon en 1936 sur la semaine de 40 heures et les deux semaines de congés payés, dispositions réaffirmées en février 1946 ; mars 1956 : troisième semaine de congés payés ; mai 1969 : quatrième semaine de congés payés ; ordonnance de 1982 instituant la semaine légale de 39 heures et généralisant la cinquième semaine de congés payés ; lois Aubry 1998-2000 : semaine légale de 35 heures.

➤ **chômage.**

réel/financier

Termes désignant la double réalité d'une économie financiarisée. L'accent a été mis sur l'opposition sphère réelle/sphère financière pour mettre en évidence la distorsion, dans les années 1980, entre l'évolution de la production, de l'investissement, du commerce mondial, etc., et la forte expansion des activités financières.

• La distinction n'est pas identique à celle de « réel/monétaire ». Si le premier terme (sphère ou économie réelle) est défini de la même façon, le deuxième, la « sphère financière », a un sens plus large que la « sphère monétaire » : elle regroupe l'ensemble des activités qui traitent les flux transitant par les marchés ou les institutions financiers.

• Le déséquilibre constaté entre le développement de la sphère financière et celui de la sphère réelle conduit à des interrogations essentielles : la vitalité de la première s'exerce-t-elle en faveur ou au détriment de l'économie « réelle » présente et future ? Y a-t-il effet d'éviction des investissements productifs au profit des placements financiers à rentabilité immédiate ?

➤ **bulle financière, économie d'endettement, financement, Keynes, monétarisme, monnaie (théorie quantitative de la), rentabilité, Say.**

réel/monétaire

Termes désignant la double réalité d'une économie monétarisée.

1 La « sphère réelle », l'économie « réelle » est celle des flux « physiques » : production et distribution des biens et services, évolution du capital fixe, offre et demande de travail, contribution du travail à la production, échanges commerciaux avec le reste du monde, etc.

2 La « sphère monétaire » est l'ensemble constitué des flux monétaires qui correspondent à un échange (biens ou services contre monnaie) ou à une accumulation de réserves (thésaurisation).

Cette représentation trouve son origine dans l'« analyse dichotomique » développée par plusieurs économistes classiques et néo-classiques : J.S. Mill et J.-B. Say formulent avec vigueur l'idée que « la monnaie n'est qu'un voile de l'économie réelle » ; la monnaie est le véhicule des échanges, eux-mêmes proportionnés au volume de la richesse créée, « l'argent ne remplit qu'un office passager » (J.B. Say) ; de là l'idée que la monnaie est neutre : une variation de la quantité de monnaie n'agit que sur le niveau général des prix, elle na pas d'impact sur l'activité économique « réelle » ; cette axiomatique est à la base de la théorie quantitative pure formulée par I. Fisher.

L'analyse keynésienne rompt avec l'approche dichotomique : on ne peut pas dissocier le « réel » et le monétaire (Keynes parle d'« économie monétaire de production ») ; la monnaie n'est plus considérée comme un simple lubrifiant, elle peut agir sur le niveau de production et modifier les équilibres.

La théorie monétariste, quant à elle, admet que la monnaie puisse être un facteur perturbateur à court terme de l'équilibre.

Indépendamment des options théoriques, la distinction analytique sphère réelle/sphère monétaire est couramment utilisée.

➤ **bulle financière, économie d'endettement, financement, Fisher, Keynes, monétarisme, monnaie (théorie quantitative de la), rentabilité, Say.**

régime économique

➤ **système économique.**

règle d'or budgétaire

Règle qui oblige les États membres de la zone euro à respecter les objectifs du pacte de stabilité et de croissance (PSC), puis du pacte budgétaire européen en matière de discipline budgétaire, signé en 2012 par 25 États de l'UE (hors RU et République tchèque) et entré en vigueur le 1er janvier 2013.

Par cette règle d'or budgétaire, les pays s'engagent à avoir des budgets en équilibre ou en excédent, les déficits structurels (solde négatif des finances publiques hors impact de la conjoncture) ne devant pas excéder 0,5 % du PIB.

À noter qu'il existe une loi économique, dite « règle d'or de Phelps » (du nom de l'économiste américain, prix Nobel d'économie en 2006) démontrant la nécessité **pour maximiser la croissance économique et respecter entre les générations la règle éthique de faire à autrui ce qu'on voudrait qu'autrui nous fasse**, de rémunérer les capitaux selon un taux d'intérêt équivalent au taux de croissance de la population.

➤ **euro, PSC, Union européenne (historique de l'), zone euro.**

réglementation (économie de la)

Branche de l'analyse économique qui étudie les conditions et les modalités d'une intervention publique efficace, soit pour encadrer ou corriger le fonctionnement des marchés, soit pour s'y substituer.

REMARQUE : le terme anglais est « *regulation* ». En français, « *régulation* » s'applique à un domaine beaucoup plus large, incluant notamment la politique économique, conjoncturelle (monétaire et budgétaire) ou structurelle (politique de l'emploi, de la recherche, industrielle, etc.).

• **Le marché n'est pas un système d'allocation des ressources optimal (au sens de Pareto)** dans trois grands types de situation : lorsqu'existe un monopole naturel, parce qu'une entreprise bénéficie de coûts moyens décroissants ; quand il s'agit de produire des biens ou services collectifs sans possibilité d'exclure les mauvais payeurs ; en présence d'externalités, c'est-à-dire d'interdépendances hors marché entre les utilités ou les coûts des agents.

• **Ces défaillances du marché** incitent à se tourner vers l'État, pour qu'il réglemente les activités privées, voire pour qu'il crée de toutes pièces un marché (exemple des droits à polluer). Mais cette intervention de l'État peut à son tour être contestée au nom des défaillances publiques : dysfonctionnements bureaucratiques, influence des groupes de pression, gaspillage, etc.

Différents courants au sein de l'économie de la réglementation

• **Le courant le plus ancien, celui de l'économie publique** (ou économie du bien-être), suppose que le réglementeur est désintéressé et recherche les critères de la réglementation efficace pour pallier les défaillances du marché (approche normative).

• **En réaction à ce premier courant**, certains économistes (par exemple le courant du *Public Choice*) supposent que le réglementeur ne se distingue pas des agents privés, dont il subit l'influence (groupes de pression), afin de montrer que la réglementation satisfait en réalité des intérêts particuliers (protection d'un secteur industriel, etc.) et est presque toujours une solution inférieure au marché ;

• **La nouvelle économie publique de la réglementation** (Laffont, Tirole) prend en compte les défauts du réglementeur mais recherche les moyens de l'inciter à se comporter de façon efficace en intégrant dans l'analyse les problèmes posés par les asymétries et les imperfections de l'information ;

• **La nouvelle économie institutionnelle** (Coase, Williamson) part de l'hypothèse que les deux branches de l'alternative, le marché ou la réglementation, sont imparfaites l'une et l'autre car elles impliquent des coûts de transaction ; il faut donc rechercher, cas par cas, la solution qui minimise ces coûts de transaction.

➤ **bien (ou service) collectif, coûts de transaction, externalité, marché (défaillances du), monopole naturel, *public choice* (école du), régulation économique.**

règles

Prescriptions et interdits réglant la vie en société.

Les règles sont soit formelles, autrement dit formulées explicitement sous forme de lois, de règlements et de codes officiels (droit pénal, code de la route), soit informelles consistant en préceptes et conventions qui, tout en n'étant pas l'objet d'articles de lois, sont supposés être respectés par les individus ; dans ce cas, on parlera plus volontiers de normes.

L'univers des règles n'est pas figé. Tout en étant imposées de prime abord aux individus, elles sont susceptibles d'être modifiées en fonction du jeu des acteurs et de l'évolution des rapports de forces. La notion de régulation prend en compte cette dialectique de la contrainte et de la production de nouvelles normes.

Sanctions négatives et positives

La transgression des règles entraîne habituellement des **sanctions « négatives »** à l'encontre des contrevenants : sanctions de police, de justice ou d'une autorité habilitée dans le cas de non-observation des règles formelles (les délits et les crimes) ; sanctions diverses (admonestations, réprobation, punitions) quand il s'agit de la transgression de normes sociales.

On pourrait parler de **sanctions « positives »** pour qualifier les « bénéfices » des individus qui respectent les règles (récompenses, reconnaissance).

➤ **contrainte sociale, criminalité, délinquance, déviance, inceste (prohibition de l'), interdit, normes sociales, régulation sociale.**

régulation (École de la)

Courant hétérodoxe, principalement français, qui s'inscrit dans la mouvance institutionnaliste et dont les analyses portent sur la diversité des formes de développement des économies capitalistes.

Historique

• À l'origine fortement influencé par le marxisme et l'École historique des Annales, ce courant se forme autour d'économistes tels que M. Aglietta, R. Boyer, A. Lipietz, A. Orléan, B. Théret, F. Lordon, etc. Il a pris ensuite quelques distances avec son orientation radicale et se présente désormais comme une variété hétérodoxe d'institutionnalisme, son but étant d'analyser le développement et les crises d'une économie « riche en institutions ».

• Le courant régulationnisme naissant critique les fondements mêmes de la théorie néoclassique : l'individualisme méthodologique, la rationalité parfaite des agents, la capacité du marché à s'autoréguler. Mais il critique également le marxisme orthodoxe : il lui reproche son incapacité à penser le changement historique et les capacités d'adaptation du capitalisme. Pour ce courant, l'enjeu théorique consiste à comprendre comment le mode de production capitaliste parvient à se reproduire en changeant de forme.

Accumulation du capital et déséquilibres

• En effet, au cœur de la dynamique de nos sociétés, se trouve l'accumulation du capital. Celle-ci induit des déséquilibres économiques – par exemple des désajustements entre l'offre et la demande globale – et des tensions sociales, du fait de la lutte pour le partage de la valeur ajoutée. Pour que l'accumulation se poursuive, il faut que ces déséquilibres et ces tensions soient régulés.

• Cette grille a permis d'expliquer la croissance des Trente Glorieuses par l'instauration du fordisme, mode d'accumulation intensif (gains de productivité élevés, dus pour partie au taylorisme), centré sur la consommation de masse (de produits industriels standardisés aux prix relatifs décroissants), soutenu par un mode de régulation monopoliste : rapport salarial plutôt favorable aux salariés, politique monétaire souple, concurrence oligopolistique, État keynésien et beveridgien, relative autonomie des politiques économiques nationales par rapport à l'environnement international…

• Très logiquement, elle a conduit à expliquer la crise, qui commence apparemment au milieu des années 1970, par l'épuisement du fordisme : ralentissement des gains de productivité, essoufflement de la demande, baisse de rentabilité du capital, etc.

Caractéristiques des formes institutionnelles d'un mode de régulation

L'École doit son nom à l'attention qu'elle porte à la succession dans le temps de différents modes de régulation. Leur capacité à résorber les « petites crises » dépend de la nature et de l'agencement des formes institutionnelles qui les composent. Ces formes sont des codifications des rapports sociaux : résultats de compromis historiques entre les groupes sociaux, elles canalisent les comportements individuels, les rendent compatibles. On en dénombre cinq :

– **la forme du rapport salarial**, plus ou moins concurrentiel (le marché du travail est plus ou moins flexible, les travailleurs salariés sont plus ou moins protégés par le droit du travail, etc.) ;

– **le régime monétaire,** le type de monnaie et la façon dont elle est gérée (contrainte monétaire plus ou moins rigide, politique du crédit, etc.) ;

– **les formes de la concurrence,** plus ou moins oligopolistique (les entreprises ayant plus ou moins de pouvoir de marché) ;

– **le type d'intervention économique et sociale de l'État** (plus ou moins engagé, qui réglemente ou déréglemente, etc.) ;

– **le type d'insertion de l'économie nationale dans l'économie internationale** et le mode de régulation de celle-ci.

À la fin du XXe siècle, un nouveau mode de régulation ?

La difficulté a consisté à identifier le nouveau mode de développement qui allait permettre de sortir de cette crise.

• Le successeur du fordisme serait le capitalisme patrimonial. L'avènement de ce nouveau mode de développement, aux États-Unis, a été permis par la libéralisation des marchés financiers et la montée en puissance des investisseurs institutionnels (fonds de pension, etc.). Pour respecter les nouvelles normes financières imposées par ces marchés (taux de rentabilité élevés), les entreprises ont dû se réorganiser (restructurations, externalisations, etc.) et changer de mode de gestion des ressources humaines (flexibilité maximale, intéressement aux résultats, etc.). Cela a été facilité par les nouvelles technologies de l'information et des communications, par ailleurs foyer d'expansion rapide pour tout un segment de l'économie (start-up, etc.). Il en a résulté, après un assez long délai, une reprise des gains de productivité, facteur déterminant de la croissance.

• De son côté, la demande a été soutenue par le reflux du chômage et l'effet de richesse induit par les plus-values boursières. Au total, l'entrée des États-Unis dans une « nouvelle économie », depuis 1992, en voie de s'étendre à l'Europe, confirmerait cette hypothèse de l'avènement d'un nouveau régime d'accumulation, gouverné par la finance. Se pose alors la question, typiquement régulationniste, des conditions de validité à long terme de ce régime, par définition sensible aux crises financières. La réponse dépendra de la construction, en cours, d'un nouveau mode de régulation : quelles règles imposer aux marchés financiers ? Quelle place accorder à l'épargne salariale et au financement des retraites par la capitalisation ? Comment contenir les inégalités ? etc. :

La crise qui débute en 2008 remet en lumière ces questions.

➤ **accumulation du capital, crise, fordisme, institutionnalisme, nouvelle économie, système économique.**

régulation économique

Processus complexe par lequel un système économique et social parvient à se reproduire dans le temps en conservant l'essentiel de ses caractéristiques structurelles par-delà les crises qui l'affectent.

REMARQUE : les termes anglo-saxons *regulation* et *deregulation* signifient réglementation et déréglementation, c'est-à-dire adoption ou suppression des règles.

• **Les libéraux**, comme F. Hayek, comptent sur une régulation indirecte, endogène, par les mécanismes du marché et prônent donc une déréglementation (*deregulation* en anglais).

• **Le courant keynésien**, lui, met l'accent sur la nécessaire intervention de l'État comme agent de régulation (exogène).

• L'intervention de l'État concerne aussi les marchés dont le fonctionnement est déterminant pour l'économie nationale ou internationale :

– marchés boursiers, rendus proches du modèle théorique de la concurrence parfaite grâce à des institutions de contrôle ;

– marché du crédit : la régulation bancaire internationale par les ratios Cooke et Mac Donough ;

– échanges commerciaux internationaux : la régulation internationale par l'OMC et son ORD ;

– marché du travail : conventions collectives, droit du travail, règles et recommandations de l'OIT...

• **L'analyse économique** considère de plus en plus l'ensemble des institutions de régulation comme du capital (productif), à caractère de bien collectif, dans lequel il convient d'investir (innovation institutionnelle). Ainsi l'UE souffrirait-elle d'un déficit institutionnel (absence d'un véritable gouvernement de l'Euro, par ex.).

Différents types de régulation

• **La régulation conjoncturelle, contracyclique, macroéconomique** : pour les keynésiens, qui contestent l'idée de cycles purement exogènes ou « à l'équilibre », l'État est pleinement légitimé à intervenir par le moyen d'une politique macroéconomique destinée à contrer la tendance du cycle (politique de relance en phase de récession, politique de freinage en phase d'expansion, en cas de dérapage inflationniste non soutenable). Redoutant la lenteur des mécanismes d'ajustement par le jeu de la loi du marché, l'autorégulation marchande, ils proposent une intervention contracyclique de l'État par le moyen du *policy mix* ou de la politique des revenus.

• **La régulation des marchés et des activités** : c'est le problème de la *gouvernance*. Les marchés ne sont pas spontanément efficients : asymétries d'information, comportements opportunistes, comportements de passager clandestin, comportements prédateurs, situation du type dilemme du prisonnier (équilibre sous-optimal et « *race to the bottom* »), existence de monopoles, d'ententes, externalités positives ou négatives, etc. Les exemples sont nombreux de défaillances de la main invisible (« Si la main du marché est invisible, c'est bien souvent parce qu'il n'y a pas de main » Joseph Stiglitz - discours de réception du Prix Nobel d'économie). Il faut donc bien constater que les marchés (et au-delà, l'économie de marché) trouvent leur efficience dans un grand nombre d'institutions apparues pour en pallier les lacunes, à l'occasion de crises ou de scandales financiers ayant jalonné l'histoire du capitalisme depuis deux siècles.

➤ **conventions (théorie des), gouvernance, institution(s), politique mixte, réglementation (économie de la), règles, régulation (École de la), régulation monétaire, régulation sociale, solvabilité.**

régulation monétaire

➤ **politique monétaire.**

régulation sociale

Ensemble des règles formelles et informelles qui assurent un certain mode de fonctionnement de l'activité sociale. La régulation peut concerner la société globale, telle ou telle instance de la société (relations professionnelles, champ politique) ou des unités sociales restreintes (organisations, groupes divers).

• La régulation se distingue de la réglementation : elle n'est pas simplement un corps de règles juridiques régissant une activité ou une institution, mais un ensemble de mécanismes complexes qui lient des acteurs qu'opposent par ailleurs leurs positions respectives et, partant, leurs intérêts.

Régulation et relation du travail

La notion de régulation est souvent utilisée dans le champ des relations de travail. Celui-ci est structuré autant par des règles légales (droit du travail, lois régissant la représentation des salariés et l'action collective) que par des usages qui, plus ou moins institués, s'imposent comme « conventions » aux acteurs avant d'être éventuellement légalisées (exemples : procédures de licenciement, principes de rémunération, gestion des conflits). Règles et usages résultent largement de la « régulation conjointe » (J-D. Reynaud) issue de la négociation collective.

• En ce sens, la régulation est le résultat d'une construction sociale : en confrontant leurs points de vue, les acteurs élaborent des règles du jeu. Celles-ci correspondent à une certaine situation ou à un certain rapport de forces et peuvent s'imposer plus ou moins durablement : on parlera alors de système régulateur doué d'une certaine stabilité. Elles peuvent cependant s'avérer inadaptées au bout d'un certain temps en raison d'une modification des rapports de force ou d'une évolution des comportements et des valeurs qui leur sont associées ; de là leur remise en cause partielle ou totale (« dérégulation ») et leur réélaboration à travers des interactions plus ou moins conflictuelles.

• L'élaboration des règles peut être **explicite** : négociations en bonne et due forme, débats et tractations politiques, confrontation des points de vue. Elle peut être également **informelle** : par un jeu d'adaptations réciproques, les acteurs construisent des règles du jeu qui, bien qu'informelles, sont prégnantes.

Régulation et conflits

La régulation n'est pas synonyme d'harmonie consensuelle : elle s'établit fréquemment sur fond de conflits, ouverts ou larvés, entre les parties (ou acteurs). En outre, elle est le plus souvent une réalité dissymétrique dans la mesure où les acteurs en présence ne disposent ni des mêmes ressources ni du même degré de légitimité : dans un hôpital, les médecins ont plus de poids que les infirmières ; dans le champ des relations de travail, les syndicats, pendant longtemps, n'étaient que tolérés.
À noter que la notion ainsi présentée diffère largement de celle associée aux schémas organicistes ; ceux-ci assimilent la régulation au fonctionnement d'un organisme vivant ; il n'y a pas d'acteurs mais des « organes » assumant leurs fonctions, les autorités se bornant à prévenir les tendances pathologiques que peut connaître le système.

« L'action régulatrice » selon Durkheim

Durkheim définit la régulation comme l'autorité sociétale (reconnue comme légitime) exerçant une « action régulatrice » à même de modérer les passions et d'obtenir obéissance par le respect quelle inspire. Elle est, avec l'intégration sociale, le processus complémentaire garantissant la cohésion sociale. Car, si la société, à ses différents niveaux, intègre les individus (par la fréquence de leurs interactions, par le partage de croyances et de sentiments communs, et par la poursuite de buts communs), elle doit également exercer « une action régulatrice » : « La société est aussi un pouvoir qui règle [...] les sentiments et les activités des individus. » *(Le Suicide)*. La régulation sociale s'exerce à l'aide de trois facteurs : une hiérarchie sociale légitime, la modération des passions, un ordre social équitable. Le défaut de régulation sociale correspond à une situation d'anomie.

➤ **anomie, contrat social, institutionnalisation, institution(s), régulation (École de la), relations du travail ou professionnelles, système social.**

relance

➤ **politique économique conjoncturelle.**

relations du travail ou professionnelles

Relations collectives qui se développent sur la base du travail salarié et qui mettent aux prises les travailleurs et leurs représentants (syndicats de salariés), les directeurs d'entreprises ou les syndicats d'employeurs, enfin les pouvoirs publics.

Autre expression usitée : relations industrielles. Celles-ci concernent aussi les relations dans les activités de services, le qualificatif « industrielle » connotant avant tout le caractère collectif du travail et la séparation entre travail et capital.
Ces relations portent sur l'ensemble des problèmes afférant à l'activité du travail organisé collectivement : partage des revenus, emploi, qualifications, conditions de travail et organisation de la production, gestion de l'entreprise, voire, plus globalement, politique économique et sociale.
L'expression « relations professionnelles » est employée plus spécialement pour mettre l'accent sur l'institutionnalisation du conflit entre salariat et patronat : « Constitution et fonctionnement des systèmes de règles qui régissent les rapports entre les syndicats de salariés, les entreprises et l'État. » (B. Mottez, *La Sociologie industrielle*.)
Les pouvoirs publics, outre leur fonction d'employeur dans la fonction publique, interviennent indirectement en fixant le cadre juridique des relations de travail (lois-cadres sur les conventions collectives), en conduisant la politique économique et sociale, directement en exerçant leur fonction d'arbitrage (médiation dans certains conflits, participations aux grandes négociations collectives, etc.).

➤ **conflit social, convention collective, institutionnalisation, régulation sociale.**

relations humaines

En sociologie du travail, désigne à la fois le mouvement né dans les années 1930 aux États-Unis contre les excès de l'Organisation scientifique du travail (OST) et les politiques qui s'en sont inspirées par la suite.

L'École des Relations humaines

Animée par Elton Mayo, elle se développa à partir d'un ensemble de recherches expérimentales menées à la Western Electric entre 1927 et 1932 (« Recherche Hawthorne », du nom de l'atelier pris comme objet d'investigation et d'expérimentation).

Insistant sur l'importance du facteur humain oublié par Taylor, l'École des Relations humaines met en évidence la double dimension de l'entreprise : l'organisation formelle, prescrite par ses buts explicites, et l'organisation informelle caractérisée par les relations interpersonnelles de fait (réseaux d'affinité, rapports entre maîtrise et personnel d'exécution). À la première correspondent les logiques du coût et de l'efficience, à la seconde la « logique des sentiments », les valeurs propres aux relations humaines.

Les politiques d'entreprise

Ultérieurement, les « relations humaines » désignent **les politiques d'entreprise** cherchant à réduire les tensions, voire à supprimer les conflits, en améliorant le « climat humain » de l'entreprise.

Telles qu'elles se sont développées pendant les années de croissance, ces politiques se sont sensiblement éloignées des préoccupations scientifiques de l'École de Mayo. Elles complètent plus qu'elles ne remplacent les préceptes tayloriens de stimulation du travail.

➤ **bureaucratie, organisations (sociologie des) ; Annexe Ⓐ-42.**

relativisme culturel

Au sens le plus général : reconnaissance de la diversité culturelle des collectivités humaines, c'est-à-dire de la relativité des orientations, des normes et des modèles de conduite d'une société à l'autre, d'un groupe social à l'autre.

Cette notion est à la fois un principe épistémologique en sciences sociales et un objet de débat philosophique et politique.

Principe épistémologique en sciences sociales

Le relativisme culturel est une démarche – qui vaut exigence – visant à replacer les productions, les comportements et les normes d'autrui (l'étranger, les individus d'un milieu social éloigné) dans le cadre socioculturel dans lequel il est inséré, en s'abstenant de porter des jugements de valeur ; cette approche s'oppose à l'ethnocentrisme spontané (perception de l'autre selon les catégories de notre propre groupe d'appartenance). Elle s'avère indispensable pour restituer les logiques et la cohérence des groupes sociaux ou des sociétés que l'on étudie. Ce faisant, il n'est pas contradictoire d'affirmer l'universalité de la culture : toutes les sociétés humaines, des plus « primitives » aux plus développées ont en commun la production symbolique et l'élaboration de règles pour la vie en commun.

Objet de débat philosophique et politique

Le relativisme s'oppose à l'universalisme. Celui-ci postule simultanément la prééminence de la Raison (la vérité et la science échappent à la relativité) et l'existence de valeurs universelles et absolues, valables pour l'ensemble de l'humanité. Cet universalisme, héritier des Lumières et des révolutions française et américaine, se présente comme le porte-drapeau des valeurs de la modernité démocratique.

Le relativisme en dénonce le caractère abstrait et son occidentalocentrisme. La modernité occidentale a partie liée avec le fait colonial, l'impérialisme et la domination sur le reste du monde. On ne peut hiérarchiser les cultures : l'Occident n'est pas supérieur, toutes les constructions culturelles se valent. Plus radicalement, pour certains relativistes, il serait impossible d'établir un point de vue universel en matière de connaissance, de culture et de morale, s'agissant en particulier des cultures « dominées ».

➤ **culture, ethnocentrisme, multiculturalisme, sous-culture.**

religion

Système de croyances, de valeurs et de pratiques relatif aux problèmes ultimes de l'existence humaine (le sens de l'existence, la vision du monde, le bien et le mal, le destin et l'au-delà, etc.).

Le religieux occupe une place importante dans la sociologie et l'anthropologie. Les précurseurs (Tocqueville, Marx, Engels) l'abordent, les fondateurs (Durkheim, Weber) y consacrent une part éminente de leurs travaux ; depuis la Seconde Guerre mondiale, la « sociologie des religions » s'impose comme une composante à part entière des sciences sociales. (cf. en France, les travaux de G. le Bras, D. Hervieu-Leger, G. Kepel, Y. Lambert entre autres.)

Le phénomène religieux, un fait social

- Appliquant un point de vue « objectiviste », les sciences sociales entendent aborder le phénomène religieux comme fait social en portant attention aux acteurs et à leurs pratiques (adeptes, militants, leaders), aux croyances et aux représentations, aux organisations qui s'en réclament (églises, sectes, institutions connexes)
- Les religions se présentent comme des institutions sociales avec leurs dignitaires et leurs adeptes, leurs doctrines et leurs rites, leurs réseaux et leurs communautés.

La religion apparaît simultanément comme un type de lien social particulier (une « communauté morale » selon l'expression de Durkheim) et une source de pouvoir (spirituel mais aussi politique). Ainsi Max Weber parle tantôt de groupements communautaires des croyants, tantôt de « groupements hiérocratiques » (du grec *hieros* : « sacré ») spécialisés dans l'administration des « biens du salut ».

- On distingue couramment les religions traditionnelles établies (les églises instituées) et les multiples mouvements religieux plus ou moins organisés (sectes ou mouvances diffuses) qui se développent en marge ou en opposition aux premières. Cette distinction renvoie à celle, plus générale, entre les religions (traditions constituées et consacrées) et le religieux comme univers des croyances relatives au sens de la vie et au salut.

Liens entre religion et attitudes

- Une part substantielle de la sociologie religieuse est consacrée aux relations entre l'appartenance et les orientations religieuses des individus et leurs attitudes et comportements.
- Max Weber établit ainsi une affinité entre le protestantisme ascétique et un certain esprit d'entreprise axé sur la recherche rationnelle du profit *(L'Esprit du capitalisme)*. Dans plusieurs pays (États-Unis, France en particulier), des études ont établi l'importance de l'affiliation religieuse dans les comportements politiques et plus spécialement électoraux.

Une question fait aujourd'hui débat : assiste-t-on aujourd'hui au déclin du poids de la religion (thème de la « sécularisation ») ou au contraire à un certain « retour du religieux » ?

➤ **croyance, laïcité, magie, rite, sacré, sécularisation ; Annexe Ⓐ-37.**

rendement

Relation entre les variations des quantités produites *(output)* et les variations des facteurs nécessaires pour les produire *(input)*.

› **rendements factoriels :** relient la production *(output)* à une combinaison des facteurs dont l'un est fixe.

Selon la célèbre loi des rendements décroissants (dont une formulation date de Turgot), si des quantités successives, croissantes, et homogènes, d'un facteur variable (par exemple, le travail) sont combinées à une quantité donnée de facteurs fixes (par exemple, la terre et les outils), alors il arrivera un moment où la productivité marginale (augmentation de la production résultant de l'utilisation d'une petite quantité supplémentaire du facteur variable) finit par décroître.

rendements d'échelle : relient la production à une combinaison de facteurs qui varient tous dans la même proportion. Les rendements d'échelle sont :

– **constants** si la production augmente dans la même proportion que les inputs ;

– **croissants** si la production augmente dans une proportion plus grande ; l'augmentation de l'échelle de la production permet de réduire le coût par unité produite (économies d'échelle) ;

– **décroissants** si la production augmente dans une proportion moindre, cas d'une entreprise de trop grande taille connaissant des difficultés de coordination : déséconomies d'échelle.

Notons que l'on peut avoir simultanément des rendements factoriels décroissants et des rendements d'échelle constants, les deux notions étant distinctes.

➤ **concentration, coûts de production, Krugman, monopole naturel, PME/PMI, productivité.**

rentabilité

Rapport entre un revenu et le capital engagé pour l'obtenir.

rentabilité économique : rapport entre un revenu, au cours d'une période donnée, et la valeur du capital physique mis en œuvre pour l'obtenir ; le taux de rentabilité, synonyme pour certains auteurs de taux de profit, est mesuré par le rapport du profit à la valeur du stock d'actifs physiques engagés dans la production ; si l'on retient l'excédent net d'exploitation (ENE) comme évaluation du profit après amortissements, mais avant distribution des dividendes, paiement des frais financiers et impôts sur le revenu, si l'on retient le capital fixe brut en valeur (K) comme indicateur du capital physique engagé, alors le taux de rentabilité économique (r) est égal à r = ENE/K.

rentabilité financière : rapport entre le profit après paiement des intérêts et des impôts et les capitaux propres (ou fonds propres) de l'entreprise ; c'est la rentabilité du point de vue de l'actionnaire à ne pas confondre avec la rentabilité du point de vue du prêteur, rapport entre les frais financiers nets et le capital emprunté.

La comparaison de la rentabilité financière et de la rentabilité économique met en évidence un effet de levier de l'endettement.

➤ **effet de levier, profitabilité.**

rente

Revenu, en principe régulier, qui provient de la propriété de la terre (rente foncière), d'une ressource rare (rente pétrolière, par exemple) ou de placements en emprunts publics (rente Pinay).

La rente est **viagère** lorsqu'elle est versée jusqu'à la mort du bénéficiaire ou de son conjoint survivant. Elle est **perpétuelle** lorsque la durée de versement est indéfinie (c'est le cas de certains emprunts d'État).

La théorie économique s'est d'abord intéressée à la rente foncière et a mis en évidence :

– la **rente absolue** qui découle du monopole d'un agent ou d'un groupe d'agents sur une ressource rare ;

– la **rente différentielle** qui résulte des différences de fertilité entre les exploitations ou des différences de productivité entre les gisements de matière première.

Mais la rente est une catégorie beaucoup plus générale comme le montrent les exemples de la rente de monopole et de la rente qui échoie au talent (Z. Zidane, etc.).

➤ **Ricardo ; Annexe Ⓐ-5.**

répartition

Partage des richesses ou des revenus au sein d'un pays ou d'un groupe social.

Conception classique et marxiste

Le partage des revenus créés par l'activité économique est un thème fondateur chez les économistes classiques qui ont surtout analysé la répartition entre classes sociales (ou **répartition sociale**).

Ainsi **Ricardo** s'intéresse-t-il aux « proportions dans lesquelles le produit total est partagé entre les propriétaires, les capitalistes et les travailleurs », ce qui correspond à trois types de revenus : la rente, le profit, le salaire. De même, **Marx** fait du mécanisme de la **plus-value** le mécanisme central de la répartition des revenus dans une économie capitaliste.

Plusieurs types de répartition

Aujourd'hui, les mécanismes de répartition du revenu national sont étudiés à travers les concepts de la Comptabilité nationale.

- On distingue la **répartition fonctionnelle** ou **répartition entre les facteurs de production** (capital, travail, ressources naturelles) de la **répartition personnelle** ou **répartition entre les ménages ou les individus** (une même personne peut recevoir des revenus du travail et du capital).
- On parle de **répartition primaire** quand on évoque celle qui découle de manière directe de l'activité économique.
- L'existence de revenus sociaux (retraites, allocations chômage, etc.) modifie la répartition primaire. La part des retraites et des revenus du patrimoine a augmenté en France, au cours des vingt dernières années, au détriment de celle des revenus d'activité.
- La **répartition du patrimoine** a également fait l'objet d'analyses approfondies qui mettent en évidence une concentration très forte : 5 % des ménages français se partagent environ 34 % du patrimoine de l'ensemble des ménages. La richesse en revenu et la richesse en patrimoine vont souvent de pair. L'outil privilégié de l'étude de la répartition des revenus ou des patrimoines entre individus est la répartition interdécile.

➤ **déciles, patrimoine, redistribution, revenu.**

répartition primaire

➤ **revenu.**

représentation politique

Principe démocratique selon lequel la collectivité nationale délègue sa souveraineté potentielle à des représentants chargés de légiférer et de contrôler le pouvoir exécutif. La représentation politique est à la fois le processus de désignation (les élections) et le résultat de cette opération (l'ensemble des représentants, la représentation nationale).

- Le principe de la représentation résulte des difficultés de la démocratie directe : le peuple souverain ne peut siéger en tant que tel dès lors qu'il s'agit d'entités politiques de grande taille. Ses modalités renvoient aux divers systèmes électoraux : qui vote (suffrage censitaire ou universel) ? selon quelles règles (modes de scrutin) ? etc., mais aussi aux conceptions que l'on se fait de la place et du rôle des représentants (mandat impératif ou responsabilité discrétionnaire ?, représentation de leurs partisans ou de l'ensemble des électeurs de la circonscription ?).
- Périodiquement, on parle de **« crise de la représentation »**. Celle-ci est invoquée pour des raisons qui ne se recoupent que partiellement : confiscation du choix des candidats par les partis politiques (procès problématique : nombre d'électeurs votent d'abord pour des forces politiques...), passivité du corps électoral (indifférence, sentiment d'incompétence) ou, plus sérieusement, divorce entre les représentants élus et la société civile.
- C'est ici que se greffe le problème fondamental de la compatibilité ou non entre la **participation politique « conventionnelle »** (s'informer, débattre, convaincre son entourage lors des échéances électorales ou de débats parlementaires) et **l'action collective « extraparlementaire »** (mobilisation dans la rue, sur les lieux de travail, dans des comités, etc). Cette dernière pose également des problèmes de représentation : mode de sélection et représentativité des porte-parole, fonctionnement des structures mises en place, etc.

➤ **bipartisme, démocratie, groupe de pression, syndicats.**

représentations collectives

Perceptions et constructions mentales propres à une collectivité (société, groupes sociaux). Expression utilisée par Durkheim avec celle de conscience collective dont elles seraient en quelque sorte le contenu.

Notion très générale recouvrant aussi bien les représentations courantes (perceptions du temps, de l'espace, stéréotypes sociaux), les systèmes élaborés de représentations (visions du monde, schèmes religieux, idéologies) que l'imaginaire social (rêves, mythes, fantasmes collectifs). Concept proche de celui d'idéologie au sens large.

➤ **conscience collective, croyance, croyance collective, idéologie.**

reprise

➤ **cycles.**

reproduction capitaliste (schémas de)

Mouvement ininterrompu de renouvellement du cycle du capital ; cette continuité de la production est analysée par Marx selon des schémas globaux qui mettent en évidence l'interaction des deux sections productives : I. moyens de production, II. biens de consommation.

Pour lui, la reproduction est **simple** lorsque la totalité de la plus-value est consommée par les capitalistes ; elle est **élargie** quand les capitalistes réinvestissent tout ou partie de la plus-value.

➤ **capital, Marx.**

reproduction sociale

Tendance du système social à se perpétuer, à se reproduire dans le temps : maintien des inégalités, des rapports sociaux, conservation de la structure sociale, pérennisation des formes socioculturelles.

Concept dont on peut retrouver implicitement l'idée chez Marx. Occupe une place centrale dans le courant sociologique animé par P. Bourdieu.

Les mécanismes de la reproduction sociale sont multiples : socialisation différenciée et hérédité sociale, pouvoir d'imposition et fonction discriminante des institutions, rôle intégrateur des idéologies (intériorisation de l'ordre social), etc.

La reproduction du système ne se fait jamais à l'identique. Il peut y avoir à la fois reproduction et changement social. *Exemple* : les fils ou petits-fils de patron sont aujourd'hui, le plus souvent, cadres supérieurs.

➤ **domination, hérédité sociale, héritage culturel, socialisation.**

républicain (modèle)

Principes d'intégration citoyenne et laïque élaborés dans le cadre de la République française.

L'expression, usitée fréquemment au cours des années 1990, renvoie aux débats sur l'intégration des populations immigrées, la question scolaire et la cohésion sociale. Les tenants du modèle républicain s'opposent résolument au multiculturalisme et défendent les valeurs universelles de l'égalité des droits, de la citoyenneté et de la laïcité. Dans certains cas, l'expression fait également référence à la souveraineté nationale et à la centralisation « jacobine ».

➤ **assimilation, multiculturalisme, relativisme culturel.**

réseau économique

Système de relations entre plusieurs entités qui engendre une valeur globale supérieure à la somme des valeurs individuelles.

Les réseaux reposent ainsi sur des externalités de demande et des externalités d'offre (diversification des offres de services).

Dans le cadre du réseau, l'utilité de chaque agent augmente avec le nombre d'utilisateurs du même service, tel est le cas pour les abonnés du téléphone.

Certains services publics sont traditionnellement organisés à partir de réseaux d'infrastructure dont l'organisation permet la

prestation de services pour des usages collectifs : transports ferroviaires, télécommunications, distribution d'électricité...
Par ailleurs, certaines entreprises choisissent une organisation en réseau ; l'efficacité dépend alors de la qualité de la coordination à l'intérieur du réseau.

réseaux sociaux

Liens de nature amicale, mondaine, professionnelle ou politique tissés entre des individus au sein ou en marge des ensembles organisés. En ce sens, un réseau est une configuration de relations interpersonnelles non réductible aux statuts officiels de ses membres.

L'idée, sinon le mot, n'est pas nouvelle : les sciences sociales ont insisté sur la réalité des relations informelles au plan local, dans l'univers de l'entreprise (groupes informels dans les ateliers et les bureaux, réseaux de dirigeants) et dans le monde politique (réseaux de responsables, de militants, relations avec la société civile, etc). Elle charrie des images aussi bien positives (solidarité, entraide) que négatives (« clans », « maffias », cliques, clientélisme).

Comment définir un réseau ?

Le terme tend aujourd'hui à être utilisé de façon systématique pour mettre l'accent sur l'importance prise par les réseaux de toute nature dans la société contemporaine marquée par l'intensité des communications et l'impératif de l'adaptabilité au changement. On oppose ainsi la fluidité des réseaux à la rigidité des organisations.
On peut définir un réseau comme la « configuration des liens sociaux entretenus par un individu » (H. Mendras).
On peut également tenter de repérer des grappes de relations denses entre *x* individus, ensembles plus ou moins larges, réseaux que les spécialistes nomment tour à tour « cercles » ou « zones ».

Un univers varié et multiforme

– **Les réseaux affinitaires**, qui se réfèrent à certaines valeurs partagées et qui ne remplissent qu'occasionnellement des fonctions « utilitaires » (aider un membre à obtenir un poste, solidarité matérielle et morale).
– **Les réseaux mondains** constitués moins sur des affinités personnelles que sur des connivences sociales et culturelles. Ces relations peuvent fournir des informations et des avantages divers à ses membres.
– **Les réseaux dans la sphère du pouvoir** allient positions fortes et projets dans les structures officielles (politiques, économiques, culturelles), pouvoirs parallèles, pouvoir d'influence ou d'efficience. On peut évoquer à cet égard les amicales d'anciens élèves des grandes écoles, les réseaux articulant acteurs politiques et acteurs influents de la société civile. L'appartenance à ces réseaux est source d'un fort capital social ou relationnel.
– **Les réseaux dans la mouvance contestataire**. Ces réseaux plus ou moins organisés ont toujours existé. Les progrès décisifs de la communication ouvrent cependant des possibilités nouvelles, comme le montrent les regroupements à distance permis par les sites Internet et le courrier électronique.

Liens forts, liens faibles

M.S. Granovetter, socio-économiste américain, a souligné, dans un texte devenu classique, « la force des liens faibles » (1973). Alors que les **liens forts** d'un individu sont le plus souvent circonscrits à l'intérieur de groupes restreints ; les « **liens faibles** » (caractérisés par la distance et leur rythme occasionnel) permettent d'établir des contacts avec des acteurs d'autres cercles et procurent des informations ou des ressources non disponibles auprès de leurs relations proches. Ces réseaux « lâches » s'avèrent bénéfiques pour la recherche d'emploi, ce qu'établit Granovetter à partir d'une enquête empirique.

➤ **capital social, relations humaines, sociabilité.**

réserve (salaire de)

Niveau de salaire pour lequel il est indifférent pour un individu d'occuper l'emploi correspondant à ce salaire ou de rester inactif.

Si l'on propose à l'individu un salaire inférieur à son salaire de réserve, il « préfère » rester inactif. L'arbitrage porte sur l'alternative travail/loisir : le salaire de réserve mesure donc le coût d'opportunité du travail par rapport au loisir, c'est-à-dire la perte de bien-être qui résulte du sacrifice des heures de loisir auxquelles l'individu substitue des heures de travail.

REMARQUE : On utilise parfois la notion de « salaire de réservation », il est préférable d'utiliser « salaire de réserve ».

➤ **efficience (salaire d'), flexibilité.**

réserves de change

Ensemble des moyens de paiement internationaux détenus et gérés par la Banque centrale et destinés à financer les échanges extérieurs de celle-ci.

Ces liquidités internationales sont constituées :
– **d'or** : bien que démonétisé en 1976 et pour une part vendu sur le marché, l'or détenu par les Banques centrales demeure une réserve monétaire ;
– **de devises :** c'est-à-dire les monnaies étrangères les plus souvent utilisées comme moyens de règlement dans les contrats commerciaux, principalement le dollar et l'euro… Ces réserves en devises peuvent être détenues sous forme **d'avoirs en monnaie scripturale** sur des comptes dans les Banques centrales ou dans les banques commerciales étrangères (parfois rémunérés, ils ne sont pas alors totalement liquides) ; **de bons du Trésor américain** qui rapportent un intérêt. Les réserves de change s'accroissent lorsque le solde des paiements extérieurs est positif.

➤ **balance des paiements, changes (contrôle des), changes (marché des), Fonds monétaire international [FMI], liquidités internationales, Système monétaire international [SMI], Union économique et monétaire européenne.**

réserves obligatoires

➤ **politique monétaire.**

résident

Personne physique ou morale établie dans un pays depuis plus d'un an, quelle que soit sa nationalité. Pour la Comptabilité nationale, les résidents comprennent des nationaux et des étrangers ; les nationaux vivant à l'étranger sont classés parmi les non-résidents.

➤ **Comptabilité nationale.**

résidu

➤ **production (facteurs de).**

ressources

➤ **mobilisation des ressources.**

retraites (financement des)

Les retraites sont des prestations sociales versées à des individus ayant atteint un âge donné, le plus souvent sous condition d'arrêt de leur activité professionnelle. Deux modèles de financement sont en théorie possibles, la répartition et la capitalisation.

Les deux modèles de financement

• **La répartition** : les cotisations des actifs versées pendant une période servent à financer les retraites de la même période (mois ou trimestre ou année).
Le système par répartition est bien adapté à la couverture de populations larges dans le cadre d'un régime obligatoire. Ses performances varient en fonction du taux de croissance du revenu national.
Après la Seconde Guerre mondiale, la très grande majorité des pays développés a choisi le système par répartition comme base des

régimes obligatoires de retraites versées par les organismes de Sécurité sociale ;

• **la capitalisation** : les cotisations de chaque actif assuré sont placées sur le marché financier. Le capital ainsi constitué permettra ultérieurement de verser au retraité une rente jusqu'à sa mort.

Le système par capitalisation est bien adapté à la couverture facultative de populations restreintes disposant d'un revenu élevé et stable, dans un contexte d'inflation faible. Il est particulièrement sensible aux fluctuations des taux d'intérêt réels et, plus généralement, aux évolutions des marchés financiers.

• Le montant de la retraite versée dépend de plusieurs paramètres dont le plus important est le montant des cotisations versées pendant la période d'activité. Cependant, il existe le plus souvent un **« minimum vieillesse »** qui permet de verser une retraite à ceux qui n'auraient jamais ou insuffisamment cotisé.

L'évolution des systèmes de retraite des pays développés se caractérise par une croissance du montant global des prestations versées, en raison de trois facteurs :

– **le vieillissement de la population,** caractéristique de l'évolution démographique (la part des personnes en âge de toucher une retraite augmente) ;

– **une meilleure couverture de la population**, salariée et non salariée, par les régimes de retraite ;

– **l'allongement de la durée moyenne de cotisation** dû à l'augmentation de cotisation des femmes, liée à l'augmentation de leur durée d'activité.

• La croissance des dépenses de retraite a conduit la plupart des gouvernements des pays industrialisés à mettre en place des politiques restrictives qui s'appuient sur **deux mécanismes : l'augmentation de l'âge légal de la retraite** (dans les pays développés, il varie selon les pays de 60 à 70 ans) ; **la stabilisation, voire la diminution, du montant moyen de la pension par tête.**

• En France en 2010, une loi a été votée par le Parlement, proposant l'allongement de l'âge légal à la retraite de 60 à 62 ans pour les personnes nées en 1955. Elle autorise un départ à la retraite anticipée pour les personnes ayant commencé à travailler avant 18 ans. En 2012, ce dispositif a été élargi aux personnes ayant commencé à travailler avant 20 ans. Dans tous les cas, le versement de la retraite est liée à un nombre de trimestres de versements.

➤ **assurance, État-providence, fonds de pension, Sécurité sociale, vieillissement démographique.**

revenu

Flux de ressources (réelles ou monétaires), issu directement ou indirectement de l'activité économique, perçu par un agent économique, individu, ménage ou collectivité.

Le revenu global d'une économie nationale se décompose principalement en revenu des ménages et revenu des entreprises.

En contrepartie de leur participation à l'activité économique, les ménages reçoivent des revenus qualifiés de **primaires**, rémunérant les facteurs de production, travail et capital. Ces revenus comprennent la rémunération des salariés (salaires, cotisations sociales), les revenus du patrimoine (dividendes, intérêts ou loyers reçus) et les revenus mixtes pour les ménages d'entrepreneurs individuels propriétaires de leur entreprise.

Les ménages perçoivent une deuxième catégorie de revenus, appelés **revenus de transfert**. Il s'agit de prestations sociales (vieillesse, santé, famille ou emploi). Elles constituent les contreparties des droits sociaux comme le droit à la santé reconnu par la société française.

➤ **prestations sociales, redistribution, répartition.**

revenu de solidarité active [RSA]

Allocation créée en 2008 qui s'adresse aux bénéficiaires du RMI (revenu minimum d'insertion et de l'API (l'allocation parent isolé)

et qui doit se substituer à des dispositifs d'intéressement de retour à l'emploi telle la prime de retour à l'emploi (PRE).

Il vise notamment à garantir que le retour à l'emploi procure des revenus supplémentaires au travailleur ; il se veut un outil de lutte contre la pauvreté.
Le dispositif est entré en vigueur en 2009.
Le RSA a remplacé progressivement le RMI et l'API entre 2009 et 2011. Au 1er janvier 2012, son montant est de 474,93 euros pour une personne seule sans activité.

➤ **revenu minimum d'insertion [RMI].**

revenu disponible

Part du revenu qui reste à la disposition des ménages après redistribution, c'est-à-dire après paiement des impôts directs et des cotisations sociales d'une part, et perception des prestations sociales d'autre part.

➤ **propension, redistribution, répartition.**

revenu minimum d'insertion [RMI]

Créé par la loi du 1er décembre 1988, le revenu minimum d'insertion était une allocation différentielle qui garantissait à toute personne de plus de 25 ans un certain niveau de ressources, majoré de 50 % pour la deuxième personne présente et de 40 % pour chaque personne à charge supplémentaire. Le bénéficiaire s'engageait à faire une démarche d'insertion. Le RMI a été remplacé par le RSA, revenu de solidarité active entre 2009 et 2011.

Le RMI donnait automatiquement accès à des droits sociaux essentiels : assurance maladie (notamment la couverture complémentaire depuis la loi de juillet 1992), allocation logement au taux maximum.
Le bénéficiaire s'engageait à participer aux actions ou activités, définies avec lui, nécessaires à son insertion sociale ou professionnelle (contrat d'insertion). La prestation était financée par les collectivités territoriales (département) et versée par le régime général (CAF) ou la Mutualité sociale agricole (MSA).
Début 2008, les allocataires directs de cette prestation avait plus que doublé passant de 500 000 fin 1990 à 1 130 000, y compris ceux des DOM.

➤ **minima sociaux, précarité, protection sociale, revenu, revenu de solidarité active [RSA].**

revenu national

➤ **revenu.**

revenu permanent

« Somme qu'un consommateur peut consommer [...] en maintenant constante la valeur de son capital » (Friedman, 1957).

Cette définition théorique de Friedman est inspirée à la fois de la définition que Hicks donne du revenu (maximum qu'un individu peut consommer sans s'appauvrir) et de la théorie des choix intertemporels du consommateur (celui-ci ayant la possibilité d'emprunter ou de prêter sur un marché financier parfait afin de mieux répartir ses consommations dans le temps).

– le revenu permanent n'est pas le revenu effectivement perçu au cours de la période car ce dernier inclut en plus des gains ou des pertes transitoires (non anticipés et non durables) ;

– le revenu permanent est un flux obtenu par un calcul d'actualisation à partir de la richesse (ici nommée capital) de l'individu, ce qui signifie que celui-ci est capable d'anticiper l'évolution de ses ressources sur une assez longue période ;

– le capital envisagé se décompose en capital non humain et capital humain (celui-ci étant la source des revenus du travail à percevoir dans l'avenir).

• À la différence de la fonction de consommation keynésienne, la fonction friedmanienne n'établit pas une relation entre la consommation et le revenu observés (cette relation étant jugée instable) mais entre la consommation permanente (valeur des services que l'on prévoit de consommer pendant la période considérée) et le revenu permanent :

$$Cp = f(R_p).$$

Cette relation (qui dépend de diverses variables, dont le taux d'intérêt et l'importance relative du capital humain dans la richesse) est supposée stable et, sous certaines hypothèses, proportionnelle :

$$Cp = a R_p.$$

• Cette analyse constitue l'un des fondements de la critique des politiques keynésiennes de relance : le multiplicateur de dépenses gouvernementales est faible et/ou aléatoire puisque la propension marginale à consommer ne dépend pas du revenu courant.

• Cette analyse est délicate à vérifier à partir des données empiriques. Elle a le mérite de mettre l'accent sur le rôle joué par les variables patrimoniales dans les choix de consommation, ouvrant ainsi la voie à la théorie du cycle de vie.

➤ **consommation, cycle de vie des individus, effet de cliquet, Friedman ; Annexe A-19.**

revenus de transfert

➤ **revenu.**

revenus sociaux

Par opposition aux revenus d'activité, les revenus sociaux résultent d'un transfert, le plus souvent effectué dans le cadre d'un régime de protection sociale. Ils comprennent les retraites, les indemnités de chômage, les prestations familiales, les pensions d'invalidité, le RMI, le RSA et l'aide sociale. Sont exclus de cette notion les indemnités journalières pour cause de maladie ou de maternité et les remboursements de frais médicaux.

➤ **protection sociale.**

révolution agricole

Ensemble d'innovations culturales (suppression de la jachère, introduction de plantes fourragères...), de transformations des structures agraires (remembrements, enclosures...) et de changements sociaux bouleversant l'agriculture anglaise et plus généralement celles de l'Europe du Nord-Ouest au XVIIIe siècle et au début du XIXe siècle.

• En Angleterre, les changements sociaux sont importants : exclusion des paysans sans terre, déclin des petits propriétaires indépendants, renforcement des propriétaires fonciers et des fermiers « aisés ».

• La révolution agricole se traduit par une amélioration décisive de la productivité et de la production. Elle est considérée, dans les cas précités, comme un facteur essentiel de la révolution industrielle (voir les travaux de P. Bairoch) : dégagement d'une main-d'œuvre disponible pour l'industrie, approvisionnement d'une population urbaine en croissance rapide, échanges intersectoriels. En France, en l'absence de réelle révolution agricole préalable, c'est le processus d'industrialisation qui conditionne les lentes transformations agricoles à partir de 1840.

➤ **enclosures, révolution industrielle.**

révolution industrielle

1 Essor général des méthodes industrielles de production (machinisme, parcellisation des tâches, multiplication des fabriques) associé au bouleversement des structures économiques et sociales entre la fin du XVIIIe siècle et la première moitié du XIXe siècle en Europe occidentale.

• La Grande-Bretagne est le pays pionnier de la révolution industrielle. Avec un certain décalage et des formes moins systématiques, elle affecte la France, la Belgique, l'Allemagne, puis les États-Unis, le Japon, etc.

• Marquée par de profondes transformations agricoles, des innovations techniques fondamentales, l'accélération du processus d'urbanisation, la formation de la classe ouvrière, la montée en puissance de la bourgeoisie industrielle et financière, etc., la révolution industrielle se développe dans le cadre d'un élargissement décisif des formes capitalistes de production et d'échanges : progrès technique continu, capitaux mobilisés en vue du profit, séparation entre propriétaires des moyens de production et travailleurs salariés.

• Analysée d'abord couramment comme une révolution technique de laquelle tout procède (principe du déterminisme technologique), la révolution industrielle est analysée comme le « démarrage d'une croissance d'un type nouveau auquel correspondent des nouveautés techniques » (J.-P. Rioux).

• La révolution industrielle caractérise ainsi le passage, plus ou moins rapide, de la société traditionnelle précapitaliste à la société industrielle modelée par le mode de production capitaliste dominant.

Avant la révolution industrielle, certains processus économiques peuvent être qualifiés de capitalistes, mais ils se limitent à une sphère étroite (grand négoce, commerce maritime, banque).

2 [par extension] les révolutions industrielles sont des périodes marquées par des innovations techniques fondamentales bouleversant les méthodes de production et d'échange dans les sociétés industrielles.

De ce point de vue, la révolution industrielle est qualifiée de première ; elle est suivie par d'autres révolutions – industrielles ou, plus communément, techniques – au cours des XIXe et XXe siècles marquant ainsi le rythme discontinu du progrès technique (voir tableau).

Cette seconde acception est plus restreinte. Elle ne correspond pas à une mutation générale du système économique et social.

➤ **capitalisme, innovation, pôle de croissance, progrès technique, révolution agricole.**

révolution numérique

Période de forte évolution technique, qui va des années 1970 à nos jours, marquée par la généralisation de techniques de traitement de l'information et de mise en réseau.

Révolutions industrielles ou techniques

	Période	Inventions et innovations majeures	Innovations dérivées effets d'entraînement
1re révol. industrielle	fin XVIIIe-début XIXe	Machine à vapeur Machinisme et mécanisation	Métallurgie Boom de l'industrie textile (révolution cotonnière)
Révolution ferroviaire	1840-1870	Locomotive Rails en acier	Transports ferroviaires Sidérurgie
2e révol. industrielle	fin XIXe-début XXe	Moteur électrique Moteur à explosion (pétrole)	Électromécanique Automobile Industries chimiques
« Révolution scientifique et technique »	lendemain de la Seconde Guerre mondiale	Électronique Physique nucléaire Chimie de synthèse	Énergie nucléaire Textiles synthétiques
3e révol. industrielle ou révol. informatique	à partir des années 1970	Microélectronique Informatique Découvertes biologiques	Bureautique, télématique robotique et automatisation Biotechnologies Nanotechnologies

La périodisation et la caractérisation des révolutions industrielles ne font pas l'unanimité. La RST (révolution scientifique et technique), isolée par certains historiens, peut être considérée comme l'origine de la troisième révolution industrielle.

Elle se caractérise par une croissance exponentielle des capacités de stockage et de traitement des données par les ordinateurs, la diffusion dans un large public d'outils informatiques (micro ordinateurs, téléphones mobiles, tablettes), la création et le développement d'Internet et des réseaux sociaux.

➤ **informatique, révolution industrielle.**

Ricardo (David)

Économiste classique anglais, homme d' affaires, homme politique (1772-1823), auteur des *Principes de l'économie politique et de l'impôt* (1817). Ricardo donne pour objet à l'économie politique la découverte des lois qui régissent la répartition des revenus entre les classes sociales : la rente, revenu du propriétaire foncier ; le profit, revenu du capitaliste (fermier ou industriel) ; le salaire, revenu du travailleur.

Son point de départ est une lecture critique de *La Richesse des nations*, d'A. Smith. La rente dépend des prix des produits agricoles et est due à l'existence de rendements décroissants.

Rente, profits et rendements décroissants

- Dans une économie où l'on produit du blé, le prix du blé est déterminé par les conditions de production sur les terres cultivées les moins fertiles ; en effet, sur ces terres marginales, le prix doit être supérieur au coût de production (essentiellement des salaires), sinon les capitalistes-fermiers n'auraient pas intérêt à les louer pour les cultiver.
- Sous l'effet de la concurrence entre les capitalistes, les taux de profit tendent à s'égaliser partout au niveau du taux de profit le plus faible, celui que l'on obtient sur les terres marginales. Quant au taux de salaire réel, il tend vers le salaire de subsistance ; le taux de salaire nominal varie en fonction du prix du blé. Dès lors, sur toutes les terres non marginales, **il apparaît un surplus, la rente**. Sur une terre donnée, la rente dépend de la différence entre le rendement de cette terre et le rendement de la terre marginale.
- Le profit qui revient aux capitalistes est déterminé par les conditions de production sur la terre marginale, c'est-à-dire par la différence entre le rendement marginal et le salaire de subsistance ; l'accumulation du capital implique la mise en culture des terres de moins en moins fertiles, donc une baisse du rendement marginal et une baisse du taux de profit ; les profits sont donc pris en tenaille entre la hausse de la rente et la hausse des salaires nominaux (due à l'augmentation du prix du blé), ces deux hausses ayant pour cause **les rendements décroissants**.

L'état stationnaire

Au terme de cette évolution, l'accumulation cesse, le taux de profit étant devenu trop faible pour inciter les capitalistes à investir ; la croissance cesse également : **on entre dans un état stationnaire**. Le progrès technique pourrait retarder cette échéance en générant une hausse des rendements, mais Ricardo n'imagine pas qu'il puisse contrecarrer durablement cette tendance vers l'état stationnaire.

Soit K = capital (input), I = travail (input), Y = richesse (output), pour Ricardo et les Classiques, l'état stationnaire est la stagnation des variables K (capital) et Y (richesse), il n'y a plus d'accumulation de capital ni de croissance de la richesse.

Les avantages relatifs

La contribution la plus importante de Ricardo à l'analyse économique est probablement la **théorie des avantages relatifs** ; elle constitue, aujourd'hui encore, l'un des piliers de l'argumentation en faveur du libre-échange et de la spécialisation.

➤ **avantage absolu (loi de l'), avantage comparatif (loi de l'), classiques (économistes), Krugman, rente, répartition, valeur travail ; Annexe Ⓐ-5.**

richesse

Ensemble des biens dont la disponibilité, l'usage ou la propriété procurent une satisfaction.

Comment analyser la richesse ?

– **soit en terme de flux** (le revenu), soit en **terme de stock** (le patrimoine) ;
– **soit de manière réelle** (les biens), soit de **manière monétaire** (les actifs monétaires) **ou financière** (un titre de propriété ou de créance donnant droit à un revenu), **ou juridique** (droits de la propriété intellectuelle, droit à une pension de retraite…) ;
– **soit de manière brute** (l'ensemble des actifs), soit de manière nette (après déduction du montant des dettes) ;
– **soit à l'échelle d'un individu,** à celle d'un ménage ou **d'une famille**, à celle d'une **catégorie sociale**, d'une **nation**, soit enfin à celle de **l'humanité**.

• On peut être relativement plus riche en revenu qu'en patrimoine, et inversement. Néanmoins, d'une part un haut revenu permet facilement de se constituer un patrimoine par épargne ou par emprunt, et d'autre part un important patrimoine peut générer d'importants revenus (des logements peuvent générer des loyers, des actions des dividendes, des usines des bénéfices industriels, des terres des fermages, etc.). En conséquence, les « riches » le sont, généralement, à la fois en revenus et en patrimoine.

Une notion relative

• La richesse étant constituée de biens (ce qui a de la valeur parce que présentant une utilité), son contenu peut être d'une infinie diversité, puisque reflétant des jugements de valeur. **De quoi est-on riche ?** Ce qui est considéré comme richesse varie en fonction des individus (les « préférences individuelles »), des catégories sociales, des nations, des époques, des cultures et des civilisations.

• **Une constante pourtant : la richesse est constituée des biens sur lesquels se polarise le désir propre à un groupe social donné.** Et l'argent (la monnaie), dans nos sociétés marchandes, correspond au « désirable absolu », « cette chose contre laquelle chaque membre du groupe est toujours prêt à aliéner ce qu'il possède » (M. Aglietta, A. Orléan). D'où ce biais propre aux sociétés marchandes à privilégier la richesse monétaire.

Pourtant **l'économiste S.-C. Kolm fait remarquer que** « les choses les plus importantes n'ont pas de prix. L'amour, la dignité, la générosité et l'honneur cessent d'exister s'ils sont achetés et vendus. L'économiste connaît le prix de chaque chose et la valeur d'aucune. »

Marx dénonçait déjà le **fétichisme** de la **marchandise**.

• La richesse peut aussi inclure des biens non appropriables : ainsi des biens collectifs publics dont on a la jouissance sans en avoir la propriété privée comme une promenade dans un parc public…

Les limites d'un indicateur traditionnel : le PIB

Les limites du PIB, en tant qu'indicateur de richesse, ont amené à **distinguer richesse monétaire et bien-être social**. Le PIB n'enregistre en effet que les flux de richesse évaluables en monnaie au prix du marché ou au coût des facteurs, il ne prend donc pas en compte les externalités positives (ce qui est gratuit), ou négatives (les coûts non monétaires), il ne comptabilise pas la dégradation du patrimoine naturel. Mais mesurer le bien-être social à travers un indicateur global unique se heurte à des difficultés de mesure, et donc d'agrégation, des préférences individuelles (cf. le paradoxe de Condorcet et le théorème d'impossibilité, du *no bridge* de K. Arrow). Cependant des chercheurs et des organismes ont proposé de nouveaux indicateurs synthétiques de richesse (cf. encadré page suivante).

➤ **abondance, bien (ou service) collectif, empreinte écologique, Indicateur de développement humain [IDH], pauvreté, Smith.**

De nouveaux indicateurs synthétiques de richesse

Jean Gadrey et Florence Jany-Catrice (2005) ont recensé :

– **la MBE,** Mesure du bien-être économique, construit par Tobin et Nordhaus comme un indicateur de consommation finale corrigée : on déduit de la consommation finale les éléments, dits regrettables, qui ne contribuent pas au bien-être, et on ajoute les services rendus par le stock de capital privé et public. Le calcul d'une MBED (D pour durable) s'en déduit en prenant en compte les variations dans le temps de ce stock de capital

– **les indicateurs du PNUD :** IDH (voir ce terme), ISDH (Indicateur sexospécifique de développement humain), IPF (Indicateur de participation des femmes à la vie économique et politique), IPH (Indicateur de pauvreté humaine, avec ses deux variantes IPH1 et IPH2, respectivement pour les pays en développement et les pays développés), IDT (Indicateur de développement technique)

– **l'indice de santé sociale (ISS)** de Marc et M.-L. Miringoff (Fordham University, 1980-1996), qui tente d'agréger 16 variables comme la mortalité infantile, le suicide des jeunes, l'abandon des études universitaires, le chômage, les délits violents, etc.

– **le BIP 40,** en France : baromètre des inégalités et de la pauvreté, qui agrège une batterie d'indicateurs concernant l'emploi et le travail, les revenus, la santé, l'éducation, le logement et la justice, en France

– **l'indice de sécurité personnelle (ISP)** du CCSD (*Canadian Council on Social Development*, 1990) qui mesure la sécurité économique, sanitaire (protection contre les risques de maladie), et physique (par rapport aux délits)

– **différents « PIB vert »** et **IBED** (Indice de bien-être durable)ou **ISEW**, (*Index of sustainable economic welfare*) : ils tentent de mesurer et d'agréger, en valeur monétaire, des indicateurs de niveau de vie, d'inégalités, d'atteintes à l'environnement et de contribution du travail domestique

– **l'indicateur d'épargne véritable** *(genuine savings)*, ou épargne nette ajustée de la Banque mondiale ; il permet d'évaluer monétairement l'épuisement des ressources non renouvelables

– **l'indice de bien-être économique (IBEE)** de Osberg et Sharpe (1998), repris dans le Rapport de l'OCDE de 2001 consacré au capital humain et au capital social : il mesure les flux de consommation courante, l'accumulation nette de stocks de ressources productives, la répartition des revenus, la pauvreté et l'inégalité et enfin le degré de sécurité ou d'insécurité économique

Un dernier indicateur, moins synthétique, est de plus en plus utilisé : **l'empreinte écologique** (voir ce mot).

richesse (effet de)

Variation de la part du revenu consacrée à la consommation induite par la variation de la valeur du patrimoine.

C'est l'un des principaux « mécanismes » par lequel les krachs financiers ou immobiliers se transmettent à la sphère « réelle » (celle de la production, des échanges, de l'emploi). Un effondrement des cours boursiers, ou des prix de l'immobilier, donne le sentiment aux agents de l'économie (ménages, entreprises) qu'ils sont moins riches en patrimoine : ils ont donc tendance à dépenser moins pour reconstituer par davantage d'épargne la valeur de leur patrimoine. Une baisse de la demande peut donc s'ensuivre et transformer un krach en crise économique générale. Inversement le gonflement d'une bulle spéculative boursière ou immobilière, en donnant aux agents concernés un sentiment d'enrichissement, peut les conduire à accroître leur consommation : ainsi la croissance américaine à la fin de la décennie 1990 a-t-elle été en partie tirée par la consommation liée au gonflement de la bulle des valeurs boursières de l'Internet.

➤ **crise financière, krach, Pigou (effet).**

risque

Événement aléatoire susceptible de créer des dommages et contre lesquels les acteurs ont tendance à se prémunir soit par la prévention soit par la réparation (compensation financière, le plus souvent par le biais de l'assurance).

Risques concernant le travail, les biens et l'intégrité physique

• **Les systèmes d'assurances sociales** ont été créés pour dédommager les salariés, et plus largement la population, contre de grands risques générateurs de pertes de salaires ou de coûts : risque de **maladie**, risque de **chômage**, risque **d'accident du travail**. On évoque aussi le **risque vieillesse** (retraite) et le **risque de maternité** bien qu'ici la notion de risque soit moins adaptée : ces événements sont au moins partiellement prévisibles ; il n'entraînent pas que des dommages. Dans tous les cas, en France, la Sécurité sociale et les mutuelles attribuent des compensations financières, le plus souvent partielles, à la survenance des ces événements sources de pertes de revenus.

• Cette action de réparation se double aussi de mesures de prévention, notamment en matière de maladie et d'accident du travail.

Indépendamment de leur activité professionnelle, les particuliers font face à d'autres risques affectant leur intégrité physique, leurs biens mobiliers (véhicules…) et immobiliers, contre lesquels ils peuvent et, dans certains cas, doivent (assurance auto) s'assurer : risque de **vol**, risque d'**incendie**, risque d'**accident**, **risque de décès**.

Risques économiques et financiers

• **Le risque est inhérent à l'activité économique et au rôle de l'entrepreneur.** L'entreprise est en effet soumise à de nombreux aléas, qu'ils affectent la demande sur les produits (comportement des consommateurs, concurrence), les marchés sur lesquels elle achète des matières premières, le coût du travail, ou le fonctionnement interne de l'entreprise.

• **Le risque est lié à l'opération d'investissement**, l'entrepreneur fait un pari sur l'avenir, il prend alors un risque. Le profit est parfois considéré comme la rémunération du risque. Telle est, en particulier, la théorie de Joseph Schumpeter qui relie innovation, risque et fonction du chef d'entreprise.

Le meilleur moyen pour l'entrepreneur de limiter les risques est la diversification : diversification des produits (par exemple production de véhicules individuels et utilitaires, production de boissons alcoolisées/boissons non alcoolisées), diversification des sources d'approvisionnement (zones et matières premières).

• **Les banques, et de façon plus large, les institutions financières** courent des risques de défaillances de leur débiteur des risques de crédit. Les agences de notation ont pour fonction d'évaluer le risque de défaillance d'un emprunteur (entreprise, État).

• **Les risques financiers sur les marchés**, quant à eux, sont liés aux variations de valeur des taux de change, des taux d'intérêt, des cours des actions.

Ces risques peuvent être courus dans deux cas :

– dans le cadre d'une opération économique (un importateur court un risque de change, celui que le taux de change de la monnaie de facturation du produit acheté augmente) ;

– dans le cadre d'une opération purement financière (un opérateur achète des dollars en anticipant une hausse des cours).

➤ **assurance, écologistes (doctrines), protection sociale, Sécurité sociale, Annexe A-57.**

risque systémique financier

Risque d'effondrement du système financier résultant de la propagation d'une crise à l'ensemble des acteurs de ce système, y compris ceux qui semblaient *a priori* sains, du fait de leur interdépendance dans la chaîne du crédit.

• Comme le montre une nouvelle fois la crise des *subprimes* en 2008, la faillite d'une banque, d'une compagnie d'assurance, d'une caisse d'épargne, menace de provoquer la faillite d'autres institutions financières dès lors que ces dernières détiennent des créances sur les premières : c'est un effet de dominos, la chute du premier pouvant entraîner l'effondrement de toute la rangée.

• Les autorités financières, la banque centrale, le Trésor sont alors placés devant la responsabilité d'intervenir pour éviter le retour d'une crise d'ampleur comparable à celle des années 1930. C'est ainsi, par exemple, que la Banque centrale joue son rôle de « prêteur en dernier ressort » en acceptant de refinancer des établissements devenus illiquides parce que les autres refusent de leur accorder de nouveaux prêts. Mais ce type d'interventions est soumis à un dilemme : si l'on vient au secours de tous les agents financiers dès qu'ils sont en difficulté, alors même que ce sont les risques pris par certains qui sont à l'origine de la crise, on ne sanctionne pas les mauvais comportements et l'on incite les « coupables » à recommencer (aléa moral) ; mais si l'on s'abstient d'intervenir, alors on prend le risque que la faillite d'une institution de grande envergure provoque une réaction en chaîne qu'il ne sera plus possible ensuite de maîtriser (d'où l'adage « *too big to fail* »).

• Le risque systémique financier peut contaminer la sphère réelle et aboutir à une crise généralisée.

➤ **aléa moral, crise, crise financière, crise des *subprimes*, réel/financier.**

rite

Pratique codifiée, obéissant à des règles précises, souvent à dimension symbolique.

Les rites ne concernent pas seulement le domaine religieux (cérémonies du culte, prescriptions), ils intéressent de nombreux actes de la vie collective (festivités et cérémonies publiques) et de la vie de relations (rites de politesse). Ils symbolisent la communion des membres d'une collectivité, leur acceptation d'un certain ordre des choses, ou encore leur intégration dans la société. Certains rites sont des actes constitutifs d'une nouvelle situation, d'un nouveau statut : rites de passage, rites d'initiation.

➤ **initiation (rite d'), rituel, sacré, symbole.**

rituel

Ensemble codifié des règles et des actes cérémoniels.

Exemple : le rituel des vœux de nouvel an, ou de la rentrée parlementaire, etc.

rivalité

➤ **bien (ou service) collectif.**

RMA

➤ **revenu minimum d'activité [RMA].**

RMI

➤ **revenu minimum d'insertion [RMI].**

RSA

➤ **revenu de solidarité active [RSA].**

Robinson (Joan)

Économiste anglaise (1903-1983), keynésienne et post-keynésienne, professeur à Cambridge.

Assistante d'économie à Cambridge en 1929, elle travaille avec J.M. Keynes et P. Sraffa. Son esprit critique, parfois caustique, son anticonformisme et son sens de l'humour font de Robinson un personnage à part.

Sa principale cible est la théorie néoclassique : dès 1933, elle propose de substituer l'hypothèse de concurrence imparfaite à celle de concurrence parfaite ; dans les années 1940, elle rejette l'idée que l'économie du marché tendrait vers l'équilibre en longue période ; en 1953, elle ouvre la controverse sur la mesure du capital et l'utilisation des fonctions de production. Influencée par ses lectures de Kalecki, Marx et Luxemburg, elle accorde une place centrale à l'accumulation du capital et réhabilite les schémas de reproduction, mais critique les aspects métaphysiques et idéologiques de l'économie marxiste ; J. Robinson se disait « keynésienne de gauche ».

Ouvrages principaux : *Économie de la concurrence imparfaite* (1933) ; *Essai sur l'économie de Marx* (1941) ; *L'accumulation du capital* (1955) ; *Contributions à l'économie contemporaine* (1984 pour l'édition française).

➤ **École de Cambridge (nouvelle), keynésianisme, post-keynésienne (théorie).**

rôle(s)

Comportement type et modèle de conduite correspondant à un statut (ou position sociale) : rôles masculin et féminin, rôle d'animateur, rôle professoral, etc. Notion inséparable de celle de statut : un statut commande un ou plusieurs rôles.

Le concept de rôle est soumis à une tension entre deux réalités proches mais néanmoins distinctes.

– **Rôle prescrit** : modèle des conduites jugées conformes pour un statut donné ; comportement attendu par l'entourage, le milieu, en fonction des normes sociales communément partagées.

Les situations sociales définissent des champs de rôles, c'est-à-dire des positions et des rôles complémentaires : médecins et patients, professeurs, élèves et administration, etc.

– **Rôle joué, ou comportement de rôle :** manière dont chacun interprète son rôle tout en respectant plus ou moins les attentes d'autrui. Les individus peuvent prendre des distances par rapport à leur rôle.

La terminologie employée (position, rôle, interprétation...) veut suggérer que la vie sociale s'apparente au jeu théâtral (le sociologue E. Goffman parle de « mise en scène de la vie quotidienne ») : les individus sont en représentation, ils jouent leur rôle en fonction des personnages (ici : les statuts) qu'ils endossent (rôles sociaux) mais qu'ils peuvent également contester.

Ainsi rôles et statuts ne sont pas figés. Dans certaines situations, les comportements effectifs, en s'éloignant durablement des rôles prescrits, peuvent modifier ces derniers et, avec eux, les statuts correspondants.

> **Rôles féminin et masculin**
>
> À la fois modèles de conduite, rôles prescrits ou attendus et comportements effectifs de l'un et l'autre sexe dans la vie privée (la conjugalité, la sphère domestique) comme dans le domaine public (lieux de sociabilité, lieux de travail, instances associatives, etc.).

➤ **déviance, genre (relations de), Goffman, parité hommes/femmes, statut ; Annexe ⓿-48.**

Rostow (Walt Whitman)

Économiste américain, (1916 -2003), célèbre pour son ouvrage *Les Étapes de la croissance économique*, dans lequel il décrit l'évolution économique par laquelle doit passer toute société.

« À considérer le degré de développement de l'économie, on peut dire de toutes les sociétés quelles passent par l'une des cinq phases suivantes : la société traditionnelle, les conditions préalables du démarrage, le démarrage, le progrès vers la maturité, et l'ère de la consommation de masse. »

Cette vision est contestée par un certain nombre d'analystes.

➤ **décollage, économie du développement, Gerschenkron (modèle de), société de consommation.**

RTT

➤ **réduction du temps de travail [RTT].**

S

sacré

1 Ce qui est précieux, fortement valorisé, entouré de respect et de crainte, touchant aux choses essentielles et souvent inaccessibles au premier abord. Le sacré interfère avec le religieux mais son champ est plus vaste.

2 [sociologie] Pour Durkheim et ses disciples (Mauss en particulier), sacré et société sont indissolublement liés. Le sacré procède de tout ce que la société propose à l'homme de supérieur, en tant que force morale, et puissance dépassant les individus qui la composent. Il s'oppose au profane comme la collectivité et l'ordre du monde s'opposent aux individus et à l'expérience commune immédiate.

Cette opposition recouvre aussi celle du pur et de l'impur. En ce sens « le sacré est le séparé, l'interdit » car on ne doit pas « porter atteinte à cette ordonnance universelle qui est celle de la nature et de la société ». L'approche du sacré ne peut se faire sans accomplissement de rites. De même, le sacré peut appeler le sacrifice : « manière pour le profane de communiquer (avec lui) par l'intermédiaire d'une victime » (Mauss).

➤ **interdit, religion, rite.**

Saint-Simon (Claude-Henri de Rouvroy comte de)

Théoricien socialiste français (1760-1825), considéré, avec Fourier et Owen, comme l'un des représentants du socialisme utopique, et dont la doctrine industrialiste influencera ingénieurs et financiers pendant la révolution industrielle.

REMARQUE : ne pas le confondre avec le duc de Saint-Simon (1675-1755), mémorialiste.

Saint-simonisme : doctrine de la production, une critique de l'ordre social et du libéralisme et une religion du progrès.

• Les producteurs s'opposent aux oisifs (les « frelons »). « La classe industrielle est la classe fondamentale, la classe nourricière de la société. » Au sommet de la classe industrielle : les banquiers, qui organisent l'économie par le crédit. Ainsi, avant la lettre, il prône la technocratie.

La réforme sociale est bien le but de cet industrialisme technocratique : « Améliorer le plus promptement possible l'existence morale et physique de la classe la plus pauvre. » Mais « il n'y a point de changements dans l'ordre social sans un changement dans la propriété » : celle-ci, n'étant qu'une fonction sociale, doit être réorganisée à des fins plus productives.

La réforme globale de la société doit conduire à la paix et à l'harmonie universelles. La « religion saint-simonienne » célèbre le progrès scientifique et humain par des rites, des chants (le « Chant des industriels » de Rouget de Lisle).

• Les applications concrètes du saint-simonisme sont à rechercher dans la réussite des projets personnels de ses disciples : le « Père » Enfantin participe à l'aventure des chemins de fer et du canal de Suez, dont il conçoit les premiers plans, et que F. de Lesseps mène à terme ; les frères Péreire fondent le Crédit mobilier (1852) ; M. Chevalier devient le conseiller économique de Napoléon III... Ainsi, de manière un peu paradoxale, ils auront surtout matérialisé l'utopie saint-simonienne en édifiant le capitalisme industriel français.

Ouvrages principaux : *Lettres d'un habitant de Genève à ses concitoyens (1803) ; Introduction aux travaux scientifiques du* XIXe *siècle (1807) ; Le système industriel (1820-1822) ; Le nouveau christianisme (1825).*

➤ **Marx, Owen, positivisme, socialisme, technocratie.**

saint-simonisme

➤ **Saint-Simon.**

salaire

Rémunération du travail effectué, dans le cadre d'un contrat de travail, pour le compte d'une autre personne appelée employeur. Suivant l'activité, plusieurs synonymes peuvent être utilisés : traitement pour les fonctionnaires, gages pour les domestiques, solde pour les militaires, etc.

- **salaire brut :** montant avant déduction de la part salariale des cotisations sociales.
- **salaire net :** montant après déduction de cette part.
- **salaire social (ou indirect) :** expression souvent utilisée pour désigner l'ensemble des prestations légales ou conventionnelles perçues par les salariés : congés, indemnités journalières, retraites, etc.

Les facteurs qui déterminent le niveau du salaire sont multiples. Le principal est sans aucun doute le niveau de qualification, très lié en France au diplôme. L'expérience professionnelle intervient de manière très différenciée selon la qualification (forte chez les cadres, faible chez les ouvriers). À l'inverse, l'ancienneté dans l'entreprise est d'autant plus valorisée que la qualification est faible. L'écart dû au sexe reste important : l'INSEE l'estime à 9 % en début de carrière mais à 14 % après vingt ans d'expérience. Enfin les caractéristiques de l'entreprise sont également causes de différences importantes de salaire : secteur d'activité, taille, position de l'entreprise sur son marché (monopole, exposition à la concurrence nationale ou internationale), région d'implantation, politique salariale plus ou moins incitative.

Analyses théoriques

- **Pour les économistes classiques**, le salaire est la variable d'équilibre du marché de l'emploi et varie en fonction de l'offre et de la demande de travail.
- **Pour Marx et les marxistes**, le salaire est le prix de vente de la force de travail et, sur le long terme, correspond au niveau de subsistance permettant de reconstituer celle-ci.
- **Keynes** met l'accent sur la double nature du salaire : coût du travail pour l'entreprise, il est également, au niveau macroéconomique, la principale source de revenu d'une grande majorité de la population. C'est pourquoi l'hypothèse d'une flexibilité parfaite du salaire à la baisse est une illusion.

➤ **chômage, revenu, travail.**

salaire d'efficience

➤ **efficience (salaire d').**

salaire de réserve

➤ **réserve (salaire de).**

salaire minimum interprofessionnel de croissance [SMIC]

Salaire en dessous duquel un travailleur ne peut être légalement employé.

Défini sur une base horaire, son montant mensuel est fixé par voie réglementaire. Au 1er janvier 2013, son montant horaire brut est de 9,43 € ; son montant mensuel brut pour 151,67 heures (semaine de 35 heures) est de 1 430,32 €. En juillet 2010, il y avait plus de 3 000 000 personnes payées au SMIC soit 14 % environ de la population active.

Le SMIC a pour raison d'être de garantir aux salariés les plus faiblement rémunérés un revenu considéré comme le minimum nécessaire pour vivre en France à une période donnée.
Créé par la loi du 2 janvier 1970, il évolue en fonction de la hausse des prix et de la croissance économique.

SMIC et pouvoir d'achat

Le législateur a voulu, lors de sa création, garantir le pouvoir d'achat, mais également faire participer les plus défavorisés aux fruits de l'expansion économique : il augmente, d'une part, automatiquement lorsque l'indice des prix à la consommation augmente d'au moins 2 % ; d'autre part, il est révisé tous les ans en juillet par le gouvernement à un nouveau taux en fonction de l'évolution du pouvoir d'achat des salaires moyens enregistrés par le ministère du Travail pendant l'année écoulée.
La hausse du pouvoir d'achat du SMIC doit être au moins égale à la moitié de la hausse du pouvoir d'achat de ces salaires horaires moyens.

Depuis la fin des années 1960, les revalorisations du salaire minimum (SMIG, puis SMIC) ont joué un rôle important dans la réduction de l'éventail des salaires. Celui-ci s'est stabilisé, malgré des « coups de pouce » en 1995, 1997, 2001, 2004, 2005, 2006 et 2012.
La responsabilité du salaire minimum dans le taux de chômage élevé des salariés peu qualifiés a souvent été évoquée. Ce qui a conduit à une tentative de réduction des charges sociales pour ces plus bas salaires.
Il existe en 2011, un SMIC dans 21 pays de l'Union européenne dont le niveau varie selon les pays de 122,71 en Bulgarie, à1 757,56 € au Luxembourg par mois.

➤ **chômage, salaire.**

salaire nominal

Rémunération du salarié, libellée en unités monétaires courantes, résultant de l'application du contrat de travail (en ce qui concerne le salaire net de cotisations sociales, il s'agit de la somme d'argent que l'employeur fait virer au crédit du compte bancaire du salarié).

➤ **salaire réel.**

salaire réel

Pouvoir d'achat du salaire nominal, autrement dit quantité de biens et de services qu'il est possible d'acheter avec le salaire nominal. On mesure l'évolution du salaire réel par la formule :

$$\text{Indice du salaire réel} = \frac{\text{Indice du salaire nominal}}{\text{Indice des prix à la consommation}}$$

➤ **salaire nominal.**

salariat

Situation contractuellement définie, dans laquelle un individu reçoit de son employeur, public ou privé, une rémunération forfaitaire, le salaire, en contrepartie d'un travail fourni dans le cadre d'une organisation du travail et d'une durée déterminée ou indéterminée.

Le salarié, travailleur dépendant, se différencie de l'artisan. Celui-ci achète ses moyens de production (équipements, matières premières) et organise son travail : sa rémunération provient du produit de la vente de son ouvrage. Le salarié ne possède pas les moyens de production et ne participe pas à la définition de l'organisation du travail. Il ne vend pas le produit de son travail mais un temps de travail. Sa rémunération ne dépend pas, pour l'essentiel, de la prospérité de l'entreprise. Tant que l'entreprise ne fait pas faillite, il n'assume pas les risques de l'entreprise.
La dépendance du salarié est variable : les cadres dirigeants des entreprises et des administrations sont juridiquement des salariés mais, du point de vue économique, ils sont, pour partie, des entrepreneurs.

Par ailleurs, certaines nouvelles formes d'organisation du travail laissent plus de place à l'initiative des salariés ou introduisent une plus grande flexibilité dans le salaire. L'essor des *stock options* tend à atténuer le caractère forfaitaire de la rémunération des salariés en introduisant une forme de revenu variable (essentiellement pour les cadres) et dépendant de la valorisation de la firme sur le marché financier.

➤ **Schengen (convention de), *stock options*, travail.**

salarisation

Mouvement de progression de la part des salariés dans la population active.

Ce phénomène est une tendance lourde observable dans la plupart des économies développées ou en développement.

taux de salarisation : rapport du nombre de salariés sur le nombre total des actifs. En France, ce taux est passé de 63 % en 1956 à environ 82 % dans les années 2000.

Société salariale

M. Aglietta et A. Brender ont proposé de parler de « société salariale » pour désigner, au-delà de la forte prédominance des salariés dans la population active, « une société [...] dans laquelle les différenciations [sociales] principales se trouvent à l'intérieur du salariat. » (*Les métamorphoses de la société salariale*, 1984.)

R. Castel reprend ce concept en soulignant la minorisation du groupe ouvrier dans le salariat et les implications stratégiques que cette configuration entraîne.

➤ **salariat, travail.**

Samuelson (Paul Anthony)

Économiste américain (1915-2009) Samuelson est l'un des principaux représentants du « courant de la synthèse » (entre l'analyse néo-classique et l'analyse keynésienne) ; ses principaux apports concernent la théorie du consommateur, la théorie du commerce international, la théorie de l'équilibre et ses applications en politique économique. Prix Nobel d'économie en 1970.

➤ **Hecksher-Ohlin-Samuelson [théorème HOS], Keynes ; Annexe A-18, 24, 25, Annexe C.**

Sarbanes-Oxley (loi)

Loi américaine de régulation du capitalisme financier adoptée en 2002 à la suite des scandales Enron, Arthur Andersen, Tyco, Worldcom...

Portant le nom des parlementaires l'ayant rapportée, la loi Sarbanes-Oxley a été votée par le Congrès des États-Unis le 30 juillet 2002, à la suite d'une succession de scandales financiers ayant provoqué une grave crise boursière et une remise en question de la viabilité d'un capitalisme financier manifestement mal auto-régulé – des petits porteurs ayant été ruinés, des salariés licenciés, leurs pensions de retraite menacées –. La violation des règles conventionnelles, « amicales au marché » *(market-friendly)*, du *corporate governance* (gouvernement d'entreprise) par les dirigeant d'Enron, Arthur Andersen, Worldcom... a rendu nécessaire un renforcement par la loi de la régulation étatique.

Principales dispositions de la loi Sarbanes-Oxley

– Création d'un nouvel organisme de réglementation et de surveillance, le PCAOB *(Public Compagny Accounting Oversight Board)* relevant de la SEC *(Securities and Exchange Commission)*, le « gendarme » de la bourse américaine ;

– aggravation des peines encourues par les dirigeants d'entreprise, notamment lorsqu'ils couvrent la publication de comptes falsifiés (jusqu'à 20 ans de prison) ;

– interdiction faite aux banques et aux maisons de courtage de prendre des mesures de rétorsion contre les analystes émettant des avis défavorables sur des sociétés par ailleurs clientes de leur établissement ;

...

– doublement des peines de prison (jusqu'à 20 ans) pour obstruction à la justice et destruction de pièces (ce qu'avait pratiqué le cabinet Arthur Andersen dans l'affaire Enron) ;

– obligation pour les sociétés cotées de rendre public sans délai tout changement dans leur situation financière (améliorer la transparence) ;

– délai de prescription pour les fraudes d'entreprises porté de 3 à 5 ans.

Ce dispositif semblait avoir restauré une certaine confiance du public à l'égard des grandes entreprises et des placements financiers. La crise qui a débuté en 2007 fait douter de son efficacité.

➤ **crise financière, gouvernement d'entreprise, normes comptables, régulation économique.**

Sauvy (Alfred)

Économiste et démographe français (1898-1991) fondateur de l'Institut national des études démographiques (INED).

L'œuvre d'A. Sauvy est pluridisciplinaire et porte sur des thèmes très divers.

Son optimisme démographique, confirmé par les effets positifs de la reprise des naissances après la guerre, l'a conduit à s'opposer à toutes les formes de malthusianisme en France, mais à exprimer en revanche de fortes réserves sur l'explosion démographique dans certains pays du Tiers monde.

Son optimisme économique, celui d'un libéral modéré, s'exprime dans sa théorie de l'emploi : le progrès technique est créateur net d'emplois dans la longue période car les gains de productivité dans une branche créent des revenus qui engendrent une augmentation de la demande adressée à d'autres branches (notion de déversement). Tant que des besoins – qu'il faudrait recenser – demeurent insatisfaits, un taux de chômage important est un contresens (une analyse des circuits d'emplois devant permettre de connaître les formations à donner aux hommes pour qu'ils puissent produire de quoi satisfaire leurs besoins privés et publics).

Ouvrages principaux : *Histoire économique de la France entre les deux guerres (1965-1970) ; Théorie générale de la population (1956) ; La machine et le chômage (1980) ; Les légendes du siècle (inédit).*

➤ **déversement sectoriel, progrès technique, Tiers monde.**

Say (Jean-Baptiste)

Auteur classique français (1767-1832), dont la postérité a surtout retenu la « loi des débouchés » selon laquelle « les produits s'échangent contre les produits » et donc l'offre crée sa propre demande.

La loi des débouchés

« Il est bon de remarquer qu'un produit créé offre, dès cet instant, un débouché à d'autres produits pour tout le montant de sa valeur. En effet, lorsque le dernier producteur a terminé un produit, son plus grand désir est de le vendre, pour que la valeur de ce produit ne chôme pas entre ses mains. Mais il n'est pas moins empressé de se défaire de l'argent que lui procure sa vente, pour que la valeur de l'argent ne chôme pas non plus. Or, on ne peut se défaire de son argent qu'en demandant à acheter un produit quelconque. On voit donc que le fait seul de la formation d'un produit ouvre, dès l'instant même, un débouché à d'autres produits. »
Traité d'économie politique, 1803, livre I.

Dans cette perspective, la monnaie n'est qu'un « voile » qui recouvre un troc et le problème des débouchés est évacué par construction. Les crises de surproduction ne sont pas explicables par le fonctionnement du marché. Ces hypothèses sont à la base de théories, telles que la théorie quantitative, qui considèrent que la monnaie est neutre. Keynes développe une critique radicale de cette loi : la monnaie peut être désirée pour elle-même, une partie des revenus peut ne pas être remise dans le circuit (thésaurisation).

➤ **classiques (économistes), économie de l'offre (*Supply side economics*), Keynes, monnaie (théorie quantitative de la), thésaurisation ; Annexe Ⓐ-4, 8.**

Schengen (convention de)

Accord de différents pays de l'Union européenne signé en 1985 par cinq membres de l'UE (France, Allemagne, Belgique, Pays-Bas et Luxembourg) prévoyant la libre circulation des personnes sans contrôle aux frontières et organisant la coopération policière et la surveillance renforcée des frontières extérieures, mais n'excluant pas des mesures de sauvegarde. En 1997, le Traité d'Amsterdam intègre cette convention dans les traités de l'Union européenne.

En 2014, 22 des 28 pays de l'UE ont intégré l'espace Schengen (le RU, l'Irlande, la Roumanie, la Bulgarie, Chypre et la Croatie n'en font pas partie). Quatre pays non membres de l'UE ont adhéré à l'espace (l'Islande et la Norvège, la Suisse et le Liechtenstein).

➤ **Union européenne (historique de l'), Union européenne (institutions de l').**

Schmidt (théorème de)

➤ **Politique de l'emploi.**

Schumpeter (Joseph Aloïs)

Économiste et sociologue autrichien (1883-1950), exilé aux États-Unis au moment de la montée du nazisme, professeur à Harvard.

Initié à l'économie par les néo-classiques autrichiens, fervent admirateur de Walras, commentateur de Marx et lecteur de Weber, J.A. Schumpeter, particulièrement éclectique dans ses sources d'inspiration, est considéré comme un économiste hétérodoxe.

Sans rejeter l'analyse statique, qui culmine dans la théorie de l'équilibre général, il a consacré une partie essentielle de son œuvre à l'analyse de l'évolution du capitalisme.

L'immense érudition de Schumpeter s'exprime dans ce qui est l'un des monuments de la littérature économique : son *Histoire de l'analyse économique* (publiée après sa mort, en1954).

Innovations et cycles

Dans la *Théorie de l'évolution économique* (1911), il insiste déjà sur l'importance cruciale des innovations et sur le rôle déterminant de l'entrepreneur, celui qui met en œuvre de nouvelles méthodes de production et lance de nouveaux produits.

Dans son ouvrage de 1939 sur les cycles des affaires (*Business Cycles*), il distingue trois grands types de cycles et les explique par l'émergence et l'absorption de vagues d'innovations.

Dans *Capitalisme, socialisme et démocratie* (1942), il montre que l'évolution du capitalisme sape les fondements sociaux et culturels de la société capitaliste, conduisant ainsi à l'avènement du socialisme.

Ce dernier livre est aussi l'œuvre d'un sociologue et d'un historien ; il en va de même pour *Impérialisme et classes sociales* (publié en 1951 ; reprise des éditions de 1919 et 1927).

➤ **cycles, innovation, progrès technique ; Annexe Ⓐ-13.**

scripturale (monnaie)

(du lat in *scriptura*, écriture)

Désigne le solde positif d'un compte bancaire. Elle circule de compte à compte, par virement, par chèque, par carte bancaire.

➤ **monnaie.**

SEC [Securities and Exchange Commission]

Agence gouvernementale américaine créée en 1934 en réponse à la récession qui a suivi le krach boursier de 1929 afin de réglementer et de contrôler les opérations et les marchés financiers. La SEC joue deux grands rôles qui sont liés : la régulation prudentielle qui s'applique aux intermédiaires financiers

porteurs de risque dans leur bilan, et la régulation de marché qui porte sur les règles, les comportements, les pratiques des acteurs du marché dans leurs relations entre eux.

Plus récemment, dans le contexte d'éclatement de la bulle spéculative liée à la nouvelle économie, des scandales qui ont frappé les États-Unis en 2001-2002 (affaire Enron, Adelphia, Xerox, WorldCom), une nouvelle loi a été votée afin de lutter contre les comportements frauduleux, notamment les pratiques comptables : le *Sarbanes-Oxley Act* (2002) a pour objectif d'augmenter la responsabilité des sociétés et de redonner confiance aux petits épargnants. Les dirigeants des sociétés américaines sont désormais dans l'obligation d'évaluer l'efficacité et la qualité de leur système de contrôle interne, et une organisation spécifique (*Public Accounting Oversight Board*) supervise les activités des cabinets d'audit. Enfin, le *Dodd-Frank Wall Street Reform and Consumer Protection Act*, voté en 2010 suite à la crise des *subprimes*, a renforcé la fonction de régulation prudentielle de la SEC, en matière de rémunération de la direction des entreprises, et de gouvernance d'entreprise. La SEC a des fonctions similaires à l'Autorité des Marchés Financiers (AMF) en France.

➤ **AMF, crise des *subprimes*, délit d'initiés.**

secteur économique

[comptabilité nationale] Ensemble d'entreprises ayant la même activité principale.

Une entreprise peut avoir plusieurs types d'activité dont l'une est considérée comme dominante.

L'entreprise est rattachée au secteur qui regroupe les produits issus de cette fonction principale : une entreprise de parfums qui fabrique ses flacons est rattachée au secteur de la chimie.

En revanche, ses productions seront ventilées en deux branches : parfums dans la branche chimie, flacons dans la branche verrerie. Il faut distinguer secteur et branche.

➤ **branche, Clark, Comptabilité nationale, secteurs d'activité (grands).**

secteur privé

Ensemble des entreprises dont le capital est détenu par des personnes physiques, des particuliers, ou par des personnes morales privées, des sociétés.

Le secteur privé comprend, outre les entreprises capitalistes, le secteur associatif, c'est-à-dire l'ensemble des associations sans but lucratif créées selon la loi de 1901.

➤ **économie mixte.**

secteur public

1 Ensemble des administrations publiques et des entreprises sur lesquelles l'État exerce une influence décisive.

2 Ensemble des entreprises publiques ou semi-publiques.

➤ **économie mixte.**

secteurs d'activité (grands)

Au-delà de la définition de base de la Comptabilité nationale, les secteurs désignent lesdivers regroupements d'activités économiques : les statistiques proposent des découpages variés et plus ou moins détaillés de la production en plusieurs secteurs, eux-mêmes subdivisés en sous-secteurs.

En France, l'INSEE a élaboré des nomenclatures d'activités et de produits dont, depuis le 1er janvier 1993, la NAF (nomenclature des activités françaises).

Un regroupement usité est la répartition de l'activité économique en trois grands secteurs :

– **le secteur primaire** (agriculture, pêche et, activités extractives) ;

– **le secteur secondaire** (industries de transformation, bâtiment et travaux publics) ;

– **le secteur tertiaire** (les services au sens large : commerce, transports et communications, services marchands aux entreprises et aux particuliers, services des administrations publiques).

Pourquoi cette classification ?

Cette tripartition remonte aux travaux d'A. G. Fischer, C. Clark et J. Fourastié entre les années 1930 et les années 1950.

- **La classification de C. Clark** repose principalement sur certaines caractéristiques productives des activités ainsi regroupées : la contrainte naturelle pour les activités primaires, « la transformation continue sur une grande échelle de matières premières en produits transportables » pour les activités industrielles (le BTP est donc exclu), la petite production et plus généralement les activités peu capitalistiques pour les services. Selon C. Clark, le glissement relatif de l'emploi vers les services s'explique principalement par l'évolution de la consommation finale (loi d'Engel).

- **La classification de J. Fourastié** est basée sur le rythme d'évolution du progrès technique et de la productivité : progrès technique moyen pour le secteur primaire, élevé pour le secteur secondaire, faible pour les autres activités. Précision importante : « Le contenu des trois secteurs varie dans le temps. »

L'usage universel et systématique de cette répartition en trois grands secteurs ne doit pas masquer ses faiblesses, en particulier la notion très fragile de secteur tertiaire, qui apparaît comme un véritable fourre-tout des activités qui ne peuvent être classées ni comme primaires, ni comme secondaires.

➤ **Clark, nomenclature(s), secteur économique, service(s).**

secteurs institutionnels

La Comptabilité nationale regroupe les différents partenaires de la vie économique en cinq secteurs institutionnels en fonction de deux critères : leur fonction principale (produire, consommer, etc.) et leurs ressources principales (par exemple la vente de leur production). S'ajoute à ces secteurs le « reste du monde ».

1. Les ménages

Leurs ressources proviennent de la rémunération des facteurs de production (travail, capital, terre) et de transferts (prestations sociales, etc.), incluent les entreprises individuelles (agriculteurs, petits commerçants, artisans, professions libérales) parce qu'elles ne possèdent pas de personnalité juridique distincte (leur patrimoine est confondu avec celui du ménage correspondant) ; leur fonction principale est la consommation.

2. Les sociétés non financières

Elles produisent des biens et services non financiers marchands. Leurs ressources proviennent pour l'essentiel du montant des ventes (au moins 50 % de leurs ressources) ; ce secteur inclut les quasi-sociétés, qui n'ont pas de personnalité juridique propre mais disposent d'une comptabilité séparée (succursales, bureaux de vente, chantiers de plus d'un an...);

3. Les sociétés financières

Elles regroupent les institutions financières proprement dites (les banques, dont la Banque centrale, et des intermédiaires comme les SICAV), dont la fonction principale est de financer grâce à des ressources principalement empruntées (dépôts, émission de titres), et les sociétés d'assurance, qui reçoivent des primes (ou des cotisations sociales volontaires dans le cas des mutuelles) et versent des indemnités (ou des prestations) en cas de réalisation d'un risque ;

4. Les administrations publiques (APU)

Elles regroupent l'administration centrale (essentiellement l'État), les administrations locales (régions, départements, communes), les administrations de Sécurité sociale ; leur fonction est de produire des services non marchands (c'est-à-dire fournis gratuitement ou à un prix inférieur à leur coût) ou d'effectuer des opérations de redistribution du revenu et du patrimoine (prestations et subventions) ; leurs ressources principales sont des prélèvements obligatoires (impôts et cotisations sociales) ;

5. Les institutions sans but lucratif au service des ménages (ISBLM)

Elles produisent des services non marchands à partir de cotisations volontaires (si elles perçoivent plus de 50 % de leurs recettes des APU, elles sont intégrées à ce secteur) ; ce sont des partis politiques, des églises, des syndicats, des organismes de charité, etc. ;

Le reste du monde

C'est l'ensemble des unités non résidentes avec lesquelles les unités résidentes effectuent des opérations.

➤ **comptabilité nationale.**

sécularisation

Déclin du poids de la religion, et plus généralement du sacré, dans la société.

• Historiens et sociologues repèrent depuis le XIXe siècle ce processus dans la société – du moins dans les sociétés occidentales. Il comprend au moins deux aspects : la perte d'emprise des institutions religieuses sur le fonctionnement de la société (laïcisation), l'autonomisation des représentations par rapport au religieux. Cette tendance a souvent été associée à la modernisation des sociétés contemporaines : le développement scientifique, la rationalisation des activités sociales, la montée des valeurs de l'individu « seul maître de son destin », entraînent l'affaiblissement des croyances liées au sacré et une vision plus rationnelle du monde. Weber parlait à ce propos de « désenchantement du monde ».

• À partir des années 1980, on a parlé d'un « retour du religieux ». L'expression est sans doute discutable ; il n'y a pas de retour à la situation *ante* (déclin confirmé des religions conventionnelles) mais une éclosion de phénomènes de nature fort différente : « nouveaux mouvements religieux », crispations religieuses sur la défensive (intégrismes), spiritualismes sans Dieu (ou vaguement déistes) ; nébuleuse de mouvements type « *New Age* » s'accommodant fort bien de la modernité. Le processus de sécularisation, sans être infirmé, apparaît plus complexe qu'il y a quelques décennies.

➤ **croyance, croyance collective, fondamentalisme, laïcité, religion.**

Sécurité sociale

Ensemble des organismes publics, à but non lucratif, chargés de verser des prestations à partir des cotisations provenant d'assurés dont l'adhésion est obligatoire.

En France, le système de Sécurité sociale date pour l'essentiel de l'après Seconde Guerre mondiale (même si les assurances sociales ont été mises en place après la Première Guerre mondiale).

Il s'est construit, le plus souvent, sur une base professionnelle, donnant naissance à une multiplicité de régimes dont le plus important est le Régime général des salariés de l'industrie et du commerce.

Historique

Au XIXe siècle, des sociétés mutualistes s'efforcent de venir en aide aux travailleurs malades ou atteints d'incapacité de travail. Le développement des lois sociales, à la fin du XIXe siècle et au début du XXe, aboutit aux premiers régimes d'assurances obligatoires. En Allemagne, O. Bismarck institue le premier système de Sécurité sociale dans les années 1880. Dans la plupart des pays développés, la généralisation de la Sécurité sociale s'effectue après 1945. Le rapport Beveridge de 1942, en Grande-Bretagne, et la Conférence internationale du travail, en 1944 à Philadelphie, en fixent les grands principes : universalité de la couverture sociale, unité des avantages accordés.

Les prestations

Sur le plan administratif, les prestations correspondant à un type de risque (maladie, famille, vieillesse...) sont versées par des caisses qui jouissent d'une certaine autonomie mais qui sont placées sous la tutelle de l'État et administrées en principe de manière paritaire par des représentants des employeurs et des salariés. Il existe de nombreux liens entre les différents régimes pour harmoniser leurs charges.

Depuis la création de la Sécurité sociale, les prestations versées ont progressé nettement plus rapidement que la richesse nationale : elles représentaient environ 31,3 % du PIB en 2009 contre 12 % en 1949. C'est dans le domaine de la vieillesse que la croissance a été la plus forte, sous l'effet de l'augmentation du nombre de retraités, la généralisation de la retraite à 60 ans, le développement des régimes complémentaires et l'arrivée à l'âge de la retraite de nouvelles générations qui liquident leur retraite avec des droits plus élevés.

Le progrès des techniques médicales, l'allongement de l'espérance de vie et la généralisation de la couverture sociale ont fait progresser les dépenses de santé. De même, le développement du chômage explique la croissance des prestations du risque « emploi ». Seules les dépenses consacrées à la famille ont régressé en proportion du PIB.

Les ressources

Les principales ressources de la Sécurité sociale en France proviennent des cotisations sur les salaires. La faiblesse de la croissance économique pendant les années 1980 et 1990 et la montée du chômage ont entraîné un freinage des recettes qui a généré, notamment à partir de 1992, des déficits structurels. Cette situation a conduit à la création de nouveaux impôts (CSG, 1991 ; CRDS, 1996), la hausse des taux de cotisation liée à l'emploi salarié et leur déplafonnement, l'extension de l'assiette à certains revenus de remplacement.

La maîtrise des dépenses de protection sociale constitue pour les pays développés un enjeu économique et social considérable.

➤ **contribution sociale généralisée [CSG], prélèvements obligatoires, protection sociale, redistribution.**

segmentation du marché du travail

➤ **dualisme du marché du travail.**

ségrégation

(étymologiquement : « action de séparer »)

Manifestation dans l'espace, en particulier urbain, des différences, des inégalités et des discriminations sociales : riches et pauvres, classes supérieures et classes populaires n'habitent ni ne fréquentent en général les mêmes lieux. Outre les différences entre milieux socio-économiques, la ségrégation spatiale peut être culturelle, religieuse, ethnique, voire « raciale ».

Il y a des degrés de ségrégation. Au sens le plus général, il s'agit de la différenciation sociale dans l'espace (quartiers résidentiels, quartiers populaires), de la répartition inégale des équipements selon les zones d'habitat, de la séparation spatiale des univers culturels, etc. Dans ce cas, le terme de ségrégation dénote simplement la dimension spatiale de la division sociale.

Dans ses formes les plus tranchées, la ségrégation renvoie à des phénomènes de marginalisation et d'exclusion : relégation de catégories désavantagées ou marginalisées dans des zones excentrées, délabrées et dévalorisées ; mesures discriminatoires à l'encontre de certains groupes se traduisant par leur enclavement (cas extrêmes des ghettos juifs, de l'apartheid en Afrique du Sud, des réglementations ségrégatives à l'encontre des Noirs dans les États du Sud aux États-Unis).

Ces différents cas de figure montrent que la ségrégation résulte soit de processus « spontanés » (logiques économiques : prix du foncier et de l'immobilier, logiques sociales de l'« entre soi » et de l'évitement), soit de politiques discriminatoires volontaires qui institutionnalisent la mise à l'écart et l'exclusion.

➤ **apartheid, exclusion.**

sélection adverse

➤ **assurance, effet pervers, efficience (salaire d').**

sens commun

➤ **prénotion.**

séries statistiques

Ensemble de données chiffrées, classées en fonction d'un ou plusieurs caractères (taille ou âge pour des individus, chiffre d'affaires pour des entreprises, par exemple).

Lorsque l'un de ces caractères est le temps (année, trimestre, mois), on parle de séries temporelles ou chronologiques.

serpent monétaire européen

Première tentative de mise en œuvre d'une solidarité monétaire européenne (1972-1978), par le biais d'un dispositif monétaire visant à limiter les fluctuations des taux de changes entre les pays membres de la CEE. Ne parvenant pas à maintenir une cohérence suffisante entre monnaies européennes, il a été remplacé par le Système monétaire européen en mars 1979.

➤ **Système monétaire international [SMI], Union économique et monétaire européenne.**

servage

➤ **esclavage.**

service collectif

➤ **bien collectif.**

service de la dette

➤ **dette (service de la).**

service(s)

Toute prestation en travail directement utile pour l'usager et sans transformation de la matière.

• **Les services dans la Comptabilité nationale**. La production de services correspond *grosso modo* au secteur tertiaire qui englobe le commerce, les transports et les services proprement dits. La nouvelle Nomenclature économique de synthèse (dite NES) répartit l'ensemble de ces activités en « Services marchands » et « Services administrés ». Ces derniers comprennent outre les administrations publiques, des activités de services qui sont en partie marchandes comme l'éducation et la santé.

Classifications sectorielle et professionnelle

Il ne faut pas confondre l'activité professionnelle d'un salarié et le secteur d'activité de l'entreprise où il travaille : ainsi, on peut être juriste, ou comptable, dans une entreprise industrielle et donc travailler dans le secteur secondaire, comme être ouvrier électricien dans un grand magasin et travailler dans le tertiaire.

Il existe une grande variété de services : de la coupe de cheveux au conseil juridique, à la représentation théâtrale, à la consultation médicale, au ramassage des ordures, etc. Les principales activités du secteur tertiaire sont le commerce, la banque, les transports, les assurances, le tourisme, les services publics (enseignement, police, défense).

Les services ne sont pas stockables : on ne les achète que si l'on peut les consommer et cela dans le temps même qu'il faut pour les produire.

• **La part des services s'accroît** depuis la révolution industrielle, tant dans la production (environ 60 % de la population active y travaille dans les principaux pays développés) que dans la consommation des ménages et les consommations intermédiaires des entreprises. Cet accroissement est tel que certains en ont fait le critère du passage à une « société post-industrielle ».

Si les services sont immatériels, il n'en faut pas moins des biens d'équipement et des biens intermédiaires pour les produire : ainsi les banques ont-elles besoin d'ordinateurs et de fuel pour le chauffage des locaux, et les chirurgiens de matériel médical sophistiqué. Le développement des services ne passe donc pas systématiquement par la désindustrialisation.

• On constate de plus en plus une interpénétration de l'industrie et des services : l'industrie se tertiarise par utilisation croissante de services ; ils correspondent à ses « investissements immatériels » : marketing et publicité, recherche et développement, formation, gestion et informatique ; alors que, parallèlement, les services s'industrialisent par utilisation croissante de machines informatiques.

➤ **secteurs d'activité (grands), tertiarisation ; Annexe A-4.**

service public

1 Activité d'intérêt général assurée sous le contrôle de la puissance publique par un organisme public ou privé bénéficiant de prérogatives lui permettant d'en assumer les obligations (continuité, égalité) et relevant de ce fait en partie d'un régime de droit administratif (mission de service public).

2 Organisme public gérant un service public (administration et établissements publics).

Cette distinction entre l'activité (l'enseignement, par exemple) et l'organe qui l'assure (par exemple un lycée) est essentielle.

En effet, il existe :

– **des services publics gérés par des entreprises privées ou des associations** (par exemple, le ramassage scolaire dans les communes rurales est le plus souvent un service public dont la gestion est concédée par la commune à une entreprise de transport privée) ;

– **des activités des administrations publiques n'ayant pas le caractère de service public** (par exemple : courses de chevaux organisées par une commune, gestion par l'administration de son domaine privé).

Pour avoir le caractère d'un service public (condition nécessaire, mais non suffisante), une activité doit être d'intérêt général. Mais toute activité d'intérêt général n'est pas nécessairement un service public.

Principes du service public

– **le principe de continuité** : obligation d'agir régulièrement, sans retard, à la satisfaction des usagers.

– **le principe d'adaptation :** par exemple tenir compte d'un changement dans la loi en y adaptant les textes réglementaires... ;

– **le principe de primauté** : les intérêts privés doivent s'incliner devant l'intérêt général ;

– **le principe d'égalité :** aucune discrimination ne peut être opérée entre les usagers du service public tant pour les prestations que pour les charges.

Modes de gestion du service public :

– **la régie** : le service est géré directement par l'administration au moyen de ses fonctionnaires (exemple : le service de l'état civil à la mairie, l'organisation de la Défense nationale par le ministère du même nom, la justice rendue par les magistrats, l'Imprimerie nationale, les arsenaux de la Marine...) ;

– **l'établissement public** : c'est une personne morale de droit public à vocation spécialisée. L'établissement public disposant de la personnalité juridique, d'un budget propre, est donc une entité distincte de l'État ou de la commune ;

– la **concession de service public** : la puissance publique (État, commune...), par un acte de concession (mi-contractuel, mi-réglementaire), confie la gestion d'un service public à une personne privée (entreprise, association...).

Le concessionnaire doit respecter certaines obligations inscrites par l'autorité concédante dans le cahier des charges et peut bénéficier de prérogatives de droit public (expropriation, taxation...).

Service public et État-providence

Les services publics sont en France très liés à l'histoire de la République et au développement de l'État-providence.

Ils garantiraient aux citoyens, par l'accès de chacun à des biens ou services essentiels de qualité (écoles, universités, hôpitaux, sécurité civile, eau, électricité, etc.), l'égalité des chances constitutive du « contrat social républicain », en contrant la tendance spontanée du marché à la polarisation économique, sociale et géographique et à l'exclusion.
Par ailleurs, ils auraient permis à l'État de moderniser l'économie nationale en la dotant d'infrastructures (réseaux divers : téléphone, TGV, etc.) et d'activités de pointe industrialisantes (filière nucléaire par exemple).

Mise en question des services publics depuis le milieu des années 1980

– par la critique libérale : dénonciation de la bureaucratie, du coût budgétaire et du gaspillage, de l'absence de stimulation par la concurrence, de l'absence de choix pour le consommateur ; remise en cause même de la notion d'intérêt général comme distinct de l'intérêt individuel...;

– par l'application du droit communautaire européen ;

– par la volonté notamment américaine de libéraliser les échanges de services ;

– par les évolutions technologiques qui rendent souvent impraticable le maintien d'un monopole (Internet, satellites...) ;

– par la volonté de moderniser l'État en en redéfinissant le rôle et les frontières (privatisations).

Cette évolution conduit l'État et les collectivités territoriales à réfléchir aux voies d'une redéfinition du service public « à la française » : amélioration de l'efficacité et de la productivité ; évolution de la tarification vers une participation plus équitable des usagers ; redéfinition de leur présence comme outil d'aménagement du territoire et de développement durable.

➤ **administration, administration publique, administrations publiques [APU], entreprise(s) publique(s), État.**

service universel

Service minimum auquel tous les utilisateurs et les consommateurs ont accès à un prix abordable, compte tenu des circonstances nationales spécifiques.

Concept d'origine anglo-saxonne introduite en Europe en 1992, par la Commission européenne ; il crée un cadre concurrentiel et implique la fin du monopole des entreprises publiques sur les services publics.
Cette notion de service universel est apparue en France en 1996 au sujet des télécommunications. Désormais le service public comporterait trois composantes. *Par exemple :* dans le cas des télécommunications, le service universel qui fournit à tous un service téléphonique de qualité adapté aux utilisateurs selon leur revenu ; les services obligatoires qui permettent d'acheminer des services variés en plus du service minimal ; les missions d'intérêt général en matière de sécurité, de défense, de recherche et d'enseignement supérieur.

➤ **service public.**

seuil

➤ **effet de seuil.**

sexe

➤ **genre (relations de).**

SFI

➤ **Banque mondiale.**

SICAV

➤ **OPCVM.**

signe

1 [linguistique] Unité de langue formée de l'union – arbitraire – d'un signifié (concept, idée de quelque chose) et d'un signifiant (son, lettres, grâce à quoi le signe se manifeste).

Le concept de « bœuf » (signifié) est représenté par le son *[bœf]* et par les lettres qui composent le mot (signifiant).

2 Élément matériel représentant conventionnellement quelque chose d'abstrait : signaux du code de la route, insignes, symboles mathématiques.

3 Tout élément matériel ou oral, tout acte ou conduite, chargé de signifier une réalité, un message, une valeur.

À la différence du sens 2, il n'y a pas de convention stricte, de codification formelle. Le sens des signes, inséparable de l'échange social, est mouvant, ambivalent : les signes du prestige, les signes distinctifs par exemple.

➤ **symbole.**

Simmel (Georg)

Philosophe et sociologue allemand (1858-1918) considéré comme l'un des fondateurs de la sociologie outre-Rhin avec Weber et Tönnies.

• **Simmel entend élaborer une typologie des formes de « l'action réciproque »**, objet par excellence de la sociologie, à travers des analyses fort diverses (la mode, le conflit, le secret, l'étranger...). Celle-ci se doit de dissocier analytiquement « le contenu » (pulsions, intérêts, buts des individus) de « la forme », à savoir le type d'action réciproque ou de « socialisation » (terme ayant sous sa plume un sens particulier) de la vie sociale. Une forme de relation – la concurrence par exemple – peut intéresser bien des contenus dans des domaines variés (la politique, l'économie, la religion ou l'art) mais sera caractérisée généralement par des lois propres à cette forme.

• **Importance attachée à l'analyse microsociologique** ; en partant d'une définition très large de la société (il y a société là où plusieurs individus entrent en action réciproque), Simmel entend mettre l'accent, à côté des « socialisations » cristallisées dans de grandes formes sociales (telles que l'État, les classes sociales, les Églises, etc.), sur « les microscopiques processus moléculaires » liant les hommes les uns aux autres et par lesquels « la socialisation se tisse, se défait et se tisse à nouveau en un flux et une pulsation ininterrompus ».

Son œuvre, oubliée longtemps en Europe, a exercé une influence notable en Amérique, en particulier sur les chercheurs de l'École de Chicago et sur les interactionnistes.

Ouvrages principaux : *La philosophie de l'argent* (1900) ; *Sociologie, recherches sur les formes de la socialisation* (1908) ; *Les questions fondamentales de la sociologie* (1917).

➤ **lien social, société.**

SME

➤ **change (marché des), Système monétaire européen.**

SMIC

➤ **salaire minimum interprofessionnel de croissance.**

SMIG

➤ **salaire minimum interprofessionnel de croissance.**

Smith (Adam)

Économiste classique et philosophe écossais (1723-1790), célèbre pour sa *Recherche sur la nature et les causes de la richesse des nations* (1776) ; son autre ouvrage important est *la Théorie des sentiments moraux* (1759).

Un libéralisme modéré

Tout au long des cinq livres de *La Richesse des nations*, Smith, qui donne pour objet à l'économie politique « d'enrichir tout à la fois le peuple et le souverain », se fait l'avocat d'un libéralisme modéré : critiquant les mercantilistes, il préconise le libre-échange – à partir de la théorie des avantages absolus – et le « laisser-faire ».

Un rôle pour l'État

Néanmoins, l'État doit intervenir pour assurer la sécurité intérieure et extérieure, rendre la justice, produire les infrastructures et des biens ou services utiles à la collectivité, chaque fois que l'initiative privée est défaillante (rentabilité insuffisante au niveau microéconomique), faire respecter les règles de la concurrence (mais protéger temporairement les industries naissantes de la concurrence étrangère).

La division du travail

Le fil directeur de son ouvrage est l'analyse du développement économique. Selon lui, le facteur déterminant de la croissance économique est la division du travail, illustrée par l'exemple de la manufacture d'épingles, et dont l'extension est limitée par la taille du marché.

Un marché encadré

Au livre IV, Smith décrit le fameux mécanisme de la « main invisible », c'est-à-dire le processus de régulation automatique de l'économie dans l'hypothèse d'un marché concurrentiel. Cette confiance en la main invisible ne fait pas pour autant de lui un ultralibéral : il a également insisté sur la nécessité de mettre en place les institutions en dehors desquelles le marché ne fonctionne plus efficacement.

➤ **avantage absolu (loi de l'), avantage comparatif (loi de l'), classiques (économistes), main invisible ; Annexe Ⓐ-2.**

sociabilité

Modes et formes des relations entre individus caractéristiques d'une société ou de milieux sociaux donnés. Ces relations se tissent dans des lieux et des cadres de vie variés : la rue, le lieu de travail, la famille, les associations, etc.

Le sens commun est normatif : la capacité à vivre en société, à nouer des relations. L'approche sociologique est descriptive et typologique.

Plusieurs distinctions peuvent être établies à partir de différents critères.

Sociabilité formelle et informelle

La première se développe dans des cadres sociaux plus ou moins organisés, régis par des règles formelles : une entreprise, une association culturelle ou professionnelle, une communauté religieuse. La seconde caractérise des relations non-organisées, sans spécialisation *a priori* des statuts et des rôles : rencontres d'amis, relations de voisinage, etc. À vrai dire cette distinction est relative : la sociologie des organisations a souligné la fréquence des relations informelles dans les ensembles organisés. À l'inverse, les relations informelles n'échappent pas aux codes et aux conventions et sont plus ou moins structurées.

Sociabilité privée et sociabilité publique

La première est intime, en particulier familiale et amicale ; la seconde est tournée vers l'extérieur.

Le plus souvent, le terme est associé plutôt à la seconde que l'historien M. Agulhon définit comme « l'aptitude d'une population à vivre intensément les relations publiques. »

Les formes de sociabilité selon les milieux sociaux

On peut opposer ainsi les cadres privilégiés de sociabilité populaire (relations de voisinage, fréquentation des cafés, bals) et ceux que privilégie la haute bourgeoisie (soirées mondaines, cercles, rallyes).

Les relations durables tissées dans ces cadres variés de sociabilité peuvent être à l'origine de réseaux sociaux, plus précisément de réseaux personnels.

➤ **capital social, lien social, relations humaines, réseaux sociaux.**

socialisation

Ensemble des mécanismes par lesquels les individus font l'apprentissage des rapports sociaux entre les hommes et assimilent les normes, les valeurs et les croyances d'une société ou d'une collectivité. On distingue

la socialisation primaire, ou socialisation de l'enfant, et les socialisations secondaires, processus d'apprentissage et d'adaptation des individus tout au long de leur vie.

Le processus de socialisation doit prendre en compte :

– **ce qui est transmis** : techniques élémentaires de la vie en société (élément essentiel de la socialisation de l'enfant), modèles culturels propres à une société ou à une communauté (comportements, normes, valeurs) ; la socialisation est, en ce sens, le processus d'acquisition de la culture ;

– **les mécanismes de la socialisation** : l'apprentissage (acquisition de réflexes, de savoir-faire, d'habitudes) ; l'intériorisation (faire siennes les valeurs et les normes de la collectivité), l'assimilation (l'intégration des individus aux groupes sociaux) ;

– **les agents de la socialisation** : la famille tient une place essentielle dans la socialisation de l'enfant ; elle continue à jouer un rôle important dans le déroulement des âges de la vie (apprentissage des rôles familiaux, passage de l'adolescence à l'âge adulte).

D'autres instances jouent un rôle parallèlement ou en concurrence avec la famille : voisinage, école, groupes d'âge, relations professionnelles ou collectivités spécifiques (partis politiques, communautés religieuses).

Le rôle de l'école excède largement la transmission des connaissances et l'apprentissage du savoir : l'enfant, puis l'adolescent, apprend des règles de conduite dans un groupe social élargi et prend conscience de la réalité complexe d'une collectivité ; on peut faire le même raisonnement à propos des milieux de travail.

Les processus de socialisation sont intimement liés aux systèmes culturels : les manières d'agir, de penser, de sentir, diffèrent selon les sociétés.

Au sein d'une société, les modes de socialisation diffèrent également. En dehors des communautés primitives, les sociétés sont loin d'être uniformes, elles sont traversées par des clivages sociaux importants auxquels correspondent des différences de condition, des conceptions particulières de la vie collective, des oppositions de valeurs ; cette situation peut engendrer des conflits, par exemple à propos des règles d'éducation et des normes de civilité : « enfants mal élevés », « adultes grossiers », autant d'expressions qui trahissent des conflits socioculturels dérivés de différences de modèles de socialisation.

Un processus continu

P. Berger et T. Luckmann distinguent **socialisation primaire** (celle de l'enfant et du jeune) et **socialisation secondaire** (celle de l'adulte) pour souligner que ce processus se poursuit tout au long de la vie : une fois adulte, l'individu fait l'apprentissage du monde du travail et des différents statuts et rôles associés à la vie conjugale et familiale.

➤ **acculturation, culture, culturalisme, famille, personnalité, Simmel.**

socialisme

1 Système socio-économique qui a caractérisé l'Union soviétique à partir de 1917 ainsi que certains pays qui se sont inspirés de ce modèle : Cuba, Chine, etc.

2 Mouvement politique hétérogène né au XIXe siècle du rejet du système capitaliste et de ses injustices sociales et cherchant à bâtir par la réforme ou la révolution une société où les hommes vivraient réconciliés dans l'égalité des droits et des conditions.

3 Projet socialiste qui cherche à réaliser l'objectif précédent par la priorité accordée à l'intérêt général sur l'intérêt particulier, au plan sur le marché, au secteur collectivisé sur le secteur privé, au progrès social sur le profit.

4 Phase transitoire révolutionnaire, pour le marxisme-léninisme, succédant au capitalisme, et première phase, dite inférieure, du communisme : elle est caractérisée par la socialisation des forces productives, le travail cessant d'être une marchandise, et par le dépérissement des classes et de

l'État de dictature du prolétariat issu de la révolution. Marx ne s'est jamais dit socialiste, mais communiste.

Aujourd'hui, le socialisme prend essentiellement la forme de la social-démocratie (partis socialistes français, espagnol, PSD allemand, parti travailliste britannique, etc.) : elle se caractérise, plus ou moins selon les pays, par son réformisme, par son souci d'approfondir la démocratie, par le choix d'une économie mixte, par des politiques économiques souvent d'inspiration keynésienne, par sa référence large au monde du travail (au-delà des seuls ouvriers), par ses liens avec les syndicats réformistes.

➤ **anarchisme, communisme, démocratie, Marx, transition du socialisme au capitalisme.**

société

1 **[sciences humaines] Collectivité organisée d'individus régie par des règles et des institutions propres, structurée par des rapports sociaux donnés (division du travail, échanges, différenciations sociales, relations et conflits de pouvoir) et fonctionnant comme une entité plus ou moins distincte.**

Au sens élémentaire, minimal : « il y a société [...] partout où il y a action réciproque des individus » (G. Simmel). Cette définition se rapporte plutôt à la vie en société qu'à la société globale.

Le terme de société dans son sens global qualifie :

– **soit des entités singulières** dotées d'un pouvoir (État ou autorité souveraine) et d'une identité propres : la société française, la société brésilienne, les Yanomami ou Guayaki d'Amazonie ou les Peuls d'Afrique Noire ;

– **soit des ensembles sociétaux** qui partagent à un certain degré des traits socio-culturels, économiques et politiques communs : les sociétés dites primitives, la société industrielle, la société occidentale, la société communiste, etc. Cette acceptation est proche des notions de système social, d'aire culturelle ou encore de civilisation.

Il est également nécessaire de distinguer société et nation. Le concept de nation n'émerge véritablement qu'à la fin du XVIIIe siècle avec la Révolution française et la « nationalisation » des monarques. Elle implique l'existence d'un État moderne, d'une « conscience nationale », le sentiment d'un patrimoine commun.

Un concept qui a fait son temps ?

D'aucuns diagnostiquent un effacement de la société comme ensemble structuré.

Deux ensembles de tendances lourdes sont avancées pour étayer cette idée.

• **La mondialisation et/ou la globalisation**. La montée en puissance des réseaux économiques transnationaux, le poids croissant des instances internationales et des entités régionales (Union européenne entre autres), l'ampleur des flux migratoires, des échanges médiatiques et culturels dissolveraient la réalité et la représentation d'une société comme entité cohérente et distincte. Sur ce point, la remise en cause de la notion de société vise davantage les formes nationales, c'est-à-dire la coïncidence entre société et État-nation que les types de structuration des rapports sociaux.

• **« La crise de l'idée de société »** (F. Dubet) procéderait également du déclin des institutions, de la dissolution des collectifs traditionnels (classes, églises...,), des processus d'individualisation. Les individus ne seraient plus conditionnés par un ensemble de normes et de valeurs collectives, les forces centripètes l'emporteraient sur les forces de cohésion. Cette vision est controversée.

Si les processus d'individualisation, la différenciation et la plasticité croissantes des sphères sociales invitent plus que jamais à abandonner les visions organiciste et fonctionnelle de la société, l'espace social aux différents niveaux d'observation (société locale, globale, internationale), reste structuré par des rapports sociaux et des rapports de force qui font société.

➤ **nation, organicisme, post-modernité, système social.**

2 [sens juridique] **Personne morale créée par un contrat conclu entre plusieurs personnes (associés) qui décident d'agir en mettant en commun du travail et/ou du capital afin d'en partager les profits (ou les pertes éventuelles).**

REMARQUE : une **personne morale** se distingue des **personnes physiques** qui la constituent et/ou agissent en son nom. Elle a un patrimoine propre et le droit d'ester (agir) en justice pour défendre ses intérêts matériels ou moraux. Son patrimoine et ses intérêts sont distincts de ceux des personnes physiques qui l'ont constituée.

Il existe différents types de sociétés :

Pour certaines, c'est la personnalité des associés qui prévaut.

Société en nom collectif : deux ou plusieurs personnes s'associent pour créer une activité ; elles sont solidaires et responsables sur leurs biens des dettes sociales. La société exerce son activité sous une raison sociale composée du nom des associés ou du nom de l'un d'eux suivi de « et compagnie ».

Société en commandite simple : constituée par des commandités et des commanditaires ; les commanditaires ne sont responsables des dettes de la société qu'à concurrence de leurs apports représentés par des parts ; les commandités sont dans la même situation que les associés en nom collectif.

Pour d'autres, ce sont les capitaux qui comptent en priorité.

Société en commandite par actions : le ou les commandités, responsables sur leurs biens des dettes de la société, ont derrière eux des actionnaires qui ne sont tenus pour responsables qu'à concurrence de leurs apports représentés par des actions.

Société anonyme : le capital est divisé en actions ; les actionnaires au nombre minimal de sept ne sont responsables qu'à concurrence de leur apport (montant des actions qu'ils détiennent).

Société à responsabilité limitée (SARL) :

– *SARL à plusieurs associés :* les associés ne sont responsables des dettes de la société que dans la limite de leurs apports. Le capital est divisé en parts sociales et les associés ne peuvent céder leurs parts sans le consentement des autres associés ;

– *entreprise unipersonnelle à responsabilité limitée (EURL) :* il n'y a qu'un associé dont la responsabilité est limitée au montant de ses apports

➤ **action, société anonyme.**

société agraire

Société où prédominent la production agricole, une population qui en vit (paysannerie) et des rapports socio-économiques centrés sur la répartition et l'exploitation de la terre.

Le terme agraire qualifie en général les structures foncières et les modes de répartition de la terre. Cette notion qualifie des sociétés préindustrielles très diverses. Dans le cadre européen, peuvent être qualifiées d'agraires l'économie domaniale de la société féodale basée sur le servage et la société d'Ancien Régime marquée par le rapport seigneurial.

Autre vocable usité : **société paysanne**. L'accent est alors mis sur les caractéristiques sociales et culturelles de la population agricole. Cette expression s'emploie aussi pour désigner le monde relativement clos et spécifique de la communauté rurale au sein d'une société globale déjà largement urbaine et industrielle (par exemple, la France du XIXe siècle).

➤ **agriculteur, paysannerie, société traditionnelle.**

société anonyme

Société de capitaux, créée en France par la loi du 24 juillet 1867. Elle doit être composée d'au moins sept personnes, chaque associé n'étant responsable que dans le cadre du capital qu'il a apporté, et qui se concrétise par une ou plusieurs actions.

Une société anonyme (S.A) est dirigée par un conseil d'administration choisi par

l'assemblée générale des actionnaires. Le conseil d'administration désigne un président qui assure la direction de la société.
La loi du 24 juillet 1966 a créé des sociétés à directoire, dans lesquelles le conseil d'administration est remplacé par un conseil de surveillance qui désigne un directoire de cinq membres au plus.
Les sociétés anonymes, qui ont connu un essor rapide dès la fin du XIXe siècle, ont été un outil puissant de collecte de la petite épargne et ont favorisé le développement du capitalisme moderne.

➤ **action, société [sens juridique].**

société civile

Ensemble formé par les réseaux, les associations, et les acteurs individuels indépendants de l'orbite politico-étatique proprement dit (l'État, ses appareils, les partis, les élus) mais intervenant, selon des modalités diverses, sur les enjeux économiques, sociaux, culturels et les « problèmes de sociétés ».

Définie ainsi, la société civile constitue l'espace intermédiaire entre la sphère strictement privée (famille, réseaux individuels) et l'espace régenté par la puissance publique.
La notion est mouvante dans le temps et selon les configurations socio-politiques. Elle émerge au XVIIIe siècle parallèlement à l'ébranlement du pouvoir monarchique et à l'affirmation de l'État moderne. La sujétion au pouvoir central doit être compensée par l'autonomie active des citoyens. Avec la montée en puissance de la bourgeoisie, la société civile fut souvent associée à la sphère marchande et opposée à l'État soupçonné de vouloir la réglementer.
Aujourd'hui, le retour de l'expression connote plutôt le besoin de répondre aux inerties de l'État et à la crise de la représentation politique par des débats citoyens sur les réformes, les politiques publiques, les « problèmes de société ».

➤ **association, libertés publiques, démocratie, Annexe A-55.**

société d'économie mixte

Société dans laquelle sont associés capitaux publics (État, collectivités locales) et capitaux privés : Société des Aéroports de Paris par exemple.

➤ **économie mixte.**

société de consommation

Société dont le ressort principal est la consommation des ménages sans cesse stimulée par les nouveautés et l'omniprésence de la publicité.

La société de consommation s'apparente à la cinquième étape de la croissance envisagée par Rostow : « l'ère de la consommation de masse » ; en tant que telle, et comme d'autres notions (« société industrielle » ou « société postindustrielle »), elle est présentée comme un point d'aboutissement de toute société, ce qui est discuté.
Elle peut laisser entendre que la société a atteint l'abondance : or, certains font remarquer que de nombreux besoins sont insatisfaits ; d'autres que la véritable abondance réside dans la limitation maîtrisée des besoins, ce qui est tout le contraire des sociétés actuelles.
Elle semble s'apparenter à la théorie du consommateur-roi, celui-ci dirigeant la production par sa demande ; or, elle correspond à une société dominée par les entreprises qui orientent les choix du consommateur pour assurer des débouchés à leur production (filière inversée).

➤ **besoin, consommation, effet d'imitation, fordisme, Galbraith, politiques publiques, Rostow, société postindustrielle ; Annexe Ⓐ 25.**

société éthique

➤ **éthique.**

société industrielle

Société caractérisée par la place importante de la grande industrie dans la production et les structures économiques.

• **Notion** construite sur l'opposition à la (aux) société(s) traditionnelle(s) et englobant aussi bien les économies de marché que les économies centralement planifiées ; R. Aron dégage les traits communs aux unes et aux autres : séparation du lieu de travail et du cercle familial, division du travail interne à l'entreprise, accumulation du capital, calcul économique rationnel, concentration ouvrière sur le lieu de travail.

• Plus largement, la notion vise les caractéristiques socioculturelles en rapport direct ou indirect avec les caractéristiques économiques : différenciation sociale et complexité institutionnelle (spécialisation des institutions : École, Santé, Administrations, etc.), rationalisation et bureaucratisation des organisations, rythme soutenu du changement et valorisation de l'innovation (économique ou culturelle), rapport de plus en plus indirect au milieu naturel, etc.

➤ **révolution industrielle, société postindustrielle, société traditionnelle.**

société lignagère

➤ **société segmentaire.**

société paysanne

➤ **société agraire.**

société postindustrielle

Société où les activités de services prennent une part prépondérante dans la production (PIB) et dans l'emploi.

La notion doit être relativisée : l'industrie reste un centre névralgique des sociétés développées ; une part importante des activités tertiaires constitue en réalité le prolongement direct de la production industrielle : marketing, ingénierie, services techniques, recherche appliquée, etc.

Beaucoup de ces activités, autrefois assumées par les entreprises industrielles, sont aujourd'hui confiées à des entreprises spécialisées et du même coup recensées comme activités tertiaires.

Plusieurs auteurs lient le phénomène de tertiarisation à une transformation du système économique et social, notamment D. Bell, essayiste américain connu pour avoir introduit cette notion (*Vers une société postindustrielle*, 1976). Selon lui, cette société serait marquée par la prédominance des spécialistes et des techniciens et l'importance du savoir comme source d'innovation et d'élaboration politique. De son côté, A. Touraine identifie société postindustrielle et « société programmée » (poids des appareils bureaucratiques).

➤ **post-modernité, service(s), société industrielle, Touraine.**

société primitive

(« primitif » : du lat. *primus*, « qui est premier »)

Désigne communément une société sans écriture, de taille réduite, à faible développement technique, reposant sur des activités de subsistance liées à l'exploitation directe de la nature (chasse, cueillette, agriculture de jardin, élevage pastoral). Notion plus restreinte que celle, très large, de société traditionnelle.

Relativement homogène socialement (les divisions du travail et les différences sociales sont absentes ou peu marquées), sans pouvoir politique centralisé (sociétés sans État), elle est structurée essentiellement par les rapports de parenté qui déterminent les droits des individus sur le sol, les obligations de donner et de recevoir, les relations d'autorité, etc.

Les critères énumérés ci-dessus sont approximatifs ; les sociétés dites primitives sont très diverses et il est difficile de les délimiter rigoureusement.

En effet, des sociétés, que l'on peut qualifier à certains égards de primitives, connaissent des formes de pouvoir centralisé plus ou moins développé telles les royautés africaines des XVe-XVIIIe siècles).

Les conquêtes coloniales, l'expansion du « monde développé » conduisent à l'extinction progressive de ces sociétés selon des modalités diverses : phénomènes d'acculturation, ethnocide, voire génocide.

Si elle constitue un progrès par rapport à celle de « société sauvage », la dénomination de société primitive reste problématique. Le qualificatif « primitif » connote, de part son étymologie, une humanité dans l'enfance, qui n'en est qu'à ses débuts. Or, les sociétés « primitives » connaissent une organisation sociale originale et complexe et des systèmes de représentations aussi riches que ceux des sociétés économiquement développées.

➤ **acculturation, culture, économie de subsistance, ethnocide, société traditionnelle ; Annexe Ⓐ-46.**

société salariale

➤ **salarisation.**

société segmentaire

Société constituée en lignages (on dit aussi *société lignagère*) ; le qualificatif « segmentaire » fait référence à la subdivision périodique de lignages en segments, c'est-à-dire en nouveaux lignages issus de tel ou tel descendant d'un ancêtre. Les différents segments sont regroupés éventuellement en clans.

- Type de société traditionnelle que l'on rencontre souvent en Afrique noire, mais aussi en Asie et en Amérique parmi les populations indiennes.

Ces sociétés ne connaissent pas de pouvoir politique centralisé.

- « Le lignage forme la charpente de l'organisation sociale » (H. Mendras).

Le système de production (répartition des tâches, distribution de la terre) est fonction de l'organisation interne des lignages : les rôles sociaux sont dépendants de la position dans le groupe lignager.

➤ **filiation, lignage.**

société traditionnelle

1 Notion très générale recouvrant l'ensemble des sociétés préindustrielles (sociétés primitives, sociétés marchandes et guerrières, sociétés agraires ou paysannes, etc.).

Très différentes à maints égards, elles sont regroupées sous cette étiquette par opposition à la société industrielle. La division du travail y est moins développée.

Elle est réduite à la division par sexe et par classe d'âge dans les sociétés primitives, à la division par métiers dans de nombreuses sociétés agraires.

La tradition est valorisée, elle est source d'autorité et de légitimité ; ces sociétés connaissent le changement, mais son rythme est lent, guère perceptible à l'échelle d'une génération.

2 Milieu ou sous-ensemble de la société peu touché par le changement que connaît la société globale.

Dans la France du XIXe siècle, la société rurale est encore largement traditionnelle (coïncidence de l'unité économique et de la cellule familiale, relations d'interconnaissance, autonomie culturelle, etc.), en dépit des changements qui l'affectent (intégration progressive dans le marché national, progrès agricole et exode rural, scolarisation...).

Dans le Tiers monde, on oppose souvent « secteur moderne » et « secteur traditionnel », impliquant un dualisme à la fois économique, social et culturel.

➤ **Ancien Régime économique, dualisme des pays en développement, économie du développement, société agraire, société industrielle, société primitive, Tiers monde.**

sociétés de bourse

Sociétés créées par la loi du 22 janvier 1988 et qui, se substituant aux anciennes charges d'agents de change, assurent le fonctionnement du marché boursier français.

La loi de janvier 1988 remplace les agents de change par les sociétés de bourse ; depuis le 1er janvier 1992, elles ont perdu le monopole de négociation des valeurs mobilières (de nouvelles sociétés peuvent être agréées audelà des charges d'agents de change). Leur capital est donc ouvert, en particulier aux banques, afin de leur procurer un accès direct aux marchés des valeurs mobilières ; de permettre aux sociétés de bourse de se financer sur le marché monétaire et de renforcer leurs fonds propres.

La Société des Bourses françaises est chargée de l'organisation et du fonctionnement matériel et administratif du marché boursier.

L'association professionnelle des sociétés de Bourse constitue l'organisation professionnelle des sociétés de Bourse et les représente.

Le Conseil des Bourses de valeurs est l'autorité disciplinaire des sociétés de Bourse et participe avec l'AMF, autorité des marchés financiers, à la réglementation et à la surveillance du marché boursier.

➤ **Autorité des marchés financiers, bourse des valeurs, indicateurs boursiers, marché financier.**

sociologie

Science des phénomènes sociaux, des mécanismes qui président à leur déroulement ou encore des comportements des individus en tant qu'acteurs sociaux.

L'origine de la sociologie

Des grands systèmes aux problématiques « à moyenne portée » (Merton)

L'origine de la sociologie est liée aux bouleversements qu'ont connus les sociétés européennes entre la fin du XVIIIe et le début du XIXe siècle (Révolution française, révolution industrielle). Est mise au premier plan l'idée que les sociétés sont soumises au changement.

Jusqu'au début du XXe siècle, les fondateurs de la sociologie bâtissent de vastes ensembles théoriques ayant pour ambition d'énoncer des lois d'évolution des sociétés (Comte, Tocqueville, Marx et, dans une certaine mesure, Durkheim et Weber).

Sans renoncer à l'élaboration théorique, les sociologues contemporains se donnent des objectifs à la fois plus modestes et plus précis, comme rendre compte d'un aspect du système social, quitte à le replacer ensuite dans un cadre plus global telles que les formes de la sociabilité populaire, l'évolution des modèles familiaux, la formation d'un groupe social (cadres)...

Délimitation

Par phénomènes sociaux, il faut entendre toutes les manifestations de la réalité sociale, autrement dit les formes selon lesquelles les hommes vivent et s'organisent en société : manières collectives de faire, de sentir, de penser, division sociale du travail, différenciation en groupes, rapports sociaux, fonctionnement des institutions, changement social... Le champ de la sociologie est très vaste, il interfère largement avec ceux étudiés par d'autres sciences sociales (ethnologie, histoire, géographie humaine, économie). Sa spécificité réside dans la mise en évidence de régularités collectives, dans l'établissement de relations fonctionnelles ou symboliques entre faits sociaux. Exemples : inégalité des chances devant l'école en fonction de l'origine sociale ; fonction symbolique des pratiques religieuses...

Démarche

Avec l'ethnologie, la sociologie met l'accent sur la relativité socioculturelle : toute collectivité a une représentation du monde, des valeurs et des orientations qui lui sont propres ; on ne peut ainsi expliquer les comportements sociaux en invoquant une nature humaine ou une rationalité économique universelles.

En postulant parallèlement la spécificité de la réalité sociale par rapport aux individus qui en sont partie prenante, le sociologue entend expliquer les faits sociaux par d'autres faits sociaux (et non par des facteurs psychologiques).

Si, avec Durkheim, la sociologie met l'accent sur la contrainte sociale imposant aux individus leurs sentiments et leurs comportements (statuts hérités, rôles assignés, valeurs modelées par l'environnement), à l'inverse elle entend montrer que toute réalité sociale est le produit des interactions humaines : en ce sens, les individus et les groupes sont acteurs ; en s'écartant des rôles prescrits par les institutions, ils façonnent les « situations sociales ». Ces deux postures, souvent présentées comme opposées, ne sont pas forcément antinomiques : les individus sont à la fois conditionnés et co-créateurs des règles et des institutions.

Méthodologie

Comme d'autres praticiens en sciences sociales, le sociologue doit construire son objet. Le fait sociologique ne s'apparente ni à la réalité sociale brute, ni aux « problèmes sociaux ». Un objet de recherche est défini et construit en fonction d'une problématique permettant de soumettre à une interrogation systématique les aspects de la réalité ainsi mis en relation.

En se proposant d'étudier les rapports entre l'école et la structure sociale, P. Bourdieu construit les concepts de culture légitime et de capital culturel qui permettent d'établir, de façon systématique les mécanismes de la reproduction sociale.

Les méthodes d'investigation sont en partie communes à celles d'autres sciences sociales, le sociologue privilégiant cependant les techniques d'entretien, la production et/ou l'exploitation de données statistiques, l'observation directe ou l'intervention sous diverses formes.

Auteurs fondateurs de la sociologie classique Tocqueville, Marx, Weber, Durkheim	
Courants théoriques recensés dans cet ouvrage	**Auteurs rattachés à ces courants**
Culturalisme	Linton, Warner
École de Chicago	W.Thomas, R.Park
Fonctionnalisme	Malinowski, Parsons, Merton
Structuralisme	Levi-Strauss, Bourdieu
Interactionnisme	Goffman, H. Becker
Individualisme méthodologique	Popper, Boudon

Domaines de la sociologie

La professionnalisation des sciences sociales explique pour une bonne part le développement de branches particulières de la sociologie qui ont précisé leur problématique et leurs méthodes : sociologie politique, urbaine, religieuse, du travail, des organisations, de la famille, de l'école, etc.

Les rapports sont très étroits avec la psychologie sociale et l'ethnologie. Pour Durkheim et Mauss, cette dernière est un prolongement de la sociologie appliquée aux sociétés « primitives ».

Orientations théoriques

On n'observe pas, comme en économie, une division systématique en écoles de pensée (néo-classiques, keynésiens, marxistes...). Si l'on peut distinguer un certain nombre de grands modèles épistémologiques et théoriques, souvent communs aux sciences sociales (voir tableau ci-dessus), ceux-ci ne recoupent que partiellement les orientations doctrinales : le positivisme durkheimien, par exemple, est revendiqué à la fois par des sociologues « conservateurs » et des sociologues influencés par le marxisme.

L'opposition entre « holisme » et « individualisme méthodologique » est récente (années 1980) et a été abusivement mise en avant.

Les problématiques de l'acteur, loin de correspondre à un parti pris théorique unitaire, renvoient à des démarches fort diverses (paradigme du choix rationnel, interactionnisme symbolique, schéma marxien du conflit de classes, etc.).

➤ **anthropologie, culture, enquête, ethnologie/ethnographie, psychologie sociale ; Annexe Ⓐ-31 à 60.**

sociologie économique

Ensemble d'approches et d'analyses centrées sur les cadres sociaux des faits économiques comme le fonctionnement des marchés, les organisations économiques ou les articulations entre réseaux sociaux et sphère productive.

Terme proche : socio-économie.

Ces analyses sont menées tant par des sociologues que par des économistes refusant la réduction de leur discipline aux modèles de l'action rationnelle. Comme telle, la sociologie économique constitue une discipline à la charnière de la science économique et de la sociologie.

Les propositions de base de la sociologie économique sont clairement énoncées par Mark Granovetter, sociologue américain contemporain : « l'action est toujours socialement située et ne peut pas être expliquée par les seuls motifs individuels » ; « les institutions sont construites socialement » (in *Beyond the Marketplace*, 1990).

L'évolution de la sociologie économique

Outre les apports de l'économie classique (Smith, Marx), **on peut repérer historiquement entre la fin du XIXe et le début du XXe**, une première vague de travaux qu'on pourrait regrouper sous cette dénomination, qu'il s'agisse de sociologue comme Durkheim et Max Weber, d'anthropologues comme Karl Polanyi et Marcel Mauss ou de socio-économistes comme Simiand, Veblen et Commons.

À partir des années 1960-1970, une sociologie économique qualifiée de nouvelle *(« New Economic Sociology »)* se revendique comme telle aux États-Unis. Mais sous cette étiquette ou sous d'autres, des programmes de recherche se multiplient également en Europe. Parmi les principales thématiques, on relève l'encastrement social des relations marchandes (expression empruntée à K. Polanyi), les organisations et structures économiques comme institutions socialement construites (Williamson, Aglietta et Orléan), les relations entre liens sociaux et recherche d'emploi (Granovetter), entre capital social et réseaux sociaux (Bourdieu en France, Putnam et Coleman aux États-Unis). **Par ailleurs, des courants comme *l'École de la Régulation ou l'Économie des Conventions*,** peuvent être considérés comme partie prenante de la sociologie économique.

➤ **capital social, conventions (théorie des), institutionnalisme, Polanyi, régulation (École de la), Weber.**

sociométrie

École psychosociologique, fondée par l'Américain Moreno, ayant pour objet l'étude des relations interpersonnelles dans les groupes restreints en faisant appel à des techniques de mesure quantitatives (test sociométrique, établissement d'un sociogramme, etc.).

socio-styles

Typologie de styles de vie élaborée, au cours des années 1980, par le Centre de communication avancée (CCA) dans le cadre des études de marché.

À partir de caractéristiques socio-démographiques et de questions portant sur les pratiques et les aspirations des individus, est établie une carte de quatorze « socio-styles » (ou modes de vie) regroupés en cinq grandes familles : « Matérialistes », « Égocentrés », « Rigoristes », « Décalés » et « Activistes ». Plusieurs critiques ont pointé le caractère arbitraire des appellations et la reprise, ici et là, sous un vocabulaire nouveau, de thèmes classiques de la sociologie (par exemple, les analyses de Max Weber sur les relations entre styles de vie et groupes de statut.

➤ **genre de vie, Weber.**

solde migratoire

Différence entre le nombre d'individus résidents (nationaux ou étrangers) qui sont entrés sur le territoire national et le nombre d'individus qui en sont sortis au cours de l'année. Le solde migratoire et l'accroissement naturel expliquent les variations de la population totale.

➤ **accroissement naturel, variations de la population.**

solidarité

1 Sentiment d'appartenance à une communauté conduisant à faire cause commune

avec ses membres, à leur porter assistance dans l'adversité ; plus globalement, affirmer ses liens avec un groupe : solidarité professionnelle, solidarité de classe.

2 [sens politique] **Dispositifs créés et/ou mesures prises pour assurer la prise en charge par la collectivité d'individus ou de groupes ne pouvant subvenir à leurs besoins ou frappés par des sinistres divers.**

La protection sociale peut être considérée comme un système de solidarité minimale entre bien-portants et malades, actifs occupés et chômeurs, etc. Avec la montée d'un sous-emploi massif ont été développées des « politiques de solidarité » envers les individus exclus de facto de la protection sociale : le RSA en est l'élément le plus important.

➤ **protection sociale, revenu de solidarité active (RSA).**

solidarité mécanique et solidarité organique

Termes forgés par Durkheim pour saisir l'évolution des liens sociaux parallèle à celle de la division du travail.

– **La solidarité mécanique**, typique des communautés traditionnelles de taille réduite, est un lien par similitude : l'absence de division du travail, l'indifférenciation sociale font que les individus sont interchangeables et leurs croyances identiques. « La personnalité individuelle est absorbée dans la conscience collective. »

– **La solidarité organique**, caractéristique des sociétés industrielles, est un lien par complémentarité : une division du travail largement développée entraîne l'interdépendance de chacun vis-à-vis des autres et de la société ; en même temps, la spécialisation des activités développe plus largement la personnalité individuelle tout en multipliant les échanges entre individus et en créant entre eux « tout un système de droits et de devoirs ».

Contestable du point de vue ethnologique (vision pour le moins sommaire des sociétés traditionnelles), l'analyse de Durkheim a l'intérêt de montrer que la société industrielle inaugure un mode de relation nouveau entre les individus, indépendant des sociabilités locales et « primaires ».

➤ **division du travail, organicisme.**

solvabilité

Capacité d'un agent à honorer ses dettes.

REMARQUE : ne pas confondre une situation d'insolvabilité (insuffisance structurelle de revenus pour honorer ses dettes) avec une situation d'illiquidité (défaut momentanée de liquidités : problème de trésorerie).

solvabilité (ratios de)

Relations obligatoires entre les fonds propres d'une banque et ses engagements destinés à éviter les risques de crise bancaire.

Ratio Cooke

Pour réduire le risque de crise bancaire (faillites bancaires), voire de panique bancaire (ruée aux guichets des déposants), un ratio de solvabilité des banques, dit **ratio Cooke**, a été défini par le Comité de Bâle de la BRI (Banque des règlements internationaux) : c'est le rapport des fonds propres (apportés par les actionnaires ou résultant des bénéfices mis en réserve) aux engagements, portés au bilan, ou hors bilan (crédits dont le montant calculé est pondéré du risque correspondant à chaque créance). Le principe est celui d'une couverture des engagements pris par les banques (les fonds qu'elles ont prêtés ou les garanties qu'elles ont accordées) par un minimum de ressources propres. Les banques, à partir du 31 décembre 1992, se sont engagées à respecter un ratio prudentiel de solvabilité au moins égal à 8 %. Les établissements de l'UE ont été tenus de respecter un **ratio européen de solvabilité**, variante du ratio Cooke. À partir de 1996, la notion de risque a été étendue, toujours dans le cadre du ratio Cooke, aux risques de marché, puis étendue à partir de 1998 aux produits dérivés.

Les insuffisances du ratio Cooke ont conduit à la mise en place d'une nouvelle réglementation prudentielle dans le cadre du Comité de Bâle II, présidé par l'Américain Mac Donough.

Ratio Mac Donough

Si l'on parle désormais de **ratio Mac Donough** (Bâle II), il faut bien comprendre qu'il ne s'agit pas d'une nouvelle valeur attribuée au ratio qui reste fixée à 8 %. Ce qui change, ce sont essentiellement les règles de pondération des risques en fonction des types de crédits. Par exemple, les exigences de fonds propres sont diminuées pour le crédit à la consommation, le crédit hypothécaire, les crédits aux PME, voire les crédits aux grands groupes industriels, mais seulement dans la mesure où ils disposent d'une bonne notation par les agences de *rating*. En revanche les nouvelles règles seront plus défavorables aux engagements en crédits aux États considérés comme plus risqués, ou dans les opérations interbancaires.

➤ **agence de notation, Banque des règlements internationaux (BRI), régulation économique.**

sondage

Technique consistant à analyser un échantillon pour en déduire les traits caractéristiques de la population dont il est issu.

Les sondages d'opinion cherchent, à partir d'un questionnaire précis, à observer les mouvements de l'« opinion publique », notamment dans le domaine politique et électoral. Nés aux États-Unis entre les deux guerres mondiales, les sondages d'opinion ont connu un développement rapide en France à partir des années 1960.

➤ **échantillon, item, opinion publique, panel, quotas (méthode des).**

sous-culture

Ensemble de valeurs, de représentations et de comportements, propres à un groupe social ou à une entité particulière, par opposition au système culturel de la société globale. Outre les cultures de classes (culture ouvrière, culture bourgeoise) ou de milieux sociaux plus restreints (les mineurs, les enseignants...), on parle également de culture religieuse, régionale, juvénile, de culture de minorités ethniques. Le terme est pris dans son sens anthropologique et non dans son acception restrictive (on emploie aussi le terme de sub-culture).

S'agissant des classes et des milieux sociaux, l'accent est mis sur les relations entre l'insertion dans le système productif, les conditions matérielles d'existence et ce qu'il est convenu d'appeler « la vie hors travail ». La sous-culture peut se comprendre alors comme aménagement d'un espace propre (relativement) compte tenu des contraintes (ou des opportunités) des membres du groupe.

L'étude des sous-cultures porte en particulier sur les composantes suivantes :

– les comportements et les modèles de conduite en relations avec les valeurs intériorisées et les représentations de soi et du monde ; voir les notions d'ethos (Weber), d'habitus (Bourdieu) ;

– la conscience communautaire et les formes de sociabilité privée et publique (Hoggart) ;

– les formes expressives : créations, modelages ou accentuations originales de savoirs, de discours, de formes esthétiques (genres musicaux, décorum, etc.).

Ces formes ne sont jamais créées *ex nihilo* : partie prenante du système social global, le groupe le plus souvent adopte, emprunte, voire subit (c'est le cas des groupes dominés), les modèles culturels de ce système.

➤ **culture, ethos, habitus, héritage culturel, ouvrier, sociabilité.**

sous-emploi

Sous-utilisation d'un facteur de production, qu'il s'agisse du travail ou du capital.

Le sous-emploi du travail

• Dans la théorie keynésienne, l'équilibre de sous-emploi est une situation caractérisée par du chômage involontaire. La main-d'œuvre est sous-employée parce que les entreprises sont contraintes par leurs débouchés.

- Il ne faut pas confondre cette définition, qui prend son sens dans le cadre d'une théorie, et le problème méthodologique posé par la mesure statistique du chômage : selon le Bureau international du travail, sont en sous-emploi « les personnes pourvues d'un emploi qui travaillent involontairement moins que la durée normale du travail dans leur activité et qui sont à la recherche d'un travail supplémentaire ou disponible pour ce travail pendant la période de référence ».
- Plus généralement, sont en situation de sous-emploi toutes les personnes qui occupent un emploi mais voudraient travailler plus.

Le sous-emploi du capital

- L'analyse de la conjoncture conduit à s'intéresser aussi au taux d'utilisation du capital.

Au niveau des entreprises, après enquête auprès des chefs d'entreprise, l'INSEE calcule :
– une marge de capacité disponible sans embauche (pourcentage d'accroissement possible de la production sans travailleur supplémentaire), qui fournit une évaluation du sous-emploi du facteur travail à l'intérieur de l'entreprise ;
– une marge de capacité disponible avec embauche (pourcentage d'accroissement possible de la production avec embauche et plein-emploi du matériel disponible), qui fournit une évaluation du sous-emploi des facteurs capital et travail à l'intérieur des entreprises.

La différence entre les deux marges permet d'évaluer le sous-emploi du facteur capital (c'est l'existence de postes de travail non occupés qui constitue un indicateur du sous-emploi des machines).

- Au début d'une récession, sous-emploi du travail et sous-emploi du capital vont de pair : les entreprises licencient et du capital se trouve en « jachère ». Si la récession dure, ou si l'économie s'enlise dans une période de croissance « molle », alors les entreprises peuvent rationaliser leur appareil de production, donc réduire le sous-emploi, tandis que le chômage continue à augmenter.

➤ **chômage, Keynes, keynésianisme.**

sous-traitance

Situation dans laquelle une entreprise, le donneur d'ordre, fait exécuter par une autre entreprise, le sous-traitant, un produit intermédiaire ou une prestation.

Le recours à la sous-traitance peut s'expliquer par le souci de rechercher un producteur spécialisé (sous-traitance de spécialité), ou bien par l'existence d'excédents de demande auxquels l'entreprise ne peut faire face (sous-traitance de capacité). Dans tous les cas, le sous-traitant, une PME de façon générale, est fortement dépendant du donneur d'ordre et très vulnérable en période de crise. La sous-traitance est le moyen pour les grandes entreprises d'extérioriser une partie des difficultés qu'elles rencontrent.

➤ **PME/PMI.**

souveraineté

Qualité de l'être, réel ou fictif, au nom de qui est exercé le pouvoir. La souveraineté est, en dernière instance, le plus souvent assimilée au pouvoir exercé par l'État.

En régime démocratique, la souveraineté émane de la Nation (« souveraineté nationale »), ou du peuple (« souveraineté populaire ») par le canal de la représentation citoyenne.

La notion de souveraineté selon Jean Bodin

La formulation de la notion de souveraineté remonte au XVIe siècle, sous la plume de Jean Bodin, consécutivement à l'affirmation de l'État monarchique. Cette forme d'État s'impose progressivement vis-à-vis des pouvoirs ecclésiastiques et seigneuriaux et tend à monopoliser les attributs du pouvoir politique (lever les impôts, battre monnaie, promulguer les lois, assurer l'ordre, rendre la justice).

Selon Jean Bodin, « la souveraineté est la puissance absolue et perpétuelle d'une République » (au sens de gouvernement de la chose publique), puissance qui ne saurait être limitée dans ses prérogatives et qui se manifeste indépendamment des personnes qui sont en charge de gouverner.

Aussi longtemps que les États se sont perçus isolément dans l'espace international, la définition de la souveraineté nationale décrira la qualité de l'État de n'être obligé ou déterminé que par sa propre volonté dans les limites du principe supérieur du droit et de ses frontières. Depuis la fin de la seconde guerre mondiale les facteurs d'érosion de cette conception classique de la souveraineté se sont multipliés, laissant place à une conception nouvelle de la souveraineté dont l'UE constitue l'exemple le plus achevé. En effet, si la souveraineté nationale est désormais limitée par des réalités extérieures aux nations (internationalisation croissante de nombreuses questions politiques ; mondialisation des économies impliquant la recherche de règles et de normes communes ; gestion planétaire de risques (environnement, flux migratoires, trafics...), elle l'est également par les processus d'auto limitation de souveraineté consentis par les États au titre de leurs engagements internationaux. Ainsi dans l'UE, le développement d'une conception partagée de la souveraineté concernant les pouvoirs économiques, sociaux, culturels ou politiques que les États membres ont librement transmis aux autorités européennes.

➤ **démocratie, État, pouvoir.**

spécialisation internationale

➤ **avantage absolu (loi de l'), avantage comparatif (loi de l'), division internationale du travail [DIT].**

spéculation

Transaction effectuée dans la perspective d'une variation de prix à la hausse ou à la baisse, dont l'objectif est de réaliser un gain en capital.

- Il existe un grand nombre d'actifs qui peuvent donner lieu à spéculation : les immeubles, les matières premières, les valeurs boursières, les monnaies... La spéculation est rendue plus facile par les opérations à terme qui, par définition, introduisent un décalage temporel entre le moment de la conclusion du contrat et son exécution.
- Certaines opérations se situent à la marge de la spéculation ; un exportateur français, détenteur de devises et anticipant une hausse de ces devises par rapport à l'euro, peut retarder le moment où il convertira ces devises en euros. Il ne s'agit pas à proprement parler d'opération de spéculation dans la mesure où les devises acquises proviennent d'une opération commerciale, mais l'objectif et le résultat en sont les mêmes : l'opérateur espère faire un gain en capital et l'offre de devises est retardée.

Une définition plus large de la spéculation engloberait toutes les opérations dont un objectif est de réaliser un gain en capital.

- Certains économistes voient dans la spéculation un mécanisme sain de l'économie dans la mesure où seuls ceux qui font de bonnes anticipations sont récompensés ; d'autres en soulignent le caractère déstabilisateur : la spéculation tend à amplifier un déséquilibre initial (processus cumulatif).

➤ **bulle financière, plus-value, terme (opération à).**

stabilisateurs automatiques

Variations des prélèvements obligatoires et des dépenses publiques, induites par les variations de l'activité économique, et agissant en retour sur celle-ci de manière contracyclique.

Certains impôts, certaines dépenses publiques jouent ce rôle. En cas de récession, par exemple, les dépenses d'indemnisation du chômage, en évitant une baisse trop brutale des revenus et de la demande, contribuent à éviter un effondrement de la production et, par conséquent, une augmentation cumulative (« en spirale ») du chômage.

stagflation

Association, dans une période donnée, de l'inflation, de la stagnation de l'activité et du chômage.

Apparue au milieu des années 1960 et fortement amplifiée par l'effet à la fois inflationniste et récessif des chocs pétroliers des années 1970, la stagflation s'oppose aux formes antérieures des fluctuations économiques et contredit les enseignements de la théorie économique : dans les cycles traditionnels, ou selon la théorie keynésienne ou la courbe de Phillips, chômage et inflation sont des situations alternatives qui ne peuvent coexister.

Différentes interprétations ont été proposées de la stagflation qui, en tout état de cause, soulignent les limites d'une explication par la seule demande globale : pour certains, le niveau élevé des coûts salariaux et la rigidité des salaires expliquent à la fois la tendance à l'inflation et le niveau élevé du chômage, la demande de travail de la part des entreprises étant faible. Par ailleurs, la croissance lente, qui s'accompagne de chômage, pousse les coûts de production vers le haut. En outre, selon Malinvaud, lorsque la profitabilité est insuffisante, il est possible d'avoir, simultanément, un excès d'offre sur le marché du travail (chômage) et un excès de demande sur le marché des biens (tendance inflationniste).

L'effet des chocs pétroliers a été important : hausse des coûts et des prix par prélèvement extérieur entraînant une baisse de la demande et de l'activité internes.

➤ **déséquilibre (théorie du), Keynes, Phillips (courbe de).**

start up

Jeune entreprise dans les domaines des nouvelles technologies de l'information et de la communication censée connaître un taux de croissance rapide et souvent financée par le capital risque.

statistiques

Ensemble de données chiffrées concernant un domaine (« les statistiques de la production d'automobiles », par exemple) et l'activité de collecte, de traitement et d'interprétation de ces données.

> **Une très ancienne pratique**
>
> Le recueil de données sur la population et la production agricole remonte à la plus haute Antiquité (le premier recensement connu date de 2238 avant J.-C., en Chine) ; cependant, l'activité statistique a pris un essor important à partir de la fin du XVIIIe siècle. Le traitement et l'interprétation des données s'appuient notamment sur la théorie des probabilités et ont donné naissance à une discipline particulière : la statistique mathématique. L'apparition d'ordinateurs capables de stocker et de traiter rapidement un très grand nombre de données a permis de réaliser d'importants progrès dans ce domaine.

En France, l'INSEE, Institut national de la statistique et des études économiques, a pour principale fonction de recueillir et de diffuser l'information statistique, économique et sociale.

Une partie importante de la statistique ne suppose aucune hypothèse particulière et consiste dans l'**analyse des données**. Cette statistique descriptive représente les données sous forme de graphes (histogrammes, diagrammes en barres, graphiques chronologiques...), calcule des « valeurs centrales » qui synthétisent l'ensemble des données (moyenne, médiane...), des indicateurs de dispersion qui mesurent l'hétérogénéité d'une série (écart-type), établit des relations entre variables (régression linéaire) ou analyse simultanément les relations entre variables et les ressemblances entre les individus (analyse factorielle des correspondances).

L'autre volet de la statistique est constitué par l'**inférence statistique classique** qui prend comme point de départ des lois de probabilité auxquelles obéissent les phénomènes naturels, ce qui permet en particulier d'estimer une distribution à partir d'un échantillon, ou de tester la validité d'une relation entre variables.

➤ **écart-type ou écart quadratique, moyenne ; Annexe A-6.**

statut

En sciences sociales, notion qui renvoie à trois acceptions différentes quoique liées entre elles.

1 Situation d'un individu ou d'une catégorie d'individus définie en droit (exemples : statut des fonctionnaires, des mineurs, des étrangers).

2 Position occupée dans un cadre social donné, en fonction de critères distinctifs variés (profession ou fonction, âge, sexe, origine ethnique...) et à laquelle correspondent des attributs socialement reconnus : pouvoir ou dépendance, devoirs et droits. Tout statut, en tant qu'ensemble d'attributs, commande un ou des rôles correspondants.

En ce sens, « le même individu peut occuper [...] plusieurs statuts différents à la fois dont chacun relève des systèmes d'organisation auxquels il participe » (R. Linton) : statut professionnel (technicien), familial (chef de famille), associatif (simple adhérant ou responsable), etc.

Il peut y avoir une discordance entre les statuts occupés par un même individu : position subalterne sur le plan professionnel, poste de responsabilité dans un syndicat. On parle dans ces cas de **non-congruence des statuts**.

Chaque statut (et chaque rôle) est, le plus souvent, en rapport avec d'autres statuts (et rôles) : médecin et patient, enseignant et élève, parents et enfants. Certaines relations entre statuts sont nettement hiérarchisées dans la sphère professionnelle : cadres, intermédiaires, exécutants.

3 Situation et condition sociales résultant des positions qu'un individu occupe dans les sphères socio-économique (profession, revenu) et culturelle (niveau d'instruction, styles de vie). Le statut situe les individus dans la hiérarchie sociale et/ou la structure de classes.

À la différence du sens précédent, un individu est caractérisé par un statut social et non plusieurs. On peut le rapprocher du statut socioprofessionnel construit à partir du code des PCS bien que la notion de statut social soit plus globale.

« Groupes de statut » (Max Weber)

Max Weber distingue **situation de classe** (liée à la position dans le système de production) et **situation de statut** (position dans l'ordre social caractérisée par la distribution inégale du prestige). Ces situations engendrent respectivement les classes économiques et les « groupes de statut ». Ces derniers peuvent se distinguer ou se confondre avec les classes.

Statuts assignés/Statuts acquis

Qu'il s'agisse des statuts particuliers ou du statut social global, on oppose les statuts selon leur mode d'attribution :

– **Les statuts sont dits « assignés »** quand ceux-ci sont imputés indépendamment des choix individuels : ainsi en est-il des attributs socio-biologiques (âge, sexe, position généalogique) ou de la position sociale héritée (origine de classe et plus encore appartenance de caste ou d'ordre sous l'Ancien Régime)

– **Les statuts sont dits « acquis »** quand ils résultent des actions et des aspirations individuelles : profession, adhésion associative ou partisane.

Cette distinction, nécessaire pour l'analyse, est à relativiser : ainsi le statut des femmes a évolué (et par contrecoup celui des hommes) à travers des luttes et des remises en cause de leur condition.

À l'inverse, l'accès aux positions professionnelles est souvent conditionnée par l'origine sociale.

➤ **catégories socioprofessionnelles [CSP, PCS], classe(s) sociale(s), identité, personnalité (statutaire), rôle(s), stratification sociale.**

Stiglitz (Joseph E.)

Économiste américain contemporain, né en 1943, appartenant au courant de la nouvelle économie keynésienne. Prix Nobel d'économie en 2001.

- L'économiste Stiglitz est connu pour ses contributions à l'économie de l'information – il est de ceux qui insistèrent les premiers sur les problèmes d'aléa moral et d'antisélection –, mais aussi à l'économie publique – bien que favorable à l'économie de marché, il considère que les défaillances du marché justifient une intervention publique, par exemple en matière de santé ou d'environnement – et à l'économie du développement – il étudie les économies en transition, telles que la Russie et la Chine.
- Favorable au libre-échange, il se prononce toutefois en faveur de l'intervention de l'État en matière d'éducation et d'infrastructures. Ces contributions ne suffisent pas à le classer parmi les économistes hétérodoxes ; c'est un nouveau keynésien pragmatique, qui accorde au marché une place prééminente au sein d'une économie mixte, mais qui est hostile au discours ultra-libéral du tout marché.

Stiglitz et les institutions internationales

Déjà réputé pour ses travaux scientifiques, qui lui ont valu d'être l'un des conseillers économiques du président Clinton, Stiglitz est devenu très célèbre après avoir démissionné de son poste d'économiste en chef de la Banque mondiale, en novembre 1999, et critiqué à cette occasion la politique menée par les grandes institutions internationales, notamment le FMI et la Banque mondiale.

➤ **aléa moral, économie du développement, marché (défaillances du), nouvelle économie keynésienne ; Annexe C.**

stigmatisation

Ensemble de procédés et d'énoncés revenant à disqualifier des individus ou des catégories d'individus ; ou appellations, au départ neutres, progressivement chargées de connotations dévalorisantes (« jeunes des cités », SDF, bobos…).

Dans le champ de la déviance, les interactionnistes ont employé le terme d'étiquetage (ou désignation).
E. Goffman, de son côté définit le **stigmate** comme « tout attribut qui entraîne un discrédit profond » sur celui qui en est porteur. Il en distingue trois sources : l'infirmité du corps, une tare morale, une appartenance ethnique ou religieuse, en précisant que c'est moins l'attribut lui-même que l'écart à la norme qui conduit à une perception négative.

➤ **bobo, déviance, étiquetage, exclusion.**

stock

1 Grandeur économique mesurée à un moment donné ; ce terme s'oppose à la notion de flux.

2 [comptabilité] Ensemble des marchandises, des matières ou des fournitures, des produits ouvrés ou finis, des produits ou travaux en cours et des emballages commerciaux qui sont la propriété de l'entreprise.

➤ **flux.**

stock options

Possibilité donnée par une entreprise à certains salariés (en général cadres dirigeants) de souscrire ou d'acheter des actions de leur propre entreprise à un prix fixé une fois pour toutes, et cela pour une durée déterminée (5 ans en général), et donc de réaliser des gains.

Le risque encouru par le salarié est faible, puisque celui-ci ne réalise l'achat que si le prix sur le marché est supérieur au prix convenu. Pour l'entreprise, le gain du salarié (une plus-value), qui provient plus de l'évolution du marché que d'une sortie de fonds, s'accompagne pour celle-ci d'un apport en capital et constitue une forme d'incitation : en effet, les cadres sont ainsi incités à agir de telle façon que leur rémunération, et donc celle des actionnaires, s'améliore. Enfin, ce revenu subit des prélèvements sociaux et fiscaux moins importants que sur les salaires. Toutefois, les *stock options* constituent une forme de rémunération réservée à une minorité des salariés et bénéficient d'exemptions fiscales et sociales créatrices d'inégalités dans le traitement des revenus du travail.

➤ **salariat.**

stratégie d'entreprise

Ensemble de décisions prises par une entreprise, définies par rapport à des objectifs hiérarchisés, articulées les unes aux autres et coordonnées au cours du temps sur une période de moyen ou long terme.

• L'analyse stratégique des entreprises se démarque nettement du traitement de l'entreprise dans l'analyse microéconomique la plus simple. Au lieu de considérer l'entrepreneur comme purement passif par rapport au jeu du marché, l'analyse stratégique suppose que l'entreprise – et l'entrepreneur – dispose de marges de manœuvre : son environnement lui impose des contraintes, mais elle a des choix et elle est en mesure d'influencer son environnement ; la stratégie résulte d'une interaction de l'entreprise et de son environnement. En outre, l'analyse microéconomique traditionnelle tend à privilégier un objectif, la recherche du profit à court terme, alors que l'analyse stratégique envisage la conduite de la politique de la firme au cours du temps et par rapport à des objectifs variés et hiérarchisés.

• La démarche stratégique suppose au préalable une analyse de l'environnement, y compris les règles du jeu, afin d'identifier les menaces et les opportunités pour l'entreprise. Elle passe par la mise en évidence des forces distinctives et des faiblesses relatives de l'entreprise par rapport à ses concurrents. Ce qui permet de délimiter les actions possibles en termes d'objectifs et de moyens mis en œuvre.

➤ **concentration, concurrence pure et parfaite, économie industrielle, entreprise, gestion.**

stratégie Europe 2020 (ou UE 2020)

Stratégie adoptée par le Conseil européen de juin 2010, visant à développer en dix ans au sein de l'Union Européenne une croissance « intelligente, durable et inclusive ».

• Elle réforme et prolonge la précédente stratégie de Lisbonne par une gouvernance plus étroite au sein de l'Union européenne. En outre, au lendemain de la récession économique de 2007-2010 qui a dévoilé les faiblesses structurelles de l'Europe, elle entend faire face aux contraintes de la globalisation et au vieillissement de la population, tout en s'engageant sur la voie d'une croissance innovante, respectueuse de l'environnement et du bien-être social.

• Les grands axes de la stratégie sont la promotion des industries sobres en carbone, l'investissement dans le développement de nouveaux produits, l'exploitation des possibilités de l'économie numérique, la modernisation de l'éducation et l'amélioration du taux d'emploi (objectif global : passer à au moins 75 % en 2020).

➤ **Union européenne.**

stratification sociale

1 Ensemble des différenciations sociales associées aux inégalités de richesses, de pouvoir, de savoir, de prestige et déterminant la division de la société en groupes de droit ou de fait.

La division en classes est un système de stratification parmi d'autres, comme les sociétés d'ordres sous l'Ancien Régime ou le système de castes en Inde.

Plusieurs systèmes de stratification peuvent s'entremêler. Par exemple, dans la France de l'Ancien Régime, la division juridique en ordres (noblesse, clergé, tiers état) se double d'une division en classes (aristocratie foncière, bourgeoisie marchande, paysannerie).

2 Analyse en termes de strates, alternative à celle en termes de classes. En ce sens, la stratification désigne un agencement de groupes multiples, hiérarchisés en fonction de critères divers (revenus, diplômes, rapport au pouvoir, prestige).

À la différence de la théorie des classes, cette analyse met l'accent sur la gradation régulière des positions (l'expression « échelle sociale ») et l'absence d'oppositions tranchées entre les groupes. Cette analyse est privilégiée par les courants sociologiques qui refusent de faire de l'exploitation et de la domination les ressorts de la division sociale.

➤ **caste, classe(s) sociale(s), groupe social, hiérarchie, prestige, statut ; Annexe Ⓐ-44.**

structuralisme

[en sciences sociales et spécialement en anthropologie] **Perspectives privilégiant l'analyse des relations qu'entretiennent les éléments d'un système (parenté, mythes, groupes, etc.). Ces perspectives rendent compte des structures tant sociales que symboliques des sociétés humaines.**

Initialement, le structuralisme anthropologique a pris pour modèle d'analyse la linguistique structurale.

La linguistique structurale

Fondée par F. de Saussure, elle définit la langue comme un système diacritique (qui sert à distinguer) dont les éléments (phonèmes, morphèmes) sont en rapport d'opposition significative.

La structure

C'est en même temps l'organisation symbolique d'un système concret et le modèle formel que construit l'anthropologue. Les éléments d'un système ne sont pas significatifs en eux-mêmes, mais acquièrent un sens de position dépendant des relations qui les unissent et les opposent.

Ainsi, la structure est une combinaison d'éléments telle « qu'une modification quelconque de l'un d'entre eux entraîne une modification de tous les autres » (Lévi-Strauss, *Anthropologie structurale*).

L'analyse structurale

Elle n'étudie pas les phénomènes conscients mais leur infrastructure largement inconsciente, c'est-à-dire une réalité qui échappe largement à la conscience des acteurs sociaux, même si ces derniers se soumettent à leur insu aux règles qui caractérisent un système social.

Le **structuralisme** postule que tout échange social, réalité fondamentale des sociétés humaines, est analogue aux règles d'échanges linguistiques. Ainsi, la signification des règles de mariage ne peut être saisie en les considérant comme des coutumes étranges et singulières, mais en recherchant les relations qu'elles entretiennent dans les systèmes de parenté et plus généralement dans l'échange social. L'analyse structurale a été appliquée à de nombreux domaines : mythes, pratiques rituelles, systèmes culinaires, faits littéraires, idéologies..., réalités culturelles facilement assimilables à un univers de signes.

Structuralisme génétique

Au delà du champ anthropologique, on peut caractériser les perspectives structuralistes comme la mise à jour d'un ordre latent qui structure les sociétés et les systèmes de représentations.

En sociologie, l'œuvre de P. Bourdieu est souvent présentée comme relevant d'un **« structuralisme génétique »** ou d'un **« constructivisme structuraliste »** (cette dernière expression est de lui). L'influence de l'anthropologie structurale est décelable, surtout dans ses premiers travaux : les comportements et les pratiques des agents dépendent avant tout des positions occupées et du système de positions.

Assez vite, cependant, il s'est éloigné de certains présupposés du structuralisme « orthodoxe ». Les pratiques ne sont pas réduites à être l'expression des contraintes structurales. Guidés par un « sens pratique », les individus font des choix, déploient des stratégies dans les limites assignées par leurs positions et les champs dans lesquels ils opèrent. Ces stratégies peuvent déboucher sur « des luttes collectives qui visent à transformer ou à conserver (les) structures » (*Choses dites*, 1987).

➤ **Bourdieu, Lévi-Strauss, mariage, mythe, parenté, structure, symbole ; Annexe A-46.**

structure

Ensemble intégré d'éléments interdépendants formant système ; ces éléments sont caractérisés par leurs proportions relatives et leurs relations.

La structure économique, par exemple, peut être caractérisée par la part respective et l'interdépendance des secteurs primaire, secondaire, tertiaire, par la part et l'interdépendance des petites, des moyennes et des grandes entreprises...

Il ne serait pas possible d'étudier une structure si les relations entre les éléments changeaient continuellement ; par exemple : on opposera la structure d'une économie capitaliste à celle d'une économie socialiste, ou la structure d'une économie développée à la structure d'une économie sous-développée.

Mais stable ne signifie pas immuable : il est donc légitime d'analyser la dynamique d'une structure, c'est-à-dire son évolution sur une longue période. Ainsi, on peut étudier la structure économique d'un pays avant la révolution industrielle et caractériser celle-ci par la domination du secteur primaire, puis montrer comment s'effectue le passage à une structure caractéristique d'une économie industrielle.

Structural ou structurel ?

L'utilisation de la notion de structure ne signifie pas nécessairement que l'on procède à une analyse structurale.

Un phénomène est dit structurel lorsqu'on le considère dans la relation au tout auquel il appartient et qu'il s'inscrit dans la longue durée : par exemple, l'inflation structurelle n'a pas une cause unique et localisée, elle est l'expression, au niveau global, de multiples tensions économiques et sociales.

Les structuralistes cherchent plutôt à mettre en évidence des ***relations structurales***, qui ne renvoient pas directement à la réalité étudiée mais au modèle théorique conçu par le chercheur. Ainsi Lévi-Strauss cherche à « retrouver derrière le chaos des règles et des coutumes un schème unique, présent et agissant dans des contextes locaux et temporels différents ».

➤ **conjoncture, structuralisme, structure sociale, système économique.**

structure de marchés

➤ **marchés (structure de).**

structure sociale

Répartition de la population en groupes sociaux différenciés dans une société à une époque donnée.

L'expression renvoie d'abord au mode de stratification (société de castes, d'ordres, système de classes) ; le terme « structure » amène à préciser la composition interne de l'ensemble considéré, à savoir l'importance relative de tel ou tel groupe social par rapport aux autres (place prépondérante de la paysannerie dans les sociétés préindustrielles, importance des classes moyennes salariées dans la société française actuelle, etc.).

En France, la structure sociale – et son évolution – est couramment appréhendée par la répartition de la population en catégories socioprofessionnelles.

➤ **catégories socioprofessionnelles (CSP), classe(s) sociale(s), stratification sociale.**

style de vie

Manières de vivre, codes de conduite propres à un groupe social. Si la notion de genre de vie est associée en priorité aux conditions matérielles et environnementales d'existence, celle de style de vie insiste sur les comportements, les formes de socia-

bilité et les normes et valeurs gouvernant les conduites.

En rapportant le style de vie aux valeurs fondamentales de certaines catégories, Max Weber forge la notion d'ethos : ainsi l'ethos des milieux puritains du XVIIe siècle se caractérise-t-il par un style de vie ascétique (austérité, rigidité morale, propension à l'épargne). Le style de vie a partie liée avec la distinction : les conduites, les goûts, la consommation ne prennent véritablement leur sens que rapportés au souci qu'ont les individus et les groupes de se démarquer d'autrui et de s'affilier à leur groupe d'appartenance. Ce thème jalonne la sociologie depuis Veblen et Weber jusqu'à Baudrillard et Bourdieu.

➤ **culture, ethos, genre de vie (ou mode de vie), sociabilité, Veblen ; Annexe Ⓐ-35, 37.**

sub-culture

➤ **sous-culture.**

subprimes

➤ **crise des *subprimes*.**

subsidiarité

Principe de partage des compétences qui articule les différentes strates du pouvoir par un système de priorités emboitées du plus petit au plus grand et du plus proche au plus distancié.

Au plan de l'action publique, ce principe conduit à ne pas choisir un échelon supérieur pour réaliser ce qui peut être fait au moins aussi bien à un échelon inférieur. Les niveaux plus élevés de l'action publique n'étant mobilisés que s'il est démontré que les objectifs visés ne peuvent être atteints de manière efficace par les échelons inférieurs. Mis en place par le Traité de Maastricht, le principe de subsidiarité repose sur l'idée qu'une action communautaire ne doit intervenir qui si l'objectif concerné ne peut l'être de manière satisfaisante au niveau national, régional ou local.

➤ **État, Union européenne (institutions de l').**

substitution des biens et des facteurs

1 Deux biens sont des substituts s'ils peuvent satisfaire le même besoin (café ou thé) ; mais ils sont complémentaires s'ils doivent être consommés ensemble pour satisfaire un besoin donné (café et sucre).

Le taux (marginal) de substitution entre deux biens X et Y correspond à la quantité maximale de biens Y que le consommateur est disposé à échanger contre une unité supplémentaire du bien X, tout en conservant le même niveau de satisfaction.

2 En ce qui concerne les facteurs de production, la substituabilité est la possibilité de remplacer une quantité donnée d'un facteur de production par une quantité d'un autre facteur tout en conservant le même niveau de production.
Lorsqu'une quantité donnée d'un facteur est nécessairement associée à une quantité fixe d'un autre facteur, il y a au contraire complémentarité.

Le taux (marginal) de substitution entre facteurs est le taux auquel on peut substituer un facteur à un autre sans que la production varie. Comment réagit le consommateur si le prix d'un bien ou d'un service augmente ou baisse (toutes choses égales par ailleurs)? Soit une hausse du prix du bien X ; deux effets sont possibles :
– la hausse du prix conduit le consommateur à réduire sa consommation de X au profit d'un autre bien, substitut du premier, c'est l'**effet-substitution** ;
– la hausse du prix réduit le pouvoir d'achat du revenu, donc les quantités de bien X que ce revenu permet d'acheter, c'est l'**effet-revenu**.
Dans le cas du producteur, la **substitution capital/travail**, ou substitution du capital au travail, s'explique par la hausse du prix relatif du travail (les coûts salariaux trop élevés apparaissent alors comme une cause de chômage).

➤ **élasticité, indifférence (courbe d'), production (facteurs de).**

subvention

Transfert réalisé par l'État au profit d'une entreprise ou d'une association.

- **subventions d'équilibre :** compensent un déficit de l'entreprise ;
- **subventions d'équipement :** constituent une participation à des frais d'établissement ou d'immobilisation ;
- **subventions d'exploitation :** ont pour but de compenser une insuffisance de recettes (par exemple, les subventions à la SNCF pour compenser les réductions accordées aux familles nombreuses), d'alléger certaines charges ou d'encourager certaines activités.

superstructure(s)

1 Concept forgé par Marx pour désigner les formes juridiques de la propriété, l'État, les structures politiques, les représentations sociales et les idéologies. Cet ensemble d'éléments s'édifie sur la base de l'« infrastructure » socio-économique, c'est-à-dire les forces productives et les rapports de production.

2 Plus généralement, la superstructure désigne les aspects culturels, spirituels, idéologiques, de la vie des hommes en société, par opposition aux aspects matériels.

➤ **infrastructures, Marx.**

supervision bancaire

La supervision bancaire consiste à veiller à ce que les banques et assurances respectent bien l'ensemble des règles de fonctionnement de la loi bancaire en place et des normes prudentielles du Comité de Bâle.

En Europe, chaque pays possède son propre système de supervision. En France, c'est l'Autorité de Contrôle Prudentiel qui assure cette activité. Or, le degré élevé d'intégration financière de la zone euro ne permet plus une telle disparité qui expose à des dysfonctionnements et crises, les difficultés d'une banque nationale diffusant et affectant rapidement les établissements financiers d'autres pays. Pour remédier à ces risques, les ministres des finances de la zone euro ont décidé, fin 2012, de créer une supervision bancaire unique dans la zone euro garantissant les mêmes règles aux 200 plus grosses institutions financières de la zone, ainsi que les mêmes mesures correctives en cas de défaillance. Premier pas vers une union bancaire européenne, la Banque centrale européenne (BCE) exercera les missions de surveillance concernant la stabilité financière des banques concernées.

➤ **BCE, Comité de Bâle.**

surplus

Différence entre la production totale au cours d'une période et la part de cette production nécessaire à un nouveau cycle de production (matières premières, remplacement du capital, entretien de la main-d'œuvre).

- Soit un paysan qui a semé et récolté du blé : sur cette récolte, il doit prélever la semence de la prochaine récolte, de quoi vivre jusqu'à la prochaine récolte, de quoi rémunérer les facteurs de production qu'il a utilisés (engrais, amortissement du matériel, etc.) ; une fois soustrait de la production totale tout ce qui est nécessaire à un nouveau cycle de production, dans le cadre d'une reproduction à l'identique du système, il reste un **surplus**, un **surproduit**, un **produit net**.
- Une partie de ce surplus peut être investie afin d'augmenter les capacités de production (ensemencement d'une nouvelle parcelle, achat d'un tracteur supplémentaire, etc.), mais tout ou partie du surplus peut être accaparé par d'autres groupes sociaux que les producteurs directs : le capitaliste prélève un profit, l'usurier un intérêt, l'État un impôt, le clergé une dîme, etc. On comprend donc que la croissance économique dépende à la fois du montant et de l'affectation du surplus. Ce problème a été principalement étudié par les économistes classiques et par Marx.

➤ **Marx, physiocratie.**

Le surproduit chez Marx

La notion de surplus est générale. Chez Marx, le surproduit renvoie logiquement à la notion de surtravail (travail gratuit effectué en plus du travail nécessaire à la reproduction de la force de travail, le travail qui crée le produit que s'approprient les capitalistes).

surproduction

Situation économique dans laquelle le niveau de la production est supérieur à celui de la demande solvable.

Pour Marx et les auteurs marxistes, les crises du système capitaliste sont des crises de surproduction, qui résultent des caractéristiques de l'accumulation du capital.

➤ **crise, Marx, marxisme.**

swap

(de l'angl. *to swap*, « échanger, échange financier »)

Échange d'obligations réciproques nées d'un contrat. Par exemple, deux États qui souhaitent obtenir chacun de la monnaie de l'autre, ou deux entreprises qui souhaitent profiter des avantages de collecte de fonds de l'autre, concluent des *swaps*.

symbole

1 Élément (figure, emblème) qui évoque une réalité concrète (exemple : le toit pour la maison) ou, le plus souvent, une entité abstraite (la balance, symbole de la Justice). Les symboles entrent dans la catégorie générale des signes.

2 Objets (biens symboliques), actes (conduites symboliques), productions culturelles (mythes), qui entendent signifier quelque chose de relatif à une organisation sociale donnée.

À ce niveau, il est difficile de distinguer les éléments proprement symboliques. Les biens matériels, les actions ont souvent une dimension symbolique au-delà de leur fonction instrumentale.

Les symboles remplissent ainsi des fonctions de communication, de participation, de distinction, voire d'exclusion.

Système symbolique

Anthropologues et sociologues désignent par système symbolique l'ensemble structuré des éléments symboliques propres à une société. Ces éléments, loin d'être juxtaposés les uns par rapport aux autres, sont reliés entre eux, forment un système et fonctionnent ensemble comme un langage articulé. Ils définissent un système culturel. « Toute culture peut être considérée en ensemble de systèmes symboliques, au premier rang desquels se placent le langage, les règles matrimoniales, les rapports économiques. » (Lévi-Strauss).

L'ordre symbolique est en partie inconscient. Son explication est une construction de l'observateur.

Domination symbolique

Certains sociologues, comme Bourdieu et d'autres auteurs proches de lui, parlent de domination symbolique pour désigner les modalités idéologiques et culturelles par lesquelles la classe dominante, ou plus largement les classes supérieures, renforcent leur position et légitiment l'ordre social : ainsi en est-il de l'école et, plus généralement, de la culture savante.

➤ **Lévi-Strauss, signe, structuralisme.**

syndicalisme

Ensemble des phénomènes liés à l'existence et à l'activité des syndicats : mouvements revendicatifs, actions de représentation, organisation des travailleurs, luttes politiques à caractère social.

Historiquement, le syndicalisme est d'abord celui du groupe ouvrier. Il devient progressivement un phénomène intéressant l'ensemble des salariés. Aujourd'hui, surtout en France, le syndicalisme est en proie à une crise profonde.

Origines et affirmation du syndicalisme

- Le syndicalisme a partie liée avec la généralisation de l'économie de marché et l'essor parallèle du salariat. Dans un premier temps, les « coalitions » (terme désignant aussi bien les grèves que les groupements de salariés) sont illégales (cf. en France la loi Le Chapelier de 1791). Mais bien avant que les syndicats ne soient reconnus, les conflits du travail et les associations ouvrières se développent dans les principaux pays en voie d'industrialisation.

- Précoce en Grande-Bretagne (1826) et aux États-Unis (1842), la reconnaissance du fait syndical se généralise dans le dernier tiers du XIXe siècle (loi de 1884 modifiée par la loi de mars 1920 en France). Elle est suivie par la fondation des premières confédérations (les TUC en Grande-Bretagne en 1858, l'AFL aux États-Unis en 1886, la CGT en France en 1895).

Ce régime légal, plus favorable encore que celui des associations, facilite les contrats, la gestion des biens et surtout l'action en justice (droits de la partie civile).

Liens entre syndicats et partis politiques

Le premier syndicalisme s'inscrit largement dans une perspective politique, celle du mouvement ouvrier contestant le système capitaliste. En Allemagne et en Grande-Bretagne, il est étroitement lié à la social-démocratie. En France, la tradition anarcho-syndicaliste, anti-étatiste mais également méfiante vis-à-vis des partis, est dominante jusqu'à la Première Guerre mondiale. Dans plusieurs pays, dont la France, la Révolution russe, la création de partis communistes mais également l'émergence de groupements d'obédience chrétienne vont être à l'origine du pluralisme syndical.

- À l'origine, prédomine le syndicalisme de métier (regroupement d'ouvriers professionnels sur la base du métier). Avec l'essor de la production en grande série se développe un syndicalisme d'industrie (élargissement de la base syndicale et défense des intérêts communs aux travailleurs).

À partir des années 1930 et surtout après la Seconde Guerre mondiale, le syndicalisme connaît plusieurs évolutions de fond : émergence de syndicats de masse, élargissement du syndicalisme à d'autres catégories de salariés (employés, enseignants, cadres) et, surtout, institutionnalisation des relations professionnelles qui font des organisations syndicales des rouages essentiels de la régulation sociale.

Crise du syndicalisme ?

- Depuis les années 1980, plusieurs signes attestent d'une crise du syndicalisme, particulièrement aiguë en France : désaffection syndicale (forte diminution des adhérents mais aussi crise des vocations militantes), fléchissement de l'audience syndicale, perte d'image, etc., le tout sur fond de baisse des conflits et d'évolution des rapports de force défavorable aux salariés.
- Plusieurs explications peuvent être avancées : difficile adaptation à la crise économique, chômage de masse, montée des emplois précaires et donc salariés sur la défensive, rétrécissement de plusieurs bastions d'implantation du syndicalisme (automobile, sidérurgie, chantiers navals), mais aussi des tendances lourdes comme la montée des services (traditionnellement moins syndiqués), le déclin du mouvement ouvrier et une certaine méfiance des jeunes générations pour l'action collective. Enfin, on peut invoquer des raisons qui tiennent aux syndicats eux-mêmes : accentuation de la division entre centrales, effets pervers de l'institutionnalisation et des tâches de représentation hors des entreprises qui accentuent le déclin de leur présence sur les lieux de travail.

➤ **anarcho-syndicalisme, convention collective, institutionnalisation, mouvement ouvrier, relations du travail ou professionnelles, syndicats de salariés, syndicats d'employeurs et d'indépendants.**

syndicat (sens financier)

Groupement d'établissements financiers (banques, investisseurs institutionnels) agissant de concert sur le marché financier, principalement pour le placement de titres lors de leur émission.

On distingue : le **syndicat de placement** (les banques se contentent d'offrir au public les titres de la société émettrice), le **syndicat de garantie** (ses membres souscriront les titres non placés dans le public) et le **syndicat de prise ferme** (l'ensemble des titres est souscrit par les banques avant leur placement auprès du public).

syndicats de salariés

Associations assurant l'organisation et la défense des salariés pour la reconnaissance et le respect de leurs droits professionnels, économiques et sociaux.

D'abord issus du monde ouvrier, les syndicats ont ensuite gagné d'autres catégories de salariés : fonctionnaires, employés, enseignants, cadres.

Des syndicats aux confédérations

• Le terme même de ***syndicat*** renvoie à des groupements fort divers : à la base les syndicats regroupent des salariés en fonction du métier (forme première du syndicalisme aujourd'hui en déclin), de l'établissement ou de l'entreprise, (sections syndicales reconnues officiellement en 1968), mais aussi sur une base territoriale interprofessionnelle (unions locales). Les Fédérations d'industrie ou de services réunissent au plan national les syndicats des différentes branches d'activité. Parallèlement des regroupements ont lieu au plan territorial (Unions départementales ou régionales). Les fédérations de branches et les unions interprofessionnelles se regroupent enfin en Confédérations.

À coté des organisations syndicales « généralistes », se sont constituées des organisations catégorielles comme la Confédération Générale des cadres (CGC) et les syndicats enseignants (FEN, FSU).

• Au niveau confédéral, s'opposent, selon les pays, les modèles unitaires et les modèles pluralistes. Dans les pays anglo-saxons et scandinaves, une seule confédération rassemble la très grande majorité des syndicats. (les TUC en Grande-Bretagne, l'AFL-CIO aux États-Unis, La DGB en Allemagne)

Dans plusieurs pays européens (Italie, Belgique, France, etc.), le pluralisme est de règle : plusieurs confédérations sont en concurrence sur la base d'orientations différentes.

Principaux syndicats de salariés

Confédérations	Création	Origines
CGT Confédération générale du travail	1895	L'ancêtre des confédérations, a lié des relations étroites (aujourd'hui distendues) avec le PCF.
CGT-FO (Force ouvrière)	1948	Née d'une scission avec la CGT.
CFTC Confédération française des travailleurschrétiens	1919	Dite «maintenue» depuis 1964 (les minoritaires conservent le sigle, voir CFDT).
CFDT Confédération française démocratique du travail	1964	Héritière de la CFTC dont la majorité décide sa «déconfessionnalisation» en 1964.
SUD Solidaires, unitaires, démocratiques	1988	Création d'un syndicat SUD dans les PTT. Présents aujourd'hui dans plusieurs entreprises publiques et dans les banques.
UNSA Union nationale des syndicats autonomes	1993	Confédération autonome constituée autour de la FEN.
CGC-CFE Confédération générale des cadres puis Confédération française de l'encadrement (depuis 1981)	1944	Héritière des syndicats d'ingénieurs et de cadres créés dans l'entre-deux guerres.
FEN Fédération de l'Éducationnationale	1948	Affiliée à la CGT, devient autonome en 1948, lors de la scission entre la CGT et FO.
FSU Fédération syndicale unitaire	1993	Fondée par les exclus (en 1992) de la FEN.

En France, cette situation est le résultat d'une histoire complexe et de plusieurs scissions (voir tableau). Cinq confédérations (CGT, CFDT, FO, CFTC, CGC) sont reconnues « représentatives » des salariés. Un tel statut leur permet de négocier un accord qui pourra être applicable à tous les salariés appartenant au champ d'application de l'accord.

Des fonctions multiples

À différents niveaux (entreprise, branche, ensemble des professions), les syndicats cumulent plusieurs fonctions : conduite d'actions revendicatives (mais pas de monopole de l'action, du moins en France), négociation collective – que ce soit au niveau de l'entreprise ou de la branche – débouchant sur des accords pouvant servir de référence au-delà des seuls signataires (conventions collectives), fonction de « défense et recours » (assistance des salariés dans leurs litiges avec la direction de l'entreprise), gestion des œuvres sociales dans les entreprises d'une certaine taille, cogestion paritaire des caisses de sécurité sociale et d'organismes de formation, etc.

- **taux de syndicalisation :** rapport du nombre de syndiqués au nombre des actifs occupés en pourcentage. En 2011, ce taux se situait en France à 8 %, à 20 % ou plus en Allemagne, Italie, Royaume-Uni, à 50 % ou plus en Belgique, au Danemark et en Suède.

syndicats d'employeurs et d'indépendants

Associations assurant la représentation et la défense des intérêts économiques des dirigeants d'entreprise et des travailleurs indépendants.

En France **les principaux syndicats patronaux de l'industrie et des services** sont :

– **le MEDEF** (Mouvement des entreprises de France) issu du CNPF (Conseil national du patronat français). En font partie des fédérations de branche comme la puissance UIMM (Union des industries métallurgiques et minières) ;

– **la CGPME** (Confédération générale des petites et moyennes entreprises) ;

– **le SNPMI** (Syndicat national des petites et moyennes industries) ;

– **le CIDUNATI** (Centre d'information et de défense/Union nationale des travailleurs indépendants).

Dans le monde agricole : **la FNSEA** (Fédération nationale des syndicats d'exploitants agricoles) dont fait partie le **CNJA** (Centre national des jeunes agriculteurs) ; d'autres organisations contestent son hégémonie comme la Confédération paysanne créée en 1987 (opposée au productivisme) et la Coordination rurale créée en 1991 en réaction contre les nouvelles orientations de la PAC.

synergie

Complémentarité ou coopération de différents éléments permettant une plus grande efficacité. En économie, l'expression « synergie » est employée pour souligner les effets de la concentration, la réunion d'unités de production permettant d'atteindre une efficacité supérieure à la somme des efficacités élémentaires. En ce sens, cette notion est proche de celle d'économie d'échelle.

La synergie peut opérer sans concentration ou réunion, entre entités distinctes mais rapprochées, notamment spatialement, dans le cadre des technopoles, entre entreprises et universités.

➤ **rendement.**

système bancaire

Ensemble des établissements bancaires d'un pays. Les systèmes bancaires sont en général hiérarchisés avec, à leur tête, une Banque centrale, qui joue le rôle de prêteur en dernier ressort.
En France, il comprend la Banque de France et l'ensemble des établissements de crédit.

➤ **banque.**

système économique

Mode général d'organisation, c'est-à-dire institutions, mobiles et mécanismes qui régit

l'activité économique (production, échanges, répartition des richesses).

• Ces différents éléments constituent un ensemble relativement cohérent. Ainsi le système capitaliste et le système d'économie centralement planifiée, précédés historiquement par d'autres systèmes (économie de subsistance, économie marchande à dominante agricole...).

Éléments constitutifs d'un système économique

• **Les institutions** recouvrent les règles juridiques régissant l'activité des agents (propriété privée des moyens de production, droits des contrats en système capitaliste) ainsi que l'intervention du pouvoir central.

• **Les mobiles** renvoient à la fois aux objectifs généraux et aux comportements dominants (maximisation du profit pour l'entreprise capitaliste par exemple).

• **Les mécanismes** désignent les modes de régulation de l'activité économique (le marché dans le système capitaliste, le plan dans le système socialiste).

• **On peut également inclure les moyens techniques** dans les éléments caractéristiques d'un système. Cependant, les mêmes techniques peuvent être utilisées dans des systèmes économiques différents.

• Un système économique revêt des formes diverses dans le temps et dans l'espace. On distingue par exemple le capitalisme libéral et le néocapitalisme en soulignant les différences qui les séparent quant aux formes de la concurrence, au rôle de l'État, à la structure de l'appareil productif, etc.

De même, on parle de système américain, japonais pour spécifier les formes particulières que revêt un système économique selon les pays ou les régions.

• Dans ces cas, on utilise parfois l'expression de **régime économique** qui désigne une variante concrète d'un système économique.

• Le concept marxiste de **mode de production** est proche de la notion de système économique.

➤ capitalisme, économie de subsistance, mode de production, système productif.

Système européen de banques centrales [SEBC]

Association, dans le cadre de l'union économique et monétaire européenne, de la BCE et des Banques centrales des pays de l'Union européenne, membres ou non de la zone euro.

➤ BCE, Union économique et monétaire européenne.

système financier

Ensemble des institutions et des activités financières qui contribuent à la création et aux échanges de capitaux. Il comprend le système bancaire.

➤ économie d'endettement, financement.

Système monétaire européen [SME]

Volet monétaire de la construction européenne créé en 1979, il succède au serpent monétaire européen. Le principal objectif du SME était d'instaurer une zone de stabilité monétaire, suite à la disparition du système monétaire international de Bretton Woods. Il se caractérisait par un système de parités bilatérales fixes et ajustables (ou cours pivot) établies à partir de l'ECU, unité de compte du système. Le SME est remplacé par l'Union monétaire européenne en 1999.

➤ écu, Union économique et monétaire européenne.

Système monétaire international [SMI]

Ensemble de règles et d'institutions définissant les modes de détermination du cours des monnaies et la nature des réserves internationales. Un système monétaire international peut être codifié, lorsqu'il résulte d'une négociation internationale, comme

celle de Bretton-Woods, ou résulter de décisions unilatérales des États. Un système monétaire international peut être unifié si tous les pays concernés ont le même régime de change, ou hybride si les pays ont adopté des régimes de change différents.

Les grands types de régimes de change

On distingue tout d'abord les régimes de parités fixes et les régimes de flottement.

• **Régimes de parités fixes (ou de changes fixes)**

Dans ces régimes, il existe une parité officielle autour de laquelle les cours effectifs des monnaies ne doivent que faiblement varier.

Les régimes de parités fixes avec étalon se différencient par la nature de l'étalon. Trois grands systèmes sont envisageables :

– **L'étalon-or** (*Gold standard*) : les parités des monnaies sont fixées par rapport à l'or et l'or constitue une monnaie internationale qui sert au règlement des échanges et comme instrument de réserve. Deux formes d'étalon-or :

– *le Gold Specie standard* : la convertibilité de la monnaie en or est assurée ; se fait pour les pièces de métal ; il y a donc simultanément convertibilité interne et externe ;

– *le Gold Bullion standard* : la convertibilité de la monnaie en or n'est réalisée qu'au niveau du lingot ; la convertibilité interne a disparu ; mais une garantie or est donnée aux étrangers détenteurs de monnaie nationale.

– **Un double étalon : étalon de change or** (*Gold Exchange standard*) ; les parités sont fixées par rapport à l'or ou à une devise (par exemple le dollar) ; la convertibilité s'opère à deux niveaux : les monnaies sont convertibles dans la devise étalon et celle-ci est convertible en or.

– **Un étalon devise, par exemple l'étalon-dollar** (*Dollar standard*) : les parités sont fixées par rapport à la monnaie étalon ; les monnaies sont convertibles en devise étalon mais celle-ci est inconvertible.

Des **régimes de parités fixes sans étalon**, lorsque les parités officielles des monnaies se définissent deux à deux, comme ce fut le cas dans le système monétaire européen de 1979 à 1999.

• **Les régimes de flottement (ou de changes flottants)**

Les monnaies n'ont pas de parité officielle ; leur cours se forme sur le marché des changes en fonction des offres et des demandes. Il existe deux sous-systèmes de flottement :

– **Le flottement administré** : les autorités monétaires peuvent intervenir sur le marché des changes pour réguler la formation du cours en achetant ou en vendant des devises.

– **Le flottement pur** : dans ce système, les autorités monétaires n'interviennent pas sur le marché des changes pour réguler la formation du cours. Ce système est essentiellement une construction théorique élaborée par les auteurs monétaristes qui décrivent un système idéal d'autorégulation.

Parité fixe ou flottement ?

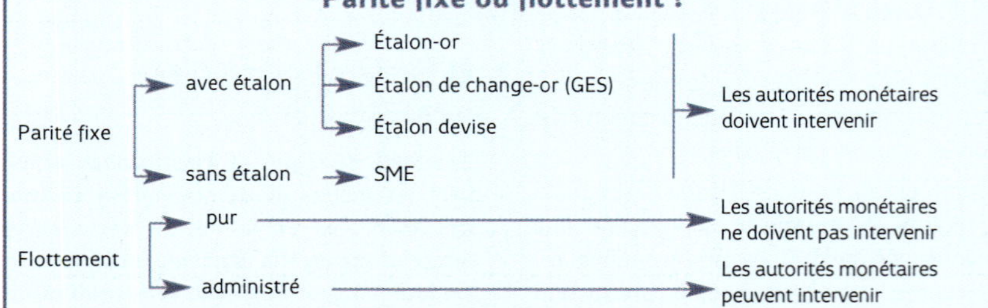

Le système monétaire actuel

• Un système basé sur la multiplicité des monnaies…

Il est issu du système de Bretton-Woods, système de *Gold Exchange standard*, dans lequel les monnaies étaient convertibles à taux fixes par rapport au dollar, lui-même convertible en or. Avec la suspension de la convertibilité en or du dollar en 1971 et l'adoption de changes flottants en 1973 à l'initiative européenne, un nouveau système monétaire international s'est installé *de facto*, sans qu'une conférence internationale n'en définisse les règles du jeu. Les accords de la Jamaïque en 1976 se bornent à entériner le flottement des monnaies et à démonétiser l'or. C'est un système qui repose sur une pluralité de régimes de change, certaines monnaies flottent, et non les moindres (dollar, euro, yen…), d'autres sont définies par rapport à une monnaie (zone dollar, zone euro…) ou un panier de monnaies. La création de l'euro en 1999 constitue un fait majeur dans l'évolution du système monétaire international : les taux de change entre les pays européens inclus dans la zone euro disparaissent, une deuxième monnaie internationale voit le jour ; toutefois l'hégémonie du dollar n'est pas remise en cause et le flottement perdure.

• … et leur flottement

C'est, en effet, le flottement des monnaies qui constitue la caractéristique essentielle du système monétaire international actuel : les grandes monnaies flottent (dollar, euro, yen, livre sterling…) et les zones de parités fixes ne concernent que des espaces économiquement secondaires (monnaies rattachées au dollar, franc CFA rattaché à l'euro…). Le flottement se traduit par des variations très amples des taux de change des monnaies et tout particulièrement du dollar. Le flottement des monnaies est générateur d'incertitudes et crée un milieu favorable à l'apparition de situations dans lesquelles les taux de change, sous l'influence des politiques et de la spéculation, s'éloignent des données fondamentales des économies. Toutefois, l'adoption de changes flexibles est liée à des rivalités au sein de l'économie mondiale qui impliquent les divergences de politique économique et la remise en cause de l'hégémonie jusque-là incontestée du dollar. Cependant, le dollar reste aujourd'hui un pilier du système monétaire international ; il a perdu son rôle d'étalon mais il est la première monnaie de facturation, de libellé des opérations financières et la première monnaie de réserve.

• … dans une forte dépendance au dollar

Il en résulte que le système monétaire et, de façon plus générale, l'économie mondiale sont fortement dépendants des fluctuations du dollar : celui-ci influe sur les courants d'échange, la facture pétrolière, l'inflation par les coûts, le poids des dettes en dollar… Mais le dollar est fortement dépendant des politiques menées par les dirigeants américains qui choisissent à certains moments une

Chronologie sommaire du système monétaire international

XIXe siècle →	1914 →	1940-1944 →	1971 →	1973	1999-2013 →
Étalon-or Bimétallisme	*Gold Bullion* *Gold Exchange standard*	*Gold Exchange standard*	*Dollar Standard*	Flottement Système hybride	
Hégémonie britannique	Rivalités entre devises	Dollar roi	Hégémonie du dollar…		malgré la montée de l'euro
Régulation par déflation	Déflation Dévaluation Protectionnisme	Régulation par le déficit américain	Régulation partielle par le flottement des monnaies		

politique de dollar faible ou une politique de taux d'intérêt élevé et de dollar fort. L'instabilité monétaire reste profonde, qu'elle soit latente ou déclarée, en dépit de projets, toujours remis en chantier, d'un nouveau Bretton Woods.

➤ **Bretton-Woods (accords de), Mundell (triangle d'incompatibilité de), Union économique et monétaire européenne.**

système productif

1 Ensemble des unités de production résidant sur un territoire économique national donné et caractérisé par certaines proportions entre, par exemple, PME et grandes entreprises, secteurs primaire, secondaire, tertiaire ; ou bien encore entre entreprises sociétaires et individuelles, donneuses d'ordre et sous-traitantes, etc. Par exemple : le système productif français.

2 Mode d'organisation de la production en tant que mise en cohérence d'un mode d'organisation du travail et d'un système technique. Par exemple : le système productif proto-industriel, le système usinier (*factory system*), le système de spécialisation souple.

À ne pas confondre avec la notion, voisine, de « modèle productif » défini comme « un compromis de gouvernement d'entreprise qui permet de mettre en œuvre l'une des stratégies de profit viables dans le cadre des modes de croissance des pays où les firmes organisent leurs activités, avec des moyens (politique-produit, organisation productive, relation salariale) cohérents et acceptables par les acteurs concernés. »

➤ **mode de production, structure, système économique.**

système social

Ensemble lié des rapports sociaux, du mode de division en groupes, des institutions économiques (relations de travail), politiques, socio-culturelles (famille, école, pratiques religieuses, etc.), des valeurs fondamentales enfin, propre à une ou plusieurs sociétés : système tribal africain, système soviétique, système social japonais...

Système social et organisation sociale sont deux expressions synonymes.

➤ **culture, régulation sociale, société [sciences humaines] ; Annexe A-50.**

T

tableau d'échanges inter-industriels

➤ **TES ; Annexe Ⓐ-16.**

tableau des opérations financières

➤ **TOF.**

tableau entrées-sorties

➤ **TES.**

tabou

➤ **interdit.**

tarif extérieur commun

➤ **Union économique et monétaire européenne.**

taxe

Synonyme d'impôt.

taxe sur la valeur ajoutée [TVA]

Impôt sur la consommation dont le principe consiste à taxer un produit sur la valeur qui lui est ajoutée par les entreprises qui participent aux différentes étapes de sa production. Son montant est payé par le consommateur.

• **Exemple :** soit, une entreprise qui vend un bien hors taxes 600 €.
Dans le cas d'une TVA au taux de 19,6 %, elle fera payer à l'acheteur :
600 € + (600 x 0,196 = 118 € de TVA) soit 718 €.
Mais la fabrication de ce bien, lui a coûté :
400 € + (400 x 0,196 = 78 € de TVA), soit 478 €.
Elle reversera à l'État : 118 – 78 = 40 €.

• La TVA a été introduite en France en 1954 et généralisée en 1968.
Au 1er janvier 2014, il existe quatre taux :
– **le taux normal de 20 %** ;
– **le taux de 10 %** qui s'applique à la plupart des produits et services auparavant soumis au **taux réduit de 5,5 %** (transports de voyageurs, produits agricoles non transformés, médicaments non remboursables, hébergement en hôtel, en location meublée, en camping classé, restauration et vente de produits alimentaires préparés à emporter ou sur place, cinémas et fêtes foraines, droits d›entrée dans les zoos, musées, monuments, expositions et sites culturels) ;
– **le taux réduit de 5,5 %** qui s'applique à certains produits ou biens limitativement énumérés par la loi et considérés de première nécessité (produits alimentaires, boissons non alcoolisées, notamment l'eau, équipements et prestations pour personnes dépendantes handicapées ou âgées, abonnements relatifs aux livraisons de gaz et d'électricité, cantines scolaires) ;
– **le taux particulier de 2,1 %** qui concerne essentiellement les médicaments remboursables par la sécurité sociale, la contribution à l'audiovisuel public, les publications de presse.

➤ **impôt, valeur ajoutée.**

taxe Tobin

(en ang. *Tobin tax*)

Projet d'établir une taxe (entre 0,1 et 1 %) sur les transactions de change aux fins de freiner la spéculation sur ces marchés et de financer des programmes d'aide internationale.

L'idée de taxation des transactions monétaires a été lancée en 1978 par l'économiste anglais James Tobin pour lutter contre la spéculation. Elle a été reprise dans une optique plus radicale et plus large en 1998, en France, à l'occasion de la création de l'association ATTAC (Association pour la taxation des transactions financières et pour l'aide aux citoyens), relayée par d'autres associations au plan international. Le principe de base est simple : il s'agit de rendre significativement plus coûteuses les opérations purement spéculatives à court terme qui exigent des allers et retours rapides et nombreux entre plusieurs marchés. La réalisation d'un tel projet suppose son adoption par l'ensemble des institutions financières et des États concernés. À cet égard, ses détracteurs font valoir les difficultés techniques et politiques d'instauration d'une telle taxe à l'échelle internationale.

Une taxe mondiale contre la faim et la pauvreté

• En septembre 2004, lors de l'Assemblée générale des Nations Unies à New York, la France, le Brésil, le Chili et l'Espagne ont lancé une initiative en faveur de la création d'une taxe mondiale pour financer la lutte contre la faim et la pauvreté. Objectif : prélever 50 milliards de dollars par an, sur les 40 000 milliards de PIB mondial, pour venir en aide aux quelque 2,8 milliards de personnes vivant avec moins de 2 dollars par jour. Plusieurs taxes sont envisagées : sur les transactions financières, les ventes d'armes, les bénéfices des firmes multinationales, les émissions de gaz à effet de serre, sur le transport aérien ou maritime...

• Les participants reprennent ainsi une idée de certaines ONG qui considèrent que la reconnaissance de biens publics mondiaux (la paix, la santé publique, l'eau, la justice sociale, la stabilité financière, etc.) implique ce type de financement.

• La France a été, avec le Chili, la première à instituer dès 2006 « un prélèvement international de solidarité sur les billets d'avion ».

➤ **changes (marché des), globalisation, spéculation.**

taxinomie

Science de la classification des objets (animaux, production, etc.).

Taylor (Frederick W.)

Ingénieur américain (1856-1915), Frederick W. Taylor proposa d'améliorer la productivité de la main-d'œuvre par la recherche de la méthode de travail la plus efficace (« *the one best way* »), fondée sur la séparation des tâches de conception et d'exécution : c'est l'Organisation scientifique du travail (OST), son œuvre la plus connue.

➤ **taylorisme.**

taylorisme

Découpage des tâches productives en gestes élémentaires simples qui pourront être rigoureusement contrôlés : il supprime ainsi la flânerie (*fallacy*) des ouvriers.

L'utilisation de la chaîne de production par Henry Ford, dans les années 1910, complète le taylorisme et parachève la division technique et sociale du travail qui triomphe dans le monde développé après la Seconde Guerre mondiale.

Certains auteurs considèrent que l'épuisement de ces formes d'organisation du travail a été l'un des facteurs de la crise actuelle ; ils en déduisent qu'il faut rechercher de nouvelles formes, mieux adaptées aux nouvelles techniques (informatisation, robotisation) et centrées sur la participation du travailleur (par exemple : les cercles de qualité). D'autres pensent au contraire que l'OST conserve un bel avenir et que l'on retrouve toujours à l'œuvre la même logique sociale de séparation de la conception et de l'exécution.

➤ **division du travail, fordisme, marxisme, Smith, toyotisme.**

technocratie

(du gr. *tekhnê* « art » et *kratos* « pouvoir »)

1 Système de pouvoir dans lequel les décisions sont prises par une minorité diplômée de hauts fonctionnaires ou de cadres dirigeants dont la légitimité repose sur la compétence et non sur l'élection.

2 Couche sociale détenant cette forme de pouvoir.

Les technocrates de l'appareil d'État

Les directeurs d'administrations centrales, directeurs régionaux, départementaux..., souvent plus stables dans leur fonction que les responsables politiques (ministres ou élus), peuvent tirer de cette stabilité, et de leur spécialisation, une connaissance des dossiers telle qu'ils exercent un pouvoir de fait. Cette dérive des régimes politiques a été analysée comme une perversion de la démocratie dans la mesure où la mise en jeu de la responsabilité politique, par motion de censure, dissolution, ou non réélection, n'atteint pas directement les véritables détenteurs du pouvoir, hommes de dossiers et de cabinets.

Technocratie et grandes entreprises

Dans les grandes entreprises privées, le pouvoir, dont la légitimité se fonde en théorie sur la détention du capital, semble largement aux mains des cadres dirigeants. Ces hauts salariés sont recrutés pour leurs compétences en gestion et se distinguent des capitalistes traditionnels.

Cette technocratie d'entreprise, également issue des Grandes Écoles, n'est pas séparée de celle des entreprises publiques : des passerelles existent et une carrière commencée dans la haute fonction publique peut, après passage dans un cabinet ministériel, se poursuivre à la direction d'une entreprise publique, le « pantouflage » s'achevant dans le secteur privé. Aux États-Unis, le chemin inverse, du privé vers le public, est souvent emprunté.

➤ **bureaucratie, Galbraith, technostructure.**

technostructure

Appellation donnée par l'économiste américain J. K. Galbraith dans *Le Nouvel État industriel* (1967) à la technocratie d'entreprise.

La technostructure aurait pour conséquence l'affranchissement des lois de la concurrence, la fin de la recherche exclusive du profit et la préférence pour la croissance, le recours à des techniques de planification, la concertation avec l'État et les syndicats, la collégialité des décisions.

➤ **Galbraith, technocratie ; Annexe A-25.**

tendance

(en angl. *trend*)

Mouvement général de longue durée qui anime un phénomène économique ou social, par opposition aux variations conjoncturelles, de courte durée.

Exemple : au XIXe siècle, le *trend* séculaire des prix à la baisse, malgré des phases de hausse ; depuis 1975, la tendance est à l'augmentation du chômage malgré des phases de stabilisation ou de recul, en général de courte durée.

termaillage

(en angl. *leads and lags*)

Consiste, dans les échanges internationaux, à avancer *(leads)* ou à retarder *(lags)* le recouvrement des créances ou le paiement des dettes en choisissant le moment estimé le plus favorable, compte tenu des anticipations de taux de change, pour la conversion de monnaie nationale en devise (ou l'inverse).

Exemple : un exportateur détenteur de devises (dollars) et anticipant une hausse de son cours, peut retarder leur conversion en euros de façon à réaliser un gain.

➤ **spéculation.**

terme

Horizon temporel d'une décision ou d'un contrat, échéance d'une dette ou d'un engagement.

Exemple : pour une entreprise, l'échéance des dettes à **court terme** est inférieure à un an ; dans la balance des paiements, les opérations financières dont l'échéance est supérieure à un an sont enregistrées sous l'intitulé capitaux à **long terme**.

terme (opération à)

Opération pour laquelle il y a disjonction entre la date à laquelle le contrat est conclu entre les parties prenantes et la date à laquelle ont lieu la livraison et le règlement prévus par ce contrat.

Exemple : Sur le **marché à terme des changes**, on peut acheter ou vendre, à terme, des devises au **cours d'aujourd'hui,** et donc prévoir la livraison et **le règlement à une date ultérieure :** le spéculateur qui anticipe une baisse de l'euro décide de vendre de l'euro à terme ; si la baisse a effectivement lieu, il lui suffira d'acheter, le jour de l'échéance, des euros à un cours inférieur (le cours au comptant) pour les vendre à un cours supérieur (le cours convenu lors de la passation du contrat à terme).

➤ **changes (marché des), marché à terme, marché de contrats à terme, spéculation.**

termes de l'échange

Indicateur des conditions économiques de l'échange ; appliqué à l'étude du commerce international, il indique les conditions dans lesquelles un pays échange ses importations contre ses exportations et notamment s'il doit exporter davantage pour obtenir ce qu'il importe.

Les échanges

- Échange par troc

Dans le cas du troc d'un bien X contre un bien Y : QX = QY (avec Q = quantité)

Les termes de l'échange (TE) sont égaux au rapport QY/QX, c'est-à-dire à la quantité de Y qu'il est possible d'acquérir avec QX, ce qui correspond au pouvoir d'achat de X.

Exemple : si 2 oranges = 8 pommes, les TE = 4, c'est-à-dire que 1 orange permet d'acheter 4 pommes.

- **Échange monétaire**

Dans ce cas, il faut distinguer deux hypothèses :

– **Les échanges équilibrés**

PXQX = PYQY

(où P étant le prix, PXQX est la valeur monétaire d'une quantité de X, et PYQY la valeur monétaire d'une quantité de Y).

Donc les termes de l'échange monétaire sont donnés par : PX/PY = QY/QX

Le rapport des prix est égal à l'inverse du rapport des quantités et il exprime le pouvoir d'achat de X en terme de Y.

– **Les échanges déséquilibrés**

PXQX est différent de PYQY ;

il faut distinguer par conséquent :

– PX/PY, appelé **termes nets** de l'échange,

– QY/QX appelé **termes bruts** de l'échange.

Les termes de l'échange indiquent si un pays doit exporter plus ou moins qu'à la période précédente pour obtenir ce qui est importé ; il s'agit d'un rapport d'indices.

Mesure des termes de l'échange

- **Entre produits**

– **Termes nets de l'échange (TE_n)**

$$TE_n = \frac{\text{indice des prix des produits exportés}}{\text{indice des prix des produits importés}} \times 100$$

Si le rapport est > 100, cela indique une amélioration des termes de l'échange, on tend à vendre à l'étranger plus cher qu'on ne lui achète. Si le rapport est < 100, il y a détérioration des termes de l'échange, on tend à vendre moins cher qu'on achète.

REMARQUE : cette détérioration des termes de l'échange correspond donc à une amélioration de la compétitivité-prix du pays.

La variation des termes nets de l'échange indique donc la réduction ou l'accroissement du volume des exportations requis pour

payer le même volume d'importations qu'à la période de départ.
Indicatrice de l'évolution des prix relatifs des exportations par rapport aux importations, elle permet d'étudier l'évolution du pouvoir d'achat extérieur d'une nation, sa capacité à payer ses importations.

– **Termes bruts de l'échange (TEB)**

On peut faire apparaître le même phénomène en rapportant non plus les prix mais les volumes. Les termes bruts sont fournis par le rapport du volume des exportations et des importations (on entend par volume la valeur globale des importations ou des exportations déflatée par l'indice des prix correspondant).

$$TE_B = \frac{\text{indice du volume des exportations}}{\text{indice du volume des importations}} \times 100$$

REMARQUE : cette fois, un taux > 100 indique une détérioration des termes de l'échange, on doit fournir un plus grand volume d'exportations pour payer les importations.

- **Entre facteurs**

– **Mesure l'évolution des termes de l'échange factoriels doubles**

S'effectue par le rapport des quantités de facteurs (travail, capital, ressources naturelles) incorporées dans les exportations et les importations.

– **Mesure des termes factoriels simples de l'échange**

Si l'on ne connaît pas le contenu en facteurs des importations, par le rapport entre les quantités de facteurs incorporées dans les exportations et le volume des importations.
En France, on mesure généralement les termes nets par le rapport de deux indices des prix (Paasche) : l'indice du prix des exportations et celui des importations, indices exprimés selon une même année de base.
L'évolution des termes de l'échange peut être décomposée en un **effet prix élémentaire** – l'élévation des TE résultant d'une croissance du prix des produits exportés plus rapide, en moyenne, que celle des produits importés – et un **effet de structure** – l'élévation des TE résultant, toutes choses égales par ailleurs, d'une déformation de la structure des exportations, plus accentuée que celle des importations, au profit des produits dont le prix relatif s'accroît.

➤ **déflateur, échange inégal, indice.**

tertiaire

➤ **secteurs d'activité (grands), service(s).**

tertiarisation

Processus par lequel les activités dites « tertiaires » et les emplois correspondants accroissent relativement leur poids, respectivement dans la production nationale (PIB ou PNB) et dans l'emploi global (population active occupée).

- Ce double processus est loin d'être nouveau : dans les pays développés, on observe une hausse de la part des services dans la production nationale et un mouvement correspondant de tertiarisation des emplois depuis le milieu ou la fin du XIXe siècle. Deux faits majeurs renforcent ce mouvement au XXe siècle :

– le dépassement des effectifs industriels par les emplois du secteur tertiaire (depuis les années 1940 en France),
– l'accélération de la tertiarisation depuis les années 1970.

Tertiarisation et déversement

L'évolution séculaire de la tertiarisation s'inscrit dans le schéma dit de déversement : la chute des emplois agricoles, consécutive aux progrès culturaux, profite d'abord et surtout au secteur industriel ; dans un deuxième temps, on observe une polarisation sur les emplois de services.
Plusieurs facteurs concourent à cette évolution :
– le développement d'abord modéré puis de plus en plus rapide de la demande et de la production de services marchands,
– le développement des administrations et des services publics,
– les inégalités sectorielles des gains de productivité (rapides dans l'agriculture et l'industrie, souvent lents dans les services).

Concernant la structure de la production, la croissance de la part des services est favorisée par l'évolution des prix relatifs : les prix des prestations de services augmentent plus rapidement que ceux des biens matériels.

• La tertiarisation a été associée à la **désindustrialisation** dans les pays développés à économie de marché (PDEM). Cette affirmation doit être nuancée. D'abord la désindustrialisation est relative, il s'agit plutôt d'une **décélération de la croissance industrielle** ; ensuite, la tertiarisation est, pour une part, induite par le phénomène d'« externalisation », les entreprises industrielles font sous-traiter une part croissante de leurs tâches à des sociétés de services (nettoyage) ; enfin, on peut soutenir que nombre d'activités de services « s'industrialisent » dans la mesure où elles se rationalisent et utilisent de plus en plus des équipements lourds. Ces tendances et surtout l'informatisation de nombreuses opérations pourraient limiter la croissance des emplois dans certaines activités tertiaires.

• **Phénomène économique, la tertiarisation est aussi vecteur de changement social.**
Toutefois des représentations contestables se font jour comme l'idée qu'avec la tertiarisation on assisterait à une croissance générale des emplois qualifiés non manuels. C'est oublier qu'un nombre croissant d'emplois de services sont non qualifiés et impliquent des tâches physiques (nettoyage, manutention).

➤ **désindustrialisation, déversement sectoriel, externalisation des emplois, secteurs d'activité (grands), service(s), société postindustrielle.**

TES [Tableau entrées-sorties]

Tableau de synthèse des comptes nationaux présentant simultanément l'équilibre des ressources et des emplois de chaque produit et les comptes de production et d'exploitation des branches marchandes et non marchandes. Ce tableau porte ce nom en référence au tableau d'*input-output* publié par W. Leontieff en 1939 (analyse de la structure de l'appareil productif américain).

➤ **Comptabilité nationale.**

Le tableau entrées-sorties

Le TES se décompose en cinq sous-tableaux.

• **Le tableau des entrées inter-médiaires (1)**
Situé au cœur du TES, il est construit comme une matrice des consommations intermédiaires : l'élément **a**, qui se trouve à l'intersection de la ligne **x** et de la colonne **y**, donne la valeur des achats de la branche y en produits de la branche x. Puisqu'il y a correspondance bi-univoque entre les branches et les produits, la matrice devrait être carrée ; ce n'est pas le cas pour plusieurs raisons : il existe une branche commerce à laquelle ne correspond aucun produit particulier, mais des marges qui sont prises en compte dans le tableau des ressources en produits ; les services non marchands ne font pas l'objet d'une consommation intermédiaire. La diagonale de cette matrice enregistre les intraconsommations : il s'agit de produits importés ou d'origine nationale qui appartiennent au même poste de la nomenclature que le produit de la branche concernée et qui sont consommés par cette branche (par exemple, les grains pour nourrir les poules sont des produits intraconsommés de la branche Agriculture).

• **Les comptes de production par branches (4)**
Situé sous le premier tableau, ce tableau met en évidence la valeur ajoutée et permet de passer de la production des branches à la production des produits par des lignes transferts (par exemple, la valeur du gaz produit par la branche coke à l'occasion du processus de cokéfaction est transférée à la branche gaz).

• **Les comptes d'exploitation par branche (5)**
Le tableau suivant présente les comptes d'exploitation par branche, c'est-à-dire la répartition primaire de la valeur ajoutée.
Il inclut les opérations qui permettent de passer d'une présentation en termes de branches, utile pour le calcul des coefficients techniques (rapport d'un intrant à la valeur du produit ; par

TABLEAU ENTRÉES-SORTIES

RESSOURCES EN PRODUITS (2)

Production des produits	Importations	Correction CAF/FAB	Marges commerciales et de transport	Impôts sur les produits (dont TVA)	Subventions

ENTRÉES INTERMÉDIAIRES (1)

BRANCHES / PRODUITS	A Agriculture	D Divers (y)	C Commerce	Services non marchands	TOTAL Consommations intermédiaires
Agriculture (x)	a				
Divers					
Commerce					
Services non marchands					
TOTAL					

EMPLOIS FINALS (3)

Consommation finale Ménages Administration	FBCF	Δ stocks	Export

COMPTE DE PRODUCTION PAR BRANCHES (4)

TOTAL Consommations intermédiaires					
Valeur ajoutée brute					
Production des branches					
Transferts					
Production des produits					

COMPTE D'EXPLOITATION PAR BRANCHES (5)

Valeur ajoutée					
Rémunération des salariés					
EBE					
Impôts divers et subventions					

TROIS APPROCHES DU PIB

Valeur ajoutée (aux prix de base)
+ Impôts sur les produits
− Subventions sur les produits
= Produit intérieur brut

Dépenses de consommation finale
+ Formation brute de capital
+ Exportations
− Importations
= Produit intérieur brut

Rémunération des salariés
+ Excédent brut d'exploitation
+ Impôts sur la production et les importations
− Subventions
= Produit intérieur brut

exemple 60 % de pétrole brut dans la valeur du fioul), à une présentation en termes de produits (dont on étudiera ensuite l'utilisation). On passe de la production effective des branches à la production distribuée des produits par des lignes transferts (exemple : la valeur du gaz produit à l'occasion du processus de cokéfaction est transférée de la branche coke à la branche gaz).

• **Le tableau des ressources en produits (2)**
En haut à gauche ce tableau permet le calcul des ressources en produits ; quelques opérations supplémentaires sont en effet nécessaires pour assurer l'équilibre des ressources et des emplois ; aux produits évalués aux prix de base, on ajoute les importations de biens et de services (avec une correction CAF/FAB) ; les colonnes « marges commerciales », « marges de transport », « impôts sur les produits (dont TVA) » et « subventions sur les produits » sont rendues nécessaires par des modes d'évaluation différents des ressources (au prix de base) et des emplois (au prix d'acquisition).

• **Le tableau des emplois finals (3)**
En haut à droite, montre l'utilisation finale des produits en dépenses de consommation finale (par les ménages et les administrations), en formation brute de capital fixe, en stocks et en exportations.

• **Les trois approches du PIB**
Ce cartouche permet de montrer, à partir des cinq tableaux du TES, trois calculs du PIB, comme somme des valeurs ajoutées, somme des dépenses et sommes des revenus.
Le TES montre le réseau d'interdépendances qui constitue le tissu d'une économie. Il permet, grâce au modèle de Leontieff, d'élaborer des prévisions (exemple : réaction mécanique de l'appareil productif à un choc exogène comme la hausse du prix du pétrole).

théocratie

➤ **pouvoir.**

théorème Ricardo-Barro

➤ **équivalence ricardienne au théorème Ricardo-Barro.**

théorie des jeux

➤ **jeux (théorie des).**

théorie du déséquilibre

➤ **déséquilibre (théorie du).**

théorie du sanctuaire

➤ **firme multinationale.**

thésaurisation

Encaisses monétaires oisives, c'est-à-dire part de l'épargne qui n'est affectée ni à l'investissement, ni aux placements financiers.

➤ **épargne, keynésianisme.**

Thomas d'Aquin (saint)

Théologien catholique (1224-1274) dont l'œuvre a donné naissance à la philosophie « thomiste » qui, dans le domaine économique, défend la propriété privée, mais condamne le commerce et le prêt à intérêt pratiqués dans le but d'enrichissement individuel.

Tiers monde

Ensemble des pays en développement (PED) dont les problèmes ne sont ni ceux des pays développés à économie de marché (PDEM), ni ceux des pays ex-socialistes développés, deuxième monde qui s'est développé (de 1917 à 1989) et s'est effondré. Malgré des caractéristiques communes, les pays du Tiers monde montrent des divergences importantes.

• L'expression « Tiers monde » a été employée pour la première fois par le démographe français Alfred Sauvy en 1952, par analogie avec le tiers état de 1789, dont Sieyès disait : « Qu'est-ce que le tiers état ? Tout. Qu'a-t-il été jusqu'à présent dans l'ordre politique ? Rien. Que demande-t-il ? À devenir quelque chose. » Le terme a donc à l'origine une connotation politique : le Tiers monde, c'est l'ensemble des pays exclus.

• De cette exclusion, les pays concernés ont eu une conscience commune : c'est elle qui a donné une certaine unité à ce groupe dont l'émergence sur la scène internationale a marqué les années 1950 et 1960. Son poids démographique croissant (les trois quarts de la population mondiale aujourd'hui), la décolonisation, le mouvement des non-alignés (Bandoeng, 1955), la bombe atomique chinoise (1964), la création d'un groupe dit « des 77 » aux Nations unies (1964), le coup de force de l'OPEP en 1973, le retrait occidental du Vietnam et du Liban, et soviétique d'Afghanistan, l'essor économique des NPI : autant de signes d'une montée en puissance de ce tiers exclu et longtemps dominé.

La classification de la Banque mondiale

Les pays peuvent être classés selon des données quantitatives et monétaires ; ainsi le Rapport de la banque mondiale de 2011 distingue :

– **les économies à faibles revenus**, qui regroupent soixante-trois pays dont le PNB par tête est de 1 005 dollars par mois ou moins : on y trouve trente-neuf pays d'Afrique subsaharienne (dont Madagascar, le Sénégal, la Côte d'Ivoire...), quinze pays d'Asie (dont le Cambodge, l'Inde, le Vietnam), quatre pays d'Europe de l'Est et d'Asie centrale, un pays du Moyen-Orient (Yémen), un pays d'Amérique latine (Haïti) ;

– **les économies à revenus intermédiaires tranche inférieure**, qui regroupent quarante pays dont le PNB par tête est compris entre 1 006 et 3 975 dollars ; on y trouve trois pays d'Afrique (Namibie, Swaziland, Cap Vert), treize pays d'Asie (dont Chine, Philippines, Thaïlande...), quinze pays d'Europe de l'Est et d'Asie centrale, dix du Moyen-Orient et du Maghreb (dont la Tunisie, le Maroc, l'Égypte, l'Iran, l'Algérie), quatorze pays d'Amérique latine (plusieurs pays d'Amérique centrale, le Pérou, la Colombie, la Bolivie) ;

– **les économies à revenus intermédiaires tranche supérieure**, qui regroupent trente-quatre pays dont le PNB par tête est compris entre 3 976 et 12 275 dollars : on y trouve quatre pays d'Afrique (Maurice, Seychelles, Botswana, Gabon), quatre pays d'Asie (Îles Mariannes et Sarrioa, Palau, Malaisie, Afrique du Sud), huit d'Europe centrale et de l'Est (dont la Turquie), seize pays d'Amérique latine (Chili, Mexique, Argentine, Costa Rica, Brésil...) ;

– **les économies à revenus élevés**, qui regroupent quarante-quatre pays dont le PNB par tête est supérieur à 12 276 dollars. On y trouve vingt-quatre économies de l'OCDE (dont la Corée du Sud), et trente et un pays hors OCDE (dont aucun en Afrique) : Hong Kong, Taiwan, Brunei, Polynésie française, Macao, Nouvelle-Calédonie, Singapour, la Slovénie, le Liechtenstein, Monaco, Andorre, les Iles Féroé, Channel Islands, îles Caïman, Greenlands, Chypre, Qatar, Koweït, Émirats arabes unis, Bahreïn, Aruba, Bahamas, Bermudes, Antilles néerlandaises, îles Vierges, île de Man, Puerto Rico, San Marin, Malte, Israël.

Cette classification ne permet pas une réelle analyse du sous-développement et il lui est souvent préférée une classification par indicateur de développement humain.

• La diversité du Tiers monde tient à plusieurs facteurs :

– **facteurs géographiques :** les sols, les climats, les richesses naturelles diffèrent ; ainsi certains PED recèlent des ressources pétrolières abondantes, alors que d'autres doivent en importer ;

– **facteurs démographiques :** certains PED sont de micro-États, de dimension telle que le poids des frais généraux de l'État-nation (armée, police, infrastructures...) y est particulièrement lourd ;

– **facteurs politiques :** certains PED ont une tradition étatique ancienne (Égypte, Iran, Maroc, Cambodge, etc.), d'autres un État récent et souvent faible face aux rivalités ethniques ; certains sont dits « non alignés » ; certains ont une tradition de pluralisme, de démocratie parlementaire, là où d'autres n'ont connu que la dictature militaire, le parti unique... ;

– **facteurs culturels :** histoire, langue, religion sont autant de traits distinctifs ; ainsi de l'islam au monde latino-américain, à l'Afrique noire francophone, etc. ;

– **facteurs économiques :** outre les systèmes adoptés (capitalisme, socialisme...), les pays du Tiers monde diffèrent par le niveau de développement et la stratégie de développement mise en œuvre, et les choix institutionnels correspondants.

➤ **économie du développement, indicateur de développement humain [IDH].**

titre

Document certifiant un droit de propriété (titre de propriété, action) ou une créance (effet de commerce, bon du Trésor, obligation). Le titre peut être nominatif (il porte le nom du titulaire) ou au porteur (il appartient à celui qui le détient).

➤ **valeur mobilière.**

titrisation

Transformation en titres négociables de créances immobilières, commerciales, d'entreprises. Dans un premier temps, une banque accorde un crédit à des clients. Dans un deuxième temps elle émet des titres correspondant à cette créance. Ces titres sont mis en circulation comme des obligations par les institutions financières, banques, compagnies d'assurances, fonds d'investissement (dont les *hedges funds*).

• Aux États-Unis, la titrisation a commencé par la titrisation de créances correspondant à des crédits immobiliers hypothécaires (dont les créances *subprimes*), de différentes qualités selon les emprunteurs : *prime* pour les plus aisés, *Alt A* pour la population moyenne, *subprime* pour les plus pauvres, les moins capables de rembourser.

• Puis vient la titrisation de dettes liées à d'autres types de crédits aux particuliers dont les prêts à la consommation, les prêts automobile, les prêts étudiants, carte de crédit, et des prêts aux entreprises dont LBO, les prêts commerciaux (facilités de paiement).

• La rapide et forte croissance de la titrisation à partir des années 2000 correspond à des crédits accordés à des emprunteurs de moins en moins capables de rembourser. Elle entraîne un transfert de risque et contribue à l'opacité des relations financières. Cette opération peut ainsi se révéler désastreuse en cas de défaillance de l'emprunteur final.

Elle est à l'origine de la crise qui éclate en 2007 aux États-Unis. Elle se propage dans le reste du monde parce que ces titres sont achetés par de nombreux organismes financiers extérieurs notamment européens et asiatiques.

➤ **crise des *subprimes*.**

Tocqueville (Alexis de)

Historien et homme politique français (1805-1859), considéré aujourd'hui comme l'un des fondateurs de la sociologie politique.

Il fait partie des grands penseurs européens de la première moitié du XIXe siècle qui entendent comprendre et mettre en perspective les bouleversements politiques et sociaux de l'ère des révolutions. Son œuvre est centrée sur l'essor parallèle de « l'égalisation des conditions », de l'individualisme et du principe de la souveraineté du peuple.

Dans son célèbre ouvrage ***De la démocratie en Amérique*** fruit d'un long voyage d'études en 1831, il décrit les mœurs, le style de vie, les relations sociales auxquels correspondent les institutions et plus largement le modèle politique américain.

En étudiant **l'évolution de la société française**, Tocqueville tente d'articuler la transformation des institutions, la centralisation monarchique, avec l'exigence de liberté et d'égalité des Français face à un seul pouvoir.

Ouvrages principaux : *De la démocratie en Amérique* (1835-1840) ; *L'Ancien Régime et la Révolution* (1856).

➤ **démocratie, égalitarisme, individualisme ; Annexe Ⓐ-31.**

TOF [Tableau des opérations financières]

Tableau à double entrée qui croise des opérations financières et des secteurs institutionnels. Tableau utilisé en Comptabilité nationale.

Les opérations financières sont enregistrées par type d'instruments financiers (par ex. : obligations, parts d'OPCVM...), en flux nets de créances (acquisitions moins remboursements) et flux nets de dettes (accroissements moins remboursements). Le solde des créances et des dettes est égal au solde du compte de capital : lorsqu'un agent dispose d'une capacité de financement, il l'emploie en procédant à une acquisition nette de créances ; lorsqu'un agent enregistre un besoin de financement, il satisfait ce besoin par un endettement net. Le TOF est donc un instrument utile pour analyser le financement de l'économie. Il permet par exemple d'observer :

– **comment les ménages assurent le besoin de financement des entreprises et de l'État** : si leur épargne n'a pas suffi, la nation s'est endettée à l'égard du reste du monde ;

– **comment les ménages répartissent leur épargne financière** entre les actifs liquides (monnaie ou dépôts quasi monétaires) et les valeurs mobilières ; on étudie leur préférence pour la liquidité ;

– **comment les entreprises se financent** : soit par financement direct (marché financier), soit par financement indirect (endettement auprès des banques), etc.

➤ **Comptabilité nationale.**

totalitarisme

[science politique] **Système politique caractérisé par l'emprise « totale » – ou se voulant telle – de l'État et d'un parti unique le contrôlant, sur la société. Cette emprise se traduit par la subordination du droit au pouvoir et à l'arbitraire policier.**

• L'origine du concept se trouve dans la formule de l'« État total » énoncée par B. Mussolini : « Pour le fasciste, tout est dans l'État et rien d'humain ni de spirituel n'existe et n'a de valeur en dehors de l'État. »

• Le terme dérivé désigne ainsi les formes nouvelles de système autoritaire apparues avec le fascisme et surtout le nazisme. Mais, très vite, pour nombre de politologues d'obédiences diverses (libéraux mais aussi « non-libéraux » comme H. Arendt), il en vient à désigner aussi bien ces régimes que le stalinisme et, plus largement, le système communiste de type soviétique.

Malgré des différences de taille, ces systèmes partagent un certain nombre de traits caractéristiques : parti unique de masse ayant le monopole de l'activité politique et dirigé le plus souvent par un leader charismatique, idéologie fonctionnant comme vérité officielle de l'État et de la société, monopole de l'État et du Parti sur les moyens de communication, soumission des activités économiques à l'État, régime de terreur policière, etc. : cette énumération est tirée des définitions de K. Friedrich et R. Aron.

• Le totalitarisme se distingue des autres régimes autoritaires par l'appel aux masses (participation spontanée ou mobilisation forcée), l'organisation bureaucratique et « l'institutionnalisation de la terreur et du secret » (H. Arendt).

L'assimilation du nazisme et du stalinisme a cependant été réfutée, y compris par des auteurs très critiques à l'égard du régime communiste soviétique.

➤ **Arendt (Hannah), bureaucratie, fascisme.**

totémisme

Activité symbolique et rituelle concernant le clan, l'identité de ses membres.

Le totem, animal ou plante, est considéré comme l'ancêtre (mythique) du clan et par suite son génie tutélaire. Le rituel totémique commande une multitude d'interdits et de prescriptions (tabous alimentaires, interdiction de tuer l'animal totémique, etc.).

➤ **interdit.**

Touraine (Alain)

Sociologue français né en 1925.

Élève de G. Friedmann dans les années 1950, ses travaux ont d'abord porté sur l'évolution du travail industriel et l'action ouvrière.

Sa réflexion s'élargit aux systèmes d'action et à la dynamique sociétale (désignés parfois sous le terme d'actionnalisme). Au cœur de l'analyse, la notion d'historicité, « intervention volontaire (des sociétés) sur elles-mêmes », est présentée comme l'enjeu central des conflits et des mouvements sociaux.

Les trois phases du travail ouvrier

Alain Touraine développe le schéma des trois phases du travail ouvrier :

– **la phase A** (système professionnel) est caractérisée par l'autonomie relative de l'ouvrier de métier réglant lui-même sa machine (dite universelle) ;

– **la phase B** (production en grande série) est celle de la décomposition du travail (parcellisation) et des machines (machines spécialisées) ; elle correspond au processus taylorien de dépossession du savoir ouvrier ;

– **la phase C** (système technique) s'inscrit dans un mouvement de recomposition du travail marqué par l'automatisation croissante et une requalification d'une partie de la main-d'œuvre.

C'est dans ce cadre que A. Touraine modélise le passage progressif de la société industrielle où les conflits sont centrés autour de l'organisation du travail à la « société programmée » ou post-industrielle dont l'enjeu principal réside dans les modes de gestion des appareils (et à propos desquels se développent les « nouveaux mouvements sociaux »).

Au cours des années 1980, A. Touraine et son équipe pratiquent ce qu'ils appellent l'« intervention sociologique » : l'enquête participante auprès de sujets actifs d'une action collective qui doit favoriser leur auto-analyse et l'analyse des sociologues.

Depuis les années 1990, Alain Touraine s'oriente vers une réflexion sur le devenir de la démocratie et de l'individu comme sujet dans les sociétés multiculturelles mondialisées.

Ouvrages principaux : *L'évolution du travail ouvrier aux usines Renault* (1955) ; *Production de la société* (1973) : *Le mouvement ouvrier* (1984 en collaboration avec F. Dubet et M. Wieviorka) ; *Le retour de l'acteur* (1984) ; *Critique de la modernité (1992) ; Pourrons-nous vivre ensemble ? (1997).*

➤ **acteur social, identité, mouvement ouvrier, mouvement social, nouveaux mouvements sociaux, société postindustrielle ; Annexe A-52.**

toyotisme

Modèle d'organisation du travail et de la production mis en œuvre chez Toyota, de façon progressive à partir des années 1950, sous l'impulsion de Taiichi Ohno.

Parmi les nombreuses innovations caractéristiques de ce modèle, deux ont particulièrement retenu l'attention : la réalisation du « juste à temps » par la technique du « Kanban » (circulation de l'information d'un poste de travail à l'autre, de l'aval vers l'amont, par le moyen d'étiquettes), « l'autonomation » (contraction de « autonomie » et « automation »), système permettant d'interrompre la production à tout moment afin d'éviter les défauts et d'anticiper les pannes graves.

➤ **ohnisme.**

tradition

(du lat. *traditio* « action de transmettre »)

Pratiques et techniques, coutumes et valeurs transmises et conservées de génération en génération.

La tradition est à la fois un processus (transmission, conservation) et un patrimoine culturel (ce qui est transmis : manières de faire, règles de

vie, principes d'action, croyances et doctrines).
Les canaux de transmission sont constitués par la langue parlée mais aussi par l'écrit (traités de savoir-vivre, textes sacrés...).
Suivant les types de société, la tradition pèse d'un poids plus ou moins important sur les générations nouvelles. Elle est fortement valorisée dans les sociétés primitives et les sociétés traditionnelles, souvent battue en brèche dans les sociétés contemporaines.

➤ **société traditionnelle.**

traité de Lisbonne

➤ **Union européenne (historique de).**

traité de Maastricht

➤ **Union européenne (historique de l').**

Traité sur la stabilité, la coordination et la gouvernance [TSCG] ou Pacte budgétaire

➤ **Union européenne (historique de l'), PSC.**

traité de Rome

➤ **Union européenne (historique de l').**

transferts

Opération de répartition sans contrepartie effectuée par un agent économique au profit d'un autre agent économique.

Les subventions d'exploitation sont des transferts versés par les administrations aux entreprises ; les transferts courants aux administrations sont des subventions et des transferts de recettes fiscales, notamment de l'État vers les collectivités locales ; les transferts en capital sont des opérations de répartition du patrimoine qui ont un effet sur les investissements ou la fortune du bénéficiaire (aides à l'investissement, par exemple).
Les impôts sur le revenu et le patrimoine, les cotisations et prestations sociales sont également classés comme des transferts.

À côté des revenus directs tirés du travail ou du patrimoine, les ménages perçoivent des revenus de transfert, c'est-à-dire des revenus sociaux qui leur sont attribués en fonction de droits que leur reconnaît la collectivité ; ce sont principalement des prestations sociales versées par la Sécurité sociale.
Dans la balance des paiements, les transferts unilatéraux regroupent aussi bien des transferts d'épargne des travailleurs immigrés vers leurs pays d'origine que l'aide privée ou publique aux pays en développement.

➤ **balance des paiements, prestations sociales, redistribution.**

transferts de technologie

Ensemble des phénomènes de mobilité internationale du progrès technique. (S'agissant de « techniques », on ne peut que déplorer l'emploi impropre mais dominant du mot « technologie ».)

Comme le capital et le travail (phénomènes migratoires, fuite des cerveaux...), le progrès technique est un facteur de production et de croissance économique géographiquement mobile. **Il y a transfert de technologie d'un pays A à un pays B :**
– **par achat de brevet,** ou de licence d'exploitation, par une entreprise de B à une entreprise de A ;

– **par cession de brevet** ou de licence d'une société de A à sa filiale en B ;

– **par constitution d'une *joint-venture***, le transfert de technologie pouvant constituer une part importante de l'apport financier de la société du pays A. Le lien est donc étroit entre les transferts de technologie et l'investissement international que souvent ils accompagnent. C'est une des raisons pour lesquelles les pays, et pas seulement ceux du Tiers monde, cherchent à attirer les investissements des FMN ;

– **par envoi à l'étranger de techniciens** chargés de former la main-d'œuvre locale, ou par retour au pays d'origine d'une main-d'œuvre ayant acquis à l'étranger un savoir-faire professionnel. Ici, le transfert de technologie est lié à la mobilité des travailleurs ;

– **par imitation des techniques étrangères** (pillage systématique des publications scientifiques étrangères, voire espionnage industriel...).

Les transferts de technologie sont recensés dans la balance des paiements, principalement au titre des invisibles (ligne « Brevets et redevances »). Ils peuvent être une cause non négligeable d'apport en devises et, inversement, pour beaucoup de PED, de sortie de devises.

Problèmes posés par ces transferts

– Les choix techniques des PED dans le cadre de leurs stratégies de développement ; ils doivent prendre en compte : le coût en devises, les effets sur l'emploi, sur l'environnement, les effets d'entraînement, d'acculturation...
– La compatibilité entre les stratégies des PED et celles des FMN (souvent tentées de délocaliser dans le Tiers monde des activités polluantes ou à faible intensité capitalistique et donc faible technicité).
– Le dilemme des pays industrialisés : vendre avec profit des techniques de pointe ou en garder le monopole...
– Le contrôle des transferts de technologie à usage militaire, car tout est en fait susceptible d'usage militaire...

➤ **balance des paiements, délocalisation, économie du développement, firme multinationale [FMN], progrès technique, Tiers monde.**

transition démographique

Passage par étapes d'un régime démographique traditionnel, caractérisé par des taux de natalité et de mortalité élevés, à un régime démographique moderne présentant les caractéristiques inverses (faible natalité, faible mortalité).

La période de transition, plus ou moins longue (de un à deux siècles), peut être analysée comme une rupture d'équilibre : on observe, en effet, des décalages plus ou

Le schéma de la transition démographique

Les concepteurs de ce schéma le présentent généralement comme un « phénomène universel » (J.-C. Chesnais), quitte à en souligner les variantes. Ainsi, les pays du Tiers monde seraient engagés dans un même processus. L'explosion démographique débutant dans les premières décennies du xxe siècle correspond à la première phase (chute des taux de mortalité) ; la sensible décélération de la croissance démographique, décelable en Asie et en Amérique latine depuis la fin des années 1960, correspond à l'entrée dans la deuxième phase de la transition (baisse de la fécondité).

Cette universalisation de l'évolution démographique est cependant critiquée : à mettre trop l'accent sur les similitudes, on néglige les différences de situation ou, pire, on impose des modèles. La baisse de la mortalité dans les PED est largement une « greffe de civilisation » (importation d'Occident de techniques de lutte contre les épidémies), le boom démographique se réalise sans que soient résolus le problème alimentaire et, plus généralement, les problèmes de développement.

LE SCHÉMA DE LA TRANSITION DÉMOGRAPHIQUE

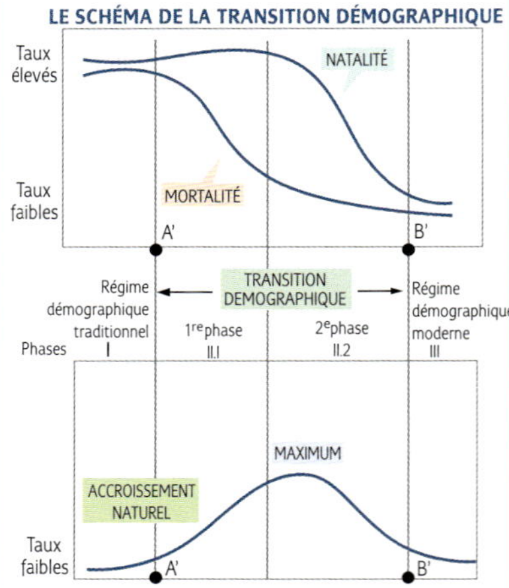

	A'	B'
Pour la France	1700	1850
Pour le Royaume-Uni	1740	1870
Pour la Russie	1890	1950

moins accentués entre la baisse de la mortalité et celle de la natalité.
Elle comprend schématiquement deux phases (voir graphiques).

– Au cours de la *première phase* (II.1), le taux de mortalité seul connaît une baisse significative, la natalité se maintient à un niveau élevé ; il en résulte un fort accroissement naturel. En Europe de l'Ouest, ce processus, commencé au XVIIIe siècle et au début du XIXe siècle, est lié à la révolution agricole (déclin des famines et des disettes) et aux progrès de l'hygiène.

– Une *deuxième phase* (II.2) commence quelques décennies plus tard avec le net fléchissement de la natalité ; il s'accompagne d'une décélération de la baisse de la mortalité résultant du vieillissement de la population ; cette double évolution entraîne un ralentissement de l'accroissement naturel. La baisse de la natalité résulte principalement de la baisse des taux de fécondité, elle-même produit de changements socioculturels complexes lents à se produire.
La deuxième phase de la transition débouche progressivement sur un nouvel équilibre correspondant à une faible croissance démographique telle que la connaissent aujourd'hui plusieurs pays développés, le régime démographique moderne.

➤ **économie du développement, mortalité, Tiers monde.**

transition du socialisme au capitalisme

Passage, opéré par les pays de l'Est, à partir de la fin des années 1980, d'une économie inspirée du modèle soviétique à une économie de marché.

Le poids du modèle soviétique

Jusqu'à la fin des années 1980, les pays de l'Europe continentale et orientale, Tchécoslovaquie, Pologne, Bulgarie, Roumanie, Hongrie, Allemagne de l'Est et Yougoslavie étaient fortement, mais inégalement marqués par le modèle soviétique : propriété publique d'une partie importante de l'appareil productif, prépondérance du plan impératif comme mode de coordination économique au détriment du marché, rôle fondamental joué par l'imbrication du parti communiste et de l'État dans la régulation de l'économie, intégration dans une division « socialiste » internationale du travail.
Certes, quelques pays avaient opté pour des réformes importantes du modèle : la Tchécoslovaquie, après 1967-1968, la Hongrie après 1968 et, de façon plus profonde, au cours des années 1980, et enfin la Pologne dans les années 1980.
Mais c'est à partir de la fin des années 1980 que ces pays connaissent de profondes transformations, orientées vers la démocratisation politique et l'économie de marché. Privatisations, abandon de la planification, libéralisation des marchés, ouverture sur les échanges internationaux, constituent les composantes de base de cette transition.

Les difficultés de la transition

Toutefois, cette transition s'est révélée beaucoup plus longue et difficile que ne le laissait penser la conception naïve de l'installation, immédiate et harmonieuse, d'une économie de marché. Ces pays traversent encore, malgré une amélioration, de graves difficultés, d'autant que des politiques d'austérité, quelquefois inspirées par le FMI, ont pour résultat de contracter la demande.

Cette expérience historique a montré que l'économie de marché n'est pas la simple rencontre « naturelle » d'acteurs qui ajustent leur choix en fonction de signaux s'exprimant par des prix ; l'économie de marché suppose des règles du jeu, des institutions, des intermédiaires, des comportements, qui ne peuvent s'instaurer instantanément dans une société qui fonctionnait sur d'autres bases.

L'Union européenne et les pays de l'Est

L'Union européenne a accueilli dix nouveaux pays en 2004, parmi lesquels la République tchèque, l'Estonie, la Hongrie, la Lettonie, la

Lituanie, la Pologne, la Slovaquie et la Slovénie (État issu de l'ex-Yougoslavie). La Bulgarie et la Roumanie en 2007, la Croatie en 2013

➤ **capitalisme, institutionnalisation du marché, marché, socialisme.**

transition du système économique post-soviétique

Transformation des institutions et du système économiques soviétiques, du socialisme au capitalisme, de l'URSS à la Russie après 1991.

La transformation du système économique ou la « transition » a eu en Russie un caractère très particulier, en comparaison des pays d'Europe centrale ou de la Chine. La fin de l'URSS (décembre 1991) intervient dans un contexte économique dégradé, accentué par la fragmentation de l'espace soviétique, après la désintégration du bloc socialiste. La « thérapie de choc » des premiers mois de 1992, appuyée par le FMI, accentue la déstabilisation de l'économie, tandis que les institutions soviétiques se désagrègent, ouvrant des possibilités d'enrichissement et d'appropriation aux individus les plus entreprenants et opportunistes.

Une économie en perdition

L'économie plonge dans une dépression géante, marquée par la perte de contrôle étatique, une crise monétaire aiguë (méga-inflation, développement du troc), l'explosion de la pauvreté, une privatisation manipulée ou corrompue ; le système politique évolue vers une démocratie de façade. Un capitalisme oligarchique apparaît, où de grandes fortunes financières et industrielles se constituent en connivence avec le gouvernement et la présidence. Lorsqu'en 1998 le pays est frappé par une crise financière majeure, et fait défaut sur sa dette, le PIB est à 60 % de son niveau de 1991.

L'intervention de l'État

Le gouvernement opère un tournant de la politique économique, en dévaluant le rouble, et à partir de 1998 l'économie renoue avec la croissance. Après la période néolibérale et dépressive, s'ouvre une période néoautoritaire et de croissance significative, où domine la figure de Vladimir Poutine (deux mandats comme président, un comme premier ministre, et un autre comme président). La « verticale du pouvoir » est rétablie, avec une mise au pas des oligarques et un retour de l'État propriétaire et développeur. L'industrie nationale est raffermie, le niveau de vie moyen augmente et la pauvreté régresse. Le pays sera rangé dans la catégorie des « BRICS » au cours des années 2000 ; l'économie surmonte rapidement le choc de la crise internationale de 2009-2010. Sa dépendance vis-à-vis des exportations d'hydrocarbures demeure cependant élevée.

Un capitalisme atypique

Le capitalisme étatique/oligarchique russe, avec une structure sociale fortement inégalitaire, une protection sociale minimaliste, apparaît comme la conséquence d'une trajectoire singulière de décomposition/recomposition de l'ancien monde soviétique. Il contraste avec les capitalismes postsocialistes d'Europe centrale qui se sont fortement rapprochés des institutions des capitalismes ouest-européens, tout en devenant fortement dépendants des capitaux étrangers.

➤ **BRICS**

transversale (analyse)

➤ **analyse longitudinale/transversale.**

trappe à liquidité

➤ **IS-LM (modèle).**

travail

(du lat. *tripaliare* « torturer avec le tripalium » [instrument formé de trois pieux])

Activité rémunérée ou non, pouvant impliquer un effort par lequel l'homme transforme son environnement naturel et social.

• L'origine de ce terme, qui apparaît tardivement dans le vocabulaire, se retrouve dans le verbe anglais *to travel* « voyager » (en référence à l'inconfort des premiers moyens de transport).
Cette étymologie montre historiquement la pénibilité de l'activité de l'homme qui transforme la nature. Dans les sociétés primitives, le travail n'existe pas comme activité spécifique, séparée des autres. Dans l'Antiquité et au Moyen Âge, il n'existe pas de terme pour désigner ce qu'il y a de commun dans les activités du paysan, du commerçant, de l'artisan, etc. Il faut attendre l'essor des rapports marchands et l'avènement du capitalisme pour qu'émerge la notion de travail en général.

Cette conception moderne du travail, celle que reprend l'économie politique, se constitue au moment où le travail, sous la forme du salariat, est considéré comme une marchandise, un facteur de production qui s'achète et se vend. Dès lors, la rémunération devient le critère déterminant : la femme au foyer, le bricoleur, etc., ne sont pas considérés comme des « travailleurs ».

• **Il est donc nécessaire de distinguer trois types d'activités :**

– **le travail salarié,** travail effectué dans des rapports de dépendance et de subordination et échangé en principe contre une rémunération forfaitaire ;

– **le travail non salarié,** effectué par un travailleur indépendant rémunéré directement par la vente du produit ou du service ;

– **l'activité domestique**, dans le cadre familial est un travail non rémunéré.

• **Dans les sociétés développées, la tendance à long terme est à :**

– **la diminution du temps de travail,** diminution historique liée à l'évolution de la législation du travail et à l'accroissement de la productivité ;

– **la mécanisation des tâches les plus pénibles,** soit par la force physique demandée, soit par leur répétitivité ;

Analyses théoriques

• **L'analyse néo-classique** envisage le travail comme un facteur de production, au même titre que le capital, qui reçoit une rémunération – le salaire – égale à la contribution du travail à la production : la productivité marginale du travail. Les différences de salaires s'expliquent, dans cette optique, par des différences de qualité du travail, elles-mêmes provenant de l'investissement en capital humain des différents types de travailleurs. L'analyse néo-classique fait l'impasse sur les rapports sociaux qui se nouent autour du travail et de sa mise en œuvre dans l'entreprise.

• **Marx,** au contraire, place le travail au cœur de son analyse et souligne la forme prise par le travail de l'ouvrier dans le capitalisme – qui diffère du travail fourni par l'esclave ou le serf dans les systèmes d'esclavage ou de servage. Toutefois, cette conception d'un salariat homogène laisse la place aujourd'hui à des analyses mettant en avant la hiérarchisation du salariat.

• **L'analyse économique et sociologique** du travail aujourd'hui s'intéresse, en dehors des problèmes classiques de la formation des salaires et de la détermination du chômage, aux modes d'organisation du travail, à la gestion de la main-d'œuvre et au fonctionnement du marché du travail.

– **la complexification du travail,** provoquée par les progrès et les découvertes scientifiques : l'évolution du niveau général des études rend compte de ce phénomène qu'il engendre à son tour.

➤ **chômage, division du travail, emploi, flexibilité, population active, salaire, Taylor, taylorisme, valeur travail ; Annexe Ⓐ-42.**

travail (durée du)

Nombre d'heures travaillées pendant une période de référence (jour, semaine, mois, voire année).

L'évolution séculaire est celle d'une réduction progressive de la durée du travail salarié, en particulier celui qui est le moins qualifié.

• **La durée légale hebdomadaire du travail**, en France, a été fixée à 48 heures par semaine en 1919, à 40 heures par le Front populaire (accords de Matignon en juin 1936), à 39 heures en janvier 1982, enfin à 35 heures en 2000 (lois Aubry). Cette durée légale varie dans la plupart des pays européens entre 40 et 35 heures (hormis la Suisse où la durée légale est la plus longue : entre 46 et 50 heures selon les cantons).

• **La durée légale des congés payés** a connu une évolution parallèle : deux semaines en 1936, trois en 1956, quatre en mai 1969, cinq en 1982.

• **La durée individuelle du travail** dépend également d'autres paramètres : travail à temps complet ou à temps partiel ; supérieur à la durée légale par les heures supplémentaires.

travail à temps partiel

Emploi salarié dont la durée est sensiblement inférieure à la durée de travail hebdomadaire normale de l'établissement ou de la branche.

Existant depuis longtemps dans plusieurs pays européens (Allemagne, Royaume-Uni, Pays-Bas, pays scandinaves), son essor en France date du début des années 1980 (1,5 million d'actifs en 1980, près de 4 millions au début des années 2005) et concerne principalement les femmes (30,3 % des actives occupées, 5,5 % de leurs homologues masculins en 2004).

Si le travail à temps partiel ne doit pas être confondu avec le travail temporaire (un fonctionnaire titulaire peut travailler à temps partiel), ces deux formes d'emploi se conjuguent de plus en plus. Les enquêtes « emploi » permettent de distinguer le temps partiel « souhaité » et le temps partiel « subi », ce dernier correspondant aux actifs concernés qui déclarent souhaiter travailler davantage ou à temps plein.

➤ **emploi typique/atypique.**

travail au noir

Travail non déclaré in fine illégal

Notion qui recouvre au moins deux situations :

– **le travail clandestin**, lequel prend deux formes : *l'emploi salarié clandestin*, caractérisé par le non-respect de la réglementation fiscale et sociale (non-paiement des impôts et charges sociales) ; *le travail indépendant clandestin*, c'est-à-dire l'exercice d'une activité lucrative sans immatriculation au registre des métiers ou du commerce et sans acquittement des charges fiscales et sociales correspondantes ;

– **le cumul d'emplois :** les fonctionnaires et agents publics n'ont pas le droit, sauf cas particuliers, d'effectuer un travail privé rémunéré ; de plus, le cumul d'une retraite et d'une activité rémunérée est, sauf cas particuliers, interdit.

➤ **économie souterraine.**

travail posté

Synonyme de travail en équipes.

Afin d'amortir plus rapidement le capital fixe, l'entreprise décide d'affecter sur un même poste de travail plusieurs travailleurs qui se relaient (souvent, ce sont des raisons techniques qui imposent le travail « à feu continu », dans la sidérurgie par exemple) : les uns travaillent la journée, les autres la nuit, certains pendant la semaine, d'autres pendant le week-end, etc. ; selon le nombre d'équipes qui se relaient au cours d'une période de temps donnée (journée ou semaine), on parle des « 2 x 8 », des « 3 x 8 », etc.

➤ **flexibilité.**

travail temporaire

➤ **emploi typique/atypique, travail à temps partiel.**

trend

➤ **tendance.**

trésor public ou trésor

Administration du ministère des Finances, chargée de gérer les fonds de l'État et, notamment, de collecter les impôts.

Le Trésor joue un rôle de banquier à l'égard des services de l'État, des collectivités territoriales et de nombreux établissements publics. Il est également chargé du service de la dette et de la tutelle sur le marché monétaire et le système bancaire.

➤ **budget de l'État (loi de finances), dette, marché.**

trésorerie

Ensemble des actifs liquides détenus par un agent économique à un moment donné et disponibles pour faire face à ses dépenses de toute nature.

Il faut distinguer les difficultés de trésorerie et les difficultés budgétaires.
Les difficultés de trésorerie sont liées à un décalage entre la date de la rentrée des recettes et la date des dépenses ; mais sur la période considérée (un an par exemple), l'agent économique équilibre dépenses et recettes.
Les difficultés budgétaires correspondent, sur la période considérée, à un excédent des dépenses sur les recettes : il y a déficit.

tribalisme

1 Organisation sociale par tribus. Terme obsolète : le terme même de tribu, dévolu aux sociétés sans État (sociétés tribales), a eu des sens divers et n'est guère utilisé aujourd'hui.

2 Comportements d'agents se réclamant d'entités ethniques (ou supposées telles) en compétition et visant à défendre ou accroître leur poids dans les instances étatiques des pays en question.

3 Rivalités et conflits interethniques.

➤ **ethnicité, ethnie, société segmentaire.**

troc

Échange direct de biens sans médiation monétaire.

➤ **échange, termes de l'échange ; Annexe ⓿-40.**

trust

(de l'angl. *trust*, « confiance » : fiducie)

1 Situation propre aux États-Unis, dans laquelle les sociétés se regroupaient et confiaient à un homme de confiance (*trustee*) leurs pouvoirs de gestion.

2 Gra.nde entreprise, constituée par la fusion de plusieurs entreprises indépendantes, qui tend à acquérir une position de monopole.

➤ **concentration.**

TUC *[Trade Union Congress]*

Confédération des syndicats britanniques (les *Trade Unions*) regroupant 70 organisations syndicales.

À la fois congrès et organe confédéral, le TUC est issu du premier congrès annuel que tinrent les *Trade Unions* à Manchester en 1868. En 1871, Gladstone fit adopter le *Trade Unions Act* qui leur accorda un statut légal. En 1899, le TUC fut à l'origine de la création d'une organisation à vocation électorale, le *Labour Representation Committee* (LRC), qui devint, en 1906, le *Labour Party* (Parti travailliste). À la fin des années 1990 le TUC regroupait 85 % des syndiqués anglais. Il faut cependant noter que la population des travailleurs syndiqués au Royaume-Uni est passé de 56 % en 1978 à moins de 30 % dans les années 1990.

turn-over

Rotation de la main-d'œuvre, mouvements d'entrée et de sortie des salariés dans une entreprise qui se mesure par le rapport entre le nombre d'entrées (ou de sorties) au cours d'une année et l'effectif total moyen.

Le *turn-over* peut être à la fois désiré par les salariés (désir de changer d'entreprise) et subi (volonté des chefs d'entreprise de faire tourner la main-d'œuvre ; mauvaises conditions de travail). Depuis le début des années 1980, on a assisté à un retournement de tendance : alors qu'au début des années 1970, la crise du taylorisme s'est traduite par un développement du *turn-over* et une incapacité des entreprises à fixer la main-d'œuvre, l'apparition d'un chômage massif a entraîné, au début des années 1980, une baisse marquée du *turn-over*.

➤ **flexibilité.**

TVA

➤ **Taxe sur la valeur ajoutée [TVA].**

type idéal

Concept, forgé par Max Weber, désignant une présentation modélisée, « stylisée », d'une réalité sociale donnée (phénomène religieux, stade du capitalisme, organisation bureaucratique). Un type idéal est obtenu en accentuant délibérément les traits les plus significatifs selon le point de vue adopté (but de la recherche, rapport aux valeurs).

Le qualificatif « idéal » n'a pas de contenu normatif. Il renvoie seulement à la pureté conceptuelle de la construction.

Le type idéal ne prétend pas reproduire la complexité du réel, fût-elle simplifiée, mais fournir une perspective cohérente d'une réalité singulière.

Exemple : le type idéal de l'entrepreneur capitaliste des XVIe-XVIIe siècles est caractérisé ainsi par la crainte de l'ostentation et de la dépense inutile, l'ascétisme du style de vie, la richesse comme signe d'avoir bien fait sa besogne.

Instrument au service de la recherche, il permet en particulier d'établir des correspondances pertinentes entre phénomènes sociaux. Ainsi, M. Weber, en ayant construit leurs types idéaux respectifs, met en évidence les convergences entre « l'éthique du protestantisme et l'esprit du capitalisme » (titre du célèbre ouvrage de M. Weber paru en 1905) aux XVIe et XVIIe siècles.

➤ **bureaucratie, Weber ; Annexe A-37.**

typologie

(du gr. *tupos* « figure », « modèle »)

Classement d'un phénomène, aux manifestations variées, en types, c'est-à-dire en formes ayant des traits caractéristiques selon un ou des critère(s) donné(s).

U

UNEDIC [Union nationale pour l'emploi dans l'industrie et le commerce]

Association créée en 1958, qui regroupe l'ensemble des ASSEDIC et gère la majeure partie de l'indemnisation du chômage.

➤ **ANPE, ASSEDIC, pôle emploi.**

UNESCO [*United Nations Educational, Scientific and Cultural Organization*]

Organisation des Nations unies pour l'éducation, la science et la culture. Organisme spécifique des nations unies, crée en 1946, et dont le siège est à Paris. Son but est de favoriser la connaissance et de développer l'éducation et de rapprocher les peuples par une meilleure connaissance mutuelle de leurs cultures.

➤ **ONU.**

Union africaine (UA)

Cette union, en 1999, a remplacé l'Organisation de l'Union Africaine (OUA). Elle regroupe une cinquantaine de pays, résulte de la volonté de faire progresser l'intégration en Afrique et de dépasser une période marquée par les vestiges de l'époque coloniale.

Union de l'Europe occidentale

➤ **Europe : organisations non communautaires.**

union douanière

Mode d'intégration économique qui consiste non seulement à supprimer les barrières douanières entre les pays membres (comme dans les zones de libre-échange), mais aussi à créer un tarif extérieur commun (système de taxes douanières) par rapport au reste du monde, par exemple le *Zollverein* allemand au XIXe siècle.

➤ **intégration régionale, *Zollverein*.**

union économique

➤ **Intégration régionale.**

Union économique et monétaire européenne

Ensemble économique, constitué dans le cadre de la communauté européenne, caractérisé par :

– un marché intérieur commun des produits, des services, du travail et du capital ;

– des politiques communes ou coordonnées ;

– une monnaie unique, l'euro.

• **Le marché intérieur** : le premier volet de l'union économique et monétaire est le **marché intérieur** des marchandises, des services, du travail et du capital. Le grand marché des marchandises repose sur la libre circulation des marchandises. Avant l'Acte unique (signé en 1986), ce principe s'était traduit par l'élimination des contingentements et des droits de douane à l'intérieur de la communauté et la création d'un tarif extérieur commun vis à vis reste du monde. L'Acte unique donne un nouvel élan au marché intérieur en éliminant d'autres entraves aux échanges de marchandises : la suppression des arrêts aux frontières, l'harmonisation des normes techniques, la réduction des priorités nationales accordées dans le cadre des marchés publics et le rapprochement des taux de TVA (fiscalité indirecte) ; le marché intérieur permet une meilleure spécialisation et favorise la constitution de grandes entreprises.

- **Les politiques** : l'union économique comporte par ailleurs une **coordination des politiques macro-économiques** plus ou moins effective **et des politiques communes.** La politique la plus ancienne est la politique de concurrence qui pose des règles concernant le contrôle de la concentration et l'action d'une entreprise particulière (abus de situation dominante), d'entreprises agissant de concert (interdiction des ententes), ou des pouvoirs publics (monopoles publics, ou aides faussant la concurrence). On peut inclure dans l'union économique les politiques communes visant à l'ajustement structurel et au développement régional ainsi que les politiques en matière de recherche et de technologie.
- **L'union monétaire** : elle est la troisième composante ; une monnaie unique impliquant une politique monétaire et une politique de change unique et un mécanisme de surveillance des politiques budgétaires.

➤ **Europe financière, intégration régionale, union monétaire.**

Union européenne (historique de l')

L'intégration européenne n'est pas une construction linéaire. Elle s'est, au contraire, réalisée au fil de compromis, d'accords et de crises qui ont déterminé ses évolutions et priorités. Ainsi en est-il des réalisations économiques et monétaires qui se sont imposées sur les objectifs d'Europe sociale, de représentation internationale ou de citoyenneté européenne sans, pour autant, que ces derniers soient absents du bilan européen. Les traités européens, de Rome à Lisbonne, constituent des marqueurs privilégiés pour rendre compte de son histoire.

Les traités de Rome (1957)

- Après l'expérience de la **Communauté européenne du charbon et de l'acier (CECA)** instaurée en 1951, et l'échec de la **Communauté européenne de défense (CED)** en 1954, les traités de Rome de 1957 instituent la **Communauté économique européenne (CEE)** et l'Euratom qui concerne l'énergie atomique.
- Le projet est principalement de créer un « marché commun », consistant tout d'abord en une union douanière pour les produits industriels : suppression des droits de douane entre les pays membres, et instauration d'un tarif extérieur commun. Le marché commun va au-delà de l'union douanière et pose aussi le principe de la création d'un marché du travail commun et d'un marché des capitaux unifié.
- L'union douanière est réalisée vers 1968, mais la liberté de circulation des capitaux ne sera effective que dans les années 1990 et la liberté de circulation des travailleurs suppose une reconnaissance des diplômes qui ne s'affirme que progressivement.
- Les traités de Rome posent en outre les principes de la Politique agricole commune, PAC (1962), et créent les institutions communautaires.
- **Constituée initialement de 6 pays**, l'Allemagne, la France, l'Italie et les trois pays du Benelux (Belgique, Pays-Bas, Luxembourg).

Adhésion en 1973 du Royaume-Uni, de l'Irlande, du Danemark ; en 1981, de la Grèce.

L'acte unique (1986)

Il pose comme perspective pour le 1er janvier 1993 la réalisation du **Marché unique** intérieur résultant de la suppression des entraves aux échanges et à terme **l'Union économique et monétaire** (UEM). L'objectif étant de créer un choc sur l'appareil productif européen qui le mette en mesure de tenir tête aux concurrents américains et japonais. Pour les marchandises, les arrêts aux frontières, les obstacles fiscaux, les différences de normes techniques et les privilèges accordés dans le cadre des marchés publics doivent être éliminés ou réduits. La liberté de circulation des capitaux et l'extension de la liberté de circulation des travailleurs aux personnes sont avancées.

Adhésion de l'Espagne et du Portugal dans l'Union européenne en 1986.

Le traité de Maastricht (1992)

- Il comporte un volet politique et un volet économique et monétaire. **Du point de vue politique**, de nouveaux domaines d'intervention entrent dans le champ de compétence de l'Europe, la politique étrangère et de sécurité, et des interventions en matière de police et de justice ; toutefois, sur ces domaines, l'organisation reste interétatique, aucun pays ne pouvant être contraint d'adopter des décisions auxquelles il n'adhère pas. Par ailleurs, le Traité introduit la notion de citoyenneté européenne qui complète la citoyenneté nationale, sans la remplacer, et le principe de subsidiarité.
- **Au plan économique**, le traité établit les critères de convergences des politiques monétaires européennes, fixe le calendrier du passage à l'euro et pose les principes du fonctionnement de l'UEM : une monnaie unique, une politique monétaire et une politique de change uniques, des autorités monétaires indépendantes et un dispositif de surveillance des déficits publics excessifs. En 1993 est instaurée la libéralisation des mouvements de capitaux entre pays membres. En 1994, l'UEM entre dans sa deuxième phase avec la coordination des politiques monétaires des pays membres et la création de **l'Institut monétaire européen** (IEM).
- **Adhésion** de l'Autriche, de la Finlande et de la Suède en 1995.

Le traité d'Amsterdam (1997)

Dans l'ensemble, il n'opère qu'une modernisation partielle des traités antérieurs. Il met en œuvre le **Pacte de stabilité et de croissance** (PSC), adopté lors du Conseil de Dublin de 1996, visant à coordonner les politiques budgétaires des pays membres et à imposer une discipline budgétaire commune. En matière sociale, le traité apporte la stratégie européenne pour l'emploi, des initiatives contre les diverses formes de discrimination et le principe du dialogue social. Dans le **domaine économique**, création de **l'euro-groupe** dont la mission est de coordonner les politiques économiques des pays membres de la zone euro. **Dans le domaine politique**, mise en place de mesures concernant le droit d'asile, la politique d'immigration ou le contrôle aux frontières extérieures de l'Union.

La stratégie de Lisbonne (2000)

Élaborée en 2000, son objectif était de faire en 10 ans de l'UE « l'économie de la connaissance la plus compétitive et la plus dynamique du monde, capable d'une croissance économique durable accompagnée d'une amélioration quantitative et qualitative de l'emploi et d'une plus grande cohésion sociale, dans le respect de l'environnement ». Les résultats limités de cette stratégie ont nécessité une révision et un recentrage à mi-parcours.

Le traité de Nice (2000)

- Il définit les nouvelles règles d'attribution des places des différents États membres dans les organes communautaires après l'entrée des pays de l'Europe centrale et orientale : nombre de sièges au parlement, nombre de membres de la Commission, nombre de votes au Conseil européen... Il pose le principe d'un **Agenda social** qui fixe la direction de la politique communautaire en matière de protection sociale et d'harmonisation des systèmes sociaux des pays membres.
- **Adhésion de** la Pologne, la Hongrie, la République tchèque, la Slovaquie, la Lituanie, l'Estonie, la Lettonie, Chypre, Malte et la Slovénie en 2004.

Le projet de constitution européenne (2003-2005)

Un ambitieux projet de Constitution européenne élaboré en 2003 n'a pu être adopté en raison d'un vote négatif des français au référendum en 2005, suivi par un rejet analogue des Néerlandais.

Traité de Lisbonne (2007)

- Il reprend pour une grande part le contenu du projet de Constitution :

– **affirmation de principes politiques** de base ;

– **démocratisation des institutions** par un renforcement des pouvoirs du Parlement européen ainsi que des parlements nationaux et par l'instauration d'un droit d'initiative populaire ;

– **amélioration de l'efficacité de la gouvernance** avec, en particulier, la création d'un président du Conseil européen, et l'adoption d'un système de majorité qualifiée au Conseil : pour être acceptée, une proposition doit être votée par 55 % des États et 65 % de la population de l'Union. Création d'un haut représentant de l'Union pour les affaires étrangères. Ratifié par les 27 États membres de l'Union européenne, le traité de Lisbonne est entré en vigueur le 1er décembre 2009. Depuis 2007, la crise financière et la crise de la dette ont mis en évidence la nécessité de renforcer la gouvernance européenne et l'intégration politique des pays membres et d'adopter des mesures importantes en matière d'interventions financières.

- **Adhésion de** la Roumanie et de la Bulgarie en 2007.

Stratégie Europe 2020 (2010)

Elle propose, dans le prolongement de la Stratégie de Lisbonne, de développer en dix ans au sein de l'Union européenne une croissance « intelligente, durable et inclusive ». Elle relève les défis de la globalisation et du vieillissement de la population tout en s'engageant sur la voie d'une croissance innovante, respectueuse de l'environnement et du bien-être social. Les grands axes de la stratégie sont la promotion des industries sobres en carbone, l'investissement dans le développement de nouveaux produits, l'économie numérique, l'éducation et la formation avec pour objectif un taux d'emploi d'au moins 75 % en 2020.

Pacte pour l'euro (2011)

Son but est de garantir la **stabilité de la zone euro** par une coordination renforcée des politiques nationales dans les domaines cruciaux pour la compétitivité.

Traité sur la stabilité, la coordination et la gouvernance (TSCG) ou « Pacte budgétaire » (entré en vigueur en 2013)

Vise à contraindre les États de la zone euro à financer leurs dépenses par leurs recettes et donc à limiter le recours à l'emprunt, **la règle d'or**.

Mesures financières élargissant les fonctions de la BCE : interventions sur le marché interbancaire pour alimenter les banques commerciales en liquidités ; interventions sur le marché de la dette par rachat des dettes publiques des pays lourdement endettés ; création en 2012 d'un mécanisme de supervision bancaire pour la zone euro, premier pas vers une Union bancaire.

Mécanisme européen de stabilité (2012)

Dispositif pour faire face à la crise de la dette publique en Europe, doté de 800 milliards d'euros, permettant d'aider les pays membres en difficulté sous contrainte de stricte conditionnalité.

- **Adhésion** de la Croatie en 2013.

Union européenne (institutions de l')

Ensemble des organes politiques, de contrôle, de consultation et financiers de l'Union européenne.

Les institutions politiques de l'UE

- **Le Conseil européen (Bruxelles)**

Organe de décision, il réunit les chefs d'État ou de gouvernement et le président de la commission européenne au moins deux fois par an afin de fixer les grandes orientations de la politique européenne. Le traité de Lisbonne de 2007 lui adjoint un président élu à la majorité qualifiée pour deux ans et demi et un Haut représentant des Affaires étrangères.

- **Le Conseil de l'Union européenne (Bruxelles, Belgique)**

Principal organe de décision de l'Union, le Conseil représente les États membres à travers le ministre de chaque gouvernement national spécialisé dans le sujet abordé (relations extérieures, justice, affaires intérieures, agriculture...). Au sein du Conseil, chaque membre représente et engage l'État membre dont il est le représentant. Les décisions sont prises, soit à l'unanimité, ce qui donne un droit de veto à chaque pays, soit à la majorité qualifiée, chaque pays ayant un nombre de voix lié à sa taille. La présidence du Conseil est assurée de façon tournante tous les six mois par chacun des pays. Le Conseil adopte, parallèlement au Parlement, le budget européen et joue un rôle décisif dans la mise en œuvre des règlements et directives. Il coordonne les politiques économiques des États membres, conclut les accords internationaux, définit la politique étrangère et de sécurité commune.

- **La Commission européenne (Bruxelles, Belgique)**

Organe exécutif de l'Europe, elle est composée de vingt-huit membres qui représentent les intérêts de l'Union. La commission est la gardienne des traités et de l'application du droit européen. Elle veille à l'exécution du budget de l'Europe, dispose de pouvoirs étendus en matière de concurrence et peut imposer des règlements et directives applicables dans les États membres. Elle est responsable de la mise en œuvre des décisions du Parlement et du Conseil et supervise l'administration européenne. Depuis 2014, le Président de la Commission est choisi dans la majorité élue au Parlement.

- **Le Parlement européen (Strasbourg, France)**

Organe législatif institué en 1979 composé en 2014 de 766 députés européens élus pour cinq ans au suffrage universel direct. À l'origine essentiellement consultatif, il participe pleinement, depuis les traités d'Amsterdam et de Nice, au processus législatif dans le cadre d'une coopération avec le Conseil et la Commission. Chaque État membre dispose d'un nombre de sièges proportionnel au nombre d'habitants. Les députés européens siègent selon leur appartenance politique et non leur origine nationale. Le parlement vote le budget annuel de l'Union et exerce une surveillance démocratique sur les institutions. Il participe à la nomination des membres de la Commission et dispose d'un droit de censure.

Les institutions judiciaires de l'UE

- **La Cour de justice des communautés européennes (Luxembourg)**

Créée en 1952, elle veille au respect du droit communautaire. Elle est composée d'un juge par État, nommé pour une durée de six ans. Elle est aidée, depuis 1989, par un Tribunal de première instance.

- **La Cour des comptes (Luxembourg)**

Composée de quinze membres nommés pour six ans, elle contrôle les recettes et dépenses communautaires et la bonne gestion financière du budget européen.

- **Le Médiateur européen**

Institué en 1992 et élu pour cinq ans par le Parlement européen, il est un intermédiaire entre les citoyens et les autorités européennes. Il reçoit les plaintes des citoyens, des entreprises et des institutions et peut adresser des recommandations aux institutions européennes.

Les institutions consultatives de l'UE

- **Le Comité économique et social (Bruxelles, Belgique)**

Composé de représentants de la société civile nommés pour quatre ans par les différents gouvernements, ses travaux influencent l'adoption des règlements, des directives ou des recommandations européennes.

- **Le Comité des régions (Bruxelles, Belgique)**

Mis en place en 1994 par le traité de Maastricht, il représente les collectivités territoriales de l'Union européenne. Les traités européens font obligation à la Commission et au Conseil de consulter le Comité des régions pour toute proposition ayant des répercussions au niveau local ou régional.

Les institutions financières de l'UE

- **La Banque centrale européenne (Francfort, Allemagne)**

Organe financier indépendant institué en mai 1999, la BCE a en charge l'euro et la politique monétaire de la zone euro. Elle détient et gère les réserves de change des pays membres et émet les billets de banque. Dirigée par le Conseil des gouverneurs des banques centrales de la zone euro, sa priorité et de veiller à la stabilité des prix.

- **La Banque européenne d'investissement (Luxembourg)**

Créée par le traité de Rome de 1957, elle finance les projets d'investissement publics ou privés favorables à l'intégration européenne, à la cohésion économique et sociale et, depuis la stratégie de Lisbonne (2000), à l'économie de la connaissance.

- **La Cour des comptes**

Sa vocation est de contrôler les finances publiques européennes.

union monétaire

Mode d'intégration économique se traduisant par la création de parités totalement fixes entre les différentes monnaies nationales ou par la disparition des monnaies nationales au profit d'une unité monétaire commune, ce qui implique une politique monétaire commune et une politique de change commune. Le traité de Maastricht organise une union monétaire organisée autour d'une monnaie unique l'euro.

Par définition, les pays qui intègrent une zone monétaire perdent les outils de régulation macroéconomique nationale que sont la politique monétaire et la politique de change. C'est pourquoi le **théoricien des zones monétaires optimales, Robert Mundell**, a développé l'argument selon lequel une zone monétaire doit rassembler des pays entre lesquels, la mobilité des biens et services et des facteurs de production et la flexibilité des prix permettent d'absorber les chocs exogènes. L'union monétaire européenne ne correspond qu'imparfaitement à ce type de configuration : des mécanismes budgétaires nationaux ou communautaires sont mis en œuvre pour renforcer la gouvernance européenne.

➤ **gouvernance européenne, intégration régionale, Union économique et monétaire européenne, zone monétaire optimale.**

Union pour la Méditerranée

Partenariat établi en 2008 entre 44 pays : les 27 pays de l'Union européenne et des pays riverains de la mer Méditerranée, l'Albanie, l'Algérie, l'Égypte, Israël, la Jordanie, le Liban, la Libye, le Maroc, la Mauritanie, la Palestine, la Syrie, la Tunisie, la Turquie ainsi que la Bosnie, la Croatie, le Monténégro et la principauté de Monaco.

Les objectifs de cette Union sont principalement de développer des projets Nord-Sud dans les secteurs notamment de l'énergie (solaire), de l'eau, de l'environnement (dépollution de la Méditerranée), de l'enseignement (création d'une université euro-européenne) de la protection antiterroriste, des transports, de la régulation des flux migratoires, etc.

unité de consommation [uc]

Étalon de mesure des besoins de consommation d'un adulte.

Pour mesurer les besoins d'une famille, il faut tenir compte du nombre de membres de cette famille et de leur âge : les besoins de la famille ne varient pas proportionnellement. L'échelle de l'OCDE et l'échelle d'Oxford ne donnent pas les mêmes évaluations.

	OCDE	OXFORD
1er adulte	1 UC	1 UC
autres adultes de + de 14 ans	0,5 UC	0,7 UC
enfants de – de 14 ans	0,3 UC	0,5 UC

unité monétaire

➤ **change (taux de), Système monétaire international [SMI].**

utilitarisme

Doctrine éthique qui définit l'action juste comme celle qui maximise le bien-être de tous les individus concernés par cette action.

L'utilitarisme est préfiguré par David Hume (1739), fondé par Jeremy Bentham (1789), popularisé par John Stuart Mill (1861), systématisé par Henry Sidgwick (1874), modernisé par John C. Harsanyi (1955).

L'utilitarisme est une doctrine conséquentialiste : l'action de l'individu est jugée en fonction de ses conséquences.

Le comportement vertueux consiste à choisir l'action qui maximise le bonheur de l'ensemble des personnes affectées par les conséquences de cette action. **Bentham** définissait le bonheur comme la somme algébrique des plaisirs et des peines ; les **utilitaristes contemporains** se réfèrent plutôt au bien-être, entendu comme tout ce qui satisfait les préférences des individus (y compris les préférences religieuses, esthétiques, etc.).

Le critère retenu est souvent la somme des bien-être individuels, mais il peut s'agir du bien-être moyen. Mais ce but peut conduire à sacrifier des intérêts ou des droits individuels.

➤ **éthique, Hume.**

utilité

➤ **ophélimité.**

utilité marginale

Utilité de la dernière unité de bien consommée.

Le principe de l'utilité marginale décroissante a permis de comprendre que l'utilité subjective, l'ophélimité est un déterminant de la valeur économique.

Le principe de l'utilité marginale décroissante

Énoncé en 1738 par Bernouilli et souvent présenté comme la première loi de Gossen (1854), ce principe peut être résumé ainsi : **lorsque l'on consomme des doses successives d'un même bien, l'utilité de la dernière dose consommée (utilité marginale) est inférieure à l'utilité de la dose précédente.**

Sur ces bases, **les théoriciens marginalistes** vont, dans les années 1870, résoudre enfin le paradoxe de l'eau et du diamant : pourquoi l'eau, qui est très utile, vaut-elle moins cher que le diamant ? Certes, l'utilité totale de l'eau est supérieure à celle du dia mant, mais l'individu compare seulement marginales ; le diamant étant beaucoup plus rare que l'eau, son utilité marginale, donc sa valeur, est supérieure à celle de l'eau.

Mais le contexte joue : au milieu du désert, un verre d'eau a plus de valeur qu'un diamant.

Les théoriciens néo-classiques ont reformulé la théorie du consommateur à partir de la notion de préférence : l'utilité est fonction de l'échelle de préférence de l'individu.

➤ **marginalisme, néo-classique (théorie), ophélimité, préférence (relation de), valeur (théories de la) ; Annexe Ⓐ-8, 12.**

utopie

➤ **idéologie.**

VW

valeur ajoutée [VA]

Richesse créée par une entreprise, un secteur institutionnel ou une branche au cours d'une période donnée.

La valeur ajoutée brute (VAB) est égale à la valeur de la production moins la valeur des consommations intermédiaires (la VAB est donc le solde du compte de production). La somme des VAB correspond approximativement au Produit intérieur brut (PIB). Cette richesse nouvellement créée est distribuée sous forme de revenus (répartition primaire) : salaires, EBE, impôts.

➤ **comptabilité d'entreprise, Comptabilité nationale, taxe sur la valeur ajoutée [TVA].**

valeur d'échange

Taux auquel une marchandise s'échange contre une autre marchandise (par exemple, un daim s'échange contre deux saumons). Synonyme de prix relatif.

➤ **valeur (théories de la).**

valeur d'usage

Utilité d'un bien évaluée soit de manière objective et générale (le pain fournit un certain nombre de calories), soit de manière subjective et donc variable d'un individu à l'autre. La valeur d'usage est relative au besoin, la valeur d'échange relative à un autre bien.

➤ **ophélimité, utilité, utilité marginale, valeur (théories de la).**

valeur (en)

➤ **déflateur.**

valeur mobilière

Créance ou titre de propriété librement négociable dans le cadre d'une Bourse des valeurs, titre émis par les sociétés, les collectivités publiques ou l'État.

On distingue les actions émises par les sociétés et qui représentent un titre de propriété ; les obligations émises par les sociétés et les collectivités publiques et qui constituent une créance ; les rentes et emprunts d'État.

➤ **action, bourse des valeurs, obligation.**

valeur (théories de la)

Théories relatives au fondement de la valeur.

Le fondement de la valeur d'un bien est au centre de l'analyse économique et les réponses apportées diffèrent selon les courants théoriques.

– **Pour les classiques**, la valeur d'un bien résulte du coût des facteurs de production nécessaires à sa production, essentiellement le travail. La valeur, fondée sur un critère objectif, est la valeur d'échange.

– **Pour les néo-classiques**, cette conception ne résout pas le problème de la valeur : si c'est le travail qui donne la valeur à un bien, pourquoi deux biens qui incorporent la même quantité de travail n'ont-ils pas la même valeur ? W.S. Jevons appuie son raisonnement sur l'exemple du pêcheur de perles qui, en plongeant, remonte un caillou.

La valeur d'un bien découle de son utilité pour l'individu (utilité subjective) et de sa rareté (utilité marginale).

➤ **utilité, utilité marginale, valeur d'échange, valeur d'usage, valeur travail ; Annexe Ⓐ-5, 7, 8, 10.**

valeur travail

1 [sens théorique] Se rapporte aux théories économiques selon lesquelles la source de la valeur des marchandises se trouve dans le travail nécessaire à sa production.

• **Selon Ricardo,** la valeur d'échange des marchandises est proportionnelle à la quantité de travail (*in proportion to the quantity of labour*) directe et indirecte (il faut tenir compte du travail nécessaire à la production des biens intermédiaires, des outils et des machines, c'est-à-dire du travail indirect) nécessaire à leur production.

Ricardo ne s'intéresse pas à la valeur « en soi » mais à la valeur relative des marchandises ; si, en longue période (notion de prix naturel), une table vaut deux chaises, c'est qu'il faut, grosso modo, deux fois plus de travail pour obtenir une table que pour obtenir une chaise.

• **Selon Marx**, la valeur des marchandises est égale à la quantité de travail abstrait socialement nécessaire à leur production.

Il s'agit de travail social, parce que la division du travail est sociale. Il s'agit de travail abstrait car le caractère social du travail ne se manifeste que dans l'échange, la valeur revêt alors la forme de la valeur d'échange ; or, dans l'échange, on fait abstraction de la forme particulière sous laquelle du travail a été utilisé, on ne peut comparer le travail du menuisier à celui du boulanger ; le seul point commun aux marchandises, c'est d'être le produit de travail en général, et le travail en général est une abstraction.

2 [sens socio-politique actuel] Une des valeurs des sociétés modernes contemporaines.

• Le terme est réapparu en France à l'occasion des débats suscités par l'évolution du travail et de la polémique autour des lois Aubry de réduction du temps de travail (RTT). Selon certains, le progrès technique conduirait vers la « fin du travail » de telle sorte que l'activité professionnelle jouerait un moindre rôle dans l'identité sociale et qu'il ne serait plus possible de fonder notre société sur la valeur accordée au travail. Pour d'autres, les 35 heures auraient donné naissance à une société où l'intérêt pour le travail aurait disparu au profit des loisirs.

• Ces affirmations ont suscité deux types de réponses : il existe toujours un goût pour le travail « bien fait », vecteur d'une réalisation de soi. D'autre part, l'emploi et le travail procurent un sentiment d'utilité et sont sources de liens sociaux. Ainsi, ils restent un vecteur d'identification sociale.

➤ **Marx, réduction du temps de travail, Ricardo, valeur (théories de la) ; Annexe Ⓐ-7, 10.**

valeur utilité

➤ **utilité, utilité marginale, valeur (théories de la) ; Annexe Ⓐ-8, 10.**

valeurs

[sociologie] Choses ou manières d'être considérées comme estimables et désirables, idéaux plus ou moins formalisés orientant les actions et les comportements d'une société ou d'un groupe social.

Concernant aussi bien les objets (l'argent), les conduites (exemple : l'effort) ou les représentations (exemple : l'honneur, l'égalité), elles s'incarnent dans les normes sociales. Les valeurs d'un groupe ne sont pas indépendantes les unes des autres : elles s'organisent et s'ordonnent de façon plus ou moins cohérente en systèmes de valeurs et sont à la base des modèles culturels. Les valeurs sont relatives à une société, à un groupe social.

Les valeurs officiellement proclamées (par le pouvoir, les Églises, les manuels de morale) ne correspondent pas forcément aux valeurs

effectives de la collectivité. Celles-ci ne sont pas toujours explicites, elles se constatent dans les conduites et les normes.
La notion de système de valeurs n'exclut pas la possibilité de conflit de valeurs ; par exemple, en Europe médiévale l'opposition entre les valeurs du capitalisme naissant (profit, compétition) et celles du catholicisme.

➤ **culture, ethos, normes sociales, Weber.**

validation des expériences [VAE]

➤ **formation.**

variations de la population

Solde positif ou négatif du volume de la population résultant de l' accroissement naturel de la population et du solde migratoire durant un an.

➤ **accroissement naturel, solde migratoire.**

Veblen (Thorstein)

Économiste américain d'origine norvégienne (1857-1929), surtout connu pour sa théorie de la classe oisive et de la consommation ostentatoire ; sa pensée pragmatique, et critique à l'égard du capitalisme et du marginalisme, le rattache au courant « institutionnaliste ».

Veblen met l'accent sur le caractère social, psychologique et donc évolutif, des faits économiques. Les rapports de force sont plus déterminants dans la formation des revenus que la loi du marché, présentée par les libéraux comme naturelle, impersonnelle et immuable. Les crises sont la conséquence des choix faits par la classe des hommes d'affaires en fonction de ses intérêts. La consommation a une fonction sociale de prestige, elle est « ostentatoire » et non rationnellement destinée à la satisfaction des besoins.
La science économique se doit donc d'étudier l'évolution (référence à Darwin) des habitudes de pensée, que Veblen nomme des « institutions », ainsi que les comportements réels, souvent bien différents des comportements théoriques supposés rationnels.

Ouvrages principaux : *Théorie de la classe oisive* (*Theory of the Leisure Class*, (1899) ; *La Théorie de l'entreprise d'affaires* (1904) ; *Les Intérêts en place* (1919) ; *Les Ingénieurs et le système des prix* (1921).

➤ **institution(s), institutionnalisme, style de vie ; Annexe A-35.**

veille technologique

Activité, au sein des entreprises, consacrée à la recherche, à la mise en forme et à la diffusion de l'information sur les techniques les plus modernes, en usage. En anticipant, elle prépare l'innovation de produit ou de procédé et constitue un élément important du « management du savoir », au sein de l'entreprise, dans une « économie de la connaissance ».

Les services de veille technologique s'appuient notamment sur la lecture systématique de la documentation disponible (notices, brochures, revues spécialisées, scientifiques et techniques, revues professionnelles, information sur les brevets...).

➤ **intelligence économique, stratégie d'entreprise.**

Verdoorn (loi de)

➤ **Kaldor-Verdoorn (loi de).**

victimation (enquêtes de)

Enquêtes annuelles menées auprès des particuliers sur les sévices dont ils ont ou auraient été personnellement victimes au cours des deux dernières années. Les faits subis recensés comportent les agressions verbales ou physiques, le sentiment d'insécurité, les cambriolages, les vols de voiture et autres vols.

Ces enquêtes sont réalisées en France depuis 1996 dans le cadre de l'enquête permanente sur les conditions de vie des ménages (EPCV) menée par l'INSEE. Elles revêtent une dimension subjective : une agression ou un vol sont ressentis comme tels par une personne tandis que le même fait ne le sera pas par une autre. Par ailleurs, les faits recensés ne sont pas tous des délits : un préjudice réel peut ne pas correspondre à un acte délictueux (injure non raciale).

Les enquêtes de victimation enregistrent une augmentation des agressions physiques et verbales.

vieillissement démographique

Augmentation de la part des personnes âgées dans l'ensemble de la population.

Il résulte de l'allongement de l'espérance de vie mais surtout de la baisse de la fécondité. C'est un phénomène qui touche tous les pays de l'Union européenne. En France, le phénomène a été retardé par le baby-boom des années 1950 mais il devrait s'accélérer à partir de 2010 lorsque les enfants nés pendant cette période entreront dans le troisième âge.

Les conséquences du vieillissement de la population sur le développement de l'économie sont très discutées. Pour certains, il entraîne un manque de dynamisme et, à terme, un ralentissement de la croissance. Pour d'autres, l'évolution des conditions sanitaires permet de rester jeune plus longtemps et compense les conséquences négatives du vieillissement.

Mais, le vieillissement entraîne une part grandissante des dépenses de protection sociale.

➤ **dépendance, espérance de vie, fécondité, mortalité, population.**

vitesse de circulation de la monnaie

Nombre moyen de transactions financées par une même unité de monnaie dans une période donnée (vitesse-transaction).

La vitesse de circulation de la monnaie dépend de facteurs techniques et institutionnels (périodicité du versement des salaires, du paiement des impôts, facilité et coût de la substitution d'actifs financiers à la monnaie, paiement par carte de crédit, etc.), mais aussi du comportement de demande de monnaie des agents : s'ils anticipent une hausse de l'inflation, ou si les taux d'intérêt augmentent, la vitesse de circulation augmente elle aussi (car les agents remettent en circulation une partie de la monnaie qu'ils détenaient en caisse).

Pour déterminer la valeur de référence de la croissance monétaire, qui est l'un des piliers de sa stratégie, la BCE doit anticiper l'évolution de la vitesse de circulation.

Le calcul de la vitesse de circulation de la monnaie

Soit T un indicateur de la valeur totale des transactions, et M le stock moyen de monnaie, on définit la vitesse de circulation (V) par le rapport :

$$V = \frac{T}{M}$$

Faute de pouvoir disposer d'un indicateur des transactions (qui incluent non seulement les échanges portant sur des marchandises nouvelles mais aussi sur des actifs d'occasion et des actifs financiers), on utilise généralement le PIB au numérateur et un agrégat monétaire au dénominateur (M1, M2, M3), définissant ainsi une vitesse-revenu.

Envisageons une économie dont la valeur totale des transactions (T) s'élève, pour une année, à 4 500 milliards d'euros. En moyenne, le stock de monnaie (M) est de 2 000 milliards d'euros, la vitesse de circulation (V) est :

$$V = \frac{T}{M} = \frac{4\,500}{2\,000} = 2{,}25$$

Cela signifie qu'en moyenne chaque unité monétaire a servi au cours de l'année à 2,25 transactions.

➤ **liquidité de l'économie (taux de), monnaie (théorie quantitative de la), préférence pour la liquidité.**

volume (en)

➤ **déflateur.**

vote (déterminants du)

Facteurs explicatifs de la participation et du choix électoral. Loin d'être purement aléatoires, les comportements électoraux des

citoyens dépendent largement de leurs attributs socio-économiques et culturels : « Les caractéristiques sociales déterminent les préférences politiques » (P. Lazarsfeld).

- La participation électorale est inversement proportionnelle à la place des individus dans la hiérarchie sociale. Les catégories « supérieures », les bénéficiaires de revenus élevés, les titulaires de diplômes post-bac votent davantage que ceux « d'en bas ».
- S'agissant des suffrages exprimés, les enquêtes électorales menées en France montrent que les choix entre gauche et droite sont surtout fonction de la position socioprofessionnelle, du rapport à la religion, de l'âge et du niveau de diplôme.
- Depuis longtemps, les ouvriers votent en grande majorité à gauche (même si, aujourd'hui, le Front national attire des votes ouvriers) tandis que les cadres – hors enseignants – votent majoritairement à droite. À statut professionnel similaire, les salariés du public votent davantage à gauche que les salariés du privé, tandis que les indépendants accordent en grande proportion leurs suffrages à la droite. Les catholiques pratiquants sont ancrés à droite à l'inverse des « sans religion ».

➤ **catégories socioprofessionnelles [CSP, PCS], démocratie.**

Wagner (loi de)

Selon A. Wagner, économiste allemand (1835-1917), il existe une « loi de l'extension croissante de l'activité publique ou de l'État » selon laquelle la part relative de l'activité publique dans l'économie, que l'on peut mesurer par le rapport entre les dépenses publiques et le revenu national, augmente du fait de l'industrialisation.

En effet, la complexification de la vie économique, l'importance prise par les problèmes d'organisation, les problèmes liés à l'urbanisation, rendent nécessaire l'intervention de l'État (réglementation, protection, administration, éducation, action sociale) ; celle-ci peut aller jusqu'à la création d'entreprises publiques. Les tentatives de vérification empirique montrent qu'il existe bien un lien, complexe, entre industrialisation et intervention de l'État, mais il semble excessif de parler d'une loi.

Walras (Léon)

Économiste français (1834-1910) installé à Lausanne où il enseigna ; il est surtout connu pour sa théorie de l'équilibre général, qui constitue le cœur de la théorie néo-classique.

Pour Léon Walras, « l'économie politique pure est essentiellement la théorie de la détermination des prix sous un régime hypothétique de libre concurrence absolue. »

L'équilibre général

Walras construit un **modèle dans lequel l'offre et la demande de chaque bien ou service est fonction des prix de tous les biens et services** car les marchés sont interdépendants.

L'équilibre général de l'économie est réalisé lorsque l'offre est égale à la demande sur chaque marché. Walras s'est contenté d'admettre qu'il existait au moins un système de prix réalisant cet équilibre.

Ensuite, pour étudier le processus conduisant à l'équilibre, il a créé la fiction d'un commissaire-priseur qui crie les prix et fait jouer la loi de l'offre et de la demande en procédant par « tâtonnements » : il augmente les prix des biens pour lesquels la demande excède l'offre et diminue les prix des autres.

Depuis son invention, ce modèle a donné lieu à de nombreux développements mathématiques.

Bien qu'il se soit prononcé en faveur de la nationalisation de certaines ressources (terres, monopoles naturels, chemins de fer...), qu'il ait dirigé une Banque du Travail et préconisé le développement d'une économie sociale (coopératives), Walras a finalement conforté le libéralisme économique en s'efforçant de démontrer que le système des prix de marché était autorégulateur et que le mécanisme de la libre concurrence conduisait l'économie à l'optimum.

Ouvrages principaux : *Éléments d'économie politique appliquée (1898)* ; *Études d'économie sociale (1896)*.

➤ **néo-classique (théorie), Pareto ; Annexe A-8, 15, 20.**

Walras (loi de)

Quel que soit le système de prix, la somme des valeurs des demandes nettes (nettes des offres) est nulle ; autrement dit, la valeur (les quantités multipliées par les prix) de l'offre totale (somme des offres de tous les agents) est égale à la valeur de la demande totale (somme de toutes les demandes).

Il s'agit simplement d'une relation comptable, déduite des contraintes budgétaires des agents (pour un agent donné, la valeur de sa demande totale de biens ne peut excéder la valeur de son revenu), sans lien avec la réalisation de l'équilibre sur tous les marchés : cette loi, qui ressemble fort à une identité, s'applique même si l'offre n'est pas égale à la demande sur un ou plusieurs marchés.

On se sert souvent d'une déduction immédiate de la loi de Walras : si, dans une économie constituée de n marchés, les $(n-1)$ premiers marchés sont en équilibre – pour un système de prix donné, l'offre est égale à la demande sur tous ces marchés – alors le n-ième et dernier marché est nécessairement en équilibre.

Warner (W. Lloyd)

Anthropologue et sociologue américain (1898-1970), représentant du courant culturaliste américain.

Au début de sa carrière, il fait œuvre d'ethnologue en étudiant les Murgins d'Australie. C'est en gardant le point de vue et les méthodes ethnologiques que Warner va coordonner une série d'enquêtes (entre 1930 et 1935) sur une collectivité urbaine du nord-est des États-Unis dont les résultats seront publiés dans cinq ouvrages (*Yankee City Series*), considérés aujourd'hui comme une somme classique de la sociologie empirique américaine. Prototype des « études de communautés », abordant de multiples aspects de la vie sociale, Yankee City est surtout connu pour sa présentation de la stratification sociale comme hiérarchie stratifiée de groupes statutaires (découpage gradué en six classes : *upper-upper, lower-upper, upper-middle, lower-middle, upper-lower, lower-lower*) basée entre autres sur le prestige et la situation professionnelle.

➤ **stratification sociale ; Annexe A-44.**

Washington (consensus de)

➤ **Consensus de Washington.**

Weber (Max)

Juriste de formation, historien économiste, cet universitaire allemand (1864-1920) est considéré comme l'un des fondateurs de la sociologie contemporaine.

Au plan épistémologique

Max Weber entend défendre et illustrer la démarche d'une « sociologie compréhensive ». Celle-ci est définie comme « une science qui se propose de comprendre par interprétation l'activité sociale... » : l'accent est mis sur le sens que donnent les individus à leur action, sur les valeurs qui la guident. Cette visée ne dispense pas, selon lui, du recours à l'explication causale approchée en termes probabilistes ou en termes de correspondance.

Une typologie des déterminants de l'action

- Pour Weber, si la rationalité « en finalité » (économique, technique) occupe une place importante, elle est loin de constituer le seul ressort de l'action ; le comportement peut être « traditionnel » (par coutume incorporée), « affectuel » (dominé par les sentiments) et surtout l'action peut être « rationnelle en valeur », c'est-à-dire orientée délibérément vers des valeurs et des types idéaux (le devoir, l'honneur, une cause morale...).
- Dans cette optique, le « rapport aux valeurs », c'est-à-dire les enjeux et les conflits à propos des valeurs centrales, entre les

acteurs d'une société, devient essentiel et permet de construire des « types idéaux » caractérisant des configurations historiques données. Ainsi, dans son ouvrage le plus célèbre (*L'éthique...*, 1905), il met en relation l'esprit du capitalisme naissant et l'éthique puritaine des premiers entrepreneurs.

• Plusieurs thèmes webériens ont par ailleurs largement influencé les sciences sociales contemporaines : la problématique du pouvoir et sa typologie des formes d'autorité ; les processus de rationalisation, de bureaucratisation et d'intellectualisation qui caractérisent le développement des sociétés modernes et entraînent un « désenchantement du monde » ; sa théorie de la stratification sociale, résultat complexe des situations de marché (classes), de la hiérarchie du prestige (groupes de statut) et du rapport au pouvoir politique (partis).

Un partisan de l'individualisme méthodologique ?

On présente parfois Max Weber comme l'un des fondateurs de l'individualisme méthodologique. En témoigneraient sa méfiance à l'égard des « concepts collectifs » (« Il n'y a pas de personnalité collective exerçant d'activité ») et son insistance à saisir le sens que les individus donnent à leur action. Cet étiquetage apparaît contestable : son œuvre témoigne d'un va-et-vient continuel entre la « compréhension » des comportements individuels et l'analyse causale des logiques structurelles (économiques, sociales et culturelles) ; ses constructions idéal-typiques concernent en particulier des groupes sociaux (groupes religieux, bourgeoisie marchande), non réductibles à des effets de composition ; il accorde enfin une place essentielle aux formes de domination et aux puissances sociales organisées (États, Églises, groupements économiques).

Ouvrages principaux : *L'Éthique protestante et l'esprit du capitalisme (1905) ; Essais sur la théorie de la science (1906-1913) ; Le Savant et le Politique (1918) ; Économie et société (1922).*

➤ **ascétisme, autorité, bureaucratie, charisme, désenchantement du monde, domination, ethos, légitimité, pouvoir, rationalité, rationalisation, religion, sécularisation, statut, stratification sociale, type idéal ; Annexe Ⓐ-37.**

Welfare State

➤ **État-providence.**

Wicksell (Knut)

Économiste suédois (1851-1926) dont l'œuvre principale, *Lectures d'économie politique*, constitue une étape importante dans l'édification d'une synthèse de la théorie néoclassique à partir de trois principales sources d'inspiration : la théorie autrichienne du capital et de l'intérêt, l'équilibre général de Walras, l'équilibre partiel de Marshall.

Il est fait référence à Wicksell à propos de deux théories particulières : l'« effet Wicksell » et le « processus cumulatif » qui pose le lien entre le niveau des taux d'intérêts, celui de l'investissement et celui des prix.

L'« effet Wicksell ». Lorsque l'on passe d'un état stationnaire d'une économie à un autre état stationnaire, la variation de la « quantité de capital » que l'on observe ne peut être expliquée d'une façon purement technique car elle dépend aussi du système de prix utilisé pour mesurer la valeur du capital dans chacun des deux états considérés. Dès lors, il n'est plus possible de démontrer que le produit marginal du capital est égal au taux d'intérêt.

Ouvrages principaux : *Intérêt et prix (1898) ; Lectures d'économie politique (1901).*

➤ **intérêt (taux d'), processus cumulatif.**

Williamson (Oliver E.)

Chef de file du courant « néo-institutionnaliste », célèbre depuis l'ouvrage *Markets and Hierarchies* (1976), cet économiste cherche à construire une théorie des institutions économiques à partir de la notion de coûts de transaction (empruntée à Coase). Ces institutions (le marché, le contrat et la firme)

sont des « structures de gouvernance » (*governance* en anglais) qui ont pour fonction de gérer des transactions au moindre coût.

L'un des principaux apports de Williamson réside dans son explication des coûts de transaction à partir d'hypothèses de comportement tels que la rationalité limitée et l'opportunisme des agents, ce dernier trait signifiant qu'ils sont prêts à « ruser » pour exploiter à leur profit toute éventualité non prévue par les contrats, et d'hypothèses portant sur la nature de ces transactions (degré d'incertitude, fréquence et spécificité des actifs, un actif étant d'autant plus spécifique qu'il est difficile de l'utiliser dans un autre emploi, donc de le reconvertir).

➤ **Coase, coûts de transaction, entreprise, institutionnalisme, organisations (économie des), sociologie économique.**

WS-PS

Modèles de concurrence imparfaite dans lesquels le chômage d'équilibre résulte de la confrontation des prétentions contradictoires des salariés (relation de formation des salaires : *wage setting*) et des entreprises (relation de formation des prix : *price setting*).

L'imperfection des mécanismes de la concurrence

Ces modèles, dont les fondements sont microéconomiques, prennent en compte l'imperfection des mécanismes concurrentiels : concurrence monopolistique entre entreprises sur le marché des biens, présence de syndicats sur le marché du travail, etc. Il s'ensuit que les agents disposent d'un pouvoir de marché : les entreprises exercent une influence sur les prix, les salariés sur les salaires. Chaque type d'agent essayant de l'emporter sur l'autre en agissant sur la variable qu'il contrôle, cette confrontation se traduit par une spirale prix-salaire.

Le chômage, variable d'ajustement

Pour que l'inflation se stabilise, il faut que les aspirations des uns et des autres soient rendues compatibles. Cela suppose qu'une troisième variable vienne réguler le conflit : c'est le taux de chômage ; quand il s'élève, les salariés modèrent leurs revendications salariales (la relation WS est une fonction décroissante du taux de chômage) ; quand il baisse, les entreprises doivent accepter des concessions (la relation PS est une fonction croissante du taux de chômage). Dès lors, le taux de chômage d'équilibre est celui qui équilibre ces deux tendances opposées.

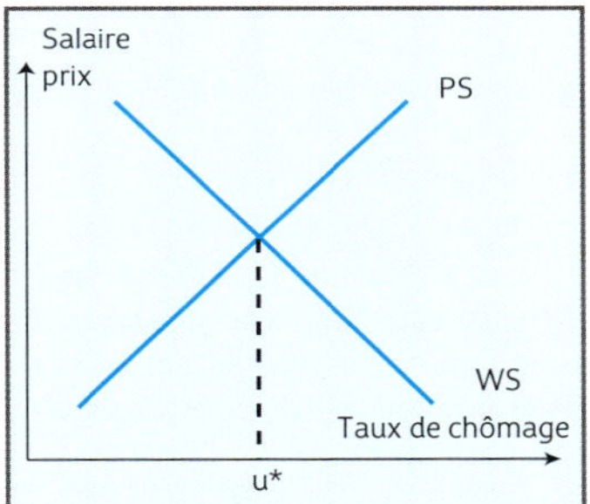

u* Taux de chômage d'équilibre

Nouvelles théories du marché du travail et chômage d'équilibre

Les modèles WS-PS reprennent une ou plusieurs des hypothèses des nouvelles théories du marché du travail, qui servent d'arguments à la nouvelle économie keynésienne : salaire d'efficience, modèles de négociation salariale, insiders-outsiders, etc. Dans cette approche, le taux de chômage d'équilibre dépend d'un grand nombre d'éléments : contrairement au *NAIRU*, il est sensible aux prélèvements fiscaux et sociaux, au taux de syndicalisation, au système d'indemnisation du chômage, des taux d'intérêt réels, etc.

➤ **chômage d'équilibre (taux de), *NAIRU*.**

XZ

xénophobie

(du gr. *xenoi* « les étrangers » et *phobein* « haïr »)

Littéralement, la haine des étrangers.

➤ **racisme.**

Zollverein

Union douanière réalisée entre les principaux États allemands en 1834 à l'initiative de la Prusse et qui fut à l'origine du décollage de l'économie allemande ; elle créa les conditions nécessaires de l'unification politique de l'Allemagne en 1871.

Instituant le libre-échange entre les pays membres, le *Zollverein* établit un tarif extérieur commun protecteur ainsi que le souhaitait l'économiste Friedrich List.

➤ **intégration régionale, List.**

zone euro

➤ **euro.**

zone franc

Zone monétaire qui comprend la France, les DOM, les TOM, et un certain nombre de pays d'Afrique (Bénin, Côte-d'Ivoire, Burkina Faso, Guinée Bissau, Guinée équatoriale, Niger, Sénégal, Togo, Cameroun, République centrafricaine, Congo, Gabon, Tchad, Mali, Comores), anciennes colonies.

Cette zone, qui concerne le franc CFA et le franc comorien et est ancrée sur l'euro, repose sur quatre principes : libre tranférabilité, parités fixes, convertibilité assurée par le trésor public français, centralisation des réserves de change.

➤ **franc CFA.**

zone de libre-échange

➤ **Intégration régionale.**

zone monétaire

Ensemble de pays se référant à un même étalon-devise et donc associés par des relations de solidarité et de dépendance monétaire avec le pays émetteur de cette monnaie. Les monnaies sont convertibles dans la monnaie centre et la gestion des réserves de change de la zone est assurée par le pays du centre.

zone monétaire optimale (théorie de la)

Région géographique disposant d'une zone monétaire dans laquelle il serait bénéfique d'établir une monnaie unique.

• Cette théorie de la zone monétaire optimale a été développée en 1961, par l'économiste canadien Robert Mundell indiquant que des États composant une zone monétaire avec un système de taux de change fixes et les mêmes politiques monétaires, ont tout intérêt à opter pour une Banque centrale commune et une monnaie unique. Dans ce cas, la zone monétaire en question se rapproche de l'optimalité en favorisant l'intégration des marchés des biens et services, des capitaux et du travail permettant une meilleure résistance aux chocs exogènes symétriques (monétaires, d'offre...).

- Par ailleurs, l'intégration des marchés stimule l'harmonisation des politiques économiques évitant l'utilisation adverse et non coopérative des effets des chocs exogènes (par exemple, en cas d'une baisse du dollar, les pays de la zone qui subissent une baisse moins forte sont avantagés en termes d'exportations vis à vis des pays qui subissent une baisse plus forte).
- Cette théorie montre que la zone euro ne satisfait qu'imparfaitement aux conditions d'une zone monétaire optimale du fait de l'insuffisante intégration des marchés du travail des pays membres. Elle reste donc exposée à des chocs exogènes asymétriques.

➤ **chocs, union monétaire.**

zone sterling

Zone monétaire, constituée autour de la monnaie britannique, la livre sterling, par les pays du Commonwealth, entre 1951 et 1967. À partir de cette date, les pays de la zone ont commencé à convertir leurs avoirs libellés en livres dans d'autres devises, notamment le dollar.

Annexes

Grandes œuvres de la science économique

1 Tableau économique, 1758

FRANÇOIS QUESNAY (1694-1774)

Chef de file de l'École physiocratique qui voit dans l'agriculture la seule activité productive et prône les vertus du libéralisme, F. Quesnay propose, dans son Tableau économique, un modèle simplifié du fonctionnement de l'économie d'un pays, dans lequel certains ont vu l'ancêtre de la Comptabilité nationale. Décrivant la situation hypothétique d'un royaume où la production est portée à son maximum, le Tableau présente, dans un cadre cohérent, les flux monétaires reliant les trois classes de la société (agriculteurs, artisans, propriétaires). La représentation qu'il propose de l'activité productive comme un processus de reconstitution d'« avances », générant à chaque période un « produit net », ouvre la voie aux analyses classiques et marxistes de l'accumulation du capital.

2 Recherches sur la nature et les causes de la richesse des nations, 1776

ADAM SMITH (1723-1790)

Souvent considéré comme l'ouvrage fondateur de la doctrine économique libérale, la Richesse des nations est influencé par les idées de F. Quesnay qu'A. Smith a rencontré lors d'un voyage en France. Rejetant pourtant la thèse physiocratique de la productivité exclusive de l'agriculture, Smith affirme que la richesse d'une nation est le produit de son travail (tant industriel qu'agricole) et voit dans le processus de division du travail la source principale de l'accroissement de cette richesse. Ce processus est également à l'origine de l'échange marchand, que Smith considère comme un phénomène à la fois naturel et bénéfique : sous la pression de la concurrence, chaque participant au marché est conduit, comme par une « main invisible », à agir dans le sens des intérêts de la société.

3 Essai sur le principe de population, 1798

THOMAS ROBERT MALTHUS (1766-1834)

L'idée selon laquelle le volume des subsistances gouverne à long terme celui de la population est assez répandue à l'époque où paraît l'Essai de T. Malthus. Il s'efforce d'en préciser le contenu en soutenant que la population a spontanément tendance à croître en progression géométrique, alors que la production alimentaire ne peut, au mieux, que croître en progression arithmétique. Tant que les hommes ne restreignent pas leur natalité, l'écart entre ces deux tendances ne peut être résorbé que par des famines ramenant périodiquement la population à un niveau compatible avec celui des subsistances. Pourtant, Malthus se prononce contre le recours à toute méthode contraceptive et voit le salut dans la « contrainte morale » (mariage tardif pour les pauvres et chasteté avant le mariage).

4 Traité d'économie politique, 1803

JEAN-BAPTISTE SAY (1767-1832)

Se présentant comme le disciple de A. Smith, J.-B. Say propose dans son *Traité* une représentation de l'économie qui s'écarte sensiblement de celle que l'on trouve dans la *Richesse des nations*, et préfigure celle qui triomphera avec la « révolution marginaliste » de la fin du XIXe siècle : inclusion des services dans les activités productives ; tentative pour expliquer la valeur des marchandises à partir de leur utilité ; analyse de la production comme une combinaison, par des entrepreneurs, de « services productifs » fournis par le travail, les capitaux et les terres. Voyant dans la monnaie un simple intermédiaire des échanges, Say est également l'auteur de la « loi des débouchés » selon laquelle, globalement, « l'offre crée sa propre demande », ce qui exclut la possibilité de surproductions généralisées.

5 Des principes de l'économie politique et de l'impôt, 1817

DAVID RICARDO (1772-1823)

Pour D. Ricardo, le problème central de l'économie politique consiste à déterminer les lois qui gouvernent la répartition des revenus. À cet effet, il propose une théorie de la valeur d'échange (qu'il distingue, comme A. Smith, de la valeur d'usage), fondée sur le travail nécessaire à la production des marchandises. Cette théorie, qui reste approximative, est utilisée pour analyser la formation et l'évolution des salaires, profits et rentes. Selon Ricardo, dans une économie en croissance, la hausse du prix des subsistances due à la pression démographique fait baisser le taux des profits, ce qui rend inéluctable la perspective de l'état stationnaire. Le libre-échange, suscitant une division internationale du travail fondée sur le principe des avantages comparatifs, peut toutefois retarder cette échéance.

6 Recherches sur les principes mathématiques de la théorie des richesses, 1838

AUGUSTIN COURNOT (1801-1877)

Pionnier de l'utilisation des mathématiques dans le raisonnement économique – l'un des rares économistes dont L. Walras se déclare redevable –, A. Cournot élabore plusieurs instruments qui seront largement utilisés par la microéconomie à partir de la fin du XIXe siècle : fonction de demande traduisant une relation décroissante entre la quantité demandée d'une marchandise et son prix, élasticité de la demande par rapport au prix (rapport entre le pourcentage de variation de la quantité demandée et le pourcentage de variation du prix), théorie du monopole (un seul vendeur) et du duopole (deux vendeurs). Spécialiste des statistiques et du calcul des probabilités, Cournot forme le projet de construire une science économique qui soit une sorte de « mécanique sociale » fondée sur la loi des grands nombres.

7 Le Capital (livre I, 1867 ; livres II et III posthumes)

KARL MARX (1818-1883)

Œuvre d'un militant révolutionnaire formé à la philosophie de F. Hegel, *Le Capital* ambitionne de fournir une base scientifique à la cause du communisme : pour K. Marx, en effet, celui-ci est porté en germe par le développement contradictoire du capitalisme, dont il importe d'étudier le fonctionnement. Cette étude s'appuie largement sur les travaux des classiques anglais (A. Smith, D. Ricardo), que Marx critique pour avoir cherché à construire une science « naturelle » de l'économie faisant du marché un horizon indépassable, mais à qui il emprunte, en les modifiant, des éléments comme la valeur-travail, le salaire de subsistance ou la baisse tendancielle du taux de profit. À l'aide de ces éléments, Marx tente de mettre en évidence l'antagonisme fondamental caractérisant le capitalisme et la perspective inéluctable de son effondrement.

8 Éléments d'économie politique pure, 1874

LEON WALRAS (1834-1910)

Avec l'anglais S. Jevons et l'autrichien C. Menger, le français L. Walras est l'un des pères de la « révolution marginaliste » qui, dans les années 1870, renouvelle complètement la problématique de la valeur en rattachant celle-ci à la notion d'utilité marginale (appelée « rareté » par Walras). Outre cette nouvelle théorie de la valeur, les *Éléments d'économie politique pure* de Walras contiennent un exposé, présenté sous forme mathématique, du fonctionnement d'une hypothétique économie de concurrence parfaite dans laquelle tous les marchés seraient soumis à un système d'enchère publique et s'équilibreraient simultanément (théorie de l'équilibre général). Bien qu'il critique J.-B. Say pour son manque de rigueur, Walras reprend largement sa vision de l'économie, qu'il s'efforce de traduire en un système d'équations.

9 Théorie positive du capital, 1888

EUGEN von BÖHM-BAWERK (1851-1914)

On doit à E. von Böhm-Bawerk une représentation originale du processus productif, dans laquelle les biens de consommation finale sont obtenus à travers la consommation de facteurs « originels » (ressources naturelles et travail) et de temps. Le caractère plus ou moins capitalistique d'une technique est alors repéré par la longueur de son « détour de production », que Böhm-Bawerk tente de mesurer en introduisant la notion de « période moyenne de production ». Le choix des techniques s'opère sur la base du taux d'intérêt (un taux d'intérêt faible est censé favoriser les techniques les plus détournées, et inversement), dont Böhm-Bawerk justifie l'existence par le jeu de trois facteurs : décalages temporels entre flux de recettes et de dépenses, préférence pour le présent, productivité supérieure des méthodes les plus détournées.

10 Principes d'économie politique, 1890

ALFRED MARSHALL (1842-1924)

Par opposition à l'« économie pure » de L. Walras, les *Principes* de A. Marshall se veulent proches de la pratique des affaires. Utilisateur modéré des mathématiques, Marshall introduit des instruments qu'il pense opérationnels pour l'étude de l'économie réelle : méthode de l'équilibre partiel consistant à analyser le fonctionnement d'un marché sous l'hypothèse « toutes choses égales par ailleurs », distinction entre courte période où une partie des facteurs de production doit être considérée comme fixe et longue période où tous les facteurs peuvent varier. Avec sa « théorie symétrique de la valeur », il propose de réconcilier les tenants de la valeur-travail et de la valeur-utilité dans un cadre conceptuel unifié, accordant une place essentielle au calcul à la marge.

11 Manuel d'économie politique, 1906

VILFREDO PARETO (1848-1923)

Successeur de L. Walras à l'université de Lausanne, V. Pareto apporte dans son *Manuel* plusieurs contributions majeures à la théorie de l'équilibre général. L'une d'elle consiste à remplacer la conception « cardinale » faisant de l'utilité une quantité mesurable, par une approche « ordinale » supposant seulement que les consommateurs aient des préférences cohérentes. Pareto introduit également la notion de « maximum d'ophélimité » (dite plus tard « optimum de Pareto »), caractérisant un état de l'économie tel qu'on ne puisse plus, par une réallocation des ressources existantes, accroître la satisfaction d'un individu sans diminuer celle d'au moins un autre ; il montre, dans un cas simple, qu'un tel état correspond à un équilibre général de concurrence – ou de planification – parfaite.

12 Le taux d'intérêt. Sa nature, sa détermination et sa relation avec les phénomènes économiques, 1907

IRVING FISHER (1867-1947)

Ouvrage réécrit et republié en 1930 sous le titre La *Théorie de l'intérêt*. Influencé par L. Walras, I. Fisher étudie la formation du taux d'intérêt à partir de l'équilibre individuel du consommateur et celui du producteur, qu'il étend à plusieurs périodes (équilibre intertemporel). Il montre ainsi que le consommateur maximise son utilité en adoptant un programme de consommation/épargne tel que son « taux de préférence pour le présent » (écart entre les utilités marginales des consommations présente et future, rapporté à l'utilité marginale de la consommation future) soit égal au taux d'intérêt. De même, le producteur maximise son profit en adoptant un programme d'investissement tel que le « taux de rendement par rapport au coût » (taux de rendement interne) de l'investissement marginal soit égal au taux d'intérêt. De là, Fisher déduit des fonctions d'offre et de demande de prêts dont l'égalisation détermine le taux d'intérêt d'équilibre.

13 Théorie de l'évolution économique, 1912

JOSEPH ALOÏS SCHUMPETER (1883-1950)

Opposant les figures du « circuit » (économie routinière à fonctions de production stables) et de l'« évolution » (économie en mouvement sous l'effet d'une réorganisation de ses ressources productives accroissant leur efficacité), J. Schumpeter définit le capitalisme comme un système essentiellement dynamique dans lequel les entrepreneurs, perpétuellement menacés de disparition par la concurrence et donc à la recherche de nouvelles occasions de profits, introduisent des « déséquilibres créateurs » par leurs innovations : nouveaux produits ou nouveaux procédés de fabrication, nouvelles méthodes de gestion des entreprises, nouveaux marchés. Cette analyse sera plus tard couplée avec une théorie des cycles (*Business Cycles*, 1939).

14 Théorie générale de l'emploi, de l'intérêt et de la monnaie, 1936

JOHN MAYNARD KEYNES (1883-1946)

Écrite dans le contexte de la Grande Dépression des années 1930, la *Théorie générale* peut, dans une large mesure, être considérée à la fois comme l'ouvrage fondateur de la macroéconomie moderne et le fondement doctrinal de l'« État-Providence ». Rejetant la loi de Say, J. Keynes affirme que la demande de produits ne résulte pas de l'activité productive, mais au contraire la conditionne, de sorte que la libre concurrence ne garantit nullement le plein-emploi. Keynes appuie cette thèse sur une nouvelle conception de la monnaie et de l'intérêt (incertains quant à l'avenir, les individus manifestent selon lui une « préférence pour la liquidité » que l'intérêt a pour fonction de compenser) et en tire la conclusion que l'État doit agir pour porter la demande globale au niveau approprié.

15 Valeur et Capital, 1939

JOHN HICKS (1904-1989, prix Nobel en 1972)

Surtout connu des étudiants pour son modèle macroéconomique « IS-LM », J. Hicks est aussi l'auteur de contributions majeures dans le domaine microéconomique. Son ouvrage Valeur et *capital* renoue avec la théorie de l'équilibre général, quelque peu délaissée après les travaux fondateurs de Walras et Pareto. Il introduit la notion d'« équilibre temporaire », dans lequel les prévisions de prix sont considérées comme données. Il propose également un exposé moderne de la théorie de l'équilibre du consommateur : purgée de toute référence à l'hypothèse

« cardinale » de décroissance de l'utilité (marginale), celle-ci repose sur les notions de taux marginal de substitution entre biens (notion introduite par Slutsky en 1915), d'effet de substitution et d'effet de revenu.

16 La Structure de l'économie américaine (1919-1939), 1941

WASSILY LEONTIEFF (1906-1999, prix Nobel en 1973)

Faisant suite à des travaux menés en URSS dans les années 1920, l'économiste américain d'origine russe W. Leontieff propose, dans son ouvrage de 1941, une méthode d'analyse des systèmes productifs connue sous le nom *d'input-output* (entrées-sorties). Celle-ci repose sur la construction, pour un pays donné, d'un tableau carré représentant les relations qui s'établissent entre les branches de la production à l'occasion de leurs échanges de produits intermédiaires. Les modèles *input-output* ont été largement utilisés, après 1945, pour l'étude de l'évolution des systèmes productifs nationaux, de leur insertion dans la division internationale du travail ou pour des simulations de politique économique. Ils sont aussi utilisés pour la discussion de problèmes théoriques concernant la croissance ou les prix.

17 La Grande Transformation, 1944

KARL POLANYI (1886-1964)

La Grande Transformation, ou la genèse et les effets ravageurs d'une utopie : celle du marché autorégulateur. K. Polanyi décrit sa mise en place, en Angleterre, au début du XIXe siècle, à travers les dispositifs institutionnels de l'État libéral. L'économie, en l'occurrence la logique du marché, d'« encastrée » qu'elle était dans le système social, devient autonome tout en prétendant y soumettre l'ensemble des rapports sociaux. L'abolition des *Poors laws* est à cet égard décisive : seule la loi du marché doit régir les relations de travail. Or le marché autorégulateur, institué par la contrainte, détruit le tissu social. Selon Polanyi, ces prétentions à réguler l'activité socio-économique relèvent de la fiction. De fait, se développèrent très vite des contre-feux et la société finit par imposer, lors de la crise des années 1930, un réencastrage de l'économie. C'est l'ouvrage iconoclaste d'un auteur (d'origine hongroise) pour qui le marché, loin d'être le produit naturel de l'évolution, est un artifice.

18 Fondements de l'analyse économique, 1947

PAUL ANTHONY SAMUELSON (né en 1915, prix Nobel en 1970)

Auteur d'un célèbre manuel pour débutants (*L'Économique*, 1re édition en 1948), P. Samuelson s'adresse, dans ses *Fondements de l'analyse économique*, à un public plus chevronné et que ne rebute pas la formalisation mathématique. Cet ouvrage, qui s'appuie sur une formulation rigoureuse des comportements économiques en termes de maximisation sous contrainte, peut être considéré, avec *Valeur et capital* de J. Hicks, comme l'un des fondements de la microéconomie moderne. Mais on y trouve aussi d'importants développements dans le domaine macroéconomique, notamment une discussion mathématique de la théorie keynésienne, que Samuelson cherche à réintégrer dans le giron de l'orthodoxie économique à travers ce qu'il appelle « une vaste synthèse néo-classique ».

19 Une Théorie de la fonction de consommation, 1957

MILTON FRIEDMAN (né en 1912, prix Nobel en 1976)

La théorie du revenu permanent que développe M. Friedman en 1957 s'intègre dans une vaste offensive en vue de réhabiliter, contre J. Keynes, l'ancienne orthodoxie « classique ». Distinguant dans la consommation et le revenu courant des ménages une composante permanente et une composante transitoire, Friedman s'attache à montrer que seules les composantes permanentes des deux agrégats entretiennent une relation stable, ce qui implique l'instabilité du multiplicateur keynésien. Si le revenu permanent est défini à partir des revenus anticipés par les ménages, il est estimé à partir de leurs revenus passés, sous l'hypothèse d'un comportement d'anticipations adaptatives. Cette même hypothèse sera utilisée pour mettre en évidence l'instabilité de la courbe de Phillips et réhabiliter la théorie quantitative de la monnaie (monétarisme).

20 Théorie de la valeur. Une analyse axiomatique de l'équilibre économique, 1959

GÉRARD DEBREU (1921-2004, prix Nobel en 1983)

La Théorie de la valeur, publiée par G. Debreu en 1959, constitue une reformulation, en termes rigoureux, de la théorie de l'équilibre général inaugurée par L. Walras en 1874. Elle en précise les conditions d'existence, de stabilité et d'optimalité. Cet exercice, qui se situe à un degré d'abstraction élevé, passe par un renouvellement complet des instruments d'analyse : au calcul « à la marge » utilisé par ses prédécesseurs, Debreu substitue la topologie (théorie mathématique faisant notamment appel à la notion d'ensemble convexe), jugée à la fois plus puissante et plus rigoureuse. Cet avis ne fait pas l'unanimité : ainsi pour M. Allais (prix Nobel en 1988), la construction de Debreu n'a pas de valeur scientifique car elle est totalement étrangère au monde de l'expérience (M. Allais, conférence Nobel, 1988).

21 L'Accumulation du capital, 1956

JOAN ROBINSON (1903-1983)

Proche de J. Keynes et de P. Sraffa, J. Robinson s'oppose à la « synthèse néoclassique » proposée par P. Samuelson, en laquelle elle voit une tentative de récupération de l'hétérodoxie keynésienne par ses adversaires. Son ouvrage tente de préciser le lien croissance/répartition et fournit une alternative au modèle néoclassique de croissance équilibrée que propose à la même époque R. Solow. Si le taux des profits agit selon Robinson sur le taux d'accumulation des entreprises, en sens inverse « l'investissement crée les profits dont il a besoin » : les entreprises tendent en effet à dégager, en agissant sur les salaires et/ou les prix, les marges que requiert le financement de leurs investissements. Selon les circonstances, ce processus d'épargne forcée peut être plus ou moins inflationniste.

22 Le Problème du coût social, 1960

RONALD COASE (né en 1910, prix Nobel en 1991)

Coase reçoit le prix Nobel, l'année précédant celle du sommet de Rio qui entérine la notion de développement durable. Les raisons sont sans doute les réponses néo-libérales qu'il donne à deux questions cruciales : peut-on évaluer tous les coûts de la nature (coûts externes à l'appareil productif) et comment les internaliser? Coase explique que l'État n'a pas à taxer les agents à effets externes négatifs ni à subventionner ceux à effets externes positifs car il suffit de définir des droits de propriété négociables aux parties concernées, afin que l'allocation des ressources résulte d'un échange entre elles. C'est le marché et non l'État qui est efficace en cas d'externalités à la condition de définir et de permettre l'échange de tous les droits de propriété. L'État n'a à intervenir que si les droits de propriété ne sont pas respectés. Le problème est que les victimes ne sont pas forcément identifiables ni les dommages évaluables.

23 Une théorie des zones monétaires optimales, 1961

ROBERT MUNDELL (né en 1932, prix Nobel en 1999)

L'intérêt pour un groupe de pays d'abandonner leur souveraineté monétaire au profit d'une monnaie unique a été centrale dans les débats qui ont présidé à l'adoption de l'euro. Si les avantages d'une union monétaire sont indiscutables, en l'occurrence la baisse des coûts, les contraintes auxquelles se heurtent les États sont réelles puisque toute modification de parité devient impossible (dévaluation ou réévaluation). Pour Mundell, une zone monétaire est optimale si une variation brusque de l'économie affectant certains pays entraîne une modification des prix relatifs et une mobilité des facteurs de production facilitant le retour à l'équilibre. Par exemple, la montée d'un chômage conjoncturel peut provoquer une entrée nouvelle de capitaux en provenance d'autres pays de l'Union et donc une reprise si la récession s'accompagne initialement d'une baisse du coût du travail.

24 Le Capital humain. Une analyse économique et empirique, 1964

GARY BECKER (né en 1930, prix Nobel en 1992)

Fondée par T. Schultz (prix Nobel en 1979) et développée par G. Becker, la théorie du capital humain constitue une extension de la théorie néo-classique de l'investissement au domaine de la formation des hommes. Elle ambitionne d'expliquer des phénomènes comme les écarts de salaires, les politiques de gestion du personnel des entreprises, ou encore les comportements des jeunes face aux études. De façon plus générale, Becker veut repousser les frontières traditionnelles de l'analyse économique, d'une part, en expliquant la formation des goûts des consommateurs, d'autre part, en appliquant le modèle de *l'homo œconomicus* (individu « rationnel » maximisant une fonction-objectif sous la contrainte des ressources dont il dispose) à l'étude du comportement humain dans tous les aspects de la vie sociale (mariage, crime, religion...).

25 Le Nouvel État industriel, 1967

JOHN KENNETH GALBRAITH (1908-2006)

Le Nouvel État industriel propose une vision du capitalisme moderne qui se veut aux antipodes de la représentation néo-classique véhiculée par les manuels. Dans cet ouvrage, l'économiste américain soutient que l'économie contemporaine est dominée par les grandes organisations - au premier rang desquelles les firmes multinationales - qui, loin de se soumettre aux desiderata des consommateurs à travers la concurrence sur les marchés (thèse de la « souveraineté du consommateur » défendue, notamment, par P. Samuelson), manipulent ces mêmes consommateurs afin qu'ils achètent ce qu'elles souhaitent vendre (thèse de la « filière inversée »). À l'intérieur des grandes entreprises, le pouvoir est passé des actionnaires aux managers qui forment, avec la bureaucratie étatique, une « technostructure » poursuivant ses objectifs propres à travers une véritable planification de l'économie.

26 Théorie de la croissance économique, 1970

ROBERT SOLOW (né en 1924, prix Nobel en 1987)

La notoriété de ce « Keynésien éclectique » doit beaucoup à ses recherches sur la croissance économique. Il montre dans son modèle, dit de Solow, qu'il est possible d'atteindre une croissance de plein emploi stable et équilibrée en raison des hypothèses de flexibilité des prix et de substituabilité des deux grands facteurs de production, le travail et le capital. Il montre aussi que l'accroissement des quantités de facteurs n'explique qu'une part de la croissance. Pour lui, la part inexpliquée de la croissance, qu'il dénomme résidu, est en fait imputable à un autre facteur : le progrès technique. Dans cette approche, le progrès technique est exogène car il n'entre pas dans le calcul des agents économiques. Il faudra attendre les années 1980, avec d'autres auteurs américains, tels P. Romer et R. E. Lucas, pour que le progrès technique soit « endogénéisé » dans les nouveaux modèles de croissance, c'est-à-dire généré par l'activité économique elle-même.

27 La théorie de la régulation, une analyse critique, 1986

ROBERT BOYER (né en 1943)

Bien que très franco-français, au départ, le nouveau courant dit de la régulation connaît une extension indéniable au niveau mondial. Boyer fournit à cette école une grille d'analyse susceptible de constituer un cadre alternatif au modèle néoclassique d'équilibre général. La prise en compte du social et de l'histoire oppose donc ce courant à la théorie économique « standard » qui traite les institutions comme un concret non théorisable. Fille de trois hétérodoxies, le marxisme, le keynésianisme et l'institutionnalisme, la régulation d'un mode de production est définie comme la manière dont se reproduit la structure déterminante d'une société dans ses lois générales. À ce titre, 5 formes institutionnelles ont un rôle majeur dans la manière dont se régule l'économie : le rapport salarial, les formes de la concurrence, les formes de la contrainte monétaire, les formes de l'État et le type de relations économiques internationales. M. Aglietta, cofondateur de cette école, a ainsi opposé le mode de régulation concurrentiel au mode de régulation monopoliste ou fordiste.

28 Économie internationale, 1992

PAUL KRUGMAN (né 1953)

Pour ce néo-keynésien américain, la théorie des avantages comparatifs de Ricardo et le théorème HOS ne peuvent expliquer le commerce intrabranche entre pays développés. Pour analyser ce type d'échanges, il faut prendre en compte trois notions capitales : les économies d'échelle et donc les rendements croissants qui expliquent la baisse du coût moyen des biens ou des services quand la production augmente; la concurrence imparfaite liée à la différenciation des produits; et les stratégies de politique commerciale menées par les États afin de réduire toute dépendance à l'égard de l'extérieur. Dans La mondialisation n'est pas coupable (1998), il montre que le libre-échange n'offre certes pas tous les avantages que décrit la théorie de Ricardo, mais il n'en est pas moins vrai que le libre-échangisme présente moins d'inconvénients que le protectionnisme qui conduit souvent à des conflits économiques entre les pays ainsi qu'à une allocation non optimale des ressources.

29 Éthique et économie, 1993

AMARTYA KUMAR SEN (né en 1933, prix Nobel en 1998)

Les études de cet économiste indien concernent essentiellement la théorie du choix social dont le but est de saisir comment peuvent s'exprimer les préférences collectives à partir des choix individuels. Il est impossible, dit-il, de définir l'intérêt général à partir des préférences de chacun. Déterminer des choix collectifs, de façon démocratique, suppose que ceux-ci soient confrontés aux exigences d'une éthique permettant de définir ce qui est ou n'est pas souhaitable pour une population. L'économie est pour Sen une science morale car il est nécessaire d'agir sur le plan économique quand la dignité humaine est bafouée. Les individus sont en droit de saisir les opportunités de l'existence pour vivre dignement en société. Il appelle « capabilité » la capacité que possède toute personne de choisir sa vie. La société doit permettre l'exercice des libertés fondamentales et contribuer à la satisfaction des besoins essentiels.

30 Droit, législation et liberté, 1973-1979

FRIEDRICH August von HAYEK (1899-1992, prix Nobel en 1974)

Parce que la liberté se définit négativement, par l'absence de coercition ou par la réduction au minimum de cette anomalie, une politique de liberté est une politique qui vise à réduire au minimum la coercition. La liberté va de pair avec la propriété privée et les droits, qui lui sont associés, d'en disposer à sa guise. La coercition est une menace continuelle et c'est de là que vient la nécessité d'une organisation, l'État, dont le premier rôle doit être de faire en sorte qu'aucun individu ne devienne un instrument dans les plans d'un autre. Il n'y a qu'un seul moyen par lequel l'État puisse remplir ce rôle : c'est de disposer lui-même du monopole de coercition dans la société. Le monopole de la coercition est le seul qu'Hayek concède à l'État. Moins il a à l'exercer, mieux cela vaut. Malheureusement, les gouvernements sont toujours tentés d'accentuer leur pouvoir ; il faut donc envisager des mécanismes permettant de contraindre l'État, de fixer des balises à son pouvoir. C'est ici qu'interviennent le droit et la règle du droit pour encadrer le pouvoir et les actions de l'État et du gouvernement.

Grandes œuvres de la sociologie

31 De la démocratie en Amérique, 1835-1840

ALEXIS DE TOCQUEVILLE (1805-1859)

A. de Tocqueville, aristocrate français qui analysera avec finesse la Révolution française (*L'Ancien Régime et la révolution*, 1856), est un théoricien de la démocratie. Il entend prouver l'existence d'un mouvement historique inéluctable qui produit l'égalisation des conditions au sein de la société, mais cela au risque d'une privation de liberté. D'un séjour outre-Atlantique, Tocqueville tire matière à *De la démocratie en Amérique*, grand ouvrage dans lequel il montre que l'absence d'aristocratie terrienne et la mise en place progressive d'institutions favorisant la souveraineté populaire ont contribué au succès politique du régime américain. Le système de la constitution fédérale est efficace parce qu'il rassemble les avantages propres aux petites et aux grandes nations. Parce qu'ils ont permis de concilier égalité et liberté, la division des pouvoirs, la liberté associative et l'association intime entre esprit religieux et esprit de liberté sont les principaux facteurs explicatifs de la réussite de la démocratie américaine.

32 Les Luttes de classes en France, 1850 – Le 18 Brumaire de Louis-Bonaparte, 1852

KARL MARX (1818-1883)

Dans ces deux essais, K. Marx mène une analyse des luttes de classes dans la société française de la Monarchie de Juillet à la Révolution de 1848 et au coup d'État de Louis-Napoléon Bonaparte. Alors que, dans *Le Capital* et dans *Le manifeste du parti communiste*, l'analyse est centrée sur la dynamique du mode de production capitaliste engendrant l'antagonisme central entre la bourgeoisie et le prolétariat, on a affaire ici à une approche sociologiquement plus complexe : Marx développe les notions de fraction de classe et de classe intermédiaire, de représentation politique indirecte, tout en insistant sur le poids des représentations sociales héritées du passé et sur la place essentielle de la bureaucratie d'État. C'est dans Le 18 *Brumaire* que se trouve le célèbre passage sur les paysans parcellaires où ceux-ci sont qualifiés de classe virtuelle (groupe dispersé sans volonté commune) par opposition à la classe « mobilisée » (groupe soudé par des liens sociaux intenses et l'auto-organisation politique).

33 Les Ouvriers européens, 1855

FRÉDÉRIC LE PLAY (1806-1882)

Réponse d'un ingénieur des mines à la « question sociale », cet ouvrage est le compte rendu de nombreux voyages à travers l'Europe au cours desquels F. Le Play met au point une technique d'investigation nouvelle : la monographie. Grâce à cette méthode qui met directement le chercheur au contact de la réalité observée, Le Play ausculte les familles, maillon social qu'il tient pour essentiel. Le Play s'intéresse plus précisément aux familles ouvrières dans la mesure où leur mode de fonctionnement reflète au mieux, selon lui, l'état général de la société. Laissant une large place à la présentation détaillée des monographies, Le Play reconstitue également les budgets des familles enquêtées et cela afin d'obtenir une expression quantifiée du mode de vie ouvrier. Si le parti pris réformateur de Le Play est largement lié aux options des classes dirigeantes, cette étude fait malgré tout figure de novation méthodologique importante dans l'histoire des sciences sociales.

34 Le Suicide, 1897

ÉMILE DURKHEIM (1868-1917)

Dégager les causes sociales du suicide, tel est l'objectif de cette étude qui constitue l'une des premières tentatives systématiques d'utilisation du croisement des variables en sociologie. En se basant sur les variations des taux de suicide dans différents pays européens selon l'âge, le sexe, l'état matrimonial, la religion, Durkheim distingue trois formes de suicide : « égoïste » quand l'intégration sociale est faible, « altruiste » quand au contraire elle est excessive, « anomique » enfin, quand les règles sociales s'affaiblissent et n'encadrent plus avec assez de force les désirs. Selon É. Durkheim, c'est cette dernière forme qui serait devenue prédominante et qui expliquerait la montée générale des suicides tout au long du xixe siècle dans la plupart des pays européens.

35 Théorie de la classe de loisirs, 1899

THORSTEIN VEBLEN (1857-1929)

Critique décapante de la société américaine à la fin du XIXe siècle et plus particulièrement de la classe de loisirs (*leisure class* pouvant aussi signifier « classe oisive »). Dans une perspective historico-anthropologique, les classes supérieures sont en général « exemptes des travaux d'industrie », « franchise [exprimant] leur supériorité de rang ». La société moderne n'échappe pas à la règle. Les milieux d'affaires tirent profit de l'industrie tout en étant éloignés de la besogne. Le loisir comme occupation improductive et la consommation associée au « décorum », en manifestant la propension à se distinguer, à rivaliser, à faire montre de son appartenance supérieure, s'inscrivent dans une logique de l'ostentation. En économiste, T. Veblen s'oppose ainsi avec vigueur aux postulats néo-classiques de *l'homo œconomicus* ; en sociologue, il fait figure de pionnier dans l'analyse des ressorts sociaux de la consommation.

36 Philosophie de l'argent, 1900

GEORG SIMMEL (1858-1918)

Fidèle à sa conception de la sociologie formale (science des formes de l'échange et de l'interaction sociales), G. Simmel décrit, dans sa *Philosophie de l'argent*, un cas particulier d'échange : l'échange économique médiatisé par l'argent. Longtemps tenu dans l'ombre de la tradition intellectuelle européenne, ce philosophe et sociologue allemand montre d'abord que l'argent a servi, historiquement, à mesurer non seulement les choses mais aussi les hommes. L'argent constitue ensuite un vecteur privilégié de la transformation des relations de dépendance personnelles (avant le xiiie siècle) en relations de dépendance purement matérielles. En tant que support de relations interpersonnelles, il est donc un garant de la liberté individuelle. Mais en devenant une fin en soi - et non plus un simple moyen d'échange - ce média participe également à la tragédie de la culture moderne : celle qui voit la dynamique des choses prendre le pas sur celle des personnes.

37 L'Éthique protestante et l'esprit du capitalisme, 1905

MAX WEBER (1864-1920)

Moins contre K. Marx qu'en extériorité à l'économisme marxiste, M. Weber veut mettre en valeur l'importance du changement culturel accompagnant la genèse du capitalisme occidental. On peut établir, selon lui, une affinité élective entre le « protestantisme ascétique » (calvinisme, piétisme, méthodisme, sectes baptistes) et un certain esprit d'entreprise axé sur la recherche ration nelle et pacifique du profit, sur l'accumulation méthodique du capital. En l'absence de certitude sur son « élection » (doctrine calviniste de la prédestination), le croyant a propension à en chercher les signes terrestres à travers la réussite professionnelle, manifestation de la gloire divine. L'idéal ascétique interdisant de goûter aux jouissances de la vie mondaine, les gains ne sont pas dépensés mais accumulés et cette conduite est rationalisée tout à la fois comme une vocation et un métier. *L'éthos* puritain se présente ainsi comme l'un des vecteurs de la rationalisation dont le déploiement du capitalisme est partie prenante.

38 La Classe ouvrière et les niveaux de vie, 1913

MAURICE HALBWACHS (1877-1945)

Après F. Le Play (*Les Ouvriers européens*, 1855), M. Halbwachs est l'un des premiers sociologues à s'intéresser aux structures de la consommation des groupes sociaux. En utilisant les résultats d'enquêtes allemandes sur les budgets familiaux de milieux ouvrier et employé, il cherche à mettre en évidence comment la répartition des dépenses (logement, alimentation, habillement, loisirs) traduit une hiérarchie des besoins fondamentaux et exprime les aspirations du groupe, elles-mêmes fonction de son mode d'insertion dans la société. Pour Halbwachs, une classe sociale ne peut se définir à partir de sa seule place dans la production. Ce sont les relations entre vie de travail et vie hors travail qui caractérisent un groupe social. Ainsi, la classe ouvrière, en ayant un rapport privilégié avec la matière inerte dans son travail, est coupée des foyers les plus intenses de la vie sociale. Leur isolement renforce en revanche leur solidarité.

39 Traité de sociologie générale, 1916

VILFREDO PARETO (1848-1923)

Le traité s'ouvre sur l'opposition entre les actions logiques (d'autres diraient rationnelles) et les actions non logiques. Les premières établissent un lien rationnel entre le but recherché et les moyens utilisés ; ainsi le consommateur (celui de la théorie néo-classique) maximise son utilité pour une dépense minimum. Les actions non logiques (ce qui ne veut pas dire irrationnelles) sont celles où cette relation entre moyens et fin n'existe pas, que ce soit dans l'esprit du sujet qui fait l'action (celle-ci est dépourvue de but objectif), ou dans celui de l'observateur (que la contemplation d'un rituel magique laisse incrédule). En étudiant les comportements humains, on peut mettre en évidence des « résidus » (manifestation de certains sentiments qui correspondraient à des instincts) et étudier les « dérivations », c'est-à-dire les types de discours par lesquels les hommes justifient leur comportement. C'est à l'établissement d'une typologie de ces résidus et de ces dérivations qu'est consacré l'essentiel du traité.

40 Essai sur le don, 1924

MARCEL MAUSS (1872-1950)

En rapprochant des formes d'échange non marchands pratiquées dans différentes sociétés primitives (*kula* des îles Trobriand, *potlatch* des indiens *Kwakiutl*), cet essai met au cœur des relations humaines les échanges (de mots, de biens, de symboles...) et les règles sociales qui y président : obligation de donner, de recevoir, de rendre. L'échange basé sur la réciprocité permet aux humains de substituer l'alliance, le don et le commerce à la guerre. Le principe de réciprocité subsiste dans nos sociétés : en font foi, selon M. Mauss, les échanges de cadeaux de fin d'année ou le développement des mutuelles et des assurances sociales. C'est dans cet essai que Mauss développe la notion de fait social total : nombreux sont les faits sociaux qui sont tout à la fois économiques, religieux, esthétiques, juridiques... qui « mettent en branle, dans certains cas, la totalité de la société et de ses institutions ». Appréhender la réalité sociale de ce point de vue est un principe heuristique fécond.

41 *The city*, 1925

ROBERT E. PARK, ERNEST BURGESS, RODERICK MAC KENZIE.

Ce recueil de textes écrits entre 1916 et 1925 peut être considéré comme l'acte de naissance de la sociologie urbaine et le coup d'envoi donné à la sociologie empirique de facture ethnographique. Cette double fondation définit l'École de Chicago dont les auteurs, avec W. Thomas et L. Wirth, sont les meneurs de jeu. En partant d'observations sur leur propre lieu d'attache (Chicago), ils se donnent pour ambition l'étude du « comportement humain en milieu urbain » (Park), d'où l'expression d'« écologie humaine » utilisée par ces chercheurs. La ville est le lieu par excellence de la différenciation sociale et du changement accéléré : diversification, ségrégation, mais aussi désorganisation et réorganisation permanentes qui intéressent en priorité les immigrants et leurs relations à la société urbaine. Dans les années 1920 et 1930, les enquêtes inspirées par cette problématique vont se multiplier. Comme le souhaitait Park, les chercheurs utilisent largement les méthodes d'observation directe mises en œuvre par les anthropologues.

42 *The Human problems of an Industrial Civilization*, 1933

ELTON MAYO (1880-1949)

Cet ouvrage est la première mise en perspective des célèbres « recherches Hawthorne », considérées comme l'acte fondateur de la sociologie industrielle. Coordonnées par E. Mayo, elles consistent en une série d'expérimentations et d'entretiens non directifs menés entre 1927 et 1932 auprès du personnel d'exécution des ateliers Hawthorne de la *Western Electric Cie* (banlieue de Chicago). Ces recherches mettent en évidence que la productivité et/ou les motifs d'insatisfaction des travailleurs tiennent moins aux conditions matérielles de travail qu'aux relations sociales dans les ateliers. C'est à partir de ces constats que Mayo élabore sa « théorie des relations humaines ». Elle oppose l'organisation formelle et l'organisation informelle. La première, dominée par la logique de l'efficience, prescrit les règles et répartit les tâches. La seconde est constituée par les relations interpersonnelles de fait et correspond à la « logique des sentiments ». La recherche d'une plus grande efficacité de la part des travailleurs exige que l'on prenne en considération ces relations humaines informelles.

43 Le Processus de civilisation, 1939

NORBERT ÉLIAS (1897-1990)

Traduit en français en deux volumes (*La Civilisation des mœurs, La Dynamique de l'Occident*), ce livre convie à une vaste enquête historique de la fin du Moyen Âge au début du XXe siècle. À l'aide d'un matériau varié et d'exemples concrets (les manières de table, les façons de satisfaire ses besoins naturels...), N. Élias décrit l'évolution des mœurs de la civilisation occidentale. Il montre que la conduite en société est marquée, du XVIe au XXe siècle, par une maîtrise croissante de ses pulsions. Élias propose en second lieu une lecture sociologique de la genèse de l'État français, État qui accapare le monopole militaire, policier et fiscal à la suite d'une longue concurrence entre petites sociétés féodales. L'apparition de ce pouvoir étatique centralisé s'est accompagnée d'une différenciation accrue des fonctions sociales et d'une pacification des mœurs. Mais il s'est également imposé de concert avec un nouvel habitus : celui d'hommes civilisés aux comportements plus prévisibles et auto-contraints.

44 *Yankee City Series*, 1941-1959

WILLIAM LLOYD WARNER (1898-1970) et *alii*.

Série de cinq volumes présentant les résultats d'une vaste enquête réalisée entre 1930 et 1935 sur la collectivité d'une petite ville du Nord-Est américain. Ces publications sont importantes à un double titre :

- elles constituent l'un des classiques des « études de communauté » développées dans l'entre-deux guerres ; à ce titre, *Yankee City Series* est un monument dans son genre : l'ampleur des investigations est impressionnante (groupes ethniques, vie sociale, relations de travail dans l'industrie locale, etc.) ;
- elles fournissent une analyse de la stratification sociale qui aura un grand retentissement aux États-Unis ; à partir de critères à la fois subjectifs (perception

des individus) et objectifs (mise au point d'un index statutaire), Warner établit une hiérarchie stratifiée de « classes » rangées selon un ordre décroissant de prestige, de revenu et de positions professionnelles.

Ces classes sont en réalité des strates ou des niveaux de statut, perspective qu'adoptera largement la sociologie américaine dominante.

45 Éléments de théorie et de méthode sociologiques, 1949

ROBERT KING MERTON (1910-2003)

Rassemblement de textes divers qui n'obéissent pas à un strict ordonnancement logique, les *Éléments* constituent une boîte à outils dans laquelle le sociologue peut puiser des instruments d'analyse au service d'une sociologie « à moyenne portée ». Soucieux d'éviter toute dérive vers l'hyper-théorie, R. Merton, professeur américain, s'emploie à donner de nouveaux fondements, moins extrêmes, à la théorie fonctionnaliste. Pour ce faire, il crée ou reprend à son compte des notions immédiatement opératoires. Pour mieux comprendre les phénomènes de déviance, il donne par exemple une nouvelle définition de l'anomie, situation marquée par un décalage entre des objectifs socialement valorisés et l'absence de moyens dont disposent les individus pour parvenir à ces fins. De même, porte-t-il intérêt à la frustration relative, phénomène qui est le produit d'une contradiction : celle qui conduit un individu à se référer à un groupe auquel il n'appartient pas objectivement et qui sécrète des normes contradictoires à celles de son groupe d'appartenance.

46 Les Structures élémentaires de la parenté, 1949

CLAUDE LÉVI-STRAUSS (1908-2009)

En prenant pour objet les règles de mariage dans les sociétés primitives - en particulier les systèmes australien, chinois et indien - Lévi-Strauss se propose d'établir une théorie générale des systèmes de parenté dans le cadre de l'échange social. Les règles d'alliance observées dans les sociétés humaines sont apparemment très diverses : elles interdisent ou prescrivent certains types de conjoints, le principe d'exogamie s'applique à des groupes plus ou moins importants. Mais, par-delà ces infinies variations, s'affirme la règle universelle de la prohibition de l'inceste qui assure une circulation des femmes au sein de la société, circulation à la base de l'échange et du lien social. *Les Structures élémentaires de la parenté* inaugurent l'application des méthodes de la linguistique structurale aux phénomènes sociaux ; plus encore, Lévi-Strauss souligne que linguistes et sociologues s'attachent au même objet, à savoir la communication sous ses différentes formes. Cet ouvrage essentiel est le point de départ du structuralisme florissant des années 1960 et 1970.

47 Les Cols blancs, 1951

CHARLES WRIGHT MILLS (1916-1961)

Placée sous le sceau d'une sociologie radicale, cette étude est consacrée à la nouvelle classe moyenne américaine (cadres, vendeurs et employés de bureau...) qui se développe après-guerre. Au service de bureaucraties et d'administrations en pleine croissance, ces citadins ne forment pas une couche sociale homogène. Ils constituent même une nouvelle pyramide à l'intérieur de l'ancienne hiérarchie sociale. Les cols blancs ont cependant en commun d'être tous engagés dans une course au prestige et à la réussite, valeurs caractéristiques de la civilisation américaine. Et cette course mène à l'impasse. Démunis de croyances fortes et de loisirs épanouissants, sans culture propre ni attache communautaire, les cols blancs, parce qu'ils vendent aussi leur personnalité, sont plus aliénés encore que les ouvriers. Prisonniers de la normalisation distillée par les communications de masse, cette arrière-garde de la contestation politique constitue, au yeux de Mills, « l'avant-garde involontaire de la société moderne ».

48 Asiles, 1961

ERWING GOFFMAN (1922-1982)

Asiles constitue l'un des grands classiques de la sociologie interactionniste américaine. Grâce à l'observation directe qu'il réalise trois ans durant, E. Goffman décrit le monde clos et contraignant de l'hôpital psychiatrique. Ce type d'hôpital est une institution totalitaire, un lieu où les individus mènent ensemble une vie recluse dont les modalités sont imposées et minutieusement réglées. Sur la base d'une interprétation dramaturgique du monde social (analyse en vertu de laquelle les individus jouent des rôles sociaux comme des acteurs le font au théâtre), Goffman montre que dans l'univers asilaire, la folie ne se réduit pas à une forme d'aliénation mentale. Elle est doublée d'une aliénation sociale : est fou celui qui est désigné comme tel par les membres de son entourage. Mais, même si le combat est inégal, tous les malades savent déployer de menus et multiples stratagèmes afin de résister au rôle social que les membres du corps médical ou leurs parents souhaitent leur voir jouer.

49 Le Phénomène bureaucratique, 1963

MICHEL CROZIER (né en 1922)

M. Crozier rend compte, dans cet ouvrage, d'enquêtes menées dans deux entreprises publiques françaises : une agence comptable et un monopole industriel. Dans la tradition de la sociologie américaine, le chercheur français met avant tout l'accent sur les dysfonctionnements organisationnels internes. Il peut alors brosser le tableau idéal typique d'une bureaucratie à la française, bureaucratie marquée par le règne de la règle impersonnelle, la centralisation des pouvoirs de décision, la stratification des individus en groupes homogènes et cloisonnés et la constitution des pouvoirs parallèles autour de zones d'incertitudes. Le sociologue voit dans ce modèle une réponse à un certain nombre de valeurs typiques de la culture française, dont la crainte des relations face à face ou la répugnance à l'égard des dépendances hiérarchiques. Dans ses autres travaux, *L'Acteur et le système* (1977, écrit avec E. Friedberg) notamment, M. Crozier rompra avec l'hypothèse culturaliste pour fortifier celle de l'individualisme stratégique.

50 Sociétés. Essai sur leur évolution comparée, 1966

TALCOTT PARSONS (1902-1979)

Véritable condensé de l'analyse structuralo-fonctionnaliste, cet ouvrage répond à une double ambition. T. Parsons s'attaque d'abord à la définition théorique des concepts de société, de système social et d'action. Il défend l'idée que tout système répond à quatre impératifs fonctionnels : maintien des modèles, intégration, réalisation des fins et adaptation. Inspirée de la cybernétique, cette approche consacre une sociologie de l'intégration sociale par les valeurs et les normes. Parsons soutient ensuite que le changement social provient d'un processus de différenciation croissante : à la différence des sociétés paysannes traditionnelles, la séparation entre vie de travail et vie de famille caractérise par exemple le mode de vie industriel. Tenté par une forme de néo-évolutionnisme, Parsons entreprend enfin une vaste fresque de l'évolution sociétale qui le mène des sociétés primitives aux sociétés modernes, sociétés qu'il examinera attentivement dans un autre ouvrage (*Le Système des sociétés modernes*, 1971).

51 *Studies in Ethnomethodology*, 1967

HAROLD GARFINKEL (1917-1987)

Ouvrage fondateur de l'ethnométhodologie, courant de la sociologie américaine apparu dans les années 1960, les *Studies* constituent une machine de guerre anti-durkheimienne. Pour H. Garfinkel, le social

A Grandes œuvres
B Outils statistiques
C Prix Nobel
D Index des auteurs
E Lexique anglais-français
F Sigles usuels

est un processus qui est le fruit de l'activité permanente des membres de la société. Cette construction est possible grâce à des savoir-faire, des procédures et des règles de conduite dont s'emparent les individus et dont le sociologue n'a pas le monopole de la connaissance. Garfinkel propose de porter un intérêt tout particulier aux actions de la vie quotidienne, actions révélatrices des méthodes utilisées par les individus pour prendre des décisions, communiquer, raisonner... L'ethnométhodologie conduit donc logiquement à l'étude des pratiques langagières. Dans la perspective ouverte par Garfinkel, si la signification des mots et des expressions est le produit d'un savoir commun socialement distribué, elle n'est véritablement accessible que resituée dans le contexte local de la production langagière.

52 Production de la société, 1973

ALAIN TOURAINE (né en 1925)

Dans cette somme théorique, A. Touraine pose les principes d'une sociologie de l'action qui se donne pour mission d'appréhender la société en tant que système de relations sociales qui ne cesse de s'auto-produire. Les sociétés agissent sur elles-mêmes par un ensemble d'orientations qui forment l'historicité, autrement dit la combinaison de trois composantes : le mode de connaissance qui constitue une image de la société et de la nature ; l'accumulation qui prélève une partie du produit disponible et le modèle culturel qui saisit et interprète la capacité d'action de la société sur elle-même. Au cœur des luttes de classes, l'historicité constitue l'enjeu central qui motive l'action des mouvements sociaux. Ces derniers, dont l'agir oriente le devenir des sociétés, satisfont à trois critères : conscience de soi (principe d'identité), identification d'un adversaire (principe d'opposition) et volonté explicite de maîtriser l'historicité (principe de totalité).

53 Effets pervers et ordre social, 1977

RAYMOND BOUDON (né en 1934)

Chef de file, en France, de l'individualisme méthodologique, R. Boudon défend l'idée que le changement social est le produit d'effets pervers. Il y a effet pervers lorsque deux individus (ou plus), en recherchant un objet donné, engendrent un état de chose non recherché et qui peut être indésirable soit du point de vue de chacun des deux, soit de l'un des deux. Pour conforter son analyse, Boudon adopte le modèle d'un *homo sociologicus*, acteur intentionnel doté d'un ensemble de préférences, plus ou moins conscient des contraintes structurelles qui limitent ses possibilités d'action et qui, cherchant des moyens acceptables de réaliser ses objectifs, agit en fonction d'une information limitée et dans une situation d'incertitude. À l'image du changement social qu'il analyse comme une simple agrégation d'actions individuelles, Boudon assoit sa démonstration en accumulant dans ce livre, comme dans de nombreux autres, une somme d'exemples et de (re)lectures des classiques de la sociologie (Marx compris).

54 Le Sens pratique, 1980

PIERRE BOURDIEU (1930-2002)

En rejetant dos-à-dos l'objectivisme, qui anéantit les individus au profit des structures qui les portent, et le subjectivisme, qui croit en une prétendue liberté d'acteurs, P. Bourdieu cherche à fonder une nouvelle compréhension théorique des pratiques sociales. En mobilisant ses premières expériences d'anthropologue et en prenant quelques distances avec le déterminisme des analyses qu'il avait pu développer dans ses recherches sur l'éducation (*La Reproduction*, 1970), Bourdieu définit et affine les principaux concepts de son système d'interprétation du monde social (champ, capital...). Le sociologue français réactive par exemple la vieille notion d'habitus et la définit comme un produit des structures, un dispositif incorporé qui oriente la pratique des agents et comme un opérateur lui-même créateur d'histoire et de structures. *La Distinction* (1979), critique de la formation sociale des goûts, constitue l'une des applications les plus connues de cette sociologie qui cherche à dévoiler les mécanismes de la domination sociale.

55 Théorie de l'agir communicationnel, 1981

JÜRGEN HABERMAS (né en 1929)

À partir de la discussion approfondie de nombreux travaux sociologiques fondateurs, J. Habermas, chef de file de la seconde génération de l'École de Francfort, fonde dans cet ouvrage une théorie du monde vécu et de l'agir communicationnel. Il élabore une éthique de la discussion qui fait du langage le fond et la forme de la sociabilité. Le langage remplit en effet une triple fonction d'actualisation des traditions, d'intégration sociale des acteurs et d'interprétation culturelle des besoins (socialisation). Habermas propose plus exactement une nouvelle lecture de l'agir humain en distinguant l'agir téléologique (orienté vers une fin), l'agir régulé par des normes, l'agir dramaturgique (interaction analysée comme mise en scène de soi-même) et l'agir communicationnel (interactions dans lesquelles les participants se mettent d'accord, par discussion, pour coordonner en bonne intelligence leurs plans d'action). Ce dernier type d'agir garantit le fait qu'une norme ne pourra prétendre à la moindre once de validité qu'à la seule condition d'exprimer une volonté générale.

56 La constitution de la société, 1984

ANTHONY GIDDENS (né en 1938)

Sociologue de renommée mondiale, A. Giddens souhaite en finir avec la fausse opposition micro/macro couramment utilisée pour décrire et analyser le monde social. A. Giddens développe une théorie de la dualité du structurel. La société est constituée à l'aide de règles et de ressources qui existent en dehors du temps et de l'espace. Elles sont mobilisées et utilisées dans des situations précises par des agents sociaux qui savent faire preuve d'une grande compétence. Autrement dit, l'action n'est jamais la projection mécanique d'injonctions dictées par un ordre extérieur. Parce que, dans les interactions quotidiennes, ils savent activer à bon escient les mécanismes du structurel (sens, domination, légitimation), les individus participent pleinement à la constitution de la société et aux évolutions de ses structures. Dans l'éventail des transformations contemporaines, le processus de différenciation spatio-temporelle est l'un des plus importants. Il est de plus en plus aisé de communiquer à travers le monde, et à tout moment, sans nécessairement faire acte de co-présence physique.

57 La société du risque, 1986

ULRICH BECK (né en 1944)

Publié l'année où la catastrophe de Tchernobyl se produit, le livre du sociologue allemand diagnostique le congé définitif donné à la société industrielle classique et l'entrée de plain-pied dans une société qui doit apprendre à gérer de nouveaux risques, d'ordre écologique notamment (pollution atmosphérique, méfaits de l'énergie nucléaire...). Le fait nouveau n'est pas que nous vivions dans un monde plus dangereux qu'auparavant. La vraie novation est que les risques sont désormais irréversibles. On ne peut s'assurer contre eux, comme on le faisait par exemple en créant une assurance chômage pour parer aux risques de perte d'emploi. Les risques créent par ailleurs des écarts entre classes sociales, groupes ethniques, pays du centre et de la périphérie... Ils traversent également tous les domaines de la vie sociale. La famille est plus incertaine, les carrières professionnelles sont déstabilisées, les cultures de classe s'effritent..., si bien que la société du risque nous mène sur les chemins d'une autre modernité marquée par l'individualisation du social.

58 De la justification. Les économies de la grandeur, 1991

LUC BOLTANSKI (né en 1940), LAURENT THÉVENOT (né en 1949)

Ce livre signe le basculement définitif d'une sociologie critique dominante en France jusque dans les années 1970 à une sociologie de la critique, qui prend au sérieux la capacité des individus à fournir des arguments de justice. Dans une société complexe, les personnes savent identifier la nature d'une situation et ajuster leur discours en conséquence. Pour collaborer avec autrui, manifester leurs désaccords et justifier surtout leurs conduites, les personnes mobilisent des arguments qui appartiennent à des répertoires différents. L. Boltanski et L. Thévenot recensent six mondes abstraits (inspiration, domestique, opinion, civique, marchand, industriel), dotés chacun de logiques, de hiérarchies et de valeurs propres (les grandeurs). Dans l'univers professionnel, par exemple, les désaccords mettent souvent en tension des référentiels de justice aussi différents que le marché (fondé sur un principe de concurrence), la logique industrielle (efficacité productive, fiabilité organisationnelle) ou encore le domestique (valorisation de la tradition et de la hiérarchie).

59 Les métamorphoses de la question sociale, 1995

ROBERT CASTEL (né en 1933)

Chronique socio-historique consacrée au destin des travailleurs depuis le Moyen-Âge, la fresque brossée par R. Castel décèle un premier basculement décisif à la fin du XVIIIe siècle. Les formes anciennes de gestion sociale du travail cèdent la place à un ordre gouverné par le marché et le contrat. Le travail est désormais vendu comme une marchandise sur un marché régi par la loi de l'offre et de la demande. Patiemment, et non sans errements ni contradictions, l'histoire tisse ensuite de nouvelles formes de domination et de solidarité. L'apogée est sans doute atteint avec la société industrielle du XXe siècle, qui reconnaît enfin au salariat, longtemps banni, un véritable statut de dignité (sécurité sociale, représentation syndicale...). Paradoxe : au moment précis où il s'impose enfin, le travail salarié subit aussitôt les contrecoups de la crise. La raison en est imputable aux limites d'une solidarité institutionnelle qui ne sait composer avec la montée d'un chômage de masse. La fin du millénaire correspond à la remontée d'une vulnérabilité de masse. Ce n'est pas tant alors la constitution d'une population de travailleurs précaires qui oblige à parler d'une nouvelle question sociale mais la remise en cause radicale de la condition de salarié.

60 *Die Gesellschaft der Gesellschaft*, 1997

NIKLAS LUHMANN (1927-1998)

« La société de la société » est l'expression synthétique d'une œuvre foisonnante d'un juriste tôt converti à la théorie sociologique. Le pari central est celui d'une approche de la société pensée comme un système social. Dans une langue aride et abstraite, N. Luhmann adapte les théories de l'autopoïesis aux sciences sociales. Pour le sociologue allemand, les hommes et les structures de la société comptent moins que la manière dont le système social, ainsi que ses différents sous-systèmes, s'adaptent aux évolutions non programmées de leurs environnements respectifs. Plus que les perturbations extérieures, ce sont les transformations internes qui servent de fil conducteur au changement. Chaque système (le politique, l'économique, le religieux...) est en effet capable de s'observer et d'améliorer sa manière de fonctionner. Grâce à un médium de communication qui lui est propre (le pouvoir, l'argent, la foi...), il « réduit la complexité » en coordonnant au mieux les différents éléments qui le constituent. L'argent, par exemple, est le moyen par excellence pour articuler les efforts productifs d'une société en vue de l'amélioration de son bien-être matériel.

Outils statistiques et calculs de base

Attention : *Quand un terme est accompagné d'une astérisque (*) cela signifie qu'il est également explicité dans le corpus alphabétique.*

1 Calculs élémentaires

1.1. Variations au cours du temps

Mesurer une variation relative dans le temps

En 2011, en France, la production, le produit intérieur brut (PIB)*, a augmenté de 59 milliards d'euros. C'est en apparence énorme... mais relativement peu, puisque ce PIB est de 1996 milliards d'euros. En général, une variation absolue n'a pas grand sens et mieux vaut calculer une variation relative, en comparant cette variation $\Delta V = V_a - V_d$ (valeur d'arrivée moins valeur de départ) à la valeur de départ V_d. Il existe trois manières de faire ce calcul :

- Taux de variation = $\frac{V_a - V_d}{V_d} \times 100$
- Indice* = $\frac{V_a}{V_d} \times 100$
- Coefficient multiplicateur* = $\frac{V_a}{V_d}$

Ainsi, le PIB de la France étant passé de 1937 milliards d'euros à 1996 milliards d'euros entre 2010 et 2011, on peut dire indifféremment :

– Entre 2010 et 2011 le PIB a augmenté de : (1996-1937)/1937x100 = 3 %.
– Indice base 100 en 2010, le PIB est à l'indice 103 en 2011.
– Le PIB a été multiplié par 1,03 entre 2010 et 2011.

La composition des taux de variation

Pour faire des calculs en utilisant les variations relatives, il est préférable de partir du coefficient multiplicateur :

– Augmenter de 20 % équivaut à multiplier par 1,2.
– Augmenter de 100 % équivaut à multiplier par 2.
– Augmenter de 200 % équivaut à multiplier par 3.
– Multiplier par 1,3 équivaut à augmenter de 30 %.
– Multiplier par 10 équivaut à augmenter de 900 %.
– Multiplier par 5 équivaut à augmenter de 400 %.

Lorsqu'une grandeur augmente de 5 %, elle est multipliée par 1,05. Lorsqu'elle augmente de 5 %, puis de 12 %, elle est multipliée par 1,05 x 1,12 = 1,176.

REMARQUE : la simple addition 5 % + 12 % = 17 % est fausse, mais lorsque les variations sont petites, l'erreur est admissible.

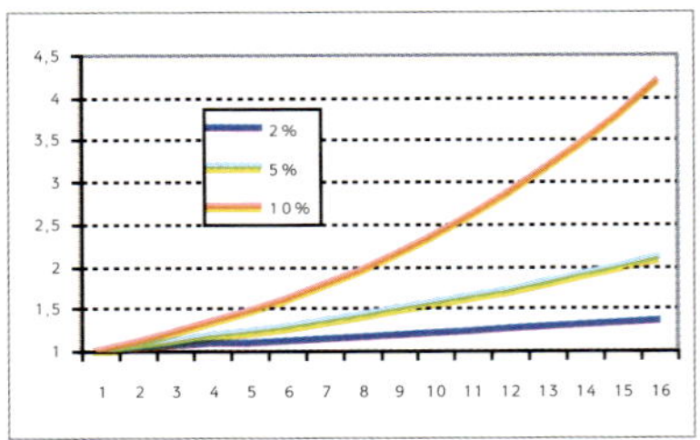

Lorsqu'une variable augmente à un taux constant i, sa valeur au bout de n périodes est donnée par la formule : $V_n = V0 \times (1 + i)^n$. Elle augmente donc de manière exponentielle, car le taux de croissance s'applique à chaque période à des montants de plus en plus élevés. Voici, à titre d'exemple, ce que donne l'application sur 16 périodes de taux de croissance au départ proches, 2 %, 5 %,

10 %. On remarque l'écart considérable qui se creuse avec le temps.

Ce phénomène d'intérêts composés signifie que toute croissance à taux constant a un caractère explosif, qu'il s'agisse de population ou de niveau de vie. Par exemple, si la production augmente de 10 % par an (le rythme chinois), elle quadruple en 16 ans. Il s'en déduit que de petites différences initiales de taux de croissance creusent des écarts très importants avec le temps. Ainsi, la croissance du niveau de vie aux États-Unis a été de l'ordre de 1,6 % par an depuis 1800, ce qui peut sembler modeste. Néanmoins, elle a permis une élévation spectaculaire du niveau de vie, multiplié sur deux siècles par : $1{,}016^{200} = 24$.

Du fait des propriétés de la fonction logarithme, un moyen très simple de calculer au bout de combien de périodes une grandeur double est de diviser 70 par le taux de croissance. Ainsi, une croissance au taux de 2 % entraîne un doublement en 70/2 = 35 ans.

En prenant la formule des intérêts composés dans l'autre sens, avec les notations précédentes, le taux de variation annuel moyen d'une grandeur est donné par la formule :

$$i = \left(\frac{V_a}{V_d}\right)^{\frac{1}{n}} - 1$$

La représentation graphique de tout phénomène en croissance a l'allure d'une courbe de plus en plus verticale. Aussi est-il difficile de distinguer les inflexions du taux de croissance (et de faire tenir le graphique sur une hauteur limitée !). Pour contourner ce problème, il est habituel de remplacer les ordonnées par leur logarithme, qui est la réciproque de la fonction exponentielle. Dans un tel graphique, appelé semi-logarithmique, une variation à taux constant est représentée par une droite. En reprenant l'exemple précédent, on obtient :

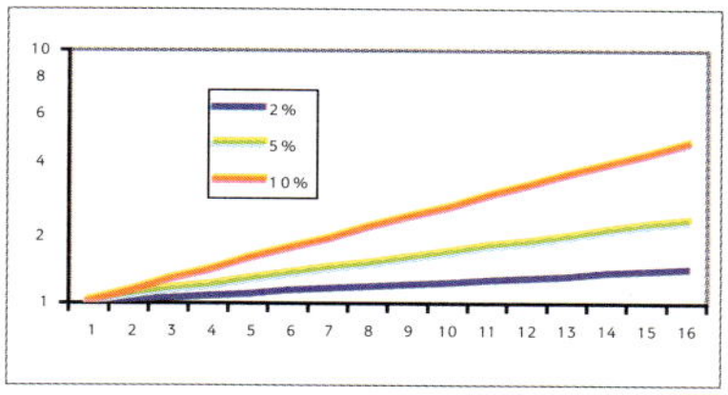

L'utilisation d'une échelle logarithmique met en évidence les inflexions de tendance. Par exemple, les deux courbes ci-dessous présentent une variable croissant au rythme de 10 % par an jusqu'à l'année 11, puis à 7 % pendant les années suivantes. Cette inflexion se voit à peine sur le graphique à échelle arithmétique, alors que le ralentissement de la croissance est nettement visible sur le graphique logarithmique :

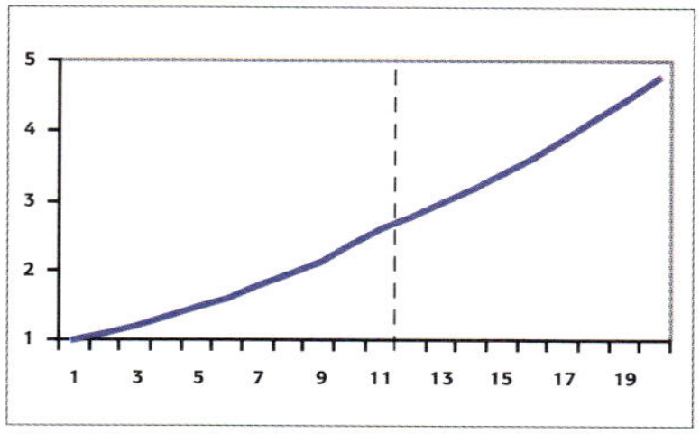

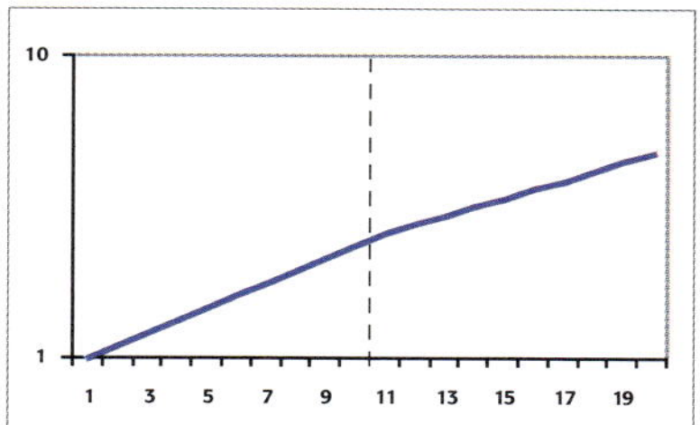

Calcul en valeur* et volume*

Revenus, consommation ou patrimoine sont mesurés en unités monétaires, dont la valeur fluctue au cours du temps en fonction du niveau général des prix. Il faut donc neutraliser l'influence de l'évolution des prix pour mesurer une évolution de façon significative ; il faut déflater, ce qui est fait en divisant la série par le coefficient

A Grandes œuvres
B Outils statistiques
C Prix Nobel
D Index des auteurs
E Lexique anglais-français
F Sigles usuels

multiplicateur des prix. On obtient alors des grandeurs « réelles » (et non pas « monétaires »), « en volume » (et non pas « en valeur ») ou « en monnaie constante » (et non pas « en monnaie courante ») : les trois formulations « réelles », « en volume », « en monnaie constante » sont synonymes. Par exemple, l'indice des prix à la consommation en France étant passé de 100 en 1998 à 126 en 2011 (base 100 en 1998), le PIB, qui vaut 1996 milliards d'euros courants, vaut 1996/(126/100) = 1584 milliards d'euros constants de 1998. Par conséquent, le PIB qui était de 1321 millards en 1988 a augmenté de (1996-1321)/1321x100 = 51,1 % en valeur, alors qu'il n'a augmenté que de (1584-1321)/1321x100 = 20 % en volume.

1.2. Les grandeurs relatives

Proportion*

Une proportion compare deux valeurs entre elles. Très souvent, il s'agit de comparer un élément v à l'ensemble V dont il fait partie. La proportion exprimée en pourcentage est donnée par la formule v/V x 100.

Propension*

Une propension est la tendance d'une proportion. Par exemple, la propension à importer est la part moyenne des importations dans la dépense ou le revenu. Il est essentiel de distinguer propension moyenne et marginale. Par exemple, la propension à consommer est la part de la consommation C dans le revenu Y :

Propension moyenne à consommer = C/Y

La propension marginale à consommer est la part d'un revenu supplémentaire qui est consommée. En notant Δ la variation du revenu ou de la consommation entre deux dates, elle s'écrit :

Propension marginale à consommer = ΔC/ΔY

Connaître la propension marginale à consommer permet de connaître l'impact d'une variation du revenu sur la consommation.

Élasticité*

L'élasticité mesure le rapport entre le taux de variation d'une grandeur et le taux de variation d'une autre grandeur. Ainsi, l'élasticité de la consommation par rapport au revenu s'écrit :

$$e^{C/Y} = (\Delta C/C) / (\Delta Y/Y)$$

La lecture du résultat est très simple : par exemple, une élasticité de 2 signifie qu'une hausse (respectivement une baisse) du revenu de 1 % entraîne une hausse (respectivement une baisse) de la consommation de 2 %.

Dans le domaine de la consommation, il est très utile de calculer des élasticités-prix, afin de savoir si la consommation d'un produit est plus ou moins sensible à la variation des prix.

L'estimation des propensions et élasticités suppose de disposer d'un grand nombre d'observations pour en faire la moyenne. Mais, même dans ce cas, il s'agit de reflets du passé qu'il est toujours incertain d'utiliser pour prévoir ce qui adviendra dans le futur.

2 Analyse d'une série statistique

La statistique vise à décrire les caractéristiques d'un ensemble de données et, éventuellement, à estimer une relation entre plusieurs séries de données. En sciences sociales, les statistiques jouent un rôle important. Sont présentés ici des outils utilisant des notions mathématiques vues dans l'enseignement secondaire, qui sont très utilisés en sciences sociales.

2.1. Valeurs centrales d'une série

Moyenne arithmétique simple

Si aucune précision n'est donnée, la moyenne est le plus souvent une moyenne arithmétique.

Exemple : un étudiant qui a obtenu les notes

$x_1 = 8$, $x_2 = 12$, $x_3 = 14$ et $x_4 = 10$

aura une moyenne :

$$M = \overline{X} = \frac{X_1 + X_2 + X_3 + X_4}{4} = \frac{\sum_1^n x_1}{n}$$

$$= \frac{8+12+14+10}{4} = 11$$

Dans cet exemple, il s'agit d'une moyenne simple.

Moyenne pondérée

Si chaque note est affectée d'un coefficient, on calcule une moyenne pondérée ; prenons l'exemple d'un coefficient $f_1 = 4$ pour la première matière, $f_2 = 2$ pour la seconde et f_3, $f_4 = 1$ pour les deux dernières, on obtient :

$$M' = \overline{X} = \frac{f_1x_1 + f_2x_2 + f_3x_3 + f_4x_4}{f_1 + f_2 + f_3 + f_4} = \frac{\sum_1^n f_i x_i}{\sum_1^n f_i}$$

$$= \frac{(4\times 8)+(2\times 12)+(1\times 14)+(1\times 10)}{8} = 10$$

En général, les pondérations correspondent aux effectifs, ou fréquences absolues, associés à chaque valeur du caractère étudié.

Trois autres moyennes pondérées :

- la moyenne géométrique :

$$G = \sqrt[\sum_1^n f_i]{f_1 x_1 \times f_2 x_2 \ldots \times f_n x_n}$$

- la moyenne harmonique :

$$H = \frac{\sum_1^n f_i}{\sum_1^1 f_i \frac{1}{x_i}}$$

- la moyenne quadratique :

$$Q = \sqrt{\frac{\sum_1^n f_i x_i^2}{\sum_1^n f_i}}$$

En reprenant les notes et les coefficients du premier exemple, on obtient :

$$G = 9{,}8 \; ; \; H = 9{,}5 \; ; \; Q = 10{,}2.$$

Avec les moyennes arithmétique et quadratique, l'élève réussit son bac ; avec les deux autres, il est recalé. Cet exemple illustre un résultat plus général : pour une distribution statistique donnée, on a :

$$H < G < M' < Q < M.$$

Cet exemple explique pourquoi la moyenne géométrique est utilisée pour calculer des taux de variation, la moyenne harmonique des pourcentages, la moyenne quadratique des écarts.

La médiane*

Il s'agit de la valeur telle que la moitié des valeurs d'une série sont plus élevées qu'elle et la moitié sont plus faibles. Ainsi, dans la série de salaires 1 150, 1 200, 1 250, 1 300, 2 000, la médiane vaut 1 250, car deux valeurs sont inférieures (1 150 et 1 200) alors que deux valeurs sont plus élevées (1 300 et 2 000). Lorsque le nombre de valeurs est pair, la médiane est la moyenne des deux valeurs centrales.

La médiane est moins affectée que la moyenne arithmétique par les valeurs extrêmes. Ainsi, la moyenne de la série précédente est (1 150 + 1 200 + 1 250 + 1 300 + 2 000)/5 = 1 380, car la valeur 2000 « tire » la moyenne vers le haut.

Un avantage de la médiane est qu'elle peut être calculée même si les valeurs extrêmes ne sont pas connues précisément. Par exemple, il est possible de connaître le revenu médian d'une population même si les très hauts revenus sont mal connus. Dans notre exemple, si le plus haut salaire était de 4000 € ou de 5000 €, cela ne changerait rien au salaire médian.

Le mode

C'est la valeur la plus fréquente d'une série. Par exemple, soit la série de valeurs 1, 2, 2, 3, 4, le mode est 2.

2.2. Mesures de la dispersion d'une série

Les quantiles

Une manière simple de représenter la dispersion d'une série est de la diviser en quantiles : après avoir rangé les valeurs de la série par ordre croissant, on la divise en sous-groupes de même effectif. La médiane divise une série en deux quantiles. On parle de quartiles pour une division en quatre, de quintiles pour une division en cinq, de déciles* pour une division en dix et de centiles pour une division en cent. La dispersion d'une série peut être mesurée par le rapport interquantile, entre les limites du plus haut et du plus bas quantile, que représente le schéma suivant, établi pour une division en cinq quintiles :

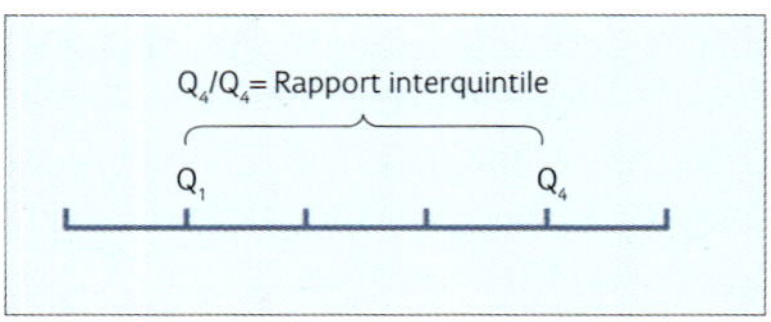

Comme dans le cas de la médiane, un intérêt pratique du rapport interquintile est qu'il est possible de le calculer même si les valeurs extrêmes sont mal connues.
La dispersion d'une série organisée en quantiles peut être représentée par la courbe de Lorenz*, en mettant en abscisse l'effectif cumulé croissant et en ordonnée les valeurs cumulées croissantes :

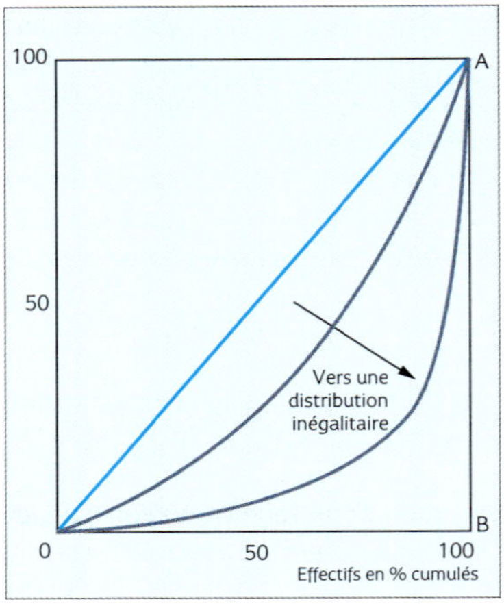

Une répartition parfaitement égalitaire des valeurs (tous les élèves d'une classe ont la même note, par exemple) correspond à la droite d'équirépartition. Plus la courbe s'éloigne de la droite et plus la répartition est inégale. À la limite, la courbe est parfaitement horizontale, puis parfaitement verticale, ce qui représente l'inégalité totale (tous les élèves ont 0 sauf un).
À partir de cette représentation, un indicateur de dispersion très utilisé est le coefficient de Gini*, rapport entre la surface hachurée et la surface correspondant à l'inégalité totale. Il varie entre 0 (répartition égalitaire) et 1 (inégalité totale).

L'écart-type*

Indicateur de dispersion le plus utilisé, l'écart-type compare chaque valeur d'une série à la moyenne de cette série. Plus précisément, l'écart-type est égal à la racine carrée de la moyenne des carrés des écarts de chacune des valeurs de la série à leur moyenne :

$$\sigma = \sqrt{\frac{1}{n}} \sum \left(x_i - \overline{x}_i\right)^2$$

Un tel calcul est évidemment fastidieux dès que le nombre de données dépasse la dizaine. Mais les calculatrices statistiques et les tableurs facilitent aujourd'hui le travail.

L'écart-type mesure une dispersion absolue ; son unité est celle des valeurs de la série. Pour comparer les dispersions de séries de moyenne très différente (par exemple, les revenus au Sénégal et en France), il est préférable de calculer le coefficient de variation CV en rapportant l'écart-type à la moyenne :

$$CV = \frac{\sigma}{\bar{x}}$$

2.3. L'ajustement d'une série

L'évolution d'une série chronologique peut présenter une certaine régularité. Dans ce cas, il est possible d'ajuster cette série par une fonction mathématique. Le cas le plus simple est l'ajustement linéaire, lorsque le nuage de points représentant la série se rapproche d'une droite. Il est possible de calculer l'équation de la droite la plus proche de l'ensemble des valeurs de la série, appelée *droite de régression*, par la méthode des moindres carrés, qui consiste à minimiser la somme des carrés des distances entre les points de la série et la droite de régression. Les calculatrices donnent directement l'équation de la droite et les tableurs permettent de tracer directement la droite.

Il est également possible d'ajuster l'évolution d'une série par une courbe. Par exemple, en cas de croissance régulière d'une variable au cours du temps (population, revenu, production...), le résultat est une exponentielle. Là encore, les tableurs permettent l'ajustement de la série, comme dans l'exemple suivant :

Dépenses de consommation en France

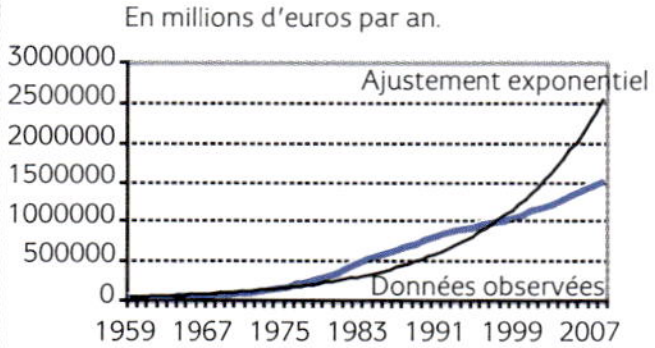

Source : INSEE, comptes nationaux

On constate que les données sont mal ajustées par la courbe correspondant à une croissance à taux constant, ce qui signifie que la croissance des dépenses de consommation est irrégulière, avec un fort ralentissement dans les années 1985-2008 (principalement dû à la désinflation).

L'ajustement s'applique aux séries chronologiques, mais aussi à la relation entre deux variables quelconques. Il constitue un moyen empirique très important de vérifier l'existence et la forme d'une relation, par exemple entre dépenses de recherche et croissance ou entre revenu de la famille et réussite scolaire des enfants.

La corrélation*

Attention : il est toujours possible de faire un ajustement, même si la série est un nuage de points informe. Pour que la relation établie soit probante, il faut que l'ajustement soit de bonne qualité. L'instrument de mesure le plus élémentaire est le coefficient de corrélation linéaire : si on ajuste la relation entre les variables x et y par une droite d'équation $y = ax + b$ ou par une droite d'équation $x = a'y + b'$, selon le sens de la relation, le coefficient de corrélation linéaire vaut $r = \pm\sqrt{aa'}$. Il indique une relation étroite entre les deux variables lorsqu'il est proche de 1 ou −1 et l'absence de relation lorsqu'il est proche de 0.

Cependant, il faut se méfier des résultats obtenus, surtout s'ils sont bons : un bon ajustement peut résulter du hasard, surtout lorsque le nombre de valeurs est faible, ou du fait que deux variables dépendent d'une troisième. Aussi les spécialistes utilisent-ils, surtout en économie, des tests beaucoup plus sophistiqués que le simple coefficient de corrélation.

Remarque : il ne faut pas confondre *corrélation* et *causalité*.

Les prix Nobel d'économie de 1969 à nos jours

Date	Lauréats	Pays	Motifs retenus par le jury et œuvres principales
1969	**Frisch** Ragnar (1895-1973) **Tinbergen** Jan (1903-1994)	Norvège Pays-Bas	Travaux sur le développement et l'application de modèles dynamiques pour l'analyse des processus économiques ▸ *Techniques modernes de la politique économique*
1970	**Samuelson** Paul A. (1915-2009)	E-U	Travaux de statistiques et recherches se rapportant à la dynamique économique ▸ *Fondations of Economic Analysis, 1947* *(Les fondements de l'Analyse économique)*
1971	**Kuznets** Simon (1901-1985)	E-U	Pour son interprétation de la croissance économique ▸ *L'Économique (1965)*
1972	**Hicks** John Richard (1904-1989) **Arrow** Kenneth Joseph (1921-)	G-B E-U	Pour leur contribution fondamentale à la théorie générale d'équilibre économique et à la théorie du mieux-être ▸ *J-M Keynes and the Classics, 1937* ▸ *Valeur et capital, 1938* ▸ *Social Choice and Individual Values, 1951* ▸ *The Theory of Competitive Equilibrium, 1962*
1973	**Leontief** Wassily (1906-1999)	E-U	Analyse des échanges interindustriels (input-output) ▸ *L'Équilibre monétaire, 1950*
1974	**Myrdal** Gunnar (1898-1987) **Hayek** Friedrich von (1899-1992)	Suède G-B	Contribution à la théorie de la monnaie et des fluctuations économiques ▸ *Théorie économique et pays sous-développés, 1959* ▸ *La Théorie monétaire et le cycle d'affaires, 1928*
1975	**Koopmans** Tjalling Charles (1910-1985) **Kantorovitch** Leonid Vitalievitch (1912-1986)	E-U URSS	Contribution à la théorie de l'allocation optimale des ressources ▸ *Calcul économique et utilisation des ressources, 1960*
1976	**Friedman** Milton (1912-)	E-U	Contributions majeures à la théorie monétariste ▸ *Capitalisme et Liberté (avec Schwartz A.)* ▸ *Monetary History of the United States, 1963*
1977	**Ohlin** Bertil Gotthard (1899-1979) **Meade** James E (1907-1995)	Suède G-B	Pour avoir établi (dans les années 1930 et 1950 respectivement) Ohlin, les fondements de la théorie économique internationale (optique néo-classique) ; Meade, travaux sur les conditions de la réalisation simultanée de l'équilibre intérieur et de l'équilibre extérieur (optique keynésienne)] ▸ *Inflation et systèmes monétaires, 1969* ▸ *Interrégional and International Trade, 1933*
1978	**Simon** Herbert A. (1916-2001)	E-U	Pour son travail de pionnier sur les processus de décision au sein de l'organisation économique ▸ *Administrative Behavior, 1945. (Administration et processus de décision)*
1979	**Schultz** Théodore W. (1902-1998) **Lewis** sir Arthur (1915-1991)	E-U E-U	Pour leurs travaux dans le domaine de la recherche sur le développement et particulièrement sur les problèmes des pays en voie de développement ▸ *Théorie de la croissance économique*

Date	Lauréats	Pays	Motifs retenus par le jury et œuvres principales
1980	**Klein** Laurence R. (1920-)	E-U	Pour la construction de modèles économétriques de conjoncture et application à l'analyse de la politique économique
1981	**Tobin** James (1918-2002)	E-U	Pour son analyse des marchés financiers et de leurs rapports avec la dépense, l'emploi, la production et les prix ▸ *Liquidity Preference and Monetary Policy, 1947*
1982	**Stigler** George J. (1911-1991)	E-U	Pour ses théories sur l'économie de marché
1983	**Debreu** Gérard (1921-1991) d'origine française, naturalisé américain en 1975	E-U	Recherches qui introduisent de nouvelles méthodes dans la théorie économique [reformulation de la théorie de l'équilibre général walrassien] ▸ *Theory of Value, 1959*
1984	**Stone** John Richard (1913-1991)	G-B	Travaux sur les différents systèmes de comptabilité ▸ *Mathematical Models of the Economy (1970)*
1985	**Modigliani** Francesco (1918-2003) d'origine italienne	E-U	Pour ses études fondamentales sur l'épargne et les marchés financiers
1986	**Buchanan** James McGill (1919-)	E-U	Théorie des décisions politiques, théorie de l'économie publique ▸ *La demande et l'offre de biens publics, 1968*
1987	**Solow** Robert (1924 -)	E-U	Pour sa contribution à la théorie de la croissance économique ▸ *Contribution à la théorie de la croissance, 1956*
1988	**Allais** Maurice (1911-2010)	France	Pour ses travaux sur la théorie des marchés et l'utilisation efficace des ressources ▸ *Traité d'économie pure, 1952* ▸ *Économie et Intérèt, 1977*
1989	**Haavelmo** Trygve (1911-1999)	Norvège	Élaboration des fondements probabilistes de la méthodologie économique ▸ *Théorème d'Haavelmo : théorème du budget équilibré*
1990	**Markowitz** Harry (1927-) **Miller** Merton (1923-2000) **Sharpe** William (1934-)	E-U E-U E-U	Théorie des choix de portefeuilles pour le placement des fortunes Théorie du financement des entreprises Théorie de la formation des prix des avoirs financiers
1991	**Coase** Ronald (1910-)	G-B	Travaux sur l'importance des coûts de transaction et des droits économiques pour la structure institutionnelle et le fonctionnement de l'économie ▸ *La Nature de la firme, 1937*
1992	**Becker** Gary (1930-)	E-U	Pour ses travaux qui élargissent l'analyse économique à celle des comportements humains ▸ *Human Capital, 1964*
1993	**Fogel** Robert W. (1926) **North** Douglass C. (1920-)	E-U E-U	Pour avoir renouvelé la recherche en histoire économique ▸ *Without consent or contract : the rise and fall of American slavery, 1989* ▸ *L'essor du monde occidental : une nouvelle histoire économique, 1973*

Date	Lauréats	Pays	Motifs retenus par le jury et œuvres principales
1994	**Nash** John F. (1928-) **Harsanyi** John C.(1920-2000) **Selten** Reinhard (1930-)	E-U E-U ALL	Analyse fondamentale de l'équilibre dans la théorie des Jeux non coopératifs
1995	**Lucas** Robert (1937-)	E-U	Contribution à l'analyse macroéconomique et des politiques économiques à partir des anticipations rationnelles
1996	**Wickrey** William (1914-1996) **Mirlees** James A. (1936-)	Canada G-B	Pour leur contribution fondamentale à la théorie économique des incitations dans le cas d'informations asymétriques
1997	**Merton** Robert C. (1944-) **Scholes** Myran S. (1941-)	E-U E-U	Pour leur contribution fondamentale à la théorie économique des incitations dans le cas d'informations asymétriques
1998	**Sen** Amartya (1933-)	Inde	Pour sa contribution à l'économie du bien-être ▸ *L'économie est une science morale, 1987*
1999	**Mundell** Robert (1932-)	Canada	Pour son analyse des politiques monétaires et budgétaires sous différents régimes de change et son analyse des zones monétaires optimales
2000	**Heckman** James J. (1944-) **Mc Fadden** Daniel L. (1937-)	E-U E-U	Pour avoir développé des théories et des méthodes d'analyse des échantillons sélectifs Pour avoir développé des théories et des méthodes d'analyse des choix discrets
2001	**Akerlof** George A. (1940-) **Spence** Michaël A. (1943-) **Stiglitz** Joseph E. (1943-)	E-U E-U E-U	Pour leurs travaux sur les marchés avec asymétrie d'information ▸ Akerlof, *The market for Lemons, 1966* ▸ Stiglitz, *La Grande désillusion, 2002*
2002	**Kahneman** Daniel (1934-) **Smith** Vernon L. (1927-)	E-U Israël E-U	Pour avoir introduit en science économique des acquis de la recherche en psychologie Pour avoir fait de l'expérience en laboratoire un instrument d'analyse économique empirique
2003	**Engle** Robert F. (1942-) **Granger** Clive W. J. (1934-)	E-U G-B	Pour leurs travaux sur les méthodes d'analyse de séries temporelles économiques avec volatilité saisonnière (modèles Arch) et les méthodes d'analyse de séries temporelles économiques avec tendances communes (co-intégration)
2004	**Kydland** Finn E. (1943-) **Prescott** Edward C. (1940-)	Norvège E-U	Pour leurs travaux sur les cycles économiques et l'efficacité des politiques monétaires. Leurs travaux ont servi de base à la réforme des banques centrales et à celle des politiques monétaires de certains pays.
2005	**Aumann** Robert J. (1930-) **Schelling** Thomas C. (1921-)	E-U Israël E-U	Pour leur théorie de « décision interactive », qui est une amélioration et une extension de la « théorie des jeux » ; cette théorie a servi à expliquer les conflits économiques tels que les guerres des prixet les guerres commerciales.
2006	**Phelps** Edmund S. (1933-)	E-U	Pour ses travaux sur la politique de macroéconomie qui ont permis d'approfondir l'impact de l'inflation sur le chômage (*Columbia Institute*)
2007	**Hurwicz** Léonid (1949-) **Maskin** Eric (1950-) **Myerson** Roger (1917-)	E-U	Pour leurs travaux basés sur les mécanismes d'échanges destinés à amélorer le fonctionnement des marchés

A Grandes œuvres
B Outils statistiques
C Prix Nobel
D Index des auteurs
E Lexique anglais-français
F Sigles usuels

Date	Lauréats	Pays	Motifs retenus par le jury et œuvres principales
2008	**Krugman** Paul (1953-)	E-U	Pour avoir montré les effets des économies d'échelle sur les modèles à échanges commerciaux et la localité économique ▸ *La mondialisation n'est pas coupable. vertus et limites du libre-échange (1998)* ▸ *Pourquoi les crises reviennent toujours (2000)* ▸ *Économie internationale (1992-2003)*
2009	**Ostrom** Elinor (1933-) **Williamson** Olivier (1932-)	E-U E-U	Pour leurs travaux sur la gouvernance notamment la gestion des biens publics (OE) et les frontières de la firme (WO)
2010	**Diamond** Peter (1940-) **Mortensen** Dale (1939-) **Pissarides** Christopher (1940-)	E-U E-U G-B	Pour leur analyse des marchés et des fictions entravant la rencontre entre offreurs et demandeurs
2011	**Sargent** Thomas (1944-) **Sims** Christopher (1943-)	E-U E-U	Pour leur recherche empirique sur la cause et l'effet en macro-économie et plus précisément sur les relations entre les politiques économiques et leurs effets sur l'économie.
2012	**Roth** Alvin (1951-) **Shapley** Lloyd (1923-)	E-U E-U	Pour leurs travaux sur les marchés et la façon d'ajuster offre et demande. ▸ *Économie de la répugnance (essai 2007)*
2013	**Fama** Eugene (1939-) **Hansen** Lars Peter (1952-) **Shiller** Robert (1946-)	E-U E-U E-U	Pour leur analyse empirique des prix des actifs. ▸ Fama, *père de l'hypothèse l'efficience des marchés* ▸ Hansen, *« Robertness » 2007 (avec T. Sargent).* ▸ Shiller, *« Les esprits animaux », 2009,* *« L'exubérance irrationnelle », 2000*

Index des auteurs cités

Les noms en bleu sont traités à l'ordre alphabétique dans le dictionnaire.
Les renvois (➤) indiquent les entrées où sont cités les auteurs.

Denison Edward (1915-1992)
➤ **capital humain**

Destutt de Tracy Antoine (1754-1836)
➤ **idéologie**

Diderot Denis (1713-1784), philosophe et écrivain français ➤ **matérialisme**

Disraeli Benjamin (1804-1881), homme politique et écrivain britannique ➤ **impérialisme**

Domar Evsey D. ➤ **Domar (modèle de)**

Dornbusch Rudi (1942-2002) ➤ **politique mixte (nouvelle), consensus de Washington**

Dosi Giovanni, **économiste italien né en 1953, spécialiste de l'économie de la firme.**

Dubar Claude (1945-), sociologue français contemporain ➤ **Identité**

Dubet François (1946-), sociologue français
➤ **désinstitutionnalisation, société**

Duesenberry James S. (1918-), économiste américain ➤ **effet d'imitation**

Dumont Louis (1911-1998), anthropologue français, spécialiste de l'Inde et du système de castes ➤ **holiste (société), individualisation**

Dunlop John T. (1914-2003), socio-économiste américain ➤ **institutionnalismes**

Dupont de Nemours Pierre-Samuel (1739-1817)
➤ **physiocratie**

Dupuy Jean-Pierre (1941-), économiste et philosophe français ➤ **conventions (théorie des)**

Durkheim Émile

E

Edgeworth Francis (1845-1926), économiste britannique ➤ **néo-classique (théorie)**

Élias Norbert

Emmanuel Arghiri (1911-2001), économiste d'origine grecque ➤ **échange inégal, économie du développement**

Engel Ernest (1821-1896), socio-économiste et statisticien allemand ➤ **Engel (loi d')**

Engels Friedrich (1820-1895) théoricien socialiste ➤ Marx, marxisme

Esping-Anderson Gosta, sociologue danois
➤ **État providence**

Eymard-Duvernay François, économiste français contemporain ➤ **conventions (théorie des)**

F

Fauconnet Paul (1874-1938), sociologue français ➤ **Institutions**

Favereau Olivier, économiste français contemporain ➤ **conventions (théorie des), keynésianisme, néo-classique (théorie)**

Febvre Lucien (1878-1956), historien français
➤ **Braudel**

Feuerbach Ludwig (1804-1872), philosophe allemand ➤ **aliénation**

Fisher Allan G. ➤ **secteurs d'activité (grands)**

Fisher Irving

Fisher Stanley, économiste américain contemporain ➤ **nouvelle économie keynésienne**

Fleming John (1848-1945)
➤ **Mundell-Fleming (modèle de)**

Fogel Robert William

Ford Henry (1863-1947), industriel américain, fondateur de la firme automobile Ford ➤ **fordisme, taylorisme**

Fourastié Jean (1907-1990), économiste français, inventeur de l'expression « Trente Glorieuses »
➤ **déversement sectoriel, secteurs d'activité (grands)**

Fourier Charles (1772-1837), philosophe et économiste français ➤ **Proudhon, Owen, Saint-Simon**

Friedman Milton

Friedmann Georges

Friedrich Karl J. (1901-1984), politologue américain d'origine allemande, 1901-1984 ➤ **totalitarisme**

Frisch Ragnar (1895-1973), économiste norvégien
➤ **chocs, macroéconomie, Annexe C (1969)**

Furtado Celso (1920-2004), économiste brésilien ➤ **dépendance**

G

H

A Grandes œuvres
B Outils statistiques
C Prix Nobel
D Index des auteurs
E Lexique anglais-français
F Sigles usuels

I

Inglehart Ronald (1934-), sociologue et politologue américain contemporain ➤ **mondialisation culturelle, nouveaux mouvements sociaux, post-matérialisme**

J

Jacquet Pierre (1955-), économiste français ➤ **politique mixte (nouvelle)**

Jany-Catrice Florence (1964-), économiste française contemporaine ➤ **richesse**

Jaulin Robert (1928-1996), ethnologue français ➤ **ethnocide**

Jevons William Stanley

Juglar Clément

K

Kahn Richard (1905-1989), économiste anglais connu pour avoir présenté le premier le principe du multiplicateur ➤ **Keynes, multiplicateur, oscillateur**

Kaldor Nikolas (1908-1986), économiste britannique d'obédience keynésienne ➤ **carré magique, École de Cambridge (nouvelle), Kaldor-Verdoon (loi de), keynésianisme, post-keynésienne (théorie), progrès technique**

Kalecki Michal (1899-1970), économiste polonais ➤ **Robinson Joan**

Kantorovitch Leonid V. (1912-1986), économiste russe ➤ **Annexe C (1975)**

Kardiner Abraham (1891-1981), psychanalyste et anthropologue américain ➤ **culturalisme, personnalité de base**

Kautsky Karl (1854-1938), leader social-démocrate allemand et théoricien marxiste ➤ **marxisme**

Katz Elihu (1926-), sociologue américain ➤ **communication**

Kepel Gilles (1955-), sociologue français ➤ **religion**

Keynes John Maynard

Kitchin Joseph (1861-1932), économiste américain ➤ **cycles**

Klein Lawrence R. (1920-), économiste américain ➤ **Annexe C (1980)**

Kolm Serge-Christophe (1932-), économiste français ➤ **écologistes (doctrines), richesse**

Kondratieff Nikolaï (1892-1930), économiste russe qui a mis en évidence l'existence de cycles longs ➤ **cycles**

Koopmans Tjalling Ch. (1910-1986), économiste américain ➤ **Annexe C (1975)**

Korsch Karl (1886-1961), philosophe allemand ➤ **marxisme**

Kropotkine Pierre (1842-1921), penseur anarchiste russe ➤ **anarchisme**

Krugman Paul R.

Kuhn Thomas Samuel (1922), philosophe des sciences américain ➤ **paradigme**

Kuznets Simon (1901-1985), économiste américain d'origine russe ➤ **Annexe C (en 1971)**

L

Labrousse Ernest (1895-1988), historien français, spécialiste de l'histoire et des fluctuations économiques ➤ **Ancien Régime économique**

Laffemas Barthélemy de (1545-1612), économiste français ➤ **colbertisme**

Laffer Arthur (1941-), économiste américain ➤ **économie de l'offre, Laffer (courbe de)**

Laffont Jean-Jacques

Lambert Yves (1946-2006), sociologue français contemporain ➤ **religion**

Lassalle Ferdinand (1825-1864), socialiste allemand ➤ **airain (loi d')**

Latouche Serge (1940-), socio-économiste français ➤ **mondialisation culturelle**

Lazarsfeld Paul (1901-1976), sociologue américain d'origine autrichienne ➤ **communication, vote (déterminants du)**

Le Bras Gabriel (1891-1970), sociologue français ➤ **religion**

M

Mendras Henri (1927-2003), sociologue français ➤ **moyennisation, paysannerie, société segmentaire, réseaux sociaux**

Menger Karl (1840-1921), économiste autrichien ➤ **individualisme méthodologique, marginalisme, néo-classique (théorie)**

Merton Robert King

Mill John Stuart (1806-1873), économiste et philosophe anglais ➤ **classiques (économistes), réel/monétaire, utilitarisme**

Mills Charles Wright

Mirabeau Honoré Gabriel (1749-1791), homme politique français ➤ **physiocratie**

Miringoff Marc et Luisa, chercheurs américains contemporains ➤ **richesse**

Mitchell Wesley (1847-1938), économiste américain ➤ **Institutionnalisme**

Modigliani Franco (1918-2003), économiste américain d'origine italienne ➤ **cycle de vie des individus (théorie de l'épargne), keynésianisme, Annexe C (1985)**

Montchrestien Antoine de (1575-1621), écrivain et économiste français, a forgé l'expression « économie politique » ➤ **colbertisme, mercantilisme**

Montesquieu Charles de Secondat

Moreno Jacob Lévy (1892-1974), psychosociologue américain ➤ **groupe élémentaire ou primaire, sociométrie**

Mosca Gaetano (1858-1941), juriste et sociologue italien ➤ **classe dirigeante, élites**

Mottez Bernard (1930-2009), sociologue français contemporain ➤ **relations du travail ou professionnelles**

Mounier Jean-Pierre, sociologue français contemporain ➤ **psychologie sociale**

Muller Pierre, sociologue français contemporain ➤ **politiques publiques**

Mun Albert de (1841-1914), homme politique français ➤ **corporatisme**

Mundell Robert (1932-), économiste canadien ➤ **Mundell Fleming (modèle de), Mundell (Ttriangle d'incompatibilité), économie de l'offre, union monétaire, politique mixte, consensus de Washington, Prix Nobel (1999)**

Myrdal Gunnar (1898-1987), économiste suédois ➤ **équilibre, institutionnalisme, Annexe C (1974)**

N

Nash John (1928-), mathématicien américain ➤ **jeux (théorie des)**

Nelson Richard (1950-), économiste américain ➤ **organisations (économie des)**

Neveu Erik (1952-), politologue et sociologue français ➤ **communication**

Nordhaus William (1941-), économiste américain ➤ **richesse, chocs**

North Douglas Cecil

Nozick Robert (1938-2002), essayiste américain « libertarien » ➤ **justice sociale**

Nurkse Ragnar (1907-1959), économiste américain, d'origine estonienne ➤ **économie du développement**

O

Oakley Ann (1944-), sociologue britannique ➤ **genre (relations de)**

Obershall Anthony, sociologue américain contemporain ➤ **Mobilisation des ressources**

Ohlin Bertil (1899-1979), économiste suédois ➤ **Hecksher-Olhin-Samuelson [théorème HOS], Krugman, libre-échange, nouvelle économie internationale, Annexe C (1977)**

Ohno Taiichi (1912-), ingénieur japonais, impulseur d'un modèle d'organisation du travail parfois dénommé « Ohnisme » ➤ **ohnisme, toyotisme)**

Okun Arthur (1928-1980), économiste américain ➤ **Okun (relation d')**

Olson Mancur (1932-1998), socio-économiste américain ➤ **action collective, mobilisation des ressources**

Orléan André (1950-), économiste français ➤ **bulle financière, conventions (théorie des), échange, régulation (École de la), sociologie économique**

Osberg Lars, économiste canadien contemporain ➤ **richesse**

Owen Robert

Sargent Thomas (1943-), professeur d'économie américain contemporain ➤ **nouvelle économie classique, Phillips (courbe de)**

Saussure Ferdinand de (1857-1913), linguiste suisse, ➤ **structuralisme**

Sauvy Alfred

Say Jean-Baptiste

Sen Armatya Kumar (1933-), économiste indien, promoteur d'une approche de l'économie comme « science morale » ➤ **économie du développement, Annexe A-29, Annexe C (1998)**

Sharpe Andrew (1951-) ➤ **richesse**

Schultz Theodore W. (1902-1998), économiste américain ➤ **économie du développement, Annexe C (1979)**

Schumpeter J. A

Shumacher E. Fritz (1869-1947), économiste allemand ➤ **PME/PMI**

Sidgwick Henry (1838-1900), philosophe britannique ➤ **utilitarisme**

Simiand François (1873-1935), économiste et sociologue français ➤ **cycles, sociologie économique**

Sieyés Emmanuel-Joseph (1748-1836), homme politique français et essayiste ➤ **Tiers monde**

Simmel Georg

Simon Herbert (1916-2001), socio-économiste américain, , théoricien de la décision dans les ensembles organisés ➤ **entreprise, organisations (sociologie des), rationalité limitée, Annexe C (1978)**

Singer Hans W. (1910-2006), économiste anglais d'origine allemande ➤ **économie du développement**

Singly François de (1948-), sociologue français ➤ **postmodernité**

Smith Adam

Socrate (vers 470 av. J.C.), philosophe grec, ➤ **heuristique**

Solow Robert (1924-), économiste américain ➤ **croissance endogène, École de Cambridge (nouvelle), nouvelle économie, néo-classique (théorie), production (fonction de), Annexe A-21, Annexe C (1987)**

Spencer Herbert (1820-1903), philosophe et sociologue britannique ➤ **darwinisme, évolutionnisme, historicisme, organicisme**

Sraffa Piero (1898-1983), économiste italien ➤ **classiques (économistes), École de Cambridge, Robinson Joan**

Supiot Alain, économiste français contemporain ➤ **droit du travail**

Stigler George J. (1911-1991), économiste américain ➤ **École de Chicago en économie, Annexe C (1982)**

Stiglitz Joseph

Stirner Max (1806-1856), philosophe allemand ➤ **anarchisme**

Strauss Anselm (1916-1996), sociologue américain ➤ **constructivisme, interactionnisme symbolique**

Sumner William Graham (1840-1910), philosophe allemand ➤ **darwinisme**

Sutherland Edwin (1883-1950), sociologue américain, un des fondateurs de la sociologie de la criminalité ➤ **criminalité, délinquance, École de Chicago en sciences sociales**

T

Taylor Charles (1931-), philosophe canadien contemporain ➤ **communautarisme, Justice sociale**

Taylor Frederick W.

Théret Bruno, économiste français contemporain ➤ **régulation (École de la)**

Thévenot Laurent (1949-), économiste et sociologue français contemporain ➤ **conventions (théorie des)**

Thomas William Isaac (1863-1947), sociologue américain, un des principaux initiateurs de l'École sociologique de Chicago ➤ **École de Chicago en sciences sociales**

Thomas d'Aquin (Saint)

Tilly Charles (1929-2008), historien et politologue américain ➤ **acteur social, mobilisation des ressources**

Tinbergen Jan (1903-1994), économiste néerlandais ➤ **politique mixte, Annexe C (1969)**

Lexique anglais-français

Les noms en rose sont traités à l'ordre alphabétique dans le dictionnaire.
Les renvois (➤) indiquent les entrées où se référer dans l'ouvrage.

A

ABS (asset-backed security ou securities) Valeur mobilière adossée à un actif ou à un portefeuille d'actifs financiers (le sous-jacent). C'est un produit dérivé issu d'une opération de titrisation. Parmi les plus célèbres : les titres adossés à des crédits hypothécaires américains à risque.

Accountability *Aptitude à rendre des comptes.* Elément clé de la bonne gouvernance aussi bien pour les entreprises que pour les administrations publiques.

Affirmative action ➤ Discrimination positive

Asset *Avoir, actif.*

B

Baby boom

Back-office signifie littéralement : « *d'arrière-boutique* ». Dans la banque, activités liées au suivi des opérations, informatisées, sur les marchés financiers. Par opposition à *front office* (activités d'achat et de ventes de titres) *ou middle office* (activités de jonction entre le back et le front office).

Banking school / Banking principle
➤ Currency school

Bankruptcy *Faillite.*

Bargain *Négociation.*

Bear / Bull Un *bull market* est un marché haussier. Inversement un *bear market* est un marché baissier.

Benchmarking Méthode d'évaluation comparative permettant le meilleur choix. Appliquée à la gestion de portefeuille de titres, aux différentes méthodes de management aussi bien public que privé.

Billion *Milliard.*

Bond *Obligation.*

Brain drain

Broker *Courtier.*

Business angel *Investisseur providentiel*

Business plan *Tableau de financement* que doit présenter tout créateur d'entreprise pour convaincre banquiers et autres apporteurs de fonds.

Buy back *Relution* (*contraire de dilution*) ; rachat par une société de ses propres actions pour en réduire le nombre et valoriser leur cours.

C

Call / Put Un *call* est une option d'achat, de nature contractuelle, qui permet à son souscripteur d'acquérir un titre, un prix fixé à l'avance (prix d'exercice, appelé *strike*), à une date déterminée. Le *put* est une option de vente. Acheter un *call* permet de se prémunir contre le risque de hausse de prix du titre. Acheter un *put* permet de se prémunir contre une baisse.

Capabilities (au sens d'Amartya Sen) Parfois traduit par *capabilités* (néologisme) ; capacités des individus à mobiliser leurs ressources afin d'exercer une réelle liberté de choix en vue de leur bien-être.

Capital goods *Biens d'équipement.*

Cash and carry *On paye en liquide et on emporte le produit.* Technique de vente en gros. Expression aussi employée pour caractériser le mode de fourniture du matériel militaire par les États-Unis à l'Angleterre et à la France au début de la Seconde Guerre mondiale.

Cash flow ➤ Comptabilité d'entreprise, profit

CDS (Credit Default Swaps) *Swaps* de défaut de crédit. Ce sont des contrats financiers qui permettent à l'une des parties moyennant paiement d'une prime, de s'assurer auprès de l'autre partie contre la défaillance de crédit d'un tiers emprunteur. Le marché des CDS a été estimé, à la fin 2008, à 62 000 milliards de dollars. Les CDS sont à l'origine, en 2008, des diffilcultés et du sauvetage par l'État américain de *American International Group* (AIG), et de la faillite de la banque Lehman Brothers qui en était le principal teneur de marché.

CDO [Collaterized debt obligations] Nouveau produit financier du type fonds investi en obligations d'entreprise. Les CDO offrent aux « investisseurs » plusieurs tranches de risque (de défaut) différentes : senior (ou AAA), tranche la moins risquée, *mezzanine* puis *equity*, tranche la plus risquée.

Chairman *Président.*

Chief executive officer [CEO] *Directeur général (USA).*

Class action *Recours judiciaire collectif.* Admise aux États-Unis, ou au Canada, cette procédure judiciaire d'action collective permet d'obtenir de la justice la condamnation de grands groupes à payer d'importantes indemnités aux victimes regroupées.

Clearing ➤ Compensation

Cluster Regroupement local d'entreprises, fortement compétitives, d'un même secteur d'activité.

Commodity (-ies) Mot anglais dérivé du français « *commodité* » au xve siècle. Produit de base banalisé, homogène (de qualité standard indifférenciée). Exemple : le blé, le coton, le kilowatt-heure d'électricité.

Competitive Intelligence *Veille stratégique, veille technologique ou intelligence économique.*

Corporate governance ➤ Gouvernement d'entre-prise

Cost-plus (pricing) *Coût augmenté d'une marge.* Méthode de fixation des prix de la part de nombreuses entreprises, lorsqu'elles sont *price makers*, faiseuses de prix, et qui consiste à fixer le prix de vente en ajoutant au coût moyen de production une marge bénéficiaire (système du *mark up*).

Credit crunch *Contraction du crédit.*

Currency school / principle

Cultural studies *Études sur la culture des groupes sociaux* (sens anthropologique).

D

Deleveraging Réduction de la dette et de son effet de levier par vente d'actifs.

Deregulation ➤ Régulation

Dumping *Vente à perte.* Par extension, pratique déloyale d'abaissement des coûts pour éliminer les concurrents.

E

EBA [Environmental Business Accounting] ou **EMA** [Environmental Management Accounting] Comptabilité environnementale utilisée par les entreprises qui souhaitent pratiquer un management environnemental.

EBITDA [Earnings Before Interest, Taxes, Depreciation, and Amortization]. *Résultat brut opérationnel.* Indicateur de performance financière, de profitabilité, en usage dans les pays anglo-saxons.

Economies of scale *Économies d'échelle (de dimension).*

e-krach Krach des valeurs technologiques de la nouvelle économie à partir de mars 2000.

Empowerment *Auto-organisation.* Appropriation par les communautés de base (villages, associations de quartier, associations d'usagers, etc.) du pouvoir de définir et de mener elles-mêmes les politiques de développement. Pratique revendiquée par de nombreuses associations altermondialistes.

End-of-pipe [EOP technology] *En bout de chaîne.* Se dit des technologies qui se contentent de traiter les pollutions en aval. Exemple : équiper les voitures d'un pot catalytique, techniques de nettoyage des plages souillées par les marées noires.

Expectation *Anticipation.*

F

Fair value *Juste valeur.* Principe d'évaluation comptable défini par l'IASB (*International Accounting Standards Board*). Il s'agit d'une évaluation à la valeur de marché et non au coût historique. Le projet de *full fair value* vise à étendre le principe à l'évaluation de tous les instruments financiers.

Fast Track Aux États-Unis, procédure législative accélérée : le Congrès américain autorise le Président à négocier les accords commerciaux internationaux et accepte à l'avance d'adopter ou de rejeter dans un délai limité les textes d'application de ces accords sans exercer son droit d'amendement.

Federal Reserve System ➤ FED

Financial sponsors *Fonds d'investissement.*

Fiscal policy *Politique budgétaire* (faux-ami).

Fixing (Cotation au) Mode de cotation de certaines valeurs dont le volume de transaction est faible, une ou deux fois par jour, à heure fixe. Par opposition à la *cotation en continu*.

FOMC [Federal Open Market Committee] Organe de la *Fed* dont la fonction est de définir la politique monétaire des taux directeurs.

Free rider *Passager clandestin.* ➤ **Externalité**

Future market ➤ **Marché à terme**

G

Gender Studies Dans les pays anglo-saxons études portant sur les distinctions et différences sociales des sexes.

Global Compact [GC] Pacte mondial d'engagement volontaire des grandes firmes à respecter diverses normes : droits de l'homme (pas de complicité avec des pouvoirs locaux dictatoriaux), droits sociaux (non recours au travail forcé, à celui des enfants), droits environnementaux, lutte contre la corruption. Présenté au Forum économique mondial de Davos en 1999, il a été adopté par 2 300 entreprises ; des ONG, des syndicats, des universités s'y sont également associés. Sans possibilité de contrôle ou de sanctions, le GC a déçu.

Global Reporting Initiative [GRI] La *Global Reporting Initiative* (*GRI*), établie fin 1997, a pour mission de développer des directives applicables globalement pour rendre compte (techniques de *reporting*) des performances économiques, environnementales, et sociales. Rassemblée par la Coalition pour les économies environnementalement responsables (CERES), en association avec le programme des Nations Unies pour l'environnement (PNUE), la GRI regroupe des sociétés, des O.N.G, des organismes de comptabilité, des associations d'hommes d'affaires, et d'autres parties prenantes du monde entier. Elle travaille en coopération avec le projet *Global Compact* et le secrétariat général de l'ONU.

Gold Bullion ➤ **Système monétaire international [SMI]**

Gold Exchange Standard ➤ **Système monétaire international [SMI]**

Gold Points ➤ **Points d'or**

Gold Specie ➤ **Système monétaire international [SMI]**

Golden parachute *Parachute doré.* Indemnités confortables de départ prévues par contrat pour les cadres dirigeants et les PDG d'entreprises.

Golden share *Action en or.* Elle confère à son détenteur, généralement l'État, un pouvoir de veto concernant certaines décisions (cessions d'actifs, fusions-acquisitions, par ex.).

Goodwill Autrefois, « *survaleur* ». Ensemble des éléments non matériels qui contribuent à la valeur d'une firme. Se mesure par la différence entre la valeur globale de l'entreprise à un moment donné et la somme de ses actifs nets à leur « juste valeur ». Éléments du *goodwill* : réputation (image de marque), qualité de la main-d'œuvre, localisation, qualité du management, etc. Par opposition, le *badwill* : lorsque la valeur globale est inférieure aux éléments de l'actif net. Par exemple, aux États-Unis lorsque des entreprises sont plombées par la charge de leurs fonds de pension.

Gross domestic product [GDP] ➤ **Produit intérieur brut [PIB].**

H

Hedge funds *Fonds spéculatifs.* Leur objectif : obtenir une rentabilité supérieure à la moyenne du marché.

Holding

Hollow company *Société fantôme.* Qui a externalisé toutes ses activités productives et ne gère plus que sa ou ses marques déposées.

Hot money ➤ **Capitaux flottants**

I

IASB / IAS-IFRS *International accounting Standards Board/International Accouating. Standards-International Financial Reporting Standards.* ➤ **Normes comptables**

IBOR / LIBOR / EURIBOR / PIBOR / LIBID : IBOR [Interbank offered rate] Terme générique pour désigner les taux interbancaires offerts, taux auxquels les banques offrent de se prêter des liquidités, selon différentes maturités (de 1 jour à 12 mois) Selon les places financières ou selon les devises on trouve différents *IBOR* : le *LIBOR* (*London interbank offered rate*), le plus ancien, et qui est publié pour différentes devises ; l'EURIBOR

(*Euro interbank offered rate*), taux interbancaire offert en euro, qui est avec l'Eonia (*Euro OverNight Index Average*), taux au jour le jour, le principal taux de référence du marché monétaire de la zone euro ; l'*EURIBOR* s'est substitué le 1er janvier 1999 au *PIBOR* (*Paris interbank offered rate*) ; enfin le *LIBID* (*London Interbank Interest Deposit*) est l'opposé du *LIBOR*, puisqu'il s'agit du taux auquel les banques souhaitent emprunter.

IFRS [*International Financial Reporting Standards*] ➤ **Normes comptables**

Inflation targeting Politique de ciblage de l'inflation. Le ciblage direct de l'inflation signifie que la Banque centrale utilise directement les instruments de la politique monétaire pour atteindre un objectif final, ciblé, de taux d'inflation, sans passer par un objectif intermédiaire de masse monétaire.

Input ➤ **Extrant/intrant**

J

Joint-venture

Junk bonds *Obligations pourries* (à très fort taux d'intérêt et à haut risque). Elles ont permis à certains *raiders*, comme le célèbre Michael Milken dans les années 1980, de financer des opérations d'acquisition de sociétés, qui, démantelées, ont été ensuite revendues « par appartement »

K

Know-how *Savoir-faire.*

Knowledge economy *Économie de la connaissance.* À la fois branche de l'analyse économique et type nouveau d'économie.

Knowledge management *Gestion des connaissances, ou management du savoir.* Dans une économie où le principal facteur de production et de compétitivité est devenu le savoir et le savoir-faire, la gestion des entreprises doit évoluer pour s'adapter à la principale caractéristique du nouveau monde des affaires : l'incertitude due aux changements technologiques.

L

Law and Economics *Économie du droit et de la réglementation.* Discipline relativement récente, très développée dans les universités anglo-saxonnes, aux confins du droit et de l'analyse économique. Économistes pionniers en la matière : Ronald Coase, Richard Posner, Douglass North... Démarche : comparer les normes juridiques au regard de leur efficience économique.

LBO / LMBO

Learning by doing *Effet d'apprentissage.*

Liability (ies) Dettes exigibles inscrites au passif.

LIBOR Voir IBOR dans ce lexique.

Lobby (ies) / Lobbying ➤ **Groupe de pression**

Lose-lose voir *race-to-the-bottom* et *win-win* dans ce lexique.

Low cost economy *Économie à bas coûts.* Chaînes de distribution en *hard discount*, compagnies aériennes à bas prix, sont les exemples les plus connus de cette économie du *low cost.*

M

Mainstream *Courant dominant de la pensée économique.*

Main Street/Wall street Opposition entre la sphère réelle de la production de l'emploi et des échanges de biens et services (*Main street* = la rue principale), et la sphère financière et spéculative (*Wall Strett* = rue où siège le New York Stock Exchange, la Bourse des valeurs de New York).

Management (de *to manage* : diriger) Techniques d'organisation et de gestion des entreprises. *Par extension :* équipe dirigeante.

Market failures ➤ **Marché (défaillances du)**

Market friendly Se dit des régulations, « *amicales au marché* », c'est-à-dire non imposées de manière contraignante par la puissance publique, mais négociées et adoptées entre partenaires privés concernés. Exemple : les règles déontologiques adoptées par une profession.

Melting-pot

Menu cost *Coût d'impression* et d'affichage du menu ou d'une liste de prix. Ce qui signifie que l'information, notamment sur les caractéristiques et les prix des produits, a un coût. La condition de transparence (d'information égale, totale et gratuite de tous), de la concurrence parfaite, est donc rarement vérifiée.

Merger and acquisition *Fusion-acquisition*

Monitoring *Contrôle et/ou surveillance.* Exemples : *monitoring financier, environnemental, social, etc.*

Moral hazard *Aléa moral.*

Mortgage *Hypothèque.*

N

NAIRU / NAWRU

NASDAQ Cotation des PME innovantes américaines. Environ 3500 sociétés y sont côtées. Certaines grandes entreprises (dont Apple, Microsoft) ont choisi de rester cotées au NASDAQ. Le NASDAQ est présent sur de nombreux marchés mondiaux.

New deal

New Public Management *Nouveau management public.* Nouvelle conception de la gestion du secteur public ; d'inspiration néolibérale (École du Public Choice, entre autres), elle est apparue dans les années 1980, et a été mise en pratique notamment en Nouvelle-Zélande et au Canada. Principe : introduire la logique marchande, concurrentielle, et son efficience supposée dans la gestion des services publics, le citoyen-usager étant désormais considéré comme un consommateur.

NINJA Crédits NINJA, pour *No Income No Job or Asset* ; crédits immobiliers accordés à des emprunteurs sans revenu, sans emploi, sans avoirs. Par exemple, les crédits « *subprime* », au cœur de la crise financière de 2007-2009.

NYSE Le New York Stock Exchange ; la Bourse des valeurs mobilières de New York.

O

Offshore Expression non traduite généralement en français (« au large du rivage » !). Le monde de l'*offshore*, l'*offshoring*, comprend essentiellement les paradis fiscaux, les différentes sortes de zones franches (ports et aéroports francs, zones franches d'exportation, zones franches urbaines, etc.) et les pavillons de complaisance. Les règles de droit (fiscal, social, environnemental...) qui s'y appliquent sont dérogatoires du droit commun.

Open-market (politique d')
➤ Escompte, Politique monétaire

Opt-out *Choix de ne pas faire partie d'un ensemble, d'une liste.* Exemples récents : possibilité de ne plus recevoir des publicités, notamment par mail, en se désinscrivant a posteriori d'un fichier ; à la différence du procédé de l'*opt-in*, plus respectueux des droits de l'internaute, qui correspond à un consentement préalable à l'inscription sur un fichier. Au sein de l'UE, clause dérogatoire individuelle, prévue par une directive de 1993, à la demande du Royaume-Uni, et permettant de déroger à la durée maximale hebdomadaire de travail de 48h.

OTC [Over The Counter] *Marché OTC.* Un des marchés boursiers : marché libre, de gré à gré, sans chambre de compensation, donc à caractère bilatéral. À la différence de l'*exchange trading*, pour lequel les échanges sont multilatéraux.

Outplacement Service de reclassement proposé par une entreprise à un salarié, généralement un cadre supérieur, dont elle désire se séparer. Parfois traduit en français par « décrutement » (néologisme).

Output ➤ Extrant/intrant

Outsourcing *Externalisation d'activités,* pour se recentrer sur l'activité principale, le cœur de cible du métier.

P

Path dependence *Dépendance par rapport au sentier ou sensibilité aux conditions initiales.* Des choix technologiques et des normes techniques se sont imposés de manière irréversible mais ne se sont pas revélés être les meilleurs : par exemple le clavier QWERTY, certaines tensions pour le courant électrique domestique. Cependant, les coûts de changement (cf. *switch costs*) auraient été trop importants. On trouve aussi des phénomèmes d'irréversibilité : dans les avantages compétitifs conférés au premier entrant sur un marché, dans la constitution de pôles de croissance avec externalités de réseau.

Peak oil *Pic de production de pétrole.* Maximum de production atteinte, à une date incertaine, pour une ressource fossile non renouvelable (pic de Hubbert).

Policy mix ➤ Politique mixte

Predatory lending Prêt rapace ; ensemble des prêts caractérisés par une offre pressante et alléchante de crédit auprès d'un public vulnérable qui se trouve rapidement surendetté.

Price cap Méthode de réglementation des prix d'une entreprise en situation de monopole. Le *price cap* ou plafond de prix, consiste pour le régulateur à fixer un plafond en deçà duquel la firme est libre de fixer ses prix. S'oppose à la méthode *cost plus* qui voit le régulateur fixer les tarifs du monopole sur la base de ses coûts auquel il ajoute un taux de rendement juste et raisonnable pour les actionnaires.

Price earning ratio (PER)

Price taker / price maker

Private equity Financement d'une entreprise par vente de ses actions, mais sans introduction en Bourse (actions non cotées) ; par opposition à *public equity* qui concerne les sociétés cotées.

Profit warning *Avertissement sur les profits.* En conformité avec les règles du *corporate governance*, les dirigeants d'entreprise se doivent d'annoncer toute information concernant les prévisions de profit attendu, particulièrement lorsqu'il s'agit d'une révision à la baisse ; pratique exigée par les gestionnaires des fonds d'investissement.

Public choice (École du)

Put / Call voir *Call / Put* dans ce lexique.

R

Race to the bottom *Course vers le fond.* Logique lose-lose (*perdant-perdant*). Les choix, pourtant rationnels, d'agents cherchant leur intérêt peuvent conduire à des effets contraires : les décisions des uns, et celles en réaction des autres, conduisent à une dégradation de la situation de tous, caractéristique des jeux non coopératifs. Exemple : les dévaluations compétitives unilatérales des années 1930, qui ont déprimé le commerce international et approfondi la crise.

Raid / raider En français : « attaque, attaquant ». Opération d'achat (*raid*) massif d'actions d'une société par un repreneur (*raider*).

Rating

Reach [Registration, Evaluation and Authorization of Chemicals] Enregistrement, évaluation et autorisation des produits chimiques. Législation européenne adoptée par le Parlement le 17 novembre 2005 et qui a pour objectif de recenser, d'évaluer et d'autoriser quelque 30 000 produits chimiques fabriqués ou importés dans l'Union.

Real estate *Immobilier.*

Regulation *Règlementation* (faux-ami).

Reporting social / reporting environnemental *Comptabilité sociale et environnementale*, conséquence en France de la loi de 2001, dite NRE (Nouvelles régulations économiques) ; dans son article 116, elle fait obligation aux sociétés cotées d'inclure dans leur rapport annuel « des informations sur la manière dont elles prennent en compte les conséquences sociales et environnementales de leurs activités ».

Risk management *Management ou gestion du risque.* Fonction de plus en plus spécialisée au sein des entreprises. Des équipes spécialisées, en interne, cherchent à évaluer la probabilité d'occurrence du risque et à en prémunir l'entreprise.

RMBS ou MBS (Residential mortgage backed securities) Titres adossés à des crédits immobiliers hypothécaires.

ROE [Return on equity] *Rendement des fonds propres.*

Round Cycle de négociation du GATT puis de l'OMC (ex. : Kennedy round).

Royalty *Redevance.*

S

Savings and loans *Épargne et prêt.*

Second best *Optimum de second rang.*

Securitization *Titrisation security (ties)*, titre(s).

Self Fulfilling Prophecy *Prophétie autoréalisatrice.* On provoque collectivement (effet de composition) ce que chacun anticipe pourtant séparément. Stocker du sucre, en prévision de sa raréfaction prochaine, conduit à sa disparition des étalages : la prophétie autoréalisatrice est donc toujours validée *ex post.*

Self-reliance *Autonomie.*

Shadow banking system Le secteur bancaire fantôme (au cœur de la crise financière issue des crédits « *subprime* »). Il correspond aux activités hors bilan, à la finance *offshore* et aux institutions financières conçues pour échapper au contrôle des autorités de régulation.

Shareholders / stakeholders Les *shareholders* sont les porteurs de parts (les actionnaires) alors que les *stakeholders* sont toutes les parties prenantes intéressées à la marche d'une entreprise : ses dirigeants, ses salariés, ses créanciers, ses retraités, ses banquiers, ses fournisseurs et sous-traitants, ses consommateurs, les collectivités publiques sur le territoire desquelles elle est implantée (et leurs citoyens).

Shirking (modèle du) *Modèle du tire-au-flanc* (de Shapiro et Stiglitz). Asymétrie d'information : l'employeur ne connaît pas l'aptitude à l'effort de son futur employé.

Short selling Vente à découvert.

Sleeping partner Actionnaire important généralement une société, mais n'assumant pas la direction, le management, de l'entreprise.

SPE [Special Purpose Entities] Entités financières *ad hoc* créées pour se défaire des dettes et améliorer le bilan au regard des actionnaires. Au cœur des scandales financiers récents (Enron, etc.).

Spot (*marché*) Marché au comptant ; il peut s'agir de devises, de taux ou de matières premières.

Spread (de taux) Écart de taux d'intérêt, représentatif notamment d'une prime de risque, entre un taux d'intérêt de référence, le plus bas, celui d'un prêt sans risque consenti à l'emprunteur le plus sûr, et le taux d'intérêt d'un prêt plus risqué du fait de la nature de l'emprunteur ou d'une durée de prêt plus longue.

Start up *Jeune pousse.* Jeune entreprise innovante dans le domaine des TIC (Techniques de l'Information et de la Communication).

Stock market *Marché boursier.*

Stock options

Subprime *Crédit subprime* ; crédit à risque consenti à des emprunteurs peu solvables, souvent sous forme de crédit hypothécaire. Crédits généralement à taux variables. ➤ **crise des *subprimes***

Supply side economics ➤ **Économie de l'offre**

Sustainable development ➤ **Développement durable.**

Swap

Switch costs *Coûts liés au changement de technologie.* Par exemple, passer du Mac au PC, peut impliquer de changer de logiciels.

T

Take off ➤ **Décollage**

Tax *Impôt.*

Tracker ou **ETF** [Exchange Trading Fund] Fonds indiciel négociable en bourse. Nouveaux produits financiers, les *trackers* sont des fonds de placement indexés sur un indice de référence donné (par ex. un indice boursier, comme le *Nasdaq*).

Trade Union Congress ➤ TUC

Trader Négociateur de valeurs boursières travaillant pour une société de bourse, une banque, une société d'investissement. Sa mission est d'anticiper les variations du cours des valeurs boursières afin de faire réaliser des profits à sa société. Terme proche : *Golden boy*.

Trading Activité des banques d'achat et de vente de titres sur les différents marchés monétaires et financiers.

Toxic waste Littéralement « déchets toxiques », titres devenus invendables parce que représentatifs de crédits, notamment immobiliers, à haut risque, accordés à des emprunteurs probablement insolvables.

Trend *Tendance à long terme.*

Trickle-down effect Effet de percolation ou de ruissellement, « de la retombée » ou du « goutte à goutte ». L'enrichissement des plus riches se fait à l'avantage des plus pauvres, les revenus croissants des premiers exerçant des retombées favorables sur l'emploi et les revenus des plus pauvres. Thèse du Parti républicain (États-Unis).

Trust

Turn-over

U

Union *Syndicat.*

V

Value added *Valeur ajoutée.*

Value at Risk (VaR) Indicateur synthétique et méthode d'évaluation du risque financier encouru par le détenteur d'un portefeuille d'actifs hétérogènes, et en usage dans la pratique du *risk management*.

Venture capital *Capital risque.*

W

Wall Street ➤ Main Street

Warrant *Produit financier dérivé.* Les warrants sont des valeurs mobilières qui offrent le droit d'acheter ou de vendre un actif (action, devise, matière première, etc.) à un prix fixé, jusqu'à une date butoir, l'échéance.

Welfare State ➤ État-providence

Wetbacks Littéralement « dos mouillés ». Travailleurs étrangers clandestins aux États-Unis ; à l'image de ceux qui entrent au Texas en traversant à la nage le Rio Grande...

Win-win ; win-lose ; lose-lose. Un échange, (une relation) sont dits *win-win* (*gagnant-gagnant*) lorsqu'ils sont mutuellement avantageux. C'est théoriquement le cas de l'échange marchand en concurrence parfaite. Un échange, une relation *win-lose*, correspond au modèle proie-prédateur : ce qui est gagné par l'un a pour exacte contrepartie ce qui est perdu par l'autre, par exemple : le vol. Une situation lose-lose est très paradoxale : les partenaires ne semblent plus agir rationnellement puisque leurs échanges, leurs relations, s'effectuent à leur désavantage mutuel.

Working poors *Travailleurs pauvres.* La pauvreté ne concerne plus seulement les personnes âgées, les infirmes ou les chômeurs, elle s'est étendue à partir des années 1980-90 dans les PDEM aux travailleurs salariés. Un tiers des SDF recensés en France ont une activité professionnelle rémunérée.

Sigles usuels

AAA Agricultural Adjustement Act
AAI Autorité Administrative Indépendante
ACP Pays d'Afrique – Caraïbes – Pacifique
AELE Association Européenne de Libre-Échange
AFL-CIO American Federation of Labour Congress of Industrial Organizations
AID Association Internationale pour le Développement
ALENA Accord de Libre-Échange Nord-Américain
AMF Autorité des Marchés Financiers
AMI Accord Multilatéral sur l'Investissement
ANPE Agence Nationale Pour l'Emploi
ANVAR Agence Nationale pour la Valorisation de la Recherche
APD Aide Publique au Développement
APUL Administrations PUbliques Locales
ASEAN Association of South-Est Asia Nations
ASSEDIC Association pour l'Emploi Dans l'Industrie et le Commerce
ASS Administrations de Sécurité Sociale
BCE Banque Centrale Européenne
BEI Banque Européenne d'Investissement
BERD Banque Européenne de Reconstruction et de Développement
BFCE Banque Française du Commerce Extérieur
BIPE Bureau d'Informations et de Prévisions Économiques
BIRD Banque Internationale pour la Reconstruction et le Développement (Banque Mondiale)
BIT Bureau International du Travail
BOBO BOurgeois BOhème
BRIC Brésil Russie Inde Chine
BRICM Brésil Russie Inde Chine Mexique
BNT Barrières Non Tarifaires
BRI Banque des Règlements Internationaux
CAC Cotations Assistées en Continu
CAD Comité d'Aide au Développement
CAECL Caisse d'Aide à l'Équipement des Collectivités Locales
CAF Coût Assurance-Fret
CCP Compte Chèque Postal
CDC Caisse des Dépots et Consignations
CDD Contrat à Durée Déterminée
CDI Contrat à Durée Indéterminée
CEA Centre de l'Énergie Atomique
CECA Communauté Européenne du Charbon et de l'Acier
CEE Communauté Économique Européenne
CEN Centre Européen de Normalisation
CEPME Crédit d'Équipement des Petites et Moyennes Entreprises
CES Confédération Européenne des Syndicats
CFA Communauté Financière Africaine
CFDT Confédération Française Démocratique du Travail
CFP Communauté Financière Pacifique
CFTC Confédération Française des Travailleurs Chrétiens
CGC Confédération Générale des Cadres
CGPME Confédération Générale des Petites et Moyennes Entreprises
CGT Confédération Générale du Travail
CI Consommation Intermédiaire
CISL Confédération Internationale des Syndicats Libres
CMT Confédération Mondiale du Travail
CMU Couverture Maladie Universelle
CNJA Centre National des Jeunes Agriculteurs
CNUCED Conférence des Nations Unies pour le Commerce et le Développement
CNUED Conférence des Nations Unies sur l'Environnement et le Développement
COB Commission des Opérations de Bourse
CODEVI Compte pour le Développement de l'Industrie
COFACE Compagnie Française pour le Commerce Extérieur
COR Conseil d'Orientation des Retraites

CRDS Contribution pour le Remboursement de la Dette Sociale

CSG Cotisation Sociale Généralisée

CSP Catégories SocioProfessionnelles

CVS Corrigé des Variations Saisonnières

DEFM Demandes d'Emploi en Fin de Mois

DGB Deutscher GewerkschaftsBund

DIT Division Internationale du Travail

DMS Dynamique MultiSectoriel

DOM-TOM Département d'Outre-Mer-Territoire d'Outre-Mer, (collectivités d'Outre-Mer)

DT Droits de Tirage

DTS Droits de Tirage Spéciaux

EAMA États Africains et Malgaches Associés

EBE Excédent Brut d'Exploitation

ECU European Currency Unit

EURATOM Communauté Européenne de l'Énergie Atomique

EURL Entreprise Unipersonnelle à Responsabilité Limitée

FAB Franco À Bord

FAO Food and Agriculture Organization

FBCF Formation Brute de Capital Fixe

FCP Fonds Communs de Placement

FDES Fonds de Développement Économique et Social

FECOM Fonds Européen de Coopération Monétaire

FED Federal Reserve System

FED Fonds Européen de Développement

FEDER Fonds européen de développement régional

FEOGA Fonds Européen d'Orientation et de Garantie Agricole

FMI Fonds Monétaire International

FMN/FTN Firme MultiNationale/TransNationale

FNSEA Fédération Nationale des Syndicats d'Exploitants Agricoles

FO Force Ouvrière

FOB Free On Bord (libre à bord)

FORMA Fonds d'Orientation et de Régulation des Marchés Agricoles

FRR Fonds de Réserve pour les Retraites (fonds souverain français pour le financement par capitalisation des retraitres)

FSE Fonds Social Européen

FSM Fédération Syndicale Mondiale

FSU Fédération Syndicale Unitaire

FSV Fonds de Solidarité Vieillesse

GAEC Groupement Agricole d'Exploitation en Commun

GATT General Agreement on Tariffs and Trade

GVT Glissement Vieillesse Technicité

HOS Hecksher-Ohlin-Samuelson

IDH Indicateur de Développement Humain

IDHI Indicateur de Développement Humain ajusté aux Inégalités

IME Institut Monétaire Européen

IMF International Monetary Fund

INC Institut National de la Consommation

INED Institut National d'Études Démographiques

INSEE Institut National de la Statistique et des Études Économiques

IPC Indice des Prix à la Consommation

IPCH Indice des Prix à la Consommation Harmonisé

IPF Indicateur de la Participation des Femmes

IRPP Impôt sur le Revenu des Personnes Physiques

IS Impôt sur les Sociétés

ISBLM Institution Sans But Lucratif au service des Ménages

ISDH Indicateur Sexospécifique du Développement Humain

IS-LM Investment Saving Labor Money

LO Lands Organization

LOLF Loi Organique relative aux Lois de Finances

MATIF Marché à Terme International de France

MBA Marge Brute d'Autofinancement

MCM Montants Compensatoires Monétaires

MEDEF Mouvement des Entreprises de France

MERCOSUR Marché Commun du Sud

MES Mécanisme européen de stabilité

MOC Méthode Ouverte de Coordination

MONEP Marché d'Options Négociables de Paris

NAFTA North American Free Trade Agreement (en français, ALENA)

NAIRU Non Accelerating Inflation Rate of Unemployment

NAWRU Non Accelerating Wage Rate of Unemployment

NCM Négociations Commerciales Multilatérales

NEC Nouvelle Économie Classique

NEP Novaïa Ekonomitsscheskaïa Politika (nouvelle politique économique)

NIRA National Industrial Recovery Act

NOEI ou **NOEM** Nouvel Ordre Économique Mondial

NPI Nouveaux Pays Industrialisés

OAT Obligation À Terme

OCAM Organisation Commune Africaine et Mauricienne

OCDE Organisation de Coopération et de Développement Économique

ODAC Organismes d'Administration Centrale

OEA Organisation des États Américains

OECE Organisation Européenne de Coopération Économique

OFCE Observatoire Français de Conjonctures Économiques

OIT Organisation Internationale du Travail

OMC Organisation Mondiale du Commerce

OMS Organisation Mondiale de la Santé

ONG Organisations Non Gouvernementales

ONT Obstacles Non Tarifaires

ONU Organisation des Nations Unies

OPA/OPE Offre Publique d'Achat/d'Échange

OPAEP Organisation des Pays Arabes Exportateurs de Pétrole

OPCVM Organisme de Placement Collectif en Valeurs Mobilières

OPEP Organisation des Pays Exportateurs de Pétrole

OPRA Offre Publique de Rachat d'Actions

ORD Organisme de Règlement des Différends

OS Ouvrier Spécialisé

OSCE Organisation pour la Sécurité et la Coopération en Europe

OST Organisation Scientifique du Travail

OTAN (en angl. **NATO**) Organisation du Traité de l'Atlantique Nord

OUA Organisation de l'Unité Africaine

PAC Politique Agricole Commune

PCS Professions et Catégories Socioprofessionnelles

PCUS Parti Communiste d'Union Soviétique

PDEM Pays Développés à Économie de Marché

PEADUCF Comptes de Production, d'Exploitation, d'Affectation des revenus primaires, de Distribution secondaire du revenu, d'Utilisation du revenu, de Capital et Financier (ancien PERUC)

PECO Pays d'Europe Centrale et Orientale

PED Pays En Développement

PER Price Earning Ratio

PERT Program Evaluation Research Task

PIB Produit Intérieur Brut

PLF Projet de Loi de Finance (budget de l'État)

PLFSS Projet de loi de Financement de la Sécurité Sociale

PMA Pays les Moins Avancés

PME Petites et Moyennes Entreprises

PMI Petites et Moyennes Industries

PNB Produit National Brut

PNUD Programme des Nations Unies pour le Développement

PPA Parité de Pouvoir d'Achat

PPBS Planning, Programming, Budgeting System

PSERE Population Sans Emploi à la Recherche d'un Emploi

RBE Résultat Brut d'Exploitation

RCB Rationalisation des Choix Budgétaires

R-D Recherche-Développement

RMA Revenu Minimum d'Actité

RMI Revenu Minimum d'Insertion

RSA Revenu de Solidarité Active

RNB Revenu National Brut

RSEE Responsabilité Sociale et Environnementale des Entreprises

SA Société Anonyme

SAFER Société d'Aménagement Foncier et d'Établissement Rural

SARL Société à Responsabilité Limitée

SCOP Société Coopérative Ouvrière de Production

SDR Société de Développement Régional

SEBC Système Européen de Banques Centrales

SECN Système Élargi de Comptabilité Nationale

SICAV Sociétés d'Investissement à CApital Variable

SMAG Salaire Minimum Agricole Garanti

SME Système Monétaire Européen

SMI Système Monétaire International

SMIC Salaire Minimum Interprofessionnel de Croissance

SMIG Salaire Minimum Interprofessionnel Garanti

SNPMI Syndicat National des Petites et Moyennes Industries

SPG Système de Préférences Généralisées

STABEX Système de STABilisation des recettes d'EXportation

SUD Solidaires, Unitaires, Démocratiques

SYSMIN SYstème de Soutien pour la production MINière

TBB Taux de Base Bancaire

TCAM Taux de Croissance Annuel Moyen

TEC Tarif Extérieur Commun

TEE Tableau Économique d'Ensemble

TEI Tableau d'Échanges Industriels

TES Tableau Entrées-Sorties

TIC Techniques de l'Information et de la Communication

TICE Technologies de l'Information et de la Communication pour l'Enseignement

TMM Taux Moyen Mensuel

TMO Taux Moyen Obligataire

TMP Taux Moyen Pondéré

TOF Tableau des Opérations Financières

TSCG Traité sur la Stabilité, la Coordination et la Gouvernance

TUC Trade Union Congress (Confédération des syndicats britanniques)

TVA Taxe à la Valeur Ajoutée

TVA Tennesse Valley Authority

UA Union Africaine (ex-OUA)

UC Unité de Consommation

UEBL Union Économique Belgo-Luxembourgeoise

UEP Union des Industries Métallurgiques et Minières

UNEDIC Union Nationale interprofessionnelle pour l'Emploi Dans l'Industrie et le Commerce

UNESCO United Nations Educational Scientific and Cultural Organization

UNICEF United Nations Children Emergency Found

VA Valeur Ajoutée

VAB Valeur Ajoutée Brute

VAE Validation des Expériences

VHR Variétés à Haut Rendement

VPC Vente Par Correspondance

WTO World Trade Organization

ZINZINS Investisseurs Institutionnels

Avec la collaboration, pour les Annexes, de :

Jean Boncœur
Docteur d'État
Professeur de Sciences économiques
à l'Université de Bretagne occidentale

Simone Chapoulie†
Professeur agrégée de Sciences économiques et sociales
qui reste chère à notre mémoire

Christian Elleboode
Docteur en Sciences économiques
chargé de cours à la faculté catholique de Lille

Michel Lallement
Docteur d'État
Professeur de sociologie au Cnam
Co-directeur du Lise-CNRS

Arnaud Parienty
Professeur agrégé de Sciences économiques et sociales

Crédits photographiques :
Allais Louis Monier/GAMMA ; Becker REA/Ludovic ; Boudon H. de Oliviera/Expansion-REA ; Bourdieu Sipa Press ; Crozier Eric LEGOUHY/GAMMA ; Durkheim Archives Nathan ; Fischer Bettmann/CORBIS ; Friedman Corbis/Roger Ressmeyer ; Galbraith Bettmann/CORBIS ; Hayek Getty images/ Hulton Archives/Stringer ; Hobbes BIS/Ph. Jeanbor ©Archives Bordas ; Keynes Archives Nathan ; Krugman AFP/Olivier Morin ; Le Play Albert Harlingue/Roger-Viollet ; Lévi-Strauss Édouard Boubat/Raphot ; Malthus Archives Larbor ; Marx Archives Nathan ; Mead BIS/Ph. Coll Archives Larbor ; Montesquieu Archives Larbor ; Pareto © The Granger Collection NYC/Rue des Archives ; Proudhon Josse/Leemage ; Ricardo Archives Nathan ; Rostow Bettmann/CORBIS ; Saint-Simon Archiva L.A.R.A/Planeta ; Say Archives Larbor ; Schumpeter Archives Nathan ; Smith Archives Nathan ; Stiglitz Getty Images ; Thomas d'Aquin BIS/Ph. H. Josse © Archives Larbor ; Touraine Jean-Pierre Couderc/Roger-Viollet ; Walras Archiva L.A.R.A /Planeta ; Weber Archives Nathan.

Édition Caroline Edenhoffer, Raphaëlle Mourey, assistées de Béatrice Käser

Informatique éditoriale Laurence Zaysser

Mise en page Indologic

Maquette intérieure Élodie Breda et Annie Le Gallou

Couverture Laurence Durandau

Schémas Corédoc, Indologic

N° d'éditeur 10206914 - Dépôt légal mai 2014
Imprimé en Espagne par
CAYFOSA

Les grands courants de la sociologie

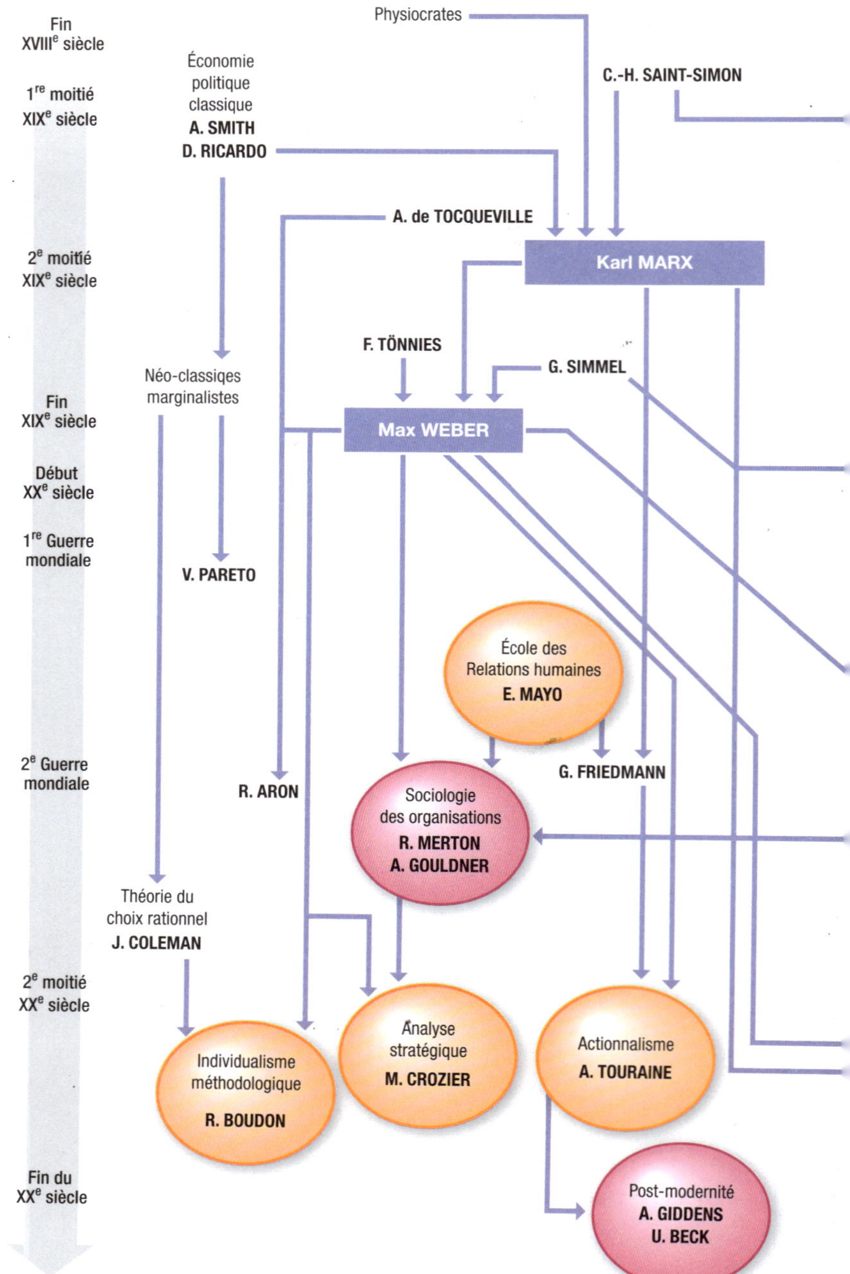